Die Bonus-Seite

Ihr Vorteil als Käufer dieses Buches

Auf der Bonus-Webseite zu diesem Buch finden Sie zusätzliche Informationen und Services. Dazu gehört auch ein kostenloser **Testzugang** zur Online-Fassung Ihres Buches. Und der besondere Vorteil: Wenn Sie Ihr **Online-Buch** auch weiterhin nutzen wollen, erhalten Sie den vollen Zugang zum **Vorzugspreis**.

So nutzen Sie Ihren Vorteil

Halten Sie den unten abgedruckten Zugangscode bereit und gehen Sie auf **www.galileodesign.de**. Dort finden Sie den Kasten **Die Bonus-Seite für Buchkäufer**. Klicken Sie auf **Zur Bonus-Seite / Buch registrieren**, und geben Sie Ihren **Zugangscode** ein. Schon stehen Ihnen die Bonus-Angebote zur Verfügung.

Ihr persönlicher **Zugangscode** 2qhw-4jxm-yf8g-tvnz

fotocommunity (Hrsg.)

Das neue fotocommunity-Buch

Die Tricks der Foto-Experten

Galileo Press

Liebe Leserin, lieber Leser,

im neuen *fotocommunity*-Buch können Sie in eine Vielzahl von fotografischen Genres und Themen hineinschnuppern – (fast) so als stöberten Sie durch die *fotocommunity* im Netz. Nur können Sie nun einmal Ihren Rechner ausgeschaltet lassen und es sich mit dem Buch auf der Couch gemütlich machen!

Vierzehn Fotografen teilen ihre besten Bilder und die Leidenschaft für ihr liebstes fotografisches Thema mit Ihnen. Sie lernen ganz verschiedene Bildsprachen und Herangehensweisen kennen und erleben, wie abwechslungsreich und vielfältig die Fotografie ist! Vielleicht stellen Sie beim Lesen fest, dass Sie ein Thema doch mehr interessiert, als Sie gedacht hätten, oder lernen für Ihr Lieblingsgenre noch den ein oder anderen Kniff hinzu – das würde mich besonders freuen. Damit Sie nachvollziehen können, mit welchen technischen Einstellungen die Bilder entstanden sind, werden zu jedem Foto die Aufnahmedaten genannt, inklusive der physikalischen Brennweite und der verwendeten Kamera (Vollformat- oder APS-C-Sensor mit Cropfaktor = scheinbare Brennweitenverlängerung).

Es hat viel Freude bereitet, gemeinsam mit der *fotocommunity* an diesem Projekt zu arbeiten. Die Fotografen haben eine Menge an wertvollen Tipps und tollen Bildern zusammengestellt, die Sie hoffentlich ebenso begeistern wie uns. Sollten Sie Anmerkungen zu diesem Buch haben – sowohl Lob als auch konstruktive Kritik –, teilen Sie mir diese gerne mit. Nun bleibt mir nur noch, Ihnen beim Stöbern durch das *fotocommunity*-Buch viel Spaß beim Lesen und Schauen sowie zahlreiche wertvolle Anregungen für Ihre eigenen Bilder zu wünschen.

Ihre Christine Keutgen
Lektorat Galileo Design

christine.keutgen@galileo-press.de
www.galileodesign.de

Galileo Press · Rheinwerkallee 4 · 53227 Bonn

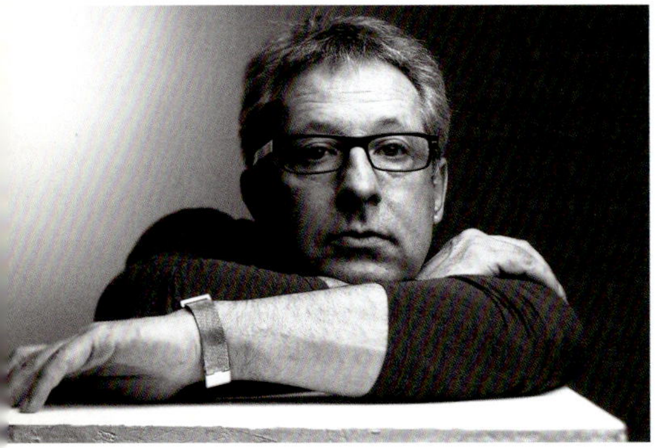
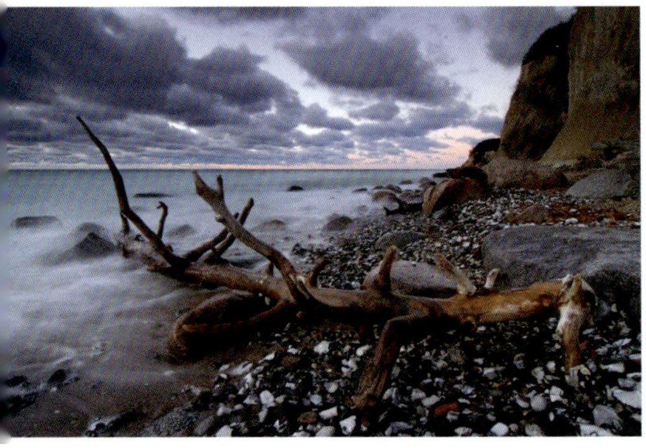
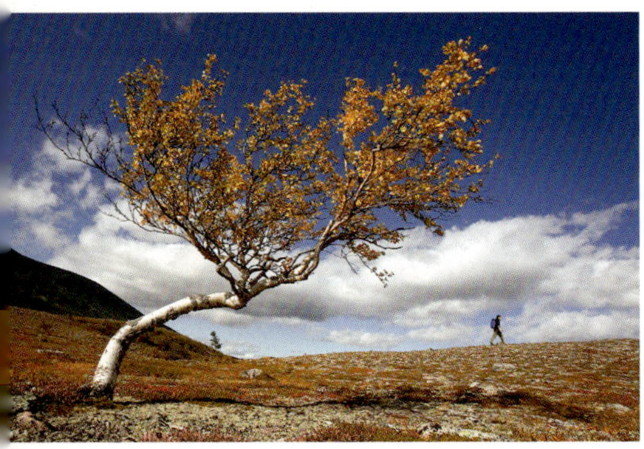
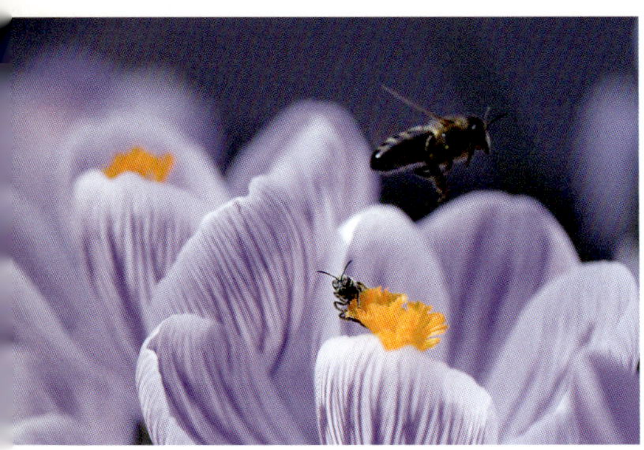

Inhalt

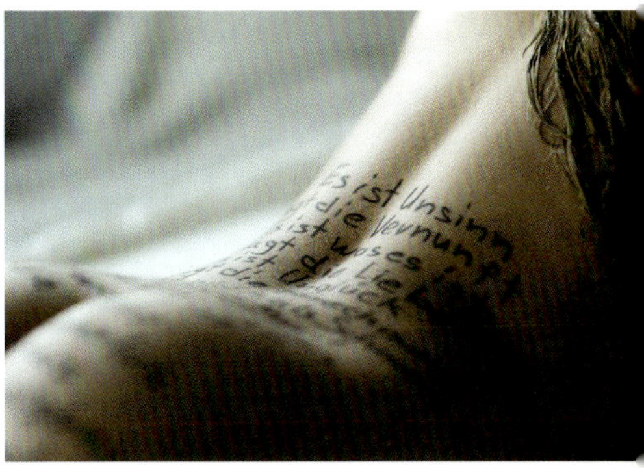

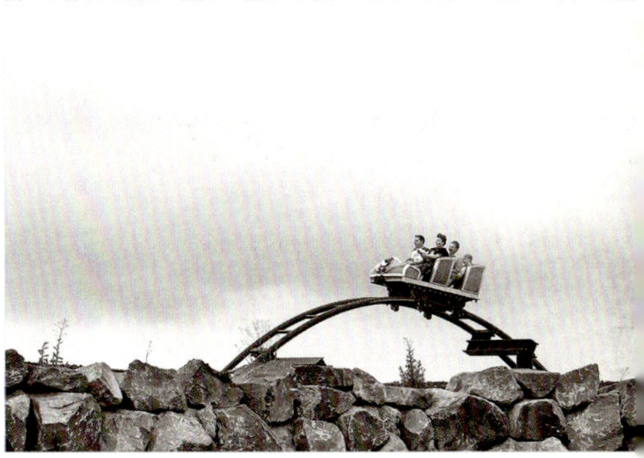

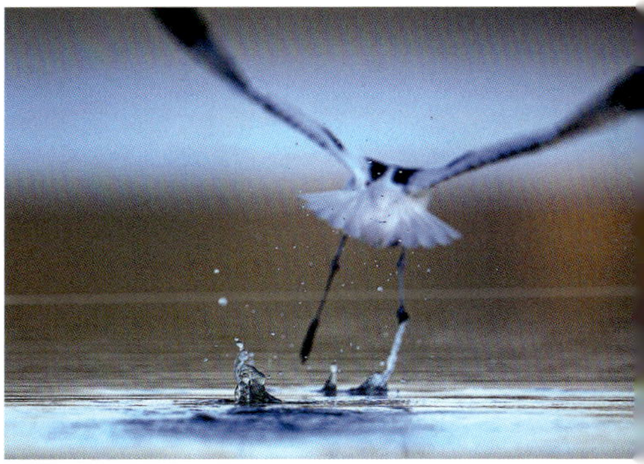

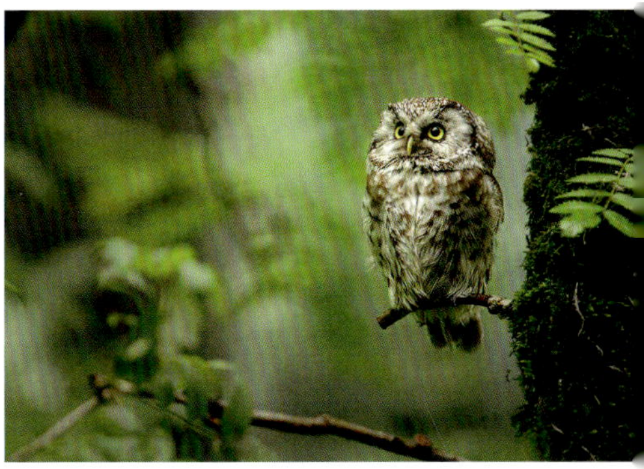

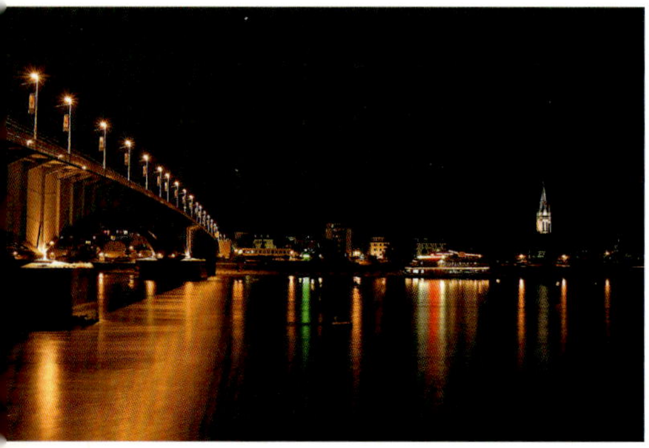

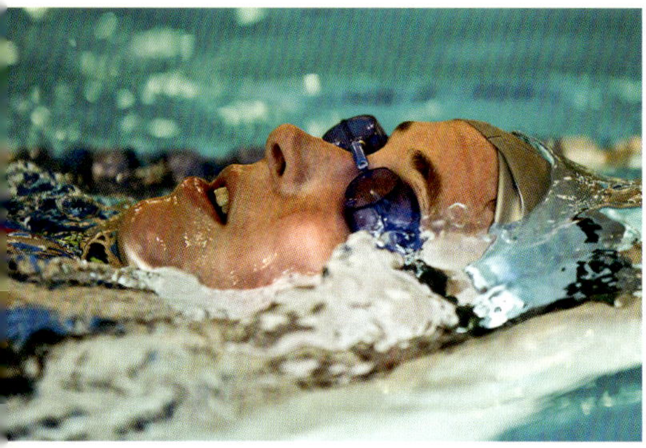

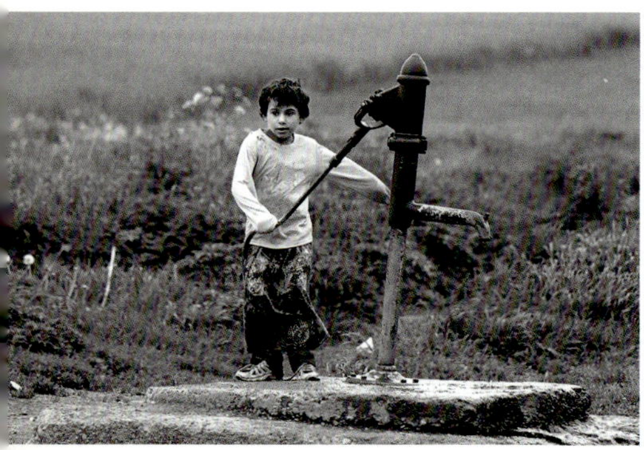

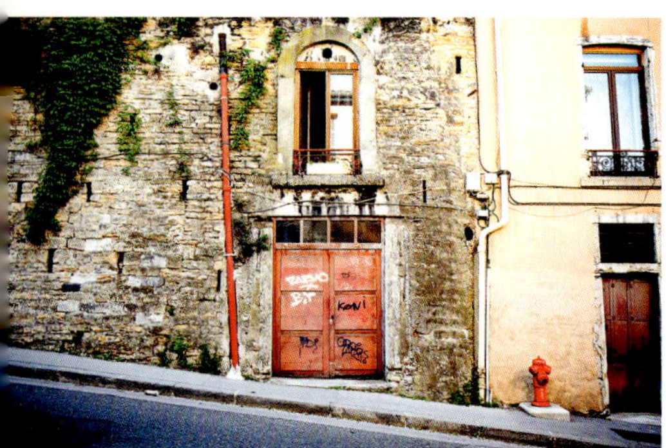

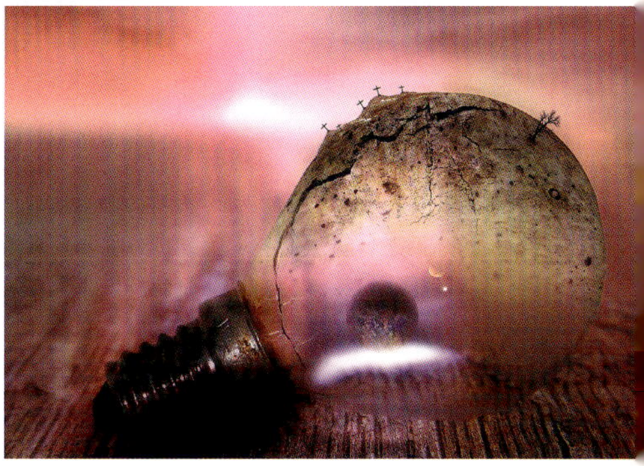

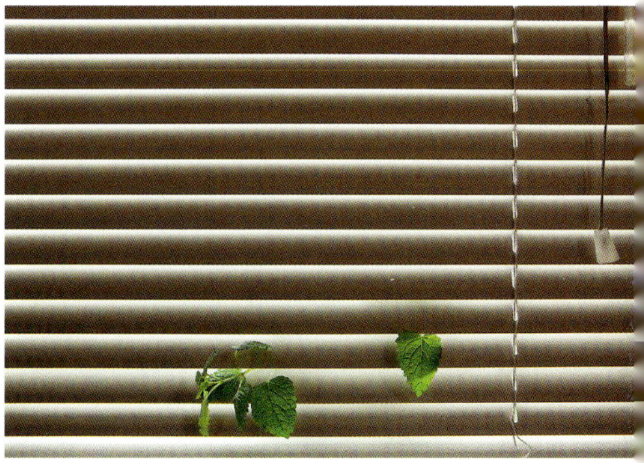

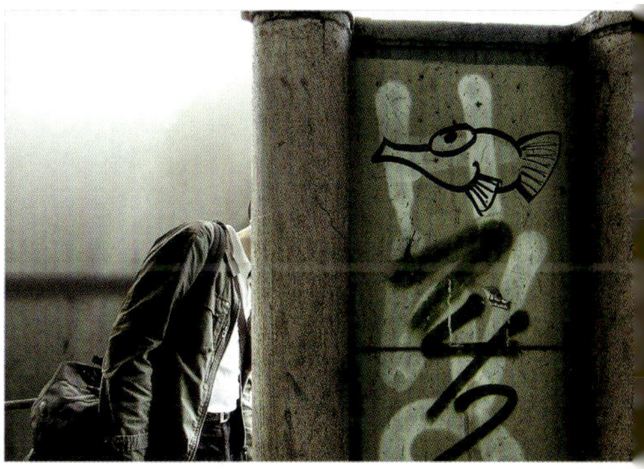

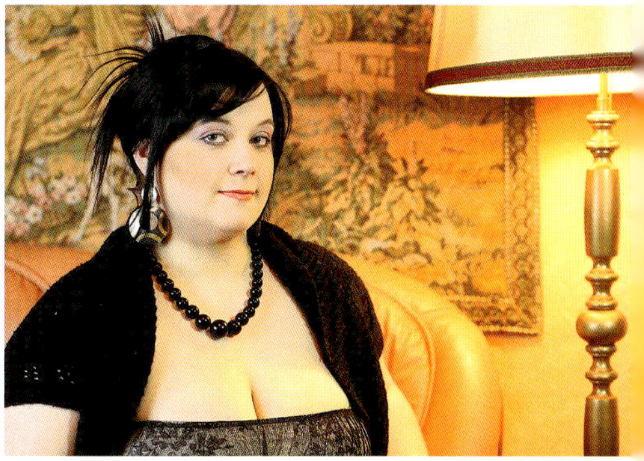

Vorwort

*»Ein Foto sollte man anschauen –
nicht darüber reden.«*

... so sagte der berühmte Fotograf Elliott Erwitt einst. Dieser Satz mag vielleicht für die Fotografien von wenigen Künstlern und Top-Fotografen gelten – nicht aber für den ambitionierten Hobby- oder Profifotografen, der lernen, sich verbessern, sich weiterentwickeln möchte. Erwitts Zitat stammt aus dem Jahr 1928. Heutzutage verfügt jeder zweite deutsche Haushalt über eine Digitalkamera. Aktuelle Studien ergaben, dass im Schnitt jeder Deutsche 60 Fotos im Monat schießt. Jeder dieser Fotografen wünscht sich Feedback zu seinen Aufnahmen, ganz gleich aus welchen Beweggründen seine Bilder entstehen. Im Internet finden Sie heute zahlreiche Möglichkeiten, Ihre Fotos »abzuladen« und auf Feedback zu hoffen, denn Fotocommunities gibt es viele. Wenn Sie unterschiedliche Plattformen ausprobiert haben, werden Sie jedoch schnell feststellen: Es gibt nur eine *fotocommunity*.

In der *fotocommunity* kommen Sie tatsächlich mit denjenigen zusammen, die Ihre Leidenschaft für Fotografie teilen. Mit denen, die Ihnen das Feedback geben, das Sie weiterbringt. Keine andere Fotoplattform im Internet vermittelt Ihnen ein derart detailliertes Wissen zu allen erdenklichen Bereichen der Fotografie. Nirgendwo sonst wird es Ihnen so einfach gemacht, mit anderen Fotografen zu kommunizieren und zu diskutieren, sich zu persönlichen Treffen zu verabreden und gemeinsam zu fotografieren.

Ich kann Ihnen versichern: Nach einem Jahr in der *fotocommunity* werden Sie als Fotograf besser sein als je zuvor. Sie werden Ihr Hobby zu einer Leidenschaft ausgebaut und neue, inspirierende Kontakte geknüpft haben: im Internet – und im Leben. Das alles macht die *fotocommunity* einzigartig. Es macht ihren Erfolg aus, ihre Größe. Eine Größe, die mit einer Million registrierten Mitgliedern über die deutschen Grenzen und den deutschen Sprachraum hinausgewachsen ist. Die *fotocommunity* ist längst international, in fünf Sprachversionen verfügbar, und sie ist die größte Gemeinschaft für Fotografie in Europa. Und die *fotocommunity* wächst nicht nur in ihrer Größe, sondern auch in ihrer Qualität. Sie lässt die Fotografen Europas zusammenwachsen. Jeden Tag kommen neue Menschen und neue Fotos hinzu, und mit ihnen neue Einflüsse und neue Ideen. In diesem Buch werden Sie einigen der besten Fotografen unserer Gemeinschaft über die Schulter schauen, Sie werden sich Anregungen holen können und sind herzlich dazu eingeladen, die Tipps aus diesem Buch fotografisch umzusetzen und in der *fotocommunity* zur Diskussion zu stellen. Denn:

Gute Fotos sollte man anschauen. Und darüber reden. In der *fotocommunity*. Mit den Fotografen der *fotocommunity*.

Sehen Sie selbst.

Herzlichst
Andreas Meyer

Porträtfotografie

Oder: Wer bist du, und was machen wir daraus?

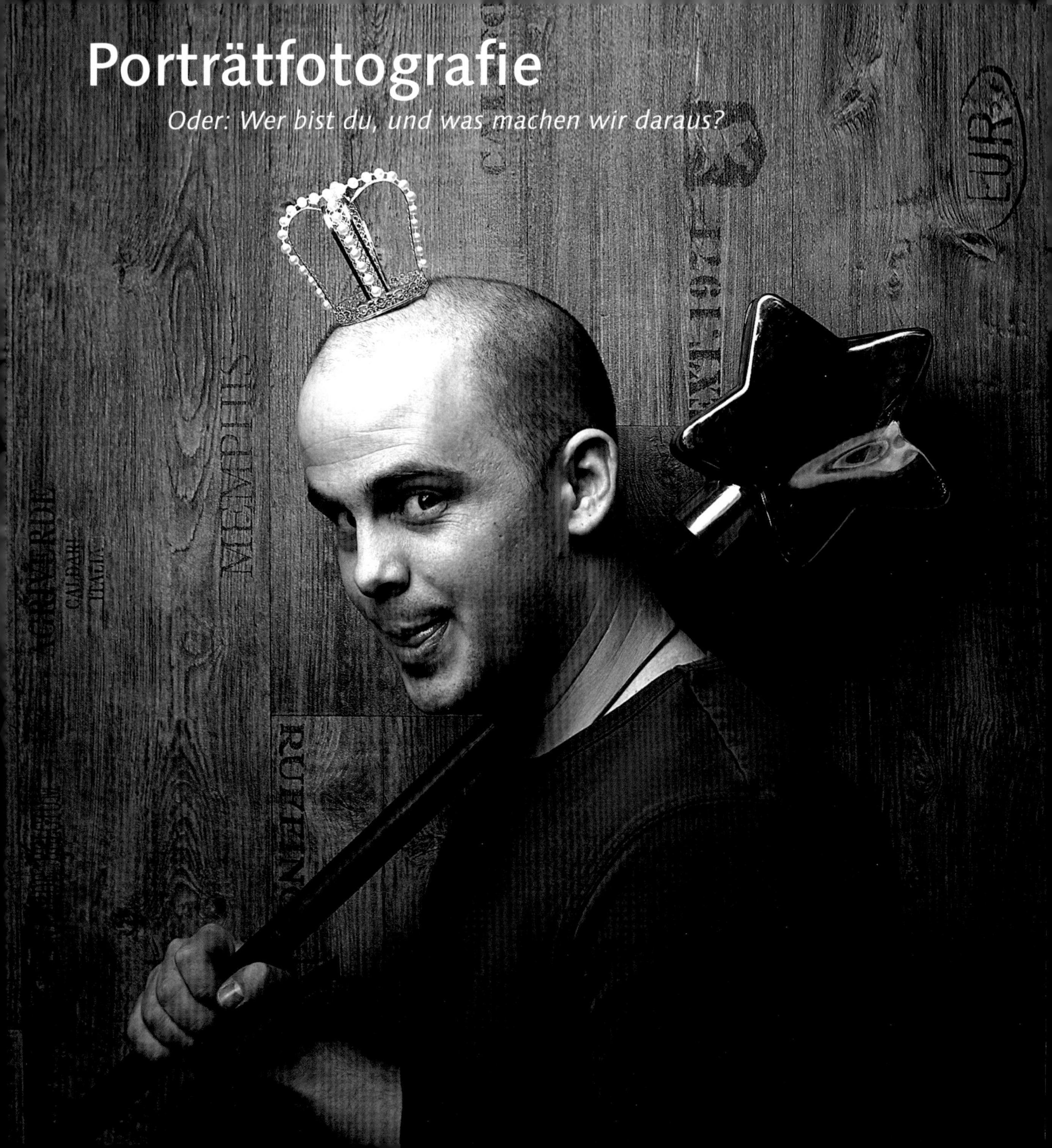

von Matthias Schwaighofer

Von allen Spielarten der Fotografie ist mir das Porträt die liebste. Ein gutes Porträt hat irgendwie Klasse, es fordert sowohl den Betrachter als auch die abgebildete Person heraus. Sie können fragen, wen Sie wollen – so gut wie jeder wird ein Porträtfoto weit oben in der Rangliste seiner Lieblingsfotos haben. Nur: Was macht ein gutes Porträt aus, was lässt es zu etwas Besonderem werden? Eine einfache Frage mit vielen Antworten. Denn so einfach und schlicht Porträts wirken können, so viel Arbeit und Aufwand steckt meist hinter ihrer Entstehung.

Sterntaler
Ein paar Utensilien, die ich für meine kleineren Modelle besorgt habe, und mehrere Quadratmeter Parkettboden: Da konnte ich nicht widerstehen! Das Kind in einem kann – wenn man Glück hat – ziemlich dominant sein. Und dann sollte man es auch rauslassen …

Canon EOS 5D Mark II (Vollformat) | 34 mm | 1/100 sek | f9 | ISO 100 | RAW | Tonwertkorrektur in Photoshop

Seit drei Jahren fotografiere ich, und das hat mein Leben immens bereichert. Seitdem habe ich immer eine Kamera bei mir, egal, wohin ich gehe. In dieser Zeit hat sich die Art, wie ich meine Umwelt betrachte, dramatisch verändert. Ich beschäftige mich mehr mit ihr, versuche tiefer einzudringen und Dinge zu sehen, die möglicherweise nicht auf den ersten Blick ins Auge stechen und auf den zweiten vielleicht noch nicht einmal schön sind – solange sie nur bemerkenswert sind. Der Mensch als Motiv spielt dabei sicherlich eine übergeordnete Rolle. In meinen Porträts versuche ich die Menschen hervorzuheben und Seiten von ihnen zu betonen, die beim Vorübergehen auf der Straße niemals auffallen würden. Natürlich stilisiere ich, überspitze bestimmte Eigenschaften und spiele dazu auch mit Licht, Farben und (Computer-)Technik.

Auf den folgenden Seiten möchte ich Ihnen einen Einblick in meine Herangehensweise, meine persönlichen Erfahrungen bei der Arbeit mit Modellen und mit der Ausrüstung geben. Dabei erhebe ich keinerlei Anspruch auf Vollständigkeit in Bezug auf technische Möglichkeiten oder optische Grundregeln – ich pachte nicht den Anspruch auf die endgültige Wahrheit. Vielmehr möchte ich Ihnen Anregungen geben für den Einstieg in die Porträtfotografie, und vielleicht hilft Ihnen ja auch der eine oder andere Tipp beim Finden Ihres eigenen, ganz persönlichen Stils.

Ich bin so spitz!

Spontan und witzig, so lege ich die meisten meiner Selbstporträts an. Außerdem eignen sie sich perfekt, um neue Funktionen in Photoshop zu lernen oder einfach ein wenig herumzuprobieren. Dieses Bild war eines meiner ersten, und ich habe in diversen Foren, in denen es veröffentlicht wurde, viel positives Feedback dazu bekommen. Das hat mich motiviert, weiterzumachen. Diese Aufnahme war etwas Besonderes für mich, weil ich erstmals auch Hände mit ins Bild gebracht habe – und zwar sogar in Aktion. Das Bild besteht aus zwei in Photoshop zusammengesetzten Fotos: Den Bleistiftspan habe ich separat fotografiert und in der Bildbearbeitung in Größe, Schattenrichtung und Farbgebung an meinen Kopf angepasst.

Canon EOS 30D (Cropfaktor 1,6) | 50 mm | 1/200 sek | f10 | ISO 100 | JPEG | Composing und Farbkorrektur in Photoshop

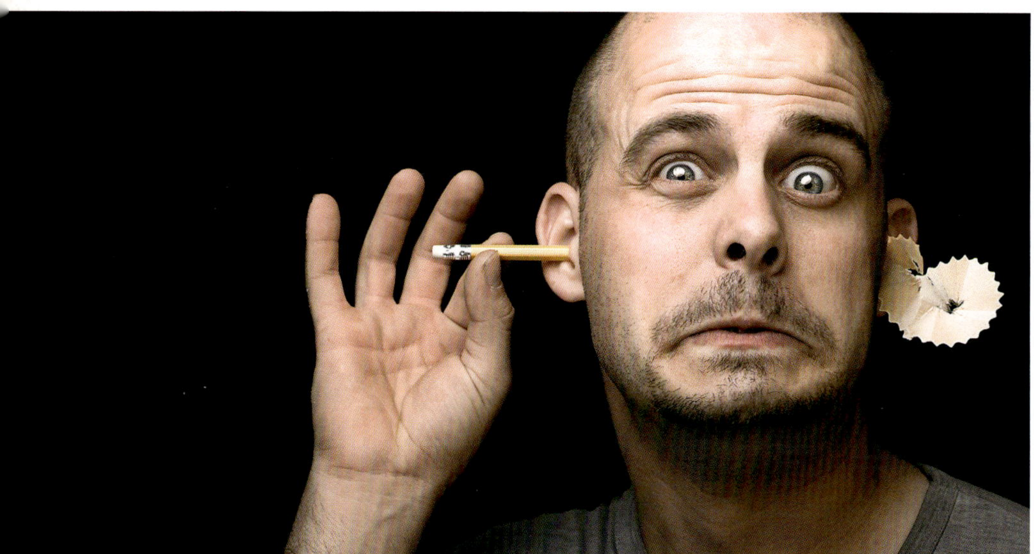

Selbstporträt

Meine ersten Versuche in der Porträtfotografie waren unzählige Selbstporträts. Dadurch hatte ich die Möglichkeit, die Funktionsweise meiner Kamera kennenzulernen und die Grundlagen von Licht, Farbe und Raum verstehen zu lernen. Diese Herangehensweise kann ich jedem angehenden Porträtfotografen nur empfehlen. Bei zukünftigen Shootings mit »richtigen« Modellen ersparen Sie sich und dem Gegenüber dann peinliche Pausen und hektisches Herumprobieren, das einfach nur unprofessionell wirkt und kraftraubend sein kann.

Ganz einfach war dieser Anfang bei mir im Nachhinein gesehen allerdings nicht. Ich hatte keinerlei Erfahrung mit digitalen Spiegelreflexkameras – ich benutzte damals eine Canon EOS 30D, die ich von meinem Vater geerbt hatte – und wurde von den unzähligen Einstel-

Kernspaltung

Porträts können auch über das einzelne Bild hinausgehen. Sie können mit ihnen auch Geschichten erzählen, in diesem Fall wie in einem Comicstrip. Bei diesen Bildern wollte ich eine Szene aus dem Leben von Superman/Clark Kent persiflieren. Zunächst setzte ich eine sogenannte Graukarte zum Weißabgleich ein: Dadurch konnte ich sichergehen, dass die Farben realistisch abgebildet würden, der Hintergrund also tatsächlich in tiefem Schwarz und mein Hemd in reinem Weiß. Zum Einsatz kamen für diese Bildidee auch kleinere Modellbauelemente (das Popcorn habe ich mit Nadeln auf den Maiskolben gespießt) und eine nachträgliche Bildmontage in Photoshop. Den Rauch und die Laserstrahlen habe ich dort hinzugefügt und den Weißabgleich korrigiert. Seien Sie bei solchen Nachbearbeitungen vorsichtig und stellen Sie sicher, dass Ihr Monitor gut kalibriert ist. Ein Bild sieht auf jedem Monitor anders aus (das war mir damals noch nicht recht bewusst), und im schlimmsten Fall kommt etwas wie in dem Ausschnitt unten: Da hier der Rauch und der (leider nicht perfekt) schwarze Hintergrund aus einem anderen Bild ausgeschnitten wurden, passen die Kontrastwerte nicht zu 100% zusammen.

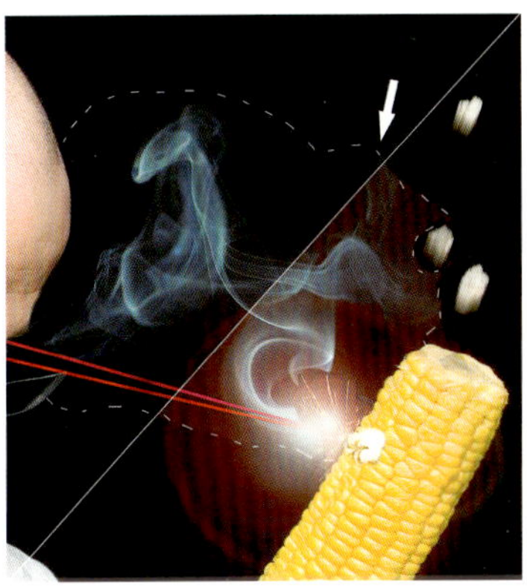

Zur Veranschaulichung habe ich in der Hälfte rechts unten den Kontrast deutlich verändert. Einziges Problem bei diesem Projekt waren die Reflexionen in meiner Brille. Ich musste öfter die Position des Blitzes wechseln und anschließend nachsehen, ob beziehungsweise welche Reflexionen zu sehen waren.

Canon EOS 5D Mark II (Vollformat) | 28 mm | 1/100 sek | f8 | ISO 100 | Composing und Farbkorrektur in Photoshop

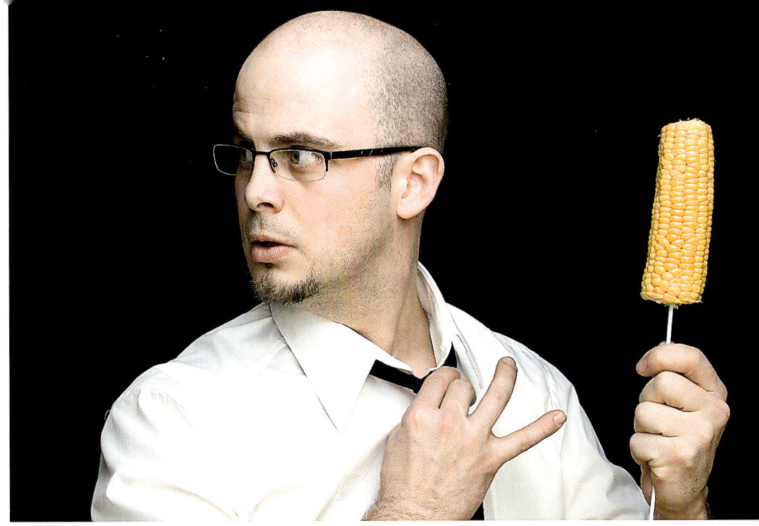

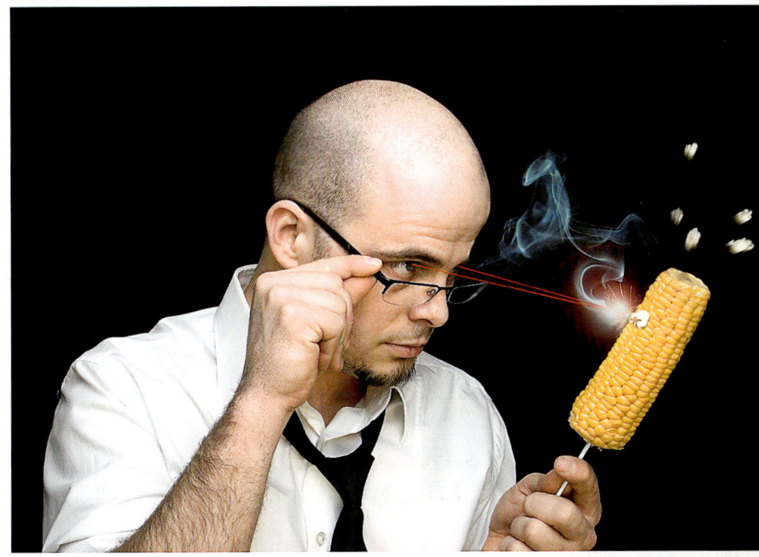

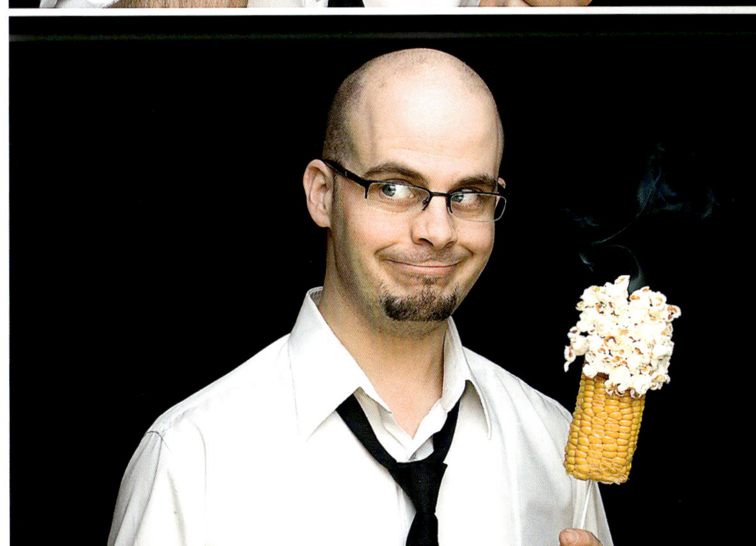

lungsmöglichkeiten regelrecht erschlagen. Auch die Objektive, ihre Bezeichnungen und ihr jeweiliges Einsatzgebiet waren für mich ein Buch mit sieben Siegeln.

Probieren ging in den ersten Wochen aber nicht unbedingt über Studieren: Das Internet war für mich eine extrem wichtige und schier unerschöpfliche Quelle an Hilfen und Inspiration, um mir das technische Know-how selbst beizubringen. So habe ich versucht, meine

Projekte gleichzeitig sowohl von der praktischen als auch von der theoretischen Seite anzugehen. Dadurch gelangen mir recht bald erste – zumindest für mich – befriedigende Ergebnisse. Eine simple Bildidee mit verschiedenen Verschlusszeiten, experimentellen Weißabgleichen und dergleichen umzusetzen zeigt recht schnell den Einfluss der verschiedenen Parameter der Kamera auf das Ergebnis. Gerne habe ich dabei recht extreme Änderungen vorgenommen, um das Resultat deutlicher sehen zu können, und mich dann langsam an die meiner Meinung nach perfekte Einstellung herangetastet.

Frustresistenz sollten Sie übrigens mitbringen – schließlich hat man gerade zu Anfang oft mit einem eher beschränkten Equipment zu kämpfen, und was vor dem inneren Auge noch wie ein fantastisches Bild aussah, wirkt oft genug auf dem Bildschirm wie etwas völlig anderes. Doch diese Phase dauert zum Glück mit einer ordentlichen Portion Ehrgeiz nicht allzu lange. Kritik von außen ist ebenfalls sehr wichtig. Deshalb veröffentliche ich meine Bilder regelmäßig in diversen Online-Foren. Das Feedback von vollkommen fremden Menschen ist einfach objektiver als das meiner Freunde.

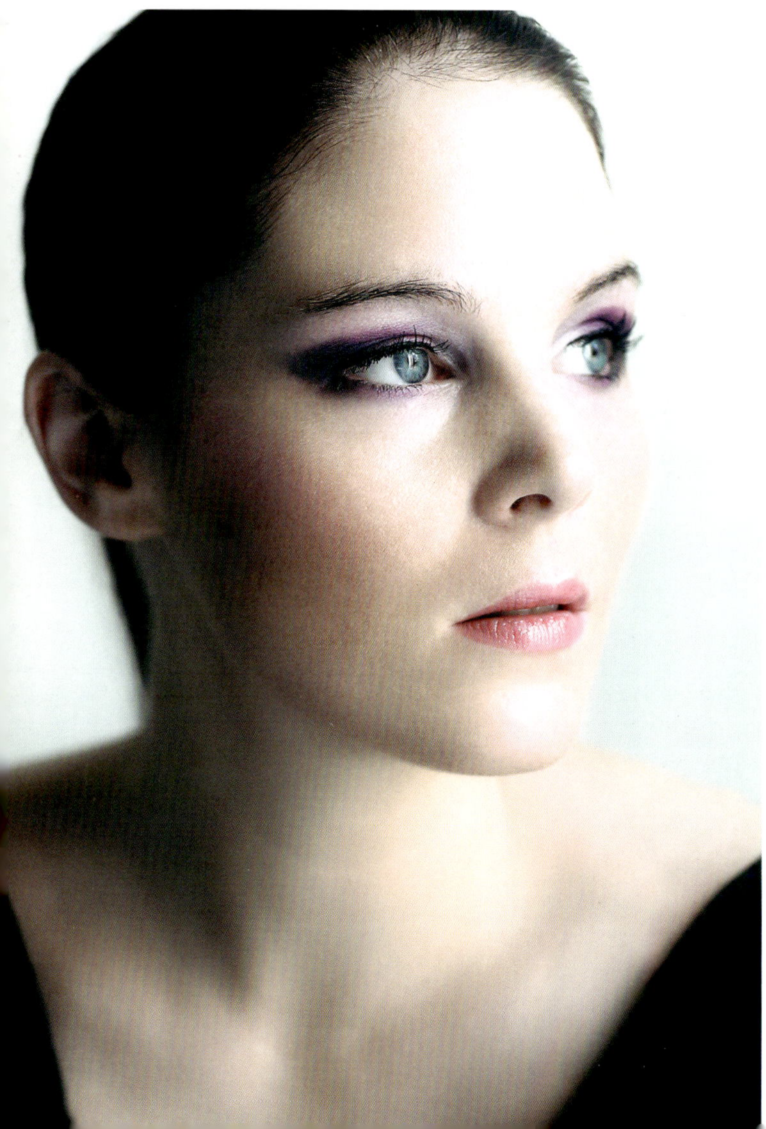

Einsam, zweisam …

Irgendwann hatte ich dann aber genug davon, ständig mein eigenes Gesicht abzulichten und am Computer andauernd mit der gleichen »Herausforderung« konfrontiert zu sein.

Mit Modellen arbeiten | Wenn Sie sich die Grundlagen nämlich erst einmal erschlossen und diese verinnerlicht haben, können Sie den nächsten großen Schritt wagen und damit beginnen, im Freundes- und Bekanntenkreis nach Modellen zu suchen. Der Vorteil dabei ist, dass Sie nicht ständig zwischen den Plätzen vor und hinter der Kamera hin- und herwechseln müssen. So können Sie Ihre Ideen viel schneller umsetzen. Und wenn Ihnen dann auch noch die ersten guten Bilder gelingen, spricht sich das schnell herum, und Sie können im besten Fall bald aus einer ordentlichen Auswahl an Modellen schöpfen. Glück hat dabei, wer ein besonders fotogenes und fantasievolles Modell darunter findet. Mit ihm oder ihr können Sie leicht Konzepte ausarbeiten und schnell

Mein Schatz

Carina ist für mich dieses ganz spezielle Modell, mit dem ich alle möglichen Ideen ausprobieren kann. Sie schlüpft gerne in andere Rollen, kann sich selbst schminken – tut das auch gerne – und ist offen für alles. Wie vielfältig unsere bisherigen gemeinsamen Arbeiten ausfallen, zeigen die beiden Bilder links und rechts sehr gut. »Mein Schatz« wurde ausschließlich mit Tageslicht und ohne Reflektor an einem Fenster aufgenommen. Ich wollte einige Festbrennweiten austesten. Am Computer habe ich noch relativ viel nachgeschminkt, vor allem die Augen, Wangen und Lippen.

Canon EOS 5D Mark II (Vollformat) | 90 mm | 1/40 sek | f4,5 | ISO 100 | Festbrennweite, nachgeschminkt in Photoshop | Modell Carina

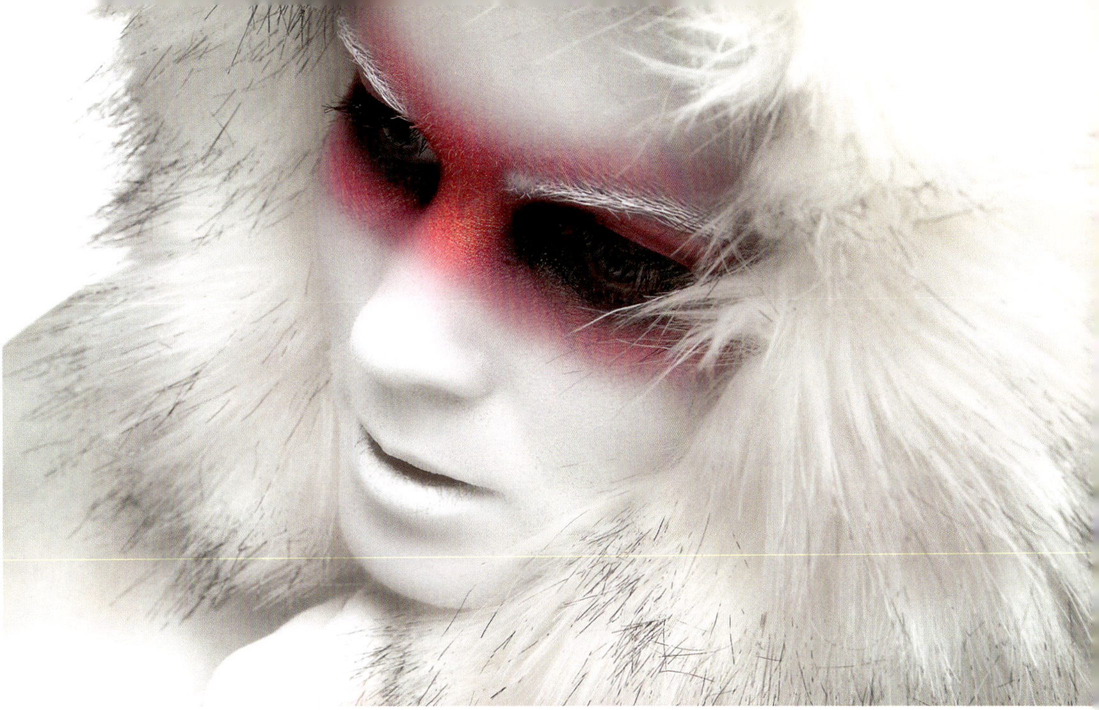

Winter
Mehr echte Schminke kam beim Bild »Winter« zum Einsatz. Das Gesicht wurde mittels Airbrush dick weiß und rot»angemalt« und von einem Fell eingefasst. Um zu einem gleichmäßigen Hautton zu kommen, musste ich natürlich digital etwas nachhelfen, und auch die Hand habe ich mit Hilfe des Stempelwerkzeugs (siehe Abschnitt »Postproduction«, Seite 32) nachträglich weiß eingefärbt. Ich wollte eine entrückte Atmosphäre erzeugen. Um das Porträt künstlicher wirken zu lassen, ließ ich Carina den Mund etwas öffnen, um ihr mehr den Look einer Maske oder Porzellanpuppe zu verleihen. Zudem entschied ich mich für einen Blickwinkel von leicht schräg oben. Im Nachhinein bin ich nicht 100%ig glücklich mit dem Bild. Heute würde ich die Hand ganz zeigen und mit Hilfe einer Tilt-Shift-Optik einen gezielten Schärfeverlauf von der Hand über das Gesicht ziehen: Das Gesicht wäre dadurch scharf, und das Fell würde sich nach außen hin immer mehr in Unschärfe verlieren (siehe Bild »Stefan«, Seite 30).

Canon EOS 30D (Cropfaktor 1,6) | 53 mm | 1/100 sek | f11 | ISO 100 | extremes Make-up | intensive Korrekturen in Photoshop | Modell Carina

Ideen ausprobieren, die am Ende vielleicht dann doch nur ein Schuss ins Blaue waren.

Und das ist ja auch gar kein Problem, um das perfekte Bild geht es schließlich in der ersten Zeit gar nicht. Ziel sollte es vielmehr sein, ein Bild, das Sie im Kopf haben, möglichst genau umsetzen zu können. Ein großer Vorteil ist außerdem, dass Sie die Möglichkeit haben, Bilder aus vollkommen anderen Winkeln und Positionen zu schießen, als das bei einem Selbstporträt möglich wäre.

... gemeinsam? | Möchte ein Modell eine Begleitperson beim Shooting dabeihaben, ist das natürlich kein Problem. Alles, was hilft, damit sich das Modell ruhiger und sicherer fühlt, ist erlaubt. Gerade unerfahrene Personen haben gerne jemanden dabei, dem sie vertrauen. Das gilt übrigens auch für mich als Fotografen, denn bei jedem Shooting begleitet mich meine Freundin Carina. Persönlich begrüße ich es allerdings, wenn das Modell keine Begleitperson dabeihat. Einfach aus dem Grund, dass ich die Erfahrung gemacht habe, dass Menschen meist weit mehr aus sich herausgehen und sich mehr zutrauen, wenn niemand anwesend ist, der sie besser kennt. Tatsächlich habe ich schon öfter die besten Fotos in den Momenten geschossen, in denen die Begleitperson auf der Toilette war oder kurz zum Telefonieren das Set verlassen hatte.

Was kommt als Nächstes?

Das ist eine Frage, die sich nach einem abgeschlossenen Projekt leise an mich heranschleicht und wirklich schwer zu beantworten ist – ich weiß es nämlich meist selbst nicht! Wer meine Bilder betrachtet, wird feststellen, dass ein gar nicht kleiner Teil davon die bereits erwähnten Selbstporträts einnimmt. Sie entstehen spontan, und damit meine ich nicht das Shooting an sich – das ist genauso professionell geplant und durchgeführt wie meine Modell-Shootings –, sondern die Ideenfindung.

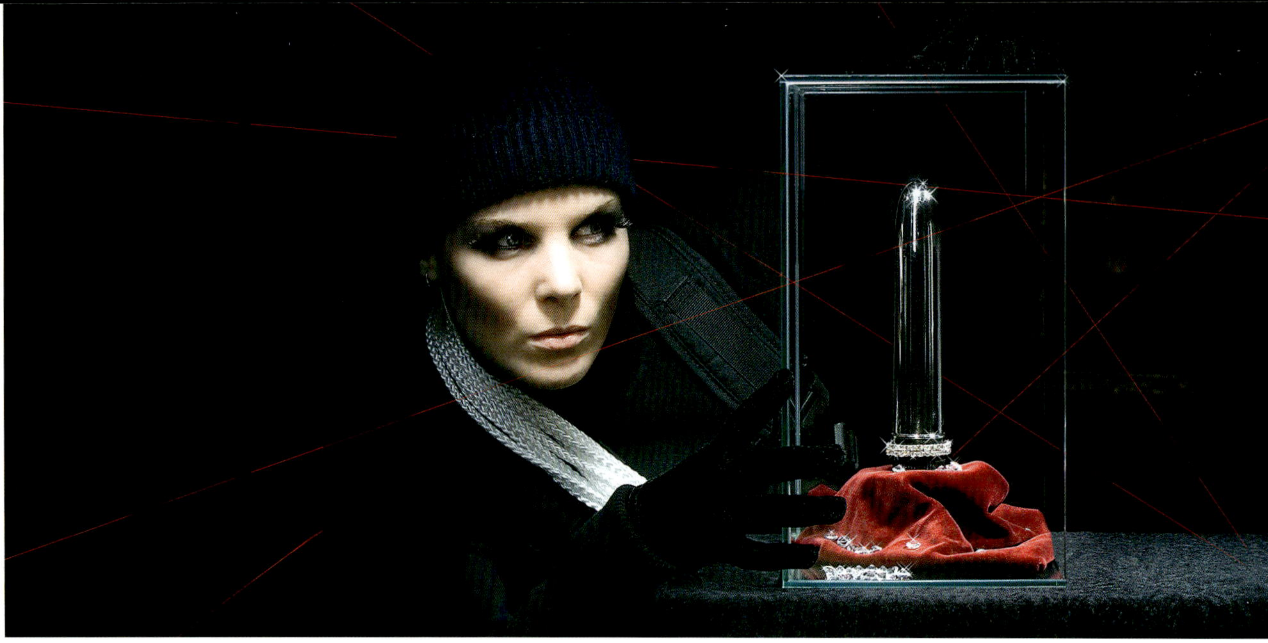

Nachts im Museum

Wie bei dem Bild »Kernspaltung« (Seite 13) wollte ich hier eine Geschichte erzählen. Gleichzeitig ist dieses Bild ein perfektes Beispiel dafür, wie aufwendig und beschwerlich der Entstehungsprozess sein kann. Durch einen Film inspiriert, wollte ich eine Einbrecherszene à la Hollywood kreieren. Zum Abdunkeln verwendete ich einen schwarzen Vorhangstoff, der die ganze Szene umschloss, schließlich durfte sich ja nichts im Glasbehälter spiegeln. Die Kamera selbst lugte nur durch einen Schlitz, und ich war dadurch beinahe ganz vom Modell getrennt. Richtig schwierig war aber die Ausleuchtung: Ich verwendete fünf Blitze und mehrere Striplights, um die Glaskanten hervorzuheben. Allerdings war immer irgendein Teil der Szene falsch ausgeleuchtet, oder das Licht wurde unerwünscht vom Glas reflektiert. Vor allem die künstlichen Wimpern würde ich heute im Nachhinein digital einfügen, da sie unschöne Schatten werfen. In der Postproduction habe ich auch die Laserstrahlen eingefügt.

Canon EOS 30D (Cropfaktor 1,6) | 70 mm | 1/100 sek | f10 | ISO 100 | Samttuch und Handschuhe von Fusseln und die Vitrine von Kratzern digital »gesäubert«

Eine Form, eine Farbe, eine Szene in einem Film, den ich gerade ansehe: Ich lasse mich davon inspirieren und bin offen für Neues. Aber sobald ich weiß, was ich erreichen möchte, bleibe ich bei dieser einen Sache und spiele mit der Idee: Wird es ein Selbstporträt? Farbe oder Schwarzweiß? Welche Requisiten benötige ich? Mit solchen Fragen beschäftige ich mich dann, und oft mache ich mir auch eine Checkliste, um auf keinen Fall etwas zu vergessen. Mancher Gedankengang entwickelt sich dann auch tatsächlich weiter, und ein Konzept entsteht, bei dem ich auf ein Modell angewiesen bin. In vielen Fällen kann ich dazu auf einen der »geköderten« Personen aus meinem Bekanntenkreis zurückgreifen. Mit der Erfahrung steigt aber auch der Anspruch, und eher früher als später stellt sich mir die Frage, woher ich das passende Modell zur aktuell in meinem Kopf herumspukenden Idee bekomme.

Modelle

In den Fotocommunitys im Internet tummeln sich unzählige Modelle, die an Shootings aller Art interessiert sind. Den Kontakt stelle ich über diese Seiten her. Da ich dort auch vertreten bin, kommt es natürlich genauso vor, dass sich ein Modell bei mir meldet. Einige (Amateur-)Modelle möchten einfach nur einmal professionelle und schöne Fotos von sich selbst, andere benötigen neues Material für ihre Sedcard.

Jeder hat gewisse Vorstellungen davon, was für eine Art von Bildern er machen möchte und was ihn nicht interessiert. Mich persönlich interessieren zum Beispiel vorrangig Porträt- und Fashion-Shootings. Das ist etwas, was Sie bei der Arbeit mit einem Modell immer beachten und auch kommunizieren sollten. Denn Modelle

Lena
Hier ist die Hand des Modells ein zentraler Bestandteil der Bildkomposition. Deshalb habe ich mich entschieden, mit zwei Blitzen und einem Reflektor das Modell weich auszuleuchten, der Unterarm sollte auf keinen Fall den Oberkörper mit einem allzu harten Schatten verdecken. Bewusst habe ich mich dafür entschieden, dass sich die wichtigen Elemente des Bildes in der rechten Hälfte befinden. Die Körperhaltung, das Fallen der Haare – das alles sollte einen Fluss der Linien in Richtung der Augen erzwingen. Dafür habe ich zusätzlich den grauen Hintergrund sehr hell ausgeleuchtet, um einen harten Kontrast zu den dunklen Haaren zu erreichen und das Modell damit stärker hervorzuheben. Bei der Nachbearbeitung konnte ich mich hauptsächlich auf den Schmuck und sein »Glitzern« konzentrieren.

Canon EOS 5D Mark II (Vollformat) | 63 mm | 1/100 sek | f11 | ISO 100 | Nachschärfen über den Hochpassfilter in Photoshop | Modell Lena

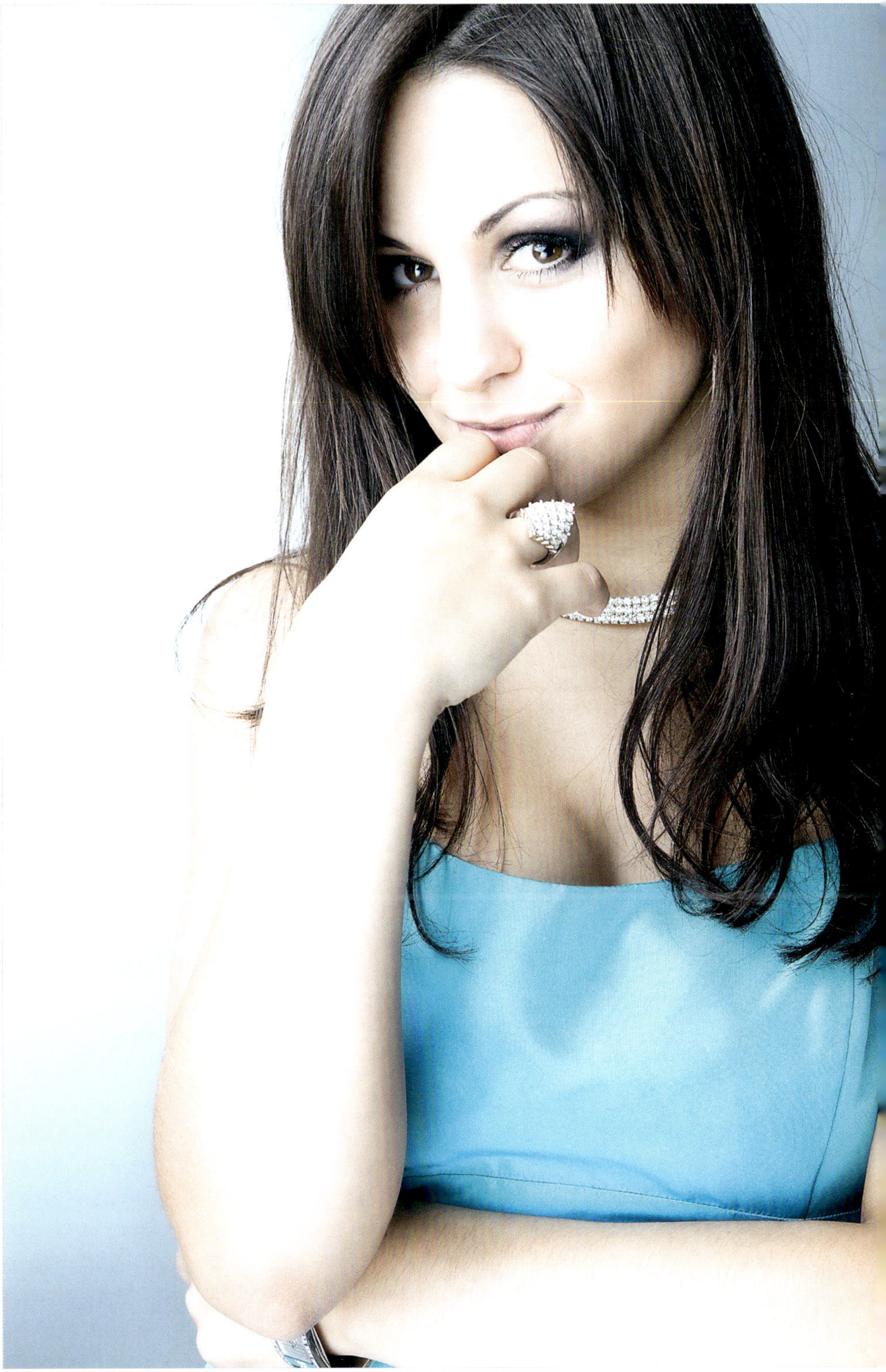

gibt es viele, allerdings sind nicht alle talentiert, und von den talentierten passen nicht alle zu dem Bild, das Sie machen möchten. Die Suche nach der passenden Person kann dementsprechend lange dauern, und Enttäuschungen können Sie nicht vermeiden. Selbst mit bester Recherche bleibt immer das Risiko, dass Fotograf und Modell miteinander einfach »nicht können«. Bevor ich ein Modell anschreibe oder ihm einen Auftrag zusage, schaue ich mir deshalb jedes Mal möglichst viele Bilder aus seinem Portfolio an. Dort finde ich heraus, in welche Richtung die bisherigen Bilder des Modells gehen, und vor allem sehe ich – bei einem regelmäßig auf den letzten

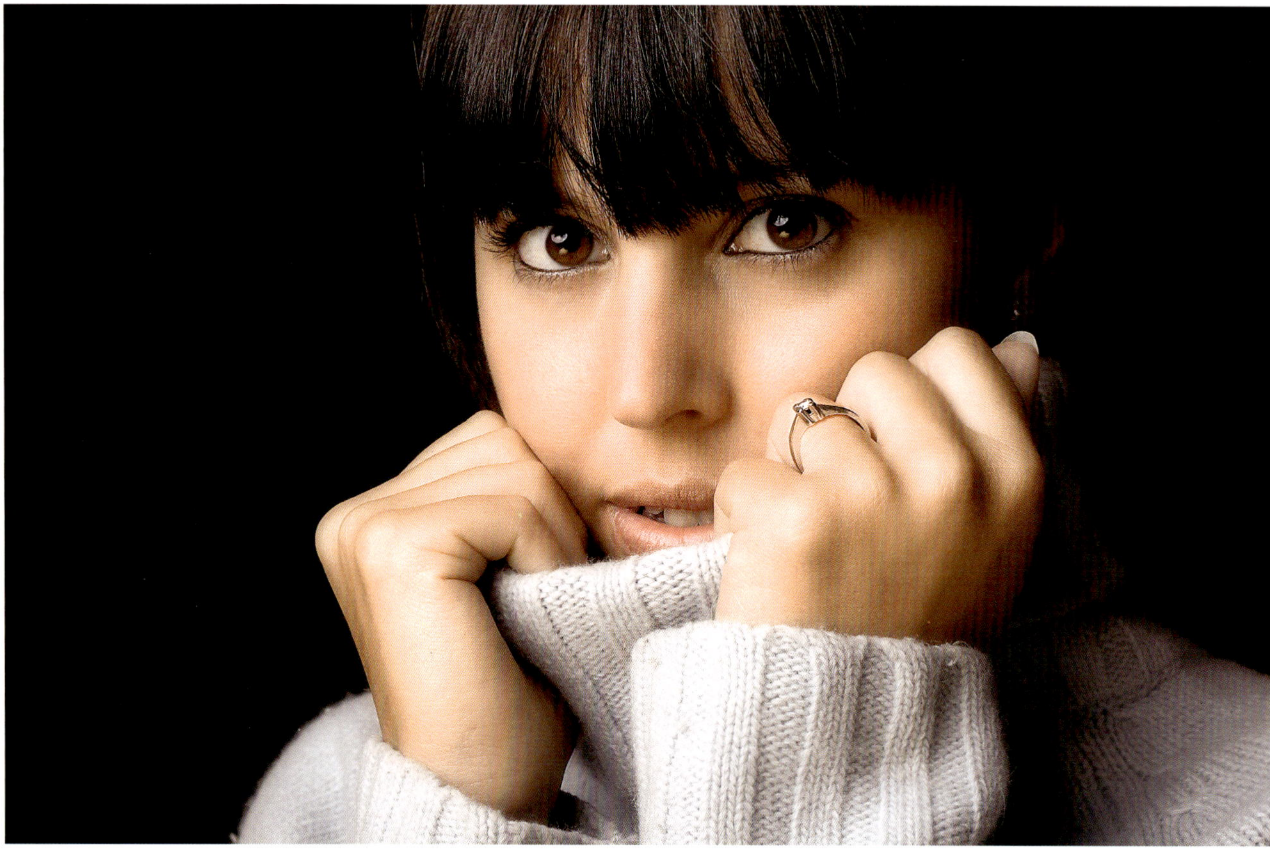

Lisa

Nicht alles, was im fertigen Bild wirkt, muss sich während des Shootings gut anfühlen. Um den für diese Aufnahme gewünschten »Kuschel-Look« zu erzielen, bat ich das Modell, in verschiedenen Posen an ihren Rollkragenpullover zu fassen. Wenn man keine genaue Vorstellung davon hat, wie eine bestimmte Pose am Ende aussehen wird, fällt es einem teils recht schwer, zu einem ordentlichen Resultat zu gelangen. In diesem Fall stand das Modell aufrecht im Raum und hielt sich einfach am Pullover fest. Ihre Stirnfransen, die Hände und der Rollkragen vor dem dunklen Hintergrund bilden einen perfekten Rahmen für ihr Gesicht und betonen die Augenpartie. Für sie allerdings hat sich das möglicherweise komisch angefühlt, da sie nicht wusste, wie das Bild später wirken würde. Deshalb ist es wichtig, sich während des Shootings immer wieder Zeit zu nehmen, die Aufnahmen mit dem Modell zusammen durchzusehen und sich zu besprechen.

Canon EOS 30D (Cropfaktor 1,6) | 50 mm | 1/200 sek | f10 | ISO 100 | Beautyretusche und leichte Drehung des Rings in Photoshop | Modell Lisa

Stand gebrachten Portfolio – wichtige Aspekte wie Haarfarbe, Wandlungsfähigkeit, Größe etc.

Bevor Sie sich mit dem Modell zum Shooting treffen, sollten Sie einige wichtige Dinge vereinbaren, die beim späteren Treffen teilweise auch vertraglich fixiert werden. Dazu gehören Regelungen zu den Veröffentlichungs- und Vervielfältigungsrechten, zur Kostenübernahme für die Anfahrt oder die Visagistin und Ähnliches. Vertragsvorlagen für verschiedene Situationen werden in allen ernst zu nehmenden Fotoforen zum Download bereitgestellt, und es müssen dann bloß noch die persönlichen Daten von Fotograf und Modell eingetragen werden.

Grundsätzliches | Das Shooting und die groben Nebensächlichkeiten sind fixiert, und die Frage »Bei mir oder bei dir?« ist geklärt. Ob nun eine junge Frau, ein gestandener Mann oder ein Kleinkind vor meiner Linse steht

– für sie alle sowie für ihre Begleitpersonen gilt dasselbe: Höflichkeit und Ehrlichkeit sind ein absolutes Muss! Meistens verbringen Sie die kommenden Stunden mit einem fremden Menschen, und Sie sollten ein möglichst gutes Verständnis für den jeweils anderen aufbauen. Ganz gleich, ob das Modell nun von mir möchte, dass ich eine bestimmte Seite von ihm in einem Bild festhalte, oder ob ich es brauche, um eine meiner Ideen in die Wirklichkeit zu holen: Es muss erst einmal eine angenehme Atmosphäre geschaffen werden! Deshalb tue ich all das, was ich mir auch von meinem Gegenüber wünsche. Das heißt, ich achte auf meine Körperpflege und sorge für eine ordentliche und angenehme Umgebung. Farben, Geräusche und Gerüche können auch unterschwellig die Stimmung des Modells beeinflussen. Bei einer Tasse Tee oder Kaffee mit angenehmer Musikbegleitung lernen Sie sich leicht und ungezwungen kennen. Aber wie gut Sie sich auch vorbereiten und verhalten, nicht immer muss sich der gewünschte Kennenlerneffekt einstellen. In diesem Fall sollten Sie nicht die Nerven verlieren – letzten Endes haben Sie sich ja mit dem Modell wegen der Fotos und nicht wegen der Konversation getroffen.

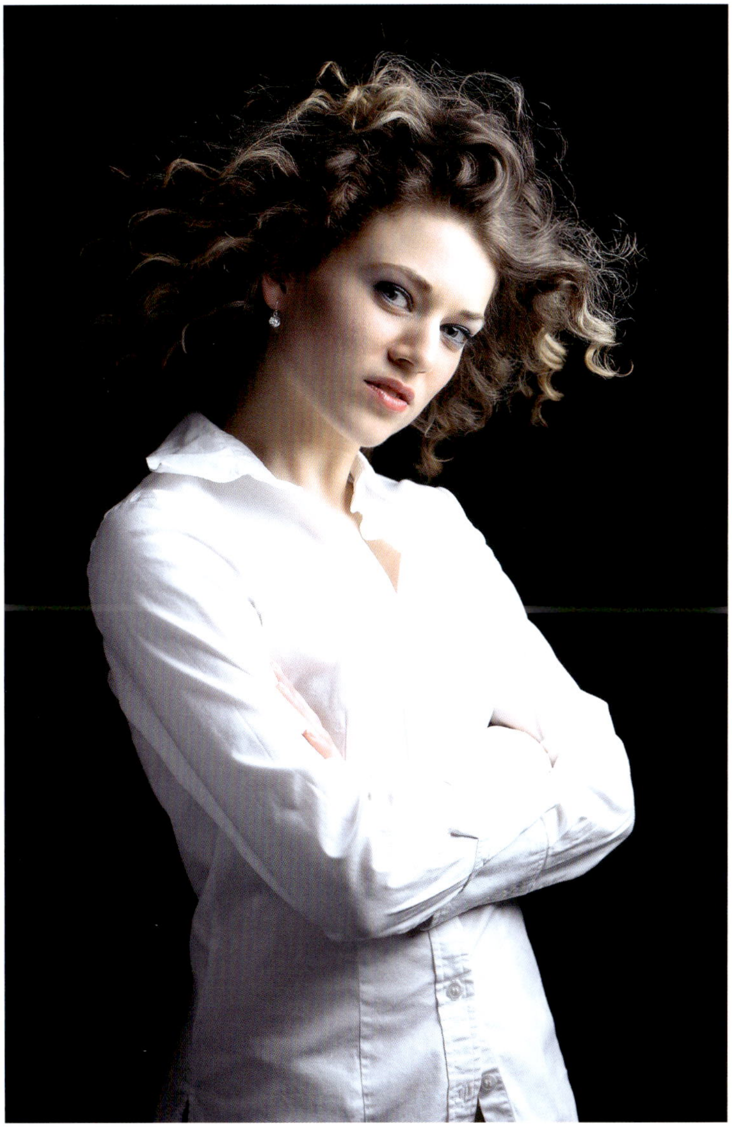

Kommunikation | Während der Kennenlernphase versuche ich das Modell auf die gemeinsame Arbeitsweise vorzubereiten. Und ein wichtiger Aspekt bei jedem Shooting ist die Kommunikation – sie sollte klar, eindeutig und ehrlich sein. So erkläre ich schon vor den ersten Fotos, was ich unter der Anweisung »Dreh dich nach rechts, aber schau nach links« meine. Das sorgt zu Anfang nicht nur für den einen oder anderen unfreiwilligen und befreienden Lacher, sondern spart im Laufe des Shootings auch Zeit. Zeit, die Sie besser darauf verwenden, den Gesichtsausdruck, die Haare und das Licht im Auge zu behalten.

Teilweise kann es vorkommen, dass ich dem Modell unschöne Wahrheiten wie »Deine

Casey

Ziel bei diesem Bild war es, eine freche Stimmung zu erzeugen. Um diesen Eindruck zu erlangen, wollte ich mich nicht nur auf die Körperhaltung und die Mimik des Modells verlassen. Stattdessen habe ich mit Hilfe der Werkzeuge Abwedler und Nachbelichter gezielt Haarstellen und Falten der Bluse herausmodelliert und durch eine Retusche ein Funkeln in den Augen erzeugt.

Canon EOS 5D Mark II (Vollformat) | 50 mm | 1/100 sek | f4,5 | ISO 125 | leichtes Make-up und Beautyretusche in Photoshop | Modell Casey

Nase wirkt aus dieser Perspektive zu groß« sagen muss. Das ist anfangs sicherlich nicht einfach, aber Sie sollten sich von Beginn an dazu durchringen. Und ich möchte hier behaupten, dass – solange Sie den richtigen Ton treffen – das Gegenüber meist unerwartet kritikfähig sein wird. Dem Modell zeigt diese Ehrlichkeit auch, dass Sie wirklich mit ihm gemeinsam an schönen Bildern arbeiten und dass Sie das Shooting und seine Ergebnisse ernst nehmen.

Arbeite ich mit dem Modell das erste Mal zusammen, zeige ich ihm vor dem eigentlichen Shooting das Set und mache es mit dem Equipment vertraut. Dabei kann es sich schon ein wenig eingewöhnen, und gerade bei unerfahrenen Modellen fällt die Hemmschwelle schneller, wenn es sieht, wie professionell und gleichzeitig »normal« so ein Studio ausgestattet ist. Hierfür nehme ich mir so viel Zeit, wie nötig ist, und erkläre dem Modell auch unwichtige Details. Meistens habe ich für ein Shooting schon einige Beispielbilder vorbereitet, die dem Modell zeigen sollen, was ich mir vorstelle. Wir sehen uns die Fotos kurz an, und ich erkläre dem Modell, was in etwa gemacht wird, und mache es damit neugierig.

The Beauty and ... me!

Einen maßgeblichen Anteil an meiner Arbeit nehmen sogenannte Beautyporträts ein. Diese werden allgemein meist mit weiblichen Modellen aufgenommen. In ihnen stehen das Hervorheben der positiven Merkmale eines Gesichts, die perfekte Ausleuchtung und eine aufwendige digitale Nachbearbeitung im Vordergrund. Dem Modell soll mit diesen Bilder besonders geschmeichelt werden: Haut, Haare, Augen – sie sollen wirken wie an einem (in der Realität nicht zu erreichenden) perfekten Tag.

Allzeit bereit | So perfekt, wie das Porträt am Ende aussehen soll, so perfekt bin ich vorbereitet: geladene Ersatzakkus, die Kamera auf dem Stativ, Blitze und Softboxen in Standardposition. Auch mein Notebook läuft – schließlich werde ich immer wieder nebenbei die Bilder meiner vollgeknipsten Speicherkarten auf die Festplatte sichern.

Miteinander warm werden | Die ersten Bilder schieße ich eigentlich immer nach dem gleichen Muster: Das Modell hält einen Reflektor in der Hand, und ich stehe ihm direkt gegenüber, eine Softbox direkt über mir ist auf das Modell gerichtet. Die in dieser Phase aufgenommenen Bilder sind noch nicht »ernst gemeint«. Sie dienen lediglich dazu, die Kamera einzustellen und das Licht auszutesten. Gleichzeitig aber hat diese erste Phase den Effekt, dass sich das Modell an das Blitzlicht gewöhnen kann und sich für das eigentliche Shooting aufwärmt. Anfangs neigen die Augen dazu, zu tränen, beziehungsweise das Modell blinzelt reflexartig. Dass es den Reflektor selbst hält, ist deshalb gut, weil es sich so einerseits von Anfang an mit einbezogen und andererseits auch sicherer fühlt, da automatisch eine gewisse räumliche Distanz zwischen uns beiden erzeugt wird. Diese Phase dauert meist zehn bis fünfzehn Minuten, und am Ende habe ich mir auch Klarheit darüber verschafft, welcher Reflektortyp (silber, gold oder weiß) am besten zur Haut des Modells passt und ob ich vorläufig eher mit einem hellen oder dunklen Hintergrund weiterarbeiten werde.

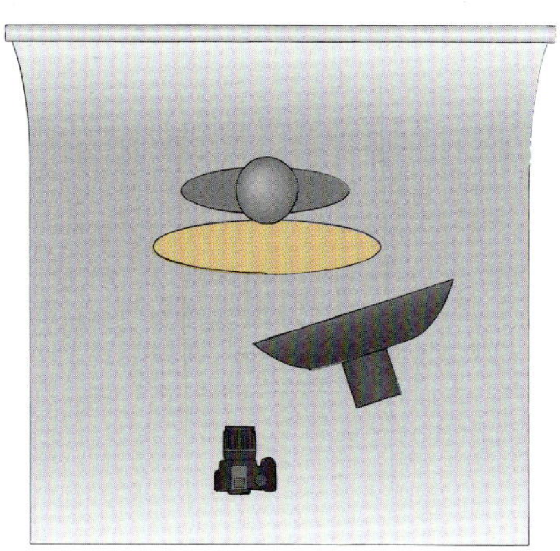

Standard-Setup
Diese Grafik zeigt die Standardposition für die Aufwärm- und Beautyshootings. Das Modell hält einen Reflektor, ich stehe ihm gegenüber, und ein Blitz oder eine Softbox ist von schräg oben auf das Modell gerichtet.

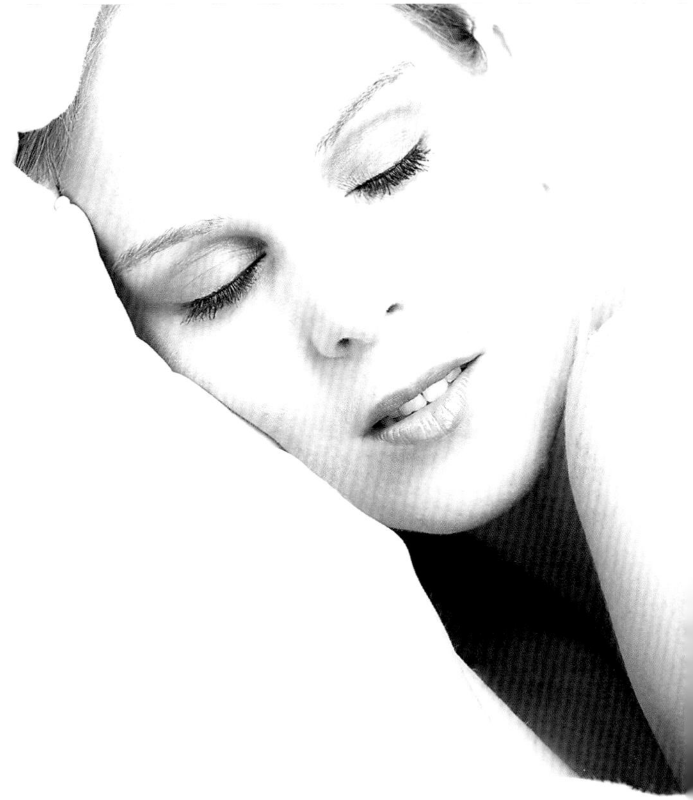

Nichts bleibt, wie es ist | Viele Fotografen möchten bei einem Porträt erreichen, dass der abgebildete Mensch in den Vordergrund tritt. Sie wollen das Einzigartige dieses Menschen zeigen, manchmal die offensichtliche Schönheit oder aber eine eher subtile Seite, die der normale Betrachter sonst nicht zu sehen bekommt. So oder so orientieren sich die meisten an dem, was ihnen die Person zur Verfügung stellt. Natürlich ist das auch eines meiner Ziele bei jedem Shooting. Bietet mir das Modell jedoch die Möglichkeit dazu, möchte ich es auch mal von einer Seite zeigen, die es von sich selbst noch gar nicht kennt – vielleicht weil es sie so auch gar nicht gibt! Zwar verwandelt sich nicht jede Frau gleich in einen Vamp, nur weil sie roten Lippenstift aufträgt und ihre Augen à la *Smokey Eyes* geschminkt hat. Aber ob ich das oder etwas anderes hinbekomme, ist zumindest einen Versuch wert. Mit einem Großteil der Modelle arbeite ich nur ein einziges Mal zusammen, und diese Zeit möchte ich nutzen, um alle Facetten auszureizen. Darum wechsele ich im Laufe des Shootings immer wieder den Hintergrund und auch die Position der Ausrüstung, das Modell verändert sein Make-up und die Kleidung. Bei jeder neuen Einstellung schieße ich Dutzende Bilder und experimentiere mit anderen Perspektiven und Einstellungen.

An deiner Seite

Dies ist eine klassische High-Key-Aufnahme, die ich in einem lichtdurchfluteten Hotelzimmer aufgenommen habe. High Key bedeutet, dass die hellen Bildpartien dominieren, diese aber allesamt noch Tonwerte besitzen, also nicht komplett weiß sind. Auch ist der Kontrast niedrig und das Licht stets weich.

Canon EOS 30D (Cropfaktor 1,6) | 50 mm | 1/40 sek | f6,3 | ISO 300 | Gradationskurven bearbeitet in Photoshop | Modell Carina

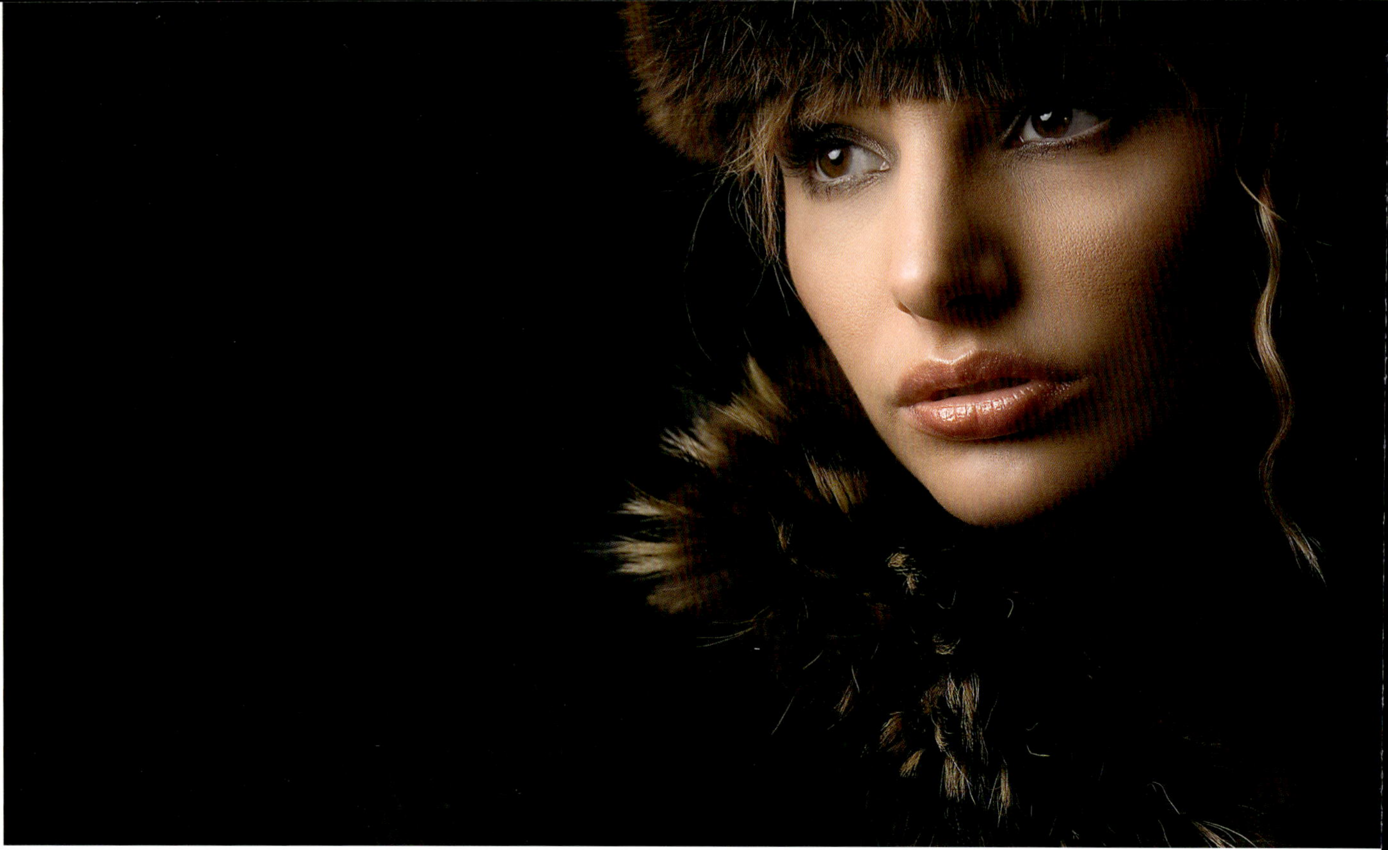

Einen Wimpernschlag noch bis nach Polen

Nicht jedes Modell kommt so perfekt vorbereitet, wie Dorota es bei diesem Shooting war. In einem Koffer brachte sie Kleidung, Make-up und Accessoires in Hülle und Fülle mit, um sich jederzeit neu stylen zu können. Das Gute in so einem Fall ist, dass Sie davon ausgehen können, dass dem Modell die Sachen passen und stehen. Wir probierten diverse Looks aus und versuchten dabei, eine Pose zu finden, die eine Geschichte erzählt oder einen Moment beschreibt. In diesem Fall sollte sie jemanden ansehen – oder vielleicht hinterhersehen ... Weich eingebettet in einen Pelzkragen und eine Pelzmütze, liegt das Gesicht mit den leicht nach oben blickenden Augen. Die Mimik strahlt Unsicherheit aus, ob diese positiv oder negativ ist, muss der Betrachter für sich entscheiden. Die Locke war übrigens – wie so vieles bei meinen Bildern – Zufall: Eigentlich waren die Haare streng nach oben frisiert, doch durch die ständigen Drehungen des Kopfes und die Verlagerung der Körperhaltung löste sich letztlich doch eine Strähne ...

Canon EOS 30D (Cropfaktor 1,6) | 53 mm | 1/125 sek | f7,1 | ISO 100 | Beautyretusche in Photoshop, digitaler Puder, Abwedler und Nachbelichter speziell auf Haare und Pelz angewendet | Modell Dorota

MARKIEREN GEHT ÜBER STUDIEREN ...

Bei einem Shooting kommt es natürlich immer wieder mal zu Pausen, in denen Sie sich zum Beispiel mit dem Modell die bereits geschossenen Fotos ansehen. Um anschließend nicht immer wieder die richtige Aufnahmeposition suchen oder die Kamera einstellen zu müssen, mache ich mit Klebeband Markierungspunkte auf den Boden oder das verwendete Sitzmöbel. Dadurch wird gewährleistet, dass Sie fortlaufend bei gleicher Licht- und Kameraposition arbeiten können – es sind nur noch Detaileinstellungen an der Kamera vorzunehmen.

Ein positiver Nebeneffekt ist zudem, dass so vor allem unerfahrene Modelle nicht zu »fliehen« versuchen. Oft stellen sie nämlich anfangs unwillkürlich Distanz her, indem sie sich immer weiter von der Kamera entfernen. Mit den Markierungen »fixiere« ich sie dort, wo ich sie haben möchte.

Einfach laufen lassen | Im besten Fall erreiche ich bei einem Shooting, dass das Modell ganz aus sich herausgeht und – bis zu einem gewissen Grad – gar nicht mehr daran denkt, dass es fotografiert wird. Ist es dann in diesem »Posen-Workflow«, lasse ich das Modell selbst posen und sehe, was passiert. Ich greife dann lediglich ein, wenn ich merke, dass sich das Shooting in eine Richtung entwickelt, die mir gar nicht gefällt. Bis dahin knipse ich alles, was »funktioniert«. Zwischendurch sehe ich mir zusammen mit dem Modell einzelne Bilder an. Gelungene ebenso wie solche, die gleich danach in den Papierkorb wandern. Dabei sehen beide Seiten, was sie bei den nächsten Fotos verstärken oder eher vermeiden sollten. Sieht das Modell, dass so tatsächlich eindrucksvolle Bilder entstehen, geht plötzlich alles einfacher. Es wird ein positiver Ehrgeiz geweckt, ganz egal, wie motiviert das Modell bereits vorher schon war.

Wer bist du? | Einer der interessantesten Aspekte bei der Porträtfotografie ist es, herauszufinden, was einen Menschen interessant macht oder kennzeichnet. Denn diese Eigenschaft kann ich dann hervorheben oder auch vertuschen. Unvorteilhafte Merkmale kaschiere ich dabei teilweise schon während des Shootings, indem ich bestimmte Kamerawinkel vermeide oder dem Modell von ungünstiger Kleidung abrate. Wenn dies nicht möglich ist, stutze ich ihnen später am Computer ein wenig die Krallen. Die Ausleuchtung bei einem Beautyshooting gestalte ich meist relativ unkompliziert: In der Regel genügen ein Blitz mit Softbox und ein Reflektor (siehe Skizze auf Seite 20). Die Softbox ermöglicht es, ein weich-sanftes Licht zu erzeugen, das mit einem »nackten« Blitz kaum möglich wäre. Der Reflektor sorgt außerdem dafür, dass keine unschönen harten Schatten unter Nase und Kinn entstehen.

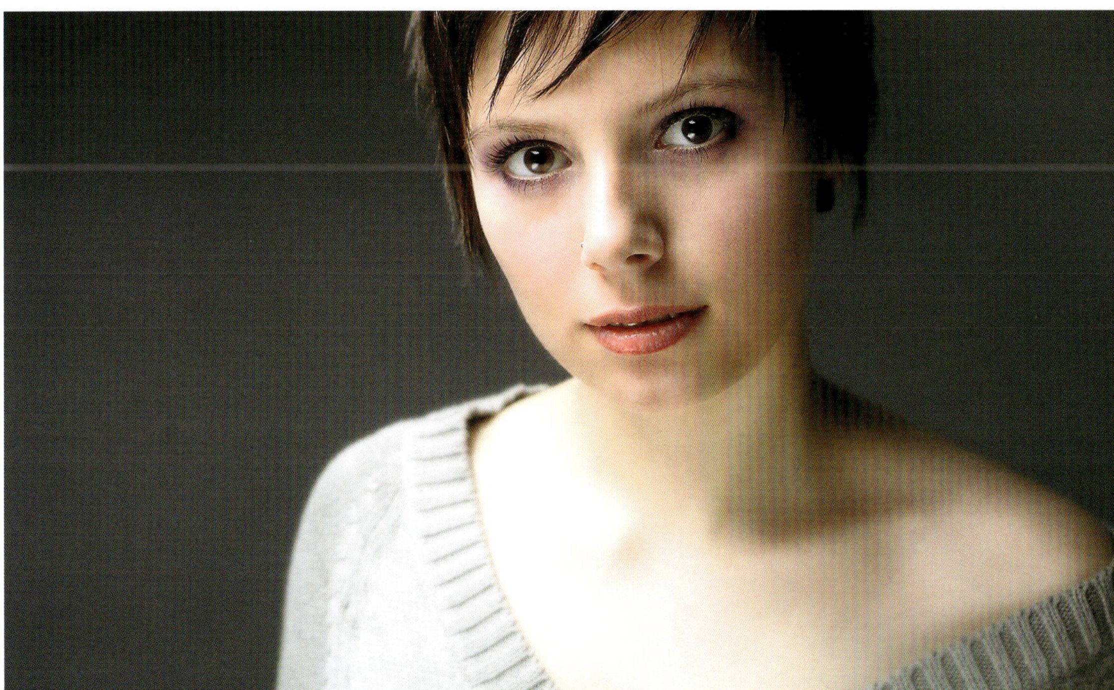

Direkt
Eine Visagistin hat dieses Modell perfekt auf Beauty geschminkt. Hauptaugenmerk waren die gleichmäßige Verteilung der Grundierung auf der Haut und das Hervorheben der Augen. Für die Beautyfotografie sollte Farbe (zum Beispiel auf Lidern und Wangen) eher dick aufgetragen werden, da das Blitzlicht sehr viel davon »verschluckt«. Wird zu wenig verwendet, können diese Stellen blass und konturlos erscheinen, und das Auftragen des Make-ups war umsonst. Das Gesicht des Modells ist hier etwas geneigt, und auch die Schultern sind schief. Um das Halten einer solchen Pose über einen längeren Zeitraum zu erleichtern, verwende ich meist einen kleinen Tisch oder – wie in diesem Fall – einen Stuhl, auf dessen Lehne sich das Modell stützen kann. Wenn man so einmal die richtige Pose gefunden hat, kann sie immer wieder schnell eingenommen werden, und außerdem wirkt die Haltung des Modells auf diese Weise meist natürlicher. Der Hintergrund wurde ebenfalls beleuchtet und erst nachträglich von Grau nach Grün eingefärbt. Mittels Tonwertkorrektur habe ich alle Teile des Bildes ein wenig angeglichen und anschließend eine Beautyretusche durchgeführt. In der Nachbearbeitung habe ich auch einen Schärfeverlauf durch das Bild erzeugt, um einen subtilen Tilt-Shift-Effekt zu erreichen. Nun ist der zentrale Blickpunkt das Gesicht des Modells, der Rest verliert immer mehr an Schärfe.

Canon EOS 5D Mark II (Vollformat) | 50 mm | 1/100 sek | f7,1 | ISO 100 | Beautyretusche und Tonwertkorrektur in Photoshop | Modell Iris

Visagistin | Bei bestimmten Bildideen stellt sich zwangsläufig die Frage, ob Sie nicht besser eine Visagistin engagieren sollten. Aus persönlicher Erfahrung kann ich bei speziellen Projekten dazu raten: Eine gut ausgebildete Visagistin kann das Shooting erheblich erleichtern und das Modell derart verändern, wie Sie es selbst niemals erreichen könnten. Genauso wie Modelle finden Sie Visagistinnen zumeist auf den Seiten der bekannten Fotoforen. Wie bei den Modellen gilt dabei allerdings: Testen, testen, testen! Nicht immer halten die Visagistinnen das, was sie versprechen. Auch müssen die künstlerischen Ansichten und die Arbeitsweise von Fotograf und Visagistin nicht zwangsläufig zusammenpassen. Deshalb sollten Sie sich stets vorab bisherige Arbeiten der Visagistin ansehen und abklären, ob der Stil überhaupt zu Ihrem passt. Kein Nachteil ist es außerdem, wenn die Visagistin auch mit Haaren umgehen kann. Spontane Konzeptänderungen und Ideen, die während des Shootings entstehen, lassen sich so viel einfacher realisieren.

ALTERNATIVE HAUSMITTEL

Falls Ihnen kein Reflektor zur Verfügung steht, können Sie sich auch gut mit einer Styroporplatte oder einer kostengünstigen Rettungsdecke aus dem Erste-Hilfe-Kasten behelfen. Damit erzielen Sie prinzipiell den gleichen Effekt. Im Freien können Sie auch ein Leinen- oder Tischtuch verwenden, um direktes Sonnenlicht zu streuen und eine weichere Ausleuchtung zu erreichen.

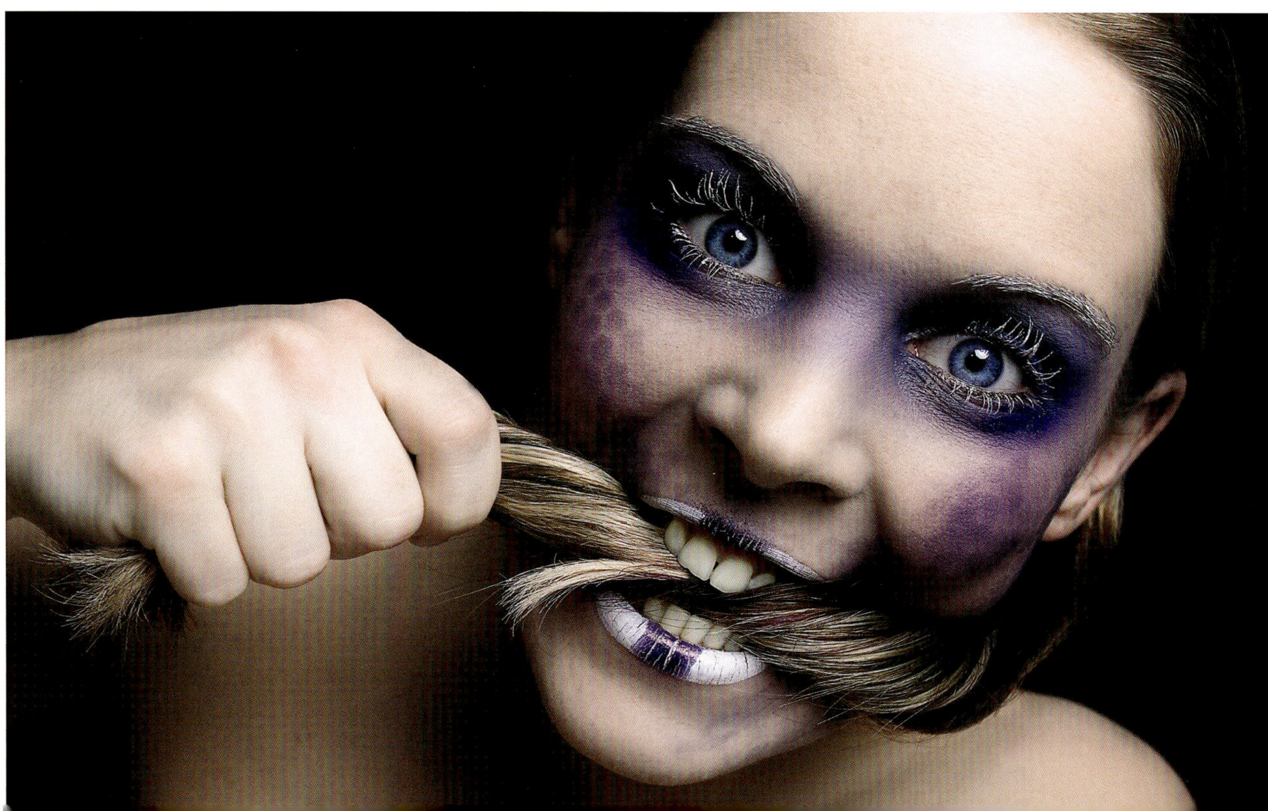

Snake

Carina ist nicht mehr wiederzuerkennen! Die Visagistin trug verschiedene Ebenen von Make-up auf, teilweise auch per Airbrush. Eine solche Verwandlung wird auch als »Extreme Make-up« bezeichnet. Am Computer habe ich alles noch feingeschliffen, vor allem die Augenpartie habe ich stark bearbeitet, sollte diese doch den Betrachter besonders fesseln. Dazu habe ich beide Augen mit einem speziellen Filter in Photoshop nachgeschärft und mittels Tonwertkorrektur die Farben und Kontraste in der Iris hervorgehoben. Was genau Carina darstellen soll, war uns während des Schminkprozesses noch gar nicht klar. Als wir drei darüber sprachen, kristallisierte sich heraus, dass uns der Look an eine Schlange erinnert. Dass sich Carina auf diesem Bild in die Haare beißt, war eigentlich nur Zufall, aber ein glücklicher – zieht sich der Haarstrang doch so wie ein natürlicher roter Faden durch das Bild. Für den schrägen Blickwinkel habe ich mich allerdings erst nachträglich in der Bildbearbeitung am Computer entschieden. Waagerecht wollte das Bild einfach nicht wirken …

Canon EOS 30D (Cropfaktor 1,6) | 37 mm | 1/100 sek | f9 | ISO 100 | Farbkorrektur, Nachschärfen, Abwedler und Nachbelichter in Photoshop | Modell Carina

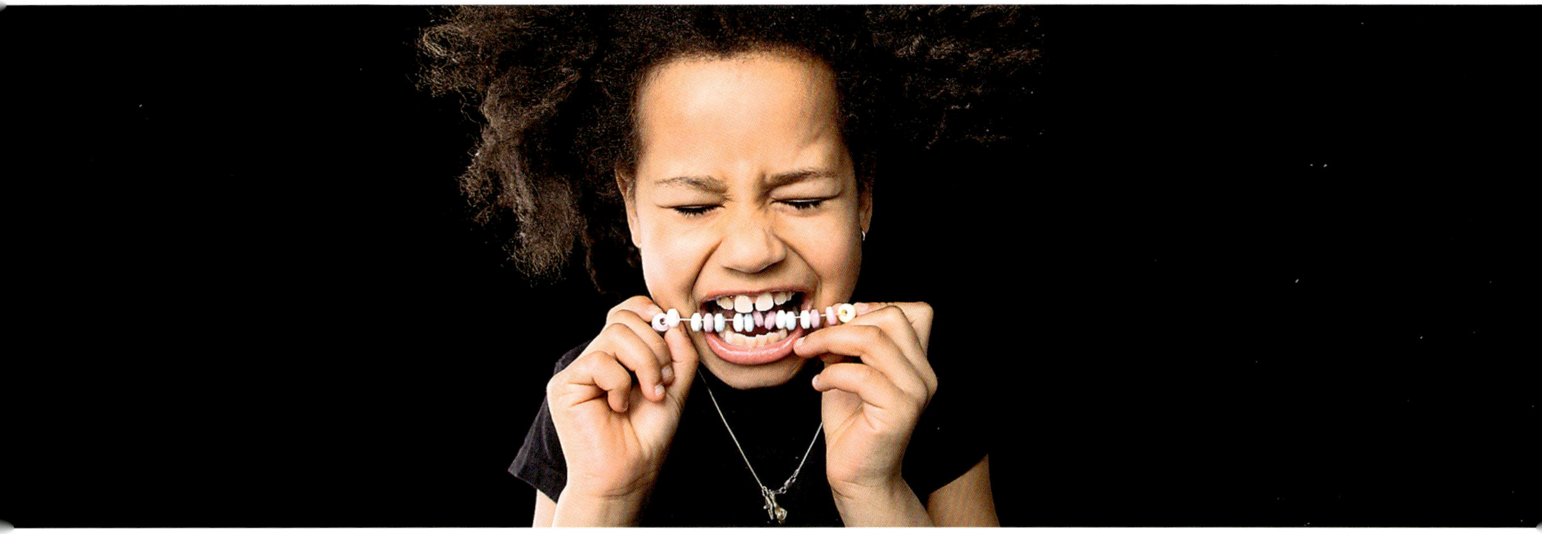

Mit Biss

Kinder sind in der Regel weniger eitel als Erwachsene. Ihnen geht es nicht so sehr darum, wie gut sie auf einem Bild aussehen, sondern eher um das Resultat an sich. Wirkt ein Bild cool, obwohl das Kind darauf nicht vorteilhaft getroffen ist, wird es dem Kind trotzdem gefallen. Sie können Kinder auch viel leichter für alle möglichen Ideen begeistern. Sehr gerne spielen sie Werbungen oder Filmszenen nach oder imitieren Posen von Erwachsenen. Solange sie nicht müde sind, können Sie sie für alles motivieren.

Canon EOS 5D Mark II (Vollformat) | 30 mm |1/80 sek | f7,1 | ISO 100 | auf Panorama erweitert in Photoshop | Modell Hannah

Wieder Kind sein

Ein Fall für sich ist das Arbeiten mit Kindern. Nicht nur, dass hier immer (!) mindestens ein Elternteil anwesend ist, die Kleinen sind auch – im positiven wie im negativen Sinn – unberechenbar. Ich persönlich gehe mit meinen kleineren Modellen so um, als seien sie Erwachsene. Dabei bin ich mir aber vollkommen bewusst, dass ich von einem Kind zum Beispiel nicht verlangen kann, eine bestimmte Pose stundenlang zu halten oder noch fit und fröhlich dreinzuschauen, wenn es sich eigentlich nach seinem Bettchen sehnt. Kinder merken rasch, ob jemand ein aufrichtiges Interesse an ihnen zeigt oder nicht. So wie sich ein Erwachsener ernst genommen fühlen will, möchten das auch die Kleinen.

Auf Kinder müssen Sie genauso intensiv eingehen und gleichzeitig sogar etwas schneller und spontaner arbeiten können als bei Erwachsenen. Es passiert nicht selten, dass einige der besten Fotos bei einem Shooting »aus der Hüfte« gemacht werden, nämlich dann, wenn sich das Kind gerade unbeobachtet fühlt und natürlich verhält. Dazu verwende ich gerne einen Selbstauslöser und halte mich nicht hinter der Kamera auf. Denn die Kleinen agieren ganz anders, sobald sie glauben, fotografiert zu werden, das heißt, wenn ich hinter der Kamera verschwinde. Sie dürfen von den Kleinen auch nicht die Professionalität erwarten, wie Sie sie von ihren erwachsenen Kolleginnen und Kollegen gewohnt sind. Bei Kindern ist viel mehr Zeit und Charme von Ihrer Seite gefragt – Spielsachen und Verkleidungen können dabei auch nie schaden. Was beinahe immer hilft, um das Eis zu brechen, ist, wenn ich dem Kind das Set zeige. Kameras, Softboxen, Scheinwerfer: All das sind Dinge, die es wahrscheinlich vorher noch nie gesehen und/oder berührt hat. Und während es sich fasziniert umsieht, kann mein Finger bereits voll Vorfreude auf dem Auslöser liegen …

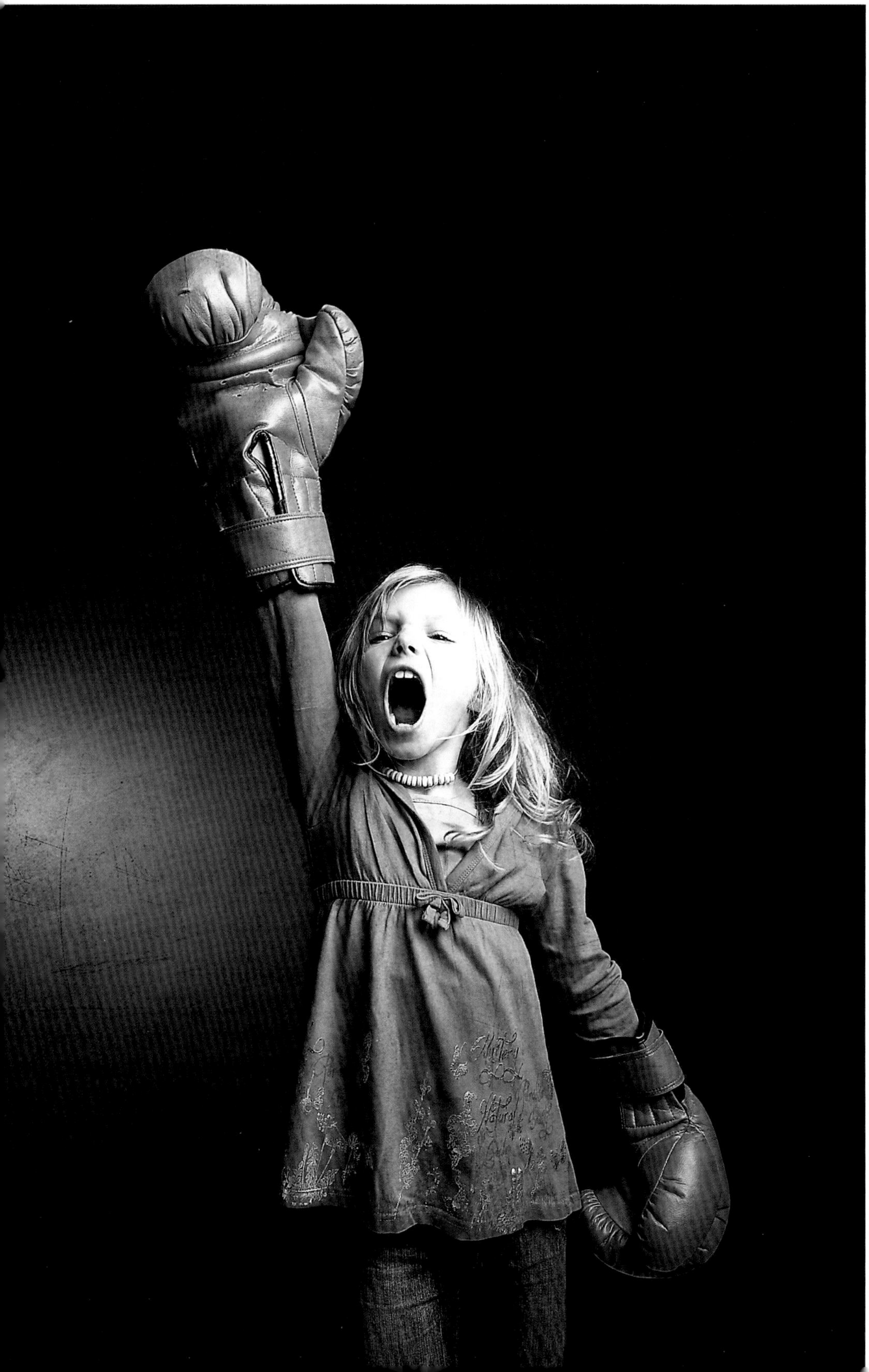

Runde zwei!
Kommen die Kleinen zu mir ins Studio, lasse ich sie erst einmal ausgiebig in meinem Utensilienschrank kramen. Das lockert sie auf, und beinahe jedes Mal entsteht mit Hilfe der Requisiten ein gutes Bild. Kinder verkleiden sich einfach gerne, sie wollen spielen. Deshalb lasse ich sie herumblödeln und mache dabei auch mit. Bei diesem Bild habe ich dem Mädchen gesagt, es solle so tun, als würde es mich schlagen. Ich spielte dann den Getroffenen, und sie fand das richtig witzig – perfekt: Sie war sofort locker! Also habe ich angefangen, Fotos zu machen. Zwischendurch habe ich ihr Instruktionen gegeben und gesagt, sie solle alles rauslassen: Einen Schrei und einen Sprung später war das Bild dann im Kasten. Das Foto habe ich bereits in Schwarzweiß aufgenommen, lediglich den Hintergrund habe ich in Photoshop noch mit einer Textur versehen.

Canon EOS 5D Mark II (Vollformat) | 16 mm | 1/100 sek | f8 | ISO 100 | Hintergrund bearbeitet in Photoshop | Modell Ciara

Bühne frei

Es ist immer schwer abzuschätzen, in welche Richtung sich ein Shooting entwickelt. Sie müssen einfach aufmerksam und offen sein, manchmal ergeben sich wunderbare Situationen, in denen aufregende Bilder entstehen, die so nie geplant waren. Auch wenn nur ein Beautyporträt gewünscht war, kann durch das Ausprobieren verschiedener Blenden, den Einsatz von Accessoires oder *Special Effects* (Windmaschine, Nebelmaschine) etwas vollkommen anderes entstehen.

Natürlich müssen sich beide Seiten darauf einlassen – deshalb tausche ich mich während des Shootings ständig mit dem Modell aus. Vielleicht hat es ja eine Idee, die mir noch nicht gekommen ist, oder es hat Lust, eine meiner Ideen umzusetzen.

Licht an! | Das mächtigste Instrument, das Ihnen als Fotograf zur Verfügung steht, ist das Licht. Bei 90% meiner Bilder kommen eine oder sogar mehrere Softboxen zum Einsatz. Sie können auch mit dem härteren Licht des direkten Blitzes arbeiten und damit die Lichtstimmung komplett verändern. Charakterporträts werden dadurch gleich viel intensiver. Wenn Sie sie zusätzlich noch in Schwarzweiß aufnehmen, entstehen sehr schöne und intime Bilder. Vor allem bei Männerporträts wirkt direktes Licht meist sinnvoller und stimmiger (siehe Seite 30). Aber egal, ob Beauty- oder Charakterporträt, Farbe oder Schwarzweiß, High Key oder irgendeine andere Aufnahmetechnik: Sie werden nie wissen, wie das Modell in der jeweiligen Aufnahmesituation wirkt, bevor Sie es nicht ausprobiert haben!

SCHAU MIR IN DIE AUGEN

Wenn Sie herausfinden möchten, mit welcher Ausleuchtung ein bestimmtes Bild entstanden ist, können Sie (zumindest bei hochaufgelösten Bildern) versuchen, das über die Augen herauszufinden. Meist spiegeln sich die diversen Lichtquellen in der Iris. Sie können mit diesen Reflexionen auch interessante Effekte erzielen, teilweise sind sie in Bildern aber nicht erwünscht. Das sollten Sie beim Shooting immer im Hinterkopf behalten. Im Notfall können Sie die Reflexionen allerdings bei der Nachbearbeitung entfernen.

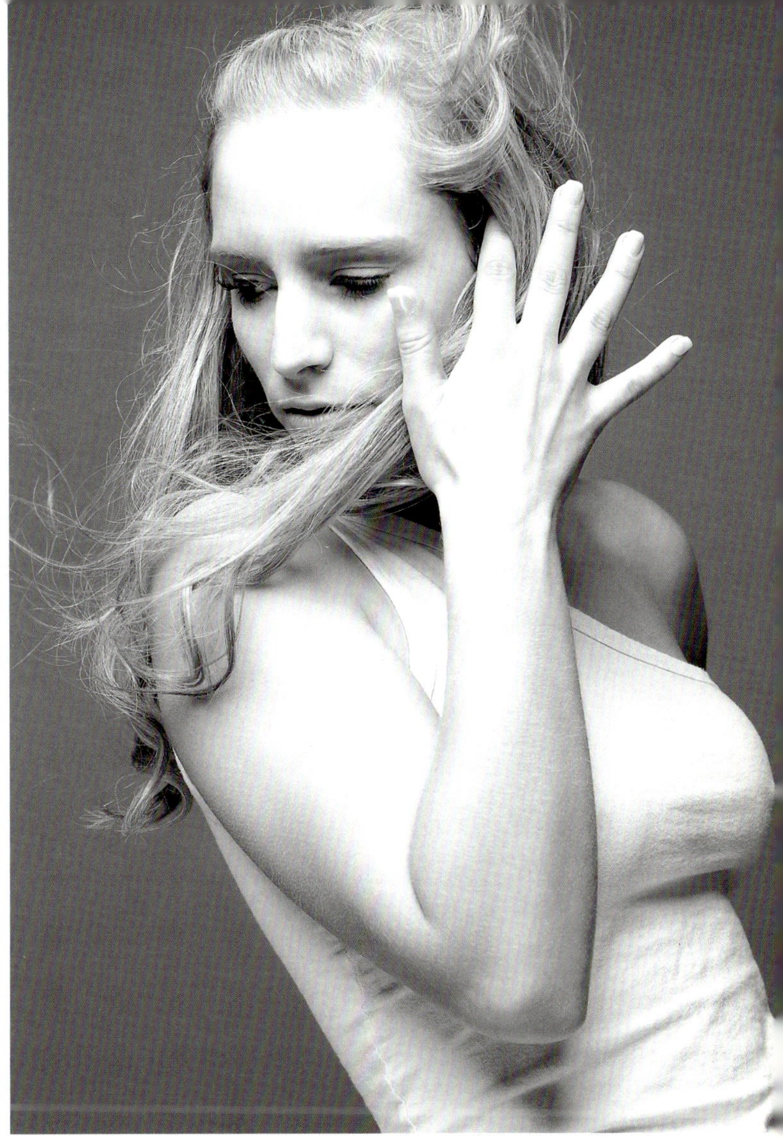

Wind

Hat das Modell lange Haare, greife ich beinahe immer irgendwann zu meiner Windmaschine. Mit ihrer Hilfe lassen sich dynamischere Bilder erzeugen, und ein positiver Nebeneffekt ist, dass automatisch Hände ins Bild kommen, weil diese ja die Haare aus dem Gesicht streichen müssen. Das hier abgebildete Foto ist ein Schnappschuss, der meiner Meinung nach eine sehr intime Wirkung hat. Durch den Blick des Modells nach unten wirkt es so, als sei ihm gar nicht bewusst, dass es fotografiert wird. Diese »Abwesenheit« des Modells vermittelt eine schöne Natürlichkeit.

Canon EOS 30D (Cropfaktor 1,6) | 50 mm | 1/80 sek | f5,6 | ISO 100 | leichte Beautyretusche, Abwedeln und Nachbelichten (Haare und Stoff) in Photoshop | Modell Kathrin

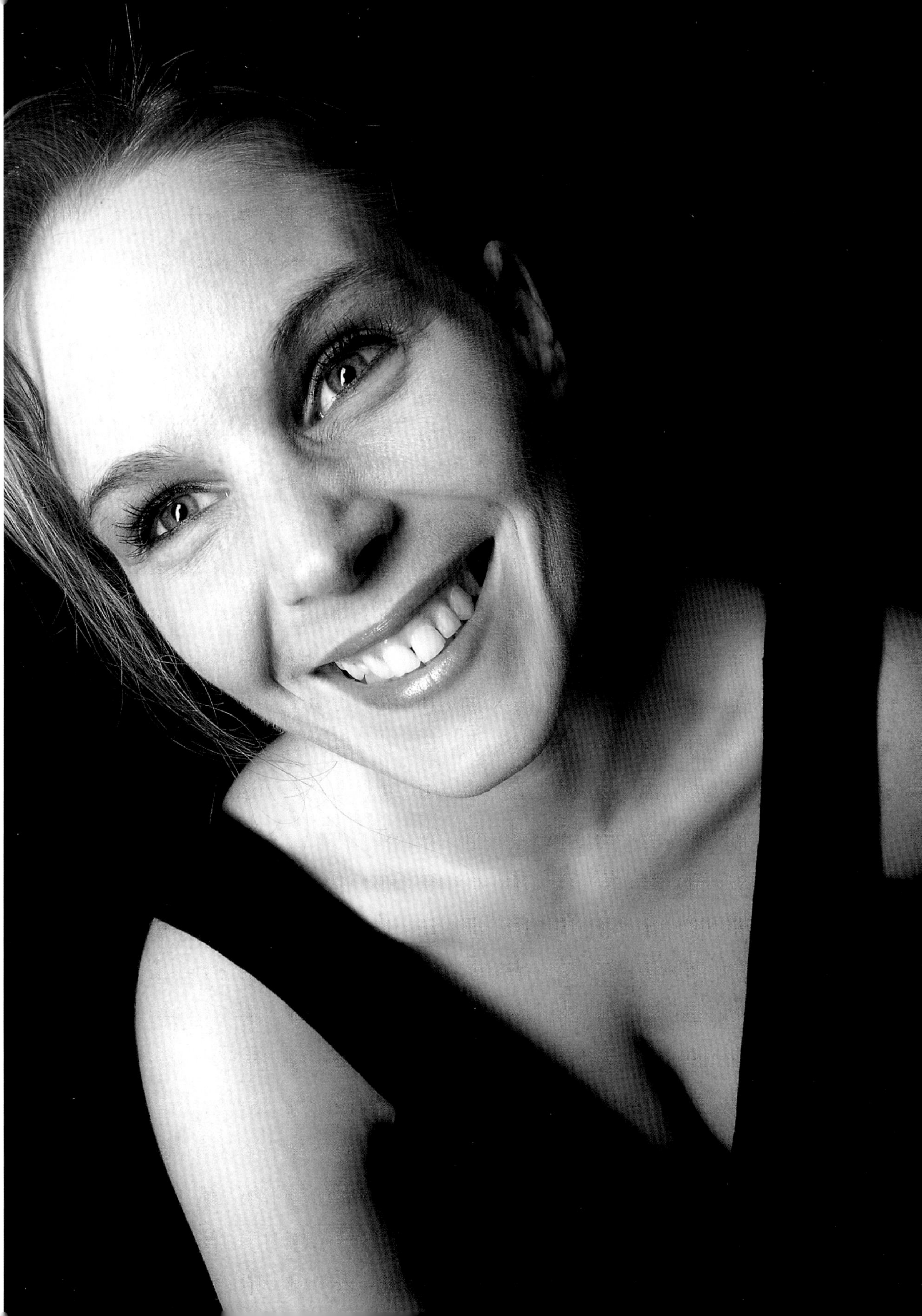

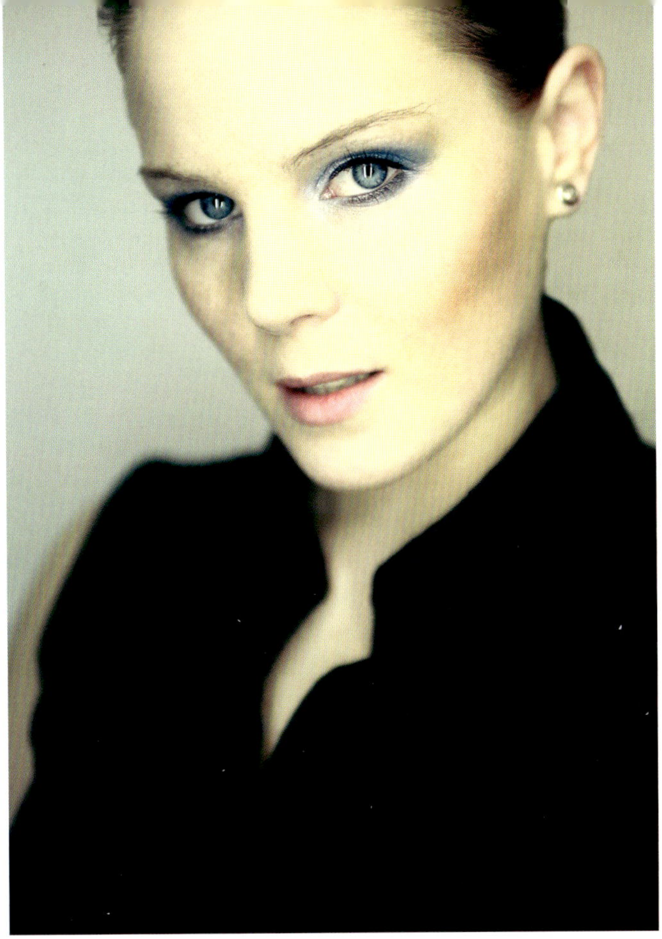

Carina

Hier habe ich zur Ausleuchtung zwei seitlich von der Kamera platzierte Leuchtstoffröhren benutzt. Erkennen können Sie das an den Reflexionen in den Augen – dieser Effekt wird auch als »Katzenaugen« bezeichnet (siehe Kasten »Schau mir in die Augen«, Seite 27). Das Bild habe ich geschossen, ohne vorher den korrekten Weißabgleich mit einer Graukarte zu ermitteln, und die Farben erst nachträglich am Computer eingestellt. Das Bild muss bei einem solchen Vorgehen natürlich im RAW-Format vorliegen.

Canon EOS 5D Mark II (Vollformat) | 70 mm | 1/80 sek | f2,8 | ISO 100 | digitales Make-up, Weichzeichnung und Farbkorrektur in Photoshop | Modell Carina

Teresa

Diese Aufnahme habe ich im Dachgeschoss des Modells gemacht. Dabei kam ein Blitz mit Reflektor zum Einsatz, um diese plastische Ausleuchtung zu erlangen. Die dadurch erreichten Schatten sind weich, aber doch dunkel genug, um einen natürlichen Look zu erzeugen. In der Bildbearbeitung habe ich die Linienführung der Bretter begradigt, die durch die Krümmung der Optik und meinen schrägen Standpunkt schief wirkten. Durch diese Korrektur wirkt das Bild viel sauberer.

Canon EOS 5D Mark II (Vollformat) | 53 mm | 1/100 sek | f11 | ISO 100 | Korrektur der Perspektive und Beautyretusche in Photoshop | Modell Teresa

Gerade eben

Schöne Bilder entstehen bisweilen einfach aus dem Nichts, wie dieser Schnappschuss beweist. Das Foto ist während einer Pause des Shootings »passiert«, das Licht fängt das Gesicht des Modells wunderbar ein und betont die natürliche Ausstrahlung der Augen und des Lächelns. Manchmal »erzwinge« ich auch Schnappschüsse. Dazu benutze ich den Fernauslöser: Ich beginne mit dem Modell zu plaudern oder lenke es irgendwie ab. Die dabei aufgenommenen Bilder wirken oftmals sehr natürlich und ungezwungen.

Canon EOS 30D (Cropfaktor 1,6) | 18 mm | 1/125 sek | f9 | ISO 100 | Modell Carina

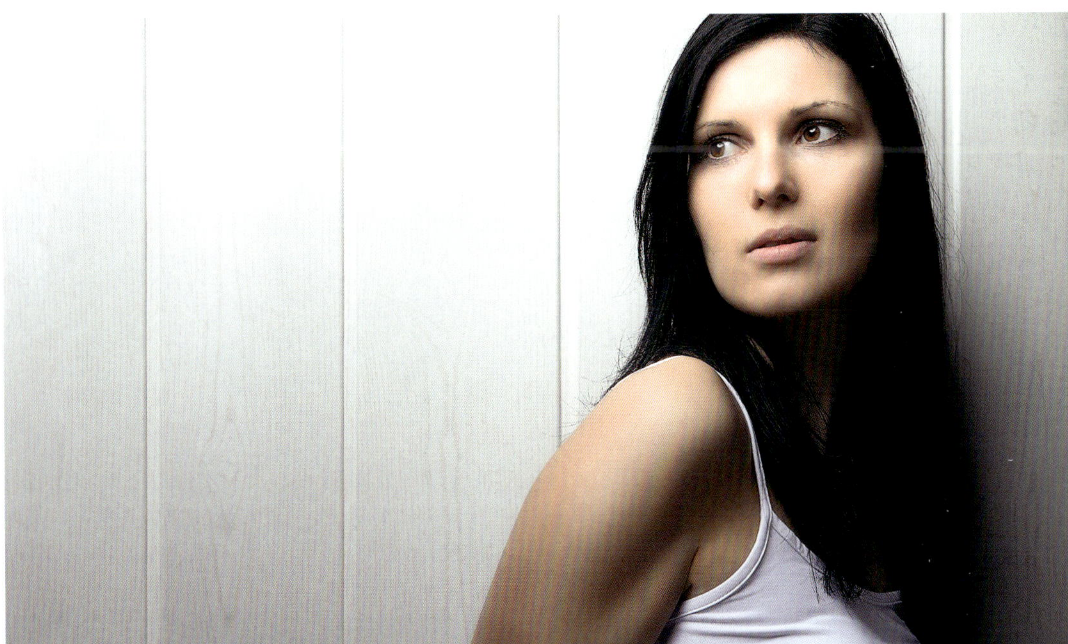

Stefan

Dieses Bild wirkt so schlüssig, weil es sich wie ein Buch »lesen« lässt: Der Betrachter beginnt links unten, und der Blick wandert nach rechts. Der Bildaufbau erfüllt gleichzeitig die Gestaltungsregel des »Goldenen Schnitts«, das heißt, die Proportionen und die wichtigsten Punkte des Bildes sind nach einem klassischen Verhältnis aufgeteilt (siehe Seite 301). Mittels eines Tilt-Shift-Objektivs habe ich einen Schärfeverlauf von links unten nach rechts oben erzeugt, das beeinflusst ebenfalls den Blickverlauf. Das Besondere an diesem Shooting war das Modell selbst: Stefan ist Schauspieler, und das merkt man sofort. Sein Auftreten ist sehr professionell, er zeigt kein Lampenfieber, und er weiß, wie er wirkt und wie ein bestimmter Ausdruck erzeugt wird. Der Arbeitsablauf gestaltete sich somit höchst angenehm und fließend, da er sich sehr leicht in verschiedene Situationen hineinfühlen konnte. Hier könnte ich ihm zum Beispiel folgende Anweisung gegeben haben: »Lehn dich auf die Platte und schau geradeaus. Stell dir jetzt vor, du blickst gedankenverloren aus dem Fenster und hörst eine deiner Lieblings-Klassikplatten an.« Für die Ausleuchtung verwendete ich eine Softbox, die von rechts oben auf das Modell gerichtet war, und einen zusätzlichen Spot für den grauen Karton hinter ihm.

Canon EOS 5D Mark II (Vollformat) | 90 mm | 1/100 sek | f6,3 | ISO 100 | Umwandlung in Schwarzweiß und leichte Tonwertkorrektur in Photoshop | Modell Stefan

Männer und Licht

Welchen Einfluss das Licht auf die Stimmung und die Aussage eines Gesichts hat, weiß jeder, der sich beim Erzählen einer Gruselgeschichte schon einmal eine Taschenlampe unter das Gesicht gehalten hat. Bevorzuge ich bei Frauen weiches Licht, darf es bei Männerporträts gerne etwas härter sein. Viele Männer haben ein eher markantes Gesicht, und das wollen sie auch zeigen. Makellose glatte Haut, unsichtbar gemachte Tränensäcke und perfekt glänzendes Haar – so sehen die wenigsten Männergesichter aus, beziehungsweise so möchten sich auch die wenigsten Männer sehen. Falten und Dreitagebart, ein wenig vom verlebten harten Kerl mit weichem Kern – diese Klassiker beziehungsweise Klischees ziehen immer und lassen ein Männerporträt interessant wirken. Das bedeutet allerdings nicht, dass Männer nicht ebenso für ein Foto vorbereitet werden. Nur werden bei ihnen die Dinge, die bei Frauen kaschiert werden, oftmals eher betont – daher das harte Licht. Automatisch wird jedes Barthaar von der Haut optisch abgehoben, und jedes Fältchen wird zu

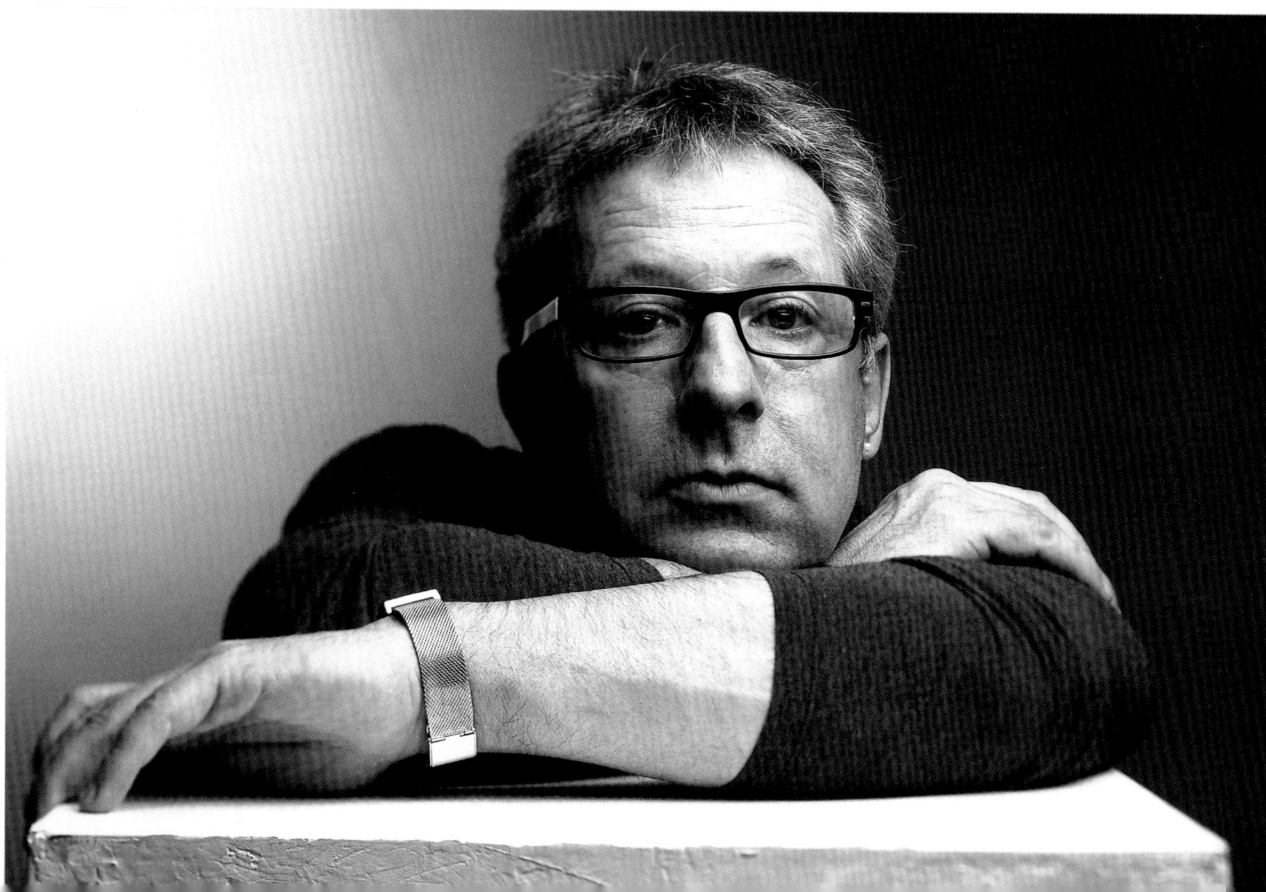

einer Geschichte. Auch bei Männern sollte bei einem Fotoshooting Puder für das Gesicht verwendet werden, da sie ebenfalls leicht schwitzen und dadurch im Bild überstrahlte Bereiche – also ohne jegliche Farbinformation – entstehen können, die nur schwer und aufwendig digital entfernt werden können.

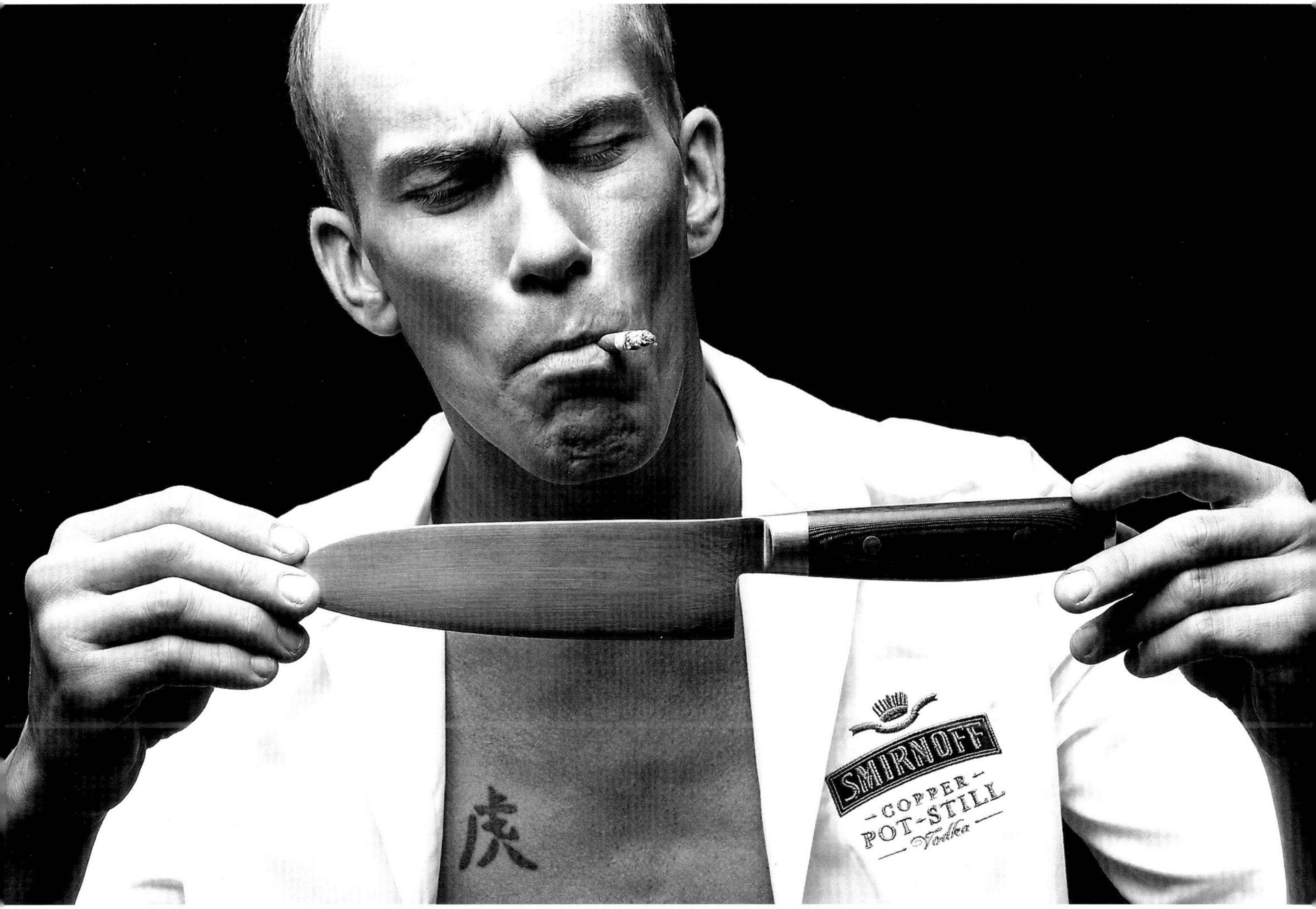

Was stell' ich nur mit dir an?

Schon einfache Utensilien können ein Bild interessant machen. Gerade bei Männerfotos und Charakterporträts können sie helfen, die Hände natürlich ins Bild zu bringen. Meist bieten sich Zigaretten, Brillen oder andere Dinge des Alltags an. Bei diesem Bild war es dem Modell wichtig, dass sein Tattoo und das Logo seines Hemds (er ist Koch) zu sehen sind. Das gezeigte Bild ist letztendlich in einer Pause entstanden. Das Modell hat mit einem seiner Messer herumhantiert und geraucht. Da wusste ich: Das ist es! Geachtet habe ich vor allem darauf, dass sich die Hände und das Messer in einer Linie befinden und die Oberkante der Klinge vom Licht angestrahlt wird, um sie ausreichend hervorzuheben. Ansonsten verwendete ich bloß einen Blitz von oben, um dem Gesicht eine gewisse Grimmigkeit zu verleihen. Ein Tipp am Rande: Bei Charakterporträts sollte das Modell nach Möglichkeit nur schwarze oder weiße Kleidungsstücke tragen, da dadurch alles andere hervorgehoben wird.

Canon EOS 30D (Cropfaktor 1,6) | 50 mm | 1/125 sek | f13 | ISO 100 | Abwedeln und Nachbelichten, Hintergrund nachgeschwärzt in Photoshop | Modell Patrik

Postproduction

Ganz gleich, wie gut geplant das Shooting war oder wie toll das Modell gepost hat, irgendwann kommt der Moment, an dem Sie sich mit den Bildern vor den Computer zurückziehen, wo sich die Spreu vom Weizen trennt. Das Konzept steht in der Regel ja schon oder hat sich spätestens beim Shooting herauskristallisiert. Trotzdem kann es passieren, dass in dieser Phase durch eine Eingebung ein Projekt in eine komplett andere Bahn geworfen wird. Sie sollten sich darauf einlassen und mit Ihrer Kreativität spielen.

DANACH IST DAVOR

Viele Kameraeinstellungen können Sie während des Shootings nicht 100%ig optimal justieren, und ein Foto sieht später am Computer oft etwas anders aus, als ursprünglich geplant. Genau hier spielt das RAW-Format seine Stärken aus: Nachträglich können Sie wichtige Parameter wie Weißabgleich, Schärfe, Belichtungszeit etc. verändern. Und das, ohne das Original zu beschädigen!

Natürlich dürfen Sie keine Wunder erwarten: Ein komplett verkorkstes Bild werden Sie auch dadurch nicht mehr retten können. Sie können vielmehr Detailverbesserungen vornehmen und das Bild ein wenig näher an das ursprünglich gewünschte heranbringen.

Vorhang auf! | Die digitale Nachbearbeitung bietet unendliche Möglichkeiten, und um bei der endgültigen Bearbeitung in Photoshop auf möglichst alle davon zurückgreifen zu können, muss jedes Bild zuerst optimal bereitgestellt werden. Mit Hilfe eines sogenannten RAW-Konverters bereite ich ein Foto vor: Mehrere Parameter können in diesem Schritt verändert werden, ohne das Original zu zerstören. Belichtung, Weißabgleich und Co. werden noch einmal überprüft und gegebenenfalls angepasst, anschließend exportiere ich das Bild in ein Format wie TIFF oder JPEG, das von Photoshop bearbeitet werden kann.

Auf dem Spielplatz | Habe ich bei meinen ersten Projekten noch recht wenig über die verschiedenen Werkzeuge zur Bildbearbeitung gewusst, bin ich inzwischen ein recht versierter Nutzer von Photoshop. Je mehr ich mich mit dem Programm – vor allem im Zuge meiner Beautyretuschen – beschäftigt habe, desto mehr nützliche und sinnvolle Werkzeuge und Funktionen habe ich für meinen Workflow kennengelernt.

Drunter und drüber | Von besonderer Bedeutung für die Arbeit in Photoshop sind die sogenannten Ebenen und Masken. Die Ebenen können Sie sich wie übereinanderliegende Schichten von Pauspapier vorstellen: Sie geben Ihnen die Möglichkeit, das Bild auf einem oben liegenden Blatt zu bearbeiten, ohne die darunterliegenden tatsächlich zu verändern. Gefällt Ihnen das Ergebnis nicht, können Sie das Blatt einfach in den Papierkorb werfen, also löschen. Masken hingegen sind ausgewählte Bereiche auf einer Ebene, die beispielsweise eingrenzen, wo genau ein bestimmter Effekt wirksam sein soll. Bei meinen Arbeiten verwende ich teilweise Dutzende Ebenen und Masken gleichzeitig, da ich gerne jeden Bearbeitungsschritt von den anderen getrennt halte. Das ist allerdings Geschmackssache, und Sie können sicher auch mit weniger Ebenen gute Resultate erzielen.

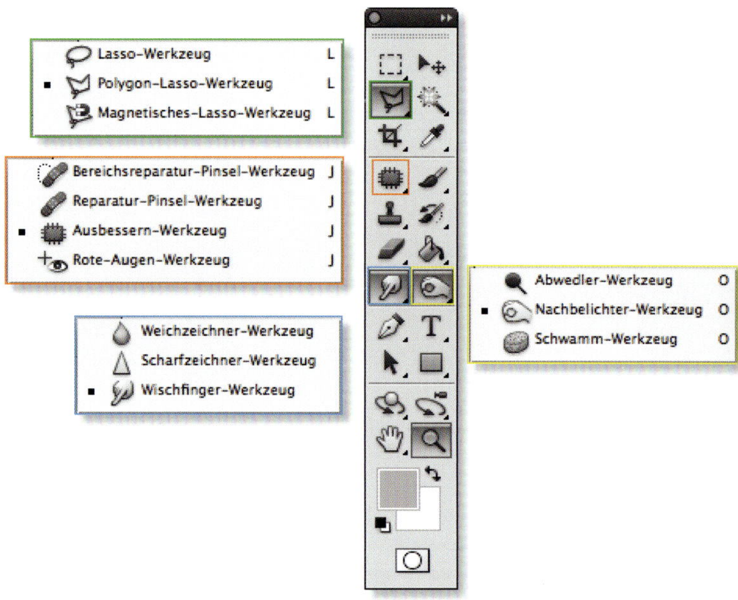

Werkzeugleiste von Photoshop CS5 mit den wichtigsten Werkzeugen, mit denen ich arbeite

Allzu ausführlich werde ich an dieser Stelle das Thema Bildbearbeitung nicht behandeln können. Verzweifeln müssen Sie jedoch nicht, da Sie inzwischen überall ausgezeichnete Tutorials und Bücher finden, die sich bis ins kleinste Detail damit beschäftigen. Kostenlose Hilfen finden Sie auch im Internet, jedoch sollten Sie auch das eine oder andere Buch eines einschlägigen Verlags im Regal stehen haben. Viel zu oft werden Sie nämlich auf einen unbekannten Begriff oder eine Technik stoßen, und dann müssen Sie sich wie bei einer Schnitzeljagd durch das Web kämpfen, um eine Erklärung oder Lösung für Ihr Problem zu finden.

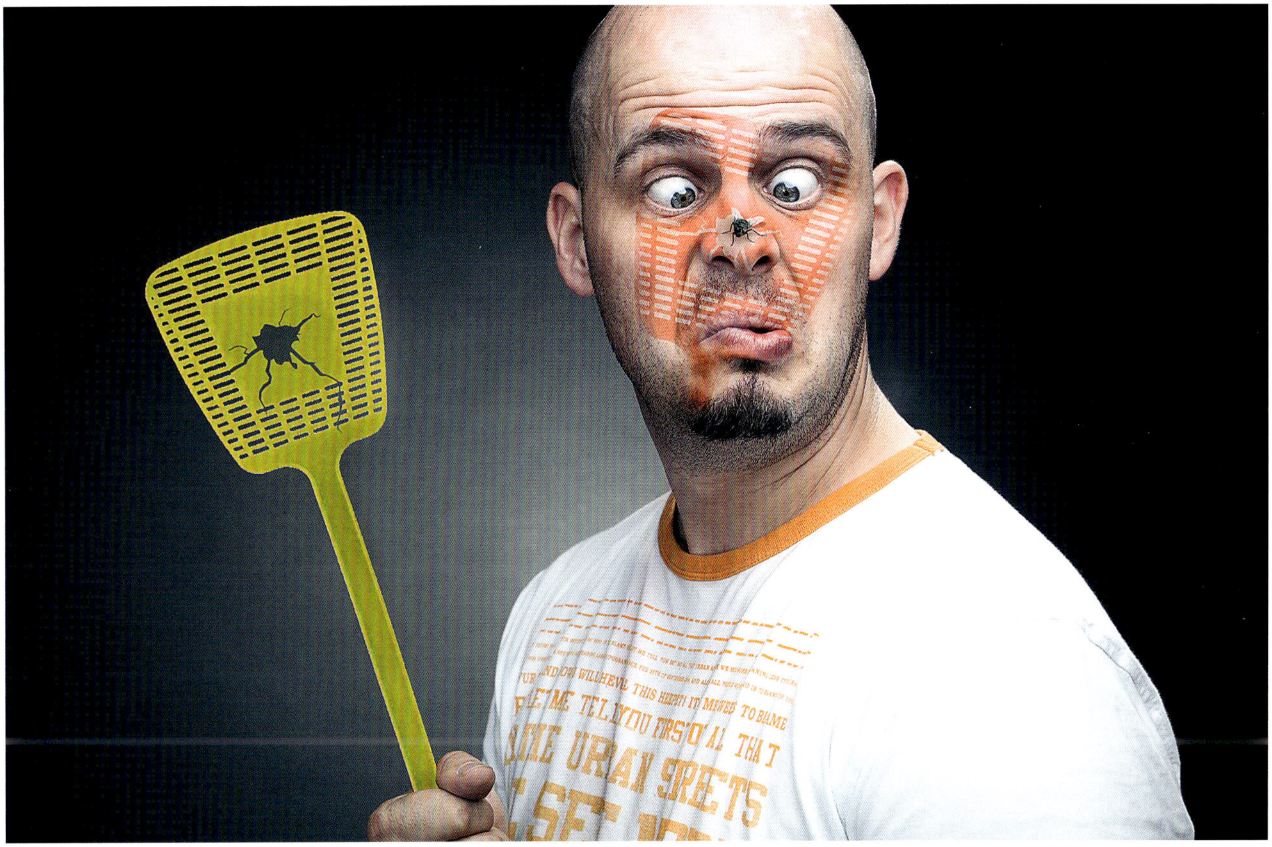

Klatschseiten

Anlass für dieses Bild waren ein Essen, eine lästige Fliege und die ernüchternde Erkenntnis, dass ich sie nie und nimmer erwischen würde! Um mich abzulenken, machte ich mich gleich an die Arbeit und wusste zum Glück schon genau, wie ich meinen Frust optisch umsetzen konnte. Das Ursprungsbild ist denkbar einfach gestaltet: Ich stand vor schwarzem Karton, auf den ein Scheinwerfer direkt gerichtet war. Um zu simulieren, dass ich tatsächlich etwas in meiner Hand hatte, hielt ich einen Schlagzeugstock. Das Ganze wurde von einer Softbox von schräg oben und vorne beleuchtet. In Photoshop habe ich den Stock dann durch die Fliegenklatsche ersetzt. Die Fliege auf der Nase und die Rötung sind ebenso digital montiert worden. Auch (oder gerade) bei solchen comicartigen Bildern sollte man auf die Details achten. Die Stellen im Gesicht, die von der Klatsche niemals berührt werden könnten – beispielsweise die Nasenlöcher und Augenhöhlen – habe ich nicht oder nur leicht gerötet und der Fliege händisch noch einen Schatten »gemalt«. Wie wichtig solche Details sind, habe ich gemerkt, als in der ursprünglichen Fassung der Klatschen-Abdruck den falschen Winkel hatte: »Unmöglich, sich selbst so ins Gesicht zu schlagen!« hörte ich von vielen Kritikern. Und da sie Recht hatten, habe ich mich erneut an den Computer gesetzt und den Fehler behoben.

Canon EOS 5D Mark II (Vollformat) | 50 mm | 1/125 sek | f9 | Montage in Photoshop, Farb- und Tonwertkorrektur

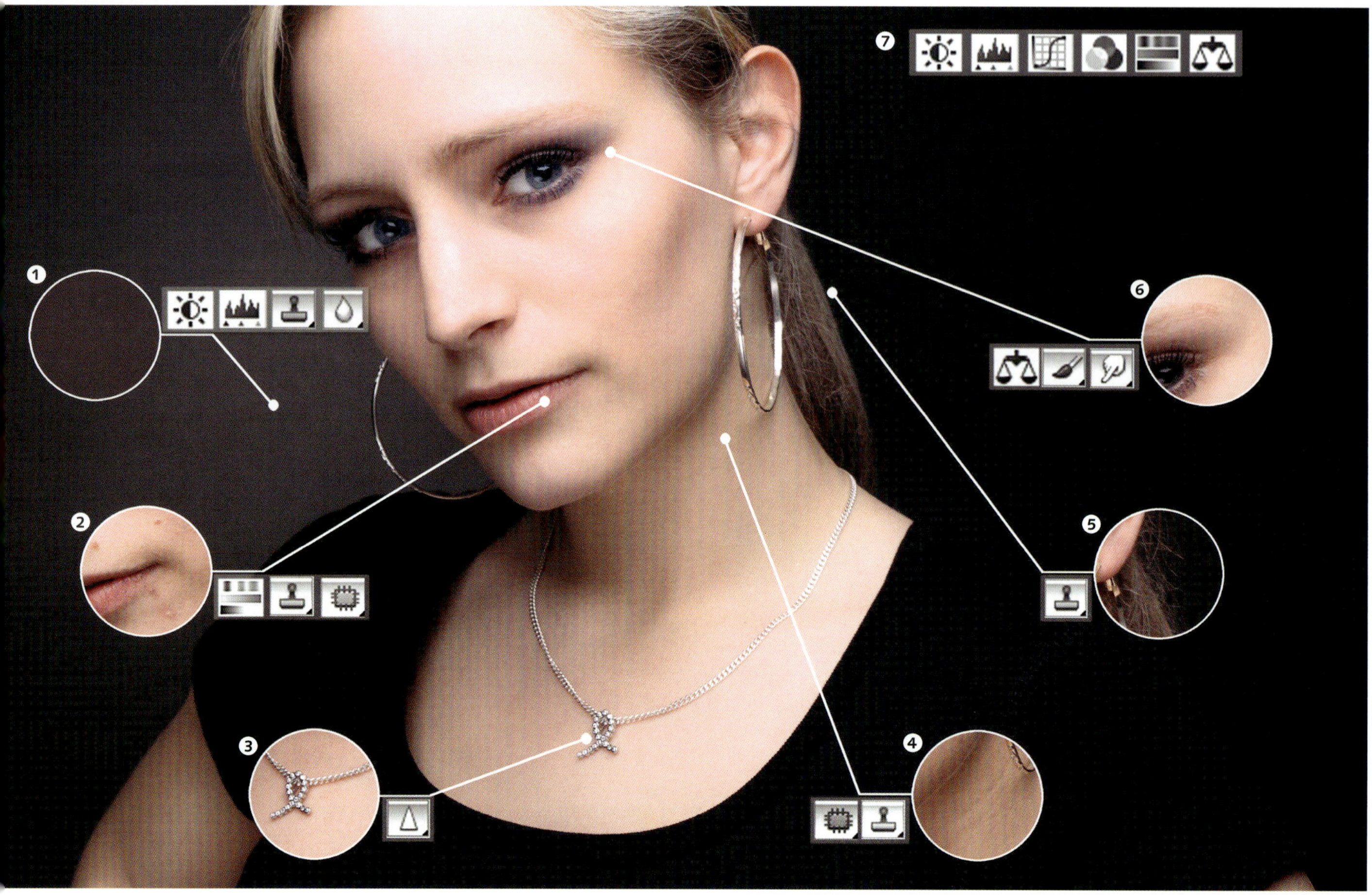

Tooltime! | Ein unbearbeitetes Bild können Sie als eine Art Baustelle betrachten, auf der Sie mit Ihren besten Werkzeugen und viel Energie ankommen. Während der Arbeit kommen dann nacheinander unterschiedliche Werkzeuge (siehe Abbildung der Werkzeugleiste von Photoshop) und Techniken zum Einsatz. Mit der Zeit findet jeder die für sich angenehmste Arbeitsweise, hier deshalb nur ein paar Einstiegshilfen mit Verweisen auf die obenstehende Abbildung:

› Das Ursprungsbild befindet sich auf der untersten Ebene und wird nie direkt bearbeitet!
› Eine neue Ebene wird erstellt, bekommt einen passenden Namen, und auf dieser beginne ich, die gröberen Unreinheiten mit dem Ausbessern-Werkzeug zu entfernen (siehe ❷ + ❹) und die Haut mit Weichzeichnungsebenen zu bearbeiten. Dabei sollten Sie vorsichtig vorgehen, da es allzu schnell passiert, dass das Gesicht einen künstlichen (Plastik-)Look erhält.
› Mit dem Stempelwerkzeug (siehe ❹ + ❺) entferne ich störende Haarsträhnen und Flaum oder kleine Fältchen auf der Haut.
› Mit Hilfe des Abwedlers und des Nachbelichters helle ich Schatten auf beziehungsweise dunkle zu helle Stellen ab. Auch hier sollte der Effekt subtil und im Idealfall gar nicht zu sehen sein.
› Um Make-up aufzutragen, können Sie mit Einstellungsebenen oder weichen Pinselstrichen arbeiten (siehe ❷ + ❻).
› Schmuck können Sie selektiv nachschärfen (siehe ❸).
› Sind irgendwann zu viele Ebenen im Spiel, fasse ich zusammengehörende gerne zu Gruppen zusammen (zum Beispiel »Make-up« für die Ebenen der Lider,

Lippen und Wangen). So verliere ich nicht so schnell den Überblick. Wichtig ist eine eindeutige und schnell zuzuordnende Beschriftung!

› Farbton und Sättigung des Bildes werden über eigene Einstellungsebenen gesteuert (siehe ❶). Farben kann ich damit mehr betonen beziehungsweise einen unerwünschten Farbstich im Bild mit wenigen Klicks beseitigen. Vorsicht: Einstellungsebenen wirken auf das gesamte Bild, sofern sie nicht durch Masken eingegrenzt sind (siehe ❼)! So vermeintlich einfach dies zunächst von der Hand gehen kann, so viel Erfahrung und Gespür braucht man, bis man diese Technik einigermaßen sauber beherrscht.

Mach mal Pause | Stunden können wie Minuten verfliegen, wenn Sie sich erst einmal richtig in die Bearbeitung eines Bildes hineingesteigert haben. Gerade dann ist es wichtig, dass Sie sich in regelmäßigen Abständen dazu zwingen, aufzustehen und die Arbeit ruhen zu lassen. Viel zu schnell werden Sie sonst arbeitsblind und arbeiten vielleicht schon total am gewünschten Ergebnis vorbei. Pausen helfen, den Blick wieder zu schärfen.

Fazit | Wer sich mit der Porträtfotografie zu beschäftigen beginnt, wird früh sehen, dass sie ein unendlich großer Spielplatz der Möglichkeiten ist. Natürlich gibt es Regeln und Leitsätze – doch schränken diese die Kreativität selten ein. Ansehnliche Effekte erzielt man meist sehr schnell. Sollen die Bilder allerdings etwas Besonderes werden, kommen Sie um ein intensives Üben nicht herum. Wie bei allem, was es zu erlernen gilt, ist auch hier der Frust selten weit entfernt. Doch mit jedem Bild werden Sie Fehler zu vermeiden lernen, und der Workflow wird für Sie bald zur Routine. Und dann können Sie sich auch dem wirklich Essenziellen der Porträtfotografie widmen: der Person, die vor der Linse steht.

RICHTIG PRÄSENTIEREN

Wenn Sie Ihre Bilder in Ihrem Online-Portfolio zeigen, möchten Sie das natürlich in der bestmöglichen Qualität tun. Dabei reicht es aber nicht, das Bild einfach herunterzuskalieren, da es dann an Qualität verliert. Wenn Sie sich aber an folgende Vorgehensweise halten, können Sie mit gestochen scharfen Bildern glänzen:

› **Schritt 1**
Rufen Sie in der Menüleiste Bild • Bildgrösse auf, und verringern Sie im folgenden Dialog den höheren Wert der Pixelmaße um 800 Pixel und bestätigen dann den Vorgang.

› **Schritt 2**
Aktivieren Sie anschließend über Filter • Scharfzeichnungsfilter die Funktion Unscharf maskieren. Dort stellen Sie die Stärke auf »21%«, den Radius auf »2,1%« und den Schwellenwert auf »9%«. Letzterer ist jener Richtwert, der das Bild nicht zu sehr schärft.

Diese beiden Schritte wiederholen Sie nun so lange, bis die größere Seite in etwa 1 000 Pixel groß ist, und speichern abschließend das Bild fürs Web.

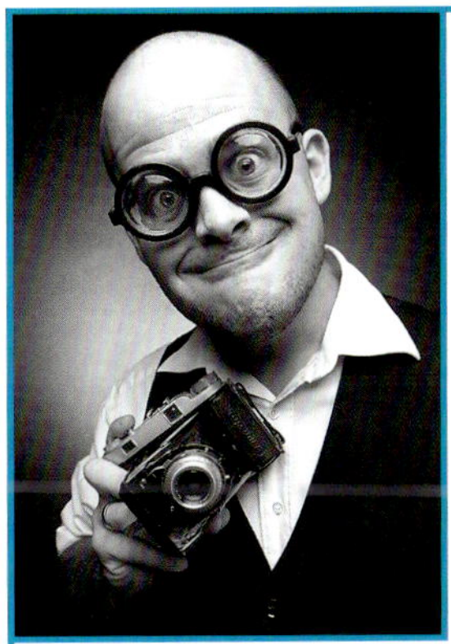

Der Autor

Ich wurde 1980 in Hall in Tirol, Österreich, geboren und entdeckte schon früh meine Kreativität. Nach dem Abschluss der Schnitzschule Elbigenalp in Tirol arbeitete ich als Restaurator und später als spezialisierter Schildermaler. In dieser Zeit als Restaurator brachte ich mir die Kunst der Luftpinselmalerei (»Airbrush«) bei und traf dabei zum ersten Mal auf professioneller Ebene mit digitaler Fotografie zusammen, die ich seit 2006 auch selbst leidenschaftlich betreibe. Das richtige Hinsehen habe ich von meinem Großvater und Vater gelernt, die beide noch mit analogen Kameras gearbeitet haben und denen ich für die unzähligen lehrreichen Stunden gar nicht genug danken kann.

Heute bin ich mit der von mir gegründeten Werbeagentur »Dr. Pflaster« selbstständig. Ausgewählte Arbeiten von mir finden Sie unter *www.guckweg.com* und natürlich in der *fotocommunity*.

Landschaftsfotografie

Wege zum besseren Bild

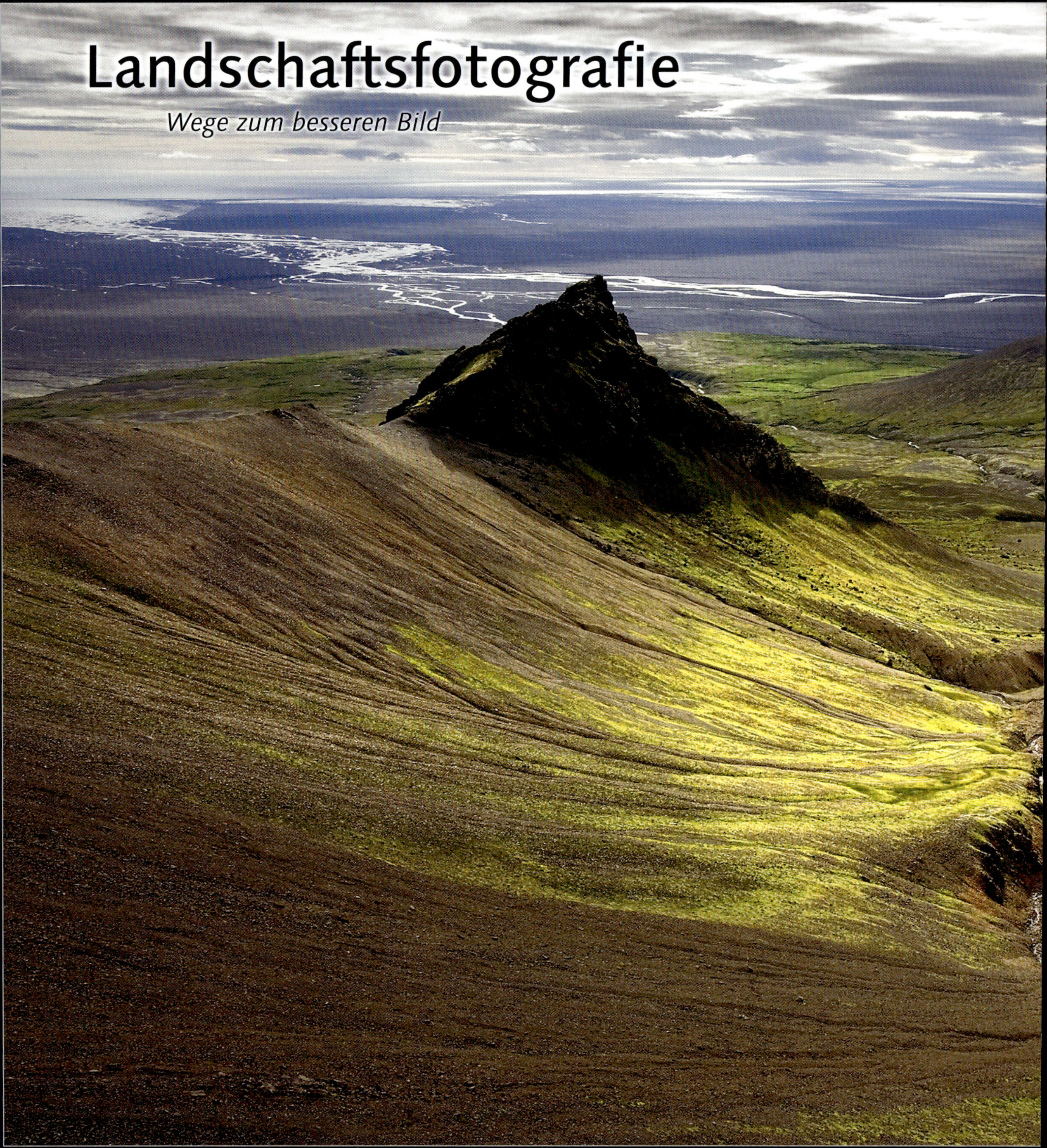

von Dieter Mendzigall

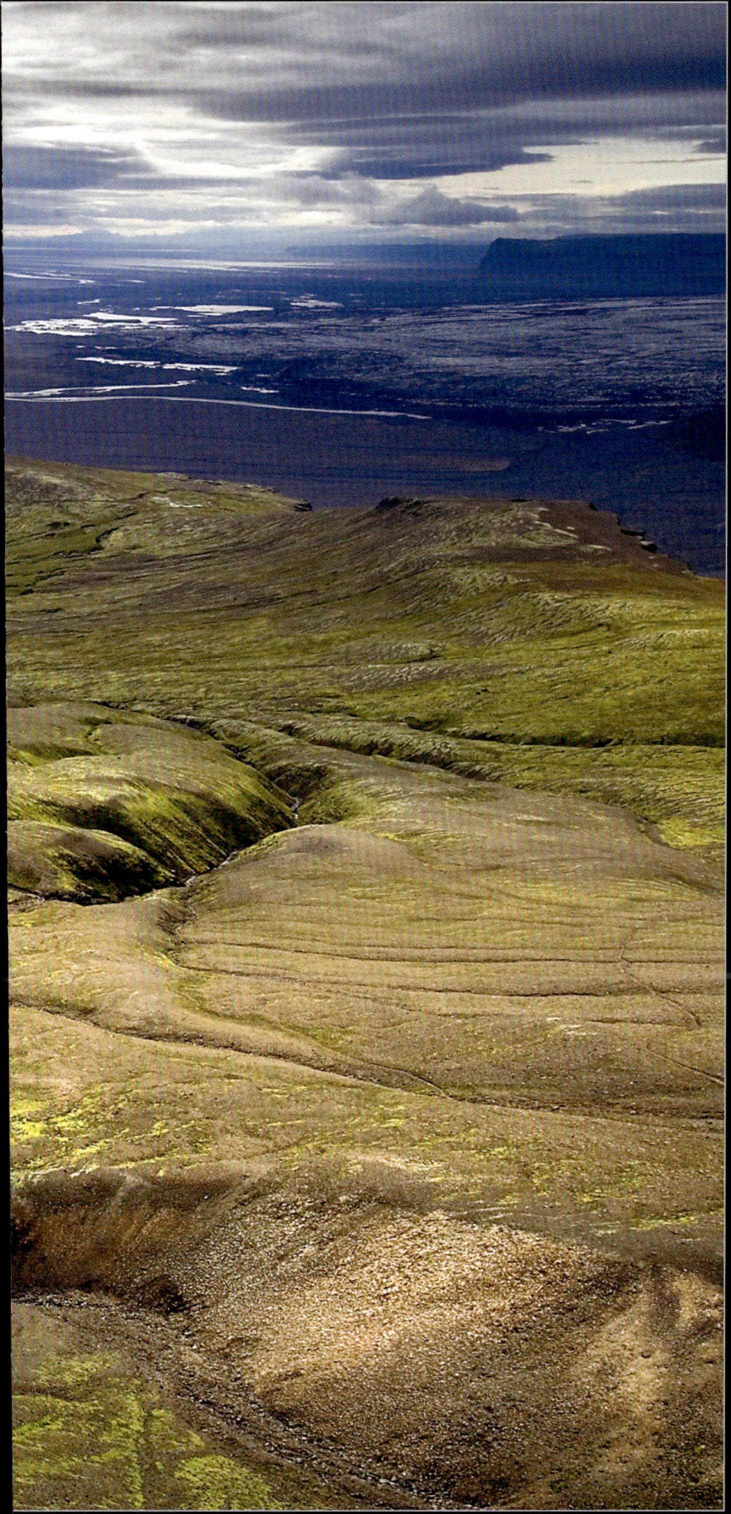

Landschaftsfotos gehören zu den liebsten Themen von Fotografen. Nicht selten entscheiden wir uns aufgrund ansprechender Bilder von Ländern und Orten für das nächste Urlaubsziel. Prospekte und Bildbände zeigen überwältigende Fotos aus der ganzen Welt: endlose Weiten, Bergpanoramen, wilde Küsten oder sanft geschwungene Hügel im Abendlicht. Sie vermitteln uns die Atmosphäre dieser Gegenden, wodurch sie uns so sehr gefallen, dass wir solche Orte bereisen und erleben möchten. Doch nicht selten sind wir dann nach erfolgter Reise enttäuscht von unseren eigenen Bildergebnissen. Warum bloß? Wir haben doch alle spektakulären Orte besucht, haben geknipst, was das Zeug hält, und die Ausrüstung war auch nicht gerade billig – und trotzdem wirken die Bilder meist flach, banal, ja langweilig. Zu allem Überfluss müssen wir mit ansehen, wie andere Betrachter bereits nach wenigen gezeigten Exemplaren offen oder verstohlen gähnen. Warum ist das so, was machen wir falsch – und vor allem: Wie können wir das ändern?

Skaftafell

Dieses Bild zeigt eine Hochebene im Skaftafell Nationalpark an der Südküste Islands. Dank der Wolken konnte ich dieses Foto während einer Wanderung am frühen Nachmittag erstellen. Die aus der rechten Bildecke kommende Schlucht führt den Blick zu der markanten Bergspitze, die hier als Blickpunkt und Ruhepol dient.

Canon EOS 5D (Vollformat) | 17–40 (26 mm) f4 L USM | 1/60 sek | f13 | ISO 100 | Grauverlaufsfilter

Komponenten der Landschaftsfotografie

Fotografie setzt sich aus den folgenden Komponenten zusammen:

- Motiv (Ort, Objekt),
- Technik (Kamera, Objektive, technische Abläufe) und
- Ästhetik (Licht, Zeit, Bildaufbau, Gestaltung).

Vielleicht sind Sie begeistert von einer Landschaft, einem Ort, einem einzelnen Baum oder markanten Felsen und wollen das Gesehene, das Motiv, im Bild festhalten. Meist entstehen solche Bilder dann aber nur im Vorbeireisen. Aber nehmen Sie sich doch einmal etwas mehr Zeit, und erkunden Sie die Gegend einige Stunden oder mehrere Tage lang. Die wenigsten Menschen haben das Glück, ein spektakuläres Gebirge oder das weite Meer in der Nähe des Heimatorts zu haben. Doch Sie kennen bestimmt irgendeinen schönen Platz oder eine besonders interessante Gegend in Ihrer Umgebung, deren wiederholter Besuch zu verschiedenen Tages- und Jahreszeiten lohnen kann.

Die Technik ist Voraussetzung für Ihr Vorhaben: Ein Kameragehäuse mit verschiedenen Objektiven oder eine Kompaktkamera und ein Stativ bilden die Grundausrüstung. Damit umzugehen, die technischen Möglichkeiten auszuschöpfen und sie im entsprechenden Moment einzusetzen, lässt sich in aller Regel allein durch intensive Verwendung schnell erlernen. Schwieriger und komplizierter wird es, wenn ästhetische Gesichtspunkte und die Wirkung eines Fotos hinzukommen, zumal hier auch Geschmack, Vorlieben und ganz persönliche Sichtweisen eine Rolle spielen. Hierüber soll es vor allem in diesem Kapitel gehen, an diesem »Stellrädchen« können Sie am meisten drehen und verändern, um irgendwann die Fotos zu bekommen, die Sie und andere begeistern werden.

Das Ziel ist es, Bilder von Landschaften zu fotografieren, die Spannung und Tiefe haben, Atmosphäre ausstrahlen und im besten Fall sogar Gefühle beim Betrachter wecken.

Was bin ich bereit einzusetzen?

Die Erfahrung zeigt, dass die meisten herausragenden Landschaftsfotos in der Frühe, am Abend oder in ungewöhnlichen Lichtsituationen entstehen. Daher sind hier bereits die ersten Hürden ziemlich hoch. Sie sollten den

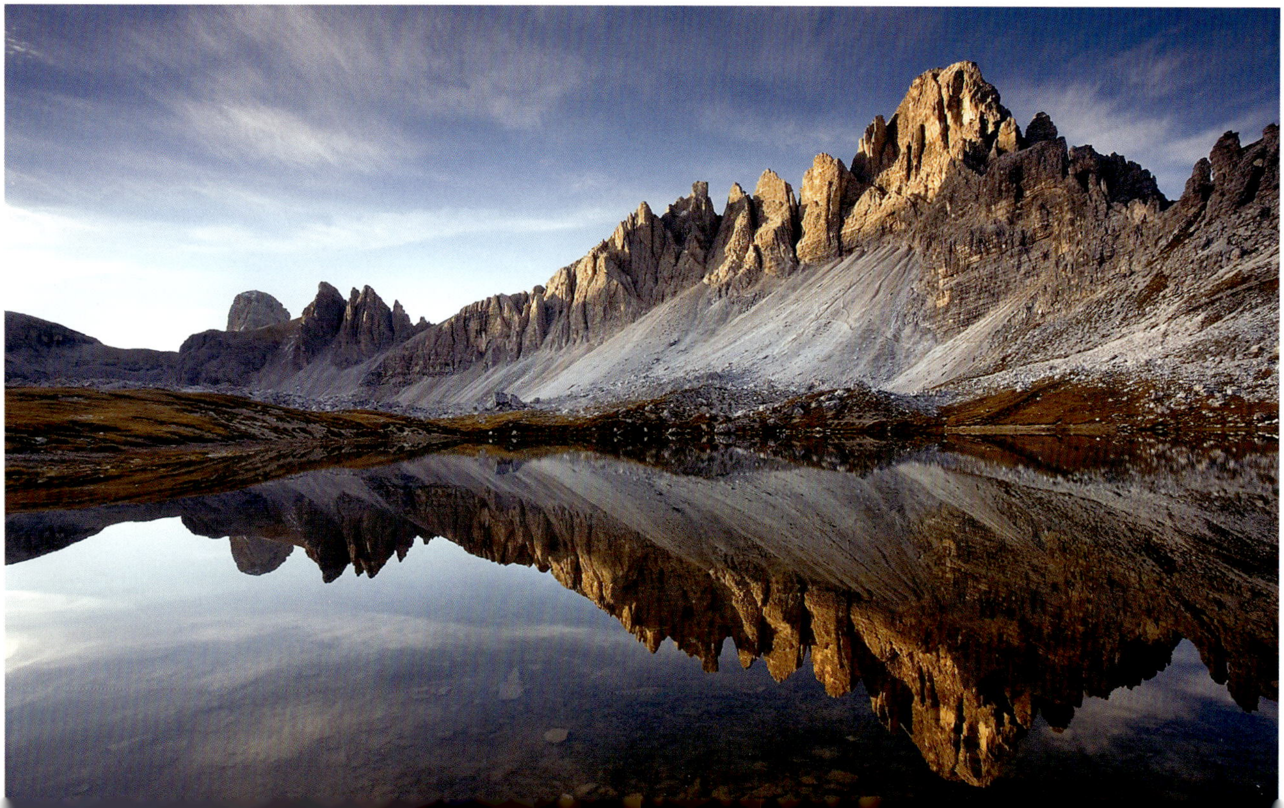

üblichen Tagesablauf vermeiden, denn die beste Zeit, um tolle Fotos zu bekommen, sind die Momente, in denen Sie sonst meist frühstücken oder zu Abend essen. Vor Sonnenaufgang sollten Natur- und Landschaftsfotografen jedoch schon an Ort und Stelle sein. Ein am Abend vorher gepackter Fotorucksack mit Stativ, Objektiven für verschiedene Aufnahmesituationen und Zubehör, der schnell die 15-kg-Marke übersteigt, gehört ebenfalls dazu. Auch sollten Sie Regen und nasskaltes Schmuddelwetter nicht scheuen, geschweige denn an der Fototour hindern. Zudem sollten Sie einkalkulieren, dass nicht jede Fototour von Erfolg gekrönt sein kann, da dieser von vielen Faktoren, die zusammenkommen müssen, abhängig ist.

Wenn möglich, suche ich einen fotogenen Ort immer wieder auf, um dann irgendwann das besondere Licht oder die gewünschte Stimmung festhalten zu können, die zum Motiv passt. Hinzu kommt, dass sich besondere Bilder selten von Aussichtsplattformen und Parkplätzen von bekannten Sehenswürdigkeiten machen lassen – diese wurden nicht für Fotografen angelegt. Für einen besseren Erfolg sollten Sie vielmehr die Gegend erlaufen, aktiv neue Perspektiven suchen, experimentieren und so dem Glück ein wenig auf die Sprünge helfen.

Jedes Foto, für das ich mich entscheide, sollte meine volle Hingabe und beste Voraussetzungen bekommen.

Der richtige Zeitpunkt

Bei der Landschaftsfotografie bestimmen die folgenden Faktoren den richtigen Zeitpunkt für ein gutes Bild: Wetter, Tageszeit, Licht und Jahreszeit.

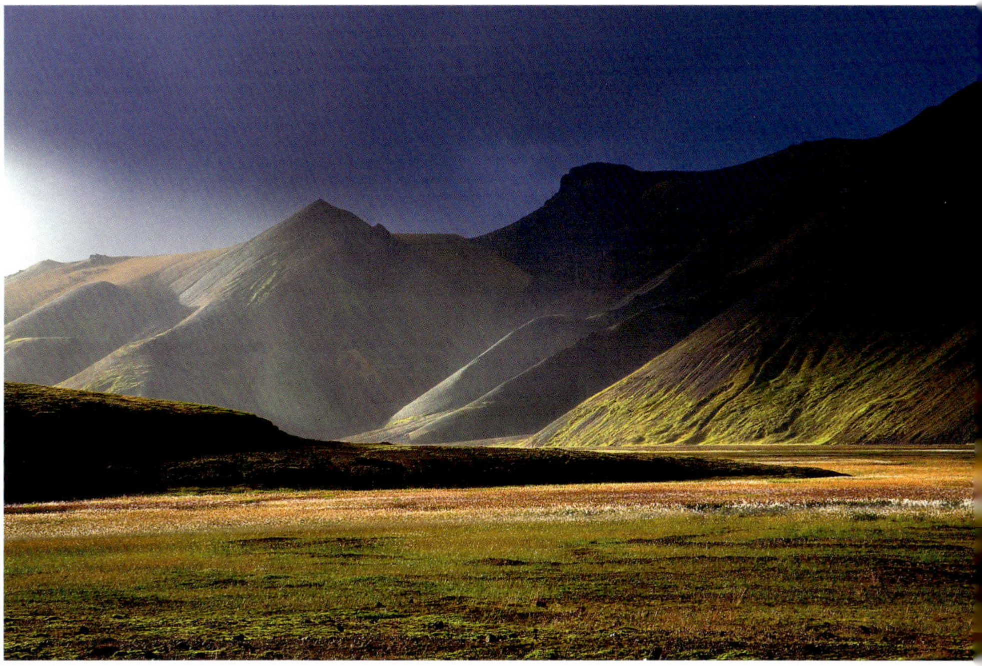

Spiegelung am Morgen

Am frühen Morgen in der Nähe der Dreizinnenhütte in den Dolomiten: Noch vor Sonnenaufgang verließ ich mein quietschendes Etagenbett im von unzähligen Schnarchenden belegten Schlafsaal. Nur wenige Minuten Gehzeit von der Hütte entfernt, hatte ich mir schon am Vorabend einige Plätze ausgesucht, die ich nun anlaufen wollte. Durch die Windstille, die oft nur für kurze Zeit am frühen Morgen anhält, und die klare Luft spiegelte sich das angestrahlte Bergmassiv besonders brillant im glatten, sauberen Wasser.

Canon EOS 5D (Vollformat) | 17–40 (19 mm) f4 L USM | 1/60 sek | f13 | ISO 400 | Grauverlaufsfilter | Stativ

Landmannalaugar I

Bei einer Wanderung durch dieses kahle, aber durch verschiedene Gesteinsarten sehr farbenfrohe Gebiet in Island war ich schon auf dem Heimweg und flüchtete vor einem nahenden Sturm mit prasselndem Regen. Die Kamera baumelte noch, geschützt unter der Jacke, am Hals, als sich hinter mir noch einmal für kurze Zeit der Himmel öffnete. Schnell ein, zwei Fotos aus der Hand – und während ich hastig mein Stativ aufbaute, schloss sich der Vorhang bereits wieder und tauchte die Landschaft für die folgenden Stunden in ein eintöniges Grau.

Canon EOS 5D (Vollformat) | 24–105 (80 mm) f4 L IS USM | 1/90 sek | f13 | ISO 400 | Grauverlaufsfilter

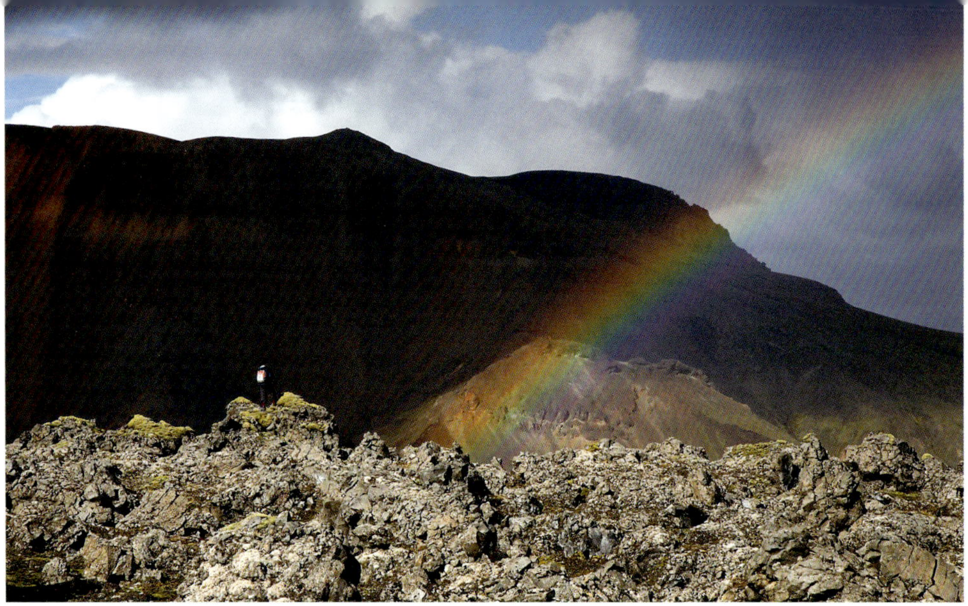

[↖] Wanderer am Regenbogen

Auch dieses Foto entstand während der Wanderung im Gebiet Landmannalaugar in Island. Ich kam aus einem engen Tal auf ein erhöhtes Plateau, und vor mir eröffnete sich dieser Blick. Dies ist ein gutes Beispiel dafür, dass Glück einfach zum Fotografieren dazugehört. Allein schon den freien Blick auf einen Regenbogen zu erleben, ist ja wunderschön, doch für ein besonderes Foto muss dann auch noch ein passender Vorder- und Hintergrund vorhanden sein. Wenn ein Fotograf zur richtigen Zeit am richtigen Ort erscheint, ist es das Schönste, was ihm passieren kann. Dazu kommt die Herausforderung, dass er neben dem Staunen über ein Naturspektakel, das oft leider nur eine kurze Zeit währt, das Motiv schnell erkennen und sich für eine Bildeinteilung entscheiden muss. In diesem Fall stand der Wanderer (der hier auch schön als Größenmaßstab dient) schon auf dem Felsen. Im Nachhinein wünschte ich mir jedoch, dass die Person am Ende des Regenbogens stünde; ich hätte bei der Aufnahme also nur wenige Schritte weiter nach links gehen müssen.

Canon EOS 5D (Vollformat) | 24–105 (105 mm) f4 L IS USM | 1/60 sek | f16 | ISO 100

Wetter | Die meisten Menschen lassen sich bei Sonnenschein bereitwillig ins Freie locken, dann ist es oft warm, sie fühlen sich gut und sind gern unterwegs. Doch besonders spannende Bilder entstehen unter diesen zweifellos angenehmen Bedingungen eher selten. Im Gegenteil: Viele Bilder, die uns wegen ihrer Dramatik oder ihrer besonders mystischen Atmosphäre ansprechen, sind bei »schlechtem« Wetter in einem weniger grellen Licht entstanden, und bekannte Orte zeigen sich unter scheinbar widrigen Umständen von einer neuen, überraschenden Seite. Ein hervorragender Zeitpunkt beispielsweise ist gekommen, wenn die Sonne nach einem Regenguss unter den düsteren Wolken hervorlinst und die Natur vor dem finsteren Himmel in ein farbintensives Licht taucht.

[→] Landmannalaugar II

Für dieses Bild rannte ich auf eine Passhöhe, um den Blick ins Tal zu bekommen. Regen und Sturm machten das Fotografieren an dieser Stelle nicht einfacher – dafür konnte ich den nahezu kompletten Regenbogen ins Bild setzen. Eine Licht-Schatten-Linie aus der linken Bildecke führt den Blick zur Felsnadel hinauf.

Canon EOS 5D (Vollformat) | 17–40 (17 mm) f4 L USM | 1/60 sek | f16 | ISO 100 | Grauverlaufsfilter | Stativ

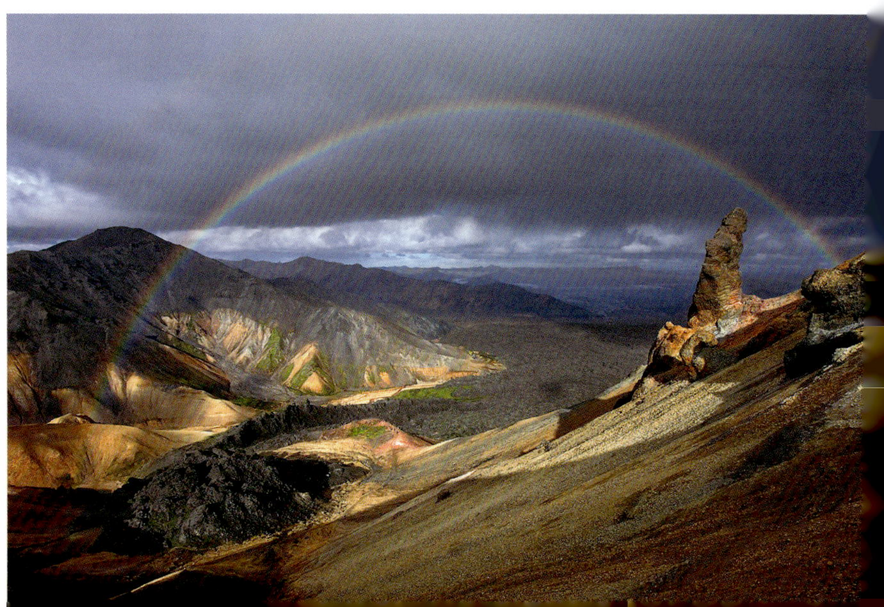

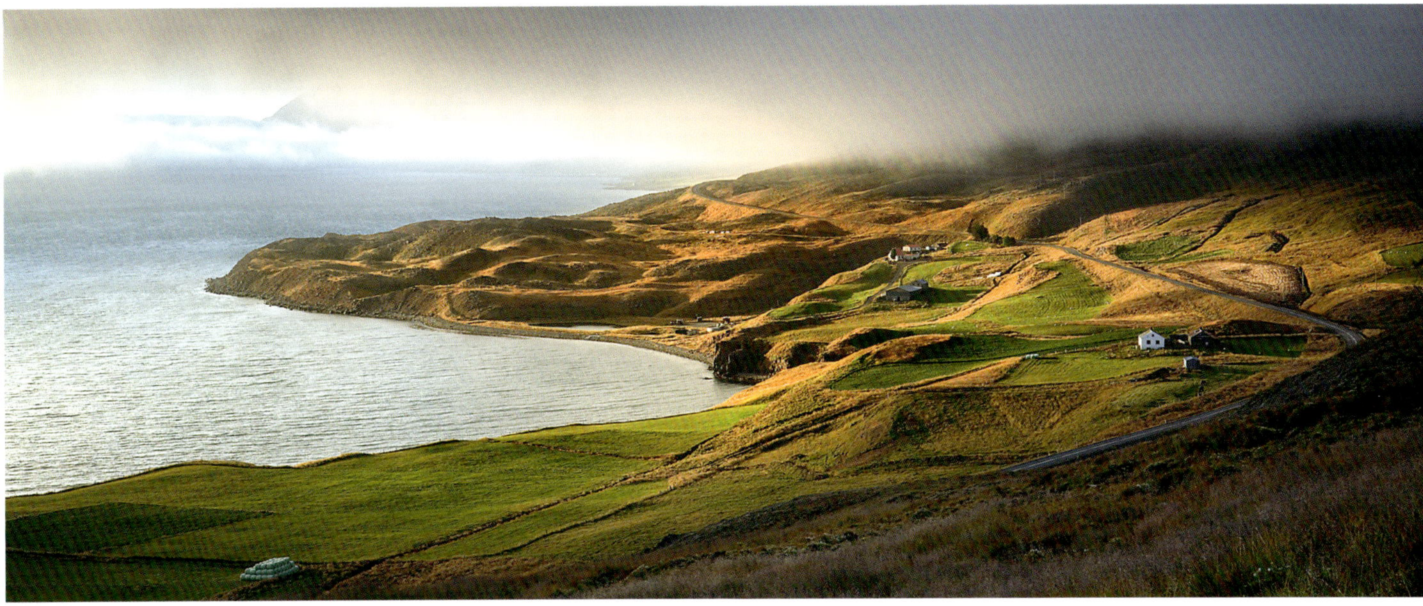

Ystavik
Als dieses Bild entstand, wollte ich eigentlich schon längst auf einem Campingplatz sein, doch das Licht lockte mich weiter und weiter und belohnte mich schließlich hinter der nächsten Kuppe mit diesem Ausblick. Schnell rannte ich einen Abhang hinunter, um freien Blick auf die Szene zu bekommen. Drei Einzelbilder, angefertigt mit Hilfe eines Panoramakopfs auf dem Stativ, verhalfen mir zu einem hochaufgelösten breiteren Querformatfoto.

Canon EOS 5D (Vollformat) | 24–105 (85 mm) f4 L IS USM | 1/20 sek | f11 | ISO 100 | Grauverlaufsfilter | Stativ

Fotografieren bei Regen | Selbst Regen sollte einen Naturfotografen nicht abschrecken – im Gegenteil. Mit der richtigen Kleidung, einem wasserdichten Fotorucksack und einem Regenschutz für die Kamera hält uns nichts mehr auf! Die aufgesetzte Sonnenblende hält die gröbsten Spritzer ab. Wenn es nicht gerade sehr windig ist, können Sie auch einen Regenschirm als kleines Dach verwenden. Die Frontlinse des Objektivs sollte jedoch stets tropfenfrei bleiben, da Wasserspritzer punktuelle Unschärfen ins Bild bringen. Ein vorgeschraubter Protektionsfilter, der als reiner Objektivschutz dient, vermindert in solchen Fällen die Gefahr von Kratzern auf der kostbaren Objektivlinse, die durch häufiges Reinigen mit einem Mikrofasertuch entstehen können. Gerade vor einem dunklen Hintergrund können Sie Regen – bei längerer Belichtungszeit als Streifen, bei kurzer Belichtungszeit als eingefrorene Tropfen – besonders gut sichtbar machen. Reizvoll ist es auch, wenn Regentropfen auf der Wasseroberfläche eines Teiches oder eines Sees auftreffen und dort Kreise ziehen. Und wenn Sie großes Glück haben, verzaubert sogar noch ein bunter Regenbogen die Szenerie.

Licht | Das Licht ist der wichtigste Bestandteil der Fotografie und ausschlaggebend für die Aussage und Stimmung eines Bildes. Die Morgen- und Abendstunden sind bekanntlich die besseren Tageszeiten zum Fotografieren als die Mittagszeit. Das flache Licht ist dann wärmer und wirft längere Schatten, die wiederum dem Motiv mehr Konturen und eine Dreidimensionalität verleihen. Die meisten Fotos entstehen mit der Sonne im Rücken. So treten die Farben in einer Landschaft am besten hervor, und die Kontraste sind ausgewogener und dadurch leicht zu meistern. Doch oft wirken diese Bilder platt und austauschbar. Für manche Motive ist sogar ein bedeckter Himmel von Vorteil. Sei es im Wald, wo sonst harte Schatten und Spitzlichter stören würden, oder um besondere Stimmungen wirkungsvoll darzustellen. Auch die Farben, etwa von Herbstlaub, leuchten dann besonders intensiv. Seitenlicht dagegen kann sehr spannend wirken, weil es nur eine Seite des Motivs beleuchtet und die abgewandte Seite im Schatten lässt. So werden Umrisse betont und zum Beispiel hügelige Landschaften besonders schön modelliert.

Gegenlicht | Ich fotografiere auch gern gegen das Licht. Dabei platziere ich die Sonne im Bildausschnitt bevorzugt zwischen Ästen oder an einer Bergkante und wähle eine kleine Blendenöffnung (größerer Wert als f19), damit die Strahlen der Sonne besonders lang und scharf hervortreten. Dieser Effekt entsteht mit einer möglichst weit geschlossenen Blende bei allen punktförmigen Lichtquellen, in die Sie »hineinfotografieren«. Mit dieser Methode können Sie die Sonne selbst bei Höchststand am dunkelblauen Himmel als strahlenden Stern abbilden. Hierbei sollten Sie am besten eine Gegenlichtblende auf das Objektiv aufsetzen, um störende Lichtreflexe zu vermeiden. Durch ein leichtes Kippen oder Drehen der Kamera können Sie diese meist weiter reduzieren. Eine saubere Frontlinse und gute Objektive sind zusätzlich von Vorteil.

Jahreszeiten | Bekanntermaßen ist der Sommer Reise-, Urlaubs- und natürlich auch Fotozeit – dann entstehen die meisten Bilder. Doch wenn Sie eine Landschaft in all ihren Facetten darstellen möchten, kommen Sie an den restlichen Jahreszeiten nicht vorbei. Es wäre geradezu ein Fehler, sich auf die warmen Monate zu beschränken.

Wintersonne

Am Ufer eines zugefrorenen Sees im schwedischem Lappland. Die langen Schatten der Birkenstämme führen ins Bild und geben ihm Tiefe.

Canon EOS 5D (Vollformat) | 17–40 (32 mm) f4 L USM | 1/60 sek | f22 | ISO 100

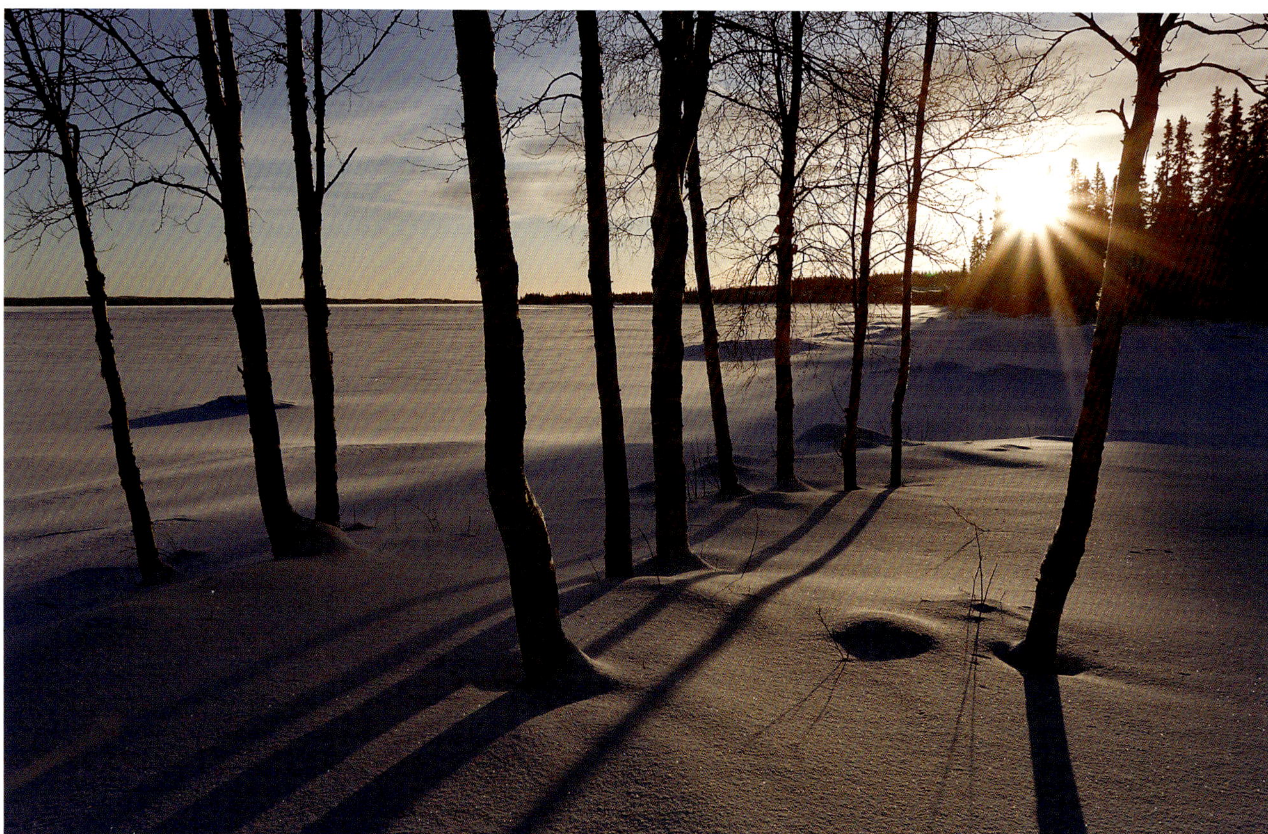

Fjellwanderung
Während einer Paddeltour im norwegischen Femund-Gebiet machten wir zur Abwechslung eine Tagestour zu Fuß in das umliegende Fjell. Auf der sturmumtosten Hochebene werden die Birken zu kleinen Windflüchtern geformt. Durch den niedrigen Kamerastandpunkt kommen die goldgelben Blätter vor dem blauen Himmel gut zur Geltung. Die extreme Weitwinkeleinstellung lässt den kleinen Baum im Vordergrund riesig und den nicht sehr weit entfernten Wanderer dagegen verkleinert erscheinen.

Canon EOS 5D (Vollformat) | 17–40 (17 mm) f4 L USM | 1/125 sek | f13 | ISO 100

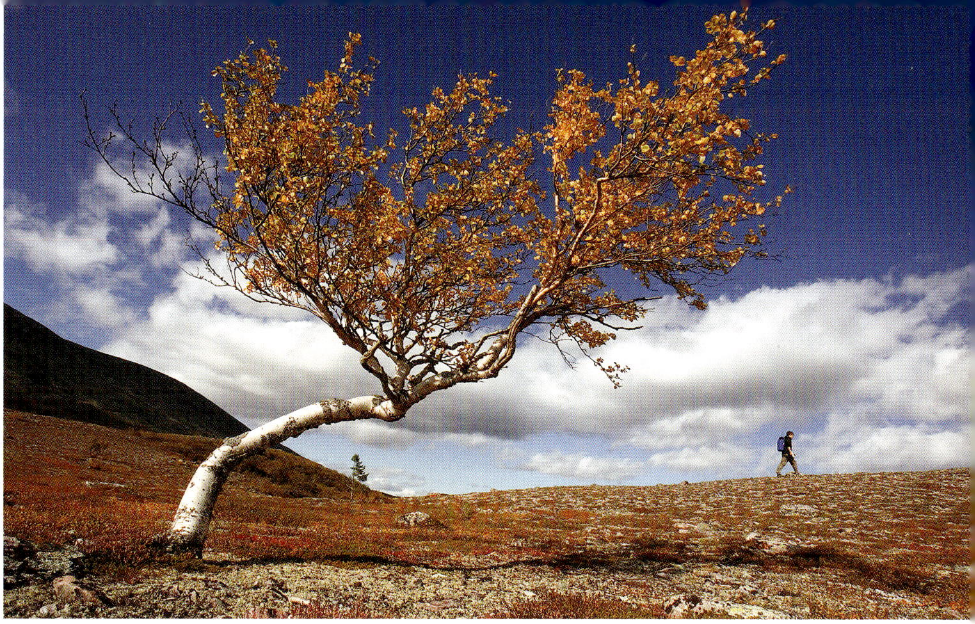

Mohnwiese
Eine Mohnwiese mit gleichmaßig verteilten Baumgruppen unter spannenden Wolken. Dieses Bild, das ich Mitte Juni in Niedersachsen nicht weit meines Heimatorts aufgenommen habe, zeigt, dass man nicht nur in fernen Ländern ansprechende Fotos machen kann.

Canon 20D (Cropfaktor 1,6) | 12–24 (12 mm) f4 | 1/60 sek | f19 | ISO 100 | Grauverlaufsfilter

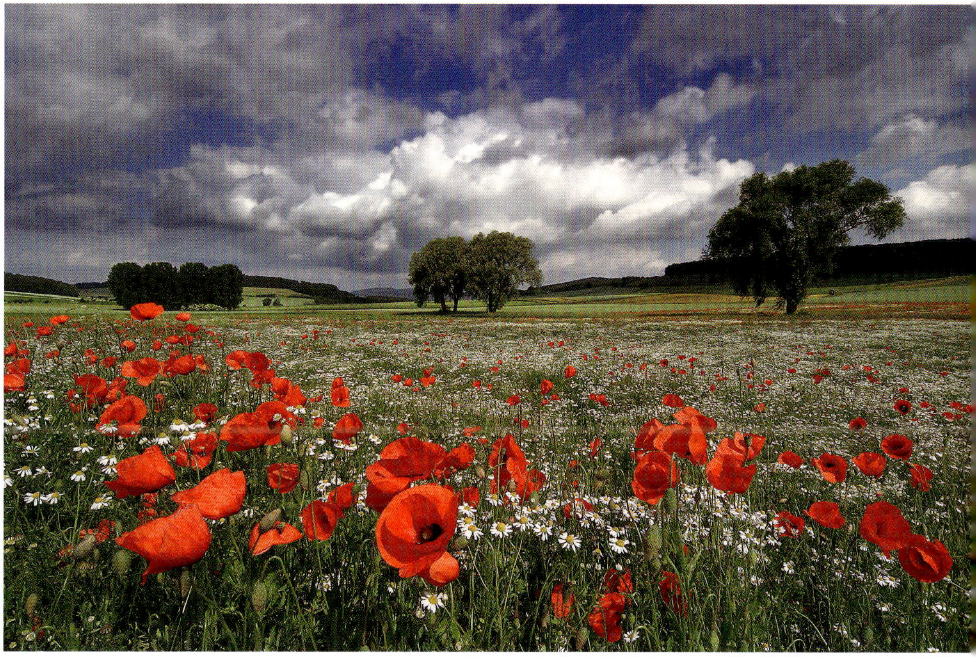

Gerade im Herbst und Winter füllen sich bei mir die Speicherkarten. Das flachere Licht verhilft der Landschaft zu einer besonders ausdrucksvollen Atmosphäre, und die eingefärbten Blätter sorgen für farbenfrohe und stimmungsvolle Bilder. Auch der dann häufiger auftretende Nebel erzeugt mystische und stille Bilder. Das frühe Aufstehen lohnt sich, wenn Frühnebel die Landschaft überzieht. Dann erkennen Sie die Ihnen sonst bekannten Gegenden oft kaum wieder, weil sich Motive wie zum Beispiel Bäume vor dem sonst störenden Hintergrund abheben. Aber Vorsicht: Der hellgraue Nebel kann auf die Belichtungssteuerung der Kamera fast wie Schnee wirken. Sie sollten also bei einem hohen Bildanteil von hellgrauen oder weißen Flächen eher etwas überbelichten, da die Kamera in solchen Situationen tendenziell etwas zu dunkel belichten möchte.

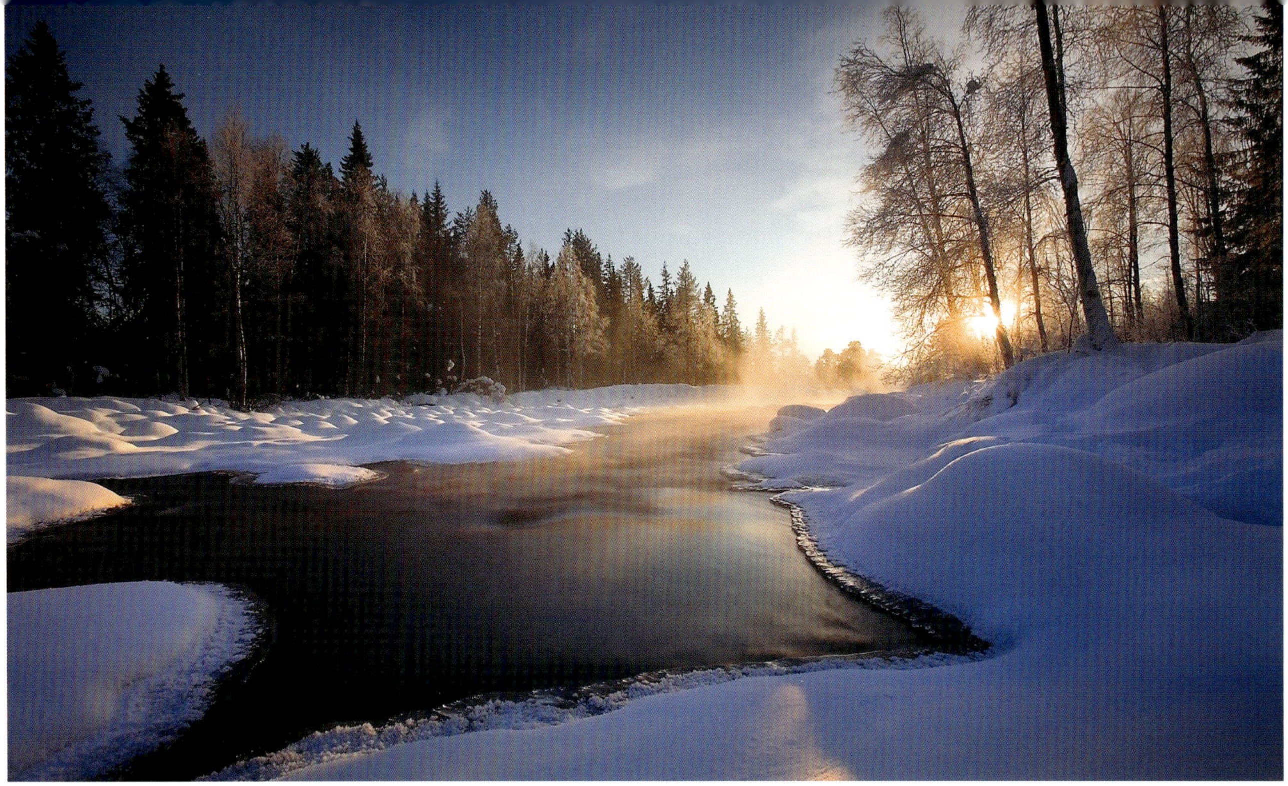

Eisfluss im Licht
Während einer Fototour auf einer Lapplandreise lief ich ca. 500 Meter abseits der Straße am Ufer dieses Flusses entlang. Bei tiefem Schnee empfehlen sich übrigens Schneeschuhe unter den Füßen, die das Einsinken bis über die Knie verhindern und das Vorankommen erheblich erleichtern. Spätestens wenn Sie dann – wie ich bei diesem Foto – im Schnee knien oder liegen, wissen Sie wasserdichte Kleidung oder zumindest eine kleine Plane, auf die Sie sich und Ihren Fotorucksack ablegen können, zu schätzen. Für die Stativbeine gibt es spezielle Schneeteller, die für einen festen Stand sorgen und das Absacken verhindern.

Canon EOS 5D (Vollformat) | 17–40 (17 mm) f4 L USM | 3 sek | f19 | ISO 50 | ND-Graufilter | Stativ

Winter | Im Winter sind die Tage kürzer, doch gerade wegen der flach verlaufenden Sonnenbahn ist der ganze Tag geeignet, um stimmungsvolle Fotos zu machen. Ein paar Wintertipps müssen Sie jedoch zusätzlich bedenken: Sie sollten in der kalten Jahreszeit stets noch mehr frisch aufgeladene Akkus dabeihaben als sonst, da aufgrund der niedrigen Temperaturen die Leistung merklich schwindet. Einen der Akkupacks und am besten auch die Kamera sollten Sie dann möglichst nah am Körper tragen, um sie möglichst warm zu halten. Gegebenenfalls können Sie den Akku auch öfter wechseln. Ausdrücklich empfehlen kann ich kälteempfindlichen Händen spezielle Fausthandschuhe, bei denen sich die schützenden Fingerkappen für das Einstellen der Kamera leicht wegklappen lassen und somit nicht der ganze Handschuh abgestreift werden muss. Darunter passen meist zusätzlich dünne Fingerhandschuhe als erste Schicht. An frostigen Fototagen kann es passieren, dass Flüssigkeit aus Nase oder Augen auf die Kamera tropft. Aber Vorsicht, denn diese kann aufgrund der niedrigen Temperaturen sofort erstarren und lässt dadurch mitunter die Einstellrädchen arretieren. Nach der Tour können die Kamera und die Objektive beim Übergang von draußen in feuchtwarme Räume in Plastikbeutel verschlossen werden, um die Bildung von Kondenswasser und unerwünschtes Beschlagen zu vermeiden.

Bei Fotos mit hohem Schneeanteil kann leichtes Überbelichten nötig sein. Da Sie aber mit der heutigen Digitaltechnik jedes gemachte Foto sofort optisch und noch genauer über das Histogramm kontrollieren können, ist hier der Ausschuss gegenüber der Analogfotografie merklich geringer geworden.

Motive zum Üben | Dieser Baum (siehe Abbildung unten) war eine Zeit lang einer meiner heimatnahen »Trainingsplätze«, die ich öfter anlaufe. Wenn Sie solche Orte zu verschiedenen Tages- und Jahreszeiten immer wieder aufsuchen, sie von allen Seiten aus verschiedenen Perspektiven mit unterschiedlichen Brennweiten betrachten, bekommen Sie ein Gefühl für die Wirkung verschiedener Perspektiven und Bildausschnitte sowie des sich verändernden Lichts. Nebenbei lernen Sie so, Ihre Werkzeuge sicher zu beherrschen. Nichts ist ärgerlicher, als wenn Sie nach längerer Fotoabstinenz das gewünschte Motiv im besten Licht vor der Linse haben, sich aber erst einmal mit der Einstellung der Kamera oder dem Aufbau des Stativs herumschlagen müssen. Wenn bei der Aufbauprozedur immer wieder die gleichen Schwierigkeiten mit der Ausrüstung auftreten, sollten Sie sich überlegen, ob Sie sich nicht lieber von dem einen oder anderen Utensil trennen sollten. Oft habe ich schon, vor allem wenn es wieder einmal etwas schneller gehen musste, in mich hineingeschimpft und die unausgereifte oder defekte Technik (meist klemmende Stative oder lose Kugelköpfe) verflucht.

Nutzen Sie das besondere Wetter mit nicht alltäglichen Lichtverhältnissen, und Sie werden Bilder machen, die selten sind und Staunen hervorrufen.

Bäume im Nebel

An einem kalten und nebligen Novembermorgen legte ich mich vor diesen Baum und platzierte die Kamera direkt über dem Boden. Die kleineren Bäume links zeichnen sich dank des Nebels deutlich vom sonst störenden Hintergrund ab. Der Stamm des vorderen Baumes bildet eine Linie von der unteren rechten zur oberen linken Ecke und lenkt den Blick durch die Einrahmung zu den zwei kleinen Bäumen.

Canon EOS 5D (Vollformat) | 17–40 (17 mm) f4 L USM | 1/30 sek | f13 | ISO 100

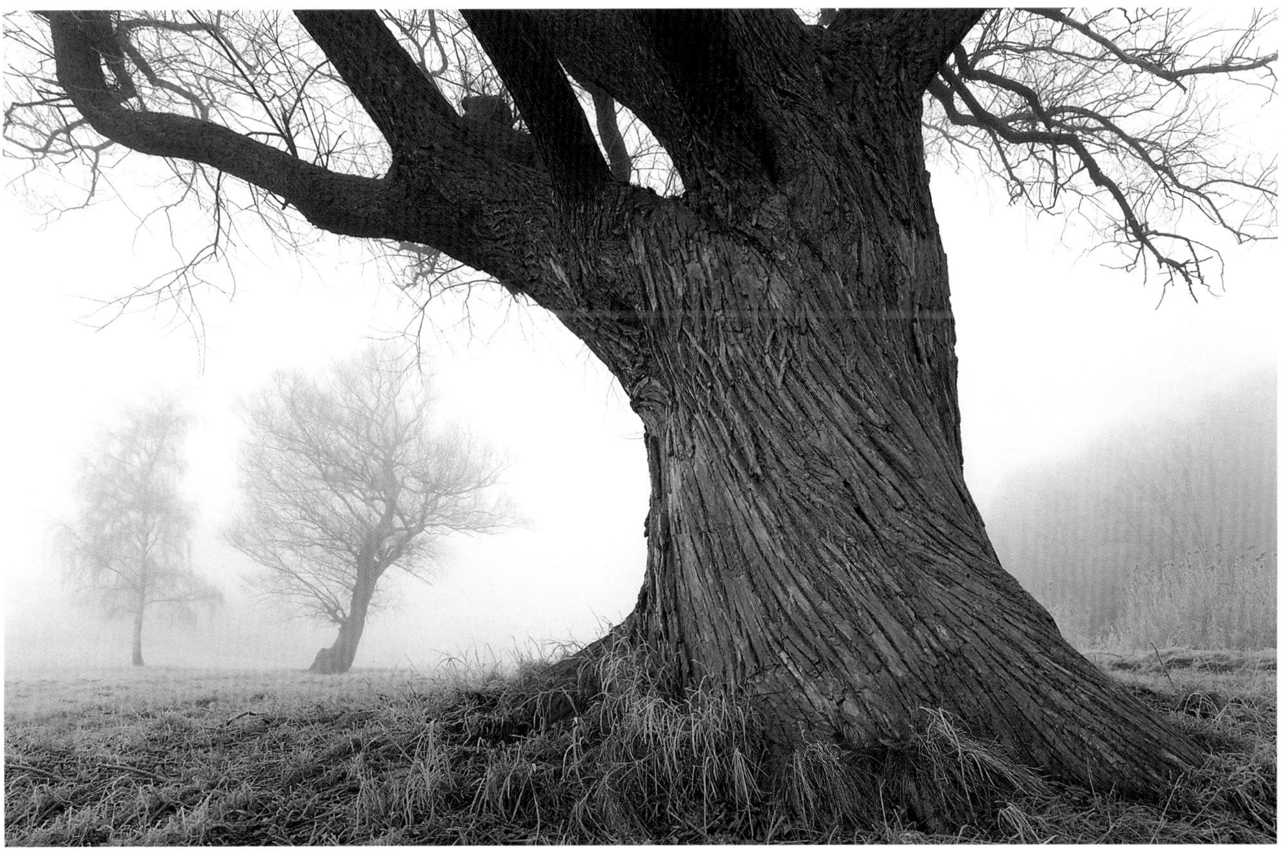

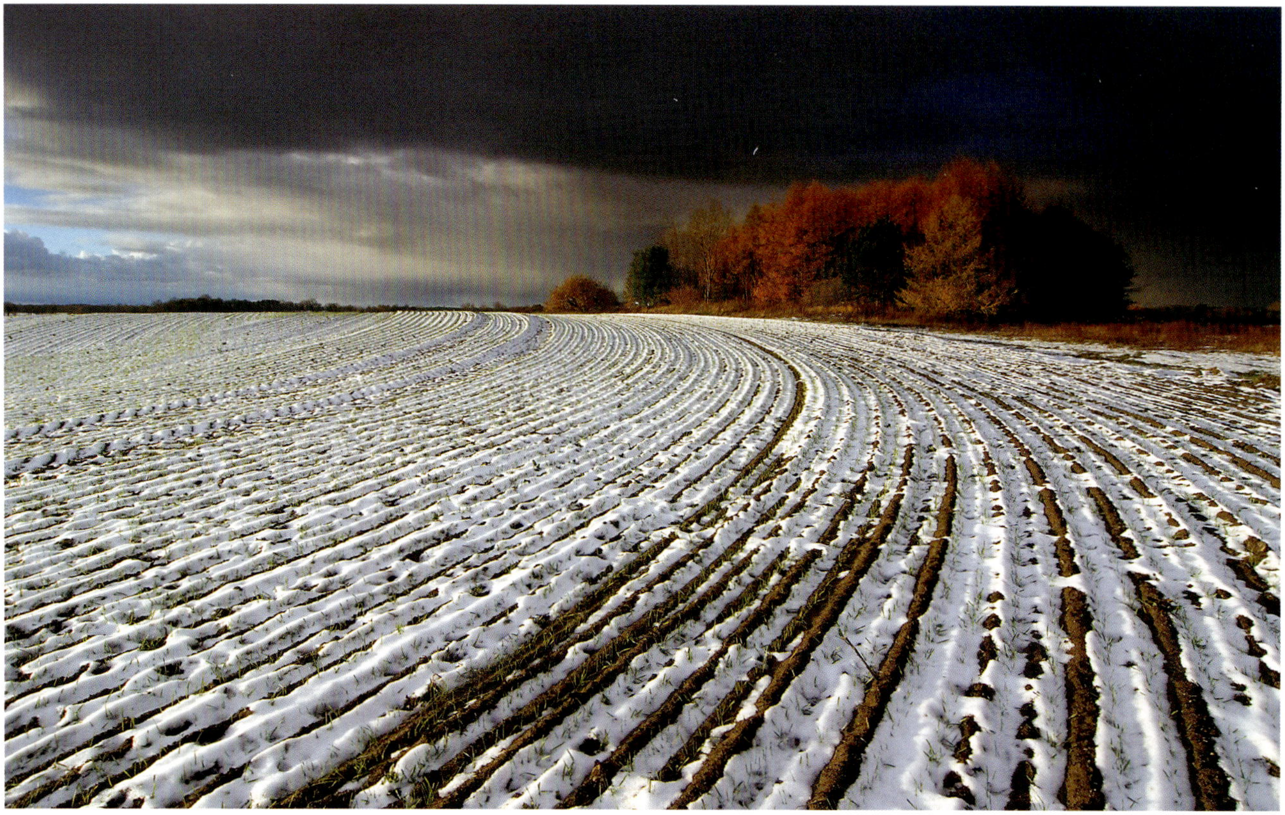

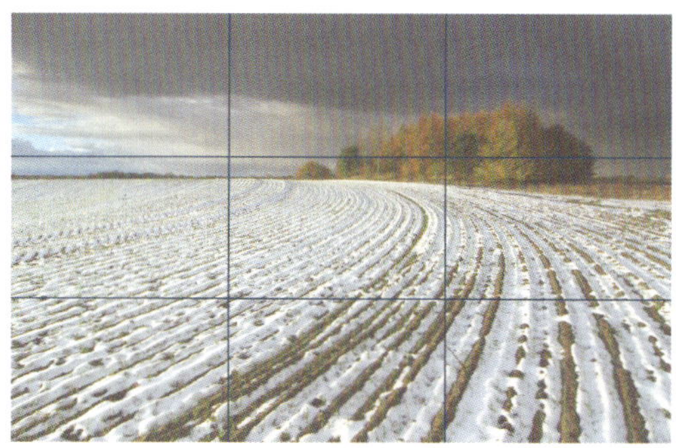

Erster Schnee

Während einer Fototour Mitte November auf der Insel Rügen, bei der ich mit dem Auto kleine Straßen und Wege abfuhr, kam ich in einen kurzen, aber heftigen Schneeschauer. Von Weitem schon sah ich eine kleine Baumgruppe am Rande eines Feldes. Ich beeilte mich, um noch die dunklen Wolken dahinter und die jetzt durchbrechende Sonne zu erwischen. Nach ein paar vorsichtigen Schritten auf dem durchweichten Acker hielt ich die Kamera im Knien tief über den Boden. Die Furchen dienen hier als Blickführungslinien, die aus den Bildecken zum Hauptmotiv leiten. Der lang gestreckte Vordergrund war mir wichtiger, als noch mehr vom grauen Himmel zu zeigen, deshalb kippte ich die Kamera leicht nach unten.

Canon EOS 20D (Cropfaktor 1,6) | 12–24 (12 mm) f4 | 1/45 sek | f11 | ISO 100

Drittelregel

Das Bild »Erster Schnee« wurde hier mit einem Raster versehen, das die Drittelregel veranschaulicht.

Bildaufbau und Format

Vom Goldenen Schnitt, der Drittelregel, Blickführungslinien und anderen Kompositionsregeln haben Sie vielleicht schon einmal gehört oder darüber gelesen, und es ist hilfreich, sie zu kennen, und meist von Vorteil, sie auch anzuwenden. Bedenken Sie aber, dass dies alles Techniken und Methoden sind, die ein Bild wirkungsvoller machen *können* – grundsätzlich jedoch gibt es keine falsche Art der Fotografie. Es ist alles erlaubt, um die Aussage und die Information, die Sie in Ihrem Bild vermitteln möchten, hervorzuheben. Denken Sie nur einmal an die erfolgreichen und wertvollen Bilder großer Künstler, gerade der jüngeren Vergangenheit, die absichtlich gegen Gestaltungsregeln verstoßen. Selten bedarf es erst einer Erklärung oder Hintergrundinformation, um das Ergebnis zu würdigen. Aber warum wirkt das eine Bild besser als das andere?

Ordnung | Bei den meisten Landschaftsfotos verhält es sich so, dass die Bilder mit einem geordneten Aufbau unter ästhetischen Gesichtspunkten mehr auffallen oder ein Gefühl wecken als jene, bei denen diese Art von Aufbau vernachlässigt wurde. Linien, ob vorhandene oder imaginäre und aus mehreren Elementen gebildete, sollten zum Hauptmotiv führen, das zusätzlich aus der Bildmitte in Richtung Außenkanten gerückt werden sollte. Hier müssen Sie sich dann entscheiden, ob der untere Bildteil (meist Landschaft) oder der obere (meist Himmel) den größeren Platz einnehmen soll. Unsere Augen empfinden einen solchen Bildaufbau als gleichzeitig gefällig und spannend. Das Foto wird nach der sogenannten Drittelregel durch zwei vertikale und zwei horizontale gedachte Linien in neun gleich große Felder geteilt, so entstehen vier Schnittpunkte. Das Hauptmotiv sollte in der Nähe eines dieser Knotenpunkte liegen, und Hauptlinien im Bild sollten sich an diesen gedachten Linien orientieren.

Aktive Bildgestaltung | Meist werden in der Landschaftsfotografie Weitwinkelobjektive von 16–35 mm eingesetzt, doch gerade weil diese eine große Fläche

Einsames Boot
An einem dunstigen Tag am Limfjord in Dänemark

Canon EOS 5D (Vollformat) | 17–40 (40 mm) f4 L USM | 1/60 sek | f9,5 | ISO 100 | Grauverlaufsfilter

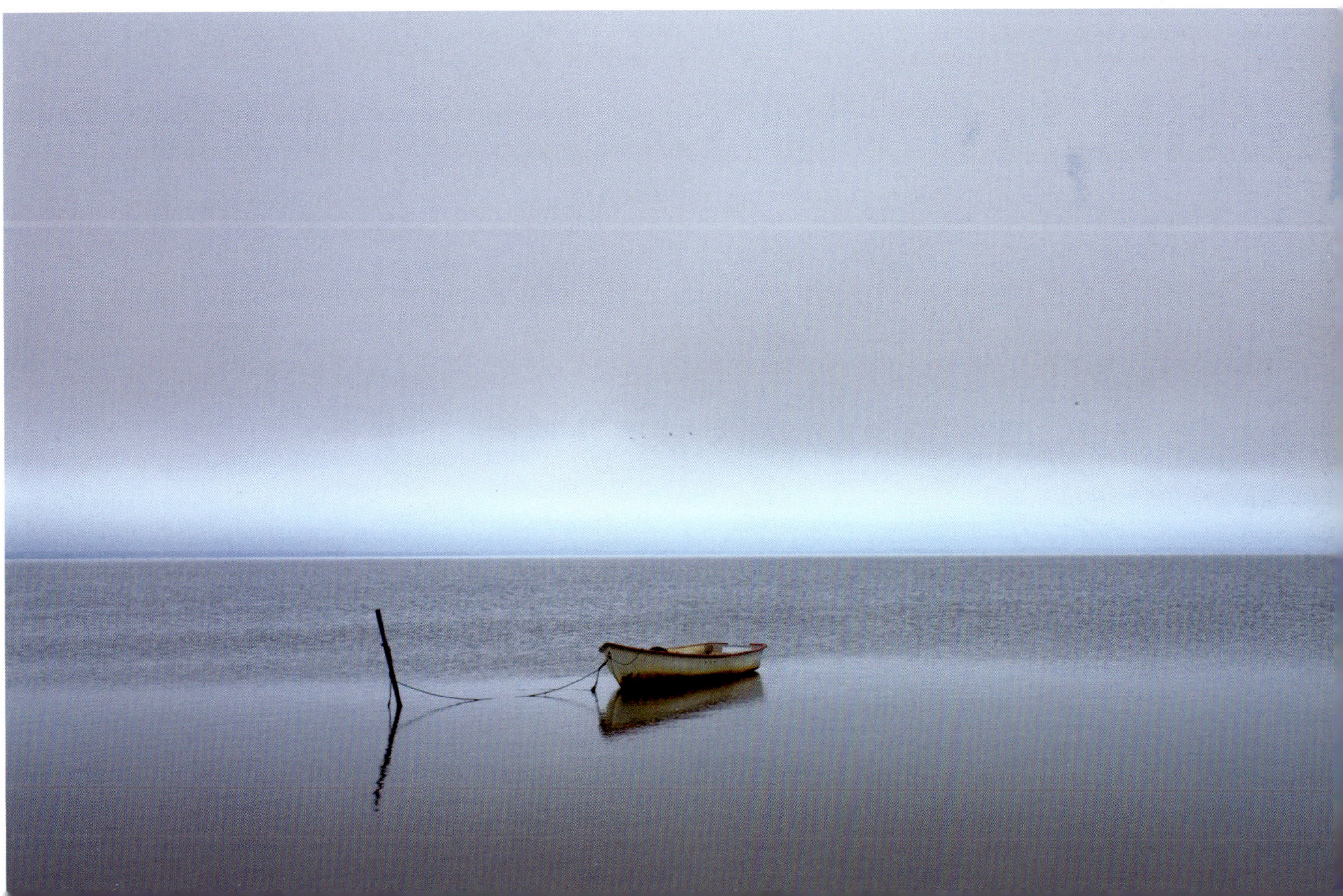

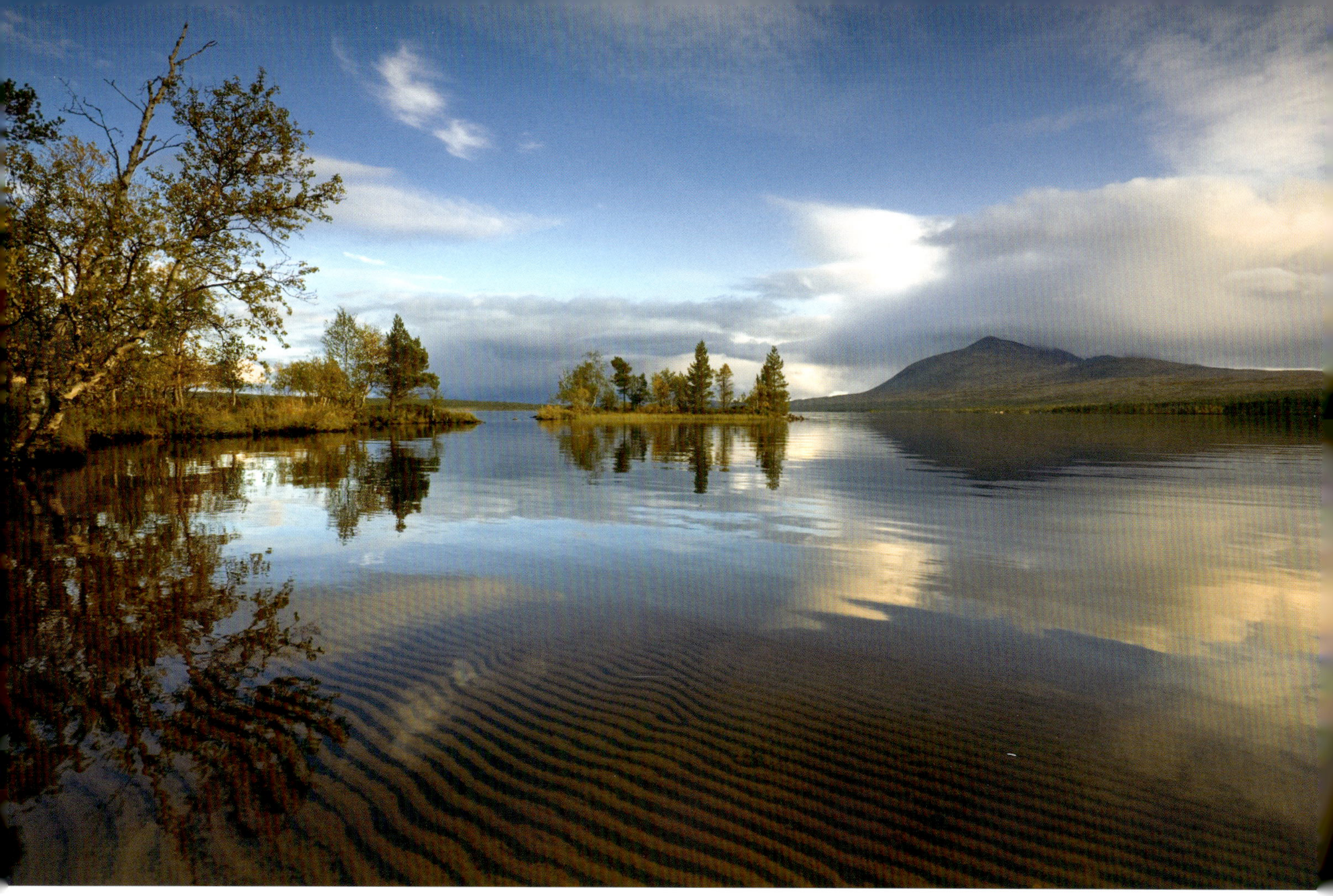

Sölensjöen

Nach einem sehr windigen Paddeltag auf diesem norwegischen See wurde es abends ruhiger, und das Wasser spiegelte die Szene wider. Furchen im Sand unter der Wasseroberfläche und die sich spiegelnden Wolken führen den Blick. Bäume und Wolken an den Bildrändern rahmen die kleine Insel als Hauptmotiv ein.

Canon EOS 5D (Vollformat) | 17–40 (17 mm) f4 L USM | 1/45 sek | f8 | ISO 100 | Grauverlaufsfilter

mit vielen Elementen abbilden, wirken die Fotos oft langweilig. Hier schafft vor allem ein spannender Aufbau Abhilfe. Wenn ich an einem mir geeignet erscheinenden Ort angelangt bin, suche ich mit der Kamera in der Hand durch Schwenken, Kippen und manchmal nur leichtes Versetzen des Standpunkts in der Höhe oder zur Seite hin die optimale Position und Perspektive. Mir macht es besondere Freude, nach Linien und Elementen zu suchen und diese dann entsprechend im Sucher anzuordnen, um mit ihrer Hilfe Dynamik und Tiefe in ein Bild zu bekommen. Dieses Erhaschen des optimalen Standpunkts in einer von Licht und Wetter verzauberten Landschaft ist für mich das Größte. Schauen Sie genau hin: Irgendwo befindet sich meistens ein natürlicher »Augenpfad« – ein geschwungener Fluss, ein Weg oder Graben, Risse und Kanten im Gestein, Wolkenformationen, Uferlinien, Bergkämme, Schattenwürfe oder Furchen (wie etwa im auf Seite 46 gezeigten Bild). Verstärken Sie diese Linien, indem Sie näher herangehen und sie aus einer Ecke in das Bild hineinlaufen lassen. Ich bewege mich dann oft hin und her, knie oder lege mich hin, laufe eine Anhöhe hoch oder zwänge mich in Felsspalten. Für Beobachter ist das oft lustig anzusehen und schwer nachzuvollziehen, aber wenn sie dann einen kurzen Blick auf das Display der Kamera geworfen haben, sind sie häufig überrascht. Außerdem mache ich mich nicht selten ordentlich schmutzig, wenn ich so in Aktion bin. Sie sollten also nicht mit der besten Kleidung unterwegs sein, sondern strapazierfähige und unempfindliche Materialien tragen.

Weite zeigen | Viele Fotos haben schlicht deshalb keine Wirkung, weil der Fotograf nicht nah genug am Motiv dran war und die Bilder deshalb zu viel leeren Raum beinhalten. Zwar sollte schon genug Umgebung mit einbezogen werden, um ein Gefühl für den Ort zu vermitteln, aber das Motiv, um das es geht, sollte klar hervorgehoben werden, der Betrachter sollte nicht erst überlegen müssen, worum es geht. Im besten Fall sollten alle Details eines Bildes einen Zweck erfüllen und zur Aussage beitragen. Etwas anderes ist es, wenn Sie gerade die Einsamkeit oder Verlorenheit eines Motivs unterstreichen möchten, dann kann zum Verstärken dieses Eindrucks das Objekt auch mittig in viel freien Raum platziert werden. Solche Fotos wirken dann meist ruhig und besinnlich.

Bei Spiegelungen wird der Horizont meist mittig im Bild verlaufen, da die Landschaft ja doppelt abgebildet wird und Sie wahrscheinlich beide Bildhälften möglichst komplett im Foto darstellen möchten.

Format | Landschaften dehnen sich der menschlichen Sichtweise entsprechend in der Breite aus. Bei den meisten Motiven ist deshalb das Querformat die richtige Wahl. Trotzdem sollten Sie sich öfter auch einmal die Zeit nehmen, verschiedene Möglichkeiten auszutes-

Canyon der Fjardara
Das Querformat gibt einen guten Überblick: An der Südküste Islands unweit der Ringstraße 1 können Sie diese Schlucht bestaunen und oberhalb erwandern. Im Hochformat (rechts) wirkt die Schlucht noch tiefer und bedrohlicher.

Rechts: Canon EOS 5D (Vollformat) | 17–40 (35 mm) f4 L USM | 3 sek | f16 | ISO 100 | Polfilter | Stativ

Links: Canon EOS 5D (Vollformat) | 17–40 (17 mm) f4 L USM | 1/30 sek | f16 | ISO 100 | Grauverlaufsfilter

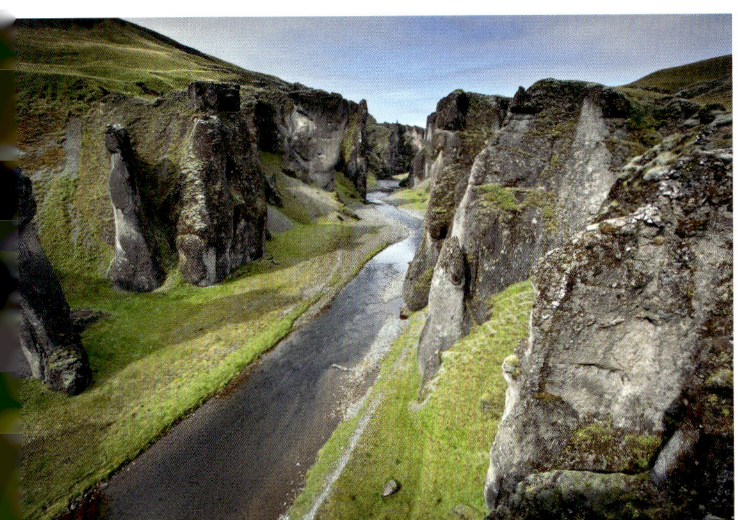

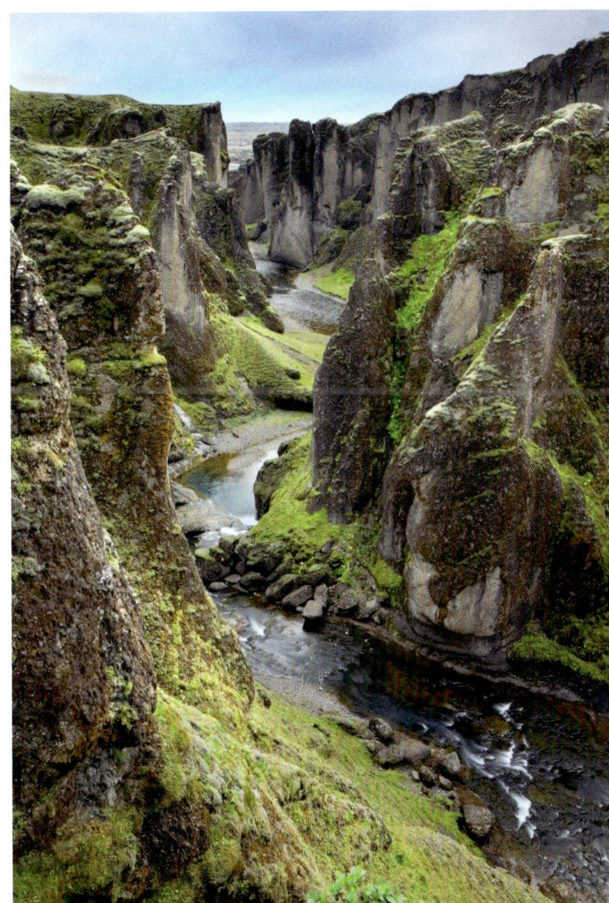

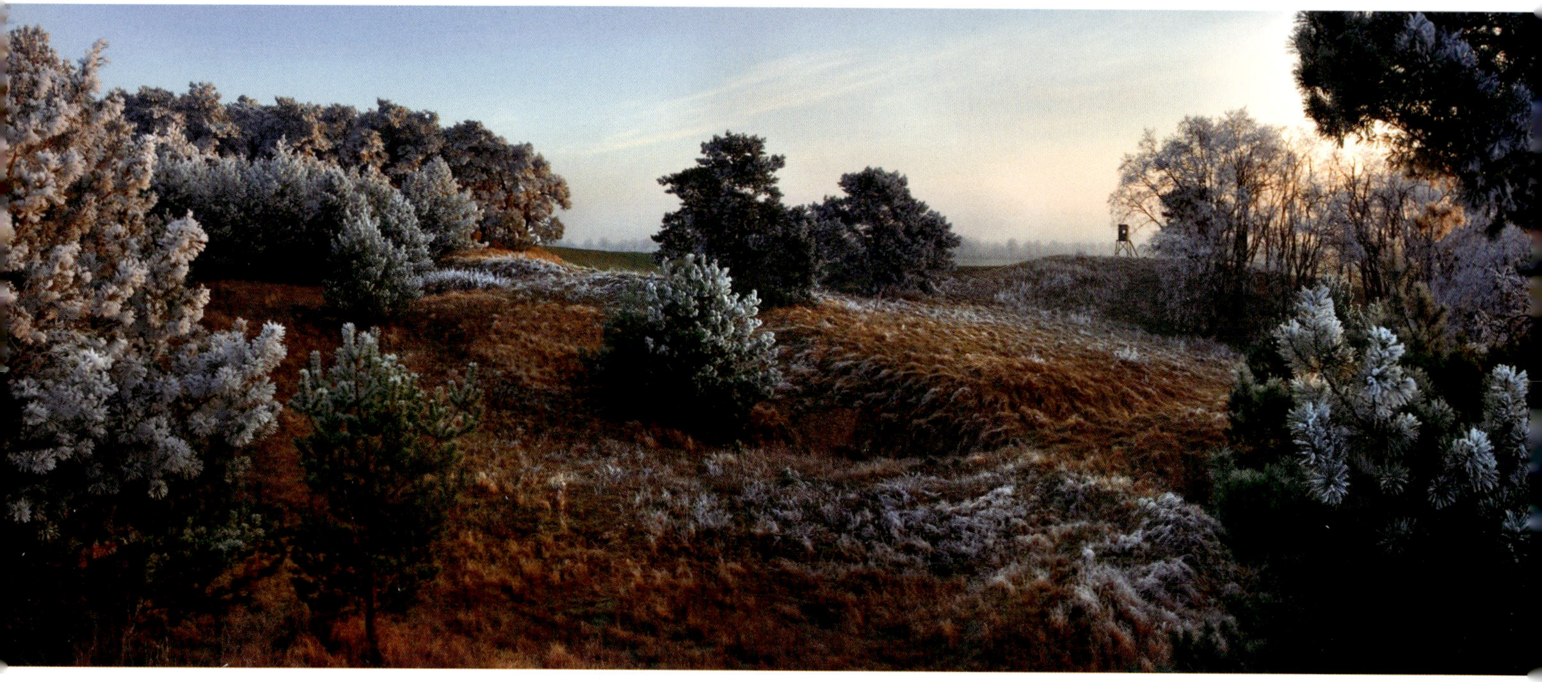

Winterabend
Das warme Abendlicht und die mit Raureif bedeckte hügelige Landschaft in der Uckermark verewigte ich in diesem Panorama, das aus drei Querformatfotos zusammengesetzt ist. Der Jägersitz im Goldenen Schnitt sticht als besonderes Element ins Auge. Durch verschiedene Helligkeitsabstufungen und die unterschiedlich großen Bildelemente entsteht eine Art Raumtiefe.

Canon EOS 5D (Vollformat) | 17–40 (26 mm) f4 L USM | 1/15 sek | f16 | ISO 100 | Stativ

ten. Durch verschiedene Objektive mit unterschiedlichen Brennweiten entstehen in den jeweiligen Formaten (Hoch- oder Querformat) oft ganz unterschiedliche Wirkungen. Das Hochformat wird zu Unrecht so selten genutzt. Beispielsweise können Sie gerade damit bei hohen Motiven die stürzenden Linien verringern. Am besten sollten Sie dann zusätzlich eine erhöhte Aufnahmeposition wählen, um das Problem weiter zu entschärfen. Das Hochformat lässt hohe und steile Bildelemente zusätzlich gestreckt wirken.

Das ideale Format für Landschaften ist sicherlich das Panorama. Aus mehreren Einzelaufnahmen im Quer- oder Hochformat nebeneinander lassen sich am Rechner manuell oder mit speziellen Programmen leicht faszinierende Bilder schaffen. Am besten klappt die Aufnahme der Einzelbilder mit einem Panoramakopf, bei dem Sie mit Hilfe von Verstellschlitten die Kamera aus der üblichen Drehmitte verschieben können, um so Parallaxenfehler (Verschiebung von nahen und fernen Bildbestandteilen in den überlappenden, nebeneinander aufgenommenen Bildteilen) auszuschalten. Mit einem leichten Teleobjektiv kann das bei Motiven ohne großen Entfernungsunterschied sogar ohne Stativ aus der Hand gelingen.

Objektive und Zubehör

Für die Landschaftsfotografie benötigen Sie meist nur ein Weitwinkelobjektiv im Brennweitenbereich 17–40 mm oder 28–70 mm (auf das Kleinbildformat gerechnet) sowie ein Teleobjektiv wie zum Beispiel ein 70–200 mm. Gerade bei Kameras mit Kleinbildformat (Vollformatsensor) sind sehr gute Objektive erforderlich. Denn je größer der Sensor, desto stärker wirken sich Abbildungsfehler wie Lichtabfall (Vignettierung), abneh-

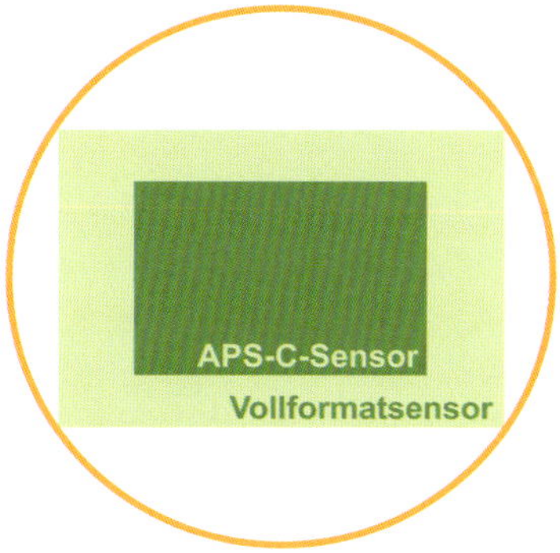

Sensorgrößen im Vergleich
Mit einem APS-C-Sensor nutzen Sie nur den inneren Bildkreis des Objektivs – es kommt daher auf den Bildern seltener zu sichtbarer Vignettierung.

Hügelland
Die sanften Hügel in der Uckermark mit ihren von Raureif überzogenen Baum- und Buschreihen ließen mich die Zeit vergessen. Hier musste ich einen Kompromiss eingehen: entweder näher an den Baum herangehen, um diesen vor dem Himmel mehr zu betonen, und dafür den weiten Hintergrund vernachlässigen oder doch eher den Blick in die Weite zeigen (so wie abgebildet).

Canon EOS 5D (Vollformat) | 24–105 (24 mm) f4 L USM | 1/30 sek | f19 | ISO 100 | Stativ

mender Kontrast und zunehmende Unschärfe an den Randbereichen des Bildes aus. Deshalb schwören viele Fotografen zunehmend wieder auf Festbrennweiten, da gerade bei der Landschaftsfotografie auch von Bildelementen in den Ecken und am Rand Schärfe und Brillanz gefordert wird.

Die von den meisten Fotografen verwendeten digitalen Spiegelreflexkameras mit APS-C-Sensor sind hingegen nicht so sehr von diesen Problemen betroffen, da sie den kritischen Randbereich des Bildfelds aussparen (siehe Grafik links). Zudem sind Objektive, die speziell für diese Kameragattung entwickelt wurden, meist günstiger, kleiner und leichter.

Vom Kleinen zum Großen | Da ich während meiner Fototouren auch immer gern nach kleinen Details Ausschau halte, nehme ich neben dem 70–200-mm-Objektiv meist auch noch ein Makroobjektiv oder zumindest einen Zwischenring mit. Ein Zwischenring wird als glasloser Tubus zwischen Kameragehäuse und Objektiv

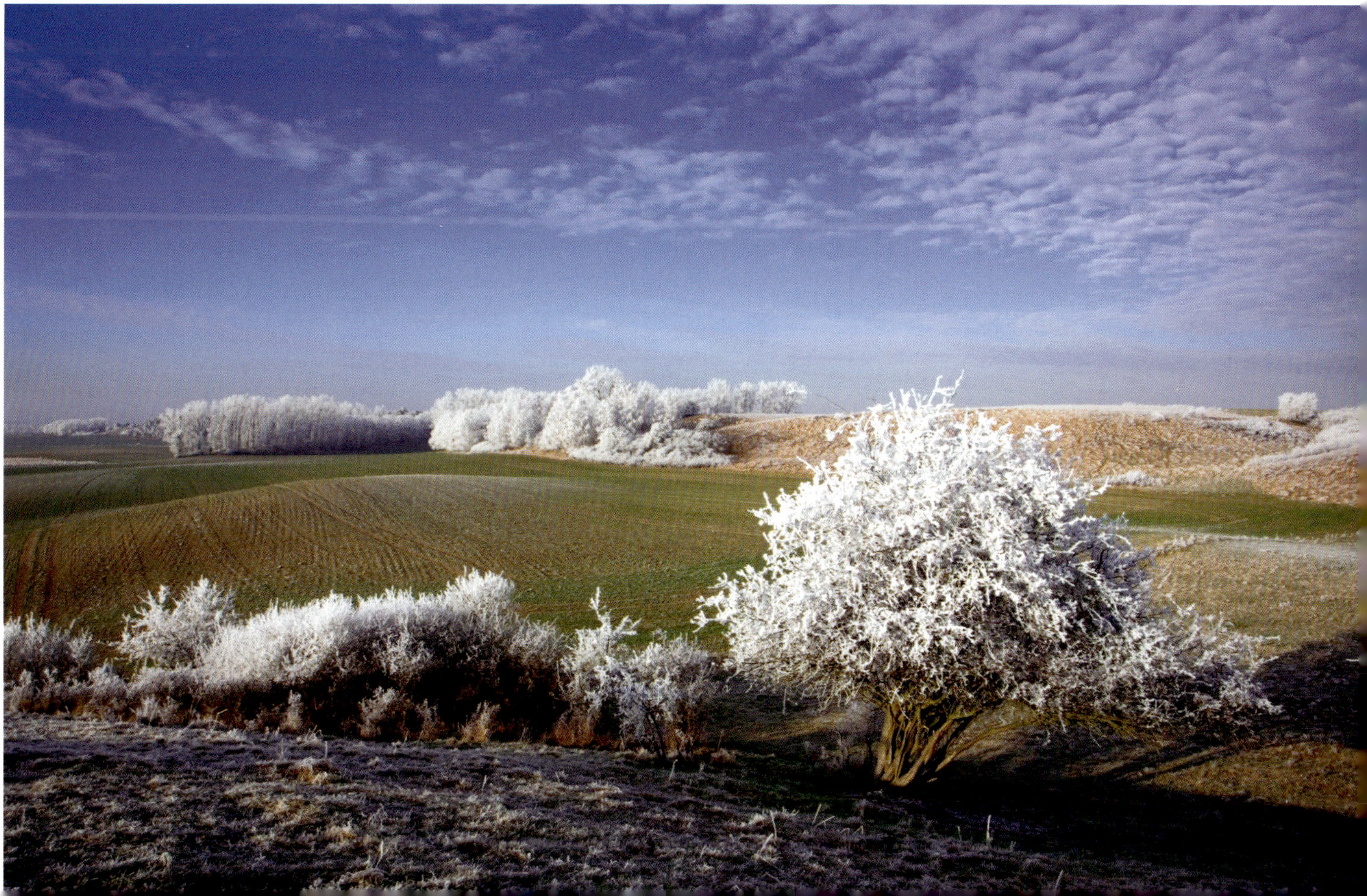

gesetzt. Er verringert die minimale Aufnahmeentfernung und vergrößert somit die Motive. Es gibt Momente, in denen es mir schwerfällt, mich für das »Kleine« oder das »Große« zu entscheiden. Vor allem das Komponieren von Makroaufnahmen dauert oft mehr als 15 Minuten, und da morgens und abends das beste Licht leider nur ein bis zwei Stunden anhält, Nebel sich in wenigen Minuten auflösen kann, die aufgehende Sonne die Windstille vertreibt oder Raureif in kurzer Zeit wegschmilzt, sind manchmal nur wenige Aufnahmen möglich, und jede Minute wird zu einer unschätzbaren Kostbarkeit.

Objektivwechsel | Das Umstellen der Augen von der Totalen auf die Details verlangt dem Fotografen viel Flexibilität ab. Hektische Momente kommen auch auf, wenn häufig wechselnde Lichtsituationen während eines Wetterumschwungs die Landschaft in schneller Folge verändern und sich unzählige Motive gleichzeitig zeigen. Hierbei sollten Sie darauf achten, die Objektive (im Windschatten!) so schnell wie möglich und ohne lange Pausen zu wechseln. Eine der größten Schwachstellen der digitalen Spiegelreflexfotografie ist der staub- und schmutzempfindliche Sensor. Bei geschlossener Blende treten Sensorflecken scharf und dunkel auf den Aufnahmen hervor, während sie bei offener Blende größer und heller – vor allem in grauen oder blauen Himmelsflächen – erscheinen. Die Zeit, die Sie hinterher am Rechner sitzen, um die von einem dreckigen Sensor verursachten »Störfaktoren« zu entfernen, sollten Sie doch lieber draußen für die Suche nach Motiven nutzen können.

Staub auf dem Sensor | Bei mehrtägigen Touren hat sich bei mir folgende Prozedur bewährt: Mit der Hilfe eines kleinen Blasebalgs und die Kamera mit der Öffnung nach unten haltend, befreie ich allabendlich den Sensor zunächst vom gröbsten Staub. Anschließend nehme ich mit einem speziellen, statisch aufgeladenen Pinsel die fest anhaftenden Partikel vom Sensor auf. Durch eine Aufnahme bei geschlossener Blende gegen den grauen Himmel oder gegen ein Blatt Papier überprüfe ich schließlich, ob sich noch störende Partikel auf dem Sensor befinden. Diese Art der manuellen Sensorreinigung erfordert allerdings eine ruhige Hand und liegt auch nicht jedem.

Blende, Schärfe und Filter | Selten ist es nötig, dass Sie die kleinste Blendenöffnung wählen, die Ihnen zur Verfügung steht, um eine Landschaft vom Vorder- bis zum Hintergrund scharf abzubilden. Für eine ausreichend große Schärfentiefe reicht es bei kurzen Brennweiten oftmals bereits, etwa zwei- bis dreimal abzublenden. Bei einer Anfangsöffnung von Blende 4 wäre das Blende 8 bis 11. Bei diesen Blendenwerten wird oft schon die maximale Qualität bei Auflösung, Schärfe und Brillanz eines Objektivs erreicht. Es gibt hingegen Momente, in denen absichtlich Bewegungen verwischt wiedergegeben werden sollen, sei es, um den Sturm in einem Baum sichtbar zu machen oder Wasser wie einen dunstigen Nebel darzustellen (wie in der Abbildung auf der rechten Seite). Dafür müssen Sie eine lange Belichtungszeit wählen, was wiederum die Wahl einer kleineren Blendenöffnung verlangt. Indem Sie einen Graufilter verwenden oder bei anbrechender Dunkelheit kurz vor oder nach dem Sonnenaufgang fotografieren, können Sie dieses Dilemma jedoch umgehen. Der Graufilter »schluckt« nämlich Licht, so dass bei gleichbleibender Blendenöffnung längere Verschlusszeiten möglich werden. Im Fall der Abbildung auf der rechten Seite, bei der ich eine möglichst lange Verschlusszeit erreichen wollte, waren es sogar sechs Blendenstufen: Das heißt, statt Blende 22 und eine Belichtungszeit von nur 2 Sekunden einzusetzen, war es mit dem Filter möglich, mit Blende 16 und einer Belichtungszeit von 30 Sekunden zu fotografieren.

Auch wenn alle Elemente – ganz nah am Objektiv und auch weit von ihm entfernt – gleichmäßig scharf dargestellt werden sollen, also eine hohe Schärfentiefe gewünscht wird, bedarf es der kleineren Öffnungen wie f16 bis 32 (vor allem bei Telebrennweiten). Bei solch kleinen Blendenöffnungen können Beugungsunschärfen entstehen. Diese werden meiner Meinung nach aber oft überbewertet, da selten riesige Abzüge von den Aufnahmen erstellt werden und überdies ein weicheres Gesamtbild zu manchen Landschaftsaufnahmen sogar durchaus passt.

Wurzel am Strand

An der Steilküste der dänischen Insel Møn (Mønsklint) machte ich verschiedene Aufnahmen. Bei diesem Foto nahm ich die Steilküste mit auf das Bild und ließ das Wasser mit Hilfe der langen Belichtungszeit dunstig aussehen. Natürlich ist die Landschaftsfotografie immer auch eine Frage des Geschmacks, und sie fällt ganz unterschiedlich aus, je nachdem, was man ausdrücken möchte.

Canon EOS 5D (Vollformat) | 17–40 (22 mm) f4 L USM | 30 sek | f16 | ISO 50 | Graufilter (sechs Blendenstufen)

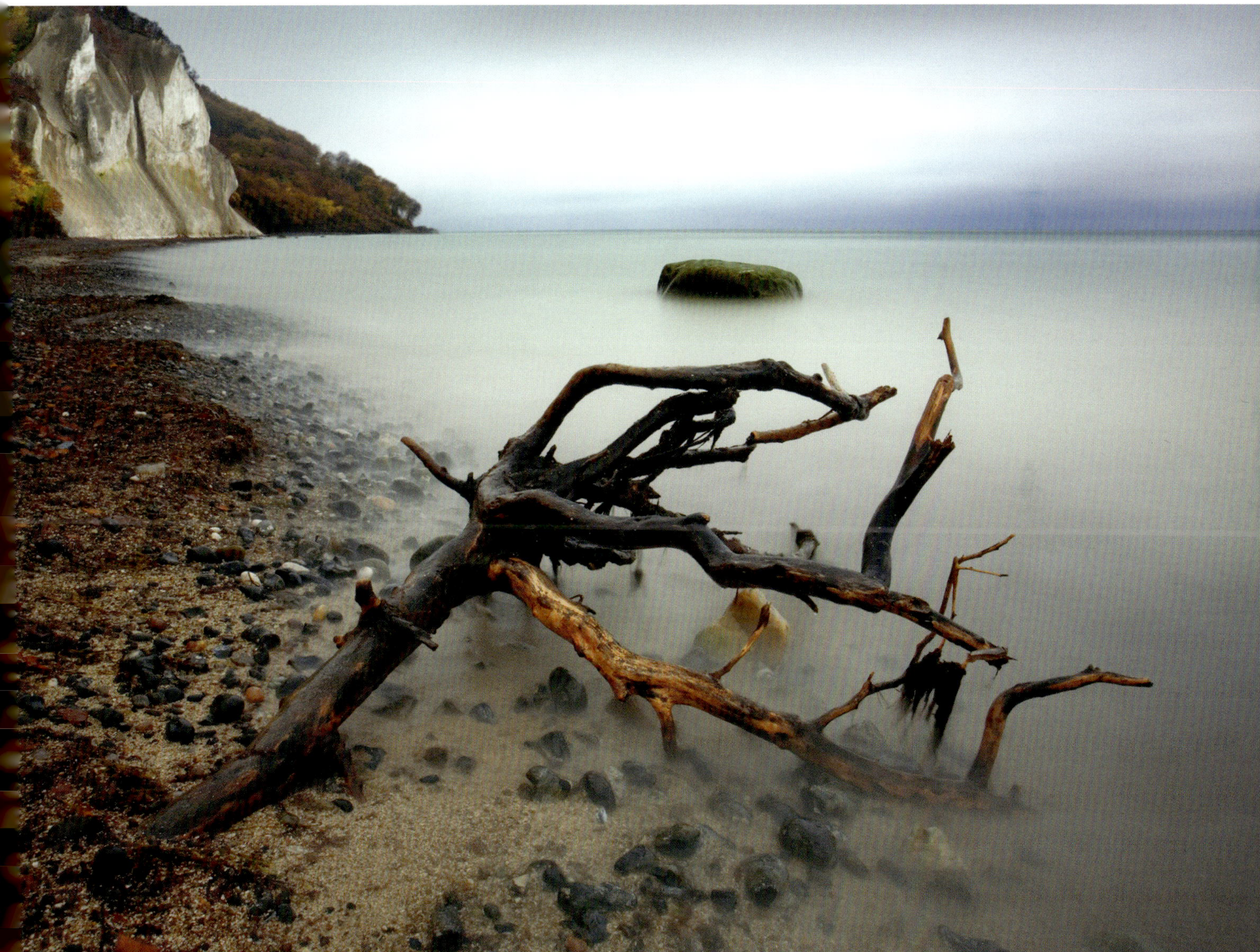

Jasmundmorgen

Dieses Foto ist am gleichen Tag wie das Bild »Erster Schnee« entstanden. Um vor Sonnenaufgang an die Steilküste am Jasmund zu gelangen, waren frühes Aufstehen, eine Stunde Autofahrt und ein halbstündiger Fußmarsch durch den dunklen Wald der Stubnitz erforderlich. Doch wer die Stille, den Frieden, ja die Magie solcher Momente schon einmal erlebt hat und zudem mit einem guten Bild im Kasten nach Hause geht, der nimmt die kleinen Anstrengungen und Unannehmlichkeiten für dieses tolle Hobby gerne in Kauf. Hier baute ich das Stativ bodennah auf und schob den Grauverlaufsfilter vor das Objektiv. Der Baumtorso führt den Blick ins Bild, und ein Ast durchbricht nahe dem Goldenen Schnitt die Horizontlinie. Durch die lange Belichtungszeit von 3 Sekunden verwischt die leichte Brandung zu einem feinen Schleier.

Canon EOS 20D (Cropfaktor 1,6) | 12–24 (12 mm) f4 | 3 sek | f22 | ISO 100 | Grauverlaufsfilter | Stativ

Auch über Filter, die als Glas- oder Kunststoffscheiben vor die teuren und kompliziert berechneten Objektivgläser geschoben oder geschraubt werden, streiten sich die Geister. Viele Fotografen möchten die hohe Qualität der aufwendig berechneten Objektivlinsen nicht durch eine platte Glasscheibe mindern. Ich selbst gleiche grobe Helligkeitsunterschiede im Bild gerne durch Grauverlaufsfilter aus. Dazu verwende ich ein Haltersystem für verschiedene Filter von Cokin in der größeren Ausführung (Z-Pro-Serie), da sonst bei den meisten verwendeten Weitwinkelbrennweiten und größeren Filtergewinden (ab ca. 72 mm Durchmesser) durch den Halter Randabschattungen im Bild entstehen können. Wer bei der Verwendung von Filtern jedoch um die maximale Qualität seiner Fotos fürchtet, kann auch eine

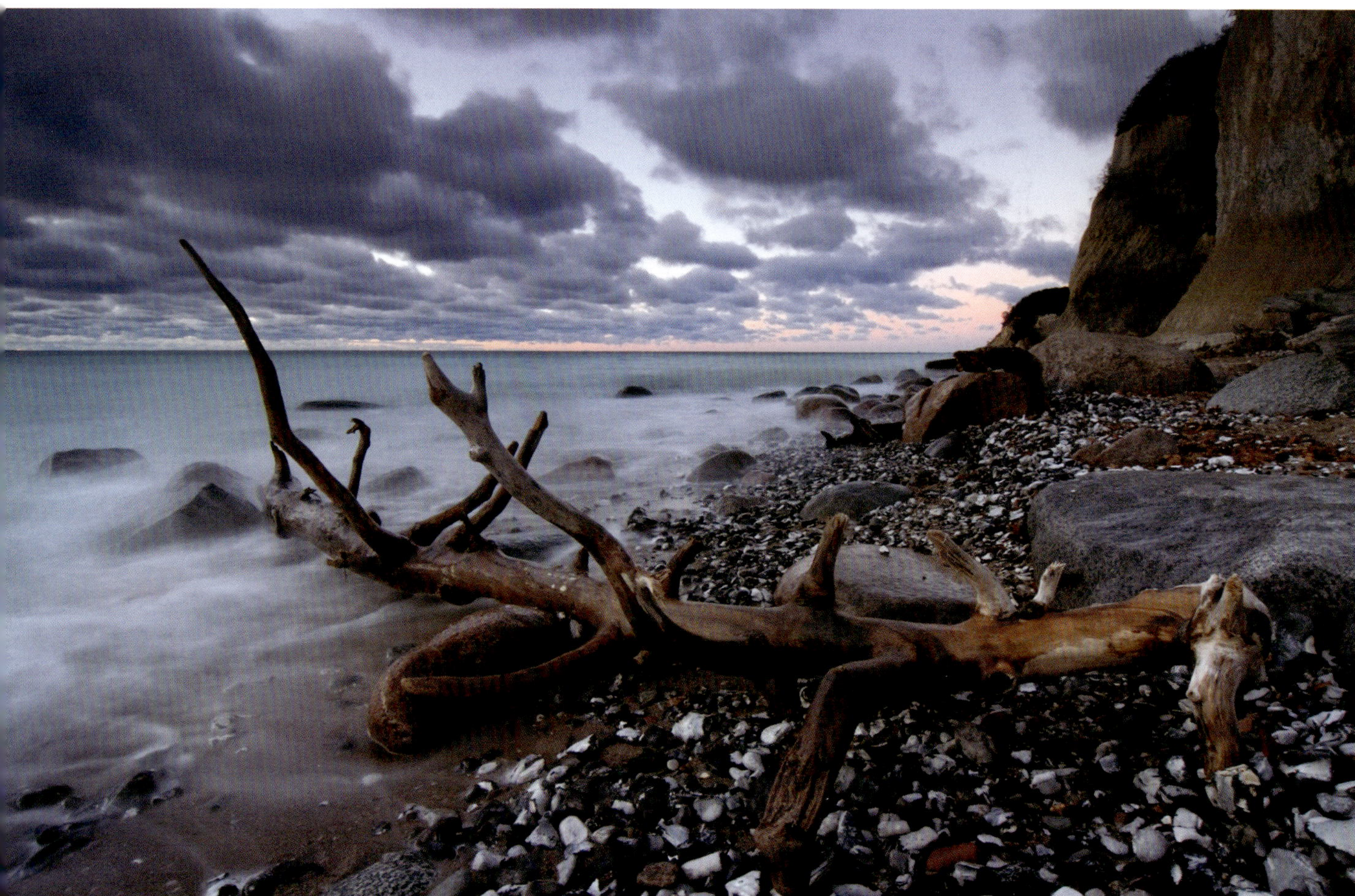

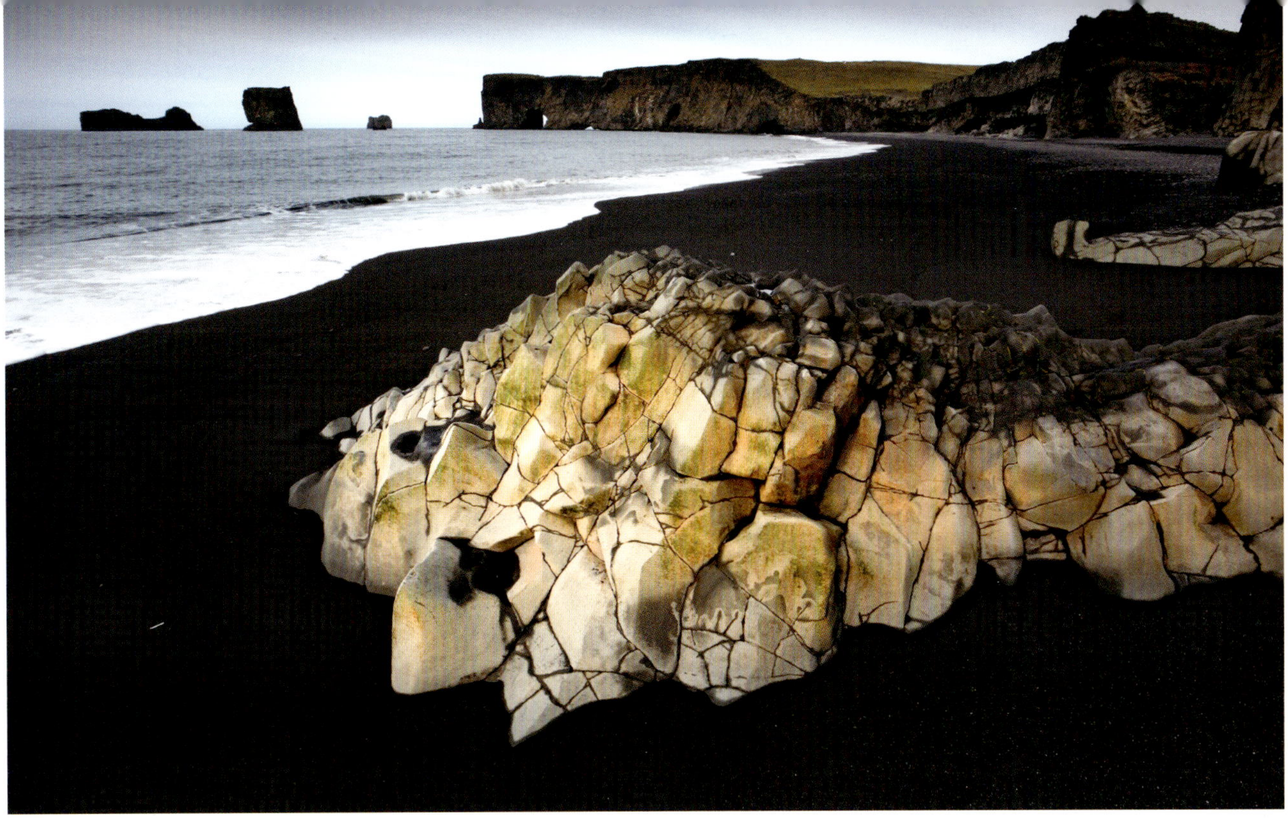

Belichtungsreihe durchführen. Die korrekt belichteten Bildteile können Sie anschließend am Rechner selbst zusammenfügen oder sich von speziellen Programmen aus mehreren Dateien ein optimales Bild berechnen lassen.

Mit oder ohne Stativ | Bedarf es längerer Belichtungszeiten, baue ich mein Stativ auf. Um Verwacklungen, die durch Auslöseerschütterungen oder Auslöserberührungen bei Belichtungszeiten von über 1/15 Sekunde entstehen könnten, weitestgehend zu eliminieren, aktiviere ich die Spiegelvorauslösung und wechsele auf Selbstauslöser. Viele Landschaftsfotografen behaupten, hochwertige Fotos nur vom Stativ aus machen zu können, was dann wiederum so manchen Amateur abschreckt, der mit leichtem Gepäck unterwegs sein möchte. Doch wenn ich eine gewünschte Zeit-Blenden-Kombination sicher halten kann und die Kamera sorgfältig ausgerichtet habe, geht es im Grunde auch ohne. Wenn es wieder sehr schnell gehen muss und die einmalige Lichtsituation nur Sekunden anhält, wäre es doch zudem Unsinn, auf die Aufnahme zu verzichten. In diesen Augenblicken

Südküste
Das Kap Dyrholaey ist der südlichste Punkt Islands. Oberhalb der Klippen weist der wohl meistfotografierte Leuchtturm Islands den Schiffen den Weg um die Klippen. Unterhalb hebt schwarzer Sand die hellen Felsen besonders schön hervor.

Canon EOS 5D (Vollformat) | 17–40 (17 mm) f4 L USM | 1/30 sek | f11 | ISO 100 | Grauverlaufsfilter

wird dann aus der sonst eher gemütlichen Landschaftsfotografie eine Art Action- oder Reportagefotografie.

Auf mehrtägigen Wanderungen mit schwerem Gepäck verwende ich ein kleines, leichtes Karbonstativ, für eintägige Fototouren ein größeres und stabileres Dreibeinstativ. Hier empfehle ich eine nicht zu kurze Transportlänge, da sonst meist drei oder sogar vier statt nur zwei Züge pro Bein ausgezogen werden müssen. Außerdem ziehe ich Klemmverschlüsse den Drehverschlüssen vor, da es mit ihnen einfacher, meist sicherer und vor allem schneller geht. Auch die Mittelsäule sollte wenn möglich verkürzt oder ganz entfernt werden, damit sie erstens beim Arbeiten in Bodennähe bei voll abgespreizten und eingeschobenen Stativbeinen nicht stört und Sie zweitens erst gar nicht in Versuchung kommen, sie zu benutzen, da sie ausgezogen den Aufbau instabiler werden lässt und Verwacklungen begünstigt. Gerade bei starkem Wind und schwergewichtigen Objektiven an der Kamera kann ein zusätzliches Beschweren am Knotenpunkt der Stativbeine empfehlenswert sein, um aufgrund der vergrößerten Angriffsfläche drohenden Verwacklungen vorzubeugen. Dazu können Sie zum Beispiel ein angehängtes Netz mit herumliegenden Steinen befüllen oder alternativ Ihren Fotorucksack dort befestigen.

Tipps und Tricks

Beim Besuch fremder Gegenden lohnt es sich, vorher in Bildbänden, Zeitschriften und im Internet lohnende Ziele, Wege und Motive zu recherchieren. Vor Ort stöbere ich als Erstes die Postkartenständer durch. Nicht um die gezeigten Bilder zu kopieren, was sicherlich auch möglich ist, sondern um zu versuchen, diese in eigener Sichtweise anders oder sogar besser abzulichten.

Besonders sollten Sie den alten Spruch »Weniger ist mehr« beherzigen. Das bedeutet nicht nur, dass Sie ein Bild mit so wenigen Bestandteilen wie möglich komponieren, sondern auch, dass Sie ein kleineres Gebiet ausführlich und lange erkunden sollten. Versuchen Sie nicht, alle Orte einer Landschaft oder eines Reiselands abzuklappern. Das kann zwar als Überblick für spätere ausgiebige Fototouren dienen, doch neben ein paar glücklichen Zufallsbildern werden Sie dann wohl meist nur Fotos von den Aussichtspunkten mit nach Hause nehmen.

Bringen Sie lieber wenige herausragende Fotos mit nach Hause als viele mittelmäßige Bilder.

In den meisten Bildern möchte ich die ursprüngliche und wilde Natur darstellen. Bei Fotos von Stränden oder großen Schneeflächen im Vordergrund ist es deshalb ratsam, vor den anderen Besuchern da zu sein und auch keine eigenen Fußspuren abzulichten. Also nähern Sie sich dem Motiv großräumig, um eine zertrampelte Szenerie von vornherein zu vermeiden.

Da Sie als Landschaftsfotograf meist allein und oft abseits der üblichen Wege unterwegs sind, empfiehlt es sich, den groben Wegverlauf bei Freunden oder der

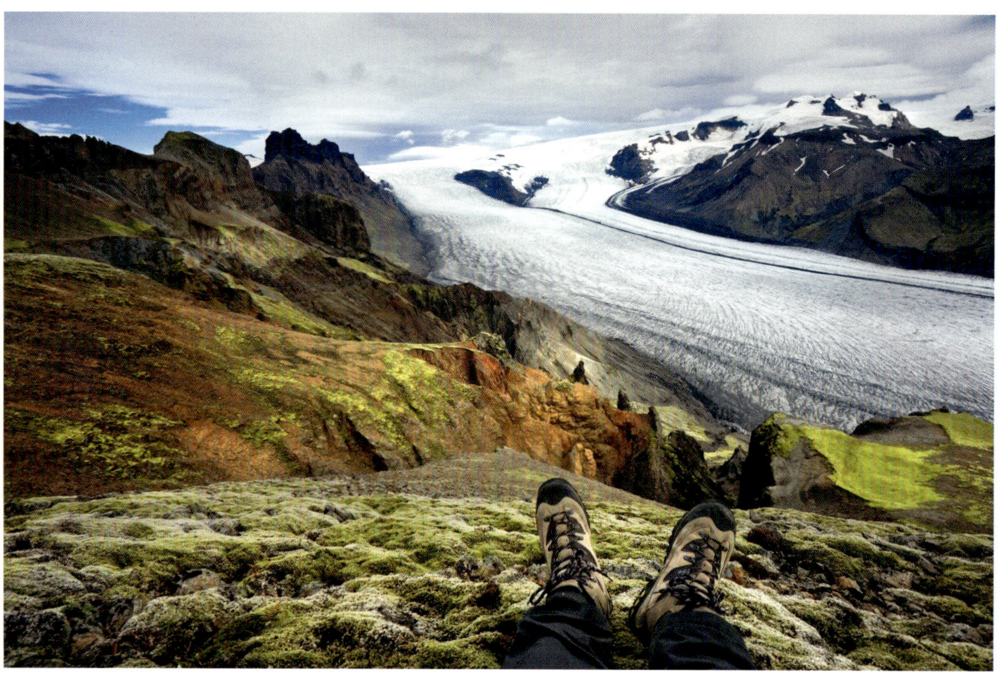

Pause
Während einer Wanderung im Skaftafell Nationalpark fand ich im weichen Moos einen wunderschönen Platz, um mich zu stärken, die Karte zu studieren und die Umgebung intensiv in mich aufzunehmen. Mit dem Tele an der Kamera konnte ich von hier aus viele schöne Einzelheiten und Details der Landschaft einfangen, mit dem Weitwinkel bekam ich auch mich mit aufs Bild.

Familie zu hinterlassen. Auch ein kleines Erste-Hilfe-Päckchen kann nicht schaden. Besondere Vorsicht gilt für Outdoor-Fotografen natürlich an Steilufern, in den Bergen, bei Eis sowie an Seen und Flüssen. Vor allem sollten Sie sich nicht überschätzen, auch wenn die Motive und das beste Licht noch so sehr locken. Wenn Sie nicht zum Übernachten im Freien ausgestattet sind, müssen Sie den Rückweg zeitlich großzügig einplanen.

Selbst bei einer eintägigen Fototour und bei bester Wettervorhersage sollten Sie auf jedes Wetter gefasst sein. Sie wollen sich ja nicht gleich von einem grandiosen Sommergewitter vertreiben lassen ... Und wer für eine Aufnahme schon einmal durch hohes, taufeuchtes Gras gelaufen ist, weiß, dass man allein davon klitschnass werden kann. Seit Erfahrungen dieser Art gehört regendichte Kleidung für mich zu den »Basics«. Vor der Tour sollten Sie die Ausrüstung stets anhand einer kleinen, selbst entworfenen Liste kontrollieren. Ich bin einmal an einem Sonntagmorgen 150 Kilometer weit zu meinem Fotoziel gefahren, um dann vor Ort – mit der Kamera bereits im Anschlag – festzustellen, dass ich ohne Speicherkarten losgezogen war.

Setzen Sie sich nicht zu sehr unter Druck! Keine Frage, es gibt besondere Momente, da müssen Sie schnell handeln und in denen möchten Sie gut vorbereitet sein. Dann wollen Sie das perfekte Foto, und zwar sofort. Doch Sie sollten auch das Naturerlebnis nicht zu kurz kommen lassen. Wenn es dieses Mal nicht klappt, dann eben beim nächsten Mal!

Vergessen Sie nicht, auch einmal Pause zu machen, sich hinzusetzen und alles auf sich wirken zu lassen: einfach nur schauen, staunen und genießen.

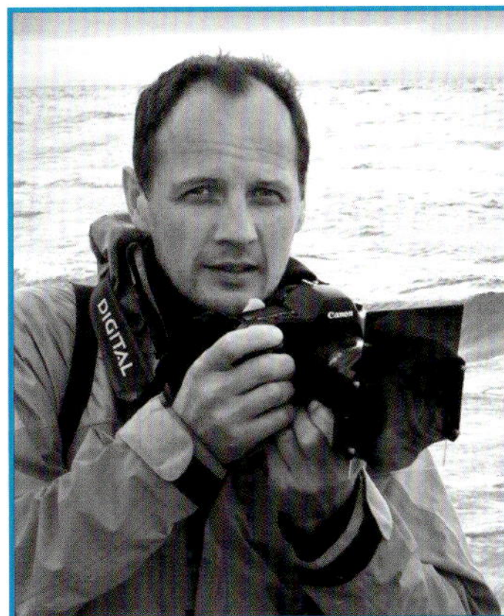

Der Autor

1963 geboren in Hildesheim und wohnhaft in Diekholzen, arbeite ich als Auditor in der Messtechnik. Durch frühere Fahrradreisen bin ich zum Fotografieren gekommen. Etwa seit dem Jahr 2000 nehme ich an Wettbewerben von Zeitschriften, Firmen, des Deutschen Verbands für Fotografie e. V. und des BSW (Fotogruppen im Bahn-Sozialwerk) teil. Einige meine Bilder werden durch Agenturen vertrieben. Aber auch Privatpersonen und Firmen, denen meine Fotos auf Ausstellungen oder im Internet gefallen, greifen auf meine Bilder für Poster, Kalenderblätter, CD-Umschläge oder für Werbeplakate zurück.

Die Freiheit und Lebendigkeit, die ich während einer Reise erfahre, sind ohne die Fotografie nur halb so schön. Durch die entstandenen Bilder kann ich andere Menschen ein Stück weit daran teilhaben lassen und mir selbst Erinnerungen schaffen. Auf dem Weg zu einem besonderen Bild spielen Technik und Ausrüstung eine untergeordnete Rolle, das Sehen und das Gestalten eines Motivs bleiben der entscheidende Faktor. Bei der Aussicht auf tolle Bilder vergesse ich den schweren Fotorucksack, die nassen Füße oder den steilen Weg unter drohenden, dunklen Wolken. Man muss einfach ein wenig mehr wagen und einsetzen, um dann später vielleicht das Befriedigendste dieses Hobbys zu erfahren: dass die eigenen Bilder beim Betrachter Staunen oder sogar Emotionen hervorrufen.

www.mendzigall.de/dieter

Makrofotografie

Kleines wird ganz groß

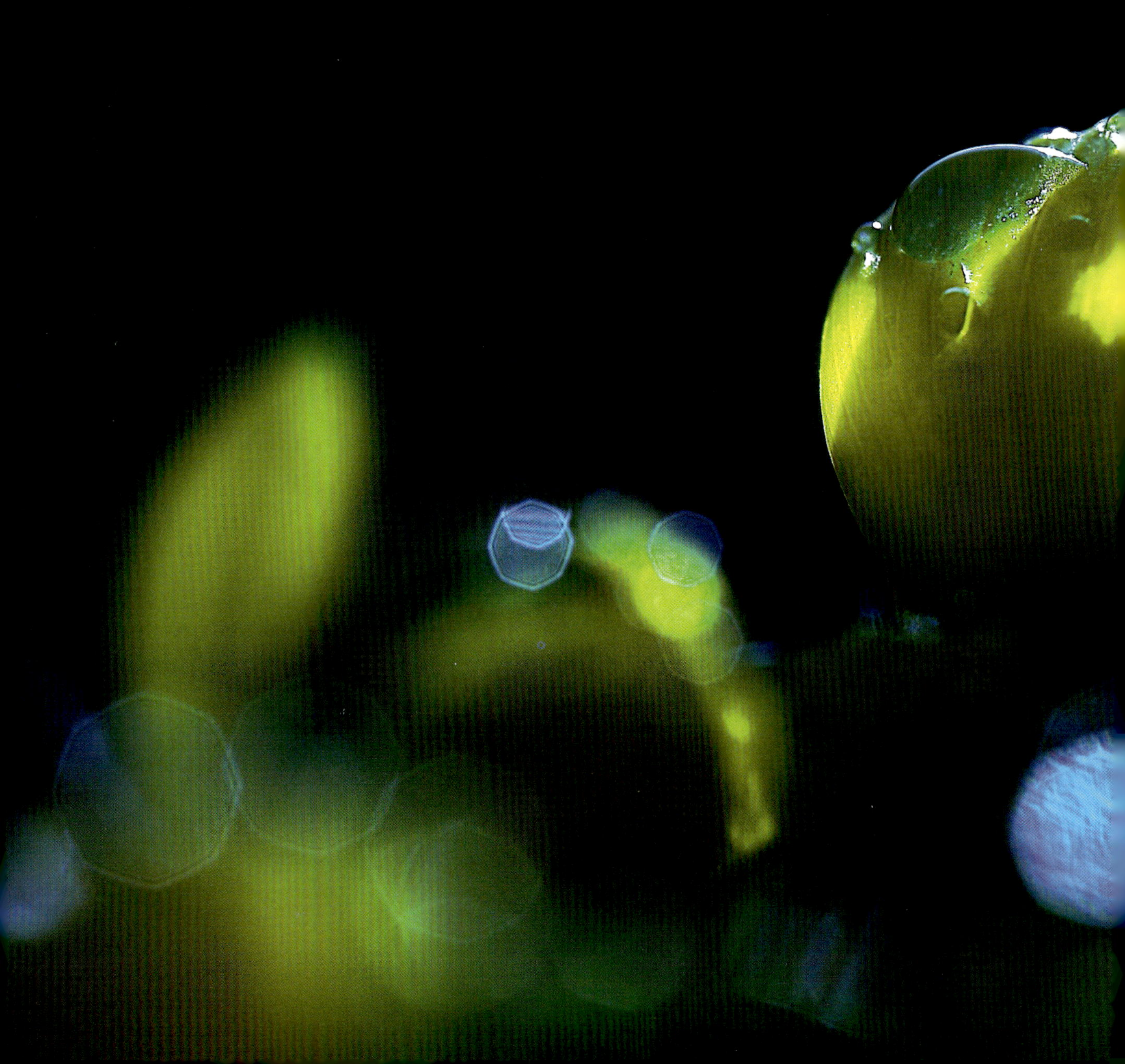

von Silvia Wüthrich

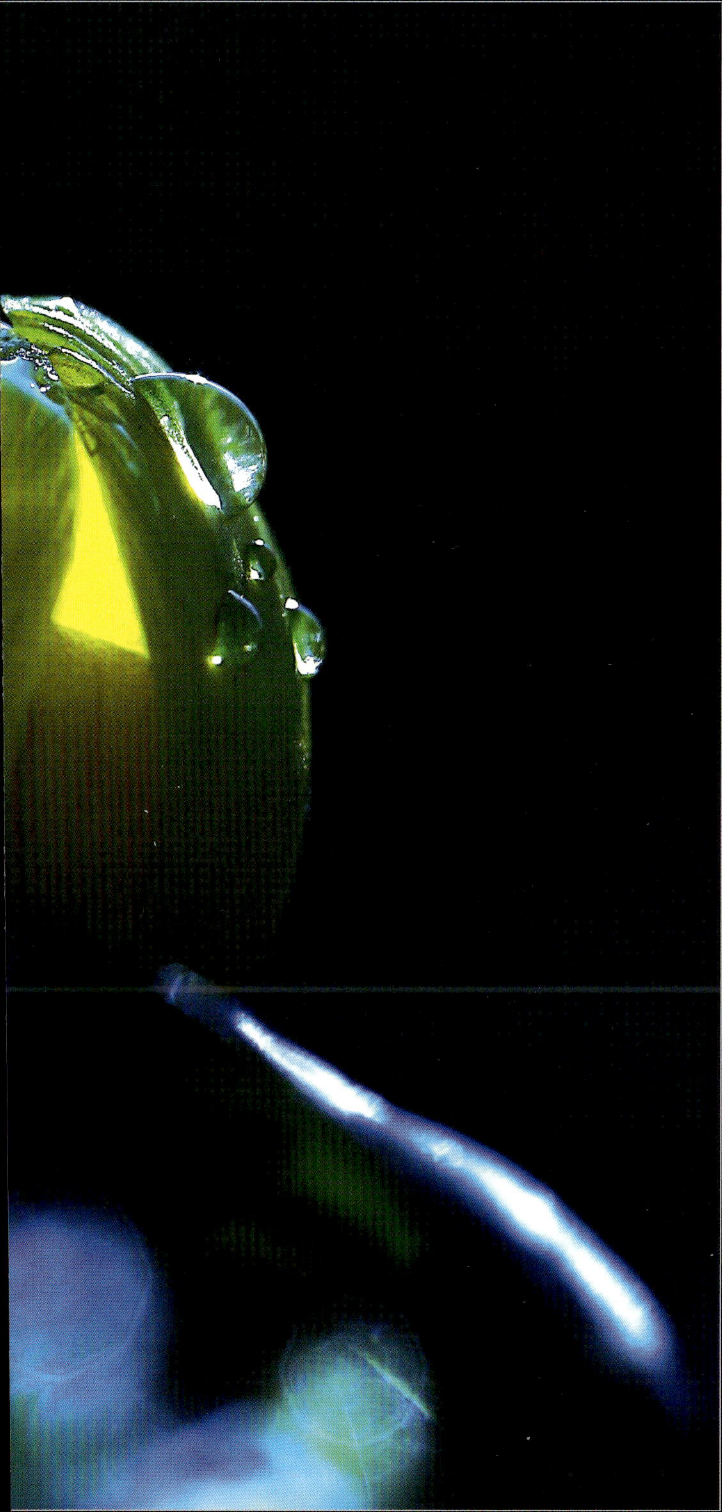

Mit der Makrofotografie erschließt sich dem Fotografen die Möglichkeit, winzige Details der Erde ins Rampenlicht zu rücken. Er taucht ein in eine Welt voller Wunder, die mit bloßem Auge kaum zu erkennen oder wahrzunehmen ist. Die Faszination der Nahaufnahmen liegt darin, dass Sie Details, die dem Auge ab einem gewissen Abstand zum Objektiv abhandenkommen, mit Hilfe der Makrofotografie wieder sichtbar machen können. Egal, ob es sich um einen Knopf an unserem Hemd, eine Ranke im Garten oder die Nudeln auf dem Mittagstisch handelt. Wer läuft denn schon mit einer Lupe durch den Garten, so dass er um die kleinsten Härchen und Fäserchen, die beispielsweise eine Bohnenranke hat, wüsste? Eben genau aus diesem Grund faszinieren solche Aufnahmen, weil Sie diesen kleinen, groß gewordenen Dingen nicht jeden Tag begegnen.

Winterling

Dieses Bild habe ich frühmorgens in unserem Garten bei leichtem Gegenlicht aufgenommen. Die Lichtreflexe entstanden durch kleine Wassertröpfchen, in denen sich die Morgensonne spiegelte.

Canon EOS 20D (Cropfaktor 1,6) | 100 mm | 1/320 sek | f5,0 | ISO 100 | Belichtungskorrektur –2/3 Blende | Bohnensack | RAW | Weißabgleich am Rechner verändert

Haben Sie einen Garten? Gut, dann steht einer Garten-Makrosafari nichts mehr im Weg! Nebst wunderschönen Blumen wimmelt es in den meisten Gärten nur so von Insekten und Kleinstlebewesen, die bloß darauf warten, von Makrofotografen entdeckt zu werden.

Für Makros müssen Sie keineswegs auf große Fototouren gehen. Im Gegenteil: Was Sie in Ihrem eigenen Garten oder auf dem Balkon alles finden, lässt Sie sicherlich staunen. Und dann denken Sie auch daran, was für herrliche Blumen aus Nachbarsgarten zu Ihnen herüberlachen! Nun, einen kleinen Rat möchte ich Ihnen in dieser Hinsicht allerdings mitgeben: Auch wenn Blumen nicht wie Menschen ein Recht am eigenen Bild haben, sollten Sie natürlich die Gartenbesitzer um Erlaubnis fragen, bevor Sie deren Gärten betreten. Die meisten Besitzer werden zwar wahrscheinlich Freude daran haben, wenn Sie ihre Blümchen ablichten, *aber sicher ist sicher.*

Fotoausrüstung allgemein | Lassen Sie mich mit einem unter Fotografen bekannten Spruch beginnen: *Der Anfänger sorgt sich ums Equipment, der Profi sorgt sich ums Geld, der Könner sorgt sich ums Licht.* Wer meint, nur mit einer Top-Fotoausrüstung gute und wirkungsvolle Fotos machen zu können, irrt sich gewaltig! Um erste Versuche im Makrobereich zu machen, genügt meistens schon eine bessere Kompaktkamera. Wer eine Spiegelreflexkamera hat, benötigt lediglich ein Zoomobjektiv mit Makromodus. Um spezielle Bilder zu kreieren, die dem Betrachter Bewunderung entlocken, sind nebst einem Minimalwissen über die Bedienung der eigenen Kamera – das natürlich auch dazugehört – vor allem die Kreativität des Fotografen, seine allgemeine Wahrnehmung und ein gut geschultes Auge gefragt.

Kameras | Kompaktkameras mit integriertem Makromodus gibt es heute schon ab 100 Euro, Spiegelreflex-

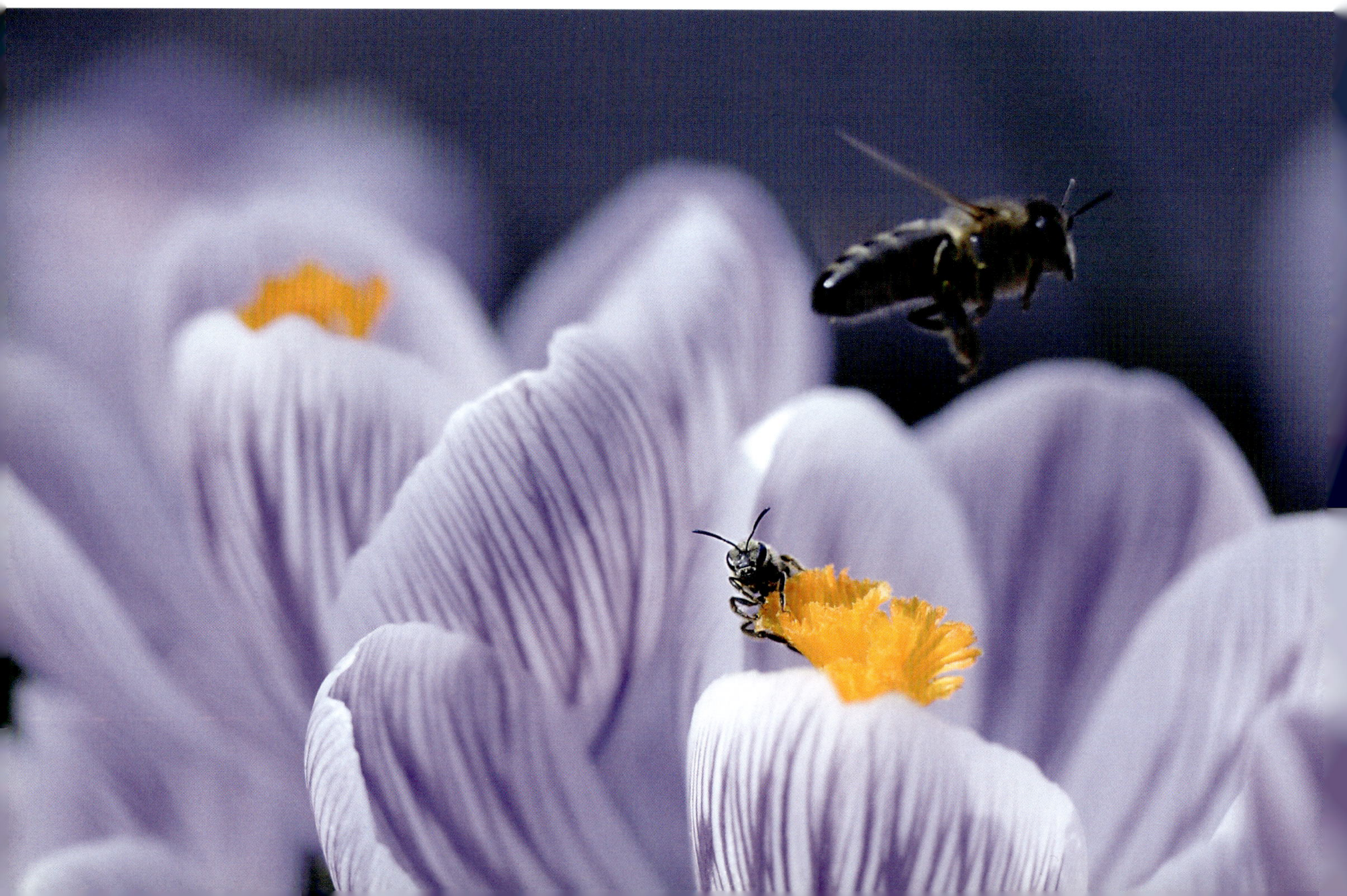

kameras bereits ab 350 Euro. Fakten, die für eine Spiegelreflexkamera sprechen, gibt es genügend: angefangen bei der Bildqualität über die Abbildungsleistung bis hin zu den fast unbegrenzten Einstellungsmöglichkeiten, die Ihnen eine solche Kamera bietet. Alle Bilder, die hier abgebildet sind, wurden mit Spiegelreflexkameras gemacht, so dass im Weiteren alle meine Erklärungen und Hinweise auf diese Kameras und das passende Zubehör bezogen sind.

Stativ und Bohnensack | Da Sie in der Makrofotografie Objekte im Millimeterbereich ablichten, wirkt sich jede noch so kleine Bewegung auf die Aufnahme aus. Um diesen Verwacklungen vorzubeugen, benötigen Sie entweder ganz viel Licht, damit Sie die Belichtungszeit kurz halten können, oder Sie nehmen ein Stativ oder einen Bohnensack zu Hilfe. Je größer der Schärfebereich in Ihrem Bild sein soll, desto eher werden Sie mit diesen Hilfsmitteln arbeiten müssen.

MEINE MAKROAUSRÜSTUNG BESTEHT AUS:

› Spiegelreflexkameras von Canon: EOS 300D, 20D und 5D
› Makroobjektive EF-S 60 mm 1:2,8, EF 100 mm 1:2,8 USM
› EF 70–200 mm 1:2,8 L IS USM
› Nahlinse 58 mm
› Stativ Manfrotto 190XPROB
› Einbeinstativ von Manfrotto
› Winkelsucher von Canon 1,25×–2,5×
› Bohnensack

Gartenbewohner
Die feinen Farben dieser Krokusse haben mich zu diesem Bild motiviert. Damit die Farben noch feiner wirken, öffnete ich die Blende vollständig (kleine Blendenzahl). Dadurch bekam ich viel Unschärfe ins Bild, was die Farben im Unschärfebereich sehr weich und pastellig erscheinen lässt. Dank des Bohnensacks konnte ich die Kamera auf den Boden legen und bekam so eine spannendere Perspektive, als wenn ich das Bild von oben herab gemacht hätte. Dass ich hier gleich zwei Insekten festhalten konnte, ist eher unter Glück als unter Können zu verbuchen. Von diesen Krokussen habe ich mehr als 20 Aufnahmen gemacht. Dass sich darunter eine fand, auf der zusätzlich Insekten zu sehen sind, hat mich besonders gefreut.

Canon EOS 20D (Cropfaktor 1,6) | 60 mm | 1/8000 sek | f2,8 | Belichtungskorrektur –2/3 Blende | ISO 400 | RAW

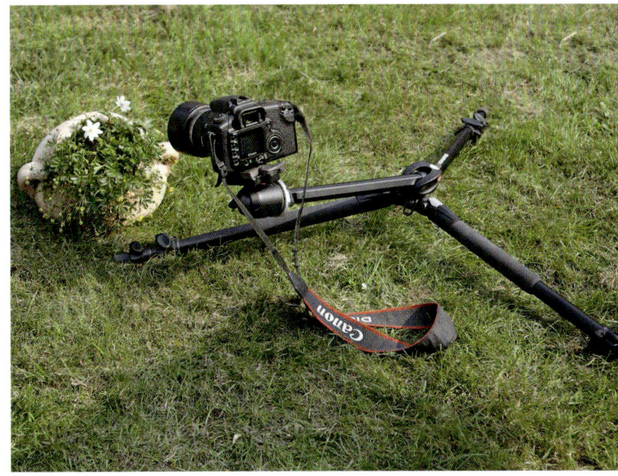

Stativ
Dieses Manfrotto-Stativ 190XPROB (ca. 170 Euro) eignet sich besonders gut für Makroaufnahmen, weil Sie damit die Möglichkeit haben, die Kamera nur wenige Zentimeter über dem Boden zu fixieren. Auf diese Weise bekommen Sie die Kamera in eine spezielle Position, aus der Sie dann von der Perspektive her von normalen »Alltagsblümchen« schon ganz spezielle Blumenbilder machen können. In vielen Situationen können Sie mit Hilfe eines solchen Stativs auch auf einen Winkelsucher verzichten.

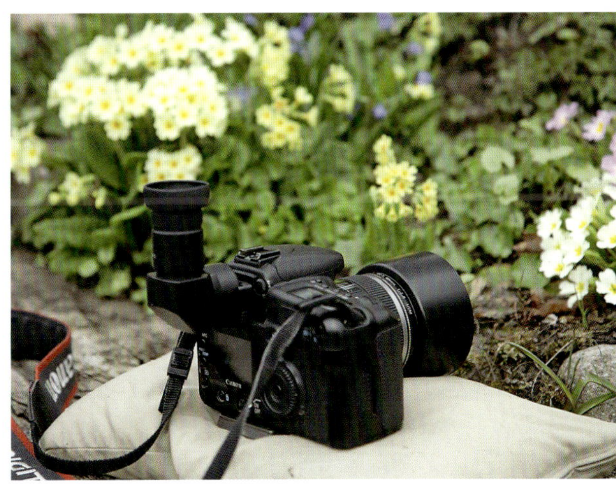

Winkelsucher und Bohnensack
Für bodennahe Aufnahmen gibt es die sogenannten Winkelsucher. Sie erleichtern Ihnen das Schauen durch den Sucher gewaltig, weil Sie das Motiv so praktisch und bequem von oben betrachten können. Die Kamera ist auf einem Bohnensack platziert. Ich arbeite vorzugsweise mit dem Bohnensack und dem Winkelsucher.

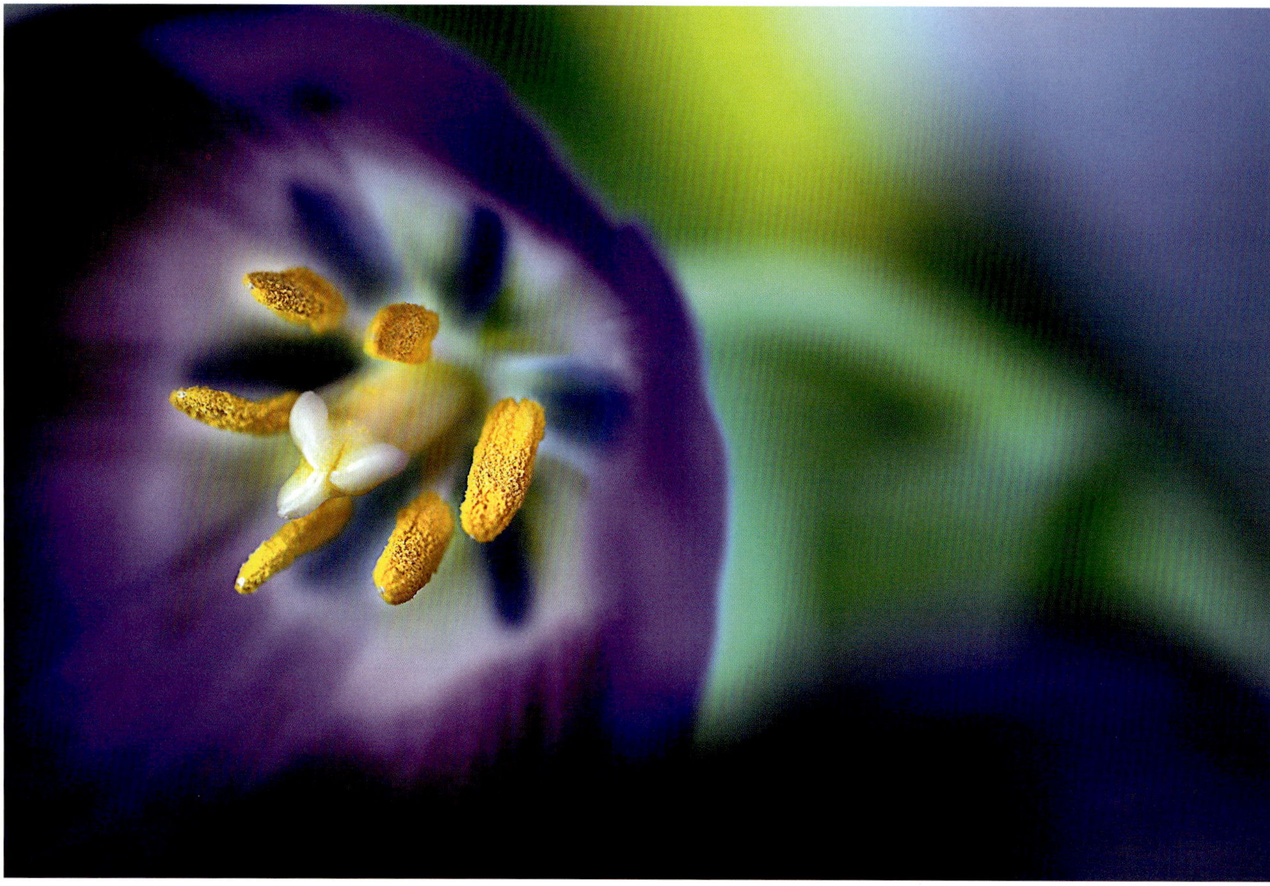

Knalltulpe

Diese Aufnahme habe ich im Wohnzimmer am Fenster mit normalem Tageslicht aufgenommen. Die Blüte stand so, wie Sie sie hier sehen, zusammen mit anderen Tulpen als Strauß in einer Vase. Die Unschärfe im Hintergrund entstand mit der Offenblende des Objektivs. Um das Bild so formatfüllend zu realisieren, bewegte ich mit dem Auge am Sucher die Kamera so lange hin und her, bis ich diesen Ausschnitt hatte. Das Foto habe ich in DPP entwickelt, den Weißabgleich auf KUNSTLICHT gesetzt und in Photoshop die Gradationskurve leicht verschoben.

Canon EOS 20D (Cropfaktor 1,6) | 100 mm | 1/320 sek | f2,8 | ISO 200 | RAW | Freihand | manuelles Scharfstellen

Blumen und Pflanzen

»Blümchenfotografen« werden gerne belächelt, weil offensichtlich viele der Meinung sind, es bedürfe keines großen Könnens, um solche Motive abzulichten. Nun, Blumenbilder sind nicht zwangsläufig langweilig, und ich hoffe, Ihnen das mit einigen Beispielen zeigen zu können. Gerade weil Blumen und Pflanzen Motive sind, die jeder schon tausendmal gesehen hat, ist es eine umso größere Herausforderung, aus solch vermeintlich abgedroschenen Motiven spannungsvolle Bilder mit dem gewissen Etwas zu erschaffen. Besonders wichtig finde ich bei solchen Alltagsmotiven den Bildaufbau: Neben der Wahl ungewöhnlicher Perspektiven, sehr naher und auch enger Bildausschnitte und dem Einsatz von knapper Schärfe benutze ich für das Finish meiner Bilder immer zusätzlich noch gewisse Funktionen in Bildbearbeitungsprogrammen wie dem RAW-Konverter Digital Photo Professional (DDP) oder Photoshop, ab und zu auch mal einen Filter.

Gradationskurve | Die Funktion für die Gradationskurve, die Sie in Photoshop über den Menüpfad Bild • Korrekturen • Gradationskurven aufrufen können, ist ein geniales Werkzeug, um Ihren Aufnahmen auf die Schnelle einen frischeren, kontrastreicheren Touch zu geben.

Klicken Sie für eine Kontraststeigerung mit der Maus einfach auf die diagonale Linie im Gradationsfenster. Im oberen Teil schieben Sie die Linie leicht nach links und im unteren Teil ein wenig nach rechts, so dass die Linie wie ein feines, angedeutetes »S« aussieht.

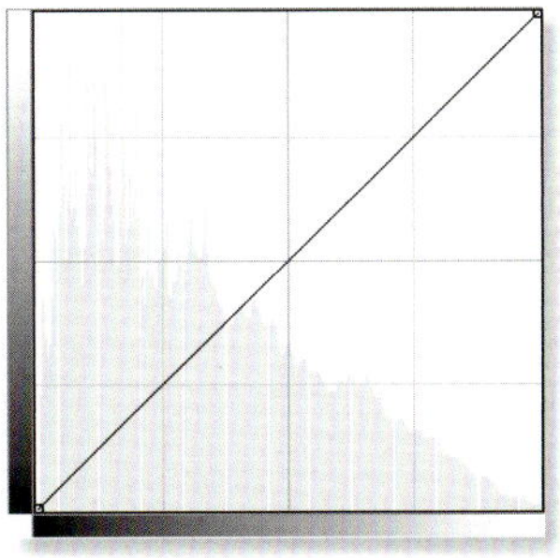

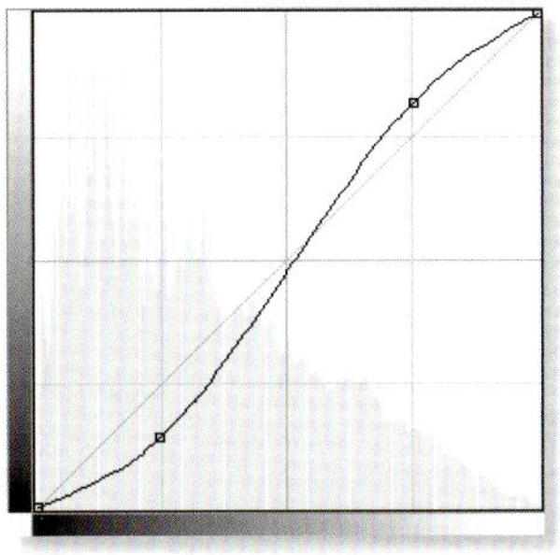

Großdruck | Das Bild »Tulpe im Himmel« (unten) ist eines meiner ersten Ausstellungsbilder. Es wurde in der Größe 40×90 cm ausgedruckt und hing als fertiges Wandbild in einem Rahmen mit den Maßen 75×115 cm. Die Bildqualität und die Reaktionen der Besucher ließen mich staunen: Denn das Bild hat für so einen großen Ausdruck eigentlich zu wenig Pixel. Das heißt, das Bild weist bei genauem Betrachten kleine pixelige Stellen auf.

Tulpe im Himmel
Diese Aufnahme ist eines meiner ersten Bilder, das mir zeigte, dass Unschärfe einem Motiv eine ganz besondere Note geben kann. Hier habe ich auf nur eine Tulpe fokussiert, und zwar durch manuelle Scharfstellung. Die wolkige Unschärfe im Vordergrund sind ebenfalls Tulpen. Die Vase stand auf dem Balkongeländer, die Sonne schien in die Blütenblätter hinein, im Hintergrund ist der Himmel zu sehen.

Canon EOS 300D (Cropfaktor 1,6) | 100 mm | 1/1000 sek | f5,6 | ISO 100 | JPEG | Freihand

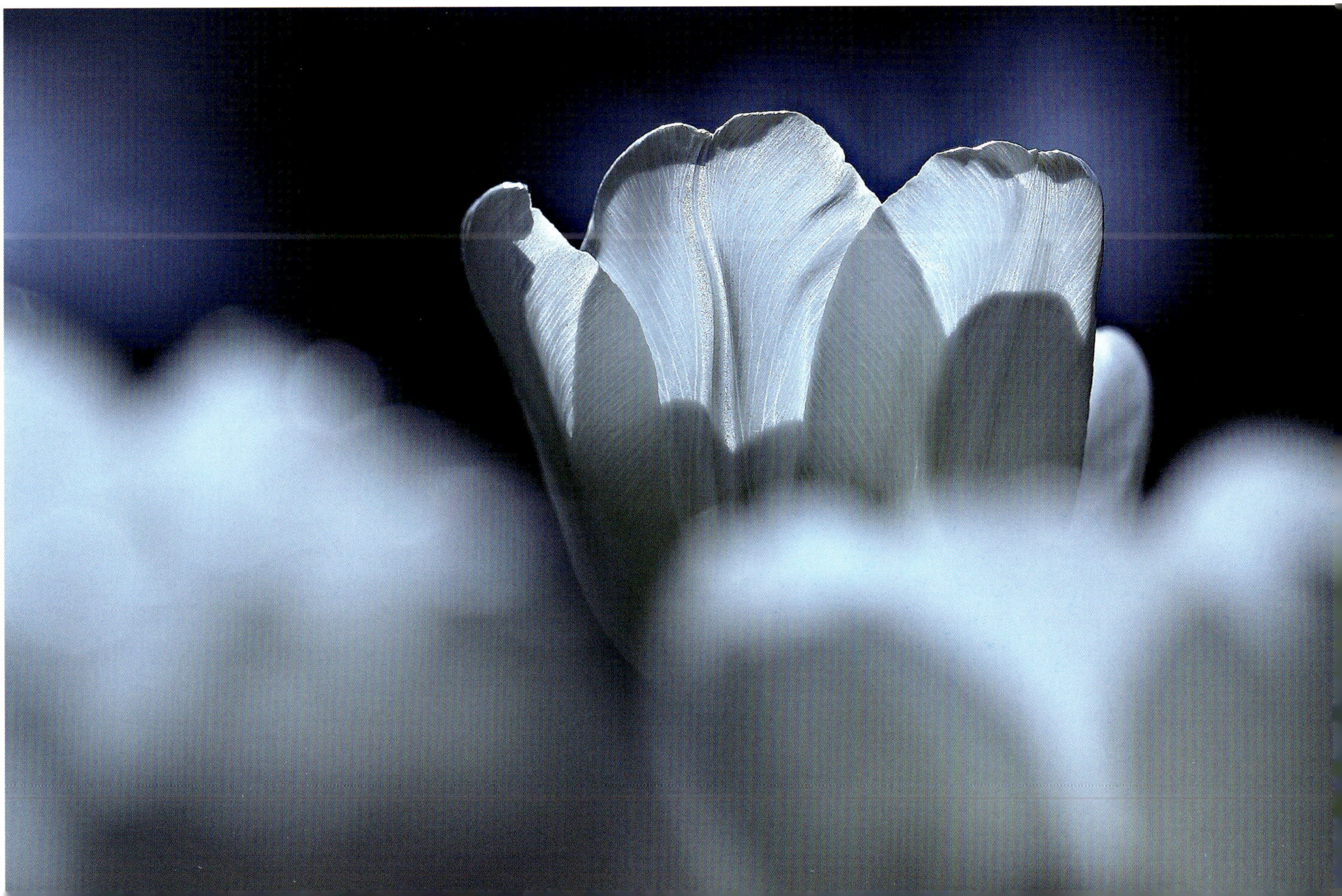

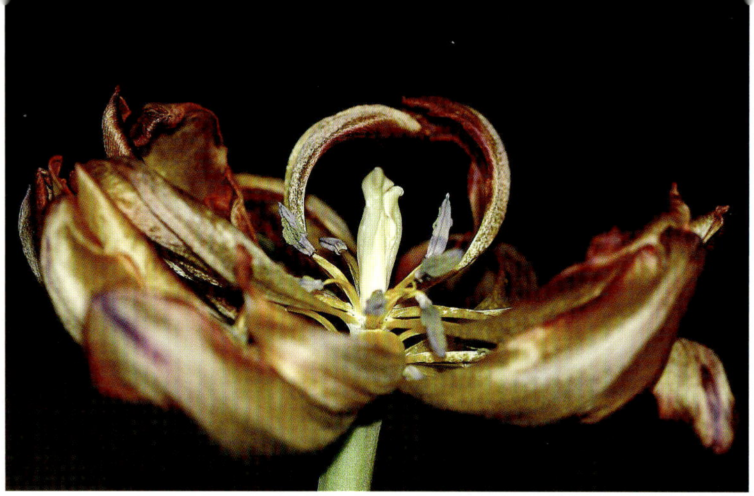

Zwischenhalt
Dieses Bild zeigt eine verblühte Tulpe, die ich vor dem Kompostieren noch schnell abgelichtet habe. Tulpen oder Blumensträuße sind sehr dankbare Motive, weil sie sich während der Zeit in der Vase ständig verändern. Sogar kurz vor dem Entsorgen hatte diese Tulpe noch ihren ganz eigenen, besonderen Reiz. Das Bild habe ich im Wohnzimmer vor einem schwarzen Sofa aufgenommen. Mit Hilfe des integrierten Blitzes konnte ich den Blütenblättern zudem einen schillernden Glanz verleihen.

Canon EOS 300D (Cropfaktor 1,6) | 100 mm | 1/60 sek | f4,0 | ISO 400 | Freihand

Schneeglöckchen
In unserem Garten habe ich dieses Bild aufgenommen. Als Hintergrund diente ein blau-weißes Papiertaschentuch-Säckchen, das ich in Entfernung von ca. 20 Zentimetern vom Blümchen auf dem Boden mit einem Zweig fixiert habe. Durch die sehr weit geöffnete Blende konnte ich den Hintergrund so weit ausblenden (unscharf machen), dass dieses feine Blau entstand.

Canon EOS 20D (Cropfaktor 1,6) | 60 mm | 1/8000 sek | f2,8 | Belichtungskorrektur –2/3 Blende | ISO 200 | RAW | manuelle Fokussierung | automatischer Weißabgleich

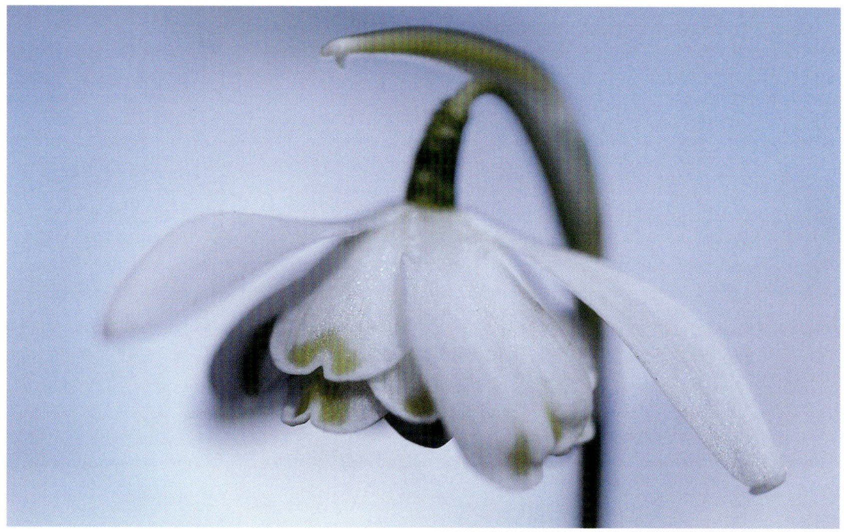

Sonne
Die Idee zu diesem Bild entstand spontan, während ich einen Streifzug durch ein Sonnenblumenfeld machte. Ich schaute die Blumen immer mal wieder durch den Sucher an, und die unscharfen Sonnenblumen hinter den Hauptmotiven erinnerten mich sehr an die »richtige« Sonne, wie wir sie zum Beispiel bei einem Sonnenuntergang sehen können. Daher versuchte ich das Bild so zu gestalten, dass dieser Eindruck noch etwas verstärkt zum Vorschein kam.

Canon EOS 300D (Cropfaktor 1,6) | 100 mm | 1/125 sek | f3,5 | ISO 100 | JPEG | Freihand

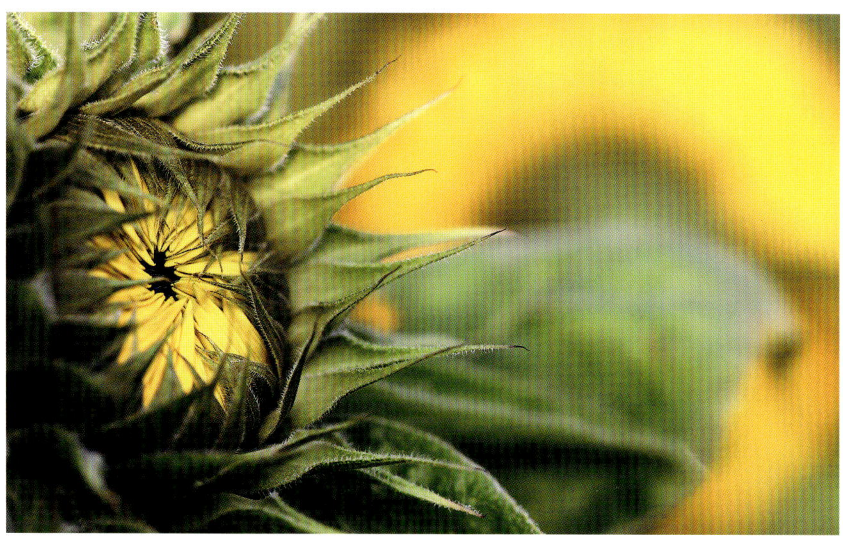

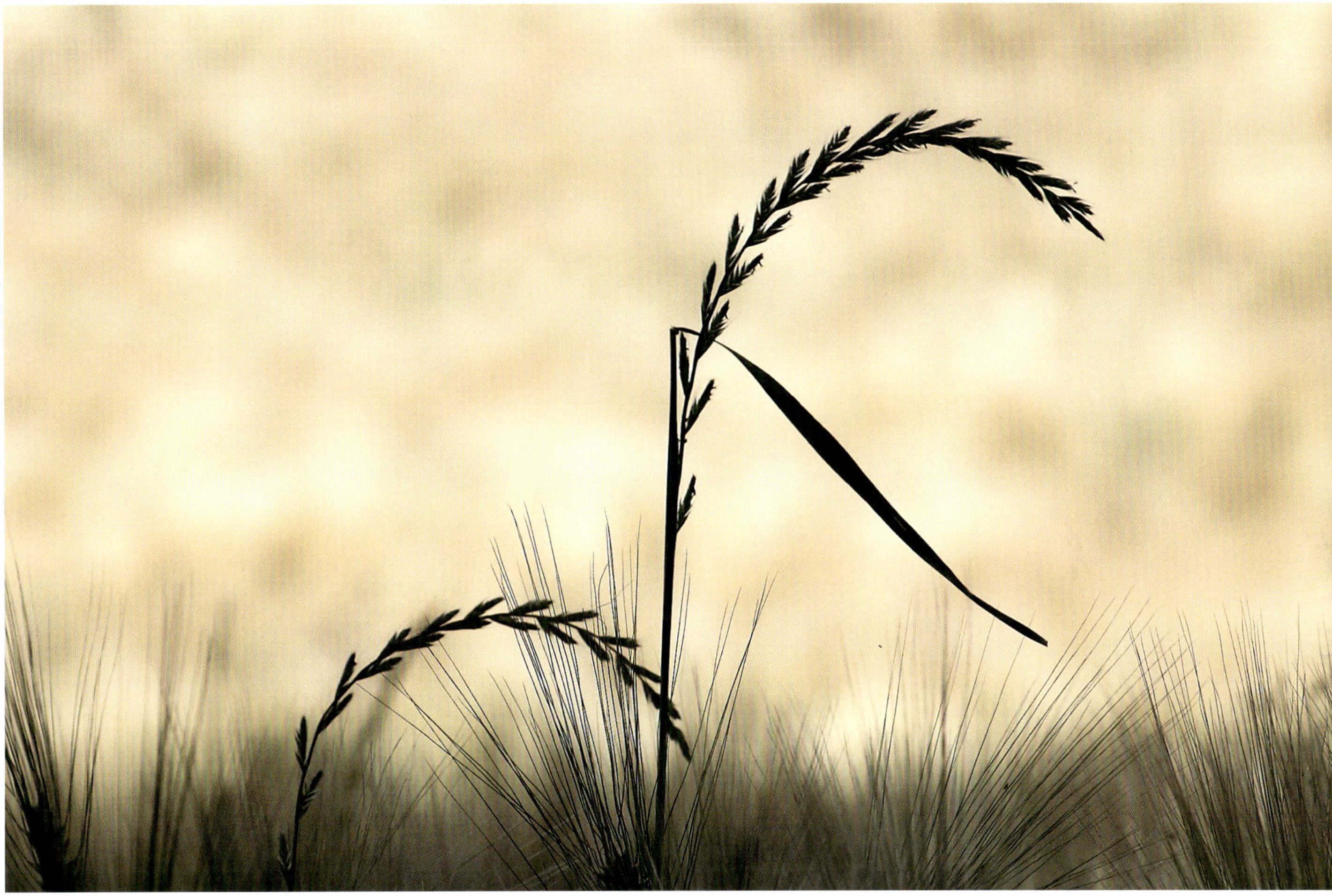

Aber wer schaut sich schon so große Bilder aus einer Entfernung von nur 20 bis 30 Zentimetern an? Die Kamera, mit der ich dieses Bild aufgenommen habe, wies lediglich eine Auflösung von etwas mehr als 6 Megapixel (MP) auf. Das reicht laut Bedienungsanleitung meiner damaligen Kamera gerade mal für eine Druckgröße der Aufnahmen von 21 × 30 bis höchstens 30 × 40 cm. Zum Glück hab ich dies erst *nach* dem Druck gelesen, konnte ich dieses Bild doch schon mehrere Male in eben dieser Abmessung an Kunden verkaufen.

Es kommt also beim Druck auch immer darauf an, für welchen Zweck Sie das Bild verwenden möchten. Wenn das Bild großformatig an einer Wand hängen soll, reicht auch eine etwas geringere Auflösung für die Ausbelichtung aus.

Das Paar

Bei dieser Aufnahme stand ich am Rande eines Getreidefelds und hielt Ausschau nach Pflanzen, die sich irgendwie aus der Masse hervorhoben. Die Distanz von meinem Standort zu diesen Gräsern betrug mehrere Meter, so dass das Motiv trotz Blende 8 durch die Entfernung und die große Brennweite schön freigestellt wurde. Da ich über das Zeichnen und Malen zur Fotografie gekommen bin, fasziniert es mich immer wieder, wenn mir mit der Kamera dieser Malerei-Effekt so wie in diesem Bild gelingt. Die Gräser am unteren Bildrand wirken so, als seien sie mit einem Pinsel gemalt. Solche Effekte erreichen Sie, wenn Sie beim Blick durch den Sucher mit Brennweite und Blende spielen und dabei die Veränderungen überprüfen – und dann einfach auch mal mutig auf den Auslöser drücken. Die Zeiten, in denen Sie sich Gedanken über die Kosten der einzelnen Fotos machen mussten, sind ja nun vorbei!

Canon EOS 300D (Cropfaktor 1,6) | 200 mm | 1/500 sek | f8,0 | ISO 100 | JPEG | Freihand

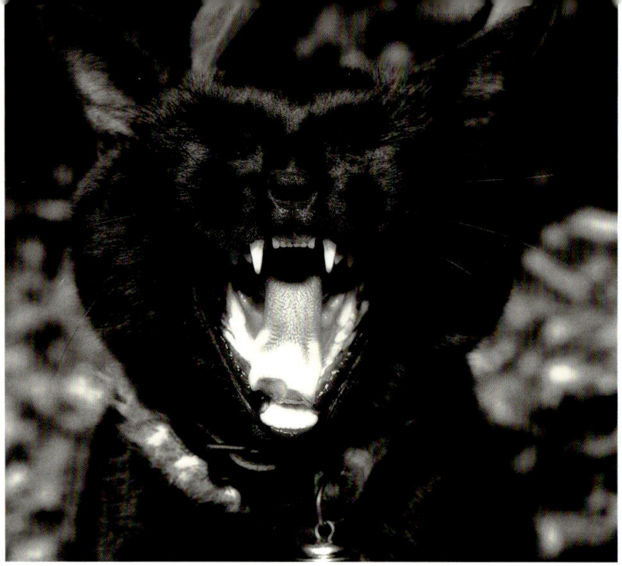

Trixi, unsere Katze

Dies ist kein »klassisches« Makro, auch wenn es mit einem Makroobjektiv entstanden ist. Das Bild gehört eher in die Kategorie »Schnappschüsse«. Um diese machen zu können, sollten Sie die Kamera immer griffbereit und den Autofokus bereits aktiviert haben. Das Bild habe ich nachträglich in Photoshop mit einem der Plug-in-Filter Silver Efex Pro von Nik Software in Grauwerte umgewandelt.

Canon 5D (Vollformat) | 100 mm | 1/100 sek | f11,0 | Belichtungskorrektur –2 Blenden | ISO 100

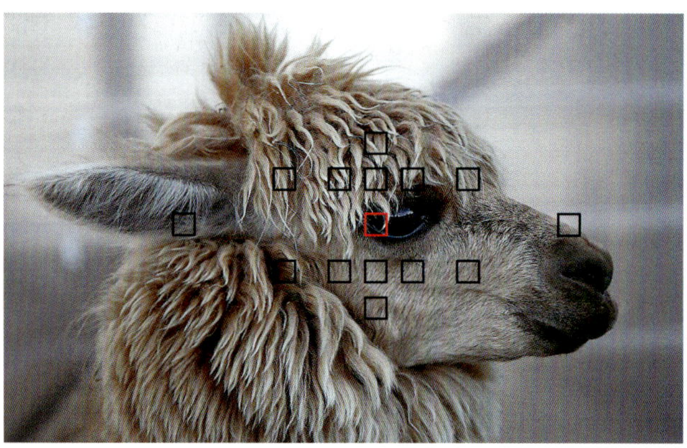

Autofokusmessfelder

Auf diesem Screenshot sind die 15 möglichen Messfelder eines bestimmten Kameramodells dargestellt. Jeden dieser Punkte können Sie einzeln mit der Kameraeinstellung anwählen und so genau die Stelle, die Sie scharf haben möchten, bestimmen. Der Fokuspunkt, den Sie für das Scharfstellen ausgewählt haben, erscheint jeweils rot. Hier ist es das mittige Feld, das dem Auge am nächsten ist.

Insekten und Tiere

Selbstverständlich können Sie auch von etwas größeren Tieren Detailaufnahmen mit einem Makroobjektiv machen. Die Details können Sie auch da zum Staunen bringen, wie zum Beispiel die kleinen Zähnchen, die Sie beim Bild »Trixi, unsere Katze« sehr schön sehen können. Den Unterschied zwischen Makrofotografie und Nahaufnahmen macht der Abbildungsmaßstab: Im Makrobereich liegt dieser zwischen 1:1 und ca. 20:1, im Nahbereich zwischen 1:1 und ca. 1:10.

Wie erreiche ich Schärfe in meinen Fotos? | Sicher sind Ihnen die Kürzel AF und MF auch schon aufgefallen. AF steht für Autofokus: Die Kamera stellt nach Vorgaben beziehungsweise Einstellungen des Fotografen automatisch scharf. MF steht für manuelles Fokussieren, der Fotograf stellt bei dieser Einstellung von Hand scharf. Leider bieten nicht alle Kompaktkameras diese Fokussierungsmöglichkeit. Bei Spiegelreflexkameras gehört die manuelle Fokussierung zum Standard. Für Tiere, Insekten und andere Motive, die eine schnelle Fokussierung benötigen, ist der Autofokus eine hilfreiche Einstellung. Wenn ich andere Makros aufnehme, stelle ich jedoch immer manuell scharf. Denn erst die manuelle Einstellung ermöglicht es mir, den Schärfepunkt genau dort zu setzen, wo ich ihn haben möchte.

Wie stelle ich scharf? | Im Makrobereich gibt es nur einen kleinen Schärfespielraum, je näher Sie einem Motiv sind, desto kleiner wird er. Die Unschärfe können Sie sehr gut als Gestaltungsmittel nutzen, mit ihr können Sie Motive schön vom Hintergrund lösen. Der Autofokus bekommt im Nahbereich von wenigen Zentimetern oftmals Probleme, er kann sich nicht entscheiden, was er scharfstellen soll. Folglich fährt er ganz schön lange hin und her und kommt oftmals zu keinem Entschluss. Ein Grund mehr, sich mit der manuellen Fokussierung anzufreunden. Normalerweise wird bei Tieren und Insekten, wie auch beim Menschen, auf die Augen fokussiert. Bei allen anderen Motiven stellen Sie einfach auf das scharf, was Sie hervorheben wollen. Mit dem Verlauf und dem Gegensatz von

Schärfe zu Unschärfe können Sie den Blick des Betrachters lenken.

Noch etwas zur Schärfentiefe | Unter Schärfentiefe versteht man den Bereich eines Bildes, innerhalb dessen ein Motiv scharf abgebildet ist. Die Größe und Ausdehnung der Schärfentiefe hängt vor allem von der Brennweite des Objektivs, der verwendeten Blende und nicht zuletzt auch von der Aufnahmeentfernung ab. Folgendes können Sie sich in Bezug auf die Blende merken:

› Je größer die Blende (kleine Blendenzahl), desto geringer ist die Schärfentiefe.
› Je kleiner die Blende (große Blendenzahl), desto höher ist die Schärfentiefe.

Je kleiner die Tiere, umso wichtiger wird das Stativ. Wie ich schon erwähnte, benutze ich für meine Makros fast nie ein Stativ, und doch komme auch ich nicht ganz ohne aus. Um scharfe Insektenmakros zu bekommen, ist die Nutzung eines Stativs unumgänglich.

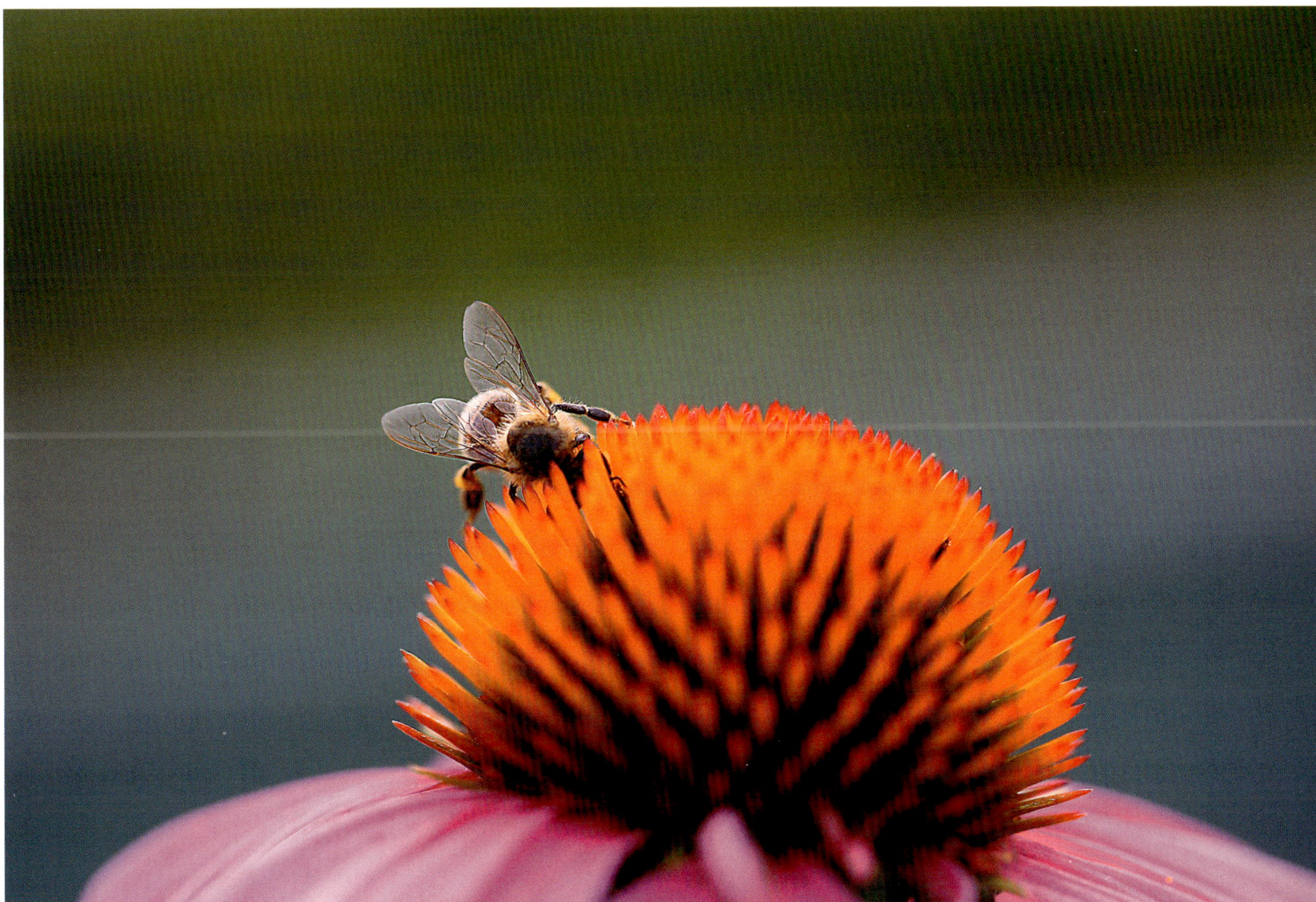

Kopfüber
Indem ich den Fokus auf die Biene richtete, konnte ich durch die offene Blende den unruhigen Hintergrund ausblenden. Die Schärfeebene befindet sich auf der Höhe der Biene, die Blüte verläuft im Vordergrund zum Teil auch schon in der Unschärfe.
Canon EOS 5D (Vollformat) | 100 mm | 1/125 sek | f3,5 | Belichtungskorrektur –1/3 Blende | ISO 100 | RAW | Stativ

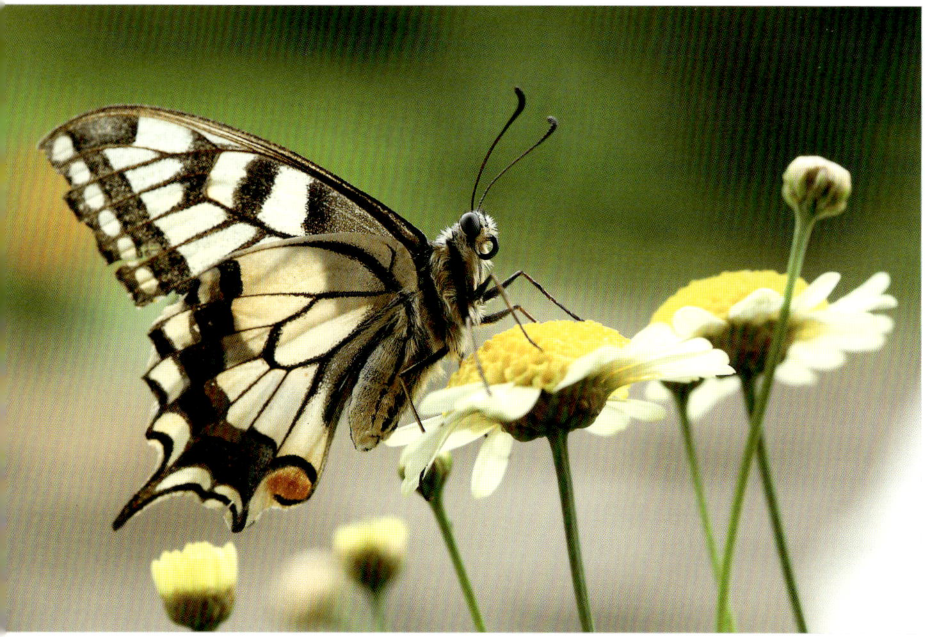

Motive im Wald

Der Wald ist voll von kleinen Dingen. Beim nächsten Waldspaziergang sollten Sie die Kamera also unbedingt mitnehmen! Wegen des gedämpften Lichts ist die Nutzung eines Stativs oder des Bohnensacks unabdingbar. Gute Dienste bringen einem in dieser Hinsicht kleine Reflektoren, die ebenfalls im Handel erhältlich sind. Für den Anfang eignet sich aber auch weißer Pappkarton. Mit Hilfe von Silberpapier, Alufolie oder auch mit einem Spiegel lassen sich kleine Dinge auf dem Waldboden zudem bestens ausleuchten.

Was heißt eigentlich RAW? | *Raw* ist das englische Wort für »roh«, und im Zusammenhang mit der Fotografie bezieht sich der Begriff darauf, dass die Bilddaten, die der Sensor aufnimmt, unkomprimiert auf dem Chip der Kamera gespeichert werden. Parameter wie Weißabgleich, Belichtung etc. können so viel flexibler in der anschließenden Bildbearbeitung angepasst werden, die Dateigröße pro Bild wächst dadurch jedoch enorm an. In diesem Format müssen die Bilder zunächst mit einem Konvertierungsprogramm (RAW-Konverter) in ein Bildformat wie zum Beispiel JPEG oder TIFF umgewandelt werden, bevor Sie sie weitergehend bearbeiten oder drucken können.

Schwalbenschwanz
Dieser Königsschmetterling besuchte unseren Garten. Er schien es absolut nicht eilig zu haben, so dass ich sehr viele Bilder von ihm machen konnte. Je mehr Bilder Sie von einem Motiv machen, umso größer ist die Chance, dass auch einige richtig gute darunter sind.

Canon EOS 5D (Vollformat) | 100 mm | 1/4 sek | f7,1 | ISO 160 | RAW | Stativ

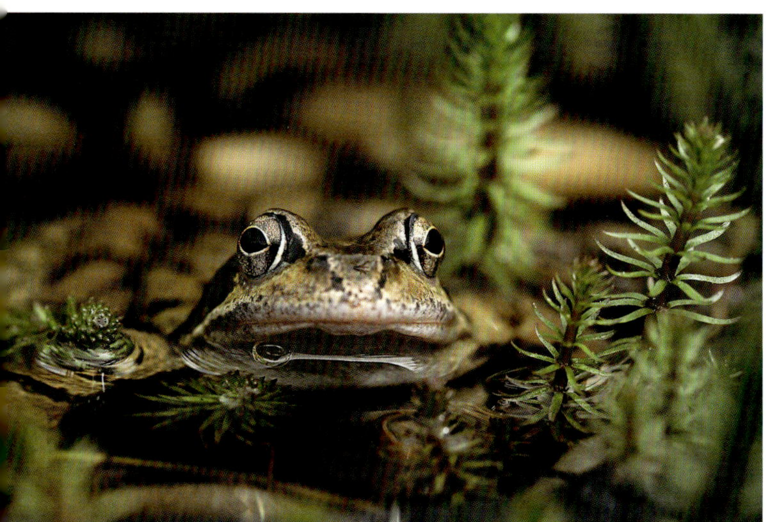

Frosch
An diesem Foto war meine ganze Familie beteiligt: Mein Mann hat den Frosch in unserem kleinen Gartenteich entdeckt, sagte meiner Tochter, sie solle mich rufen, ich rannte mit der Kamera und dem Stativ hinaus und konnte tatsächlich einige schöne Aufnahmen von diesem Prachttier machen. Schließlich wurde dieses Bild sogar Wochensieger beim Schaufensterwettbewerb eines Fotogeschäfts.

Canon EOS 5D (Vollformat) | 100 mm | 1/200 sek | f5,0 | ISO 200 | RAW | Stativ

Benötige ich RAW? | Nicht jeder wird in RAW fotografieren wollen. Die Frage, ob es RAW sein soll oder nicht, muss sich jeder selbst stellen und für sich beantworten. Es hängt sicherlich vor allem vom Verwendungszweck der Bilder ab: Bilder, die Sie für Wettbewerbe, Ausstellungen oder wichtige Anlässe wie Hochzeiten etc. machen, sollten Sie in RAW aufnehmen. Für Bilder fürs Familienalbum vom Urlaub, von Geburtstagen, Schnappschüsse etc. reicht das JPEG-Format aus. RAW-Daten bieten ein Maximum an Möglichkeiten nachträglicher Bildbearbeitung: Weißabgleich, Tonwerte, Farbräume, Belichtung, Schärfung etc. können Sie im RAW-Format immer und immer wieder verändern – ohne Verluste an der Originaldatei. So haben Sie unglaublich viele Möglichkeiten, aus ein und demselben Bild viele verschiedene Bilder in bester Qualität zu kreieren.

Waldboden Nr. 1

Ursprünglich lagen rund um den Pilz und das Mini-Tännchen sehr viele Tannennadeln, Laub und Zweige. All diese Dinge habe ich vor der Aufnahme entfernt, das Bild sozusagen vor der Aufnahme »aufgeräumt«. Denn auch in der Fotografie gilt der Satz: Weniger ist mehr. Das Bild wird dadurch ruhiger, und das Auge wird weniger von Nebensächlichem abgelenkt.

Canon EOS 5D (Vollformat) | 100 mm | 1/4 sek | f8,0 | Belichtungskorrektur –2/3 Blende | ISO 100 | RAW | Bohnensack

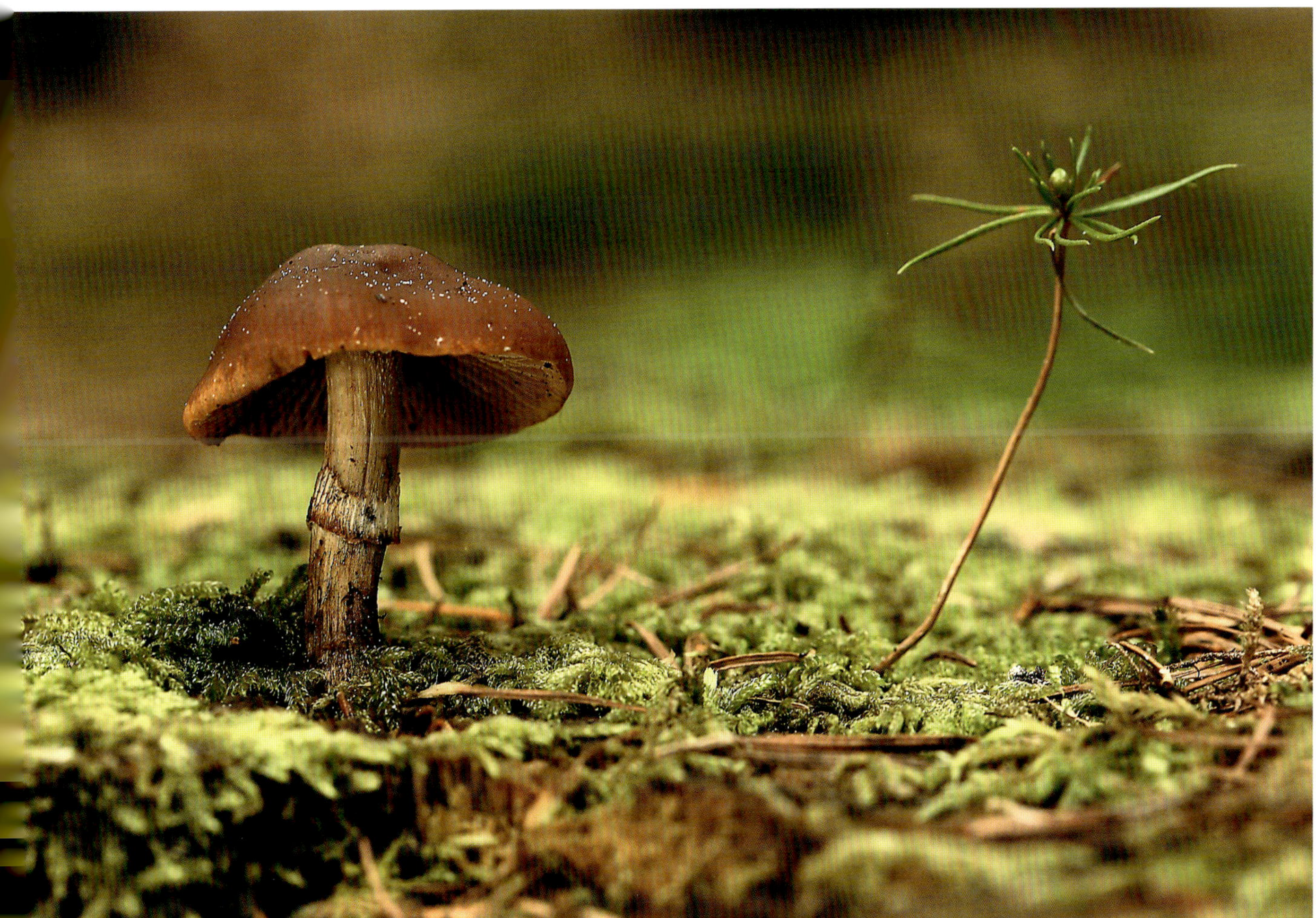

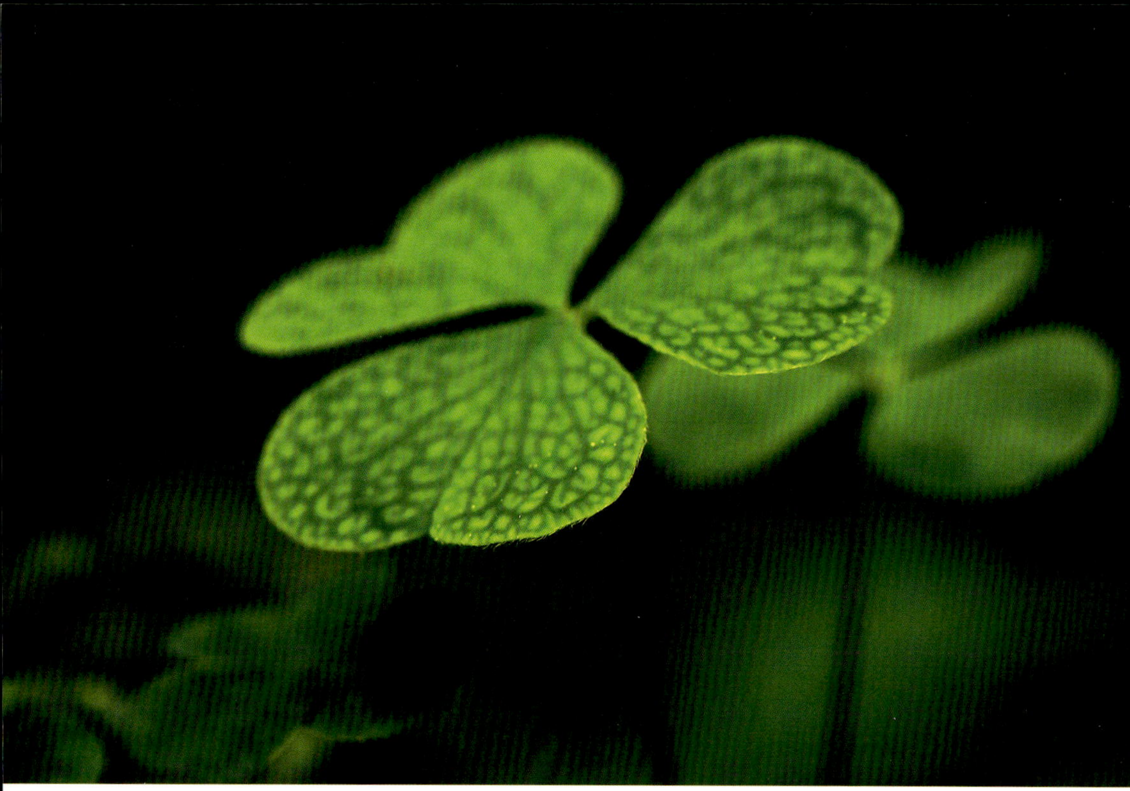

[<] Waldboden Nr. 2
Mit der Blendenwahl können Sie den Hintergrund gestalten (siehe auch Seite 67). Scharf gestellt habe ich bei diesem Kleeblatt auf den Blattsaum, an dem ganz feine Härchen zu erkennen sind.

Canon EOS 5D (Vollformat) | 100 mm | 0,4 sek | f6,3 | Belichtungskorrektur –1 Blende | ISO 100 | RAW | Stativ

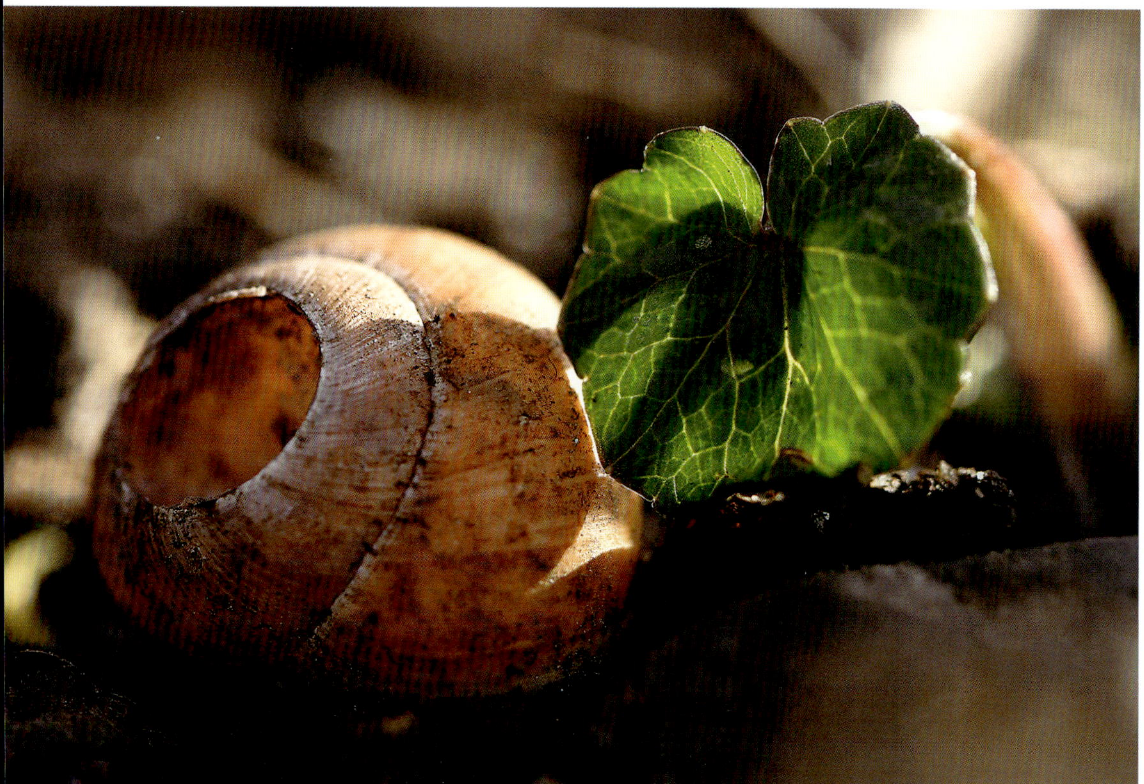

[<] Waldboden Nr. 3
Vor der Aufnahme stand die kleine Pflanze ganz einsam in der Gegend, etwas weiter weg lag dieses Schneckenhäuschen. Ich habe die beiden Motive so zusammengerückt. Dass das Schneckenhaus kaputt ist, fällt bei dem Arrangement nicht mehr stark ins Auge. Wie Sie sehen, können Sie sich also auch in der freien Natur Ihre eigenen Kompositionen zusammenstellen. Das softe Licht entstand, weil ich bei der Aufnahme leichtes Gegenlicht hatte.

Canon EOS 20D (Cropfaktor 1,6) | 100 mm | 1/200 sek | f4,0 | ISO 100 | RAW | Bohnensack, Winkelsucher

Weißabgleich | Alle Digitalkameras bieten einen automatischen Weißabgleich (AWB). Die Kamera sucht sich bei dieser Einstellung die hellste Stelle im Bild aus und stimmt alle Farben darauf ab, weil sie davon ausgeht, dass es sich dabei um Weiß handelt. Bei einfarbigen Motiven oder solchen, die kaum oder sehr wenig Weiß oder Grau enthalten, kommt es dann oft zu Fehlinterpretationen. Haben Sie das Foto im RAW-Modus aufgenommen, können Sie den Weißabgleich im RAW-Konverter mit einem Klick korrigieren oder je nach Lust und Laune verändern. Anhand der drei Gänseblümchen-Bilder möchte ich Ihnen zeigen, wie Sie einem RAW-Bild am Computer mit wenigen Klicks ein anderes Aussehen geben können.

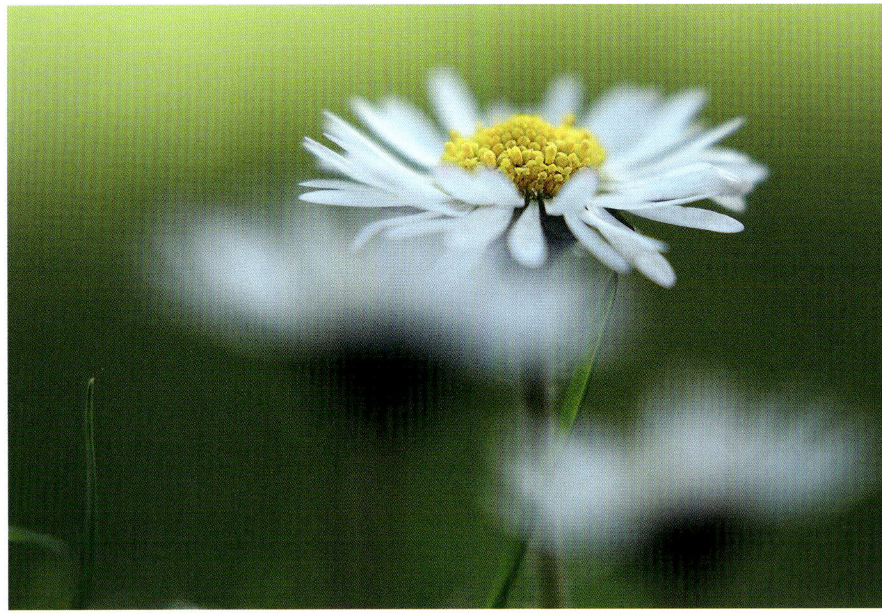

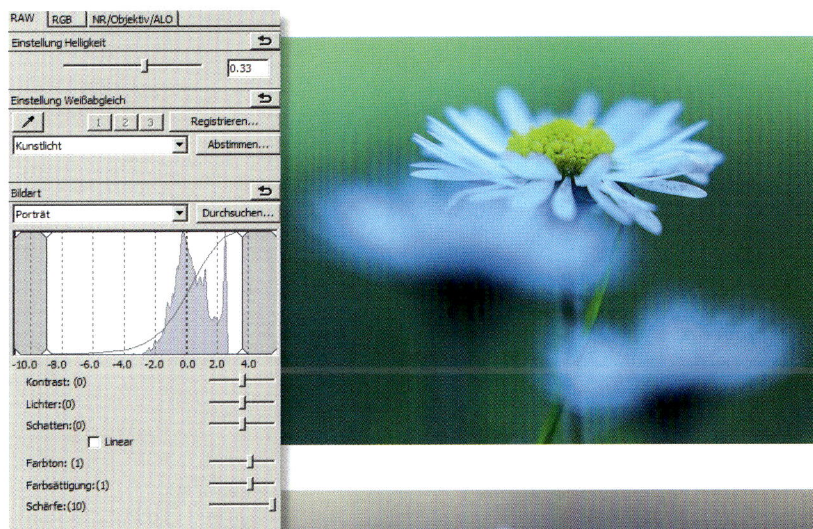

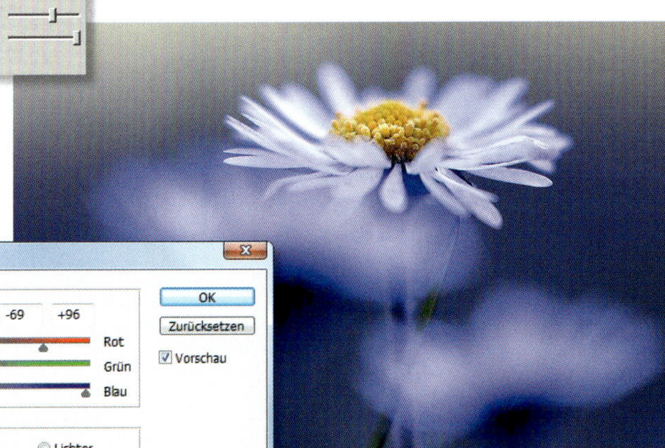

Gänseblümchen
So, wie Sie das Bild oben sehen, genau in diesen Farben, habe ich die Blumen bei der Aufnahme durch den Sucher gesehen.

Canon EOS 5D (Vollformat) | 100 mm | 1/160 sek | f4,0 | Belichtungskorrektur –1/3 Blende | ISO 100 | RAW | automatischer Weißabgleich | Bohnensack, Winkelsucher

Um dem Bild einen kühlen Farbton zu verleihen, öffnete ich die Datei im RAW-Konverter DPP. Zunächst setzte ich alle vorhergehenden Bearbeitungsschritte auf ihre Ausgangswerte zurück. Dann änderte ich den Weißabgleich von AUTOMATISCH auf KÜNSTLICH. Die Helligkeit erhöhte ich durch Verschieben des Helligkeitsreglers nach rechts auf einen Wert von »0.33«. Die BILDART veränderte ich von STANDARD auf PORTRÄT, weil meiner Meinung nach diese Einstellung allgemein den Bildern eine schöne Frische verleiht.

Dann öffnete ich das gespeicherte TIFF-Bild in Photoshop. Über BILD • KORREKTUREN • FARBBALANCE rief ich das FARBBALANCE-Dialogfenster auf. Dort verschob ich dann mittels Regler die MITTELTÖNE in Richtung ROT bis »+55«, in Richtung MAGENTA bis »–69« und in Richtung BLAU bis »+96«.

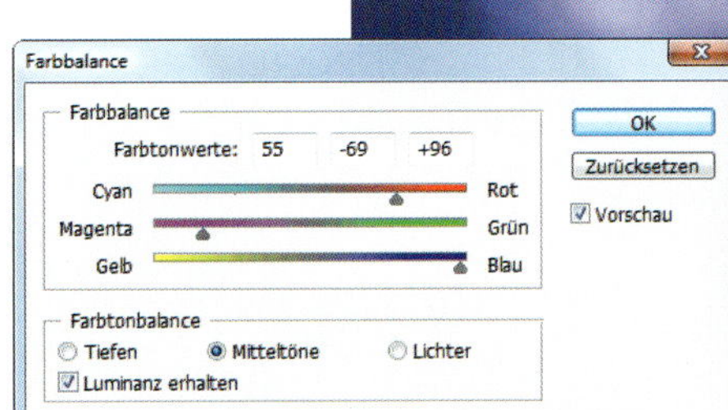

Motive, die Sie nur durch den Sucher finden

Es gibt haufenweise Motive in der Makrofotografie, die Sie trotz des sogenannten Fotografenblicks nicht einfach so auf Anhieb sehen. Vor allem ganz kleine Dinge sind oft so versteckt, dass Sie sie erst durch die Makrolinse erkennen können. Andere Motive wiederum entstehen erst, während wir durch den Sucher beobachtend und kontrollierend gewisse Einstellungen wie Blende, Brennweite oder Distanz zum Objekt vornehmen.

Das Fotografenauge oder der Motivblick | Es gibt Menschen, die haben einen angeborenen Sinn für Motive und deren Umsetzung in Bilder. Andere wiederum müssen sich diese Fähigkeit erst durch langes Üben aneignen. Am besten lernen Sie dieses Sehen durch den Sucher Ihrer Kamera. Schauen Sie auf Ihrem nächsten Spaziergang Ihre Umgebung ganz bewusst immer wieder auch durch den Sucher Ihrer Kamera an – ohne auszulösen, einfach nur, damit Sie Ihren Blick trainieren. Probieren Sie es einfach mal aus! Bald werden Sie Ihre Umgebung auch ohne Blick durch den Sucher ganz anders sehen.

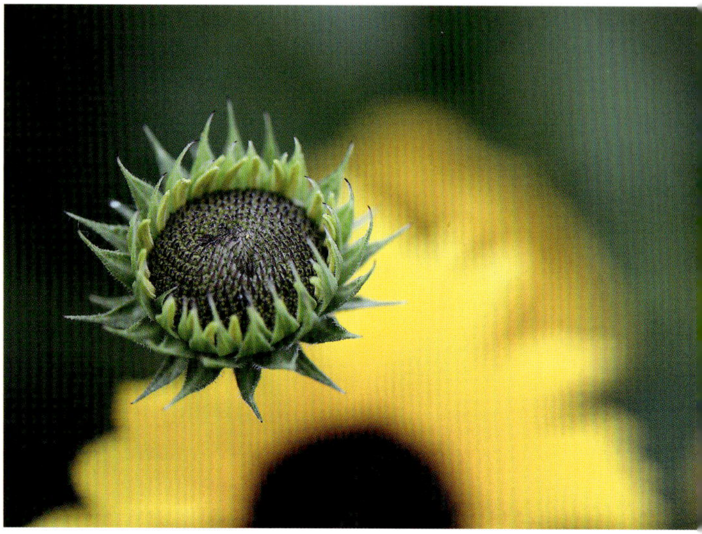

Schwebend
Mit Blende, Brennweite und einer optimalen Perspektive können Sie Gegenstände schweben lassen. Damit ich bequem und mit ruhiger Hand von oben an das Motiv herankam, nahm ich mir einen Stuhl zu Hilfe. Von oben, durch den Sucher schauend, suchte ich dann so lange nach der richtigen Perspektive und Distanz, bis der Blumenstängel ganz unter der Blüte verschwand.

Canon EOS 5D (Vollformat) | 100 mm | 1/80 sek | f2,8 | ISO 160 | JPEG | Freihand | Stuhl als Standorterhöhung

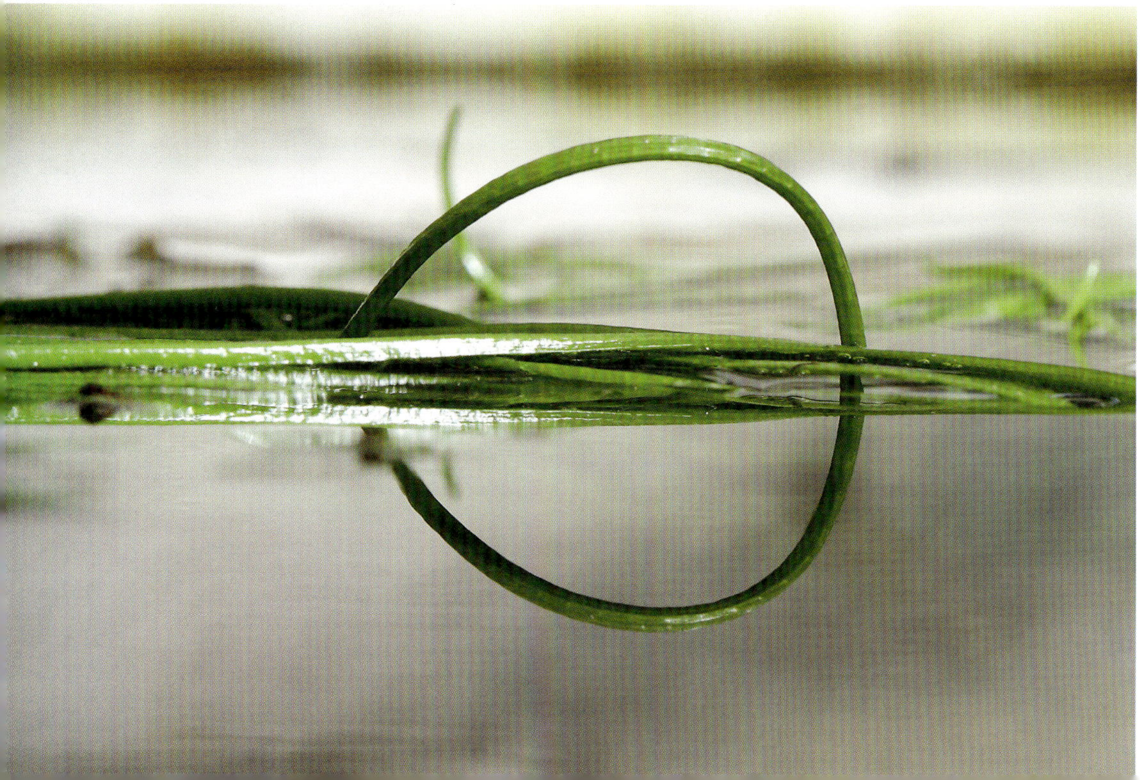

Durch den Sucher
Auch dieses Motiv sah ich erst, während ich mit dem Auge am Sucher an einem Wasserbecken im Botanischen Garten umherkroch. Mit dem bloßen Auge habe ich dieses kleine Motiv nicht erkennen können. Die Größe dieses Wasserpflänzchens betrug nur einige Zentimeter, und es befand sich ganz unten auf der Wasseroberfläche.

Canon EOS 300D (Cropfaktor 1,6) | 100 mm | 1/100 sek | f10,0 | ISO 100 | JPEG | Freihand

Makros mit abstraktem Touch

Besonders zufrieden bin ich, wenn es mir gelingt, aus einem normalen Motiv ein Bild zu erstellen, bei dem man erst auf den zweiten Blick erkennt, was es ist. Dies gelingt am besten, wenn Sie besonders nah ans Motiv herangehen oder es sehr nah heranzoomen. Der Bildausschnitt und die Bildgestaltung sind für solche Bilder ebenfalls sehr bedeutungsvoll.

Bildgestaltung und Goldener Schnitt | In Bildkritiken werden Sie auch immer wieder die Begriffe *Bildgestaltung* und *Goldener Schnitt* lesen. Die Gestaltung eines Bildes ist maßgeblich dafür verantwortlich, ob Sie es interessant oder langweilig finden. Der Goldene Schnitt beschreibt etwas vereinfacht eine Drittelregel in der Horizontalen und in der Vertikalen, das Bild wird also in neun etwa gleich große Rechtecke geteilt. Streckenverhältnisse im Goldenen Schnitt werden in der Kunst

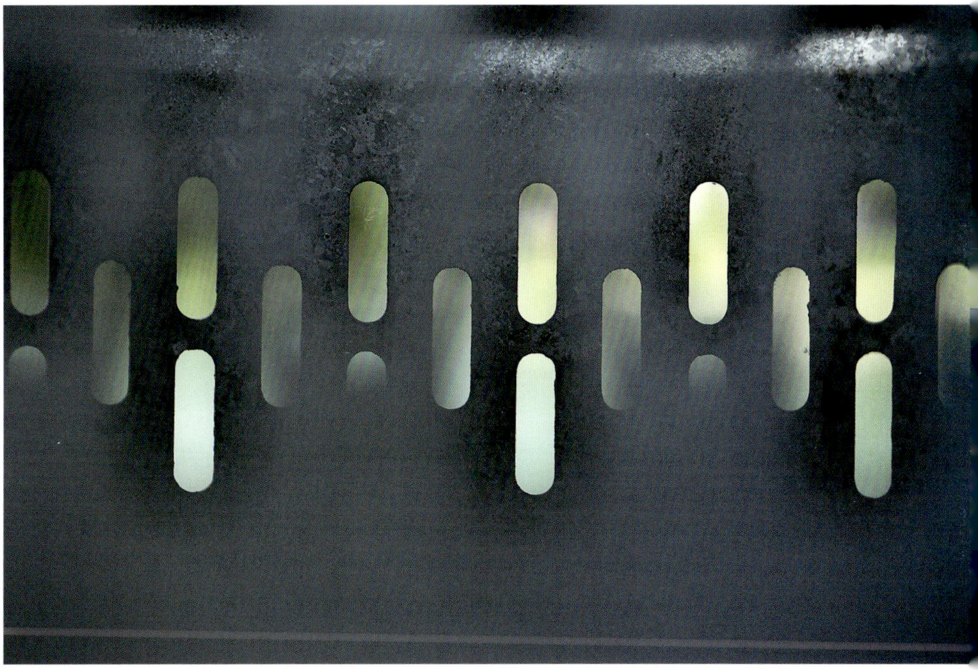

Abfallbehälter
Was Sie hier erkennen können, ist der obere Teil eines Abfallbehälters in einem Park. Die Unschärfe, die Sie im Hintergrund durch die Öffnungen hindurch sehen, wirkt wie ein aufgemaltes Muster. Versuchen Sie bei einem solchen Motiv einmal genau auf das Gegenteil dessen zu fokussieren, worauf ich scharf gestellt habe, nämlich auf den Hintergrund. Dies gelingt jedoch nur, wenn Sie dies manuell vornehmen.

Canon EOS 5D (Vollformat) | 100 mm | 1/200 sek | f4,0 | ISO 200 | RAW | Freihand

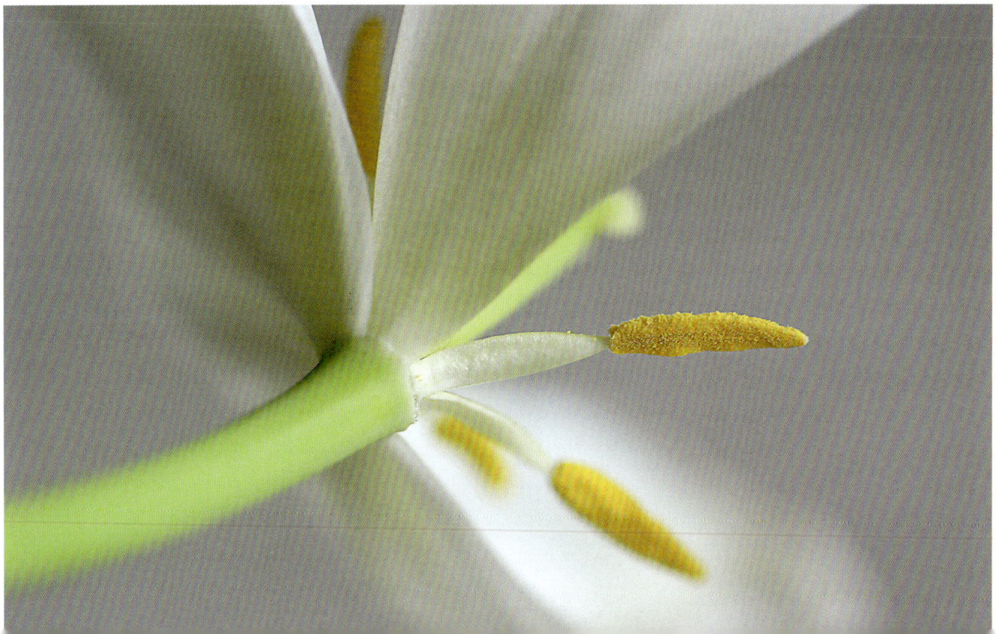

Tulpe – ganz offen
Diese Tulpe hatte schon einige Blütenblätter verloren, so dass sich plötzlich ein ganz anderes Bild, eine neue Perspektive in ihr Inneres bot.

Canon EOS 300D (Cropfaktor 1,6) | 100 mm | 1/100 sek | f2,8 | ISO 100 | Freihand

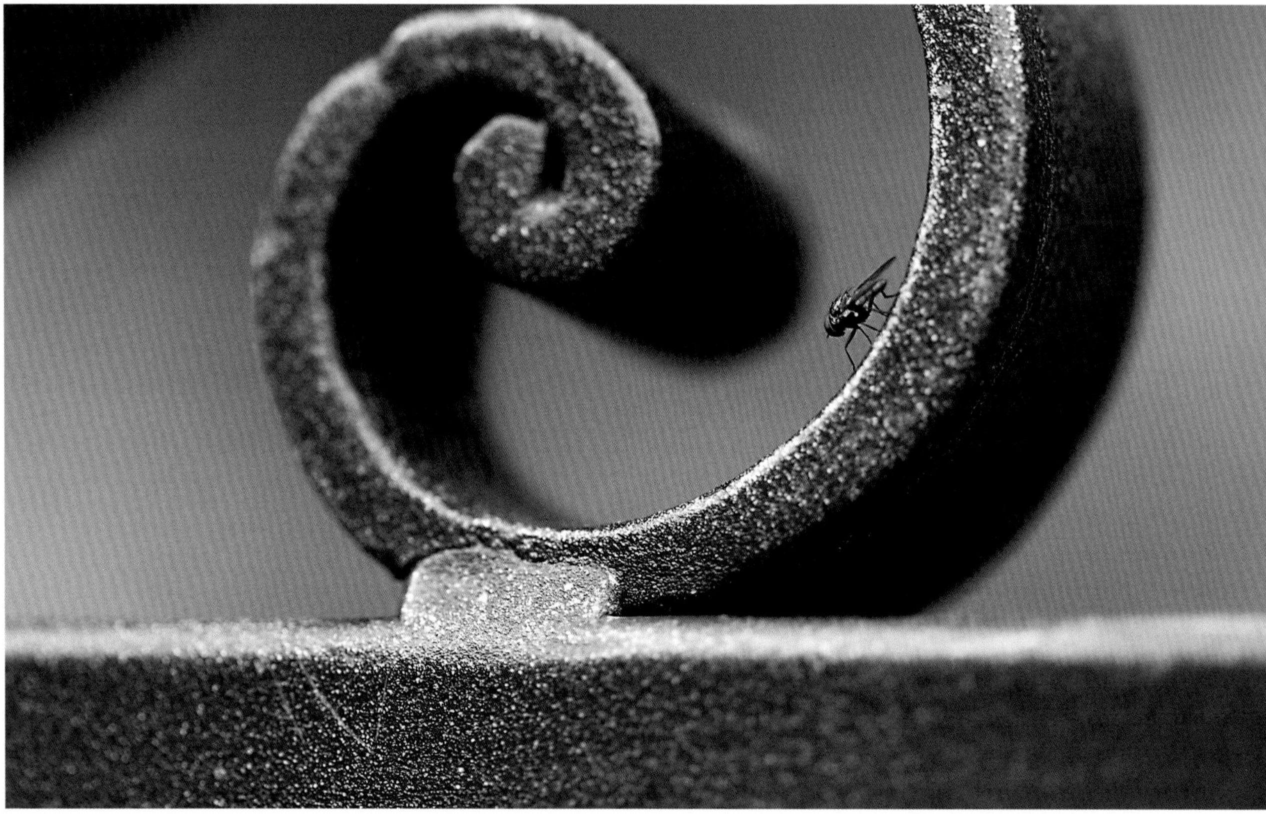

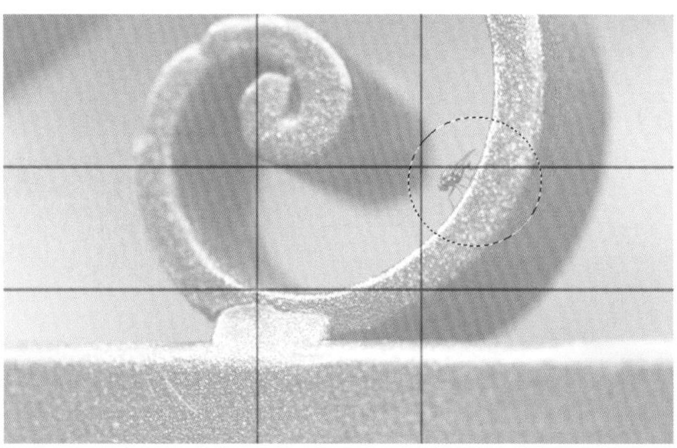

Fliegenrutsche

Die Fliege war der Grund, warum ich bei diesem Bild überhaupt auf den Auslöser gedrückt habe! Solche Bilder entstehen, wenn Sie mit offenen Augen durch die Welt gehen. Die Fliege – selbst wenn sie noch so klein ist – zieht den Blick, auch ohne dass wir es wollen, auf sich. Dass liegt unter anderem daran, dass Sie sich an einer bildgestalterisch sinnvollen Stelle befindet, und zwar im sogenannten Goldenen Schnitt.

Canon EOS 5D (Vollformat) | 100 mm | 1/160 sek | f3,2 | ISO 200 | RAW | Freihand

und Architektur als ideale, harmonische Proportionen angesehen. In einer mathematischen Formel errechnet sich der Goldene Schnitt so:

Der kleinere Teil verhält sich zum größeren
wie der größere Teil zum Ganzen.
A : B = B : (A + B)

Wenn Sie jetzt also wissen, dass der Goldene Schnitt Strecken in diesem Verhältnis teilt, dann machen Sie doch mal den Versuch und platzieren Sie bildwichtige Motive auf einem der Schnittpunkte der Linien (siehe Grafik oben), und schauen Sie, wie das Bild dann auf Sie wirkt.

Wer sagt denn, dass Makros immer scharf sein müssen?

Das Thema »Schärfe versus Unschärfe« liebe ich, mitunter auch deshalb, weil ich mich im Geheimen immer daran stoße, dass schöne, harmonische, mich sehr ansprechende Bilder immer an der Schärfe gemessen werden. Noch habe ich nirgendwo eine handfeste Erklärung dafür gefunden, warum das Thema Schärfe bei Diskussionen über die Qualität von Fotos immer im Vordergrund steht. An erster Stelle steht in meinen

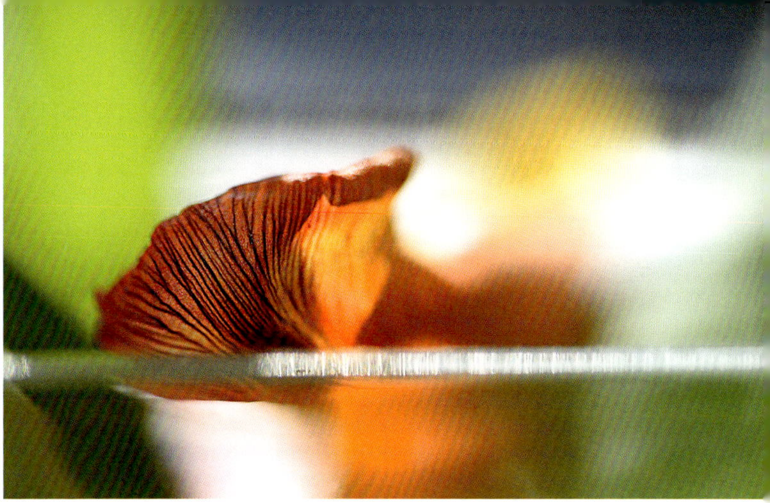

Vasenrandleben

Die intensiven Farben, die ich bei diesem verblühten Tulpenstrauß entdeckte, führten zur Idee, diese irgendwie auf ein Bild zu bannen. Die Linie, die quer durchs Bild verläuft, ist der Vasenrand. Im Hintergrund können Sie ihn auch noch schwach erkennen. Das Blau im Hintergrund ist eine Schneestelle, die jenseits des Fensters außen im Schatten lag. Das rote Blatt ist ein verdorrtes Blütenblatt einer Tulpe, das sich über den Vasenrand gelegt hatte. Das Grün sind Blätter und Stängel vom Strauß. Im Vergleich zu den anderen Bildern dieser Serie hat das Hauptmotiv hier doch noch recht viel Schärfe.

Canon EOS 20D (Cropfaktor 1,6) | 100 mm | 1/1000 sek | f2,8 | ISO 100 | RAW | Freihand

Gemälde

Hier versuchte ich ganz bewusst, mit der Kamera zu malen. Um Farbkleckse wie das Blau neben dem Hauptmotiv mit ins Bild zu bekommen, hielt ich Ausschau nach andersfarbigen Blümchen, möglichst in nächster Nähe zum Hauptmotiv. Dann das Wichtigste: Gehen Sie ganz nah heran! In der Makrofotografie können Sie fast nicht nah genug herangehen. Das Blau stammt hier von Traubenhyazinthen. Diese Blümchen hatte ich unmittelbar vor der Makrolinse, das heißt, ich war ihnen so nah, dass sich Objektiv und Blütenblätter bereits berührten.

Canon EOS 20D (Cropfaktor 1,6) | 60 mm | 1/320 sek | f2,8 | ISO 100 | RAW | Bohnensack | manuelles Scharfstellen

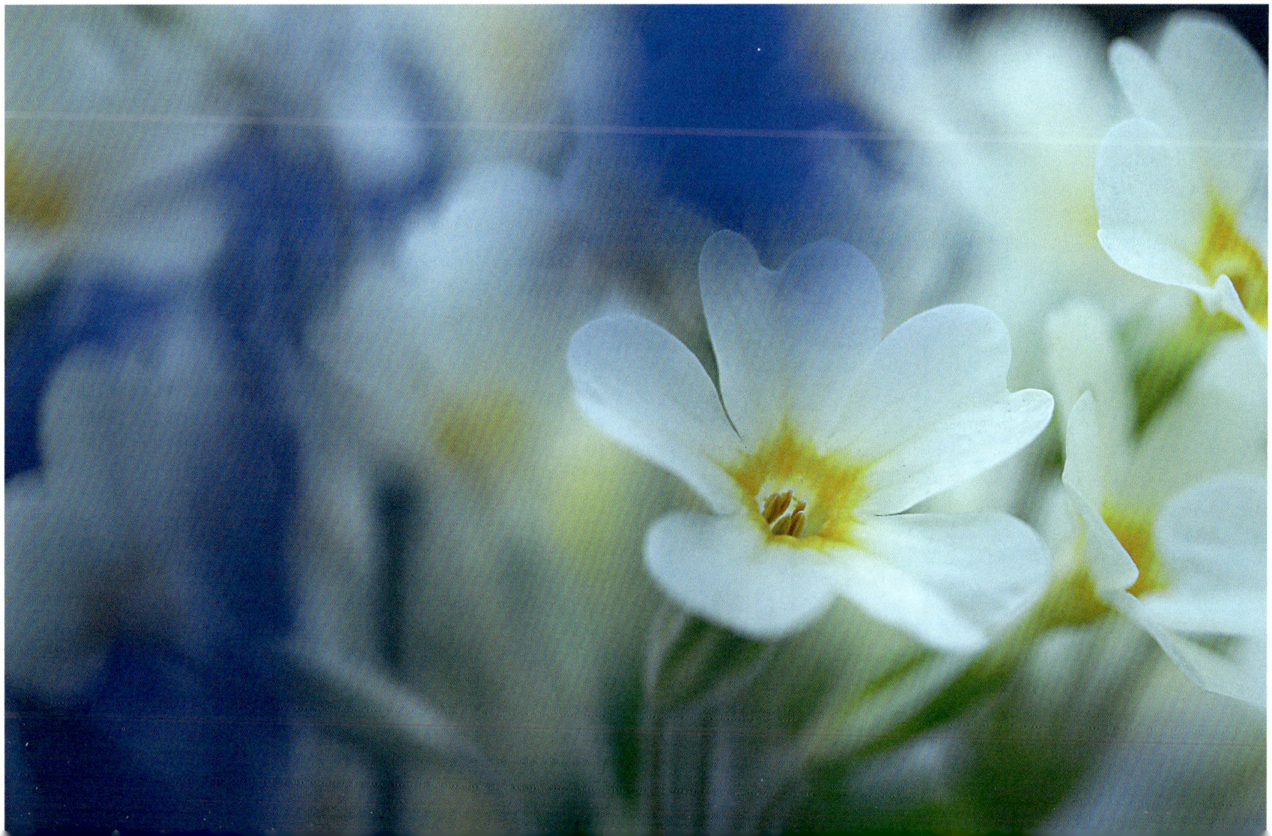

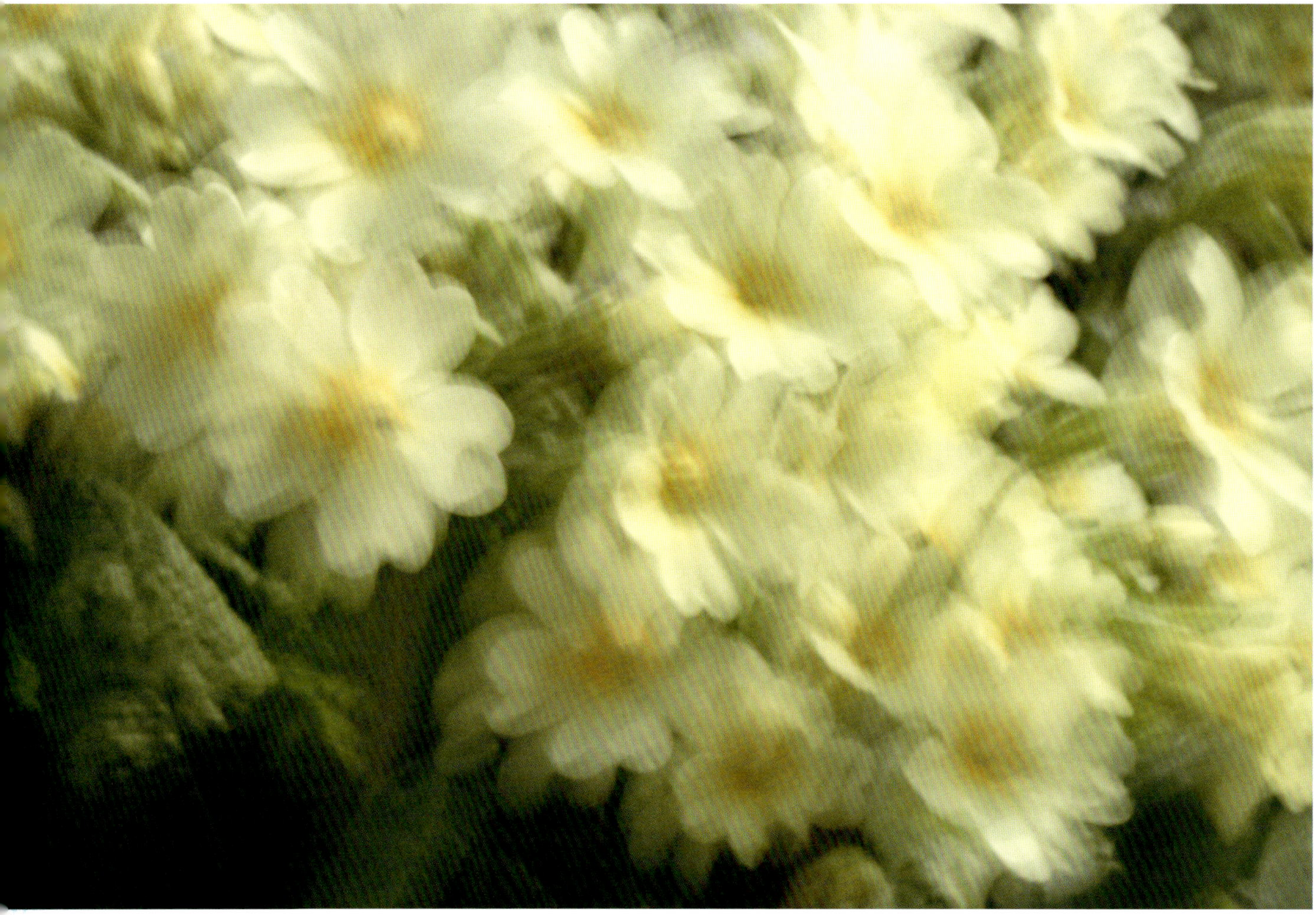

Wackelkunst

Bei diesem Bild wollte ich noch etwas kreativer sein und ganz bewusst Bewegung hineinbringen. Für diesen Zweck benutzte ich das Dreibeinstativ. Ich verwendete hier den Selbstauslöser, damit ich die Hände frei hatte, um während der Verschlusszeit ans Stativ zu stupsen. Auf diese Weise kam die Bewegung ins Bild.

Canon EOS 20D (Cropfaktor 1,6) | 60 mm | 1/15 sek | f32,0 | ISO 100 | RAW | Dreibeinstativ

Augen die Aussagekraft, die von einem Bild ausgeht. Ausgenommen natürlich, wenn ich Bilder für Kunden mache, die eine durchgehende Schärfe für ihre Bilder wünschen. Schauen Sie sich doch einmal Tageszeitungen und Zeitschriften an, immer öfter werden auch dort Bilder gezeigt, die bezüglich ihrer Schärfe nur noch auf das Wesentliche reduziert sind.

Malen mit der Kamera | Bei den hier gezeigten Bildern habe ich versucht, einen Effekt zu erreichen, der die Aufnahmen wie »gemalt« erscheinen lässt. Ich stehe selbst auch noch am Anfang dieser Entwicklung, merke aber, was für eine große Faszination von solchen Bildern ausgeht. Bedenken Sie dabei bitte, dass solche Ergebnisse nur mit Hilfe der Kamera, des vorhandenen Lichts, der Blendenwahl und der Brennweite gemacht werden können. Ihnen können solche Bilder also auch komplett ohne Bildbearbeitungsprogramme gelingen!

Lebensmittel

Auch Lebensmittel haben ihren Reiz als Makromotive. In der Werbefotografie werden Früchte und Gemüse mit Wasser besprüht, so dass sie richtig frisch aussehen. Damit Gemüse schön glänzt, können Sie es vor dem Fotografieren auch mit Öl bepinseln. Versuchen Sie, Lebensmittel möglichst in natürlichem Licht aufzunehmen, indem Sie die Fotos in der Nähe eines offenen Fensters machen. Ein weißer Vorhang vor dem offenen Fenster lässt das Licht, das auf das Motiv fällt, zusätzlich weicher erscheinen. Ein gutes Timing in diesem Bereich der Fotografie ist sehr wichtig, denn Lebensmittel neigen schließlich dazu, zu schwitzen, zu schmelzen, zu welken, zu schrumpfen beziehungsweise sich zu verfärben.

Gestaltung | Gehen Sie auch bei diesen Motiven nah heran. Füllen Sie das Bild mit dem Motiv, fokussieren Sie dabei nur auf einen Bereich des Motivs, der im Vordergrund liegt. Dadurch verschwindet der Hintergrund in Unschärfe, vorausgesetzt, Sie fotografieren mit offener Blende.

Anhand der auf der folgenden Seite gezeigten Bilder einer Himbeere möchte ich Ihnen nun noch kurz zeigen, wie verschiedene Aufnahmen von ein und demselben Motiv wirken können.

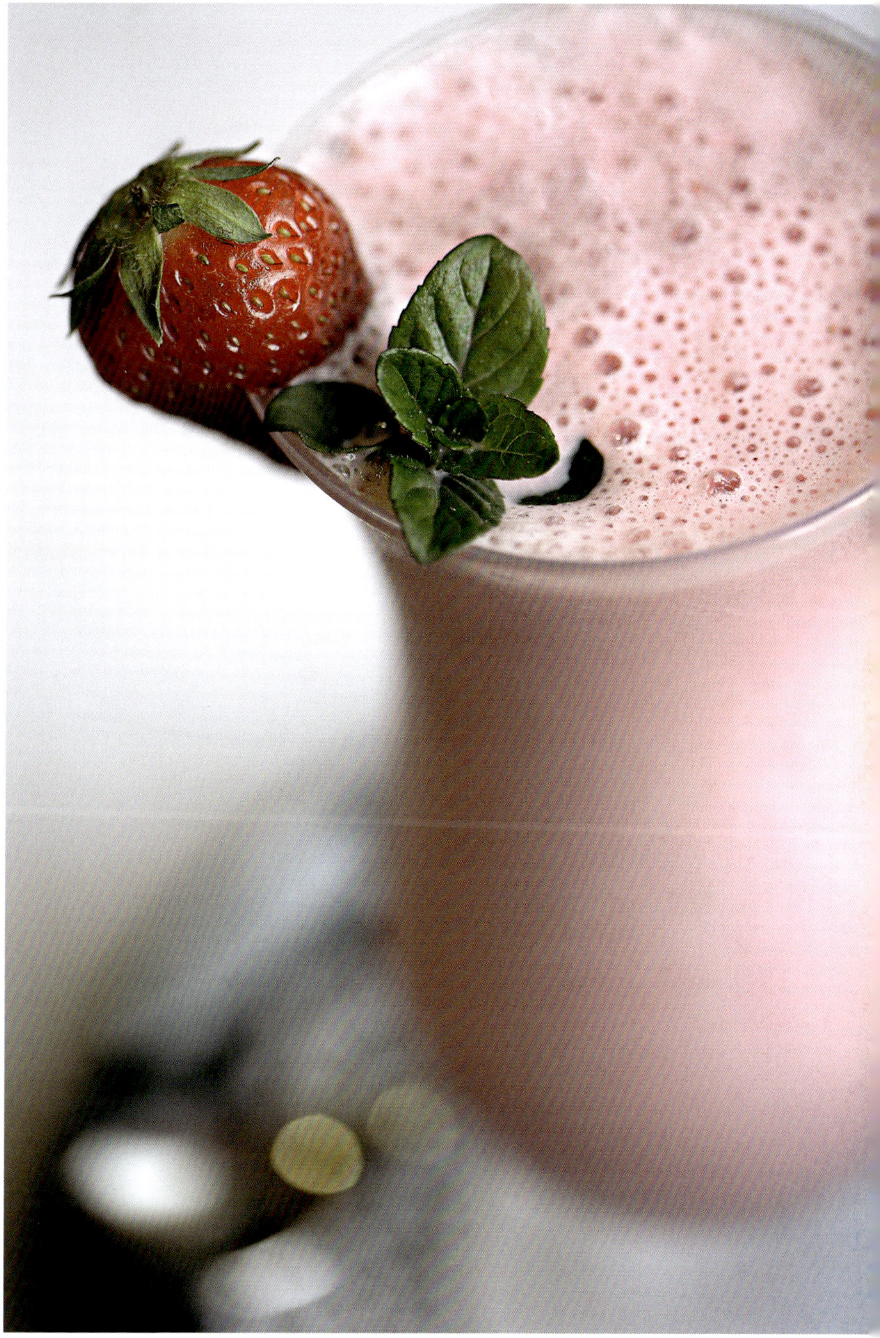

Frappé

Dieses Bild entstand bei einer Fotosession in einem Café. Der Auftraggeber wünschte Fotos von seinen Desserts. Ich setzte auch hier wieder eine offene Blende ein und versuchte, durch die Perspektive ein spannendes Foto zu machen. Als Licht reichte mir das Tageslicht. Dafür stellte ich den Tisch mit den Desserts neben ein Fenster. Fokussiert habe ich bei diesem Bild auf die Erdbeere. Es war ein angenehmer Auftrag: Der Kunde war zufrieden, und ich durfte nebenbei ganz viele Desserts essen.

Canon EOS 5D Mark II (Vollformat) | 100 mm | 1/200 sek | f2,8 | Belichtungskorrektur –1/3 Blende | ISO 250 | RAW | Freihand | Tiefen/Lichter und Weißabgleich angepasst im RAW-Konverter

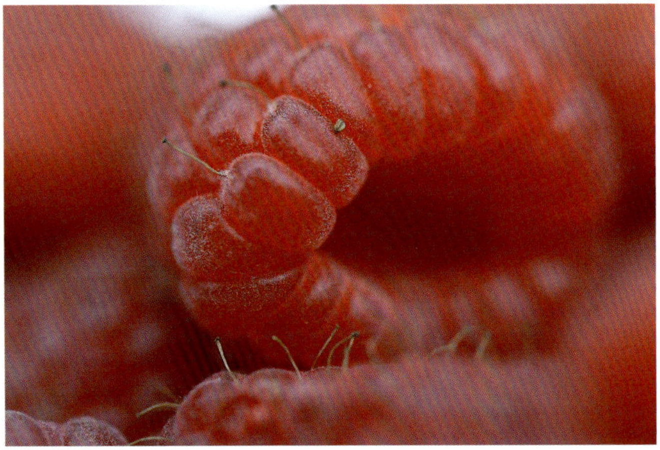

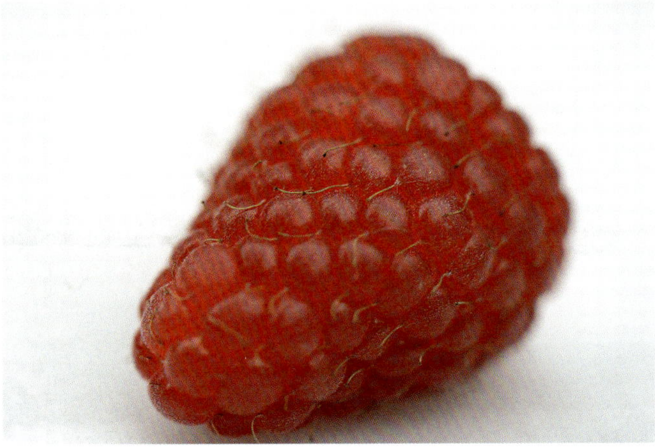

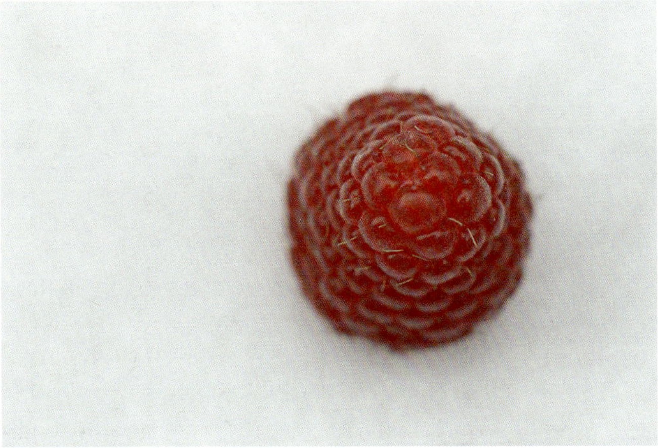

Himbeeren

Für die obere Aufnahme legte ich einige Beeren auf einen Teller, den ich ganz nah vor die Kamera schob. Der Tisch, auf dem ich die Aufnahme machte, stand am Fenster. So bekam ich auf natürliche Weise genügend Licht für mein Motiv. Für die mittlere Aufnahme habe ich alle anderen Früchte weggeräumt, die Blende etwas verkleinert, damit der Schärfebereich größer wurde und so mehr Details zum Vorschein kamen. Warum nicht einmal eine ganz andere Perspektive wählen? So sieht eine Himbeere aus der Vogelperspektive aus (unten). Weil man Himbeeren doch eher selten so sieht, bekommt ein solches Bild sofort mehr Aufmerksamkeit, weil es sich vom »normalen« Foto schon allein aufgrund der Perspektive abhebt.

***Oben:** Canon EOS 5D (Vollformat) | 100 mm | 1/100 sek | f3,2 | ISO 100 | RAW | Bohnensack*

***Mitte:** Canon EOS 5D (Vollformat) | 100 mm | 1/200 sek | f4,0 | Belichtungskorrektur –⅓ Blende | RAW | Bohnensack*

***Unten:** Canon EOS 5D (Vollformat) | 100 mm | 1/200 sek | f4,0 | Belichtungskorrektur –⅓ Blende | RAW | Freihand*

Detailaufnahmen in Schwarzweiß

In diesem Abschnitt möchte ich Ihnen einfach nur einen kleinen Gedankenschubs für Ihre eigenen Detailaufnahmen geben, und zwar vom Hemdknopf über den Besen bis zur Wäscheleine, um nur einige wenige Motive zu nennen.

Detailaufnahmen wirken auch sehr schön in Grautönen. Die Umwandlung der Bilder auf der rechten Seite habe ich in Photoshop über Bild • Korrekturen • Farbton/Sättigung erreicht. Im Dialogfenster, das daraufhin erscheint, verschieben Sie den Regler Sättigung ganz nach links auf »–100«. Es gibt natürlich ganz viele verschiedene Möglichkeiten, um eine Farbaufnahme in ein Schwarzweißbild umzuwandeln. Die Methode, die ich Ihnen hier vorgestellt habe, ist die einfachste und gleichzeitig die mit den wenigsten Anpassungsmöglichkeiten. Wenn Sie diese Methode wählen, sollten Sie nach der Umwandlung das Bild auf jeden Fall auf seine Tonwerte und den Kontrast hin kontrollieren und eventuell korrigieren.

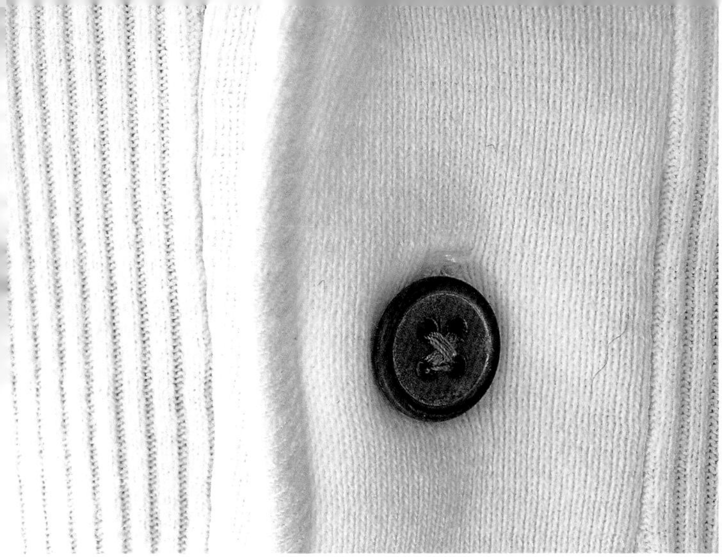

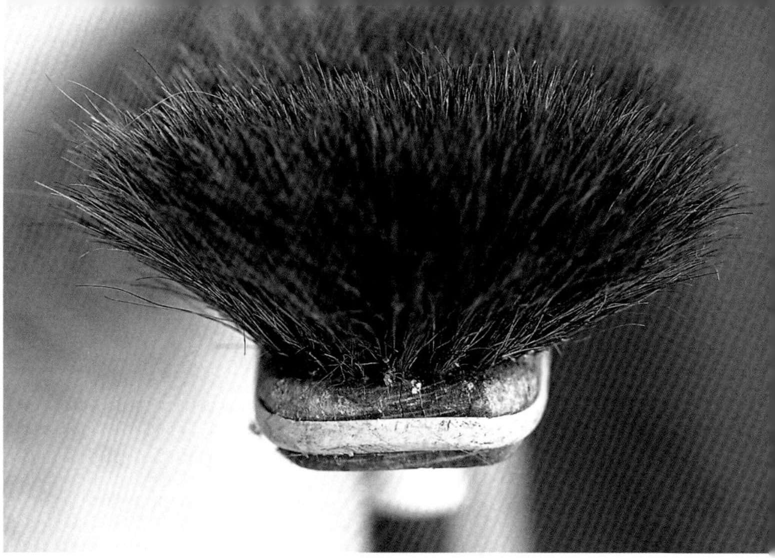

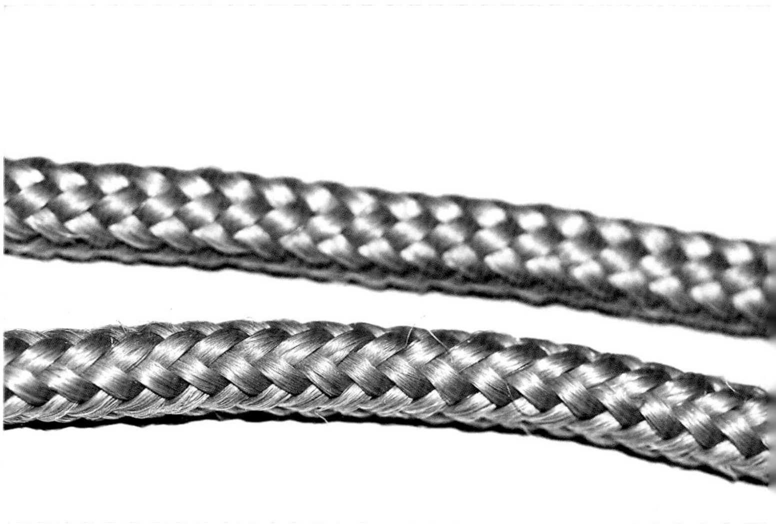

Alltagsmotive: Knopf, Besen, Wäscheleine

Der Schärfepunkt bei dem oberen Bild liegt auf dem Knopf. Beim Besen können Sie den sehr knappen Schärfebereich oben auf den Borsten bei einer Blendenöffnung von 2,8 gut sehen. Die Schnüre hab ich vor der Aufnahme auf einen Gartentisch gelegt und nur auf die vordere Leine fokussiert. Wie Sie sehen können, liegt die hintere Leine schon wieder in der Unschärfe, obwohl sie nur wenige Millimeter von der vorderen entfernt liegt, und dies bei einer Blendenzahl von 4,0. Der Schatten unterhalb der Schnüre verrät auch, dass ich bei der Aufnahme den Blitz benutzt habe.

Oben links: Canon 300D (Cropfaktor 1,6) | 100 mm | 1/135 sek | f4,8 | ISO 50 | JPEG | Freihand

Oben rechts: Canon EOS 20D (Cropfaktor 1,6) | 60 mm | 1/1000 sek | f2,8 | ISO 800 | RAW | Freihand

Unten: Canon EOS 300D (Cropfaktor 1,6) | 100 mm | 1/60 sek | f4,0 | ISO 400 | Blitz | RAW | Freihand

»Bildkosmetik«, leicht gemacht

Ich erinnere mich noch genau daran, wie ich mich fühlte, als ich das erste Mal vor dem geöffnetem Photoshop-Fenster saß: All die Icons für die Werkzeuge verwirrten mich, und ich glaubte damals nicht, dass ich jemals auch nur annähernd damit umzugehen wüsste. Aus diesem Grund möchte ich Ihnen – falls Sie sich mit den Möglichkeiten der digitalen Bildbearbeitung noch nicht so gut auskennen – auf einfache Art und Weise zeigen, wie Sie Ihre Bilder mit wenig Aufwand und Wissen »aufpolieren« können. Ich arbeite mit Adobe Photoshop. Die folgenden Angaben zu Funktionen und Werkzeugen beziehen sich daher auf dieses Programm. Das Wichtigste vorneweg: Arbeiten Sie nur an Kopien Ihrer Bilder! So kann in der Bearbeitungsphase passieren, was will, Sie haben dann immer wieder die Möglichkeit, auf das Originalbild zurückzugreifen.

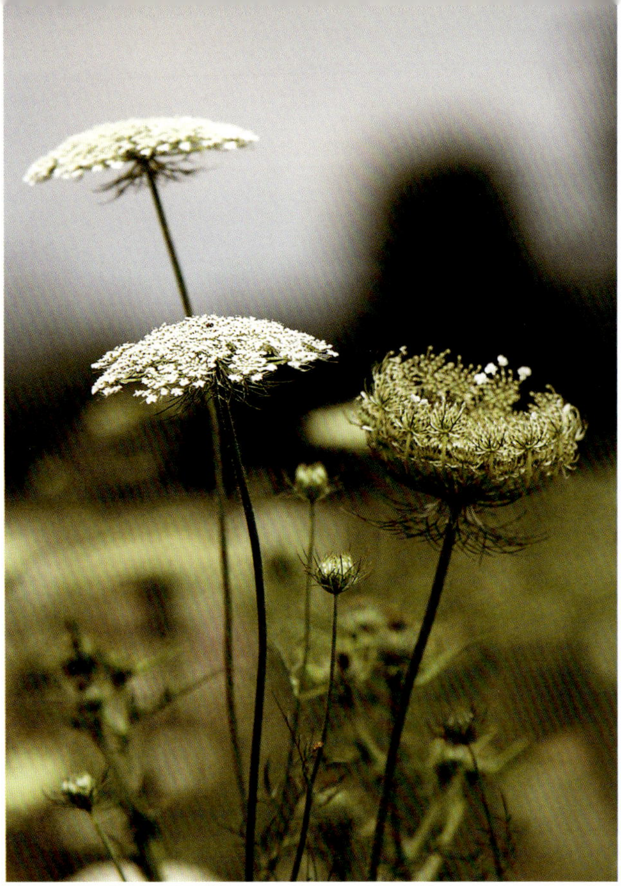

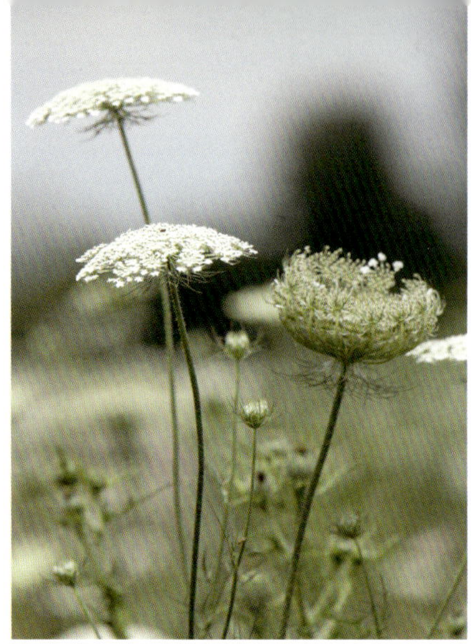

Wilde Möhre – vorher und nachher
Bei diesem Bild habe ich mit dem Ausbessern-Werkzeug einige Sensorflecken im Himmel entfernt. Mit dem gleichen Werkzeug entfernte ich am rechten Bildrand (Mitte) eine angeschnittene, halb ins Bild ragende Kerbelblüte. Dann habe ich die Tonwerte etwas verschoben, um den Kontrast zu erhöhen, und habe dem Bild über die Farbbalance *einen wärmeren Farbton verpasst. Zum Schluss habe ich mit dem Filter* Unscharf maskieren *noch etwas nachgeschärft.*

Bildkontrolle

Bei jedem Bild kontrolliere ich die folgenden Aspekte:

› *Mögliche Sensorflecken und störende Bildelemente*: Diese zu entfernen gelingt am besten mit dem Ausbessern-Werkzeug. Dieses finden Sie links in der Werkzeugleiste. In der Optionenleiste, die sich am oberen Rand des Arbeitsbereichs befindet, sollte neben Ausbessern die Option Quelle eingeschaltet sein.

› *Tonwerte*: Das Dialogfenster, mit dessen Hilfe Sie die Tonwertkorrektur du rchführen können, finden Sie oben in der Menüleiste unter dem Pfad Bild • Korrekturen • Tonwertkorrektur. Im folgenden Dialogfenster sehen Sie ein Histogramm. Falls dieses Histogramm links oder rechts freie Bereiche hat, können Sie mit dem schwarzen ❶ und dem weißen Dreieck ❸ langsam an das Histogramm heranfahren. Verschieben Sie anschließend eventuell auch noch das mittlere ❷ Dreieck.

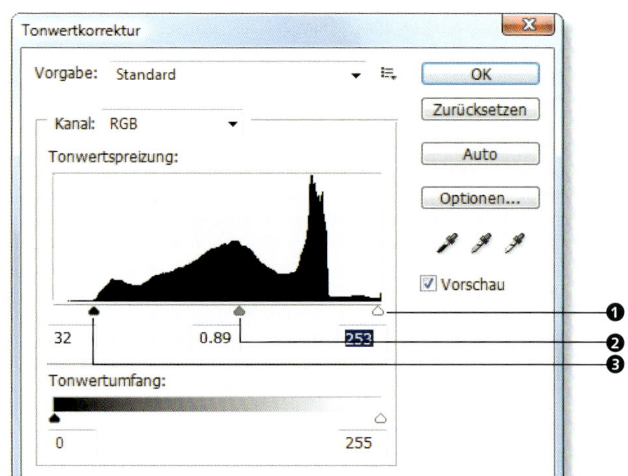

› *Farbton*: Ebenfalls über die Menüleiste finden Sie unter BILD • KORREKTUREN • FARBBALANCE das Farbbalance-Dialogfenster. In diesem können Sie Ihrem Bild durch Verschieben der Regler entweder einen etwas wärmeren oder kälteren Farbton geben.
› *Bildaufbau, Beschnitt*: Um dem Bild einen neuen, engeren Schnitt zu verpassen, wählen Sie in der Werkzeugleiste links oben das Freistellungswerkzeug. In der Optionenleiste können Sie Werte für die BREITE und HÖHE in Zoll oder Zentimeter angeben. Nun können Sie mit geklickter Maustaste über das Bild fahren und den neuen Ausschnitt bestimmen. Sie bestätigen das Freistellen mit einem Druck auf die Taste [↵].
› *Schärfe*: In der Menüleiste über FILTER • SCHARFZEICHNUNGSFILTER wählen Sie SELEKTIVER SCHARFZEICHNER oder den Filter UNSCHARF MASKIEREN aus. Diese beiden Filter sind einfach in der Anwendung und bringen gute Resultate. Versuchen Sie es einmal mit den Einstellungen STÄRKE »100%« und RADIUS je nach Größe des Bildes von 0,2 bis 1,0 oder mehr – das müssen Sie ein wenig ausprobieren. Den Schwellenwert bei UNSCHARF MASKIEREN stelle ich auf »2«.

Von der Aufnahme bis zum Bild an der Wand

Je länger Sie fotografieren, desto häufiger werden Sie Fotos machen, die Sie auch gerne einmal ganz groß an der Wand sehen möchten. Die optimale Auflösung für Ausdrucke liegt bei 300 dpi. Daher ist es auch wichtig, dass Sie Ihre Bilder stets in ihrer Originalgröße und Auflösung archivieren. So stehen Ihre Bilder jederzeit für jeden Ausdruck in bester Druckqualität zur Verfügung. Für große Ausdrucke ab der Größe 30×40 cm reicht jedoch auch eine Auflösung von 150 dpi aus. Denn Poster betrachten Sie ja meistens aus größerer Distanz, und da fällt die niedrigere Auflösung nicht so stark ins Gewicht. Ich habe für Ausstellungen sogar Bilder in Formaten von 50×90 cm drucken lassen, die nur eine Auflösung von 72 dpi hatten.

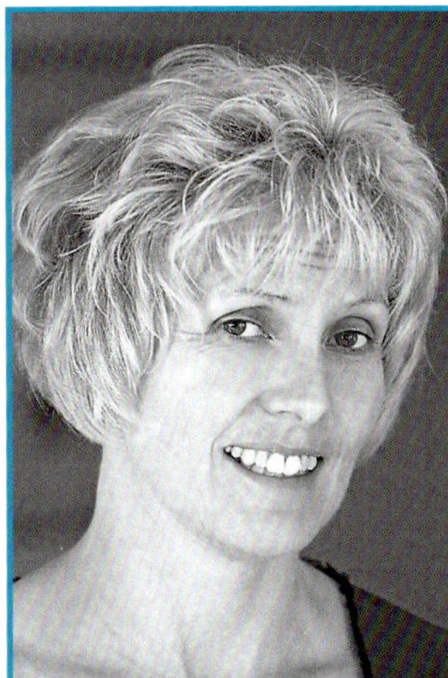

Die Autorin

Ich wurde 1963 in Langnau (Emmental) geboren, einem Dorf in der Schweiz. Heute lebe ich mit meinem Mann und meinen zwei Kindern in Niederhünigen.

Mit der Fotografie habe ich im Jahr 2003 eine wunderschöne Technik kennengelernt, die es mir möglich macht, Farben, Formen, Linien, Schärfe und Unschärfe miteinander zu kombinieren und zusammenzufügen. Das Bildermachen mochte ich schon immer, früher mit Pinsel und Farbe, heute ersetzt mir die Digitalkamera den Pinsel, und die passenden Farben hole ich mir bei Bedarf auch aus den Bildbearbeitungsprogrammen. Meine ersten fotografischen Erfahrungen sammelte ich mit der Sony DSC-P7. Innerhalb weniger Monate wechselte ich auf die digitalen Spiegelreflexkameras von Canon, mit denen ich heute noch arbeite.

Heute darf ich auf diverse Ausstellungen zurückschauen, die mir einige Türen für meinen heutigen, weiter wachsenden Kartenverkauf öffneten. Mittlerweile kann ich drei Geschäfte regelmäßig mit meinen Fotokarten für den öffentlichen Verkauf beliefern. Neben dem Kartenverkauf führen mich Fotoaufträge von Firmen immer wieder quer durch die Schweiz. In den letzten Jahren durfte ich mein Können auch als Hochzeits-, Event- und Porträtfotografin unter Beweis stellen.

An dieser Stelle möchte ich Christoph (*www.foto-hoschi.ch*; [fc-user:628846]) herzlich danken. Ihm und seiner Geduld verdanke ich fotografisch sehr viel!

www.fotoatelier-silvia.ch

Aktfotografie

Die Vorstellung der Nacktheit

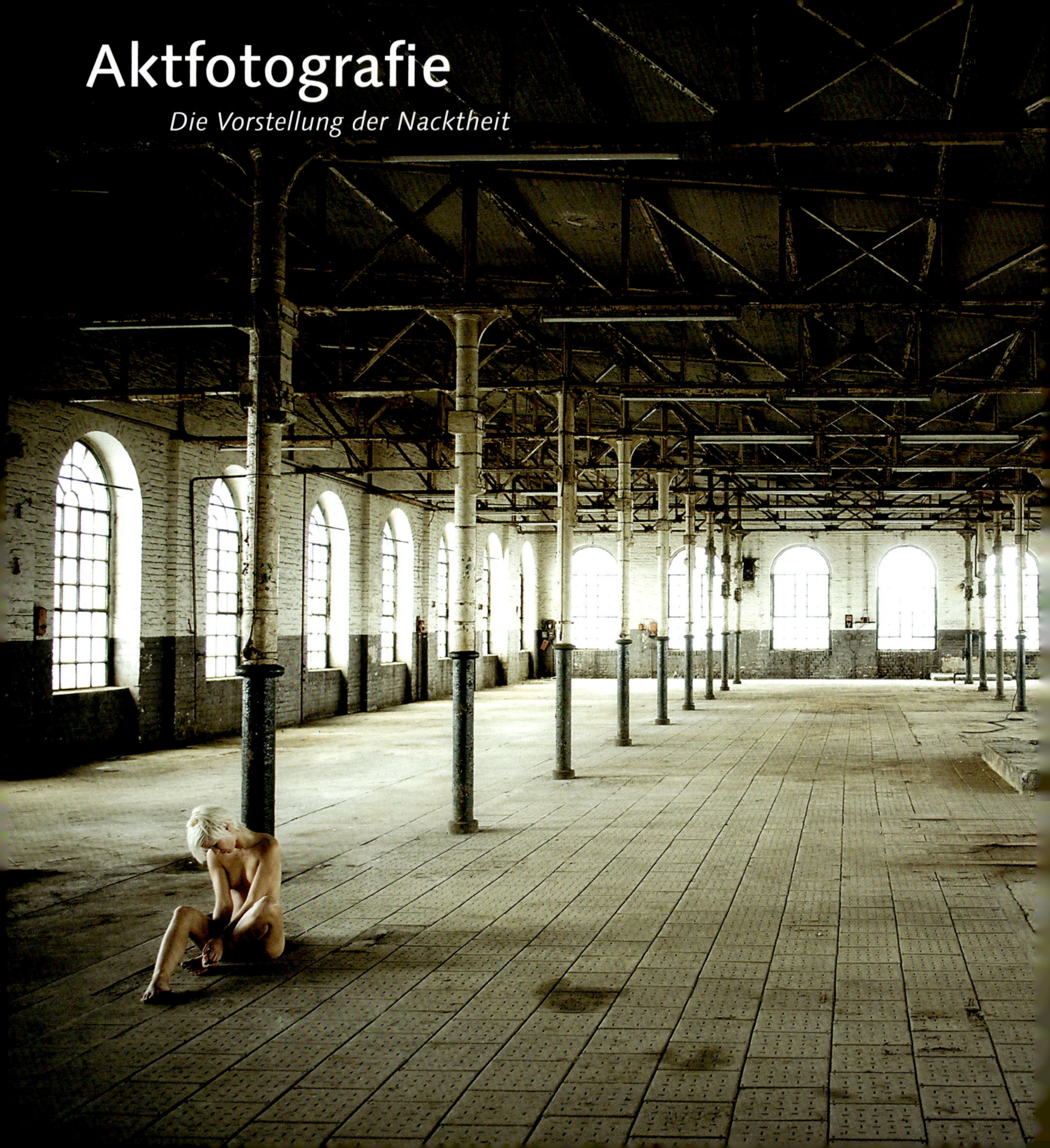

von Andreas Puhl

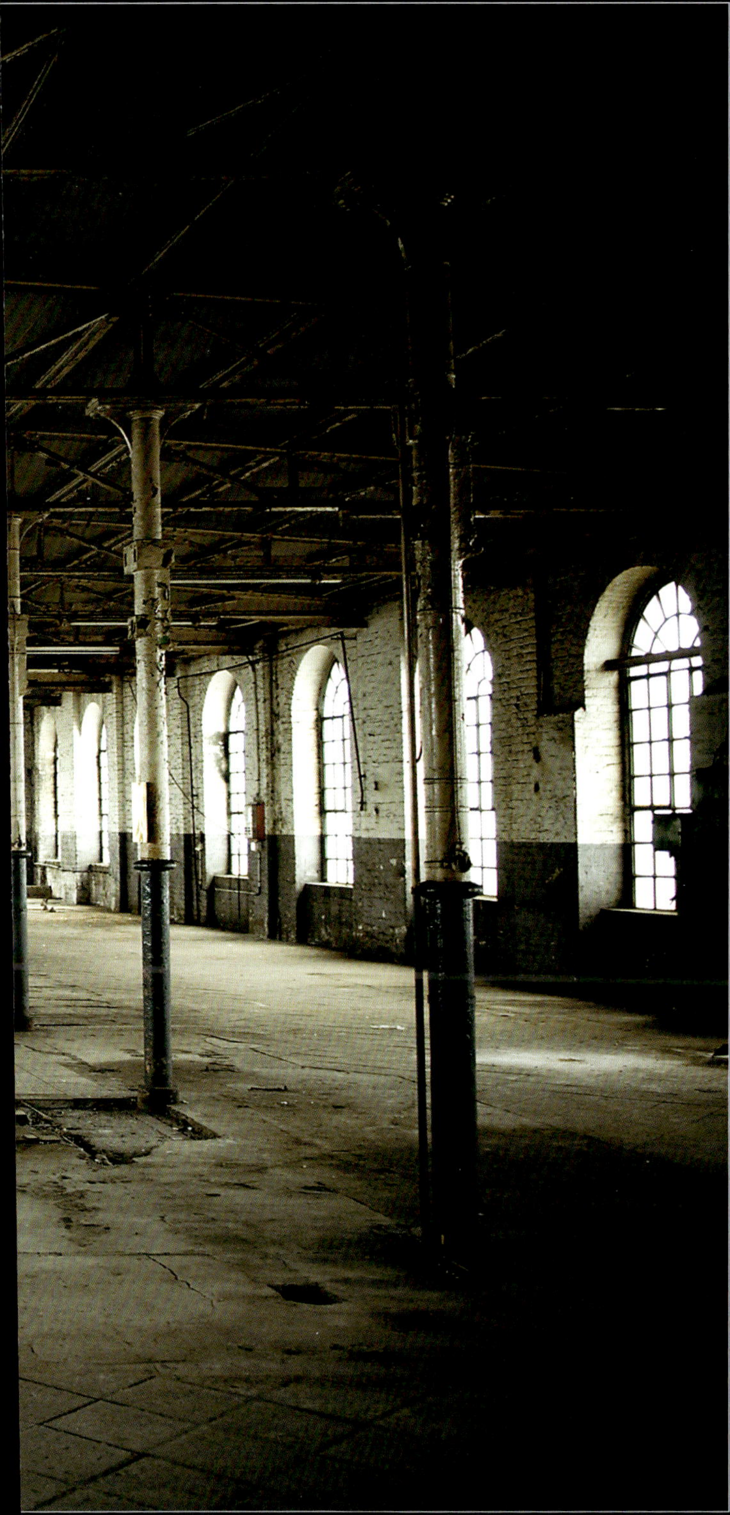

Als ich begann, dieses Kapitel zu schreiben, war ich Feuer und Flamme. Nach der ersten Euphorie kam die Ernüchterung: Ich fotografiere natürlich viel lieber, als dass ich am Schreibtisch sitze und Texte verfasse. Aber die Chance, einem breiten Publikum nahezubringen, wie ich Fotografie sehe, war einfach zu verlockend. Was mich bewegt, was ich mache und warum ich es mache, möchte ich Ihnen auf den folgenden Seiten zeigen. Ganz ohne dabei etwas zu Technik und Regeln zu sagen, geht es natürlich nicht, aber ich werde mich auf das Notwendige beschränken und hauptsächlich meine subjektive Sichtweise erläutern.

there's no room to void
Die einsame Frau in unwirtlicher Umgebung ist ein klassisches Bild in der Aktfotografie, und diese Umsetzung drängte sich an diesem Ort nahezu auf. Die ausgeräumte Werkstatt einer großen Fabrik mitten in Köln war die wundervolle Kulisse für dieses emotionale Aktporträt.

Nikon D300 (Cropfaktor 1,5) | 17 mm | 1/60 sek | f2,8 | ISO 200 | Modell Lena

Meine Sicht der Dinge

Fotografie ist immer eine Kombination aus Technik und Gefühl. Dabei sollte, egal, was Sie fotografieren, das Gefühl im Vordergrund stehen. Auch mit der simpelsten Technik können Sie besondere Bilder schaffen. Aber ohne Gefühl und Leidenschaft wird ein Foto nur ein Abbild der aufgenommenen Situation sein. Erst wenn Sie eine Leidenschaft entwickeln für das, was Sie fotografieren, kann auch der Betrachter mehr sehen als ein schlichtes Abbild der Realität.

Vorüberlegungen | Unabhängig davon, wie emotional ein Shooting werden soll – ohne Vorbereitung geht es nicht, und die hat dann doch eine Menge mit Verstand und Technik zu tun. Am Anfang steht immer der Termin mit dem Modell. Häufig habe ich mit sehr engagierten Amateurmodellen zu tun, mit jungen Frauen, die festgestellt haben, dass es ihnen viel Spaß bereitet, sich fotografieren zu lassen. Oft sind es auch Frauen, die noch nie oder erst sehr selten vor der Kamera gestanden haben. Gemeinsam ist beiden Gruppen, dass sie – wenn überhaupt – nur eine vage Vorstellung von dem haben, was sie machen möchten und was überhaupt möglich ist. Ich habe im Normalfall auch nur eine sehr grobe Idee davon, welche Bilder ich machen möchte. Besonders wenn Sie das Modell noch nicht gut kennen, ist es wenig sinnvoll, streng an Bildideen festzuhalten. Viele Fotografen schwören auf einen »Kennenlerntermin« vor dem eigentlichen Shooting, an dem sich Fotograf und Modell lediglich »beschnuppern« und Inhalte besprechen. Ich persönlich liebe es, aus der Spontaneität des ersten Zusammentreffens gemeinsam Bilder zu entwickeln.

Vorbereitung | Jedes meiner Shootings beginnt natürlich mit einem Gespräch. Ich möchte mein

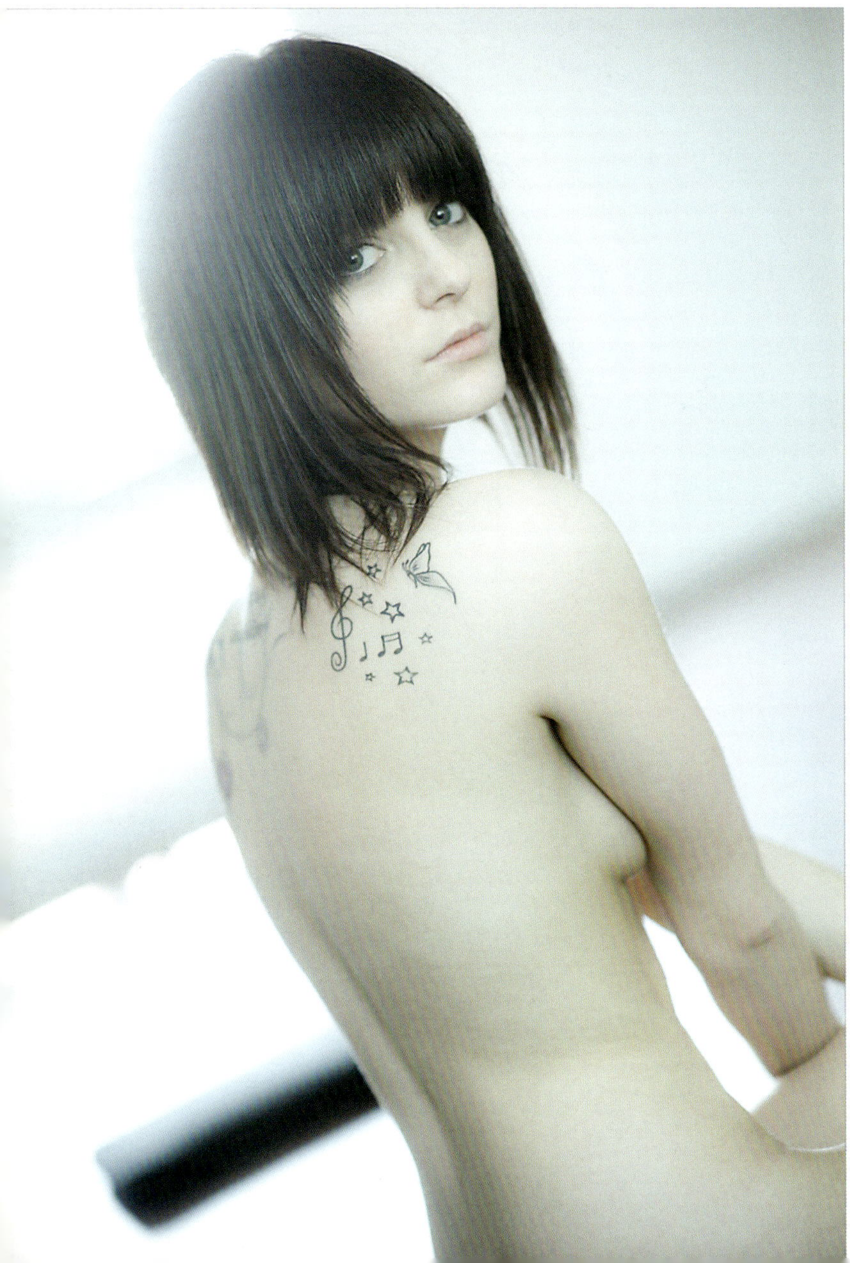

open the door ...
Dieses Bild entstand an einem strahlenden Sommertag in der Dachgeschosswohnung des Modells. Die komplett weiß gestrichene Wohnung hat Fenster an drei Seiten. Das Hauptlicht bei diesem Bild kommt durch die Fenster hinter dem Modell und sorgt für die milchige Überstrahlung. Aufgehellt wird das Modell durch zwei Fenster, die in seiner Blickrichtung liegen. Rechts des Modells ist auch noch ein Fenster, das aber fast keinen Einfluss auf das Bild hat. Der Blick des Betrachters wird direkt vom Blick des Modells aufgenommen und wandert dann über das Tattoo zu dem schwarzen Fleck (Kissen) auf dem Boden. Fast nebenbei entdeckt man, dass das Modell unbekleidet ist. Es trägt seine Nacktheit so unauffällig wie ein einfaches Kleidungsstück.

Nikon D700 (Vollformat) | 85 mm | 1/100 sek | f2,2 | ISO 400 | Modell Johanna

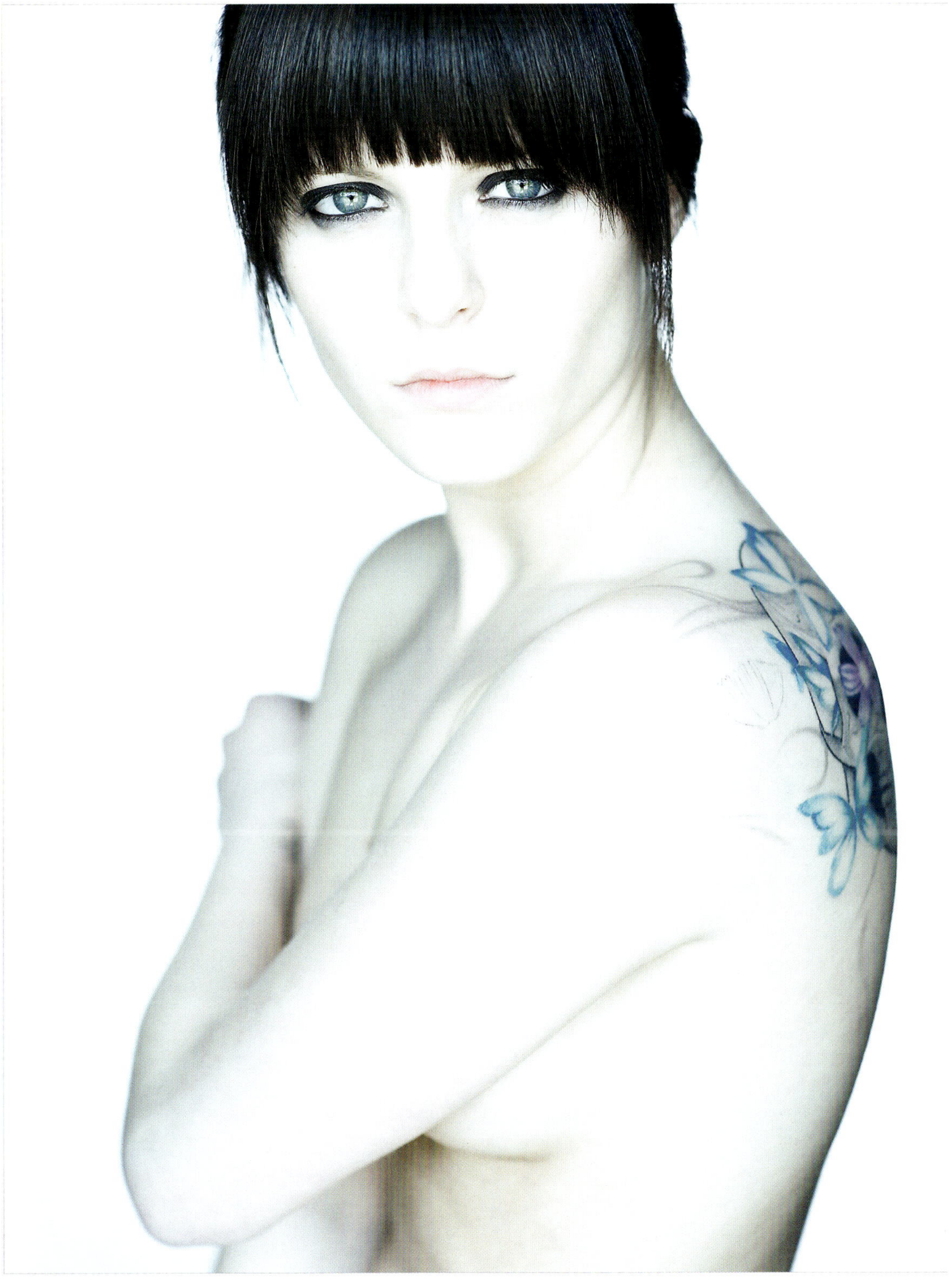

colour me

Die Pose des Modells signalisiert Ablehnung, der Blick ist sehr streng, aber gleichzeitig auch offen und ein wenig fordernd. Die Augen fesseln den Betrachter und lassen ihn nicht mehr los. Eine meiner Lieblingslichtquellen ist das Licht, das zum Beispiel durch eine geöffnete Tür in den Raum fällt. Bei diesem Bild steht das Modell in der geöffneten Eingangstür zu meinem Studio. Links und rechts von ihr stehen große schwarze Styroporplatten, die das Licht schlucken, um dem Körper und dem Gesicht Kontur zu verleihen. Hinter dem Modell hängt ein weißes Betttuch, das von einem 400-Watt-Tageslichtscheinwerfer angestrahlt wird. Das Modell bekommt nur indirektes Sonnenlicht ab, wodurch die Haut sehr sanft beleuchtet wird. Außer einer Kontrasterhöhung im RAW-Konverter ist an diesem Bild nichts weiter bearbeitet oder retuschiert.

Nikon D700 (Vollformat) | 85 mm | 1/32 sek | f2,5 | ISO 400 | Modell Johanna

LIEBLINGSTECHNIK

Die Technik ist nur Mittel zum Zweck. Niemals sollten Sie sie überbewerten. Aber gutes Werkzeug erleichtert die Arbeit. Meine Bilder entstehen mit einem Minimum an technischem Aufwand: Eine digitale Spiegelreflexkamera mit lichtstarken Festbrennweiten, eine Styroporplatte als Aufheller und eine Kaffeemaschine reichen mir. Meine Lieblingsbrennweite ist 85 mm. Für mich ist es das perfekte Porträtobjektiv, die Naheinstellgrenze von 85 cm verhindert, dass ich dem Modell zu nahe komme, der Bildwinkel von ca. 28° begrenzt meine Sicht zudem auf das Wesentliche. Ein Wechsel des Bildschnitts geht bei einer Festbrennweite immer einher mit einem physischen Positionswechsel und geschieht dadurch bewusst.

Modell kennenlernen, und mein Modell soll mich kennenlernen können. Ich stelle viele Fragen, erzähle aber auch viel von mir. Die Fotografie spielt zu diesem Zeitpunkt noch keine große Rolle. Sie ist lediglich das verbindende Element zwischen mir und dem Modell. Im Lauf des Gesprächs möchte ich aber herausfinden, wo die Schamgrenzen des Modells liegen, und natürlich auch erfahren, was fotografisch tabu und was erlaubt ist.

Ich sehe meine Bilder als Porträts von Personen – in der Aktfotografie sind es eben Porträts von nur leicht bekleideten beziehungsweise unbekleideten Personen. Ich bitte daher meine Modelle immer, mit möglichst wenig Make-up zum Shooting zu erscheinen. Ein übermäßig geschminktes Gesicht widerspricht meiner Idee vom natürlichen Akt. Dennoch habe ich auch Bilder umgesetzt, die ihren Reiz aus dem Einsatz von Make-up beziehen. Besonders bei Schwarzweißaufnahmen kann es sehr effektiv sein, Augen und Lippen zu betonen (siehe beispielsweise Bild »everything's lovely«, Seite 100).

Bei der Wahl von Kleidungsstücken wie Lingerie bevorzuge ich persönlich die unbunten Farben Weiß, Grau und Schwarz. Wenn das Modell es doch bunt wünscht, dann ziehe ich Wäsche ohne Muster vor. Muster lenken meines Erachtens ab und ziehen die Blicke auf die Kleidung, die aber – anders als in der Fashion-Fotografie – bei meinen Arbeiten nur Accessoire sein soll. Wenn alles vorbereitet und mit dem Modell geklärt ist, womit und wo wir anfangen und wo seine Schamgrenzen liegen, beginnen wir mit dem eigentlichen Shooting.

Location und Shooting | Im Regelfall treffe ich mich mit den Modellen in meinem Studio, das in einem kleinen

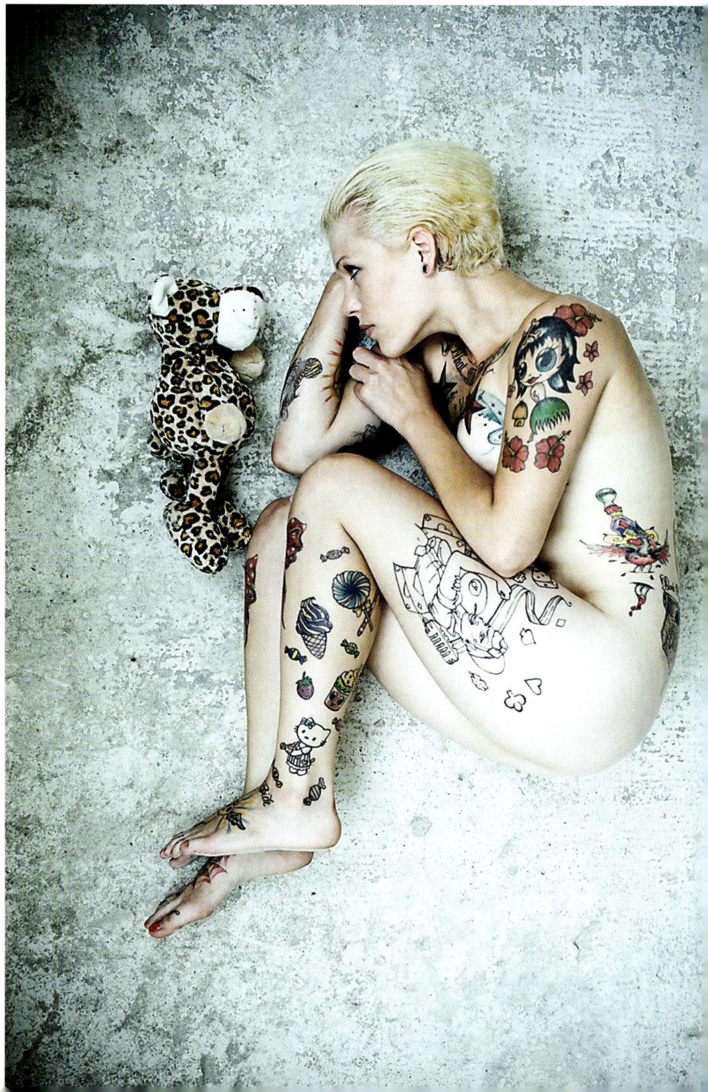

we're all crazy

Der scheinbare Kontrast zwischen dem tätowierten Modell und dem Stofftier lebt vom intensiven Blick des Modell in die »Augen« von Paul. Durch die vielen spielerischen und comicartigen Tattoos auf der Haut des Modells passt das Stofftier aber wiederum ins Bild. Dieses Bild wurde bei Tageslicht aufgenommen, ich stand dabei innen auf einer Fensterbank und wählte den Ausschnitt mit der Live-View-Funktion über das Kameradisplay.

Nikon D700 (Vollformat) | 50 mm | 1/125 sek | f3,5 | ISO 200 | Modell Miss Mantis

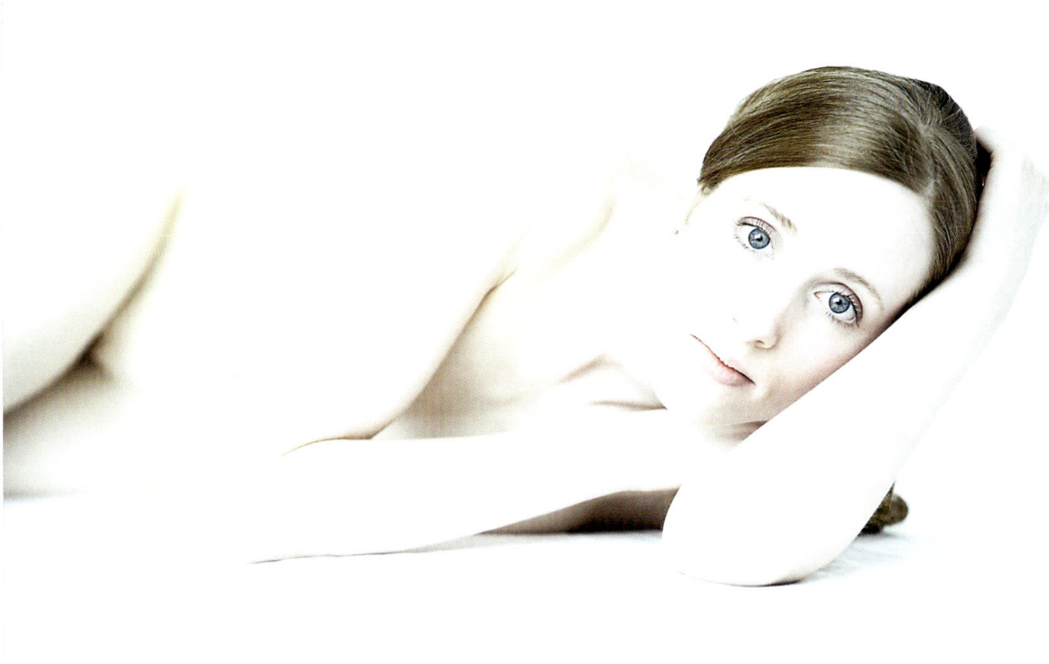

[⌃] this is it

Diese Aufnahme entstand rein mit Hilfe von Tageslicht, das durch ein großes Fenster in den Raum fiel. Eine weiße Wand rechts des Modells und eine große Styroporplatte als Hintergrund sorgten dafür, dass das Licht gleichmäßig und weich gestreut wurde. Um angenehm und aus entspannter Position fotografieren zu können, habe ich das Modell auf eine improvisierte Bühne aus zwei zusammengeschobenen Tischen gesetzt, die ich mit einem weißen Bettlaken abgedeckt habe. Hier ist die Nacktheit nicht bildbestimmend, sondern nur Beiwerk, das Bild ist ein Porträt einer unbekleideten Frau. Durch die Pose und deren Schärfeverlauf entsteht ein dezenter Akt, der den Betrachter durch den direkten Blick des Modells zu keiner Zeit zum Voyeur werden lässt. Der Hauptaugenmerk ist auf das Gesicht mit den blauen Augen und auf die braunen Haare gerichtet, die als Farbakzente den Blick des Betrachters auf sich lenken.

Nikon D700 (Vollformat) | 85 mm | 1/125 sek | f2,5 | ISO 400 | Modell Arijana

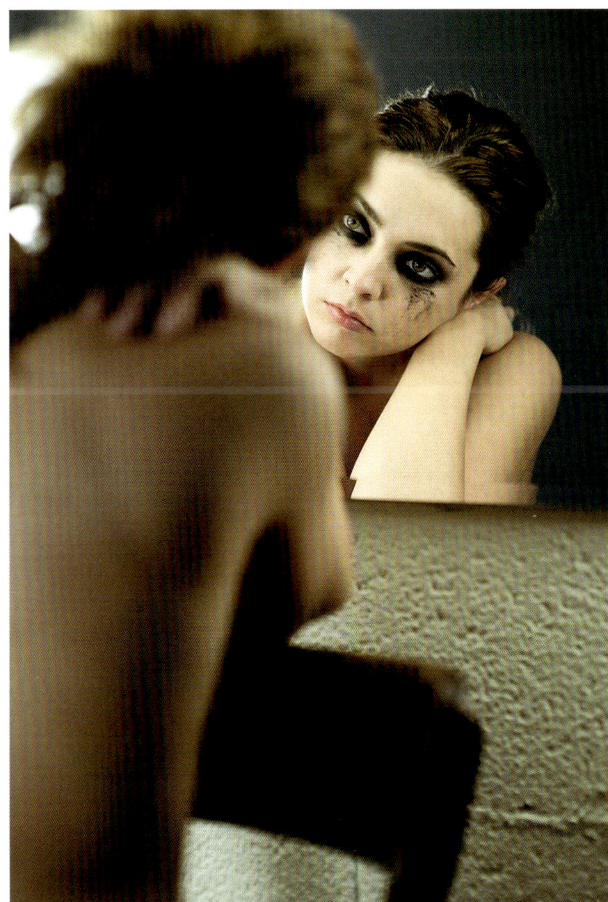

[>] won't let nobody hurt you

Bilder im Spiegel finden sich immer wieder in meinem Portfolio. Über den Spiegel entsteht eine ganz besondere Verbindung zum Modell. Ob das Modell sich selbst anschaut oder den Fotografen, es entstehen immer Blicke mit besonderer Intensität und Tiefe. Bei diesem Bild liefern sechs Kugelleuchten eines großen schwedischen Möbelhauses, die links, rechts und oben um den Spiegel herum montiert sind, das wundervoll weiche Licht, das jedem Teint schmeichelt.

Nikon D700 (Vollformat) | 85 mm | 1/100 sek | f2,2 | ISO 200 | Modell Sabine

Industriegebiet etwas außerhalb von Köln liegt. Hier habe ich neben dem Studio noch die Möglichkeit, den Leerstand im Gebäude, das umgebende Gelände und auch Locations in der Nachbarschaft zu nutzen. Seen, Felder, Wiesen und Wälder in der ländlichen Umgebung bieten im Sommer genügend Möglichkeiten für abwechslungsreiche Shootings. Gewöhnlich fange ich mit nahen Porträts an. Ich beginne mit Aufnahmen des Gesichts und maximal des Oberkörpers, dabei lasse ich das Modell sich erst einmal auf einen Stuhl, Sessel oder auf den Fußboden setzen. Die meisten Modelle wissen zunächst nicht, was sie mit ihren Händen machen sollen, im Sitzen ist es für sie wesentlich einfacher, die Hände natürlich zu halten. Dabei bewege ich mich um mein Modell herum und fotografiere es aus allen möglichen Winkeln. Ich möchte zunächst feststellen, was mir besonders gut an ihm gefällt und welche Perspektiven ich als eher unpassend empfinde. Dabei benutze ich zu Beginn immer mein 85-mm-Objektiv, und sehr oft bleibe ich das gesamte Shooting über bei dieser einen Brennweite. Ich mag die Bildwirkung, die meines

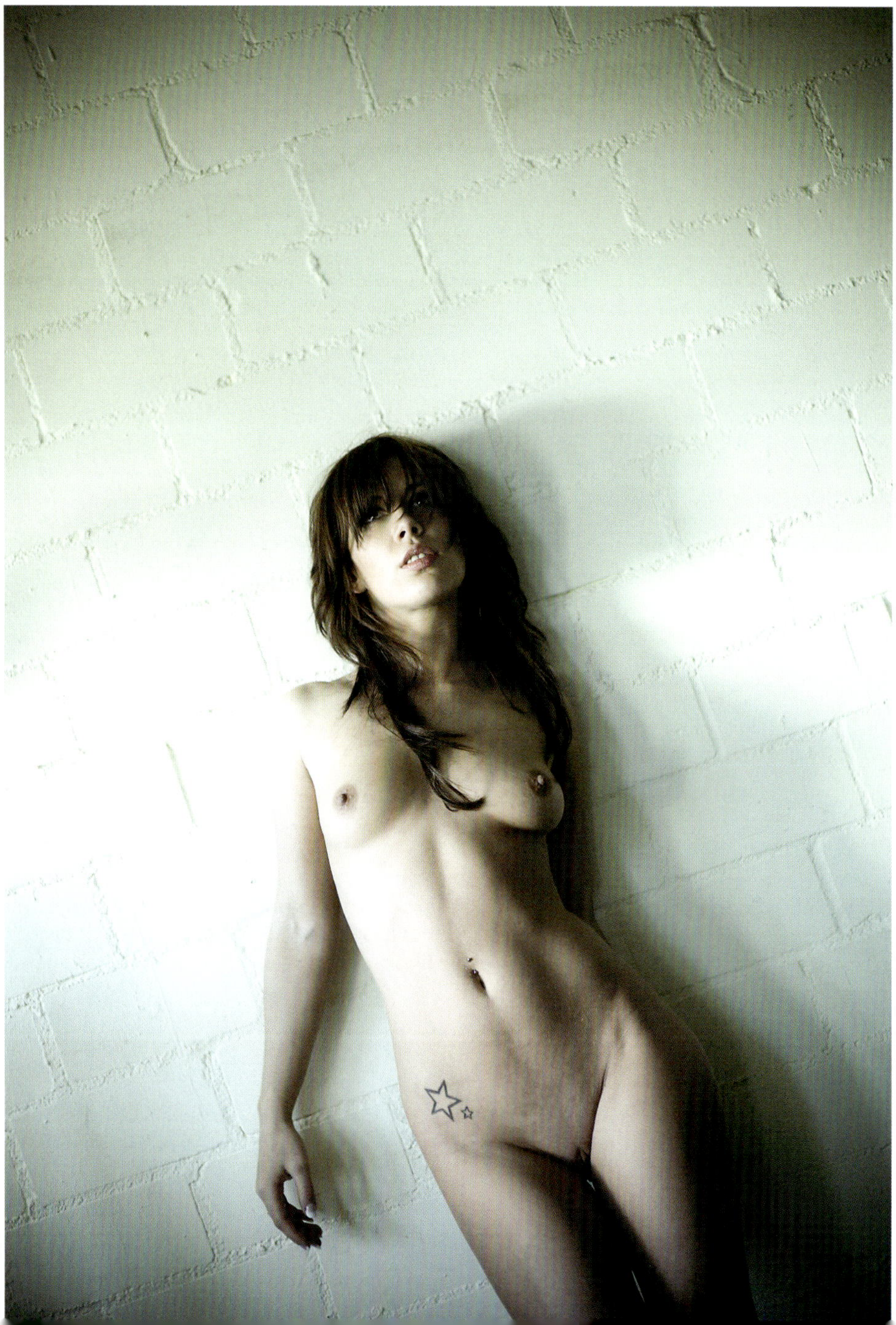

times were good
In meinen Bilder lasse ich oft Raum ungenutzt, sehr häufig so wie hier nach oben, aber auch gerne einmal zur Seite oder nach unten. Ich habe das Gefühl, dass dieser Raum dem Betrachter Platz lässt für eigene Interpretationen und dem Bild zu einer gewissen Ruhe verhilft. Auch dieses Bild wurde durch reines Tageslicht ausgeleuchtet, dieses Mal durch die Fenster meines Studios. Gegenüber dem Studio ist ein Gebrauchtwagenhandel, die unterschiedliche Spiegelung der Sonne in den Scheiben der Autos ist die Ursache für den Mehrfachschatten.

Nikon D700 (Vollformat) | 85 mm | 1/100 sek | f2,0 | ISO 400 | Modell Fauve

Erachtens nach dem menschlichen Blickwinkel – zumindest an einer Vollformatkamera – auch noch recht nahekommt.

Auch bei Aktshootings beginne ich häufig mit Porträts des bekleideten Modells. Besonders für Modelle, die wenig Erfahrung mit Aktfotografie haben, ist es einfacher, sich an die nicht alltägliche Situation zu gewöhnen, wenn das Ablegen von Kleidungsstücken langsam und schrittweise geschieht. Bei der Wahl der Kleidung lasse ich dem Modell anfangs absolute Freiheit. Es soll sich wohlfühlen und anziehen dürfen, was es gerne mag. Dadurch, dass ich für die Outfits schon Vorgaben gemacht habe, beschränkt sich die Auswahl ohnehin auf Kleidung, die meinen Vorlieben entspricht.

Zusammenarbeit mit dem Modell | Ich habe eine grobe Idee von meinem Bild und nähere mich dieser Idee langsam an. Das Bild entsteht beim Fotografieren selbst. Aus der Stimmung, aus dem, was mir das Modell an Posen und Ausdrücken anbietet, und meiner Idee bildet sich langsam ein konkretes Ziel, das ich dann zu erreichen versuche.

Sehr früh lasse ich das Modell die ersten Ergebnisse auf dem Kameradisplay ansehen. Dadurch ermögliche ich ihm, mir ein erstes Feedback darüber zu geben, was ihm gefällt und was nicht und wie es sich selbst am besten getroffen fühlt. Außerdem bekommt das Modell dadurch eine Ahnung davon, was ich sehe und worauf es vielleicht im weiteren Verlauf des Shootings noch achten muss. Besonders bei unerfahrenen Modellen oder Modellen mit wenig Selbstvertrauen hilft das oft, die anfängliche Verkrampfung zu lockern. Ein sehr wichtiges Element bei meiner Art der Fotografie ist die Pause: gemeinsam einen Kaffee trinken, die gemachten Fotos besprechen, das weitere Vorgehen klären und Gespräche über Gott und die Welt führen. Dabei entsteht das Gefühl, dass wir die Fotos wirklich gemeinsam machen.

Hinweis | Gehen Sie nicht vollkommen unvorbereitet in ein Shooting. Machen Sie sich Gedanken darüber, was Sie zeigen wollen und was zu Ihrem Modell passt oder welches Modell zu Ihrer Idee passt.

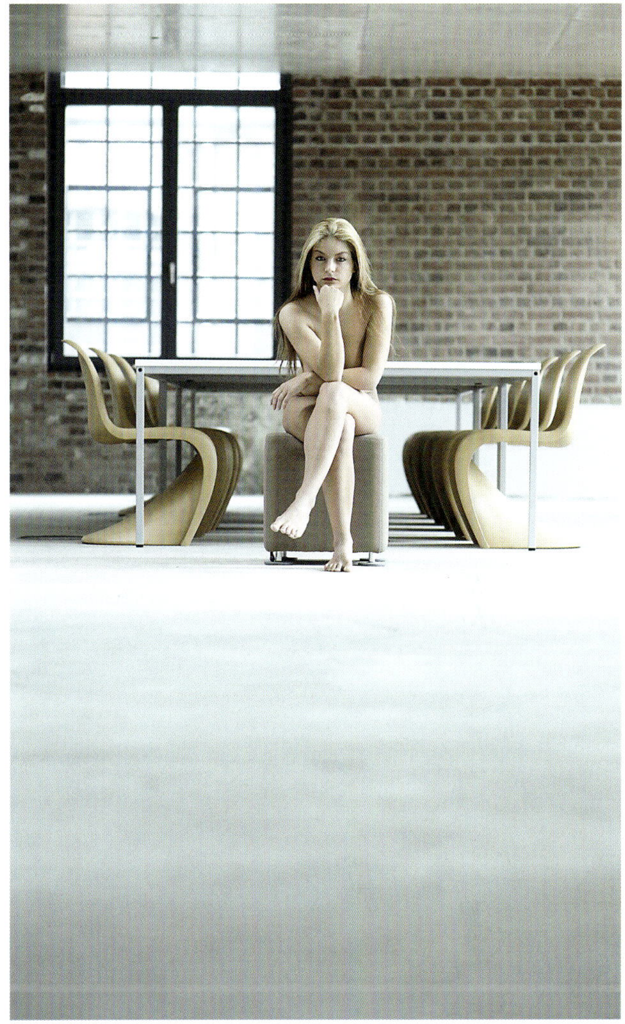

let me know
Eine alte Kupferhütte, die zurzeit zu Bürolofts umgebaut wird, diente mir als Location. Auch hier wird meine Neigung zum freien Raum sichtbar. Das Modell sitzt sehr entspannt und eindeutig nackt, aber trotzdem sehr dezent und durch seine natürliche Sitzhaltung bedeckt auf dem Hocker. Der direkte Blick des Modells nimmt dem Bild jeden Anflug von Voyeurismus. Das Licht war an diesem Tag diffus, daher waren die Kontraste nicht so groß, und es war nicht notwendig, die lichtabgewandte linke Seite des Bildes aufzuhellen. Das von der Wand reflektierte Licht reichte dafür aus.

Nikon D700 (Vollformat) | 85 mm | 1/125 sek | f2,8 | ISO 400 | Modell Shalyn

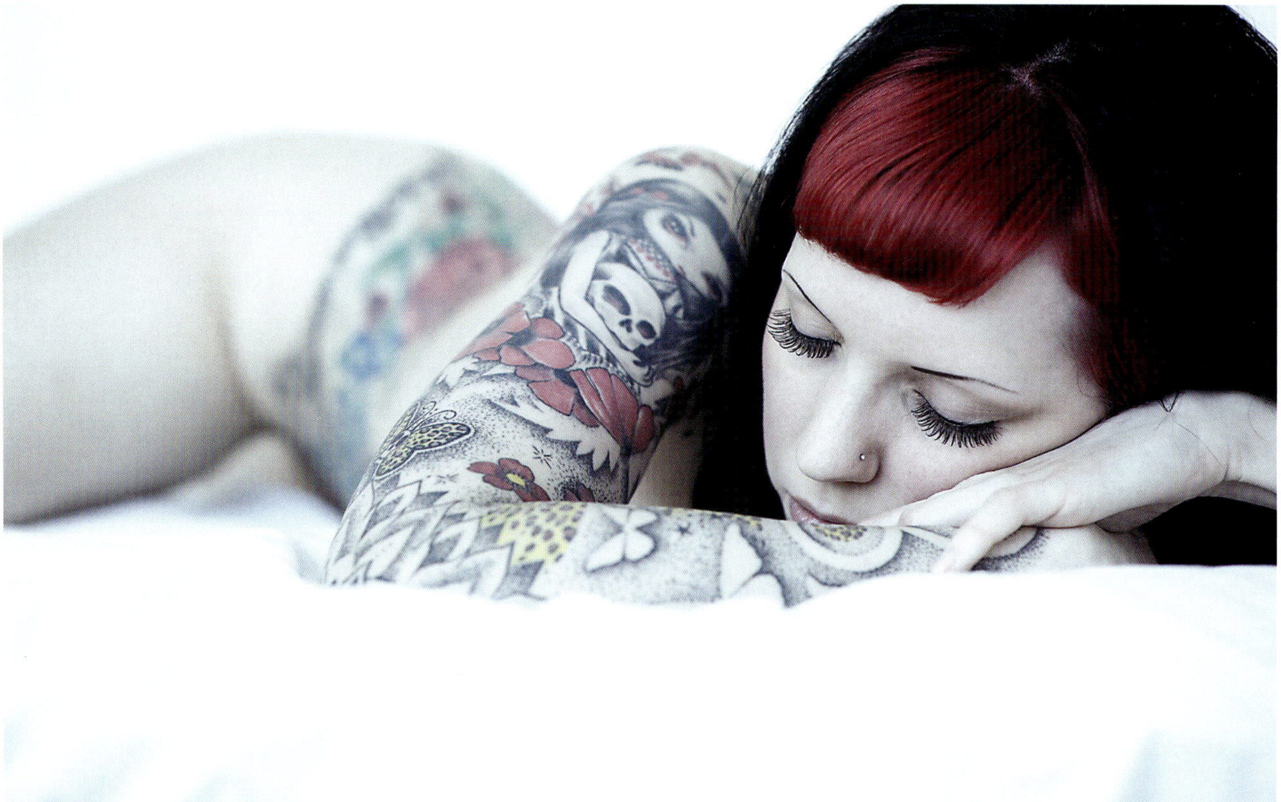

if you think you're strong enough
Auch dieses Bild bietet etwas Freiraum, wenn auch nicht so ausgeprägt wie das Bild auf Seite 89. Die sehr sanft ruhende Pose des Modells bildet zusammen mit den geschlossenen Augen den Kontrast zu der Totenkopf-Tätowierung. Bei dicht bewölktem Himmel fiel ein sehr sanftes Licht durch die Fenster hinter mir in den Raum. Wie so oft habe ich den Weißabgleich meiner Kamera etwas kühler als nötig eingestellt und ein wenig überbelichtet, dadurch wirkt das Bild sanfter, gleichzeitig aber auch klarer. Im RAW-Konverter erhöhte ich noch den Schwarzwert. Dadurch erhielt das Bild seine zarte Knackigkeit.

Nikon D700 (Vollformat) | 85 mm | 1/125 sek | f2,8 | ISO 200 | Modell Evilla D'Ark

Weniger ist mehr

Wer von Aktfotografie spricht, meint in der Regel viel nackte Haut. Im Internet finden Sie verschiedene, zum Teil sehr detaillierte Erklärungen, wann ein Foto ein Aktfoto ist. Darüber hinaus existieren auch noch diverse Unterkategorien, die von »Dessous« über »verdeckten Teilakt« bis zu »Porn-Art« sämtliche Möglichkeiten abdecken. Mit diesen Kategorien verhält es wie mit den Regeln: Wer sich zu sehr daran festklammert, bremst die eigene Kreativität aus. Aktfotos, so wie ich sie verstehe, müssen nicht unbedingt immer den nackten Körper zeigen. Allein die Idee, die Vorstellung oder auch der Wunsch, dass das Bild einen unbekleideten Menschen zeigt, macht ein Foto schon zu einem Akt. Als Betrachter eines Bildes zu wissen, dass das Modell nackt ist, ohne dies tatsächlich zu sehen, kann mehr Reiz haben als die plakative Darstellung von Nacktheit, weil es viel Platz für eigene Vorstellungen lässt.

Ästhetik der Aktfotografie | Aktfotografien können erotisch sein, und erotische Fotografien können zugleich auch Aktfotos sein. Aber beides ist nicht zwingend miteinander verbunden und oft auch gar nicht gewollt. Die ästhetische Darstellung des Menschen sollte aber immer im Vordergrund stehen. Ein Regelwerk, das beschreibt, wann ein Bild ästhetisch ist und ab wann es unästhetisch wird, gibt es nicht und kann es auch gar nicht geben. Diese Grenze ist sehr individuell und persönlich. Oftmals wird versucht, die Ästhetik an der Körperlichkeit des Modells festzumachen oder daran, ob der Intimbereich sichtbar ist oder nicht. In meiner Sichtweise ist ein Bild dann ästhetisch, wenn das Modell nicht »bloßgestellt« ist – dabei ist der BMI ebenso unerheblich wie der Intimbereich oder der Kontext, in dem das Bild steht.

Die Mehrzahl meiner Aktfotos lässt sich wohl mit dem Begriff »dezent« beschreiben, nur selten ist ein Foto provokativ, und noch viel seltener kann man meine Bilder als anstößig bezeichnen. Geschickt verdeckte Nacktheit lässt Raum für Fantasie und eigene Vorstellungen. Sie macht den Betrachter neugierig und gibt ihm die Möglichkeit, das Gezeigte zu interpretieren.

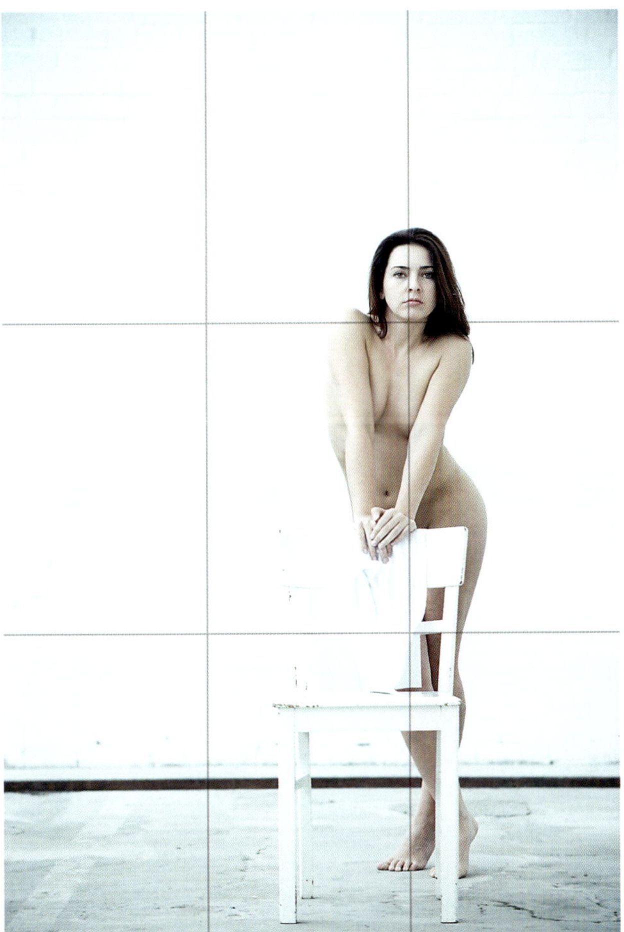

REGELN FÜR GESTALTUNG UND TECHNIK

Kein Handwerk kommt ohne Regeln aus. So ist es nicht verwunderlich, dass es auch für die Fotografie eine Menge mehr oder weniger sinnvolle »Grundsätze« gibt:

- Komponieren Sie ein Bild mit Hilfe der Gestaltungsregel des Goldenen Schnitts beziehungsweise der vereinfachten Variante davon, der Drittelregel (siehe Bild links unten).
- Setzen Sie die Schärfe auf die Augen.
- Schneiden Sie keine Gliedmaßen an. Nicht unter dem Knie/Ellbogen abschneiden.
- Wenn Sie das Modell am Rand positionieren, lassen Sie es nicht aus dem Bild herausschauen. Geben Sie dem Modell vielmehr etwas Raum in seine Blickrichtung.
- Achten Sie auf ausgewogene Tonwerte in Ihren Bildern: Lassen Sie das Schwarz nicht »absaufen« und das Weiß nicht »ausbrennen«.
- Wenn Sie einen Menschen fotografieren, achten Sie darauf, dass ihm keine Bäume, Säulen, Stangen oder Ähnliches »aus dem Kopf wachsen«.

Sich sklavisch an Regeln zu halten ist ebenso unproduktiv wie der Wunsch, immer gegen jede Regel zu verstoßen. Die Regeln zu kennen, kann nicht schaden. Und je stärker Sie sie verinnerlicht haben, desto leichter fällt es Ihnen, sie bewusst zu brechen. Ich vermittle Ihnen in diesem Kapitel zwar auch meine Regeln, aber dabei gilt: »Ist vielleicht schön zu wissen, was ein anderer Fotograf für Regeln hat, aber mein Bild kann nur ich selbst machen!« Und denken Sie immer daran: Es gibt keine Regel ohne Ausnahme!

it's time to leave

Der Einsatz von Accessoires kann neben der Auflockerung der Szenerie auch noch ein paar praktische Gründe haben: Hier diente der Stuhl nicht nur zum Ablegen der Bluse, sondern auch noch als Stütze und vor allem, um den Intimbereich zu verdecken. So kann der Betrachter zwar sehen, dass das Modell unbekleidet ist, erkennt aber tatsächlich doch nichts von seiner Nacktheit. Dieses Foto ist in einer großen Fabrikhalle mit Oberlichtern entstanden, das Licht kam durch Glasbausteine von oben hinter dem Modell sowie durch das Dach von links. Der helle Boden und die weiß getünchten Wände ließen das sehr sanfte Licht entstehen.

Nikon D700 (Vollformat) | 125 mm | f3,5 | 1/160 sek | ISO 800 | Modell Sabine

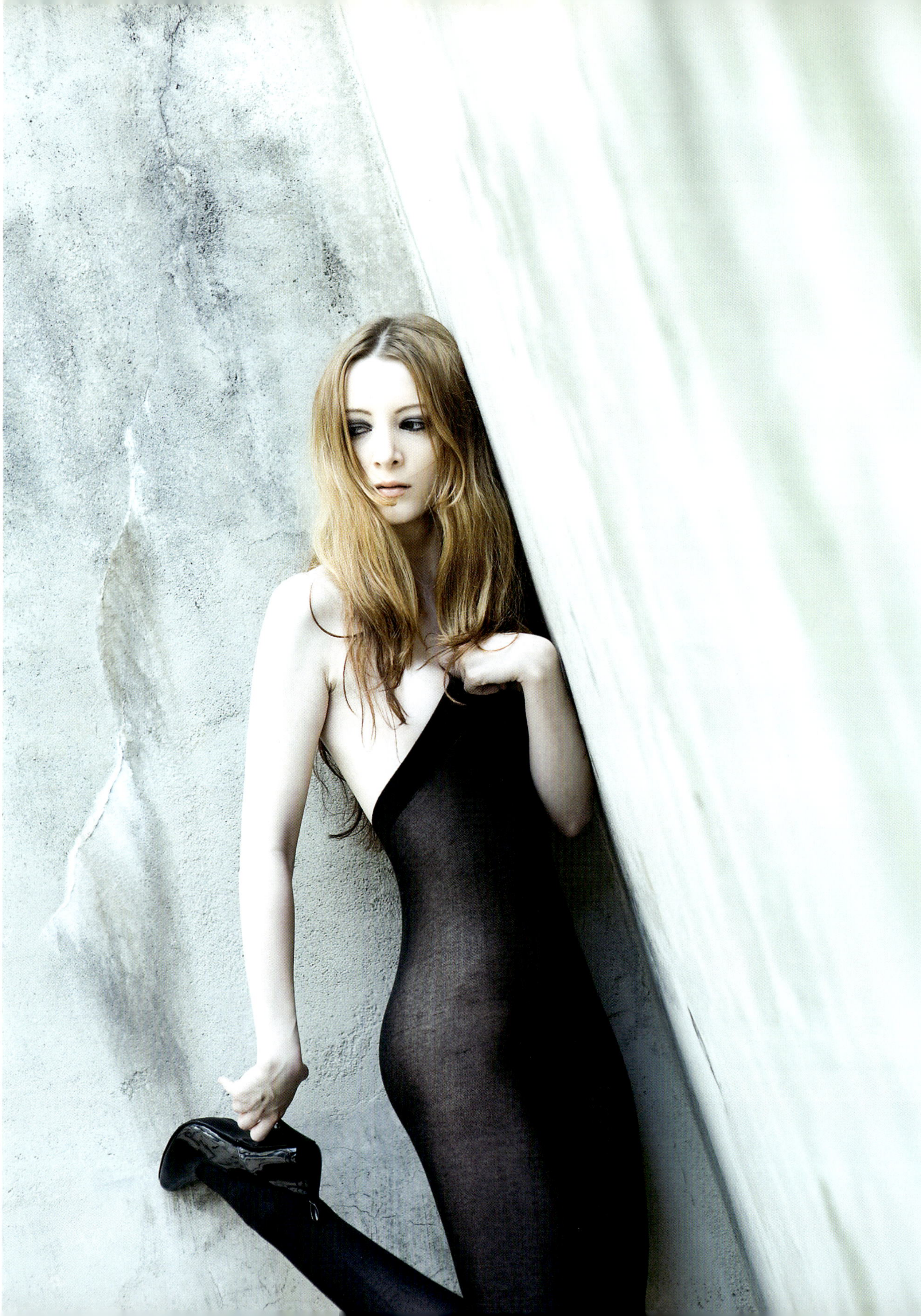

Der Raum, der mich umgibt

Mit einer Location ist in der Regel alles gemeint, was nicht Studio ist. Das kann eine Wohnung, eine Halle, eine Ruine oder einfach eine Landschaft sein. Sogar ein Fotostudio kann als Location dienen, wenn Sie es nicht entsprechend seiner eigentlichen Bestimmung nutzen (siehe »been so blind« auf Seite 98). Oft beklagen Hobbyfotografen, dass sie keine Möglichkeit haben, um zu fotografieren, weil ihnen sowohl ein Fotostudio als auch eine Location fehlen. Tatsächlich benötigen Sie aber kaum eine »besondere« Location. Mit ein wenig Geschick und einem guten Auge finden Sie immer eine ansprechende Umgebung zum Fotografieren. Sie müssen sich nur frei machen von der Notwendigkeit, dass Sie eine »besondere Umgebung« benötigen. Das Modell ist das Wesentliche! Alles andere – auch Kleidung und Styling – sind nur Accessoires, die das Bild unterstützen, aber nur selten bestimmen sollen.

Location als Hintergrund | Nun geht es darum, das Modell in der Location zu positionieren. Ich beginne mit

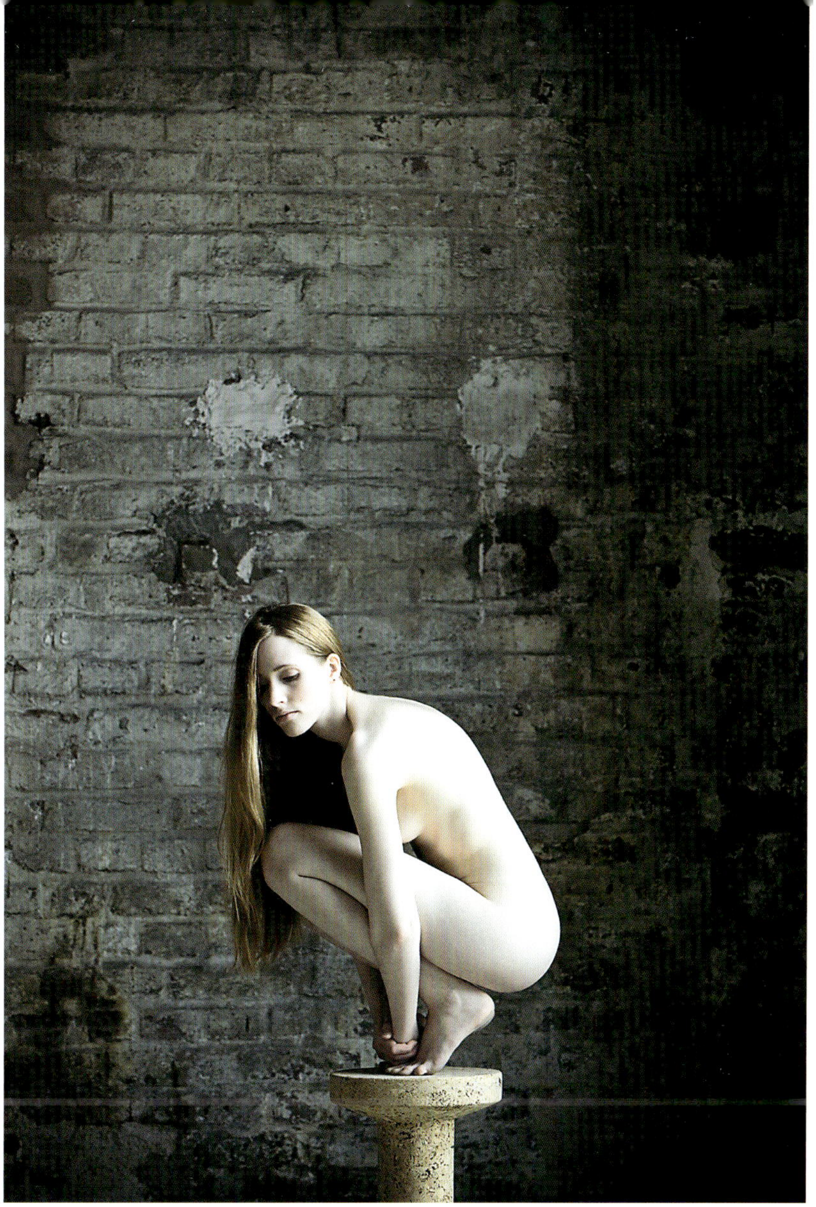

nice dream, nice dream
Eigentlich sollte dies ein Bild mit freiem Oberkörper werden. Aber der Bund der Strumpfhose sah seltsam aus, egal, ob er auf der Hüfte, auf der Taille oder unter der Brust lag. Erst durch die Idee, ihn bis vor die Brust hochzuziehen, bekam das Bild seinen Pfiff. Der etwas ängstliche Blick zur Seite, verbunden mit der schützend hochgezogenen Strumpfhose, verleiht dem Modell etwas Hilfloses.

Nikon D700 (Vollformat) | 85 mm | 1/250 sek | f32 | ISO 200 | Modell Angelique

fixin' all the problems
Manchmal muss es eben ein wenig skurriler sein: In der Kupferhütte (siehe auch Bild »let me know« auf Seite 89) standen schon einige Möbel, unter anderem auch dieser Korkhocker. Der ganze Raum war bereits recht ordentlich renoviert, nur dieses kleine Stück Wand war unrenoviert belassen worden. Wir haben ein wenig mit der Pose, den Haaren und dem Bildschnitt experimentiert, bis wir zu diesem Bild gekommen sind. Das erschien uns perfekt und war als letztes Bild dieses Shootings gleichzeitig ein gelungener Abschluss.

Nikon D700 (Vollformat) | 110 mm | 1/250 sek | f4,0 | ISO 800 | Modell Arijana

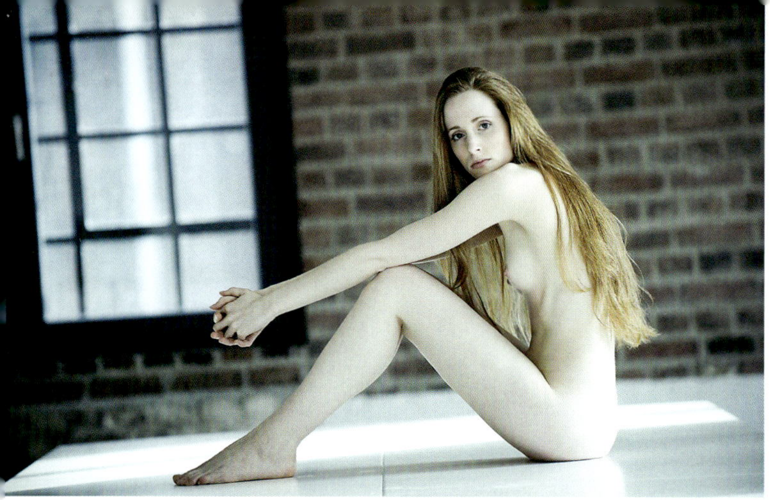

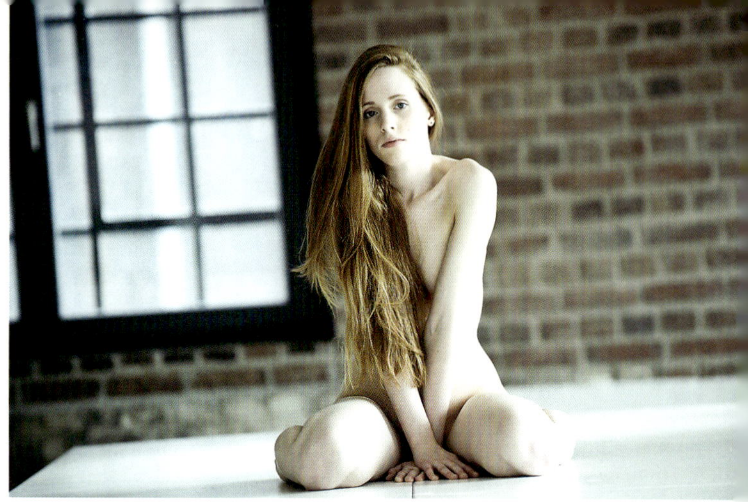

»rage and desire« und »easy as the breeze«

Wie Bild »let me know« auf Seite 89 und Bild »fixin' all the problems« auf Seite 93 sind diese beiden auch in der Kupferhütte entstanden. Die große helle Tischfläche bot sich dazu an, ein wenig auf ihr zu experimentieren. Da ich kein Freund von klassischen Aktposen bin, bat ich das Modell, sich locker in verschiedenen natürlichen Posen auf den Tisch zu setzen. Die Reflexion des Tisches hellte die lichtabgewandte Seite leicht auf und reduzierte die Kontraste, was sehr gut zu der hellen Haut des Modells passte.

Beide Aufnahmen: Nikon D700 (Vollformat) | 200 mm | 1/125 sek | f3,5 | ISO 400 | Modell Arijana

»i've never been closer« und
»does heaven wait all heavenly over the next horizon?«

Diese beiden Bilder zeigen deutlich, wie sehr eine Location ein Bild prägen kann. Die auffällige Dachkonstruktion, die ich in beiden Bildern bewusst mit einbezogen habe, macht den Ort eindeutig identifizierbar und zieht den Blick des Betrachters an. Im rechten Bild »erschlägt« die Balkenkonstruktion das Modell förmlich, was aber durchaus passend ist und hier auch die etwas sentimentale Pose unterstützt.

Links: Nikon D700 (Vollformat) | 85 mm | 1/125 sek | f1,8 | ISO 800 | Modell Iris

Rechts: Nikon D700 (Vollformat) | 70 mm | 1/60 sek | f3,5 | ISO 500 | Modell Sabine

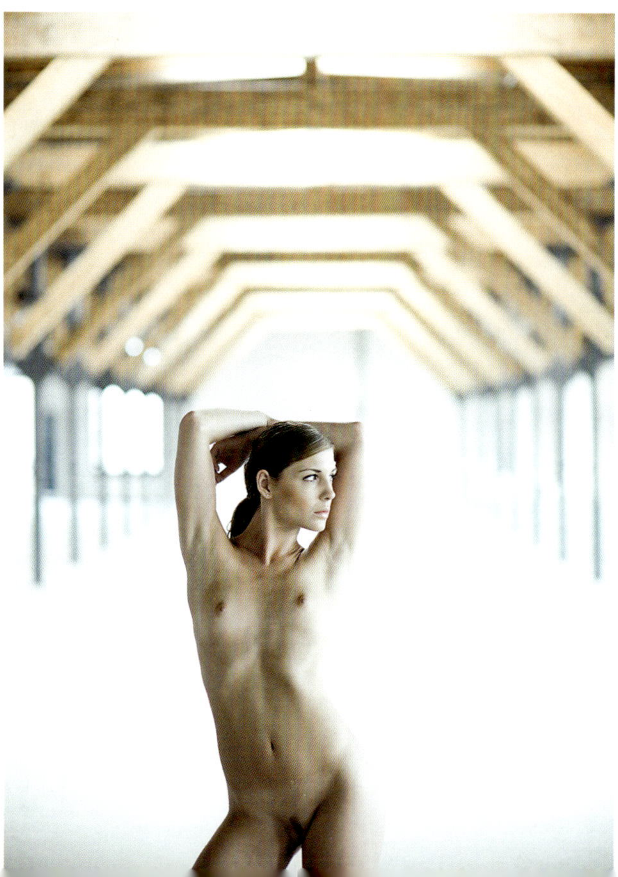

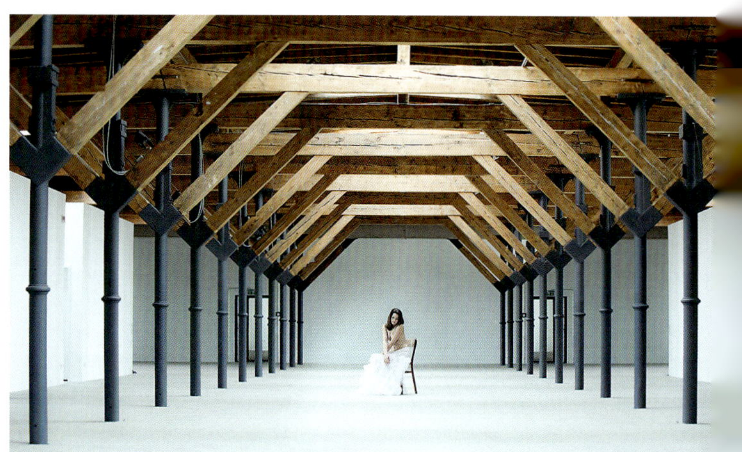

nahen Einstellungen des Modells, bei denen der Raum/die Umgebung zum schlichten Hintergrund degradiert wird. Im besten Fall verschwimmt alles in der Unschärfe zu einem harmonischen und unaufdringlichen Hintergrund. Um plakative Elemente im Hintergrund wie Feuerlöscher, Notausgangsschilder oder andere unverrückbare Blickfänge zu kaschieren, gibt es drei Möglichkeiten:

› Bildschnitt so wählen, dass sich Störendes außerhalb des Bildes befindet,
› das störende Element durch das Modell verdecken oder
› das störende Element so im Bild platzieren, dass es später ohne Aufwand zu retuschieren ist.

Voraussetzung dafür ist natürlich, dass Sie den Hintergrund bewusst wahrnehmen. Bestenfalls haben Sie die Zeit und die Möglichkeit, Ihre Location im Vorfeld des Shootings auszukundschaften. Diese Möglichkeit haben Sie aber wahrscheinlich nicht sehr oft. Dann ist es sinnvoll, zunächst gemeinsam mit dem Modell die Gegebenheiten zu erkunden. Das ist besser, als blind in die Location zu laufen und Bilder nach dem Prinzip »Mal sehen, was passiert« zu machen.

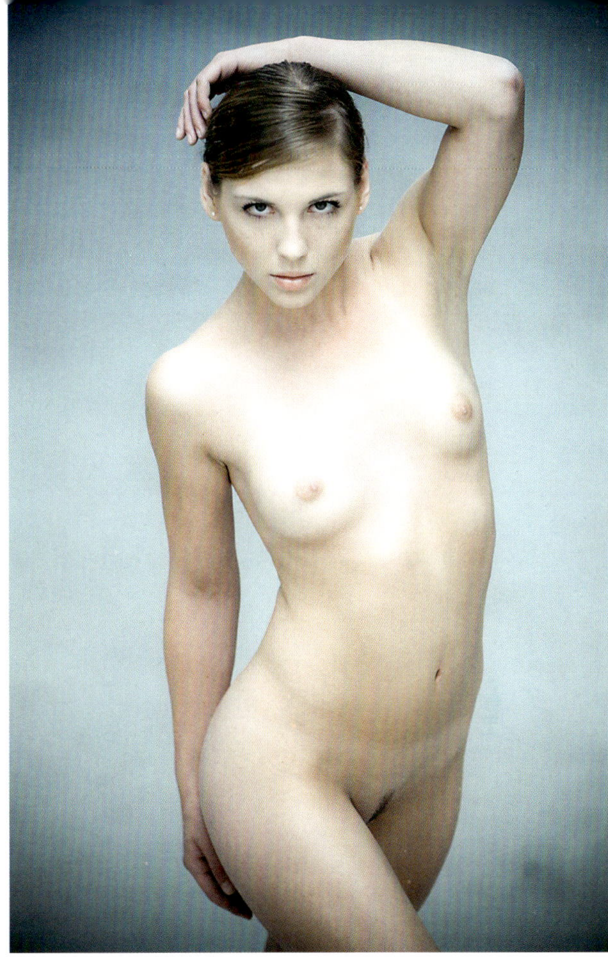

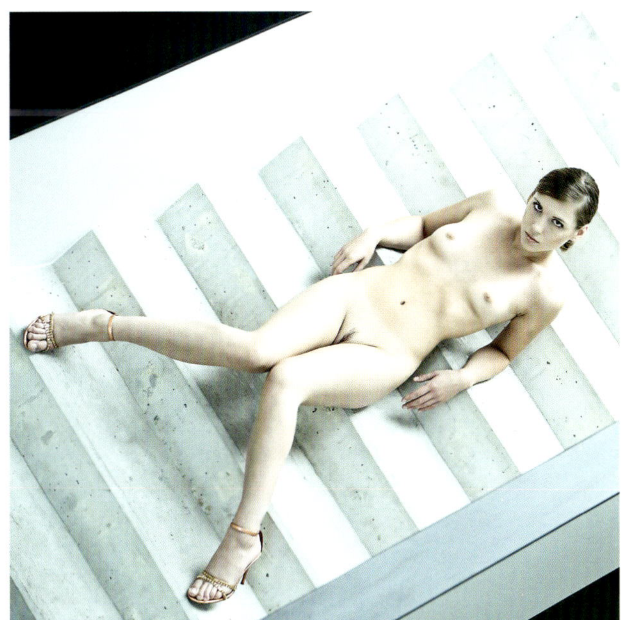

»you soothe my aching brow« und »leider nicht mit penizillin«

Diese beiden Bilder zeigen im Gegensatz zu den Bildern auf der linken Seite, dass man in einer Location durch Änderung der Pose und des Blickwinkels sehr unterschiedliche Bilder erzeugen kann. Diese beiden Bilder sind innerhalb einer Minute entstanden. Bei dem unteren stand ich auf einer Empore und habe von oben das Modell auf der Treppe fotografiert. Nachdem das Modell aufgestanden war, blieb es am unteren Absatz der Treppe stehen, und ich habe es vom oberen Absatz aus fotografiert (Bild oben). Zwei sehr unterschiedliche Bilder in identischer Umgebung sind so nur durch den Wechsel des Blickwinkels, der Pose und der Brennweite entstanden.

Oben: Nikon D700 (Vollformat) | 180 mm | 1/125 sek | f3,5 | ISO 200| Modell Iris

Unten: Nikon D700 (Vollformat) | 105 mm | 1/125 sek | f2,8 | ISO 200 | Modell Iris

Location als Motiv | Ist die Location großzügig genug, binde ich sie, nachdem ich sie und das Modell sowie ihr Zusammenwirken kennengelernt habe, durch weitere Ausschnitte mit ein. Je mehr auf dem Bild zu sehen sein wird, desto mehr ist zu beachten.

› Was passiert an den Bildrändern?
› Wie erzeuge ich Tiefe im Bild?
› Was unterstützt das Bild, und was lenkt vom Modell ab?

Ein Hintergrund, der bei einem nahen Porträt noch als unauffällige Textur im Bild erscheint, kann durch den weiteren Ausschnitt und die damit verbundene größere Schärfentiefe auf einmal störend vom Modell ablenken. Aber auch ich gerate immer wieder in die Versuchung, zu zeigen, wie großartig die Location ist, und vernachlässige dabei mein Modell. Ein Rezept für die richtige Balance gibt es leider nicht. Überprüfen Sie daher am besten immer wieder während des Shootings – auch zusammen mit dem Modell – die Ergebnisse, um herauszufinden, ob diese den Erwartungen entsprechen.

Not macht erfinderisch

Auch ohne Studio und besondere Location können Sie fotografieren, Sie müssen lediglich die Einschränkungen nicht als Nachteil, sondern als Herausforderung sehen. Jeder Ort ist geeignet, um dort Fotos zu machen. Aber nicht jeder Ort ist für jede Art von Fotos gleich gut geeignet. Solange Sie Porträts oder Fashionaufnahmen fotografieren, geht das problemlos auch in einer belebten Umgebung. Bei Aktfotos wird die Auswahl allerdings sowohl durch das Schamgefühl des Modells als auch durch die »guten Sitten« eingeschränkt.

Zu meinen bevorzugten Outdoor-Locations gehören Brücken. Besonders in ländlichen Gegenden gibt es häufig ältere Brücken, die noch Charme haben, ein wenig abseits liegen und dadurch auch für Aktshootings geeignet sein können. Unter Brücken und Unterführungen bieten sich noch einige weitere Vorteile: Sie spenden Schatten beziehungsweise schützen auch mal vor einem Regenschauer. Licht und Schatten lassen sich sehr gut und gezielt ausnutzen. Durch geschicktes Positionieren des Modells lassen sich die unterschiedlichsten Lichtstimmungen einfangen. Stellen Sie Ihr Modell zunächst mit dem Gesicht zum Licht knapp in den Schatten. Das ist die einfachste Position, da hier das Licht indirekt, aber dennoch mit hoher Intensität auf das Modell fällt. Je nachdem, wie Sie Ihren Ausschnitt wählen, können Sie das von der anderen Seite auf das Modell fallende Licht als Aura um das Modell nutzen oder, indem Sie den Ausschnitt mehr zur Seite wählen, dieses Licht ausblenden und das Modell aus dem Dunkeln hervortreten lassen. Abhängig davon, wie weit Ihr Modell unter die Brücke geht, verringern sich die Lichtstärke und das Verhältnis zum Licht von der anderen Seite. Hier müssen Sie Verschiedenes ausprobieren, um die »richtige« Wirkung zu erreichen. Wenn sich das Modell an gleicher Stelle um 180° dreht und Sie sich unter die Brücke stellen, können Sie es gegen das Licht fotografieren. So erscheint das Modell nun als Silhouette.

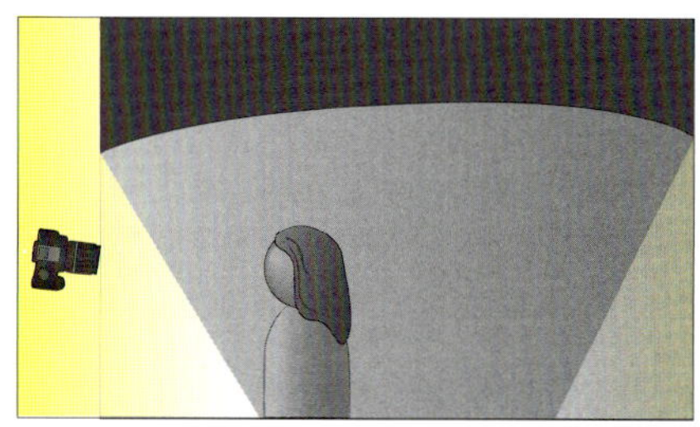

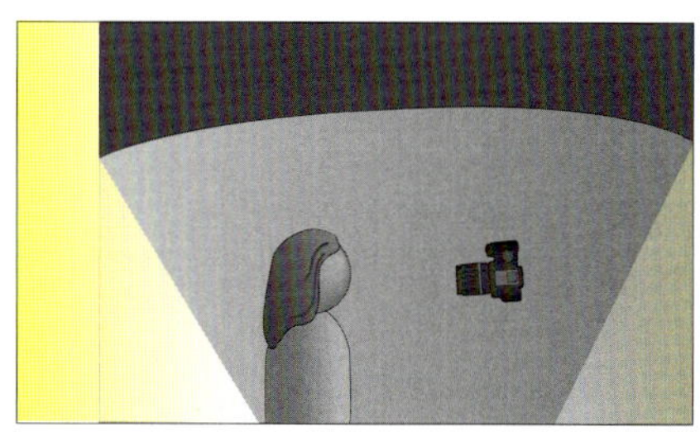

Mit weit geöffneter Blende und einem engen Bildschnitt lassen sich auch in vermeintlich ungeeigneten Wohnräumen stimmungsvolle Bilder machen. Oder nutzen Sie den Raum doch einfach einmal, um Ihre Bilder von den üblichen Studio-Aktbildern abzuheben. Seien Sie mutig, und integrieren Sie die Umgebung als Bestandteil Ihres Bildes. Eine gute Möglichkeit, um unruhige Umgebungen, wie man sie oft in Wohnungen findet, auszublenden, ist es, das Modell so weit in den Vordergrund zu rücken, dass es fast alles verdeckt.

Manchmal muss es ein Studio sein

Es gibt Bilder, die Sie nur unter Studiobedingungen fotografieren können. Der häufigste Grund ist, dass Sie eine konkrete, reproduzierbare Lichtsituation schaffen und erhalten müssen. Bei freien Arbeiten, wie man sie als Amateur wohl am häufigsten macht, ist das jedoch in der Regel nicht der ausschlaggebende Grund. Hier ist es eher die Notwendigkeit, einen »neutralen Boden« zu schaffen. Nicht jedes Modell möchte zu einem Amateurfotografen in ein Wohnzimmerstudio gehen oder einen Fotografen zu sich nach Hause lassen. Wenn dann noch die Unwägbarkeiten des Wetters in Deutschland dazukommen, die Outdoor-Location also keine Möglichkeit bietet, bleibt oft nur noch ein Studio.

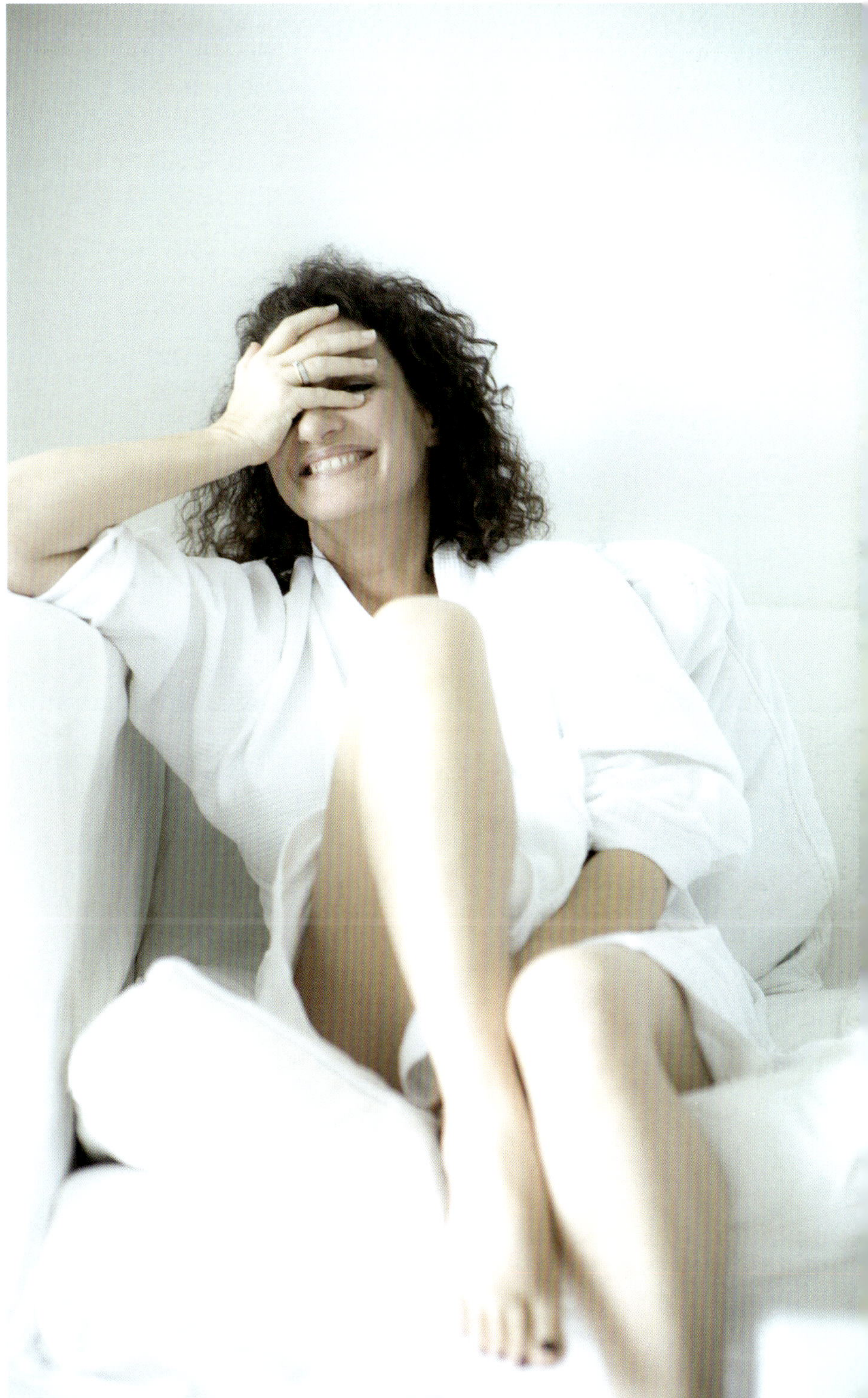

we want it slow and hot
Wenn man, weil es draußen einfach zu kalt ist und im Studio keine Atmosphäre aufkommt, das Modell zu Hause besucht, reicht eine Couch im Wohnzimmer und ein wenig weiße Wand im Hintergrund, um zu fotografieren. Wie häufig zu Beginn meiner Aktshootings ließ ich dem Modell die Wahl des ersten Outfits. Das Licht kam hier durch die großen Fenster zum Garten und wurde durch die helle Einrichtung sanft reflektiert.

Nikon D700 (Vollformat) | 85 mm | 1/60 sek | f2,0 | ISO 800 | Modell Leslie

LOCATION FINDEN

Industrieruinen finden Sie natürlich am besten, indem Sie mit offenen Augen durch die Gegend fahren. Noch nicht verfallene Industrieanlagen finden Sie in den Immobilienanzeigen der wöchentlichen lokalen Werbeblätter oder in Internet-Immobilienbörsen. Rufen Sie beim Hausverwalter oder Eigentümer an, und erläutern Sie Ihre Wünsche. Überfallen Sie Ihren Gesprächspartner nicht gleich mit dem Thema Aktfotografie, sondern schildern Sie zunächst einmal allgemein Ihr Interesse an der Immobilie als Location. Ob Sie den gewünschten Zugang bekommen, hängt sehr stark von Ihrem persönlichen Charme und Verhandlungsgeschick ab.

Scheuen Sie sich nicht, auch einmal Freunde oder Bekannte anzusprechen. Vielleicht fühlen diese sich auch geschmeichelt, dass Sie deren Wohnung für so schön halten, dass Sie dort fotografieren möchten. Wenn Sie die Möglichkeit zu einem persönlichen Treffen haben – ob bei einem Hausverwalter oder bei einem Bekannten –, nehmen Sie Beispiele Ihrer Arbeiten mit, die die Seriosität Ihrer Fotografie belegen.

Interessante Brücken in Ihrer Umgebung finden Sie gut beispielsweise über Google Maps. Wenn neue Umgehungsstraßen gebaut werden, bleiben die alten Straßen oft als Sackgasse oder Radweg zurück, mit wenig oder gar keinem Verkehr und in der Regel dennoch gut erreichbar.

been so blind

Rechts: Oft nutze ich meine Studioräume nicht klassisch als Studio, sondern einfach nur als Hintergrund. Ich lasse alles stehen und liegen und platziere mein Modell so, dass der Hintergrund nur noch diffus zu erkennen ist. Das Modell stand mitten im Raum und bekam frontales Licht durch die Außentür. Der Hintergrund wurde durch die Glühlampen des Schminkspiegels mit warmem Licht aufgehellt. Durch den Einsatz einer Textur in der Nachbearbeitung gab ich dem Bild einen etwas »dreckigen« Look.

Nikon D700 (Vollformat) | 85 mm | 1/100 sek | f2,2 | ISO 800 | Modell Christiane

... crazy, maybe

Links: Sehr schön ist hier eine typische Lichtsituation unter einer Brücke zu erkennen. Das »Hauptlicht« kommt aus Richtung der Kamera, und ein Spitzlicht, das die Konturen plastisch wirken lässt, trifft aus der Gegenrichtung auf das Modell und hebt es durch den Lichtsaum deutlich vom Hintergrund ab, was hier besonders ausgeprägt an der Mundpartie zu erkennen ist. Leider ist der Hintergrund durch die Graffiti unruhiger, als mir lieb ist. Aber das ist der Preis der »Notlösung«.

Nikon D700 (Vollformat) | 85 mm | 1/160 sek | f3,2 | ISO 800 | Modell Ina

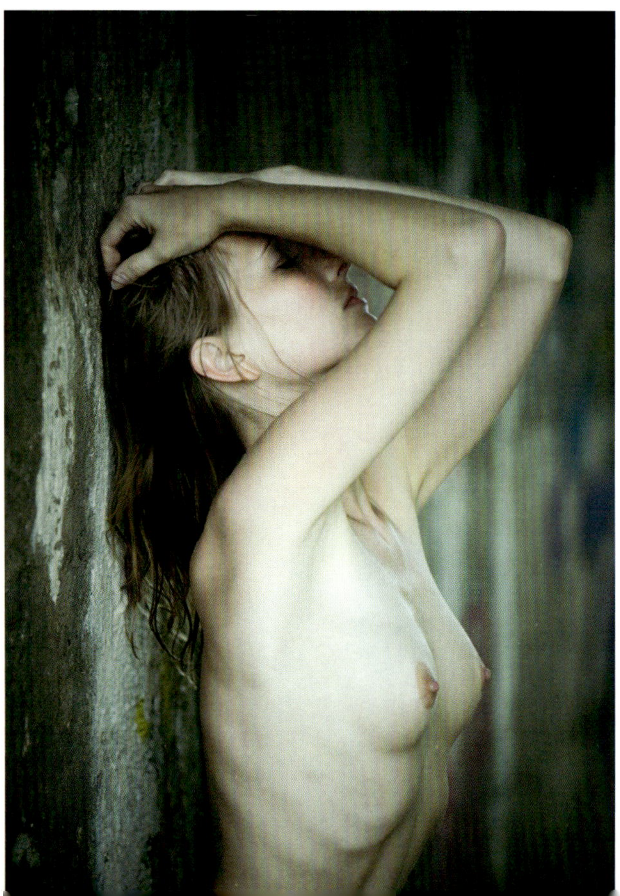

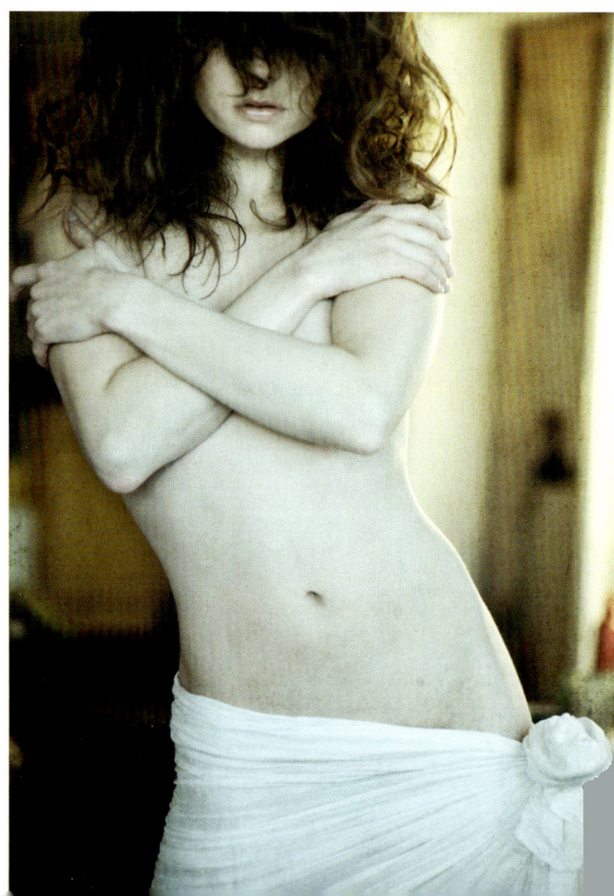

let's play real life instead

Alternativ zum Ausblenden der Location durch Nähe können Sie den Raum auch aktiv in Ihr Bild integrieren. Die realistische Umgebung und das unspektakuläre Licht lassen dieses Bild wie einen Auschnitt aus einem Film wirken. Der Betrachter fragt sich bei solchen Aufnahmen, was davor und danach passierte, bekommt aber doch nicht genug Informationen, um das Geheimnis zu lüften. Der abgewandte Blick des Modells verstärkt die Beobachterstimmung, ohne allerdings den Blick des Betrachters voyeuristische Züge annehmen zu lassen. Im Gegensatz zum oberen Bild wird der Betrachter im unteren zum Voyeur. Der Blick durch die Tür hat etwas Unerhörtes – »So etwas macht man nicht!« Zusammen mit dem Bild oben und einem eventuell folgenden dritten Bild ergäbe sich vielleicht doch eine Geschichte …

Nikon D700 (Vollformat) | 85 mm | 1/80 sek | f1,8 | ISO 1600 | Modell Sandra

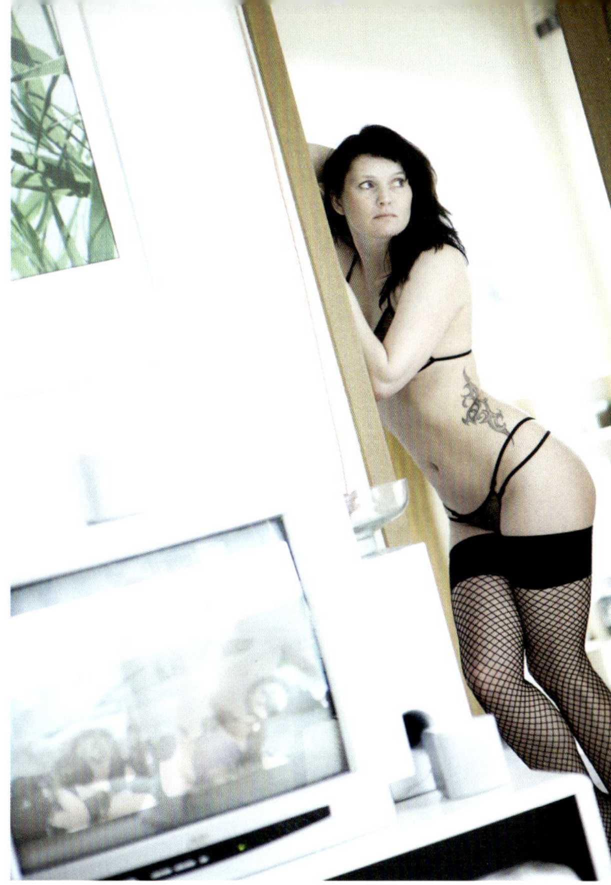

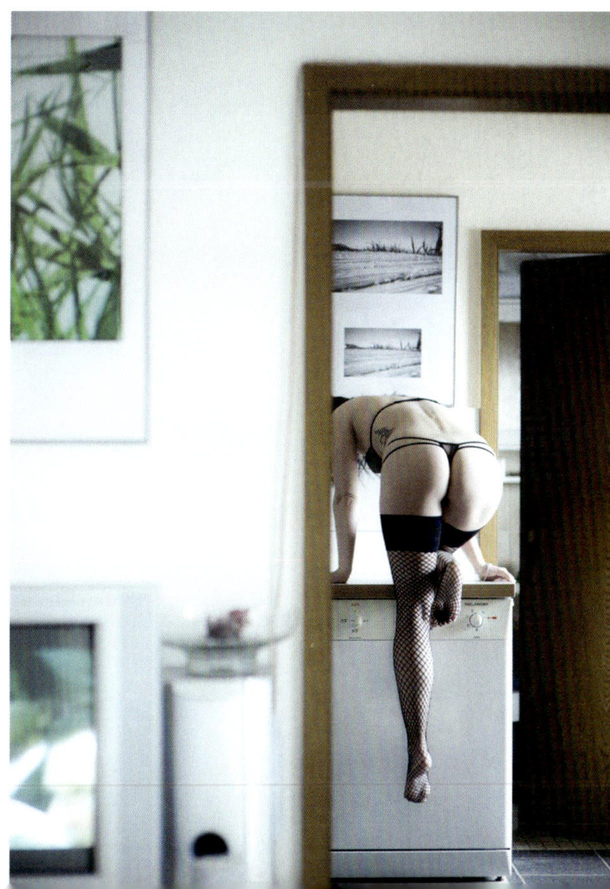

Herausforderung Studiofotografie | Die Fotografie im Ambiente eines Studios mit neutralen Hintergründen und künstlichem Licht stellt den Fotografen und das Modell aber auch vor besondere Herausforderungen. Während Sie *on Location* immer noch die Umgebung mit einbringen können, um dem Bild eine Aussage zu verschaffen, bleiben im Studio nur das Modell, das Licht und gegebenenfalls ein paar Accessoires dafür. Für unerfahrene Amateurmodelle ist es oft sehr schwer, in diesem Umfeld natürlich und unverkrampft zu agieren. Zu der ungewohnten Situation, unbekleidet vor einem »Fremden« posieren zu müssen, kommt noch die oft unpersönliche Sterilität eines Fotostudios.

Studiolicht | Eine Möglichkeit, diese ungewohnte Situation für das Modell etwas zu entspannen, ist der Umstieg vom Studioblitz auf Dauerlicht. Um im Studio die Wirkung der verschiedenen Lichtformer schon vor der Aufnahme besser beurteilen zu können, haben die Blitzköpfe außer der Blitzröhre noch eine Dauerlichtquelle eingebaut. Dieses Einstelllicht hilft bei der Anordnung der Blitze.

Die aktuellen Kameramodelle erlauben es inzwischen auch bei hohen Empfindlichkeiten, bereits mit dem Einstelllicht der Studioblitze Bilder in hervorragen-

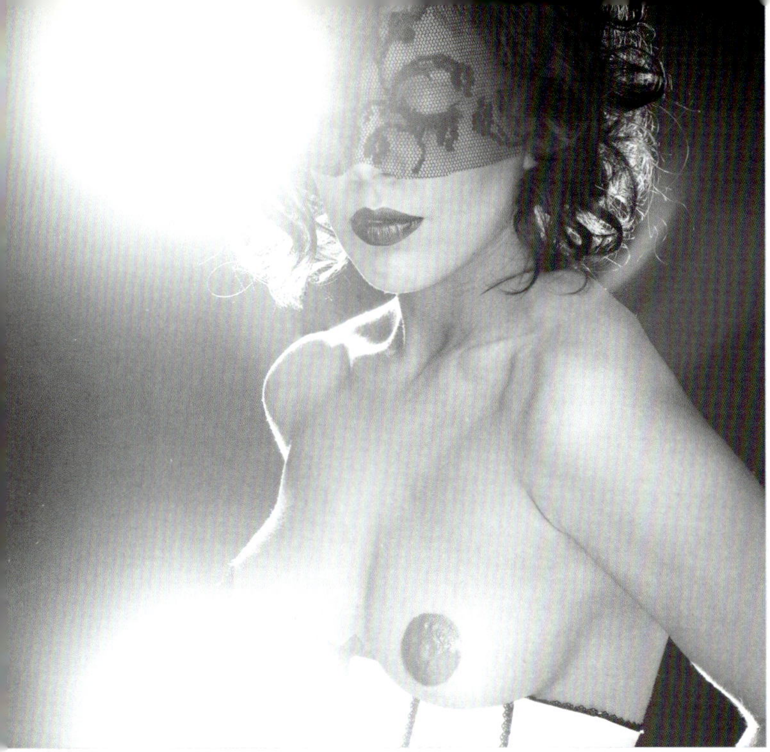

everything's lovely

Ein völlig untypisches Bild von mir: Sowohl der Einsatz von mehreren Studioblitzen, in diesem Fall fünf Stück, als auch das Styling des Modells weichen von meiner üblichen Arbeitsweise ab. Das Modell kam mit dieser sehr konkreten Idee zu mir, und mir macht es zuweilen Spaß, etwas umzusetzen, das abseits meiner üblichen Arbeiten liegt.

Nikon D700 (Vollformat) | 85 mm | 1/125 sek | f14 | ISO 100 | Modell Fauve

IM STUDIO

Es gibt eine ganze Reihe an Büchern über die Fotografie im Studio und all die technischen und organisatorischen Aspekte, die Sie dort beachten sollten. Hier ist meine ganz persönliche Liste der wichtigsten Studioutensilien (ohne technische Ausrüstung):

- Bademantel: Egal, wie oft Sie es vor dem Shooting ansprechen, immer wieder kommen Modelle mit eng anliegender Kleidung, einschneidenden Strings und BHs zum Shooting. Bei einigen Modellen gehen die Abdrücke sehr schnell weg, aber oft dauert es eine gefühlte Ewigkeit. Dann hilft der Bademantel, das Modell warm zu halten, während die Abdrücke langsam verschwinden.
- Flip-Flops: Meist sind auch die Bündchen der Socken zu eng – und wärmende Stricksocken ohne Bündchen gehören selten zur Ausstattung eines Modells.
- Wolldecke: Nichts ist schlimmer für das Modell, als zu frieren. Ganz abgesehen davon, ist durch Kälte marmorierte Haut unschön und schwer zu retuschieren.
- Notfall-Schmink-Set mit Kajal, Mascara, Puder und Lipgloss
- Ein Raum, in dem sich das Modell unbeobachtet umziehen kann. Dafür reicht auch das Bad oder ein durch einen Paravent abgeteiltes Eckchen. Auch wenn Sie Ihr Modell später nackt sehen werden, ist der Moment des Aus- und Anziehens doch durch so viel Intimität geprägt, dass Sie diese auch wahren sollten. Im Notfall, wenn weder Bad noch irgendeine abgeteilte Ecke vorhanden ist, wenden Sie sich ab und beschäftigen sich so lange unauffällig mit Ihrer Technik.

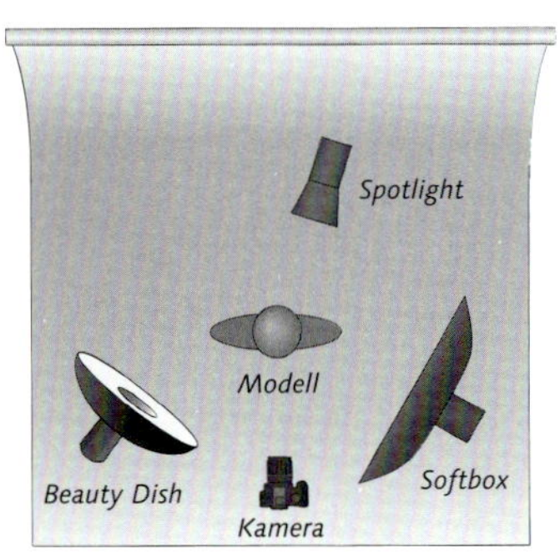

Standard-Lichtaufbau

Wenn das Licht etwas härter und kontrastreicher sein soll, nutze ich den Beauty-Dish als Hauptlicht. Die Aufhellung erfolgt dann in der Regel mit einer Softbox für eine sehr weiche, sanfte Umsetzung der Schatten.

der Qualität zu machen. In Verbindung mit lichtstarken Objektiven können Sie so die Vorteile des Dauerlichts mit denen des Studios kombinieren. Sehr oft findet sich in den Mietstudios auch die Möglichkeit, mit Tageslicht zu fotografieren. In Verbindung mit dem Studiolicht (sowohl Blitz- als auch Einstelllicht) lassen sich sehr interessante Mischlichtsituationen erzeugen. Aber natürlich verbindet man mit Studiofotografie als Erstes den Einsatz von Studioblitzen. Ich nutze diese jedoch nur, wenn ich keine andere Möglichkeit sehe, eine Bildidee umzusetzen.

Meine Lichtaufbauten halte ich immer so klein wie möglich. Ich versuche meist, mit dem Hauptlicht auszukommen, und unterstütze dieses durch den Einsatz von Reflektoren. Nur wenn das nicht ausreicht, füge ich

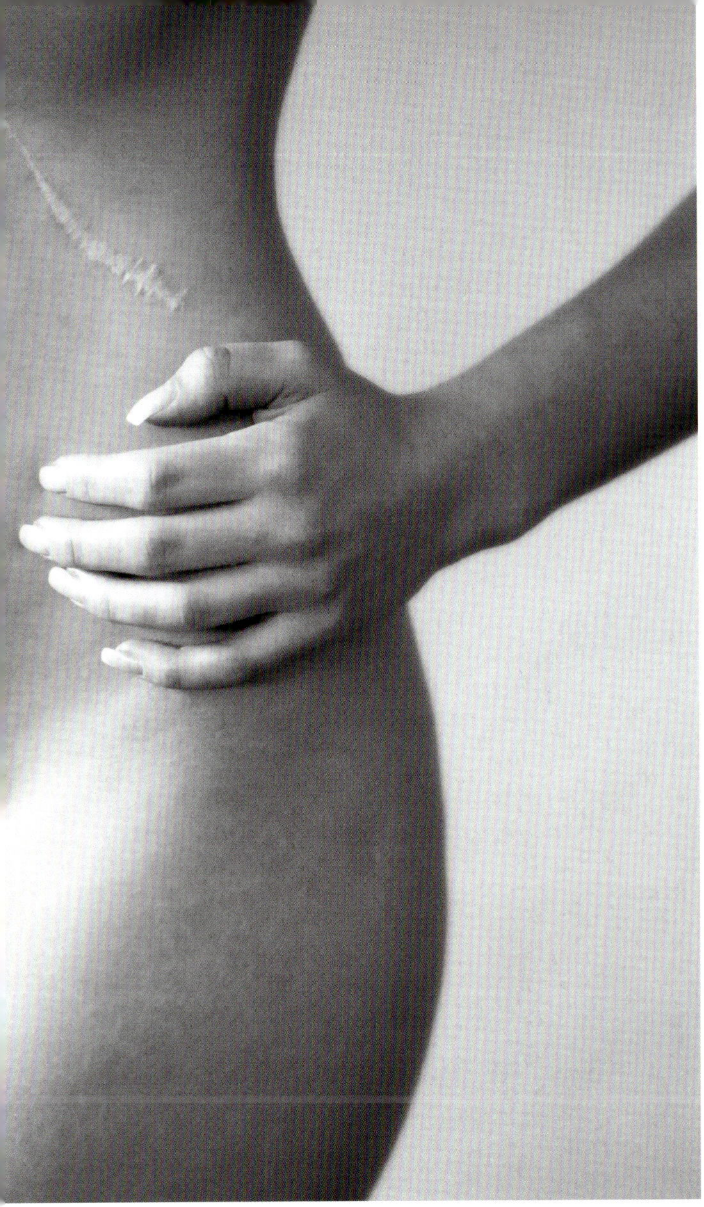

[↖] means nothing

Bei Ausschnitten und Körperdetails ist der gezielte Einsatz von Licht besonders wichtig. Auch hierbei benutze ich lieber Dauer- als Blitzlicht. Durch die Möglichkeit, mit offener Blende zu arbeiten, ergeben sich durch den gezielt setzbaren Schärfebereich besondere Gestaltungsmöglichkeiten. Der Bildschnitt ist so gewählt, dass zum einen die femininen Formen gut zur Geltung kommen, zum anderen aber weder der Intimbereich noch die Brust gezeigt wird. Die Hand dient als Blickfang und lockert die sonst sehr homogene Fläche unterhalb der Narbe auf.

Nikon D700 (Vollformat) | 105 mm | 1/100 sek | f3,0 | ISO 800 | Modell Cornelia

Aufhelllicht und Effektlicht hinzu (siehe Skizze unten links). Für das Hauptlicht nutze ich je nach gewünschter Stimmung entweder eine sehr große Softbox oder einen Beauty-Dish. Die große Softbox kommt zum Einsatz, wenn das Licht weicher und sanfter sein soll.

Effektlichter, die ich verwende, sind entweder Normalreflektoren oder Tuben, die ich für einen Lichtverlauf auf den Hintergrund richte, oder Normalreflektoren mit Richtgitter, mit denen ich von hinten ein Spitzlicht auf die Haare des Modells setze, um die Haare vom Hintergrund zu trennen.

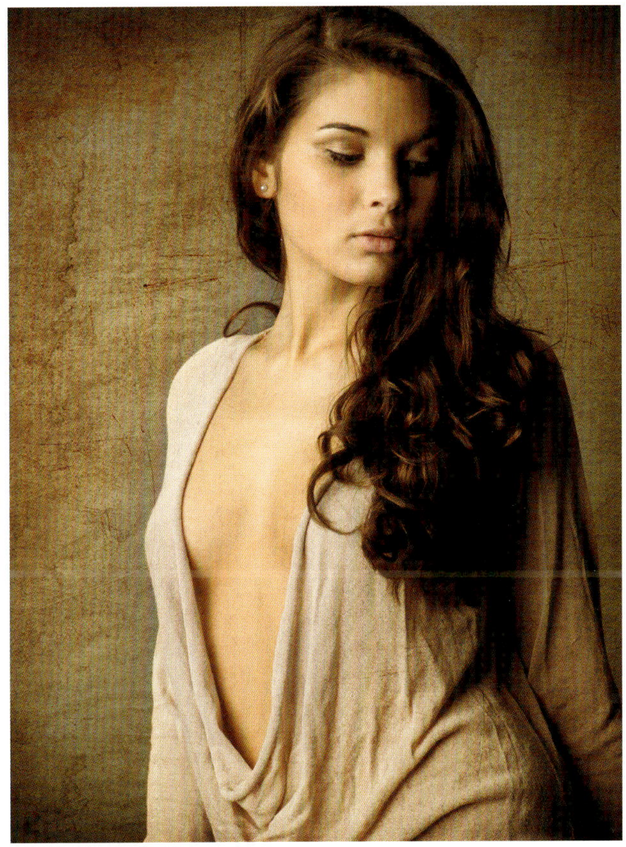

[↑] allow me

Ich verwende besonders bei Studioaufnahmen gerne Texturen, um dem Hintergrund die Härte zu nehmen. Genauere Ausführungen dazu finden Sie am Ende des Kapitels in Abschnitt »Darf's ein bisschen mehr sein?« ab Seite 106.

Nikon D700 (Vollformat) | 85 mm | 1/160 sek | f11 | ISO 200 Modell Marie

Unbeschreiblich

Begonnen hat alles mit einem in eine Hand gemalten Smiley. Dieses Bild hatte ich in der *fotocommunity* gesehen und unter meinen Favoriten abgelegt. Die Idee eines Modells, das Wort »Seele« in ihre Handfläche zu schreiben, schien mir dann weit genug vom Smiley entfernt, um nicht als Plagiat zu gelten. Einer Freundin gefiel dieses Bild so gut, dass sie unbedingt auch so ein Bild haben wollte, natürlich mit *ihrem* Wort. Damit startete ich eine Serie, für die ich über 100 Modelle gewinnen konnte. Nachdem ich die Hände von 111 verschiedenen Modellen mit ebenso vielen Worten gesammelt hatte, beendete ich diese Serie.

Die Beschränkung auf ein Wort brachte mich bald dazu, über weitere Möglichkeiten nachzudenken. Viele meiner Inspirationen bekomme ich durch Musik, Filme und Texte. Peter Greenaways »Die Bettlektüre« hatte ich zwar nur einmal bewusst gesehen, aber die Bilder aus diesem Film tauchten immer wieder in meiner Vorstellung auf. Nachdem ich das Modell mit *ihrem* Wort in der Hand fotografiert hatte, bat es mich, einen Satz auf ihren Körper zu schreiben. Die Umsetzung war, der Spontaneität geschuldet, eher dilettantisch – aber dennoch wirkungsvoll.

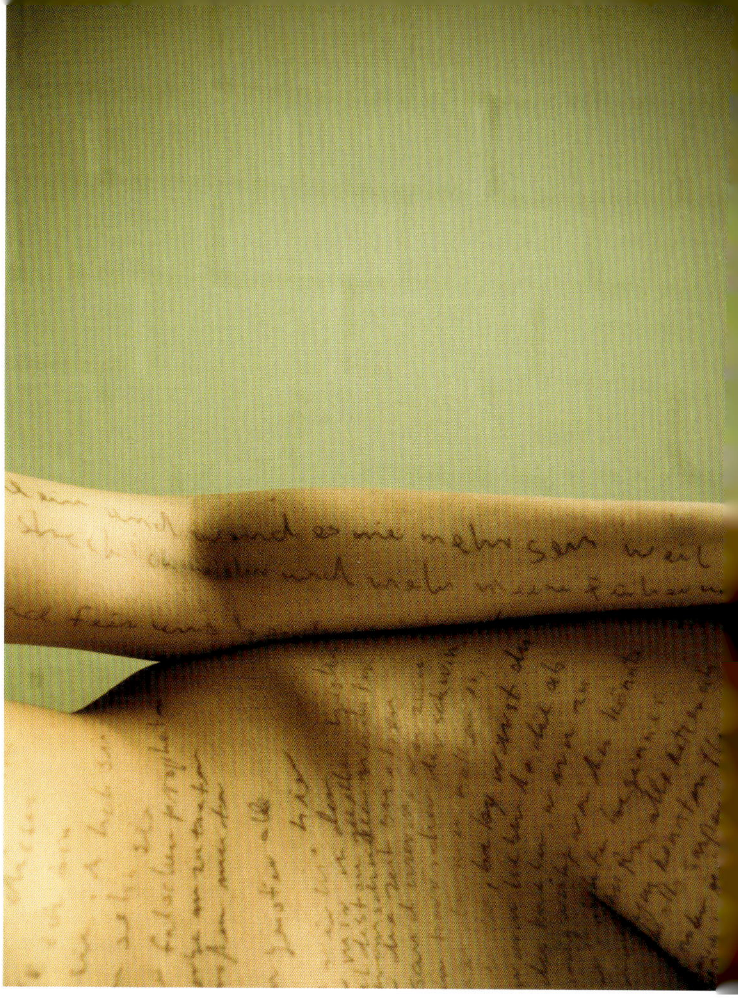

bin damit nicht allein und werd' es nie mehr sein

Das Lied »Millionen Legionen« von den Fantastischen Vier war der Beginn dieser Serie. Vollkommen unvorbereitet haben wir, nachdem ich den Text im Internet gefunden hatte, mit dem Schreiben begonnen. Gute drei Stunden dauerte das Beschreiben, und da wir damit gegen Mitternacht begonnen hatten, ist dieses Bild auch erst um kurz vor 4 Uhr morgens entstanden.

Nikon D200 (Cropfaktor 1,5) | 32 mm | 1/100 sek | f2,8 | ISO 200 | Modell Stephanie

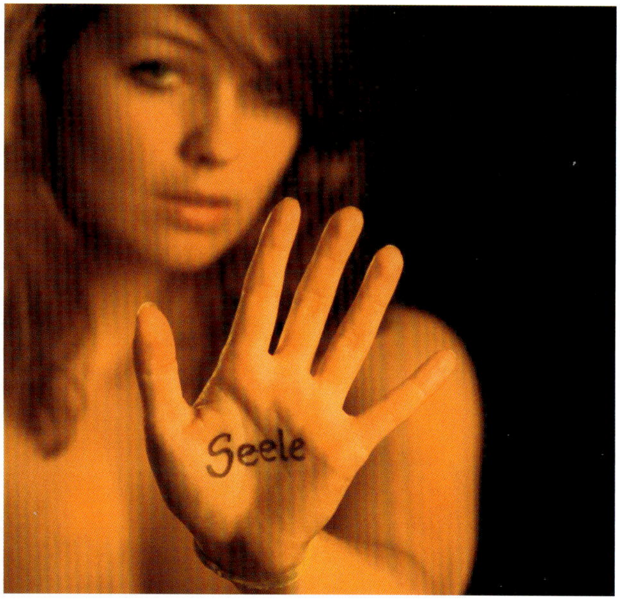

seele

Durch meine Vorliebe für Dauerlicht und die damit verbundenen Vorteile der geringen Schärfentiefe gestaltete ich dieses Bild in sehr warmen Farbtönen und mit dem Fokus auf die Handfläche.

Nikon D200 (Cropfaktor 1,5) | 85 mm | 1/200 sek | f2,5 | ISO 200 | Modell Natalya

»Fasse nie das Modell an!« ist die Maxime, die ich gelernt und verinnerlicht habe. Nun musste ich das Modell aber, um den Text auf seinen Körper zu schreiben, doch berühren. Es brauchte eine gewisse Überwindung, um diese Grenze zu überschreiten. Grundlage dafür waren das gegenseitige Vertrauen und der gemeinsame Wunsch, dieses Bild zu machen. Noch beim selben Shooting wählten wir spontan einen weiteren Text, den ich auf den Körper des Modells schreiben sollte. Der Kajal, mit dem ich den ersten Text schrieb, war dafür vollkommen ungeeignet, da er sehr weich war und ständig angespitzt werden musste. Mehr als den ersten Absatz hätten wir damit wohl nicht schreiben können. Auf solche Schwierigkeiten waren wir natürlich gar nicht vorbereitet, es blieb uns nur ein Kugelschreiber. Obwohl ich schon einen Text geschrieben hatte, brauchte ich auch jetzt wieder ein wenig Überwindung, um mit dem Schreiben zu beginnen. Zumal aufgrund der Länge des Textes abzusehen war, dass ich den ganzen Körper, von den Schultern bis zu den Knien, würde beschreiben müssen. Nach drei anstrengenden Stunden befand sich der gesamte Text auf dem Körper des Modells.

Natürlich geht ein solches Projekt über das »normale« Fotografieren hinaus, und ohne sehr viel gegenseitiges Vertrauen und Respekt wäre es nicht möglich gewesen, diese Bilder zu machen, An eine Bilderserie dachte ich zu der Zeit noch gar nicht. Ich hatte zwei großartige Bilder und war damit mehr als zufrieden.

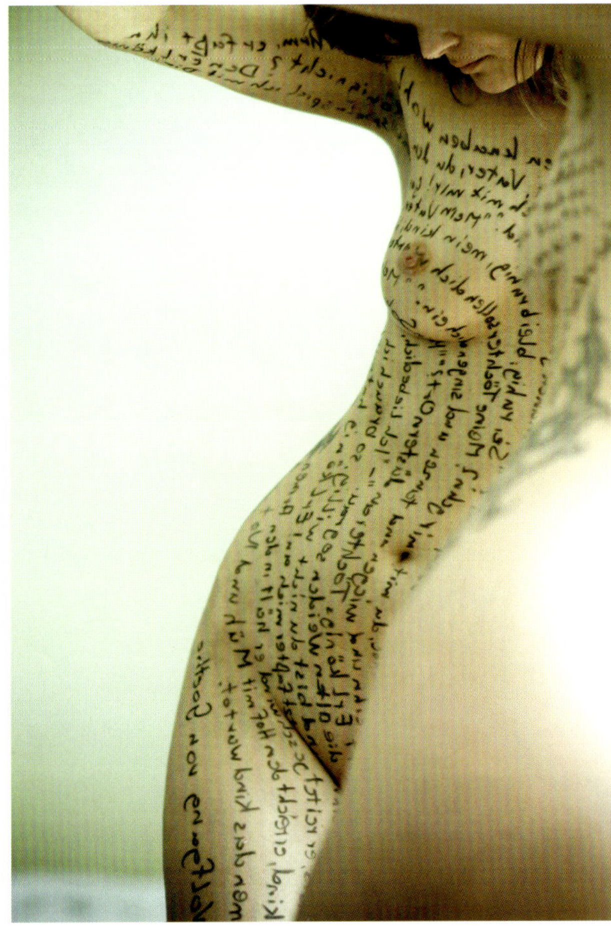

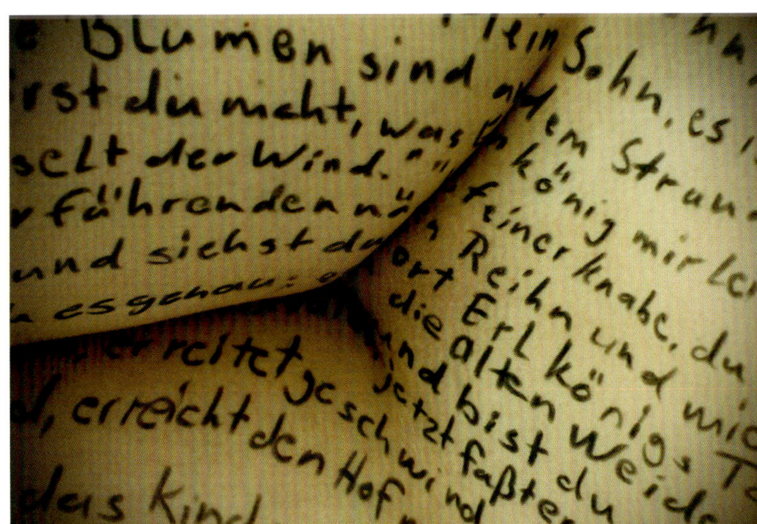

»manch bunte blumen sind an dem strand« und »sei ruhig, bleibe ruhig, mein kind«

»Erlkönig« von Johann Wolfgang von Goethe: »Und bist du nicht willig, so brauch ich Gewalt!« war mir als Zitat allgegenwärtig, so habe ich bereitwillig zugestimmt, den »Erlkönig« zu schreiben. Der Text sollte die femininen Formen des Modells unterstützen und musste so platziert werden, dass er sich nicht mit der Tätowierung überschnitt. Um den sehr einprägsamen Text grafischer wirken zu lassen, habe ich über den Spiegel fotografiert.

Oben: Nikon D300 (Cropfaktor 1,5) | 85 mm | 1/160 sek | f2,5 | ISO 200 | Modell Sandra

Unten: Nikon D300 (Cropfaktor 1,5) | 50 mm | 1/80 sek | f4,5 | ISO 200 | Modell Sandra

Die Resonanz auf die Bilder war aber durchweg positiv und verbunden mit sehr vielen Anfragen von Modellen zu diesem Thema. Einige Monate lang habe ich alle Anfragen vertröstet, ich war mir zunächst nicht sicher, was ich eigentlich wollte. Bei einem Shooting mit zwei Modellen, die ebenfalls einen Text auf ihre Körper geschrieben haben wollten, fasste ich dann nach einem langen Gespräch über das Für und Wider den Entschluss, aus dieser Idee eine Serie zu machen.

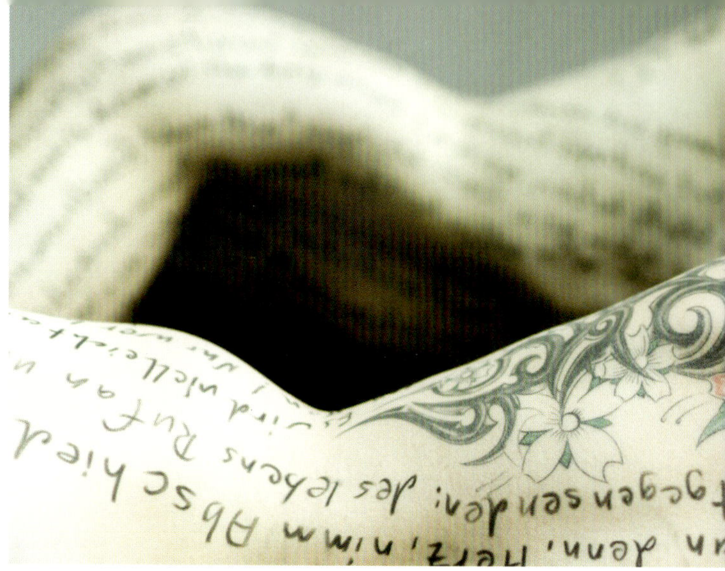

söhne und töchter der sehnsucht

Auch hier ist wieder ein Bild über den Spiegel fotografiert. Um den Text lesen zu können, habe ich das Bild in Photoshop gespiegelt. »Unsere Kinder« von Khalil Gibran schien mir ein passender Text für das schwangere Modell zu sein. Da ich das Modell sehr gut kenne, fiel es mir schwerer als bei den anderen Modellen, es zu beschreiben. Um diese Nähe aber auch zu dokumentieren, habe ich mich selbst mit auf das Bild genommen.

Nikon D300 (Cropfaktor 1,5) | 85 mm | 1/100 sek | f2,0 | ISO 200 | Modell Roxana

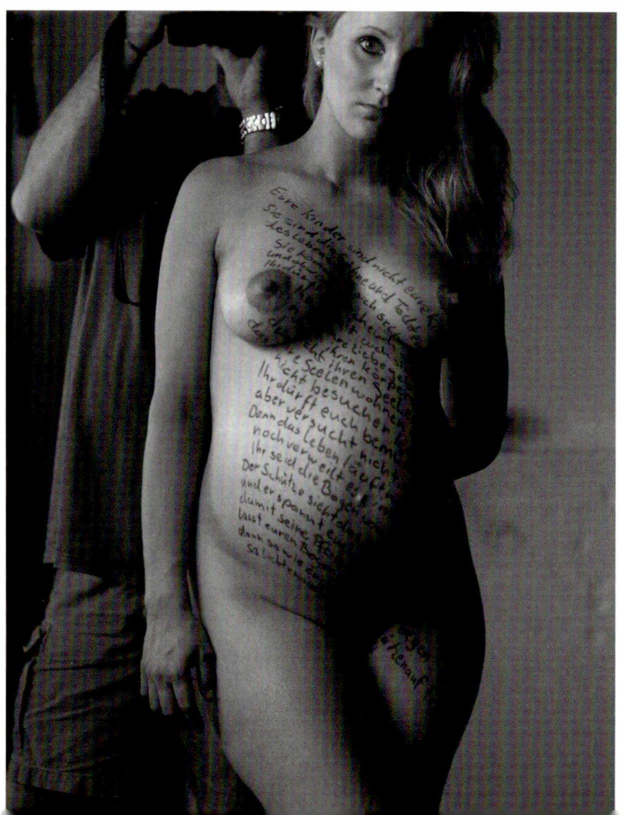

halt verloren

Gut lesbar und ohne Spiegel: das Lied »Labyrinth« von Wir sind Helden. Da das Modell anonym bleiben wollte, habe ich diesen Schnitt gewählt. Das Bild habe ich im Spätsommer aufgenommen, und die gebräunte Haut der Arme und des Dekolletés ist sehr gut zu erkennen. Im Normalfall ist das nicht so schön, allerdings finde ich es hier sehr passend, da dem Betrachter bewusst wird, dass er das Modell trotz seiner Anonymität so sieht, wie es sonst nur sehr wenige sehen dürfen.

Nikon D300 (Cropfaktor 1,5) | 85 mm | 1/125 sek | f1,8 | ISO 400 | Modell Anonym

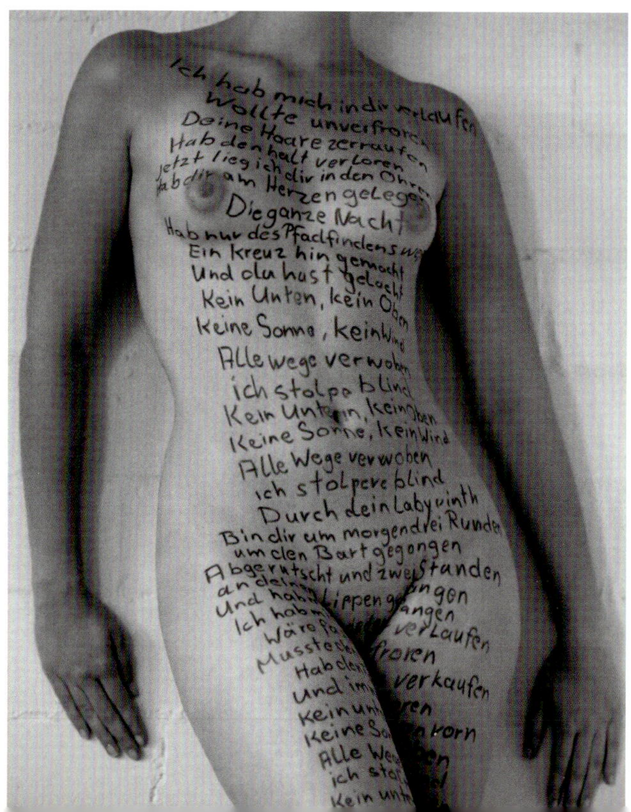

[<] nimm abschied

»Stufen« von Hermann Hesse: Auch dieses Bild habe ich über den Spiegel fotografiert. Ich wollte sowohl die Tätowierung als auch den Text schön präsentieren. Die Lesbarkeit des Textes ist dabei für mich aber vollkommen unwichtig. Einzig die Darstellung als Ganzes rückt in den Vordergrund.

Nikon D300 (Cropfaktor 1,5) | 85 mm | 1/125 sek | f2,0 | ISO 320 | Modell Sandra

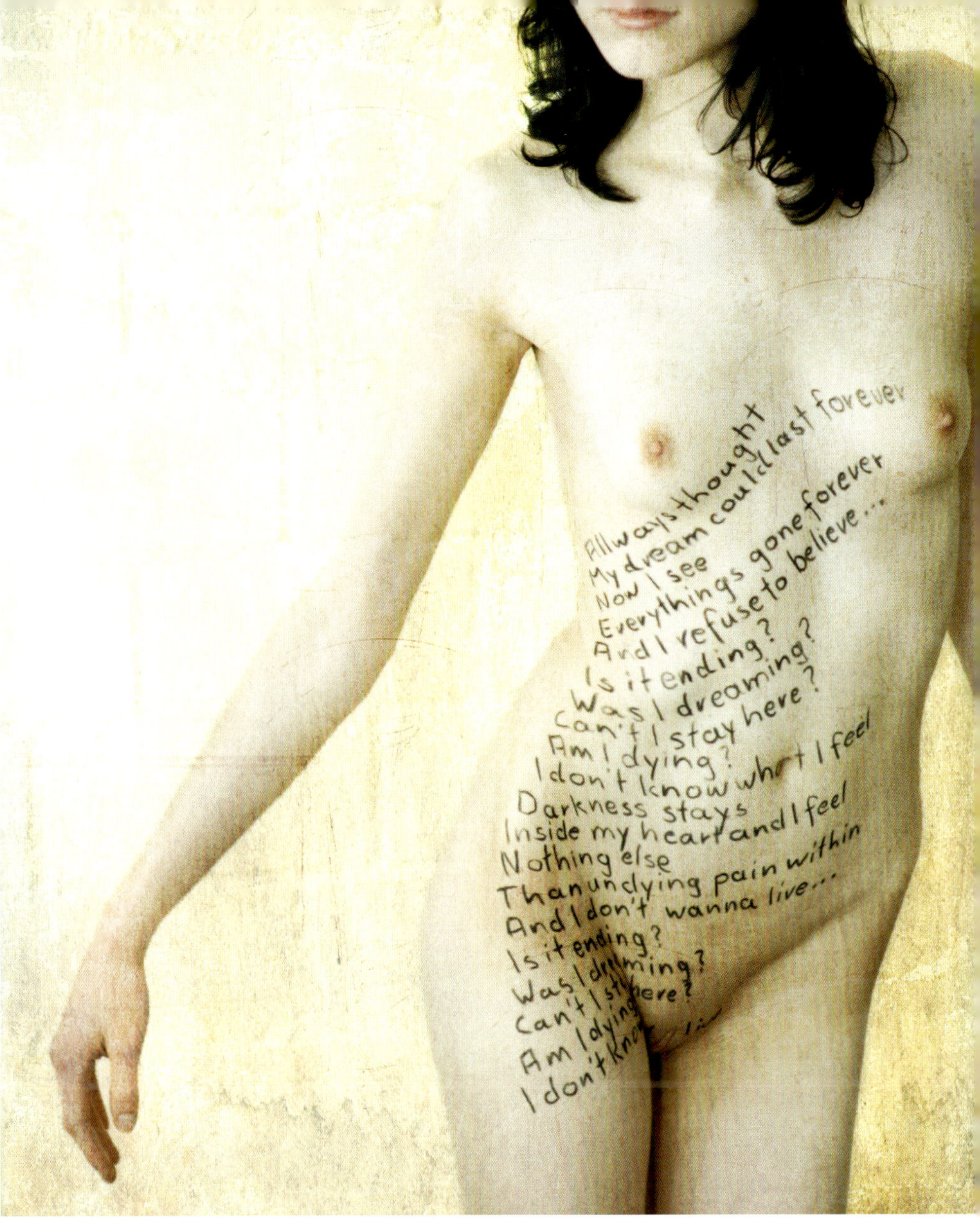

[>] gone forever

Hier habe ich versucht, der Nacktheit des Modells durch die Bearbeitung das Direkte und Reale zu nehmen. Durch die Erhöhung der Kontraste und die gleichzeitige Reduzierung der Farben sollte es durch die überlagerte Textur unwirklich scheinen. Das Licht ist, wie so oft bei mir, durch ein Fenster einfallendes Tageslicht, von rechts nur ein wenig durch eine Styroporplatte aufgehellt.

Nikon D700 (Vollformat) | 85 mm | 1/100 sek | f2,0 | ISO 500 | Modell Sandra

[>] unsinn

Es ist, was es ist: Vollkommen unretuschiert, nur mit minimaler Bearbeitung durch die Anpassung von Farbtemperatur und Kontrast, ist dieses Bild mit dem Gedicht von Erich Fried entstanden.

Nikon D700 (Vollformat) | 85 mm | 1/80 sek | f2,0 | ISO 800 | Modell Anonym

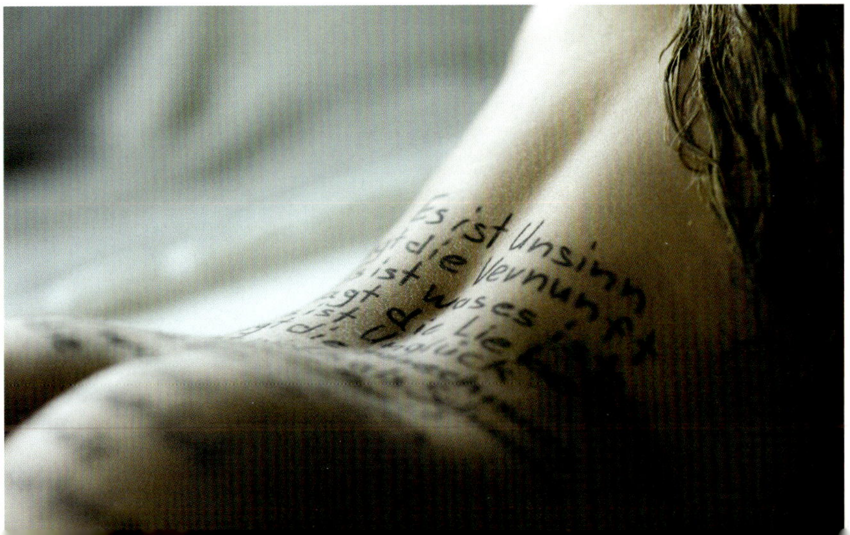

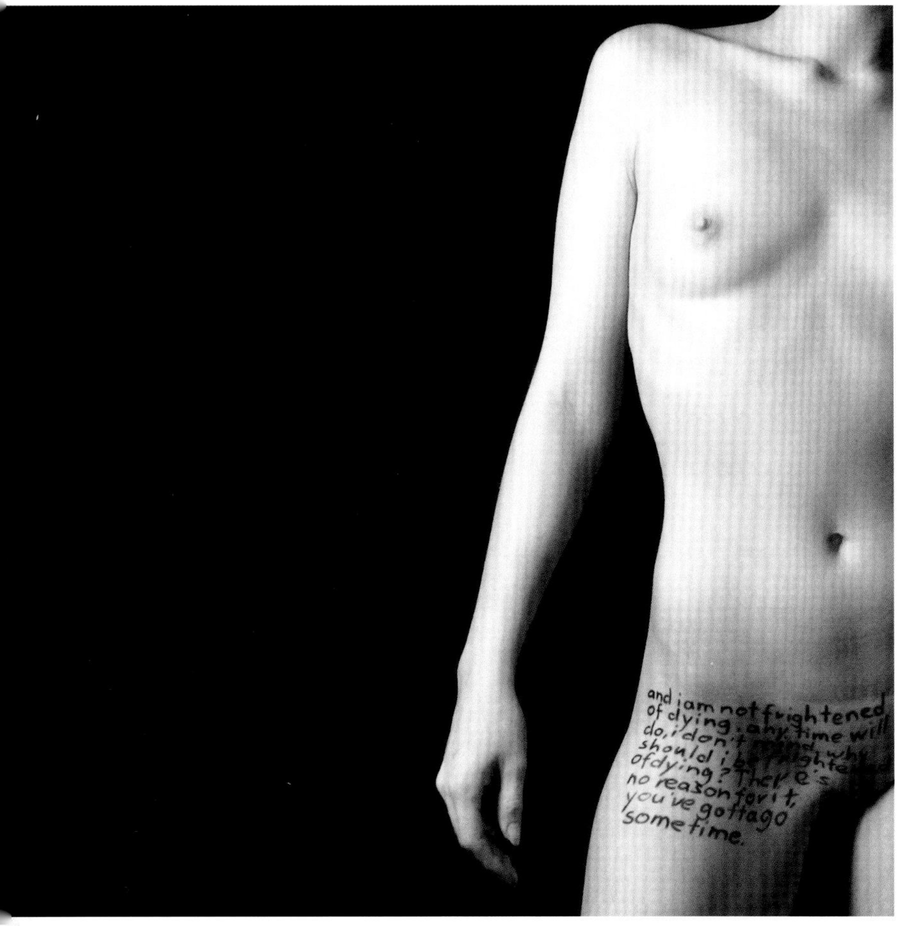

you've gotta go sometime
Auch in diesem Bild findet sich wieder der scheinbar nutzlose Freiraum, den ich nicht nur meinen Bildern bei natürlichem Licht gerne verleihe, sondern auch bei Studiofotos immer wieder einsetze. Um die Anonymität des Modells zu wahren, habe ich bei diesem Bild so weit wie möglich alle Muttermale, Leberflecken und Narben retuschiert. Der Text sollte erst auf den zweiten Blick zu erkennen sein, der flüchtige Betrachter sollte den Eindruck erhalten, dass es sich um ein Teilaktbild handelt.

Nikon D700 (Vollformat) | 85 mm | 1/125 sek | f3,2 | ISO 200 | Modell Anonym

Darf's ein bisschen mehr sein?

Durch den Einzug der digitalen Fotografie in nahezu alle Haushalte kommt fast jeder auch unweigerlich mit der Bildbearbeitung in Kontakt. Jeder Kamera liegt ein mehr oder weniger komfortables Programm bei, mit dem Sie Ihre Bilder ein wenig aufpeppen und kleinere Fehler korrigieren können. Rote-Augen-Korrektur, Beschnitt, Schwarzweißumwandlung und Sepiatonung beherrschen mittlerweile wohl alle Programme.

Die digitale Technik macht es möglich, dass jeder aus seinen Fotos das Optimum herausholen kann. Versuchen Sie aber schon bei der Aufnahme, Ihr Bild so zu gestalten, dass Schnitt, Belichtung, Farbstimmung und Kontrast Ihrer Vorstellung vom fertigen Bild entsprechen. Die nachträgliche Bearbeitung der Fotos sollten Sie trotzdem nicht unbeachtet lassen. Lokale oder technische Gegebenheiten verhindern vielleicht einen engeren Schnitt, Elemente im Hintergrund lassen sich eventuell nicht so im Bild platzieren, dass sie nicht stören, aber per Bildbearbeitung können Sie sie einfach aus dem Bild retuschieren. Fotografieren Sie jedoch auf keinen Fall einfach drauflos, weil Sie meinen, anschließend am Rechner ja immer noch alles bearbeiten zu können. Alles, was Sie schon bei der Aufnahme beachten, erleichtert Ihnen hinterher die Bildbearbeitung.

Besonders bei Studioaufnahmen ertappe ich mich immer wieder dabei, das Bild durch etwas kräftigere Bearbeitung mit Photoshop ein wenig aufpeppen zu wollen. Dabei ist das, was ich als »kräftige Bearbeitung« bezeichne, für echte Photoshop-Enthusiasten sicher nicht der Rede wert. Im RAW-Konverter Adobe Camera Raw (ACR) passe ich, wenn es nötig ist, noch leicht die Farbtemperatur, den Kontrast und den Schwarzwert des Bildes an und füge zudem häufig auch eine künstliche Vignettierung (Randabschattung) hinzu.

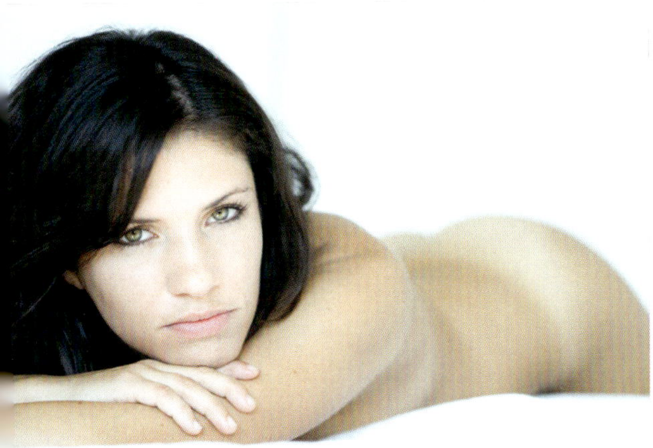

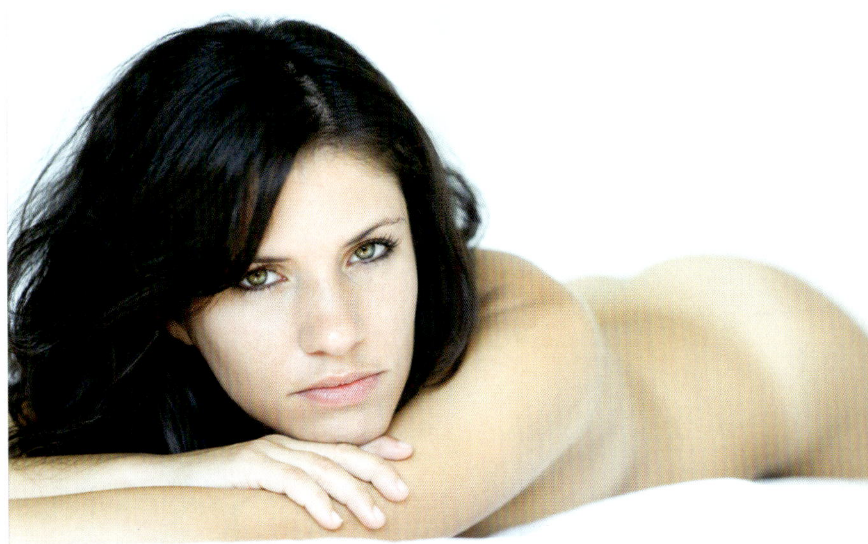

no doubt

Der Vorher-nachher-Vergleich zeigt, dass es sich bei meiner Art der Bearbeitung nur um wenige, sehr sanfte Retuschen handelt. Bei diesem Bild habe ich eine kleine Hautunreinheit im Gesicht und einige Leberflecken retuschiert. Zusätzlich habe ich noch das Gesicht etwas abgedunkelt und über das ganze Bild den Kontrast minimal erhöht. Das war alles. Zur Präsentation im Internet schärfe ich meine Bilder, nachdem ich sie verkleinert habe, noch leicht nach.

Nikon D700 (Vollformat) | 85 mm | 1/800 sek | f2,2 | ISO 400 | Modell Nadine

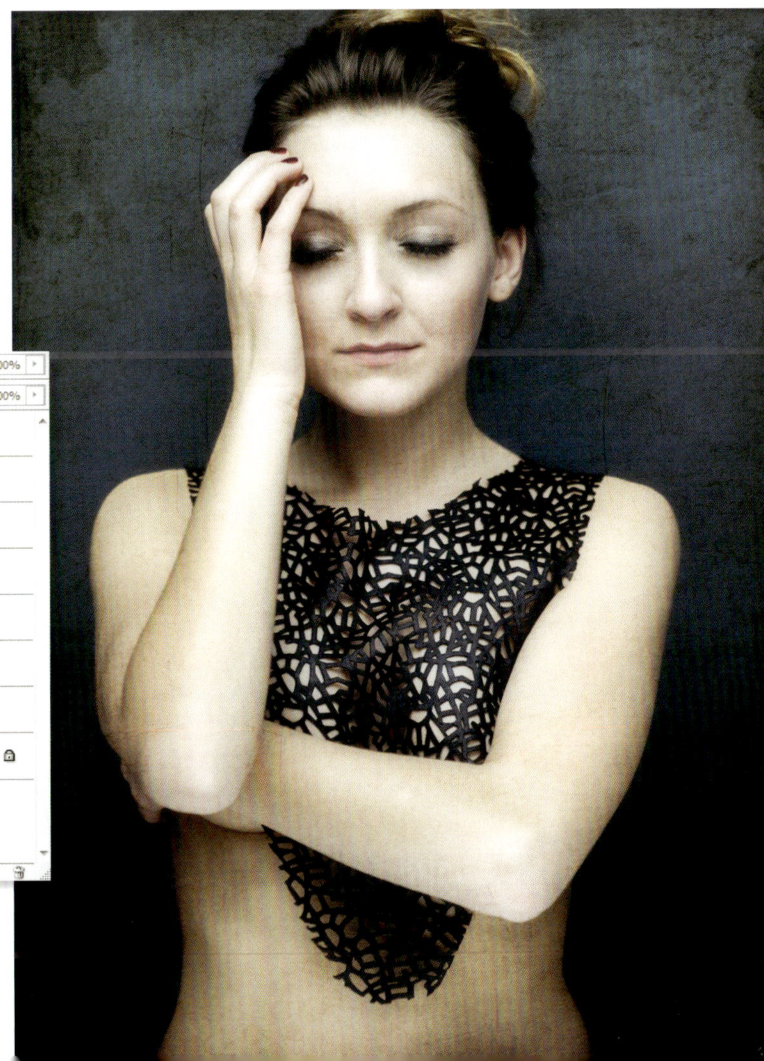

stars fading

Meine Studiobilder versehe ich sehr oft mit einer Textur, die den einfarbigen Studiohintergrund ein wenig auflockern soll. Dabei verwende ich immer dieselbe Textur, die ich entsprechend der Bildgröße skaliere oder beschneide, spiegele oder verzerre. Abgesehen von den üblichen Retuschen, kommt dann noch eine Ebene mit der Textur hinzu ❶. Diese Ebene bekommt den Füllmodus Ineinanderkopieren *und wird über eine Ebenenmaske im Bereich des Modells in der Deckkraft reduziert.*

Nikon D700 (Vollformat) | 85 mm | 1/80 sek | f2,5 | ISO 640 | Modell Marta

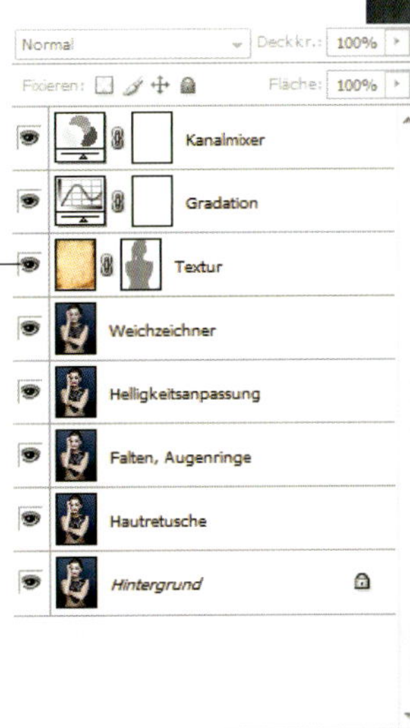

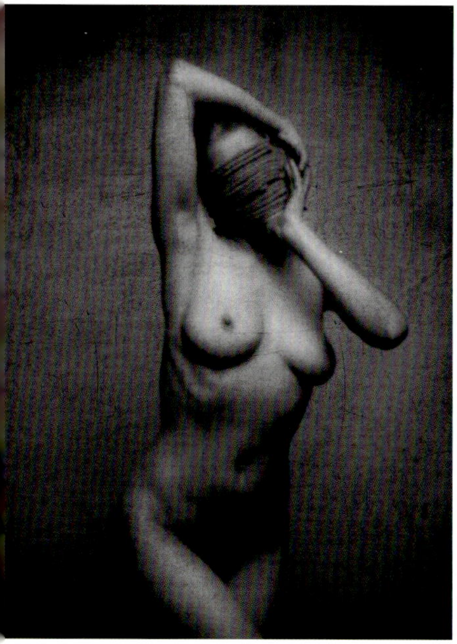

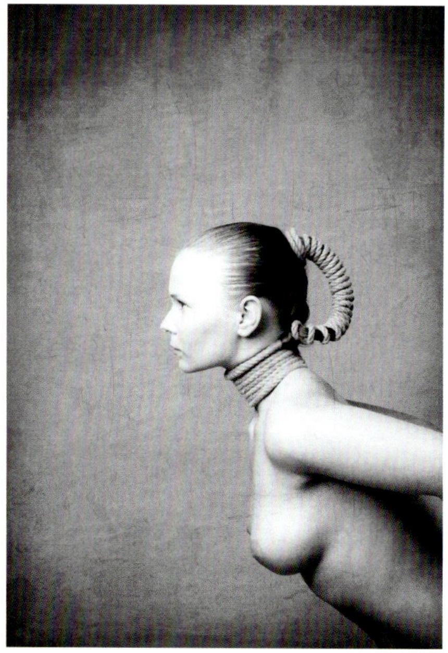

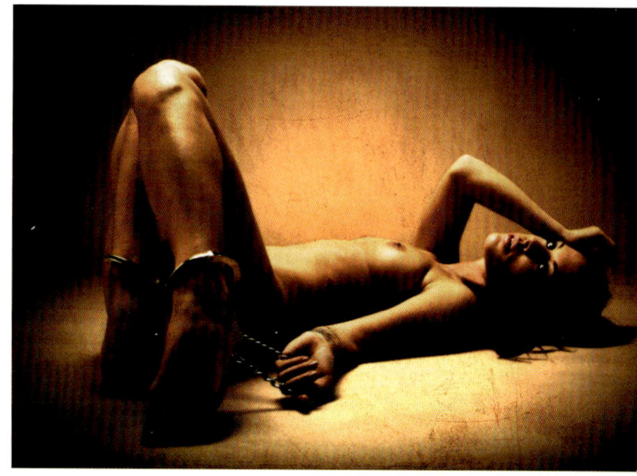

»it's the same old thing as yesterday«, »earthbound« und »hide what you have to hide«

Grundidee beim linken Bild war das klassische Fetisch-Motiv der nackten Frau mit verbundenen Augen. Da dieses Motiv aber im Grunde nur in einer entsprechenden Location funktioniert, haben wir es hier so weit abgewandelt, dass es zusammen mit der Bearbeitung zu etwas ganz Eigenem geworden ist. Angelehnt an das linke Bild, ist auch das mittlere Bild entstanden. Die Grundidee von dem Seil um den Hals war von mir, und die Visagistin und das Modell fügten die Verlängerung um die Haare hinzu. Auch im rechten Bild ist wieder das Thema der Fesselung umgesetzt, diesmal mit Handschellen.

***Links:** Nikon D700 (Vollformat) | 85 mm | 1/100 sek | f10 | ISO 200 | Modell Juliane*

***Mitte:** Nikon D700 (Vollformat) | 85 mm | 1/125 sek | f8 | ISO 200 | Modell Olivia*

***Rechts:** Nikon D700 (Vollformat) | 50 mm | 1/125 sek | f16 | ISO 200 | Modell Fauve*

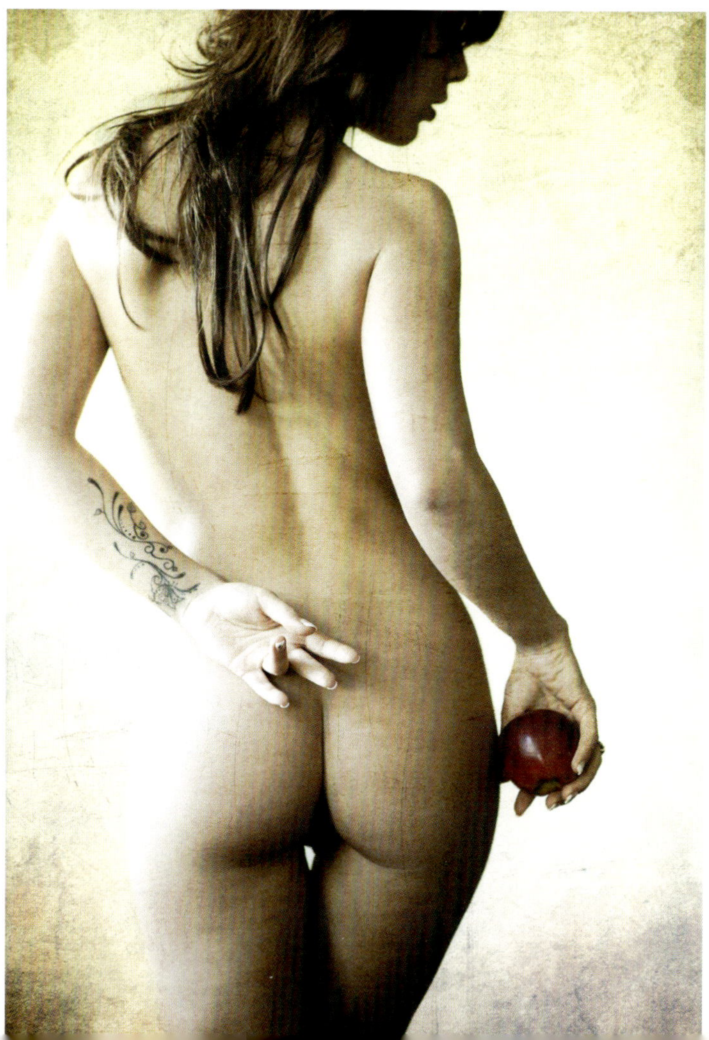

adorable creatures

Das ewige Motiv von der Verführung und der Sünde: die Frau mit dem Apfel. Wichtig war mir bei diesem Bild, den Apfel, das Tattoo und natürlich die sehr femininen Formen meines Modells geschickt in Szene zu setzen. Die größte Schwierigkeit dabei war die Haltung der Hände. Sie sollten wie zufällig aufgenommen wirken und doch eine gewisse künstliche Affektiertheit haben.

Nikon D700 (Vollformat) | 85 mm | 1/100 sek | f2,0 | ISO 400 | Modell Fauve

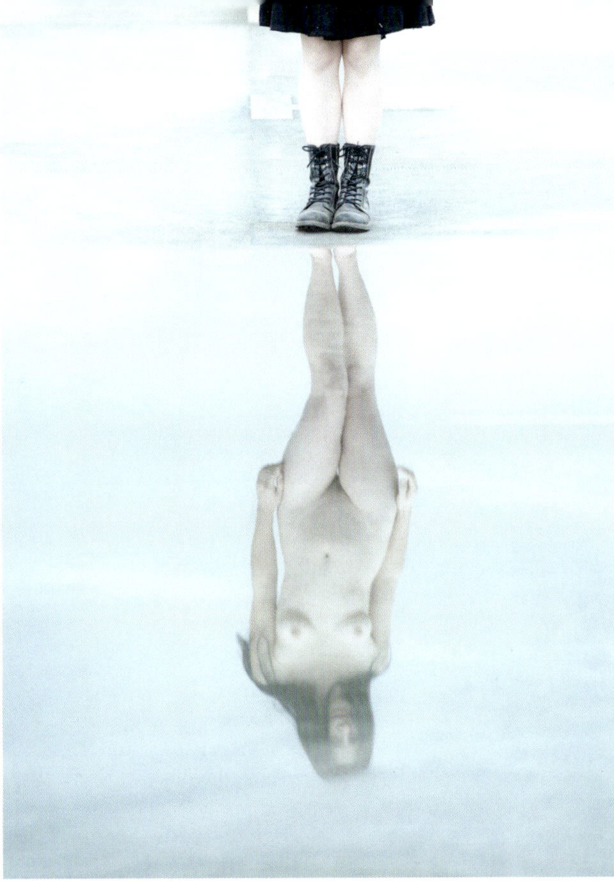

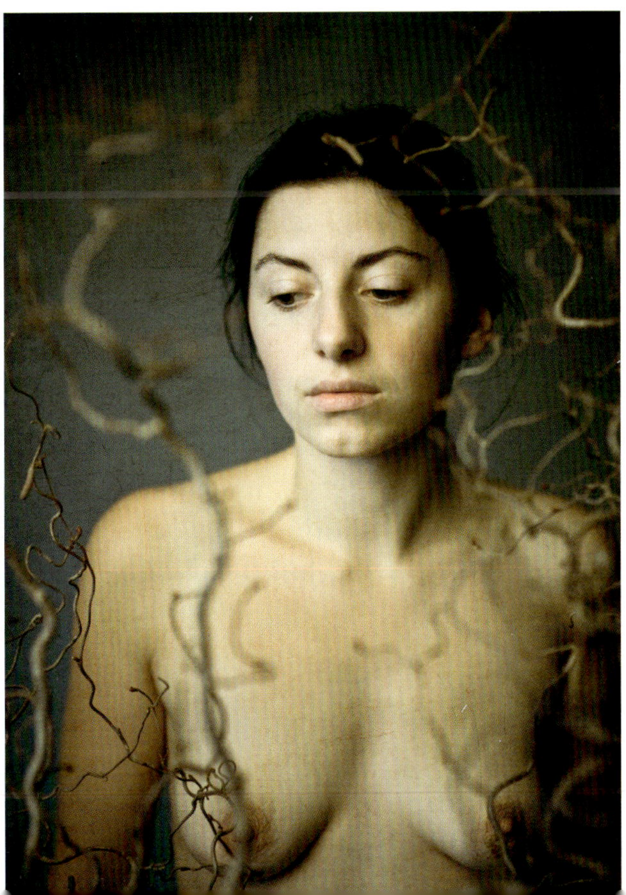

it's just coincidence

Auf den ersten Blick ein unbearbeitetes Bild, das erst auf den zweiten Blick die Unmöglichkeit der Situation offenbart. Zuerst fotografierte ich das Modell angezogen, eigentlich nur um zu prüfen, wo ich stehen muss, um es in der Spiegelung passend abzulichten. Danach fotografierte ich das Modell an der gleichen Stelle, nun aber unbekleidet. Die Bearbeitung beschränkte sich hier auf das Zusammenfügen der zwei Bilder zu einem. Alles andere ist so, wie es die Kamera geliefert hat.

Nikon D700 (Vollformat) | 200 mm | 1/320 sek | f4,5 | ISO 400 | Modell Katja

branches were sewn by the color of green

Ein paar Äste, grauer Hintergrundkarton, dazu ein ausdrucksstarkes Modell und ein lichtstarkes Objektiv – mehr war für dieses Bild, das aus einer spontanen Idee heraus entstanden ist, nicht nötig. Das Einstelllicht eines Studioblitzes beleuchtet das Modell und das Tageslicht den Hintergrund. Auch hier habe ich die Textur genutzt, um den tristen Studiohintergrund ein wenig aufzuwerten. Eine weitergehende Bearbeitung war nicht nötig, da das Bild sehr natürlich wirken sollte.

Nikon D700 (Vollformat) | 85 mm | 1/125 sek | f1,8 | ISO 800 | Modell Katja

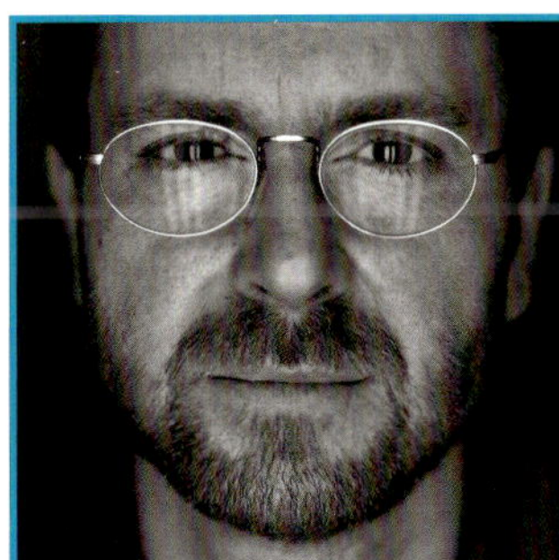

Der Autor

Ich wurde 1963 in der Nähe von Hannover geboren und bin 1990 der Liebe wegen nach Köln gezogen. Nach einer technischen Ausbildung und mehreren Jahren bei Film und Fernsehen kam 2004 mit dem Kauf einer Nikon D70 der Wunsch, selbst auch einmal vorzeigbare Fotos zu machen. Bis dahin beschränkte sich mein Kontakt mit der Fotografie auf das passive Konsumieren von Bildbänden und interessanten Fotoseiten im Internet. Ich begann mich ernsthaft mit der Fotografie zu beschäftigen, und schnell stellten sich erste Erfolge ein. Seit 2007 betreibe ich ein eigenes Fotostudio und arbeite freiberuflich als Fotograf.

Weitere Bilder finden Sie unter: *www.andreaspuhl.com*.

Monochrome Fine Art

Faszination Schwarzweißfotografie

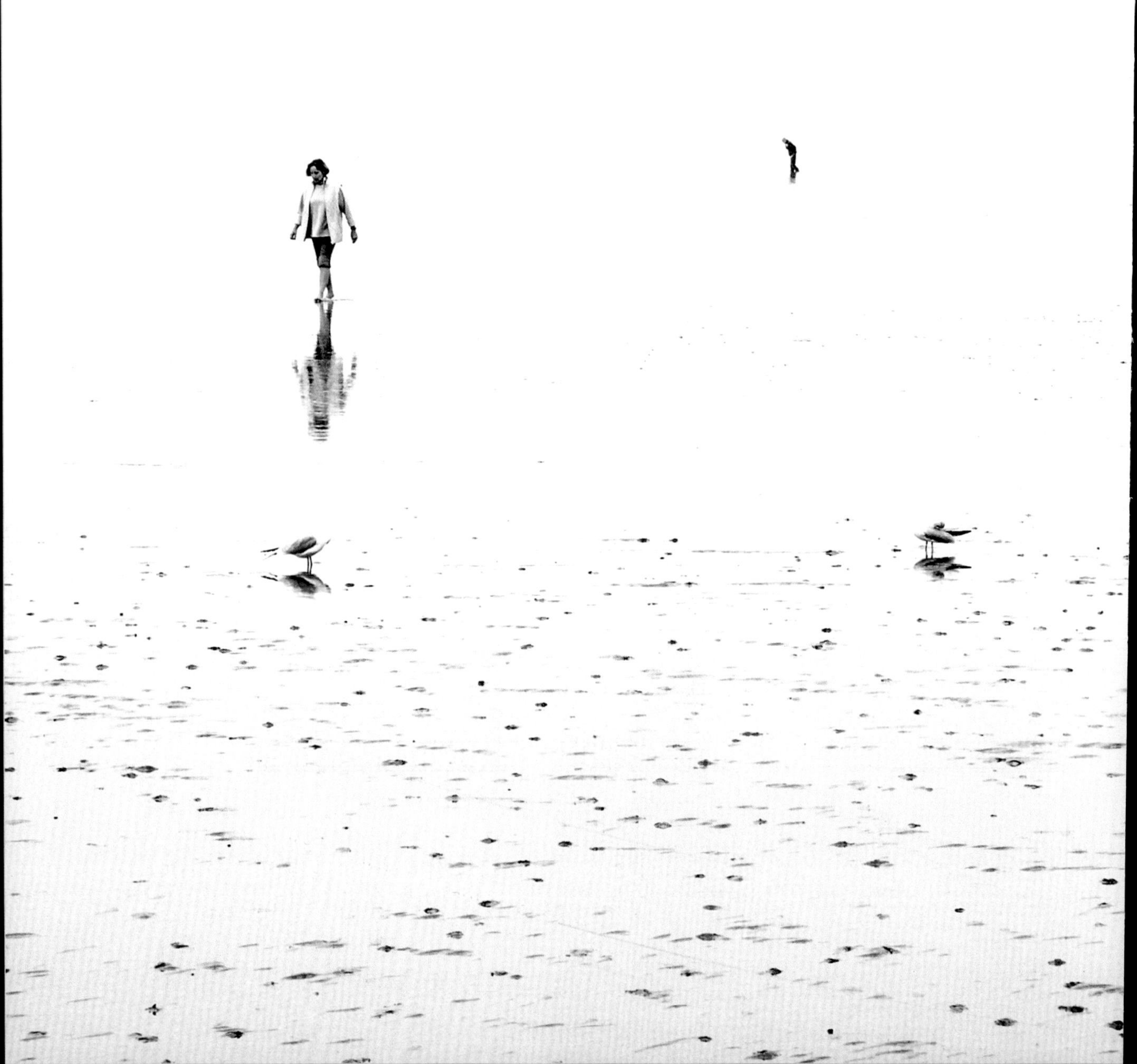

von Eddi Meier

In der *fotocommunity* finden Sie »Monochrome Fine Art« in der Sektion »Spezial«, und zwar als Untersektion zu »Fotokunst«. Wir befinden uns also sozusagen auf der untersten Stufe der *fotocommunity*-Spezialitäten, was aber nichts weiter bedeutet. Ganz im Gegenteil – die Sektion ist sehr beliebt. Warum? Schwarzweiße oder getonte Bilder haben oft eine ganz besondere Ausstrahlung. Sie wirken nicht alltäglich, sie sind edel, wertvoll und mitunter sogar von einer künstlerischen Aura umgeben. Doch was steckt hinter dieser Bildwirkung, und wie erlangt man sie? Darum geht es in diesem Kapitel.

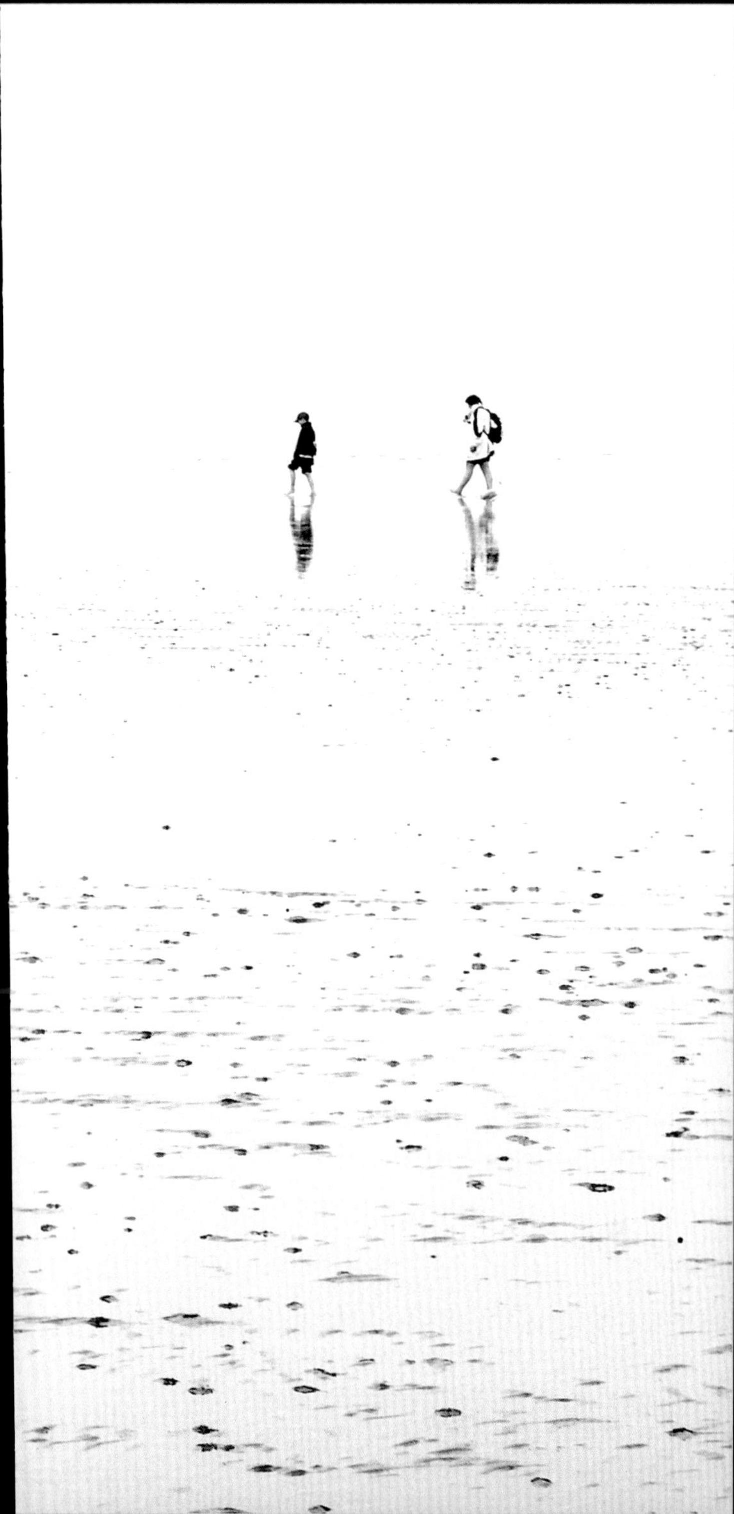

Übers Wasser gehen
An einem ruhigen Morgen im Büsumer Watt. Die kontemplative Stimmung kommt ohne Farbe viel besser zur Geltung.

Canon EOS 20D (Cropfaktor 1,6) | 85 mm | 1/200 sek | f14 | ISO 200 | RAW

Der Begriff »Monochrome Fine Art« wird im Umfeld der Fotografie sehr oft verwendet, und doch findet sich nirgendwo eine allgemeingültige Definition. Zusammenfassend würde ich sagen: Es handelt sich dabei um Schwarzweißfotografie, »nur für schön«, für die Galerie (selbstverständlich im übertragenen Sinne) oder wenigstens für die Wand, mit einem künstlerischen Touch – und das alles möglichst in handwerklich höchster Vollendung.

Inspiration | Werfen Sie doch zunächst einmal einen Blick auf die Werke berühmter Fotografen dieses Genres. Zu den bedeutendsten, bei denen Schwarzweißarbeiten im Vordergrund stehen, zählt ohne Zweifel Michael Kenna (*www.michaelkenna.net*). Josef Hoflehner (*www.josefhoflehner.com*), Nick Brandt (*www.nickbrandt.com*) sowie Jean Michel Berts (*www.jeanmichelberts.com*) sind weitere bekannte Vertreter. Diese Fotografen verbindet, dass sie ein Konzept und eine unverwechselbare Handschrift haben. Das zeigt sich in der Auswahl von bestimmten Themen und Motiven, aber auch bei den verwendeten Stilmitteln. Die Beschäftigung mit ihren Bildern ist nicht nur ein Genuss für den feinsinnigen Betrachter, sie ist auch inspirierend und wegweisend für die eigene Arbeit.

Nehmen wir als Beispiel Michael Kenna, einen der »Säulenheiligen« unter den Vertretern dieser Richtung. Seine Fotos strahlen eine große Ruhe aus, sie sind zeit-

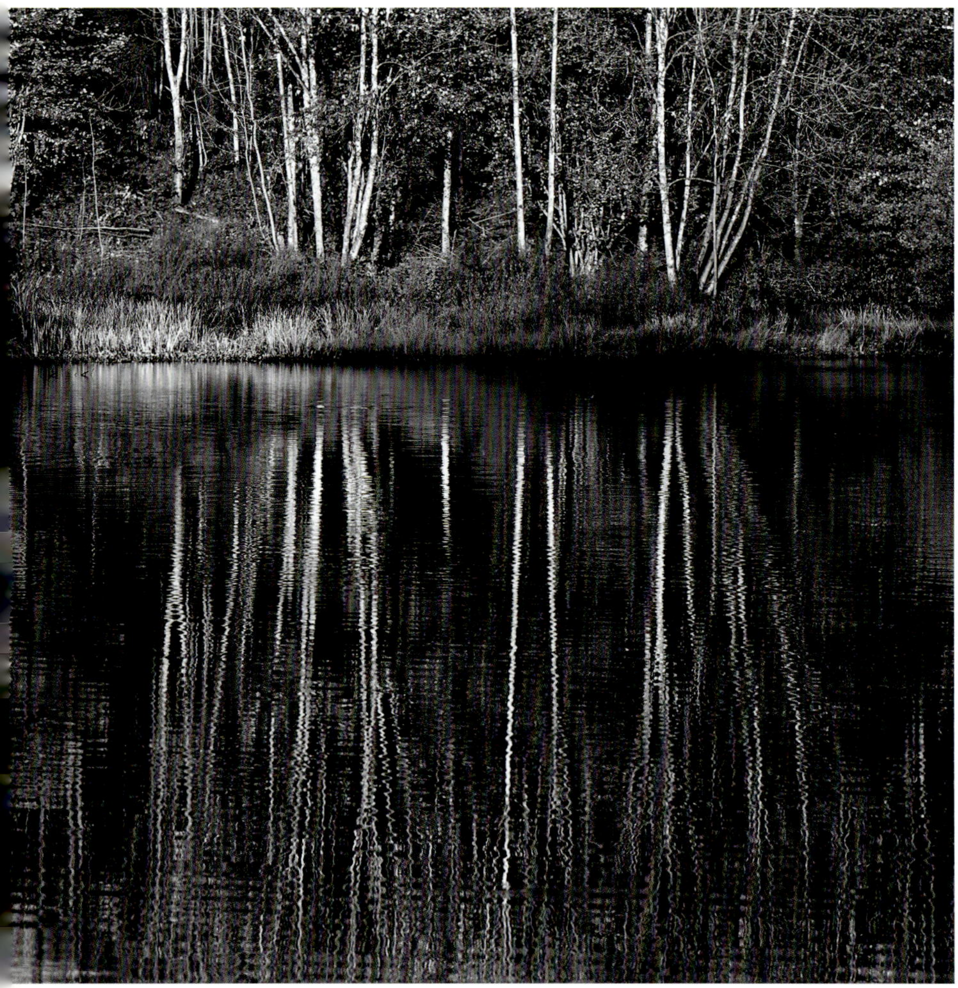

mystics #10

Eines der Bilder, das seine Wirkung – wie in der fotocommunity-Sektion beschrieben – »durch das Weglassen von Farbe entfaltet«.

Canon EOS 40D (Cropfaktor 1,6) | 109 mm | 1/250 sek | f5,6 | ISO 200 | RAW

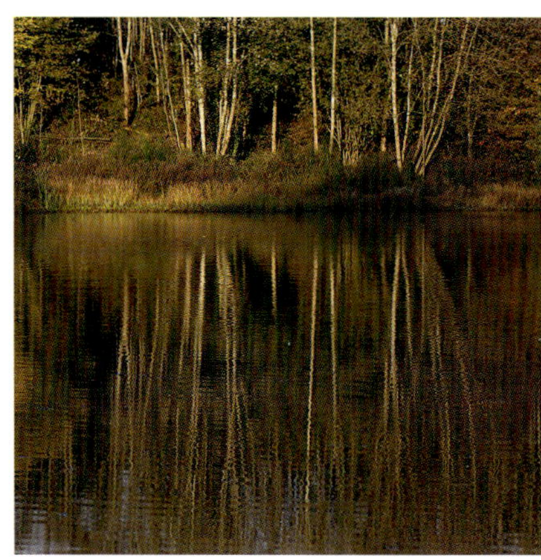

los, und ihre Motive wirken regelrecht erhaben. Lange Belichtungszeiten lassen Wolken oder Wasser fließen, während die Hauptmotive wie zum Beispiel Gebäude, Brücken oder Bäume fest im Strom der Zeit zu stehen scheinen. Die Bilder sind »rund«: Thema, Motiv und Stilmittel sind perfekt aufeinander abgestimmt, so dass sich alles in einer beeindruckenden Bildsprache zu einem grandiosen und harmonischen Gesamtbild zusammenfügt. Es gibt also viel zu lernen von diesen Fotografen. Schauen Sie sich möglichst viele Portfolios von Fine-Art-Fotografen an, und lassen Sie sich inspirieren.

Der lange Weg zum Bild | Wenn Sie fleißig Fotos machen und regelmäßig prüfen, ob sie vielleicht auch in Schwarzweiß gut aussehen, so landen Sie bestimmt hier und da einen Treffer in Gestalt eines guten Schwarzweißfotos. Die Methode »Versuch und Irrtum« mit ihren Zufallsergebnissen wird Sie aber kaum zu einem guten Schwarzweiß- und erst recht nicht zu einem guten Fine-Art-Fotografen machen.

Gute Bilder lassen sich nicht nebenher produzieren. Wenn das Bild, die Fotografie, für sich steht und nicht

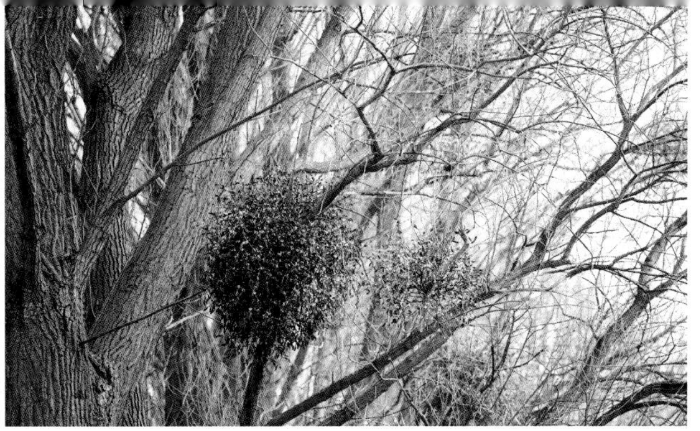

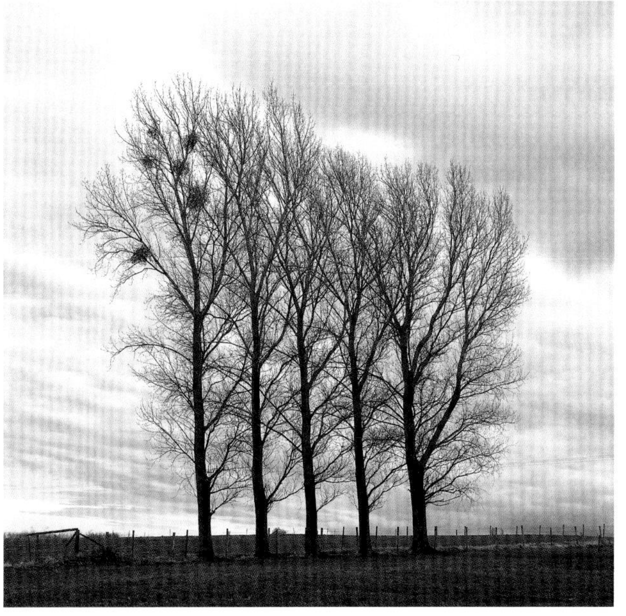

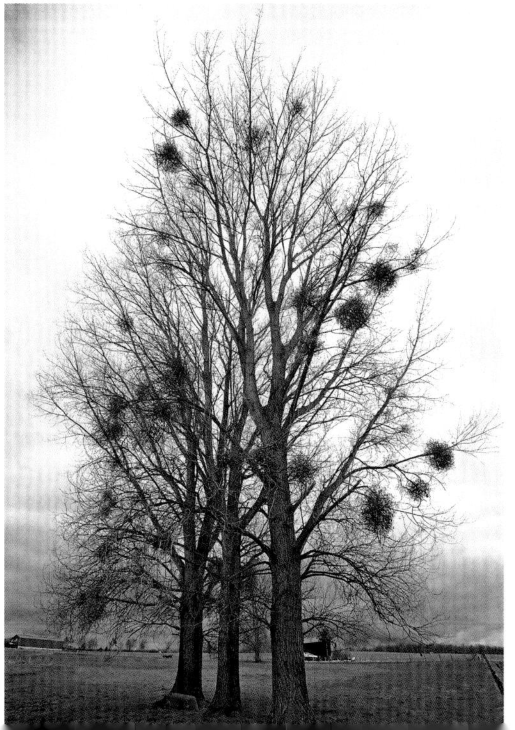

Versuche mit Misteln

Seit einiger Zeit interessiere ich mich für Misteln. Misteln mögen es warm, dort wo ich wohne, ist es ihnen bisher eigentlich zu kalt gewesen. Auffallend ist aber, dass ihre Zahl zunimmt, und ich habe auch den Eindruck, dass sie immer weiter in die Höhen vordringen. Misteln sind Schmarotzer und man sagt ihnen Heilwirkungen nach. Außerdem spielten Misteln auch schon bei Asterix und Obelix eine wichtige Rolle. Genug Gründe also, sich fotografisch mit ihnen auseinanderzusetzen. So richtig zufrieden bin ich bisher aber noch nicht mit den Ergebnissen, und es wird sicher noch eine Weile dauern, bis ich den richtigen Dreh gefunden habe. So empfinde ich das untere Beispiel hier als kitschig, das mittlere als langweilig, und auch das obere ist noch nicht ganz auf den Punkt gebracht.

***Oben:** Canon EOS 5D Mark II (Vollformat) | 188 mm | 1/500 sek | f4,5 | ISO 400 | Belichtungskorrektur –2/3 Blende | RAW*

***Mitte:** Canon EOS 5D Mark II (Vollformat) | 47 mm | 1/320 sek | f10 | ISO 200 | RAW*

***Unten:** Canon EOS 5D Mark II (Vollformat) | 17 mm | 1/125 sek | f13 | ISO 320 | Belichtungskorrektur –1/3 Blende | RAW*

bloß einen Augenblick dokumentieren soll, dann geht es um mehr als »nur« darum, im richtigen Moment auf den Auslöser zu drücken. Es ist ein langer Prozess, an dessen Beginn die gedankliche Auseinandersetzung mit Motiven und Themen steht. Vor Ort, bei der Aufnahme, ist das fotografische Handwerk gefragt und später das Know-how zur *Postproduction*, wie die Nachbearbeitung auch genannt wird. Ganz am Ende steht dann die Präsentation. Und nur dann, wenn auch dieser Schritt ebenso wie alle anderen zuvor gelingt und im Einklang mit ihnen steht, ist das Bild gelungen. Dann ist Ihr Bild »rund«.

Künstlerische Aspekte

»Sie erwarten von mir, dass ich Ihnen sage, dass ich Ihnen definiere, was Kunst ist? Wenn ich es wüsste, würde ich es für mich behalten« – so Pablo Picasso. Ich weiß es natürlich auch nicht, will im Folgenden aber einige Gesichtspunkte jenseits von Handwerk und Technik wenigstens ansprechen.

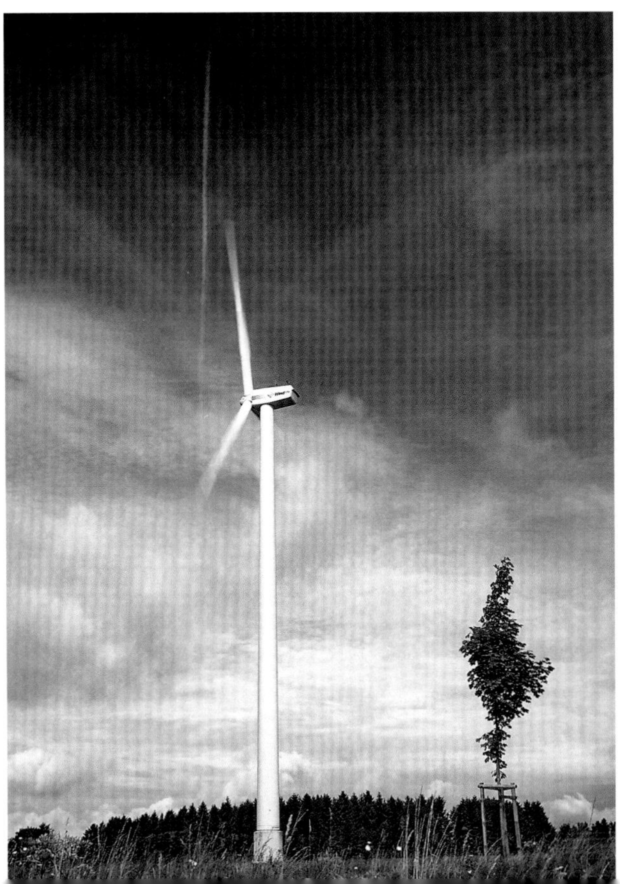

Stimmung, Gedanken und Ansichten | Falls Sie also mehr als nur Schnappschüsse machen wollen und wenn Ihre Fotos nicht beliebig sein sollen, dann müssen Sie sich mit Ihren Themen und Motiven gedanklich auseinandersetzen. Dabei entwickeln Sie Ansichten, es entstehen Stimmungen und Empfindungen. Bringen Sie das alles in Ihre Bilder ein. Visualisieren Sie Ihre Überlegungen. Machen Sie Verborgenes offensichtlich, und stellen Sie das Offensichtliche infrage. Wie das geht? Leider gibt es dafür keine Anleitung nach dem Muster: »Klicken Sie dort, und drücken Sie Eingabe«. Ich kann Ihnen höchstens Denkanstöße geben. Und die Schwarzweißfotografie hilft Ihnen dabei, denn die Reduktion auf das Wesentliche ist eine ihrer wesentlichen Eigenschaften.

Denkprozesse in Gang setzen | Lassen Sie Ihr Publikum mitdenken, damit es sich nicht langweilt. Geben Sie ihm etwas zu tun. Wenn sich die Betrachter mit Ihren Bildern auseinandersetzen sollen, dann müssen Sie ihnen dafür auch Gründe und Anreize liefern. Das Publikum muss sich Fragen stellen: »Was ist das? Was geht da vor?« Sie können die Leute mit gestalterischen oder inhaltlichen Mitteln einfangen oder – noch besser – mit beidem. Übrigens: Die Darstellung in Schwarzweiß ist auch hier wieder von Vorteil. Eine prägnante grafische und monochrome Gestaltung zieht den Betrachter eher an als ein Bild, das schön blau, knallrot oder quietschbunt

Windenergie
Windräder – ökologisch korrekt, ästhetisch zumindest fragwürdig. Und wer direkt in der Nähe eines Windparks wohnt, kennt auch die Geräuschemissionen. Für viele Landschaftsfotografen sind sie einfach nur Hindernisse oder gar Ärgernisse. Windräder sind Technik, ebenso wie Düsenflugzeuge Technik sind. Da können der Wald und die ganze Natur drumherum schon mal zur Nebensache werden. Andererseits geben sie auch dankbare Fotomotive ab: Windparks sind die reinste Spielwiese für Fotografen. Windräder können – mit dem fotografischen Auge gesehen – ansprechend wirken. Also sind sie doch ästhetisch? Jedes Mal, wenn ich Windräder sehe, suche ich nach Perspektiven und Antworten auf die Frage, wie diese Überlegungen und dieser Zwiespalt am besten in ein Foto zu packen sind. Für dieses Bild lag ich übrigens mit Kamera und Stativ in einem Straßengraben.

Canon EOS 40D (Cropfaktor 1,6) | 22 mm | 1/10 sek | f16 | ISO 100 | Grauverlaufsfilter | RAW

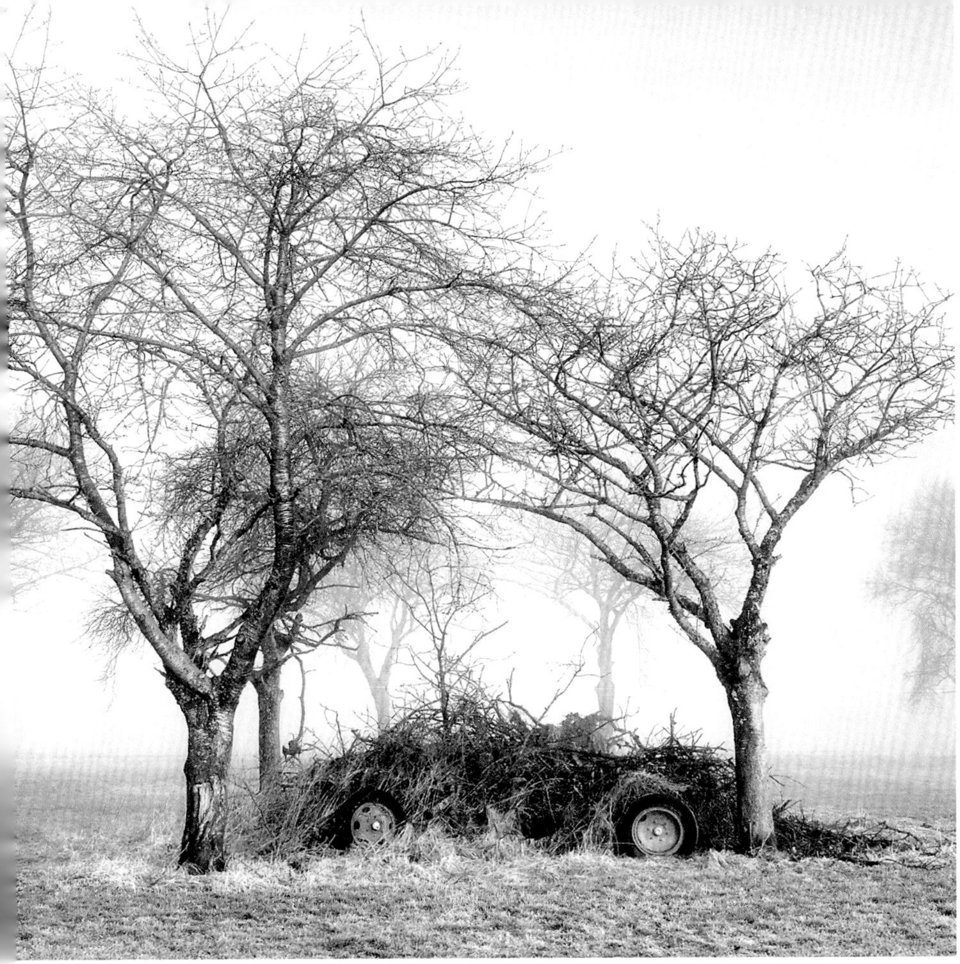

[<] Rommersheim

Das prominent und in starkem Kontrast zur Umgebung mittig platzierte Hauptmotiv erregt in einer Ausstellung auch dann sofort die Aufmerksamkeit der Besucher, wenn es inmitten einer Reihe anderer Bilder hängt. Die Leute treten einen Schritt näher, schauen eine Weile, runzeln die Stirn, und dann kommen immer dieselben Fragen: »Was ist das? Ist das ein Auto? War das so, oder haben Sie das inszeniert?« Die Betrachtungsdauer ist bei diesem Bild viel länger als bei anderen Bildern. Es ist kein Auto, sondern ein ausgedienter Wagen, den ein Landwirt unter Schnittholz verstecken wollte. Ich bin eine halbe Stunde dort herumgestromert und habe die gesamte Umgebung auf mich wirken lassen, bevor ich dieses Foto gemacht habe.

Canon EOS 40D (Cropfaktor 1,6) | 27 mm | 1/250 sek | f10 | ISO 125 | RAW

ist. Zumindest ist die Wirkung nachhaltiger. Und wenn Sie sich fremde Bilder anschauen, wenn Sie beispielsweise durch die Bilder in der *fotocommunity* klicken, so verweilen Sie bei dem einen oder anderen Bild sicher etwas länger. Denken Sie darüber nach, warum das so ist, und versuchen Sie daraus zu lernen.

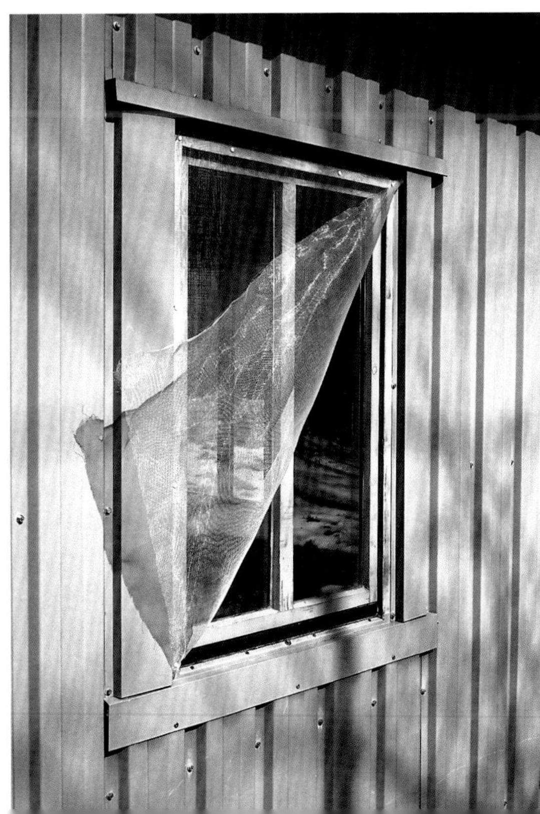

[>] Vogelsang

Auch dieses Bild beschäftigt die Betrachter meistens etwas länger. Es ist die Bewegung in einem an sich statischen Motiv, die Fragen aufwirft. Das Insektenvlies kann eigentlich nur vom Wind in Bewegung gebracht worden sein; zusätzlich scheint die Sonne. Zusammen mit dem Wellblech, dem Licht- und Schattenspiel darauf und dem Schnee, der sich im Fenster spiegelt, entsteht eine eigenartige Stimmung, die den Betrachter beschäftigt. Das liegt nicht zuletzt daran, dass keine Farbe von diesen Bildelementen ablenkt.

Canon EOS 40D (Cropfaktor 1,6) | 28 mm | 1/1000 sek | f7,1 | ISO 200 | RAW

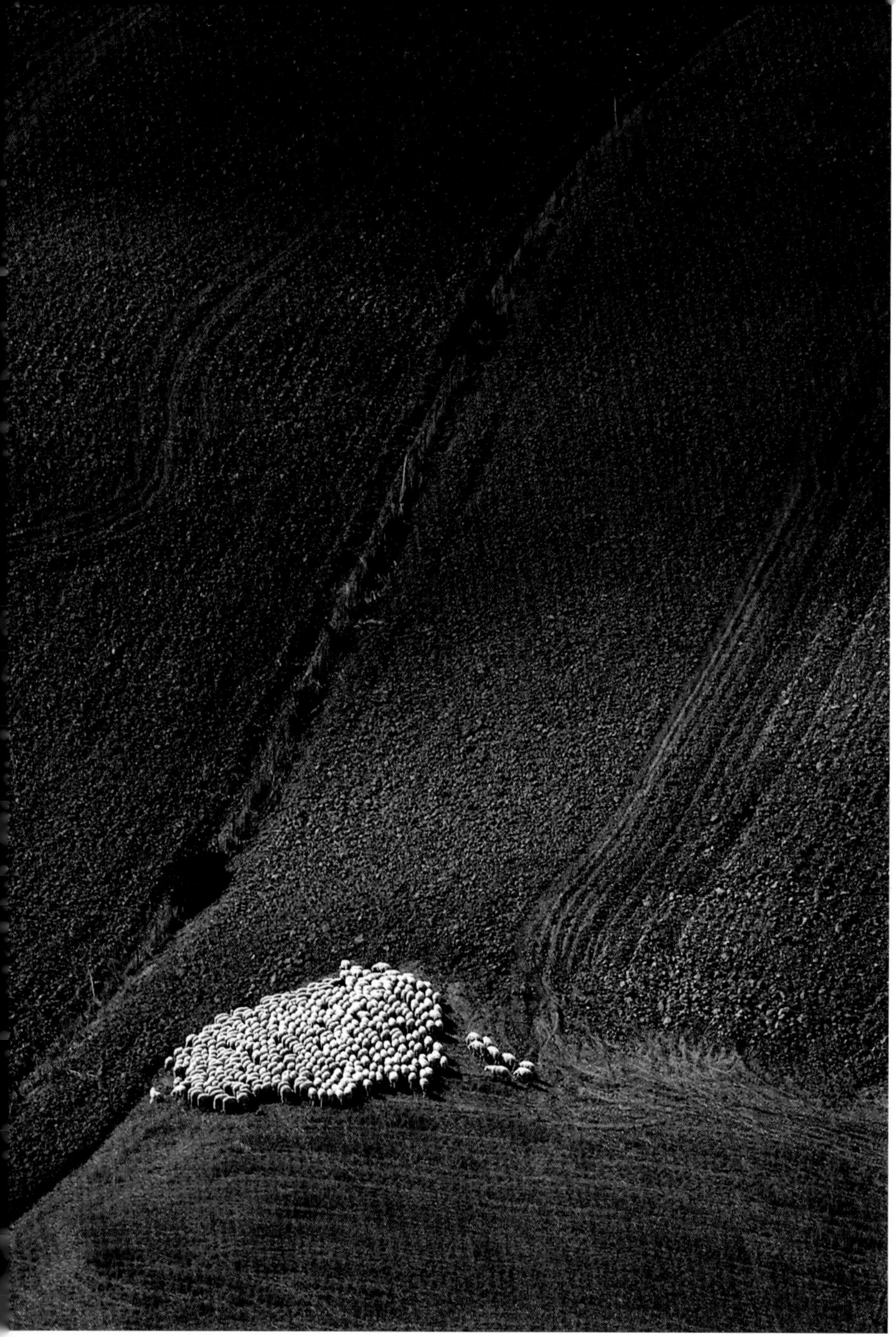

Die Versammlung toskanischer Schafe
Eindeutig ein Fall für ein Schwarzweißbild: Hier kommt es auf die Schafe an und darauf, dass sie auf einem Platz zusammenstehen. Der helle Fleck zieht den flüchtigen Betrachter in das Bild. Die Platzierung der Schafe und das Hochformat waren eine gefühlsmäßige Entscheidung. Viel Zeit zum Überlegen war nicht, denn die Versammlung hat sich schnell wieder aufgelöst.

Canon EOS 40D (Cropfaktor 1,6) | 187 mm | 1/500 sek | f8 | ISO 160 | RAW

Der eigene Stil | Ein eigener Stil fördert den Wiedererkennungswert und damit die Erfolgsaussichten Ihrer Bilder. Aber wie finden Sie Ihren eigenen Stil? Wenn Sie Ihre Überlegungen und Konzepte in gute Bilder umsetzen, bringen Sie auch Ihre Bildsprache damit in Einklang. Mit »Bildsprache« meine ich in diesem Fall den gezielten Einsatz gestalterischer Mittel (Perspektive, Belichtung, Schärfesetzung, Ausschnitt etc.), um die beabsichtigte Bildaussage zu unterstützen oder überhaupt erst zu erreichen. Präsentationsformen, Bildbearbeitungen und dergleichen sind dabei nicht allein die Lösung. Das alles ist von jedermann reproduzierbar. Ihr *eigener* Stil muss »von innen« kommen, er muss Ausdruck Ihrer Gedanken sein. Nicht umsonst steht der Stil eines Fotografen sehr oft in Einklang mit seiner Persönlichkeit. Und wenn Sie Ihre Bildsprache gefunden haben, müssen Sie sie beibehalten und immer wieder anwenden, ganz nach dem Motto »Steter Tropfen höhlt den Stein«. Sie finden Ihren Stil also nicht, sondern bilden ihn heraus – und das fordert Geduld.

Vor Ort – Motive und Gestaltung

Beim Fotografieren in Schwarzweiß sind Sie weder auf bestimmte Motive festgelegt noch sind spezielle Regeln etwa für die Bildgestaltung zu beachten. Der eine oder andere Tipp kann Ihnen aber vielleicht dennoch helfen, nicht einfach so ins Blaue hinein zu fotografieren.

Motive | *Die* typischen Schwarzweißmotive gibt es nicht, und grundsätzlich können Sie alles in Schwarzweiß fotografieren. Das bietet sich sogar in vielen Fällen an, denn immer dann, wenn die Farbe nichts zur Bildaussage beizutragen hat, können Sie sie auch weglassen. Nur wenn Sie in einer Dokumentation zum Beispiel zeigen wollen, dass in Taka-Tuka-Land die Feuerwehrautos gelb statt rot sind, müssen Sie natürlich in Farbe fotografieren.

Für den Fall, dass Sie in der Auswahl Ihrer Motive frei sind, weil Sie in erster Linie Schwarzweißfotos machen wollen, so halten Sie Ausschau nach prägnanten Formen und Strukturen – das macht das Fotografieren ohne Farbe am Anfang einfacher. Überlegen Sie ganz genau, was Sie eigentlich zeigen wollen, und setzen Sie das mit gestalterischen Mitteln bestmöglich in Szene. Durch das Fehlen des Gestaltungselements Farbe treten inhaltliche oder kompositorische Schwächen nämlich sehr deutlich zutage. Konzentrieren Sie sich auf das Licht und die grafischen Elemente, und versuchen Sie, Ihr Bild in jeder Hinsicht auf den Punkt zu bringen.

Das Schwarzweißdenken trainieren | Es ist wichtig, dass Sie ein Gefühl dafür entwickeln, wie das, was Sie in Farbe sehen, in einem Schwarzweißbild wirkt. Das ist eine Frage der Erfahrung, und die sammeln Sie nur durch ständige Übung. Daher hier ein Tipp: Wenn Ihre Kamera das RAW-Format beherrscht, stellen Sie die Voreinstellungen Ihrer Kamera auf Schwarzweiß und als Format RAW ein. Dadurch sehen Sie Ihr Bild auf dem Display in Schwarzweiß und können die Wirkung in Schwarzweiß an Ort und Stelle beurteilen. Das RAW-Format sorgt dafür, dass generell alle Bildinformationen, auch die zur Farbe, gespeichert werden. Zu Hause können Sie dann im Zweifel immer noch ein Farbbild daraus machen. Schauen Sie sich zu Hause möglichst viele Ihrer Bilder abwechselnd in Farbe und in Schwarzweiß an. Mit der Zeit wird Ihnen die Abstraktion beim Fotografieren viel leichter fallen.

»In the mood« | Wer kennt nicht das Gefühl von Uninspiriertheit und Lustlosigkeit, das einen hin und wieder

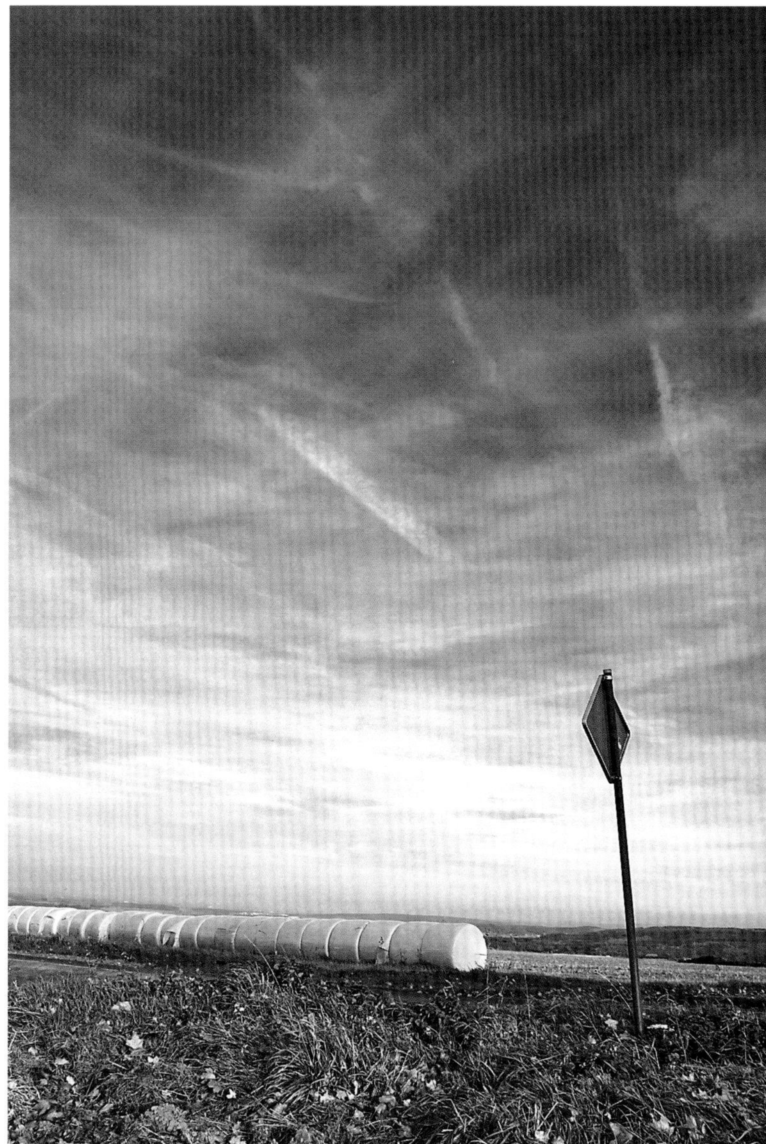

Vorfahrtstraße

Eines der Ergebnisse des »Herumschlenderns«: Ich dachte, mit den eingepackten Strohballen neben der Straße ließe sich doch irgendetwas anfangen. Nach ungefähr 20 Minuten kam mir die Bildidee. Durch die Gestaltung wird hier ein Zusammenhang suggeriert, den es so gar nicht gibt. Man möchte meinen, die Ballen bewegten sich auf das Schild zu, und man fragt sich, ob die Kondensstreifen, die vermeintlich vom Schild abstrahlen, etwas damit zu tun haben könnten. Das alles funktioniert viel besser in Schwarzweiß als in Farbe, denn Farben würden hier nur ablenken.

Canon EOS 40D (Cropfaktor 1,6) | 17 mm | 1/250 sek | f9 | ISO 160 | Belichtungskorrektur +1/3 Blende | RAW

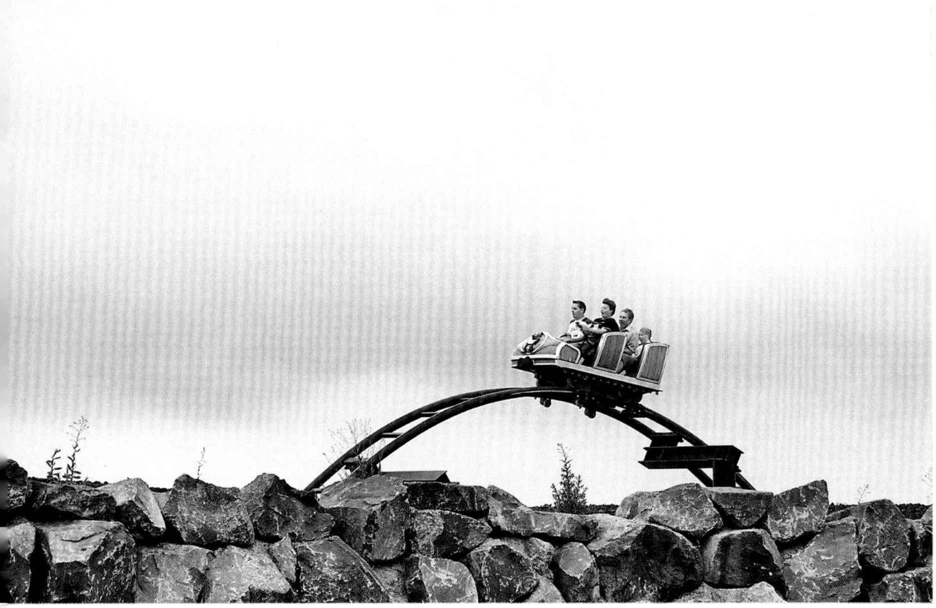

Rummel
Im Freizeitpark: Während die Kinder mit der Achterbahn gefahren sind, habe ich mir alles in Ruhe von unten angeschaut und irgendwann diese Perspektive gefunden.

Canon EOS 20D (Cropfaktor 1,6) | 85 mm | 1/400 sek | f9 | ISO 200 | RAW

überfällt, wenn man mit der Kamera unterwegs ist? Ein guter Tipp ist, solche Phasen mit einer fotografischen Fingerübung zu überwinden: Stellen Sie sich mit Ihrer Kamera an einen beliebigen Ort, und nehmen Sie sich viel Zeit, vielleicht eine halbe oder besser noch eine ganze Stunde. Nehmen Sie sich vor, in dieser Zeit mit möglichst wenigen Versuchen das bestmögliche Foto von diesem Ort zu machen – das Foto, das ihn am besten charakterisiert. Fotografieren Sie nicht sofort drauflos. Schauen Sie sich die Umgebung ganz genau an, schlendern Sie ein wenig herum, und lassen Sie alles in Ruhe auf sich wirken. Nach einer Weile werden Sie Dinge sehen, die Ihnen vorher gar nicht aufgefallen waren. Irgendwann, wenn Sie meinen, dass es so weit ist, machen Sie dann Ihr Bild. Sie werden feststellen, dass Sie mit dieser Methode viel bessere Fotos machen können, als Sie bisher dachten.

Die Rolle der Ästhetik | Es heißt, Schwarzweißbilder hätten eine ganz besondere Ästhetik. Ich meine, so etwas Besonderes sind sie gar nicht. Der erste Effekt ergibt sich wie von selbst, nämlich durch das Weglassen der Farbe. Was der Betrachter jetzt sieht, erscheint ihm ungewohnt; es entspricht schließlich nicht seiner alltäglichen Sichtweise. Begreift man Ästhetik als Synonym für Schönheit und Harmonie, so liegt ihre Bedeutung für die Fotografie auf der Hand. Schönheit erregt Aufmerksamkeit, Schönheit ist anziehend. Sie können diesen Aspekt bei der Fotografie nicht außer Acht lassen. Eine Fotografie ist schließlich kein Musikstück, sondern etwas fürs Auge. Was Sie dem Auge bieten, muss nicht unbedingt gefällig sein, es kann auch das Gegenteil davon sein, nämlich der bewusste und offensichtliche Verstoß gegen Gestaltungsregeln.

Das Quadrat | Das Quadrat ist *das* Format im Bereich Monochrome Fine Art. Das kommt wohl daher, dass es das Format vieler analoger Mittelformatkameras war und ist. Über viele Jahre haben Fotografen mit diesen Kameras die Szene der künstlerischen Schwarzweißfo-

Seebrücke Binz
Im Quadrat lässt es sich wunderbar mit Symmetrien und Asymmetrien spielen: Der Horizont liegt zwar an der oberen Drittellinie und damit im Goldenen Schnitt, die Brücke als Hauptmotiv ist hier aber mittig platziert. Dennoch wirkt das in diesem Fall nicht langweilig, weil das Geländer asymmetrisch verläuft und der rechte Teil im Schatten liegt, der linke aber nicht. Zudem fehlt der Lampe am rechten Bildrand das Gegenstück auf der linken Seite. Die Brücke beherrscht zwar flächenmäßig das Zentrum des Bildes, das »optische Bildzentrum« ist jedoch die runde Ausbuchtung – und die ist wiederum nach oben aus der Mitte herausgerückt. Und genau an dieser Stelle wird auch der schnurgerade, leicht aus der Mitte herausführende Schattenverlauf unterbrochen.

Canon EOS 20D (Cropfaktor 1,6) | 35 mm | 1/50 sek | f20 | ISO 100 | Belichtungskorrektur –⅓ Blende | RAW

tografie beherrscht und mit außerordentlicher Qualität beeindruckt. Deshalb werden auch digitale Bilder, wenn sie ins Quadrat gebracht werden, oft (unbewusst) mit Vorschusslorbeeren bedacht. Das ist reizvoll, zugegeben. Verführerisch ist das Quadrat vor allem aber auch deswegen, weil es viel Raum für kreative Bildgestaltung lässt. Schließlich ist, wenn Sie Regeln wie den Goldenen Schnitt anwenden wollen, keine Richtung in die Horizontale oder Vertikale vorgegeben. Das Quadrat ist harmonisch und ausgleichend, so dass die eigentliche Gestaltung des Bildes darin sehr spannend wirken kann. Der Goldene Schnitt übrigens ist eine Regel zur optimalen Raumaufteilung: Teilen Sie das Bild (vereinfacht ausgedrückt) sowohl horizontal wie auch vertikal gedanklich in jeweils drei gleich große Teile. Wenn Sie Ihr Hauptmotiv nun an einem der Schnittpunkte platzieren, erzielen Sie in den meisten Fällen eine sehr harmonische Bildwirkung.

Da Sie das Bild im Sucher im Format 2:3 oder 3:4 sehen und es erst später in das endgültige Format bringen, ist die Komposition während der Aufnahme etwas schwieriger. Halten Sie sich möglichst viele Optionen für den Schnitt offen, indem Sie generell mehr Raum an den Rändern lassen. Und bei Landschaften bietet es sich zum Beispiel an, den Horizont ziemlich weit in die Mitte zu legen. Ich nehme quadratische Bilder am liebsten im Hochformat auf, weil ich mir das Bild im Quadrat so besser vorstellen kann.

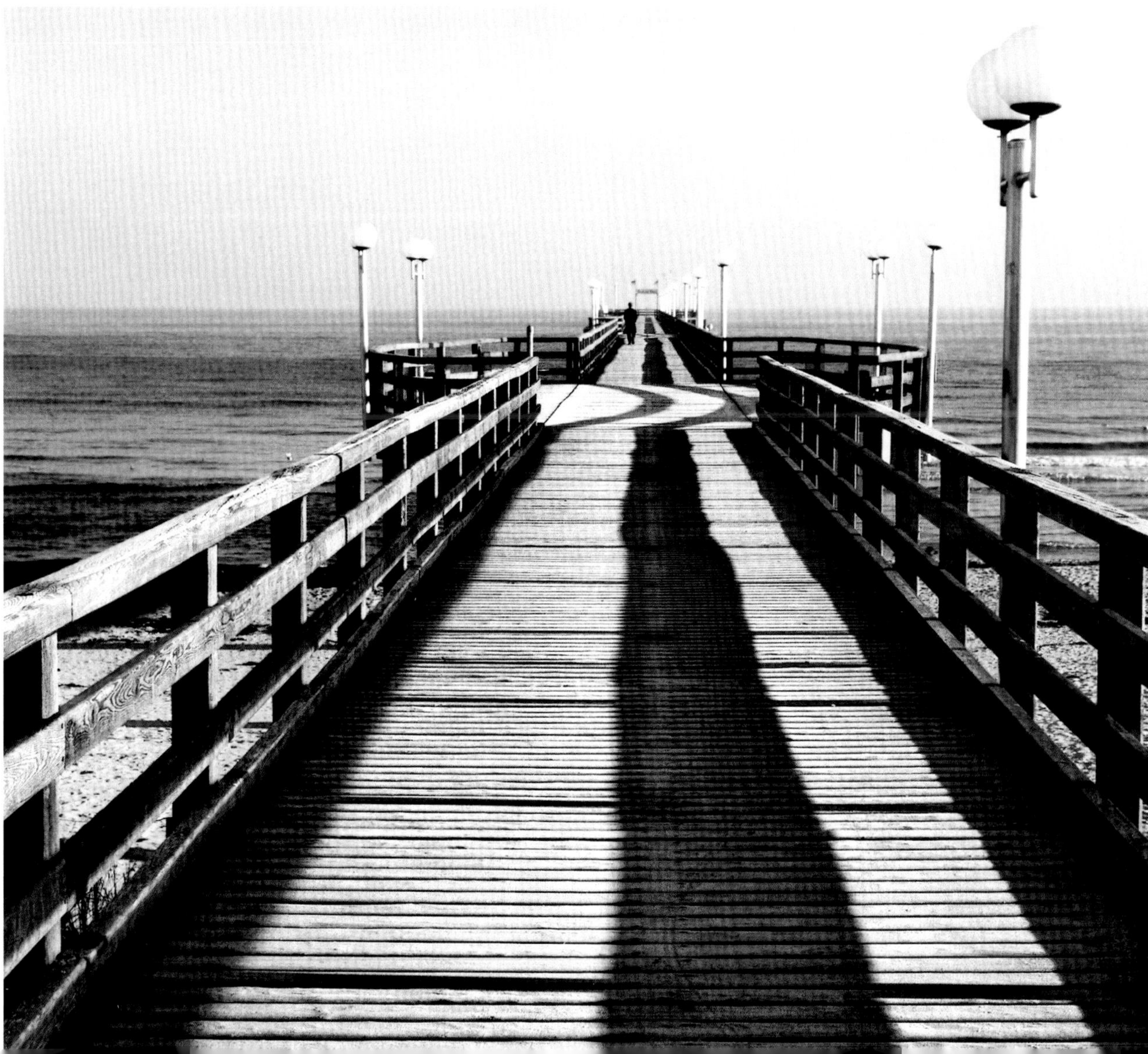

Grundlagen der Bildbearbeitung

Wer digital fotografiert, wird kaum um die Arbeit mit Bildbearbeitungsprogrammen herumkommen. Welche Rolle diese Arbeit in Ihrem Gesamtprozess einnimmt, hängt voll und ganz von Ihren Vorstellungen und Zielen ab. Deshalb geht es hier zunächst um die grundlegenden Schritte auf dem Weg zu einem Schwarzweißbild. Im darauffolgenden Abschnitt werden Sie dann sehen, wie Sie noch mehr aus Ihrem monochromen Fine-Art-Bild herausholen können.

Grundkorrekturen | Die ersten Schritte sind genau dieselben wie bei einem Farbbild. Merzen Sie zunächst offensichtliche Fehler aus, indem Sie das Foto ausrichten, Sensorflecken entfernen, eventuell auch weitere

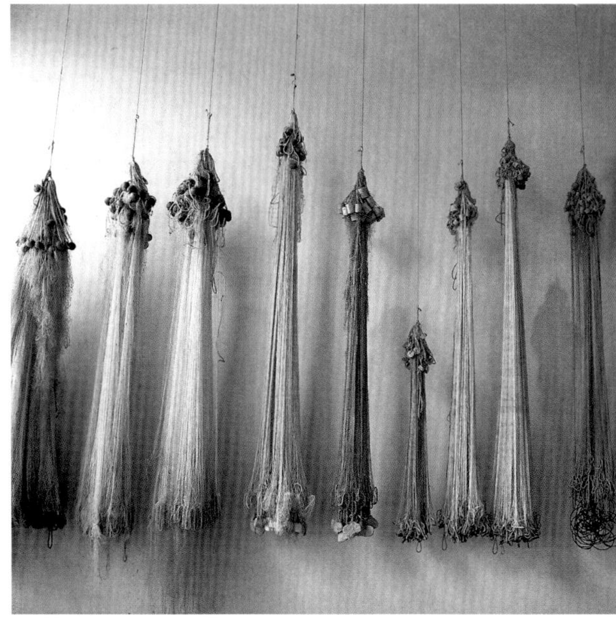

Fischernetze

Im Gegensatz zum vorherigen Bild ist dieses – so wie hier abgedruckt – nach einer einfachen Grundkorrektur nur mit drei Handgriffen bearbeitet: Schwarzweißumwandlung mit dem SCHWARZWEISS-Filter, Kontrastverstärkung mit einer Gradationskurve und Tonung mit FARBBALANCE – eine Sache von weniger als fünf Minuten. Das Bild hat das gewisse »Etwas« und wird daher nicht erst durch Photoshop zu einem guten Bild. Allerdings kann es mit der Bildbearbeitung noch deutlich aufgewertet werden. Dazu gehören: Ausarbeiten der feinen Strukturen in den Netzen, Verbesserung der Zeichnung in den Tiefen, Verbesserung der Kontraste in den Mitteltönen, um die Plastizität zu erhöhen, Kaschieren der durch technische Unzulänglichkeiten bedingten leichten Unschärfe, Hervorheben der Korken etc.

Canon EOS 20D (Cropfaktor 1,6) | 17 mm | 1/50 sek | f4,0 | ISO 400 | RAW | Mischlicht aus verschiedenen Kunstlichtquellen und Tageslicht

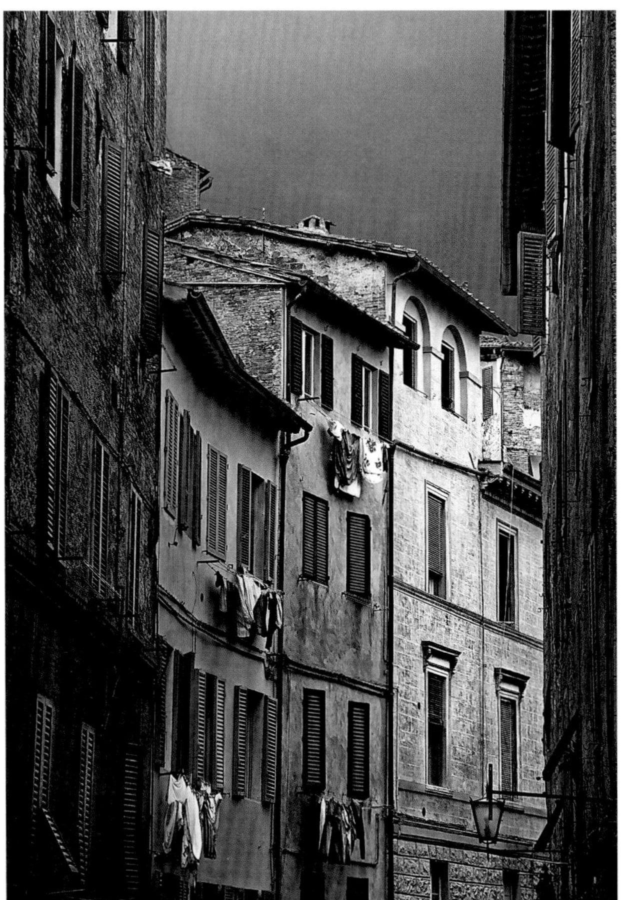

Siena

Dieses Bild habe ich sehr intensiv und mit viel Zeitaufwand in Photoshop bearbeitet. Tonwerte und Kontraste wurden bis ins Detail optimiert. Dennoch wird es immer nur eine Photoshop-Fingerübung bleiben, denn zu einem wirklich guten Bild gehört mehr als nur eine optimale Bildbearbeitung.

Canon EOS 40D (Cropfaktor 1,6) | 53 mm | 1/125 sek | f8,0 | ISO 200 | RAW

kleine Retuschen vornehmen und den endgültigen Schnitt festlegen. Denken Sie auch an die Korrektur von Farbsäumen (chromatische Aberration) wie beispielsweise lila Rändern an Blättern, denn Farbfehler machen sich später auch in einem Schwarzweißbild bemerkbar. Als Nächstes steht eine Korrektur des Gesamtkontrasts und eventueller Farbstiche an. Auch diese Maßnahmen sind notwendig, denn ein flaues Farbbild wird sehr wahrscheinlich zu einem flauen Schwarzweißbild, und die Ausgangsfarben spielen schließlich eine entscheidende Rolle in der späteren Schwarzweißumwandlung. Je besser Ihr Ausgangsmaterial ist, umso besser wird Ihre Schwarzweißversion gelingen.

Schwarzweißumwandlung | Auch wenn Sie Schwarzweißbilder machen wollen, sollten Sie Ihre Fotos immer

Schwarzweißumwandlung mit der Einstellungsebene SCHWARZWEISS

Um mit der SCHWARZWEISS-Funktion zu arbeiten, legen Sie eine neue Einstellungsebene SCHWARZWEISS an, indem Sie am Fuß der EBENEN-Palette auf das entsprechende Symbol klicken ❶ und aus der Liste SCHWARZWEISS wählen. In der Palette KORREKTUREN nehmen Sie nun die Einstellungen für die Schwarzweißumwandlung vor. Ziel ist es, im Beispiel den Himmel relativ dunkel zu halten und den Turm als bildbestimmendes Element hell abzusetzen. Die Rot- und Gelbtöne bieten wenig Kontrast und sollten daher so weit wie möglich voneinander abgegrenzt werden. Wählen Sie als Ausgangsbasis für die Umwandlung zunächst aus den Voreinstellungen ❷ die Option ROTFILTER. Die Vorgaben entsprechen in ihrer Wirkung den Filtern, die Sie vielleicht aus der analogen Schwarzweißfotografie kennen. Der ROTFILTER stellt demzufolge Blautöne dunkel und Rottöne hell dar. Sie können nun mit den Schiebereglern die Feinabstimmung vornehmen.

Dabei werden die Farben in der Schwarzweißkonvertierung umso heller dargestellt, je weiter Sie den jeweiligen Regler nach rechts schieben und umgekehrt. Vermeiden Sie aber Extremwerte, um die Zeichnung in den Lichtern und Schatten zu erhalten. In diesem Beispiel erscheint der Turm mit der Voreinstellung ROTFILTER zu hell und wenig durchzeichnet. In der Farbversion gehen die Ecksteine und der obere Bereich eher ins Rötliche, während die übrigen Farben im Turm mehr Gelbanteile haben. Ziehen Sie daher den Regler unter den ROTTÖNEN ein wenig nach links, um das Rot abzudunkeln. Sie können die einzustellenden Farben direkt im Bild auswählen, indem Sie das Symbol oben links in der KORREKTUREN-Palette aktivieren ❸. Klicken Sie im Bild in den Bereich, den Sie anpassen wollen, halten Sie dabei die linke Maustaste gedrückt, und ziehen Sie die Maus nach links oder rechts, um die entsprechenden Farben abzudunkeln oder aufzuhellen.

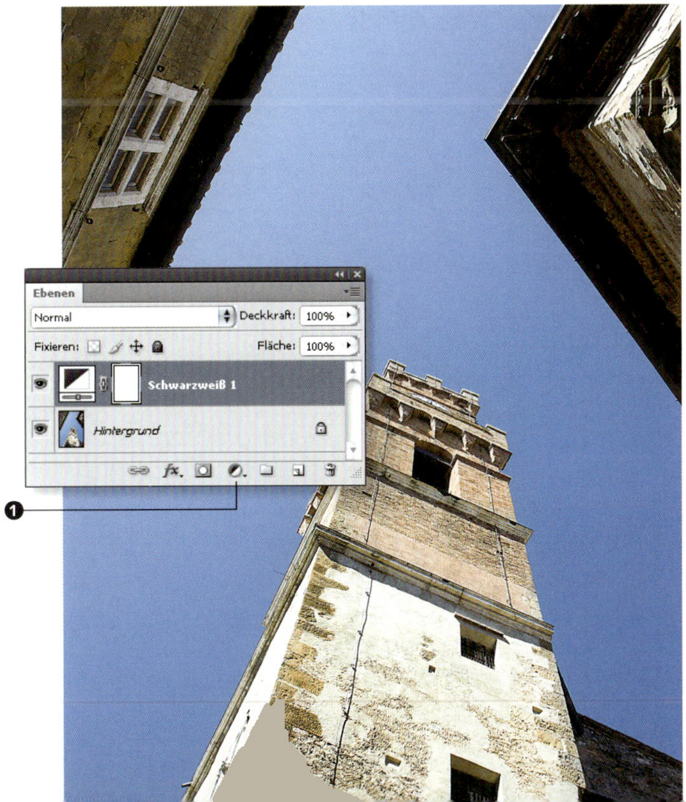

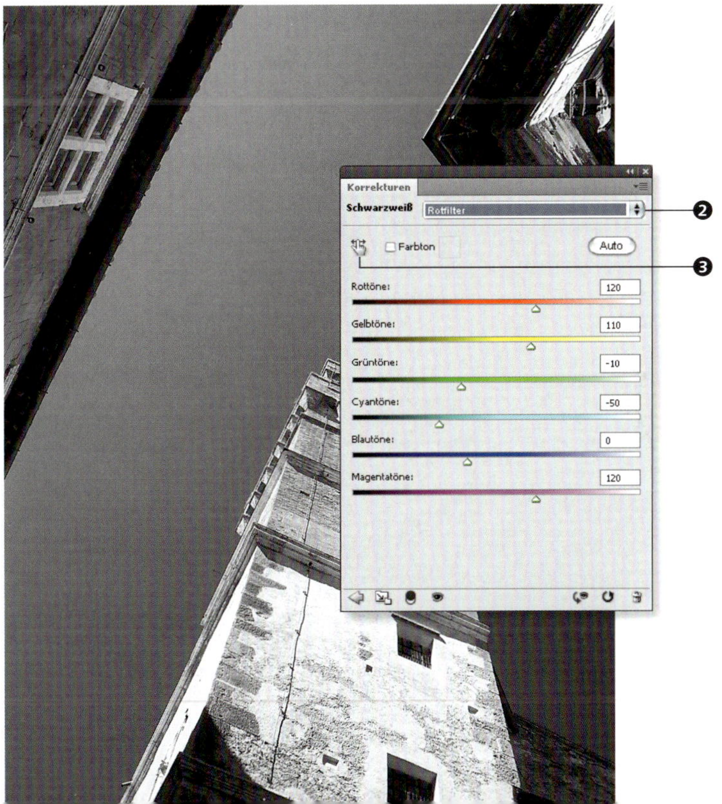

in Farbe aufnehmen. Überlassen Sie die Schwarzweißumwandlung nie dem Prozessor in Ihrer Kamera, sondern bestimmen Sie die Art und Weise der Umwandlung später selbst am Computer. Dafür bietet Photoshop Ihnen eine ganze Reihe von Möglichkeiten. Abzuraten ist jedoch vom Befehl Bild • Modus • Graustufen. Die Resultate werden Sie ebenso wenig überzeugen wie eine Reduzierung der Farbsättigung auf 0 über den Befehl Bild • Korrekturen • Farbton/Sättigung. Beide Methoden ignorieren nämlich die Farbinformationen und übernehmen lediglich die Helligkeitswerte der farbigen Ausgangsbasis in das Schwarzweißbild.

Nutzen Sie stattdessen den Kanalmixer oder die Funktion Schwarzweiss, die seit Photoshop CS3 zur Verfügung steht. Beide Methoden ordnen jedem Farbton einen bestimmten Grauton zu. Jedes Pixel eines Farbbilds enthält nämlich eine Information über den Farbwert (Rot, Grün, Blau), die Sättigung und den Helligkeitswert der Farbe. Bei der Umwandlung von Farbe in Schwarzweiß wird nun jedem Farbwert ein bestimmter Helligkeitswert zugeordnet. Sie können beispielsweise festlegen, dass Rot zu einem hellen Grauton konvertiert wird und Blau zu einem dunklen Grauton oder umgekehrt. Bei der Konvertierung in Schwarzweiß ist das Ziel also, die Farben so in Helligkeitswerte »umzudefinieren«, dass ein möglichst aussagekräftiges Schwarzweißbild entsteht, das reich an Graunuancen ist. Durch entsprechende Einstellungen im Schwarzweiss-Filter oder Kanalmixer können Sie das genau steuern und Ihr Schwarzweißbild optimieren.

Typische Probleme bei der Schwarzweißumwandlung | Wenn Sie das Ausgangsbild gut vorbereiten, sollten sich die Probleme bei der Schwarzweißumwandlung in Grenzen halten. Dennoch kann es passieren, dass im Schwarzweißbild unschöne Tonwertabrisse zu sehen sind. Sie entstehen durch zu große Tonwertunterschiede auf engem Raum und zeigen sich in unregelmäßigen Streifenmustern. Vielleicht ist Ihnen dieses Übel auch schon einmal bei zu stark komprimierten JPEG-Bildern aufgefallen. Bei Schwarzweißbildern finden Sie Tonwertabrisse mitunter in feinen Farbverläufen wie beispielsweise im Himmel. Doch was können Sie dagegen tun?

Zunächst einmal sollten Sie so weit wie möglich im 16-Bit-Modus arbeiten (Bild • Modus • 16-Bit-Kanal). Wenn Sie im RAW-Format fotografieren, geben Sie das Bild am besten direkt mit einer Farbtiefe von 16 Bit aus. Liegt das Ausgangsbild in einem anderen Format vor, konvertieren Sie es vor dem ersten Bearbeitungsschritt in den 16-Bit-Modus. In diesem Modus steht zwar eine Reihe von Funktionen und Filtern nicht zur Verfügung, dafür erreichen Sie aber im Gegenzug eine wesentlich

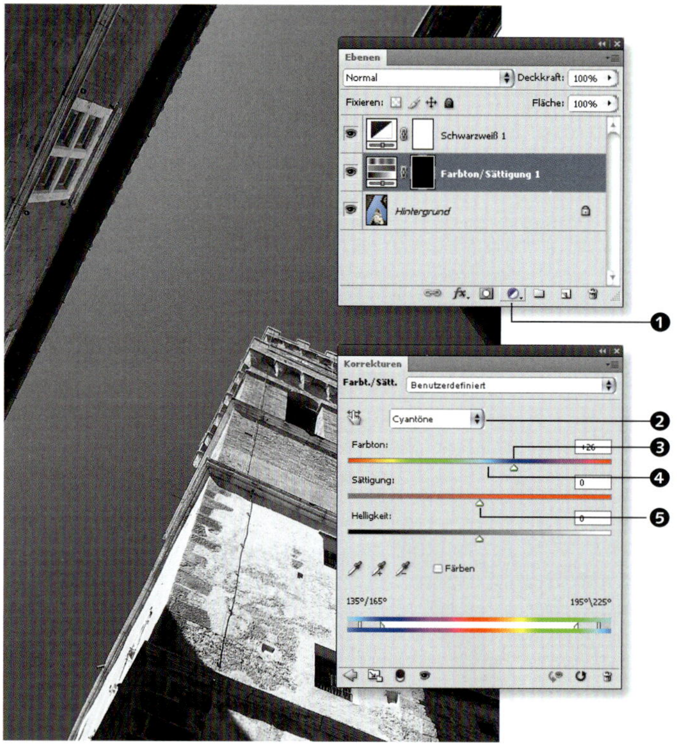

Farbkorrektur zur Vermeidung von Tonwertabrissen
Legen Sie eine Einstellungsebene Farbton/Sättigung vor Ihrer Einstellungsebene Schwarzweiss an. Markieren Sie dazu die erste Ebene unterhalb Ihrer Schwarzweiss-Ebene (im Beispiel ist es die Hintergrund-Ebene), und klicken Sie das Symbol am unteren Rand der Ebenen-Palette ❶ an. Wählen Sie Farbton/Sättigung. Wählen Sie nun in der Korrekturen-Palette die Cyantöne ❷ aus, und schieben Sie den Regler Farbton ein wenig in Richtung Blau ❸. Alternativ oder zusätzlich wählen Sie die Blautöne aus und schieben den Farbton in Richtung Cyan ❹. Beobachten Sie dabei, wie sich die kritischen Stellen in Ihrem Bild verhalten. Probieren Sie gegebenenfalls auch eine Verringerung der Sättigung ❺ in den kritischen Farbbereichen aus.

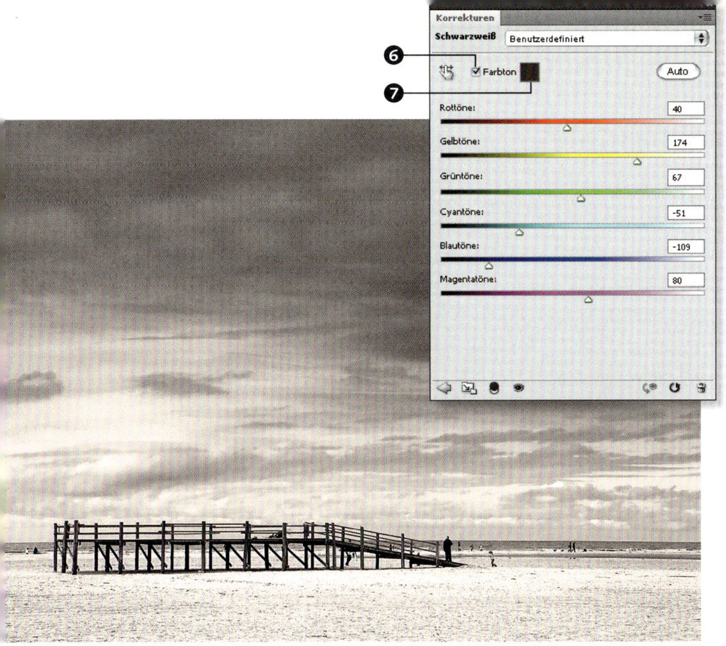

Schwarzweißumwandlung und Tonung
Photoshop bietet zahlreiche Möglichkeiten zur Tonung von Bildern. Am einfachsten und schnellsten geht das, indem Sie in der Einstellungsebene Schwarzweiss *das Kästchen neben* Farbton *aktivieren* ❻, *das Farbfeld* ❼ *anklicken und die gewünschte Farbe auswählen.*

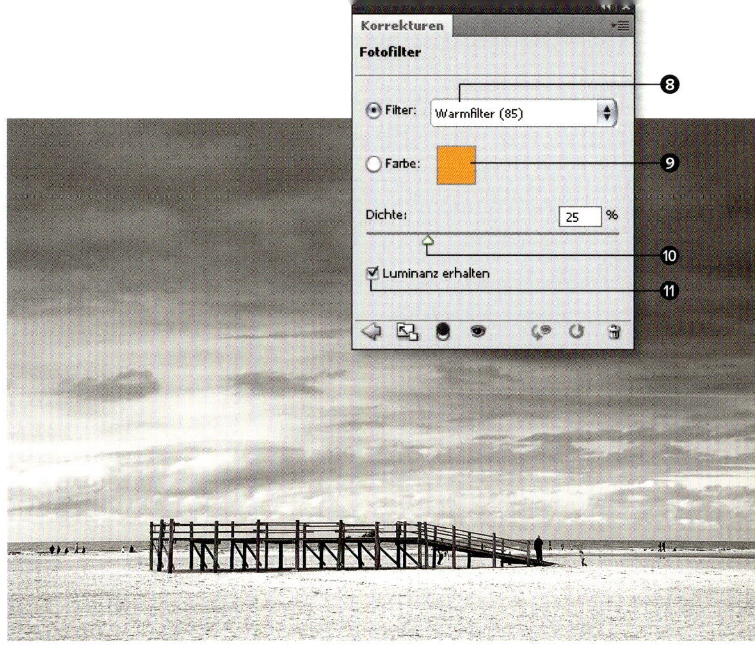

Tonung mit der Einstellungsebene Fotofilter
Alternativ zur Tonung in der Einstellungsebene Schwarzweiss *legen Sie eine Einstellungsebene* Fotofilter *an. Wählen Sie entweder eine der Vorgaben unter* Filter ❽, *oder klicken Sie neben* Farbe *in das Farbfeld* ❾, *um selbst eine Farbe auszuwählen. Mit* Dichte ❿ *bestimmen Sie die Stärke des Effekts. Mit dem Kästchen* Luminanz erhalten ⓫ *entscheiden Sie, ob die Helligkeitsinformationen des Ausgangsbilds erhalten bleiben oder ob sie durch den Helligkeitswert der ausgewählten Farbe ersetzt werden. Die Einstellung ist abhängig von Ihrem Motiv und Ihren Plänen. Bestätigen Sie mit* Ok.

größere Farbtiefe und damit eine höhere Qualität. Tonwertabrisse kommen so gut wie nicht vor. Wenn Sie im 16-Bit-Modus arbeiten, konvertieren Sie Ihr Bild erst nach Abschluss aller Arbeiten für die Darstellung im Web oder die Weitergabe an Druckereien wieder in eine Farbtiefe von 8 Bit.

Tonwertabrisse im Himmel vermeiden Sie auch dadurch, dass Sie die Schwarzweißumwandlung nachjustieren. Da Sie ja mit Einstellungsebenen arbeiten, stellt das kein Problem dar. Gleichen Sie in der Schwarzweiss-Einstellungsebene die Regler für Cyantöne und Blautöne an, um einen zu abrupten Übergang zwischen diesen Farben zu vermeiden. Achten Sie generell darauf, dass die Sprünge zwischen benachbarten Farben im Filter Schwarzweiss nicht zu groß sind. Eine weitere Möglichkeit ist, vor der Schwarzweißumwandlung eine Farbkorrektur vorzunehmen und die kritischen Farbbereiche anzupassen.

Tonungen | Mit einer Tonung können Sie einem Bild den letzten Schliff geben – wenn sie denn passt. Damit lässt sich allerdings ein sonst gelungenes Bild auch ganz schnell kaputt machen. Tonungen sind eine gute Sache, wenn sie die beabsichtigte Bildaussage unterstützen, ohne dabei selbst allzu sehr im Vordergrund zu stehen. Tendenziell sind subtile Tonungen angenehmer als kräftige. Für warme Tonungen werden im Allgemeinen Sepiatöne verwendet und für kalte Tonungen dunkle Blautöne. Ich experimentiere aktuell auch mit Kombinationen aus beiden Tönen. Tonungen in kräftigem Rot und Grün finden sich eher selten, was aber nicht dagegenspricht, ein Bild knallgrün zu färben, wenn Ihnen danach sein sollte.

Tipps und Tricks zur Bildbearbeitung

Wir steigen nun etwas tiefer ein in Photoshop & Co. Die folgenden Tipps zur Umwandlung und Bearbeitung von Schwarzweißbildern sind ein guter Ausgangspunkt für eigene Experimente.

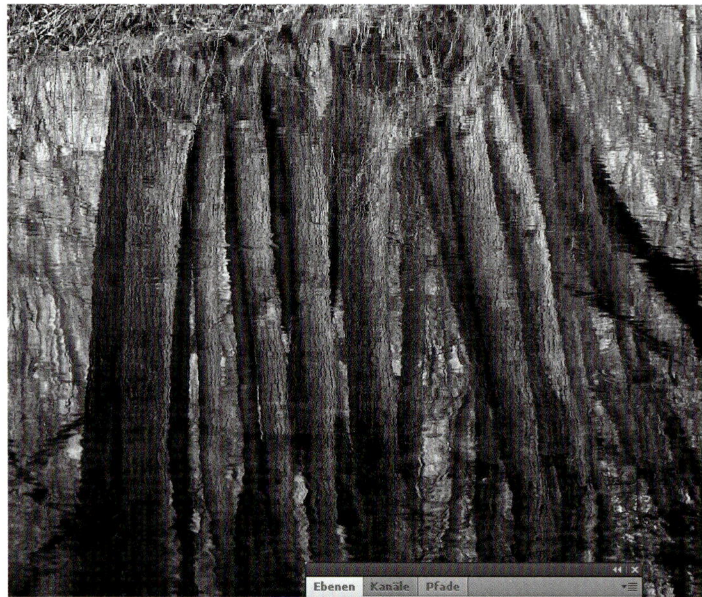

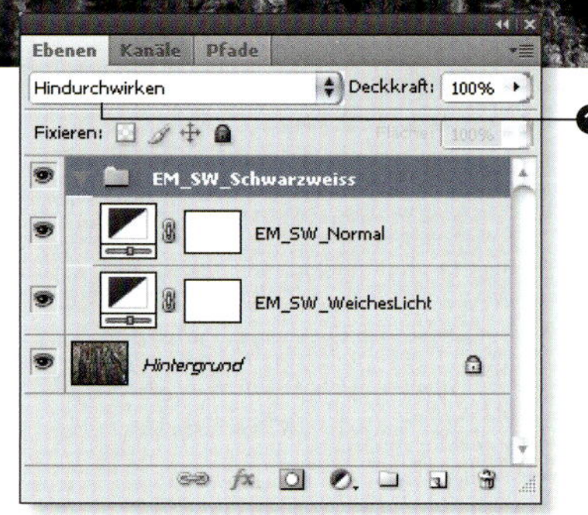

Kombination von Schwarzweiss-Ebenen *Die Aktion »EM_SW_Schwarzweiss« legt zwei Einstellungsebenen* Schwarzweiss *an. Experimentieren Sie mit den Einstellungen* ❶ *und auch mit der* Deckkraft *der unteren Ebene.*

Schwarzweißumwandlung | Wenn Ihre Kamera das RAW-Format anbietet, sollten Sie es in jedem Fall nutzen. Ihre Rohdaten müssen Sie dann später am Rechner mit einem sogenannten RAW-Konverter (zum Beispiel in Lightroom, Aperture oder Capture One) in ein anderes Format wie JPEG, TIFF etc. umwandeln. Im RAW-Format liegen die kompletten Daten vor, die auf dem Sensor aufgezeichnet wurden, und Sie entscheiden hier anstelle des Kameraprozessors über die Verarbeitung Ihres Bildes. RAW-Konverter bieten Funktionen, um das Bild schon bei der Entwicklung in Schwarzweiß auszugeben. Sie arbeiten nach demselben Prinzip wie die Schwarzweiss-Funktion in Photoshop. Ob Sie die Schwarzweißumwandlung im RAW-Konverter vornehmen oder doch lieber erst später in Photoshop, bleibt Ihnen überlassen. Mehr Freiheiten haben Sie ohne Zweifel in Photoshop.

Wenn Sie Ihr Bild in Photoshop mit Hilfe einer Einstellungsebene mit der Funktion Schwarzweiss umwandeln, können Sie sich auch die verschiedenen Füllmethoden für Ebenen zunutze machen. Legen Sie statt *einer* Einstellungsebene Schwarzweiss gleich *zwei* Schwarzweiss-Ebenen an, und stellen Sie die untere auf den Modus Weiches Licht oder Luminanz. Sie verstärken damit den Kontrast in Abhängigkeit von den Ausgangsfarben. Experimentieren Sie mit den Farbreglern auf dieser Ebene. Auf der DVD zum Buch finden Sie auch die Aktion »EM_SW_Schwarzweiss«, mit der die Ebenen angelegt werden. Wer lieber mit dem Kanalmixer arbeitet, der sollte die Aktion »EM_SW_Kanalmixer« ausprobieren, die nach einem ähnlichen Prinzip arbeitet.

Aktionen auf der Buch-DVD

Auf der DVD zum Buch finden Sie im Ordner »Monochrom« und dann »Aktionen« eine Reihe von Aktionen für Photoshop und eine Anleitung zur Installation. Aktionen sind aufeinanderfolgende und automatisch ablaufende Photoshop-Befehle. Es handelt sich um vier Aktionssätze: »EM_Allgemein« enthält Aktionen zum Erstellen von Kanten- und Flächenschutzmasken. »EM_Tonwerte« hilft bei der Bearbeitung von Tonwerten und Kontrasten. »EM_Tonungen« enthält verschiedene Aktionen für die Tonung von Schwarzweißbildern, und »EM_Finish« bietet Aktionen für das Schärfen, Körnen und Rahmen.

Tonwerte und Kontraste | Um die lokalen Kontraste zu verstärken und Details hervorzuheben, können Sie den Unscharf Maskieren-Filter (USM-Filter) nutzen. Stellen Sie unter Stärke einen Wert von ca. 10 % ein, unter Radius 40 Pixel (optimale Werte liegen je nach Auflösung und Motiv zwischen 30 und 60 Pixeln) und unter Schwellenwert 0 Stufen (Aktion »EM_LokalerKontrast_USM«). Die Aktion »EM_LokalerKontrast_Hoch-Pass« als Alternative dazu arbeitet nicht mit UNSCHARF MASKIEREN, sondern mit dem HOCHPASS-Filter. Der Effekt ist stärker, aber auch schwieriger zu kontrollieren.

Unscharf maskieren | Filigrane Motivteile wie Astwerk lassen sich ebenfalls mit den Schärfefiltern hervorheben, ohne das Bild im eigentlichen Sinne zu schärfen. UNSCHARF MASKIEREN tut ja nichts anderes, als die Kontraste an den Kanten zu erhöhen. Die Grundidee zur Betonung feiner Strukturen vor einem hellen Hintergrund ist nun die, das Bild auf eine neue Ebene zu kopieren und dabei den USM-Filter anzuwenden, gleichzeitig aber die Ebene im Modus ABDUNKELN einzublenden. Das hat nämlich zur Folge, dass von dieser neuen Ebene nur die Stellen übernommen werden, die dunkler sind als das darunterliegende Bild. Wenden Sie diese Methode bitte mit Vorsicht an. Sie kann schon bei geringfügig zu hoher Dosierung des USM-Filters zu unansehnlichen Effekten führen. Daher legt die Aktion eine transparente Maske an, so dass Sie den Effekt durch Maskieren auf einzelne Bildbereiche beschränken können. Reduzieren Sie gegebenenfalls zusätzlich die Deckkraft der Ebene.

Kontrast steigern durch Füllmethoden | Experimentieren Sie doch einfach einmal mit ungewöhnlichen Gradationskurven, und kombinieren Sie diese mit verschiedenen Füllmethoden für die Einstellungsebenen

Lokale Kontraste mit UNSCHARF MASKIEREN erhöhen
Die Aktion »EM_LokalerKontrast_USM« kopiert Ihr Bild in eine neue Ebene, konvertiert diese Ebene in ein Smart-Objekt (so dass Sie die Einstellung des Filters auch später noch ändern können) und wendet den USM-Filter an. Um ihn anzupassen, doppelklicken Sie in der EBENEN-Palette auf UNSCHARF MASKIEREN ❷ *unter der Zeile SMARTFILTER. Variieren Sie gegebenenfalls auch die Deckkraft der Ebene.*

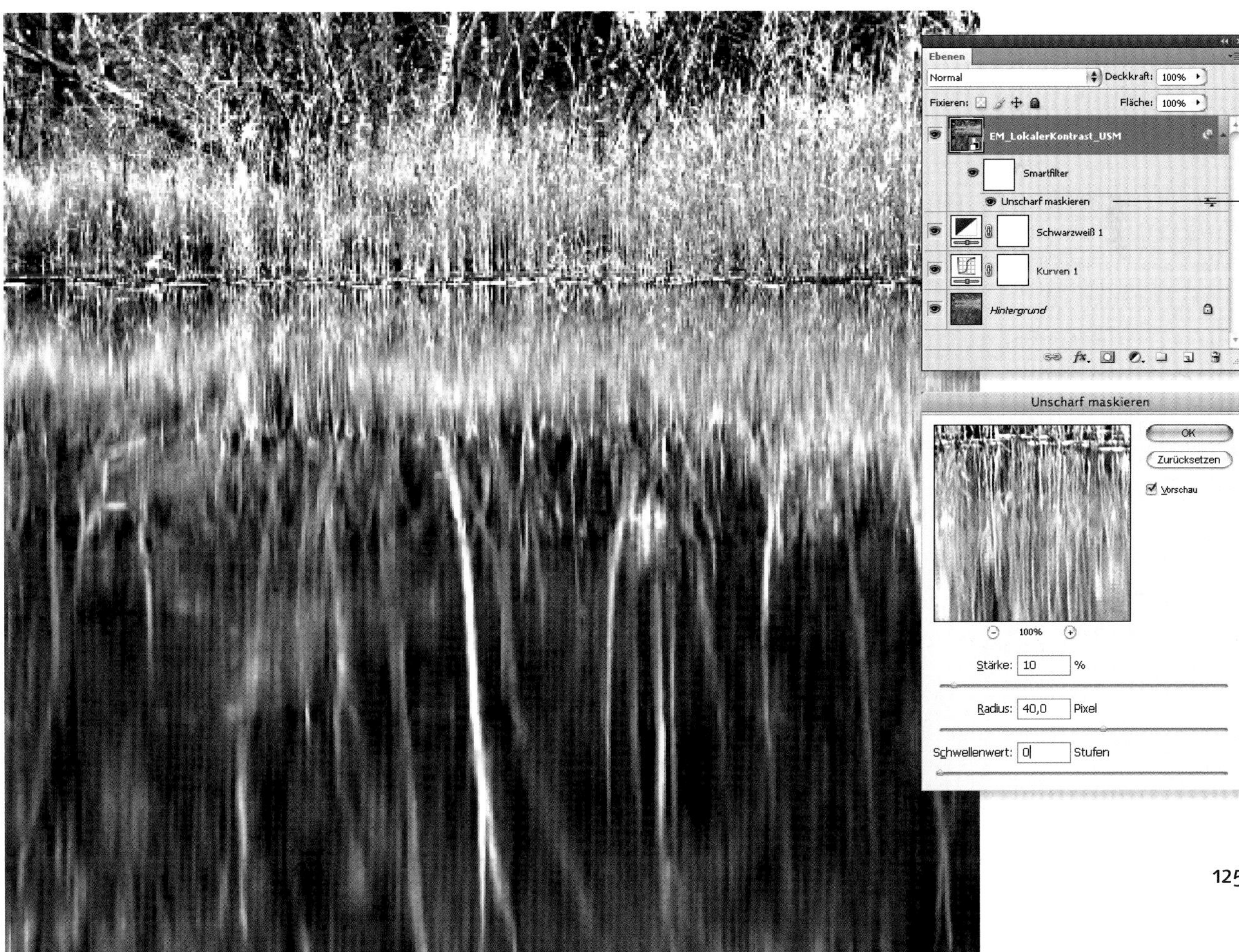

der Kurven. Besonders gut eignet sich dafür die Füllmethode Weiches Licht. Sie steigert die Kontraste sehr stark. Es kann jedoch hin und wieder passieren, dass dabei die Tiefen und Lichter zu sehr beeinträchtigt werden, so dass sie an Zeichnung verlieren. Begrenzen Sie daher die Wirkung in den Tiefen und Lichtern wie im unten stehenden Screenshot mit einer speziellen Gradationskurve (Aktion »EM_Kontrast_WeichesLicht«). Sie können diese Methode auch nutzen, um ein Bild ab einem bestimmten Tonwert aufzuhellen oder abzudunkeln. Probieren Sie es einfach einmal aus.

Verlaufsumsetzung | Kontraststeigernd wirkt auch eine Verlaufsumsetzung mit Schwarz und Weiß. (Aktion »EM_SW_Verlaufsumsetzung«). Wenn Sie diese Aktion angewendet haben, klicken Sie in der Korrekturen-Palette in den Verlauf ❺, um den Dialog Verläufe bearbeiten zu öffnen. Unterhalb des Verlaufs sehen Sie ein Symbol, das mit dem mittleren Grauwert gefüllt ist ❻. Ziehen Sie dieses Symbol nach links, um das Bild zusätzlich zur Kontraststeigerung aufzuhellen, oder nach rechts, um es abzudunkeln.

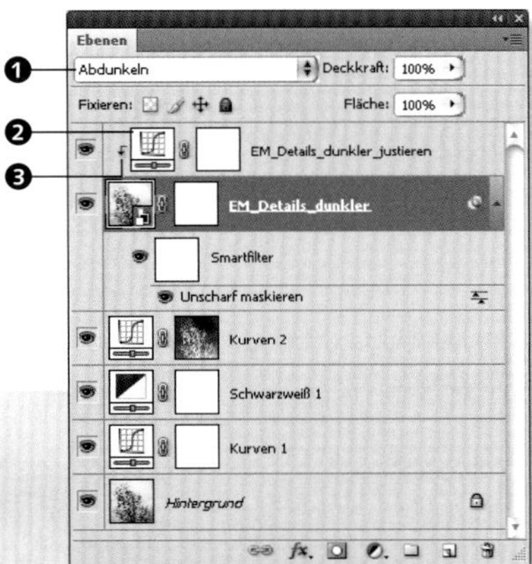

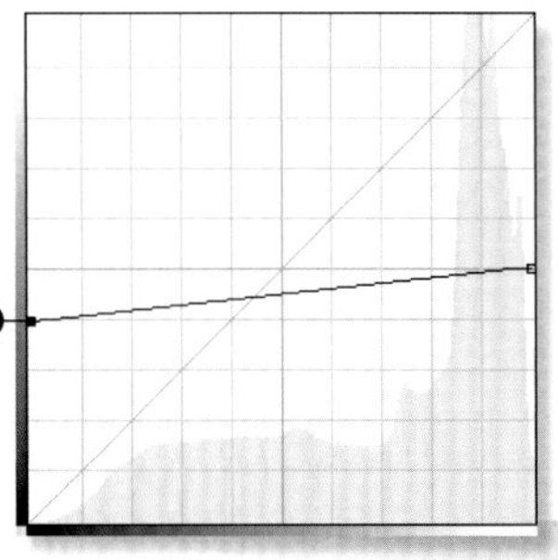

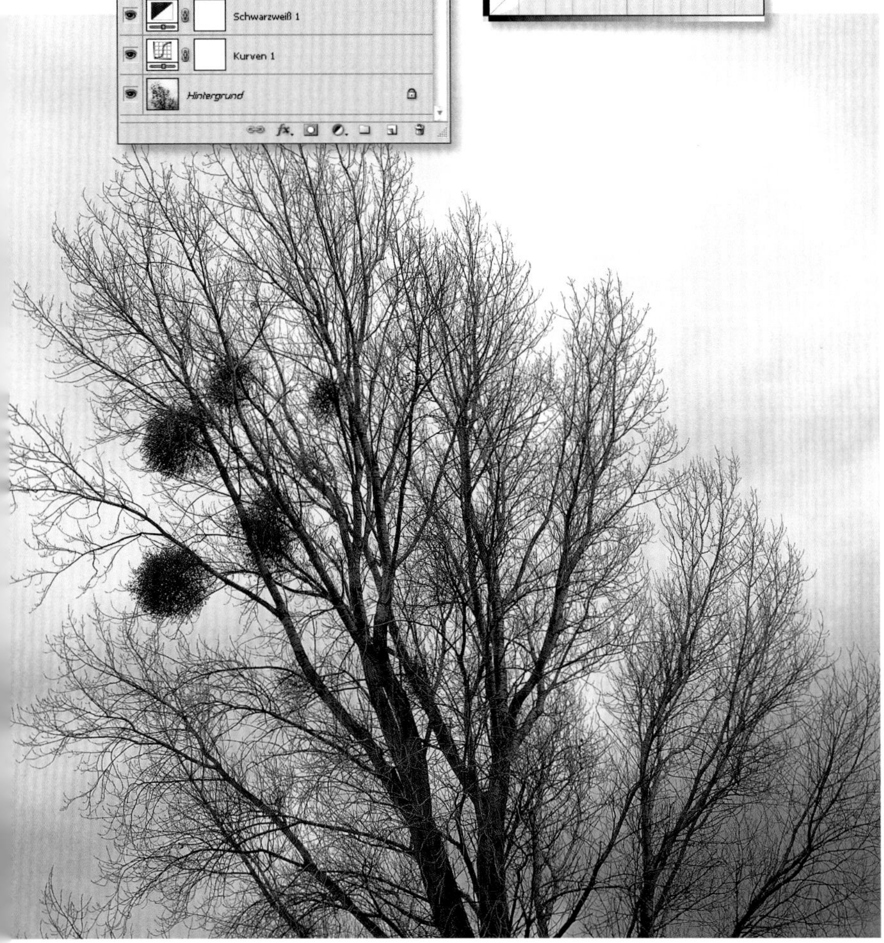

Betonung feiner Strukturen vor hellem Hintergrund

Die Aktion »EM_Details_Dunkler« kopiert Ihr Bild in eine neue Ebene und blendet sie im Modus Abdunkeln ❶ ein. Die Ebene wird in ein Smart-Objekt konvertiert, so dass Sie die Einstellung des Filters Unscharf Maskieren später anpassen können. Die Vorgehensweise kennen Sie bereits aus dem vorangegangenen Beispiel. Die Werte des USM-Filters hängen von Ihrem Motiv und der Bildgröße ab: Das Beispielbild hat eine Größe von 3 620 × 3 620 Pixeln. Der Filter ist daher relativ stark eingestellt. Für Bilder in Webauflösung empfehlen sich ungefähre Werte von 50 (Stärke), 0,8 (Radius) und 0 (Schwellenwert). Sie können den Effekt mit der Gradationskurve »EM_Details_dunkler_justieren«, die als Schnittmaske über der Ebene liegt ❷, noch genauer beeinflussen. »Schnittmaske« (erkennbar an dem Zeichen ❸) bedeutet, dass die Einstellungen dieser Ebene nur die Pixel betreffen, die in der darunterliegenden Ebene verändert wurden. Kontrollieren Sie dies, indem Sie den Ebenenmodus von Weiches Licht auf Normal setzen. Was Sie nun sehen, ist viel neutrales Grau und die Stellen, die von der darunterliegenden USM-Ebene abgedunkelt wurden. Wenn Sie den Modus der Ebene mit der Gradationskurve wieder auf Weiches Licht zurückstellen, wird sich alles, was Sie nun mit der Kurve machen, nur auf die dunklen Pixel auswirken, die Sie eben gesehen haben. Ziehen Sie den linken Punkt der Kurve ein wenig nach unten ❹, dann sehen Sie, was ich meine: Die Äste werden noch ein wenig dunkler.

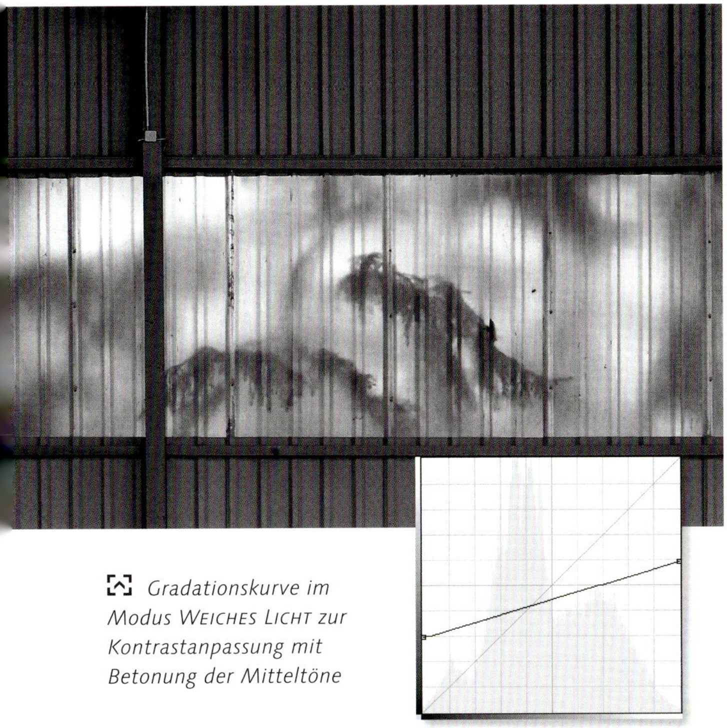

Gradationskurve im Modus WEICHES LICHT zur Kontrastanpassung mit Betonung der Mitteltöne

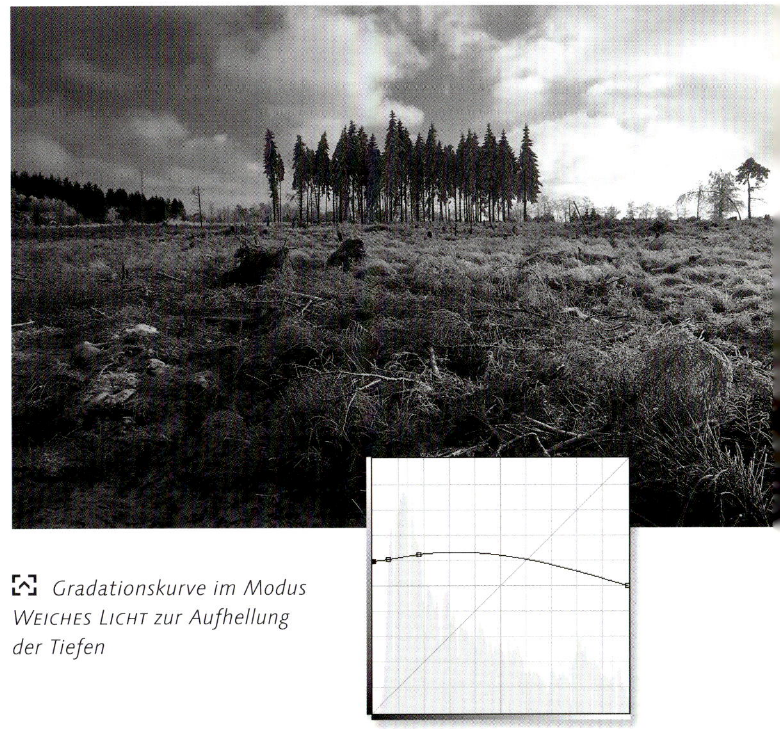

Gradationskurve im Modus WEICHES LICHT zur Aufhellung der Tiefen

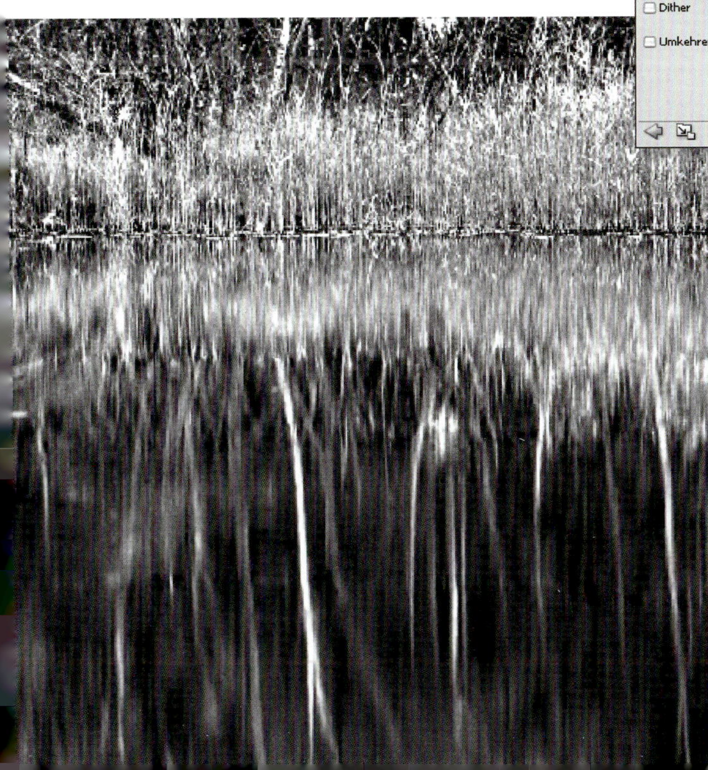

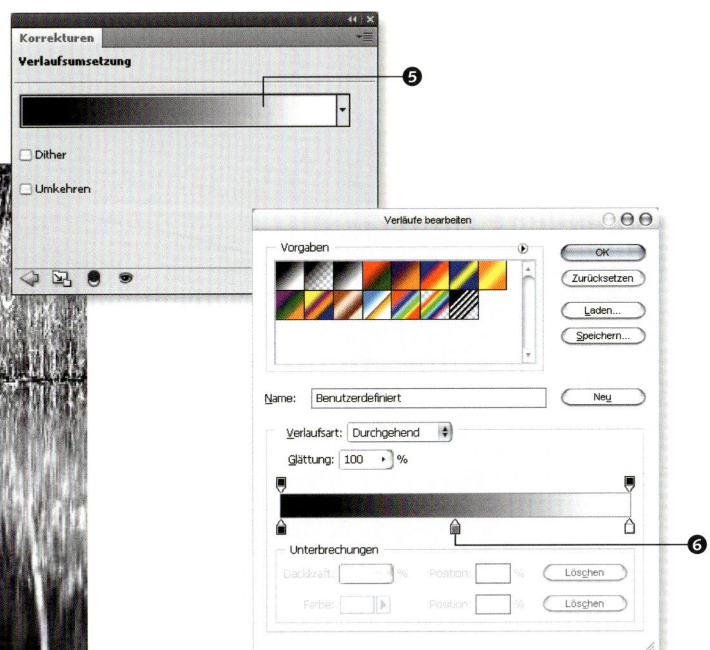

Kontraststeigerung mit der VERLAUFSUMSETZUNG

50 % Grau | Um einzelne Bereiche gezielt aufzuhellen oder abzudunkeln, wird häufig das Abwedler-Werkzeug (zum Aufhellen) oder Nachbelichter-Werkzeug (zum Abdunkeln) empfohlen. Ich arbeite lieber mit der »50 %-Grau-Methode«, die mehr Möglichkeiten einräumt. Die Aktion »EM_50 %Grau« legt eine neue, mit 50 % Grau gefüllte Ebene im Modus INEINANDERKOPIEREN an ❹. Um nun einzelne Bereiche aufzuhellen, stellen Sie als Vordergrundfarbe einen Grauton mit einem Wert größer als 128 ein (zum Beispiel 190) ❷ und malen mit dem Pinsel ❶ über die aufzuhellenden Stellen ❸. Die Stärke der Aufhellung variieren Sie über die Deckkraft des Pinsels und zusätzlich über den Farbwert, mit dem Sie malen. Höhere Werte hellen mehr auf als niedrigere Werte. Abdunkeln funktioniert genauso, nur mit Farbwerten kleiner als 128. Und wenn Sie sich vertan haben, malen Sie einfach mit neutralem Grauwert (128) über diese Stellen. Am Ende können Sie die Gesamtwirkung durch Einstellung der Ebenendeckkraft zusätzlich variieren. Wenn Sie die Ebene im Modus WEICHES LICHT statt INEINANDERKOPIEREN einblenden, ist der Effekt weniger stark.

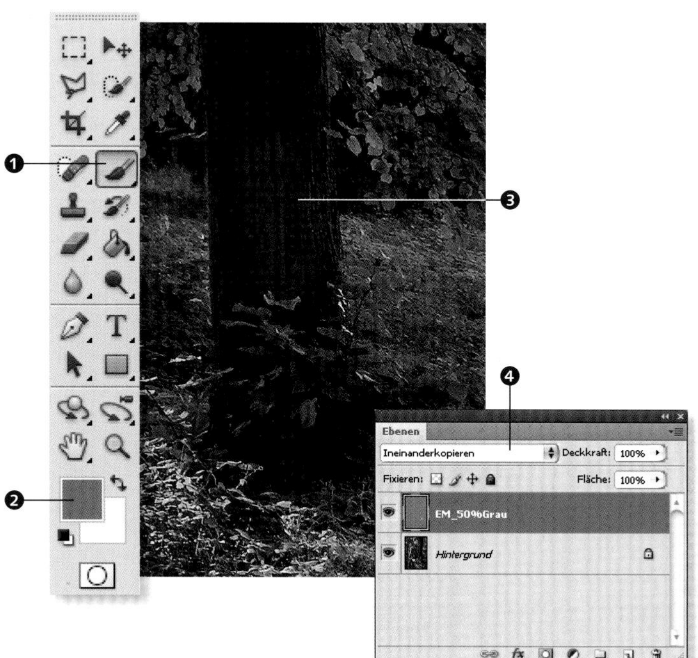

Abwedeln mit der 50 %-Grau-Methode

Tonungen | Neben dem FOTOFILTER und der Tonungsfunktion im Filter SCHWARZWEISS, die Sie bereits auf Seite 123 kennengelernt haben, gibt es eine Reihe weiterer und flexiblerer Methoden, um ein Bild zu tonen. Die Allzweckwaffe GRADATIONSKURVEN bietet die meisten Möglichkeiten, aber auch FARBBALANCE eignet sich sehr gut, um Bilder einzufärben. Beide können als Einstellungsebene angelegt und auf Tiefen, Lichter und Mitteltöne getrennt angewendet werden. Die unterschiedlich starke Anwendung einer Tonung auf Tiefen und Lichter

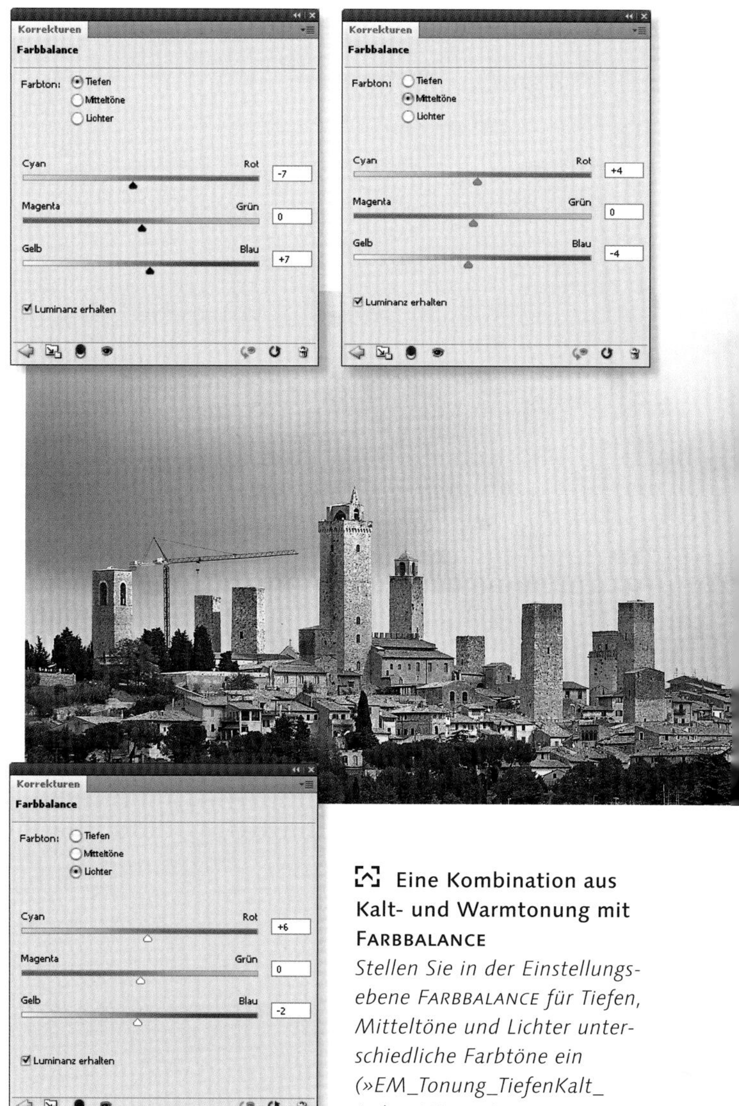

Eine Kombination aus Kalt- und Warmtonung mit FARBBALANCE

Stellen Sie in der Einstellungsebene FARBBALANCE für Tiefen, Mitteltöne und Lichter unterschiedliche Farbtöne ein (»EM_Tonung_TiefenKalt_LichterWarm«).

ist übrigens oft das Geheimnis besonders gelungener Tonungen. Sie können auch eine leere Ebene im Modus WEICHES LICHT oder FARBE anlegen und diese mit dem Füllwerkzeug füllen. Für die beliebten Sepiatöne stellen Sie übrigens im Farbwähler als Farbton (H) einen Wert von ca. 35 bis 38 % ein, für die Sättigung (S) vielleicht 80 %, und für die Helligkeit (B) probieren Sie es mit 30 %.

Sie finden die Aktionen für Tonungen auf der DVD zum Buch. Ihre Benennung folgt dabei dem Schema »EM-XxxTonung_Zzz«. Dabei steht »Xxx« für Warm- oder Kalttonung und »Zzz« für Kurven, Farbbalance oder Füllen. Teilweise legen die Aktionen Luminanzmasken an. In einer Luminanzmaske werden die Bildbereiche entsprechend ihren Helligkeitswerten unterschiedlich stark maskiert. Sie können diese Maske ausschalten, indem Sie die ⇧-Taste gedrückt halten und dabei auf das Maskensymbol klicken. Die Deaktivierung der Maske wird durch ein rotes Kreuz angezeigt. Mit einem erneuten Klick auf die Maske schalten Sie sie wieder ein. Sie können die Maske umkehren, indem Sie sie auswählen (einmal mit der Maus anklicken) und Strg + I drücken.

Schärfen | Die Standardmethode für die Bildschärfung heißt UNSCHARF MASKIEREN (USM-Filter). Wichtig ist bei seiner Anwendung die Kenntnis, dass der Filter den Schärfeeindruck durch eine Verstärkung der Kontraste an den Kanten erhöht. Auf der DVD zum Buch finden Sie zwei Aktionen, die mit dem USM-Filter arbeiten. »EM_USM_Luminanzebene« wendet den Filter UNSCHARF MASKIEREN mit Standardeinstellungen für Bilder von ca. 500 bis 1 000 Pixeln Breite an. Die Schärfung erfolgt auf einer separaten Ebene, die im Modus LUMINANZ eingeblendet wird. Schließlich benötigen wir ja lediglich die Helligkeitsinformation und schließen somit eventuelle Farbverschiebungen, die durch Anwendung des USM-Filters entstehen könnten, aus. Auf Wunsch wird noch eine Flächenschutzmaske angelegt, mit der Flächen abgedeckt werden, so dass auch wirklich nur deutlich sichtbare Kanten geschärft werden.

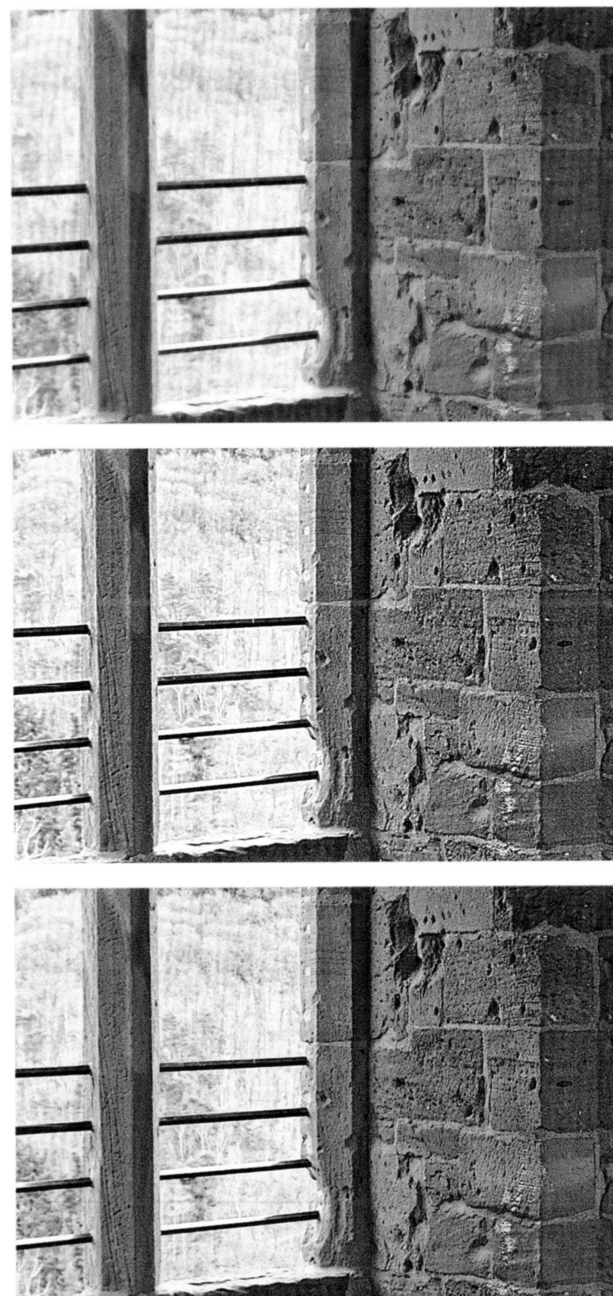

Schärfen mit UNSCHARF MASKIEREN
Es handelt sich hier um 100 %-Ausschnitte aus einem Bild mit einer Originalgröße von 5 579 × 3 719 Pixeln: Das obere Bild ist ungeschärft, das mittlere ist geschärft mit UNSCHARF MASKIEREN in den Einstellungen 200/2,5/0 (STÄRKE/RADIUS/SCHWELLENWERT). Diese Variante ist eindeutig überschärft. Im unteren Ausschnitt ist das Bild getrennt auf zwei Ebenen mit dem USM-Filter geschärft: Eine Ebene ist im Modus ABDUNKELN genauso stark geschärft wie im zweiten Ausschnitt, eine zweite Ebene ist im Modus AUFHELLEN jedoch schwächer geschärft mit den Einstellungen 100/1,5/0 (Aktion »EM_USM_HellDunkel«). Dadurch wird die Überschärfung vermieden.

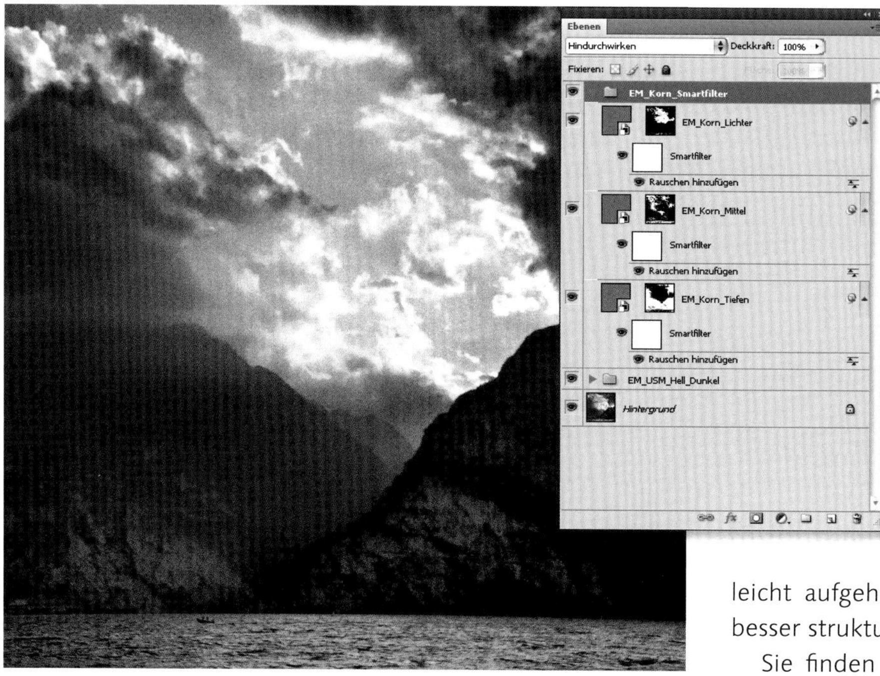

Gardasee (Westufer I)
Ein schwieriger Fall: Das Motiv ist beeindruckend, allerdings waren die Lichtverhältnisse eine Herausforderung. Sie überschritten den Dynamikumfang der Kamera deutlich. Das Korn nivelliert hier die Spuren der extremen Kontrastanpassungen. In diesem Fall wurde die Aktion »EM_Korn_Smartfilter« mit sehr starken Einstellungen im Filter Rauschen hinzufügen (Stärke 14 in den Tiefen, 10 in den Mitteltönen und 14 in den Lichtern bei einer Bildgröße von 2266 × 2266 Pixeln) angewendet.

Die Aktion »EM_USM_HellDunkel« macht im Prinzip nichts anderes, führt die Schärfung aber getrennt auf zwei Ebenen durch, die im Modus Abdunkeln und Aufhellen eingeblendet und am Ende in einer Gruppe zusammengefasst werden. Hintergrund ist, dass bei zu intensiver Schärfung helle Ränder an den Kanten (sogenannte Halos) oder weiße »Pickel« auf Flächen entstehen können. Wenn Sie kräftig schärfen möchten, teilen Sie die Schärfung (Kontrastverstärkung) auf, indem Sie die hellen Schärfungsergebnisse abschwächen (»Ebene USM_hell«) und die dunklen Schärfungseinwirkungen etwas kräftiger einstellen (»Ebene USM_dunkel«). Auch hier wird auf Wunsch wieder eine Flächenschutzmaske angelegt, und als Voreinstellung für den USM-Filter werden Werte für die Internetpräsentation verwendet.

Korn | Ob Sie Ihr Bild am Ende mit einer Körnung versehen, ist reine Geschmackssache. Als Imitation von Filmkorn und damit als Reminiszenz an analoge Zeiten halte ich persönlich Körnungen für unangebracht. Aber – etwas Korn kann einem Bild Struktur, Halt und Charakter geben. Oft wirken die Bilder knackiger und nicht ganz so weichgespült. Dunkle Bildbereiche werden leicht aufgehellt und so wie helle Bildbereiche besser strukturiert.

Sie finden dazu zwei Aktionen auf der DVD zum Buch. »EM_Korn« erstellt eine Ebene im Modus Ineinanderkopieren und füllt sie mit neutralem Grau. Darauf wird nun Filter • Rauschfilter • Rauschen hinzufügen mit einer geringen Stärke von 4 angewendet. Die Deckkraft der Ebene wird zuletzt auf 75 % reduziert. Aufwendiger und differenzierter arbeitet die Aktion »EM_Korn_Smartfilter«. Hier wird getrennt gekörnt, und zwar auf eigenen Ebenen für die Tiefen, Mitteltöne und Lichter. Dabei erfolgt die Körnung in der Voreinstellung in den Tiefen am stärksten, in den Mitteltönen wenig und in den Lichtern wieder etwas intensiver. Das Ganze wird am Ende zur besseren Übersicht in einer Ebenengruppe zusammengefasst.

Die Präsentation

Beim Stichwort »Präsentation« denken viele nur an Rahmen. Aber Rahmen ist nicht gleich Rahmen, und überhaupt beginnt eine ordentliche Präsentation schon mit der Wahl des Titels.

Titel | Wenn Sie ein besonderes Bild haben, möchten Sie es sicherlich auch ansprechend präsentieren. Daher kämen Sie sicher nicht auf die Idee, es in einen rahmenlosen Bilderhalter für 1,59 Euro zu stecken. Aber auch der Titel ist Teil der Präsentation, und deshalb sollten Sie sich bei der Wahl des Titels ebensolche Mühe geben wie bei der Auswahl des Rahmens. Der Titel kann dem Betrachter einen ersten Hinweis geben, was ihn im Bild erwartet. Er kann einem interessanten Bild, das eine Geschichte erzählt, eine andere oder zusätzliche Wendung geben. Der Titel kann dem Betrachter bei der Entschlüsselung eines Bildes auf die Sprünge helfen. Er kann sich aber auch ganz zurückhalten und das Bild für sich sprechen lassen. Wenn Ihnen nichts Vernünftiges einfällt, dann benennen Sie Ihr Bild vielleicht einfach nach dem Aufnahmeort, oder Sie wählen einen völlig neutralen Begriff.

Internet | Ein gutes Bild sollte auch im Internet in einem passenden Rahmen vorgestellt werden. In einem echten Rahmen schafft das Passepartout Raum zwischen Bild und Umgebung. Das Passepartout verhindert also, dass die Bildwirkung durch den Rahmen und das Drumherum beeinträchtigt wird. Wenn Sie Ihre Bilder im Internet zeigen, kann ein breiter weißer oder schwarzer Rahmen (ein »Web-Passepartout«) diese Funktion übernehmen. Auf (manchmal chaotisch gelayouteten) Internetseiten ist der Abstand zur Umgebung mindestens so wichtig wie im echten Rahmen.

Druck | Die Krönung des gesamten Prozesses ist es, wenn Sie Ihr monochromes Fine-Art-Bild in perfekter Qualität und auf edlem Papier selbst drucken. Dabei sind die Ansprüche an Aufnahmetechnik, Bildbearbeitung und das Drucken extrem hoch. Während die finanzielle Investition in den Drucker noch relativ überschaubar ist, nimmt der Lernprozess sehr viel Zeit in Anspruch. Leider reicht es nicht, sich eben ein oder zwei Fachbücher durchzulesen. Auf Dauer hilft es nur, sich die Themen und das Wissen dazu mit Leidenschaft und Ausdauer auf der Basis eines soliden Grundwissens selbst zu erarbeiten und viele Erfahrungen zu sammeln – den einen oder anderen Fehldruck inbegriffen.

Workshops

Zum Abschluss dieses Kapitels zeige ich Ihnen in zwei Workshops zur Bildbearbeitung, wie Sie Schwarzweißumwandlungen angehen können. Ich rate Ihnen, möglichst viel zu experimentieren und auszuprobieren. Es hilft Ihnen nicht weiter, wenn Sie nur stur die beschriebenen Schritte nachvollziehen. Sie müssen üben, üben, üben.

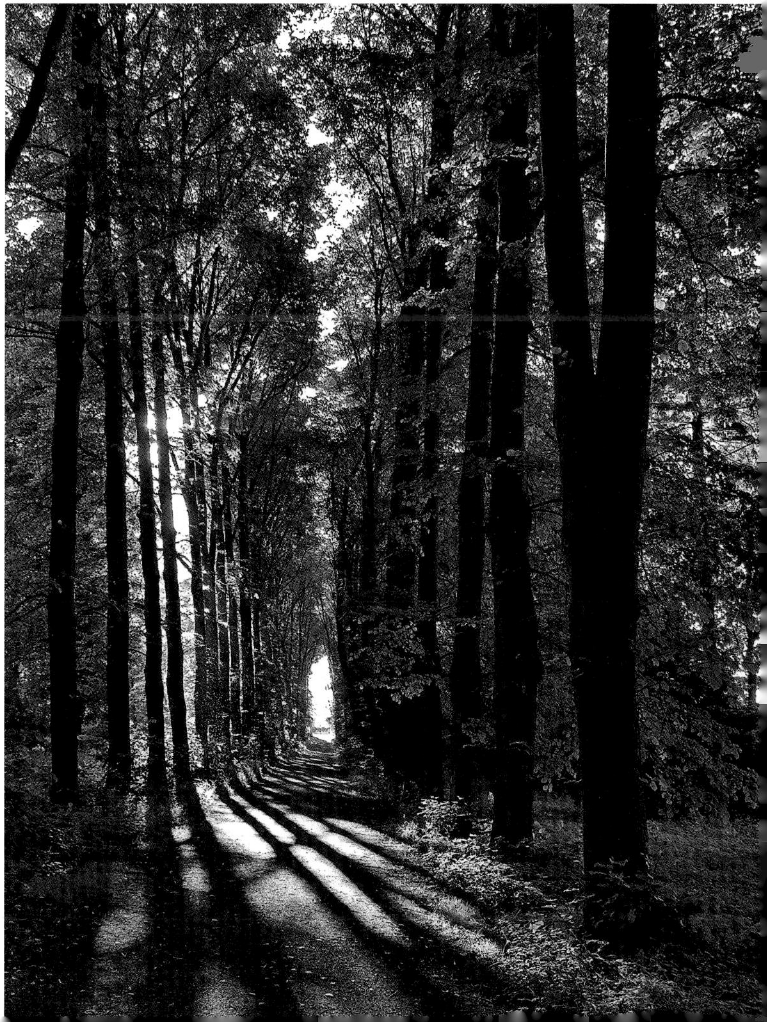

Lindenkathedrale
Hier fiel die Titelwahl zum Glück nicht schwer. Das Bild heißt so wie die Allee, die es zeigt. Dieser Name ist für das Bild ein Glücksfall, denn der Titel macht den Betrachter neugierig, er will wissen, um was es sich dabei handelt und schaut sich deshalb das Bild genauer an.

Canon EOS 20D (Cropfaktor 1,6) | 17 mm | 1/50 sek | f5,6 | ISO 400 | RAW

Das Feigenblatt

Kraftwerk und Windrad in getontem Schwarzweiß

Mein erster Gedanke vor Ort war der folgende: Das Windrad wirkt vor dem Kohlekraftwerk wie ein Feigenblatt. Mit wenigen Handgriffen wird aus der flauen Farbaufnahme ein aussagekräftiges Schwarzweißbild mit passender Tonung.

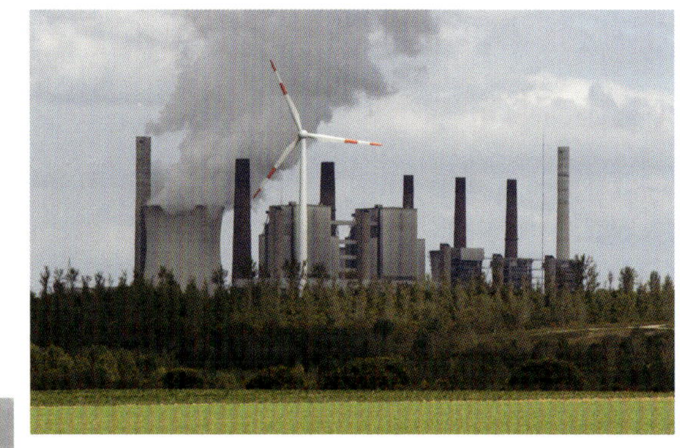

[Bildmaterial auf DVD: Kraftwerk.tif]

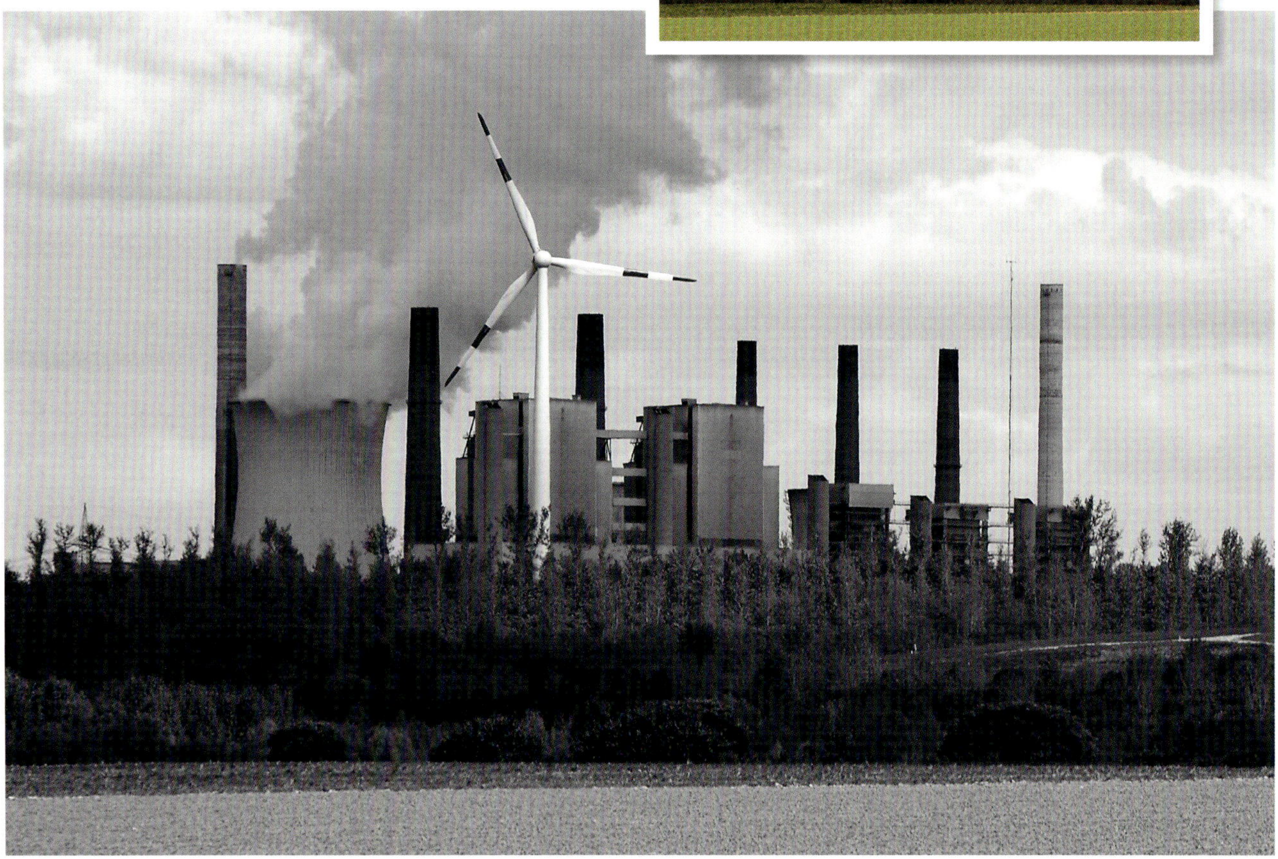

1 Grundkorrektur

Das Ausgangsbild ist flau und hat einen Farbstich. Korrigieren Sie beides in einem Schritt mit einer Auto-Gradationskurve. Legen Sie zunächst die Einstellungsebene für die Gradationskurve an, indem Sie mit gedrückter [Alt]-Taste das Symbol ❶ am Fuß der Ebenen-Palette anklicken. Wählen Sie aus der Liste Gradationskurven, und geben Sie der Kurve einen Namen, zum Beispiel »KurvenAutoKontrastFarbe«.

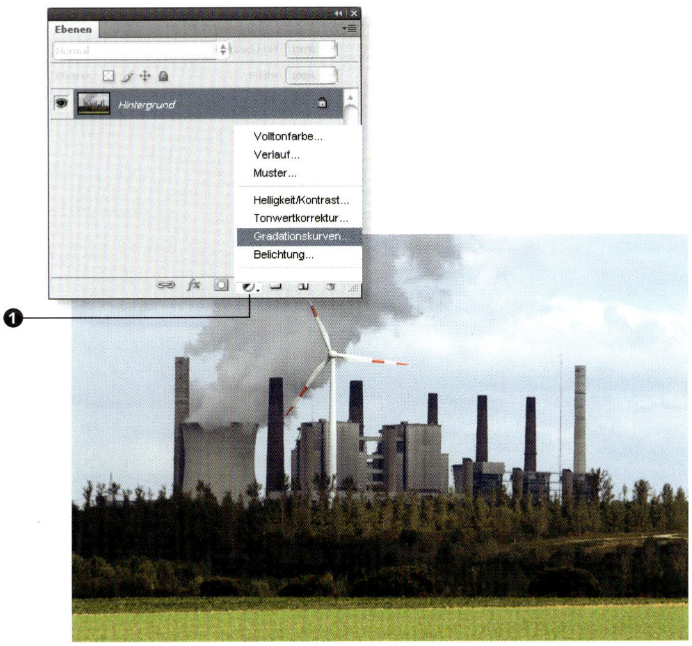

In der Palette Korrekturen sehen Sie das Histogramm. Das Histogramm zeigt auf der Waagerechten (der X-Achse) die Tonwerte von 0 bis 255 und auf der Senkrechten (der Y-Achse) die relative Anzahl der Pixel mit dem jeweiligen Tonwert. Das »Gebirge« beginnt im Beispiel nicht ganz links, sondern ungefähr bei dem Wert 25 ❹, und es endet in etwa bei 225 ❺. Das heißt also, dass das Bild nicht das gesamte Spektrum von 0 bis 255 aufweist – es ist flau und kontrastarm.

Sie können nun Kontrast und Farbstich korrigieren, indem Sie den Auto-Button entsprechend konfigurieren. Klicken Sie dazu auf das Menüsymbol ❷ oben rechts in der Korrekturen-Palette, und wählen Sie Auto-Optionen. Klicken Sie im Dialog Auto-Farbkorrekturoptionen auf das Farbfeld hinter Tiefen ❻, und tragen Sie im Dialog Zieltiefenfarbe auswählen jeweils den Wert 5 für R, G und B ein. Damit legen Sie fest, dass Photoshop zukünftig automatisch diesen RGB-Wert als dunkelsten Tonwert einstellt. Bestätigen Sie mit Ok. Klicken Sie in das Farbfeld hinter Lichter ❼, und stellen Sie im Dialog Ziellichterfarbe auswählen jeweils den Wert 250 für R, G und B ein. Bestätigen Sie wieder mit Ok. Aktivieren Sie die Option Kontrast kanalweise verbessern, und setzen Sie das Häkchen vor Neutrale Mitteltöne ausrichten. Tragen Sie in das Feld Beschneiden jeweils 0,05 ein. Damit legen Sie fest, dass zukünftig 0,05 % aller Tonwerte unter beziehungsweise über den RGB-Werten von 5/5/5 und 250/250/250 liegen dürfen. Die Bereiche von 0 bis 5 und von 250 bis 255 bilden eine Art Reserve.

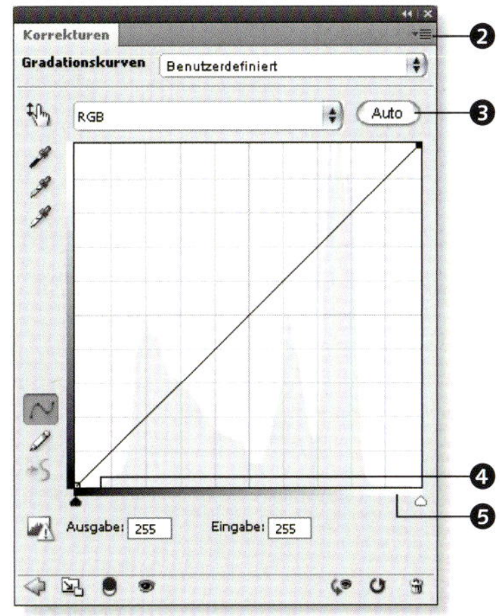

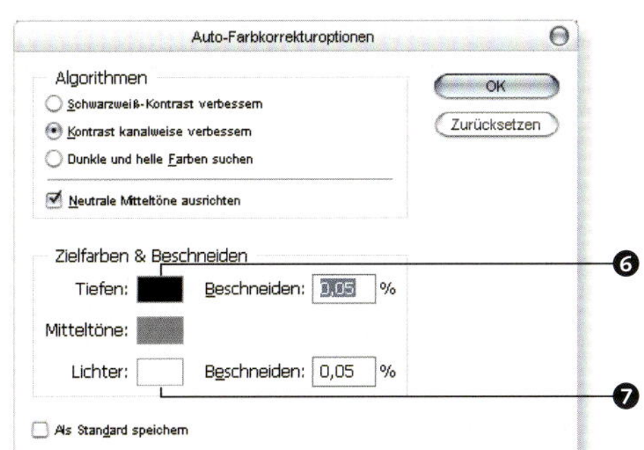

Jetzt sieht das Ganze schon viel besser aus. Zukünftig drücken Sie nur noch den Auto-Button ❸ in der Korrekturen-Palette für Gradationskurven, und Photoshop rechnet Ihre Bilder wie in den Voreinstellungen hinterlegt um. Das liefert in den meisten Fällen gute Ergebnisse, aber leider nicht immer. Dann bleibt nur das manuelle Nachjustieren an den Gradationskurven.

2 Schwarzweißumwandlung

Damit sind Sie auch schon bereit für die Schwarzweißkonvertierung. Dazu nutzen Sie die SCHWARZWEISS-Funktion, die seit Photoshop CS3 zur Verfügung steht. Klicken Sie wieder auf das Symbol ❷ am Fuß der EBENEN-Palette, und wählen Sie aus der Liste SCHWARZWEISS.

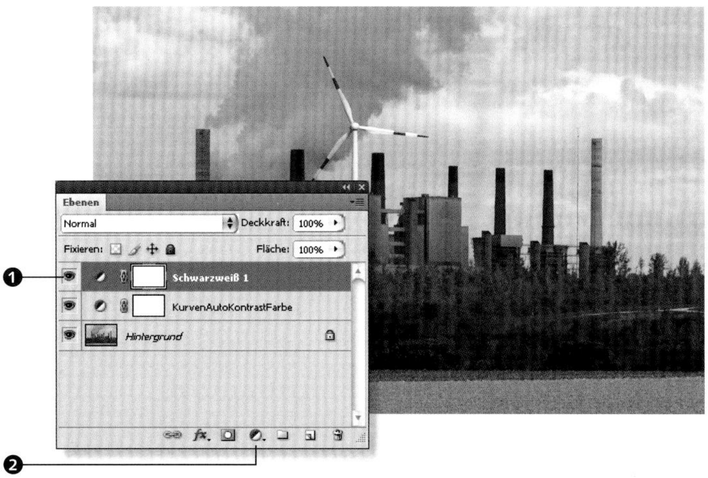

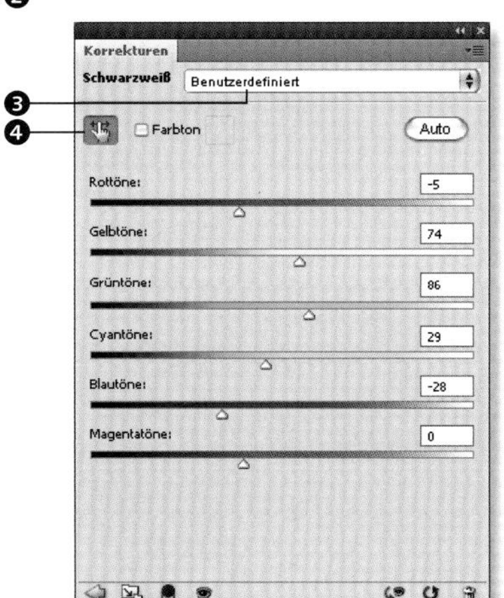

Starten Sie mit der Voreinstellung GRÜNFILTER ❸. Sie ist ein guter Ausgangspunkt, weil sie in der Regel die am besten nuancierte Darstellung liefert. Analysieren Sie das Farbbild, indem Sie die SCHWARZWEISS-Ebene in der EBENEN-Palette durch Klick auf das Augensymbol ❶ ein- und ausschalten. Ziel ist es unter anderem, die roten Markierungen in den Flügeln des Windrads zu betonen und sie gleichzeitig abzudunkeln. Ziehen Sie daher den Regler unter den Rottönen nach links. Das gelbgrüne Feld im Vordergrund ist ebenfalls zu hell und wird abgedunkelt, indem Sie den Grünregler nach links schieben. Sie können die Tonwerte, die Sie einstellen wollen, auch mit der Pipette bestimmen, wenn Sie in der KORREKTUREN-Palette in das Symbol ❹ klicken. Wählen Sie nun im Bild eine Stelle aus, die Sie ändern wollen, und ziehen Sie die Maus mit gedrückter linker Maustaste nach links (zum Abdunkeln) oder rechts (zum Aufhellen). Nun sollten Sie den Himmel noch etwas abdunkeln und beleben, aber nicht zu viel, da er sonst mit dem Hauptmotiv konkurriert. Klicken Sie wie beschrieben in das Bild, und zwar auf den Rauch aus dem Kühlturm, und ziehen Sie die Maus mit gedrückter linker Maustaste nach links.

3 Den Kontrast steigern

Es fehlt jetzt noch etwas Gesamtkontrast. Also legen Sie eine weitere Einstellungsebene GRADATIONSKURVEN an. Hellen Sie das Windrad noch ein wenig auf, und dunkeln Sie die Türme ab. Aktivieren Sie dazu – ähnlich wie in Schritt 2 – das Symbol oben links in der KORREKTUREN-Palette ❺. Fixieren Sie zunächst die dunkelsten Stellen in den Sträuchern, indem Sie einfach mit der Maus hineinklicken. Der Punkt wird in die Kurve hineingezeichnet. Lassen Sie die Maustaste los, und klicken Sie nun mit der gedrückten linken Maustaste auf das Windrad und ziehen die Maus ein wenig nach oben, um es auf-

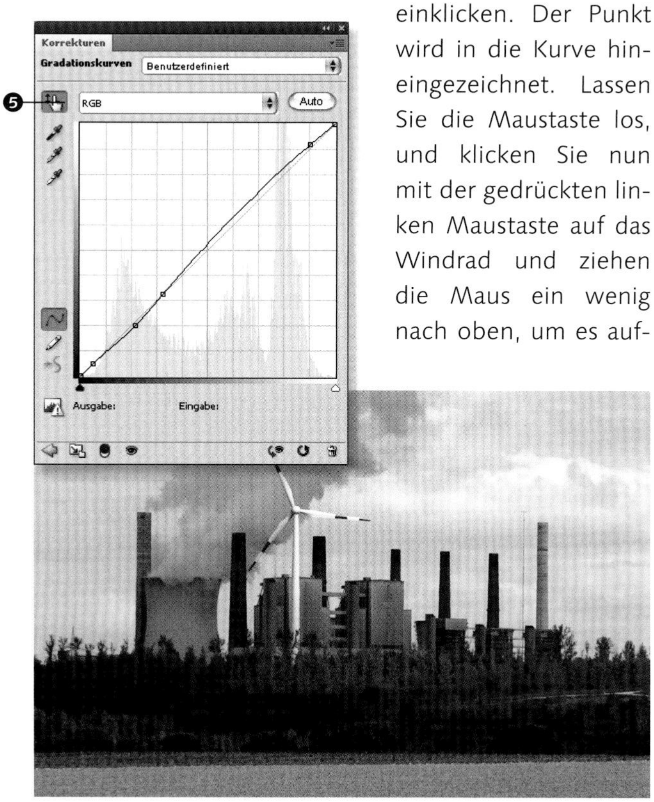

zuhellen. Verfahren Sie ebenso mit den Türmen. Ziehen Sie die Kurve in diesem Fall aber nach unten.

4 Den Himmel maskieren und verdunkeln

Im letzten Schritt ist der Himmel etwas zu hell geraten, daher korrigieren Sie das mit einer weiteren Gradationskurve. Legen Sie wieder eine Einstellungsebene an, und geben Sie ihr den Namen »Himmel«. Dunkeln Sie den Rauch hinter dem Windrad ab, indem Sie in der KORREKTUREN-Palette das Handsymbol aktivieren, in den Rauch klicken (dabei die Maustaste nicht loslassen) und mit gedrückter Maustaste die Kurve etwas nach unten ziehen. Da Sie nur den Himmel abdunkeln wollen und der Rest sonst zu dunkel würde, müssen Sie den unteren Teil des Bildes maskieren, das heißt abdecken.

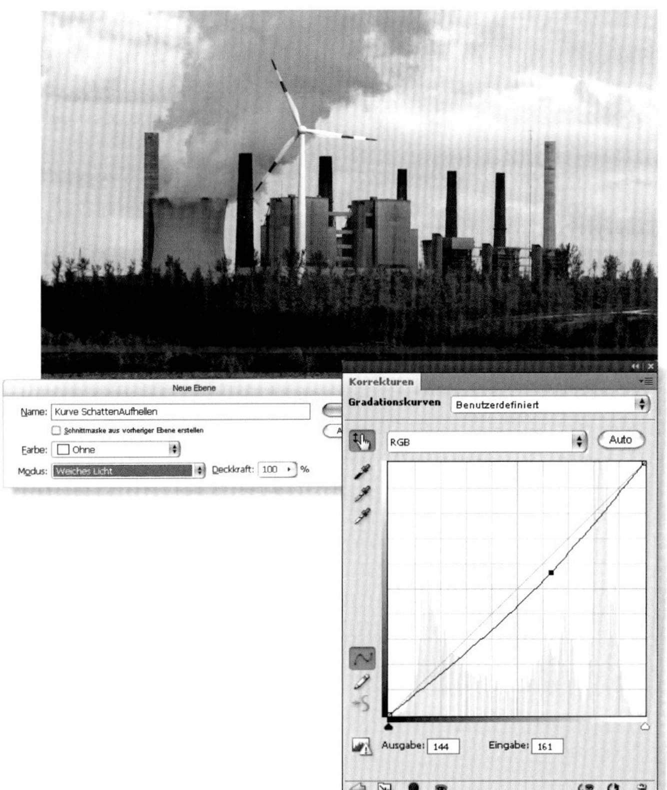

5 Bild maskieren

Dazu nutzen Sie das Verlaufswerkzeug, um in der Ebenenmaske einen Verlauf von Weiß (Änderungen sind sichtbar) nach Schwarz (Änderungen sind unsichtbar) zu hinterlegen. Sollte das Verlaufswerkzeug nicht sichtbar sein, aktiveren Sie es durch einen Rechtsklick auf das Füllwerkzeug ❶. Stellen Sie als Vordergrundfarbe Schwarz und als Hintergrundfarbe Weiß ein ❷. Stellen Sie sicher, dass das Maskensymbol in der Ebene »Himmel« aktiviert ist ❸. Ist das nicht der Fall, klicken Sie es einmal an.

Halten Sie nun die [⇧]-Taste und die linke Maustaste gedrückt, und ziehen Sie mit der Maus einen Verlauf von unten nach oben. Beginnen Sie knapp oberhalb des Feldes und enden Sie etwas unterhalb der Nabe des Windrads. Nun ist der untere Teil des Bildes von der Wirkung der Gradationskurve ausgenommen (maskiert). In Ihrer EBENEN-Palette sollte das nun wie abgebildet aussehen.

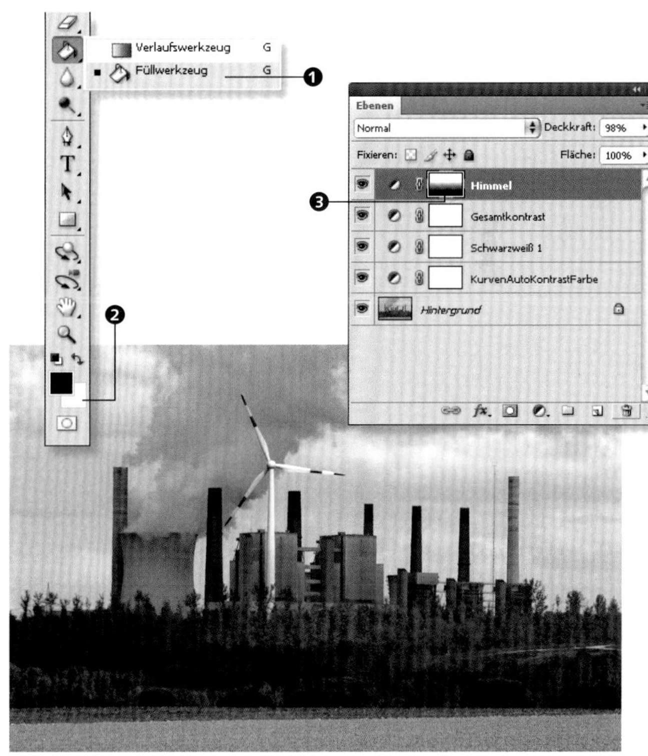

6 Alternative Tonung

Zu diesem Bild passt eine Split-Tonung aus kalten und warmen Farben. Versuchen Sie es zunächst mit der Aktion »EM_Tonung_TiefenKalt_LichterWarm« aus dem Set »Tonungen«. Markieren Sie die Aktion in der AKTIONEN-Palette, und klicken Sie auf das Symbol ❶ im Fuß der Palette, um die Aktion auszuführen. Die Wirkung ist etwas zu stark, weshalb Sie die Deckkraft der Tonungsebene auf 80 % reduzieren ❷ sollten. Nun sind die Lichter immer noch zu stark getont, die Tiefen sollten Sie jedoch so belassen. Also reduzieren Sie nur die Werte für die Lichter über eine Einstellungsebene FARBBALANCE in der KORREKTUREN-Palette, indem Sie unter CYAN/ROT +4 und unter GELB/BLAU –4 ❹ eintragen. Am Bildschirm entsteht nun der Eindruck, dass die Tiefen nach der Tonung zu sehr abdriften. Das Bild wirkt zu dunkel, obwohl das Histogramm dies nicht bestätigt. Ändern Sie deshalb den Modus der Tonungsebene von NORMAL auf FARBE ❸. Damit werden nur die Farbinformationen übernommen, die Tonung hat nun keine Auswirkungen mehr auf die Helligkeit des Bildes. Speichern Sie Ihr Bild spätestens jetzt im Photoshop-Format (PSD).

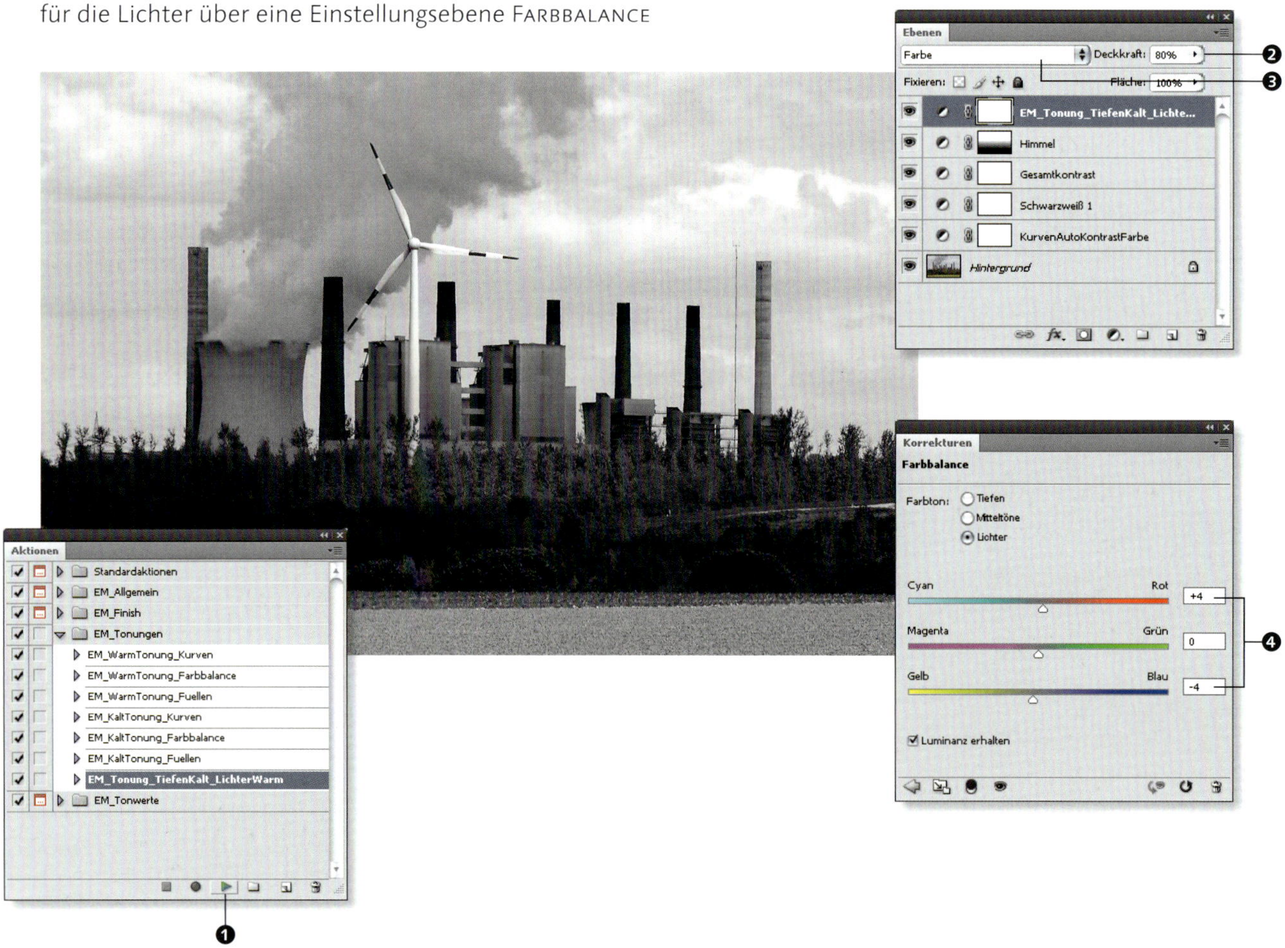

Pienza

Extreme Kontraste im Licht des Südens

Das Licht ist das Hauptmotiv in diesem Bild, das extreme Kontraste aufweist. In diesem Workshop beschneiden Sie es quadratisch und betonen die Lichtstimmung durch eine entsprechende Schwarzweißumwandlung.

[Bildmaterial auf DVD: Pienza.tif]

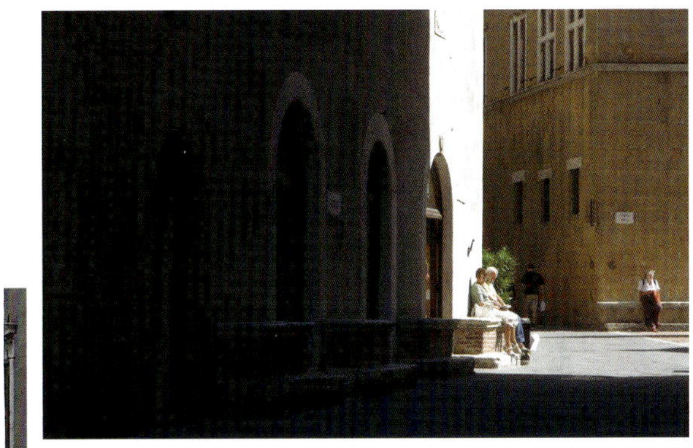

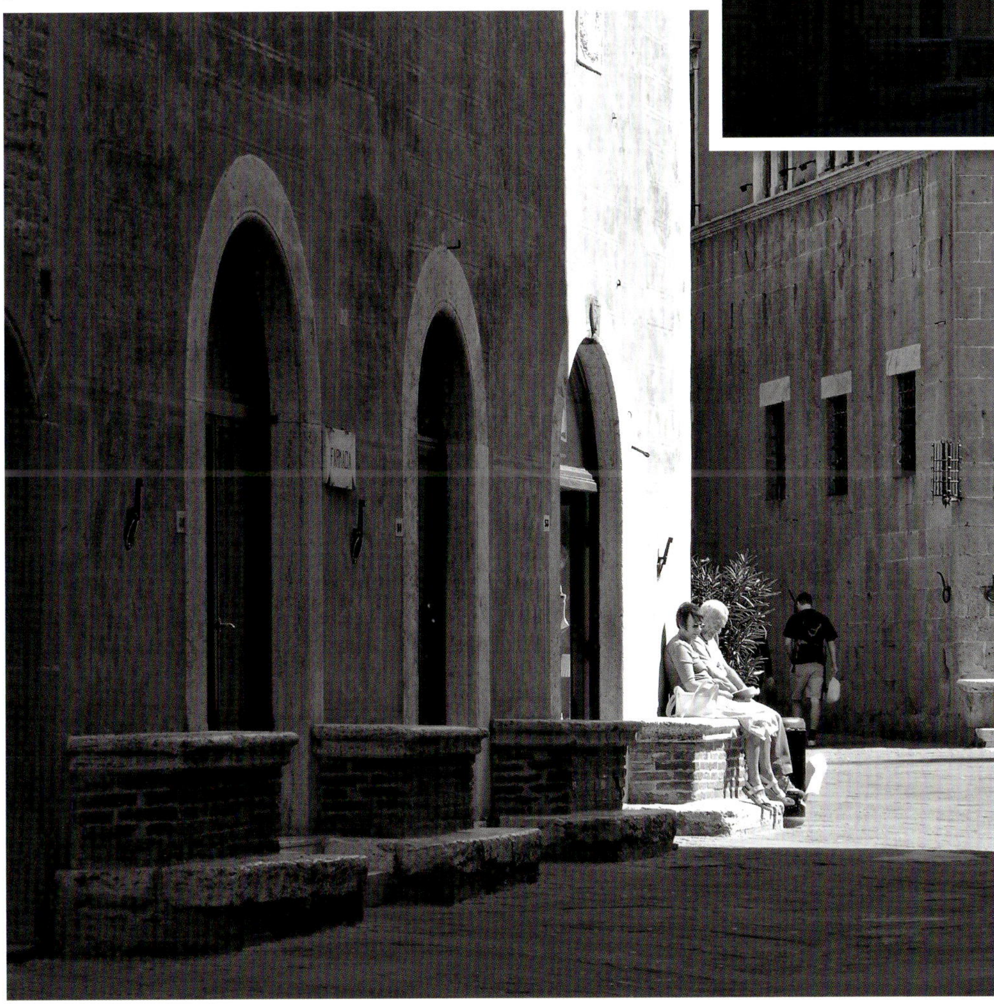

1 Ausrichten und Schneiden

Das Originalbild kippt leicht nach rechts. Klicken Sie mit der Maus links auf das Lineal (falls Sie es nicht sehen, schalten Sie es mit [Strg]+[R] ein), halten Sie die [⇧]-Taste gedrückt, und ziehen Sie mit der Maus von links nach rechts eine Hilfslinie bis zur Kante des Gebäudes, das im Licht steht ❷.

Wählen Sie das gesamte Bild mit AUSWAHL • ALLES AUSWÄHLEN oder mit der Tastenkombination [Strg]+[A] aus. Um das Bild zu drehen, wählen Sie BEARBEITEN • TRANSFORMIEREN • DREHEN und ziehen an den Ecken nach links. Alternativ können Sie auch einen Wert (hier –0,5) in die Werkzeugleiste eintragen ❸ und mit [↵] bestätigen. Die Hilfslinie entfernen Sie wieder, indem Sie sie mit der Maus einfach aus dem Bild herausziehen. Heben Sie die Auswahl mit AUSWAHL • AUSWAHL AUFHEBEN oder [Strg]+[D] wieder auf. Jetzt kommt der Schnitt ins Quadrat: Aktivieren Sie das Freistellungswerkzeug ❶, halten Sie die [⇧]-Taste gedrückt, und ziehen Sie mit der Maus einen Rahmen für den gewünschten Ausschnitt auf. Mit [↵] schließen Sie die Aktion ab.

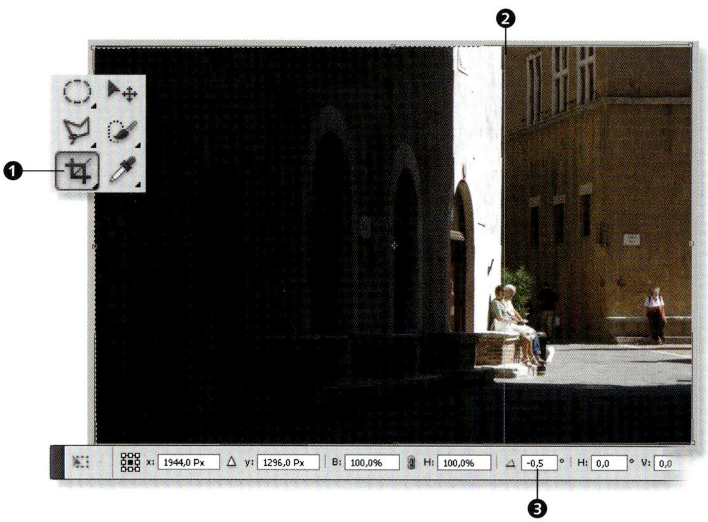

2 Tiefen und Lichter einstellen

Hellen Sie nun mit der TIEFEN/LICHTER-Funktion die Schatten auf, und dunkeln Sie dabei auch die Lichter ein wenig ab. Verdoppeln Sie zunächst die HINTERGRUND-Ebene mit [Strg]+[J], und geben Sie der Kopie den Namen »TiefenLichter«. Wandeln Sie die Ebene nun in ein Smart-Objekt um (EBENE • SMART-OBJEKTE • IN SMART-OBJEKT KONVERTIEREN), damit Sie die Einstellung des TIEFEN/LICHTER-Filters bei Bedarf auch später noch ändern können.

Jetzt wählen Sie BILD • KORREKTUREN • TIEFEN/LICHTER. Falls Sie nicht alle Optionen wie abgebildet sehen, aktivieren Sie das Kästchen WEITERE OPTIONEN EINBLENDEN ❹. Wenden Sie den TIEFEN/LICHTER-Filter generell mit Vorsicht an, denn er führt schnell zu unnatürlichen Ergebnissen. Sie vermeiden dies auch, indem Sie relativ hohe Einstellungen für RADIUS wählen.

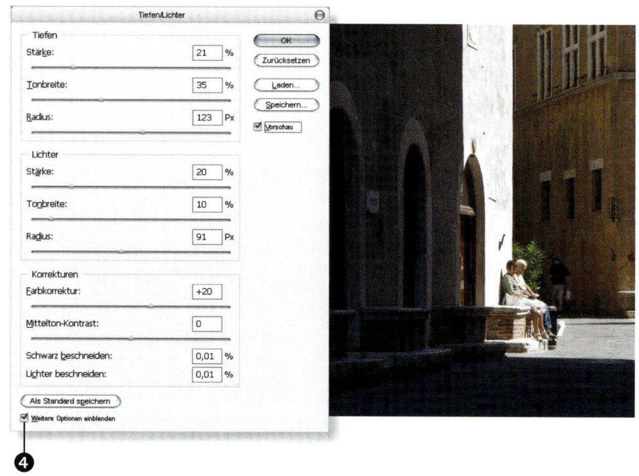

3 Grundkorrektur von Kontrast und Farben

Mit einer Einstellungsebene GRADATIONSKURVEN aus der KORREKTUREN-Palette nehmen Sie eine grundlegende Kontrastanpassung vor und korrigieren auch den leich-

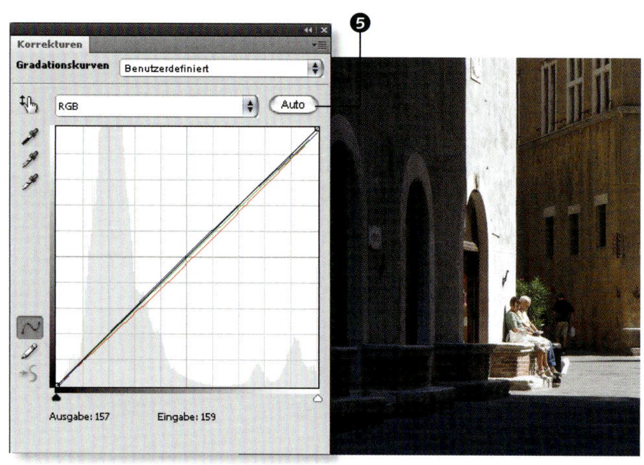

ten Farbstich. Klicken Sie dazu auf den Button AUTO ❺. Ihre EBENEN-Palette sollte jetzt so wie links abgebildet aussehen.

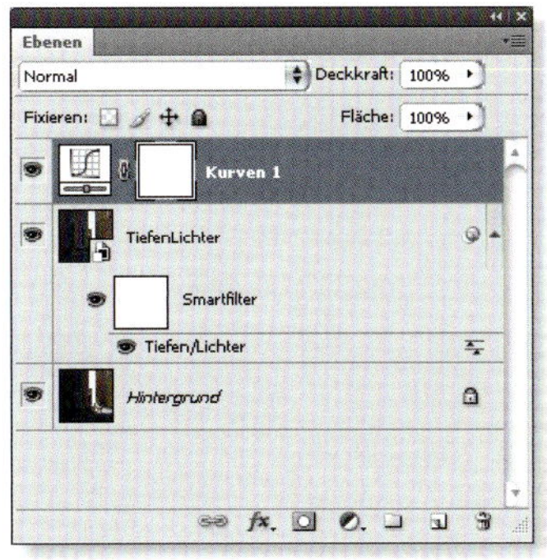

4 Noch mehr Licht ins Dunkel bringen

Sie werden nun eine weitere Technik zur Aufhellung der Schatten kennenlernen. Dazu maskieren Sie mit einer Luminanzmaske die hellen Bereiche im Bild und bringen mit einer speziellen Gradationskurve noch mehr Licht in die dunklen Partien. Wechseln Sie in die KANÄLE-Palette. Halten Sie die [Strg]-Taste gedrückt, und klicken Sie auf den Eintrag RGB. Photoshop wählt nun automatisch alle hellen Bereiche im Bild aus, und zwar relativ zum Helligkeitswert. Pixel mit Helligkeitswert 255 sind komplett ausgewählt, solche mit 0 gar nicht und die dazwischenliegenden mehr oder weniger stark. Da Sie aber nicht mit den hellen, sondern mit den dunklen Bereichen arbeiten wollen, müssen Sie die Auswahl umkehren. Wählen Sie daher AUSWAHL • AUSWAHL UMKEHREN, oder drücken Sie [⇧] + [Strg] + [I].

Wechseln Sie zurück zur EBENEN-Palette, und legen Sie durch Klick auf das Symbol in der Fußzeile ❻ eine Einstellungsebene GRADATIONSKURVEN an. Halten Sie dabei die [Alt]-Taste gedrückt. Im Dialog NEUE EBENE

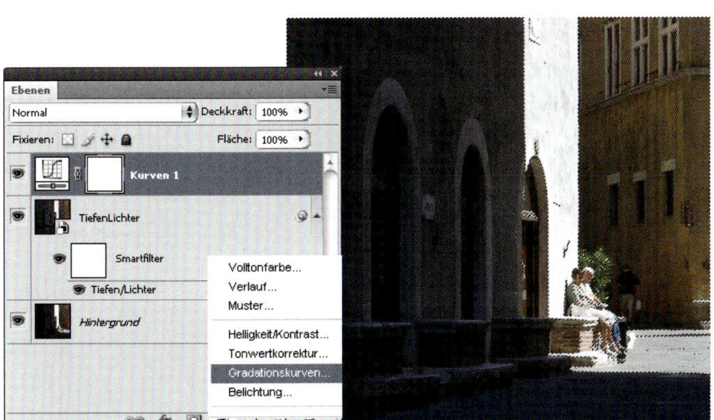

❻

geben Sie als Name »Kurve SchattenAufhellen« ein und wählen als Modus WEICHES LICHT ❼. Bestätigen Sie mit OK. Jetzt sehen Sie eine Ebene, in der die hellen Bereiche bereits maskiert sind ❽. Allerdings sind die Tiefen im Modus WEICHES LICHT noch dunkler als vorher.

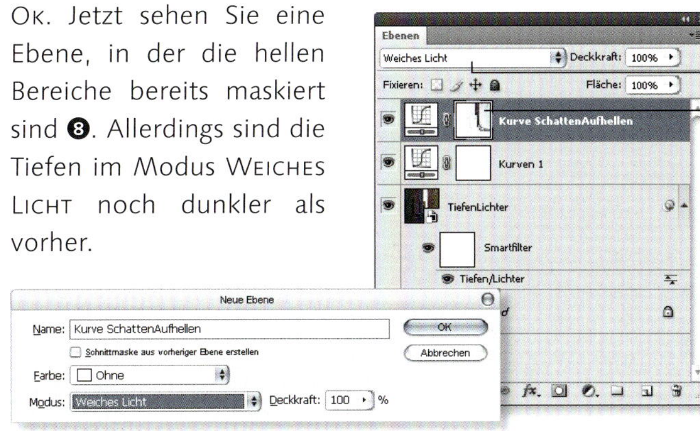

❼ ❽

5 Die Kurve anpassen

Wechseln Sie in die Palette KORREKTUREN, und passen Sie die Kurve aus dem vorherigen Schritt wie abgebildet an. Im Modus WEICHES LICHT werden nämlich alle Pixel, die im Histogramm oberhalb der waagerecht verlaufenden Mitte (Tonwert 128) liegen, aufgehellt. Den äußersten linken Punkt ⓫ habe ich im Beispiel knapp über den Wert 128 geschoben. Das bedeutet, dass die schwarzen Pixel aus dem Ursprungsbild leicht aufgehellt werden. Das hohe »Tonwertgebirge« im Histogramm ❾ repräsentiert den linken Bildbereich mit den Schatten. Sie hellen die Schatten auf, indem Sie die Kurve dort nach oben ziehen. Gleichzeitig bringen Sie Kontrast in diesen Bereich, da Sie die Kurve auf diesem Stück relativ stark ansteigen lassen ❿.

❾ ❿ ⓫
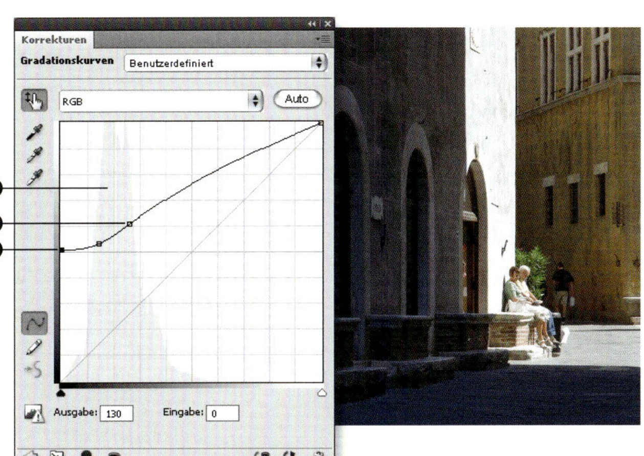

6 Schwarzweißkonvertierung

Nun konvertieren Sie das Bild mit einer Einstellungsebene SCHWARZWEISS. Im Beispiel startete ich mit der Vorgabe ROTFILTER, fand allerdings, dass die Tonwerte in der rechten Bildhälfte zu verwaschen wirkten. Aktivieren Sie zur Korrektur das Handsymbol ❶, und klicken Sie ins Bild, um die Regler in den nächsten Schritten gezielt anzupassen.

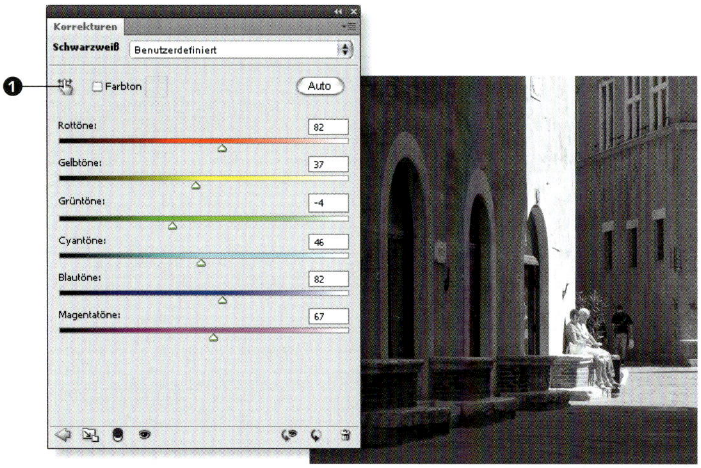

7 Kontrast des Hauses verbessern

Das Haus auf der rechten Seite wirkt immer noch ein wenig kontrastarm. Das korrigieren Sie mit einer Kurve, die Sie aber nur auf das Haus anwenden. Sie müssen also alles andere maskieren und nur das Haus auswählen. Selektieren Sie dazu das Haus über seine Farbtöne und schalten zunächst die Schwarzweißebene aus. Klicken Sie dazu neben der Ebene auf das Augensymbol ❷. Aktivieren Sie nun durch einen Klick die Ebene »TiefenLichter« ❸. Jetzt wählen Sie das Haus mit dem Menübefehl AUSWAHL • FARBBEREICH aus. Wählen Sie als Option AUFGENOMMENE FARBEN ❹, und denken Sie daran, die mittlere Pipette ❺ zu aktivieren. Klicken Sie nun mit der Pipette einige Male auf das Haus im Bild, bis Sie diesen Bereich möglichst ganz ausgewählt haben. Bestätigen Sie mit OK. Blenden Sie nun wieder die SCHWARZWEISS-Ebene durch Klick auf das Augensymbol ein, und aktivieren Sie diese Ebene, indem Sie einmal mit der Maus daraufklicken.

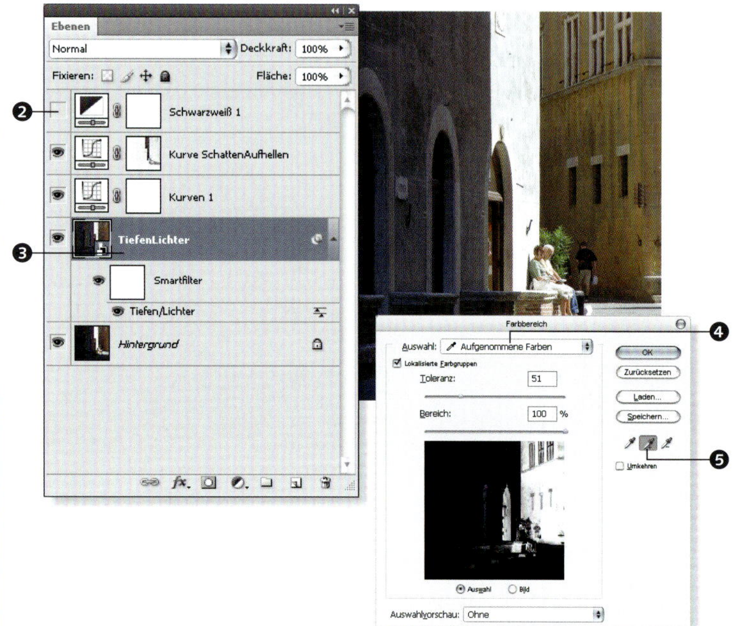

8 Weitere Gradationskurve

Legen Sie eine neue Einstellungsebene GRADATIONSKURVEN an. Darin sind nun bis auf die eben getroffene Auswahl alle anderen Bereiche maskiert, also abgedeckt. Sie können die Maske kontrollieren, wenn Sie mit gedrückter [Alt]-Taste auf das Maskensymbol klicken ❻. Im Haus sind die Fensterstürze nicht ausgewählt, denn in der Maske sind sie dunkel dargestellt. Wählen Sie diese Bereiche aus, indem Sie mit dem Pinsel und

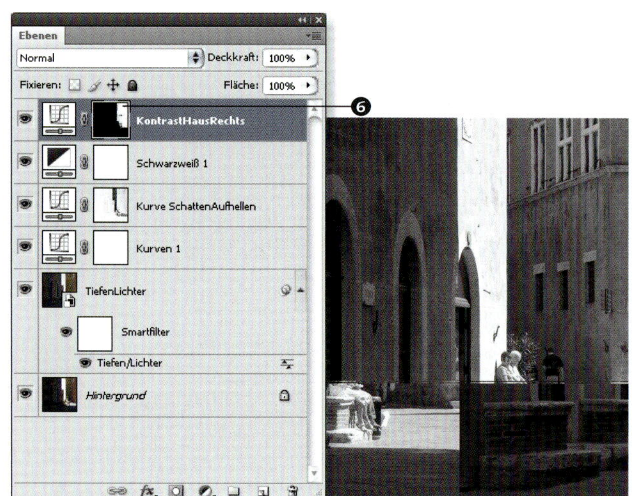

mit weißer Vordergrundfarbe über diese Stellen malen. Umgekehrt können Sie mit schwarzer Farbe Bereiche maskieren. Stellen Sie nun die Kurve in der Palette KORREKTUREN in Form eines »S« ein ❼, um den Kontrast zu erhöhen.

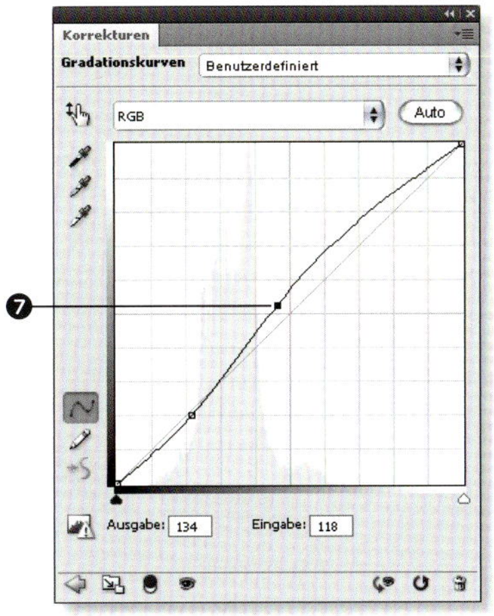

9 Und noch eine Kurve

Das gesamte Bild kann ebenfalls noch eine leichte Kontrastanhebung vertragen. Wie Sie das mit einer Einstellungsebene erreichen, haben Sie schon oft geübt. Legen Sie nun jedoch nur eine leichte S-Kurve an, denn mehrere kleine Änderungen sind meist besser und schonender für ein Bild als wenige heftige Eingriffe.

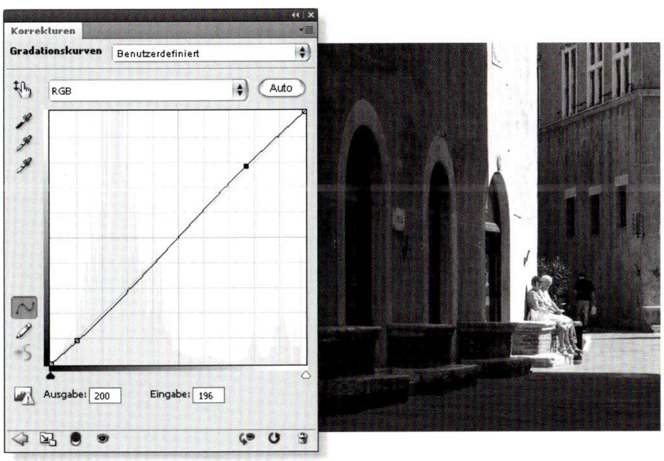

10 Lokale Kontraste erhöhen

Wenn Sie in das Bild hineinzoomen, stellen Sie fest, dass die Details noch flach sind und wenig Kontrast aufweisen. Das ändern Sie mit der Aktion »EM_LokalerKontrast_USM«. Sie nutzt den Filter UNSCHARF MASKIEREN, um Details hervorzuheben. Starten Sie die Aktion durch einen Klick auf das Symbol im Fuß der AKTIONEN-Palette ❽. Zoomen Sie in das Bild, um die Wirkung zu kontrollieren. Die Voreinstellung erscheint etwas zu schwach. Da die Aktion auf einer eigenen Ebene arbeitet, die vorher in ein Smart-Objekt konvertiert worden ist, kann die Einstellung des USM-Filters nachträglich korrigiert werden. Das erreichen Sie durch einen Doppelklick auf den Eintrag UNSCHARF MASKIEREN ❿. Verstärken Sie die Wirkung des Filters, indem Sie im Dialog als STÄRKE 30 und als RADIUS 50 einstellen. Reduzieren Sie die DECKKRAFT der Ebene auf ca. 80 % ❾.

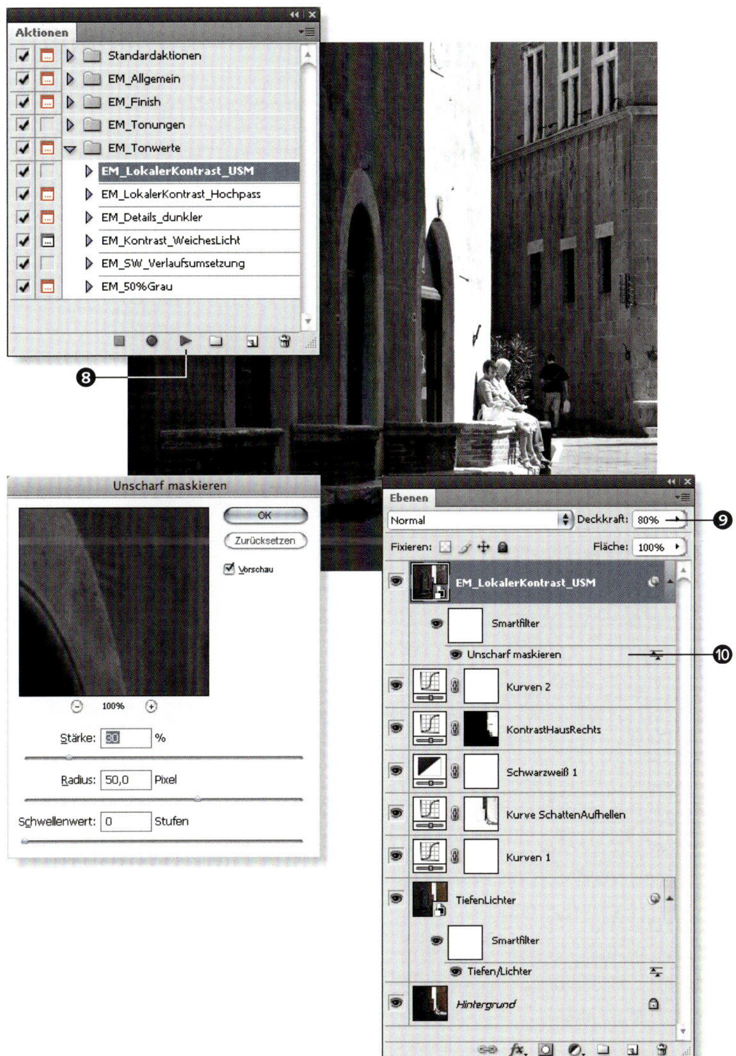

11 Warmtonung

Aufgrund der Lichtsituation scheint eine Warmtonung keine schlechte Wahl zu sein. Sie sollte aber dezent und am besten auf die Lichter beschränkt sein. Das bietet sich an, weil die Schatten auch in der Realität eher kühl und die Lichter warm sind. Praktisch wäre es auch, wenn mit der Tonung die sehr dominanten Lichter ein klein wenig zurückgenommen werden könnten. Alles kein Problem: Starten Sie mit der Aktion »EM_WarmTonung_Fuellen«.

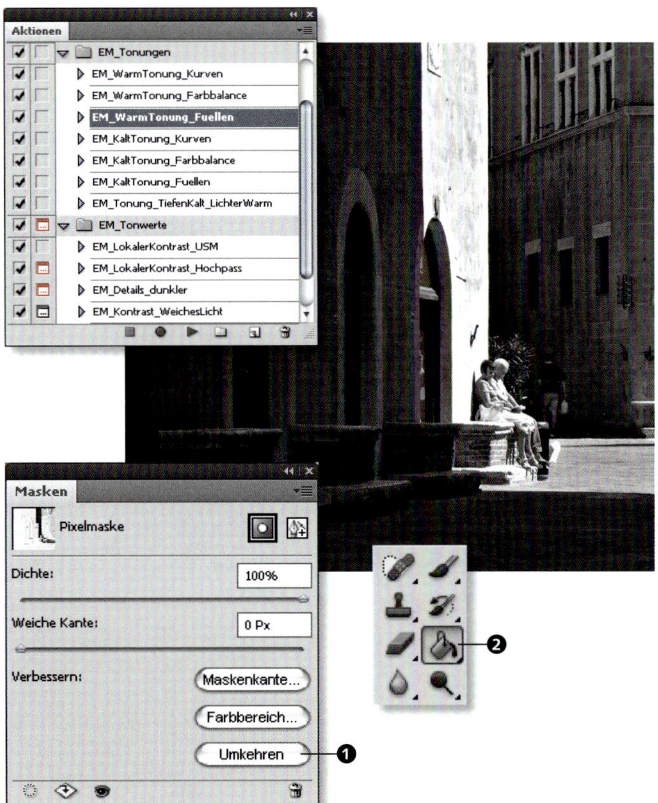

Es sind jedoch nach ihrer Ausführung zwei Nachbesserungen notwendig: Die Tonungsfarbe soll dunkler sein, und vor allem maskiert die Aktion standardmäßig die Lichter. Hier wollen Sie aber gerade im Gegenteil die Lichter tonen und die Schatten maskieren. Also kehren Sie zunächst einmal die Maske um: Klicken Sie in das Maskensymbol ❸ und dort in der Palette MASKEN auf UMKEHREN ❹. Schneller geht es, wenn Sie die Tastenkombination Strg + I drücken. Hier stellen Sie eine dunklere Farbe ein. Aktivieren Sie zunächst wieder die Ebene durch einen Klick auf das Ebenensymbol ❹. Wählen Sie nun als Vordergrundfarbe für RGB die Werte 59/53/47. Aktivieren Sie das Füllwerkzeug ❷, und klicken Sie in das Bild.

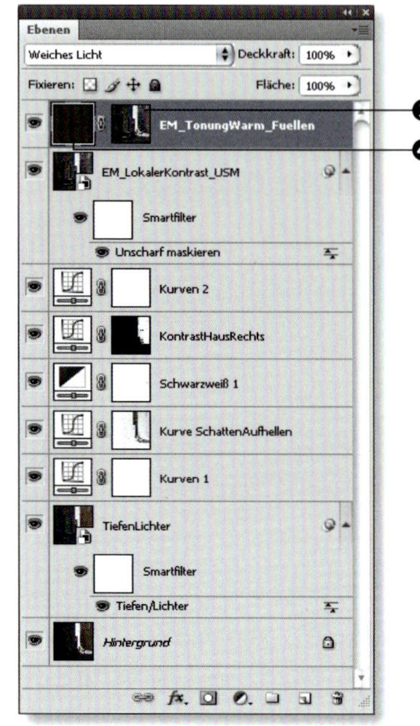

12 Die Tonung verbessern

Wenn Sie nun diese letzte Ebene, die Tonungsebene, durch einen Klick auf das Augensymbol ein- und ausschalten und dabei auf die Schattenpartien achten, werden Sie vielleicht denken, dass die Schatten ohne die Tonung besser aussehen würden. So war es anfangs auch geplant. Andererseits könnten die Lichter noch einen Tick mehr Tonung vertragen. Also müssen Sie die Schattenpartien noch stärker maskieren, am besten sogar ganz, und die Maskierung der Lichter reduzieren.

Aktivieren Sie dafür zunächst die Maske durch einen Klick auf das Maskensymbol ❼. Sie können die Maske nun ebenso wie ein normales Bild mit einer Gradationskurve bearbeiten. Wählen Sie dazu im Menü BILD • KORREKTUREN • GRADATIONSKURVEN. Ziehen Sie den Kurvenpunkt in der Ecke unten links (also den Wert 0) ein ganzes Stück nach rechts ❻, und beobachten Sie dabei, wie sich das Maskensymbol ❼ verändert und mit ihm auch das Bild: Die Maske wird dunkler, und im Bild tritt die Tonung in den Schattenbereichen zurück. Umgekehrt hellen Sie die Maske in den weißen Bereichen durch Anheben der Kurve ❺ auf, damit die Tonung dort stärker zum Vorschein kommt. Ihre EBENEN-Palette sollte nun wie abgebildet aussehen.

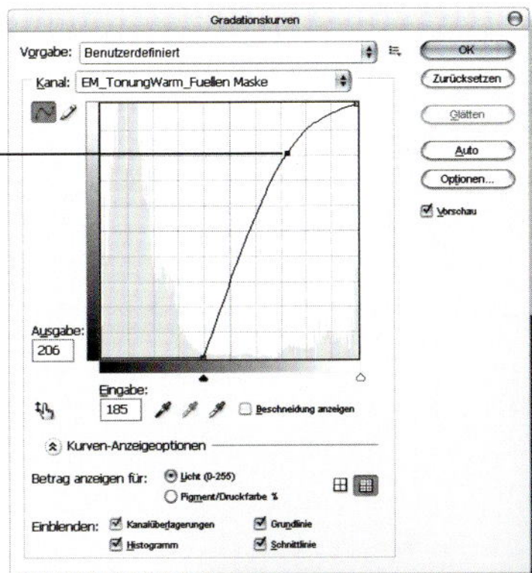

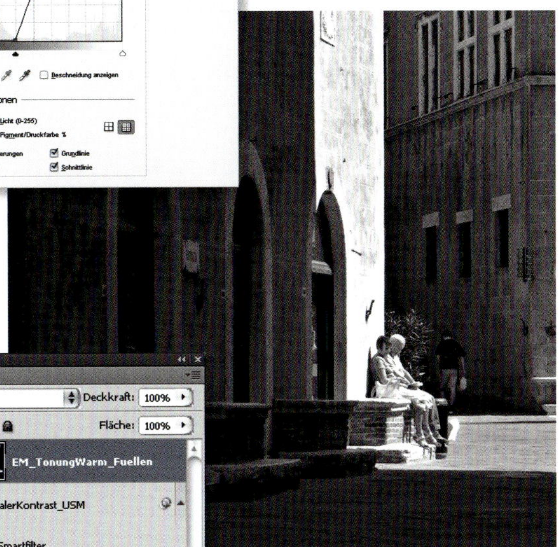

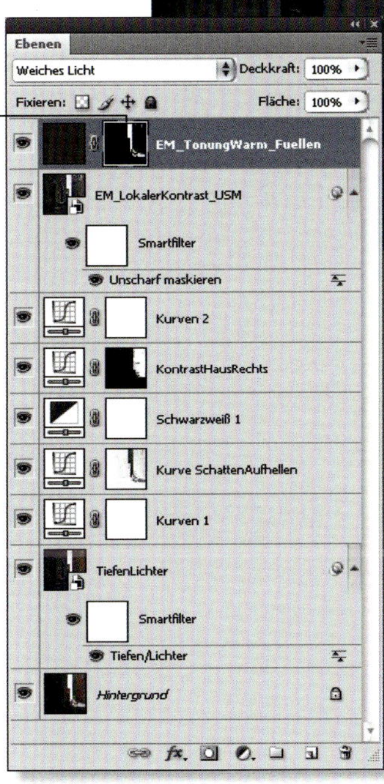

Hinweis: Häufig wird Ihnen sicher empfohlen, am Ende alle Ebenen auf eine zu reduzieren und das Bild zu speichern. Speichern Sie Ihr Bild jedoch zunächst im Photoshop-Format unter Beibehaltung *aller* Ebenen! Sie haben sich schließlich eine Menge Arbeit angetan und alle Arbeitsschritte auf eigenen Ebenen vorgenommen. Dabei haben Sie Einstellungsebenen und – wenn es gar nicht anders ging – herkömmliche Ebenen, die allerdings in Smart-Objekte konvertiert wurden, verwendet. Diese Arbeitsweise ist nichtdestruktiv. Das heißt, Ihr Originalbild bleibt dabei erhalten, und Sie können fast alle Arbeitsschritte nachträglich ändern. Wenn Sie die Ebenen auf eine reduzieren, sparen Sie zwar Speicherplatz, Ihre Arbeit können Sie aber später nicht mehr anpassen.

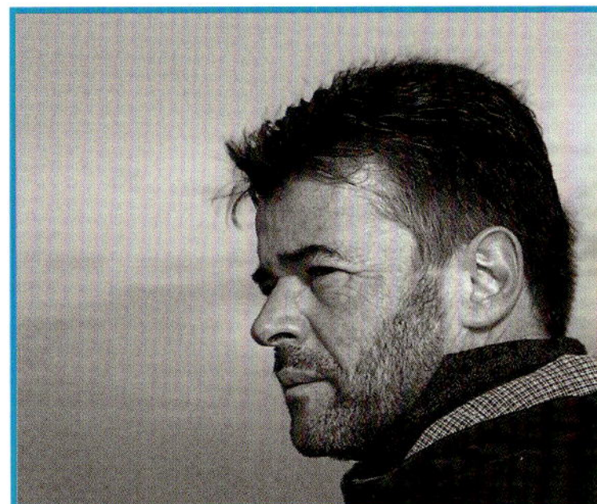

Der Autor

Seit beinahe 40 Jahren beschäftige ich mich mit Fotografie – mal mehr, mal weniger intensiv, früher im Schwarzweißlabor, heute am Computer und mit Photoshop, immer mit Leidenschaft und nie zum Broterwerb. Mein Geld verdiene ich als Diplom-Kaufmann. Die Fotografie ist dazu ein angenehmer Ausgleich und Gegenpol. Wenn ich Fotos mache, brauche ich dafür Ruhe und Muße, und am liebsten bin ich dabei allein. Die Fotografie befriedigt meinen Sinn für Ästhetik, und sie treibt mich hinaus in die frische Luft. Viele Jahre lang waren das die wichtigsten, wenn nicht gar die einzigen Beweggründe. Gerade in den letzten Jahren aber beginne ich die Fotografie als einen größeren und sehr umfassenden Prozess zu begreifen. Themen, Konzepte und Arbeitsweisen anderer Fotografen interessieren mich immer mehr. Ich lese wieder mehr über Fotografie und schaue mir viel häufiger als früher Bilder anderer Fotografen an.

Meine eigenen Ansprüche habe ich dabei immer mehr gesteigert. Ich versuche, meinen Bildern einen gewissen Mehrwert mitzugeben. Das gelingt leider nicht immer – um genau zu sein, schaffe ich es sogar höchst selten, diesen Anspruch zu erfüllen. Zudem habe ich mich viele Jahre lang sehr intensiv mit Bildbearbeitung beschäftigt und dann 2007 auch noch das Drucken entdeckt. Die Herstellung von Fine-Art-Prints und ihre Präsentation vor »echtem« Publikum (im Gegensatz zum virtuellen Betrachter im Internet) sind spannend und setzen dem Ganzen erst das i-Tüpfelchen auf.

www.eddimeier.de

Tierfotografie

Von Technik und Emotionen

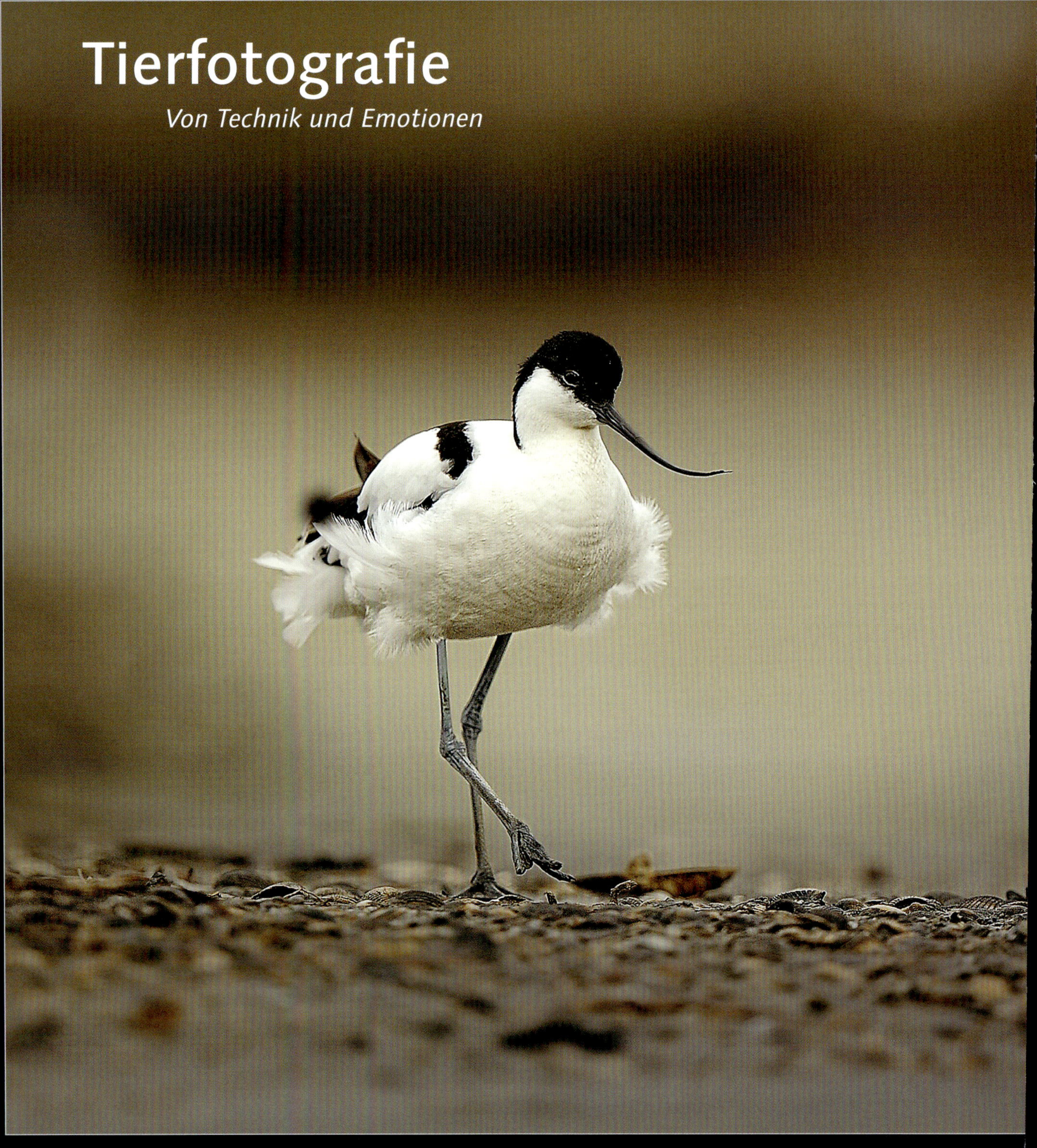

von Christian Röschert

Faszination Tierfotografie – ein Virus, der einen nur allzu leicht befällt. Fast jeder von Ihnen, der eine Kamera besitzt, wird sich schon einmal an der Tierfotografie versucht haben, mit mehr oder minder großem Erfolg. Überzeugende Tierfotografie ist ein fortwährender Entwicklungsprozess, und gute Aufnahmen sind stets das Ergebnis guter Planung und Vorbereitung sowie eingehender Beschäftigung mit dem Motiv. Ich hoffe, dass es mir auf den folgenden Seiten gelingen wird, Ihnen diesen spannenden und zugleich fordernden Bereich der Fotografie ein wenig näherzubringen.

Anmut

Den Zauber, der manchen Momenten innewohnt, erkennt man oft erst dann, wenn man sich auch die Zeit nimmt, die dafür nötig ist. Das diffuse Licht, der niedrige Aufnahmestandpunkt und die dezenten Farben des Umfelds betonen die Grazie des Säbelschnäblers.

Nikon D700 (Vollformat) | 600 mm | 1/1000 sek | f4,0 | ISO 200 | Belichtungskorrektur –2/3 Blende

Grundlagen

Ich werde immer wieder danach gefragt, welches die beste Ausrüstung sei, um dieses oder jenes Tier zu fotografieren. Natürlich liegt es auf der Hand, dass viele Aufnahmen durch den Einsatz guter Kameras und starker Teleobjektive erleichtert werden, doch sind teure Ausrüstungsteile bei Weitem nicht die wichtigsten Dinge, die Sie mitbringen sollten, wenn Sie sich ernsthaft mit der Tierfotografie beschäftigen möchten. Vielmehr ist es neben Geduld und der von wahrhaftigem Interesse für Ihr Motiv getragenen Begeisterung stets die intensive und durchdachte Vorbereitung, durch die Sie zu guter Letzt die Fotos in Händen halten können, die sich von der Masse abheben.

Bevor es losgeht | Sie ersparen sich in den meisten Fällen eine Menge Zeit, Arbeit und auch unnötig ausgegebenes Geld, wenn Sie einige wichtige Fragen bereits klären, noch lange bevor Sie Ihre Kamera in die Hand nehmen.

Die Fragen, die Sie für sich selbst klären sollten, bevor Sie mit der Kamera losziehen, könnten wie folgt lauten:

- Wo lebt das Tier, das ich fotografieren möchte?
- Wann hat es seine Ruhezeiten? Wann ist es aktiv?
- Wie kann ich mich annähern, ohne bemerkt zu werden?
- Was muss ich beachten, um das Tier nicht zu stören?
- Was fasziniert mich an dem Tier?
- Was möchte ich mit meinen Fotos zeigen?
- Wo ist der beste Standort für eine Aufnahme?

Abflug

Diese Aufnahme hatte ich schon sehr lange in meinem Kopf. Dennoch brauchte es mehrere Reisen nach Schweden und viele Stunden in Ansitzhütten, bis sie mir gelang. Die Birkhähne fliegen recht unvermittelt auf, so dass ein gelungenes Foto zu einer Hälfte aus Glück und zur anderen aus dem sicheren Umgang mit der Kamera besteht.

Nikon D700 (Vollformat) | 600 mm | 1/1000 sek | f4,0 | ISO 200 | Belichtungskorrektur –2/3 Blende

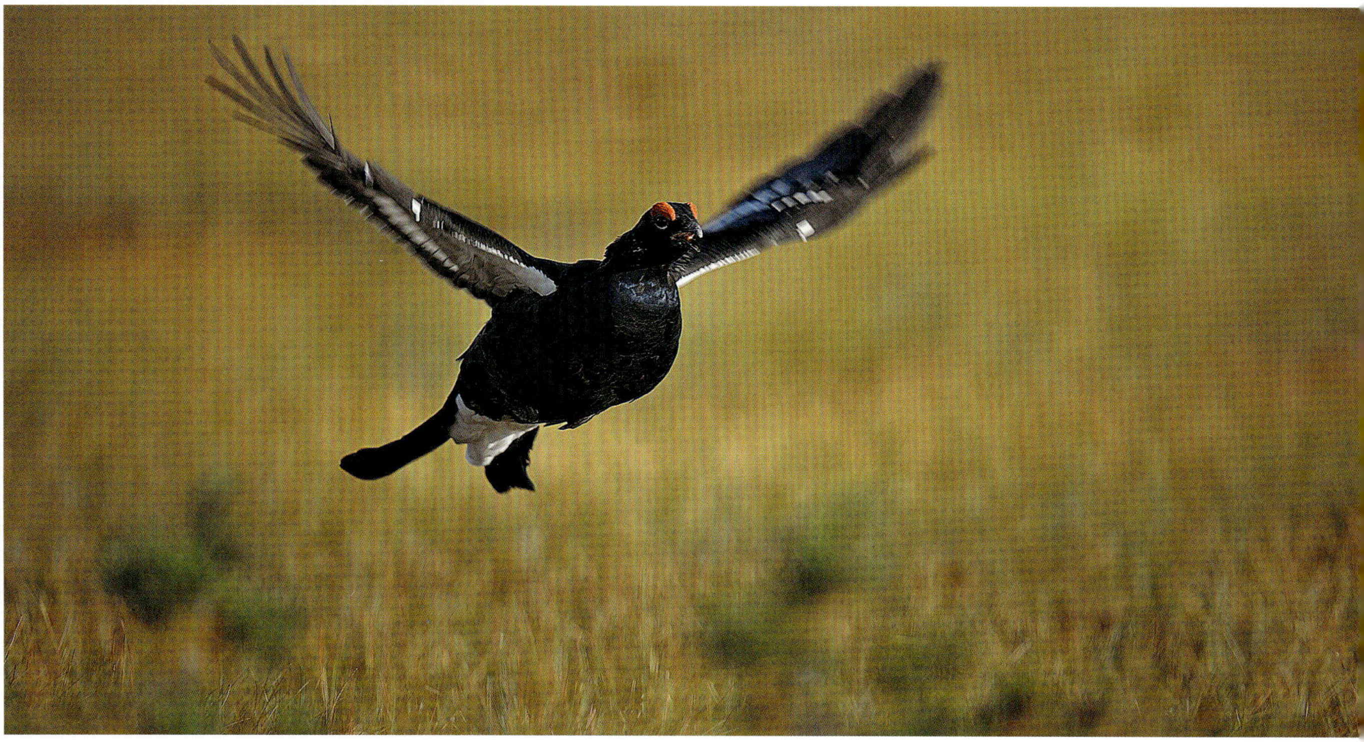

Wie Sie sicher feststellen, fällt es Ihnen deutlich leichter, diese Fragen zu beantworten, wenn Sie an Gegenden und Tiere denken, die Ihnen bereits bekannt sind. Aus gutem Grund entstehen daher oft die besten Aufnahmen von Tieren in der unmittelbaren Umgebung des Wohnorts, denn dort kennen Sie sich am besten aus und sind natürlich auch am ehesten in der Lage, Ihre Aufnahmen vorzubereiten. Am Ende steht das Bild – Sie bekommen keinen Preis dafür, dass Sie es sich bei dessen Entstehung besonders schwer gemacht haben!

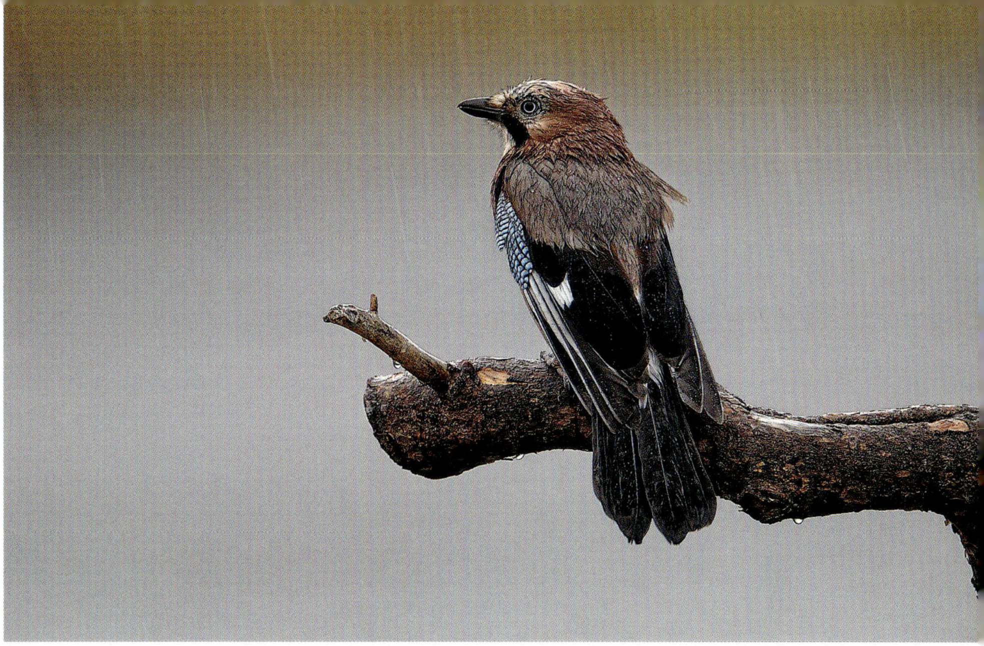

Mistwetter
Gehen Sie ruhig auch mal raus, wenn das Wetter »nicht ganz so gut« ist. Vielleicht begegnen ja auch Sie einem klatschnassen Eichelhäher?! Wenige Menschen gehen bei richtigem Mistwetter mit der Kamera vor die Tür. Gerade weil man deshalb so wenige »Schlechtwetterfotos« sieht, haben diese oft ihren ganz eigenen Charme.

Nikon D300 (Cropfaktor 1,5) | 600 mm | 1/100 sek | f4,0 | ISO 200

Zur richtigen Zeit am richtigen Ort | Es mag banal klingen, aber um die Aufnahmen zu bekommen, die Sie sich vorstellen, müssen Sie sich vor allem an dem Ort befinden, an dem diese Aufnahmen auch möglich sind. Das ist nur selten der Ort, den Sie sich wünschen, der leicht zu erreichen oder besonders gemütlich ist, sondern immer die Stelle, an der sich das entsprechende Tier aufhält und an der Sie es auch fotografieren können.

Damit nicht genug, denn auch die perfekte Zeit und die sonstigen Umstände für ein gelungenes Foto, wie etwa das Wetter, geben mehr oder weniger das Tier vor, das Sie fotografieren möchten. Die meisten wirklich überzeugenden Fotos von Tieren entstehen zu Tageszeiten, an denen die meisten Menschen noch schlafen oder beim Abendessen sitzen. Gerade in den ersten und letzten Stunden des Tages ist das Licht weich genug, um das Motiv so sanft zu beleuchten, dass die Kamera trotz der oft starken Kontraste in Fell oder Federn dazu in der Lage ist, ausgewogene Aufnahmen zu liefern. Zudem modelliert das schräg einfallende Licht die Formen und Konturen besonders intensiv, so dass auf diese Weise plastische, lebendige Fotos entstehen können.

Beherrschen Sie Ihr Instrument? | Anders als ein Modell am Set können wir Fotografen Tiere praktisch nicht beeinflussen. Die Aufnahmesituation kann sich jederzeit verändern, und ebenso schnell ist die eine Fotogelegenheit verpasst, auf die Sie vielleicht seit Stunden gewartet haben. Ein wichtiges Mittel, um die Frustration durch verpasste Fotogelegenheiten möglichst gering zu halten, ist die Fähigkeit, die eigene Kamera im Schlaf bedienen zu können. Die wichtigsten Tasten und Knöpfe, wie beispielsweise die Wahl des Autofokusmessfelds oder auch die Belichtungskorrektur, sollten Sie idealerweise bedienen können, ohne dazu Ihre Kamera vom Auge nehmen zu müssen. Scheuen Sie sich also nicht, »Trockenübungen« durchzuführen, zum Beispiel abends, wenn das Fernsehprogramm ohnehin nicht so spannend ist. Die vielsagenden Blicke Ihrer Familie sollten Sie dabei nicht stören.

Teletechnik | Die Mehrzahl Ihrer Tierfotos werden Sie mit Teleobjektiven schießen. Diese teils extremen Brennweiten jenseits der 200 mm erfordern eine

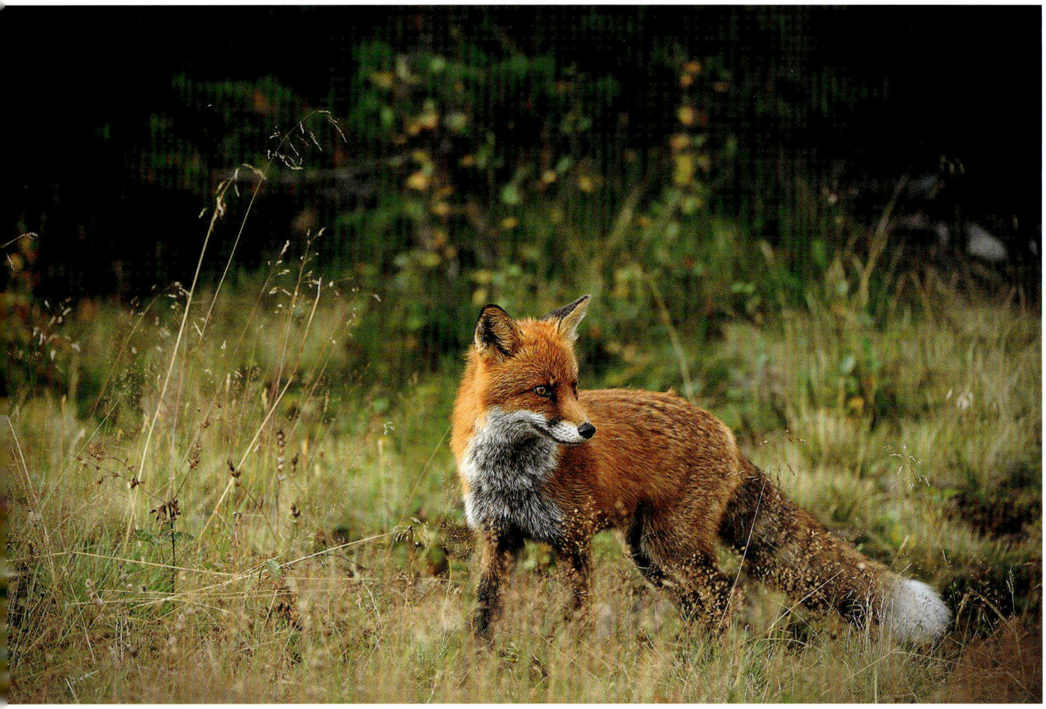

Kniffe, mit denen Sie sich Ihre Arbeit wirklich erleichtern können. Gewöhnen Sie sich beispielsweise an, Ihren Finger auf dem Auslöser ruhen zu lassen. Möchten Sie auslösen, rollen Sie nur leicht mit der Fingerkuppe. Diese Technik bringt deutlich mehr Ruhe ins System, als wenn Sie Ihren Finger jedes Mal den gesamten Weg zum Auslöser hin- und wieder zurückführen.

Stellen Sie Ihr Stativ auf jeden Fall so auf, dass eines der Beine genau nach vorn, also von Ihnen weg zeigt. Indem Sie Ihre Augenbraue fest gegen das Okular Ihrer Kamera pressen, können Sie das gesamte System stabilisieren, ohne Gefahr zu laufen, dass das Stativ nach vorn umkippt. Dies hilft insbesondere dabei, etwaige Schwingungen im System zu eliminieren.

Überraschungsbesuch

Seien Sie stets auf alles gefasst, wenn Sie mit der Kamera unterwegs sind. Hier erschien ein unangemeldeter und dennoch sehr willkommener Gast genau zum besten Abendlicht. Eigentlich war ich dort, um etwas ganz anderes zu fotografieren. Die für diese Situation etwas seltsam wirkenden Aufnahmedaten des Bildes erzählen hiervon eine Geschichte. Auch mit einer deutlich niedrigeren ISO-Einstellung wäre die Verschlusszeit kurz genug gewesen, um eine scharfe Aufnahme zu erhalten. Nur dafür war einfach keine Zeit.

Nikon D700 (Vollformat) | 200 mm | 1/1600 sek | f4,0 | ISO 1600 | Belichtungskorrektur –1 Blende

wesentlich exaktere Arbeitsweise, als Sie es vielleicht von »gemäßigteren« Brennweiten gewohnt sind. Bereits geringfügige Bewegungen führen schnell zu verwackelten Bildern. Ohne stabile Basis kann die Kombination aus Kamera und Objektiv keine scharfen Bilder liefern – ganz egal, wie gut Ihr Objektiv auflöst und wie viele Megapixel Ihre Kamera auch haben mag. Schon allein deswegen gehört ein stabiles Stativ zur absoluten Grundausstattung. Darüber hinaus gibt es noch einige

Rauschkontrolle | Vielleicht fragen Sie sich gerade, wozu in Zeiten, in denen Sie an Ihrer Kamera ISO-Werte einstellen können, von denen Fotografen früher nicht einmal zu träumen wagten, ein scheinbar antiquiertes Zubehör wie ein Stativ überhaupt noch notwendig sein soll.

Keine Frage, die Möglichkeit, die Sensorempfindlichkeit beinahe beliebig hoch »aufzudrehen«, ist eine feine Sache, die es ermöglicht, so manche Fotogelegenheit wahrzunehmen, die Sie früher verpasst hätten. Doch um welchen Preis? Zum einen sinkt die Bildqualität mit steigendem ISO-Wert durch das Bildrauschen, und dies hat sich mittlerweile herumgesprochen. Zum anderen existiert folgender, weitaus weniger bekannte Umstand: Jede Kamera hat einen sogenannten *Sweet Spot*, also einen ISO-Wert, bei dem der Sensor den größten Dynamikumfang (Bandbreite vom hellsten zum dunkelsten Punkt) sauber aufzeichnen kann. Der Sweet Spot liegt in den meisten Fällen bei der Standard-ISO-Einstellung des jeweiligen Gehäuses. Steigern Sie nun den ISO-Wert, sinkt meist der aufgezeichnete Dynamikumfang. Im Extremfall kann dieser Verlust an Dynamik einige Blenden betragen. Eine verrauschte Aufnahme mit Schatten ohne Details und »ausgefressenen« Lichtern ohne Zeichnung sind häufig das traurige Ergebnis dieser Vorgehensweise.

Natürlich benötigen Sie bei schlechten Beleuchtungsverhältnissen eine Verschlusszeit, mit der Sie in der Lage sind, die Bewegung eines Tieres noch scharf abzubilden. Diese Aufgabe kann ein Stativ nicht lösen. Hier hilft – bei gegebener Lichtstärke Ihres Objektivs – nur der Griff zum ISO-Knopf. Stellen Sie jedoch den ISO-Wert nur so hoch wie nötig und stets so niedrig wie möglich ein. Und wenn das Licht und das Motiv ein gutes Foto beim besten Willen von vornherein unmöglich machen, ist es keine Schande, wenn Sie auf die Aufnahme verzichten – ganz im Gegenteil. Abschließend lässt sich sagen, dass ein Stativ also nicht dazu dient, Ihnen die Aufnahme generell zu ermöglichen, sondern Ihnen vielmehr dabei hilft, Ihre Aufnahme in der bestmöglichen Qualität entstehen zu lassen.

Wenn wir gerade von der bestmöglichen Qualität sprechen, möchte ich Ihnen dringend ans Herz legen, Ihre Aufnahmen generell im RAW-Format anzufertigen. Aufnahmen im RAW-Format sind JPEG-Bildern hinsichtlich Dynamikumfang und Belichtungsreserven in den Lichtern – gerade in schwierigen Belichtungssituationen – deutlich überlegen, und aus so manch einem Foto, das in JPEG aufgenommen nur für den Papierkorb getaugt hätte, wurde dank RAW noch ein Meisterwerk.

Blitzen? Oder doch lieber nicht? | Wenn es darum geht, eine schwierige Aufnahmesituation zu meistern,

Eiertanz
Um diese Aufnahme des landenden Unglückshähers machen zu können, waren extrem kurze Verschlusszeiten notwendig, und um das Tier vom Kopf bis zum Schwanz scharf abbilden zu können, musste ich die Blende ein gutes Stück schließen. Obwohl die Lichtverhältnisse recht gut waren, reichte das vorhandene Licht bei »normaler« ISO-Einstellung bei Weitem nicht aus, um den Bedarf an Verschlusszeit und Blende zu decken. Um das Foto machen zu können, musste ich also ein bisschen Bildqualität und ein wenig Dynamikumfang opfern, als ich die ISO-Zahl nach oben schraubte.

Nikon D700 (Vollformat) | 220 mm | 1/2000 sek | f8,0 | ISO 2800 | Belichtungskorrektur –1/3 Blende

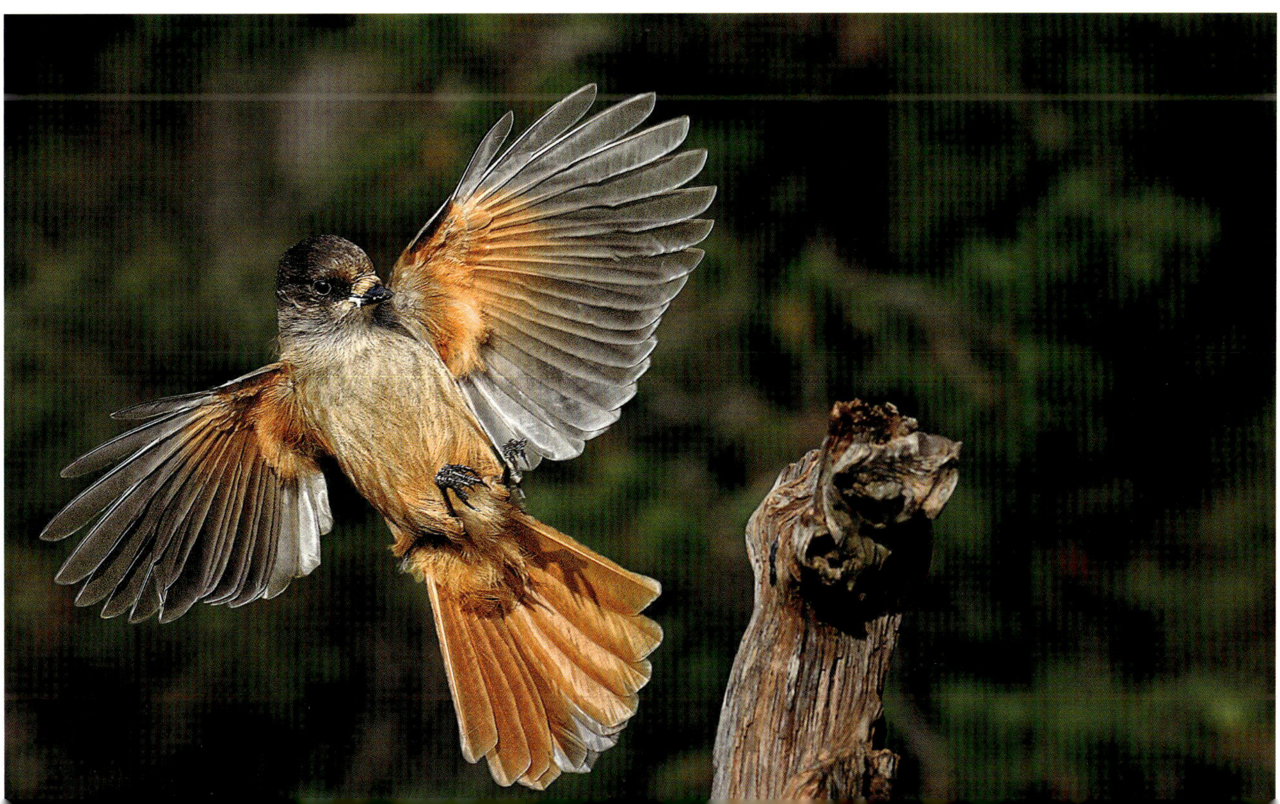

sollten Sie stets die Möglichkeiten Ihres Blitzgeräts im Hinterkopf haben. Mit Blitzlicht öffnen Sie die Schatten, frieren schnelle Bewegungen ein oder bringen einfach die Farben zum Leuchten. Richtig und maßvoll gesteuert, ist das Blitzlicht auf dem fertigen Foto nicht zu erkennen. Mittels eines speziellen Teleblitzvorsatzes sind Sie in der Lage, Blitzlicht auch über weite Strecken zu transportieren.

Wenn Sie an Ihrem Systemblitz eine Blitzleistungskorrektur von –1 ⅓ Blenden als Basiseinstellung wählen, vermeiden Sie, das Motiv »totzublitzen«, und haben einen guten Ausgangspunkt, von dem aus Sie dann das Ergebnis ganz nach Ihren eigenen Wünschen variieren können. Letztendlich ist es Ihr Ziel, den Aufhellblitz so vorsichtig zu dosieren, dass der Betrachter der Aufnahme den Einsatz von Blitzlicht möglichst nicht ansieht. Bedenken Sie bei Ihrer Arbeit, dass Sie die Serienbildfunktion Ihrer Kamera aufgrund der Nachladezeit des Blitzgeräts nur eingeschränkt oder gar nicht werden nutzen können. Hier sind Timing und Ihr Gespür für den Augenblick also noch stärker gefordert als ohnehin.

Die Verwendung von Blitzlicht in der Tierfotografie wird kontrovers diskutiert. Die Meinungen darüber, ob

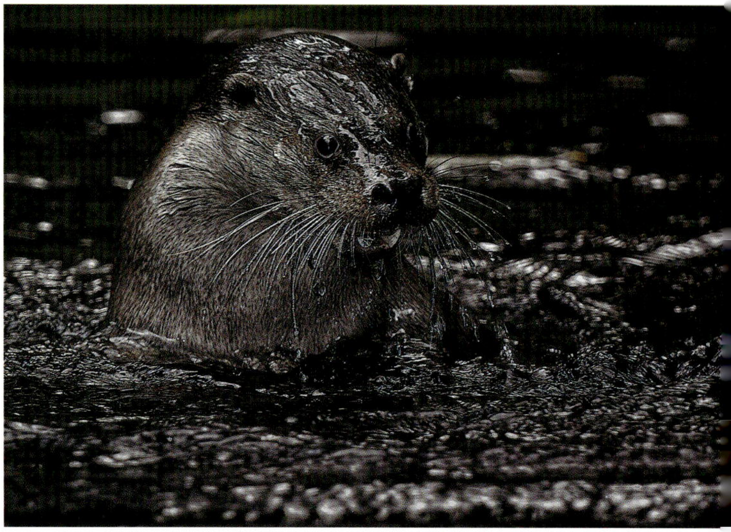

Aufgetaucht (captive = Gehegeaufnahme)
Spielende Otter sind flink und unberechenbar und somit eine besondere Herausforderung für Fotografen. Hier verwendete ich einen Systemblitz mit Blitzextender, um in dem sehr schlecht beleuchteten Gehege überhaupt eine Chance auf ein scharfes Bild zu bekommen.

Nikon D300 (Cropfaktor 1,5) | 600 mm | 1/125 sek | f4,0 | ISO 400

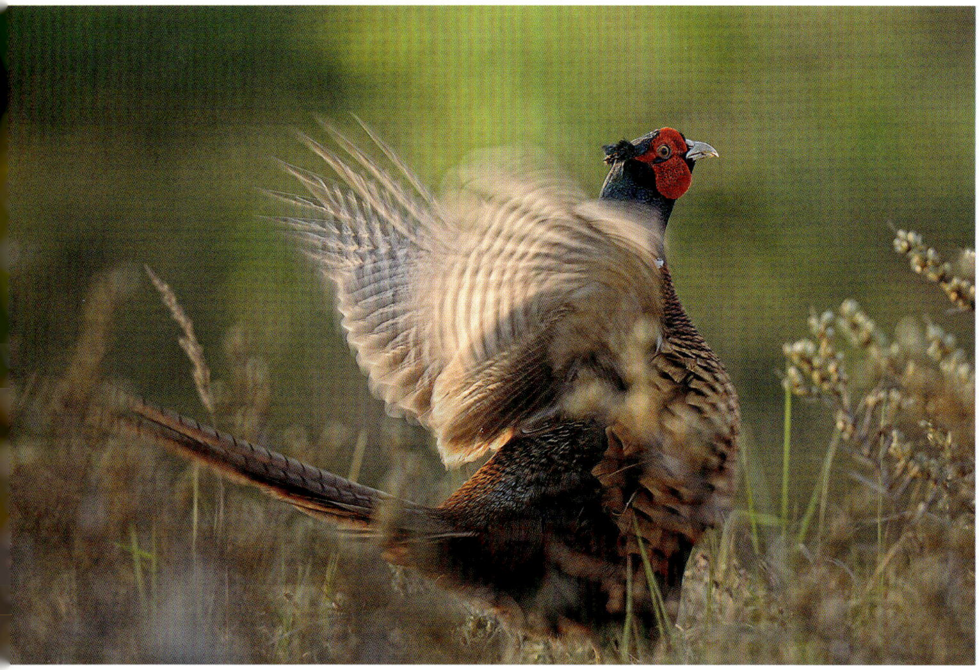

Planungsarbeit
Während ich allabendlich eigentlich Greifvögel fotografieren wollte, fiel mir auf, dass jeden Abend zur selben Zeit ein Stück die Straße hinunter ein Fasan erschien. Da ich schon lange ein Foto von einem flügelschlagenden Fasan im Gegenlicht machen wollte, bezog ich also eine passende Position. Pünktlich erschien der Fasan auf der Bildfläche, und es begann das Warten auf den richtigen Moment. Ich hatte Glück: Der Fasan schlug nur ein einziges Mal, bevor er im Gebüsch verschwand.

Nikon D300 (Cropfaktor 1,5) | 600 mm | 1/100 sek | f4,0 | ISO 200

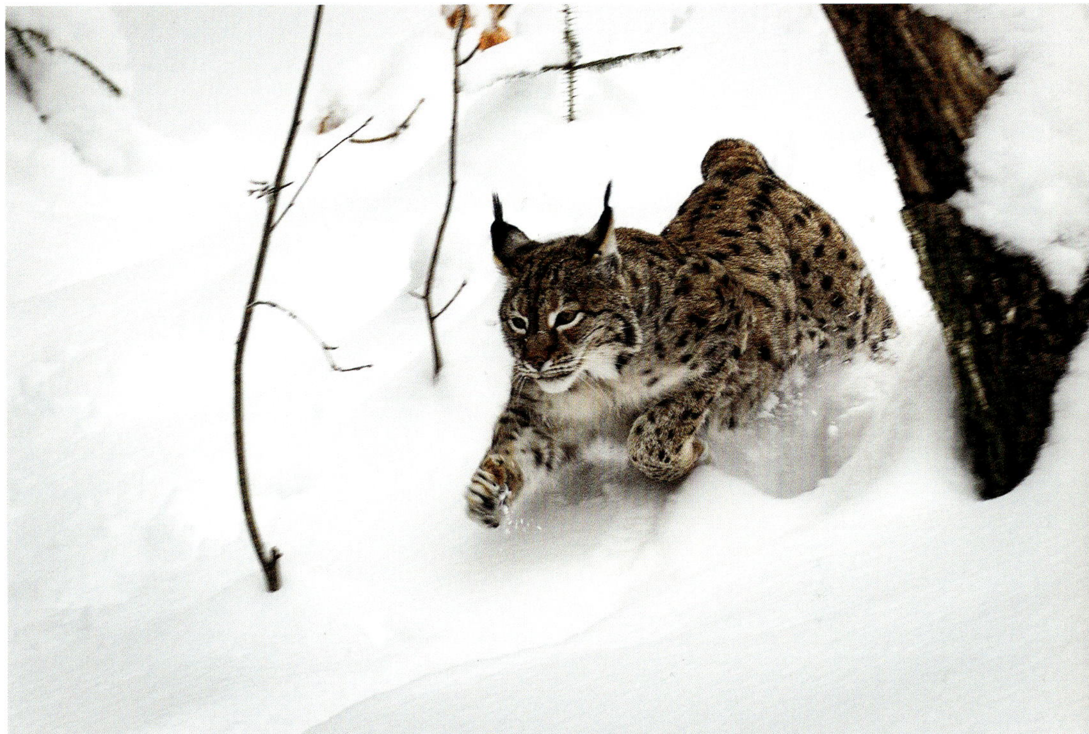

Vorbereitet sein (captive)
Mit drei befreundeten Kollegen wartete ich fast einen ganzen Wintertag lang darauf, dass das Luchsweibchen sich endlich einmal in Bewegung setzen würde. Als es uns dann ganz plötzlich den Gefallen tat, war nur einer von uns vieren gerade nicht mit Essen, Trinken oder »Aufs-Display-Schauen« beschäftigt.

Nikon D300 (Cropfaktor 1,5) | 400 mm | 1/500 sek | f5,6 | ISO 400 | Belichtungskorrektur +⅔ Blende

ein Tier durch den Blitz gestört oder gar gequält wird, gehen weit auseinander. Ich persönlich bin der Ansicht, dass ein Tier, das sich durch einen Blitz gestört fühlt, auf diesen auch reagieren wird – in der Regel mit Flucht. Bei den seltenen Gelegenheiten, bei denen ich Blitzlicht verwendet habe, war dies noch nie der Fall. Wobei es sich von selbst versteht, dass Sie davon absehen sollten, besonders lichtempfindliche Tiere oder solche, die in ihrer Bewegungsfreiheit eingeschränkt sind, mit Blitzlicht zu fotografieren.

Der richtige Moment | Ein scharfes und richtig belichtetes Foto von einem Tier, das dazu noch durch eine gelungene Bildaufteilung glänzt, ist schon die halbe Miete. Warum nur die halbe? Nun, weil es eben noch ein gutes Stück besser geht, indem Sie im richtigen Moment, im Spannungshöhepunkt, auslösen, beispielsweise um ein besonders interessantes oder ansprechendes Verhalten des Tieres einzufangen. So wird aus einem guten Foto eine Aufnahme, die auch das Potenzial hat, den Betrachter emotional zu bewegen.

Aber wie erwischt man diesen »richtigen Moment«? Zugegeben, ein Patentrezept gibt es dafür nicht, aber doch einige Tricks und Kniffe, um die Wahrscheinlichkeit für ein gelungenes Foto deutlich zu erhöhen.

Natürlich hat Ihre Kamera eine Serienbildfunktion, und wenn Sie nur genug Bilder schießen, dann wird schon ein gutes Exemplar dabei sein, oder? Leider, oder auch glücklicherweise, ist es bei Weitem nicht ganz so einfach. Hierzu ein kleines Gedankenspiel: Nehmen wir einmal an, Ihre Kamera ist in der Lage, fünf Bilder pro Sekunde aufzunehmen. Wenn Sie dann mit einer Verschlusszeit von 1/500 Sekunde eine Serie von fünf Bildern schießen, haben Sie 5/500 einer Sekunde erfasst, jedoch 495/500 dieser Sekunde verpasst. Zudem haben Sie sicher schon festgestellt, dass der Pufferspeicher Ihrer Kamera eine begrenzte Kapazität hat – zumindest wenn Sie im RAW-Format arbeiten. Fotografieren Sie also blindlings drauflos, so haben Sie gute Chancen, dass Ihr Pufferspeicher voll ist, wenn sich die wirklich interessanten Szenen abspielen, oder im besten Falle nur noch einige wenige Aufnahmen für eine schnelle

Serie zur Verfügung stehen. Die Serienbildfunktion ist sicherlich dann sehr hilfreich, wenn Sie sie sinnvoll einsetzen und Ihren Pufferspeicher im Auge behalten.

Was können Sie darüber hinaus noch tun, um Ihre Chancen auf den »richtigen Moment« weiter zu verbessern? Zunächst einmal kann es nur nützlich sein, das Verhalten des Tieres, das Sie fotografieren möchten, genau zu studieren. Im besten Fall haben Sie sich bereits mittels Büchern, Filmen oder im Internet darüber informiert, lange bevor Sie zur »fotografischen Tat« schreiten. Es ist jedoch kein abgeschlossenes Studium der Verhaltensbiologie notwendig, um die Chancen auf ein gutes Foto drastisch zu erhöhen. Manchmal genügt es einfach, die Szenen, die sich direkt vor Ihren Augen abspielen, erst einmal in Ruhe zu beobachten, bevor Sie Ihre Kamera in die Hand nehmen. Auch wenn es auf den oberflächlichen Betrachter noch so zufällig und willkürlich wirkt, folgt tierisches Verhalten meist eigenen Regeln, die bei genauem Hinsehen relativ leicht zu erkennen sind. Ein Raubtier, das von der Beute frisst, wird beispielsweise immer wieder den Kopf heben, um mit einem Blick in die Runde seine Umgebung zu kontrollieren, ebenso wie ein Fasan eine ganz bestimmte Körperhaltung einnimmt, bevor er seinen charakteristischen Ruf ausstößt und mit den Flügeln schlägt.

Ist der richtige Moment gekommen, machen Sie viele Bilder, und zwar richtig viele. Ich rede hier nicht von fünf Aufnahmen, sondern eher von fünfzig, noch besser von hundert oder mehr.

Hochzeit

Der Paarung der Säbelschnäbler geht das immer gleiche ritualisierte Verhalten voraus, bevor die eigentliche Kopula stattfindet. Wenn Sie aufmerksam beobachten, haben Sie in der Regel auch genügend Zeit, um sich auf die Aufnahmen vorzubereiten. Aus welchem Winkel Sie die Fotos machen können, entscheidet jedoch letztendlich die Dame.

Nikon D300 (Cropfaktor 1,5) | 850 mm |1/500 sek | f8,0 | ISO 200

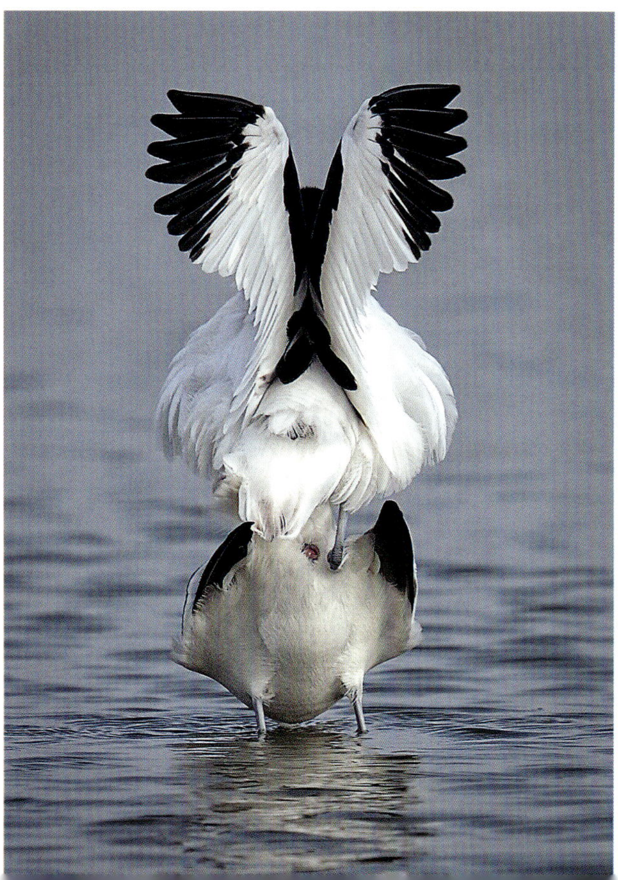

Bildgestaltung

Was ein »gutes Foto« ausmacht, liegt oft im Ermessen des Betrachters wie des Künstlers gleichermaßen und lässt sich kaum allgemeingültig definieren. Nur Sie selbst können entscheiden, ob die Aufnahme die Dinge erstens so zeigt, wie Sie es wünschen, und zweitens das ausdrückt, was Sie vermitteln wollten, während Sie den Auslöser betätigten. Wenn Sie alle oder eine dieser Fragen mit »Nein« beantworten, finden Sie heraus, wie die Aufnahme sein müsste, um so zu wirken, wie Sie es beabsichtigt haben. Dies setzt natürlich voraus, dass Sie vor der Aufnahme bereits eine genaue Vorstellung davon hatten, welches Endergebnis Sie erhalten wollten. In diesem Schaffensprozess sind Sie selbst Ihre wichtigste Kontrollinstanz.

CHECKLISTE BILDGESTALTUNG

- Minimieren Sie die Aufnahmeentfernung.
- Kontrollieren Sie die Bildaufteilung.
- Legen Sie die Bildschärfe auf die Augen.
- Arbeiten Sie auf Augenhöhe.
- Kontrollieren Sie den Hintergrund.
- Reagieren Sie flexibel.

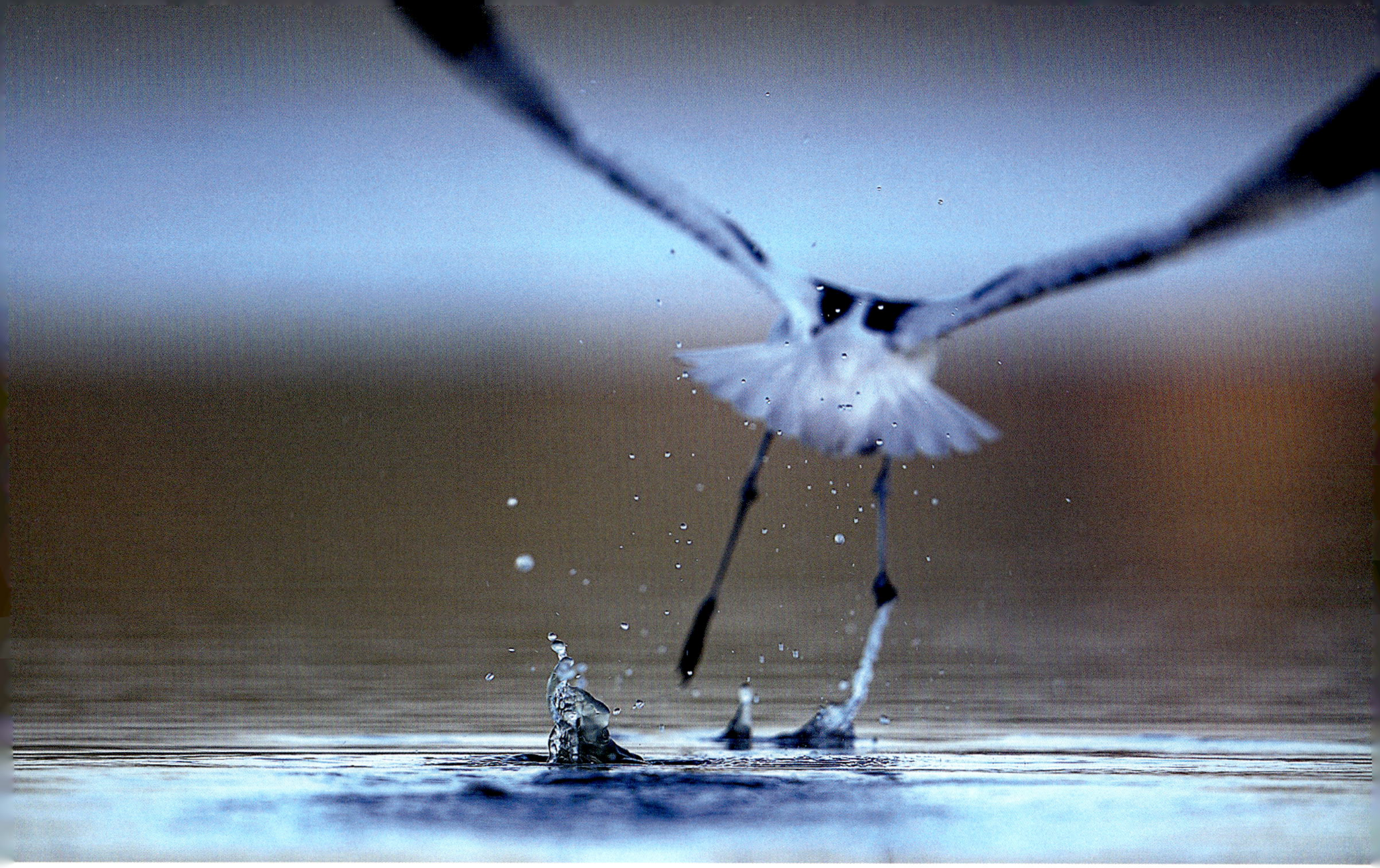

Dennoch gibt es einige Regeln, die Sie grundsätzlich beachten sollten, wenn Sie ein technisch gutes Foto anfertigen möchten. Auch wenn es hart klingen mag, wird ein unscharfes, schlecht belichtetes oder sonst wie technisch mangelhaftes Foto nicht deswegen besser, weil die Aufnahme schwierig oder mit viel Aufwand verbunden war.

Frühstart
Manchmal trägt eine ungewohnte Lage der Schärfeebene dazu bei, die Bildaussage zu verstärken. So wie bei diesem Säbelschnäbler, der nach seiner Morgentoilette in den Tag startete, noch bevor die Sonne richtig aufgegangen war.

Nikon D300 (Cropfaktor 1,5) | 600 mm | 1/500 sek | f4,0 | ISO 200 | Belichtungskorrektur –⅓ Blende

Schärfe | Der Betrachter wird ein Foto gemeinhin dann als scharf empfinden, wenn die Stelle, auf die er seinen Blick zuerst richtet, auch wirklich im Fokus liegt. Dies sind in der Regel die Augen des Tieres. Sind diese nicht scharf zu sehen, wird oft die gesamte Aufnahme als unscharf empfunden. Da längere Brennweiten in der Regel nur einen sehr geringen Bereich des Motivs scharf abbilden, gilt es also, den Fokuspunkt sehr sorgfältig zu wählen. Achten Sie auch unbedingt darauf, dass die Augen nicht durch Grashalme oder Äste verdeckt werden. Dies stört den Bildeindruck ebenso nachhaltig wie eine ungenaue Fokussierung.

Haben Sie mehrere Tiere im Bild, wird es ein wenig komplizierter, da sich nur in seltenen Glücksfällen alle Tiere gleichzeitig in der Schärfeebene aufhalten werden. Sie müssen sich also genau überlegen, wohin der Blick des Betrachters zuerst fallen wird, und an dieser Stelle sollten Sie die Bildschärfe gezielt setzen. Dies ist oft keine leichte Aufgabe, weil die Tiere Ihnen in der Regel nur wenig Zeit zum Überlegen lassen werden, bevor sie ihre Positionen verändern.

Abgesehen davon muss nicht immer das gesamte Foto scharf sein, solange eben die entscheidenden Stellen scharf sind oder aber eine gewisse »Kernschärfe« vorhanden ist. Wischeffekte durch Mitziehen oder Bewegungsunschärfe bestimmter Bildpartien sind mächtige Gestaltungsmittel, die Ihnen dabei helfen, Ihre Bildbotschaft zu transportieren. Experimentieren Sie und probieren Sie Neues aus!

Bildaufteilung | Natürlich gelten die Gestaltungsregeln wie der Goldene Schnitt, die Drittelregel – die Ausrichtung der Bildinhalte an den Drittelungslinien – und andere, die für die übrigen Bereiche der Fotografie ihre Gültigkeit haben, auch für die Tierfotografie. Bei Tierporträts beispielsweise ist es empfehlenswert, auf der Seite der Aufnahme, in die das Tier blickt, mehr Platz zu lassen. Ganz genau so, wie Sie auch das Porträt eines Menschen gestalten würden.

Die eigentliche Schwierigkeit liegt jedoch darin, dass Sie dem Tier nicht sagen können, in welche Richtung es schauen soll, und es hält auch nicht gerade dann still, wenn Sie das gerne möchten. Gerade diese Schwierigkeiten sind es jedoch unter anderem, die der Tierfotografie ihren besonderen Reiz verleihen. Hier ist wieder Ihr Gespür für den »richtigen Moment« gefragt.

Wirklich anspruchsvoll wird die Bildgestaltung, sobald Sie mehrere Tiere gleichzeitig in ein Bild integrieren wollen. Im Idealfall sollte keines der Tiere wegsehen, zumindest aber sollten von jedem Tier auf dem Foto die Augen erkennbar sein. Auch hier ist Geduld beim Warten auf den richtigen Moment wichtig. Damit die Aufnahme am Ende überzeugend wirkt und den Betrachter anspricht, bringen Sie entweder die Augen aller Tiere in eine Schärfeebene oder Sie entscheiden

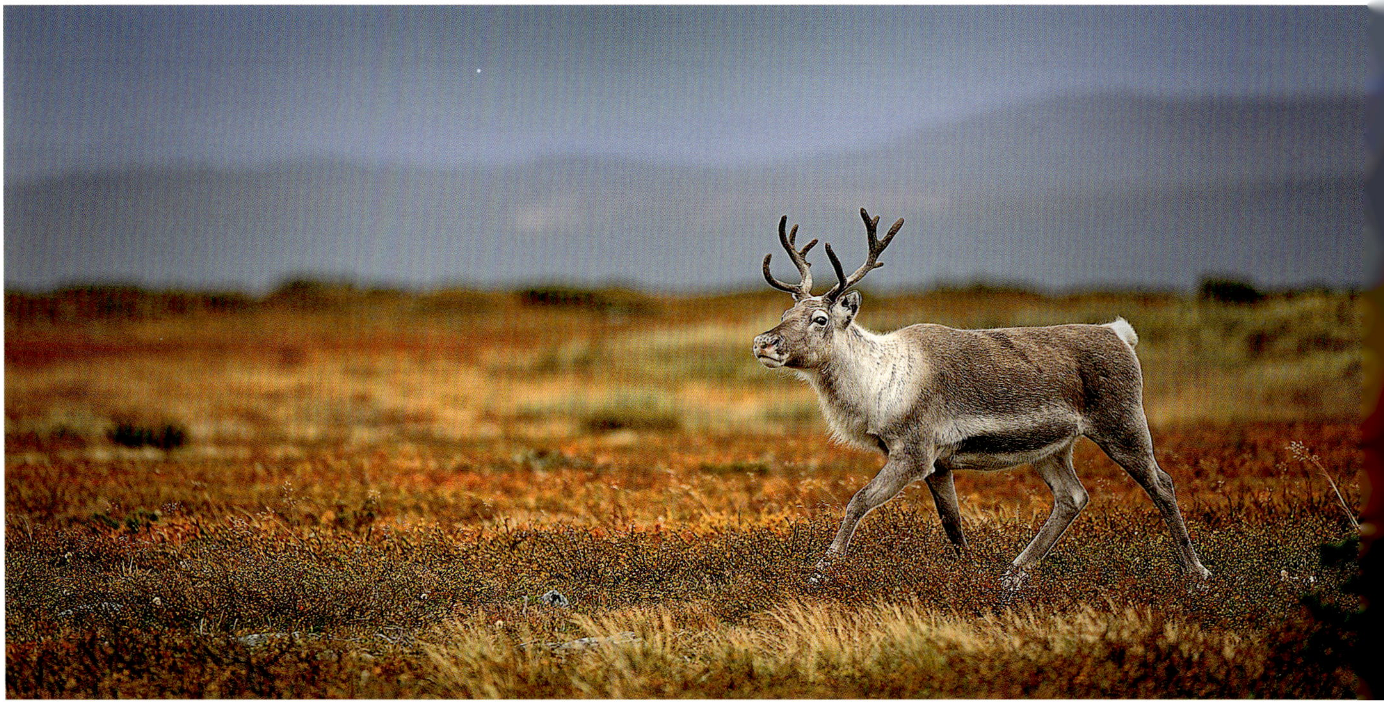

Lebensraum
Lassen Sie dem Tier schon bei der Aufnahme ausreichend Raum in seiner Bewegungsrichtung, und passen Sie den Moment ab, bei dem die Stellung der Beine eine natürliche Bewegung wiedergibt und keines der Beine verdeckt ist.

Nikon D700 (Vollformat) | 330 mm | 1/640 sek | f4,0 | ISO 400

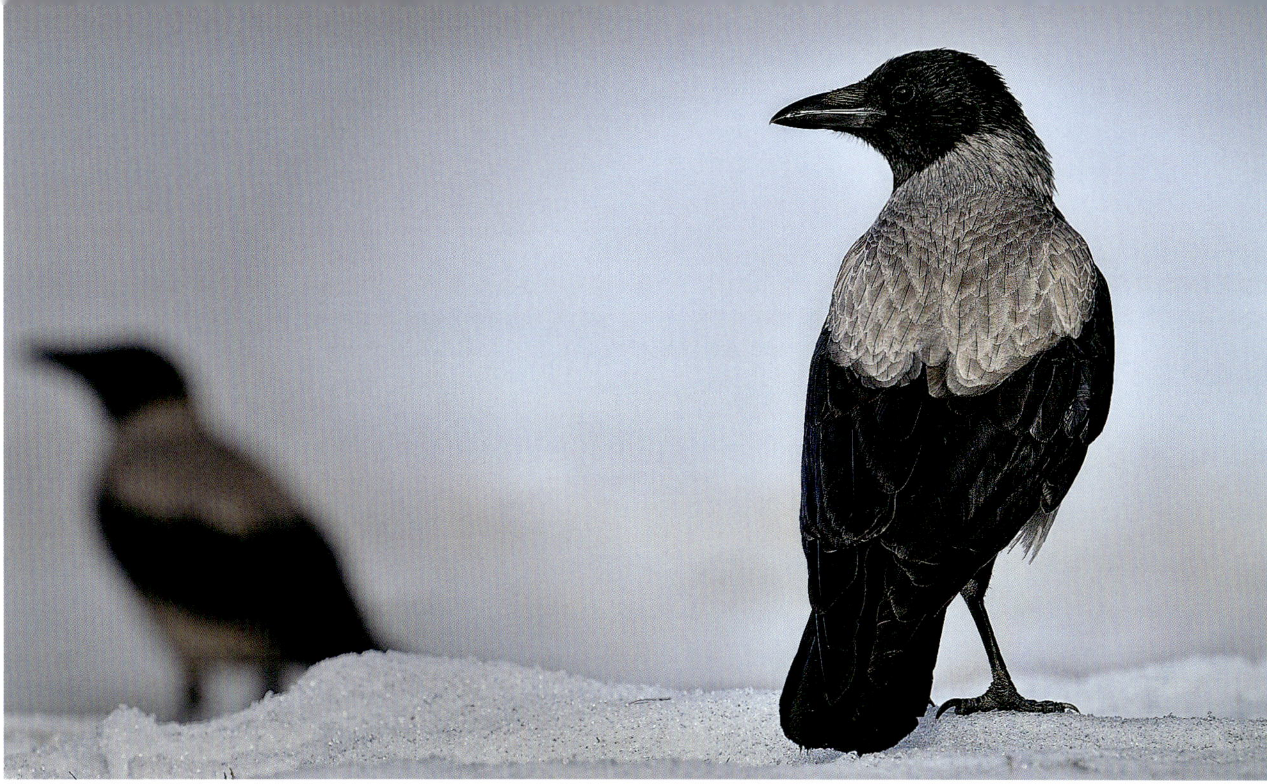

sich für ein einzelnes Tier, auf das Sie den Schärfepunkt legen möchten. Und vor allem: Seien Sie bereit, sobald sich die Gelegenheit ergibt, auf die Sie gewartet haben!

Alternativ können Sie sich bei einer Gruppe von Tieren auch dafür entscheiden, einzelne Tiere durch die Wahl eines geeigneten Bildausschnitts aus der Gruppe herauszulösen, um die Bildaussage zu vereinfachen. Dies führt nicht nur dazu, dass die Aufnahme oft einfacher zu gestalten ist, sondern intensiviert in der Regel auch die Bildaussage. Weniger ist hier oft mehr.

Wintervögel
Obwohl der hintere Vogel vollkommen unscharf abgebildet wird, ist er dennoch ebenso als Nebelkrähe zu erkennen wie das Hauptmotiv. Auch hier lohnt es sich, zur Bildgestaltung den Moment abzupassen, in dem beide Tiere in dieselbe Richtung blicken.

Nikon D300 (Cropfaktor 1,5) | 600 mm | 1/1250 sek | f8,0 | ISO 400 | Belichtungskorrektur –⅓ Blende

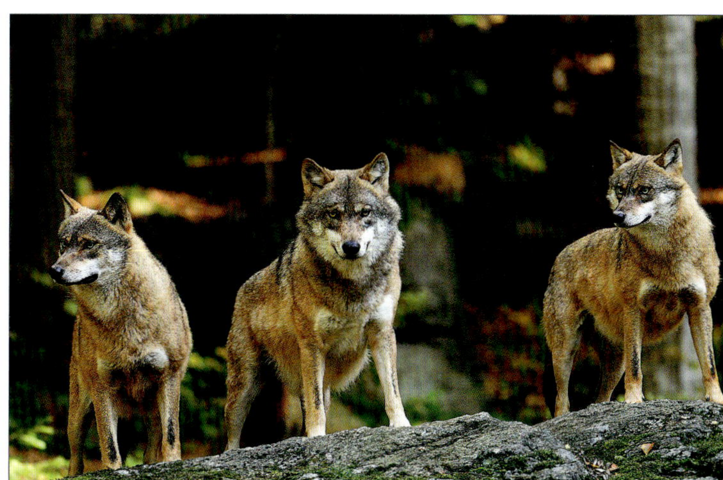

Drei auf einen Streich
Nur für wenige Augenblicke zeigten sich die drei gemeinsam auf dem Felsen. Und nur auf einer von ungefähr 20 Aufnahmen, die ich machen konnte, waren die Augen jedes Tieres zu sehen. Für solche Situationen ist es hilfreich, neben dem »großen« Teleobjektiv auf dem Stativ noch ein zweites Kameragehäuse mit einem kürzeren Telezoom griffbereit über der Schulter zu tragen, um wirklich rasch und flexibel reagieren zu können.

Nikon D300 (Cropfaktor 1,5) | 200 mm | 1/100 sek | f4,0 | ISO 400

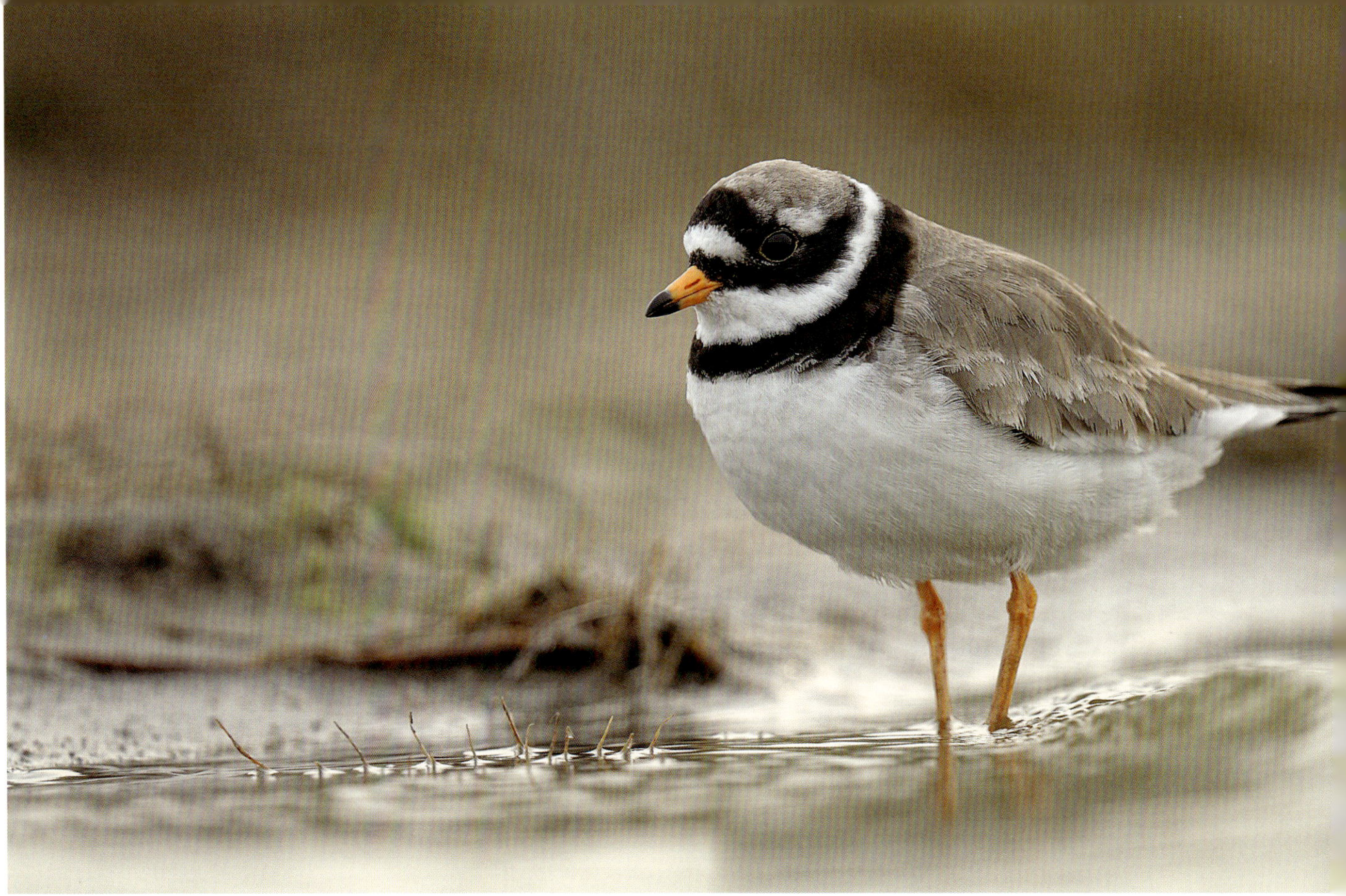

Nah sein
Indem ich das Objektiv auf dem Kirschkernsack nur wenige Zentimeter über der Wasseroberfläche positionierte, konnte ich den Sandregenpfeifer »Auge in Auge« fotografieren. Da ich an der abschüssigen Uferböschung mit dem Kopf nach unten liegen musste, erleichterte ein Winkelsucher diese Aufgabe ganz erheblich.

Nikon D300 (Cropfaktor 1,5) | 600 mm | 1/500 sek | f4,0 | ISO 200

Augenhöhe | Viele Aufnahmen von Tieren wirken oberflächlich und nichtssagend, was oft daran liegt, dass der Fotograf von »oben herab« gearbeitet hat. Diesen Effekt kennen Sie vielleicht von Kinderfotos. Nur fällt er hier eher unangenehm auf, da die meisten Menschen emotional stärker an Kinder gebunden sind als an Tiere.

Ihre Tieraufnahmen werden intensiver wirken, wenn Sie sich für die Aufnahme auf die Augenhöhe Ihres Motivs begeben. Das kann auch bedeuten, dass Sie sich für eine gelungene Aufnahme in den Dreck legen und mehr als Ihre Hände schmutzig machen müssen. Winkelsucher und Bohnensack können hier sehr hilfreiche Utensilien sein, wenn es wirklich einmal sehr flach zugehen soll. Zum Schutz vor Dreck und Feuchtigkeit am Boden hat sich in meiner Praxis preiswerte Regenschutzbekleidung bewährt, die eigentlich für Motorradfahrer gedacht ist.

Mach es groß | Um wirklich überzeugende Tieraufnahmen zu erhalten, ist es essenziell, die Tiere möglichst groß ins Bild zu setzen. Wir alle kennen zur Genüge die wenig ansprechenden »Suchbilder«, die Tiere mehr oder weniger als schwarze Punkte zeigen.

Brennweite ist ein wichtiges Instrument in der Tierfotografie, aber sie ist kein Allheilmittel für alle auftretenden Probleme. Weit entfernte Objekte können Sie durch längere Brennweiten nicht immer beliebig nah heranholen. Zu stark ist der Einfluss atmosphärischer

Störungen auf das Bildergebnis. Dunst und Staub in der Luft werden durch die Telebrennweiten immer stärker verdichtet und summieren sich zu einem deutlichen Verlust an Kontrast und Schärfe. Und wer schon einmal an einem sonnigen, vielleicht auch windstillen Tag versucht hat, Tiere abzulichten, die sich auf einer feuchten Wiese aufhalten, kann aus eigener Erfahrung berichten, dass oft schon 20 Meter deutlich zu viel sein können, um durch die Hitzeschlieren der aufsteigenden Feuchtigkeit hindurch auch nur ein einziges wirklich scharfes Foto zu erhalten.

Bei kleinen Motiven und kurzen Distanzen sind lange Brennweiten besonders effektiv, beispielsweise beim Fotografieren von Singvögeln. Falls Ihnen das jetzt seltsam vorkommt, probieren Sie es doch einfach einmal aus. Um einen Vogel in der Größe eines Wellensittichs wirklich formatfüllend abzulichten, müssen Sie sich ihm bei einer Brennweite von 200 mm an einer Kamera mit Sensor im APS-C-Format (circa 15×22 mm) bis auf wenige Meter nähern.

Natürlich könnten Sie auch aus größerem Abstand fotografieren und den gewünschten Bildteil anschließend aus dem Originalbild heraus vergrößern, also lediglich den gewünschten Ausschnitt des Bildes verwenden. Diese Methode wird in der Naturfotografie zwar gerne verwendet, stößt aber schnell an ihre Grenzen, weil die Bildqualität in dem Maße immer weiter abnimmt, in dem Sie das Foto beschneiden. Die Frage, ob es sinnvoll ist, erst viel Geld für eine Kamera mit zwölf oder mehr Megapixeln auszugeben, nur um anschließend lediglich zwei Megapixel zu verwenden, lasse ich an dieser Stelle lieber dahingestellt.

Es ist also vor allem wichtig, möglichst nah an das Motiv heranzukommen. Um dies zu bewerkstelligen, gibt es je nach Tierart unterschiedliche Möglichkeiten. Manche Tiere haben sich in bestimmten Lebensräumen bereits sehr stark an den Menschen gewöhnt, zum Beispiel in Parks oder dort, wo Flussläufe durch Erholungsgebiete fließen. Sicher gibt es derartige Orte auch in Ihrer Umgebung.

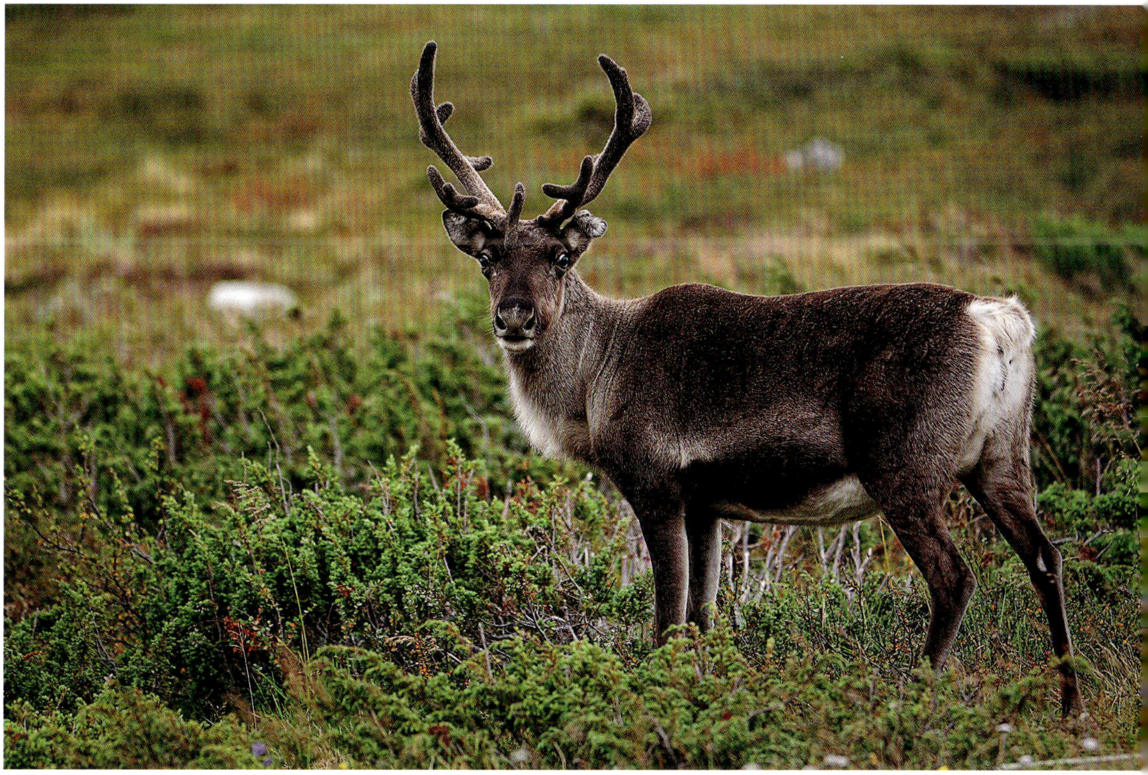

Auf die Größe kommt es an.
Nur wenn Sie ein Tier formatfüllend ins Bild setzen, werden Sie auf der Aufnahme wirklich all die kleinen Details finden können, die dem Foto Leben einhauchen. Diese Aufgabe ist natürlich deutlich einfacher zu bewältigen, wenn es sich bei dem Motiv um ein Rentier handelt.

Nikon D300 (Cropfaktor 1,5) | 200 mm | 1/200 sek | f4,0 | ISO 200 | Belichtungskorrektur –1/3 Blende

Hintergrund beachten | In der Regel ist es für die Bildwirkung vorteilhaft, Ihr Motiv durch den gestalterischen Einsatz geringer Schärfentiefe vom Hintergrund möglichst gut freizustellen, also den Hintergrund in Unschärfe verschwimmen zu lassen. Dies gibt der Aufnahme Tiefe und Räumlichkeit. Lichtstarke Brennweiten und das Arbeiten bei Offenblende (kleinstmögliche Blendenzahl) erleichtern Ihnen diese Aufgabe. Es ist dann an Ihnen, zu entscheiden, ob Sie lieber ein wenig abblenden, um vielleicht die Bildqualität zu verbessern, oder die Blende offen lassen, um eine möglichst gute Freistellung zu erhalten. Wenn Sie den optimalen Standpunkt für Ihre Aufnahme suchen, sollten Sie also nicht nur auf das Licht und die Aufnahmehöhe achten, sondern diesen auch so wählen, dass im Bildhintergrund möglichst keine störenden Elemente zu sehen sind. Besonders helle oder farbige Strukturen (auch wenn sie unscharf wiedergegeben werden!) lenken leicht vom

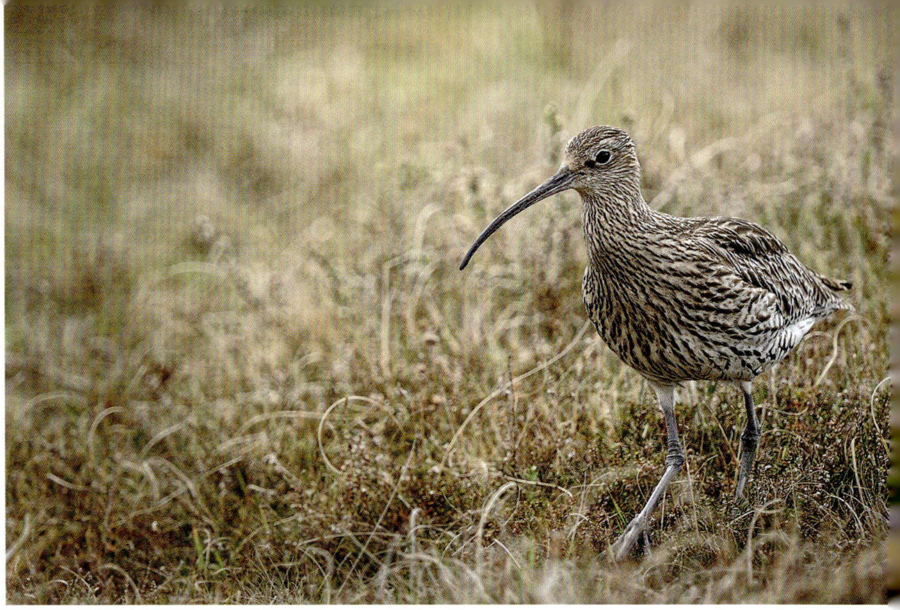

Farbharmonie
Das Gefieder des Brachvogels harmoniert gut mit den Farben des Hintergrunds. In dieser Umgebung kommt die Anmut des Vogels deutlich besser zur Geltung als beispielsweise auf einer grünen Wiese. Durch die geringe Schärfentiefe tritt der Vogel trotz der unruhigen Umgebung plastisch aus dem Bild hervor.

Nikon D300 (Cropfaktor 1,5) | 600 mm | 1/400 sek | f4,0 | ISO 200

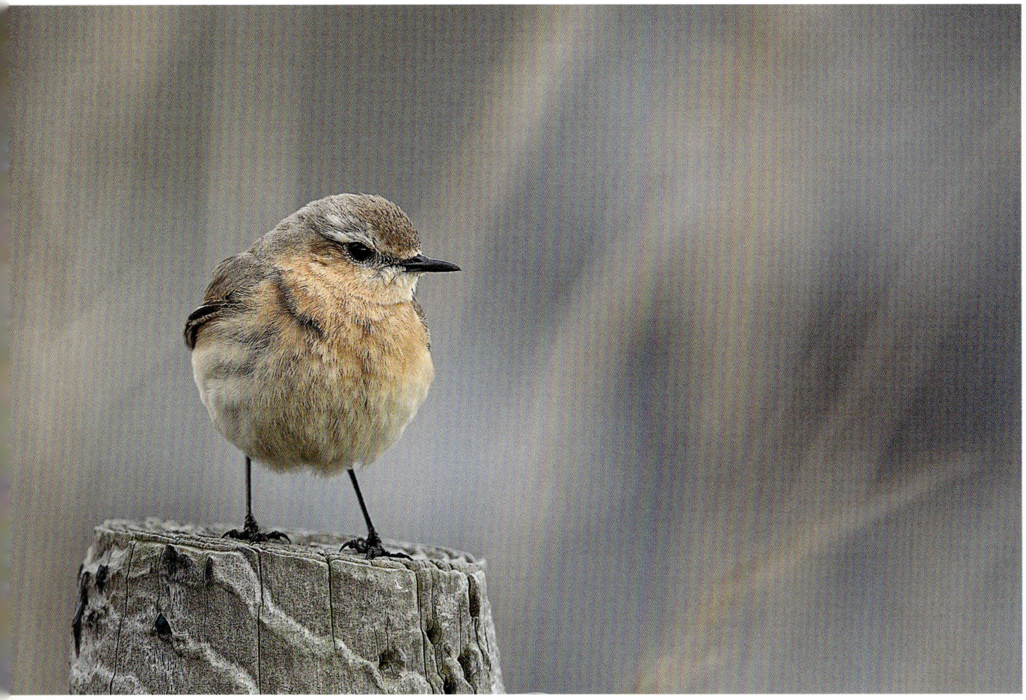

Auf die Spitze getrieben
Um den wirklich perfekten Hintergrund zu erhalten, suchte ich mir zuerst eine mögliche Sitzwarte für den Steinschmätzer aus, bei der der Hintergrund genau meinen Vorstellungen entsprach. Danach musste ich »nur noch« so lange warten, bis der Vogel landete. Ich finde, die fünf Stunden waren das Warten wert, oder?

Nikon D300 (Cropfaktor 1,5) | 600 mm | 1/200 sek | f4,0 | ISO 200

Hauptmotiv ab und lassen die Aufnahme langweilig wirken. Diese störenden Effekte treten umso stärker auf, je weiter Sie abblenden beziehungsweise je geringer die Anfangsblendenöffnung Ihres Objektivs ist.

Wenn Sie im Hintergrund eine schöne Unschärfe erzielt haben und der Hintergrund auch noch farblich gut mit dem Hauptmotiv harmoniert, haben Sie bereits einen wichtigen Schritt hin zu einer wirklich guten Aufnahme getan.

Flexibel sein und Geschichten erzählen | Manchmal will es beim besten Willen nicht gelingen, so nah an ein Tier heranzukommen, wie man es sich wünscht. Statt frustriert abzuziehen, machen Sie doch einfach aus der Not eine Tugend: Zeigen Sie das Tier in seinem Lebensraum, indem Sie es in die Landschaft einbinden, in der es lebt, jagt, balzt oder was auch sonst immer tut. Oder gehen Sie noch einen Schritt weiter: Gestalten Sie doch einfach ein Landschaftsfoto, in dem das Tier genau das »Tüpfelchen auf dem i« ist, auf das Sie gewartet haben.

Generell empfehle ich Ihnen, von einem Tier wenn möglich nicht nur einzelne Aufnahmen zu erstellen, sondern immer die ganze Geschichte zu erzählen. Fotografieren Sie das Tier möglichst im Hoch- und Querformat, als Porträt, im Lebensraum, zeigen Sie sein Verhalten und die Interaktion mit Artgenossen. Solche Bildreihen wecken beim Betrachter oft mehr Interesse als Aufnahmen, die für sich allein stehen. Und wie bereits erwähnt: Schießen Sie viele (!) Bilder. Sie können sich beim Fotografieren nicht auf die guten Aufnahmen beschränken, Sie müssen auch all die schlechten Bilder machen. Und wenn Sie nur die Hälfte der schlechten Fotos machen, die ich bisher produziert habe, können Sie damit jede Menge Festplatten füllen.

i-Tüpfelchen

Ein Moor mit den für Nordeuropa typischen Moorbirken: Auch wenn er nicht scharf abgebildet ist, ist der Wald im Hintergrund dennoch als solcher zu erkennen. Der in dieser Gegend recht häufig anzutreffende Kolkrabe war mir ein willkommener Statist bei dieser Aufnahme. Da die Sonne auf das Moor schien, verursachte die aufsteigende Feuchtigkeit Hitzeschlieren. Dieser Effekt wird um so problematischer, je weiter das Motiv entfernt und je länger die Brennweite ist. Hier machte ich sehr viele Fotos, um möglichst eines zu erhalten, auf dem der Rabe nicht von diesen Schlieren betroffen ist.

Nikon D300 (Cropfaktor 1,5) | 600 mm | 1/800 sek | f4,0 | ISO 200

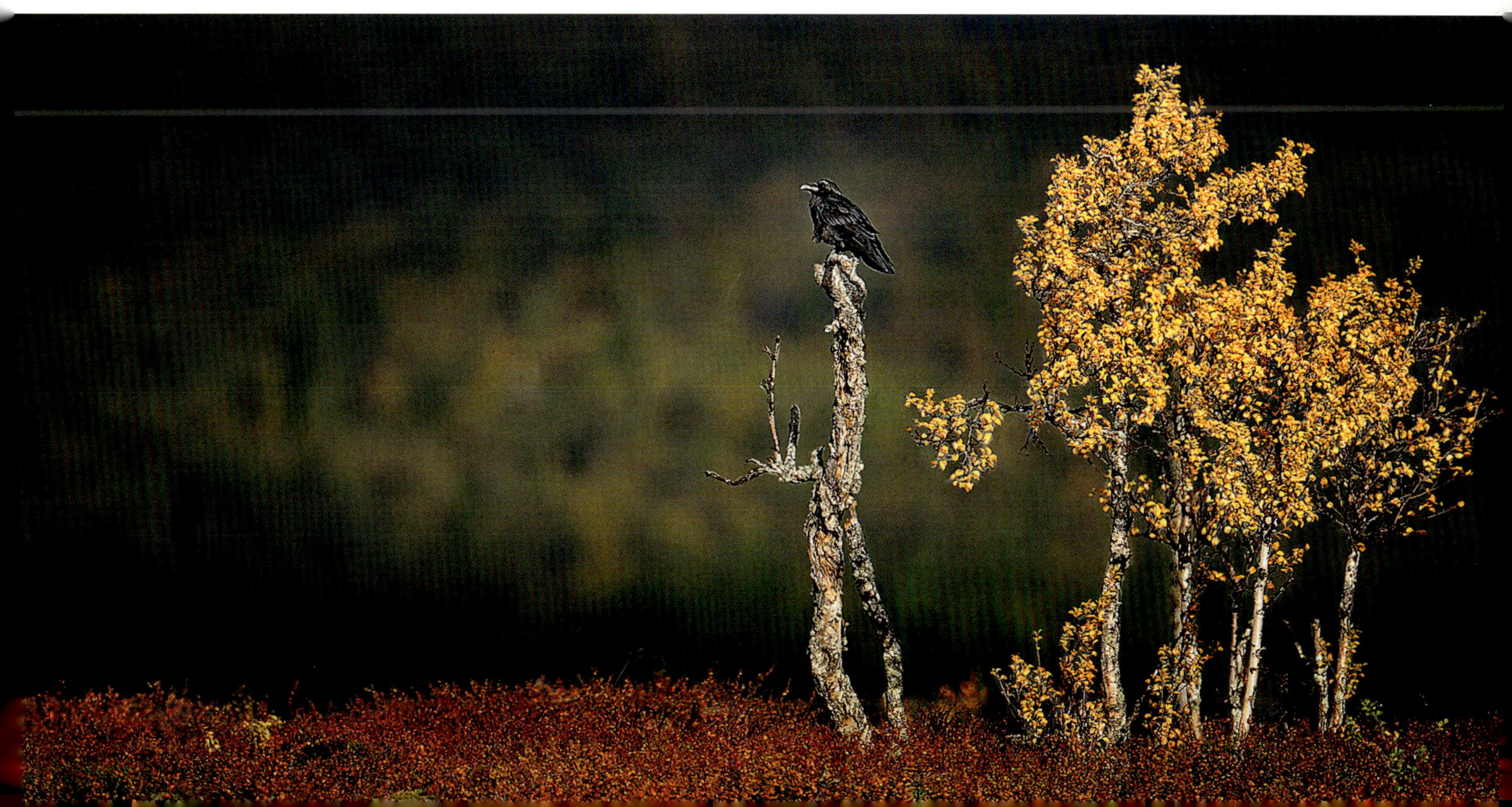

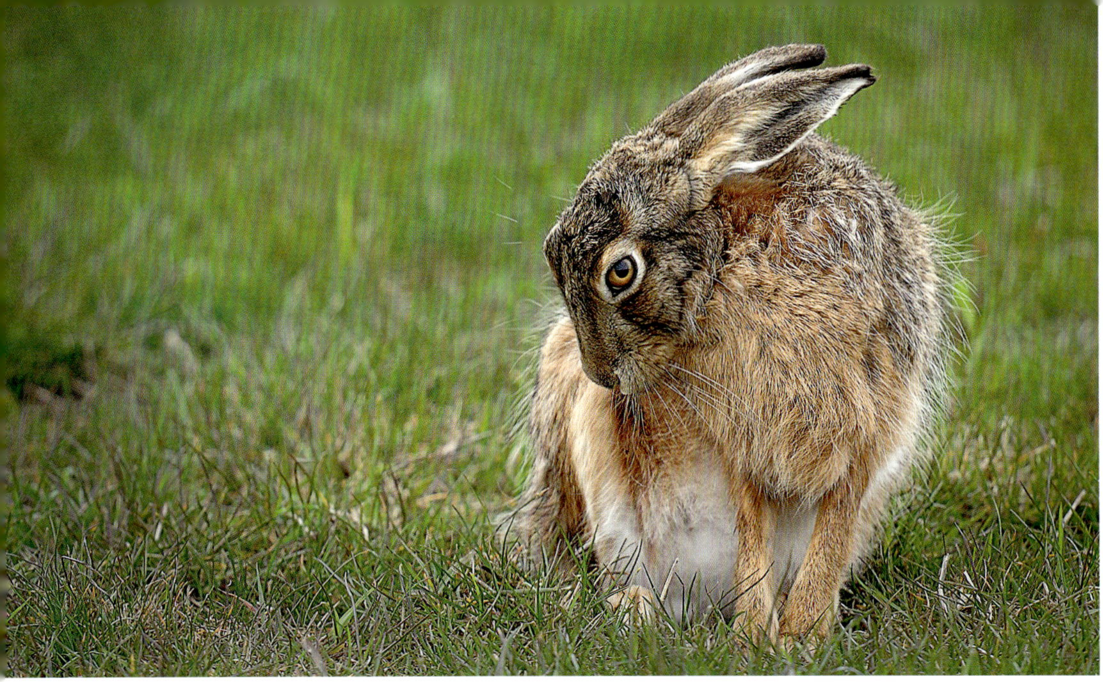

Nur ein Hase
Manchen Augenblicken wohnt ein Zauber inne, der sich nur schwer in Worte fassen lässt.

Nikon D300 (Cropfaktor 1,5) | 600 mm | 1/320 sek | f4,0 | ISO 200

WEIT WEG VON DER TECHNIK

Bei der Entstehung von Tieraufnahmen spielt für mich stets noch etwas mit, was ich nicht einfach in Worte fassen kann: Es hat etwas von »Verbundenheit« mit dem Lebewesen vor meiner Kamera. Sie werden feststellen, dass Ihre Aufnahmen immer besser werden, je länger und intensiver Sie sich mit einem Tier beschäftigen. Je mehr Sie von ihm und seinem Verhalten wissen, desto bewusster können Sie Ihre Bilder planen und gestalten. Hinterfragen Sie für sich, was Sie an diesem Tier, seinem Verhalten, seinem Lebensraum oder der Interaktion mit anderen Tieren besonders fasziniert, und machen Sie sich daran, genau dies auch in Ihren Fotos zu zeigen. Auf diese Weise sind Sie in der Lage, Ihre fotografische Arbeit mit Lebendigkeit zu füllen – eine Lebendigkeit, die man Ihren Bildern ansehen wird.

Wildlife-Fotografie

Von Wildlife-Fotografie spricht man dann, wenn Tiere das Motiv sind, die keine Haustiere sind und auch nicht in Gefangenschaft, also Zoos, Gehegen oder Wildparks, leben. Im Folgenden beziehe ich mich vor allem auf die Wildlife-Fotografie in Mitteleuropa. Hier sind die Fluchtdistanzen der Tiere in der Regel deutlich höher als beispielsweise in vielen Regionen der USA oder auch in den afrikanischen Nationalparks.

Die Anforderungen an den Fotografen sowie seine Ausrüstung sind wohl in keinem anderen Bereich der Tierfotografie so hoch wie in der Wildlife-Fotografie. Wie bereits gesagt, liegt ein Schlüssel zum Erfolg darin, dass Sie sich den Tieren, die Sie fotografieren möchten, möglichst weit nähern. Hierzu gibt es verschiedene Herangehensweisen, die in der Wildlife-Fotografie alle mit einem gewissen Aufwand verbunden sind.

Ansitzfotografie | Die Fotografie aus einem vorbereiteten Ansitz heraus ist eine der besten Möglichkeiten, um ansprechende und spannende Aufnahmen von Tieren zu erhalten. Haben Sie eine Stelle in der Natur entdeckt, bei der Sie sich sicher sind, dass sich Ihr Motiv dort regelmäßig einfindet, bietet es sich an, dort einen Ansitz einzurichten. Bei einem solchen Ansitz kann es

Ungewöhnlicher Sitzplatz
Es muss nicht immer ein Ast sein: eine reine Wildlife-Aufnahme aus einer Zeit, als die Eisvögel nicht durch kalte Winter so stark dezimiert waren wie in der heutigen Zeit. Denken Sie stets an das Wohl der Tiere, bevor Sie einen Ansitz planen. Kein Foto der Welt ist es wert, dafür ein Tier zu gefährden.

Nikon D1x (Cropfaktor 1,5) | 600 mm | 1/30 sek | f8,0 | ISO 100 | Belichtungskorrektur –1/3 Blende

sich um ein spezielles Tarnzelt, eine Ansitzhütte oder irgendein anderes Versteck handeln.

Egal, aus welcher Behausung heraus Sie fotografieren möchten, die Grundvoraussetzung für erfolgreiche Aufnahmen ist immer gleich: Sie sollten sich bereits in Ihrem Ansitz befinden, bevor Ihr Motiv erscheint. Dies bedeutet in vielen Fällen, dass Sie Ihr Versteck schon sehr lange Zeit bezogen haben müssen, bevor sich die eigentlichen Fotogelegenheiten ergeben. Dies kann so weit gehen, dass Sie Ihren Ansitz aufsuchen müssen, solange es noch dunkel ist, und – besonders bei scheuen Tieren – in diesem auch ausharren müssen, solange das Tier den Aufnahmeort nicht von selbst verlässt. Dafür kommen Tiere, die sich an die Existenz eines Ansitzes gewöhnt haben, oft erstaunlich nah heran, so dass auch mit vergleichsweise kurzen Brennweiten sehr gute Aufnahmen möglich sind. Bitte beachten Sie stets das geltende Recht, bevor Sie irgendwo im Wald oder andernorts einen Ansitz aufstellen. Schließlich gehört in unseren Breiten jedes Stück Land irgendwem, und es ist schon allein eine Frage der Höflichkeit, zuvor die Zustimmung des Eigentümers oder Jagdpächters einzuholen. Darüber hinaus sollten Sie sich im Vorfeld über das Verhalten des Tieres, das Sie fotografieren möchten, intensiv informieren, damit Sie bei der Einrichtung des Ansitzes Störungen oder Beeinträchtigungen für das Tier unter allen Umständen vermeiden.

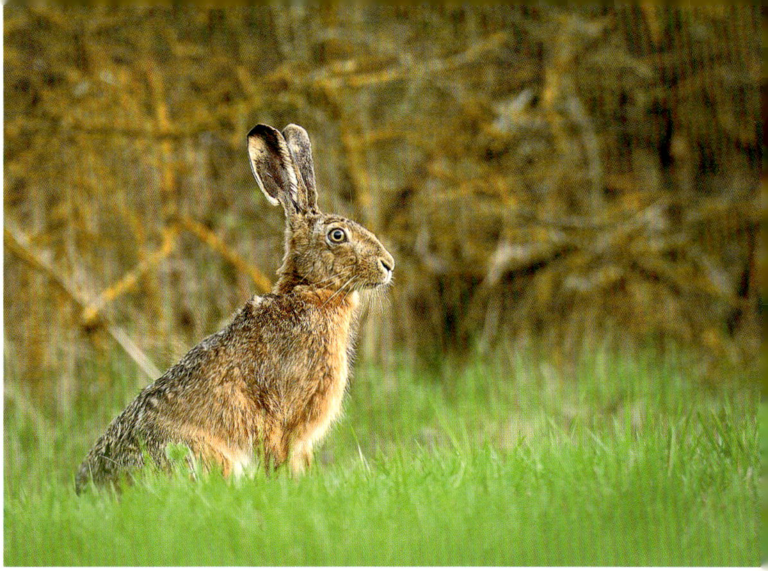

Angepirscht
Finden Sie Orte, die für die Fotopirsch geeignet sind. Diese Aufnahme entstand auf einer Wiese, an die ich mich über die Böschung eines angrenzenden Hohlwegs annähern konnte, ohne die Tiere zu stören, die sich dort eventuell befanden. Der Bildstabilisator in Verbindung mit der Serienbildfunktion war hier hilfreich, um trotz der schlechten Lichtverhältnisse eine scharfe Aufnahme aus der Hand machen zu können.

Nikon D300 (Cropfaktor 1,5) | 330 mm | 1/125 sek | f4,0 | ISO 800

Fotopirsch | Ganz anders verhält es sich bei der Fotopirsch, bei der Sie sich mittels Fahrzeug oder zu Fuß durch die Natur bewegen, um zu den gewünschten Aufnahmen zu gelangen. Hier wissen Sie nie genau, welche Gelegenheiten sich Ihnen bieten werden, und Sie sollten daher gut vorbereitet sein. Aus meiner persönlichen Erfahrung heraus liefert die Fotopirsch zu Fuß dann gute Ergebnisse, wenn sie durch ein Revier führt, das man wirklich wie seine Westentasche kennt. Nur dann weiß man, wo sich welche Tiere zu welcher Uhrzeit aufhalten könnten, und kann sich ihnen nähern, ohne dabei die Tiere zu stören. Es ergibt wenig bis gar keinen Sinn, hinter

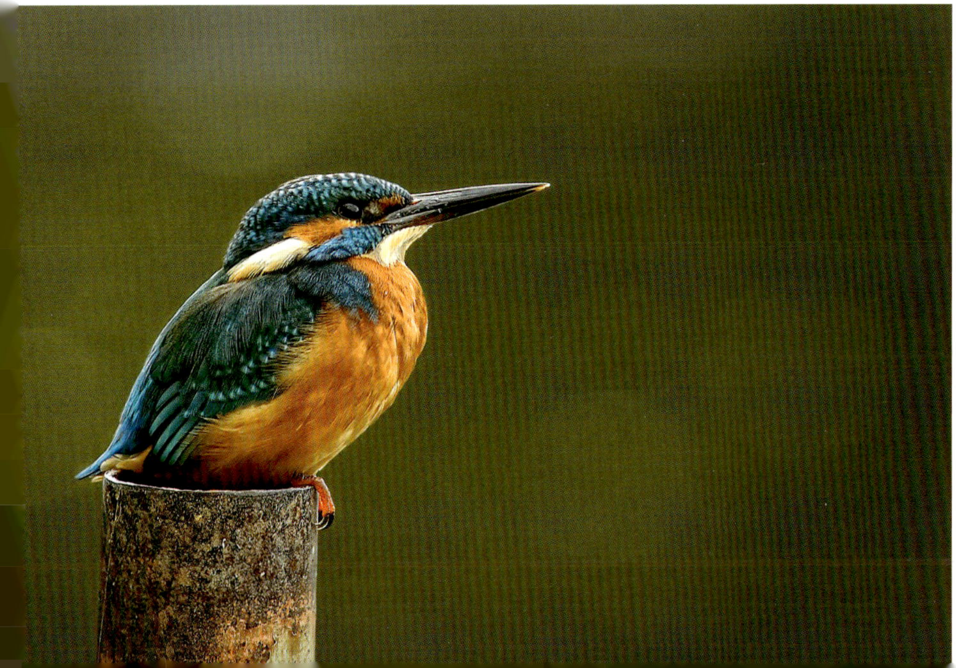

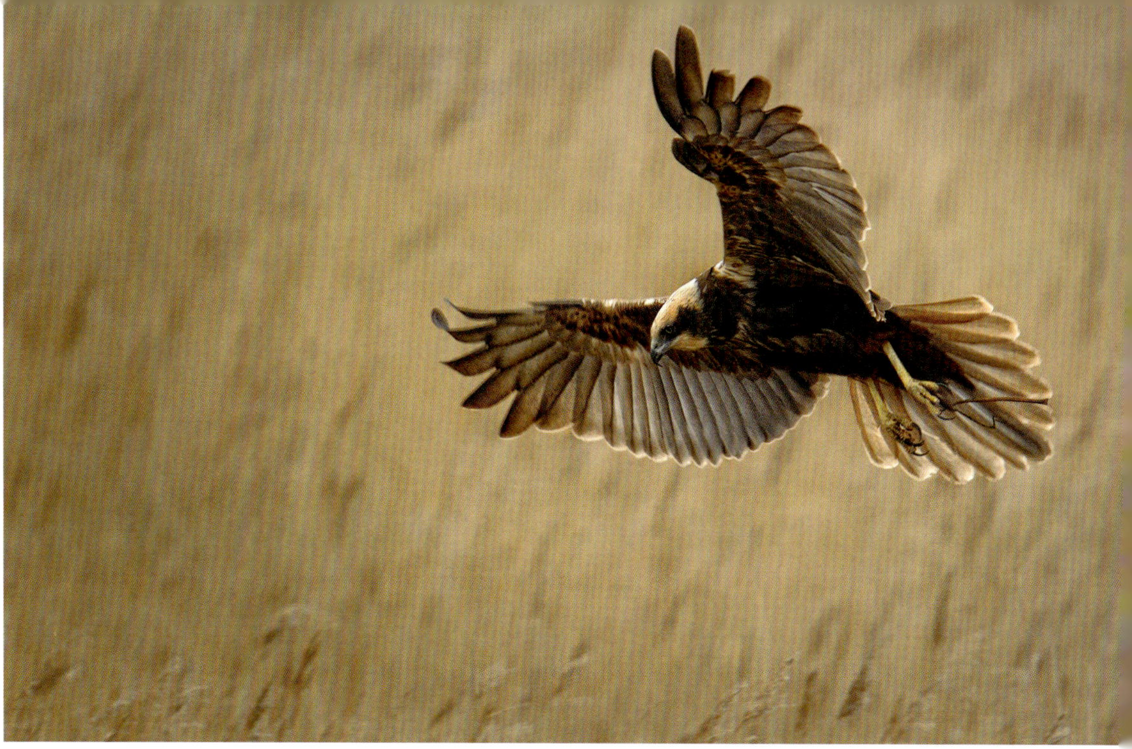

Landeanflug
Ein bedeckter Himmel hat den Vorteil, dass Sie fast den ganzen Tag über keine allzu starken Kontraste bewältigen müssen. Diese Rohrweihe begegnete mir bei einer Fotopirsch mit meinem Auto. An den folgenden Tagen kehrte ich dann mit Stativ und Klappstuhl zurück, um weitere Aufnahmen zu machen.

Nikon D300 (Cropfaktor 1,5) | 850 mm | 1/500 sek | f5,6 | ISO 400

Tieren herzulaufen, denn wenn ein Tier Sie erst einmal entdeckt hat, wird es stets versuchen, seine persönliche Fluchtdistanz zu wahren. Vor allem aber ist es unter den Aspekten des Naturschutzes und des Jagdrechts ein mehr als zweifelhaftes Unterfangen, ein Tier mit einer Kamera in der Hand querfeldein von einer Deckung zur nächsten zu scheuchen.

Natürlich ist es immer eine gute Idee, bei einem Spaziergang in der Natur eine Kamera dabeizuhaben. Die Ergebnisse werden in der Regel jedoch zufällig und kaum reproduzierbar sein.

Deutlich anders verhält es sich bei der Fotopirsch mit dem Auto, wenn Sie Ihr Fahrzeug quasi als mobiles Tarnzelt nutzen. Hier können Sie davon profitieren, dass Tiere gegenüber Autos ein deutlich geringeres Fluchtverhalten an den Tag legen, als es bei der Silhouette von Menschen der Fall wäre. Haben Sie ein Motiv entdeckt – am besten, bevor es Sie bemerkt hat –, kommt die schwierigste Phase: die Annäherung mit dem Fahrzeug. Um eine Flucht des Tieres möglichst zu vermeiden, bringe ich zunächst meine Kamera im Fenster aufnahmebereit in Position.

Danach schätze ich die Distanz bis zu der Stelle ab, von der aus ich fotografieren möchte. Dann beschleunige ich das Fahrzeug, nehme den Gang heraus, stelle den Motor ab – Zündschlüssel bitte stecken lassen! –, und wenn alles passt, rollt mein fahrbarer Ansitz beinahe lautlos an Ort und Stelle. Gelingt dies, ist das Schwierigste bereits geschafft. Je nach Tierart sollten Sie es vermeiden, Ihre Kamera allzu hektisch herumzuschwenken, da manche Tiere hierauf mit Flucht reagieren. Andere wiederum scheinen sich hierfür gar nicht zu interessieren. Fast alle Tiere jedoch scheuen beim Anblick der Umrisse von menschlichen Händen. Daher trage ich in solchen Situationen stets dunkle Handschuhe oder im Sommer sehr dünne Handschuhe mit Tarnmuster aus dem Jagdbedarf, um die Konturen meiner Hände zu kaschieren.

Kontrolliertes Wildlife | Betrachtet man den nötigen Aufwand, um in freier Wildbahn ein Tier für ein Foto zu erhaschen, liegt der Gedanke recht nah, dem Zufall ein wenig auf die Sprünge zu helfen. Warum also nicht durch eine Attraktion, der das Tier nicht widerstehen kann, die Wahrscheinlichkeit dafür erhöhen, dass sich ein Tier an einem bestimmten Ort einfindet? Diese Art der Fotografie, bei der Tiere meist durch Köder (auch Luder genannt) an günstige Fotoplätze gelockt werden,

TIPPS ZUR WINTERFÜTTERUNG

Achten Sie auf die folgenden Aspekte, wenn Sie einen Fütterungsplatz einrichten:

- genügend Abstand zwischen Ansitz und Fütterung (mindestens 4 bis 6 Meter)
- Ausleuchtung beachten
- unterschiedliche Sitzwarten einrichten
- auch an Tagen füttern, an denen Sie nicht fotografieren

In meinen Ausführungen habe ich mich auf die fotografischen Aspekte beschränkt. Hinweise für eine biologisch korrekte Einrichtung der Winterfütterung erhalten Sie bei Ihren örtlichen Naturschutzverbänden.

erfreut sich seit einigen Jahren auch bei Amateurfotografen immer größerer Beliebtheit. Bei Fotos, die unter solchen Bedingungen entstehen, spricht man dann von »kontrolliertem Wildlife«. Die Aufnahmen bestimmter Tiere tauchen, je nach aktuellem Zeitgeist, in fast schon inflationärer Menge in den entsprechenden Medien auf. Grundsätzlich spricht wenig gegen diese Art der beeinflussten Fotografie, solange die Tiere nicht in ihrem Lebensraum beeinträchtigt werden. Leider ist es seit einigen Jahren in Mode gekommen, besonders im Winter Greifvögel durch entsprechendes Luder bewusst in Futterneid zu bringen, um anschließend ihren Kampf um die Nahrung abzulichten. Hier sei die Frage erlaubt, ob der Zweck wirklich stets die Mittel heiligt.

Jedoch ist es auch mit relativ gemäßigten Mitteln möglich, zu kontrollierten Wildlife-Aufnahmen zu kommen. Richten Sie sich im Winter einfach den Platz, an dem Sie die Singvögel füttern – idealerweise in Ihrem eigenen Garten –, entsprechend ein. Achten Sie hier bereits im Vorfeld darauf, dass die im Winter tief stehende Sonne die Futterstelle auch zu den Zeiten beleuchtet, in denen Sie die Muße haben, um zu fotografieren. Denken Sie an geeignete Sitzwarten, von denen aus die Vögel die Futterstelle anfliegen können. Dies sind dann meist auch die Positionen, in denen Sie die Vögel ohne störendes Futter auf Augenhöhe ablichten können. Gestalten Sie die Sitzwarten am besten mit unterschiedlichen Ästen, sonst wirken Ihre Fotos schnell langweilig. Halten Sie mit Ihrem Ansitz, zum Beispiel einem Tarnzelt, genügend Abstand zur Futterstelle ein, denn wenn sich die Vögel durch Ihre Anwesenheit gestört fühlen, werden sie die Fütterung nicht annehmen.

Fliegen die Vögel anfangs noch auf, wenn Sie die Kamera schwenken, werden sie sich mit der Zeit daran

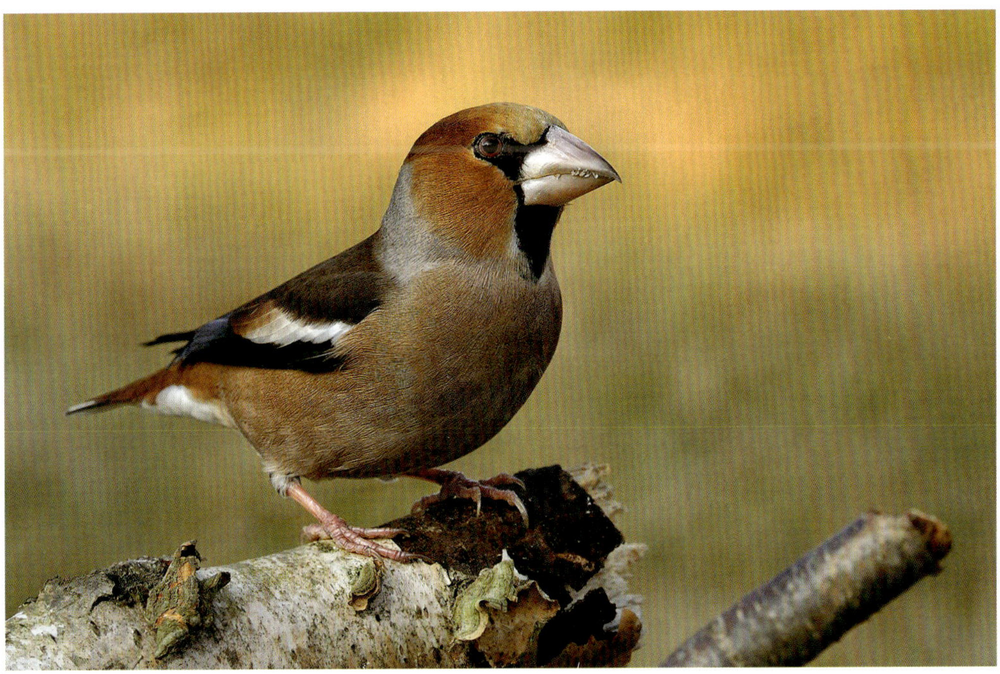

Warme Töne
Ein schneearmer Winter kann auch Vorteile haben. Eine sonnige Wiese ohne Schnee kann genau der richtige Hintergrund sein, um einen attraktiven Gast wie den Kernbeißer passend in Szene zu setzen.

Nikon D300 (Cropfaktor 1,5) | 400 mm | 1/125 sek | f8,0 | ISO 200

gewöhnen, wenn Sie Ihren Ansitz regelmäßig benutzen. Eine gut eingerichtete Winterfütterung ist ein perfekter Ort, um auch ohne übermäßigen Einsatz von Technik überzeugende Bildergebnisse zu erhalten, und nebenbei ist es eine brillante Gelegenheit, Ihre Fähigkeiten im Umgang mit Ihrem Kamerasystem zu verbessern.

Hinter der Kamera | Obwohl im Zusammenhang mit Tierfotografie oft und gerne über Ausrüstung, Tarnung und Fotoreviere diskutiert wird, gibt es einen Bereich, der bei diesen Betrachtungen häufig zu kurz kommt: die körperliche Fitness des Fotografen. Teleobjektive und Stative bringen zusammen mit der übrigen Ausrüstung schnell einige Kilo auf die Waage, und wer bereits das Wort »schleppen« verwendet, wenn er von einer Einsteiger-DSLR-Kamera mit einem Superzoomobjektiv (18–200 mm) spricht, sollte sich besser anderen Sujets widmen als dem der Wildlife-Fotografie.

Erfolgreiche Wildlife-Fotografie bedeutet, sich nach dem Rhythmus der Natur zu richten und sich damit Kälte, Wind, Regen und Hitze auszusetzen. Bereits hier wird aus der Fotolust schnell die Fotolast, wenn dem Ausflug in die Natur die Erkältung auf dem Fuße folgt. Außergewöhnliche Aufnahmen sind in der Regel das Ergebnis außergewöhnlichen Handelns. Das bedeutet zwar nicht zwangsläufig »außergewöhnlich anstrengend«, beschreibt aber nicht selten die Tatsache, dass der Fotograf beispielsweise seine Ausrüstung (Stativ, Kameras, Objektive und übrige Kleinigkeiten wie Proviant und Kleidung) bereits zuvor an eine ungewöhnliche Stelle transportiert hat.

Gerade bei der Fotopirsch kann es notwendig sein, spontane Aufnahmen aus der Hand zu fertigen. Und wer schon zittert wie Espenlaub, weil er drei Kilo Kamera mit Objektiv heben muss, hat verloren, bevor es überhaupt richtig losgeht. Eine gewisse körperliche Grundfitness kann generell nicht schaden, wird jedoch zur wichtigen Voraussetzung, wenn Sie die Wildlife-Fotografie wirklich ernsthaft betreiben möchten.

Flugaufnahmen

Gelegentlich werden Aufnahmen von Vögeln im Flug auch als »die hohe Schule« der Vogelfotografie bezeichnet. Eine Formulierung, der ich widersprechen muss, denn ich bin davon überzeugt, dass jeder Fotograf in der Lage ist, überzeugende Flugaufnahmen zu machen.

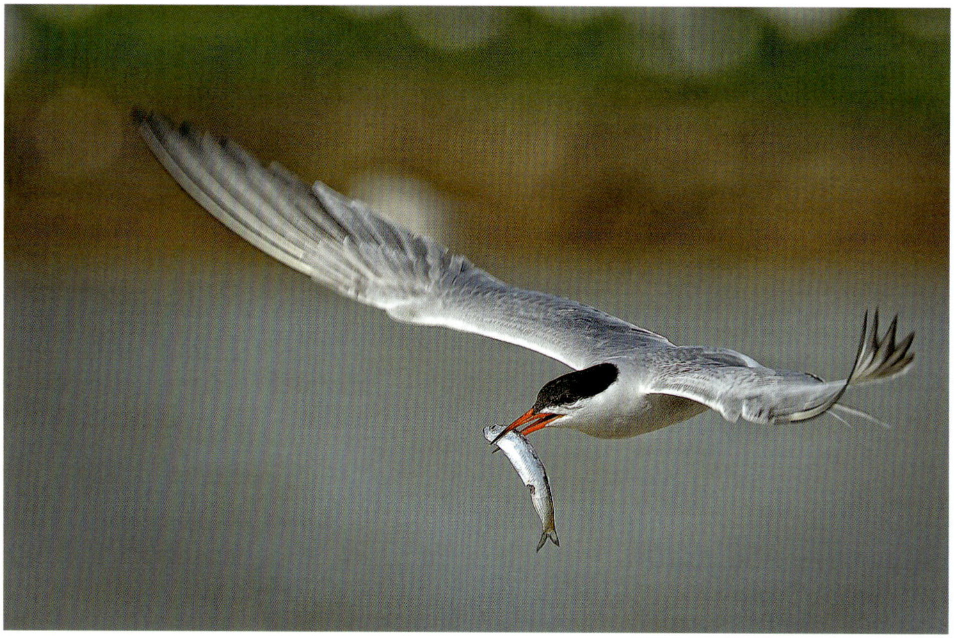

Brautgeschenk
Bei einer Aufnahmeentfernung von rund 15 Metern beträgt die Schärfentiefe nur wenige Zentimeter – eine der zahlreichen Herausforderungen bei der Verwendung von hochlichtstarken Superteleobjektiven. Der Einsatz von Technik schafft auch hier wie so oft zusätzliche Probleme. Der Vorteil ist hier jedoch die plastische Bildwirkung durch die starke Freistellung der Seeschwalbe vor dem Hintergrund.

Nikon D700 (Vollformat) | 600 mm | 1/1250 sek | f8,0 | ISO 400 | Belichtungskorrektur –⅓ Blende

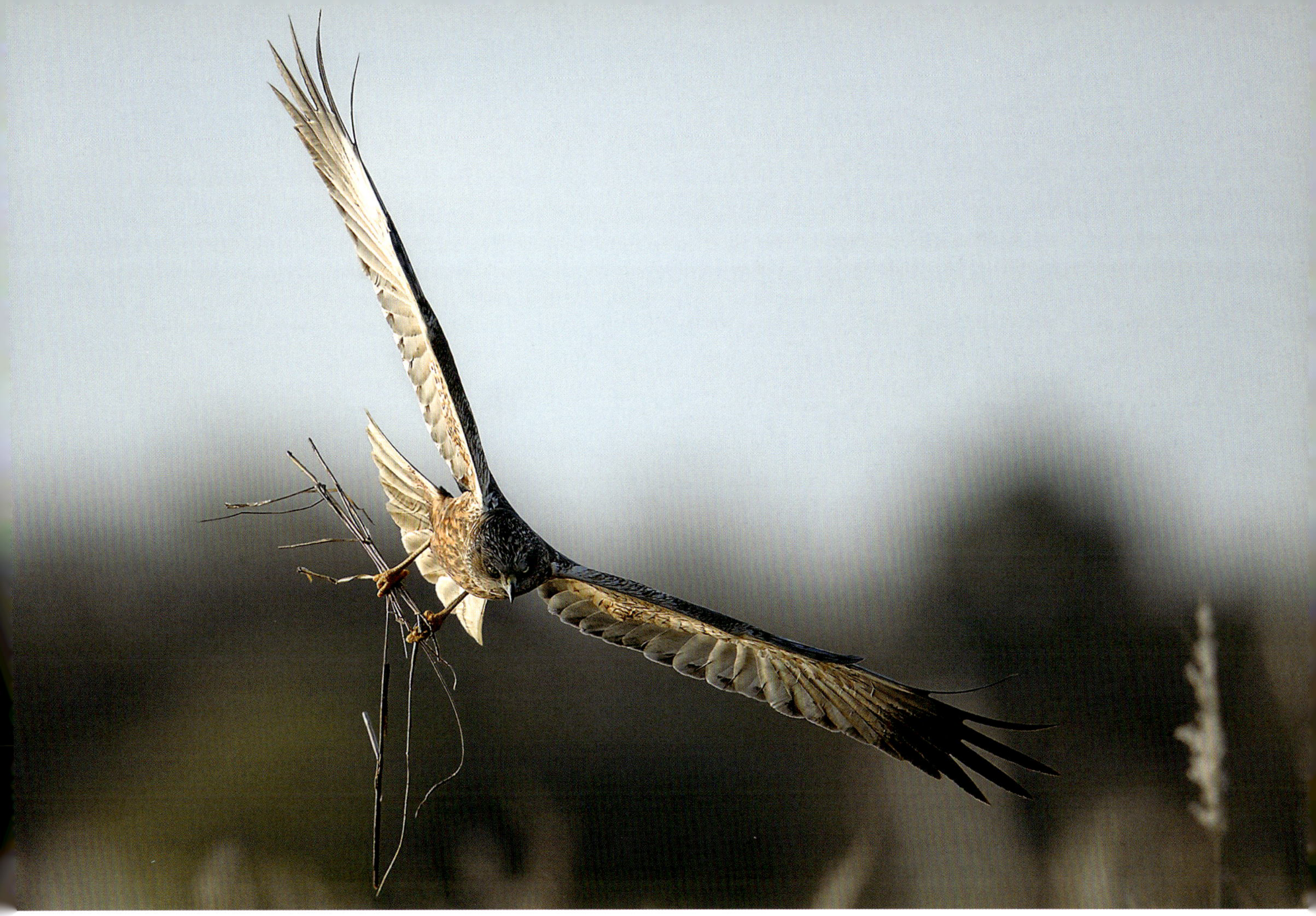

Auch hier ist der Erfolg weniger eine Frage der Ausrüstung als vielmehr ein Ergebnis von guter Vorbereitung und vor allem sehr viel Übung.

Vorbereitung | Am Anfang steht natürlich die Entscheidung, welche Vögel Sie fotografieren möchten. Für den Einstieg ist es ideal, sich solche Vögel als Motiv auszuwählen, die nicht zu klein und wenn möglich auch nicht zu scheu sind.

Wenn Sie beispielsweise einen Tierpark besuchen, in dem eine Greifvogelvorführung angeboten wird, scheuen Sie sich nicht, sich vor Beginn bei den Verantwortlichen darüber zu informieren, welche Vögel es zu sehen geben wird, von wo diese starten werden und welchen Weg sie zu ihrem Landepunkt nehmen werden. Mit diesem Wissen ausgerüstet, erhöhen Sie Ihre Chancen auf gute Bilder enorm, da Sie Ihren Standort sowie die Brennweite optimal wählen können. Denken Sie auch hier daran, dem Hintergrund die nötige Aufmerksamkeit zu schenken. Ein noch so perfekt im Flug

Frontal
Ein Greifvogel wie die Rohrweihe, der sich in relativ kurzer Distanz direkt auf den Fotografen zubewegt, fordert sowohl die Kamera als auch den Menschen dahinter aufs Äußerste. Sie haben nur wenig Zeit, um den Vogel ins Bild zu bekommen und ihn auch dort zu behalten, während der sich rasch verkürzende Aufnahmeabstand dem Autofokus Höchstleistungen abverlangt.

Nikon D300 (Cropfaktor 1,5) | 600 mm | 1/1250 sek | f4,0 | ISO 200 | Belichtungskorrektur –1/3 Blende

abgelichteter Adler verliert enorm an Wirkung, wenn der Hintergrund der Aufnahme aus bunten Windjacken und Kinderwagen besteht.

Die gleiche Art der Vorbereitung erleichtert Ihren Erfolg auch bei wild lebenden Vögeln, nur mit dem Unterschied, dass die Beschaffung von Informationen ein wenig länger dauert. Bevor Sie losziehen, um die eigentlichen Aufnahmen zu machen, investieren Sie also ruhig ein bisschen Zeit, um mit Fernglas und Geduld bewaffnet herauszufinden, wo der Vogel häufig landet, zu welcher Tageszeit er dies tut und vor allem welches Verhalten er unmittelbar vor seinem Abflug zeigt. Vögel starten und landen meist gegen den Wind. Berücksichtigen Sie bei der Planung Ihrer Aufnahmen auch die Richtung des Lichteinfalls zur entsprechenden Tageszeit. Im Regelfall ist der Himmel deutlich heller als der Vogel, wodurch entweder der Himmel zu hell wiedergegeben wird oder aber die Details des Vogels verloren gehen, weil er zu dunkel abgebildet wird. Um dieses Problem elegant aus der Welt zu schaffen, wählen Sie Ihren Standpunkt idealerweise so, dass Sie das Licht im Rücken haben, also das Licht den Vogel frontal beleuchtet.

Sobald die Vorbereitungen abgeschlossen sind, geht es an die Aufnahmen: Ob Sie vom Stativ oder aus der freien Hand arbeiten möchten, sei ganz Ihrer Ausrüstung und Ihren Vorlieben überlassen. Naturgemäß ist es durchaus praktikabel, gemäßigte Teleobjektive aus der Hand einzusetzen, während ein Stativ den Einsatz extremerer Brennweiten deutlich erleichtert. Beide Methoden haben ihre Vor- und Nachteile, und in der Praxis werden Sie selbst am besten herausfinden, welche Lösung Ihnen am meisten zusagt.

Autofokus | Sinnvollerweise aktivieren Sie an Ihrer Kamera den Modus für die Schärfenachführung des Autofokussystems (dieser Betriebsmodus hat je nach Kamerahersteller unterschiedliche Bezeichnungen). Aus meiner Erfahrung empfiehlt es sich, die Aktivierung des Autofokus vom Auslöser zu trennen. So können Sie verhindern, dass der Autofokus das Ziel verliert und ganz neu suchen muss. Die meisten aktuellen Spiegelreflexkameras bieten diese Option an. Sehen Sie im Zweifel einfach im Handbuch Ihrer Kamera nach.

Ein kleines, sich schnell bewegendes Objekt »aus der Luft zu fangen«, also in den Sucher zu bekommen,

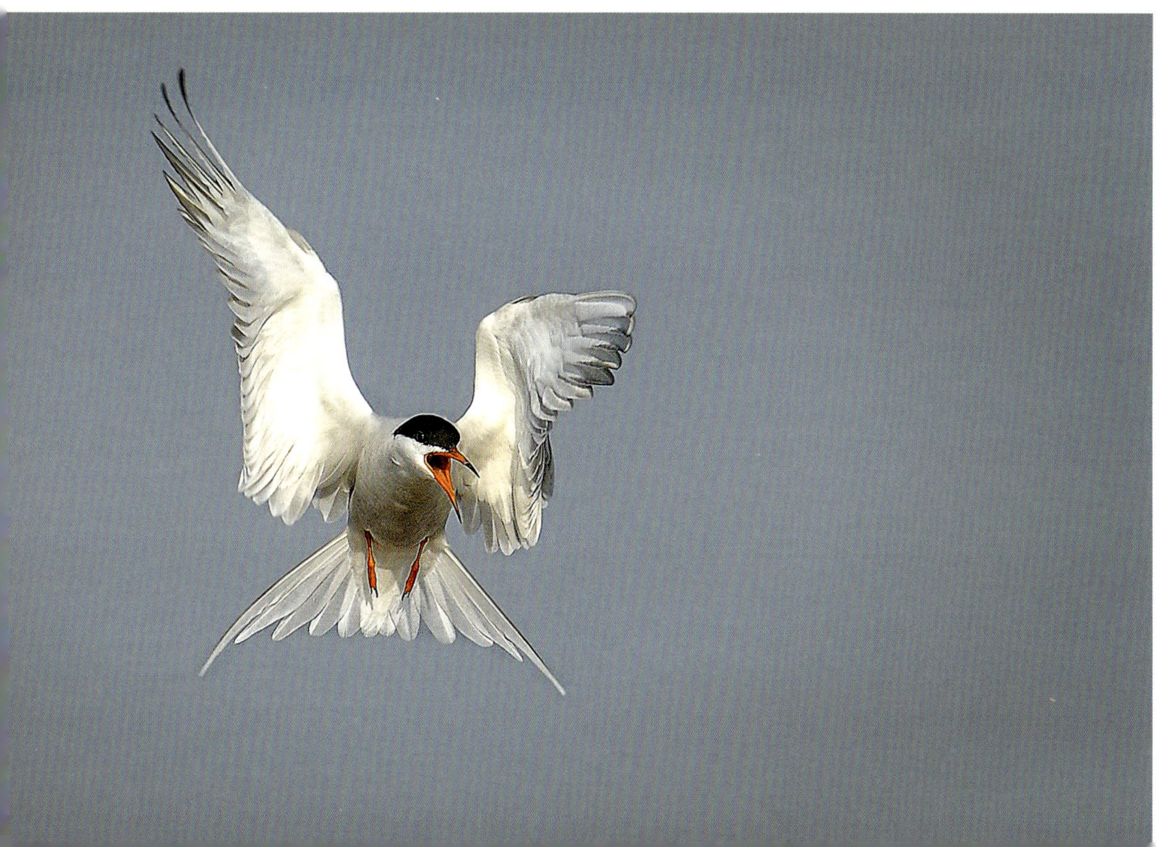

Chancen nutzen
Bei dieser Aufnahme war es sehr hilfreich, den Autofokus auf volle Automatik zu schalten, weil er in diesem Modus auf den Bildteil mit dem größten Kontrast fokussiert. Vor dem einfarbig blauen Himmel war dies ganz klar die Seeschwalbe. Also umschalten, scharf stellen, auslösen – das war's!

Nikon D300 (Cropfaktor 1,5) | 600 mm | 1/2500 sek | f4,0 | ISO 200 | Belichtungskorrektur –1/3 Blende

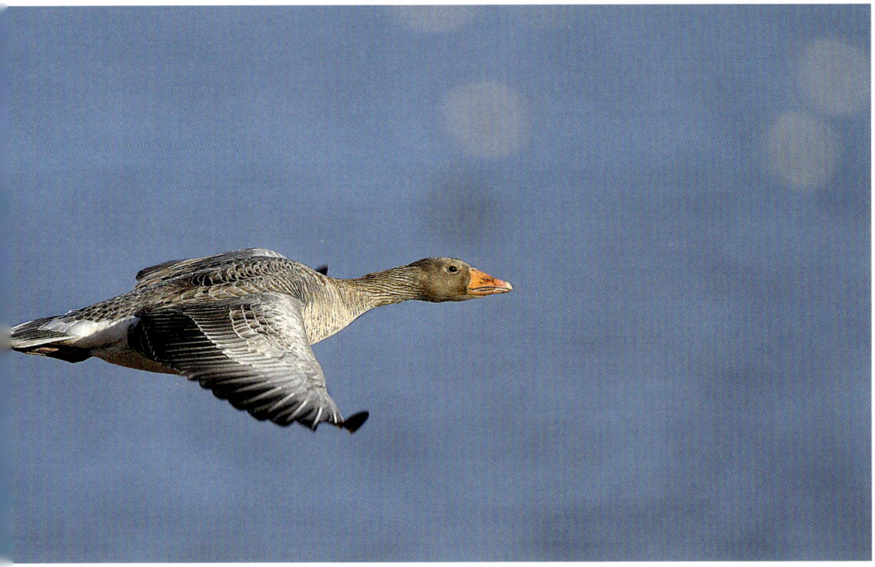

Gemächlich
Graugänse sind sehr gut geeignet, um erste Erfahrungen mit Flugaufnahmen zu sammeln. Sie fliegen recht gemächlich und sind zudem so groß, dass sie einfach im Sucher zu finden sind. Wirklich gute Objektive »vertragen« übrigens den Einsatz eines Telekonverters ohne relevante Einbußen in der Bildqualität. Der Einsatz von Konvertern an Consumer-Zoomobjektiven führt weder bei der Bedienung noch bei der optischen Leistung zu akzeptablen Bildergebnissen, so interessant – vor allem preislich – diese Kombination auf den ersten Blick auch erscheinen mag.

Nikon D300 (Cropfaktor 1,5) | 850 mm | 1/1000 sek | f5,6 | ISO 200

ist umso schwieriger, je länger die verwendete Brennweite (kleiner Bildwinkel), je geringer die Entfernung zum Fotografen (höhere Winkelgeschwindigkeit) und je kleiner das Objekt an sich ist. Insgesamt ist dies ein Unterfangen, das selbst manchem erfahrenen Fotografen die Zornesfalten auf die Stirn treibt. Hier kann es hilfreich sein, mit dem rechten Auge durch den Sucher zu sehen, während Sie das linke Auge offen lassen, um an der Kamera vorbei den Überblick zu behalten.

Sofern Sie bereits den noch sitzenden Vogel ins Visier nehmen können, haben Sie dieses Problem zunächst elegant umgangen. Sobald der Vogel jedoch startet, kommt eine neue Herausforderung auf Sie zu.

Motiv verfolgen | Den sich rasch bewegenden Vogel im Sucherfeld und vor allem gleichzeitig auch im Schärfebereich zu behalten stellt sicherlich die größte Herausforderung dar. Der Versuch, das Autofokusmessfeld Ihrer Kamera auf dem Vogel zu halten, während Sie der Flugbahn des Tieres folgen, wird nicht immer von Erfolg gekrönt sein. Sobald Sie den Vogel aus dem AF-Messfeld verlieren, lassen Sie einfach die AF-ON-Taste so lange los, bis Sie Ihr Motiv wieder »eingefangen« haben, um den Autofokus dann durch erneutes Drücken der Autofokustaste wieder einzuschalten. So minimieren Sie die Arbeitswege Ihres Autofokussystems ganz erheblich.

Lassen Sie den Autofokus hingegen aktiviert, ohne den Vogel im Ziel zu haben, wird sich die Kamera ein neues Objekt suchen, auf das sie scharf stellen kann. Hierzu sucht sie nicht selten den gesamten Schärfebereich bis hinunter zur Naheinstellgrenze des Objektivs ab. Bis Sie in diesem Fall wieder auf den Vogel fokussiert haben, ist der richtige Moment sehr wahrscheinlich längst vorbei – vorausgesetzt, Sie finden das Tier beim Blick auf das völlig unscharfe Sucherbild überhaupt noch einmal wieder.

Befindet sich der Vogel ausreichend groß im Sucherbild, schießen Sie so lange Serienbilder, bis der Vogel genau vor Ihnen ist. Wenn Sie anfangen, ihn von hinten zu sehen, ist der Zeitpunkt gekommen, den Auslöser loszulassen, denn fliegende Vögel von hinten sind nur selten ansehnlich. Schwenken Sie aber unbedingt in derselben Geschwindigkeit weiter! Und zwar so lange, bis Sie keine Auslösegeräusche mehr hören. Anderenfalls werden Sie durch das Stoppen Ihrer Bewegung die letzten Aufnahmen mit ziemlicher Sicherheit verreißen.

Zusammenfassung | Das klingt kompliziert? Nun ja, es gibt sicher einfachere Motive als fliegende Vögel, aber es ist auch kein Hexenwerk, sie zu fotografieren. Sie brauchen auch keine Profigeräte, um die beschriebenen Methoden anzuwenden. Bereits mit einem Zoomobjektiv von 70–300 mm an einer APS-C-Spiegelreflexkamera können Sie überzeugende Ergebnisse erzielen. Übung ist auch hier der Schlüssel zum Erfolg. Schießen Sie so lange Bilder (sehr viele Bilder!), bis Sie die einzelnen Handgriffe wirklich verinnerlicht haben. Wenn ich aus ca. 1 000 Auslösungen am Ende drei wirklich perfekte Aufnahmen in Händen halten kann, bin ich mehr als zufrieden. Und je mehr Sie im Vorfeld bereits darüber wissen, was der Vogel (wahrscheinlich) im nächsten Augenblick tun wird, desto schneller werden sich die Erfolge einstellen. Gute Vorbereitung und intensive Übung zahlen sich jetzt deutlich mehr aus als teures Equipment und sind dabei noch so viel günstiger zu bekommen.

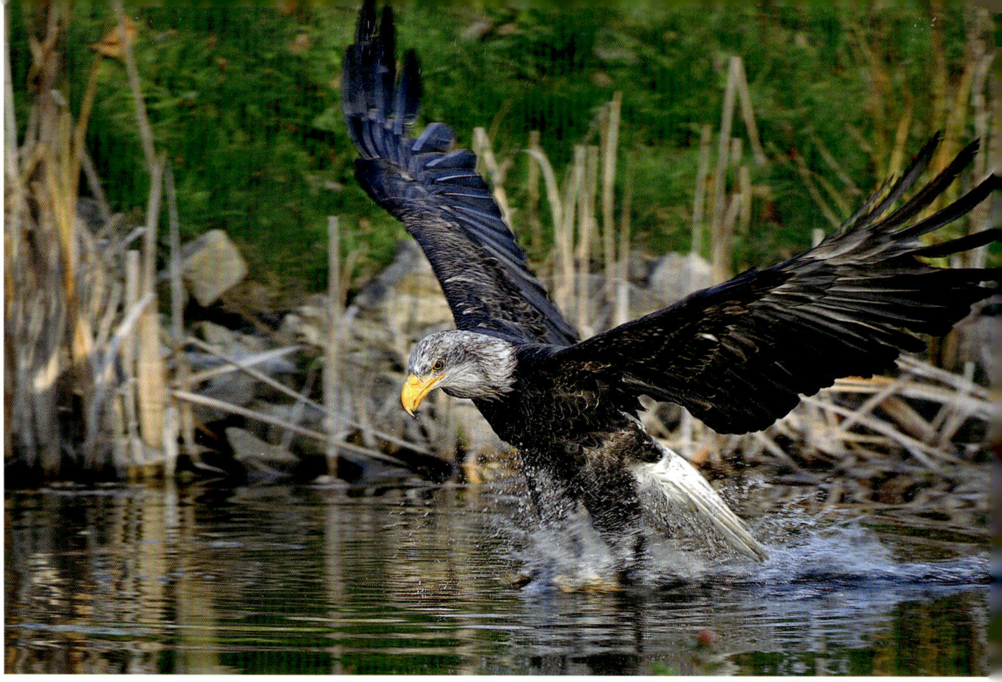

Gut informiert (captive)
Da der Pfleger vor der Vorführung sehr genau erklärte, wo der Weißkopfseeadler starten und zugreifen würde, war es relativ einfach, sich auf die Situation vorzubereiten. Eine gemäßigte Telebrennweite half dabei, den großen Greifvogel ganz aufs Bild zu bekommen. Fragen Sie notfalls genauer nach, falls die Mitarbeiter vor Ort nicht automatisch so auskunftsfreudig sind wie in meinem Fall.

Nikon D300 (Cropfaktor 1,5) | 200 mm | 1/500 sek | f4,0 | ISO 400 | Belichtungskorrektur –1/3 Blende

Fotografie in Zoo und Gehege

Bevor Sie die kommenden Abschnitte überspringen, weil Sie bei Gehegefotografie an langweilige »Knipsbilder« aus dem Zoo denken, möchte ich Sie einladen, hier doch weiterzulesen: Auch Tiere in Gefangenschaft lassen sich überzeugend in Szene setzen, wenn Sie ein paar Dinge beachten. Und selbst wenn Sie schwerpunktmäßig Wildlife fotografieren, ist ein Besuch im Gehege gegen Ende des Winters eine willkommene Gelegenheit, um sich wieder an den Umgang mit der Kamera zu gewöhnen, sich sozusagen für die Saison »aufzuwärmen«. Beschäftigen Sie sich damit, Tiere in Gefangenschaft, also im Zoo oder in Tierparks, zu fotografieren, lösen sich einige Schwierigkeiten der Wildlife-Fotografie in Luft auf, es kommen jedoch andere hinzu.

Vorbereitung | Auch bei der Gehegefotografie empfehle ich Ihnen, ein wenig Energie in die Vorbereitung zu stecken. Erfahrungsgemäß bleiben die Bildergebnisse mäßig, wenn Sie von Gehege zu Gehege hasten, in dem Bestreben, möglichst alle Tiere »abzufotografieren«. Gehen Sie stattdessen geplant vor. Informieren Sie sich vorher, welche Tiere im Park leben, und überlegen Sie sich, welche davon Sie ablichten möchten. Berücksichtigen Sie hierbei auch die Lage der Gehege zur Sonne bei unterschiedlichen Tageszeiten, und machen Sie sich einen Plan, welche Gehege zu welcher Tageszeit optimal beleuchtet sind. Definieren Sie für sich selbst auch die Art der Aufnahmen, die Sie am Ende in Händen halten möchten, und machen Sie sich Gedanken darüber, wie Sie das Wesen der Tiere am besten einfangen könnten. Bei mehrtägigen Aufenthalten nutzen Sie den Anreisetag möglichst noch dazu, um sich bei einem kurzen Rundgang eine Übersicht über die Gehege der Tiere zu verschaffen, für die Sie sich interessieren. Informieren

Sie sich auch über die Fütterungszeiten der verschiedenen Bewohner.

Nicht selten bestehen in Zoos und Parks Beschränkungen für Fotografen. Während einige beispielsweise die Verwendung von Stativen gänzlich untersagen, erheben manche Tierparks eine »Stativgebühr«, um die Anzahl der engagierten Fotografen im Park zu regulieren. Falls es für Sie in Ordnung ist, diesen teils gesalzenen »Strafzoll« zu entrichten, beachten Sie bitte, dass häufig eine rechtzeitige Anmeldung nötig ist. Beachten Sie auch, dass viele Betreiber die gewerbliche Nutzung von Fotos, die auf ihrem Areal entstanden sind, untersagen. Informieren Sie sich diesbezüglich vor Ihrem Besuch, und holen Sie gegebenenfalls notwendige Genehmigungen rechtzeitig ein.

Vor Ort | Auch bei der Gehegefotografie ist es empfehlenswert, so zeitig wie möglich vor Ort zu sein. Einerseits, weil das Licht des beginnenden Tages mit zum Schönsten gehört, was einem Fotografen widerfahren kann. Andererseits ist es gut möglich, dass Sie nicht der einzige Fotograf sind, der an diesem Tag Fotos machen möchte. Dies gilt vor allem an Wochenenden. Bitte gehen Sie höflich und respektvoll mit Fotografenkollegen um, auch wenn es noch so eng zugeht. Dort wo fünf Leute an den Zaun passen, ist auch noch Platz für einen sechsten – garantiert.

Wenn Sie sich an einem Gehege aufhalten, weil Sie dort auf die Fütterung warten, denken Sie daran, dass oft die interessantesten Interaktionen zwischen den Tieren ablaufen, kurz bevor das Futter herausgebracht wird. Hier kann es hilfreich sein, mit einer kürzeren Brennweite zu arbeiten, damit Sie beispielsweise mehreren um das Futter kämpfenden Tieren auch genug Raum im Bild geben können, ohne irgendwelche Körperteile »abzuschneiden«.

Beschränkungen bei der Gehegefotografie | Naturgemäß bringt das Fotografieren von Tieren in Gefangenschaft – abgesehen davon, dass Sie nicht die Ruhe der

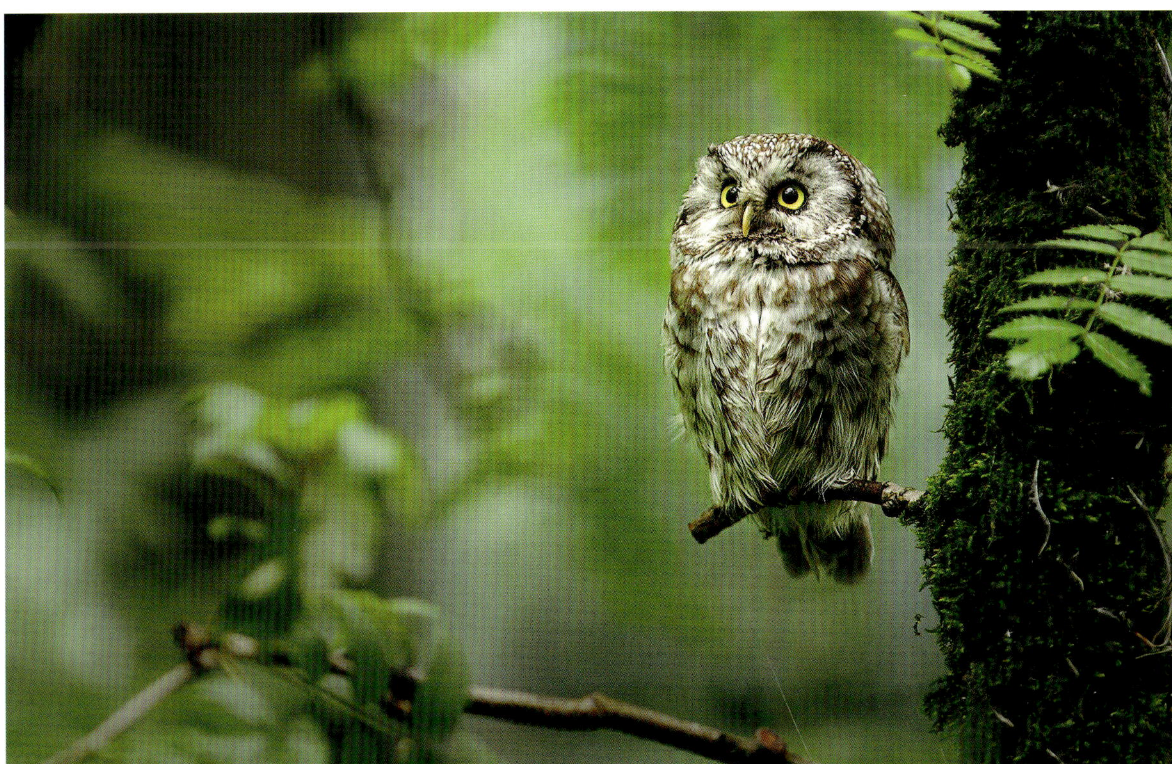

Rauhfußkauz (captive)
Vor allem durch die kurze Aufnahmeentfernung, aber auch durch die offene Blende verschwindet das Gitter der Voliere in Unschärfe. Auch für diese Aufnahme reichte ein gemäßigtes Teleobjektiv aus – ein echter Vorteil der Gehegefotografie. Dennoch kann es geraume Zeit dauern, bis sich einer der Vögel an einer fotogenen Stelle einfindet.

Nikon D300 (Cropfaktor 1,5) | 200 mm | 1/125 sek | f2,8 | ISO 400

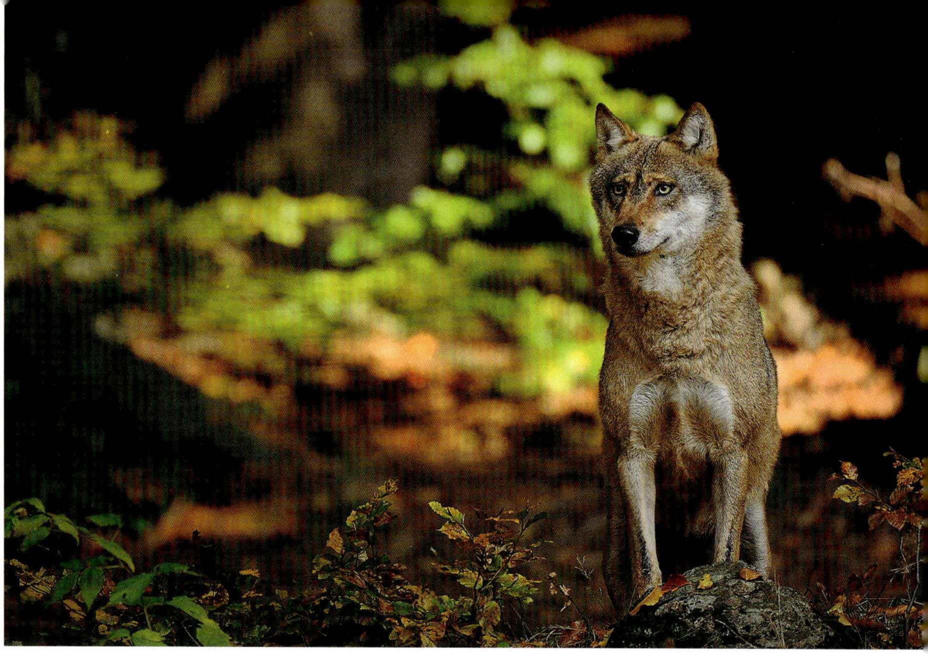

Aufmerksam (captive)
Der Herbst ist die perfekte Jahreszeit, um in stark bewaldeten Gehegezonen gute Bilder zu erhalten. Die Laubbäume haben schon Teile der Blätter verloren, und so fällt genug Licht ein, um eine ansprechende Beleuchtung und vor allem Verschlusszeiten zu erhalten, mit denen es sich gut arbeiten lässt. Die Herbstfarben harmonieren hier gut mit dem Fell des Wolfes.

Nikon D300 (Cropfaktor 1,5) | 400 mm | 1/400 sek | f4,0 | ISO 400 | Belichtungskorrektur –1/3 Blende

Natur genießen können – auch einige Nachteile mit sich. Oft stören Gitter, Zäune oder generell die Ausstattung der Gehege die Bildkomposition. Statt zu kapitulieren, nehmen Sie diese Umstände einfach als Herausforderung an, indem Sie sich der Erstellung von Detailaufnahmen oder Porträts widmen.

Wesentlich stärker beschränkend ist der Umstand, dass Sie als Besucher häufig steil von oben in ein Gehege sehen. Aus dieser Position aufgenommene Fotos sehen dann genau so aus, wie Sie sich wahrscheinlich schlechte Fotos aus Zoos und Gehegen zu Beginn dieses Abschnitts vorgestellt haben. Wie aber lösen Sie dieses Problem? Einfacher, als Sie denken: Lassen Sie den Finger vom Auslöser, nutzen Sie Ihre Zeit produktiv, und suchen Sie sich lieber ein Areal, das Ihnen bessere Fotomöglichkeiten bietet. Manchmal ist der beste Weg, gute Fotos zu machen, eben der, eine Situation zu erkennen, in der es nichts zu gewinnen gibt.

Naturnahe Gehegezonen, beispielsweise im Nationalpark Bayerischer Wald, bieten den Vorteil, dass Sie

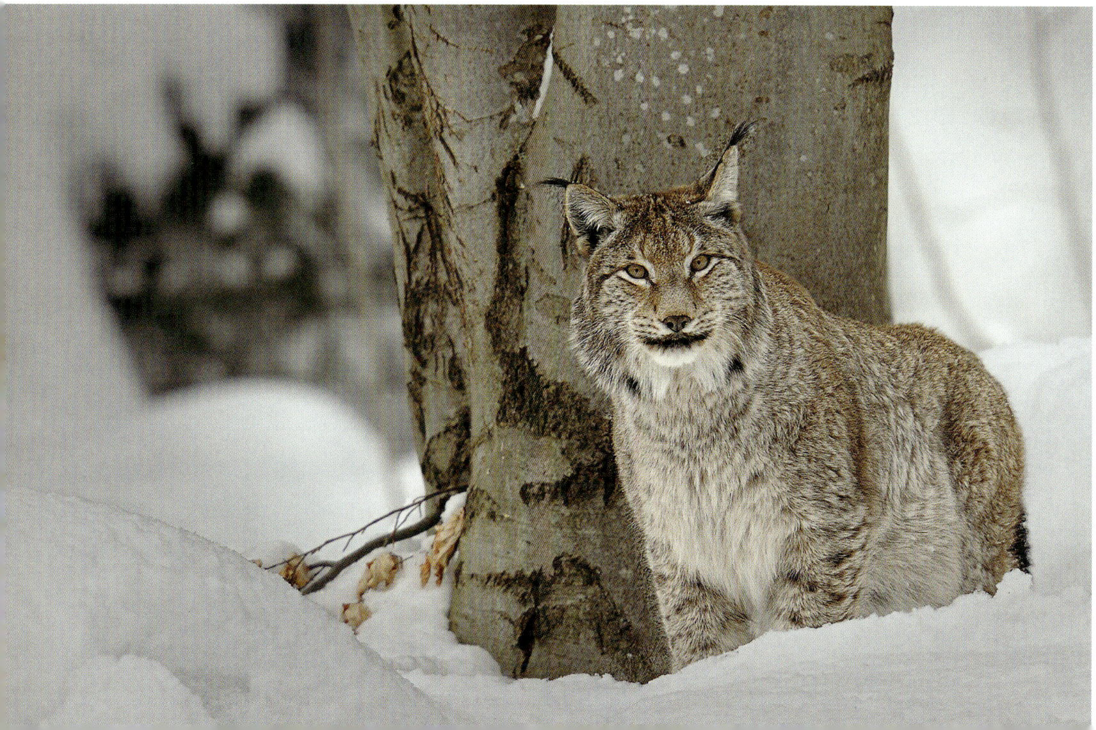

Geduld ist gefragt.
Die Aufnahmebedingungen mit Neuschnee und bedecktem Himmel waren wirklich optimal an diesem Wochenende. Dennoch musste ich an mehreren Tagen insgesamt über zehn Stunden ausharren, um einige Aufnahmen vom Luchs zu bekommen – Fluch und Segen der naturnahen Gehege im Nationalpark Bayerischer Wald.

Nikon D300 (Cropfaktor 1,5) | 850 mm | 1/250 sek | f7,1 | ISO 200 | Belichtungskorrektur +2/3 Blende

dort Aufnahmen machen können, die so manchem Foto aus dem Wildlife in nichts nachstehen. Solche Aufnahmen bei der Veröffentlichung als *captive* zu kennzeichnen (als ein Bild, das ein Tier in Gefangenschaft zeigt), versteht sich allerdings aus Gründen des Anstands von selbst. Diese an sich reizvollen Rahmenbedingungen haben jedoch auch ihren Preis, denn die Gehege sind teilweise sehr ausgedehnt und haben zahlreiche Rückzugsmöglichkeiten für die Tiere, so dass Sie unter Umständen über mehrere Stunden hinweg kein Tier zu Gesicht bekommen.

Und selbst wenn sich nach Stunden des Wartens Ihr Motiv endlich zeigt, muss das noch längst nicht bedeuten, dass es Ihnen dabei auch den Gefallen tut, dort zu erscheinen, wo Sie es fotografisch überzeugend in Szene setzen könnten. Im schlimmsten Fall kann es Ihnen auch hier passieren, dass Sie – genau wie in der Wildlife-Fotografie – am Ende des Tages leer ausgehen. Aber einmal angenommen, es gäbe eine Garantie für gute Fotos – wäre das nicht schrecklich langweilig?

Haustiere

Grundsätzlich gelten die Grundregeln der Tierfotografie auch für Aufnahmen von Haustieren. Im Idealfall finden Sie in Ihren eigenen tierischen Begleitern die idealen Fotomotive, arbeiten Sie hierbei ja aus noch deutlich geringeren Entfernungen als in der Gehegefotografie. Es wird Ihnen also recht leichtfallen, die Gestaltungsregeln für die Tierfotografie mit einem Tier umzusetzen, das keine Scheu zeigt. Darüber hinaus haben über Faktoren wie Beleuchtung und vor allem den Hintergrund ganz allein Sie die Kontrolle. Dies gibt Ihnen die Freiheit, die gesamte Aufnahme im Vorfeld zu planen und anschließend genau so zu realisieren, wie Sie es sich vorgestellt haben. Haustierfotografie ist somit das Sujet, bei dem

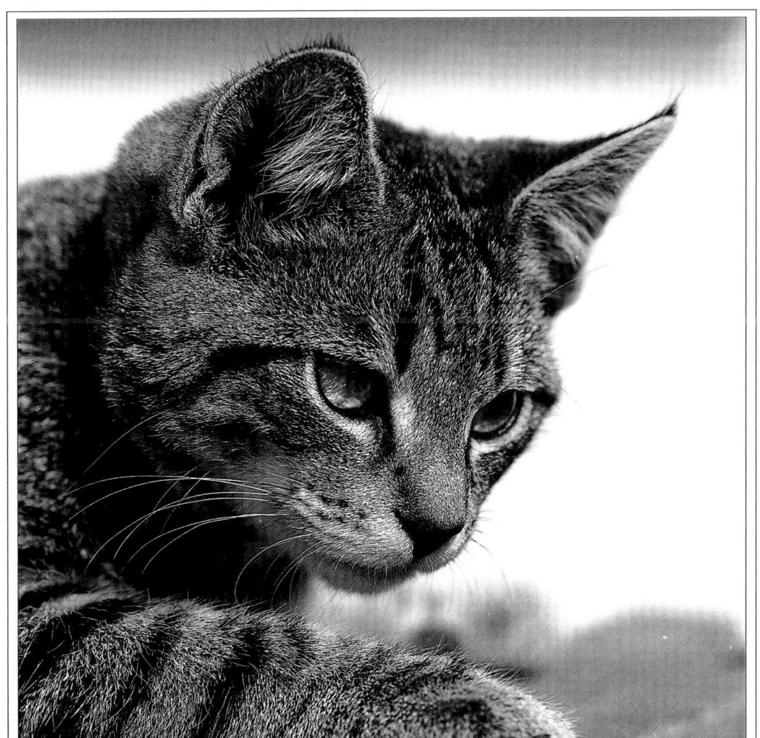

Klassisches Porträt
Nichts spricht dagegen, Ihre Katze einmal so zu fotografieren, wie Sie auch einen Menschen porträtieren würden. Besonders dann, wenn Ihnen daran gelegen ist, das Wesen Ihres Begleiters herauszuarbeiten.

Nikon D300 (Cropfaktor 1,5) | 85 mm | 1/500 sek | f4,0 | ISO 200

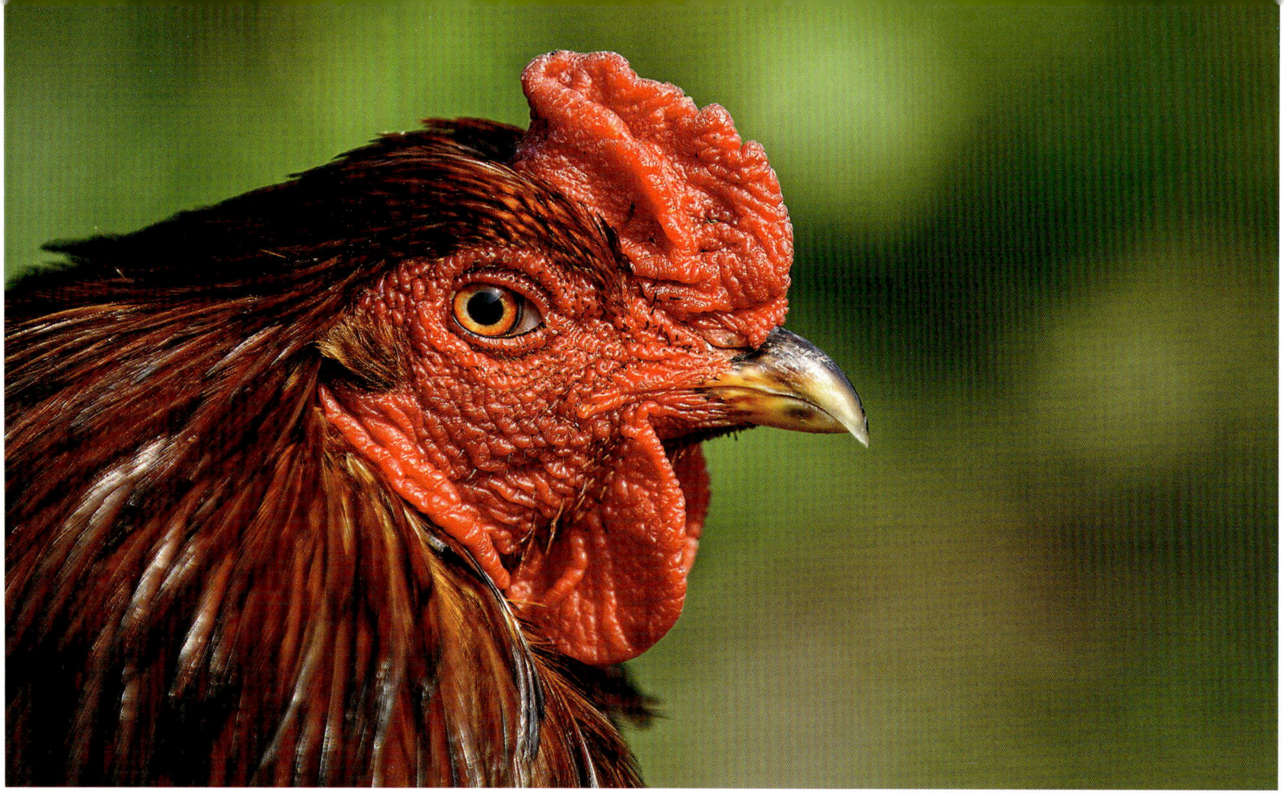

Chicken King

Ein Zwerghahn, aber dennoch der Chef auf dem Hof. Weil der Hintergrund wenig attraktiv war, verwendete ich für dieses Porträt eine relativ lange Brennweite bei geringer Blende. Auch ganz alltägliche Tiere ohne Exotik-Faktor lassen sich mit ein wenig Fantasie überzeugend in Szene setzen.

Nikon D300 (Cropfaktor 1,5) | 200 mm | 1/1000 sek | f4,0 | ISO 200

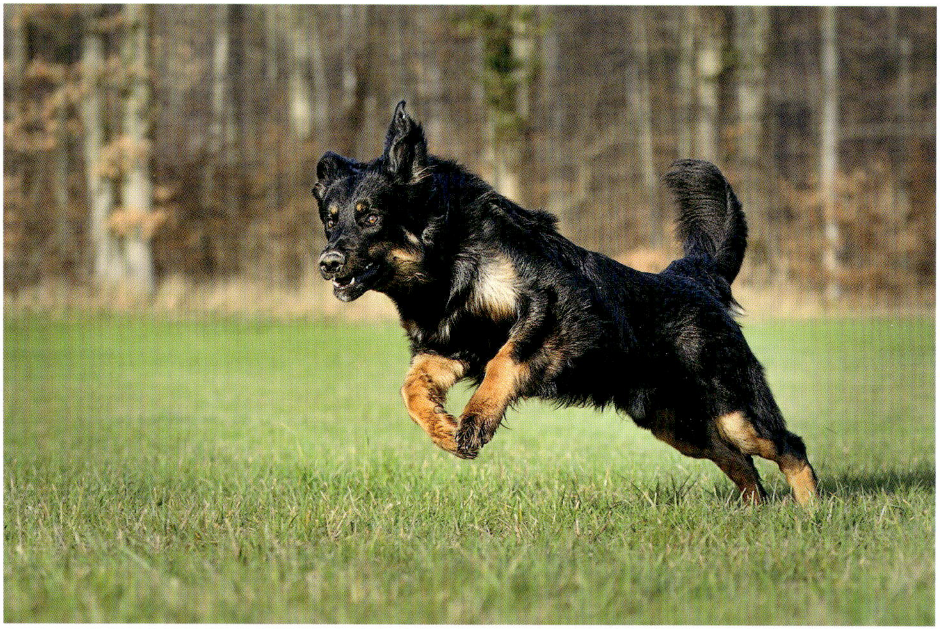

Junge Wilde

Auch wenn es sich bei diesem jungen Hovawart um ein Haustier handelt, produzierte ich jede Menge Ausschuss, bis ich das Foto im Kasten hatte, das der Besitzer sich vorgestellt hatte. Der Umstand, dass der Hund keinen Pfifferling auf sein Herrchen hörte, machte die Arbeit nicht gerade leichter.

Nikon D300 (Cropfaktor 1,5) | 70 mm | 1/1250 sek | f2,8 | ISO 200 | Belichtungskorrektur –1/3 Blende

sich die Regeln der Tierfotografie und die Fotografie von Menschen begegnen.

Eigene Haustiere | Ihre Geduld wird dennoch auf eine unter Umständen harte Probe gestellt werden. Nur allzu gerne wird gerade Ihr vierbeiniger Freund die gezückte Kamera als willkommene Aufforderung zu ausgelassenem Spiel sehen und Ihnen dabei nicht selten näher auf die Pelle rücken, als Ihnen unter gestalterischen Aspekten lieb ist. Die Abdrücke feuchter Nasen lassen sich übrigens mit den handelsüblichen Mitteln von der Frontlinse Ihres Objektivs entfernen. Insofern kann es hilfreich sein, wenn eine zweite Person sich mit dem Tier beschäftigt und dessen Aufmerksamkeit auf sich lenkt.

Fremde Tiere | Handelt es sich jedoch um fremde Haustiere, ist deutlich mehr an Vorbereitung gefragt. Neben der Besprechung mit dem Besitzer, welche Art von Aufnahmen er sich vorstellt, sollten Sie sich auch darüber informieren, inwieweit er selbst mit dem Tier vertraut ist. Ein Haustier, das dessen Besitzer nicht im Griff hat, kann eine größere Herausforderung und manchmal auch Gefahr für einen Fotografen sein, als Sie sich vielleicht vorstellen können. Soll das Tier in einer ungewohnten oder für es selbst neuen Umgebung fotografiert werden, denken Sie daran, dass es notwendig sein kann, es einige Stunden vor dem Beginn der Aufnahmen dorthin zu bringen, so dass es sich an die Umgebung gewöhnen kann.

Machen Sie sich darüber hinaus auch mit den Grundregeln im Umgang mit dem jeweiligen Tier vertraut. Wie nähern Sie sich beispielsweise gefahrlos einem Pferd, ohne es zu erschrecken? Welche Signale gibt Ihnen das Tier? Wie sind sie zu deuten? Denken Sie stets daran, dass Menschen und Tiere völlig unterschiedlich kommunizieren. Dies vergessen wir gerade bei Haustieren nur allzu gerne, weil wir aus emotionaler Nähe heraus deren Verhalten leicht als »menschlich« deuten.

Nehmen Sie sich auch ruhig die Zeit, sich vor den eigentlichen Aufnahmen eine Weile ganz ohne Kamera mit Ihrem tierischen Modell zu beschäftigen. Je mehr sich das Tier an Sie gewöhnt hat, desto besser werden Ihre Bildergebnisse ausfallen.

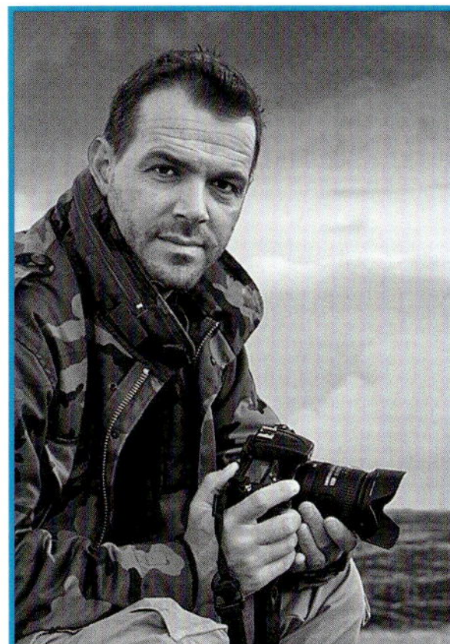

Der Autor

Christian Röschert wurde 1968 in Würzburg geboren. Nach einer kreativen Pause in den 90er-Jahren gab er Anfang des neuen Jahrtausends seiner fotografischen Entwicklung, die bereits 1982 begonnen hatte, mit dem Einstieg in die gewerbliche Fotografie eine neue Richtung. Die Schwerpunkte seiner Arbeit legt er in den Bereichen People und Firmenporträts. Entsprechende Auftragsarbeiten erstellt er erfolgreich sowohl im eigenen Studio als auch vor Ort beim Kunden. Dennoch ist er zugleich Naturfotograf aus Leidenschaft.

Getragen von der Überzeugung, dass der Mensch vorrangig das achtet und schützt, was er kennt und somit als schützenswert ansieht, möchte er mit seinen Tierfotos dem Betrachter neben der Schönheit und Zerbrechlichkeit der Natur vor allem auch das Wesen der Tiere näherbringen sowie Verständnis für deren Lebensraum wecken. Seine Fotoreisen führen ihn regelmäßig in interessante Regionen Deutschlands und auch ins europäische Ausland.

Seine Fotos entstehen mit Kameras und Objektiven aus dem Hause Nikon. Neben weiteren Aufnahmen aus vielen thematischen Bereichen finden Sie auf seiner Website auch Termine für Workshop- und Schulungsangebote:
www.christian-roeschert.com.

Available Light

Mit wenig Licht außergewöhnliche Bilder schaffen

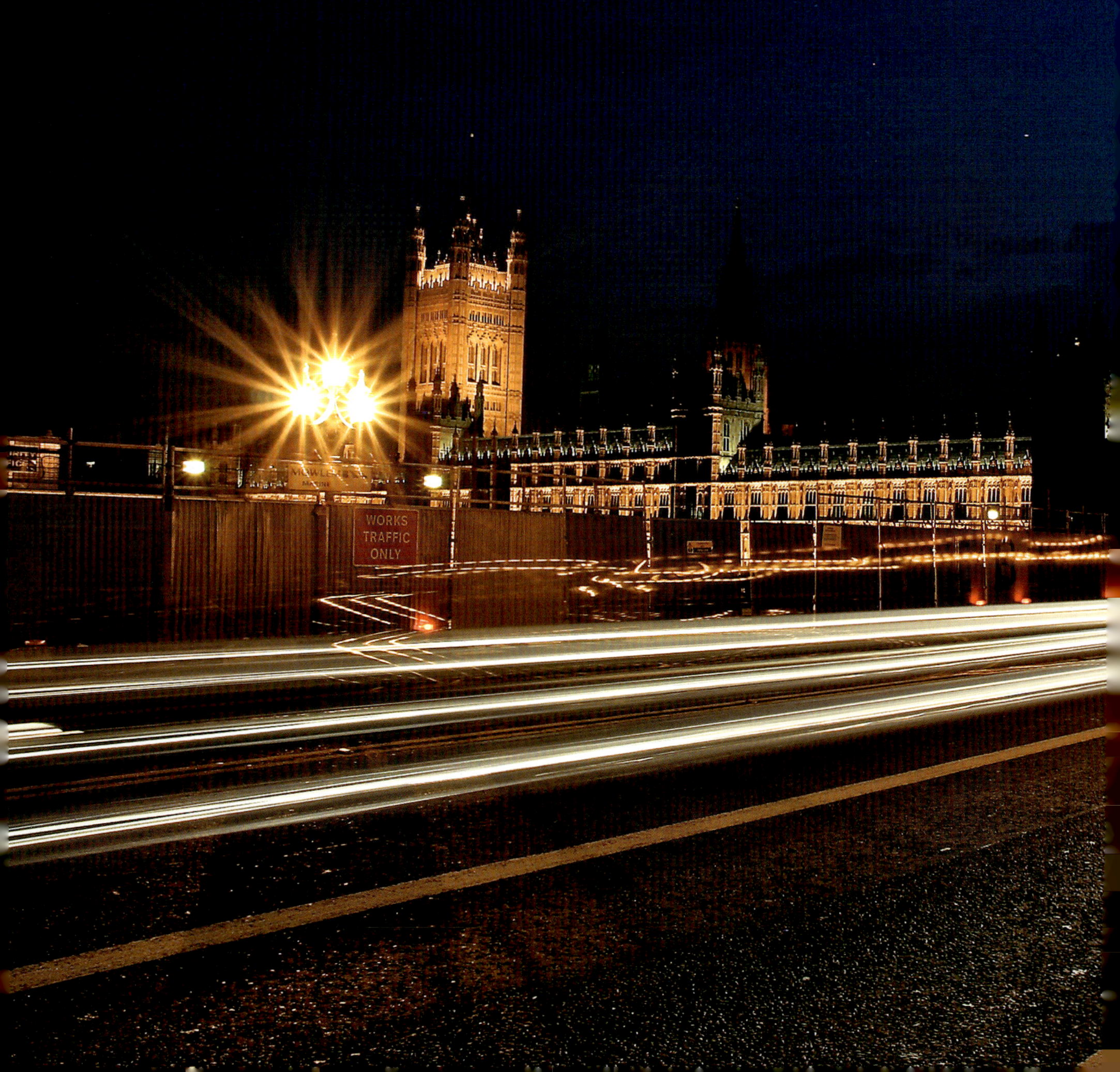

von Thomas Bregulla

Available Light heißt, mit dem vorhandenen Licht Bilder zu schaffen. Das ist mehr, als nur als »das Beste aus der Situation« zu machen, es bedeutet, Licht zu sehen und zu nutzen. Gefühlvolle Porträts, Sonnenuntergänge, das erste Licht des Morgens, der Kerzenschein in einem Restaurant oder die Bühnenbeleuchtung im Theater beziehungsweise im Konzert gilt es dabei, stimmungsvoll einzufangen. Das vorhandene Licht hat immer einen besonderen Reiz und stellt eine besondere Herausforderung dar. Denn oft heißt vorhandenes Licht auch, mit wenig davon auszukommen.

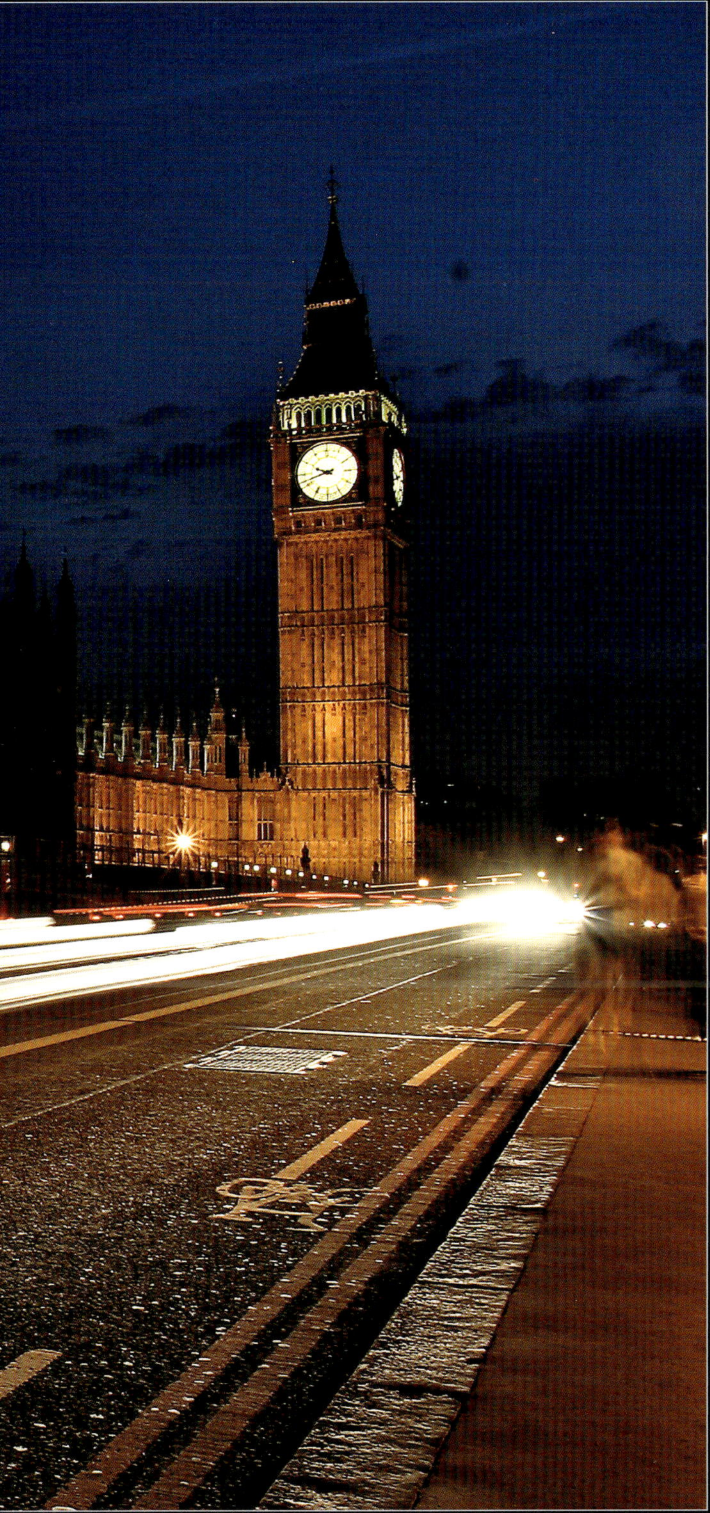

Sommerliche Nacht in London
Aufnahme mit Stativ: Mein Ziel war es, die fahrenden Autos auf der Westminster Bridge allein durch ihre Scheinwerfer darzustellen, dazu wählte ich eine Belichtungszeit von 4 Sekunden und schloss die Blende auf den Wert 16. Dadurch konnte ich auch sicher sein, dass das Bild von vorn bis hinten scharfgezeichnet ist. Die Lampen der Straßenbeleuchtung zeigen ein sternförmiges Licht.

Canon EOS 10D (Cropfaktor 1,6) | 18 mm | 4 sek | f16 | ISO 100 | automatischer Weißabgleich

Was ist Available-Light-Fotografie?

Wenn Sie nur mit dem verfügbaren Licht fotografieren, nennt man dies *Available-Light-Fotografie*. Es gibt für diese Methode auch den Begriff *Existing Light*, der im Grunde genommen das Gleiche meint. Das verfügbare Licht ist in diesem Fall das Sonnenlicht, die Beleuchtung in einem Raum oder auch Kerzenlicht. Also alles, was gerade an Licht vorhanden ist, das Sie nicht durch künstliche Eingriffe ändern oder umleiten. Im Gegensatz dazu gibt es das geführte Licht, wozu jegliche zusätzliche Beleuchtung wie Blitze, Reflektoren, Dauerlichtlampen, Baustrahler oder Ähnliches zu zählen wären.

Puristisch betrachtet, dürfen Sie bei der Available-Light-Fotografie außer dem vorhandenen Licht keine weiteren Hilfsmittel verwenden. So gesehen ist es die einfachste Art, zu fotografieren, und gleichzeitig – gerade in lichtschwachen, dunklen Umgebungen – eine große Herausforderung. In diesem Kapitel möchte ich Sie mit der Fotografie mit dem vorhandenen Licht und ihren unterschiedlichen Anwendungsgebieten vertraut machen. Es kann durchaus sein, dass dieses Kapitel auch weitere Bereiche der Fotografie streift, die in den anderen Kapiteln detaillierter behandelt werden, da Available Light als eine Art, fotografisch mit dem Licht umzugehen, natürlich in vielen Genres angewendet werden kann. Ich möchte mich hier aber vor allem auf die Fotografie in lichtärmeren Bedingungen konzentrieren, da gerade dann interessante und stimmungsvolle Bilder entstehen, bei denen teilweise schon die Lichtstimmung an sich zum Motiv wird. Denn Bilder bei prallem Sonnenschein gehören streng genommen nicht zu Available Light. Ich habe mir allerdings die Freiheit genommen, Available Light in einzelnen Punkten wörtlich zu nehmen, da auch zu viel Licht für den Fotografen eine Herausforderung darstellen kann und man das Licht insgesamt verstehen sollte, um gerade bei wenig Licht besondere Bilder zu machen. Die Puristen unter den Available-Light-Fotografen mögen mir verzeihen, wenn mal ein Bild mit »viel Licht« auftaucht, um zum Beispiel eine Gegenlichtsituation zu demonstrieren oder um auf die Wirkung von Licht und Schatten einzugehen.

Der Reiz der Available-Light-Fotografie

Wenn Sie eine besondere Lichtstimmung im Bild festhalten oder die gegebene Beleuchtung nicht durch zusätzliches Licht wie dem von externen Blitzgeräten zerstören möchten, müssen Sie einige Dinge beachten.

Das Licht richtig einschätzen | Um ein Gespür für das Licht zu bekommen, müssen Sie es genau beobachten, sozusagen »ein Auge für das Licht entwickeln«. Erst so

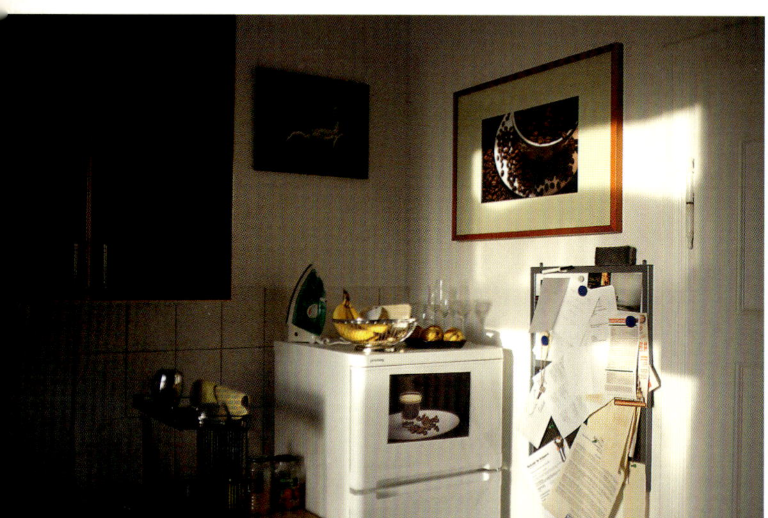

Lichtdurchflutete Küche
Dieses Bild ist ein Beispiel für eine starke Beleuchtung, da hier durch das einfallende Licht sehr dunkle Schatten entstehen. Das kann zu Überbelichtungen und strukturlosen, schwarzen Flächen führen, wenn die Belichtung nicht sorgfältig gewählt wird. Die offene Blende von 2,0 sorgt hier dafür, dass die Bereiche außerhalb des Fokus sanft in der Unschärfe verschwinden. Außerdem wird dadurch auch in den Schattenbereichen noch Struktur sichtbar. Andererseits werden dann gerade die hellen Bereiche (Lichter) eher überbelichtet. Das habe ich hier durch zwei Maßnahmen verhindert: Der ISO-Wert war auf den kleinsten Wert meiner Kamera (50) und die Belichtungszeit auf eine für Aufnahmen in Innenräumen eher ungewöhnlich kurze 1/125 Sekunde eingestellt. Die Lichter im Bild »fressen« so nicht aus – sie stellen also keine weißen, strukturlosen Flecken im Bild dar.

Canon EOS 5D Mark II (Vollformat) | 35 mm | 1/125 sek | f2,0 | ISO 50 | RAW | automatischer Weißabgleich

wird es Ihnen möglich sein, es richtig einzufangen. Stellen Sie sich folgende Fragen: Wie verlaufen Schatten? Wo reflektiert das Licht? Wie verhält es sich, wenn Sie es fotografieren, also wie sieht es auf dem Bild aus? Wo sind die Lichtquellen? Befinden sie sich vor, neben, über oder unter dem zu fotografierenden Motiv? Wenn Sie mit dem Licht »malen« möchten, um aus einem brauchbaren Moment ein besonderes Bild zu »zaubern«, müssen Sie auch die Qualität des Lichts richtig einschätzen können: Ist das Licht »hart«? Ist es »weich«? Ist es gleißend hell, oder müssen Sie die maximale Lichtempfindlichkeit der Kamera ausreizen, um überhaupt etwas auf dem finalen Bild sichtbar zu machen? Das menschliche Auge ist empfindlicher und beherrscht einen weitaus höheren Dynamikumfang, als ein Film oder ein digitaler Sensor abbilden kann. Daher werden Bilder das Motiv immer etwas anders zeigen, als Sie es zunächst mit dem Auge wahrgenommen haben.

Mit etwas Übung lernen Sie, die unterschiedlichen Eigenschaften des Lichts zu erkennen, und Sie werden gleichzeitig vertrauter mit Ihrer Kamera und den Einstellungen der richtigen Parameter, um die Lichtstimmung wie gewünscht im Bild festzuhalten. Wenn Sie Verschlusszeit, Blende und ISO-Wert selbst bestimmen, haben Sie einen größeren Einfluss auf das Ergebnis, können hervorheben, auf was Sie Wert legen, und sind nicht von der Automatik Ihrer Kamera und deren nicht immer sinnvollen Entscheidungen abhängig.

Eigenschaften des Lichts | Es gibt sicherlich »schönes« und »weniger schönes« Licht. Bei Licht gilt nicht unbedingt der Leitsatz: Viel hilft viel. Zur Mittagszeit an einem heißen Sommertag ist bestimmt das meiste Licht des Tages vorhanden, jedoch ist es nicht unbedingt sinnvoll, zu dieser Zeit beispielsweise Porträts zu fotografieren. Da das Licht fast senkrecht von oben kommt, ergeben sich wenig vorteilhafte Schatten im Bereich der Augenhöhlen und unter der Nase, die ein Beautyporträt leicht in ein »Zombieporträt« verwandeln können. An einem solchen Tag sollten Sie im Schatten eines Baumes, einer Überdachung oder eines Gebäudes fotogra-

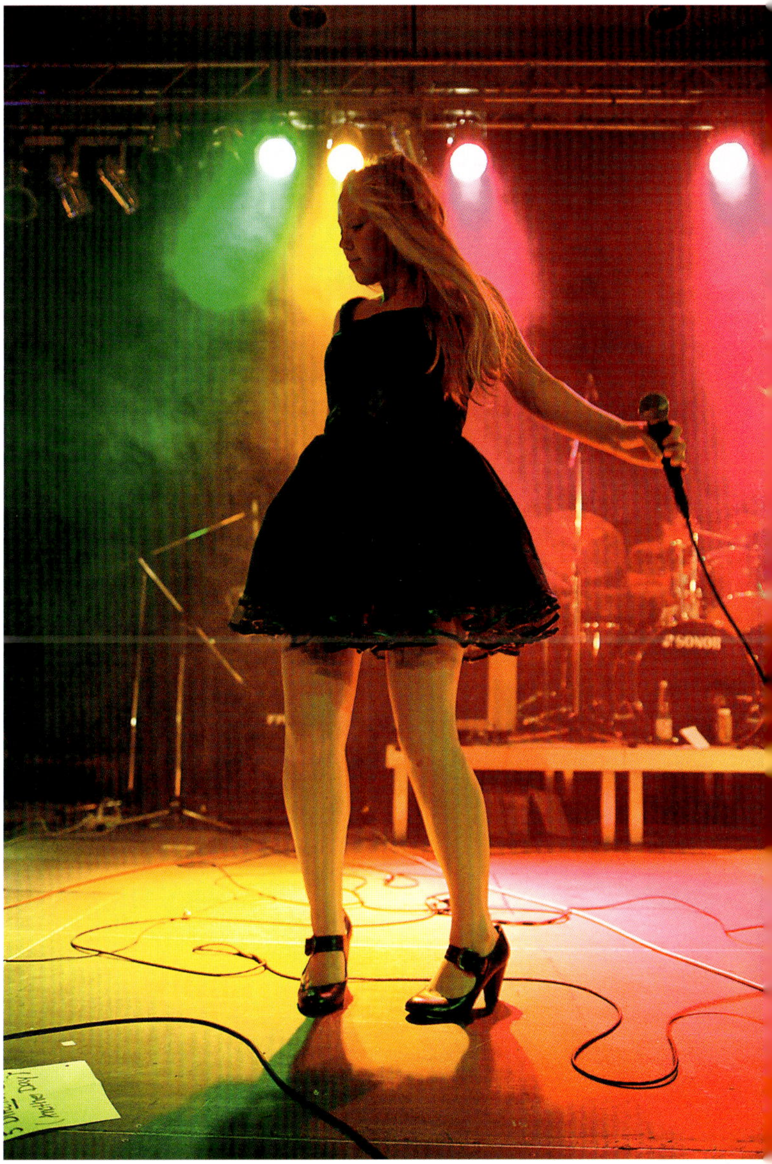

Roughix tanzt.
Das Konzert ist in vollem Lauf, und die Bühnenbeleuchtung zeichnet wundervolle Farben in den verrauchten Hintergrund. Um die Bewegung der Sängerin nicht zu verwischen, wählte ich eine Belichtungszeit von 1/160 Sekunde. Das war möglich, da die Lichtempfindlichkeit bei ISO 2500 lag und die Blende fast ganz geöffnet war.

Canon EOS 5D (Vollformat) | 28 mm | 1/160 sek | f2,8 | ISO 2500 | automatischer Weißabgleich

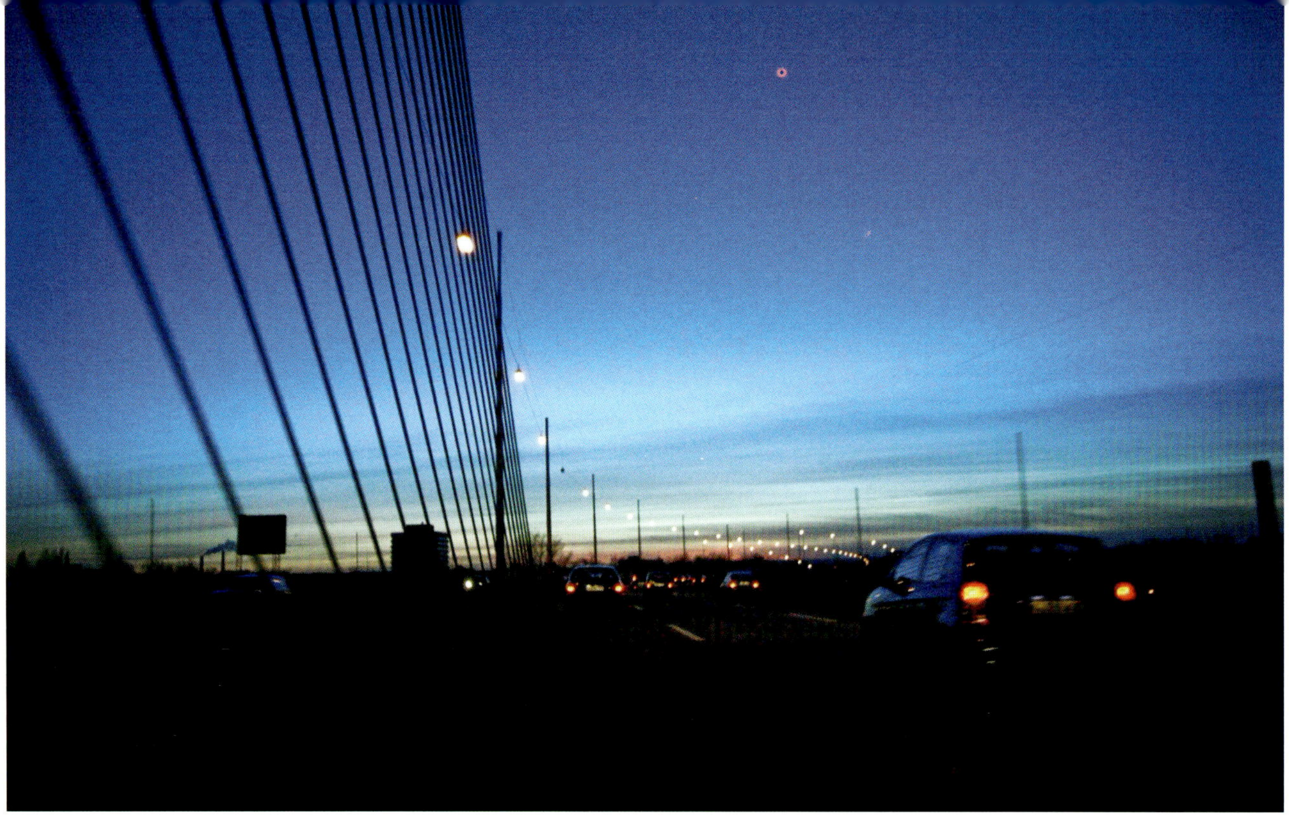

Eine Fahrt in der Dämmerung
Als Beifahrer konnte ich die Kamera auf das Armaturenbrett stellen, das Bild gestalten und schließlich abdrücken. Die Dämmerung an einem kühlen Januartag wies dieses schöne blaue Licht auf, ganz entfernt war noch etwas Rot zu erkennen. Die rotgelben Lichter der Fahrzeuge und der Straßenbeleuchtung unterstützen die Lichtstimmung, indem sie einen Kontrast zum kräftigen Blau des Himmels bilden.

Ricoh GR Digital | 5,9 mm | 1/48 sek | f2,4 | ISO 800 | Blendenvorwahl | JPEG | automatischer Weißabgleich

fieren. Die dort vorhandene Lichtmenge reicht allemal aus, um das Bild gut zu belichten. Zudem entstehen im weicheren Licht des Schattens entstellende Schatten nicht oder kaum. Vielleicht zeichnet die neue Umgebung dann sogar schöne Farben oder Muster ins Bild, wie es zum Beispiel das farbige Glas einer Fahrradüberdachung macht oder das Licht, das durch die Äste und Blätter eines Baums hindurchscheint.

Gerade am frühen Morgen oder am späteren Nachmittag/frühen Abend ergibt sich in der Dämmerung durch die flacher einfallenden Sonnenstrahlen ein sehr schönes Licht. Die Schatten werden dann länger, und das Licht bekommt »Farbe«: Morgens erscheint es eher kühl und bläulich, abends eher warm und in einem rot-orangefarbenen Ton. Nicht nur draußen können Sie das natürlich vorhandene Licht schön einfangen: Licht, das durch ein Fenster fällt, kann ebenfalls einen großen Reiz haben. Auf viele Betrachter übt es eine magische Anziehungskraft aus, wenn das einfallende Licht in einer dunstigen oder staubigen Umgebung Strahlen zeichnet.

Herausforderungen | Motive im Gegenlicht ergeben oft harte Kontraste, die gerade weniger erfahrene Fotografen in die Verzweiflung treiben können: Die Tiefen »saufen ab«, und die Lichter »brennen aus«. Ist das Licht schwächer, sind die Kontraste zwar sanfter, aber die Gefahr, dass das Bild durch die eigene Bewegung oder die des Motivs unscharf wird oder erscheint, ist vergleichsweise hoch. Aber gerade die Lichtstimmungen, die Kontraste und die Schwierigkeiten machen den Reiz der Available-Light-Fotografie aus. Es gibt für mich kein schöneres Licht als das natürliche Umgebungslicht.

Aufnahme und Ausrüstung

In diesem Abschnitt geht es um die Hilfsmittel, die bei der Available-Light-Fotografie eine Rolle spielen. Zu fotografieren bedeutet immer zunächst einmal, einzuschätzen oder zu messen, wie viel Licht vorhanden ist und wie Sie es am besten einfangen können. Es kommt also darauf an, mit den Mitteln, die Ihnen zur Verfügung stehen, das Bild so zu gestalten, wie Sie es sehen möchten. Dafür müssen Sie auch die Möglichkeiten und die Grenzen Ihrer Kamera kennen und wissen, wie Sie damit umgehen können.

Licht und Belichtung | »Der Fotograf macht das Bild und nicht die Kamera« – wie oft haben Sie diesen Spruch schon gehört? Im Zusammenhang mit der Available-

Bonner »Skyline« in der Blauen Stunde
Auf dem Weg zu »Rhein in Flammen«, die Sonne geht bereits allmählich unter: Die Blaue Stunde beginnt. Die Farben des Sonnenuntergangs und der tiefblaue Himmel boten an diesem Tag eine besonders schöne Lichtstimmung. Unterwegs auf der Rheinbrücke fiel mir der unverstellte Blick auf den Post Tower und den Langen Eugen auf. Dieses Bild habe ich aufgenommen, indem ich die Kamera auf dem Geländer der Rheinbrücke abstützte. Bereits im Originalzustand waren die Farben und die Spiegelungen sehr ansprechend. In Photoshop habe ich zusätzlich das Bild als eine neue Ebene kopiert, den Gaußschen Weichzeichner darauf angewendet und sie mit der darunterliegenden Ebene über den Modus WEICHES LICHT *verrechnet. Anschließend habe ich die Deckkraft der weichgezeichneten Ebene auf 30% gestellt – fertig!*

Canon EOS 10D (Cropfaktor 1,6) | 17 mm | 1/6 sek | f2,8 | ISO 100 | Effekte verstärkt in Photoshop

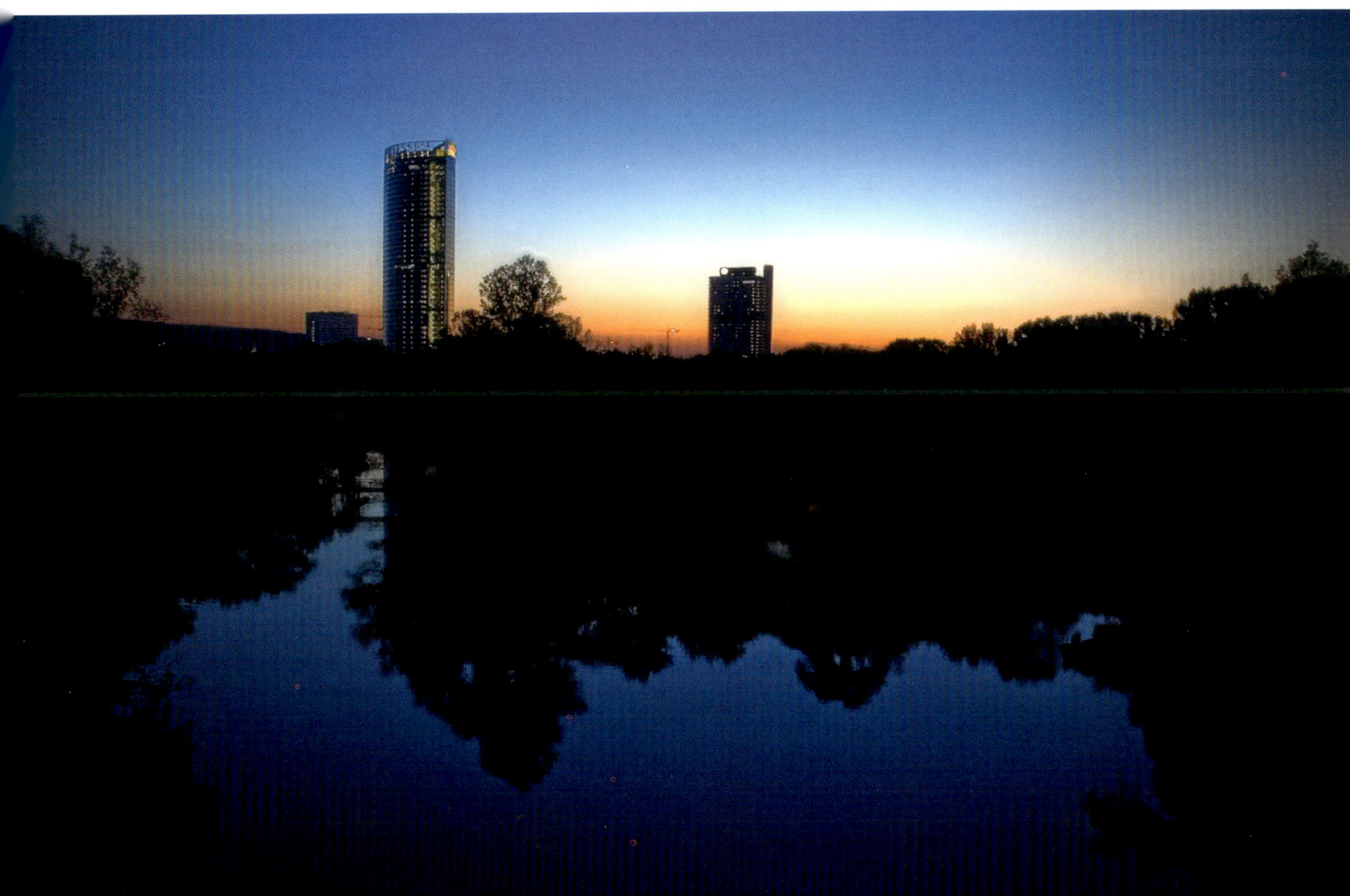

Light-Fotografie kann man sich allerdings durchaus die folgende Frage stellen: Hat nicht doch auch die Kamera viel damit zu tun, besonders wenn man die neuesten Profimodelle sieht, die ISO-Werte von bis zu 102 400 bieten? Ja und nein: Im Extremfall können Sie selbstverständlich auch mit einer Lochkamera Available Light fotografieren. Die Belichtung dauert länger, und die Bilder bekommen interessante Wischeffekte, wenn Sie bei wenig Licht fotografieren. Die Ergebnisse werden zwar nicht unbedingt schlechter sein, aber vielleicht anders, als Sie es sich vorstellen. Je besser Sie die Grenzen Ihrer Kamera verstehen, desto besser werden die Bilder, die Sie mit ihr erzeugen. Die Belichtung eines Fotos hängt im Wesentlichen von drei Parametern ab: der Belichtungszeit, der Blendenöffnung und der Lichtempfindlichkeit des Films beziehungsweise des Sensors.

Auswirkung der Belichtungszeit | Die Belichtungszeit steuert, wie lange der Kameraverschluss geöffnet wird, um den Film oder den Chip zu belichten. Je kürzer die Belichtungszeit ist, desto schnellere Bewegungen können Sie im Bild »einfrieren«. In der Sportfotografie werden typischerweise Belichtungszeiten ab 1/400 Sekunde und kürzer verwendet, um auch sehr schnelle Bewegungen scharf abbilden zu können. Möchten Sie eine Bewegung als Verwischung zeigen, empfehlen sich längere Belichtungszeiten: Zeiten ab 1/6 oder 1/8 Sekunde (je nach Geschwindigkeit der Bewegung auch kürzer) sind normalerweise für Wischeffekte geeignet. Wenn die Belichtungszeit besonders lang ist, so wie das bei der untenstehenden Abbildung der Fall ist, verschwindet das sich bewegende Objekt nahezu vollständig. In der Available-Light-Fotografie ist die Belichtungszeit daher besonders wichtig, weil die beiden anderen Parameter, mit denen Sie die Lichtmenge beeinflussen können, möglicherweise aufgrund der Dunkelheit bereits an ihre jeweiligen Grenzen gelangt sind. Sie können die Blende nicht über einen bestimmten Wert hinaus öffnen und die Lichtempfindlichkeit nicht unendlich steigern. Flexibel ist dann nur noch die Belichtungszeit.

Je länger die Belichtungszeit ist, desto eher droht das Bild zu verwackeln. Eine Daumenregel für die Freihand-

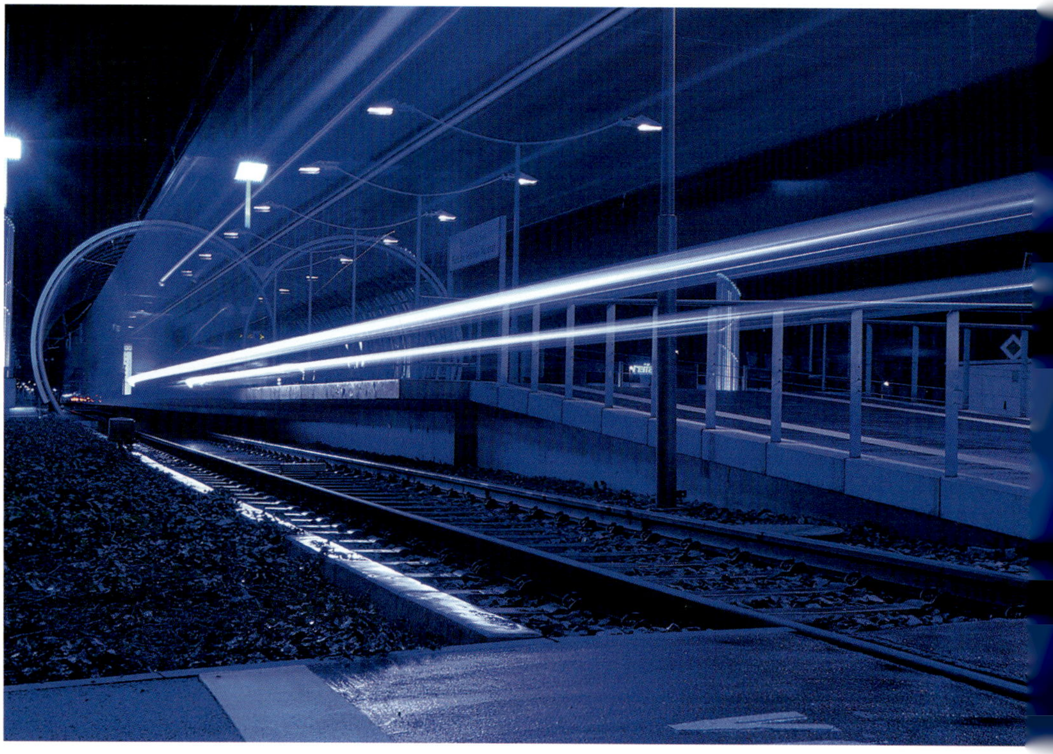

Abfahrt der Straßenbahn
Für diese Aufnahme hatte ich die Kamera auf das Stativ montiert. Die lange Belichtungszeit von 10 Sekunden lässt die Scheinwerfer der Straßenbahn zu Lichtstrahlen werden, und die Kontur der Bahn verwischt dadurch völlig. Durch den nachträglichen Weißabgleich auf einen sehr kühlen Lichtwert habe ich diese blaue Lichtstimmung des Bildes erzeugt.

Canon EOS 10D (Cropfaktor 1,6) | 35 mm | 10 sek | f22 | RAW | manueller Weißabgleich (in Lightroom auf 2 000 K)

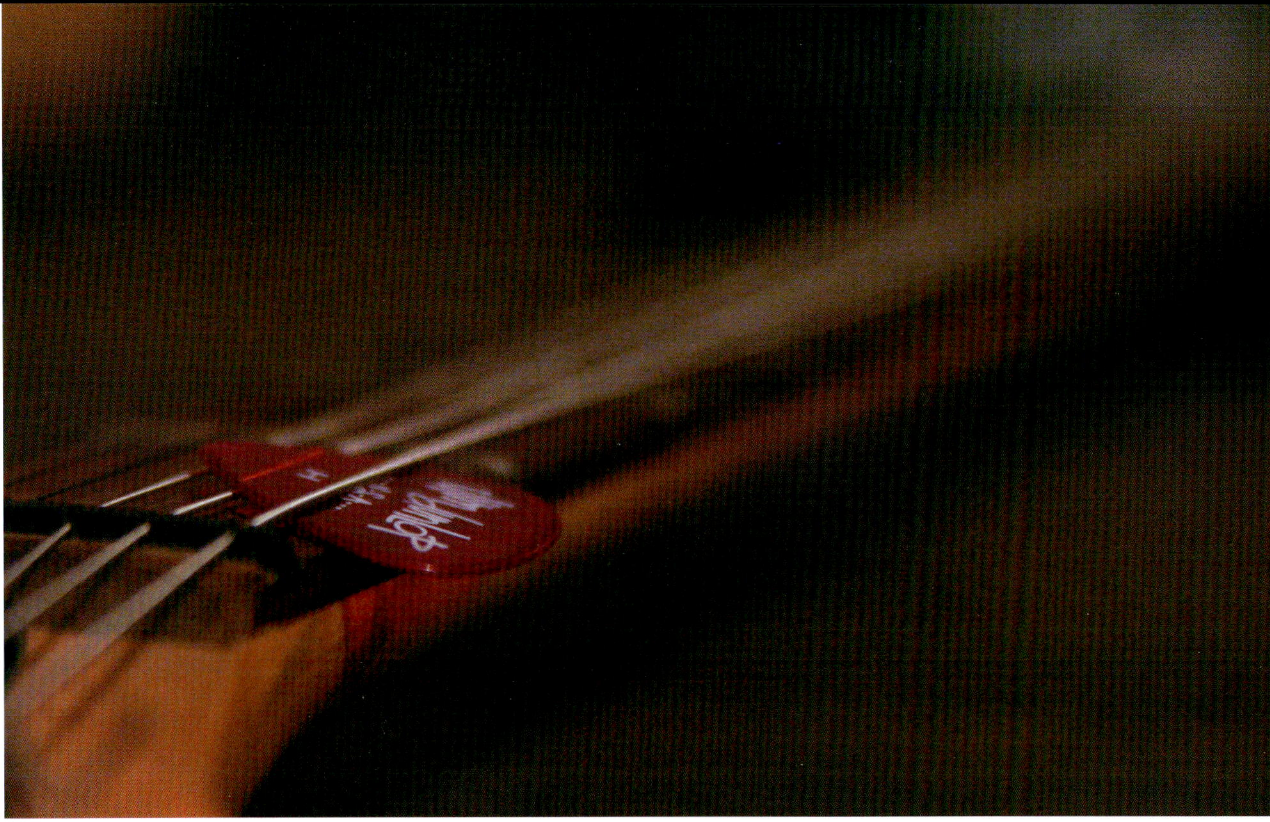

Music was my first Love.
Durch die knappe Schärfentiefe entsteht ein verklärender, emotionaler Eindruck vom Motiv. Die Saiten verlaufen in der Unschärfe, lediglich das Plättchen ist gut erkennbar, weil ich auf diesen Bereich scharf gestellt habe. Die nach rechts aufsteigende Diagonale des Gitarrenhalses und die Position des Plättchens im unteren Drittel des Bildes sorgen für einen harmonischen Bildaufbau. Die extrem knappe Schärfentiefe wurde durch die offene Blende (2,8) erreicht. Im Raum war es bereits sehr dunkel, daher hatte ich den ISO-Wert auf aus meiner Sicht noch tolerierbare ISO 800 eingestellt. Da ich ohne Stativ fotografierte, konnte ich nicht länger als 1/30 Sekunde belichten. Das Rauschen durch den hohen ISO-Wert unterstützt in diesem Fall jedoch sogar die Bildwirkung.

Canon EOS 10D (Cropfaktor 1,6) | 63 mm | 1/30 sek | f2,8 | ISO 800 | Weißabgleich und Belichtungskorrektur in Lightroom

fotografie besagt, dass Sie den Kehrwert der Brennweite als maximale Verschlusszeit verwenden sollten, um Verwacklungen zu vermeiden. Bei 200 mm sollten Sie also nicht länger als 1/200 Sekunde belichten. Wenn Sie eine ruhige Hand haben, können Sie natürlich auch noch mit längeren Werten aus der Hand fotografieren. Und wenn Ihr Objektiv einen Bildstabilisator hat, ist es sogar möglich, noch etwa dreimal so lange freihändig zu fotografieren – bei dem eben genannten Beispiel wären dann noch 1/60 Sekunde verwacklungsfrei möglich. Auf der sicheren Seite sind Sie natürlich immer mit einem Stativ.

Auswirkung der Blendeneinstellung | Die Blende ist die verstellbare Öffnung am Objektiv. Durch sie können die Lichtstrahlen begrenzt werden, die durch das Objektiv auf den Sensor einfallen. Je enger die Öffnung ist, desto enger und »weiter« sieht man, das heißt, der scharf abgebildete Bereich eines Bildes (die Schärfentiefe) nimmt zu, je weiter Sie die Blende schließen. Außerdem wird durch die Größe der Öffnung auch die Lichtmenge begrenzt, die innerhalb der vorgegebenen Zeit durchgelassen wird. Von Blendenwert zu Blendenwert wird jeweils die Lichtmenge halbiert oder verdoppelt – je nachdem, ob die Blende geschlossen oder geöffnet wird. Kleine Blendenzahlen (1,8, 2,8, 3,5, 4,0) entsprechen einer weit geöffneten Blende und damit viel Licht und einer geringeren Schärfentiefe. Große Zahlen (8, 11, 22) bedeuten eine geschlossene Blende und somit weniger Licht mit größerer Schärfentiefe.

ISO-Wert | Der dritte Parameter, über den Sie die Belichtung Ihres Bildes steuern, ist der ISO-Wert. Je höher der ISO-Wert, desto lichtempfindlicher ist das Medium. Von Stufe zu Stufe – beispielsweise von 100 auf 200 – verdoppelt sich die Empfindlichkeit. Je lichtempfindlicher der Film beziehungsweise der Chip wird, desto höher ist allerdings auch die Neigung zum sogenannten Bildrauschen. Bei Digitalkameras werden die Störungen mit verstärkt, die sich dann als farbige Punkte im Bild zeigen können.

Herkömmliche ISO-Werte wie 100 oder 200 eignen sich sehr gut für das Fotografieren bei Tageslicht und sorgen bei jeder Digitalkamera für weitgehend rauschfreie Resultate. Für das Fotografieren in Innenräumen eignen sich die ISO-Werte 400 und 800, wobei es bereits Kameras im Handel gibt, die auch ISO-Werte jenseits der 3200 rauschfrei darstellen können. Die Entwicklung in dieser Technologie ist sehr rasant, und je jünger eine Kamera ist, desto höher werden Sie die Lichtempfindlichkeit an ihr einstellen können. Es empfiehlt sich jedoch, zunächst Probeaufnahmen mit dem gewünschten ISO-Wert zu machen, bevor Sie wichtige Ereignisse fotografieren, um Enttäuschungen zu vermeiden. Parallel zur Steigerung der Lichtempfindlichkeit kann auch der allgemeine Schärfeeindruck des Bildes leiden. Das heißt, während ein Bild bei ISO 100 noch knackscharf erscheint, kann es bei ISO 1600 vielleicht schon etwas verschwommen wirken.

Die drei Parameter (Belichtungszeit, Blende und ISO-Wert) lassen sich in Stufen verändern. Jede Stufe vermindert die Lichtmenge um die Hälfte oder erhöht sie um das Doppelte (= eine Blendenstufe). Beispielsweise verdoppeln Sie die Lichtmenge um eine Blendenstufe, wenn Sie die Belichtungszeit von 1/125 auf 1/60 Sekunde setzen, die Blendenöffnung und die ISO-Zahl aber auf dem gleichen Wert belassen. Auf diese Weise können Sie die Lichtmenge konstant halten, aber die Bewegungsschärfe oder -unschärfe, die Schärfentiefe und/oder das Rauschverhalten beeinflussen, indem Sie einzelne Parameter verändern – und so mit Bewusstsein das Bildergebnis steuern.

Lichtstarke Objektive | Je dunkler die Umgebung wird, in der Sie nur mit Available Light fotografieren möchten, desto lichtempfindlicher wünschen Sie sich bestimmt Ihre Arbeitsgeräte: Dazu zählen eine Kamera, die hohe ISO-Werte rauscharm aufzeichnen kann, und ein lichtstarkes Objektiv mit möglichst großen Blendenöffnungen – und das kann teuer werden. Aber auch mit einem knapperen Budget sind schöne Bilder bei wenig Licht möglich. Hier ist die Kreativität des Fotografen stärker gefordert – sei es durch stabilisierende Maßnahmen der Kamera oder das Mitziehen mit dem Motiv. Einen guten

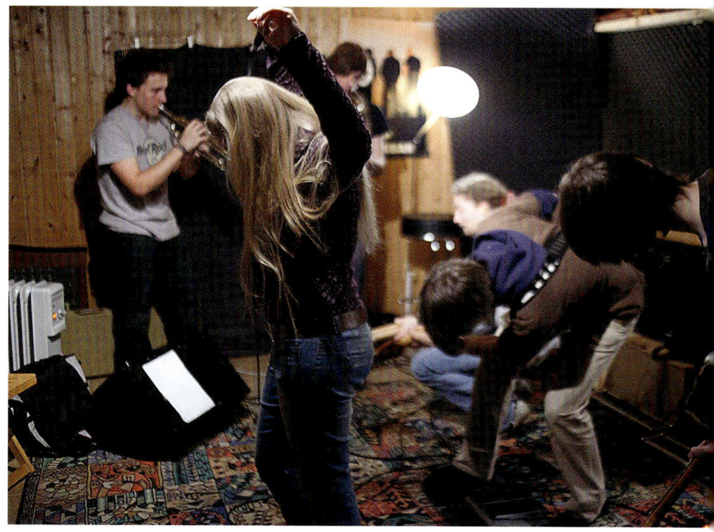

Bandprobe im Keller
In einem dunklen Keller herrscht eine Lichtsituation, die einen Fotografen an die Grenzen bringen kann. Durch die hohe Lichtempfindlichkeit von ISO 3200 und das geringe Rauschverhalten meiner Kamera konnte ich dieses Bild ohne Blitz machen. Wäre ich gezwungen gewesen, mit einem niedrigeren ISO-Wert zu arbeiten, hätte ich mehr Licht im Raum benötigt. In einer derart dunklen Umgebung erfährt man auch die Grenzen seiner Optik: Die Blende war maximal geöffnet, dadurch sind die Bereiche, die nicht im Fokus liegen, leicht unscharf. Das Verharren der Musiker in diesem Moment sorgte dafür, dass im Bild keine bewegungsbedingten Wischeffekte zu sehen sind.

Canon EOS 5D Mark II (Vollformat) | 35 mm | 1/50 sek | f2,0 | ISO 3200 | RAW | manueller Weißabgleich

Einstieg bietet ein Standardobjektiv 50 mm, das üblicherweise einen Offenblendenwert von 1,8 hat. Diese Objektive sind zudem relativ günstig zu erstehen, haben eine sehr gute Abbildungsqualität und eignen sich hervorragend für Available-Light-Fotografie, besonders für Anfänger. Gute Werte bei Zoomobjektiven sind Offenblendenwerte von 2,8. Zoomobjektive sind jedoch ungleich komplexer als Festbrennweiten, besonders wenn der Offenblendenwert über den gesamten Brennweitenbereich konstant gehalten ist – entsprechend höher ist dann ihr Preis. Die meisten handelsüblichen Digitalkameras sind in der Lage, mit Hilfe von höheren ISO-Werten in lichtschwachen Umgebungen gute Ergebnisse zu erzielen.

Farbtemperatur und Weißabgleich | Es ist Ihnen bestimmt schon aufgefallen – im Winter ist das Licht eher etwas bläulich, und im Sommersonnenschein ist alles mehr in warme Farbtöne getaucht. Die Farbe des Lichts wird auch Farbtemperatur genannt und in Kelvin gemessen. Je nach Farbtemperatur kann, was eigentlich Weiß ist, bläulich bis hin zu gelb-rötlich dargestellt werden. Um eine farbneutrale Darstellung zu erreichen, sind Digitalkameras in der Lage, einen automatischen Weißabgleich durchzuführen. Hierbei wird die hellste Stelle im Bild als Weiß identifiziert und die Farbtemperatur entsprechend eingestellt. Manchmal ist aber die hellste Stelle nicht wirklich weiß, und so ergeben sich dann Farbstiche im Bild. Um den automatischen Weißabgleich bei Fehlern zu korrigieren, können Sie bei vielen Digitalkameras auch einen manuellen Weißabgleich durchführen.

Wenn die Kamera einen manuellen Weißabgleich zulässt, können Sie sich beispielsweise mit einem ungebleichten Taschentuch behelfen. Legen Sie dafür das Taschentuch geöffnet vor das Objektiv, schalten Sie den Autofokus ab, und halten Sie die Kamera so, dass ein mittelheller Bereich anvisiert wird. Machen Sie dann ein Bild. Über das Kameramenü können Sie dieses Bild als Basis für den Weißabgleich auswählen. Stellen Sie dann die Kamera in den Modus Manueller Weissabgleich: Weiß wird jetzt auch von der Kamera als Weiß dargestellt, und die Farben werden neutral aussehen. Sollte Ihnen die Farbstimmung bereits zu neutral sein, bieten

Sammy, der Malteser

Durch das Sonnenlicht und die knappe Schärfentiefe erscheint das weiße Fell dieses Maltesers besonders weich und strahlend. Bei dieser Aufnahme hat der automatische Weißabgleich der Kamera die Farben richtig eingeschätzt, so dass kein manuelles Eingreifen und keine Korrektur notwendig waren. Wichtig bei Porträts – unabhängig davon, ob Mensch oder Tier – ist, den Fokus auf die Augen zu legen. Die Augen sind das Fenster zur Seele, und wenn sie scharf abgebildet sind, ergibt sich dadurch ein »Dialog« zwischen Motiv und Betrachter.

Canon EOS 10D (Cropfaktor 1,6) | 50 mm | 1/30 sek | f1,8 | ISO 100 | RAW | automatischer Weißabgleich

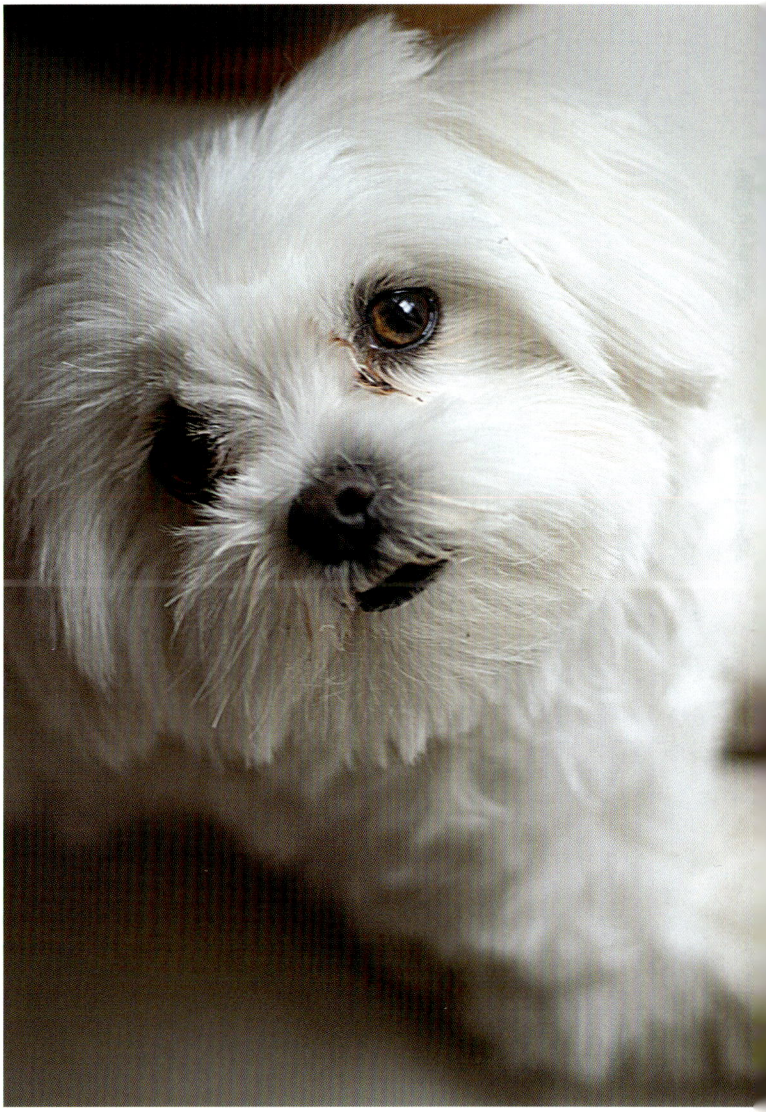

viele Kameras noch die Möglichkeit, einen konkreten Wert für die Farbtemperatur (in Kelvin) einzugeben. Hier empfiehlt es sich, einige Testbilder zu machen, bis Sie die Farbstimmung des Bildes zufriedenstellt. Im Zusammenhang mit dem Weißabgleich zeigt sich auch wieder ein großer Vorteil des RAW-Formats: Da hier das Bild, so wie es auf dem Sensor aufgenommen wurde, vorliegt, haben Sie die Möglichkeit, den Weißabgleich im Nachhinein verlustfrei zu korrigieren.

Hilfsmittel | Available-Light-Fotografie kommt mit sehr wenigen Hilfsmitteln aus, im Grunde ist außer der Kamera nichts weiter erforderlich. Es gibt allerdings Situationen, die etwas Hilfe erforderlich machen. »Erlaubt« ist dabei alles, was die Kamera stabilisiert. Je dunkler die Umgebung wird, desto länger werden die Belichtungszeiten. Irgendwann kommt der Zeitpunkt, an dem Sie Ihre Kamera zwar noch halten können, Sie aber kein verwacklungsfreies Bild mehr erzielen. Spätestens dann schlägt die Stunde der stabilisierenden Hilfsmittel wie Stativ, Bohnensack oder anderer Gegenstände, auf denen Sie die Kamera abstellen können. Hierbei können Sie Ihrer Kreativität auch freien Lauf lassen: Zum Beispiel können Sie die Kamera auf einem Bücherstapel oder bei Außenaufnahmen auf einer Mauer platzieren und auf diese Weise längere Belichtungszeiten ermöglichen.

Über die folgenden Hilfsmittel könnte man streiten: Diffusor, Aufheller und Reflektoren. Puristen würden wohl sagen, dass bereits jede »Umleitung« des Lichts das Thema Available Light verlässt. Wenn Sie diese Grenze allerdings nicht so streng ziehen, sind Diffusor, Reflektoren und Aufheller eine sinnvolle Unterstützung in bestimmten Lichtsituationen.

- *Diffusor*: Das Licht ist sehr stark und kontrastreich. Um das Licht etwas zu dämpfen, fügen Sie zwischen Motiv und Lichtquelle eine lichtdurchlässige Schicht ein, um die Kontraste weniger stark erscheinen zu lassen. Als Diffusor können je nach Größe des zu fotografierenden Motivs auch infrage kommen: Gardinen oder andere lichtdurchlässige Stoffe, sogar Butterbrotpapier kann gute Dienste leisten. Übrigens sind Wolken des Fotografen natürlicher Freund. Ein leicht bedeckter Himmel wirkt wie ein großer Diffusor und ermöglicht oft ansprechendere Bilder als harte und direkte Sonneneinstrahlung.
- *Aufheller*: Eine helle, matte Fläche streut und reflektiert das Licht gleichzeitig. Sie können beispielsweise ein Blatt Papier oder eine Styroporplatte verwenden, um bei einem Porträt die im Schatten liegende Gesichtshälfte bei von der Seite einfallendem Licht etwas aufzuhellen.
- *Reflektor*: Um den Lichtverlust durch die Reflexion möglichst gering zu halten, verwenden Sie am besten einen Reflektor mit silber- oder goldfarbener Fläche. Silberfarbene Reflektoren erzeugen ein eher »kühles«, leicht blaustichiges Licht, goldfarbene Reflektoren erzeugen »wärmeres« Licht in Orangetönen.

Mit dem Licht gestalten

Was die Ansprüche an die Gestaltung und den Bildaufbau angeht, unterscheidet sich die Available-Light-Fotografie zunächst einmal nicht von jedem anderen

»Der Leser« oder »Diskussionen zur Nacht«?
Die Beine der abgebildeten Person sind übereinandergeschlagen, das Licht des Raums erhellt den Fußboden, und Schatten ziehen nach links. Das Bild könnte »Der Leser« heißen, und schon hat der Betrachter eine Vorstellung davon, was außerhalb des Bildes passiert. Oder es könnte »Diskussionen zur Nacht« heißen, und ein ganz anderer Film spielt sich im Kopf ab. Das Bild wird durch die Linienführung bestimmt: die Stuhlbeine, die Schatten und die Beine der abgebildeten Person. Ohne die Schatten würde es sich hierbei um ein ziemlich langweiliges Bild handeln. Die Diagonalen der Schatten brechen jedoch die Oben-unten-Struktur des Bildes auf und verleihen ihm Dynamik. Leider spiegelte sich die Lichtquelle auf der Glasplatte des Tisches, was bei der gegebenen Beleuchtung zu einem Abriss der Weißwerte führte. An der Farbvariante des Bildes werden einige Probleme der Available-Light-Fotografie deutlich: Der Weißabgleich war hier automatisch eingestellt, was zu einem gelb-rötlichen Farbstich des Bildes führte. Aufgrund des starken Farbstichs lag eine Schwarzweißkonvertierung auf der Hand: Die Kontraste werden so deutlicher, und der Farbstich stört nicht mehr den Gesamteindruck des Bildes. Auch das starke Rauschen des Farbbildes wird bei der Schwarzweißvariante eher als angenehm empfunden.

Canon EOS 10D (Cropfaktor 1,6) | 50 mm | 1/60 sek | f1,8 | ISO 800 | Schwarzweißkonvertierung in Lightroom

Genre der Fotografie. Drittelregel, Goldener Schnitt und andere Gestaltungsregeln haben auch hier ihre Berechtigung und können angewendet werden. Zusätzlich haben Sie die Möglichkeit, das Licht einen wesentlichen Anteil am Bildaufbau nehmen zu lassen: Das können zum Beispiel Sonnenstrahlen sein, die durch die Wolkendecke brechen, oder das Licht eines Fernsehers, das das Gesicht des Betrachters erhellt. Hier geht es darum, das Licht zu sehen und fotografisch zu erfassen. Der Kreativität sind dabei keine Grenzen gesetzt: Ob es die geometrische Faszination ist, die ein Tischbein und seinen Schatten zum Bild werden lassen, oder Lichtstreifen, die die Scheinwerfer einer Straßenbahn in einer Langzeitbelichtung in den Raum zeichnen. Das Licht sollten Sie im Idealfall in der Available-Light-Fotografie als Gestaltungselement so in das Bild einbauen, dass die Aufnahme insgesamt interessant und spannungsreich wirkt.

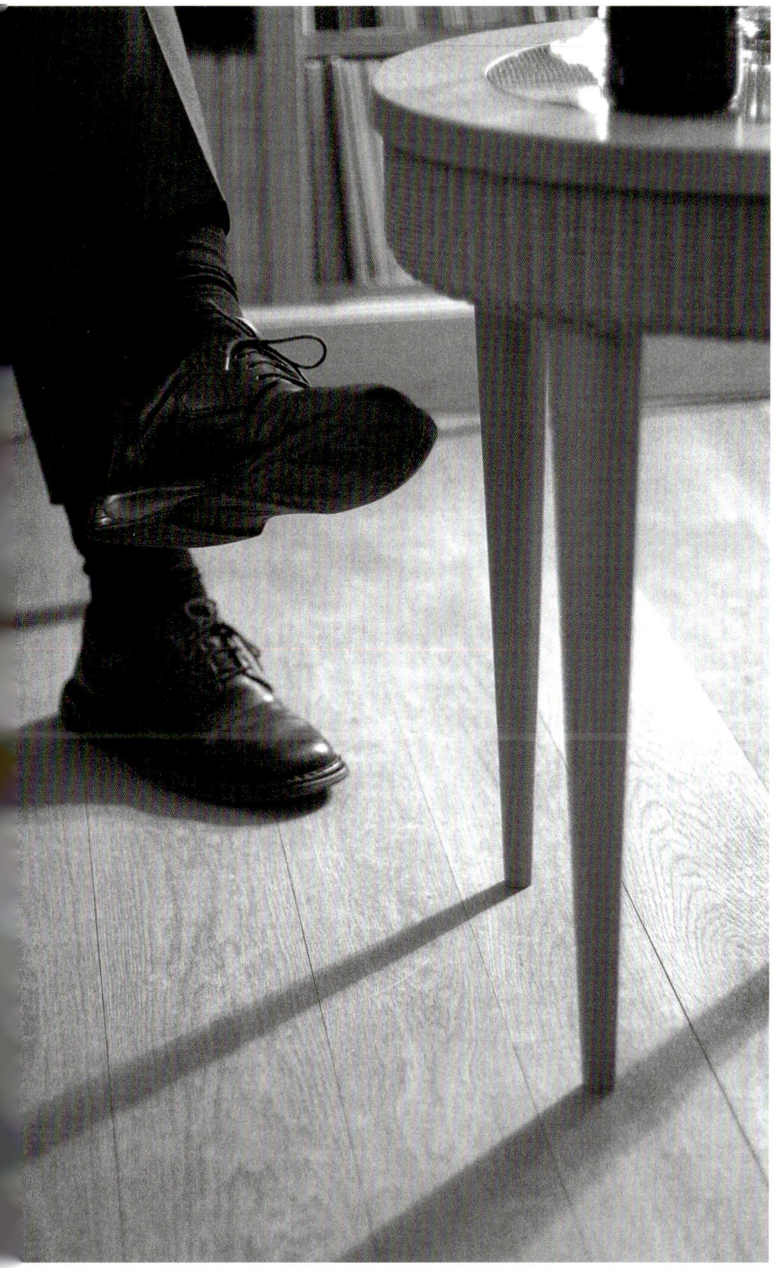

Motive und Aufnahmesituationen

Sollte an Ihrer Kamera der manuelle Modus nicht zur Verfügung stehen, sind die Blendenpriorität (Av oder A) beziehungsweise die Zeitpriorität (Tv oder S) gute Alternativen. Bei der Blendenpriorität stellen Sie die Blende fest ein, und die Kamera

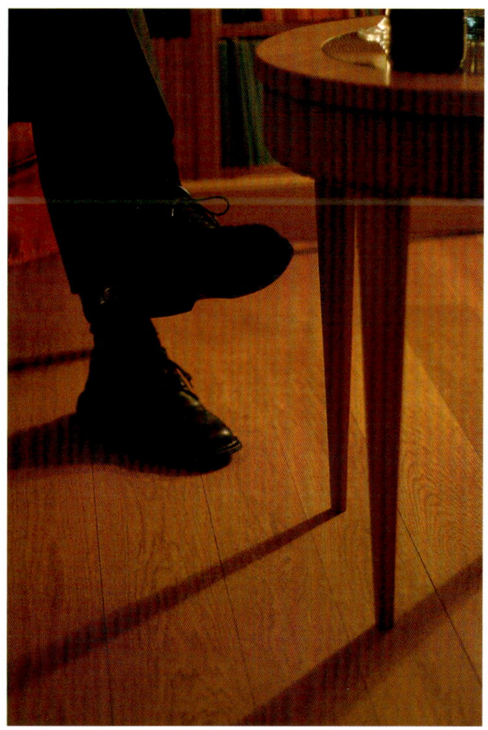

bestimmt die passende Belichtungszeit; bei der Zeitpriorität stellen Sie die Belichtungszeit fest ein, und die Kamera bestimmt die zu verwendende Blende automatisch.

Kontrolle der Belichtung | Viele Kameras bieten die Möglichkeit, nicht nur das Bild nach der Aufnahme zu betrachten, sondern auch das dazugehörige Histogramm mit der Häufigkeitsverteilung der im Bild festgehaltenen Tonwerte. Hierbei werden die dunklen Bereiche links und die hellen Bereiche rechts dargestellt. Sollte das Histogramm nicht über die komplette Breite des Diagramms angezeigt werden, bedeutet das, dass die entsprechenden hellen oder dunklen Werte im Bild nicht vorkommen. Das kann dem gewünschten Effekt entsprechen – wenn Sie zum Beispiel ein sehr dunkles, schemenhaftes Bild erzeugen möchten, dann werden kaum helle Anteile im Histogramm zu sehen sein. Es kann aber auch auf eine Über- oder Unterbelichtung verweisen, die Sie sich bei manchen Kameras auch im Bild als Warnhinweis anzeigen lassen können.

Zusätzlich können Sie noch vor der Aufnahme bei der Belichtungsmessung auf einer Skala (beispielsweise im Sucher) ablesen, ob das Bild mit der eingestellten Zeit-Blenden-Kombination über- oder unterbelichtet werden würde. Dargestellt wird – je nach Kameramodell – die Abweichung von zwei oder mehr Blendenstufen zur hellen oder dunklen Seite. Der Vorteil digitaler Kameras ist vor allem, dass Sie Bilder mit unterschiedlichen Einstellungen machen können und deren Auswirkung direkt überprüfen und dann korrigieren können. Durch die vielen Versuche lernen Sie schnell, wie sich das Licht verhält und wie Sie es am besten einfangen.

Gegenlicht | Wenn Sie gegen das Licht fotografieren, wird die Kamera geblendet, und die Vorderseite des Motivs versinkt in einem tiefen Schwarz. Hier sollten Sie die Empfindlichkeit höher drehen, die Belichtungszeit kürzer stellen und die Blende so weit wie möglich öffnen, um das letzte Quäntchen Licht aus dem Schatten zu ziehen. Der Hintergrund wird hierbei normalerweise völlig überbelichtet, aber wenn Sie es richtig gemacht haben, werden Sie durch ein interessantes Bild

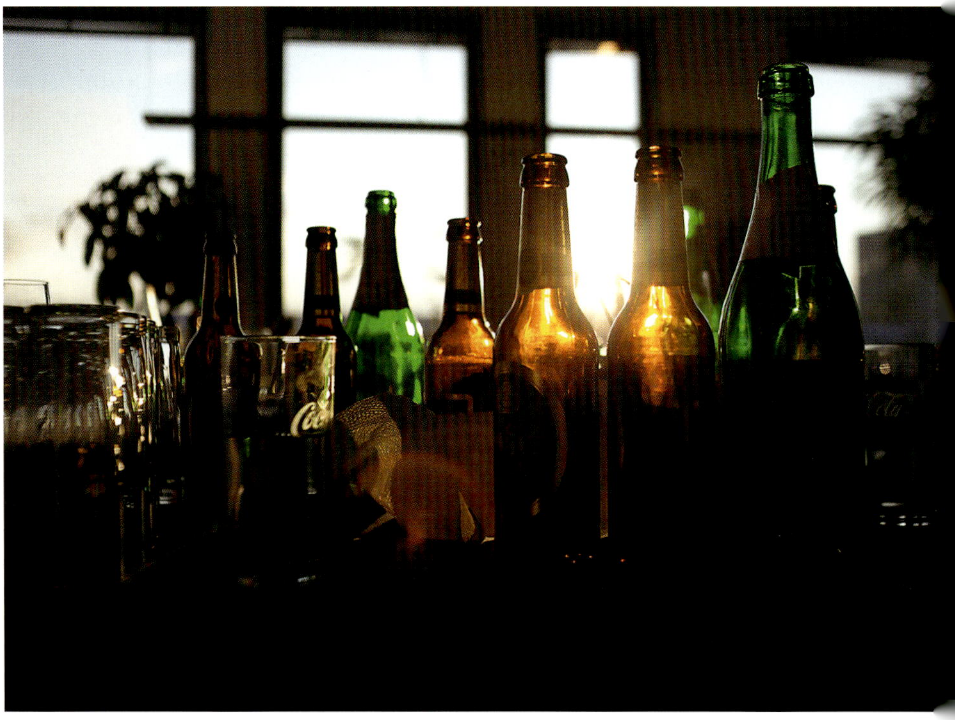

Die Reste einer Party im morgendlichen Gegenlicht
Die Sonne strahlt warm durch die Flaschen und lässt auf diese Weise die Party nochmals kurz aufleben. Dieses Bild ist ein Beispiel dafür, wie man sich durch die Möglichkeiten seiner Kamera auch zu unsinnigen Einstellungen verführen lassen kann. Der ISO-Wert ist hier auf 1250 eingestellt, was normalerweise eine Einstellung für wenig Licht ist. Hier kommt jedoch gerade durch das morgendliche Sonnenlicht besonders viel Gegenlicht an, und diese Lichtsituation kann bei der relativ großen Blende (4,0) nur noch mit einer extrem kurzen Belichtungszeit (1/8000 Sekunde) gerettet werden. Bei einem ISO-Wert von 100 hätte die Belichtungszeit auf etwa 1/400 oder 1/200 Sekunde verlängert werden können.

Canon EOS 5D Mark II (Vollformat) | 35 mm | 1/8000 sek | f4,0 | ISO 1250 | RAW

mit einem schönen Vordergrund des Motivs belohnt. Da in solchen Lichtsituationen die Vollautomatik einer Kamera oft versagt, empfiehlt es sich, dass Sie die nötigen Einstellungen manuell vornehmen. Anschließend sollten Sie das Bild und das Histogramm überprüfen und gegebenenfalls ein weiteres Bild mit veränderten Einstellungen versuchen. Wenn Sie das Bild mit einem halbautomatischen Belichtungsmodus aufnehmen möchten, sollten Sie die Blendenpriorität mit der maximalen Blendenöffnung Ihres Objektivs einstellen.

Innenräume bei künstlichem Licht oder Kerzenschein | Das Licht in Innenräumen ist abends normalerweise für die Augen noch gut genug, aber für die Einstellungen an der Kamera, die Sie tagsüber verwendet haben, schon viel zu dunkel. Betrachten Sie diese Bilder, sind sie oft unterbelichtet, gelbstichig und verwackelt. Die Unterbelichtung können Sie durch längere Belichtungszeiten, höhere ISO-Einstellungen und das Fotografieren mit offener Blende vermeiden. Allerdings sollte Ihnen bei den ISO-Werten bewusst sein, dass stark erhöhte Zahlen zu vermehrtem Rauschen führen, das unter Umständen im Bild störend wirkt, besonders bei Farbbildern.

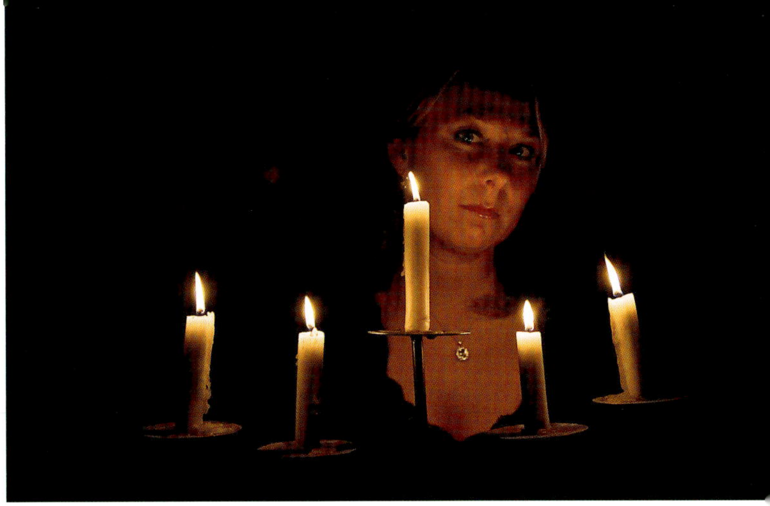

Kerzenschein
Dieses stimmungsvolle Porträt wurde allein durch die Kerzen beleuchtet. Die Herausforderung bestand darin, die Flammen auf der einen Seite nicht allzu weiß werden zu lassen und auf der anderen Seite das Gesicht noch so weit zu erhellen, damit es noch zu erkennen ist. Die Blende war hier selbstverständlich völlig geöffnet und der ISO-Wert auf 100 eingestellt, um minimales Rauschen zu erreichen. Die Belichtungszeit war mit 1/30 Sekunde gerade lang genug, wobei ich nachträglich in Aperture die Schatten noch ein wenig aufgehellt habe, um etwas mehr Licht in das Gesicht zu bekommen.

Canon EOS 10D | 28 mm | 1/30 sek | f2,8 | ISO 100 | automatischer Weißabgleich

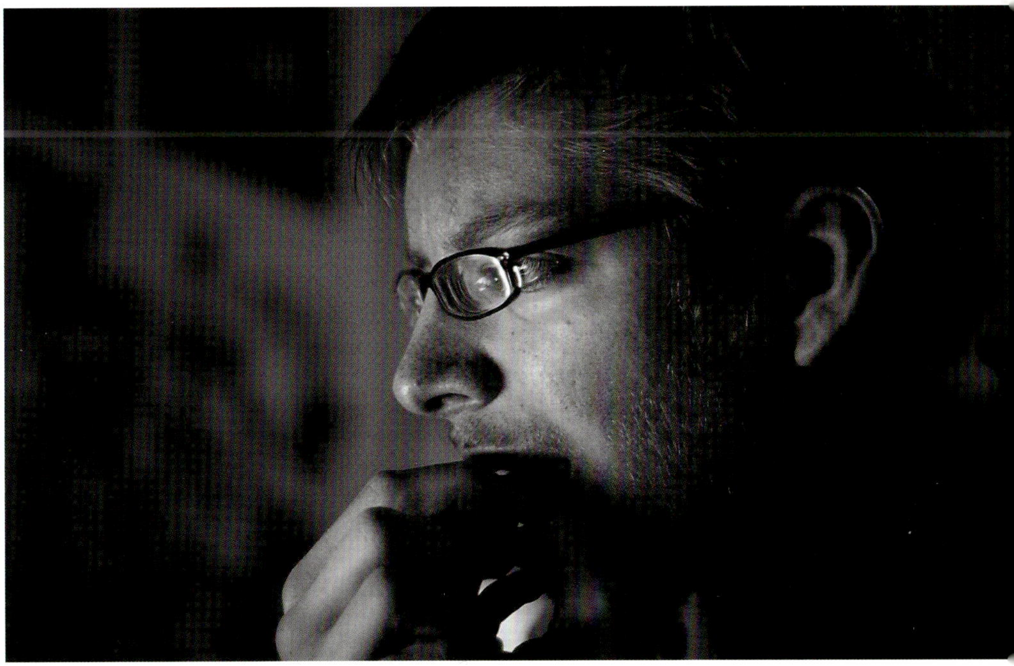

Völlig gefangen
Das Gesicht wird allein durch den Schein des Fernsehers beleuchtet, was auch in diesem Fall ein besonderes Porträt ermöglicht, das im Studio so nicht zu erzielen gewesen wäre. Hier zeigt sich auch die Stärke des 50-mm-Objektivs, scharfe Bilder bei offener Blende machen zu können. Die Belichtungszeit ist auf 1/90 Sekunde eingestellt, damit leichte Bewegungen nicht verwischen, die restlichen Parameter sind bereits an ihre maximalen Grenzen gelangt.

Canon EOS 10D (Cropfaktor 1,6) | 50 mm | 1/90 sek | f1,8 | ISO 800 | Schwarzweißkonvertierung in Lightroom

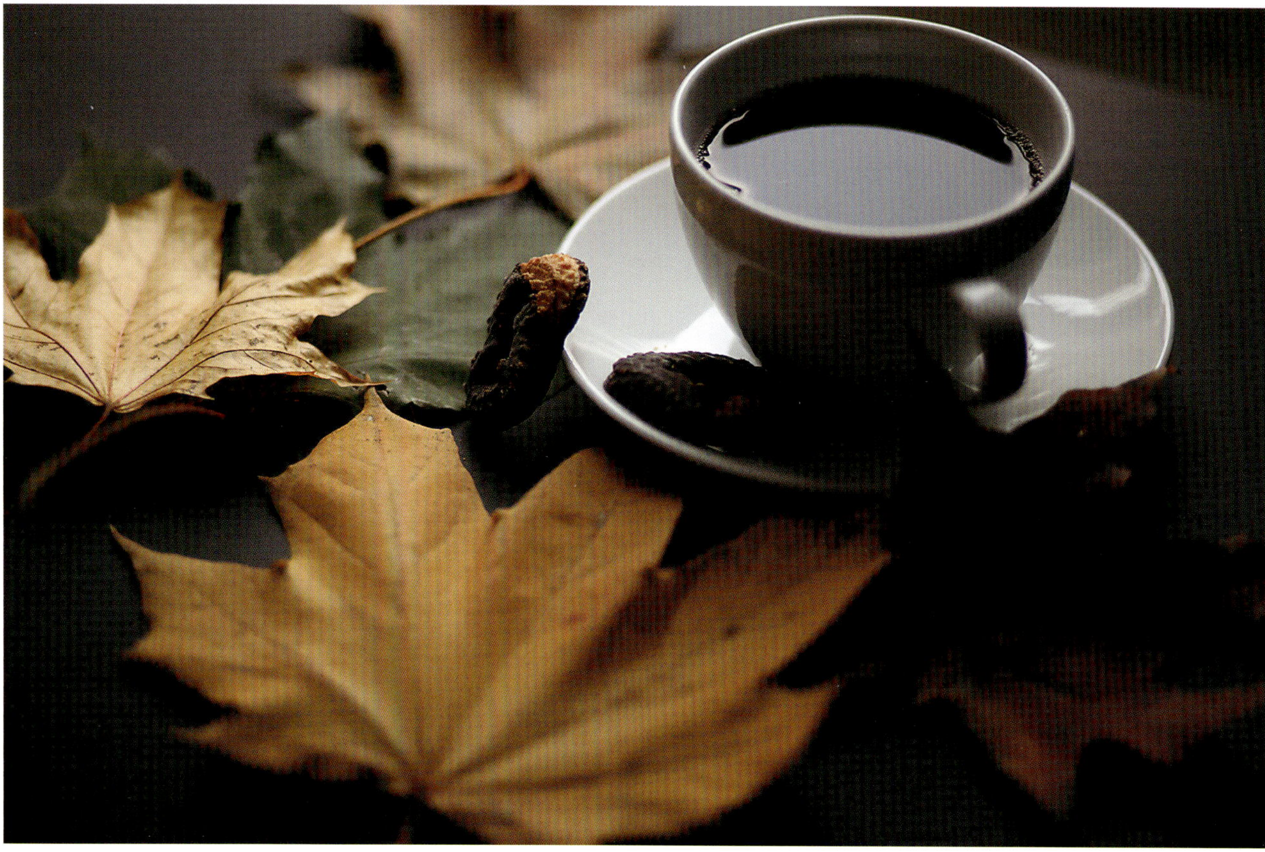

Herbstlicher Tee
Als Betrachter spürt man förmlich die Wärme des Tees und des Raums an einem herbstlichen Nachmittag. Die bunten Blätter sind von den Bäumen geweht, das Holz knackt im Kamin. Die letzten Sonnenstrahlen streichen über dieses Stillleben und lassen Erinnerungen an die schönen Tage des vergangenen Sommers aufkommen. Das Bild habe ich direkt am Fensterbrett aufgenommen, wo die flach einfallenden Sonnenstrahlen eine weiche Beleuchtung ermöglichten. Die knappe Schärfentiefe der Blende 1,8 sorgt für einen fast verträumten Blick auf dieses Arrangement. Als Unterlage diente ein großes Stück Tonpapier, die Blätter hatte ich kurz vorher vor dem Haus gesammelt.

Canon EOS 5D Mark II (Vollformat) | 85 mm | 1/200 sek | f1,8 | ISO 1000 | Weißabgleich auf die Untertasse in Lightroom

Verwacklungen vermeiden Sie am besten, indem Sie die Kamera stabil auf etwas auflegen: Das kann ein Tisch, ein Glas oder ein Bücherstapel sein, irgendetwas, was die Kamera fixiert. Bewegungsunschärfe können Sie auch kreativ nutzen, indem Sie mit dem Motiv mitziehen.

Dämmerung, Blaue Stunde und Sonnenuntergänge | Der Tag neigt sich dem Ende zu, eine schöne Lichtstimmung folgt auf die andere: vom flach einfallenden Licht des späten Nachmittags zum bläulichen Licht des frühen Abends. Die Dämmerung und die Blaue Stunde haben ihren besonderen Reiz. Die Schatten werden sanfter, alles wird ruhiger, und der Himmel strahlt in kräftigen Blautönen. Selbst bekommt man es vielleicht nicht so stark mit, aber abgesehen von den letzten warmen Orange- und Rottönen der Sonne strahlt der Himmel in einem bemerkenswerten Blau und taucht die Welt in eine bläuliche Färbung. Die Herausforderung

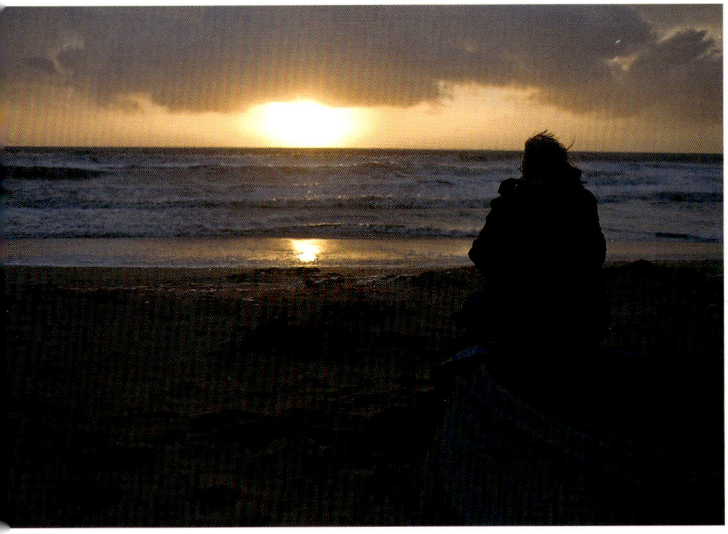

Strandbild

Der Strand im Gegenlicht – hier kann man sehen, dass die Blende für eine reine Silhouettenaufnahme noch nicht weit genug geschlossen war. Die Frau, die sich den Sonnenuntergang ansieht, ist nicht völlig schwarz, man kann noch die Farbe ihrer Jacke erkennen. Leider war es an diesem Tag zu stürmisch am Strand, um weitere Blendenöffnungen auszuprobieren. Kurze Zeit nach diesem Bild mussten wir die Location verlassen, um die Kamera vor Salz und Sand zu schützen und uns vor dem Wind.

Canon 5D Mark II (Vollformat) | 35 mm | 1/250 sek | f3,2 | ISO 50 | RAW

besteht darin, das wenige Licht einzufangen. Längere Belichtungszeiten, offene Blenden und gegebenenfalls höhere ISO-Werte helfen dabei, stimmungsvolle Bilder zu »zeichnen«. Mussten Sie während des Tages noch die Blende schließen, haben Sie in der Dämmerung die Möglichkeit, die Wirkung knapper Schärfentiefe durch die offene Blende zur Geltung kommen zu lassen. Das ist auch die Zeit, in der die Bildwirkung von Silhouetten genutzt werden kann: Hierbei wird das Motiv nahezu schwarz abgebildet und erscheint im Bild wie ein Scherenschnitt. Das Motiv befindet sich dafür zwischen Lichtquelle (Sonne, Himmel, Lichtreklame) und Fotograf. Sie schließen die Blende und verlängern die Belichtungszeit. Der konkrete Wert ist situationsabhängig, mit Werten ab Blende 8,0 können Sie bereits gute Ergebnisse erzielen.

Nachtfotografie | Nachts existiert kein oder nur sehr wenig natürliches Licht (Mond) – dafür ist der Anteil des künstlichen Lichts viel höher. Die Straßenbeleuchtung,

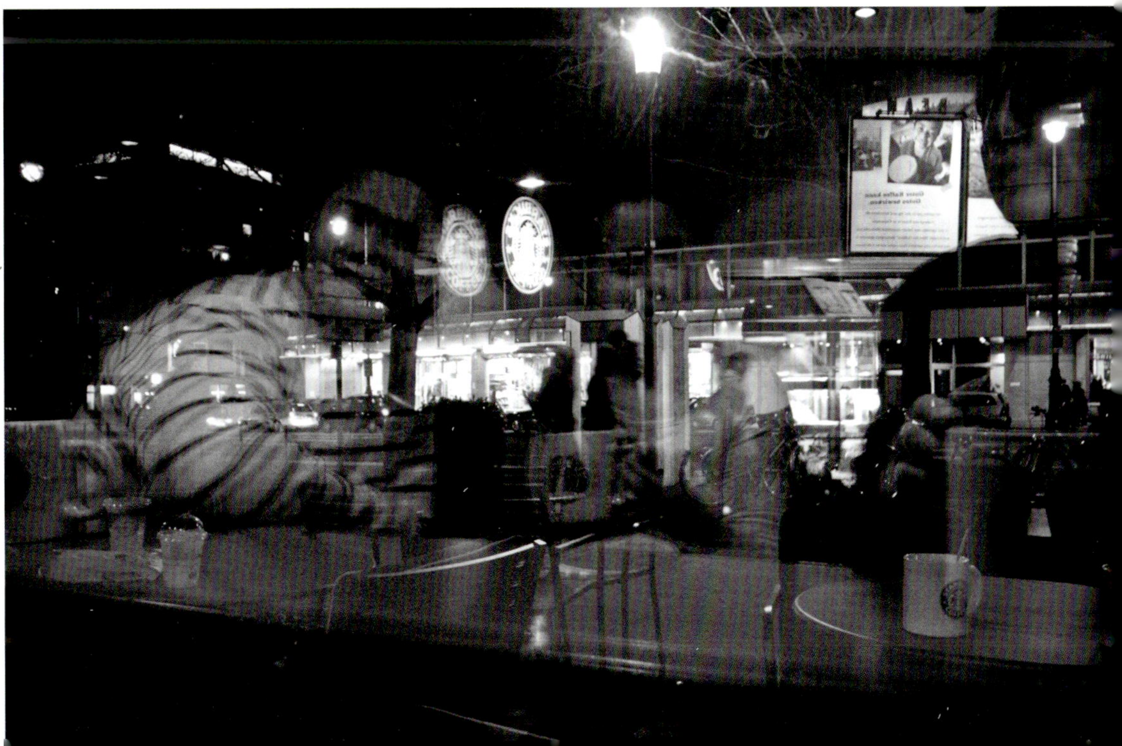

Nächtliche Kaffeestunde

Dieses Bild habe ich von innen durch die Scheibe nach außen fotografiert. Durch die helle Innenbeleuchtung wird die Scheibe zu einem halbdurchlässigen Spiegel. Wie in einer Doppelbelichtung sieht man so zwei Bilder – die Welt außen und die innen.

Ricoh GR Digital | 5,9 mm | 1/11 sek | f2,4 | ISO 800 | automatischer Weißabgleich | S/W-Konvertierung mit Lightroom

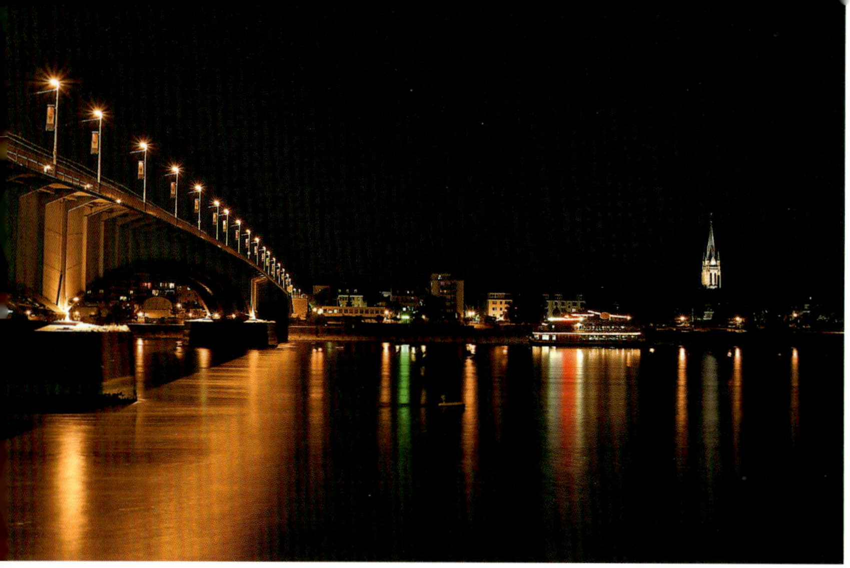

Kennedybrücke bei Nacht, Bonn

Bei diesem Bild wollte ich den Rhein stillstehen lassen, das heißt, das fließende Wasser sollte mit Hilfe der lange Belichtungszeit wie eine sanft schimmernde Fläche erscheinen. Dadurch kommen auch die Spiegelungen der Laternen und der Lichtwerbungen schön zur Geltung.

Canon EOS 10D (Cropfaktor 1,6) | 28 mm | 30 sek | f11 | automatischer Weißabgleich

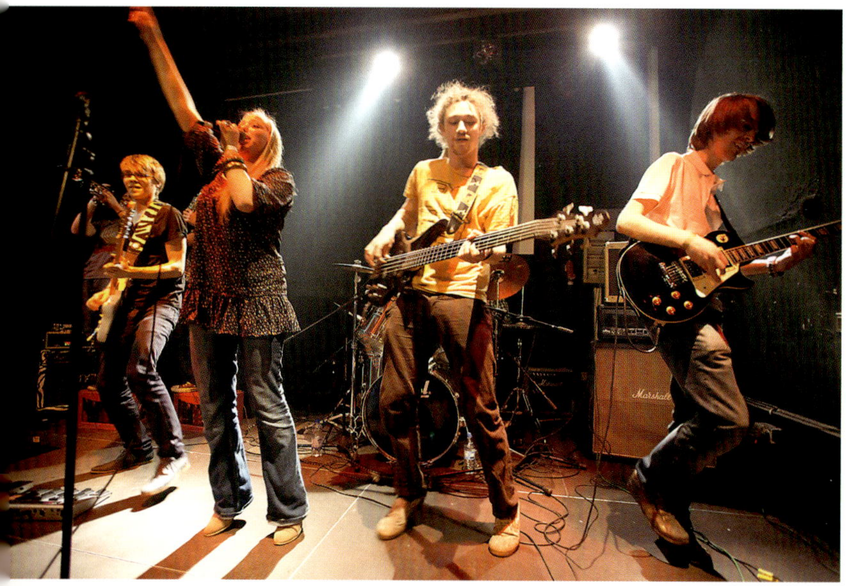

Auftritt auf der Bühne

Bei der Konzertfotografie ist es ein oft hilfreicher Umstand, dass die Bühne mit farbigen Lichtern beleuchtet wird. Sie müssen nur den richtigen Moment abwarten, wenn das Licht eine besonders schöne Farbigkeit hat, und dann schnell reagieren. Auch hier empfiehlt sich ein lichtstarkes Objektiv, am besten eine Festbrennweite mit einer Offenblende von mindestens 2,0.

Canon EOS 5D Mark II (Vollformat) | 17 mm | 1/60 sek | f2,8 | ISO 3200 | RAW | automatischer Weißabgleich

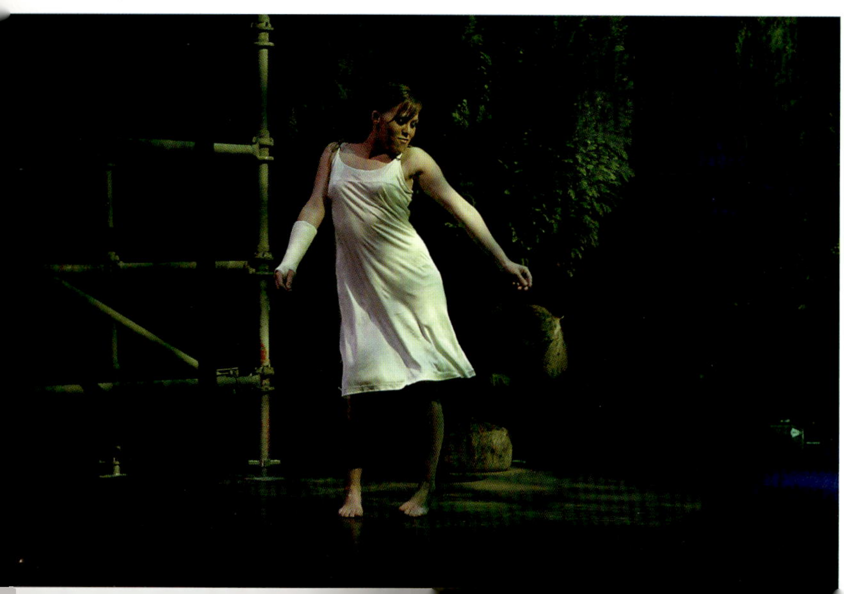

Theateraufführung

Um die vom Regisseur vorgegebene Lichtstimmung nicht zu zerstören, empfiehlt sich der Einsatz von lichtstarken Objektiven und der Available-Light-Fotografie. Diese Lichtstimmung, die einen Wald bei Mondlicht darstellen soll, einzufangen war nicht ganz einfach. Das Lichtmuster auf dem Nachthemd und im Wald sollte ebenso zur Geltung kommen wie die Bewegung der Schauspielerin im Tanz.

Canon EOS 10D (Cropfaktor 1,6) | 50 mm | 1/180 sek | f1,8 | ISO 800 | JPEG | automatischer Weißabgleich

Scheinwerfer von Autos und angestrahlte Gebäude lassen alles wie in einer anderen Welt erscheinen. Es empfiehlt sich sehr dringend, nachts mit Stativ zu fotografieren. Schließen Sie die Blende und belichten Sie im Bereich von einer bis mehreren Sekunden, ergeben sich neue Sichtweisen: Straßenbeleuchtungen werden sternförmig, Autoscheinwerfer ziehen Streifen, Gebäude strahlen. Die Nacht offenbart einen völlig anderen Blick auf die Welt als der Tag.

Konzert- und Bühnenfotografie | In Theatern und bei Konzerten wird während der Vorstellung immer nur das Nötigste beleuchtet: Das ist meist die Bühne, auf der sich das Geschehen abspielt, das gezeigt und entsprechend unterstrichen werden soll. Im Theater macht der Regisseur Vorgaben, was Lichtfarbe und Einstrahlwinkel angeht, um sein Schauspiel noch dramatischer oder auch realistischer wirken zu lassen. Daraus ergeben sich Herausforderungen an den Fotografen. Er kann kein zusätzliches Licht verwenden, da es die Dramatik und das Publikum stört. Hier kommen wieder hohe ISO-Werte und die offene Blende ins Spiel. Denn je nach Dynamik der Schauspieler müssen die Belichtungszeiten kurz gehalten werden, um Verwischungen durch die schnellen Bewegungen weitgehend zu vermeiden.

In der Konzertfotografie haben Sie möglicherweise etwas mehr Spielraum, da gerade bei Rockkonzerten nicht nur der Ton laut ist, sondern auch die Bühnenbeleuchtung das Geschehen unterstützend eher hell wirkt. Allerdings empfiehlt es sich, nach eingesetzten Rauchkanonen auf den Blitz zu verzichten, da der Rauch das Blitzlicht alles in ein starkes Weiß tauchen lässt. Außerdem kann die Bühnenbeleuchtung auch überstrahlt werden, wenn zu viel Licht einfällt.

Nachbearbeitung

Das Bild ist zwar nach dem Auslösen der Kamera im »Kasten«, aber es ist oft noch lange nicht fertig. Haben Sie Ihre Bilder fotografiert, auf den Rechner übertragen und die schönsten Aufnahmen ausgesucht, folgt die Nachbearbeitung. Hier können Sie noch so manches Bild »retten«, können die Farben und die Lichtstimmung des jeweiligen Bildes noch weiter optimieren. In diesem Abschnitt möchte ich Ihnen kurz die grundlegenden Techniken vorstellen, mit denen Sie ein RAW-Bild in Lightroom und/oder Aperture entwickeln. Zu diesen Maßnahmen gehören:

- Belichtungskorrektur
- Nachschärfen
- Bildausschnitt bestimmen

Belichtungskorrektur | Auf den ersten Blick betrachtet, sieht das Bild bereits gut aus. Der zweite Blick auf

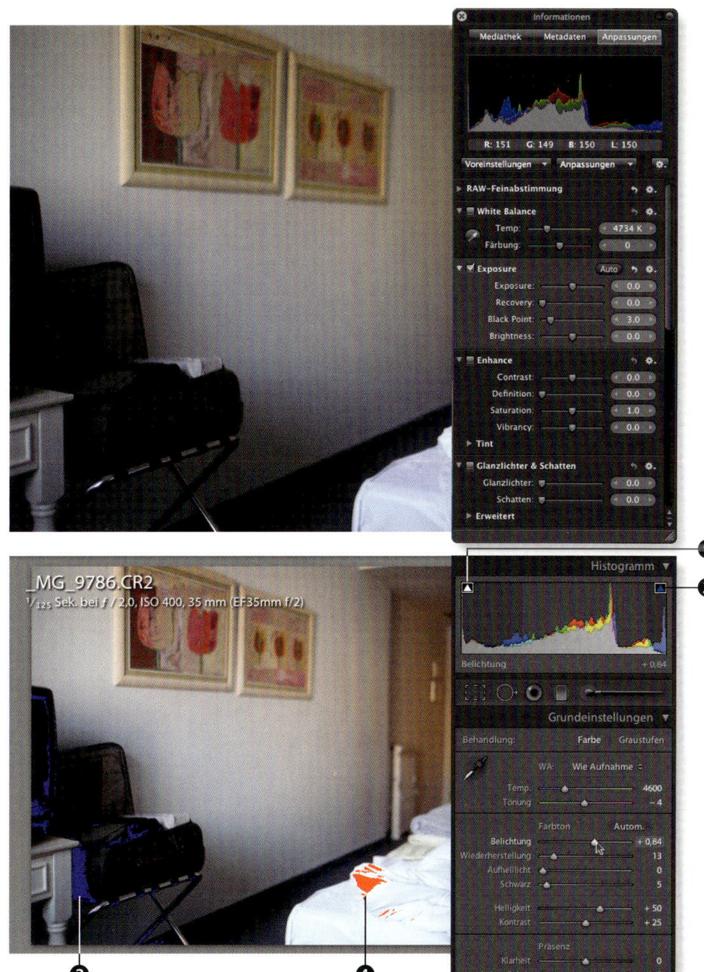

Hotelzimmer beim Abschied – Nachbearbeitung mit Aperture (oben) und Lightroom (unten)

das Histogramm allerdings zeigt, dass nicht das komplette Spektrum ausgenutzt wurde, die Lichter zu hell sind und/oder den Tiefen die Details fehlen. Im RAW-Konverter können Sie mit Hilfe verschiedener Regler die Belichtung des Bildes leicht korrigieren und in manchen Fällen sogar fehlbelichtete Bilder noch »retten«. Diese Regler sind: Belichtung, Wiederherstellung und Schwarz (Lightroom) beziehungsweise Exposure, Recovery und Black Point (Aperture).

In Lightroom bekommen Sie zusätzliche Unterstützung, wenn Sie im Histogramm rechts ❷ und links oben ❶ in der Ecke auf das Dreieck klicken (siehe Seite 191). Dann werden die Stellen hervorgehoben, die aufgrund von Über- beziehungsweise Unterbelichtung keine Zeichnung mehr aufweisen. Blau steht für Unterbelichtung ❸ und Rot für Überbelichtung ❹. In Aperture müssen Sie dazu die [⌘]-Taste drücken und halten, während Sie einen der Regler für Belichtung (Exposure) oder Schwarzpunkt (Black Point) anklicken.

Nachschärfen | Der Schärfeeindruck eines Bildes entsteht durch den Kontrast an den Kanten von Motiven, das heißt an den Übergängen von hell nach dunkel. Besonders wenn ein Bild in der Größe verändert wurde, kann der Schärfeeindruck verloren gehen. Durch gezieltes Nachschärfen gewinnen Sie den Eindruck zurück. In Aperture stehen dafür zwei Funktionen zur Verfügung: Scharfzeichnen und Kanten scharfzeichnen. Unter Scharfzeichnen befinden sich zwei Regler: Mit Intensität stellen Sie den Grad der Kontraststeigerung an den zu schärfenden Stellen ein, mit Radius bestimmen Sie, wie groß der Bereich um den Helldunkelübergang herum sein soll, in dem der Kontrast verstärkt wird. Kanten scharfzeichnen bietet eine noch feinere Einstellung. Intensität bestimmt auch hier den Schärfegrad, Kanten legt fest, wie stark der Helldunkelwechsel sein muss, um als Kante erkannt zu werden, und Nachlassen bestimmt, wie sich der Übergang in den geschärften und ungeschärften Bereichen verhält.

In Lightroom stehen Ihnen unter Schärfen vier Regler zum Nachschärfen zur Verfügung. Ein kleines Fenster bietet eine 1:1-Ansicht eines Ausschnitts aus dem Bild, anhand dessen Sie den Schärfeeindruck überprüfen können. Der Regler Betrag legt fest, wie hoch der Kontrast an den Kanten wird, also wie stark geschärft werden soll. Radius bestimmt die Größe des um die Kanten

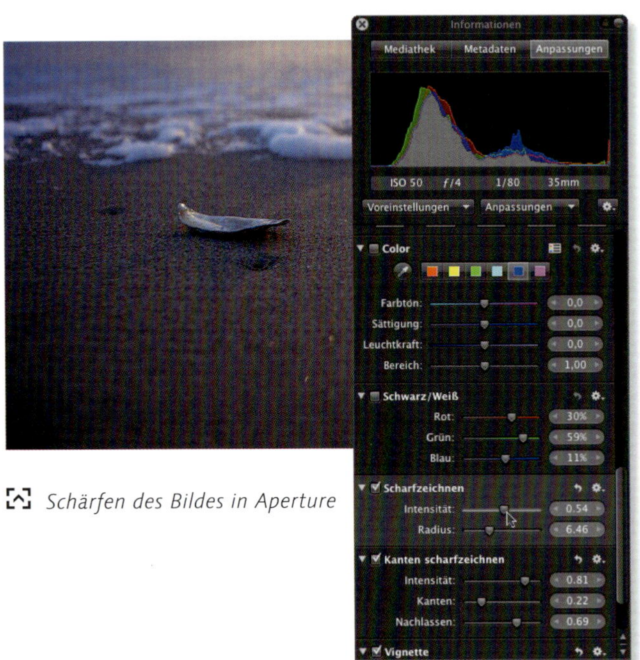

Schärfen des Bildes in Aperture

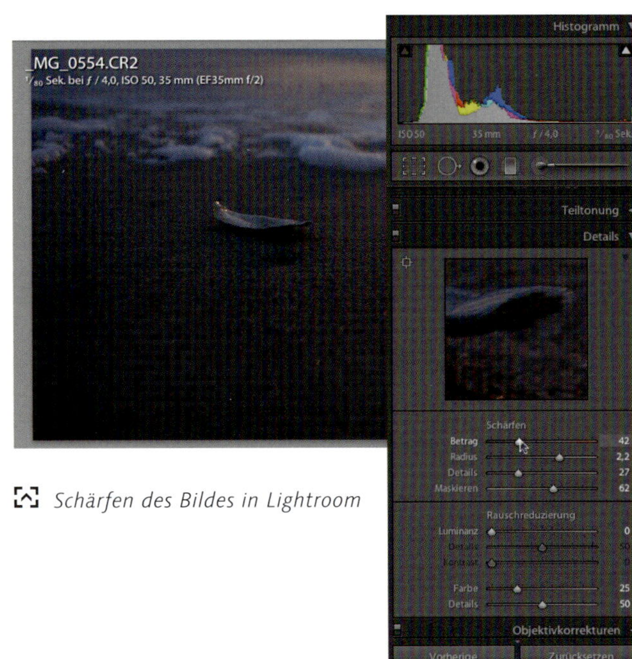

Schärfen des Bildes in Lightroom

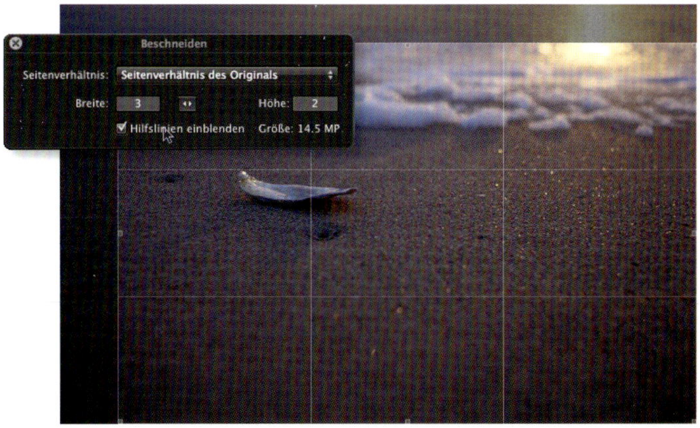

Festlegen des Bildausschnitts in Aperture

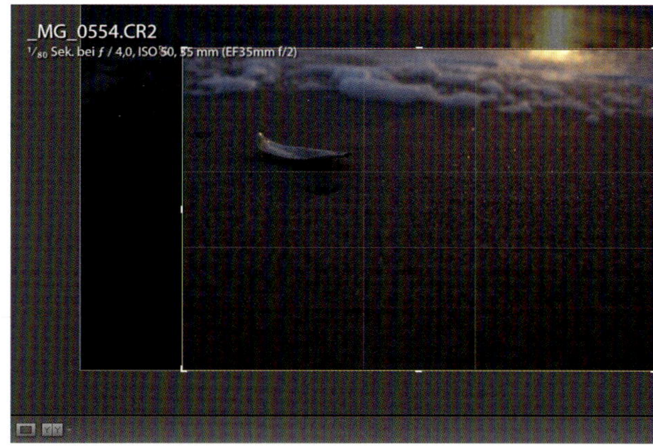

Festlegen des Bildausschnitts in Lightroom

geschärften Raums, Details legt fest, wann eine Kante als Kante erkannt wird, definiert also die zu schärfenden Stellen. Maskieren bestimmt über die Helligkeitswerte der Pixel, was geschärft werden soll und was nicht – gleichmäßige Flächen werden so ausgespart.

Bildausschnitt bestimmen | Im fotografierten Bild »verstecken« sich manchmal weitere Bilder, die Sie durch einen beherzten Beschnitt in einem Bildbearbeitungsprogramm sichtbar machen können. Mit dem Ausschnittwerkzeug können Sie den Ausschnitt neu bestimmen und sich zur Unterstützung sogar ein Raster mit Linien für die Drittelregel (links oben) oder den Goldenen Schnitt (rechts unten) einblenden lassen.

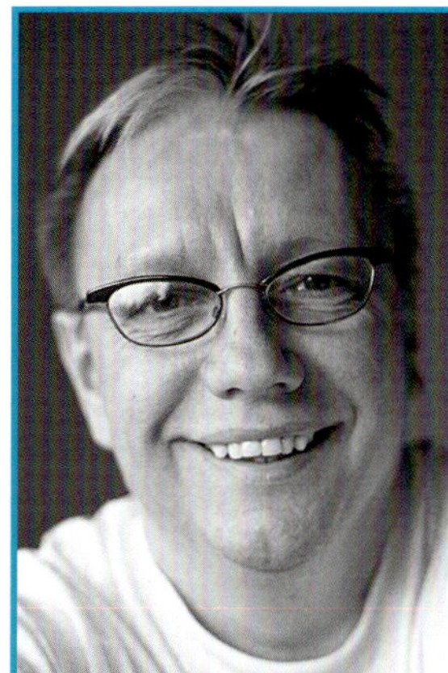

Der Autor

Fotografiert habe ich irgendwie schon immer – anfangs mit einer Agfa Clack oder ähnlichen Schnappschuss-Fotoapparaten. Ende 2001 kaufte ich meine erste Digitalkamera: eine Olympus E 100 RS (Bridgekamera). Plötzlich entwickelte sich aus dem Fotografieren, das aus dem Zufall heraus entstand, das Fotografieren mit Konzept. Der fast zeitgleiche Einstieg in die *fotocommunity* half mir, meinen Lernerfolg auch durch das Feedback der anderen Fotografen und das Betrachten derer Bilder weiter voranzutreiben. »Wie schaffen die das, so tolle Bilder hinzubekommen?«, habe ich mich damals oft gefragt. Gespräche, Literatur und viel Übung verhalfen mir schließlich zu besseren Bildern. Seit 2004 fotografiere ich mit digitalen Spiegelreflexkameras und habe mir für bestimmte Zeiträume stets präzise Ziele und Aufgaben gesetzt: am Anfang Stillleben und kleine Arrangements, später Menschen im Studio, und nun bewege ich mich in Richtung erzählerische Dokumentationsfotografie. Ich lerne jeden Tag dazu und suche gerne den Kontakt zu anderen Fotografen, die sich in den jeweiligen Genres bereits auskennen.

Sportfotografie

Bewegung im Stillstand

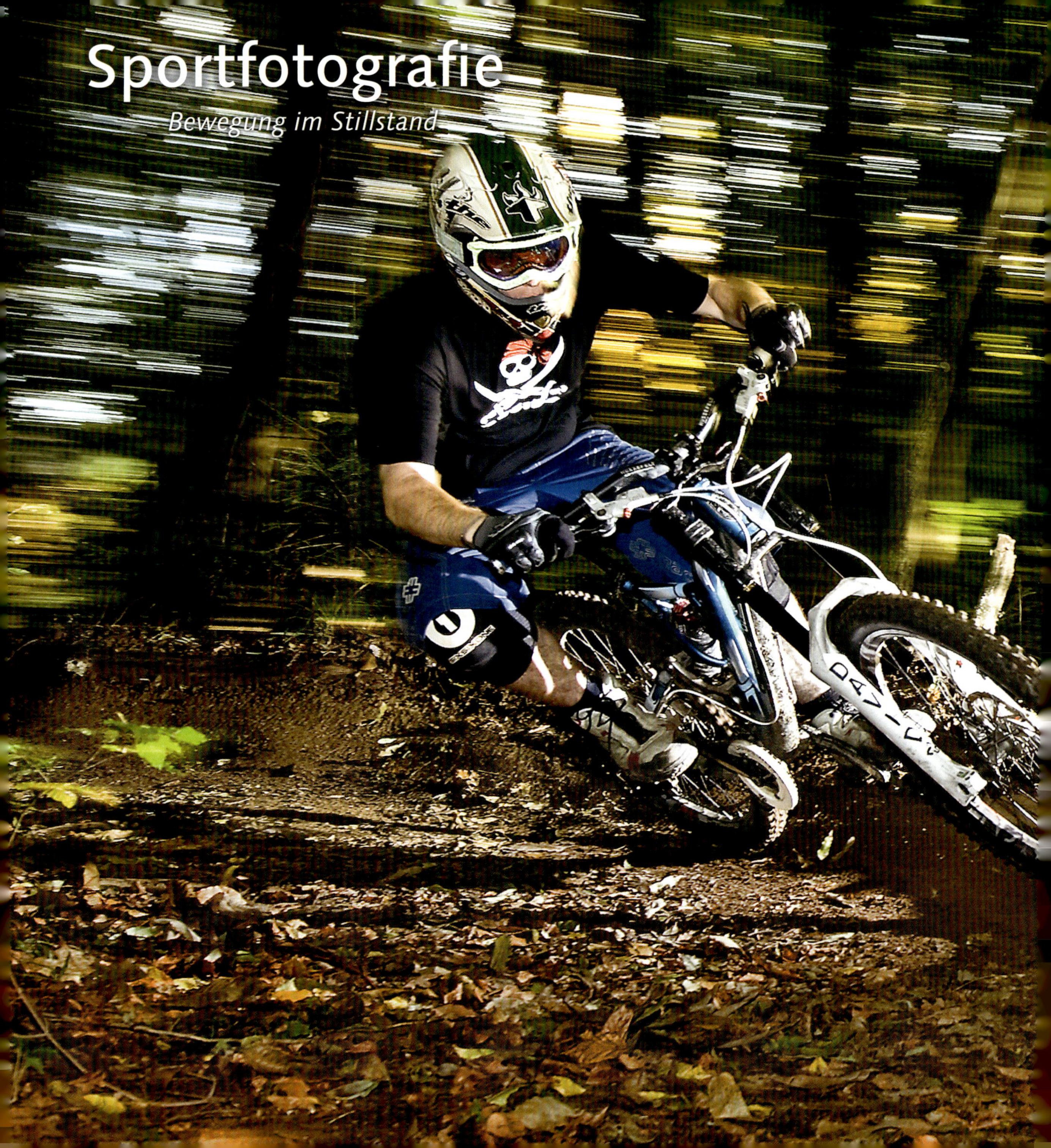

von Christian Behrens

Die Sportfotografie vereint zwei meiner großen Leidenschaften. Dies vorab zu erwähnen, erscheint mir wichtig, da sich Leidenschaft und Begeisterung für das Motiv gerade bei der Sportfotografie aus diversen Gründen in den Bildern niederschlagen und sich auch – im besten Fall – auf den Betrachter übertragen. Was aber sind die Bildinhalte eines packenden Sportfotos, was seine Gestaltungselemente, und wie setzen Sie diese im Foto um? Welche Techniken können Sie nutzen und welche Ausrüstung ist dafür wirklich notwendig? Antworten auf diese Fragen möchte ich Ihnen in diesem Kapitel geben.

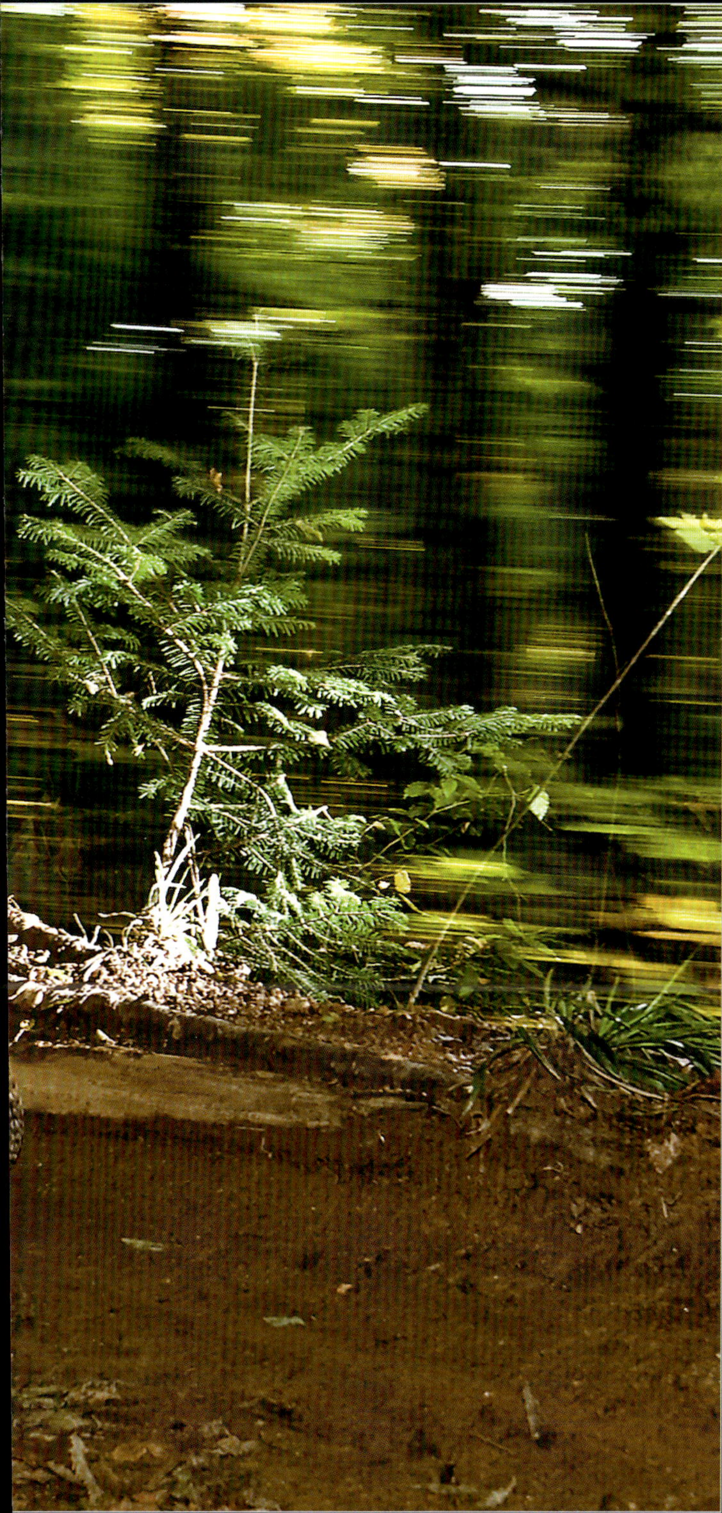

Freerider David im Geschwindigkeitsrausch
Um die Geschwindigkeit im Bild zu zeigen, wählte ich eine lange Verschlusszeit und zog die Kamera in Bewegungsrichtung mit. Für die Schärfe sorgten zwei Blitze. Der Masterblitz befand sich auf der Kamera, der Slaveblitz wurde auf einem Stativ am rechten Bildrand positioniert und sorgte so für die Ausleuchtung der linken Körperhälfte.

Nikon D700 (Vollformat) | 24 mm | 1/50 sek | f5,6 | ISO 560 | zwei Blitze auf den zweiten Verschlussvorhang

Ein Sommertag im Jahr 2009, Leichtathletik-Weltmeisterschaften in Berlin: Acht leicht bekleidete Männer sprinten über eine blaue Bahn, einer löst sich mit raumgreifenden Schritten spielend aus der Reihe, fegt über die Linie, trudelt aus und schießt anschließend mit erhobenem Kopf imaginäre Pfeile gen Himmel.

Sportfotografie im Großen und Kleinen | Der Weltrekordlauf des jamaikanischen Wundersprinters Usain Bolt und die von ihm kultivierten Gesten werden durch brillante Bilder im Internet und in den Printmedien dokumentiert. Das Zusammenspiel von Superstars und einem Heer von Profi-/Agenturfotografen, von dem jeder Einzelne mit mehreren Kameras und diversen Objektiven vom Weitwinkel bis zum Supertele im Schätzwert von 15000 bis 20000 Euro ausgestattet ist, bildet in weiten Teilen die Grundlage der bildmedialen Repräsentation von Sport. Bedenken Sie aber immer: Hier handelt es sich um Profis, die mit diesen Bildern ihren Lebensunterhalt verdienen und die unter einem enormen Konkurrenzdruck stehen, für die also nur das beste Material gut genug sein kann. Da drängt sich schnell die Schlussfolgerung auf, dass Großveranstaltungen mit einer Fülle an Stars und bestes Material vonnöten sind, um zu packenden Fotos zu gelangen. Muss ich jetzt also als Nicht-Profi, der beim Blick in die eigene Fototasche schnell ernüchtert wird, die Sportfotografie an den Nagel hängen? Ich denke nicht, denn Sportfotografie fängt schon vor der Haustür, im Kleinen, an. In meinem Fall begann alles mit einem befreundeten Mountainbiker, der als »Modell« herhalten und einige Höhenmeter auf sich nehmen musste, damit ich zu ersten brauchbaren Ergebnissen kommen konnte. Die Bilder wurden in einem Internetforum veröffentlicht und animierten ein lokales MTB-Downhill-Team, sich bei mir zu melden. Seine Mitglieder wollten, dass ich Bilder für die Gestaltung ihrer Homepage erstelle – eine Situation, von der beide Seiten profitieren. Damit möchte ich sagen, dass die Sportfotografie auch abseits von Großveranstaltungen und vermeintlichem »Topmaterial« eine Fülle an Spaß und Motiven bietet! Was wiederum nicht ausschließt, dass nicht auch ich zuweilen von Olympischen Spielen, einer berühmten Agentur und der besten Ausrüstung träume …

Vorausschauendes Fotografieren | Da es bei der Sportfotografie darauf ankommt, komplexe und nicht selten besonders schnelle und dynamische Bewegungsabläufe sowie verschiedenste emotionale Äußerungen des Sportlers in Sekundenbruchteilen festzuhalten, ist ein Verständnis von der betreffenden Sportart für ein Gelingen der Aufnahmen hilfreich, wenn nicht sogar notwendig. So muss der Fotograf zum einen Bewegungen antizipieren und sich fototechnisch darauf einrichten, zum anderen ein Mitgefühl für den Sportler entwickeln, um ihn authentisch abbilden zu können. Neben den erwähnten sportartspezifischen Kenntnissen setzt die Sportfotografie viel Übung voraus – was einen hohen

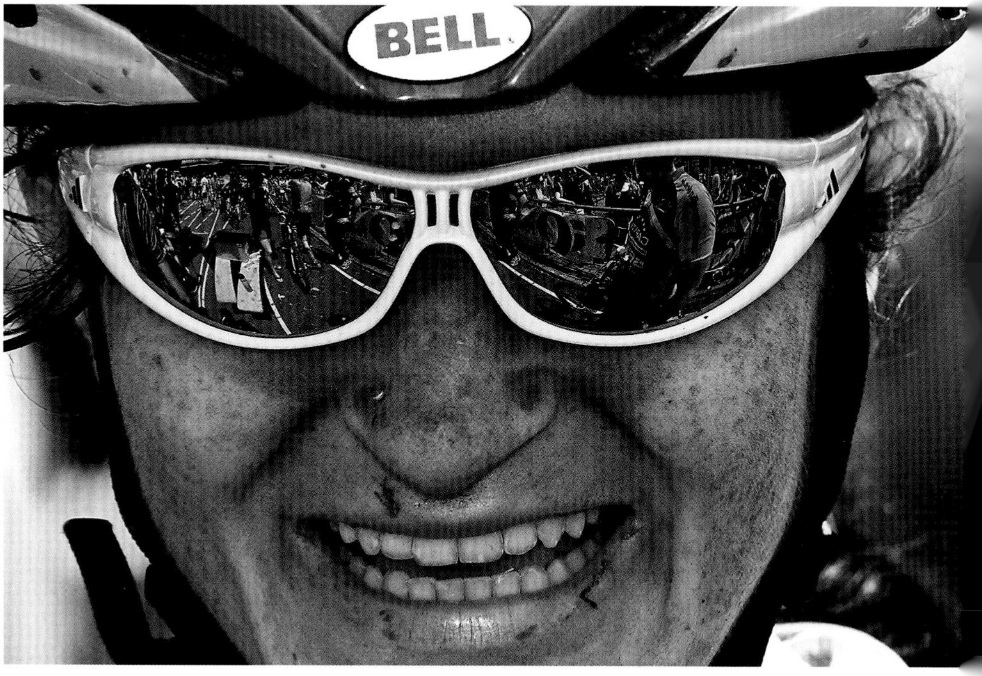

Ausschuss und gelegentliche Frustrationen durchaus mit einschließt –, um schließlich die eingesetzte Technik nahezu »blind« zu beherrschen. Mein Tipp lautet daher: Setzen Sie sich zunächst mit ein oder zwei Sportarten intensiver auseinander, denken Sie sich in die Sportler hinein, üben Sie verschiedene Aufnahmetechniken und verinnerlichen Sie die benötigten Handgriffe beim Fotografieren.

Motive und Bildinhalt

Die Sportfotografie bietet eine Fülle an Motiven. Diese gehen weit über die reine Darstellung von Action hinaus. In diesem Abschnitt möchte ich Ihnen eine Übersicht über mögliche Motive und deren gestalterische Umsetzung verschaffen.

Emotionen | Sowohl der Sport als auch die Sportfotografie lebt von Emotionen. Traurige Berühmtheit in diesem Zusammenhang hat sicher der Kopfstoß des Franzosen Zinedine Zidane gegen seinen italienischen Gegenspieler im Finale der Fußball-Weltmeisterschaft in Deutschland im Jahr 2006 erlangt. Bilder dieses »Gefühlsausbruchs« wurden sogar mit dem World Press Photo Award 2007 im Bereich »Sport, Action, Fotoserien« ausgezeichnet. Gelingt es Ihnen, einen solchen kurzen, aber sehr intensiven Moment in Ihrem Bild festzuhalten, haben Sie meist schon ein gelungenes, aussagekräftiges Bild »im Kasten«. Gerade der Zielbereich einer Sportveranstaltung bietet Ihnen eine Fülle an Gelegenheiten, Emotionen aller Art im Bild festzuhalten. Hier lassen Sportler ihren Gefühlen meist freien Lauf. Erwarten Sie einen solchen Gefühlsausbruch, so verfolgen Sie den Sportler mit der Kamera. Denken Sie daran, dass sich ein solcher Moment oft nur für Sekundenbruchteile abspielt und sich meist nicht wiederholt. Stellen Sie eine möglichst offene Blende ein, also einen kleinen Blendenwert, der Ihnen hilft, den Sportler aus dem Geschehen zu lösen.

Action | Der Darstellung von Dynamik und Geschwindigkeit kommt in der Sportfotografie naturgemäß eine große Bedeutung zu. Jede Sportart hat ihre typischen Actionszenen: Blättern Sie einmal bewusst durch den Sportteil Ihrer Tageszeitung. Es ist eine gute Übung, die

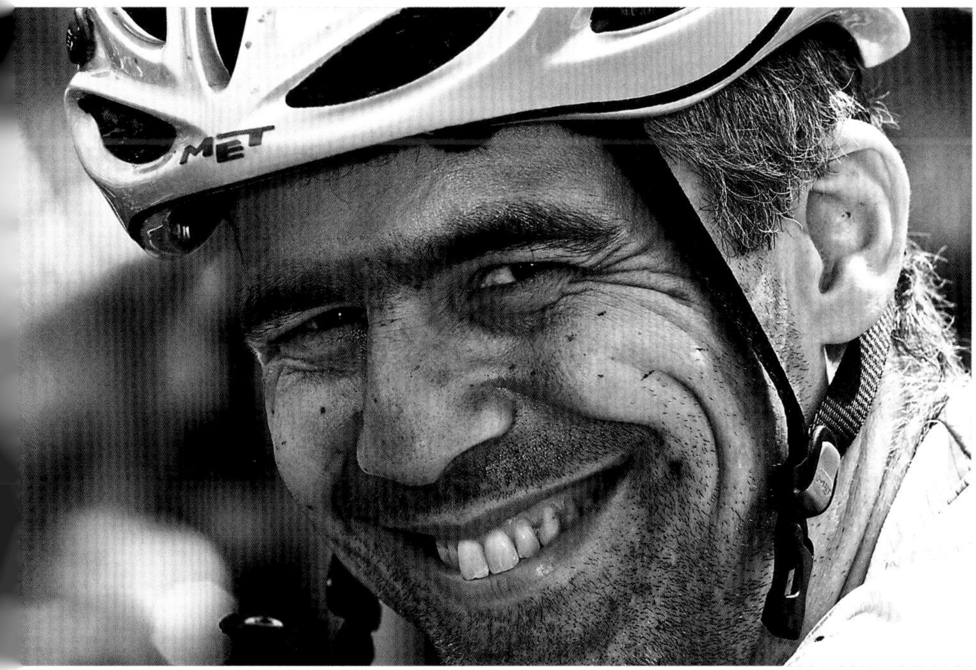

Erschöpfung und Freude
Beide Bilder wurden kurz nach Ende eines mehrstündigen Mountainbike-Marathons aufgenommen. Die Erschöpfung wandelt sich meist sehr schnell in Freude und Stolz über das Erreichte. In beiden Bildern setzte ich einen Aufhellblitz ein, um die Schattenpartien im Gesicht bei dem grellen Sonnenlicht aufzuhellen. Wie Sie im linken Bild sehen können, eignen sich verspiegelte Sonnenbrillen hervorragend, um das Umfeld in das Bild mit einzubeziehen und so einen weiteren Bezug zur ausgeübten Sportart herzustellen.

Links: Nikon D200 (Cropfaktor 1,5) | 200 mm | 1/1000 sek | f6,3 | ISO 400 | Aufhellblitz

Rechts: Nikon D200 (Cropfaktor 1,5) | 200 mm | 1/1250 sek | f5,6 | ISO 400 | Aufhellblitz

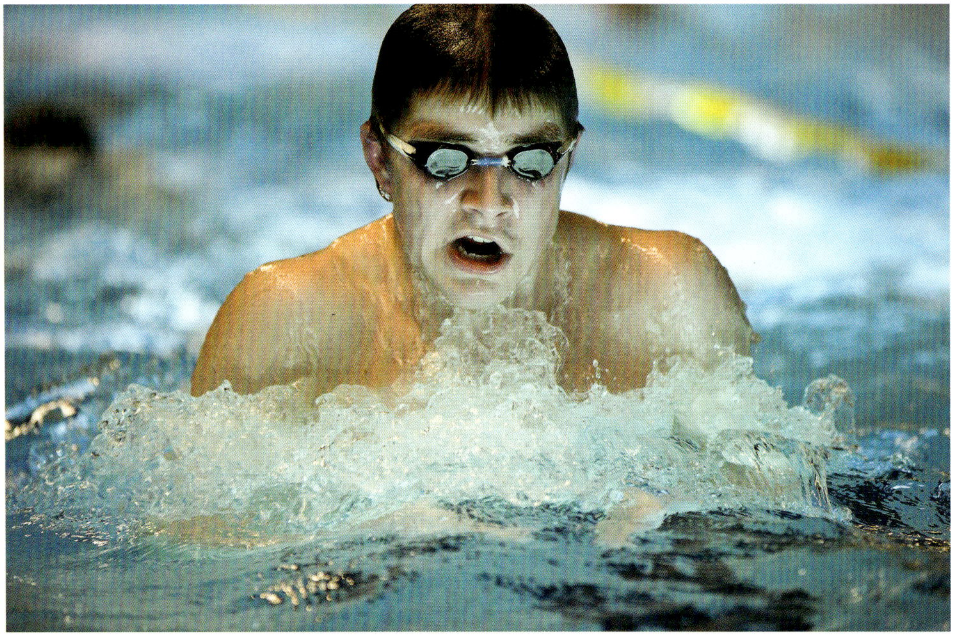

Schwimmer des SSV Freiburg
Dieses Bild ist unter miserablen Lichtbedingungen entstanden. In Schwimmhallen erwarten Sie gleich mehrere Probleme: Dunkelheit, Kunstlicht und eine schwülwarme Luft, die jede Optik gleich für längere Zeit beschlagen lässt. Zudem müssen Sie lange Brennweiten einsetzen, um die Schwimmer vom Beckenrand aus formatfüllend abbilden zu können.

Nikon D700 (Vollformat) | 200 mm | 1/500 sek | f2,8 | ISO 6400 | mittenbetonte Messung

Bilder, an denen Sie »hängen bleiben«, die Sie fesseln, zu analysieren. Fragen Sie sich: Was macht das Besondere dieser Bilder aus? Ersetzen Sie gedanklich die abgebildeten Persönlichkeiten durch Otto Normalbürger, und überlegen Sie für sich, wie die Szenen dann noch wirken. Bestenfalls lebt das Bild vom Bildinhalt, der dargestellten Action, von der verwendeten Aufnahmetechnik. Anderenfalls ist es vielleicht doch nur die abgebildete Person – der Star –, der das Bild für den Betrachter interessant macht und ihn auf den nebenstehenden Artikel lenkt (und das aus redaktionellem Sinn ja auch soll).

Details | Gelungene Detailaufnahmen erzählen dem Betrachter eine ganze Geschichte. Die Spiegelung in der Sonnenbrille auf Seite 196 beispielsweise lässt den Betrachter auf eine indirekte Art und Weise am Geschehen teilhaben, er erkennt, was um die Sportlerin herum alles passiert. Denkbare Motive sind auch Großaufnahmen muskulöser Hände von Kletterern, die sich an schmale Felsvorsprünge klammern, Aufnahmen von Händen oder Füßen von Turnern an ihren »Arbeitsgeräten« wie Schwebebalken oder Ringen oder eine wie

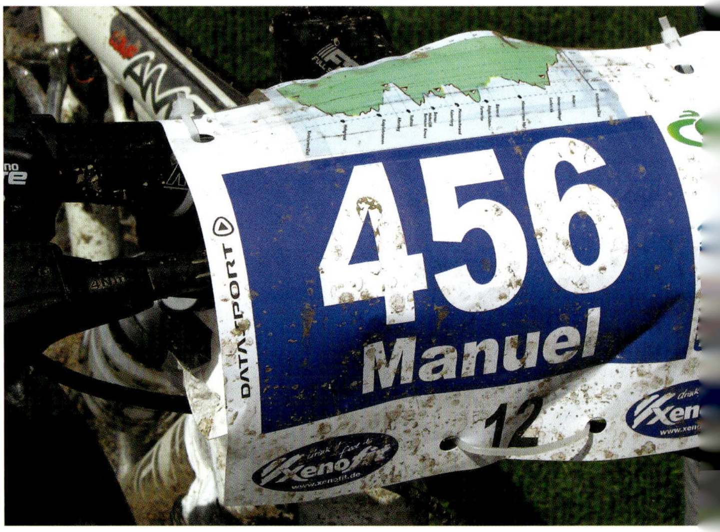

Höhenprofil
In Detailaufnahmen verstecken sich viele Geschichten und Informationen: Das Höhenprofil gibt Auskunft über den Streckenverlauf, die Schlammspritzer erzählen von der Beschaffenheit der Strecke. Und die wichtigste Information ist sicher, dass der Teilnehmer das Rennen erfolgreich beendet hat.

12,7 mm (Kompaktkamera) | 1/500 sek | f8,0 | ISO 80

unten links abgebildete Startnummer mit Höhenprofil bei einem Mountainbike-Marathon. Solche Aufnahmen lassen Raum für die eigene Fantasie und Interpretation, der Betrachter wird angeregt und inspiriert, sich eigene Gedanken über die dargestellte Szene zu machen.

Das Drumherum | Konzentrieren Sie sich nicht nur allein auf den Sportler, denn viele spannende Motive finden Sie auch im Drumherum, im Umfeld einer Sportveranstaltung. Versuchen Sie, die besondere Atmosphäre einzufangen: Zuschauer, die mit dem Sportler mitfiebern, die Freude nach einem Sieg, die Enttäuschung und Frustration nach einer Niederlage. Bei den sogenannten Outdoor-Sportarten gehört natürlich auch die Darstellung der Landschaft, der umgebenden Natur, dazu. Für diese Sportler ist die Verbundenheit mit der Natur häufig ein wichtiger Faktor und Motivation, die betreffende Sportart auszuüben, und lohnt daher auch, gebührend im Bild gezeigt zu werden.

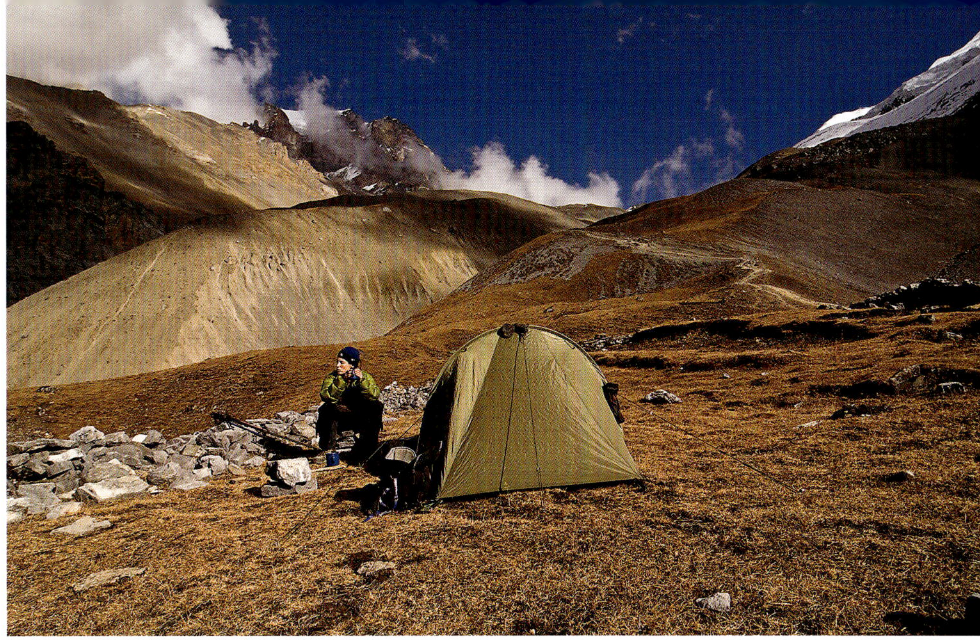

Zeltlager
Glasklare Luft, satte Farben und eine grandiose Szenerie machen das Wandern allen Anstrengungen zum Trotz zum Genuss. Den traumhaften Zeltplatz habe ich in 4.400 Metern Höhe in einer fantastischen Landschaft im Himalaya während der Umrundung des Annapurna-Massivs aufgenommen. Schließen Sie bei Landschaftsaufnahmen die Blende möglichst weit, um die Schärfentiefe zu vergrößern und das Bild so vom Vorder- bis zum Hintergrund wirken zu lassen. Verwenden Sie bei diesen Aufnahmen nach Möglichkeit ein robustes Stativ.

Nikon D200 (Cropfaktor 1,5) | 12 mm | 1/200 sek | f11 | ISO 100 | mittenbetonte Messung

Aufnahmetechniken

Wie nun können Sie die zuvor genannten Gestaltungselemente in einem Sportfoto zeigen und umsetzen? Wie können Sie »Bewegung im Stillstand« sichtbar machen und Dynamik erzeugen? Grundsätzlich gibt es dazu drei technische Möglichkeiten: Einfrieren von Bewegungen, Mitziehen und Wischeffekte.

Einfrieren von Bewegungen | Wenn Sie kurze Verschlusszeiten verwenden – bei schnellen Sportarten 1/500 Sekunde und kürzer –, »stoppen« Sie Bewegungen und machen diese für den Betrachter sichtbar. Diese extrem kurzen Zeiten sind gerade bei schlechten Lichtbedingungen nur durch die Verwendung von lichtstarken Objektiven bei Offenblende und/oder durch den Einsatz hoher ISO-Werte möglich. Derart kurze Ver-

Finisher
Stolz zeigt der Läufer seine errungene Finisher-Medaille – nach 42 gelaufenen Kilometern ist dies sicher berechtigt.

Nikon D700 (Vollformat) | 55 mm | 1/400 sek | f7,1 | ISO 900 | Matrixmessung

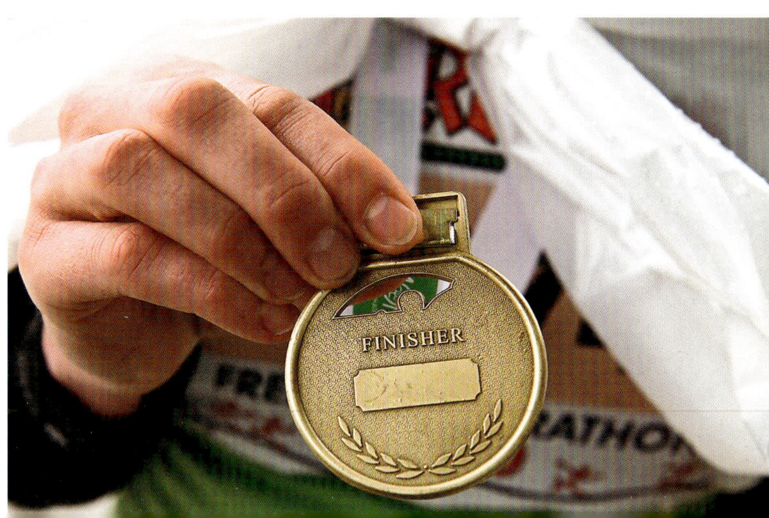

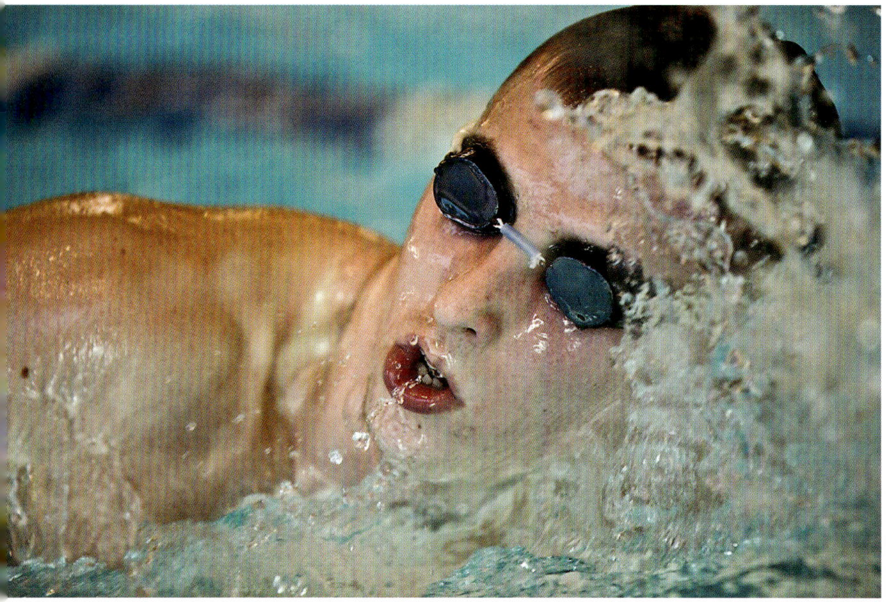

Schwimmer

Um Wassertropfen einzufrieren, benötigen Sie kurze Verschlusszeiten. Bei dieser Aufnahme waren es 1/400 sek.

Nikon D700 (Vollformat) | 200 mm | 1/400 sek | f2,8 | ISO 5000 | Matrixmessung

schlusszeiten zu erreichen ist eines der Hauptprobleme der Sportfotografie, da Sie häufig in schlecht beleuchteten Hallen oder schon einmal im dunklen Wald arbeiten müssen. Meist werden Sie nicht umhinkommen, die ISO-Empfindlichkeit nach oben auszureizen, wobei ISO-Werte von 1600 und höher bei den heutigen Kameramodellen kaum noch Probleme darstellen. Mich persönlich stört das dann auftretende Bildrauschen nicht sonderlich – vorausgesetzt, der Bildinhalt ist spannend.

Eine Alternative zum Einsatz von allzu hohen ISO-Werten ist das Blitzen auf den ersten Verschlussvorhang, wobei jedoch oft flache Bilder entstehen. Dann sollten Bewegungselemente wie wegfliegende Steine, spritzendes Wasser oder aufwirbelnder Staub nicht fehlen, da beim Einfrieren schnell die Gefahr besteht, dass die »gestoppten« Bewegungen langweilig wirken. Dies ist allerdings mein persönliches Empfinden und wie so vieles in der Fotografie Geschmackssache. Diese Aufnahmetechnik eignet sich jedoch hervorragend zum Zeigen von Emotionen in den Gesichtern oder von Details. Auch können Sie so komplexe und in ihrer Geschwindigkeit in Echtzeit für den Betrachter kaum wahrnehmbare Bewegungselemente wie Sprünge bei Eiskunstläufern, Tricks von Skatern oder BMX-Fahrern für den Betrachter sichtbar machen.

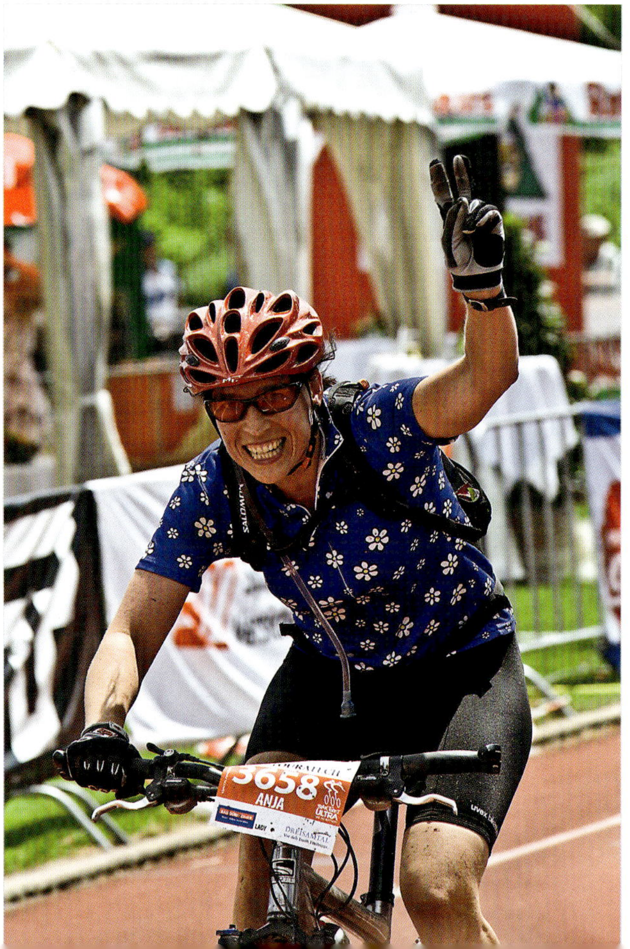

Triumpheinfahrt

Die Zieleinfahrt beziehungsweise der Zieleinlauf bei Sportarten bietet immer gute Gelegenheiten für emotionsreiche Fotos. In diesem Fall mischt sich die Freude der Mountainbikerin über eine persönliche Bestzeit mit der Freude, das Ziel nach nahezu sechs Stunden endlich erreicht zu haben.

Nikon D200 (Cropfaktor 1,5) | 200 mm | 1/2000 sek | f5,6 | ISO 400 | Matrixmessung | Zeitautomatik

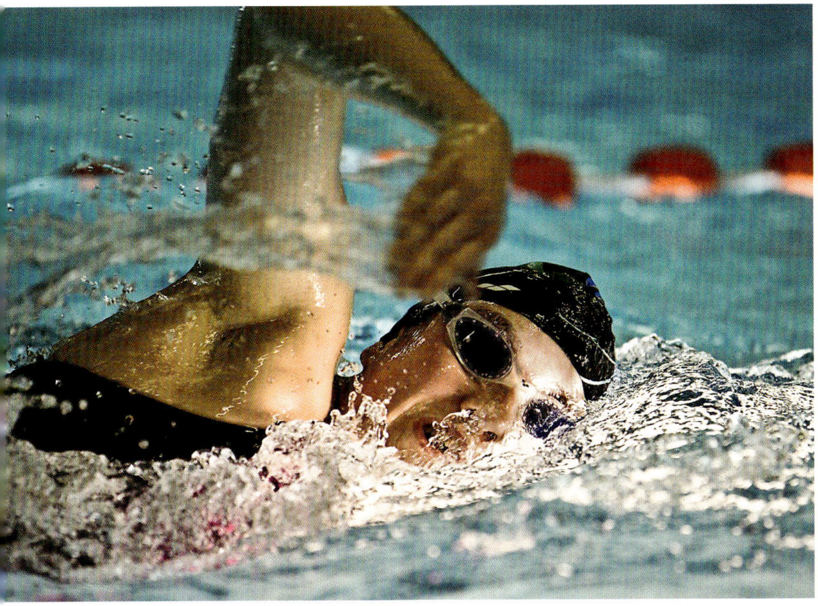

Freistil

In schlecht beleuchteten Schwimm- oder Sporthallen haben Sie keine andere Wahl, als mit Offenblende und hohen ISO-Werten zu arbeiten, um die zum Einfrieren benötigten kurzen Verschlusszeiten zu erreichen.

Nikon D700 (Vollformat) | 200 mm | 1/500 sek | f2,8 | ISO 2800 | mittenbetonte Messung | Blendenautomatik

Mitziehen | Eine alternative Möglichkeit, um Bewegung und Geschwindigkeit darzustellen, ist die des Mitziehens. Hier wählen Sie je nach Bewegungsgeschwindigkeit des Objekts am besten Belichtungszeiten zwischen 1/15 und 1/125 Sekunde und verfolgen den Sportler vor, während und bis kurz nach dem Auslösen mit der Kamera. Sie ziehen die Kamera also mit der Bewegung des Sportlers möglichst parallel zum Kamerastandpunkt mit. Durch diese Technik wird der Sportler mehr oder weniger scharf abgebildet, der unbewegte Hintergrund jedoch verschwimmt in Unschärfe.

Teils dramatische Effekte erzielen Sie, wenn Sie bei langen Belichtungszeiten die Brennweite durch Zoomen verändern, idealerweise vom Tele- bis zum Weitwinkelbereich. Hierbei wird die Bildmitte annähernd scharf abgebildet, die Bildränder werden jedoch unscharf. Sowohl beim Mitziehen als auch beim Zoomen lässt sich die Bildschärfe durch den Einsatz eines Blitzgeräts verbessern. Bei beiden Techniken empfiehlt es sich, den Blitz auf den zweiten Verschlussvorhang einzusetzen. Bei dieser Einstellung löst der Blitz am Ende der Belichtung aus, mischt sich mit dem Umgebungslicht und sorgt so für

Marathon

Um die Dynamik und Geschwindigkeit dieses Läufers zu zeigen, wählte ich eine lange Verschlusszeit, kombiniert mit einer »kleinen Prise« Blitz auf den zweiten Verschlussvorhang. In meinen Augen wirken solche Bilder dynamischer als eingefrorene Action, aber das ist sicherlich Geschmackssache.

Nikon D700 (Vollformat) | 70 mm | 1/30 sek | f18,0 | ISO 200 | Matrixmessung | Blendenautomatik | Blitz auf den zweiten Verschlussvorhang

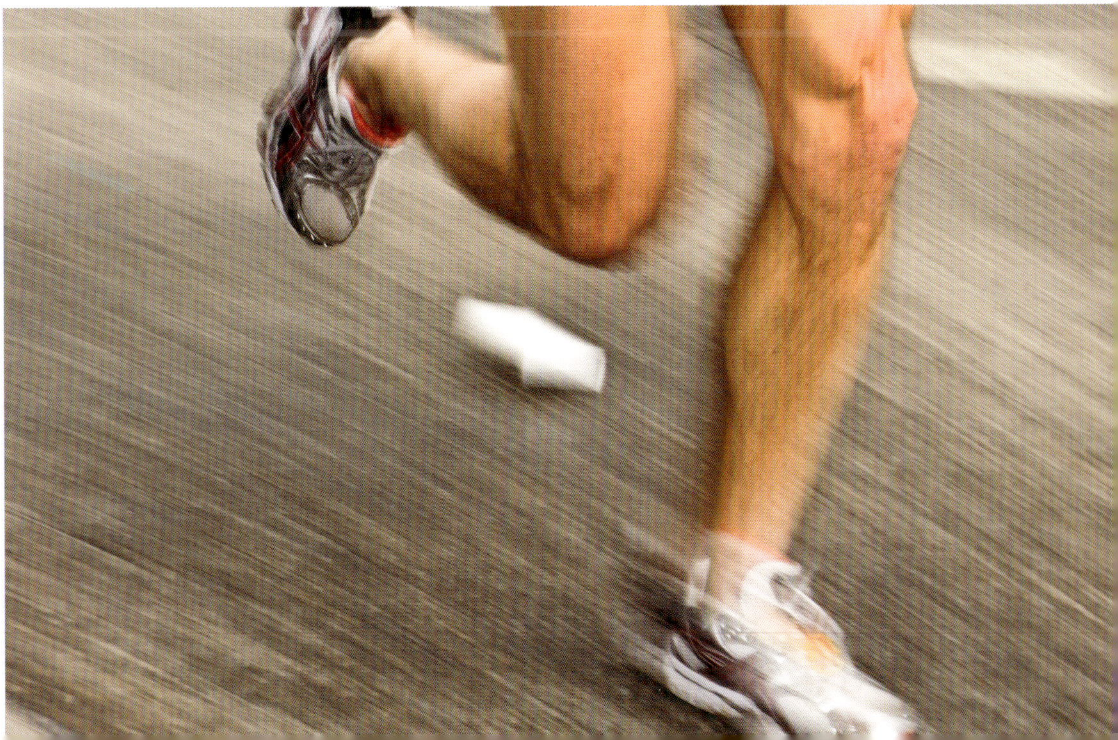

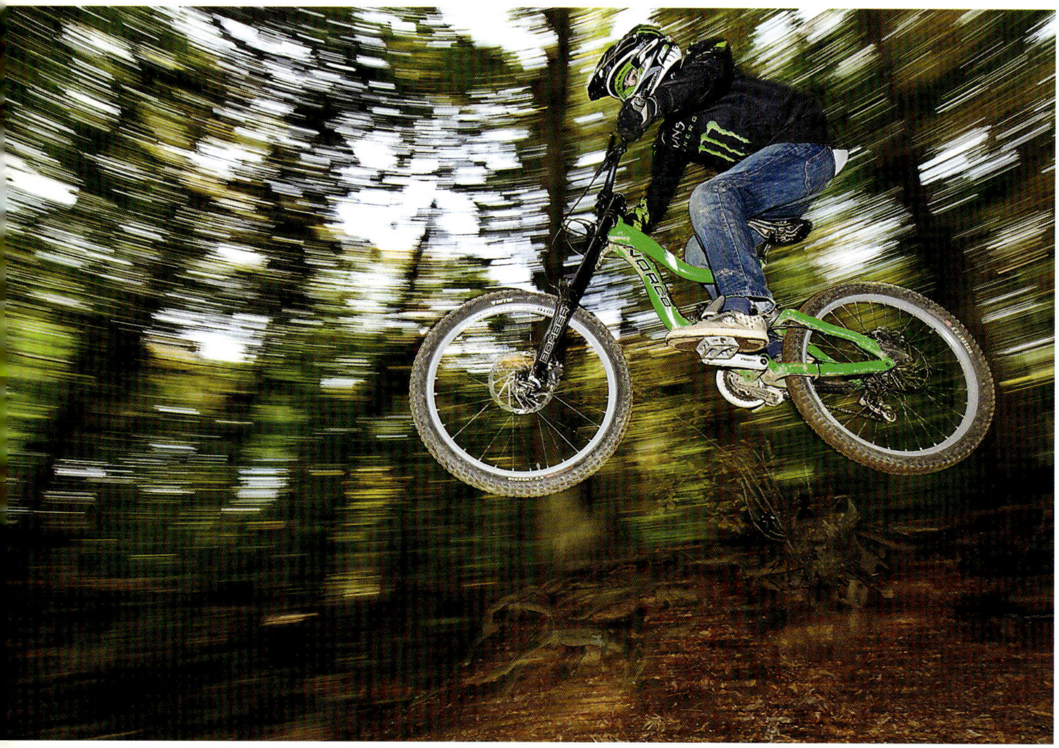

Sprungkünstler
Bei dieser Aufnahme habe ich die Technik des Mitziehens mit dem Blitzeinsatz kombiniert. So erzielen Sie mehr Schärfe im Bild, und der Mountainbiker im Vordergrund tritt plastischer hervor. Im Hintergrund ist die Durchmischung von Umgebungs- und Blitzlicht gut zu erkennen. Die Wurzeln und Büsche im Vordergrund, die vom Blitz noch erfasst werden, sind annähernd scharf abgebildet, die Bäume im Hintergrund, die nur vom Umgebungslicht beleuchtet sind, verschwimmen bereits in Unschärfe.

Nikon D700 (Vollformat) | 14 mm | 1/60 sek | f5,6 | ISO 500 | Matrixmessung | Belichtungskorrektur –1/3 Blende

das erforderliche Maß an Schärfe. Durch diese Art des Blitzens wird ein Bewegungseffekt erzeugt, der Sportler zieht in der Aufnahme einen scheinbaren Lichtschweif hinter sich her.

Fragen Sie jedoch Sportler und Veranstalter um Erlaubnis, bevor Sie Blitzlicht beim Fotografieren einsetzen! Auf alle Fälle sollten Sie eine Störung und Ablenkung der Athleten vermeiden, und bei einer Beteiligung von Tieren wie beispielsweise im Reitsport sollten Sie generell auf den Einsatz des Blitzes verzichten.

Wischeffekte | Bei dieser Technik wird der Sportler mit einer langen Belichtungszeit und statischer Kamera fotografiert. In Abhängigkeit von der Bewegungsgeschwindigkeit sollte die Belichtungszeit zwischen 1/15 und 1/60 Sekunde liegen. Im Bild schlägt sich die Bewegung des Objekts in seiner Unschärfe nieder, während der unbewegte Hintergrund scharf abgebildet zu sehen ist. Wenn Sie die Wischtechnik anwenden möchten, platzieren Sie Ihre Kamera vor der Aufnahme am besten auf einem robusten Stativ.

Marathon
Wie Geister huschen die Sportler durch das Bild, wenn Sie mit einer recht langen Belichtungszeit und von einem fixierten Kamerastandpunkt aus fotografieren.

Nikon D700 (Vollformat) | 55 mm | 1/25 sek | f13,0 | ISO 200 | Matrixmessung | Blendenautomatik

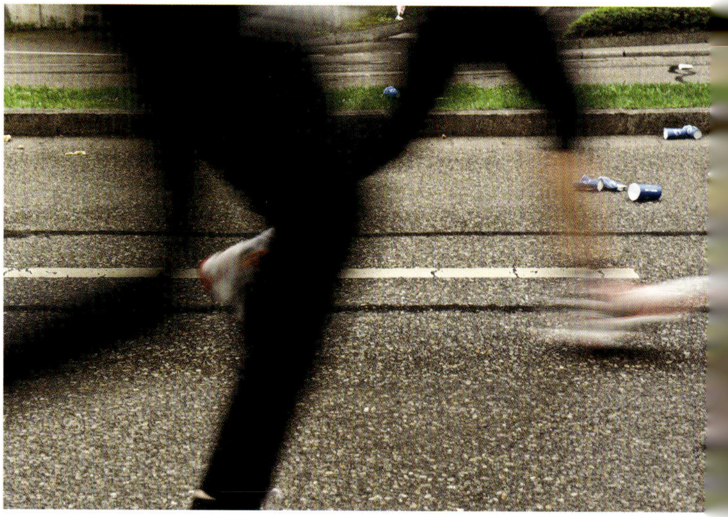

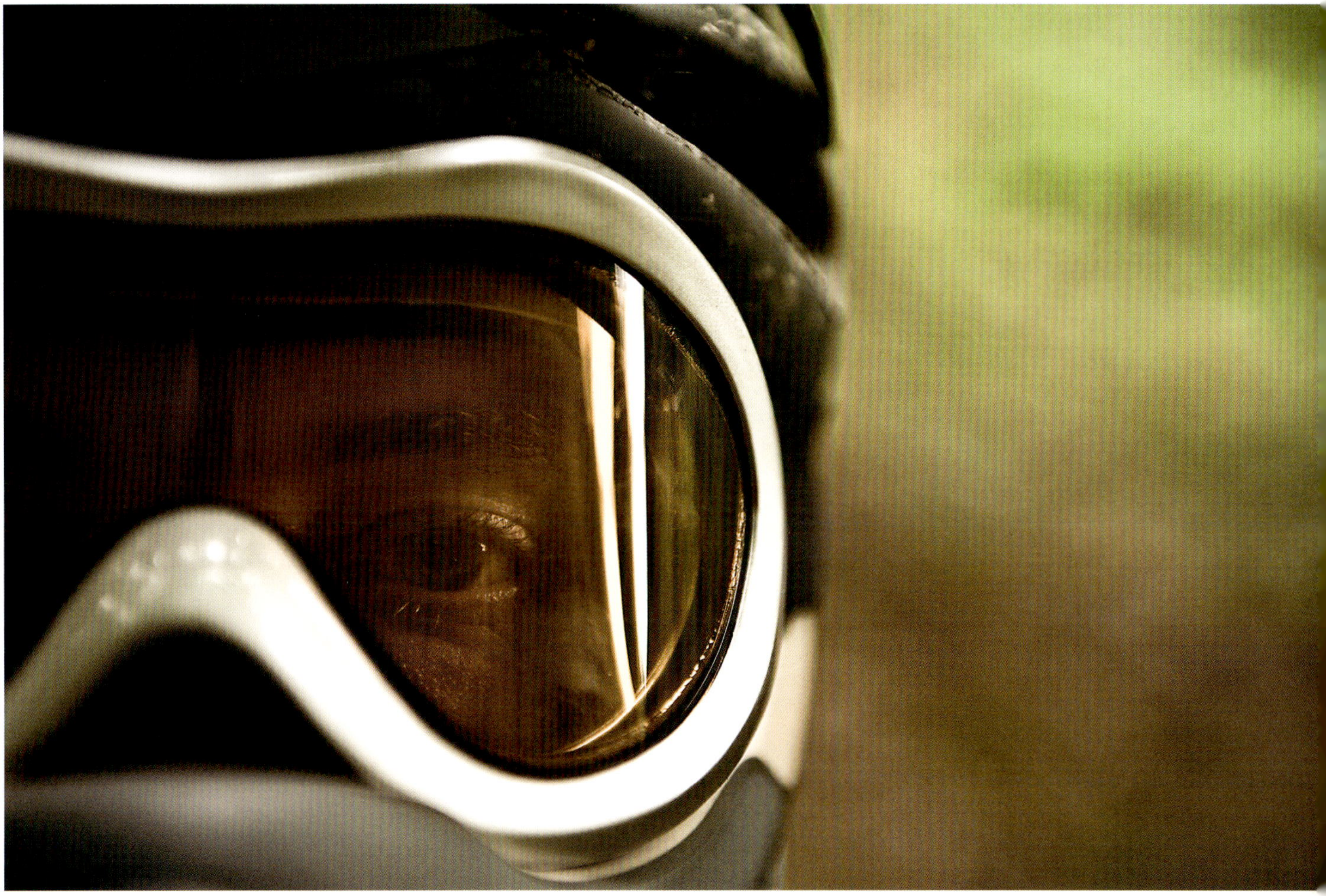

Die nötige Ausrüstung

Der Ausrüstung kommt in der Sportfotografie sicher eine große Bedeutung zu, überschätzen sollten Sie sie jedoch nicht. Das Angebot sowohl an Kameras und Objektiven als auch im Zubehörbereich ist riesig. Ihre motivischen Schwerpunkte und Interessen entscheiden über die optimale Ausrüstung, es gibt allerdings auch durchaus grundlegende Ausrüstungsgegenstände, an denen Sie nicht vorbeikommen.

Objektive | Zu Beginn sind Sie mit einem Weitwinkelzoom (zum Beispiel 17–35 mm) und einem Telezoom mit einer Brennweite von 70–200 mm gut beraten. Beide Objektivarten sind Standardzooms, die Sie auch in den meisten anderen Bereichen der Fotografie einsetzen können. Die Objektive sollten nach Möglichkeit lichtstark sein, das heißt eine Anfangsblende von 2,8 besitzen. Wünschenswert wäre sicher auch ein Ultraschallmotor, der die Geschwindigkeit des Autofokus zusätzlich steigert. Ein optischer Stabilisator mag hilf-

Porträt
Auch Porträtaufnahmen fallen für mich in den Bereich der Sportfotografie. Zeigen Sie den Sportler in seinem Umfeld oder mit einem Teil der benötigten Ausrüstung, um den Bezug zur ausgeführten Sportart herzustellen. Wichtig hierbei ist, dass der Fokus auf den Augen liegt.

Nikon D700 (Vollformat) | 70 mm | 1/200 sek | f2,8 | ISO 1600 | Matrixmessung | Belichtungskorrektur –2/3 Blende

reich sein, zwingend notwendig ist er aber nicht, vor allem wenn Sie oft vom Stativ aus fotografieren. Denken Sie bei Ihren Kaufüberlegungen daran, dass hochwertige Objektive für die Bildqualität sehr viel entscheidender sind als das Kameragehäuse. Investieren Sie also, wenn nötig und möglich, zunächst in hochwertige Optiken, bevor Sie daran denken, ein Semiprofi- oder sogar Profigehäuse zu kaufen. Kein Geheimnis dürfte sein, dass hochwertige, lichtstarke und mit Ultraschallmotor ausgestattete Objektive schnell ein kleines Vermögen verschlingen.

Telekonverter | Als Alternative zu langen Telebrennweiten und später als Ergänzung eignen sich Telekonverter, die in verschiedenen Stärken angeboten werden. Der Verlängerungsfaktor variiert zwischen 1,4- und 2-fach. Sie verlängern mit ihnen zwar einerseits die ursprüngliche Brennweite zwischen 40 und 100 %, gleichzeitig verringert sich dadurch jedoch auch die Lichtstärke Ihres Objektivs um ein bis zwei Blendenstufen. Das heißt, wenn Ihr ursprüngliches Objektiv eine Anfangsblende von 2,8 hat, wird daraus beim Einsatz eines Zweifachkonverters ein Objektiv mit der Anfangsblende 5,6. Ihr verwendetes Objektiv sollte daher eine Mindestlichtstärke von 1:4, besser 1:2,8 aufweisen. Auch die optische Abbildungsqualität leidet durch den Einsatz von Konvertern etwas. Ich halte sie trotz allem für einen guten Kompromiss. Sie sind zudem leicht und passen in jede Fototasche. Mit ihrer Hilfe bleiben die Kosten zunächst überschaubar.

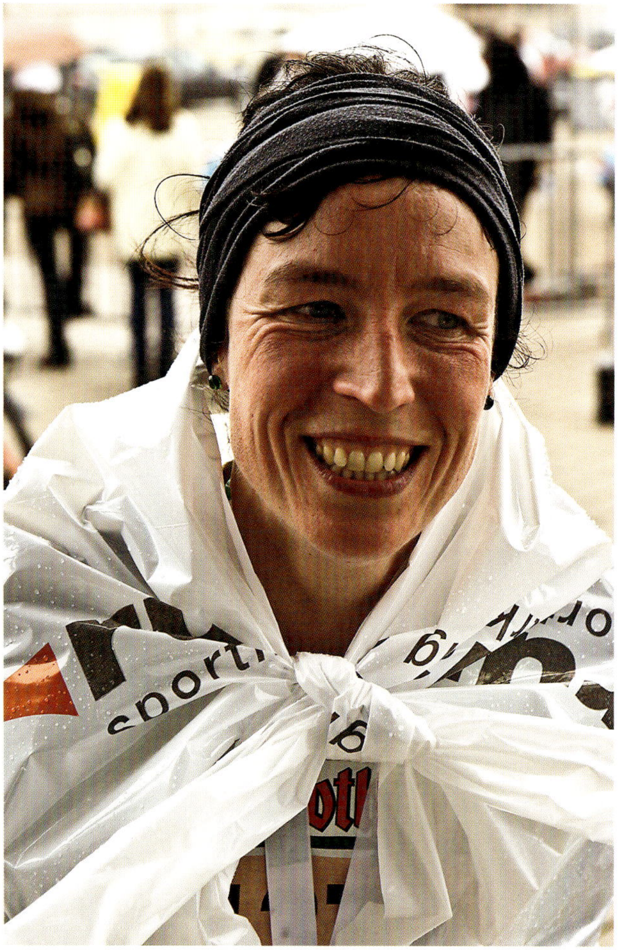

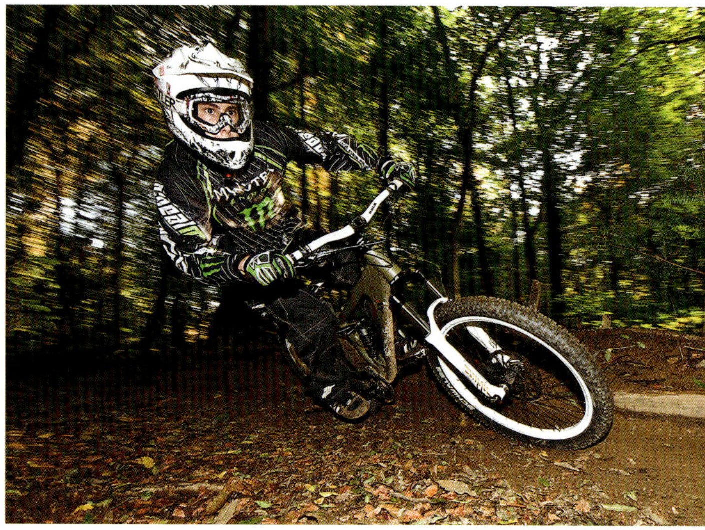

Kurvenstar
Bei dieser Aufnahme kamen zwei Blitze zum Einsatz: Einer befand sich auf der Kamera, der zweite war am rechten seitlichen Bildrand auf einem leichten Dreibeinstativ montiert.

Nikon D700 (Vollformat) | 14 mm | 1/100 sek | f5,6 | ISO 560 | Matrixmessung | zwei Blitze

Erschöpfung nach 42 Kilometern
Erschöpfte Sportler im Ziel oder nach einem Spiel bieten immer gute Motive.

Nikon D700 (Vollformat) | 66 mm | 1/400 sek | f7,1 | ISO 640 | Matrixmessung | Zeitautomatik

Weiteres Zubehör | Sicher nicht fehlen sollte ein Systemblitz, der in vielen Situationen vonnöten sein wird. Ob dieser nun vom Hersteller Ihrer Kamera oder von einem Fremdhersteller kommt, ist zunächst nebensächlich. Entscheidender für mich ist, dass er sich im Bedarfsfall als Masterblitz einsetzen lässt. Stative setze ich oft ein, je nach Bedarf in unterschiedlichen Ausführungen. Für die schnelle Sportfotografie eignet sich ein Einbeinstativ sehr gut, es ist relativ leicht und Sie können Ihren Standort damit flexibel ändern. Beim Einsatz langer und schwerer Telebrennweiten verschafft es Ihnen zusätzliche Entlastung. Bei Langzeitaufnahmen und Aufnahmen, bei denen eine große Schärfentiefe gewünscht ist, Sie also stark abblenden müssen, empfehle ich den Einsatz eines stabilen Dreibeinstativs. Diese Stative bringen jedoch einiges an Gewicht auf die Waage, und die Kosten für hochwertige Stative sind auch nicht zu unterschätzen. Die Anschaffung lohnt sich aber auf alle Fälle. Leichte und günstige Stative eignen sich hervorragend für den Einsatz von extern aufgestellten Blitzgeräten. Kleinstative (beispielsweise Gorillapod von Joby) haben zusätzlich den Vorteil, dass sie durch ihre vielen Einzelgelenke nahezu überall befestigt werden können.

Weiteres nützliches Zubehör habe ich für Sie im Folgenden aufgelistet:

- Ersatzakkus für Kamera und Blitz,
- Fern-/Funkauslöser (mit ihrer Hilfe lassen sich extern aufgestellte Blitze bis zu einer Entfernung von 100 Metern per Funk auslösen),
- Speicherkarten,
- Blasebalg,
- Stative verschiedener Größen und Arten (Dreibein/Einbein) für Kamera und Blitze,
- Plastiktüten zum Unterlegen, Drauflegen und zum Schutz der Kamera bei Regen sowie
- Stift und Zettel für Notizen aller Art (Dokumentation von lohnenswerten Aufnahmestandorten, zum Festhalten von Sportlernamen und weiteren Infos, für kleine Skizzen bezüglich Aufbau/Anordnung von Blitzen und deren Einstellungen und für vieles mehr).

Kameratasche | Dem Tragesystem kommt in der Sportfotografie meiner Meinung nach eine große Bedeutung zu, da schweres Equipment vielfach über lange Zeit zu teils schwer erreichbaren Plätzen getragen werden muss. Versuchen Sie sich also immer auf das Nötigste zu beschränken, selbst das ist schwer genug! Ich persönlich habe beispielsweise mit den Taschen und Rucksäcken von Lowepro gute Erfahrungen gemacht. Sie sind robust, lassen sich angenehm tragen und verfügen über eine gute Raumaufteilung.

Wenn Sie mit der Sportfotografie gerade erst beginnen, sollten Sie sich nicht an der Ausrüstung der Profis orientieren. Reizen Sie stattdessen zunächst Ihr eigenes Material vollständig aus und lernen Sie die Technik blind zu verstehen und zu beherrschen. Überlegen Sie im Vorfeld genau, welche Sportarten Sie fotografieren möchten und welches Material Sie dafür zwingend benötigen. Sie werden erstaunt sein, was sich am Anfang alles mit einem Weitwinkel und einem Zoom im Bereich von 70–200 mm abbilden lässt.

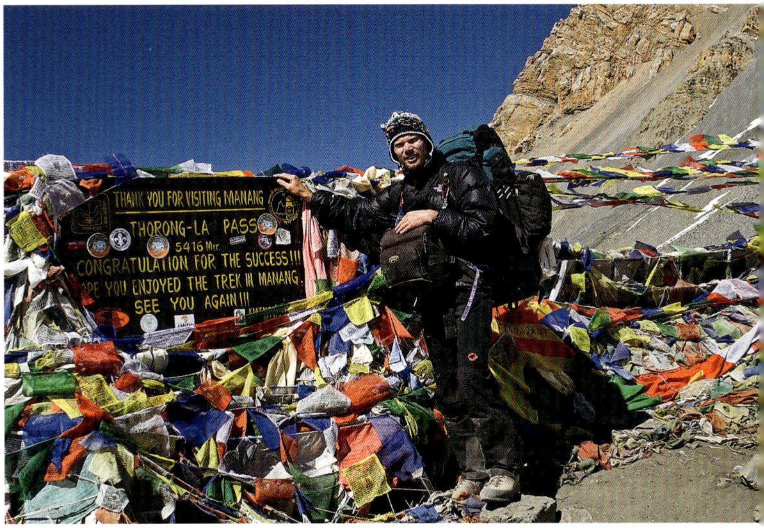

Glück auf 5416 Metern Höhe
Bei der Umrundung des Annapurna-Massivs stellt der Thorong-La-Pass mit 5416 Metern Höhe die größte Hürde dar. Auf solchen Touren spüren Sie jedes Gramm. Reduzieren Sie Ihre Ausrüstung und verwenden Sie hochwertige, robuste Taschen, die den hohen Anforderungen auch gerecht werden.

Nikon D200 (Cropfaktor 1,5) | 34 mm | 1/500 sek | f6,3 | ISO 400 | mittenbetonte Messung

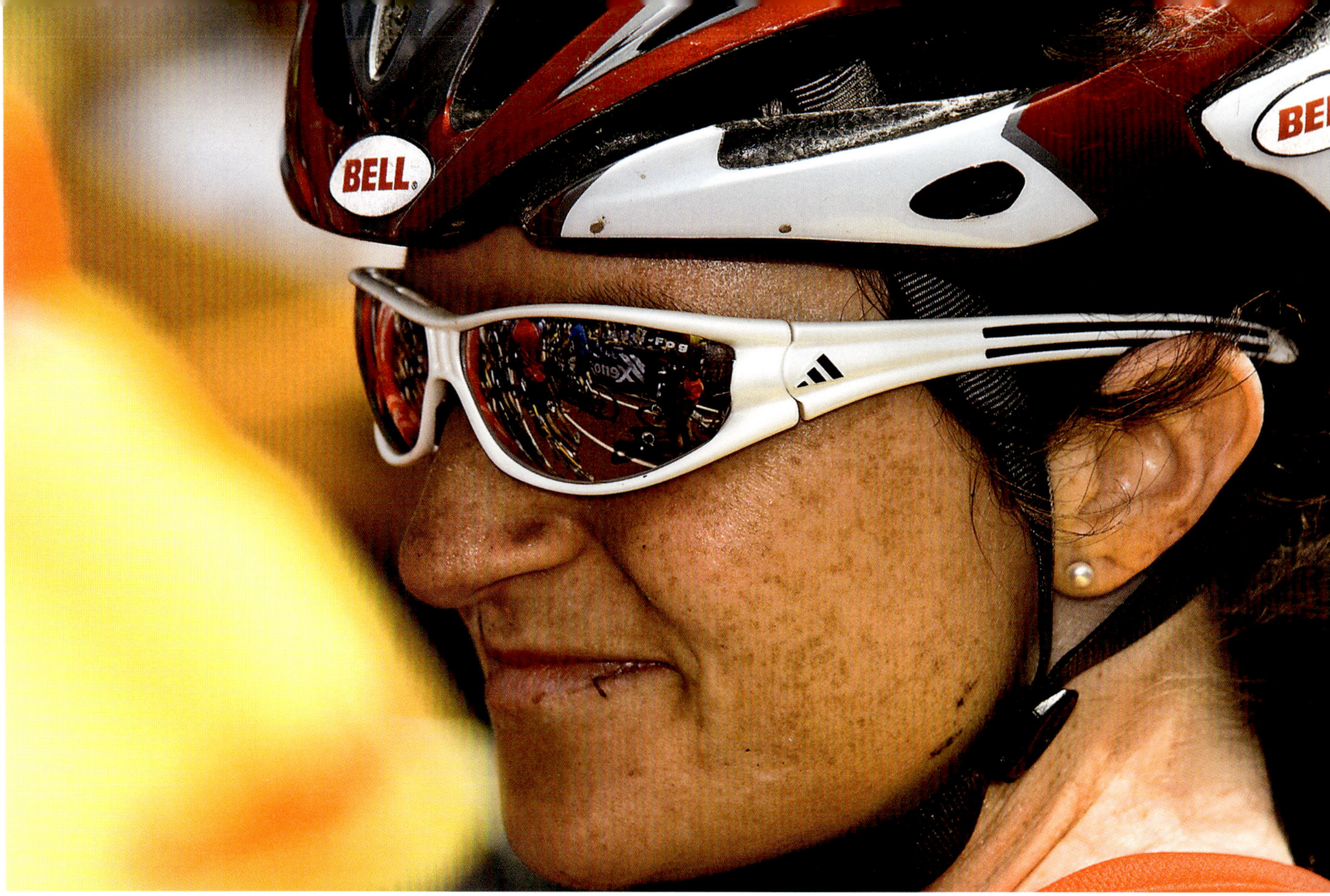

Einstellungen an der Kamera

Moderne Kameras bieten Ihnen mit ihren Belichtungsautomatiken und konfigurierbaren Individualfunktionen eine Fülle an Einstellungshilfen. Werden diese Möglichkeiten richtig genutzt und ausgeschöpft, stellen sie eine große Erleichterung dar. Mehr zu diesem Thema erfahren Sie in diesem Abschnitt.

Belichtungsautomatiken | Da der gewählten Aufnahmetechnik (Einfrieren oder Mitziehen) eine entscheidende bildgestalterische Bedeutung zukommt, ist die Wahl der Belichtungsautomatik natürlich mit entscheidend. Hier haben Sie, die Programmautomatik einmal ausgenommen, drei Möglichkeiten. Sie können die Zeitautomatik (A beziehungsweise Tv), die Blendenautomatik (S beziehungsweise Av) oder den manuellen Modus (M) einstellen.

Blitzeinsatz

Wenn das natürliche Umgebungslicht trotz hoher ISO-Werte und Offenblende nicht ausreichend ist, setze ich den Blitz ein. Um mehr Dynamik in das Bild zu bringen, setze ich seinen Einsatz auf den zweiten Verschlussvorhang.

Nikon D700 (Vollformat) | 200 mm | 1/25 sek | f5,6 | ISO 250 | Matrixmessung | manueller Modus

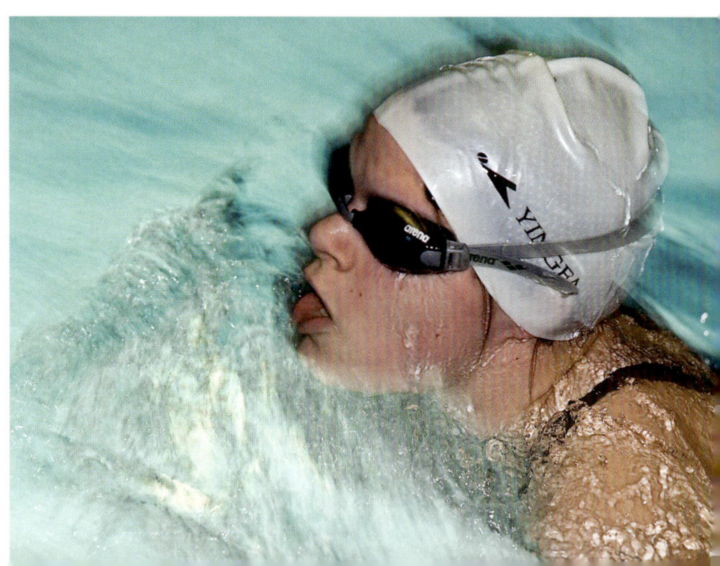

Finisher
Durch den Einsatz einer möglichst offenen Blende bei zusätzlich hoher Brennweite verschwimmt der störende Hintergrund in Unschärfe, der Blick des Betrachters wird auf den Sportler gelenkt. Achten Sie darauf, dass die Augen im Schärfebereich liegen.

Nikon D200 (Cropfaktor 1,5) | 200 mm | 1/3200 sek | f5,0 | ISO 400 | Matrixmessung | Zeitautomatik | Aufhellblitz

Bei der *Zeitautomatik* wählen Sie die Blende nach Ihren Vorstellungen und Gestaltungswünschen, die Kamera stellt automatisch die passende Belichtungszeit dazu ein. Dieses Programm wähle ich, wenn die Schärfentiefe beziehungsweise die Freistellung des Hauptmotivs vorrangig ist. Wenn Sie eine offene Blende verwenden, setzen sich Sportler hervorragend vom unscharfen Hintergrund ab, zugleich sorgt die offene Blende für kurze Verschlusszeiten. Hier macht auch die zusätzliche Verwendung der ISO-Automatik, sofern vorhanden, Sinn. Durch diese Funktion sorgt die Kamera dafür, dass die Belichtungszeit nicht zu lang wird, um so unbeabsichtigtes Verwackeln zu vermeiden.

Bei der *Blendenautomatik* wählen Sie die gewünschte Belichtungszeit, und die Kamera steuert die entsprechende Blende bei. Dieses Programm sollten Sie nutzen, wenn Sie eine bestimmte Verschlusszeit als Gestaltungsmittel einsetzen möchten. Folgende Annäherungswerte können Sie sich für die unterschiedlichen Techniken merken:

- Einfrieren: 1/400 Sekunde und kürzer
- Mitziehen: 1/15–1/60 Sekunde
- Verwischen: 1/15–1/60 Sekunde

Im *manuellen Modus* geben Sie sowohl die Blende als auch die Belichtungszeit manuell vor. Dies bietet Ihnen bei gleichbleibenden Lichtbedingungen Vorteile. Ist eine optimale Einstellung nämlich erst einmal gefunden, garantiert diese konstant gut belichtete Fotos.

Belichtungsmessung | Ich arbeite meistens mit der Matrixmessung. Bei dieser Messart untersucht die Kamera das gesamte Bildfeld bezüglich der Helligkeitsverteilung und der Farben und berücksichtigt dabei auch den Bildaufbau und die Entfernung zum Motiv. Eine weitere Möglichkeit der Belichtungsmessung ist die mittenbetonte Messung, bei der der Schwerpunkt in der Bildmitte liegt. Der Durchmesser dieses Bereichs lässt sich bei manchen Kameramodellen sogar über die Individualfunktionen variieren.

Diese Messart bietet sich an, wenn das Objekt einen großen Teil der Bildmitte ausfüllt, sowie bei Porträtaufnahmen. Ich benutze in der Regel außerdem den automatischen Weißabgleich. Dieser liefert sehr ausgewogene Aufnahmen und lässt sich im Bedarfsfall in der Bildbearbeitung korrigieren – wenn Sie im RAW-Format fotografieren, sogar verlustfrei.

Autofokus | Bei der Mehrzahl der Aufnahmesituationen bediene ich mich des kontinuierlichen Autofokus (C beziehungsweise AI SERVO), bei dem die Kamera die Schärfe so lange nachführt, wie der Auslöser bis zum ersten Druckpunkt gehalten wird. Den kontinuierlichen Autofokus kombiniere ich mit der dynamischen Messfeldsteuerung (bei Nikon-Kameras). Eine weitere

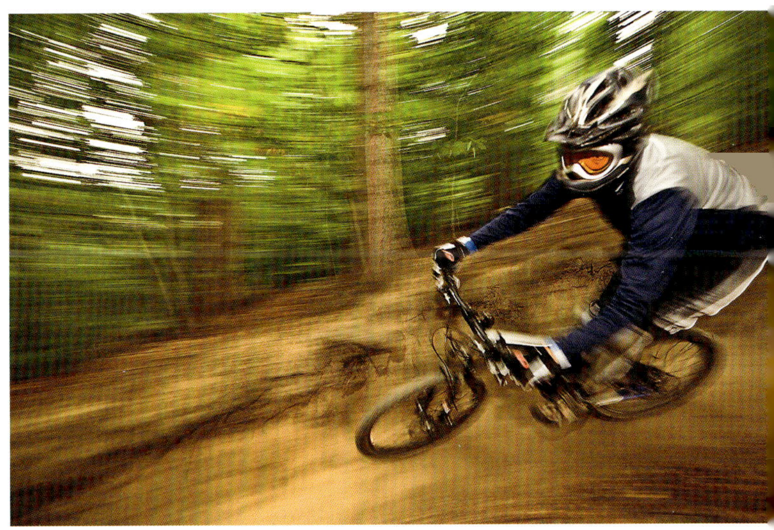

Volle Konzentration
Um den gewünschten Wischeffekt zu erzielen, wählte ich in der Blendenautomatik eine Verschlusszeit von 1/30 Sekunde und zog die Kamera während der Aufnahme mit. In diesem Bild kam zusätzlich ein Blitz auf den zweiten Verschlussvorhang zum Einsatz.

Nikon D700 (Vollformat) | 14 mm | 1/30 sek | f3,2 | ISO 560 | mittenbetonte Messung | Blendenautomatik

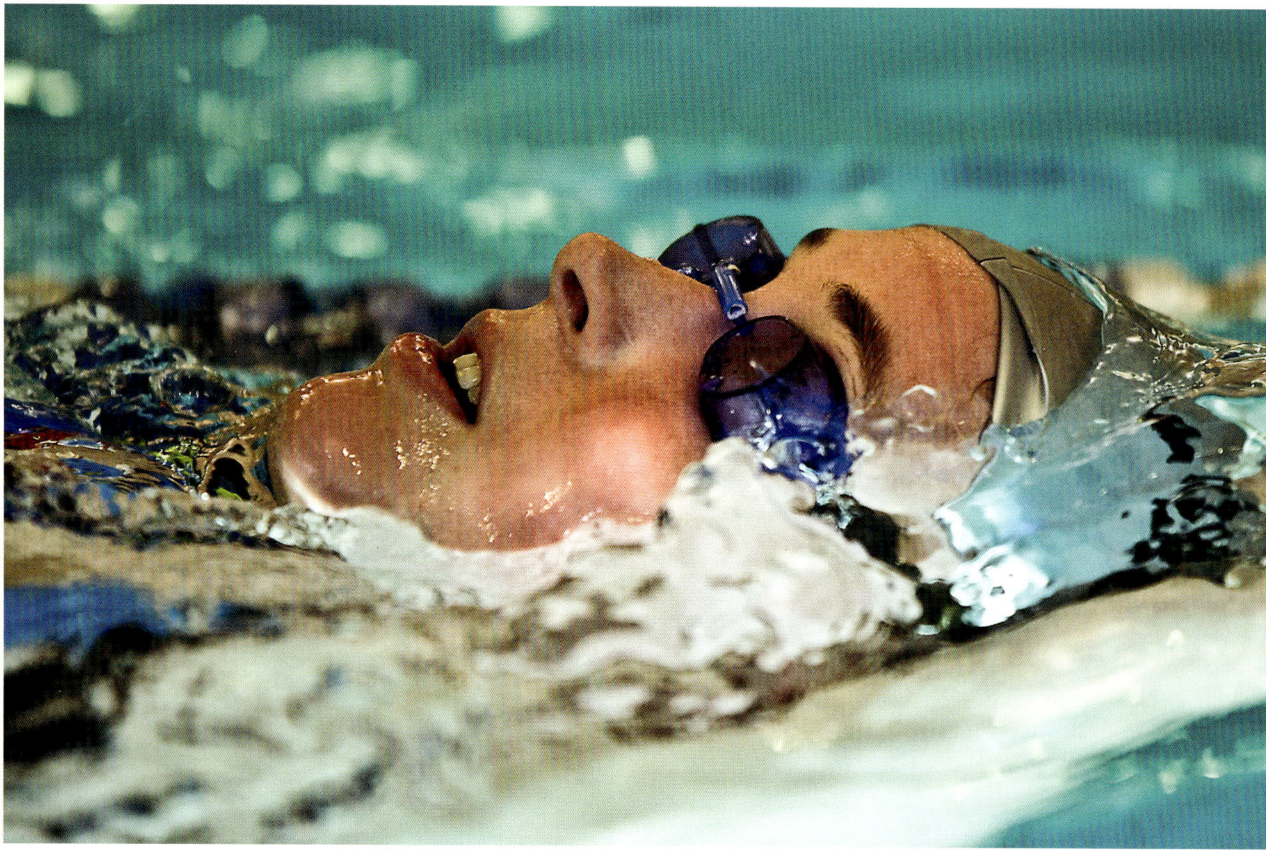

Rückenschwimmer

Diese Aufnahme entstand vom seitlichen Beckenrand aus unter den typischen Bedingungen beim Fotografieren in dunklen Schwimmhallen. Vor meinen Aufnahmen in der Halle musste ich eine gute halbe Stunde mit beschlagenen Linsen kämpfen. Um dem Beschlagen etwas vorzubeugen, kann es helfen, im Vorfeld ein aufgewärmtes Gelkissen in die Kameratasche zu legen oder die Kamera kurz unter einen Föhn zu halten. Diese Vorgehensweisen bergen aber Risiken und sind auch nicht immer effektiv – deswegen würde ich sie nicht uneingeschränkt empfehlen.

Nikon D700 (Vollformat) | 200 mm | 1/400 sek | f2,8 | ISO 2800 | Matrixmessung

Möglichkeit, zu scharfen Bildern zu gelangen, ist das Vorfokussieren. Hierbei fokussieren Sie im Vorfeld auf eine Stelle, die der Sportler passieren wird, indem Sie den Auslöser leicht antippen, und drücken dann im entscheidenden Moment den Auslöseknopf ganz durch.

ISO und Serienbild | Nutzen Sie am besten die Funktion für Serienaufnahmen Ihrer Kamera. Die Kamera nimmt dann, solange der Auslöser bis zum zweiten Druckpunkt gehalten wird, je nach Modell zwischen drei und zehn Bildern pro Sekunde auf. Damit erhöhen Sie Ihre Chancen, den richtigen Augenblick abzulichten. In der Sportfotografie ist dies nicht immer einfach. Aufgrund der Schnelligkeit vieler Sportarten und vielen, häufig nicht vorhersehbaren Richtungsänderungen der Sportler müssen Sie vor allem am Anfang mit viel Ausschuss rechnen. Lassen Sie sich davon nicht entmutigen, im Laufe der Zeit werden Sie ein immer besseres Verständnis für die jeweilige Sportart entwickeln und Ihre »Trefferquote« deutlich erhöhen. Verfügt Ihre Kamera über eine ISO-Automatik, legen Sie im Vorfeld je nach Objektiv die längste Verschlusszeit fest. Die ISO-Automatik erhöht vor dem Unterschreiten der gewählten Verschlusszeit die ISO-Einstellung und beugt so dem unbeabsichtigten Verwackeln vor. Als Faustregel dafür gilt: Die aus der Hand noch ohne Verwacklung haltbare Verschlusszeit verhält sich umgekehrt zur Brennweite. Das bedeutet zum Beispiel, dass Sie bei 200 mm mit einer Verschlusszeit von 1/200 Sekunde freihändig fotografieren können, ohne zu verwackeln. Bei längeren Verschlusszeiten besteht die Gefahr, dass die Aufnahme unscharf wird – es sei denn, Sie fotografieren von einem Stativ, oder Ihr Objektiv verfügt über einen Bildstabilisator. Ein Bildstabilisator sorgt dafür, dass Sie noch etwa zwei- bis dreimal so lange verwacklungsfrei fotografieren können. Bei einer Brennweite von 200 mm sind also noch Verschlusszeiten von bis zu 1/30 Sekunde möglich.

Blitzen | Scheuen Sie sich nicht zu blitzen – vorausgesetzt natürlich, der Sportler wird durch den Blitzeinsatz nicht gestört. Selbst bei starker Sonneneinstrahlung kann der Blitz von Vorteil sein, sei es, um Schattenpartien, zum Beispiel im Gesichtsbereich, aufzuhellen oder um die Augen lebendig funkeln zu lassen. Bei schnellen Sportarten, bei denen kürzere Verschlusszeiten als die übliche Blitzsynchronzeit (1/200–1/250 Sekunde) benötigt werden, kann die automatische FP-Kurzzeitsynchronisation von großem Nutzen sein. Sie ermöglicht Belichtungszeiten von 1/320 Sekunde und kürzer, da der Blitz während der gesamten Belichtung seine Lichtmenge pulsierend abgibt. Auch Porträts mit Offenblende gelingen mit Hilfe dieser Funktion bei starker Helligkeit. Gerade im grellen Sonnenlicht ist es häufig nötig, Schattenbereiche im Gesicht mit Hilfe des Blitzes aufzuhellen. Die FP-Kurzzeitsynchronisation ermöglicht Ihnen in solchen Momenten auch den Einsatz großer Blenden durch die Verwendung kürzerer Belichtungszeiten – so können Sie die Schärfentiefe wie gewünscht verringern und das Motiv gezielt freistellen.

Bei vielen meiner Bilder verwende ich zwei Blitze, dadurch bekommen die Bilder eine verbesserte Tiefenwirkung, und ich kann einzelne Bereiche bewusst hervorheben. Insgesamt ist die Blitzfotografie ein sehr komplexes Thema, Sie können und müssen wohl auch eine Menge ausprobieren und üben. Die Ergebnisse werden Sie aber sicher begeistern!

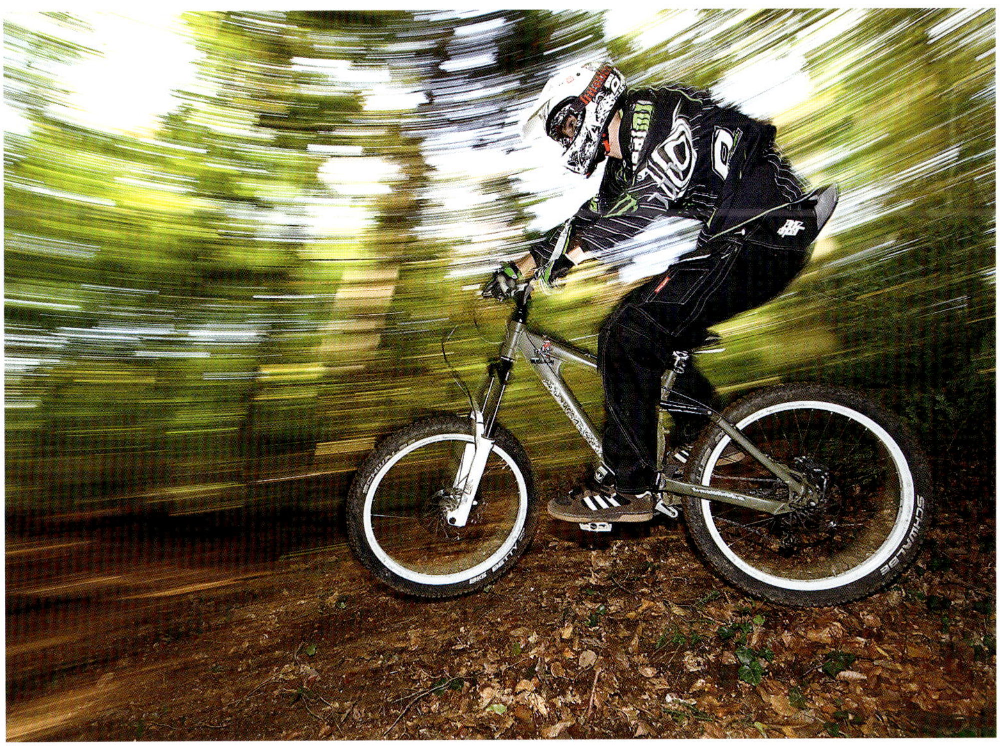

Freerider
Auch in diesem Bild wählte ich die Technik des Mitziehens. Zusätzlich setzte ich zwei Blitze ein, die kabellos gezündet wurden und die für die Schärfe und Tiefenwirkung verantwortlich sind. Beide Blitze wurden leicht eingezoomt, das heißt, der Streubereich des Blitzlichts wurde manuell begrenzt, um hauptsächlich den Fahrer zu belichten.

Nikon D700 (Vollformat) | 14 mm | 1/30 sek | f5,6 | ISO 560 | Matrixmessung | zwei Blitze

Aufnahmestandort und Perspektive

Hier können Sie Ihrer Kreativität freien Lauf lassen. Einzig bei Sportveranstaltungen sind Ihnen natürlich Grenzen gesetzt. Aber wie schon erwähnt, findet Sportfotografie nicht nur auf Sportveranstaltungen statt. Fotografieren Sie doch einmal beim Training, fragen Sie Skater oder BMX-Fahrer auf öffentlichen Plätzen, Mountainbiker im Wald, Beachvolleyballer im Strandbad etc., ob Sie sie fotografieren dürfen. Es gibt unzählige Möglichkeiten, um an eindrucksvolle Fotos zu gelangen. Sie benötigen nur ein klein wenig Mut für den ersten Schritt.

Perspektivwechsel | Wenn Sie nun also Ihre Sportmodelle gefunden haben, variieren Sie Ihre Aufnahmeposition, um sie in Aktion abzulichten. Experimentieren Sie, gehen Sie in die Hocke, legen Sie sich auf den Boden, klettern Sie auf Podeste, Bäume oder was sich sonst

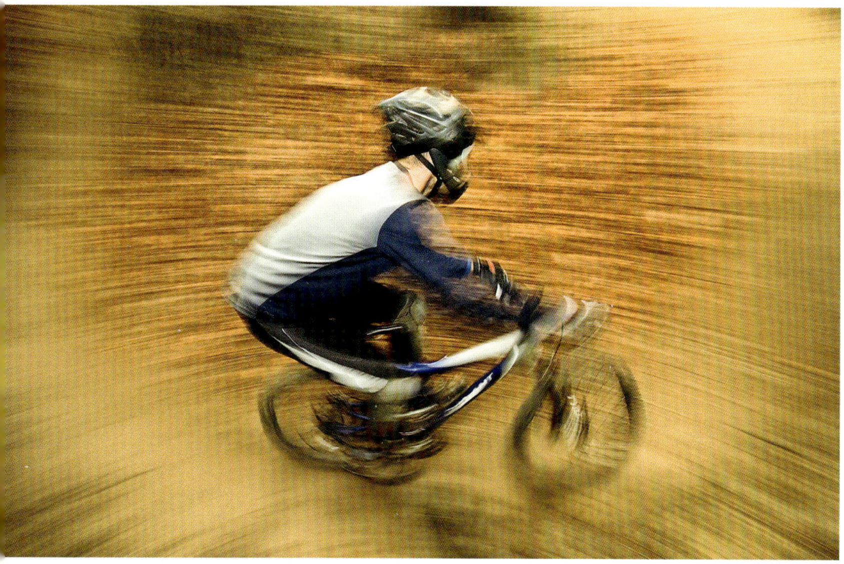

»Kurvenstar« und »Ganz nah dran«
Vergleichen Sie einmal die beiden Bilder miteinander – beide habe ich vom selben Standpunkt aus aufgenommen, allein der Aufnahmewinkel unterscheidet sich. Für die obere Aufnahme kletterte ich auf einen Baumstumpf, um den Fahrer von oben einzufangen. Für die untere Aufnahme habe ich mich flach auf den Boden gelegt, die Kamera über die Kante gehalten und »blind« ausgelöst.

Oben: Nikon D700 (Vollformat) | 14 mm | 1/15 sek | f6,3 | ISO 560 | Blitz auf den zweiten Verschlussvorhang

Unten: Nikon D700 (Vollformat) | 14 mm | 1/25 sek | f9 | ISO 560 | Blitz auf den zweiten Verschlussvorhang

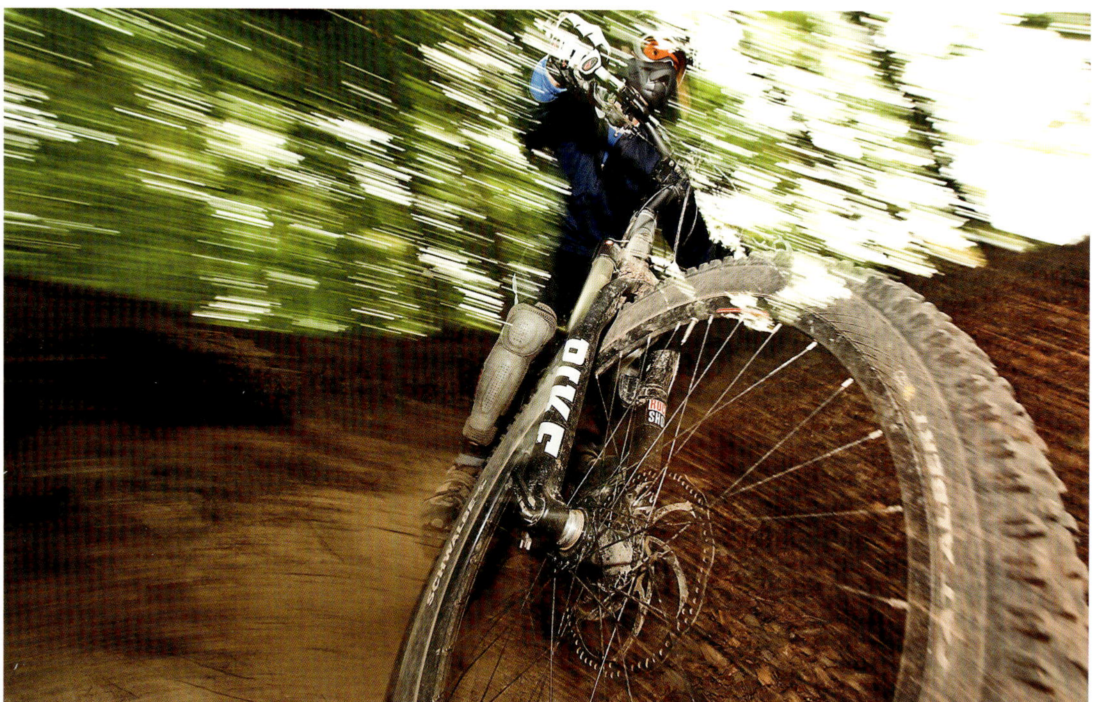

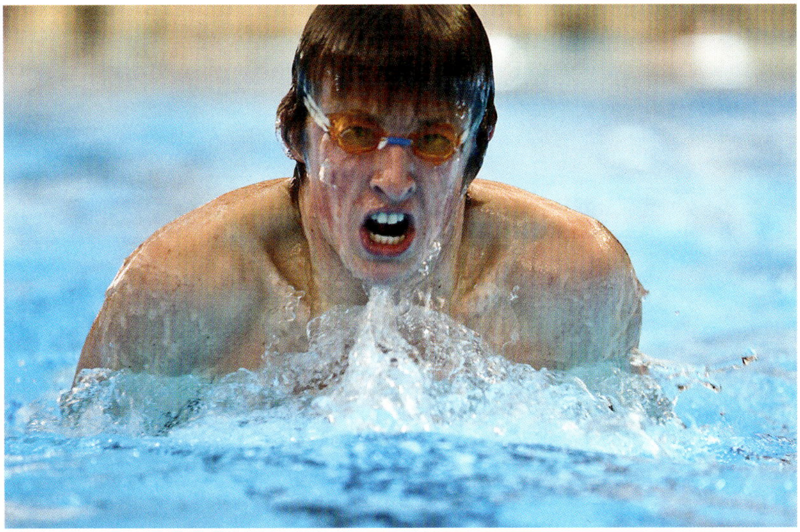

Kämpfer – Schwimmer des SSV Freiburg
Nur mit viel Begeisterung und Engagement von allen Seiten kann täglich ein mehrstündiges Training absolviert werden. Ein enger Bildausschnitt hilft, die Anstrengung hervorzuheben, die das Training für die Sportler mit sich bringt und die in deren Gesicht zu lesen ist.

Nikon D700 (FX) | 200 mm | 1/400 sek | f2,8 | ISO 6400 | Matrixmessung

alles so anbietet. Hier ist auch ein wenig Abwechslung gefragt, um den üblichen und bereits vielfach gesehenen Perspektiven zu entkommen.

Das eigene Verhalten | »Nehmen Sie bitte Rücksicht!« – der so oft benutzte Ausspruch gilt auch für Sportfotografen. Ich wurde einmal Zeuge, wie ein Mountainbiker am Ende einer Marathon-Veranstaltung glücklich und völlig erschöpft die Ziellinie überquerte und dort über einen am Boden liegenden Fotografen stürzte. Verzichten Sie im Zweifelsfall lieber auf ein Foto, wenn die Gefahr besteht, dass Sie dadurch den Sportler oder auch sich selbst in Gefahr bringen könnten! Leider ist oft genug das Gegenteil zu beobachten. Wenn Sie eine Veranstaltung mit verschiedenen Disziplinen besuchen, lassen Sie sich zudem durch die Fülle der möglichen Motive und Perspektiven nicht aus der Ruhe bringen. Schauen Sie sich zunächst in aller Ruhe um und entscheiden Sie dann, welche Sportarten Ihnen am meisten liegen und wo die spannendsten Aufnahmen zu erwarten sind.

Ich hoffe, mit diesem Kapitel Ihr Interesse für die Sportfotografie geweckt oder verstärkt zu haben, und wünsche Ihnen viel Spaß beim Suchen und Finden neuer Motive und Perspektiven sowie beim Experimentieren mit neuen Techniken. Die Arbeit mit Athleten, die ihren Sport lieben, die begeistert und motiviert bei der Sache sind, bereitet mir immer sehr viel Freude. Ich wünsche Ihnen, dass auch Sie viele dieser Sportler kennenlernen und dass sich deren Begeisterung auch auf Sie und Ihre Bilder überträgt.

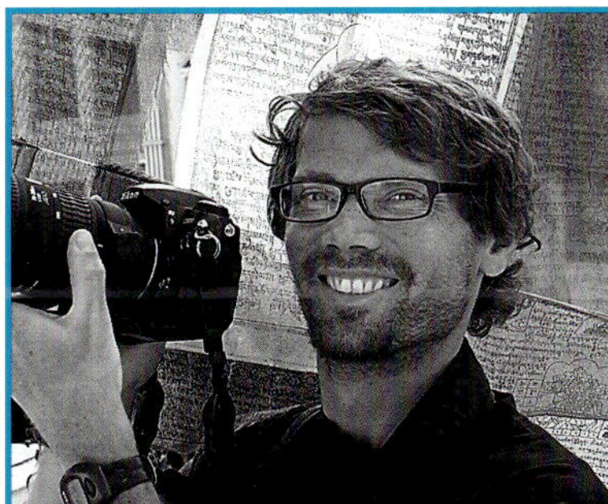

Der Autor

Geboren wurde ich 1973 in Hannover, seit inzwischen neun Jahren wohne und arbeite ich jedoch in Freiburg im Breisgau. Dem Sport bin ich seit meiner frühen Kindheit verbunden, begann zunächst mit dem Schwimmen, später konzentrierte ich mich auf das Mountainbiken. Die Fotografie wurde parallel dazu immer wichtiger für mich, seit einigen Jahren verknüpfe ich nun beide Leidenschaften. Neben der Sportfotografie reizen mich vor allem die Landschafts- und die Reportagefotografie (Gewinn des Leserwettbewerbs »Reportage – Straßenszenen« der Zeitschrift PHOTOGRAPHIE, 1–2/2009). Mein Dank gilt den abgebildeten Sportlern, die Zusammenarbeit mit ihnen war und ist stets mit sehr viel Freude verbunden.

Mehr Bilder sehen Sie unter: *www.behrensfoto.de*.

Street- und Reisefotografie

Das Abenteuer Mensch

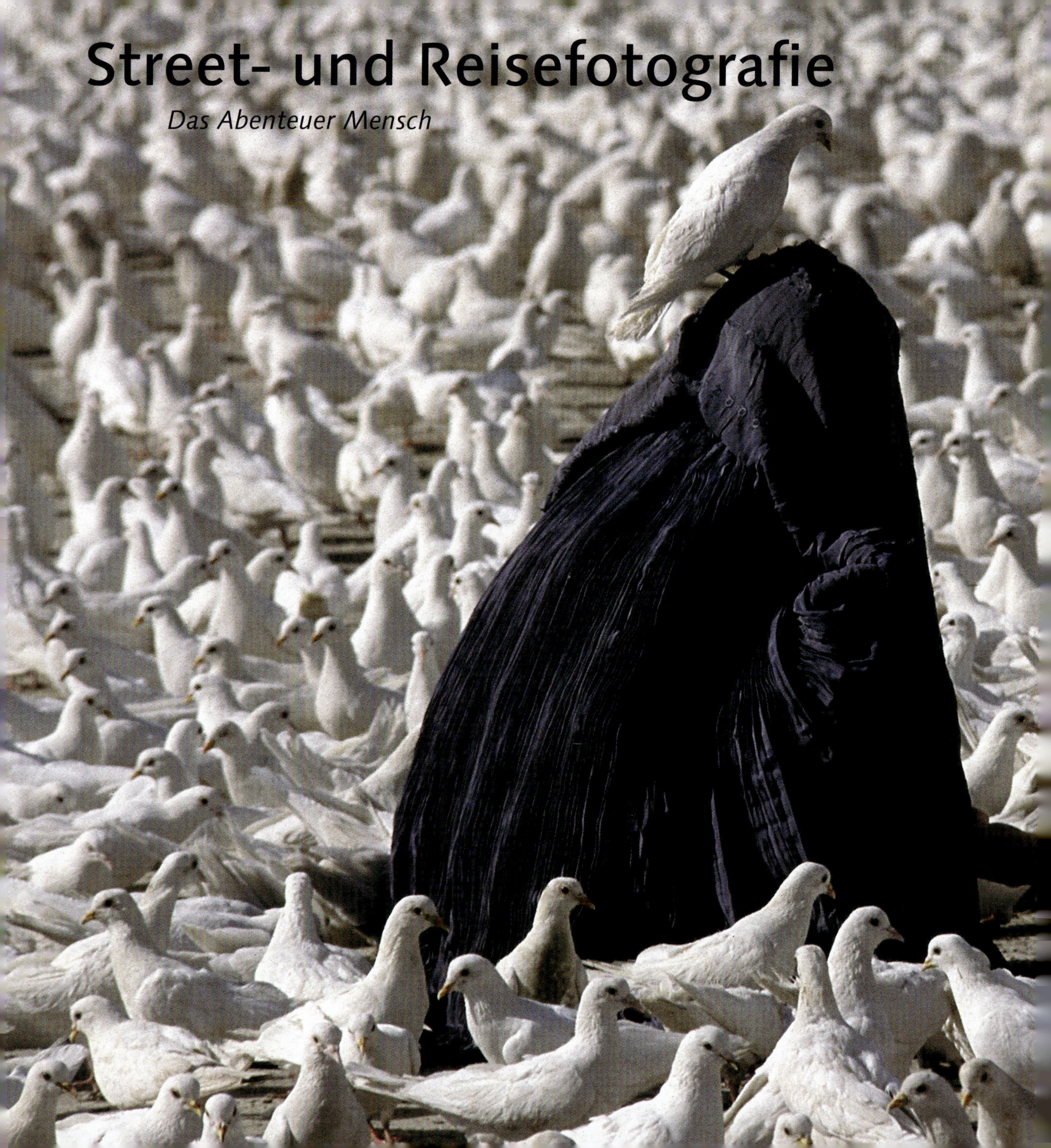

von Christian Fürst

Der Mensch stand von Beginn an im Mittelpunkt der Fotografie. War es zunächst das Porträt, das wegen der mangelnden Mobilität der Plattenkameras im Studio aufgenommen wurde, so gingen die Fotografen mit der Erfindung leichterer und kleinerer Kameras immer häufiger ins Freie. Erste Straßenfotos – neudeutsch »Streetfotografien« (oder einfach »Streets«) genannt –, tauchten schon in der zweiten Hälfte des 19. Jahrhunderts auf. Viele berühmte Fotografen – an erster Stelle die der Bildagentur Magnum – produzieren seit Jahrzehnten großartige Streets und haben Heerscharen anderer Fotografen inspiriert.

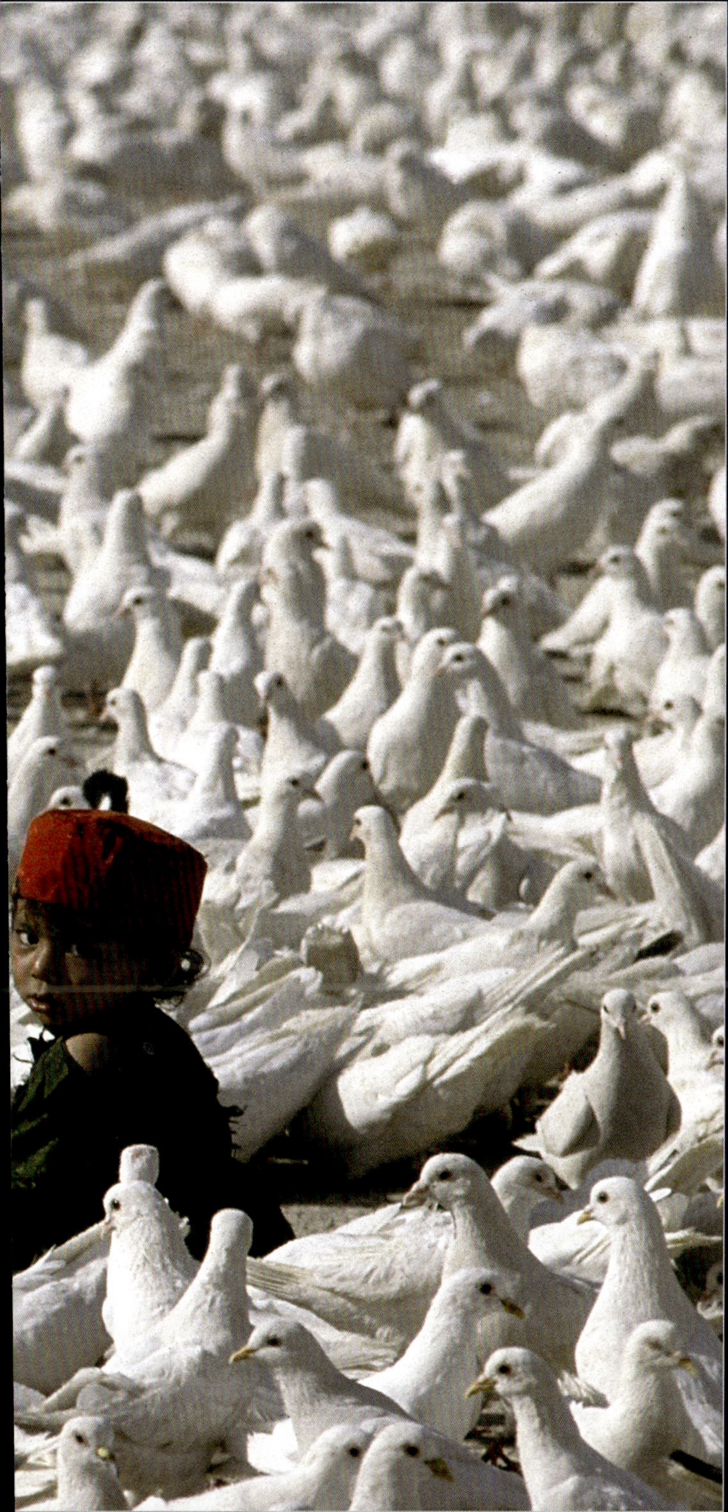

Friedenstauben mitten im Krieg
Afghanistan, Juli 1986: In dem Land am Hindukusch herrscht ein brutaler und blutiger Krieg zwischen russischen Besatzungstruppen und den Mudschaheddin. Nach einem Besuch der großen Moschee von Masar-e-Scharif sehe ich diese Frau mit dem kleinen Jungen in einem Meer von Tauben auf dem großen, ansonsten menschenleeren Platz vor dem Gotteshaus. Ich reiße meine Spiegelreflexkamera (ohne Autofokus) hoch. Es langt gerade für zwei Aufnahmen der Szene, dann fliegen die Tauben – aufgeschreckt durch das ziemlich laute Surren des Motors – davon. »Streets« wie dieses sind sicher ein Glücksfall. Oder ist dies vielleicht gar kein »Street«, sondern Reisefotografie?

Nikon FE (Kleinbild) | 4,5/80–200 mm | 1/125 sek | f8 | Fujichrome 100 | Belichtungskorrektur –1/3 Blende

Unzählige Straßenszenen werden inzwischen Jahr für Jahr geschossen; das Genre hat – ungeachtet der wachsenden Einschränkungen durch Polizei und Justiz – ständig an Popularität gewonnen. Allein die Streetsgruppe eines internationalen Dienstleistungsportals zählt unter dem vielsagenden Namen »Hardcore Street Photography« inzwischen über 30 000 Mitglieder. Und doch sind die fotografischen Ergebnisse oft wenig überzeugend. Die Verunsicherung darüber, was denn eigentlich gute Streetfotografie ausmacht, ist groß. Während die Definition der Akt- oder Porträtfotografie kaum jemandem Schwierigkeiten bereitet (die Umsetzung dafür häufig umso mehr …), sind auch erfahrene Fotografen oft ratlos, wenn es darum geht, Aktionen mit Menschen auf Straßen, Plätzen oder überhaupt in der Öffentlichkeit abzulichten.

Schnappschüsse der Verwandtschaft oder von Freunden? Notfalls mit dem Handy? Kein Problem. Erotische Fotos der Freundin? Die macht heute selbst der Fotoladen an der Ecke. Doch beim Fotografieren fremder Menschen, sei es in der eigenen Stadt oder auf Reisen im Ausland, scheinen viele wie gelähmt. Dazu kommt – ganz besonders in Deutschland – die zunehmende Angst vor juristischen Konsequenzen durch die mögliche Verletzung des »Rechts am eigenen Bild«. »Ich habe einfach (noch) Hemmungen abzudrücken, wenn ich fremde Menschen vor der Linse habe«, kann man häufig hören. Sehr oft sieht man den Bildern diese Ratlosigkeit an. Da werden Menschen aus größerer (vermeintlich sicherer) Entfernung mit dem langen Tele geschossen; vielleicht sogar noch aus einem Versteck heraus. Viele Aufnahmen wirken »rein zufällig«: Die bewusste Gestaltung ist meist nicht zu erkennen, als habe der/die Fotograf/in nur versehentlich oder zufällig ausgelöst. Dabei ist es doch gar nicht so schwer, gute Streets zu machen, wie wir auf den folgenden Seiten sehen werden. Und auch der materielle Aufwand für gute Streetfotografie ist eher bescheiden.

Möchtegern-Marylin

Hollywood, der Traum aller Möchtegern-Sternchen von Ruhm und dem großen Glück. Diese wohl nicht mehr ganz so junge Dame posierte spontan für mich während eines Fotospaziergangs auf dem berühmten Hollywood-Boulevard im August 2009. Die Passanten im Hintergrund ignorierten die Mimin, die Marylin Monroes Outfit und Gestik bis ins Detail kopierte. Links ist einer der Sterne zu sehen, die internationalen Filmstars meist noch zu Lebzeiten gewidmet werden. Möglich wurde der Schnappschuss durch ein Weitwinkelzoom 17–40 mm mit seiner großen Schärfentiefe. Da das Bild für mich keine reine Dokumentation darstellt, habe ich es gezielt auf die Verstärkung der Effekte hin bearbeitet. Den Hintergrund habe ich etwas abgedunkelt und leicht entsättigt.

Canon EOS 50D (Cropfaktor 1,6) | 4,0/17–40 mm bei 36 mm | 1/50 sek | f5,6 | ISO 400 | ohne Blitz

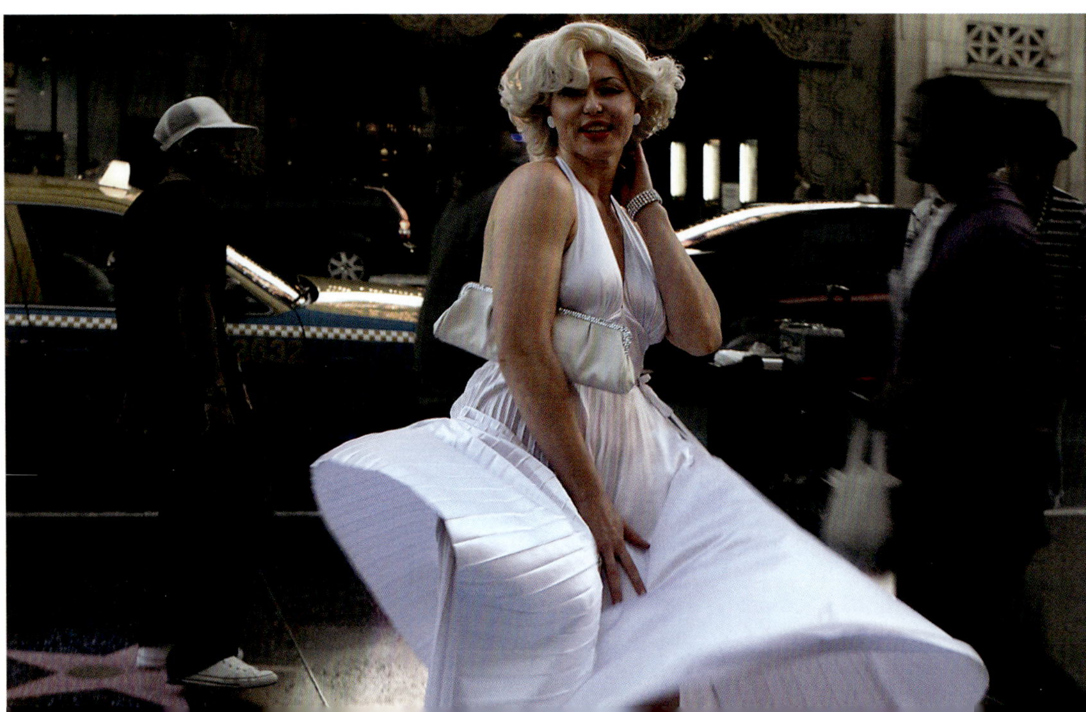

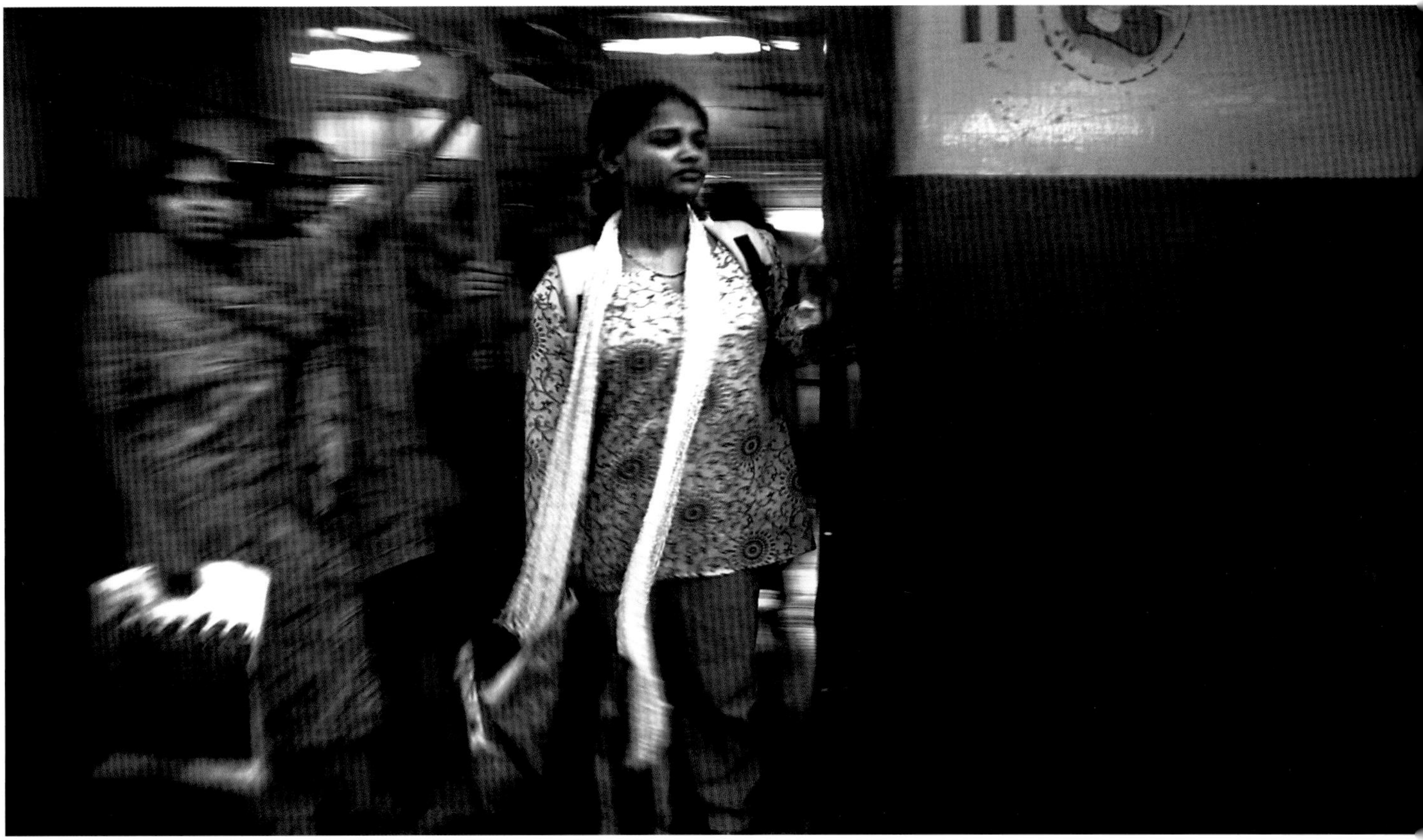

Verwirrung um den Begriff Streetfotografie

Die Schwierigkeiten mit der Streetfotografie beginnen bereits bei der Definition. Was ist eigentlich »Street«? Die allgemein übliche Antwort »Streetfotografie ist Fotografie im öffentlichen Raum mit dem Fokus auf das Alltägliche« ist zwar korrekt, aber wenig hilfreich. Denn dieses Genre der Fotografie ist glücklicherweise ebenso vielfältig wie seine Definitionen. Straßenfotografie ist ja nicht allein auf die Straße begrenzt. Viele prominente Fotografen haben ihre eigene Interpretation des Oberbegriffs geliefert. Am häufigsten zitiert wird wohl der französische Mitbegründer von Magnum, Henri Cartier-Bresson, der den »entscheidenden Augenblick« (*decisive moment*) als wichtigstes Element der Straßenfotografie benannte.

Doch was versteht Otto Durchschnittsfotograf unter »Street«? Ich habe einmal Mitglieder der *fotocommunity* befragt, wie sie den Begriff Streetfotografie deuten und was ihrer Meinung nach die wichtigsten Charakteristika dieser fotografischen Richtung sind. Vielleicht helfen Ihnen die hier ausschnittsweise wiedergegebenen Antworten ja bei der Suche nach Ihrem eigenen Zugang zu dieser Form der Menschenfotografie:

- »Streetfotografie lebt von Nähe und Umfeld. Es gibt sehr wenige namhafte Streetfotografen, die mit Tele arbeiten. Üblicherweise ist bei 50 mm Schluss.«

Ankunft Victoria Street Terminal
Victoria Street Terminal in Mumbai ist ein wahres Paradies für Streetfotografen, oder sollten wir sie lieber »Menschenfotografen« nennen? Bei diesem Bild habe ich die Kamera mit dem einfahrenden Zug mitgezogen.

Canon EOS 5D (Vollformat) | 3,5–4,5/24–85 mm bei 24 mm | 1/25 sek | f3,5 | ISO 800

- »Du musst dich integrieren, ein Teil des Geschehens werden, sonst bleibst du immer ein Außenstehender, der von außen hineinfotografiert. Und das sieht man den Bildern letztlich an.«
- »Will man eine authentische Situation erfassen und im Bild festhalten, dann ist Abstand im mehrfachen Sinn nur hinderlich. Denn so lässt man dich nicht teilhaben, dazu muss man schon ran.«
- »Unter Street verstehe ich das Festhalten des Alltagslebens.«
- »Integration ins Geschehen ist nur eine der vielen Möglichkeiten. Unzählige wundervolle Bilder von ›stillen Beobachtern‹ sprechen für sich. Das soll kein Plädoyer für das Tele sein. Es ist mehr ein Plädoyer für einen gewissen Abstand zu dem Motiv und der damit verbundenen Möglichkeit, dem Umfeld Beachtung zu schenken.«
- »Street ist Kopfsache, der Geist, in dem ein Bild entsteht, ist nicht unwichtig.«
- »Oft warte ich auf meine Bilder, lasse meinen Motiven Zeit. Manchmal hat man das Gefühl, dass etwas geschehen wird, und wartet. Vielleicht wird etwas daraus, vielleicht auch nicht. Man braucht dafür weder Modelle, etwas zu arrangieren oder eine besondere Ausrüstung, abgesehen von einem Blick für das Ungewöhnliche. Es ist ein riesiges Vergnügen, so zu fotografieren.«
- »Es gibt kein Rezept. Mal ist dies richtig, ein anderes Mal wieder vollkommen falsch. Aber ich denke, der einfachste Weg ist, erst einmal dort hinzugehen, wo viele Menschen sind, und dann unauffällig mit der Kamera in der Hand zu beobachten und alles, was dich irritiert, festzuhalten.«

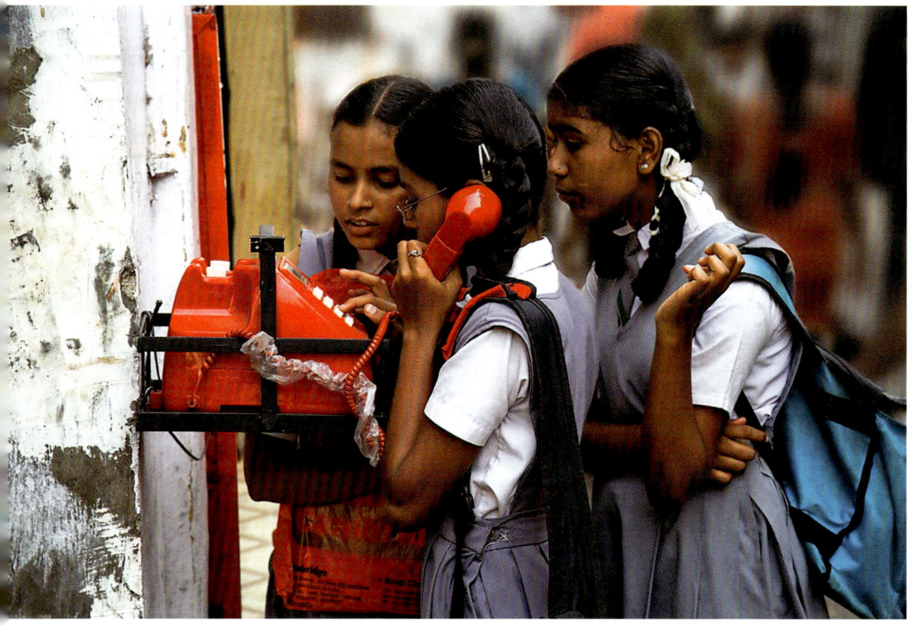

Telekom India

Mumbai 2007: Billig telefonieren, und zwar möglichst auf der Straße. Nach der Schule telefonieren diese Mädchen von einem der öffentlichen Telefone in Mumbai mit ihren Eltern. Streetfotografie? Reisefotografie? Ich denke, es ist beides.

Canon EOS 5D (Vollformat) | 3,5–4,5/24–85 mm bei 85mm | 1/200 sek | f8,0 | ISO 320

Der »entscheidende Moment« oder das »geraubte Bild«

Die undeutliche Definition des Streetbegriffs macht die ganze Angelegenheit für uns allerdings auch etwas leichter: Der Kreativität sind keine Grenzen gesetzt. Ein Blick auf die Portfolios prominenter Streetfotografen etwa bei Magnum (*www.magnumphotos.com*) beweist die ganze Vielfalt dieses Genres. Vom Miterfinder der Straßenfotografie und Magnum-Mitbegründer Henri Cartier-Bresson (HCB) bis zu dem fast zerstörerisch operierenden Bruce Gilden. Gilden rückte Menschen auf den vollen New Yorker Gehsteigen extrem auf die Pelle, brannte sie im Vorbeigehen mit seiner Weitwinkel-Leica ungefragt förmlich auf seinem Film ein und forderte sie dabei auf: »Bitte nicht lächeln!«. Gildens öffentlich-ironisches Bekenntnis »Ethik, was ist das?« mag freilich nicht jedermanns Sache sein. In Deutschland wäre der Fotograf bei seinen Foto-Sessions vermutlich öfter von Betroffenen verprügelt oder vor Gericht gezerrt worden. Da bevorzuge ich schon die Definition Cartier-Bressons, ein gutes

Street müsse den »entscheidenden Augenblick« einfangen. Tatsächlich haben für mich alle guten Straßenfotos eines gemein: Sie sind spontan und *nicht* gestellt. Und sie sind immer nur Momentaufnahmen. Natürlich müssen Sie davon ausgehen, dass sich der eine oder andere Fotograf durchaus auch einmal nicht an die Spielregeln hält und eine Szene manipuliert. Inzwischen gibt es durchaus ernst zu nehmende Streetfotografen wie Jake Dobkin (WNYC Street Photography Project: *www.wnyc.org/streetshots*), der die ursprünglichen Regeln auf den Kopf stellt. Er spricht in New York gezielt Passanten auf der Straße an und porträtiert sie an Ort und Stelle. Sicher ist dies keine Streetfotografie im klassischen Sinne mehr, aber schließlich hat jedes Genre innerhalb der Fotografie seit ihrer Erfindung einen Wandel durchgemacht.

Das gilt natürlich auch für die ursprünglich geforderte Nähe des Fotografen zu seinem fotografischen Objekt oder vielmehr zu der sich vor ihm entwickelnden Szene. Traditionalisten unter den renommierten Streetfotografen schwören dabei auf das gemäßigte Weitwinkel von etwa 35 mm an der Kleinbildkamera für die Straßenfotografie. Dies verlangt die örtliche Nähe des Fotografen zu seinem Motiv und schafft gleichzeitig den Raum, die Übersicht über die fotografierte Szene.

Doch natürlich ist das Weitwinkel nur *ein* Charakteristikum für gute Streetfotografie. Nicht immer lässt sich diese Regel einhalten. Warum sollte ein Fotograf nicht eine vor ihm entstehende Szene auch aus etwas größerer Distanz fotografieren, wenn es sich um ein lohnendes Motiv handelt? Dennoch sollte der Streetfotograf nicht – wie etwa die berüchtigten Paparazzi – aus einem »sicheren« Versteck« heraus operieren. Sie wollen den vor der Kamera agierenden Menschen ja nicht »das Gesicht stehlen«; eine Furcht, der man offenbar nicht mehr ausschließlich im Orient häufig begegnet. Sie wollen lediglich eine Szene im Bild festhalten, mehr nicht! Die Menschen vor der Linse sind dabei austauschbar. Das unterscheidet diese Art der Fotografie vom Bildjournalismus, bei dem die Identität der fotografierten Personen oft der eigentliche Anlass für die Fotografie ist. Es gibt einfach immer wieder Aufnahmesituationen, in denen das Weitwinkelobjektiv nicht mehr ausreicht, um eine Szene in akzeptabler Größe festzuhalten. Auch Henri Cartier-Bresson benutzte ja gelegentlich eine leichte Telebrennweite (135 mm) an seiner Sucherkamera.

Hey, ich kann fliegen!
Wien 2005: Die Zahl der Tauben auf Wiens Stephansplatz kann natürlich nicht mit der auf Venedigs Markusplatz mithalten, dennoch machen sich auch hier die angereisten Kinder aus aller Welt einen Spaß daraus, die »Ratten der Lüfte« kräftig aufzuscheuchen. Dass der kleine Taubenjäger zusammen mit den Vögeln abhob, war eher Zufall …

Canon EOS 300D (Cropfaktor 1,6) | 4,0–4,5/70–300 mm | 1/125 sek | f8,0 | ISO 400

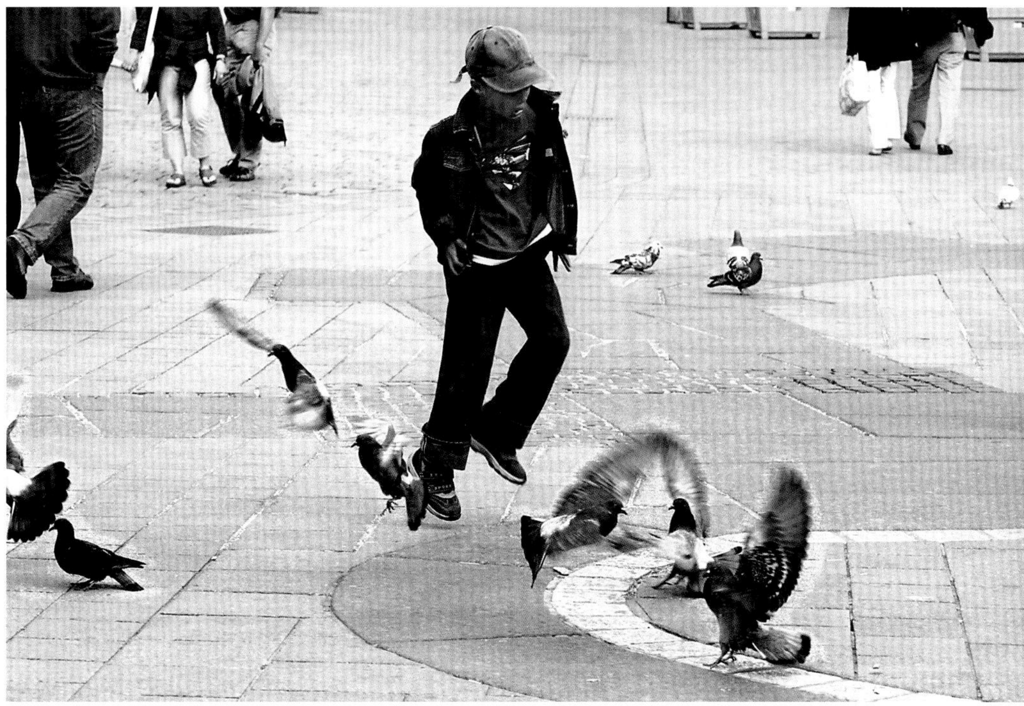

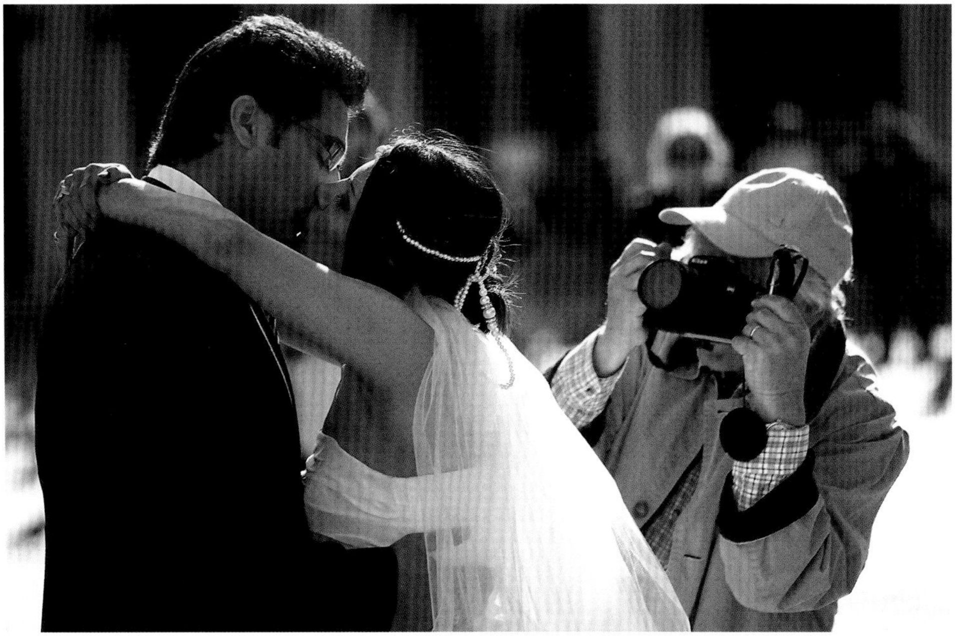

Hochzeitspaar auf dem Markusplatz in Venedig
Muss Liebe schön sein … Dieses Pärchen zelebrierte seine Eheschließung mit einer öffentlichen Fotosession mitten auf dem Markusplatz in Venedig. Pärchen und Fotograf wurden dabei selbst zum Objekt Dutzender Touristen, die sich mit ihren Digicams die Szene nicht entgehen lassen wollten. Ich fotografierte aus einer Entfernung von ca. zehn Metern und war die ganze Zeit für das Paar und den Fotografen sichtbar, die die Aufmerksamkeit ihrer Umgebung eindeutig genossen. Das Telezoom benutzte ich eigentlich nur, um das Trio möglichst formatfüllend fotografieren zu können. Ich habe mich hier für die Variante in Schwarzweiß entschieden, um den Blick des Betrachters noch stärker auf das eigentliche Geschehen zu lenken.

Canon EOS 5D (Vollformat) | 4–4,5/70–300 mm bei 250 mm | f5,6 | 1/125 sek | SW-Konvertierung in Photoshop

Streets benötigen den »Aha-Effekt«

Ein Streetbild ohne »Aha-Effekt«, ohne eine Pointe, ist meist langweilig. Das ist vergleichbar mit der Novelle in der Literatur, die eine »unerhörte Begebenheit« (Goethe) braucht, um eine gute Novelle zu sein. Ziel dieser Art der Fotografie ist ja – wie bereits erwähnt – nicht die reine Dokumentation eines Ereignisses. Sie sollten versuchen, den Höhepunkt einer menschlichen Interaktion einzufangen. Das aber heißt wiederum nicht, dass ein Street nicht auch dokumentarisch sein darf. Doch Straßenfotografie ist stets künstlerisch und nicht kommerziell ausgerichtet. Das hat wiederum Folgen für den Fotografen: Denn mit Street können Sie sich zwar einen Namen machen, viel Geld werden Sie dagegen damit kaum verdienen. Selbst Henri Cartier-Bresson hat zu Lebzeiten sein Geld eher mit Porträts von Promis und anderen Auftragsbildern verdient als mit seinen unsterblich gewordenen Pariser Straßenszenen, die in vielen großen Museen ausgestellt wurden.

Ein gutes Streetfoto zeigt – so die eher konservative Definition von Wikipedia – »eine erkennbare Grundsituation menschlicher Begegnung, wobei die Protagonisten zueinander sowie zu Strukturmerkmalen der Umgebung in einer ästhetisch harmonischen Beziehung stehen, sich also nicht gegenseitig nivellieren, sondern gemeinsam diese Grundsituation spontan und nicht geplant darstellen.« In verständliche Sprache übersetzt, heißt dies: Wichtig sind die Handlungen und weniger die handelnden Personen. Schließlich befinden sie sich ja meist auch eher zufällig zusammen mit dem Fotografen am Ort des Geschehens. In jedem Fall ist Street das Festhalten eines nicht wiederholbaren Augenblicks. Dass es bei dieser Art der Spontanfotografie auf die Schnelligkeit (auch die gedankliche) des Fotografen ankommt, versteht sich von selbst. Straßenfotografie ist meist das Produkt aus Zufall und dem blitzschnellen Erfassen des besonderen Augenblicks durch den Fotografen. Gute und erfahrene Streetfotografen entwickeln im Laufe ihres fotografischen Lebens jenen Instinkt, der es ihnen erlaubt, bestimmte Entwicklungen vor ihrer Linse vorauszuahnen.

Die Würde des Menschen ist unantastbar!

Straßenfotografie (und auch gute Reisefotografie) verlangt leider ein gewisses Maß an Indiskretion. Deshalb ist der tiefe Respekt vor der Würde und den Persönlichkeitsrechten der abgebildeten Personen die vielleicht wichtigste Eigenschaft eines Streetfotografen. Sind es doch diese oft sehr persönlichen, »menschlichen« Augenblicke, die den Fotografen magisch anziehen. Ich meine vor allem jene Situationen, die uns schmunzeln lassen oder die uns nachdenklich, vielleicht sogar traurig machen.

Gute Streets belichten den Höhepunkt einer Handlung: Momente des Glücks und der Trauer gleichermaßen. Die Bilder dürfen aber das Ende einer Handlung auch offenlassen. Die Fantasie des Betrachters sollte in Gang gesetzt werden. Wie mag die erzählte Geschichte zu Ende gehen? Was mögen sich die beteiligten Personen gedacht haben? Die abgebildeten Menschen sollten dabei letztlich anonym bleiben, auch wenn der Fotograf bei der Aufnahme »ganz dicht dran« war. Streets sind gut, wenn sie auch noch nach Jahren den gleichen Denkreflex auslösen. Niemand, mit Ausnahme der fotografierten Person und vielleicht der familiäre Umkreis, weiß und wird sich dafür interessieren, um wen es sich eigentlich handelte.

Der Inhalt von Streets muss nicht unbedingt humorvoll sein. Moderne Straßenfotografie ist durchaus sozialkritisch. Immer aber sollte der Autor dabei ein Mindestmaß an Diskretion und Respekt vor den abgelichteten Menschen haben. Die Würde des Menschen, so heißt es in unserem Grundgesetz, ist unantastbar. Ich habe

Halbe Sachen

Neapel 2006: Wenn Beerdigungsunternehmer einen Sarg einfach absetzen, um vor der Kamera zu posieren, dann ist das schon ein Foto wert. Kaum war der Sarg im Leichenwagen abgesetzt, stellten sich die Männer hinter dem Wagen auf und lächelten freundlich in die Kamera. Ihrem Kollegen (rechts im Bild) war das wohl etwas peinlich.

Canon EOS 5D (Vollformat) | 2,0/100 mm | 1/200 sek | f7,1 | ISO 200

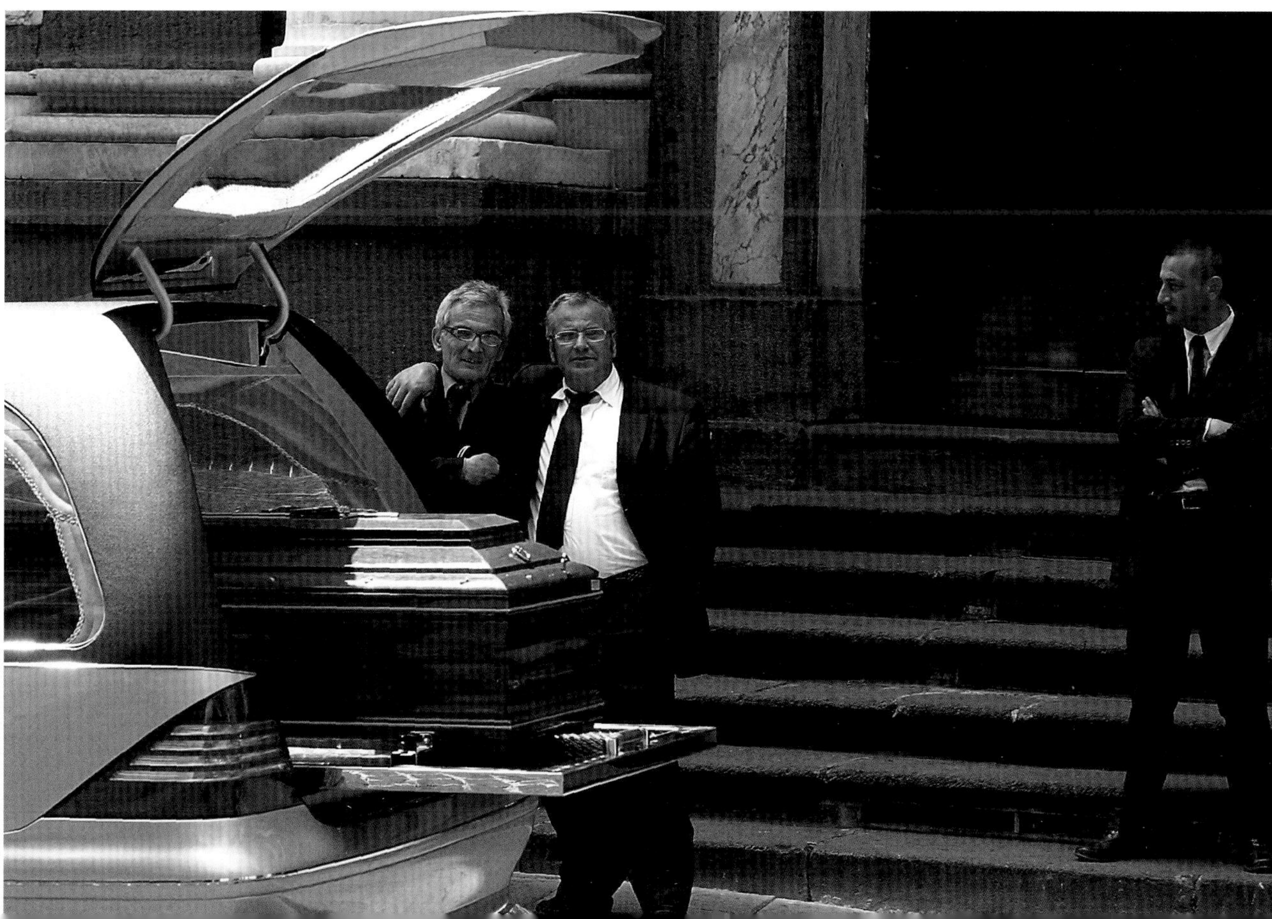

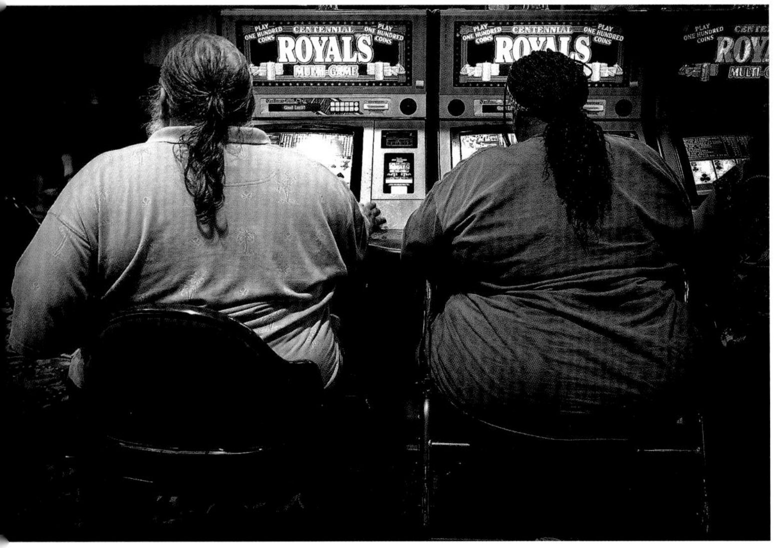

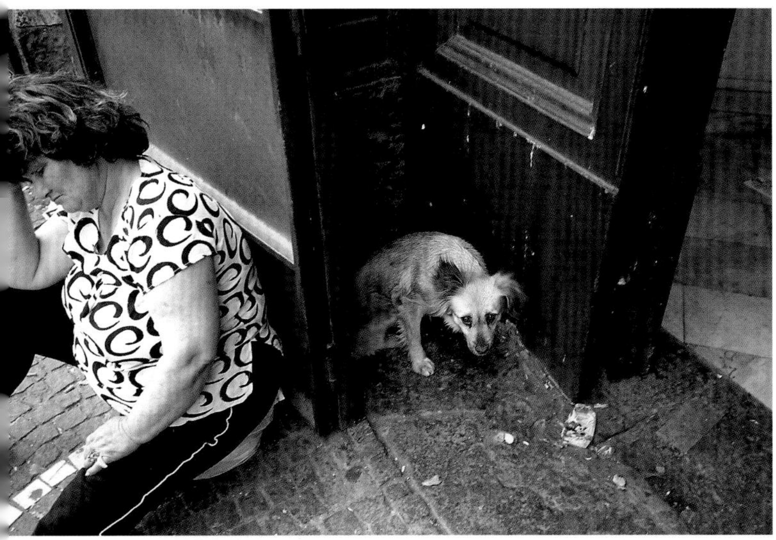

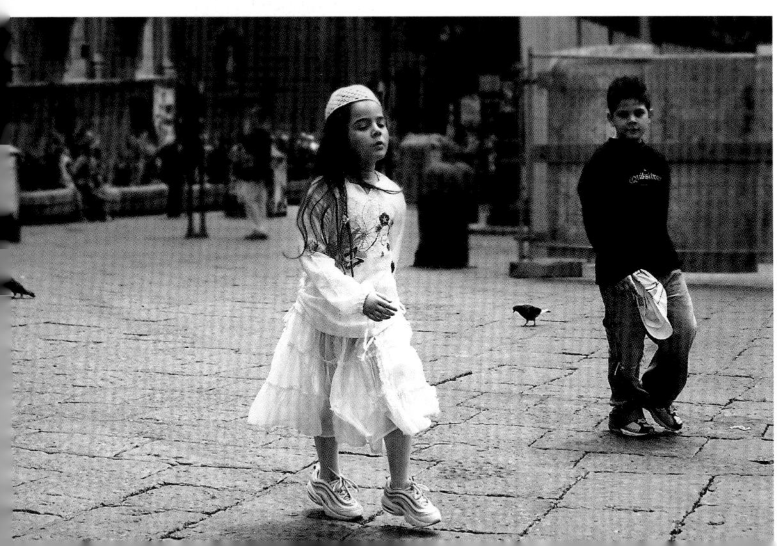

Big Daddy and Mummy am einarmigen Banditen

Las Vegas 2009: Streetfotografie ist von Haus aus auch dokumentarisch, die Nähe zur Bildreportage ist hier offensichtlich. Dieses Foto ist Bestandteil einer Reportage über die Welthauptstadt des Glücksspiels, die jedes Jahr von zig Millionen Touristen besucht wird. Ihre Hoffnung: Teilhaben am Reichtum in den USA und ein paar Stunden des Vergessens. Fast überall sind die Spielhallen ins Halbdunkel getaucht. Die Spieler sollen das Gefühl für Tag und Nacht verlieren. Am Ende verliert fast jeder auch sein Geld. Alle aber nehmen das in Kauf. Für die meisten Aufnahmen benutzte ich mein Normalobjektiv 1,8/50 mm, das ich inzwischen zu den am besten geeigneten Objektiven für die Streetfotografie zähle. Dazu noch mein 2,0/100 mm, das selbst bei offener Blende bereits verblüffend scharfzeichnet, sowie mein Weitwinkelzoom 4,0/17–40 mm. Den Blitz dürfen, ja müssen Sie bei solchen Aufnahmen im Hotelzimmer lassen. Auch bei diesem Bild bevorzuge ich die Umwandlung in Schwarzweiß, obwohl die im Kunstlicht der Neonröhren eher fahlen Farben in den Spielhallen auch ihren Reiz haben. Ich habe hier die Umgebung der beiden Protagonisten zusätzlich abgedunkelt, um die Aufmerksamkeit auf die Personen zu konzentrieren. Der Blickwinkel ist diskret, und die Fotografierten sind nicht zu erkennen.

Canon EOS 5D (Vollformat) | 4/17–40 mm bei 33 mm | 1/13 sek | f4,0 | ISO 1250 | RAW | SW-Konvertierung in Photoshop

Die Würde des Menschen und der Kreatur

Neapel 2006: Auch dies ist Streetfotografie – für mich ein quälendes Bild. An einer solchen Stelle mit dem Weitwinkel aus nächster Nähe und »von oben herab« zu fotografieren dürfte viele Fotografen einige Überwindung kosten. Das Gesicht der verzweifelt wirkenden Frau am Eingang der neapolitanischen Kirche und der ängstliche Blick des kranken oder verletzten Hundes ließen mich fast automatisch auf den Auslöser drücken. Nicht ich habe diesen beiden etwa durch meine Fotografie die Würde genommen. Das haben jene getan, die sie an diesen Ort brachten. Dass die Beine der Frau angeschnitten sind, ist für mich unerheblich. Ich habe die Tonwerte leicht geändert, um den kleinen Hund stärker hervorzuheben.

Canon EOS 5D (Vollformat) | 4/17–40 mm bei 33 mm | 1/40 sek | f4,0 | ISO 200 | Belichtungskorrektur +⅓ Blende

Begegnung der besonderen Art

Neapel 2006: »Cool«! Der Betrachter ahnt, was der Junge dachte, als er diese kleine Dame über den Platz in der Altstadt Neapels laufen sah. Sie ignorierte ihn völlig, mit dem Ergebnis, dass er am Ende dieser kurzen Begegnung Steinchen nahm und damit die Tauben auf dem Platz verjagte.

Canon EOS 5D (Vollformat) | 4,0/70 mm | 1/500 sek | f8,0 | ISO 400 | RAW | SW-Konvertierung in Photoshop

im Lauf meines beruflichen Lebens als fotografierender Auslandskorrespondent immer versucht, mich an diese Verpflichtung zu erinnern. Dies verlangt unter anderem zwingend, auf ein Bild zu verzichten, wenn die handelnden Personen es aus persönlichen Gründen wünschen. Gleichzeitig bedeutet dies jedoch nicht den Verzicht auf Bilder, deren Inhalt Anlass zu kontroversen Diskussionen geben könnte. Wenn Sie einen Bettler oder einen schlafenden Obdachlosen fotografieren, hat meines Erachtens nicht der Fotograf ihnen die Würde geraubt, wie so oft behauptet wird. Vielmehr haben die Betroffenen ihre Würde längst durch das Verschulden anderer verloren!

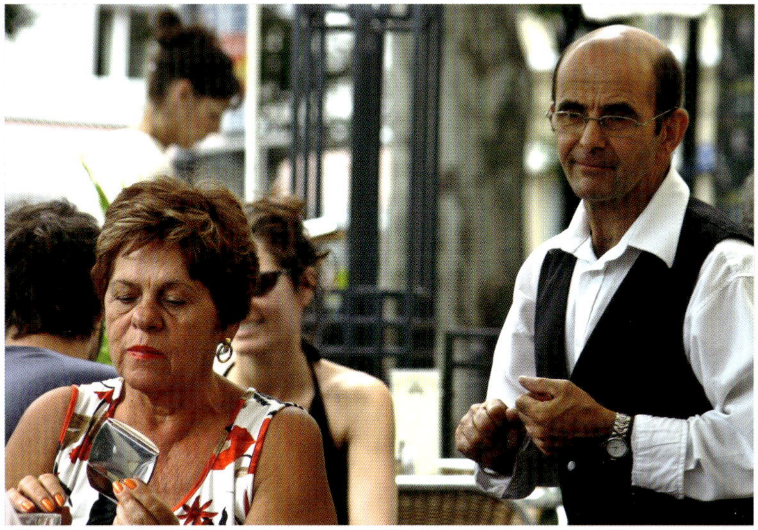

Ob gnä' Frau vielleicht noch einen Wunsch ...?
Wien 2004: Ein Ober im stilvollen und auch bei deutschen Touristen sehr beliebten Wiener Café Schwarzenberg bei der Arbeit. Seit Jahren schon arbeiten hier ein und dieselben Kellner, die in der Regel gleichbleibend freundlich die Gäste umsorgen. Dieser »Herr Ober« ist immer besonders emsig. Er bewegt sich schneller als seine Kollegen, manchmal ist er ein wenig fahrig, aber stets freundlich. Mich lockte bei diesem Bild seine typische, etwas unentschlossene Körperhaltung und der Blick auf die Handbewegung seines Gastes im sogenannten Schanigarten des Cafés.

Canon EOS 300D (Cropfaktor 1,6) | 4/70–210 mm bei 145 mm | 1/200 sek | f6,3 | ISO 400 | RAW

Kunst kann man nicht erlernen, aber zumindest das Handwerk

»Wenn ihr's nicht fühlt, ihr werdet's nicht erjagen ...«. Mit dieser ernüchternden Erkenntnis stellte einst Johann Wolfgang von Goethes Faust fest, dass Kunst nicht so einfach erlernbar sei. Aber gilt das so einfach auch für die Fotografie – und hier im Besonderen für die Streetfotografie? Technisch gesehen ist gute Fotografie in den vergangenen Jahren dank ausgeklügelter Geräte einfacher geworden. Selbst mit einer zigarettenschachtelgroßen digitalen Kamera lassen sich heute Bilder erzielen, die früher nicht einmal mit einem ganzen Arsenal an fotografischer Ausrüstung machbar waren. In der Makro-, aber auch in der Sportfotografie haben superschnelle digitale Spiegelreflexkameras, lichtstarke Objektive und Zooms mit Stabilisatoren sowie immer raffiniertere Blitztechnologien zu kaum für möglich gehaltenen Ergebnissen geführt. In der Tierfotografie haben enorm lichtstarke Teleobjektive fantastische Resultate gebracht. Nur bei den Bildern von Menschen scheint die Entwicklung zu stagnieren. Sollte der gute alte Faust am Ende recht behalten? Eindrucksvolle Menschenbilder sind eine Kunst – die Technik spielt hier meist eine nur untergeordnete Rolle.

Nie wurde mehr fotografiert als heute, und dies vor allem auf Reisen. Ein Millionenheer von Amateurfotografen reist inzwischen zu den entlegensten Winkeln der Erde, und die digitale Speicherung lässt uns in einer Sintflut an Bildern fast ertrinken. Ich kenne einen Amateurfotografen, der von einer zweiwöchigen Reise durch Südostasien 11 000 (!) Bilder auf seiner mobilen Festplatte mitbrachte. Wirklich sehenswert war am Ende nur ein Bruchteil davon. Dabei ermöglicht die Digitaltechnik doch, die Qualität der Aufnahmen schon am »Tatort« zu überprüfen und »Fehlschüsse« gnadenlos zu löschen. Die folgenden Hinweise werden Sie zwar nicht zum Künstler machen, aber sicher dabei helfen, bessere – und letztlich gute – Streets zu schießen.

Fehlschüsse aussortieren | Erster und wichtigster Tipp: Seien Sie kritisch Ihren eigenen Aufnahmen gegenüber. Schmeißen Sie gnadenlos weg, was Sie Ihrer Einschätzung nach nicht befriedigt! Das wichtigste Kriterium für gute Bilder von Menschen und besonders von Streets sind die eigenen Augen. Um erfolgreich zu sein, müssen Sie lernen, Situationen schnell zu erfassen, um dann ebenso schnell reagieren und fotografieren zu können. Unentbehrlich neben dem schnellen Auge ist daher eine Kamera, die ebenso schnell reagieren kann. Wenn Ihr Apparat eineinhalb Sekunden braucht, um aufnahmebereit zu sein, sind die meisten Streetsituationen schon vorbei. Zu Übungszwecken können Sie freilich auch ganz auf eine Kamera verzichten. Um das Auge zu schulen, habe ich früher eine Schablone im Kleinbildverhältnis 2:3 (entspricht 24×36-mm-Kleinbildformat) mit mir herumgetragen und im Zweifelsfall durch diese Schablone mein potenzielles Motiv anvisiert. War's ein Bild, dann habe ich es eben fotografiert.

Diese simple, aber bestens funktionierende »Schule des Sehens« ist heute durch die Möglichkeiten der Digitalkameras eigentlich unnötig geworden. Aber sie ist dennoch hilfreich. Wichtig ist zudem nach wie vor das regelmäßige Betrachten von guten Bildern zu Hause. Brennen Sie diese guten Aufnahmen als »Vorbilder« in Ihr Gedächtnis ein, und vergleichen Sie diese dann im entscheidenden Moment mit dem Motiv und der Komposition vor Ihren Augen. Vor allem bei der Streetfotografie und auf Reisen bleibt Ihnen, wenn es um Menschenbilder geht, allerdings oft keine Zeit für ein solches Vorgehen. Wenn Sie es mit dieser Art der Fotografie ernst meinen, halten Sie deshalb Ihre Kamera stets schussbereit fest in Ihrer Hand. Schalten Sie zuvor die Stand-by-Funktion der Kamera aus, um jederzeit auslösen zu können.

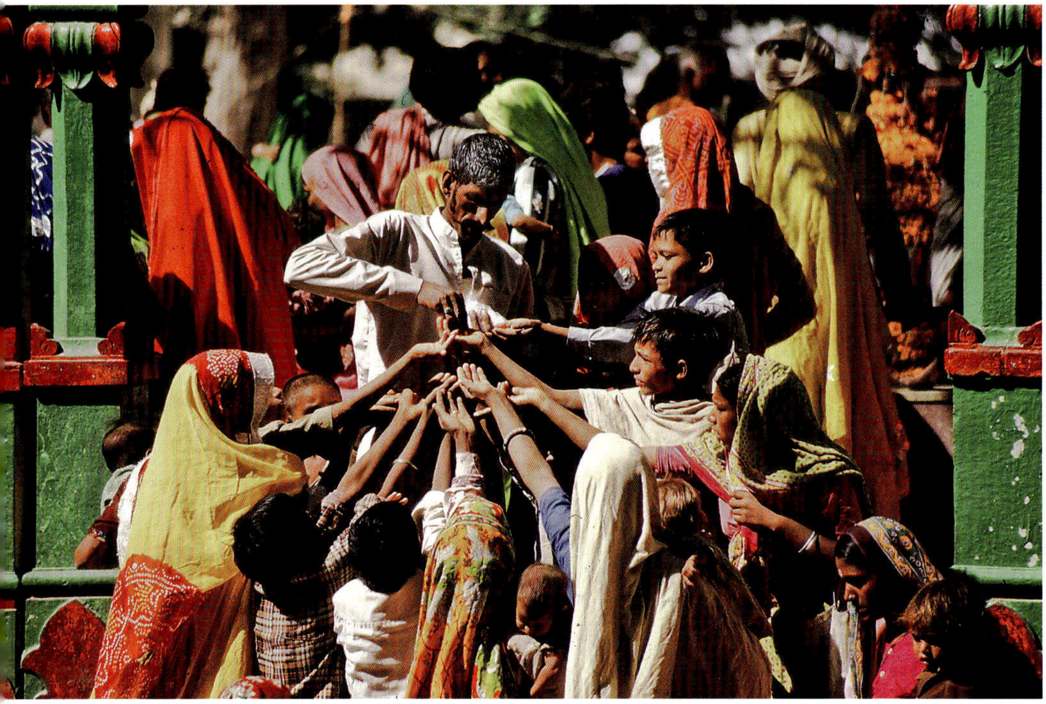

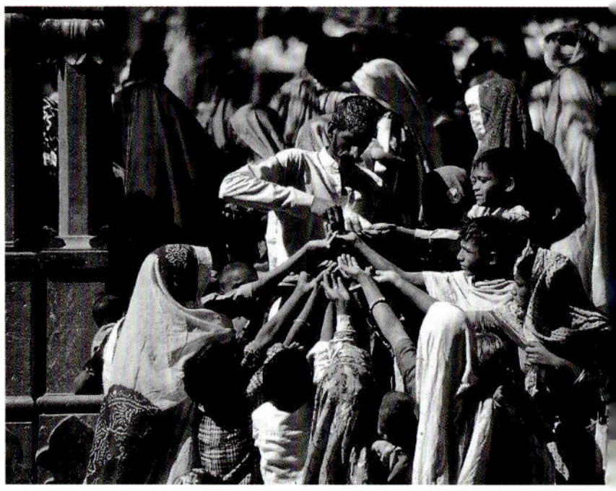

Hände in Farbe und Schwarzweiß
Rajasthan 1987: Auf der Heimfahrt von einem Ausflug zum Nationalpark Sariska in Rajasthan entstand dieses Bild. Ich schoss es mit einem Telezoom während eines religiösen Festes der Hindu-Bevölkerung in einem kleinen Dorf abseits der Hauptstraße. Dieses Street wirkt für mich mit seinen fast schon betäubenden Farben erheblich besser als in Schwarzweiß – für meinen Geschmack verliert es dann deutlich an Wirkung. Das Bild wurde mit einem moderaten Teleobjektiv aufgenommen. Ich hatte die Kamera schussbereit, als sich diese Szene entwickelte. Bei religiösen Volksfesten ist es üblich, dass die Pilger mit Essen versorgt werden. Die sternförmige Anordnung der Arme faszinierte mich dabei besonders.

Nikon FE | 4,0/80–200 mm | 1/200 sek | f8,0 | Fujichrome 100

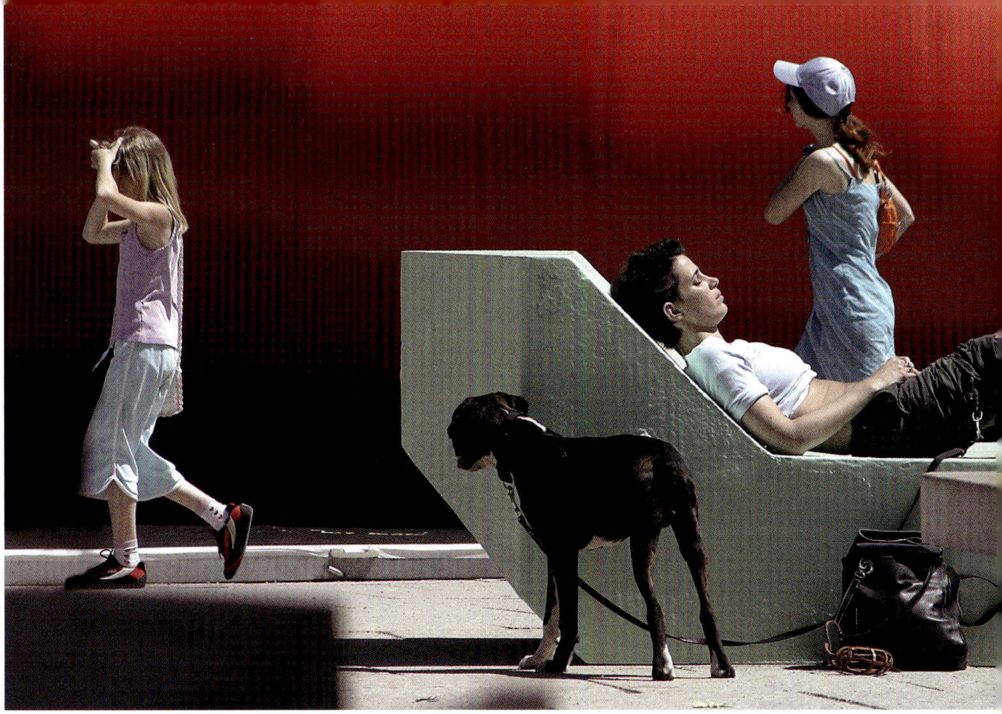

Summer in the City
Wien 2004: Immer wieder sind es die unerwarteten Momente, die Streetfotografie für mich lohnenswert machen. Die junge Dame sonnte sich genüsslich in der ersten Frühlingssonne und hatte ihren Boxer im Schatten des Steins »geparkt«. Der aber nahm seine Wächterfunktion ernst und bellte jeden potenziellen »Angreifer« an.

Canon EOS 300D (Cropfaktor 1,6) | 4,0/70–210 mm | 1/500 sek | f9,0 | ISO 200

ISO-Einstellung | Ganz wichtig ist auch die Wahl der richtigen ISO-Einstellung. Natürlich ist es schön, Bilder möglichst ohne Rauschen zu erhalten, doch was nutzt es, wenn diese dann unscharf sind! Wählen Sie deshalb für Streetbilder auch tagsüber am besten eine mittlere Empfindlichkeit.

In unseren Breiten dürften ISO 400 ein guter Kompromiss zwischen Schnelligkeit und Bildqualität sein. Am Mittelmeer oder in den Tropen stelle ich inzwischen meist auf ISO 200. Damit sollte eine Blenden-Zeit-Kombination erreichbar sein, die unerwünschte Bewegungsunschärfe oder Verwacklung durch eine zu lange Verschlusszeit verhindert.

Ich habe mir bei meinen fotografischen Ausflügen angewöhnt, die Kamera mit dem mehrfach um das Handgelenk geschlungenen Tragegurt fest in der rechten Hand zu halten. So kann ich sie notfalls schnell in Bereitschaft bringen und sogar »einhändig« fotografieren. Denn – wie gesagt – meist geht es um die schnellstmögliche Reaktion auf menschliche Aktionen und Interaktionen. Wenn Sie dann erst Ihre Kamera aus der Hand- oder Kameratasche klauben wollen, ist es häufig bereits zu spät. Außerdem ist der Gurt eine wirksame Diebstahlsicherung, die ich in Neapel bereits erfolgreich testen konnte ...

»Eierlegende Wollmilchsau«: Ausrüstung für Streetfotografen

Der Frauen- und Modefotograf Helmut Newton wurde einst in einem bekannten Sterne-Restaurant vom Koch angesprochen: »Sie machen ausgezeichnete Bilder, Herr Newton. Sie haben bestimmt eine teure Kamera.« Darauf soll Newton geantwortet haben: »Ihr Essen ist aber auch hervorragend, Sie haben bestimmt gute Töpfe.« Diese hübsche Anekdote sollte uns alle daran erinnern: Nicht die Kamera macht das Bild, sondern der Fotograf! Es gibt Amateurfotografen, die sich in regelmäßigen und kurzen Abständen das neueste Kameramodell der Spitzenklasse kaufen und über einen riesigen Bestand an Spitzenobjektiven verfügen – doch ihre Bilder sind eher dürftig. Wieder andere Fotografen produzieren mit einer schlichten digitalen Kompaktkamera in fast allen Genres begeisternde Bilder. Henri Cartier-Bresson fotografierte mit einer alten Leica und drei Standardobjektiven zwischen 35 und 135 mm. Damit schuf er Werke, die ihn zum großen Idol fast aller nachfolgenden Streetfotografen machte, auch wenn die technische Qualität der Aufnahmen – wohl auch wegen der miesen Qualität des damaligen Films – heutigen Ansprüchen kaum mehr genügt.

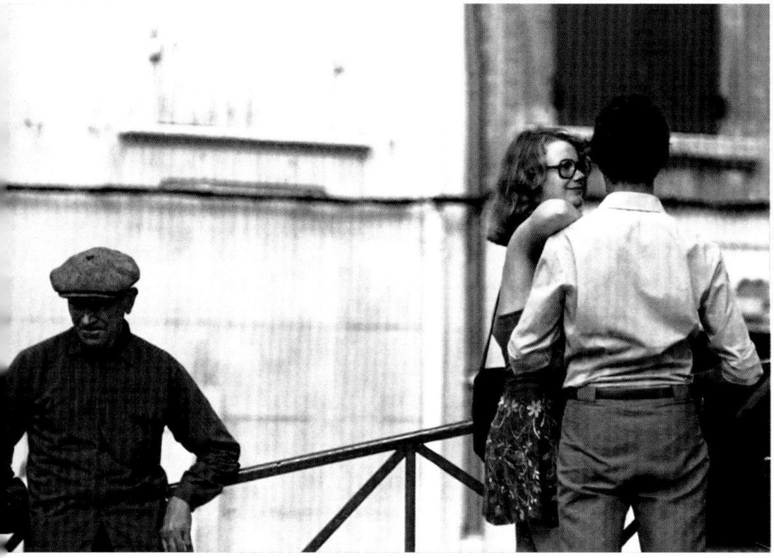

Liebe 1975

Arles: Wie viel schwerer war es vor 35 Jahren, gute Streetfotografie zu machen! Das Wort »digital« existierte nicht einmal im damaligen Sprachgebrauch, an Autofokus war nicht zu denken, und selbst ein eingebauter Belichtungsmesser war keine Selbstverständlichkeit. Das Bild entstand auf einer Reise in der französischen Stadt Arles im Juli 1975 mit einer Exakta Varex 2b und einem 1,9/50 mm von Schneider-Kreuznach auf Kodak Tri-X.

Objektive | Heutige Street- oder Reisefotografen haben es da um einiges leichter. Gute oder sehr gute digitale Kompaktkameras sind mindestens mit einem Vierfachzoom ausgestattet. Für digitale Spiegelreflexkameras gibt es zahllose Zoomobjektive. Empfehlenswert sind hier die Weitwinkelzoomobjektive, die von 24 mm (Vollformat) oder 18 mm (Cropformat) bis zum moderaten Tele von 105 mm bis 135 mm reichen. Mit dieser Kombination und eventuell dem eingebauten Blitz(chen) für absolute Notfälle oder zum Aufhellen verfügen Sie für die Streetfotografie bereits über die sogenannte eierlegende Wollmilchsau, mit der Sie für (fast) alle Fälle gerüstet sind. Der Vorteil: Diese Ausrüstung ist leicht, und ein Objektivwechsel ist kaum nötig. Ein zusätzliches Telezoom von etwa 70–200 mm ergänzt die Ausrüstung für wirklich alle Fälle. Wer sich selbst disziplinieren will, sollte es mit nur einer Festbrennweite probieren. Zu Beginn vielleicht mit dem berühmten »Normalobjektiv« von 50 mm für das Vollformat (30 mm für das Cropformat). Das zwingt Sie von Anbeginn, nahe genug an das Motiv heranzugehen. Auf diese Weise lernen Sie auch, die Hemmschwelle für die Menschenfotografie zu

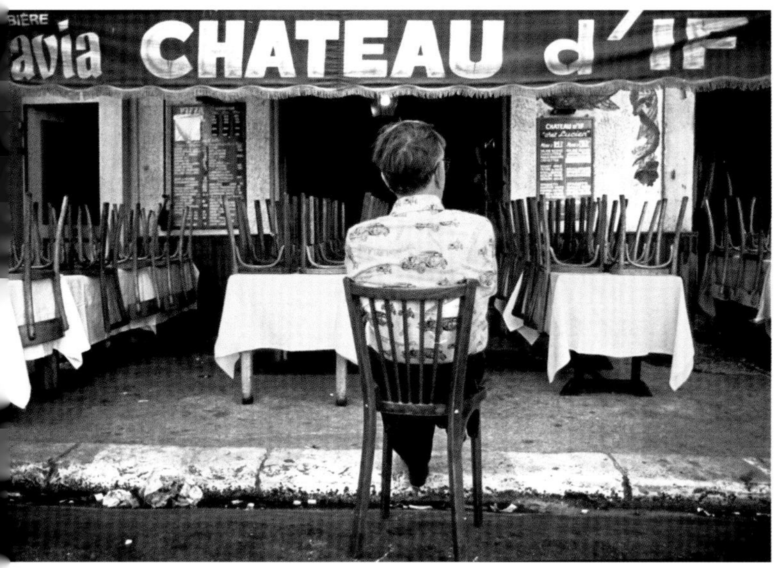

Warten auf Gäste 1975

Marseille: Streetfotos en passant. Wenn Sie die Augen offen halten und den Sinn fürs Ungewöhnliche schärfen, sind Motive für interessante Bilder überall zu finden. Gerade in kleineren Städten und Dörfern des mediterranen Südens, wo sich das Leben bis heute zum großen Teil noch auf Straßen und Plätzen abspielt, ist dies der Fall. In unseren kühleren Breiten bieten vor allem die Metropolen Motive für Streetfotografen. Außerhalb der Zentren verlagert sich dagegen das Leben immer stärker nach innen. Das Bild entstand im Juli 1975 mit einer Exakta Varex 2b und einem 28-mm-Objektiv auf Kodak Tri-X.

Nach oben bitte!

Hamburg 2010: Zum schnellen Erfassen von Situationen bei der Streetfotografie gehört auch eine vergleichsweise schnelle Verschlusszeit. Nichts ist ärgerlicher, als wenn ein großartiges Motiv als Bild unbrauchbar ist, weil es verwackelt oder bewegungsunscharf ist. Für dieses Bild während eines Spaziergangs durch Hamburg hatte ich wirklich nur etwa zwei Sekunden, dann hatte sich die Aufzugstür bereits geschlossen.

Canon EOS 50D (Cropfaktor 1,6) | 17–40 mm bei 32 mm | 1/160 sek | f7,1 | ISO 640

überwinden und mit den Personen zu kommunizieren, die Sie fotografieren möchten. Noch besser ist natürlich ein gutes und – wenn möglich – lichtstarkes Weitwinkel.

Blitz oder nicht? | Ein Blitzlicht gehört meiner Meinung nach für den Streetfotografen nicht zur Pflichtausstattung. Zunächst waren Blitzgeräte in der Streetfotografie sogar verpönt. Inzwischen aber spricht nichts dagegen, diese unnatürliche Lichtquelle sogar als Stilmittel einzusetzen. Wer allerdings nachts auf der Straße Menschen oder ganze Personengruppen in ein Blitzlichtgewitter hüllt, darf sich über deren eventuell unwirsche Reaktion nicht wundern. Lieber benutze ich das vorhandene Licht (*Available Light*, siehe auch Seite 174) und mein exzellentes (dazu billiges) 1,8/50 mm, das zusammen mit den hochempfindlichen modernen DSLR-Kameras das Fotografieren selbst in düsteren Kneipen oder dunklen Gassen zulässt. Ich benutze Blitzlicht nur zur Ausleuchtung von Gebäuden oder zum Aufhellen von Einzelporträts bei Gegenlicht. Und da genügt im Notfall der kleine Einbaublitz meiner digitalen Spiegelreflexkamera. Auf ein Stativ – auch auf ein Einbeinstativ – kann der Streetfotograf guten Gewissens verzichten.

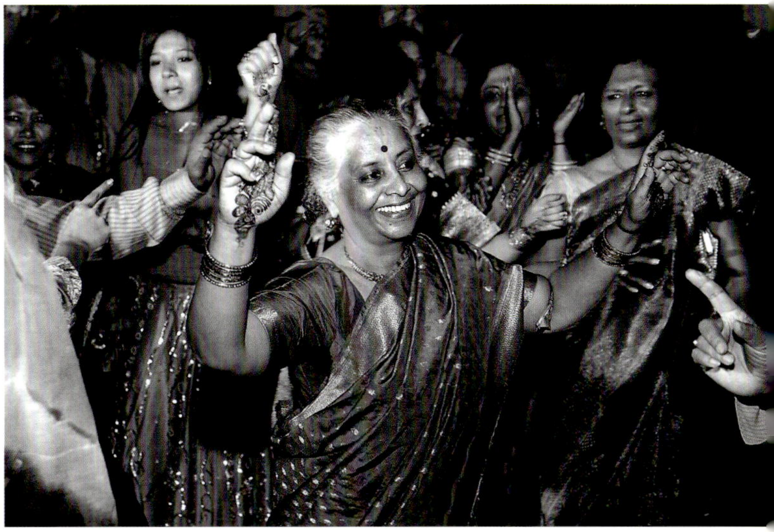

Hochzeitsfeier auf der Straße
Neu Delhi 2010: Nur selten werden Sie bei der Streetfotografie den Blitz einsetzen. Hier war er jedoch unverzichtbar. Eine Hochzeitsgesellschaft tanzt am Abend auf der Straße vor dem Festzelt.

Canon EOS 5D (Vollformat) | 4,0/24–105 mm bei 47 mm | 1/60 sek | f4,5 | ISO 640 | Blitz Canon 580 EX II

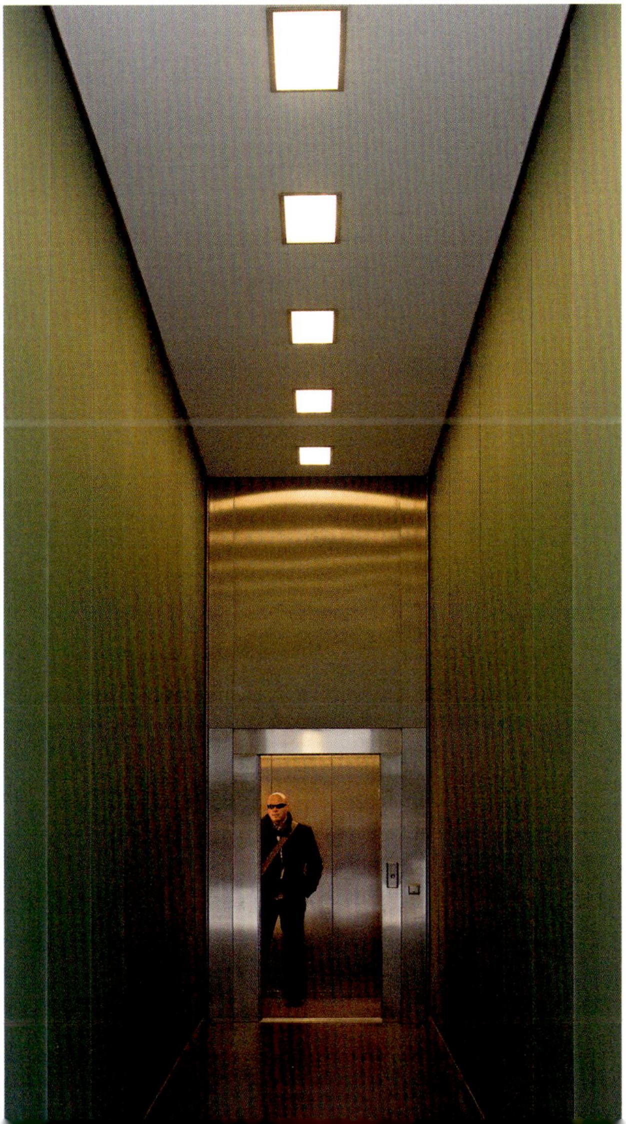

Farbe oder Schwarzweiß? | Es gilt an dieser Stelle, mit dem Vorurteil aufzuräumen, gute Streetfotografie müsse unbedingt in Schwarzweiß sein. Zwar haben die Pioniere und Vorbilder der Streetfotografie alle in Schwarzweiß fotografiert, das aber nur, weil es zu ihrer Zeit keine vernünftigen Farbfilme als Alternativen gab. Schwarzweiß, das ich selbst sehr häufig zur Bildgestaltung von Streets verwende, ist ein probates Mittel, um die Bildaussage zu verstärken, indem alle ablenkenden

Ohne Worte

Neapel 2004: Eigentlich muss dieses Bild nicht im Detail beschrieben werden. Italien gilt weithin als das Paradies für Machos. Und der Blick sagt alles! Ich habe das Bild im größten Park der Stadt – diesmal mit einem Telezoom – gemacht. Nicht etwa aus Feigheit vor dem fotografierten Carabinieri, sondern weil ich die Szene zufällig von einer Parkbank aus beobachtete. Ein Vorteil für die Bildwirkung: Durch das Teleobjektiv werden die Personen durch die geringe Schärfentiefe schön vom Hintergrund freigestellt. Der Blick konzentriert sich auf die Körperhaltung und die Gesichter.

Canon EOS 5D (Vollformat) | 4,0/70–300 mm bei 200 mm | 1/250 sek | f9,0 | ISO 400 | SW-Konvertierung in Photoshop

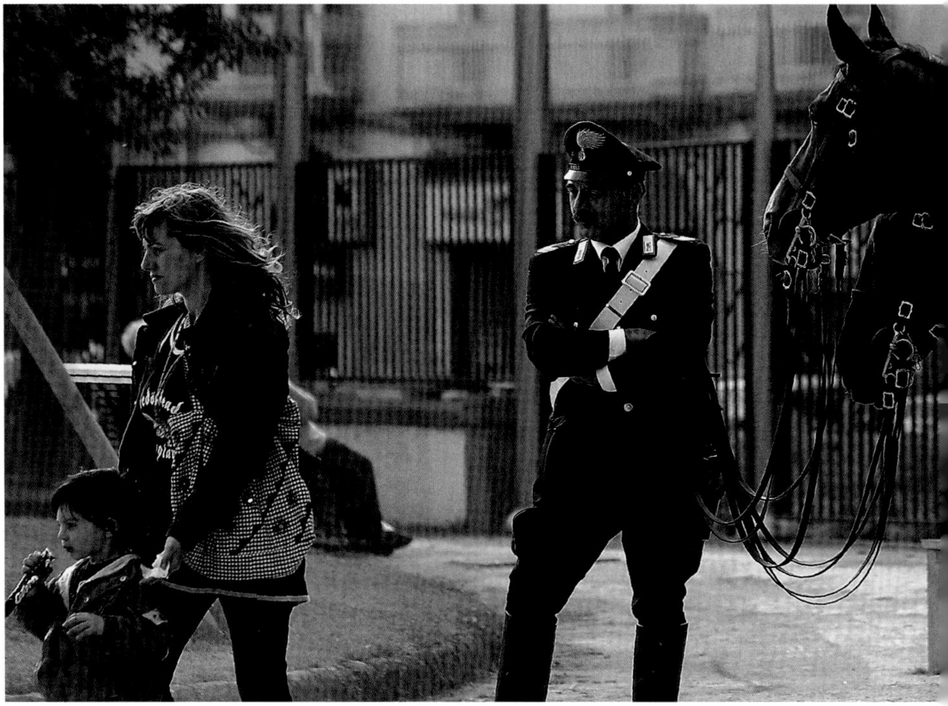

Farben entfernt werden. Farbe wiederum *kann* die Aussage eines Bildes verstärken, vorausgesetzt, sie passt zur Komposition. Nicht selten lenken Farben jedoch von der Bildaussage ab.

Die Scheu vor Menschen verlernen? – Der »schöpferische Augenblick«

Viele Amateurfotografen wagen sich nicht an die Streetfotografie, weil sie schüchtern sind und nicht den Mut haben, Menschen ungefragt abzulichten. Dazu kommt inzwischen immer häufiger die Angst, durch die fotografierte Person eventuell zivilrechtlich verfolgt zu werden. Die Furcht vor einer juristischen Auseinandersetzung ist vor allem in Deutschland leider nicht unberechtigt, obwohl Sie sich natürlich mit entsprechender Umsicht für den Fall von Klagen absichern können. Gegen die Scheu vor dem oder den fremden Menschen, die zum unfreiwilligen Modell des Streetfotografen/der Streetfotografin werden, können Sie freilich etwas unternehmen, auch wenn es anfangs etwas Überwindung kostet.

Straßenmusikant

Auf Wiens Haupteinkaufsstraße, der Mariahilferstraße, spielt ein Geiger Straßenmusik. Hier stellte ich die Schärfe auf das Spiegelbild in einem Schaufenster ein und konvertierte das Bild anschließend in Schwarzweiß.

Canon EOS 50D (Cropfaktor 1,6) | 4,0/17–40 mm bei 26 mm | 1/40 sek | f5,6 | ISO 400

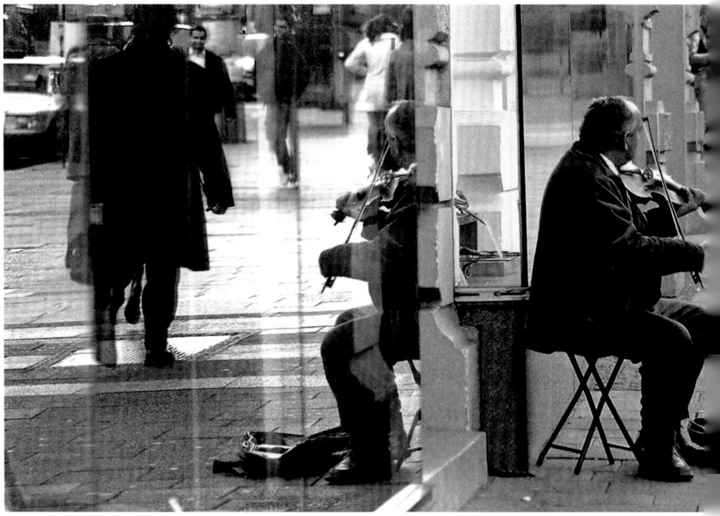

Als Belohnung winken Bilder, die durch ihre Spontaneität den üblichen Schnappschüssen weit überlegen sind. Übrigens verlangt niemand von Ihnen, auf einen Menschen zuzugehen und zu fragen: »Hätten Sie vielleicht was dagegen, wenn ich Sie fotografiere?« Spontane Bilder, wie sie die Streetfotografie verlangt, leben ja gerade davon, dass die fotografierten Personen den Fotografen zuvor nicht wahrgenommen haben, denn sonst würden sie vermutlich ihren Gesichtsausdruck und ihre Gestik verändern.

Wichtig ist allerdings, dass Sie für die fotografierten Menschen sichtbar sind und bleiben. Und wenn eine einzelne Person eindeutig im Mittelpunkt eines Streetfotos steht, dann sollten Sie diese Person nachträglich um Erlaubnis für eine mögliche Veröffentlichung bitten. Dies ist ein absolutes Muss, wenn Sie ein Bild anschließend kommerziell verwerten möchten! Meist bedarf es dafür gar keiner langen Dialoge. Mit zunehmender Routine erkennen Sie schnell, ob die fotografierte Person einverstanden ist. Sollten Sie wirklich einmal auf heftige Ablehnung stoßen, bieten Sie der betreffenden Person die Löschung des Bildes an – vor allem wenn diese Person zwei Meter groß, 100 Kilogramm schwer und schrecklich wütend ist!

Grundsätzlich betrachte ich die Streetfotografie als »Grundausbildung« für Fotografen. Kaum ein Genre ist so geeignet, die wichtigsten Techniken – das Handwerk also – zu trainieren. Außerdem schult sie das Auge und alle Sinne, denn das Ziel der »klassischen« Streetfotografie bleibt nach wie vor der besondere Augenblick, den es einzufangen gilt. Und das bedarf hoher Konzentration und Schnelligkeit im Umgang mit der Kamera. Der Fotograf konzentriert sich auf eine vor ihm liegende Szene: Menschen, die aufeinander zugehen, zufällig oder bewusst; Menschen, die miteinander kommunizieren, manchmal auch schweigen. Ungestellte menschliche Regungen sind es, die an diesen Bildern faszinieren. Unsere Fantasie wird angeregt, die eingefrorene Handlung zu interpretieren.

Für mich ist es ein schöpferischer Augenblick, wenn ich den Auslöser für ein Street drücke. Alle Sinne müssen dafür in höchster Alarmbereitschaft sein. Wirklich gute Straßenbilder können Sie natürlich nicht wie am Fließband produzieren, auch wenn die Digitaltechnik hilft, misslungene Aufnahmen quasi zum Nulltarif notfalls zu wiederholen. Doch es genügt nicht, den Finger nun einfach auf dem Auslöser stehen zu lassen, in der Hoffnung, dass bei möglichen zehn Bildern pro Sekunde »schon ein gutes dabei sein wird«. Kameramotoren haben die unangenehme Eigenschaft, stets im falschen Moment

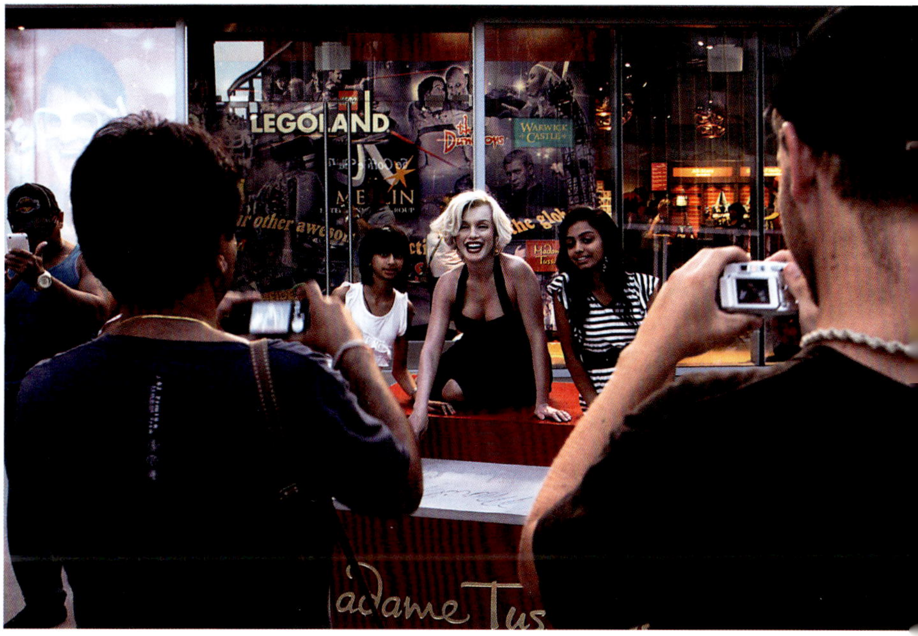

Photographing Marylin
Hollywood 2009: Marylin Monroe als Wachsfigur wirbt vor Madame Tussauds für den Besuch des Wachsfigurenkabinetts. Und die Dame mit dem breiten, roten Mund wirkt so echt, dass die Touristen Schlange stehen, um sich zusammen mit dem einstigen Sexsymbol fotografieren zu lassen. Eine typische Straßenszene für ein gutes Street. Und vermutlich auch ein Bild, das aus juristischer Sicht gefahrlos veröffentlicht werden kann, denn die abgebildeten Frauen zeigen mit ihrem Verhalten deutlich und ausdrücklich ihre Zustimmung an. Wenn Sie das Bild jedoch gewerblich nutzen wollen, kommen Sie um eine schriftliche Zustimmung kaum herum.

Canon EOS 50D (Cropfaktor 1,6) | 4,0/17–40 mm bei 26 mm | 1/40 sek | f5,6 | ISO 400

auszulösen. Ein gutes Auge, Instinkt und schnelle Reaktionen sind viel wichtiger. Und schon allein dafür müssen Sie üben und immer wieder üben. Auch für Streets gilt: Der Weg dorthin führt über 25 Prozent Inspiration und 75 Prozent Transpiration, und das verlangt eben viel Geduld.

Reisefotografie

Reisefotografie ist das beliebteste Genre der Fotografie überhaupt. Jahr für Jahr schießen Bundesbürger in der entspannten Atmosphäre des Urlaubs Millionen von Bildern. Sonnenuntergänge am Meer zählen immer noch zu den beliebtesten Motiven. Dabei ist Reisefotografie doch so viel mehr! Wenn Sie die Streetfotografie beherrschen, sollten Sie eigentlich auch gute Reisefotos mit nach Hause bringen. Zumindest, was die Bilder von Menschen betrifft, ist Street die perfekte Schule. Mit dem geübten Auge erfassen Sie ungewöhnliche Straßenszenen, Menschen auf Märkten, in Cafés. Doch Fotografie auf Reisen heißt auch Landschaftsfotografie, Architektur, Innenaufnahmen von alten Gebäuden und einiges mehr.

Reisen mit großem Gepäck? | Um diesen unterschiedlichen Anforderungen gerecht zu werden, sollten Sie Ihre Ausrüstung etwas erweitern. Eine geräumige, aber bequeme Fototasche kann ich daher dringend empfehlen. Fotorucksäcke dagegen sind nach meinen Erfahrungen nur begrenzt für Reisefotografen geeignet, denn damit sind Sie einfach nicht schnell genug; vor allem bei der Menschenfotografie.

Wenn Sie von Haus aus eher bequem sind, können Sie auf Reisen getrost auf ein massives Dreibeinstativ verzichten – ich selbst begnüge mich mit einem leichten Einbeinstativ, das ich bisher allerdings auf jeder Reise meist nur einmal eingesetzt habe. Denn schon die besseren Kompaktkameras haben heute für den Telebereich ihrer Zooms einen eingebauten Bildstabilisator, der für die meisten Zwecke ausreicht; und für digitale Spiegelreflexkameras gibt es inzwischen selbst von den Fremdherstellern mit Stabilisator ausgestattete Tele- und Weitwinkelzooms, die bis zu einem gewissen Grad das Stativ unnötig machen. Wer allerdings überwiegend Architekturbilder fotografiert, nachts auf Fotopirsch geht oder regelmäßig Mehrfachbelichtungen für HDR-Bilder macht, wird gern zum massiven Dreibeinstativ greifen.

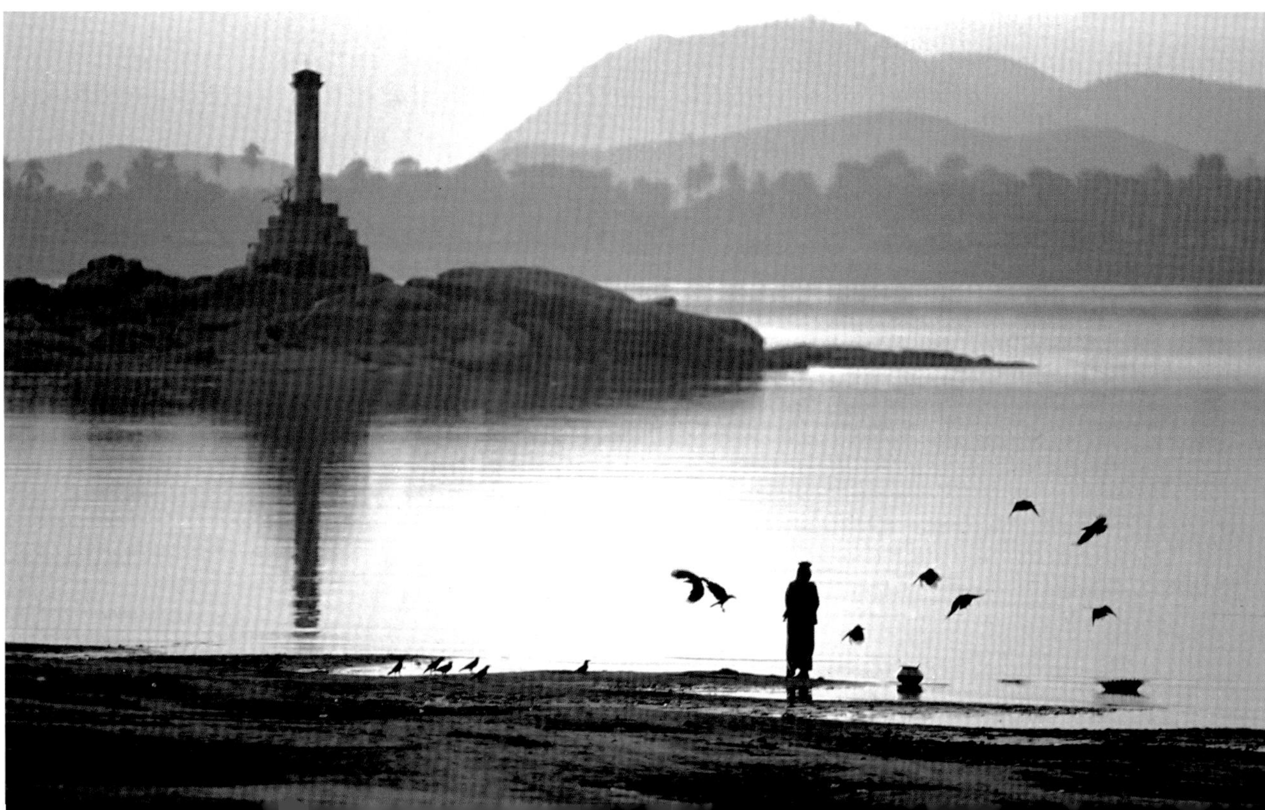

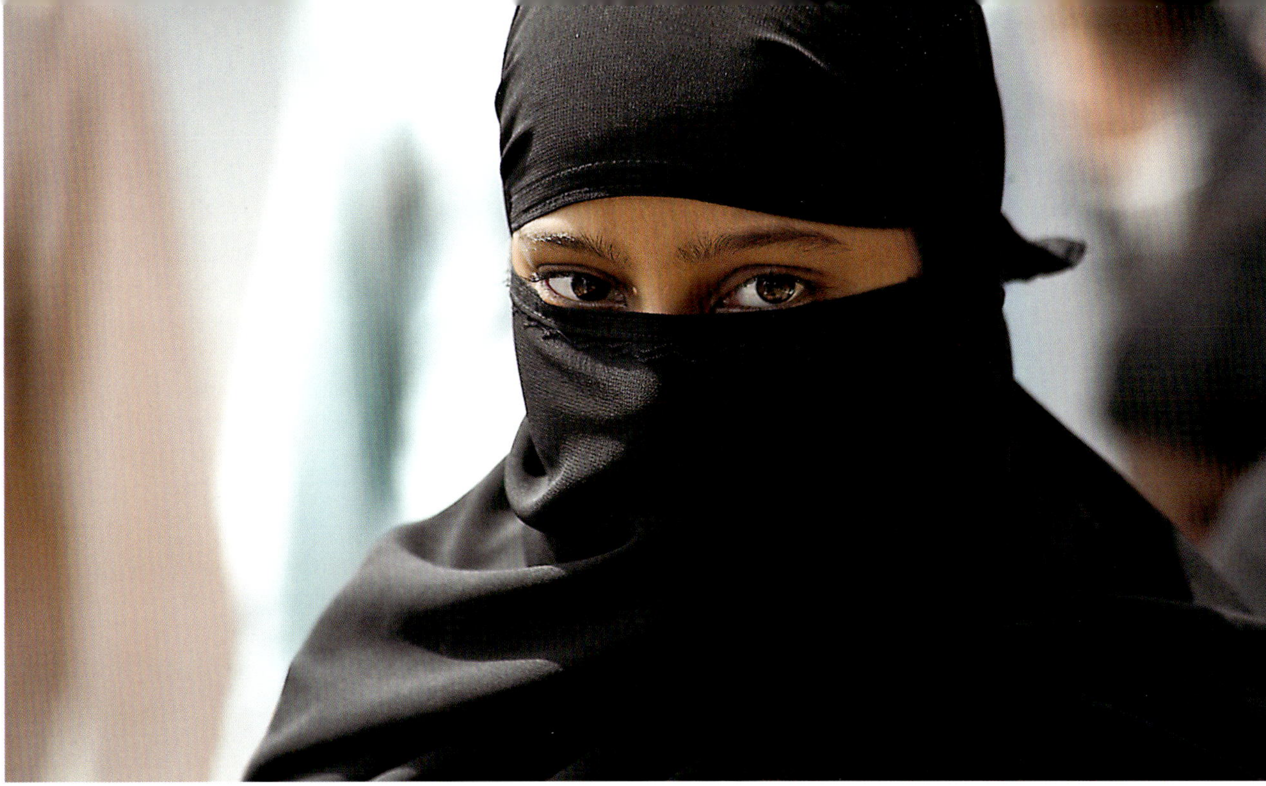

[-] Augen

Mumbai, Indien 2007: Indiens größte Hafenstadt Mumbai (früher Bombay) im Westen des Subkontinents hat einen besonders hohen Anteil an Muslimen. Immer wieder kommt es dort zu Unruhen. Doch der religiöse Konflikt mit den Hindus ist in Wirklichkeit ein sozialer Konflikt. Immer mehr muslimische Frauen in der einst reichsten indischen Metropole zeigen sich inzwischen nur noch verschleiert in der Öffentlichkeit.

Canon EOS 5D (Vollformat) | 4–4,5/70–300 mm bei 300 mm | 1/500 sek | f8,0 | ISO 640 | Belichtungskorrektur –2/3 Blende

[<] Morgen am See

Assam, Indien 1987: Der Mensch inmitten der Natur – ein Klassiker der Reisefotografie. Eine Frau steht am Ufer, um mit einem tönernen Topf Trinkwasser zu holen. Das andere Ufer des Sees im nordöstlichen Bundesstaat Assam liegt noch im Morgendunst. Der Anblick der Frau im Gegenlicht bezaubert. Es bleibt nicht viel Zeit. Wegen der großen Entfernung von der Straße zum See hilft nur das Teleobjektiv. Die 200 mm meines Zooms müssen genügen. Ich schaffe zwei Aufnahmen, verlasse mich dabei auf die Belichtungsautomatik, gebe aber zur Korrektur des Gegenlichts 1/3 Blende drauf. Dann verlässt die Frau das Ufer.

200 mm | 1/125 sek | f5,6 | ISO 100 | Diafilm | Belichtungskorrektur –1/3 Blende

Technische Ausrüstung | Anders als bei der klassischen oder modernen Streetfotografie verwende ich bei Reisen durchaus auch einmal eine längere Brennweite von bis zu 300 mm für Nahporträts von Menschen. Allerdings habe ich in den vergangenen Jahren meine Ausrüstung umgestellt und reise inzwischen mit einem Universalzoom von 24–105 mm und einem Telezoom von 70–200 mm. Dieser Bereich sollte an einer digitalen Spiegelreflexkamera mit Vollformatsensor für fast 90% aller Aufnahmen ausreichen. Gelegentlich benutze ich noch das Weitwinkelzoom von 17–40 mm, insbesondere für Architektur und Experimente. Wer mit dem 200-mm-Telezoom nicht auskommt – immerhin sind das 320 mm bei den üblichen digitalen Spiegelreflexkameras mit Cropfaktor 1,6 –, dem möchte ich einen guten 1,4-fach-Konverter ans Herz legen. Diese kleinen und leichten Brennweitenverlängerer wirken sich nur sehr begrenzt auf die Bildqualität aus und belasten Ihr Reisegepäck nur mit wenigen Hundert Gramm. Packen Sie statt eines voluminösen und teuren Monster-Teleobjektivs dann lieber ein lichtstarkes und leichtes »Normalobjektiv« (meist f1,8/50 mm) ein, mit dem Sie auch bei schlechten Lichtverhältnissen noch ohne Blitz fotografieren können. Und was den Blitz betrifft: Ich setze ihn eigentlich nur ein, wenn es absolut unvermeidbar ist, und wenn, dann überwiegend indirekt oder mit einem vorgesetzten Diffusor, um das grelle Licht etwas zu dämpfen.

Triest 2006

Suchen Sie stets nach neuen Perspektiven für Ihre Bilder. Postkartenansichten der Städte, die Sie bereisen, können Sie schließlich auch vor Ort kaufen. Schwimmen Sie fotografisch bewusst gegen den Strom, wenn Sie wirklich Bilder machen und nicht nur Ansichtskarten fotografieren wollen. Das Bild zeigt die Laternen auf dem Europaplatz gegenüber dem Triester Hafen.

Canon EOS 5D (Vollformat) | 4–4,5/70–300 mm bei 95 mm | 1/500 sek | f10,0 | ISO 125

Weiteres Zubehör | Mehr Zubehör benötigen Sie für die Reisefotografie eigentlich nicht. Selbstverständlich sollten Sie ausreichend Speicherkarten mitnehmen, vor allem, wenn Sie im speicherfressenden RAW-Format fotografieren. Und es empfiehlt sich – sofern Sie Zugang zu einem Rechner oder Laptop haben – die Anschaffung einer portablen, externen Festplatte zum Backup Ihrer kostbaren Originalbilder. Wenig sinnvoll ist für Digitalkameras die Anschaffung jener Filter, die zu analogen Zeiten für ambitionierte Fotografen noch ein »Muss« waren. Insbesondere der Polarisationsfilter ist bei Digitalkameras nach meiner Erfahrung weniger wirkungsvoll als bei einer analogen Kamera. In besonders hellen Regionen können Graufilter von Nutzen sein, wenn Sie

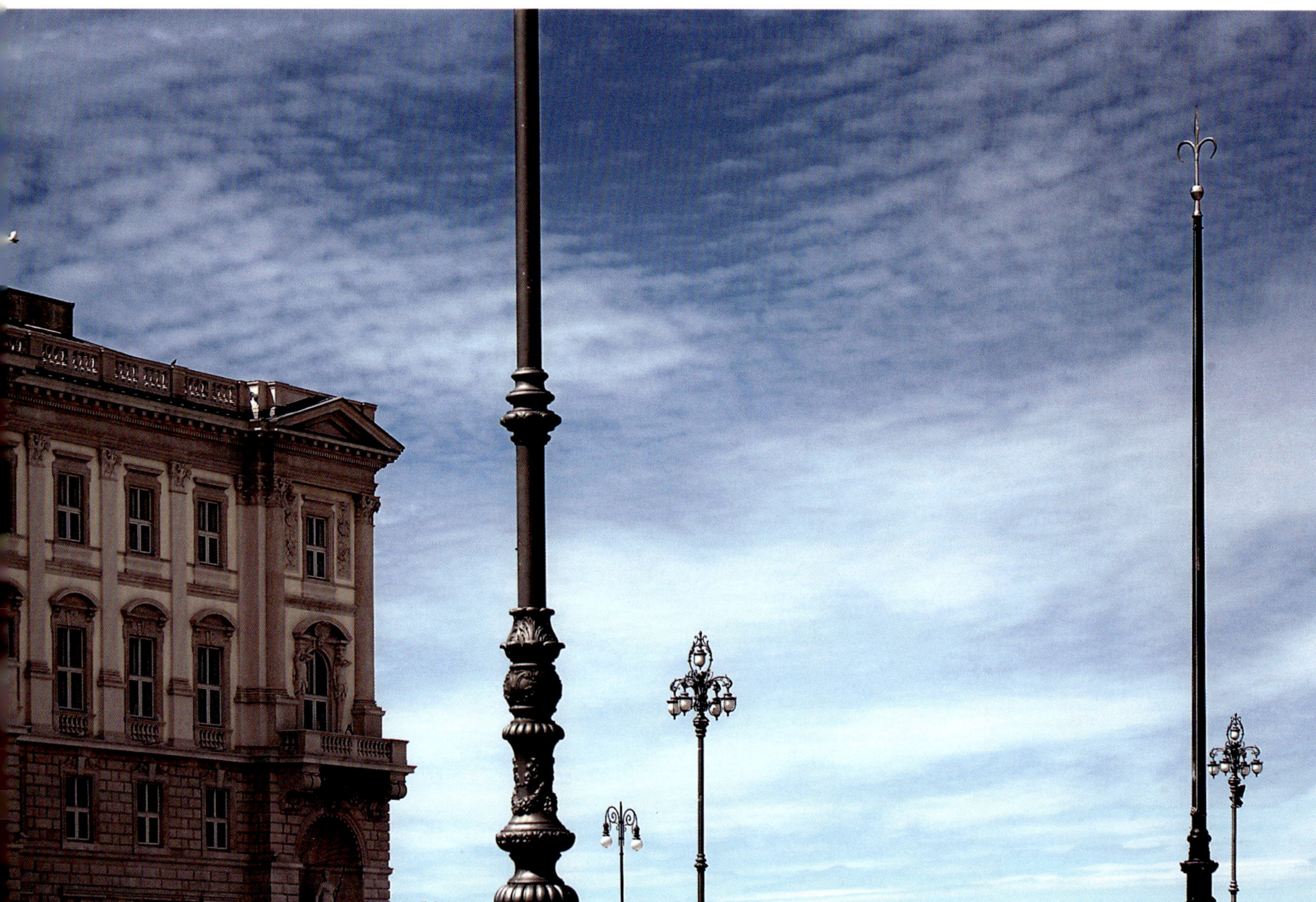

Tische auf dem Markusplatz

Venedig 2008: Der Markusplatz aus der Vogelperspektive. Vom berühmten Campanile des Markusdoms aus lassen sich beim Blick auf die Stadt wunderschöne Motive erkennen. Die Fahrt nach oben mit dem Fahrstuhl lohnt sich auf jeden Fall.

Canon EOS 5D (Vollformat) | 4–4,5/70–300 mm bei 135 mm | 1/60 sek | f10,0 | ISO 100

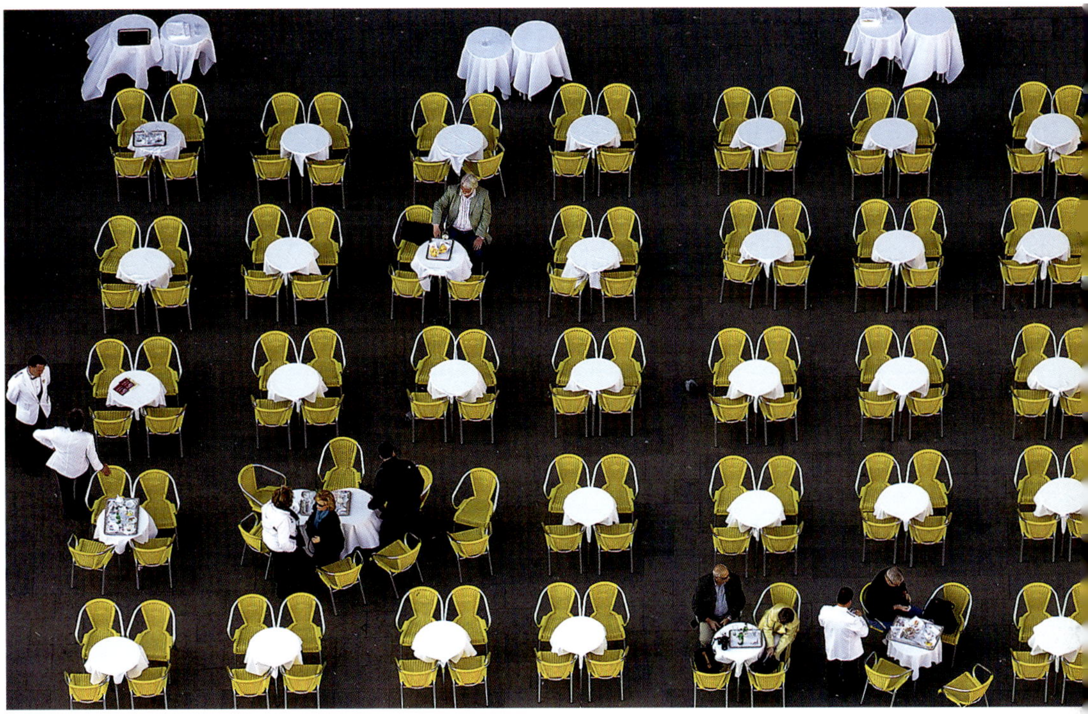

– etwa wegen der größeren Schärfentiefe – mit offener Blende fotografieren wollen. Polarisationsfilter zur Verringerung von Spiegelungen und zur Erhöhung des Kontrasts reagieren empfindlich auf Seiten- oder Gegenlicht. Den Wirkungsgrad können Sie durch Drehen der Frontlinse verändern und im Sucher kontrollieren.

Ach ja, und vergessen Sie nicht einen Notizblock und einen Stift: Sie sollten spätestens am Abend eines jeden Fototags aufschreiben, welche Motive Sie fotografiert haben. Ergänzen Sie Ihre Notizen noch um interessante Details der Aufnahme. Schon bei Ihrer Rückkehr von der Reise werden Sie dankbar sein, wenn Sie hier etwa jede einzelne der zahllosen Kirchen Venedigs oder Neapels oder etwa die diversen Stadtteile Wiens aufgelistet finden, die Sie fotografiert haben. Die technischen Details zu jeder Aufnahme finden Sie ja inzwischen in jeder EXIF-Datei, die automatisch mit der digitalen Aufnahme angelegt wird.

Mittagsschlaf für Reisefotografen? Das richtige Licht entscheidet! | Licht ist das wichtigste Element der Fotografie – das ist eine Binsenweisheit. Kaum etwas ist jedoch langweiliger als das Licht zur Mittagszeit, wenn die Sonne am höchsten steht und der Blauanteil des Lichts am stärksten zur Geltung kommt. Besonders gilt das natürlich in südlichen Ländern: Der Mittag ist höchstens gut für Langeweile und Siesta. Denken Sie nur an den Western »High Noon« – wer geht um diese Zeit schon freiwillig vor die Tür? Die beste Zeit für Reisefotos ist der Morgen und Vormittag sowie der Nachmittag und frühe Abend. Berühmt ist auch das kühle Licht nach Sonnenuntergang, die »Blaue Stunde«. Beide Tageszeiten haben ihren besonderen fotografischen Reiz – wenn Städte am frühen Morgen erwachen, die ersten Geschäfte öffnen, Lieferanten vorfahren, Marktstände aufgemacht werden. Am Nachmittag finden Sie eine wärmende Sonne mit wachsendem Rotanteil und Menschen, die sich auf den Tagesausklang vorbereiten. Besonders interessante und schöne Bilder kann übrigens auch ein Fotoausflug bei Regen bringen. Bei solchen Fotos sollten Sie aber die Belichtungszeiten nicht zu kurz halten, denn dann gibt es den berühmten »Schnürlregen« auf dem Bild.

Perspektive und Bildwirkung | An dieser Stelle möchte ich die mahnenden Worte des berühmten Fotografen

Lebensabend
Venedig 2008: Streetfotografie außerhalb der Touristenzentren. Ein älteres Paar auf dem Heimweg vom Einkauf. Ein Bild, das mich berührte.

Canon EOS 5D (Vollformat) | 4,0/17–40 mm bei 21 mm | 1/100 sek | f7,1 | ISO 100

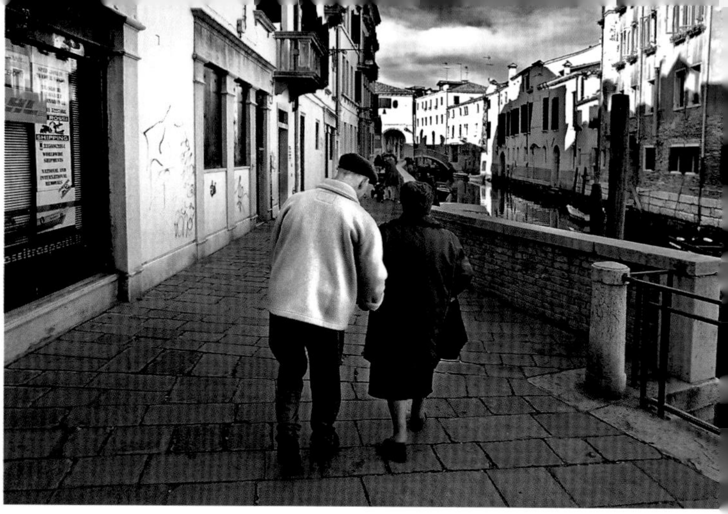

Blicke
Wien 2009: Wiens Kohlmarkt gehört zu den teuersten Einkaufsstraßen der alten Kaiserstadt. Vor einem der Luxusgeschäfte lief dieses junge Modell wie auf dem Laufsteg auf und ab, um auf den Edelshop aufmerksam zu machen. Die aufmerksamen Blicke der Männer waren ihr sicher.

Canon EOS 5D (Vollformat) | 4,0/24–105 mm bei 105 mm | 1/160 sek | f5,6 | ISO 125

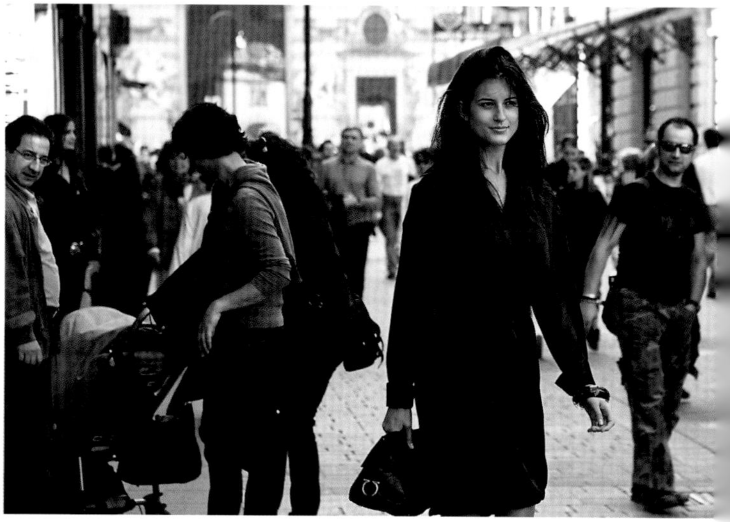

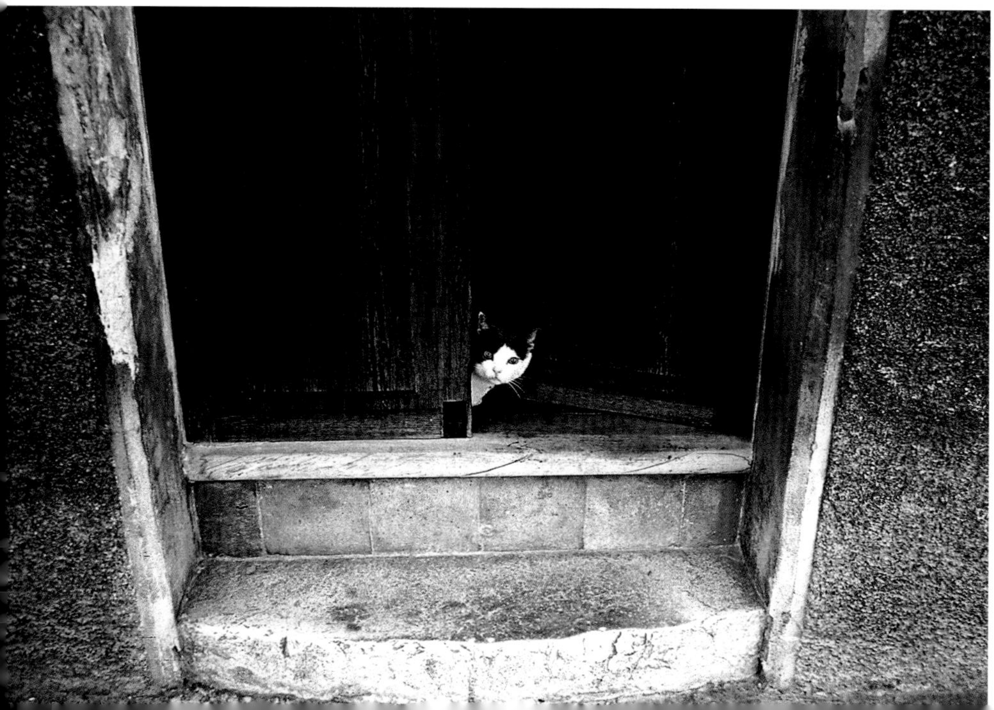

»Signora sagt, sie sei nicht zu Hause!«
Malaga 1968: Bei einem Spaziergang in Malaga am frühen Morgen kam mir diese Katze vor die Linse. Die Stadt war zu diesem Zeitpunkt noch völlig verschlafen, Frauen kehrten in den Seitengassen vor ihrer Haustür, und es war noch angenehm kühl. Beste Zeit für die zahlreichen Katzen, einmal die Nase vor die Tür zu stecken. Natürlich ist die Qualität dieses Bildes alles andere als perfekt, aber es gehört dennoch – trotz seiner 42 Jahre – zu meinen Lieblingsbildern.

Exakta Varex IIb | 28 mm | Agfa CT18

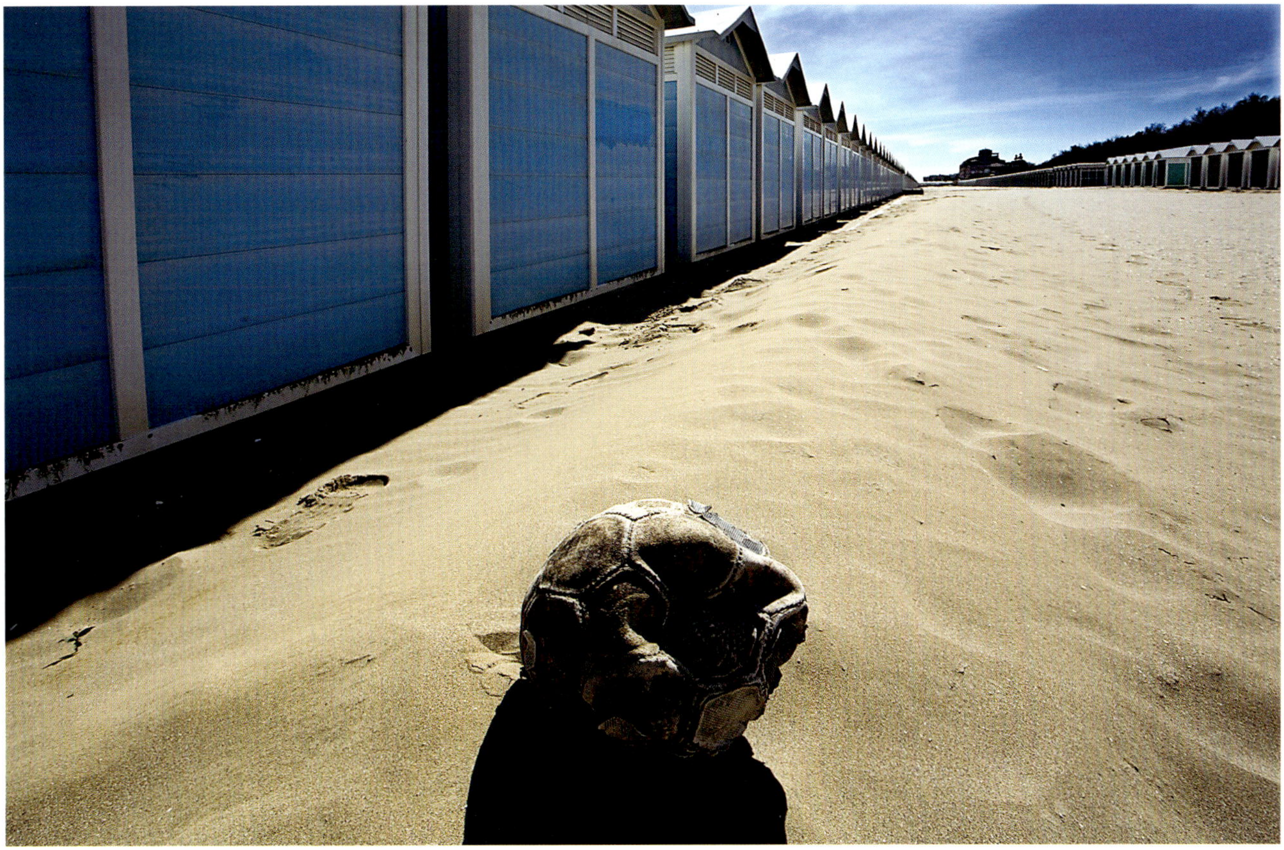

Andreas Feininger (Sohn des Malers Lyonel Feininger) erwähnen, der einmal schrieb: »Die Tatsache, dass eine (im konventionellen Sinn) technisch fehlerhafte Fotografie gefühlsmäßig wirksamer sein kann als ein technisch fehlerloses Bild, wird auf jene schockierend wirken, die naiv genug sind, zu glauben, dass technische Perfektion den wahren Wert eines Fotos ausmacht.« Nicht weniger wichtig ist der Kamerastandpunkt, die Perspektive, aus der Sie Ihre Reise- und Menschenbilder fotografieren. Experimentieren Sie ruhig, gehen Sie, wenn es die Zeit erlaubt, um Ihr Motiv herum. Die modernen Alleskönner-Zooms haben zwar qualitative Grenzen, laden aber geradezu dazu ein, mit der Brennweite zu spielen. Superweitwinkel betonen eindeutig den Vordergrund, lösen das Hauptmotiv vom Hintergrund; starke Teleobjektive wiederum komprimieren diesen. Alles in allem sind es die ungewöhnlichen Perspektiven, die die Betrachter Ihrer Bilder später zum

Venedig – Lido

Venedig 2008: Der Lido, Venedigs berühmtester Strand, einmal aus einer ganz anderen Perspektive. Anfang April waren die zahllosen Umkleidekabinen noch geschlossen, der Strand war für Spaziergänger geöffnet. Zwar wärmte die Sonne schon, doch nur wenige Touristen verirrten sich auf den sauberen Sandstrand, auf dem einst Thomas Manns »Tod in Venedig« verfilmt wurde. Der zerbeulte Fußball bot sich angesichts der bevorstehenden Fußball-EM sofort als Hauptmotiv an. Das Superweitwinkel sorgte für die nötige Tiefenstaffelung und Schärfentiefe.

Canon EOS 5D (Vollformat) | 17–40 mm bei 17 mm | 1/320 sek | f13,0 | ISO 125

Hinsehen anregen. Stellen Sie die Kamera einmal mit einem Ministativ auf die Straße, oder fotografieren Sie von einem Kirchturm aus.

Kreative Belichtungen | Experimentieren Sie auch mit der Belichtung: Stellen Sie eine längere Belichtungszeit ein, und ziehen Sie die Kamera bei Bewegungen mit. Das geht selbst bei Fußgängern! Und fotografieren Sie einfach einmal direkt ins Gegenlicht. Wenn Ihre Kamera dies zulässt, korrigieren Sie schon vor der Aufnahme die Belichtung. Die Faustregel lautet: Korrigieren Sie die Belichtung bei dunklen Motiven etwas herunter, bei sehr hellen eher etwas hinauf. Dann können Sie einigermaßen sicher sein, dass Ihre Bilder keine »ausgebrannten« Lichter (zu hell, fast weiß) und keine »abgesoffenen« Schatten (zu dunkel, fast schwarz) aufweisen. Dies ist ganz besonders dann wichtig, wenn Sie im JPEG-For-

Memsahib Sharma und ihr treuer Hund

Old Delhi 2007: Fotopirsch durch die übervölkerte und chaotische Altstadt Neu Delhis. Hier sind die meisten Passanten freundlich zu den wenigen Fotografen, die sich in dem Labyrinth aus verfallenden, einst durchaus prächtigen Häusern verirren. Lediglich gläubige Muslime und ihre Frauen verweigern die Kamera, verdecken ihr Gesicht. Die Übrigen ignorieren die Kamera oder lächeln. Kinder drängen sich vor das Objektiv. Anders als etwa in Deutschland haben Menschen in südlichen Regionen (Ausnahme: islamische Länder) keine Angst vor dem »Gesichtsverlust«. Offene Aggression, wie sie einem hierzulande entgegenschlagen kann, ist den Menschen hier fremd. Fotografieren in engen Altstädten des Orients macht Spaß. Ein moderates Weitwinkelzoom von 24–105 oder 24–85 mm (für das Vollformat, sonst 18–75 mm) ist dafür perfekt geeignet. Den Blitz sollten Sie abschalten. Wer mag, kann das Zoom natürlich auch durch eine lichtstarke Festbrennweite von 50 mm oder 35 mm ersetzen. Nah dran am Menschen ist man in diesen engen Gassen sowieso.

Canon EOS 5D (Vollformat) | 3,5–4,5/24–85 mm bei 30 mm | 1/200 sek | f9,0 | ISO 800

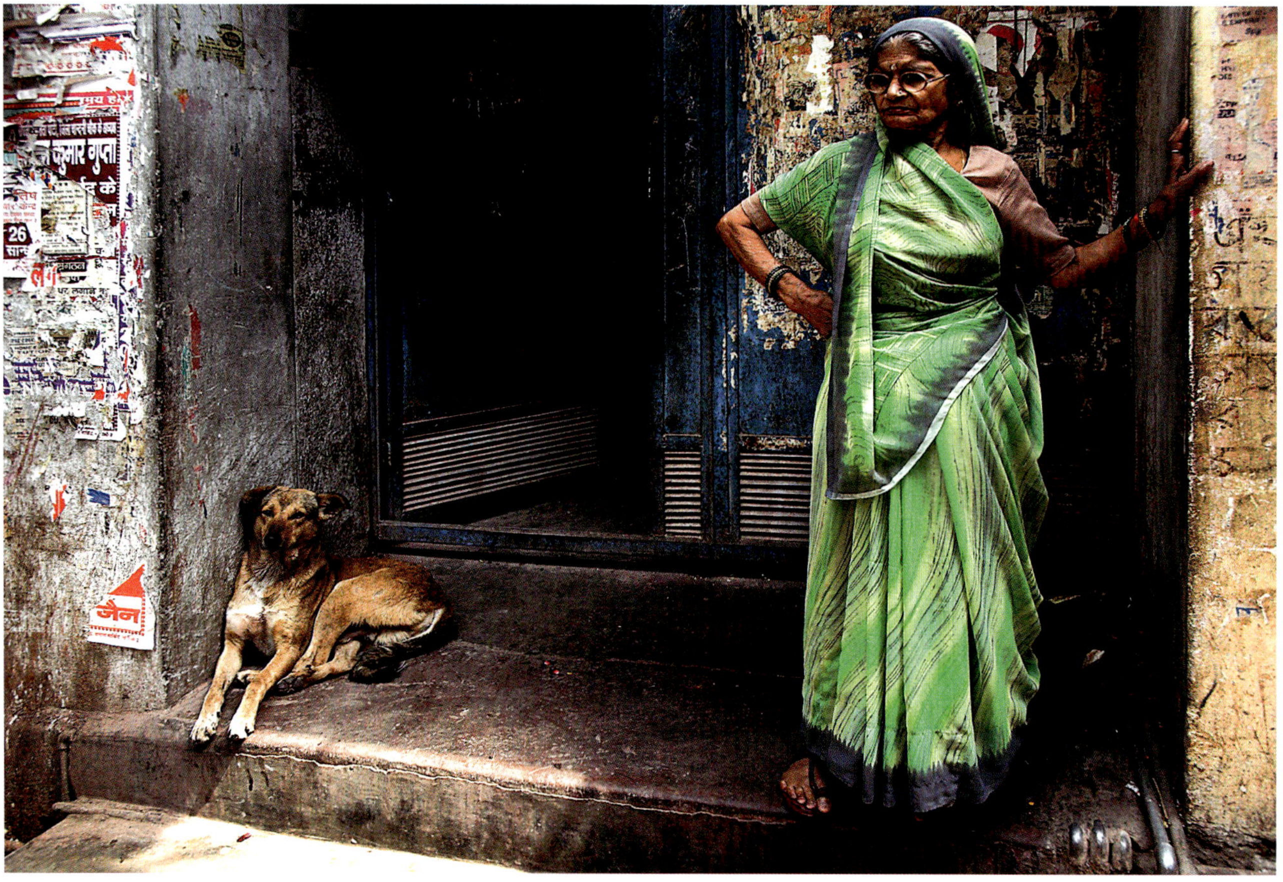

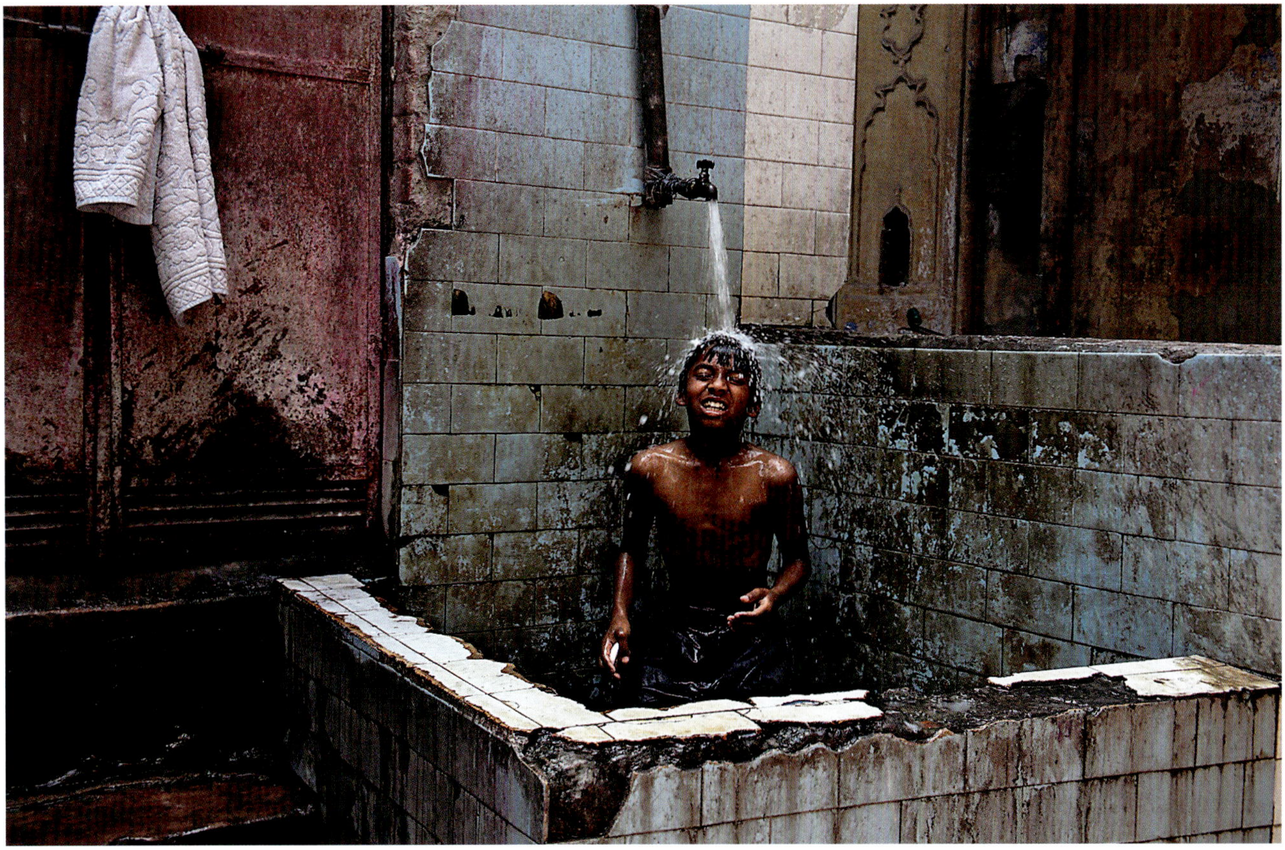

mat fotografieren, denn bei diesen Bildern lassen sich Belichtungsfehler nur schlecht korrigieren. RAW »verzeiht« dagegen Belichtungsfehler von jeweils bis zu zwei Blendenwerten.

Grundsätzlich sollten Sie aber daran denken: Je präziser Ihr Bild belichtet ist, je mehr Ton- und Grauwerte es enthält, desto weniger müssen Sie es bearbeiten und umso besser wird es aussehen. Übrigens ist es an der Zeit, mit einem auch bei erfahrenen Amateurfotografen fest verankerten Vorurteil Schluss zu machen, digitale Bilder müssten – wie der alte Diafilm – leicht unterbelichtet werden, damit die Farben schön gesättigt erscheinen. Dies ist definitiv falsch! Belichten Sie lieber etwas heller. Wenn Sie Ihre Fotografien dazu im RAW-Format und nicht in JPEG abspeichern, können Sie die etwas zu hell geratenen Bildteile später in Ihrem Bildbearbeitungsprogramm ganz leicht korrigieren.

Kalte Dusche

Old Delhi 2007: Trotz der hohen Temperaturen schon Ende März war das Wasser dieser »öffentlichen Dusche« offensichtlich ziemlich kalt. Das hielt den Jungen jedoch nicht davon ab, extra für mich noch einmal unter den Wasserhahn zu steigen. Wenn Ihnen Menschen in fernen Ländern solche Modelldienste leisten, sollten Sie ihnen anschließend auch ein kleines Trinkgeld geben. In diesem Fall war es das Bild allemal wert.

Canon EOS 5D (Vollformat) | 3,5–4,5/24–85 mm bei 42 mm | 1/200 sek | f10,0 | ISO 800

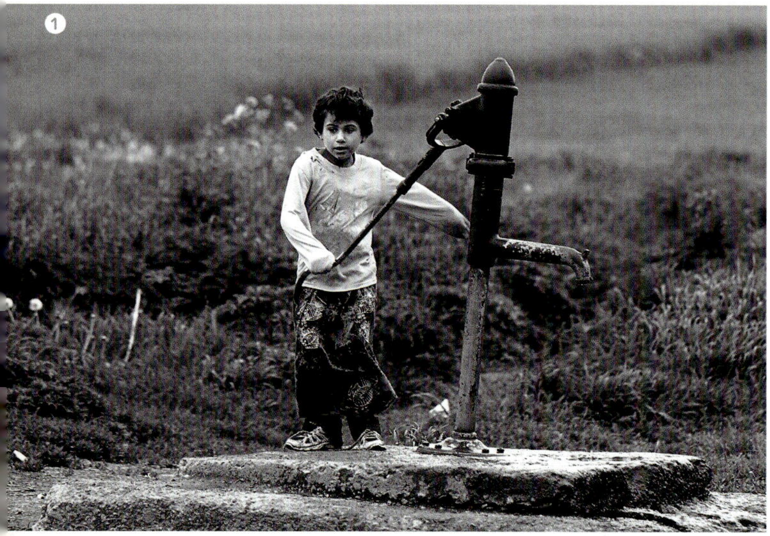

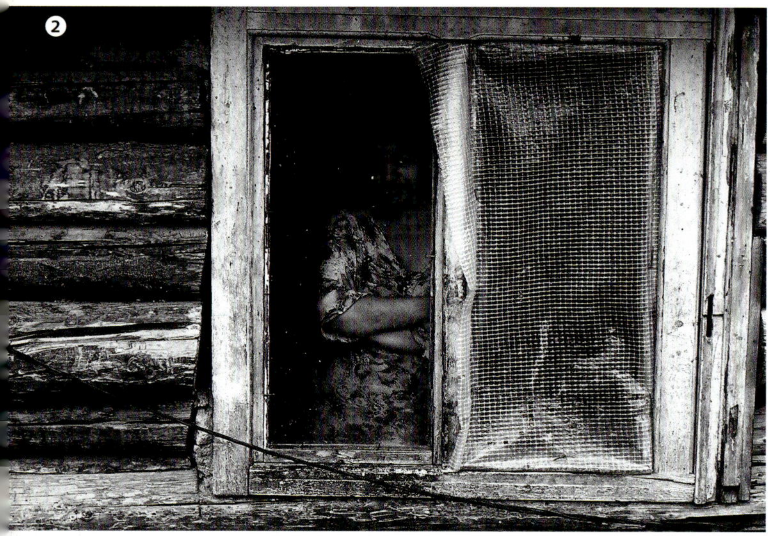

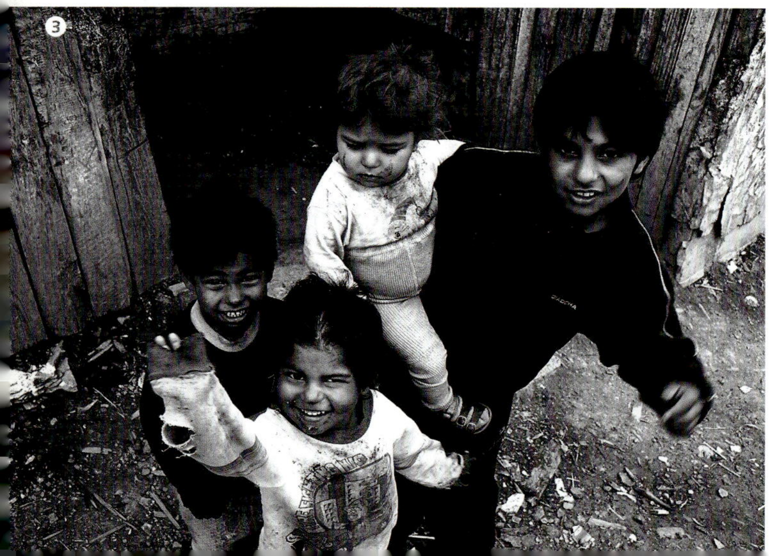

❶ Ein Brunnen für ein ganzes Dorf
Levanoce, Slowakei: In der Roma-Siedlung Levanoce gibt es einen Brunnen und kein fließendes Wasser für die 800 Bewohner. Der Bürgermeister des Nachbarorts weigert sich, eine Wasserleitung zu legen.

Canon 5D (Vollformat) | 4–5,6/70–300 mm bei 300 mm | 1/500 sek | f 7,1 | ISO 400

❷ Die Zukunft ist düster – ein trauriger Blick aus dem Fenster.
Die Arbeitslosigkeit unter den Roma liegt bei über 80%.

Canon 5D (Vollformat) | 4/24–105 mm bei 32 mm | 1/160 sek | f 8,0 | ISO 400

❸ Kinderreichtum
Kinder sind für viele Roma der einzige Reichtum. Acht bis zehn Kinder pro Familie sind keine Seltenheit. Doch deren Chancen sind gering, denn nur die wenigsten schaffen einen Schulabschluss.

Canon 5D (Vollformat) | 3,5–4,5/24–85 mm bei 24 mm | 1/160 sek | f8,0 | ISO 640

❹ Sichtbare Armut
Kartoffeln – das Abendessen für eine fünfköpfige Familie

Canon 5D (Vollformat) | 3,5–4,5/24–85 mm bei 32 mm | 1/4 sek | f4,0 | ISO 800

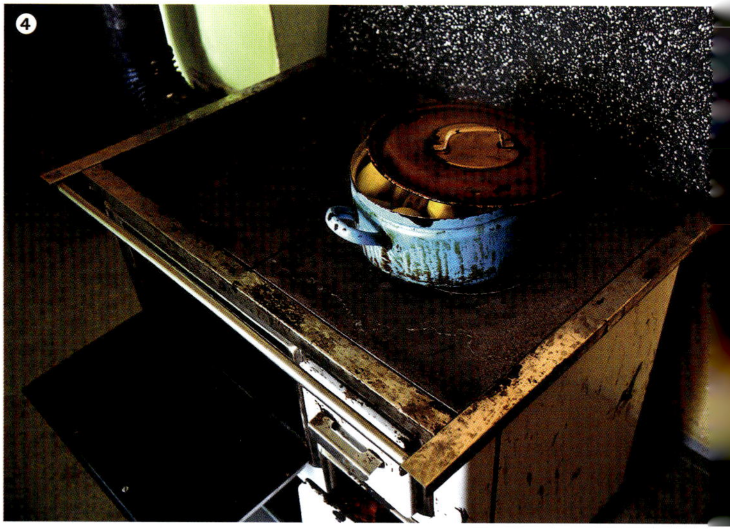

Sonderfall Bildreportage

Ein Spezialgebiet der Fotografie, das eng mit der Street- und Reisefotografie verwandt ist, ist die Bildreportage, die im Internet häufig auch »Fotostrecke« genannt wird. Dabei handelt es sich stets um eine mehr oder weniger umfangreiche und inhaltlich zusammenhängende Serie von Bildern, die eine bestimmte Geschichte erzählen. Eigentlich kommt der Begriff aus dem Bereich der schreibenden Zunft der Journalisten, in der eine Reportage einen bestimmten Sachverhalt in einer besonders lebendigen Sprache möglichst anschaulich und aus der unmittelbaren Umgebung rund um ein Ereignis beschreiben soll. Der »Live«-Charakter dieser Geschichten wird durch möglichst anschauliche Bilder noch verstärkt. Natürlich steht auch hier der Mensch oft im Mittelpunkt. Bei der Bildreportage/Fotostrecke wiederum wird der sonst umfangreiche Text durch eine mehr oder weniger knappe erläuternde Bildunterschrift (*Caption*) ersetzt. Die Bilder sollen für sich sprechen. Bei der Bildstrecke auf dieser Doppelseite handelt es sich um einen Ausschnitt aus der Bebilderung einer Reportage über die Not der Roma in der Slowakei. Bildreportagen zu fotografieren macht Spaß. Und jeder kann es für sich üben. Geben Sie sich einfach mal ein Thema vor: Menschen auf dem Markt, Volksfeste, Sport- oder andere Großveranstaltungen bieten Ihnen unzählige Motive.

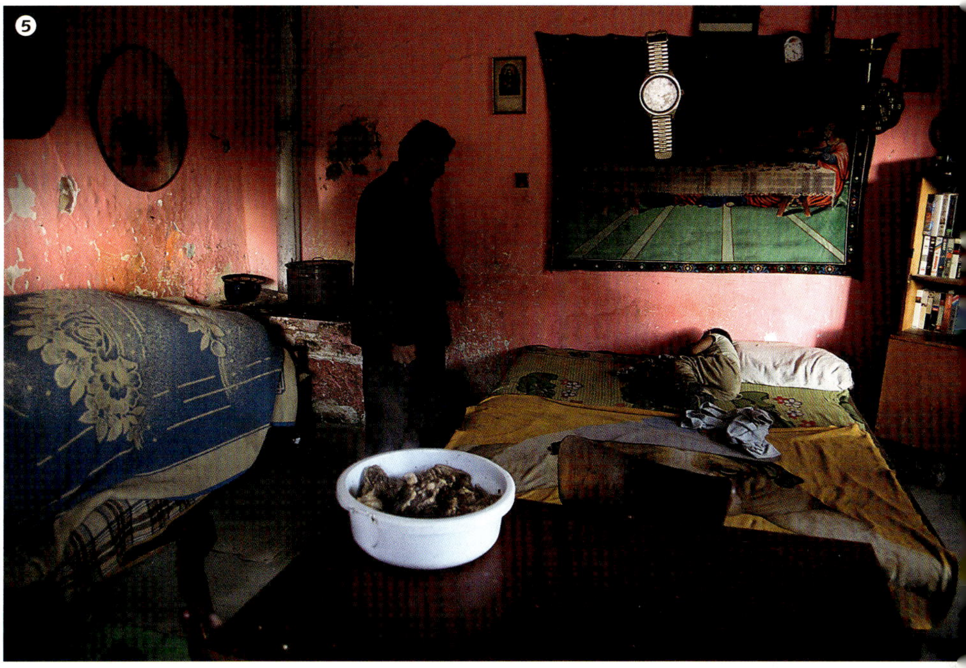

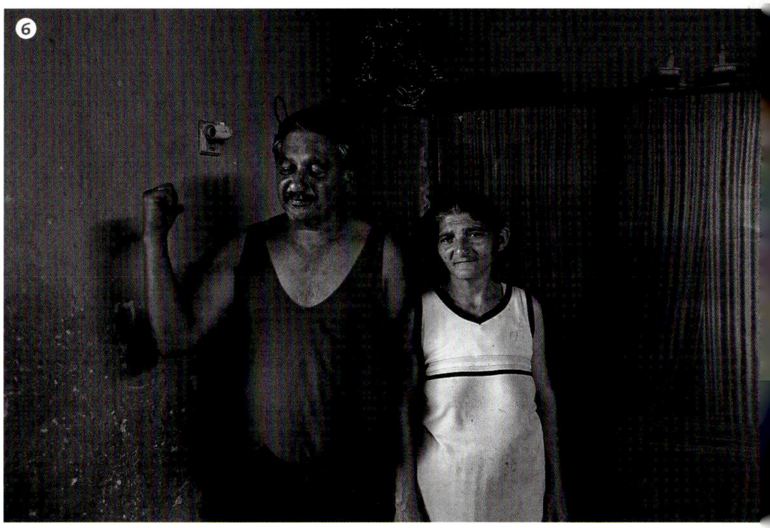

❺ Die Uhr steht still.
Für die meisten Roma in der Slowakei stehen die Uhren still. Die Bevölkerung steht ihnen feindselig gegenüber, und die Regierung unterstützt sie nur unter dem Druck der EU.

Canon 5D (Vollformat) | 3,5–4,5/24–85 mm bei 24 mm | 1/30 sek | f3,5 | ISO 1600

❻ *»Ich habe noch Kraft für viele Kinder!«*
Stolz zeigt der Mann seine Muskeln und prahlt mit seiner verbliebenen Manneskraft. Seine Frau nimmt es hin. Unter den Männern ist Alkoholismus weit verbreitet.

Canon 5D (Vollformat) | 3,5–4,5/24–85 mm bei 24 mm | 1/60 sek | f 4,5 | ISO 1600

Das Recht am eigenen Bild

Menschenfotografie macht Freude! Gute Menschenfotografie ist zugleich eine Herausforderung. Denn Sie haben es – anders als bei der Landschafts- oder auch Tierfotografie – bei der Street- oder Reisefotografie mit »Objekten« zu tun, die durch das »Recht am eigenen Bild« weitreichenden juristischen Schutz genießen. Und immer mehr Menschen werden misstrauisch, wenn sie mit einer Kamera anvisiert werden. Wer allerdings Bilder nur für den Hausgebrauch macht oder sie im Rahmen einer künstlerischen Ausstellung einem begrenzten Kreis von Interessenten zeigt, der braucht sich vor einer juristischen Verfolgung nicht zu fürchten. Das gilt weitgehend auch für Bilder, die Sie in einer Internetgalerie wie der *fotocommunity* zeigen möchten; vorausgesetzt, die Bilder wurden im öffentlichen Raum aufgenommen und verletzen nicht die Intimsphäre der abgebildeten Personen. Unbeschränkt ist auch die Veröffentlichung von Gruppenfotos, die Sie bei öffentlichen Veranstaltungen aufgenommen haben. Demonstranten, Fußballfans oder Konzertbesucher in Gruppen genießen keinen Persönlichkeitsschutz, es sei denn, der Fotograf ist ihnen mit einer »langen Tüte« (einem Teleobjektiv) zu nahe gerückt. Veröffentlichungen solcher Fotos im Internet sind auch dann relativ unproblematisch, wenn sie nur einem begrenzten Kreis zugänglich gemacht werden.

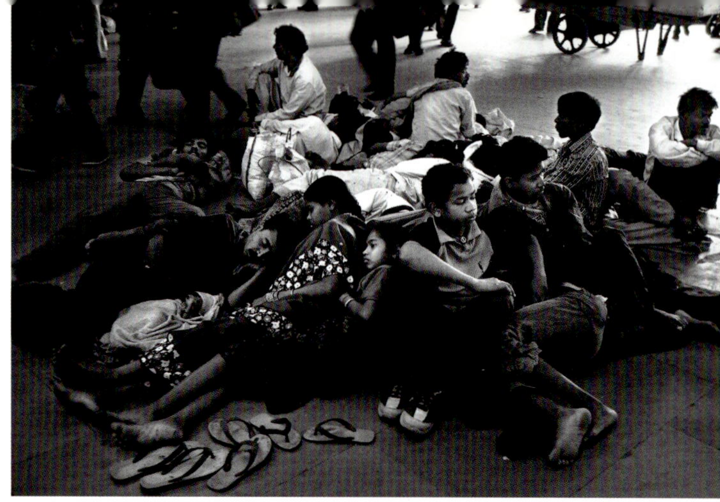

Zukunft der Straßenfotografie in Asien?
Ein Foto, gegen das auch deutsche Richter nichts einzuwenden hätten: Es zeigt eine Gruppe junger Bengalen im Howrah-Bahnhof von Kolkata (ehemals Kalkutta). Das Bild erfüllt die Forderung, wonach eigentlich alle abgebildeten Personen »Beiwerk« im juristischen Sinne sind. Keiner ist für sich allein bildwichtig, aber alle zusammen sind es…

Kommerzielle Nutzung | Deutlich schwieriger ist da schon die Lage für professionelle Fotografen, die ihre Produkte schließlich von vornherein für die Veröffentlichung und die kommerzielle Verwertung planen. Weltweit ist seit dem Unfalltod der britischen Prinzessin Diana im Jahr 1997 der Spielraum insbesondere für professionelle Menschenfotografen immer mehr eingeschränkt worden. Gesetze, die das Treiben rücksichtsloser Paparazzi einschränken sollten, schlagen inzwischen voll auch auf Streetfotografen durch. Dabei ist die Rechtslage in Deutschland alles andere als klar. Einige Rechtsanwälte haben es sich deshalb zur für sie lohnenden Aufgabe gemacht, Fotografen »abzumahnen« und von ihnen entsprechende »Gebühren« zu kassieren.

In Deutschland könnte Henri Cartier-Bresson heute sein blaues Wunder erleben, wenn er gemäß seinem Motto »Fotografieren ist wie Bogenschießen: richtig zielen, schnell schießen, abhauen« arbeiten wollte. Zumindest könnte es ihn teuer zu stehen kommen. Denn unser Persönlichkeitsrecht, das in den vergangenen Jahren durch die grassierende Paparazzi-Seuche ergänzt und verschärft wurde, ist so allgemein gefasst, dass

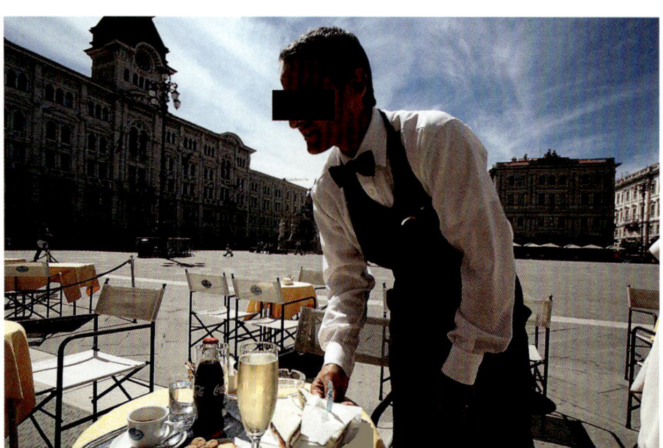

Die Zukunft der Straßenfotografie?
Triest: Sieht so die Zukunft der Straßenfotografie aus? Aufgrund der geltenden Vorschriften dürfen Fotos, auf denen Menschen abgebildet sind, nur veröffentlicht, vor allem aber vermarktet werden, wenn der Fotograf die Zustimmung des Abgebildeten dafür besitzt. Doch ganz so düster, dass die Bilder ansonsten anonymisiert werden müssten, sind die Aussichten noch nicht.

der Fotografie von Menschen im öffentlichen Raum Grenzen gesetzt worden ist. Nach dem Gesetz zu den Persönlichkeitsrechten, das auf dem »Kunsturhebergesetz« (kurz: KUG) von 1907 fußt, geht ohne schriftliche Erlaubnis der fotografierten Person fast nichts mehr.

Ausnahmeregelungen | Ausnahmen gelten zunächst nur für Personen der Zeitgeschichte, da diese dem öffentlichen Interesse unterliegen. Aber auch hier gibt es weitere Differenzierungen – unter anderem dürfen die Personen nicht in einer für sie diskreditierenden Weise abgelichtet sein. In der Streetfotografie werden die allermeisten abgebildeten Personen allerdings vermutlich kaum dem Kreis der zeitgeschichtlich relevanten Personen entstammen. Interessant für Streetfotografen ist der Passus, wonach Abbildungen von Menschen als »Beiwerk« auf einem Foto akzeptabel sein können. »Beiwerk« im juristischen Sinne sind alle Personen, die auf dem Bild für sich allein gesehen nicht unbedingt notwendig für die Bildwirkung sind. Damit könnten zum Beispiel Gruppen von Menschen auf einem Streetfoto unter diese Regelung fallen. Doch Vorsicht: Laut Presserecht-aktuell.de kann »auch ein kleines Personenbildnis am Rande eines Bildes (...) die Aufmerksamkeit des Betrachters auf sich ziehen. Der Fotograf sollte sich hier immer die Kontrollfrage stellen, ob die Personenabbildung auch entfallen kann, ohne dass sich die Aussage und der Charakter des Bildes verändern würde.«

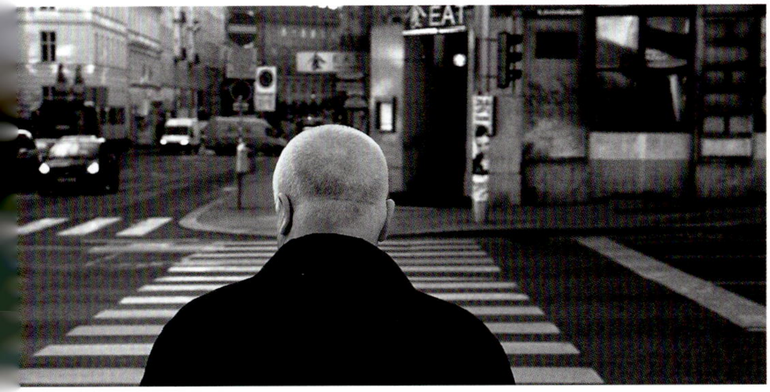

Das zukunftsweisende Street?
Wien: Hier ist nun wirklich niemand zu erkennen ...

Im Ernstfall wird dann ein Richter entscheiden, ob eine Person auf dem Bild »bildwichtig« ist oder nicht. Das gilt auch für die zweite Bedingung, unter der Fotografen Personenfotos ohne Genehmigung veröffentlichen dürfen. Bildnisse als Teil eines Kunstwerks nämlich sind zur Veröffentlichung freigegeben. Nur: Was Kunst ist, entscheiden am Ende wieder die Richter. Bilder, die ausschließlich in Ausstellungen hängen oder die es in die Museen schaffen, gehören ganz sicher zu dieser Kategorie. Ganz entscheidend ist in jedem Fall, ob ein Bild kommerziell (unter anderem für die Werbung) genutzt wird.

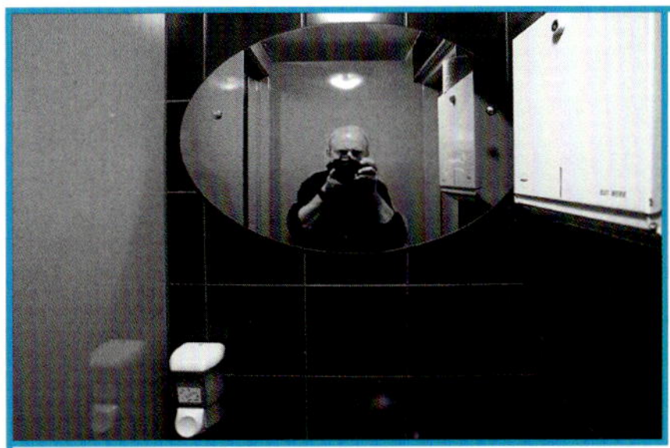

Der Autor

Schon als kleines Kind kam ich (Jahrgang 1946) mit der Fotografie in engen Kontakt, denn mein Vater, verdiente in den ersten Jahren nach dem Zweiten Weltkrieg den Lebensunterhalt für seine sechsköpfige Familie als Fotojournalist. Viele Stunden verbrachten wir Kinder mit ihm in der Dunkelkammer.

Ich begann erst als Teenager zu fotografieren: Mit einer Voigtländer-Kleinbildkamera ging ich auf Klassenfahrt nach Paris. Und von da an ließ mich dieses Medium nicht mehr los. Nach dem Abitur kaufte ich mir von meinem ersten selbst verdienten Geld die erste Spiegelreflex: eine Exakta Varex IIb. Zum Normalobjektiv (50 mm) kamen bald ein 28-mm-Weitwinkel und ein 135-mm-Tele hinzu. Eine Ausrüstung, die ich jahrelang intensiv zur Menschenfotografie benutzte.

Vermutlich war es das väterliche Vorbild, aber natürlich auch mein Beruf als Auslandskorrespondent der Nachrichtenagentur dpa, die die Menschenfotografie zu meiner großen Leidenschaft werden ließen. Seit zehn Jahren fotografiere ich bereits digital und habe diesen Schritt nie bereut. Inzwischen lebe ich nach 22 Jahren im Ausland als freier Autor und Fotojournalist wieder in Hamburg und genieße das digitale Zeitalter und das Internet, die der Fotografie zu einer beispiellosen Entwicklung verholfen haben.

Architekturfotografie

Das Spiel von Licht und Formen

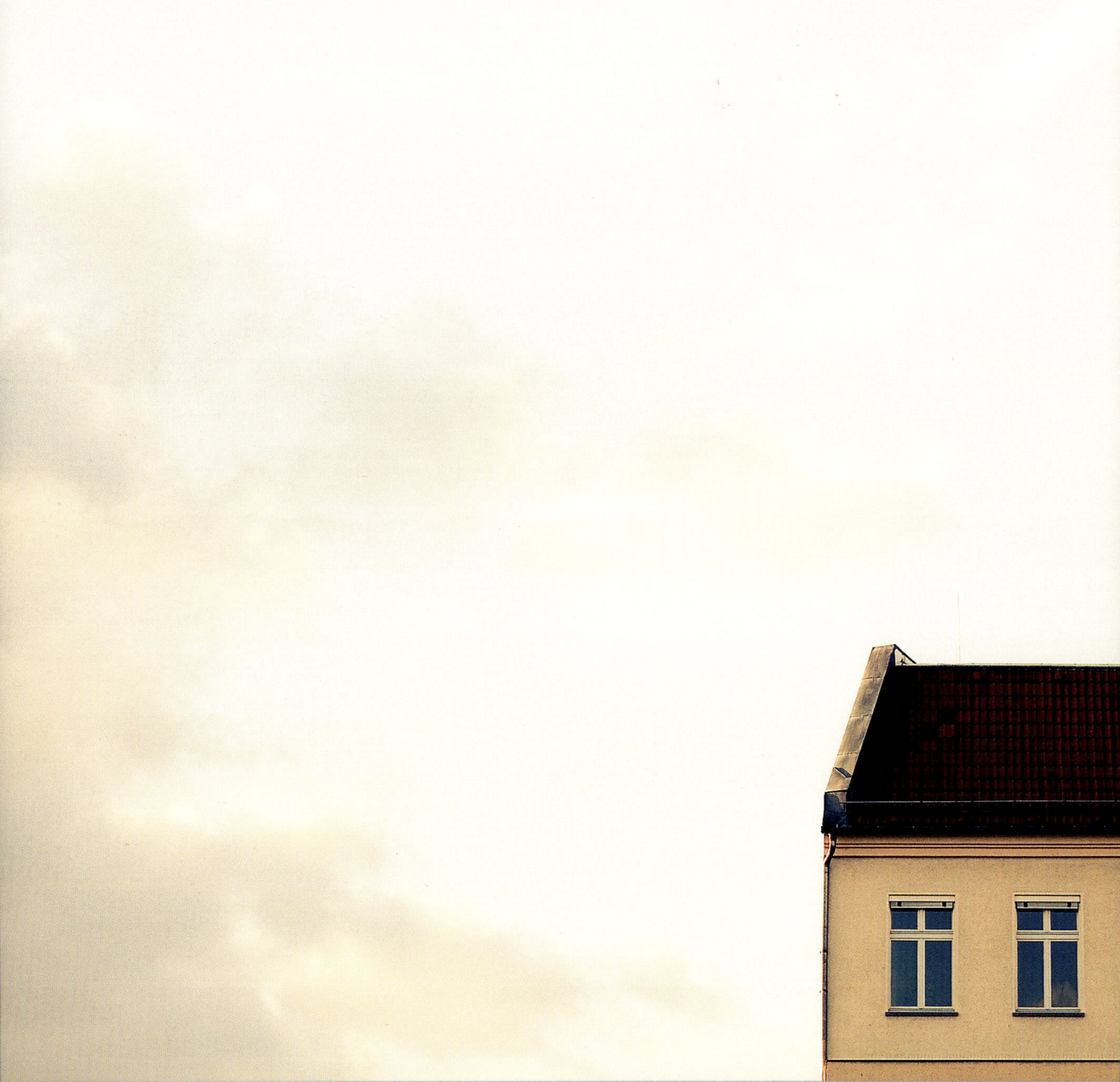

von Torsten Kärsch

»Du fotografierst Gebäude und Bauwerke? Ist das nicht ein wenig langweilig?! Die bewegen sich doch gar nicht …« Mit solchen oder ähnlichen Sprüchen habe ich als Architekturfotograf manchmal zu kämpfen. Wenn Sie sich aber ein wenig mit diesem Thema beschäftigen, wird Ihnen sicherlich schnell klar, dass mehr dahintersteckt und dass es auch Vorteile haben kann, wenn sich das Motiv nicht bewegt. Es gibt viel zu beachten, denn es wirken einige Faktoren auf ein gutes Architekturfoto ein. Und manchmal müssen Sie viel Geduld mitbringen, bis das gewünschte Motiv beispielsweise frei von störenden Autos ist oder bis die Sonne einen bestimmten Einfallswinkel erreicht hat. Ein Foto von einem Haus ist nicht einfach nur ein Foto von einem Haus. Einige gestalterische Aspekte spielen dabei eine wichtige Rolle – mehr dazu auf den folgenden Seiten.

Berliner Mehrfamilienhaus – kreativ angeschnitten
Subjektive Architekturfotografie im künstlerischen Sinne: Nicht immer müssen Fotografien klassisch aufgeteilt und geschnitten sein. Bei diesem Foto habe ich dem Himmel viel Platz gelassen. Das Haus wirkt weniger dominierend, und das Foto gewinnt so an Harmonie.

Nikon D700 (Vollformat) | 50 mm | 1/125 sek | f10 | ISO 200 | Belichtungskorrektur –0,7

Ideenfindung und Motive

Wenn Sie als Architekturfotograf einen Auftrag erhalten, steht das Motiv bereits fest: Das gewünschte Architekturobjekt des Auftraggebers muss fotografisch dokumentiert werden. Wenn Sie jedoch als Hobbyfotograf losziehen, um gezielt Gebäude zu fotografieren, stehen Sie schnell vor der ersten wichtigen Frage: Welches Bauwerk fotografiere ich? Dass es nicht immer die bekannten Gebäude von New York, Rom oder Paris sein müssen, möchte ich Ihnen in diesem Kapitel zeigen. Bauwerke können Sie überall fotografieren – es kommt dabei vor allem auf das »Wie« an. Es gibt unterschiedliche Ansätze, Gebäude zu fotografieren:

› *Dokumentarische Architekturfotografie*
  Hier geht es um die neutrale Aufnahme eines Bauwerks, diese Art ist häufig zur Dokumentation für Architekten oder Ingenieurbüros gedacht. »Stürzende Linien« gelten als Fehler und sollten dringend vermieden werden. Es zählt die technisch einwandfreie fotografische Aufnahme. Auch die naturgetreue Wiedergabe (Farbtreue!) des Bauwerks ist wichtig. Die Aufnahme soll dem Betrachter den gleichen Blickwinkel zeigen, aus dem er das Bauwerk sähe, wenn er davorstünde – der natürliche Blickwinkel, den man von Planzeichnungen aus der Architektur gewohnt ist, muss hier gewählt werden.
› *Interpretierende Architekturfotografie*
  Der Fotograf kann bis zu einem gewissen Grad freie fotografische Interpretationen in die Aufnahme des Bauwerks mit einbringen. Die Aufnahme muss aber weiterhin realistisch bleiben und das Bauwerk als solches gut zu erkennen ein. Denkbar ist diese Architekturfotografie beispielsweise für Aufnahmen in Imagebroschüren, Kundenmagazinen etc.
› *Subjektive Architekturfotografie*
  Der Architekturfotograf kann hier kreativ frei walten. Übertriebene Perspektiven, falsche Farben oder Spiegelungen sind erlaubt und sogar erwünscht. Für freie oder private Arbeiten ist dies sicherlich die interessanteste Art der Architekturfotografie.

Shanghai – ein Meer von Hochhäusern
Das Stadtbild von Shanghai ist von einer sehr monotonen Architektur geprägt – gebaut für viele Menschen auf engstem Raum. Die gestaffelten Hochhäuser bieten Wohnraum für viele Millionen Bewohner. Bei einem solchen Motiv können Sie als Fotograf entweder auf einzelne Bauwerke oder auf die Gesamtmenge aufmerksam machen. Mit einer Telebrennweite erhalten Sie einen guten Eindruck der Staffelung im Bild, die die Enge sichtbar macht. Dieses Foto ist aufgrund des Wirrwarrs an Gebäuden eher der interpretierenden Architekturfotografie zuzuordnen.

Nikon D700 (Vollformat) | 100 mm | 1/400 sek | f11 | ISO 200

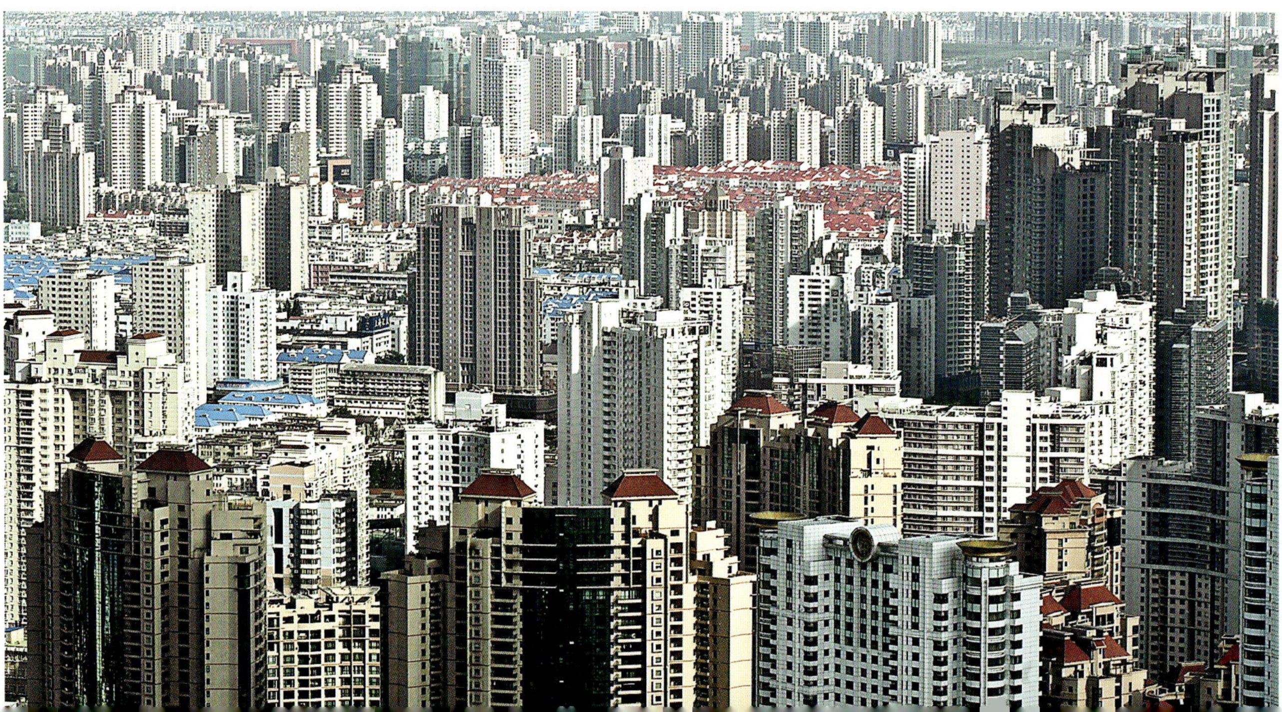

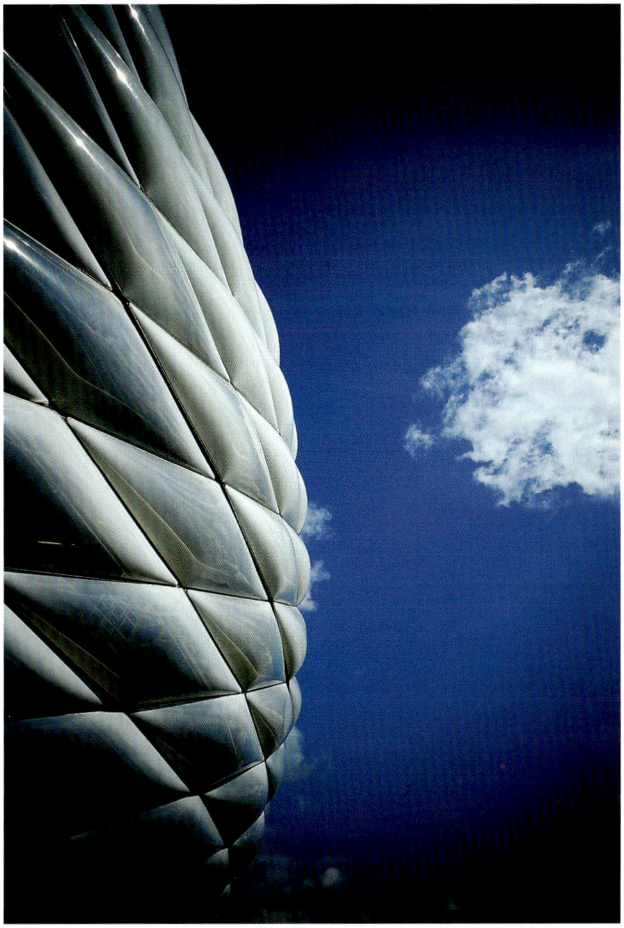

Unkonventionelle moderne Architekturfotografie
Die Münchner Allianz-Arena steht hier im Kontrast zum weiß-blauen Bayern-Himmel. Häufig wird die komplette Arena im Panoramaformat aufgenommen. Manchmal lohnt sich ein gewagter Bildschnitt und andere Bildwinkel. Gehen Sie näher ran! Mit einem Bildbearbeitungsprogramm habe ich eine Vignettierung (schwarze Ränder) hinzugefügt. Außerdem habe ich den Kontrast stark angehoben, um ein dunkles, kräftiges Blau zu erhalten.

Nikon D700 (Vollformat) | 50 mm | 1/2000 sek | f11,0 | ISO 200 | künstliche Vignettierung

Manchmal ist die Art der Fotografie schon im Voraus definiert, und Sie müssen sich daher an bestimmte Vorgaben halten. Wenn Sie jedoch privat für sich fotografieren, sind Sie frei von jeglichen Regeln – die beste Voraussetzung für Kreativität!

Herangehensweise | In der Architekturfotografie sind Sie gezwungen, ein dreidimensionales Bauwerk auf ein zweidimensionales Medium (Foto) zu reduzieren. Wo in der Realität zum Beispiel die Höhe eines Bauwerks beeindruckend und ausschlaggebend ist, müssen Sie also versuchen, dies auch auf Fotografien zu zeigen. Aber wie macht man das?

Machen Sie sich vorher ein paar Gedanken zur Architekturfotografie. Ich habe ein paar Fragen gesammelt, die Sie zunächst gezielt für sich beantworten sollten, bevor Sie mit Ihrer Kamera losziehen:

- Was möchte ich fotografieren (Haus, Kirche, Brücke etc.)?
- Gibt es bestimmte Öffnungszeiten des Bauwerks (Innenaufnahmen)?
- Darf ich dort fotografieren? Benötige ich eine Genehmigung?
- Was möchte ich mit meinen Fotos zeigen (Gesamtbild, Details, Besonderheiten)?
- Welche Stimmung soll der Betrachter mit dem gezeigten Bauwerk verbinden?
- Wo ist der beste Standort für eine Aufnahme? Muss ich dafür eventuell in oder auf ein anderes Gebäude?

Kreativität | Bei nahezu jedem Gebäude finden sich interessante Ansichten oder Details, manchmal ist es nur ein besonderer Erker oder ein besonders schönes buntes Fenster. Wenn Sie ein Gebäude gefunden haben, das Ihnen gefällt, dann betrachten Sie es zunächst in Ruhe von allen Seiten. Gehen Sie einmal um das Gebäude herum – zunächst einmal, ohne zu fotografieren. Nehmen Sie das Gebäude bewusst wahr und machen Sie sich mit ihm vertraut. Schauen Sie genau hin: Entscheiden Sie sich dann, was Sie fotografieren möchten – achten Sie auch auf Details!

Oft ist die Sichtweise der Architekturfotografie auf die gezeichneten Ansichtspläne der Architekten zurückzuführen. Die sogenannte Zentralperspektive geht dabei zumeist vom Standpunkt eines fiktiven menschlichen Beobachters aus, der sich in der Umgebung des Bauwerks aufhält. Diese Standardperspektive ist vor allem in der Architekturfotografie besonders gern gesehen. Weichen Sie doch einmal von dieser Norm ab! Es gibt viele

Möglichkeiten und neue Blickwinkel. Gerade wenn Sie nur aus persönlichen Ambitionen heraus fotografieren, haben Sie alle Freiheiten der Welt. Probieren Sie neue Ansichten aus:

- Gehen Sie in die Hocke oder legen Sie sich flach auf den Boden und nehmen Sie ein Gebäude aus dieser Position auf. Lassen Sie den Boden (Gras, Beton, Asphalt) mit in die Bildgestaltung einfließen. Ja, dabei können stürzende Linien auftreten! Na und?!
- Fotografieren Sie Gebäude doch einmal von oben: Suchen Sie sich ein erhöhtes Gebäude (Fernsehturm, Kirchturm, Hochhaus) aus und begeben Sie sich nach ganz oben. Oft lassen sich so ungeahnte Perspektiven entdecken und fotografisch ausnutzen.
- Konzentrieren Sie sich auf Details oder bestimmte Elemente eines Bauwerks. So können Dächer oder Treppenhäuser beispielsweise sehr interessante Motive ergeben.

Licht, Wetter und Perspektive

Auch wenn die Hauptmotive in der Architekturfotografie meist eher schwerfällig und unbeweglich sind, gibt es dennoch Variablen, mit denen Sie bei der Aufnahme spielen können. So können Sie beispielsweise mit der Tageszeit, dem Wetter und den damit verbundenen unterschiedlichen Lichtverhältnissen experimentieren. Oft wirken Gebäude zu einer bestimmten Tages- oder Jahreszeit ganz anders, weil sich die Umgebung dementsprechend geändert hat.

Am Morgen | Die Tageszeit, zu der die meisten Leute noch schlafen (im Sommer also gegen 5 Uhr), bietet ganz besondere Lichtstimmungen. Die Sonne ist kurz davor, aufzugehen, es herrscht ein angenehmes, warmes Licht. Disziplinierte Fotografen werden belohnt: Bei schönem Wetter taucht der Sonnenaufgang Gebäude und Landschaften in ein goldenes Licht. Ein weiterer Vorteil: Es sind kaum Menschen auf den Straßen, die den Architekturfotografen stören könnten. Sind Sie schon einmal an einem Sonntagmorgen um 5 Uhr zum Gebäudefotografieren unterwegs gewesen? Probieren Sie das unbedingt einmal aus – wenn Sie den inneren Schweinehund überwunden haben und erst einmal auf den Beinen sind, werden Sie es nicht bereuen!

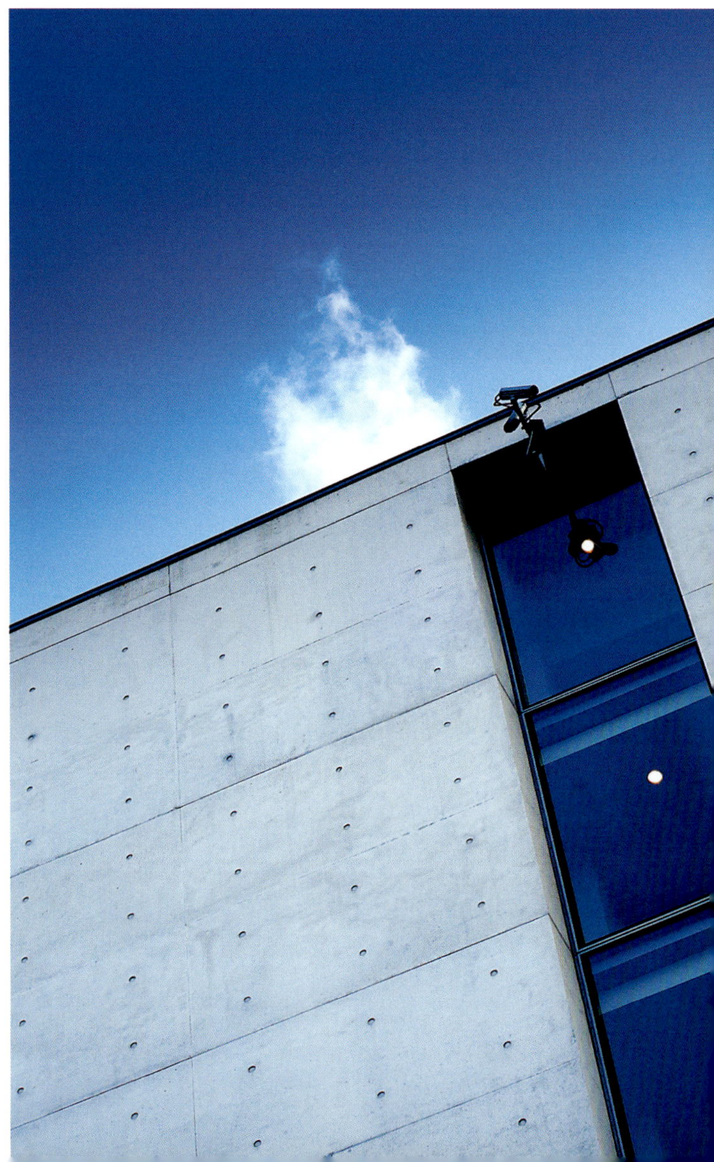

Regierungsviertel Berlin – schräg!
Die modernen Gebäude in Berlin laden zu intensiven Fotospaziergängen ein: Ein blauer Himmel und Stahl-Glas-Architektur wirken prächtig zusammen. Der schräge Anschnitt verleiht dieser Aufnahme viel Dynamik. Bewusst habe ich hier nur einen engen Ausschnitt gewählt. Der Sichtbeton und das dunkle Glas heben sich gut voneinander ab. In der Bildbearbeitung habe ich die Kontraste leicht angehoben.

Nikon D700 (Vollformat) | 50 mm | 1/100 sek | f11 | ISO 200

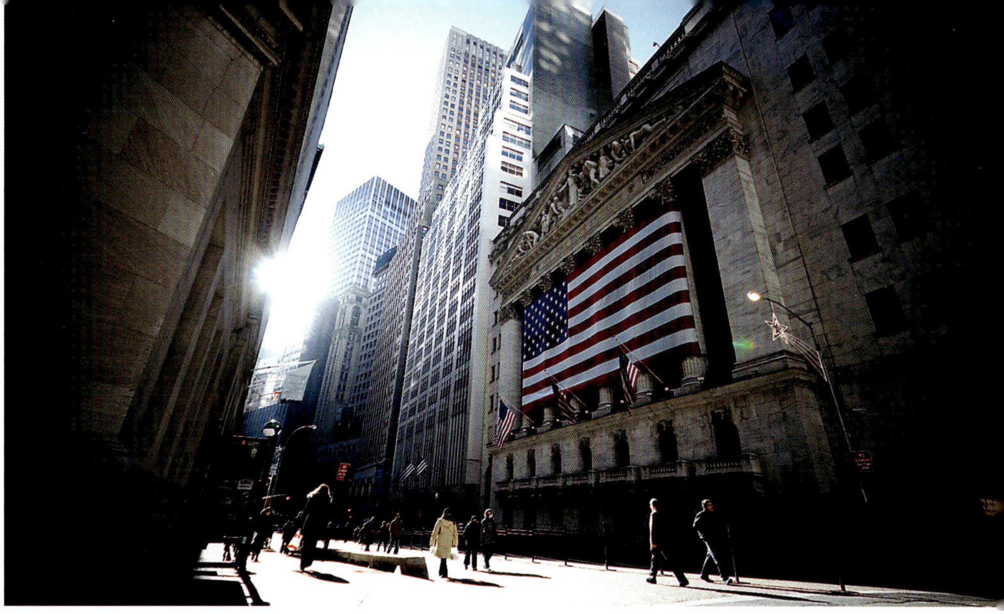

New York – Wall Street in der Morgensonne
Morgens steht die Sonne tief, und dann kann es sich lohnen, die klassischen Fotografieregeln (»Nicht gegen die Sonne fotografieren!«) zu brechen. Hier stand die Sonne günstig zwischen den Gebäuden: Lange Schatten machen die Passanten zu Hinguckern, und die im Schatten an der Börse hängende amerikanische Flagge zeigt kräftige Farben.

Nikon D300 (Cropfaktor 1,5) | 10 mm | 1/160 sek | f6,3 | ISO 320

Zur Mittagszeit | Zwischen 12 und 15 Uhr prallt die Sonne auf die Erde. Diese Tageszeit ist meist nur dann interessant, wenn der Himmel wirklich strahlend blau ist und die eine oder andere Wolke den Himmel bedeckt. Probieren Sie dann mal einen Polfilter (Aufschraubfilter für Objektive) aus. Durch ihn erreichen Sie kräftige Farben und ein sattes Himmelsblau. Die harten Schlagschatten, die mittags entstehen, weil das Sonnenlicht direkt von oben kommt, eignen sich nicht für kleine Gebäude oder Detailaufnahmen. Wenn Sie aber große Gebäude von einem weiter entfernten Standort aus fotografieren und den blauen Himmel mit einbeziehen, können Sie auch mittags gute Ergebnisse erzielen.

Ansonsten nutzen Sie diese Tageszeit doch einfach, um in Innenräumen von Wohnhäusern, Bürokomplexen oder Kirchen zu fotografieren. Durch die intensive Sonneneinstrahlung fällt viel Licht durch die Fenster.

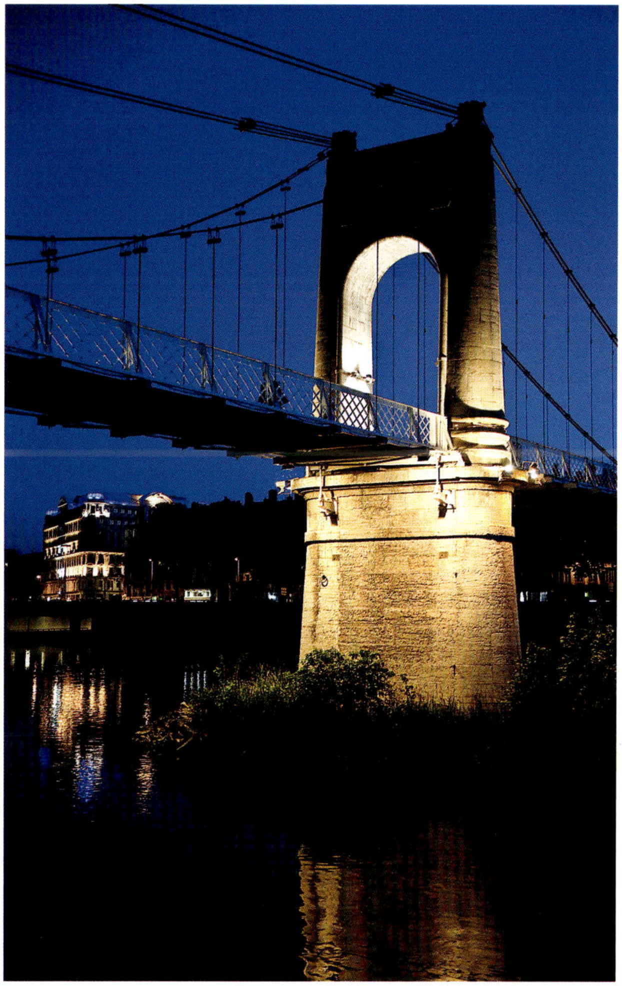

Brücke in der Blauen Stunde
Diese Aufnahme einer Brücke in Lyon entstand kurz nach Sonnenuntergang in der Blauen Stunde. Die gerade untergegangene Sonne sorgt für einen kräftigen, dunkelblauen Himmel. Dieses Bild konnte ich dank ISO 3200 ohne Stativ fotografieren. Ich habe hier manuell auf den beleuchteten Brückenpfeiler belichtet. Auch bei dieser Aufnahme habe ich den Kontrast in Photoshop leicht angehoben.

Nikon D700 (Vollformat) | 50 mm | 1/100 sek | f2,8 | ISO 3200

BLAUE STUNDE UND NACHTFOTOGRAFIE

› **Tipp 1**
Verlassen Sie sich bei Aufnahmen in der anbrechenden Dunkelheit nicht auf die Programmautomatik Ihrer Kamera. Die meisten Automatiken kommen mit den veränderten Lichtverhältnissen nicht klar. Stellen Sie die Belichtung besser manuell ein, und kontrollieren Sie diese regelmäßig.

› **Tipp 2**
Fotografieren Sie bei nächtlichen Aufnahmen auf jeden Fall mit Stativ, sonst kann es zu Verwacklungen kommen. Es ist zudem besser, ein Stativ mitzunehmen, weil Sie dann länger in niedrigen ISO-Einstellungen fotografieren können. So lässt sich auch das Bildrauschen verringern.

› **Tipp 3**
Probieren Sie mehrere Weißabgleicheinstellungen aus, wenn Sie in JPEG fotografieren. Durch die verschiedenen Lichttemperaturen der Kunstlichtquellen ergeben sich die unterschiedlichsten Farbstimmungen. Fotografieren Sie nach Möglichkeit im RAW-Modus Ihrer Kamera, dann können Sie den Weißabgleich beim »digitalen Entwickeln« nachträglich verlustfrei verändern.

› **Tipp 4**
Nehmen Sie eine kleine Taschenlampe mit. Sie erweist sich unter anderem als nützlicher Helfer, wenn Sie Ihre Kamera einstellen oder ein Objektivdeckel ins dunkle Gras gefallen ist.

Mittags ist schließlich die hellste Zeit des Tages und somit *die* Zeit für Innenarchitekturfotos.

Am Abend und nachts | Auch während des Übergangs vom Tag zur Nacht können gute Fotografien entstehen. Die sogenannte Blaue Stunde bricht kurz nach dem Sonnenuntergang an, ist aber nicht jeden Tag zu beobachten. Dann streuen sich die Sonnenstrahlen in einem bestimmten Verhältnis in den höheren Erdatmosphären. Der Himmel wirkt so in einem besonders intensiven Blau, das langsam dunkler wird und im Nachtschwarz endet. Die Blaue Stunde dauert meist nur etwa

Leuchtspuren in Shanghai
Diese Aufnahme zeigt das neue, moderne Stadtviertel Pudong auf der anderen Seite des Flusses Huangpu Jiang. Das Foto habe ich mit Hilfe eines Stativs gegen Mitternacht aufgenommen. Durch eine kleine Blendenöffnung war eine lange Belichtungszeit möglich. Dadurch erscheint das vorbeifahrende Schiff nur noch als Leuchtspuren auf dem Bild. Auch die durch den Wind vorbeiziehenden Wolken werden verwischt. So wird der Blick des Betrachters ganz auf die beleuchteten Gebäude gelenkt.

Nikon D70 (Cropfaktor 1,5) | 20 mm | 25 sek | f18 | ISO 200

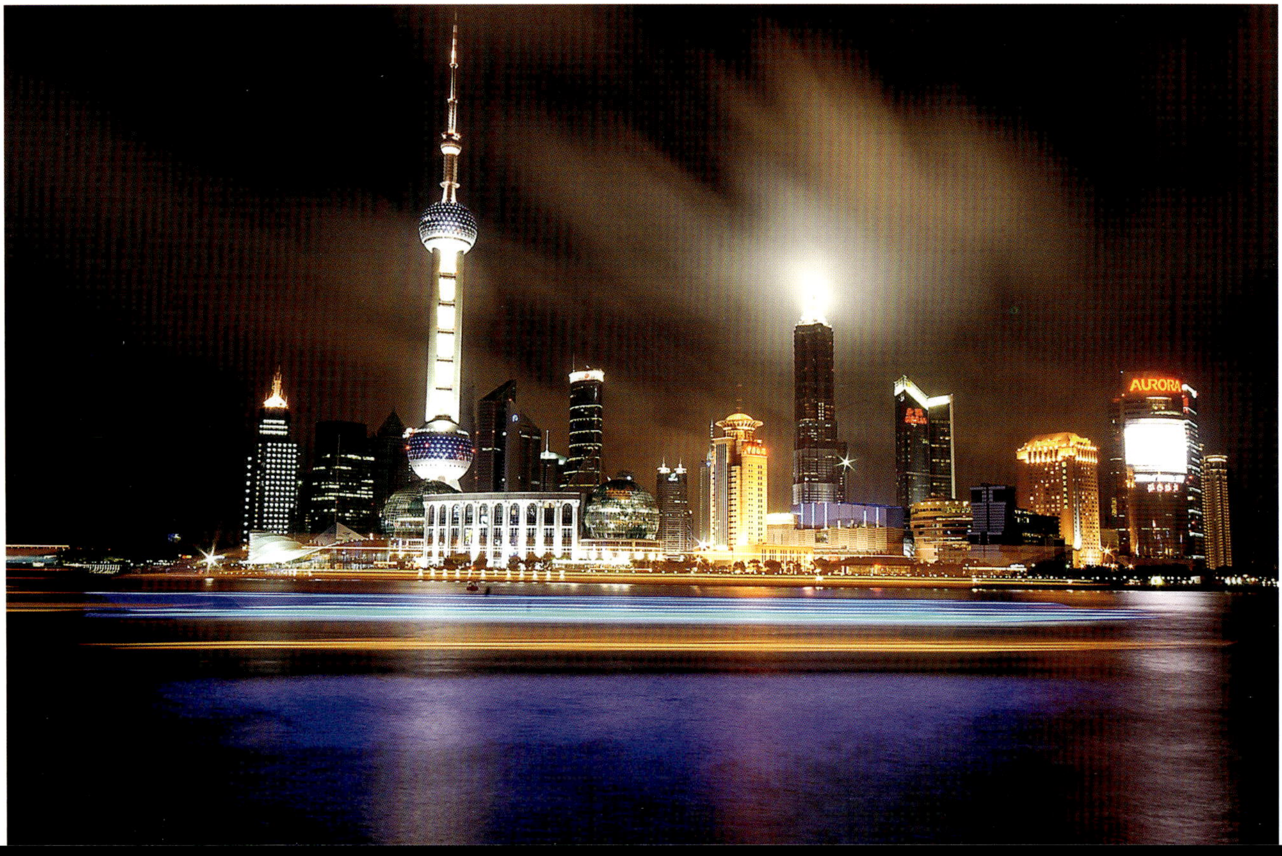

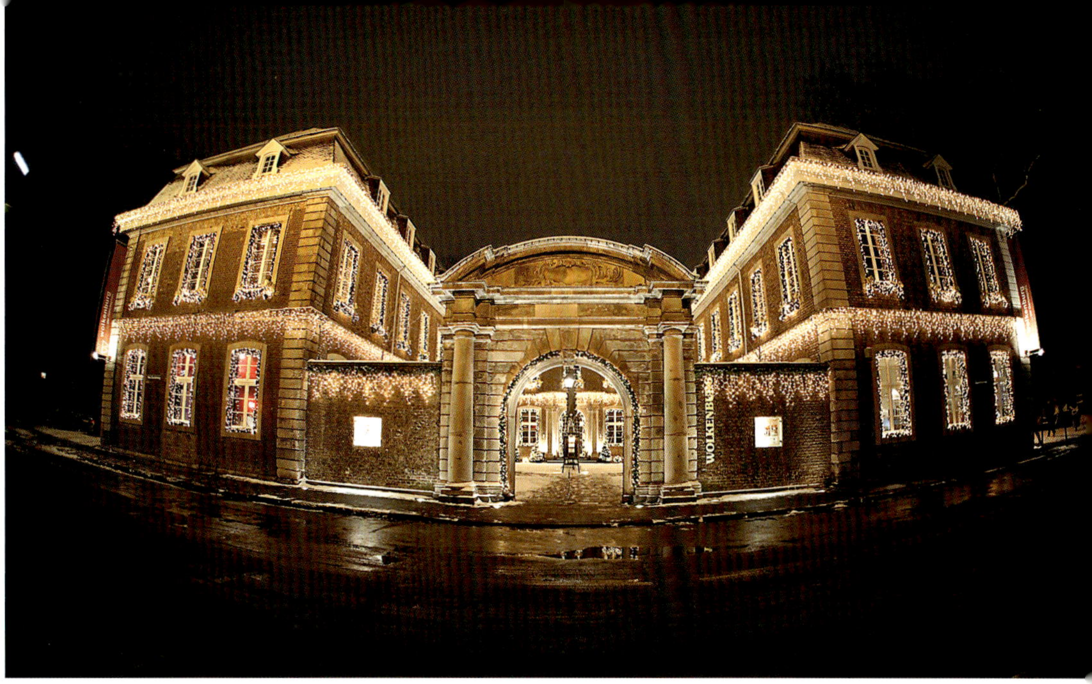

Wolkenburg (Köln) – Fisheye-Aufnahme
Regen lässt den Asphalt noch dunkler wirken und sorgt für Spiegelungen in den Pfützen. Die vielen Lichterketten lassen das Gebäude nachts funkeln und strahlen. Direkt gegenüber der Wolkenburg stehen mehrere Häuser, die Straße ist an dieser Stelle sehr eng: So lässt sich nur mit einem extremen Weitwinkel (in diesem Fall einem Fisheye-Objektiv) die komplette Front der Wolkenburg aufnehmen.

Nikon D700 (Vollformat) | 15 mm | 1/100 sek | f2,8 | ISO 3200

30 Minuten und eignet sich hervorragend für die Architekturfotografie. Gerade beleuchtete Objekte lassen sich in dieser Lichtstimmung gut fotografieren: Das intensive Blau steht im kräftigen Kontrast zu den meist gelblichen oder rötlichen Kunstlichtquellen. Diese helle Farbgebung macht sich gut vor dem dunkelblauen Himmel.

Nach Einbruch der Dunkelheit können Sie mit den verschiedenen Lichtquellen ein wenig experimentieren: Verläuft beispielsweise eine befahrene Straße vor dem Gebäude, können Sie die »Leuchtspuren« der vorbeifahrenden Autos als begleitendes Bildelement verwenden. Diese Leuchtspuren können Sie im Bild festhalten, indem Sie an Ihrer Kamera Langzeitbelichtungen von 1 Sekunde oder länger einstellen. Achten Sie hierbei darauf, dass die Leuchtspuren das Bild nicht dominieren, sondern lediglich bereichern. Übrigens: Einen ähnlichen Effekt können Sie auch tagsüber erreichen. Verwischte Autos (Bewegungsunschärfe) erreichen Sie durch den Einsatz von großen Blendenzahlen (f16 oder größer). Durch die kleinere Blendenöffnung können Sie das Bild länger belichten, und vorbeifahrende Autos oder vorbeigehende Passanten werden nicht mehr scharf abgebildet. Verstärken können Sie den Effekt durch einen Graufilter, der auf das Objektiv geschraubt wird. Er sorgt für einen verminderten Lichteinlass und somit für längere Belichtungszeiten – auch bei tagheller Sonne.

Jahreszeiten | Auch die Tatsache, in welcher Jahreszeit Sie ein Gebäude aufnehmen, sorgt für verschiedene Bildstimmungen. Im Frühling und Sommer wirken das frische Grün der Natur und die Farben von blühenden Landschaften auf Architekturfotos in einer bestimmten Weise auf deren Betrachter. Während Sie eine Brücke oder ein Parkhaus auch im kahlen Winter fotografieren können, sind manche Gebäude doch auf die sommerliche Stimmung angewiesen. Stellen Sie sich mal ein großes Schloss, umgeben von einer großen Parkanlage, vor – würde Sie dieses Motiv in einer blühenden grünen Kulisse oder im Schnee mehr ansprechen? Sie sollten beim Fotografieren also immer auch folgende Frage für sich beantworten: Welche Stimmung soll der Betrachter beim Blick auf Ihre Bilder und die darauf abgebildeten Motive empfinden?

Gebäudefotografien mit geschlossenen Schneedecken können schnell befremdlich wirken, gerade wenn Sie diese Fotos in den anderen drei Jahreszeiten einsetzen möchten (Broschüren etc.). In unseren Augen ist Schnee eher ein ungewohnter und seltener Anblick, daher kann der Blick des Betrachters dadurch abgelenkt werden. Frische Sommerbilder mit saftigem Grün strahlen meist eine positive, lebendigere Atmosphäre aus. Auch in einer Serie fallen Schneebilder sehr schnell auf, dadurch sind sie mit anderen Fotos schlechter kombinierbar.

Wetter | Speziell bei Außenaufnahmen spielt das Wetter eine entscheidende, allerdings nicht vorhersehbare Rolle. So lassen sich Aufnahmen von Gebäuden zeitlich nur schlecht festlegen. Bei intensiver Sonneneinstrahlung bilden sich harte Schatten an Gebäudekanten – gerade kleinere Gebäude bilden dann Schatten, die bei näheren Aufnahmen deutlich sichtbar sind. Von weiter entfernten Standorten sind die Schatten jedoch nicht so augenfällig, und der blaue Himmel eignet sich als hervorragender Hintergrund für Ihre Aufnahmen. Ein bewölkter Himmel hingegen wirkt wie ein großer Reflektor, der alles in ein sehr weiches Licht taucht. Wenn es bewölkt ist, sind folglich auch keine oder kaum Schatten vorhanden. Bei Regen entstehen Reflexionen und Spiegelungen. Diese kann man sich fotografisch zunutze machen. Fotografieren Sie doch beispielsweise einmal nur die Spiegelung: Gehen Sie nah an die Pfütze heran, und fotografieren Sie das sich darin spiegelnde Gebäude. Viele Oberflächen verändern im nassen Zustand ihre Farben: Sie werden dunkler und sind somit nicht mehr farbecht. Für die dokumentarische Architekturfotografie ist dieses Wetter also nicht geeignet. Bei freien Architekturfotografien dagegen können Sie sich das allerdings auch zum kreativen Nutzen machen: Der Asphalt vor Gebäuden wirkt im nassen Zustand viel dunkler und ästhetischer und bildet zudem einen besseren Kontrast zu einem hellen Gebäude.

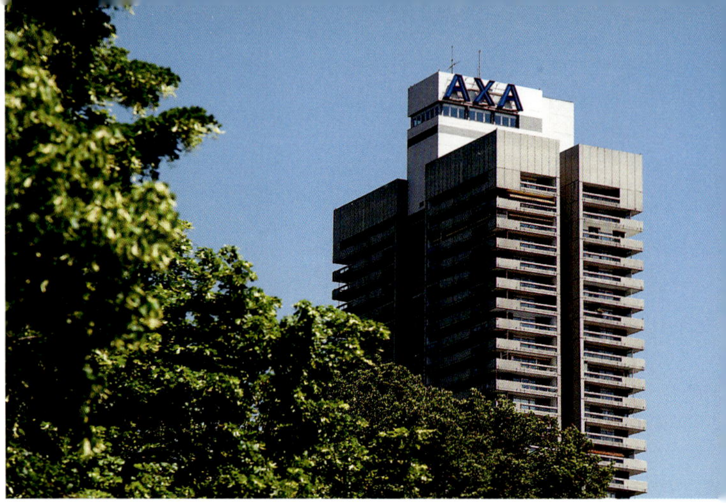

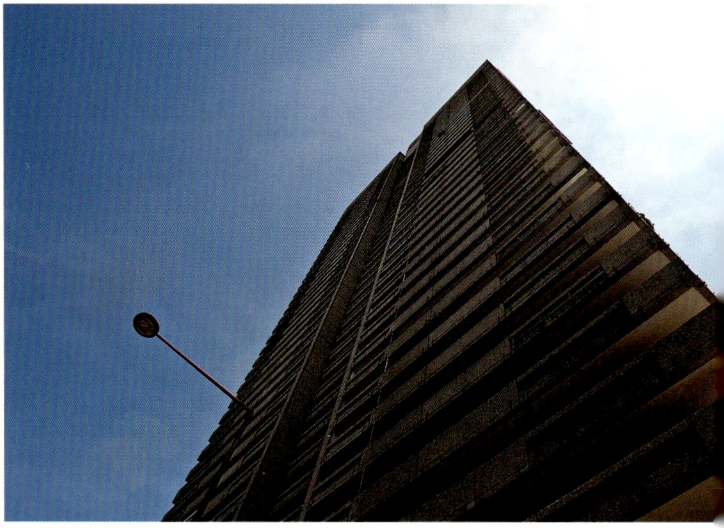

Standort | Testen Sie verschiedene Blickwinkel, Standorte und Kameraeinstellungen. Experimentieren Sie zum Beispiel auch einmal mit verschiedenen Weißabgleichen und manuell eingestellten Belichtungszeiten – nutzen Sie so die Vorteile der digitalen Fotografie. Denn Sie können das Ergebnis ja direkt anschauen und korrigierend eingreifen. Natürlich sind neben den rein statischen Architekturfotos auch ganz eigene Interpretationen aus ganz ungewöhnlichen Blickwinkeln möglich. Lassen Sie Ihrer Kreativität und Ihren Gedanken freien Lauf, und stellen Sie das Gebäude in Ihren Fotos so dar, wie Sie es sehen: dynamisch, einladend oder auch bedrohlich. Jedes Gebäude ist anders und muss dementsprechend betrachtet und fotografiert werden. Wenn große, hohe Gebäude auch so wirken sollen,

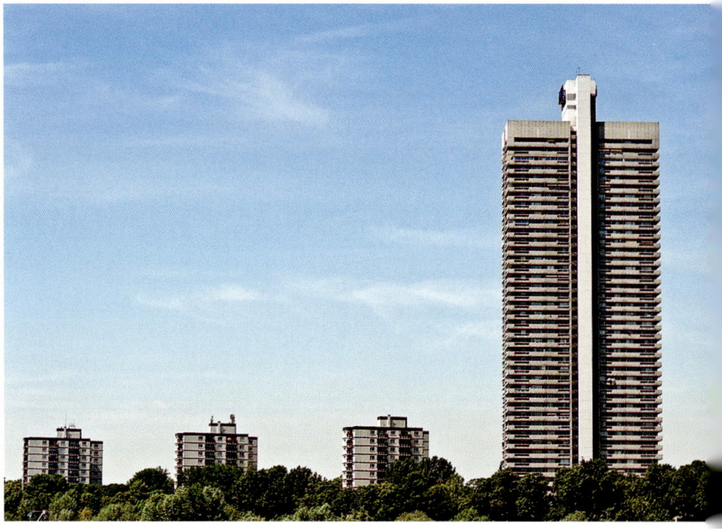

Ein Hochhaus in Köln – drei Standorte
Verschiedene Standorte zeigen unterschiedliche Bildsprachen: Die obere Variante lässt die Höhe des Hauses nur schwer erahnen. Wenn Sie direkt vor dem Haus stehen und frontal hochfotografieren, stürzt alles – das Haus wirkt auf dem Foto in der Mitte unangenehm, anonym und sehr hoch. Die untere Aufnahme wirkt hingegen sehr grafisch. Zudem wird die Höhe des Hauses durch die Einbeziehung der Umgebung und in der Relation zu den Bäumen gut sichtbar. Die Aufnahme entstand ca. 500 Meter entfernt vom Bauwerk. Die drei Gebäude links im Foto sind auch Hochhäuser, da sie aber weitere 500 Meter hinter dem rechten Hochhaus stehen, wirken sie viel kleiner. Dem Bild tut das gut: Das rechte Haus hebt sich dadurch gut ab.

***Oben:** Nikon D700 (Vollformat) | 145 mm | 1/640 sek | f9 | ISO 200*

***Mitte:** Nikon D700 (Vollformat) | 24 mm | 1/320 sek | f9 | ISO 200*

***Unten:** Nikon D700 (Vollformat) | 86 mm | 1/320 sek | f13 | ISO 200*

gehen Sie entweder ganz nah heran und fotografieren mit einem Weitwinkelobjektiv die Fassade. Oder Sie entfernen sich ein paar Hundert Meter und fotografieren das große Bauwerk in Relation zu seiner Umgebung. Wenn ich einen Auftrag erhalte, schaue ich mir das Gebäude immer zunächst intensiv von außen an, gehe ein- oder sogar zweimal um das Gebäude herum und betrachte es danach aus weiterer Entfernung. Nur so können Sie ein Gefühl für ein Gebäude entwickeln. Fragen Sie sich dabei: Wie wirkt das Gebäude auf mich? Wie soll das Gebäude auf andere wirken? Wie kann ich diese Wirkung im Bild umsetzen?

Probleme und Lösungen

Auch in der Architekturfotografie kann man so manchen fotografischen Problemen begegnen. Hier möchte ich auf die Probleme und deren verschiedene Lösungen eingehen. Es gibt unterschiedliche Wege, um zum Beispiel stürzende Linien zu vermeiden beziehungsweise zu korrigieren.

Stürzende Linien | Eines der großen Probleme der Architekturfotografie sind die sogenannten stürzenden Linien. Es handelt sich hierbei um Linien und Kanten, die bei Fotografien aufeinander zustreben, obwohl sie in Wirklichkeit parallel verlaufen (zum Beispiel Außenwände von Gebäuden). Dieser Effekt tritt immer dann auf, wenn die Kanten des Gebäudes nicht parallel zur Projektionsfläche, also zum Sensor der Kamera, liegen. Dies geschieht, sobald Sie die Kamera aus der horizontalen Waage nehmen, um beispielsweise ein hohes Gebäude vollständig zu fotografieren. Dafür kippen Sie die Kamera leicht nach oben, und schon stehen Sensor-

SCHRITT FÜR SCHRITT: STÜRZENDE LINIEN KORRIGIEREN

Schritt 1: Ziehen Sie Hilfslinien (Menü • Ansicht • Neue Hilfslinie) an markanten vertikalen Linien im Bild, zum Beispiel an den Außenmauern links und rechts. Die neuen Hilfslinien sollten die schrägen Bildlinien an den jeweils äußeren Punkten berühren.
Schritt 2: Markieren Sie nun das gesamte Bild, indem Sie den Tastaturbefehl Strg + A ausführen.
Schritt 3: Wählen Sie in Photoshop die Funktion Perspektivisch im Menü Bearbeiten • Transformieren. Sie sehen nun acht Anfasser an den Ecken und an den Mitten der Bildkanten.
Schritt 4: Ziehen Sie die Anfasser in den oberen Bildecken nach außen, bis die ehemals schrägen Bildlinien (stürzende Linien) auf den Hilfslinien stehen.
Schritt 5: Anschließend können Sie den endgültigen Bildausschnitt wählen und weitere Bearbeitungen vornehmen. Fertig!

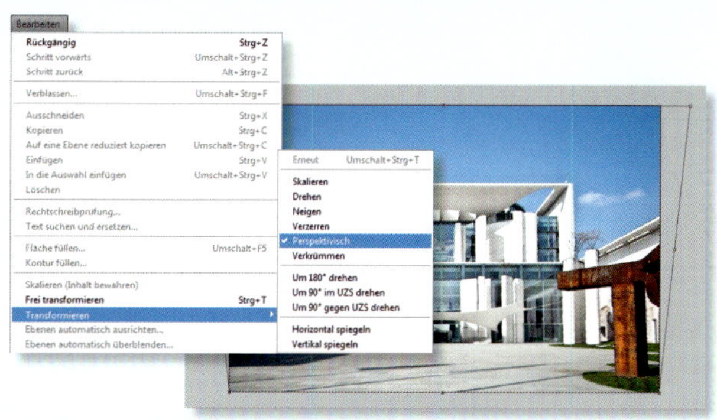

In Photoshop wird die Perspektive transformiert. Mit Hilfe der beiden türkisfarbenen Hilfslinien können Sie die beiden Außenkanten wieder parallel ausrichten.

fläche und Gebäudeoberfläche nicht mehr parallel zueinander. Das Bauwerk wird mit dann mit stürzenden Linien aufgenommen. Es gibt mehrere Möglichkeiten, um stürzende Linien zu vermeiden beziehungsweise zu korrigieren:

› Benutzung von professionellen Tilt-Shift-Objektiven, Nachteil: Anschaffung sehr teuer (siehe Abschnitt »Ausrüstung«, Seite 257)
› Aufnahmen aus Nachbarhäusern mit erhöhtem Standort. Begeben Sie sich etwa auf die halbe Höhe des zu fotografierenden Objekts. So können Sie parallel fotografieren und vermeiden stark stürzende Linien. Achten Sie allerdings auf die Panoramafreiheit (siehe Seite 258) – bei aus solcher Perspektive aufgenommenen Bildern von privaten Häusern gilt diese nicht mehr. Also Vorsicht!
› Spezialsoftware (zum Beispiel ShiftN, Freeware) rechnet die perspektivischen Fehler automatisch aus dem Bild heraus. Manuelle Korrekturen sind dabei auch möglich. Durch die Neuberechnung kann es allerdings zu Qualitätsverlusten kommen.
› Photoshop und andere Bildbearbeitungsprogramme bieten Funktionen zum perspektivischen Verzerren an.

Diese Möglichkeiten können natürlich nur begrenzt korrigierend wirken. Achten Sie bereits bei der Aufnahme auf stürzende Linien, und versuchen Sie sie beispielsweise durch einen Standortwechsel zu vermeiden. Um eine optimale Qualität zu erhalten, sollten Sie schon bei der Aufnahme dafür sorgen, dass Sie später so wenig wie möglich in der Bildbearbeitung korrigieren müssen. Mein Tipp für frei stehende Gebäude: Entfernen Sie sich so weit wie möglich von dem Bauwerk, und verwenden Sie eine möglichst lange Brennweite. Gehen Sie dabei keinesfalls in die Hocke, sondern versuchen Sie eine möglichst hohe Position einzunehmen. Das kann eine mitgebrachte Leiter, eine vorhandene Mauer oder ein Stuhl sein. Falls Sie nichts dergleichen zur Auswahl haben, können Sie die Kamera auch mit nach oben ausgestrecktem Arm in die Luft halten und von dort ein Foto aufnehmen. Ein klappbares Display ist da natürlich von Vorteil. Das Ziel einer naturgetreuen Architekturaufnahme sollte die möglichst genaue Parallelität zwischen bildaufnehmender Fläche (Kamerasensor) und dem Bildmotiv (Fassade/Bauwerk) sein.

Störende Bildelemente | Ein weiteres Problem bei Architekturaufnahmen können störende Bildelemente

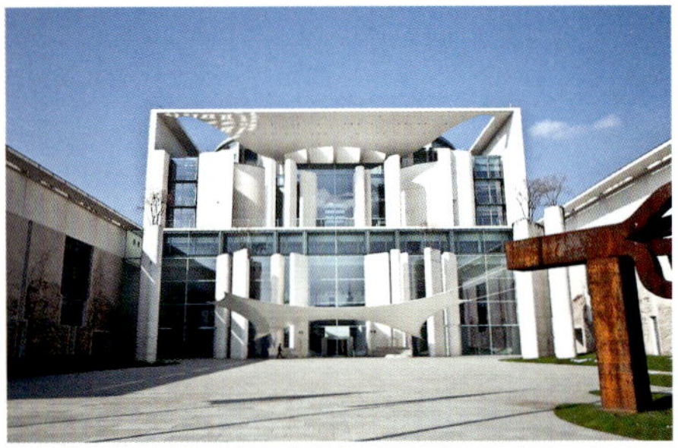

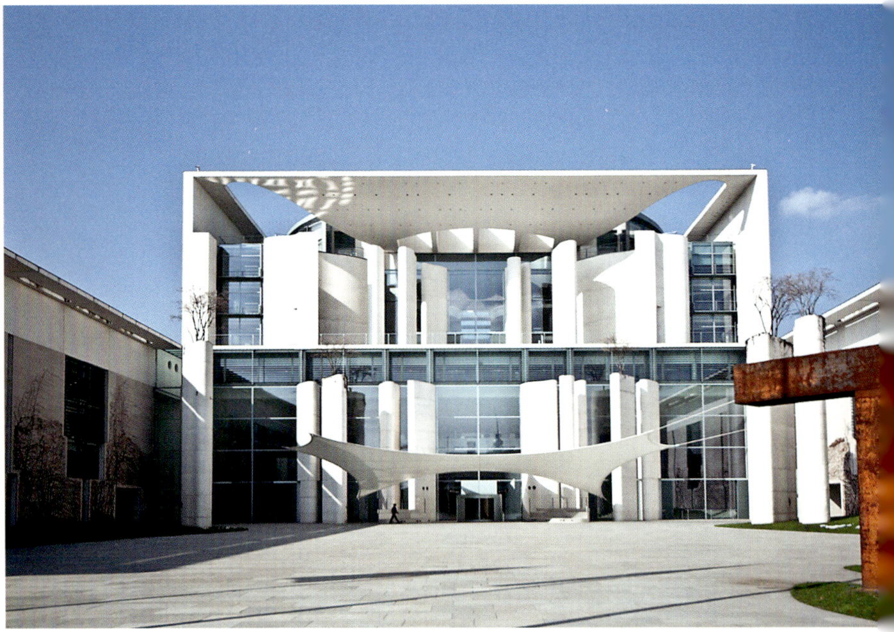

[+] Stürzende Linien
In dieser Fotografie (oben) des Kanzleramts in Berlin laufen die äußeren Motivkanten perspektivisch zusammen (Fluchtpunkt) – die stürzenden Linien sind gut zu erkennen. Diese »richtige« Perspektive (rechts) entspricht dem normalen Sehverhalten in der Realität. Solch eine Korrektur kann nicht immer 100%ig erfolgen – aber eine deutliche Besserung hinsichtlich des Ausgangsbilds ist klar zu erkennen.

Störende Bildelemente

Auf diesem Foto des Münchner Olympiastadions ist einfach »zu viel« drauf. Der Zuschauer wird durch diese vielen Einzelheiten abgelenkt. Zudem ist die Rasenfläche links abgeschnitten, der Scheinwerfermast oben rechts ist auch nicht komplett abgelichtet. Das Bild wirkt insgesamt nicht sehr ästhetisch. Manchmal ist es ratsam, näher heranzugehen und statt eines Bildes lieber mehrere Detailfotos anzufertigen. Schauen Sie sich im Vergleich die Detailaufnahmen auf den folgenden Seiten an.

Nikon D700 (Vollformat) | 60 mm | 1/1000 sek | f4,0 | ISO 200 | Belichtungskorrektur –2/3 Blende

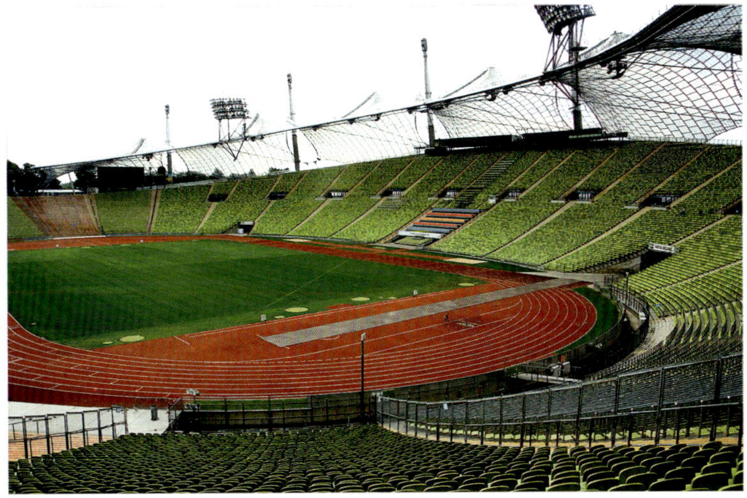

sein. Oft fallen diese Elemente im Alltag gar nicht auf – aber auf Fotografien werden sie oft als irritierend wahrgenommen. Städte bestehen nun einmal nicht nur aus Gebäuden, Straßen und ein paar Bäumen. In Städten treffen Sie auch auf Passanten, parkende Autos, Verkehrsschilder, Müllcontainer, Werbetafeln, Ampelanlagen etc. – all diese Elemente können das Auge des Betrachters ablenken und stören. Manchmal hilft ein erhöhter Standort weiter, um zum Beispiel einfach über parkende Autos hinwegzufotografieren. Nützt das alles nichts, müssen Sie diese Elemente per elektronische Bildverarbeitung entfernen. Diese Retusche ist meist zeitaufwendig und für professionelle Fotografen auch kostenintensiv. Auch kleinere Details können störend wirken: Ob Blumentöpfe auf Fensterbänken oder Stühle in Innenräumen wirklich entfernt werden müssen, hängt immer von ihrem Störfaktor und der gewünschten Bildintention ab. Auch geöffnete Fenster können – je nach Fassade – sehr auffallend und dadurch ablenkend wirken. Im Folgenden meine Tipps:

Lange Belichtungszeiten | Sie können sich bewegende Objekte wie Passanten oder Autos »entschärfen«, indem Sie Ihre Kamera auf einem Stativ befestigen und mit Langzeitbelichtungen arbeiten. Dadurch werden die Objekte auf dem Bild zu »Streifen« und wirken weniger störend (siehe auch Seite 246).

Mehrfachbelichtungen | Sind sehr viele aktive Objekte im Bildausschnitt zu sehen, empfehle ich eine Mehrfachbelichtung. Befestigen Sie Ihre Kamera verwacklungssicher auf einem Stativ. Stellen Sie die Kamera im manuellen Modus auf eine passende Zeit-Blenden-Kombination, und auch die Einstellung zum Weißabgleich sollte fixiert sein. Je nach Aktivität und Schnelligkeit der Objekte (gehende Passanten, fahrende Autos) machen Sie zehn oder mehr Fotos in einem gewissen zeitlichen Abstand. Der Abstand variiert je nach Geschwindigkeit der Objekte. Bei schnell fahrenden Autos reichen zwei Sekunden Abstand sicherlich aus – bei langsamer gehenden Passanten probieren Sie besser 15 Sekunden oder länger aus.

Zu Hause öffnen Sie alle Dateien in einem Bildbearbeitungsprogramm wie beispielsweise Photoshop und legen sie als Ebenen in einem der Bilder übereinander. Nun können Sie per Radierergummi-Werkzeug die störenden Passanten und/oder Autos auf jeder einzelnen Ebene entfernen. Da sich die Objekte nie an ein und derselben Stelle befinden, bleiben die starren Bildelemente auf den anderen Ebenen erhalten, aber alle bewegenden Objekte sind entfernt. Das bedeutet zwar einiges an Handarbeit, aber Sie werden mit menschenleeren, »sauberen« Architekturaufnahmen belohnt. Dieser Trick funktioniert allerdings nur bei sich bewegenden Bildelementen.

Tipps und Tricks

Im Folgenden habe ich ein paar Hinweise zusammengefasst, die es Ihnen leichter machen sollen, kreative Architekturfotos aufzunehmen.

Unschärfe | In der dokumentarischen Architekturfotografie geht die Tendenz eher zur kompletten großen Schärfentiefe. So verspricht man sich den menschlichen Sehgewohnheiten entsprechende ästhetische Fotos. Meiner Meinung nach sollten Sie solche »Regeln« jedoch durchaus auch mal brechen. Suchen Sie nach einem geeigneten Vordergrund für das Bild, und fotografieren Sie mit offener Blende (kleine Blendenzahl), um eine möglichst große Unschärfe zu erzeugen.

Details | Wenn Sie sich von der standardisierten Zentralperspektive (Frontalansicht) lösen und sich mit der Kamera auf ein Bauwerk zubewegen, werden Ihnen Details des Gebäudes auffallen. Auch das gehört zur dokumentarischen Architekturfotografie. Ob prachtvolle Fenster in Sakralbauten oder grafische Stahlelemente an modernen Bürohäusern: Es gibt viele Details, die es wert sind, fotografisch festgehalten zu werden. Im Außenbereich könnten das der Eingang, die Fenster, Türen oder ein Balkon sein. Im Innenbereich gibt es vielleicht interessante Treppenhäuser, Foyers, Aufzüge, Rolltreppen oder Ähnliches.

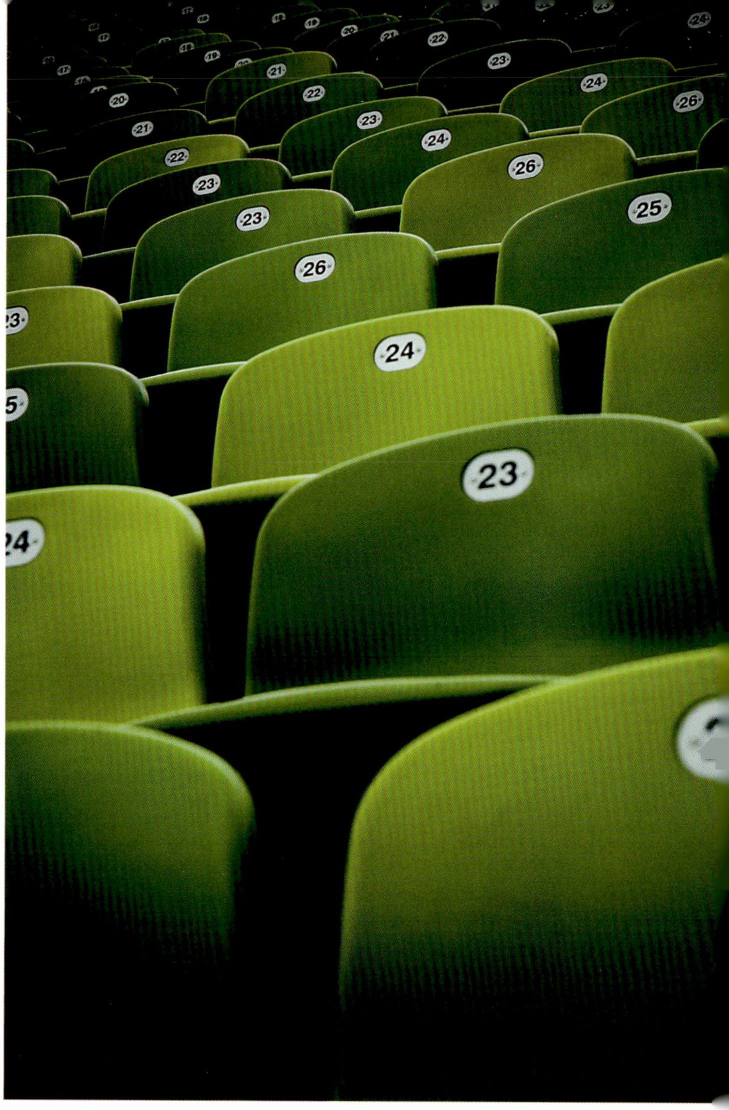

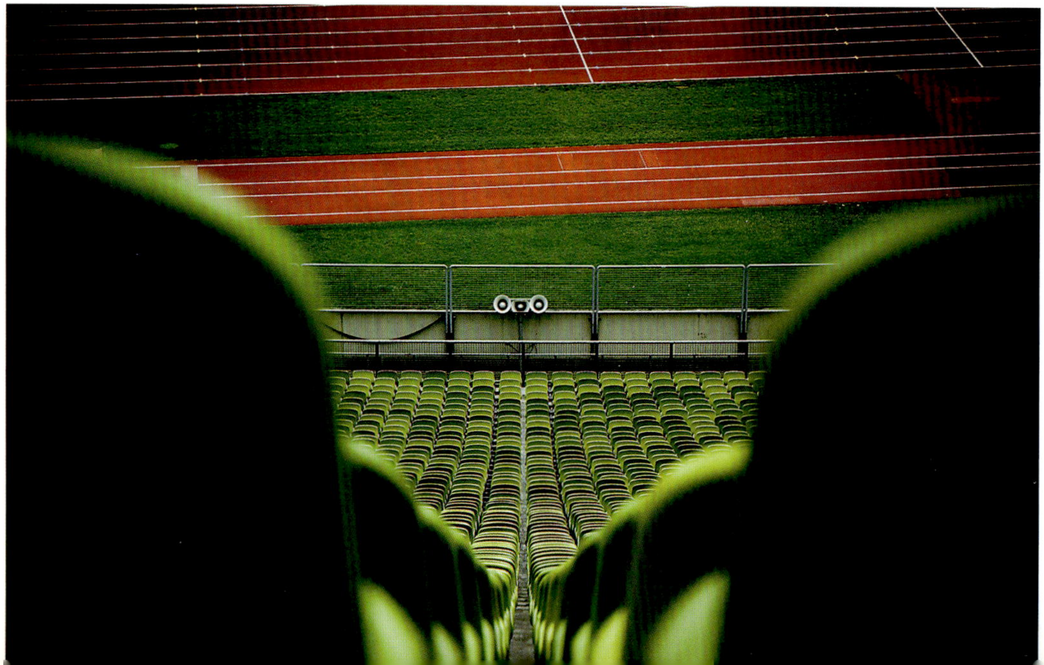

Das Münchner Olympiastadion
Auch an einem solchen Ort ist Architekturfotografie möglich – Architektur besteht schließlich nicht nur aus Häusern und Kirchen. Die geringe Schärfentiefe macht die fluchtpunktartige Bildaufteilung im Foto links unten interessant. Der Blick des Betrachters wird bewusst auf die Mitte gelenkt. Im linken Foto sind die nummerierten Sitzreihen diagonal angeordnet – es bildet sich ein Fluchtpunkt, der das Foto spannender macht. Im Bild rechts unterbrechen die Treppen das grüne Meer an Sitzplätzen. Das Foto rechts unten wirkt homogen und ist eher künstlerisch als dokumentarisch angelegt.

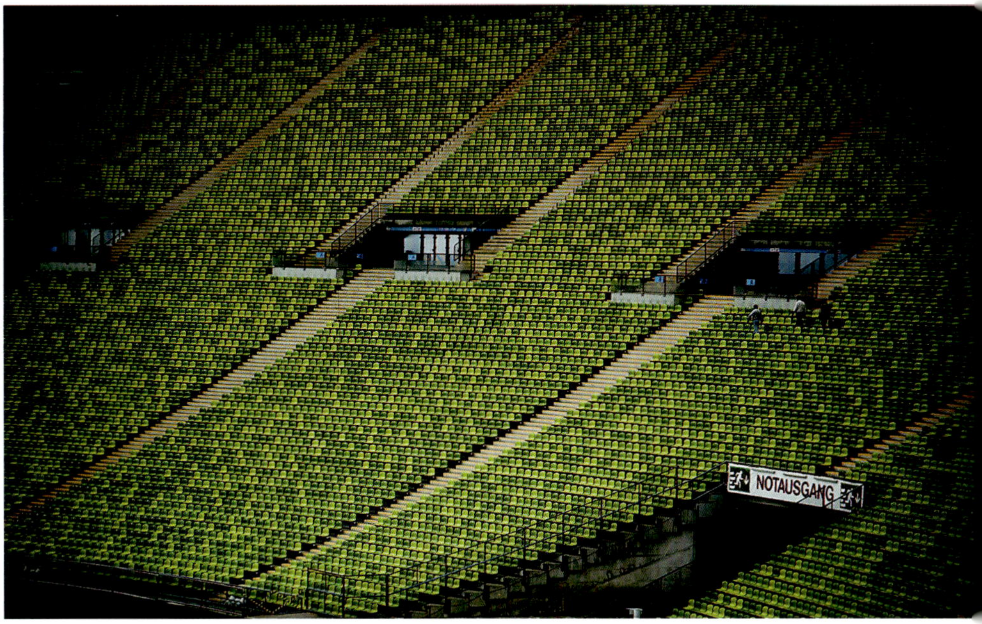

Links unten: Nikon D700 (Vollformat) | 70 mm | 1/125 sek | f6,3 | ISO 200

Links oben: Nikon D700 (Vollformat) | 50 mm | 1/125 sek | f6,3 | ISO 200

Rechts oben: Nikon D700 (Vollformat) | 70 mm | 1/200 sek | f4,5 | ISO 200

Rechts unten: Nikon D700 (Vollformat) | 60 mm | 1/125 sek | f6,3 | ISO 200

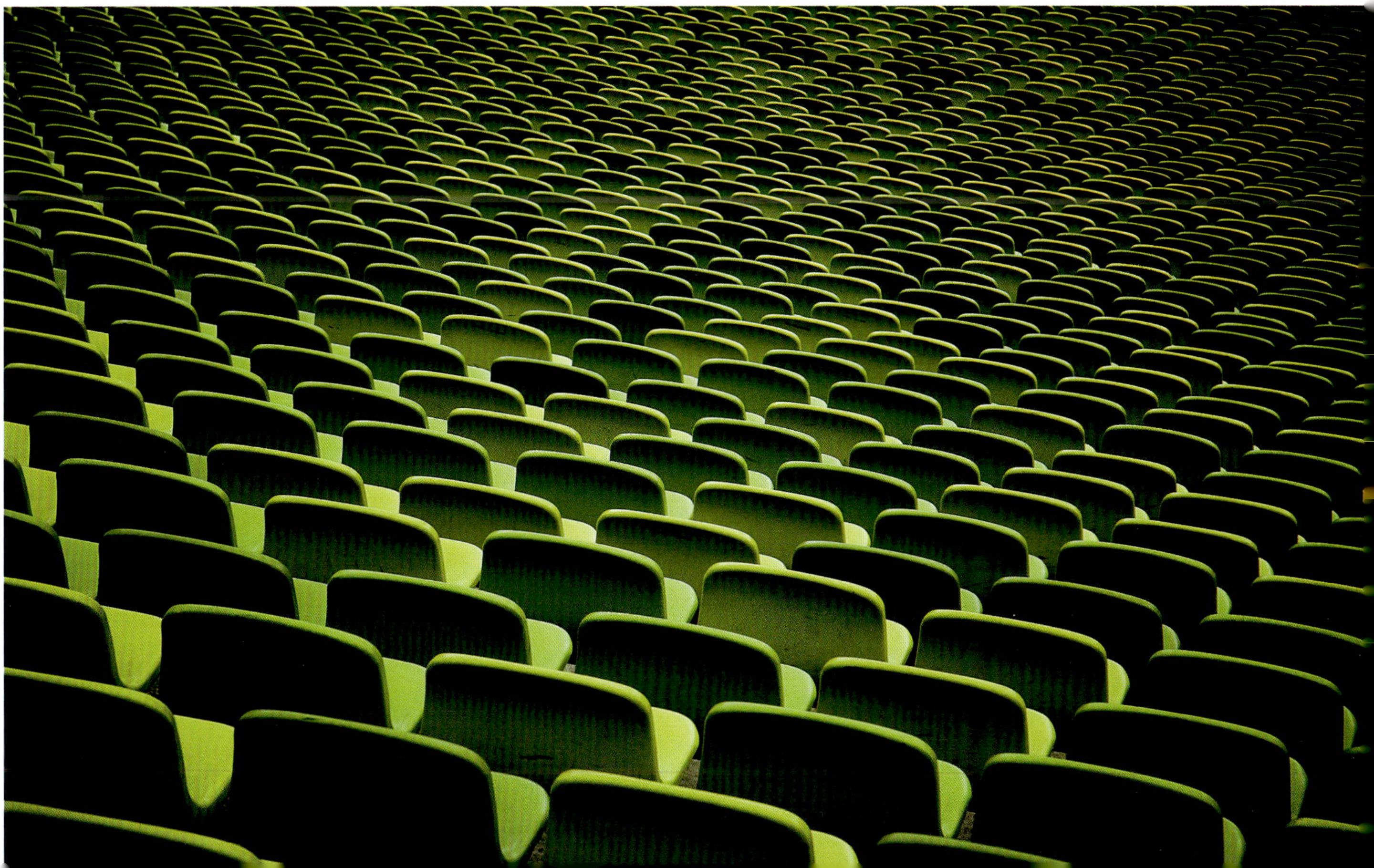

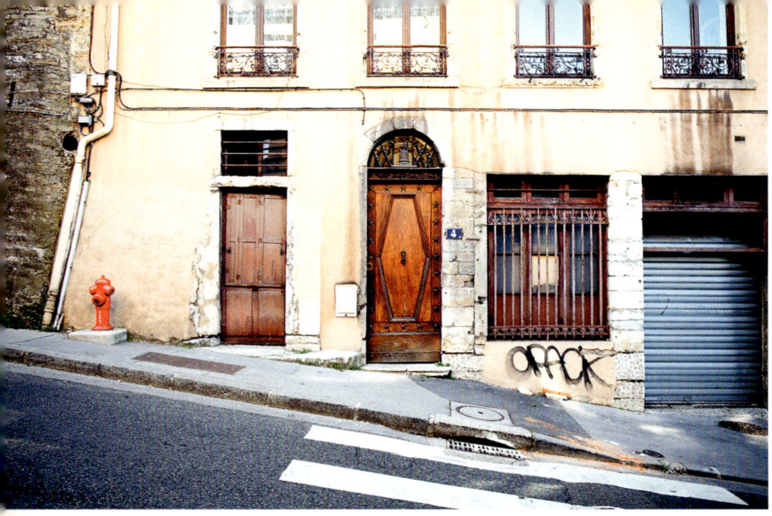

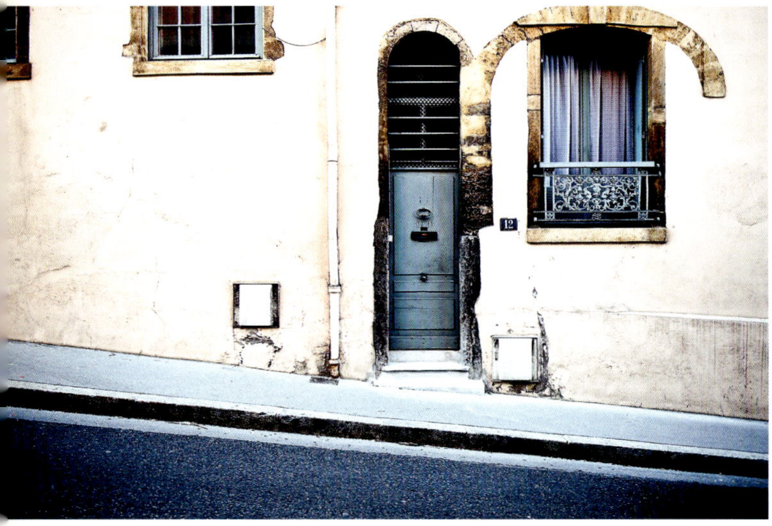

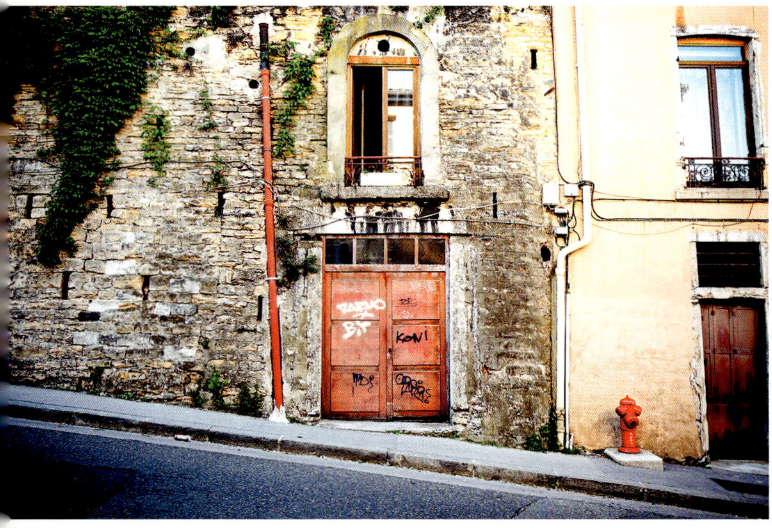

Türen in Lyon

Gehen Sie doch einmal auf einen Fotostreifzug, bei dem Sie sich selbst ein Thema vorgeben. Halten Sie beispielsweise Ausschau nach bestimmten architektonischen Details. Bei einer Bildserie habe ich mal einen ganzen Tag nur Türen ins rechte Licht gerückt und fotografiert. Solch eine »Spezialisierung« für einen bestimmten Zeitraum lenkt das komplette fotografische Interesse auf ein Thema – so beschäftigen Sie sich viel mit Ihrer Kamera, da die Motive festgelegt sind. Alle Fotos wurden mit Hilfe eines Bildbearbeitungsprogramms leicht vignettiert und die Farben stärker gesättigt.

Oben: Nikon D700 (Vollformat) | 24 mm | 1/200 sek | f10 | ISO 800 | Belichtungskorrektur –1/3 Blende

Mitte: Nikon D700 (Vollformat) | 24 mm | 1/200 sek | f11 | ISO 800 | Belichtungskorrektur –1/3 Blende

Unten: Nikon D700 (Vollformat) | 24 mm | 1/200 sek | f8 | ISO 800 | Belichtungskorrektur –1/3 Blende

Tiefenwirkung | Manchmal kann es spannend sein, bestimmte Elemente mit in den Vordergrund aufzunehmen, um so eine plastischere Darstellung des eigentlichen Hauptmotivs zu erhalten. Auch über Unschärfe (geringe Schärfentiefe bei großen Blendenöffnungen wie f2,8) können Sie künstlich Tiefenwirkung erzeugen. Stellen Sie auf den Vordergrund, zum Beispiel auf das Gebäude, scharf, und lassen Sie den Hintergrund unscharf verlaufen. Das suggeriert dem menschlichen Auge Tiefe. Auch das menschliche Auge kann immer nur einen Punkt scharf stellen. Da dies aber so schnell geschieht, nehmen wir diese Fokussierung im Alltag nicht wahr. Manchmal hilft auch der Standort: Legen Sie Ihre Kamera vor einem Gebäude auf den Boden, und fotografieren Sie knapp über den Boden hinweg. Der Boden bildet dann den Vordergrund und sorgt somit für eine künstliche Tiefenwirkung.

Ausrüstung

Grundsätzlich macht der Fotograf das Foto und nicht die Kamera. Aber neben der Motivwahl und dem vom Fotografen festgelegten Bildausschnitt kommt es natür-

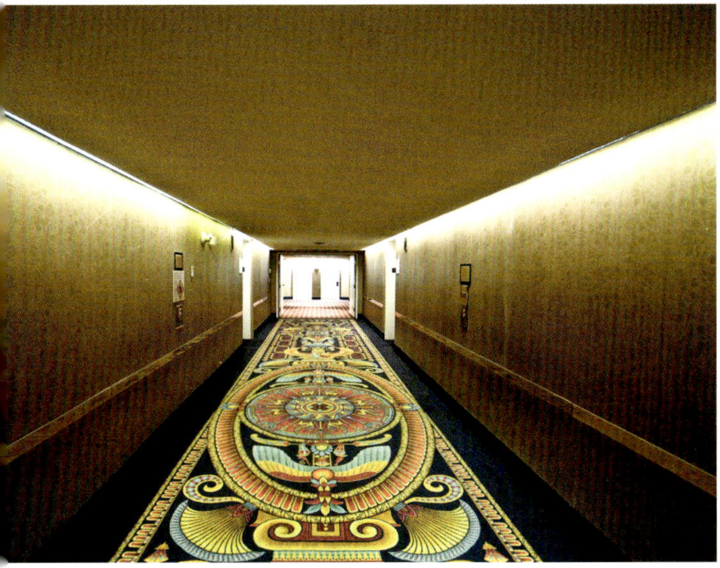

[+] **Fluchtpunkt und Führungslinien**
Links: Der Teppich und der Flur luden zur absoluten Zentralperspektive ein. Alle Linien laufen auf den Fluchtpunkt in der Mitte des Fotos zu.
Unten: Das Handgeländer führt zum Fluchtpunkt. Die Treppenstiege im Hintergrund verläuft diagonal in die andere Richtung.

Links: Nikon D700 (Vollformat) | 20 mm | 1/50 sek | f4,0 | ISO 640

Unten: Nikon D700 (Vollformat) | 20 mm | 1/100 sek | f4,0 | ISO 3200 | Belichtungskorrektur –2/3 Blende

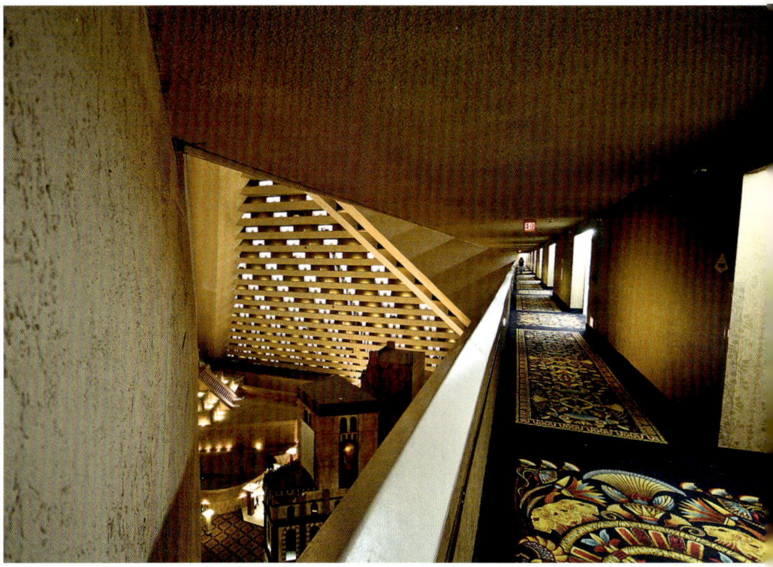

lich auch auf die technische Qualität eines Fotos an. Bei der Architekturfotografie vielleicht sogar noch ein wenig mehr als in manchen anderen Richtungen. Präzision, Farbtreue und die richtige Belichtung sind hier wichtiger als beispielsweise bei der Straßenfotografie (»Street«), bei der es eher auf das Festhalten eines spannenden Augenblicks ankommt als auf reine Bildästhetik und technische Genauigkeit.

Kamera | Bei digitalen Kameras wird zwischen Kompaktkameras und Spiegelreflexkameras (DSLR) mit Wechselobjektiven unterschieden. Bei Kompaktkameras ist die Verarbeitung der eingebauten Optik zugunsten der geringen Größe und des Preises meist bescheiden. So benötigt man für die Architekturfotografie oft ein Weitwinkelobjektiv von 28 mm (oder kleiner), um möglichst das komplette Gebäude auf einem Foto abbilden zu können. Bei den meisten digitalen Kompaktkameras fängt der Zoombereich aber erst bei 35 mm an. Zudem kommt es häufig zu optischen Verzerrungen, die immer dann auftreten, wenn das Objektiv nicht hochwertig vergütet wurde. Diese Probleme können Sie umgehen, wenn Sie mit einer DSLR-Ausrüstung arbeiten. Zwar gibt es auch hier »schlechte« Objektive, die verzeichnen oder mangelhaft abbilden. Bei einer digitalen Spiegelreflexkamera haben Sie aber den Vorteil, dass Sie die Objektive wechseln können. Sie können sogar speziell für die Architekturfotografie geeignete Objektive einsetzen (siehe Abschnitt »Objektive«). Zwei Nachteile hat diese Ausrüstung jedoch auch: Sie ist teuer und nicht so kompakt, so dass Sie sie nicht mehr jederzeit in der Hosentasche dabeihaben können.

Sie werden schnell qualitative Unterschiede bemerken, sobald Sie sich mit dem Thema ein wenig intensiver beschäftigt haben. Wer die Architekturfotografie ernsthaft fortführen möchte – eventuell sogar sein Geld damit verdienen möchte –, kommt um eine digitale Spiegelreflexkamera mit hochwertigen Objektiven nicht herum. Für Einsteiger lohnt sich aber auch die Anschaffung einer guten Kompaktkamera. Achten Sie hier auf eine hohe Auflösung, eine gute Abbildungsqualität und mindestens eine kleinste Brennweite von 28 mm oder geringer. Ein Stativgewinde ist für die genaue Ausrichtung der Kamera von Vorteil und bei fast allen aktuellen Modellen vorhanden.

Objektive | Zur Grundausstattung für die Architekturfotografie gehört ein weitgehend verzeichnungsfrei abbildendes Weitwinkelobjektiv im kleinbildäquivalenten Brennweitenbereich zwischen 24 und 35 mm. Je kleiner hier die Brennweite, desto stärker wird die tonnenförmige Verzeichnung von geraden Linien an den Bildrändern wahrgenommen. Verlaufen in der Realität die Gebäudemauern noch parallel zueinander, können die mit verzeichnenden Objektiven aufgenommenen Mauern auf dem Bild rund verlaufen – das wünscht sich kein Architekt! Man kann diese Verzeichnung zwar mittlerweile mit spezieller Software wieder entzerren, dadurch geht aber Abbildungsqualität verloren. Die Software ruft für verschiedene Kameras beziehungsweise Objektive Profile ab, in denen der Grad der Verzerrung gespeichert ist. Durch einen umgekehrten Prozess wird die Verzerrung korrigiert und ein neues Foto berechnet. Professionelle Fotografen greifen in solchen Aufnahmesituationen meist auf die qualitativ hochwertigeren Festbrennweiten zurück. Diese Objektive bilden nur eine Brennweite ab. Die Abbildungsqualität eines Zoomobjektivs ist durch seine aufwendigere Bauart und die Anpassung an verschiedene Bildwinkel meist geringer als bei Festbrennweiten. Zudem sind Festbrennweiten lichtstärker, was gleichzeitig auch eine geringere Schärfentiefe (Bereich, der scharf abgebildet wird) bedeuten kann.

Quer- versus Hochformat
Dieses Mehrfamilienhaus wirkt im Querformat mit einem mittig ausgerichteten Ausschnitt ganz anders als hochkant. Das Haus wirkt im Querformat viel weitläufiger und großzügiger. Im engen Hochformat dominieren der Himmel und die Wiese. Da wir aber keine Naturfotografie, sondern Architekturfotografie betreiben wollen, empfiehlt sich hier das Querformat. Hohe Kirchtürme hingegen eignen sich natürlich besser für das Hochformat. Der richtige Ausschnitt optimiert also idealerweise das gewünschte Bildergebnis.

Links: Nikon D700 (Vollformat) | 70 mm | 1/80 sek | f3,5 | ISO 200

Rechts: Nikon D700 (Vollformat) | 70 mm | 1/80 sek | f3,5 | ISO 200

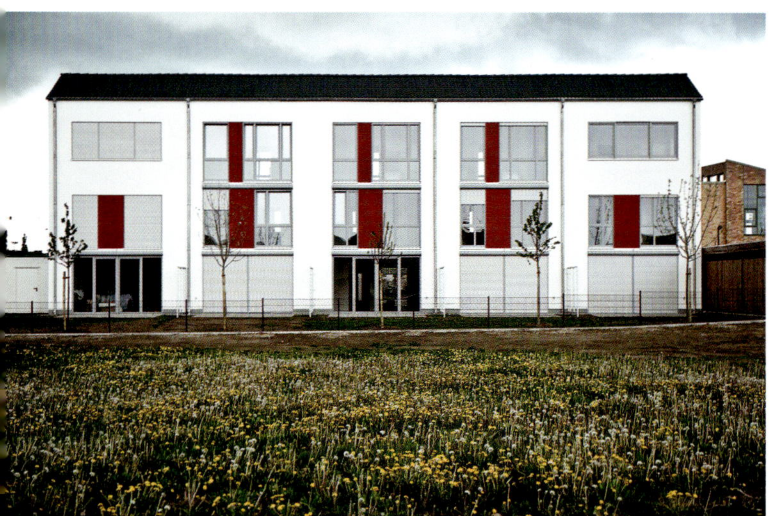

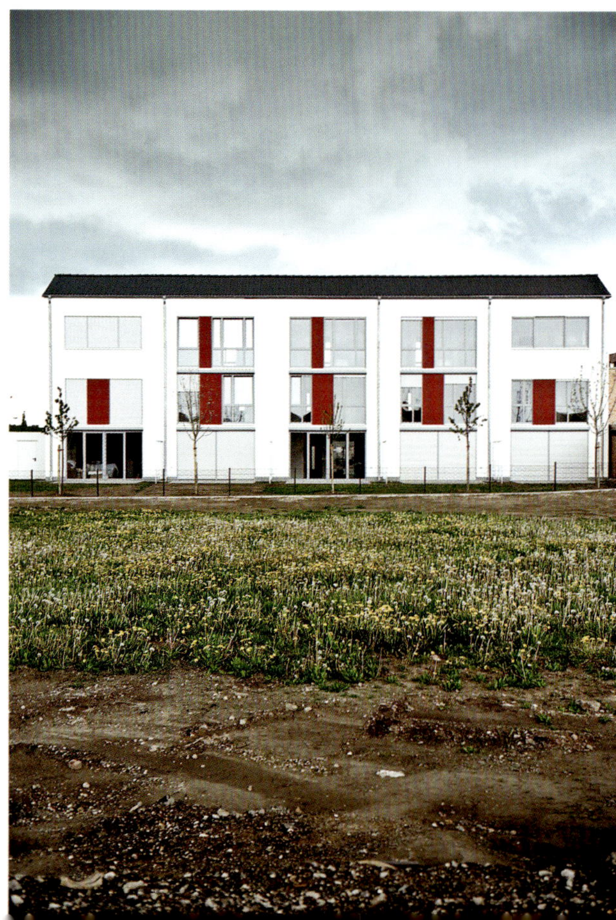

Spezialobjektiv | Auf der ganz sicheren Seite sind Sie mit einem professionellen Tilt-Shift-Objektiv. Diese speziellen Objektive bilden durch ihre sehr hochwertige Bauweise nicht nur weitgehend verzeichnungsfrei ab, sondern lassen sich in der vertikalen Achse verschieben, um höher gelegene Motivbereiche ohne ein Schwenken der Kamera ablichten zu können. Tilt-Shift-Objektive gibt es für die Bajonettverschlüsse aller namhaften Kamerahersteller – allerdings ab 1500 Euro aufwärts, was sie wohl erst für den ambitionierten Architekturfotografen interessant macht.

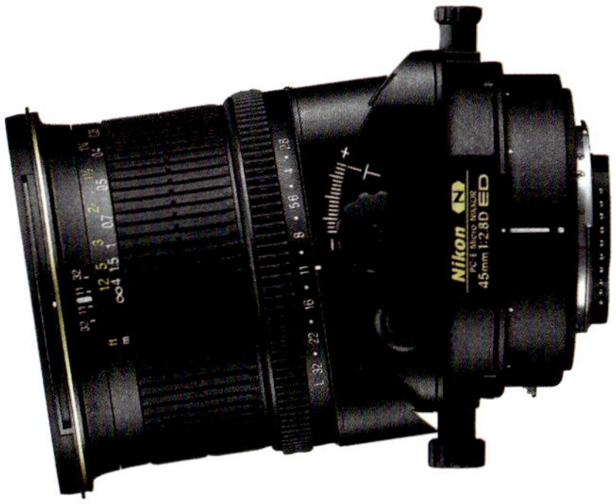

Nie wieder stürzende Linien
Ein professionelles Tilt-Shift-Objektiv, hier das Nikon PC-E 45 mm 2,8, können Sie so einstellen, dass Sensor und Motiv auf einer Ebene bleiben.

Stativ | Das Stativ ist das wichtigste Zubehör für erstklassige Architekturfotografie. Nur so lässt sich ein bestimmter Standpunkt fixieren und beliebige Einstellungen eines Bildausschnitts ausprobieren. Diesen großen Vorteil der digitalen Fotografie sollten Sie sich ruhig zunutze machen: Suchen Sie sich »Ihren« Bildausschnitt, fixieren Sie ihn mit Hilfe des Stativs, und probieren Sie nun einige unterschiedliche Einstellungen. Haben Sie erst einmal den »richtigen« Ausschnitt gefunden, können Sie mit den Einstellungen zu Blende, Belichtungszeit und Weißabgleich experimentieren.

Zudem können Sie bei der Arbeit mit einem Stativ auch bei schlechten Lichtbedingungen beispielsweise bei Dämmerung länger mit niedrigen ISO-Werten (Lichtempfindlichkeit des Kamerasensors) fotografieren und erreichen so eine höhere Bildqualität. Blende 11 und höher ist notwendig für eine große Schärfentiefe und um Gebäude komplett scharf abzubilden. Je größer die Blendenzahl, desto geringer ist der Lichteinfall auf den Sensor. Dementsprechend erhöht sich auch die Belichtungszeit, und es kommt schnell zu Unschärfe durch Verwackeln. Ein stabiles Stativ schützt hier vor unscharfen Fotos. Optimal ist ein Dreiwegekopf, bei dem Sie alle drei Richtungen über drei große Schrauben sensibel und genau einrichten können.

Fernauslöser und Wasserwaage | Fotografieren Sie in der Nacht oder in der Dämmerung, kann auch schon das Drücken des Auslöseknopfes an der Kamera zu verwackelten Bildern führen. Abhilfe schafft hier ein Fernauslöser, der an fast jede digitale Spiegelreflexkamera angeschlossen werden kann. Hier gibt es Kabel-, Infrarot- und Funkvarianten ab 20 Euro. Mein Tipp, wenn Sie keinen Fernauslöser besitzen oder Ihren zu Hause vergessen haben: Benutzen Sie einfach den Selbstauslöser-Modus Ihrer Kamera. Die Kamera muss so bei der eigentlichen Auslösung nicht mehr berührt werden. Der einzige Nachteil dieses Vorgehens ist, dass sich die Auslöseverzögerung meistens nicht variabel einstellen lässt. So müssen Sie mitunter zehn Sekunden oder länger warten, bis die Kamera auslöst.

Zur geraden Ausrichtung der Kamera benutze ich gerne eine Wasserwaage, die Sie bereits ab 5 Euro bekommen. Die kleine Wasserwaage wird einfach auf den Blitzschuh geschoben. Nun können Sie die Kamera perfekt in beide Richtungen, horizontal und vertikal, ausrichten.

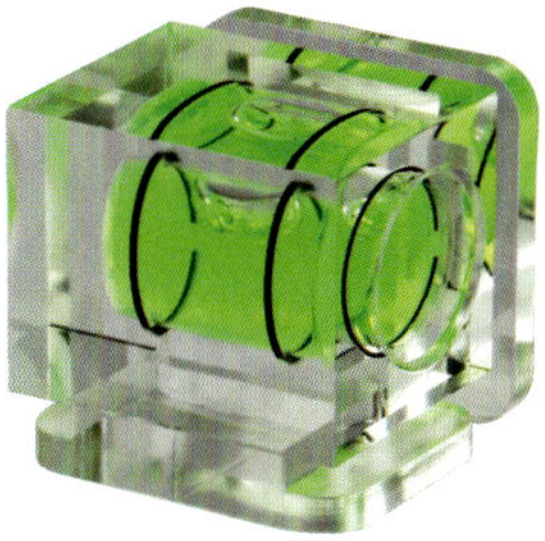

Wasserwaage für den Blitzschuh
Um Bauwerke in horizontaler und vertikaler Richtung gerade aufzunehmen, sollten Sie eine Wasserwaage zur korrekten Ausrichtung verwenden. Falls Ihr Stativ über keine eingebaute Wasserwaage verfügt, können Sie diese für den Blitzschuh Ihrer Kamera auch nachträglich erwerben.

Panoramafreiheit

Vielleicht haben Sie das Wort »Panoramafreiheit« schon einmal irgendwo gehört oder gelesen. Unter diesen Begriff fallen Fotografien von Privatgrundstücken und Gebäuden, die von öffentlichen Plätzen aus entstanden sind.

Erklärung und rechtliche Sachlage | Aber was genau bedeutet eigentlich Panoramafreiheit für die Architekturfotografie? Was dürfen Sie als Architekturfotograf, und was dürfen Sie nicht? Auch Gebäude (als »Werk« betrachtet) unterstehen einer Art Urheberrecht, das dem jeweiligen Architekten (dem »Künstler«) zugeordnet ist. Die Panoramafreiheit räumt jedem das Recht ein, Außenaufnahmen von Bauwerken und Skulpturen anzufertigen. Dabei sind jedoch zwei wichtige Faktoren zu beachten:

1. Die Außenaufnahmen müssen von öffentlich zugänglichen Plätzen aus entstehen, zum Beispiel von einer Straße.
2. Die Außenaufnahmen müssen ohne Hilfsmittel entstehen. Sie dürfen sich dafür nicht einmal auf eine Leiter stellen, geschweige denn eine Luftaufnahme aus einem Heißluftballon machen.

Die hier beschriebene Panoramafreiheit gilt so nur in Deutschland. Beachten Sie dabei unbedingt: Bereits mit dem Fotografieren aus einem gegenüberliegenden Gebäude heraus erlischt die Ausnahmeregelung, die die Panoramafreiheit darstellt.

Innenaufnahmen werden von der Panoramafreiheit nicht gedeckt und bedürfen meist der Zustimmung des Urhebers (Architekt) und des Eigentümers. Es kann aber auch andere sinnvolle Gründe haben, sich bereits vorher beim Eigentümer anzumelden: Beispielsweise sind viele Flughäfen oder Bahnhöfe architektonisch sehr eindrucksvoll und bei ambitionierten Hobbyfotografen beliebte Fotoziele. Rufen Sie einfach vorher bei der Pressestelle des gewünschten Objekts an und erklären Sie Ihr Vorhaben. Machen Sie die Fotos nur für Ihren privaten – nicht kommerziellen – Gebrauch, haben die meisten Eigentümer nichts gegen das Fotografieren

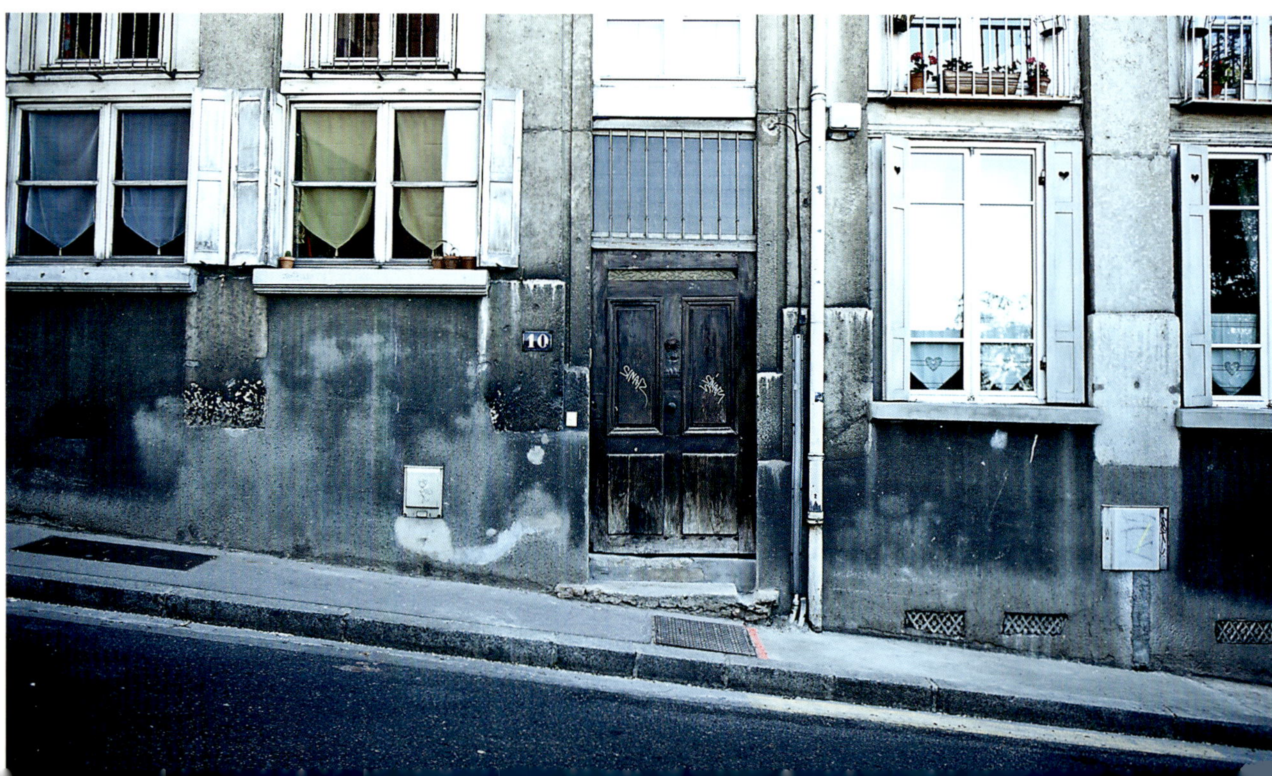

Panoramafreiheit
Hier besteht keine Gefahr der Rechtsverletzung – fotografiert wurde von einem öffentlichen Weg aus ohne jedes technische Hilfsmittel.

Nikon D700 (Vollformat) | 70 mm | 1/200 sek | f8 | ISO 200 | Belichtungskorrektur –2/3 Blende

einzuwenden. Und sollte es doch einmal zu einer Kontrolle durch die zuständigen Sicherheitsleute kommen: Ich habe immer eine Visitenkarte dabei, erkläre den Mitarbeitern mein Vorhaben und zeige auch gerne bereits fotografierte Aufnahmen auf dem Display meiner Kamera. Können Sie dann noch ein vorausgegangenes Telefonat mit der Pressestelle nachweisen, sind die Sicherheitsbeamten in der Regel beruhigt. In den meisten Fällen ist es damit getan, und Sie dürfen weiterfotografieren.

Ausnahmen | Die sogenannte Panoramafreiheit gilt in dieser Form nicht in allen Ländern: So ist beispielsweise die Lichtinstallation am Eiffelturm oder die bekannte Glaspyramide des Pariser Museums Louvre urheberrechtlich geschützt, und Bilder von diesen Motiven dürfen nur mit vorheriger Genehmigung veröffentlicht werden. Das gilt auch für das Wahrzeichen Brüssels, das Atomium. Das Fotografieren für den privaten Zweck ist natürlich grundsätzlich erlaubt, das Veröffentlichen der Aufnahmen aber nicht. Das gilt auch für nicht kommerzielle Veröffentlichungen beispielsweise auf einer eigenen Webseite und kann mit bis zu 25 000 Euro Bußgeld geahndet werden. Im Zweifel sollten Sie sich beim aktuellen Eigentümer des fotografierten Bauwerks erkundigen, da das diesbezügliche Recht weltweit verschieden geregelt ist.

Fazit: Üben, Üben, Üben

Unternehmen Sie doch nun einmal einen Spaziergang durch Ihre Stadt – es müssen ja nicht immer die großen Metropolen sein. Nehmen Sie Ihre Kamera mit, und fangen Sie an, bewusst Architektur zu fotografieren. Oder gehen Sie einfach vor Ihre eigene Tür, und nehmen Sie Ihr Haus auf! Vielleicht stehen Sie schon bald mit Stativ draußen und warten auf die Blaue Stunde, um ein illuminiertes Gebäude zu fotografieren, oder Sie kämpfen gegen stürzende Linien. Egal, was Sie tun: Nehmen Sie es sich nicht nur vor, sondern gehen Sie wirklich fotografieren! Ohne Praxis nützt die beste gelernte Theorie nichts. Haben Sie Geduld, gehen Sie mit wachen Augen durch die Stadt. Nicht immer müssen Sie Ihre Kamera griffbereit dabeihaben. Wenn Ihnen eine Idee kommt oder Ihnen ein besonders schönes, interessantes Bauwerk auffällt: Notieren Sie es sich! Und nutzen Sie Ihre Notizen dann beim nächsten Kamerarundgang. Experimentieren Sie bei verschiedenen Tageszeiten, oder fotografieren Sie doch einfach mal nur Gebäudedetails. Setzen Sie sich ein bestimmtes Thema, um eine Serie daraus entstehen zu lassen. So starr und klobig manche Gebäude auch wirken: Es macht Freude, sich mit ihnen als eine Art Herausforderung auseinanderzusetzen. Viel Spaß beim Fotografieren!

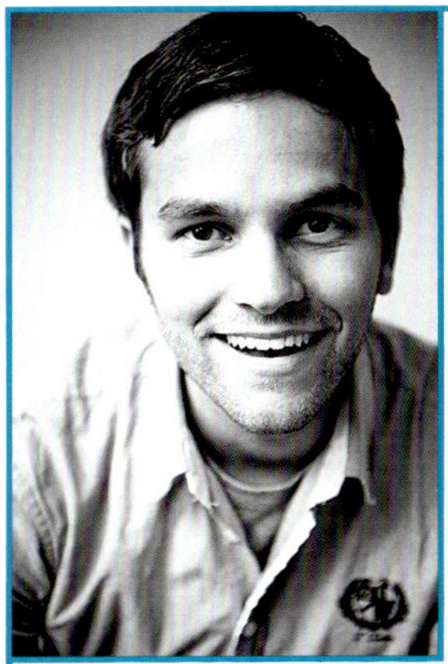

Der Autor

Als Autodidakt begann ich meine Arbeit vorrangig in den Bereichen Dokumentarfotografie, Reportage und Architekturaufnahmen. Zunehmend wuchs dabei das Interesse an einer dokumentarischen Sichtweise, verbunden mit einer unstillbaren Leidenschaft für die Ferne, die ich mit meinen Kameras näher heranhole. Meine Reisen durch die ganze Welt führten mich unter anderem nach Asien, Singapur, Malaysia, in den Iran, in die USA und nach Irland.

Grundlage meiner Fotos ist das Einfangen von Momenten. Ich versuche der Beiläufigkeit des Alltags das Besondere abzugewinnen. Meine Stärke liegt nicht in der Inszenierung, sondern in der Beobachtung – ganz egal, ob Menschen, Gebäude oder Augenblicke. So entstehen intensive, kraftvolle, direkte Fotos, bei denen das Motiv als visueller Eindruck im Mittelpunkt steht und beim Betrachter ein Gefühl, eine Erinnerung, eine Sehnsucht erzeugt.

Heute bin ich selbstständiger Fotograf mit den beiden Schwerpunkten Hochzeitsreportage und Architektur. Mehr Infos und weitere Bilder finden Sie unter *www.kaersch.de*.

Digiart

Photoshop als kreatives Werkzeug nutzen

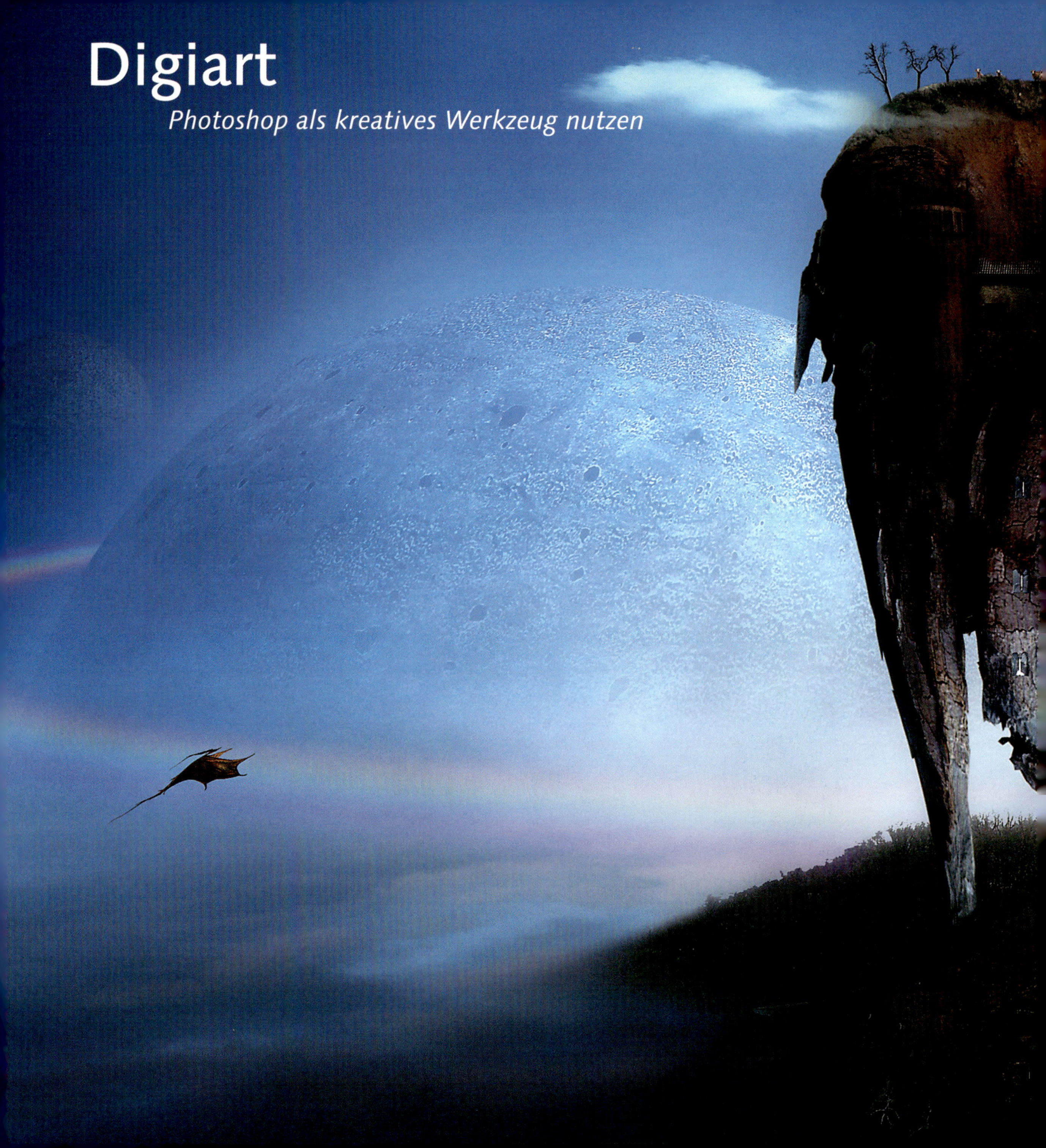

von Frank Melech

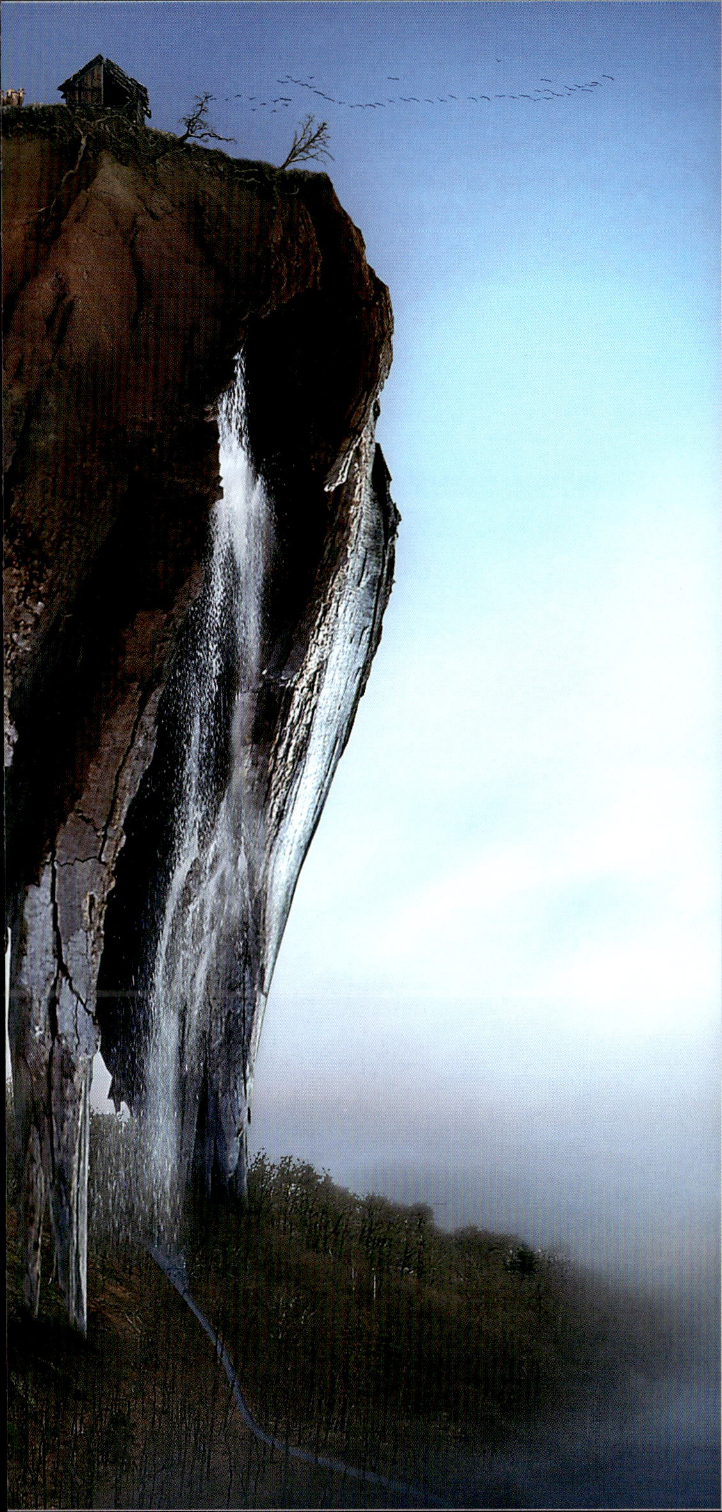

Wozu eine aufwendige Fotoausrüstung, warum die ewige Warterei auf den »entscheidenden Moment« und weshalb erst in die Ferne schweifen, wenn man doch schon mit ein bisschen Fantasie und dem richtigen Werkzeug aus ganz alltäglichen Fotomotiven beeindruckende Bilderwelten selbst kreieren kann? Vorausgesetzt, Sie möchten nicht das reale Abbild der Umgebung zeigen, sondern so wie ich mit den Bildern träumen.

Überirdisch
Ein Stückchen vermodertes Holz ist der Grundstock für dieses Gebilde. Anfangs wollte ich die eigenwillige Felsformation einfach aus der Wolkendecke ragen lassen, doch dann kam mir noch die zündende Idee mit dem Felsmassiv. Die Montage besteht aus ca. 40 einzelnen Fotos.

Irgendwann um das Jahr 2000 herum habe ich mir meine erste digitale Kamera zugelegt, ein eher preiswertes Modell von Pentax mit einer Auflösung von zwei Megapixeln. Das war für mich der eigentliche Einstieg in die Fotografie. Zwar hatte ich früher bereits ein paar Fotos im Urlaub gemacht, aber mehr auch nicht. Innerhalb kurzer Zeit habe ich mich mit der Technik und den Grundlagen der Fotografie vertraut gemacht, habe verschiedene Möglichkeiten der Lichttechnik durchgespielt und Erfahrungen mit Vorsatzlinsen gesammelt. Für die ultimative Perspektive bin ich auf dem Boden herumgekrochen und habe Löcher vor Pilzen gegraben, aber immer öfter stieß ich bei der Verwirklichung meiner Ideen an Grenzen und konnte sie fototechnisch einfach nicht mehr umsetzen. Und ausgerechnet zu diesem Zeitpunkt hat mir ein Arbeitskollege Photoshop schmackhaft gemacht. Ich besorgte mir also eine Version und legte los. Am Anfang spielte ich noch an der Oberfläche und drehte nur an den Hebeln, aber dann kam mir folgende Idee: Blumen von unten fotografiert, das hatte ich bereits, aber wie wäre es, die Sicht vom Grunde einer Tulpenblüte aufzunehmen? Ich wollte also praktisch zeigen, wie ein Käfer eine Tulpe von innen heraus sieht. So entfernte ich kurzerhand zwei Blütenblätter einer Tulpe, fotografierte die Blume im Makromodus von unten und montierte und arrangierte anschließend in Photoshop die fehlenden Blütenblätter. Wenn ich das Bild heute betrachte, lässt das Ergebnis zwar zu wünschen übrig, aber es war mir auf diese Weise bewusst geworden, dass mir mit Photoshop endlich ein Werkzeug zur Verfügung stand, mit dem ich meinen Ideen endgültig freien Lauf lassen konnte.

Die erste Frage, die mir heute zu meinen Bildern meistens gestellt wird, lautet: »Wie kommt man auf so eine Idee?« Ganz einfach! Das wichtigste Mittel zur Umsetzung ist zunächst einmal – wie soll es auch anders sein – eine Kamera, in meinem Fall eine Fuji Finepix S100FS. Nein, es ist keine Spiegelreflexkamera und auch nicht die teuerste Kompakte, aber dennoch ein sehr zuverlässiges und robustes Modell. Für die passende Brennweite in jeder Situation sorgt ein Objektiv mit mechanisch verstellbarer Brennweite. Das macht diese Kamera für mich zum Universalgenie. Sie ist daher mein ständiger Begleiter, und ich habe sie immer griffbereit. Wie komme ich nun aber auf meine Bildideen? Für mich gibt es da zwei Möglichkeiten: die Beobachtung meiner Umwelt und die Inspiration durch die Bilder in meinem Fotoarchiv.

Beobachtung | Bei einer Wanderung schaue ich zum Beispiel nach rechts und links und konzentriere mich auf Kleinigkeiten am Wegesrand. Dann komme ich zwar kaum noch zum Wandern, finde dafür aber endlos Motive und Anregungen für neue, fantastische Welten. In einem abgestorbenen Baumstumpf erkenne ich eine mystische Festung. Von unten aufgenommen, wirkt sie auch groß und gewaltig. Und dann sprudeln die Ideen nur so über: Gedanklich platziere ich Türen und Fenster, ein Wasserfall kommt hinzu, und eine Treppe muss her.

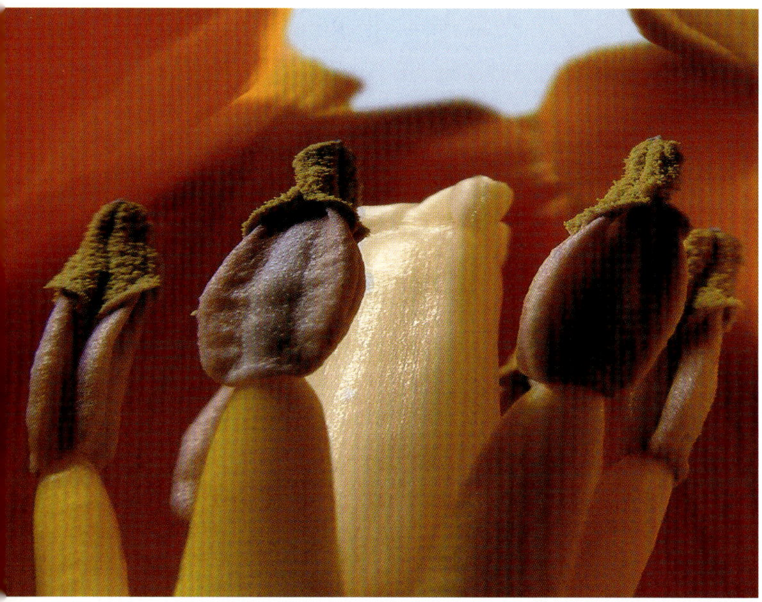

»Versorgungsanlage«
In meiner ersten Montage wollte ich die Sicht eines Käfers aus einer Tulpe heraus zeigen.

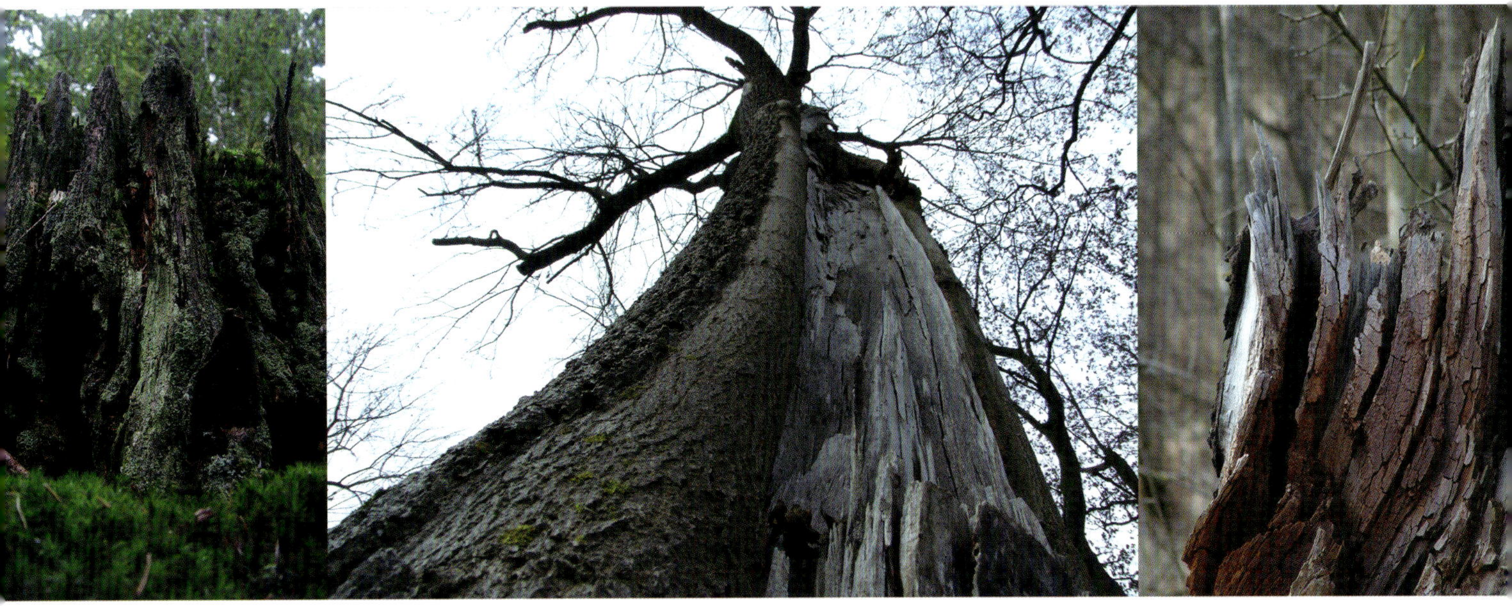

Inspirationsquellen
Urige Wurzeln und Bäume bieten eine ideale Kulisse für Burgen und Schlösser.

Haben Sie wie ich diesen Sprung erst einmal geschafft, wird von nun an nichts mehr vor Ihrer Kamera sicher sein. Aber nicht nur Gegenstände, sondern auch Strukturen können der Fantasie enorm auf die Sprünge helfen: In der Rinde eines knöchernen Baumstamms erkenne ich die Figur eines Gnoms, in einer löchrigen Felswand die Oberfläche eines fremden Planeten. So entstehen bereits auf meiner Beobachtungstour die fertigen Fotokreationen in meinem Kopf und warten nur noch darauf, zu Hause am Rechner zum Leben erweckt zu werden.

Inspiration durch gesammelte Fotos | Ähnlich wie bei der ersten Möglichkeit, betrachte ich einzelne Motive ganz genau. Nur nehme ich diesmal nicht die Gegenstände vor der Linse ins Visier, sondern vielmehr meine gesammelten Fotos. Denn nicht in jeder Situation erkenne ich im Vorfeld, was aus einem Motiv später einmal werden könnte. Oftmals erscheint mir eine Sache einfach nur interessant oder schön strukturiert. Da Speicherplatz heutzutage nicht mehr viel kostet, wäre es doch echt schade, an solchen Motiven einfach vorbeizugehen. Hinzu kommt, dass ich Strukturen auch als natürliche Farbfilter einsetze – dazu aber später mehr. Wenn ich nun so durch meine Fotosammlung schaue, geht es mir genau wie in der freien Natur: Ich entdecke schon in den einfachsten Strukturen komplette Landschaftszüge oder irgendwelche geisterhaften Wesen. Jetzt heißt es nur noch, die Bilder in Photoshop zu öffnen, um endlos an den Hebeln zu drehen.

Wie geht das? | Sie fragen sich nun sicher, wie es weitergeht. Ich gehe davon aus, dass Sie wissen, wie Sie in Photoshop eine Ebene maskieren und zwei Ebenen durch Ebenenmodi wie Negativ multiplizieren miteinander verrechnen können. Ich möchte nicht auf die grundlegenden Montagetechniken wie Freistellen und Einfügen eingehen, sondern Ihnen vielmehr auf den folgenden Seiten die wichtigsten Techniken für die Spezialeffekte meiner Montagen zeigen. Denn genau diese Techniken sind es, die den Bildern erst diese persönliche und unverwechselbare Note verleihen. Die Beispielbilder für die folgenden Workshops finden Sie auf der Buch-DVD im Ordner »Digiart«.

Sternensucher

Als Grundlage diente hier ein gewöhnlicher Felsbrocken, der gleichzeitig auch der Anlass für diese Bildidee war. Bei der Aufnahme kam es mir vor allem auf die richtige Perspektive an, denn sie war maßgebliches Gestaltungsmerkmal für die Montage aus etwa 30 einzelnen Bildern, von denen Sie hier ein paar exemplarische sehen können.

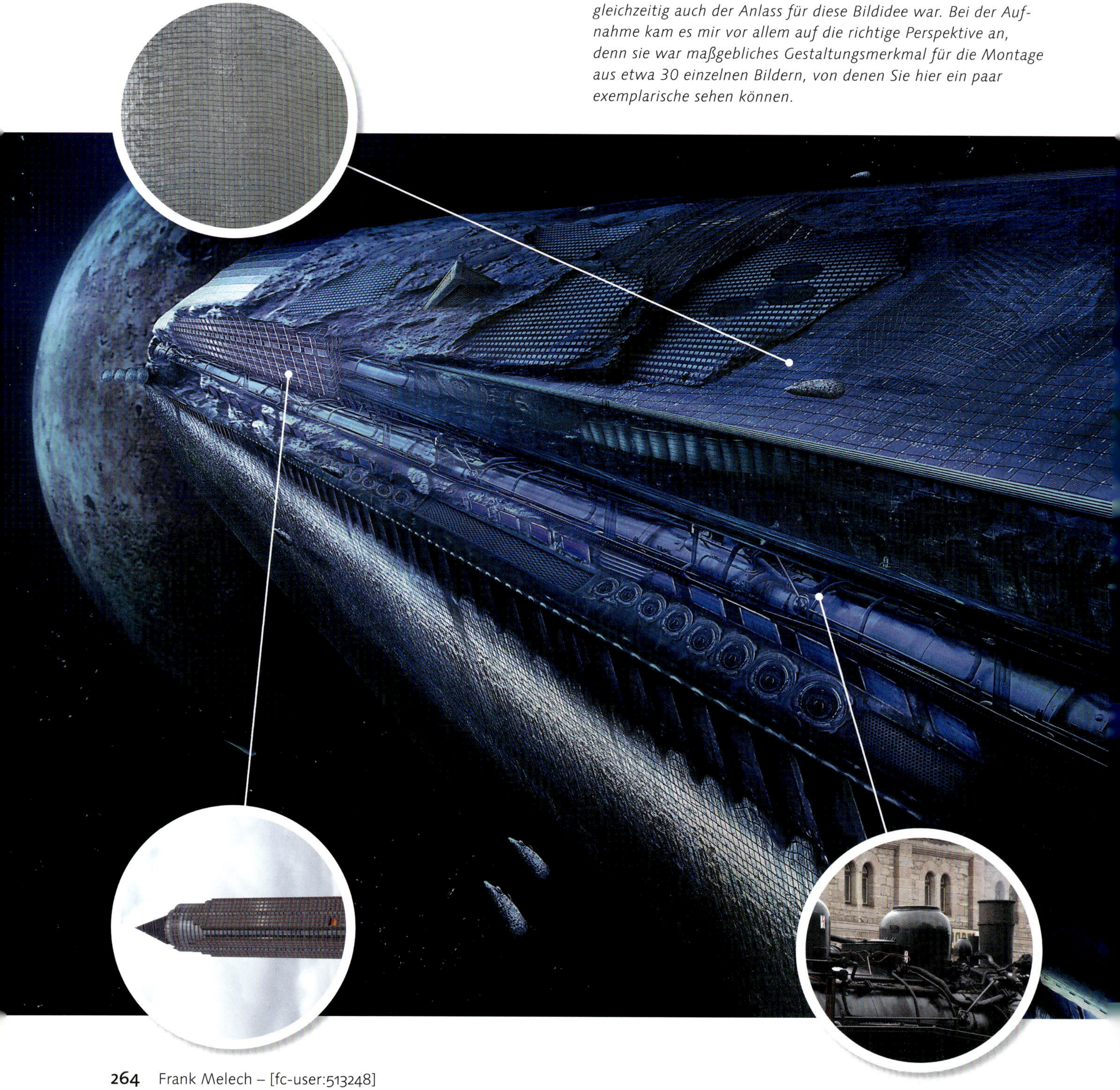

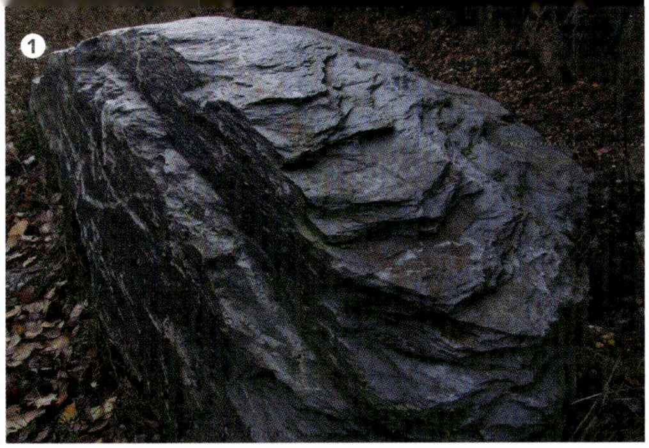

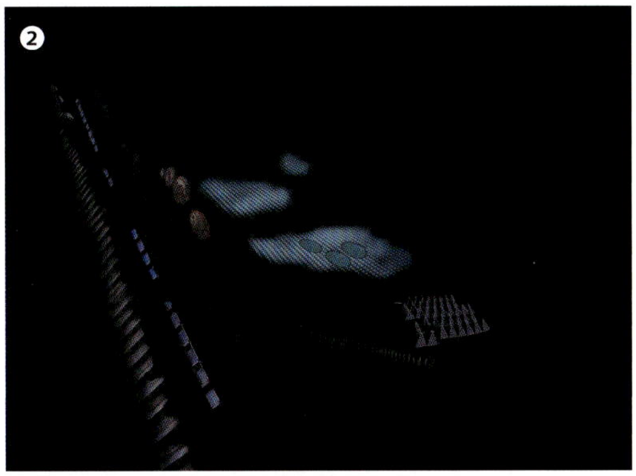

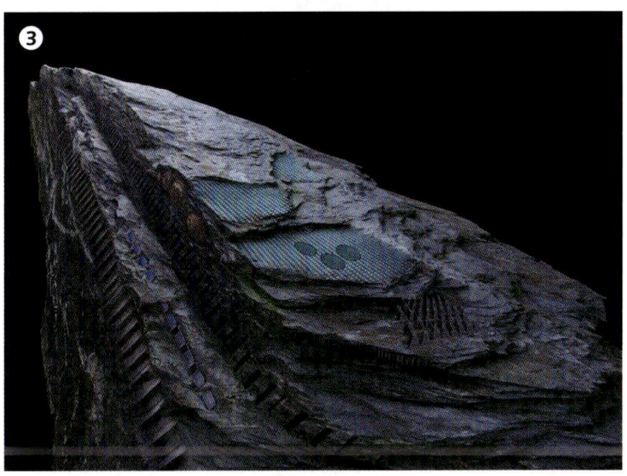

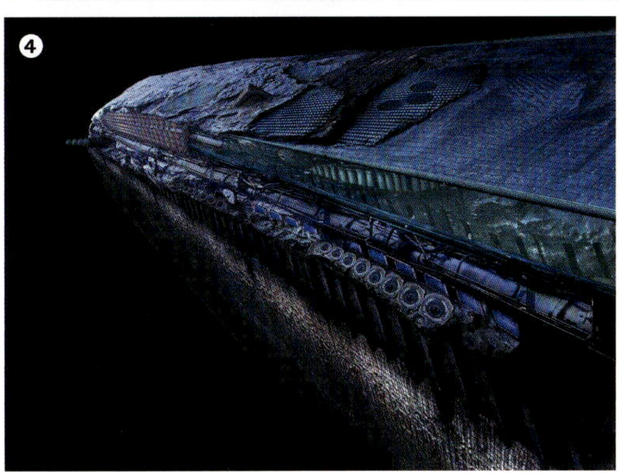

Transformation
Vom Felsbrocken zum Sternenkreuzer – der Weg ist hier in vier Schritten veranschaulicht.

Tiefenwirkung und 3D-Effekt

Schärfentiefe | Für die charakteristische Tiefenwirkung eines Bildes ist vor allem der Schärfeverlauf verantwortlich. Erst durch eine leichte Unschärfe im Hintergrund wird das Hauptmotiv im Vordergrund optisch vom Hintergrund getrennt.

1 Ebene weichzeichnen

Öffnen Sie das Bild »Karo_weiss.tif« in Photoshop. Duplizieren Sie die Hintergrund-Ebene, indem Sie im Menü Ebene den Befehl Ebene duplizieren aufrufen. Zeichnen Sie die Ebene dann über Filter • Weichzeichnungsfilter • Gaußscher Weichzeichner mit einem Radius von ca. 10 Pixeln weich.

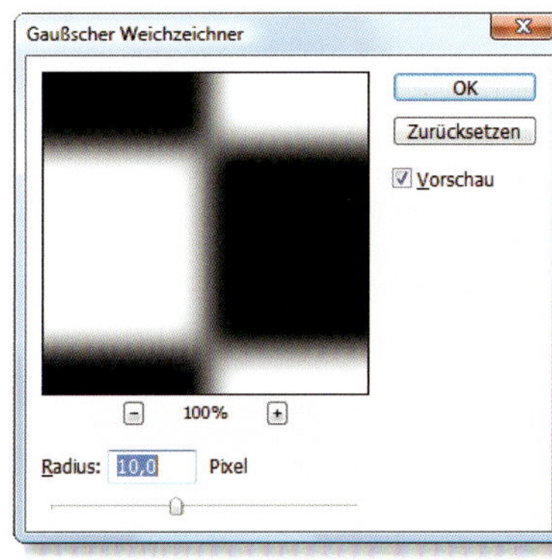

2 Ebene über Verlauf ausblenden

Fügen Sie der duplizierten Ebene per Klick auf das Icon ❷ in der Ebenen-Palette eine Ebenenmaske ❶ hinzu. Mit dem Verlaufswerkzeug ❸ aus der Werkzeugpalette blenden Sie anschließend die Ebene mit einem linearen Verlauf ❹ von oben nach unten aus.

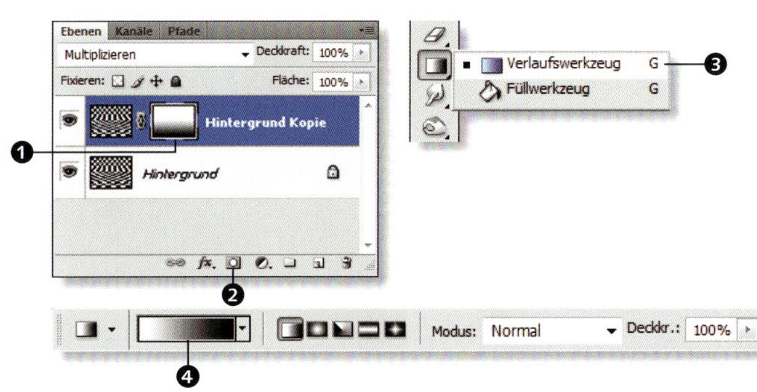

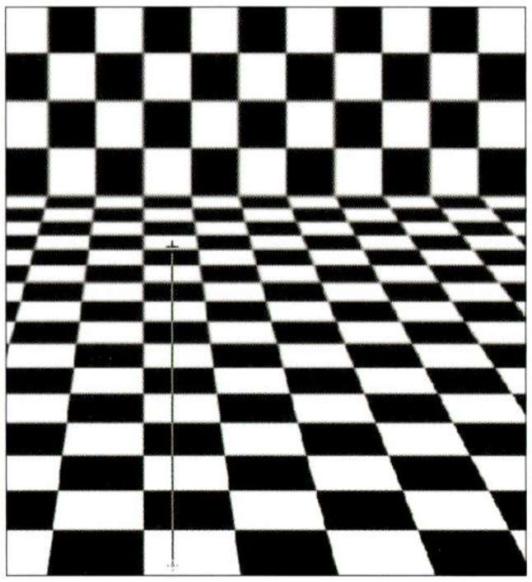

Den Modus in der Optionsleiste stellen Sie dabei auf Normal und die Deckkraft auf 100 %. Von wo aus und wie weit der Verlauf reichen soll, hängt vom Motiv und von Ihrem Ermessen ab. Hier können Sie sich an der Position im Beispielbild orientieren.

Kontrastumfang | Die Unschärfe ist nicht allein für die Tiefenwirkung verantwortlich. Ganz entscheidend ist auch ein stetig abnehmender Kontrastumfang. Wenn Sie zum Beispiel in die Landschaft schauen, werden Sie auch bei guter Fernsicht das Phänomen beobachten, dass mit zunehmender Ferne der Kontrast abnimmt. Beispielsweise erscheinen Berge im Vordergrund dann wesentlich farbintensiver als die in weiter Ferne. Diesen Effekt können Sie natürlich in Photoshop auch künstlich erzeugen. Wie das geht, erfahren Sie im Folgenden.

3 Alternative: Verlauf feiner abstufen

Für eine feinere Abstufung wiederholen Sie den Vorgang mit einer weiteren duplizierten Ebene. Nur stellen Sie den Radius im Gaussschen Weichzeichner diesmal auf 20 Pixel und blenden die Ebene mit dem Verlaufswerkzeug etwa ab der Bildmitte nach unten linear aus. Anstelle des Verlaufswerkzeugs können Sie auch mit dem Pinselwerkzeug auf der Ebenenmaske arbeiten und so die Ebene mit einem sanften Verlauf ausblenden. Hierfür ist allerdings eine weiche Pinselspitze zu empfehlen (Härte ❷: 0 %, Hauptdurchmesser ❶: ca. 1 000 Pixel). So können Sie sich dann in mehreren Lagen bei einer Deckkraft von ca. 45 % ❸ und der Vordergrundfarbe Schwarz ❹ langsam an ein zufriedenstellendes Ergebnis herantasten ❶ (siehe Ebenenmaske auf Seite 265).

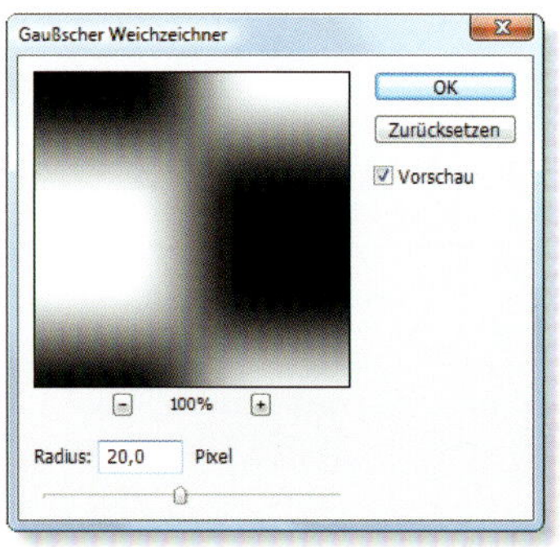

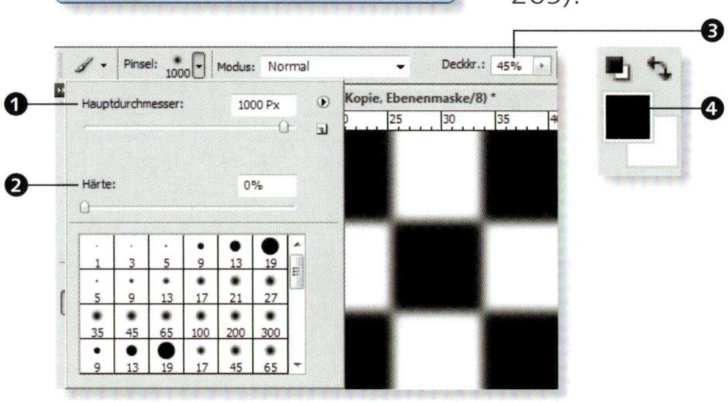

1 Ebene weichzeichnen und verschieben

Duplizieren Sie die Hintergrund-Ebene, indem Sie im Menü Ebene den Befehl Ebene duplizieren aufrufen. Zeichnen Sie die Ebene dann über Filter • Weichzeichnungsfilter • Gaussscher Weichzeichner mit einem Radius von 250 Pixeln weich.

Verschieben Sie die Ebene in der Ebenen-Palette ganz nach oben. Klicken Sie dazu mit der linken Maustaste auf die Ebene, verschieben Sie sie bei gehaltener Maustaste, und lassen Sie sie an der gewünschten Position los. Da bei der Weichzeichnung ein transparenter Verlauf zu den Bildrändern entsteht, müssen Sie die Ebene gegebenenfalls etwas größer ziehen. Das geht am besten mit dem Transformationswerkzeug, das Sie über [Strg] + [T] aufrufen. Stellen Sie in der Optionsleiste für B (Breite) ❺ und H (Höhe) ❻ jeweils 125 % ein – dann vergrößert sich die Ebene automatisch um diesen Wert.

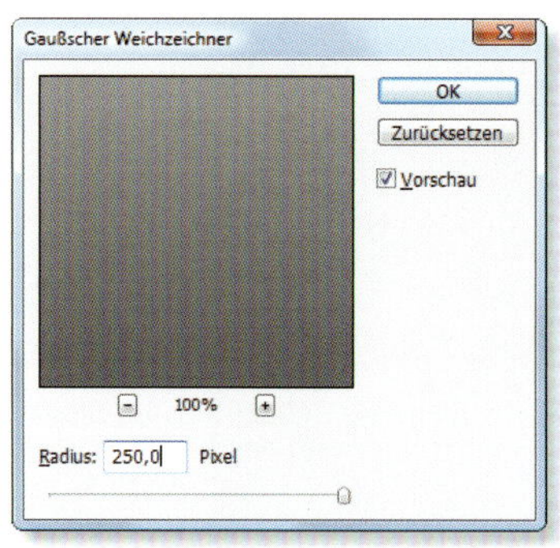

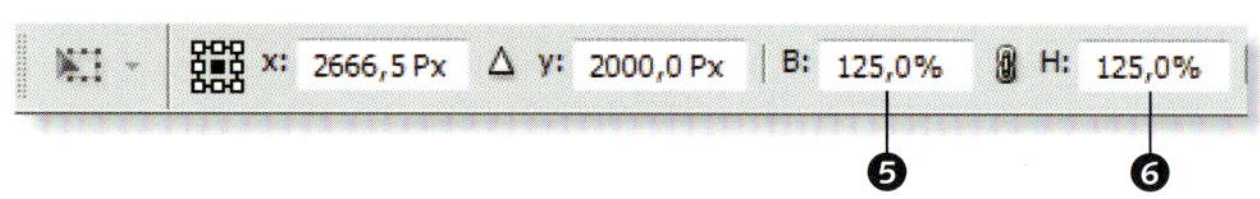

2 Kontrastumfang über Verlauf vermindern

Fügen Sie der weichgezeichneten Ebene nun eine Ebenenmaske durch Anklicken des entsprechenden Icons hinzu, und blenden Sie die Ebene mit einem linearen Verlauf von oben nach unten aus (Vorgehensweise wie auf Seite 265). Mit der Flächendeckkraft der Ebene (Prozentwert bei FLÄCHE ❼ in der EBENEN-Palette) können Sie nun die Intensität des gewünschten Effekts bestimmen. Für ein realistisches Ergebnis sollte der Wert nicht größer als 25 % sein.

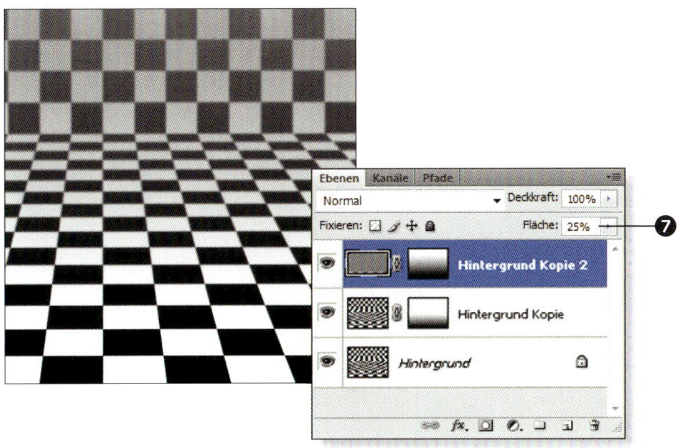

Perspektive und Fluchtpunkt | Da nach einer Aufnahme die räumlichen Verhältnisse unveränderbar feststehen, müssen Sie bei den einzelnen Montageelementen von vornherein darauf achten, dass sich alle Fluchtlinien möglichst auf einer horizontalen Linie in einer gedachten Verlängerung treffen – die einzelnen Elemente also perspektivisch zusammenpassen. Suchen Sie nach Objekten, die auch vom Aufnahmestandpunkt her in Ihre Montage passen. Gegebenenfalls fotografieren Sie einzelne Elemente ganz gezielt. Hier kommt es auch auf ein gewisses räumliches Vorstellungsvermögen an, das Sie für das Fotografieren und für das Erstellen von Montagen benötigen. Kleine Unstimmigkeiten lassen sich allerdings noch mit Hilfe des Transformationswerkzeugs, aufrufbar über [Strg] + [T], durch Verzerren beheben.

Manchmal kann eine gewisse Abweichung von der korrekten Perspektive aber sogar gewollt sein, wenn man zum Beispiel den surrealen Eindruck eines Bildes unterstreichen möchte.

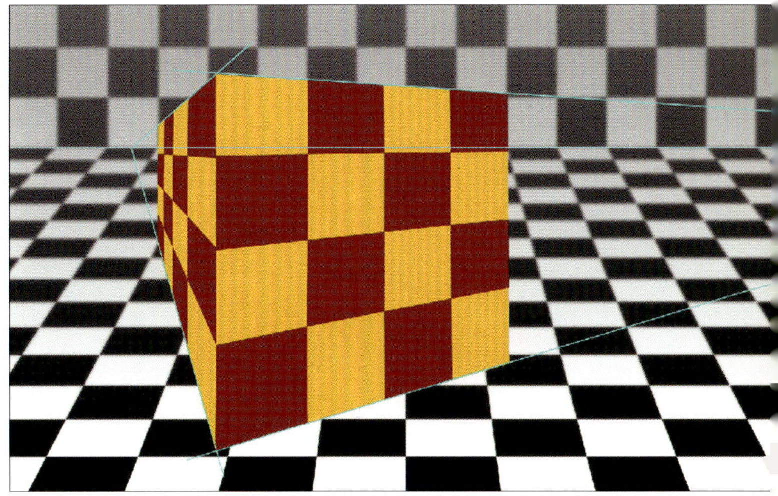

Fluchtlinien
Die türkisfarbenen Linien dienen hier zur Veranschaulichung der gedachten Fluchtlinien, die sich idealerweise auf einer Horizontalebene treffen sollten.

Licht und Lichtrichtung | Genauso wichtig wie die korrekte Perspektive ist die richtige Lichtplanung. Sie sollten von vornherein festlegen, aus welcher Richtung das Licht im Bild kommen wird. Steht die Lichtrichtung einmal fest, suchen Sie nach passenden Montageelementen. Gegebenenfalls können Sie die Elemente auch spiegeln. Haben Sie Elemente ohne eindeutig definierbare Lichtrichtung (diffus), gehen Sie wie im Folgenden beschrieben vor.

1 Montageelemente einfügen

Öffnen Sie das Bild »3D_Objekte«. Duplizieren Sie die Ebene der Kugel und die des Quaders, indem Sie sie jeweils einzeln markieren und dann im Menü EBENE den Befehl EBENE DUPLIZIEREN aufrufen. Verrechnen Sie jede der duplizierten Ebenen jeweils mit ihrem Original, indem Sie für die duplizierte Ebene die Füllmethode MULTIPLIZIEREN ❶ (siehe nächste Seite) einstellen. Damit sich diese Verrechnung wirklich nur auf das Originalobjekt auswirkt und nicht auf dessen Umgebung, erstellen Sie aus den duplizierten Ebenen jeweils eine Schnittmaske. Klicken Sie hierfür mit der rechten Maustaste in der Ebenen-Palette die jeweilige Ebene an, und wählen Sie dann im Kontextmenü Schnittmaske erstellen ❷.

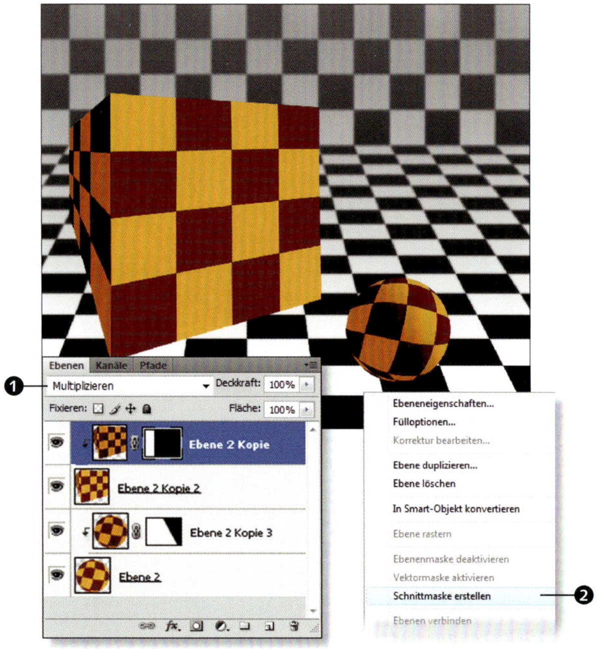

2 Lichtrichtung über Verlauf anpassen

Mit einem horizontalen Verlauf (siehe Seite 265) blenden Sie je nach Lichtrichtung die Sichtbarkeit der Ebene aus. Wählen Sie bei runden Gegenständen einen weichen Verlauf (geringe Deckkraft) und bei geraden Flächen einen harten Verlauf (höhere Deckkraft).

Zudem sollten Sie bei runden Gegenständen auf einen realistischen Verlauf achten; das heißt, der Verlauf muss sichelförmig verkrümmt werden. Hierfür klicken Sie einfach auf das Kettensymbol ❸ zwischen Ebenen- und Maskenminiatur, um die Verbindung zwischen den beiden zu lösen. Jetzt können Sie die Maskierung sepa-

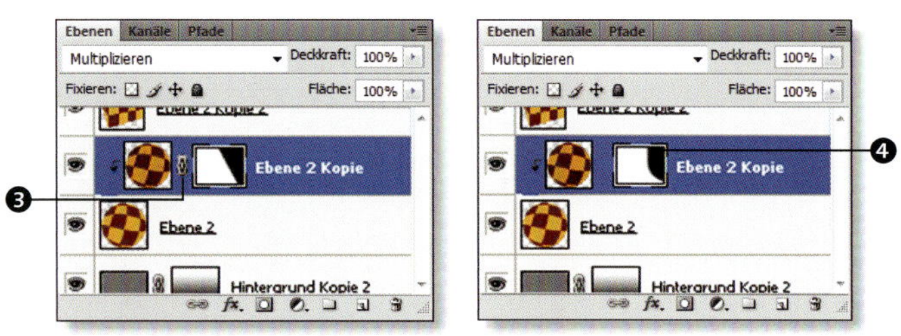

rat mit dem Transformationswerkzeug, aufrufbar über Strg + T, dementsprechend verkrümmen ❹. Achten Sie darauf, dass Sie die Maske und nicht die Ebenenminiatur in der Ebenen-Palette aktiviert haben. Mit Hilfe der Gradationskurve, die Sie mit Strg + M aufrufen, lässt sich der Effekt anschließend noch verstärken, indem Sie die Kurve herunterziehen ❺.

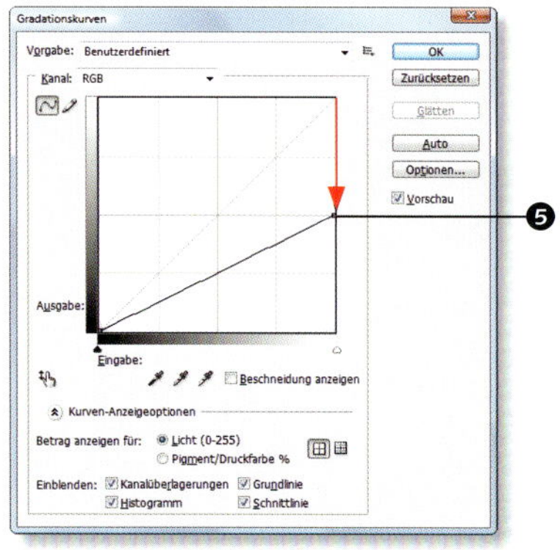

Schatten | Es gibt eine grundlegende und allgemeingültige Regel: Jeder Gegenstand wirft je nach Anzahl der Lichtquellen einen bis mehrere Schatten. Jeder Schatten besteht aus einem Kernschatten und einem Teilschatten. Im Folgenden erfahren Sie, wie Sie einen realistischen Schattenwurf erzeugen können.

1 Kernschatten

Duplizieren Sie die Ebene des jeweiligen Gegenstands über Ebene • Ebene duplizieren. Färben Sie den Gegenstand schwarz ein, indem Sie mit der Gradationskurve, die Sie mit Strg + M aufrufen, im RGB-Kanal ❻ den Ausgaberegler von 255 auf 0 ziehen ❼. Verschieben Sie die so gewonnene Ebene in der Ebenen-Palette unter die Ebene mit dem Originalobjekt.

Zeichnen Sie die Schatten-Ebene mit dem Filterwerkzeug unter Filter • Weichzeichnungsfilter • Gaussscher Weichzeichner mit ca. 10 Pixeln weich. Passen Sie die so gewonnenen Kernschatten mit dem Transformationswerkzeug, aufrufbar über Strg + T, durch Verzerren an die Objekte an ❽. Verändern Sie gegebenenfalls auch Neigung und Perspektive. Bei richtiger Einstellung bekommt der Gegenstand nun endlich »Boden unter den Füßen« und wirkt nicht mehr, als ob er schweben würde.

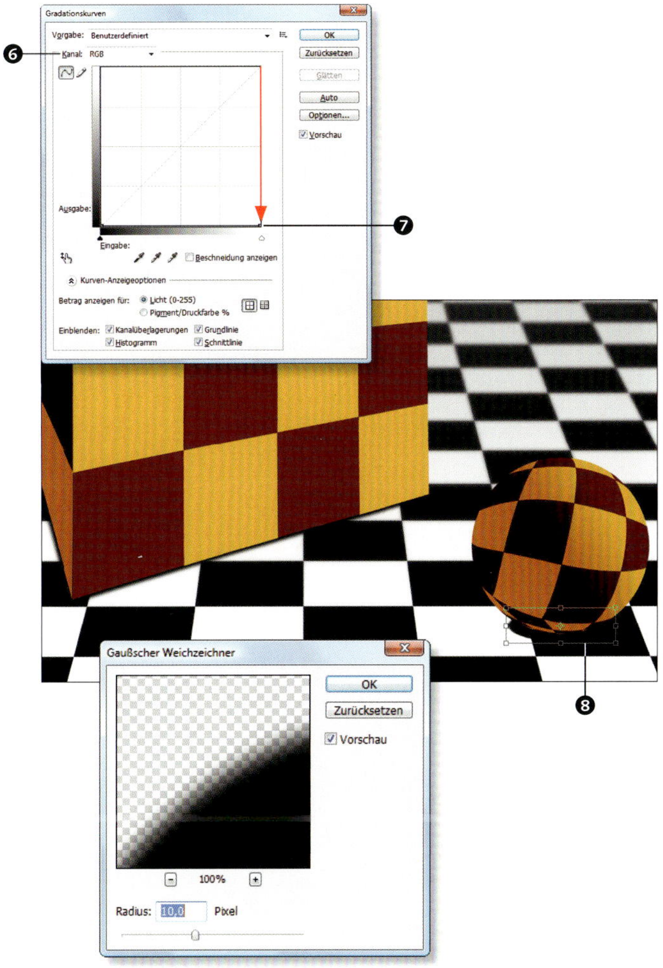

HINWEIS

An dieser Stelle möchte ich kurz darauf hinweisen, dass alle Einstellungswerte, die ich in den Anleitungen dieses Kapitels erwähne, immer nur Richtwerte sein können. Für ein optimales Ergebnis hinsichtlich Ihrer eigenen Montagen hilft da eigentlich nur, dass Sie selbst ein wenig ausprobieren und experimentieren.

Durch ein Wiederholen der jeweiligen Prozedur bei gleichzeitig anderen Einstellungen und Transformationen lassen sich mitunter sehr realistische Effekte erzielen.

2 Teilschatten

Für den Teilschatten duplizieren Sie erneut die Objekt-Ebene und färben sie komplett schwarz ein, so wie Sie das für den Kernschatten im vorangegangenen Schritt getan haben. Sie zeichnen diese Ebene jetzt allerdings über Filter • Weichzeichnungsfilter • Gaußscher Weichzeichner nicht mit 10, sondern mit ca. 30 Pixeln weich.

Mit dem Transformationswerkzeug, das Sie mit Strg + T aufrufen, ziehen Sie nun den Teilschatten in die gewünschte Form und Länge. Verwenden Sie hierfür unbedingt auch die verschiedenen Einstellungsmöglichkeiten des Transformationswerkzeugs unter Verkrümmen ❾. Mit dem Wert unter Fläche ❿ auf der Ebenen-Palette regeln Sie den Kontrastabstand zur Umgebung. Mit 65 % habe ich in diesem Beispiel ein gutes Ergebnis erzielt.

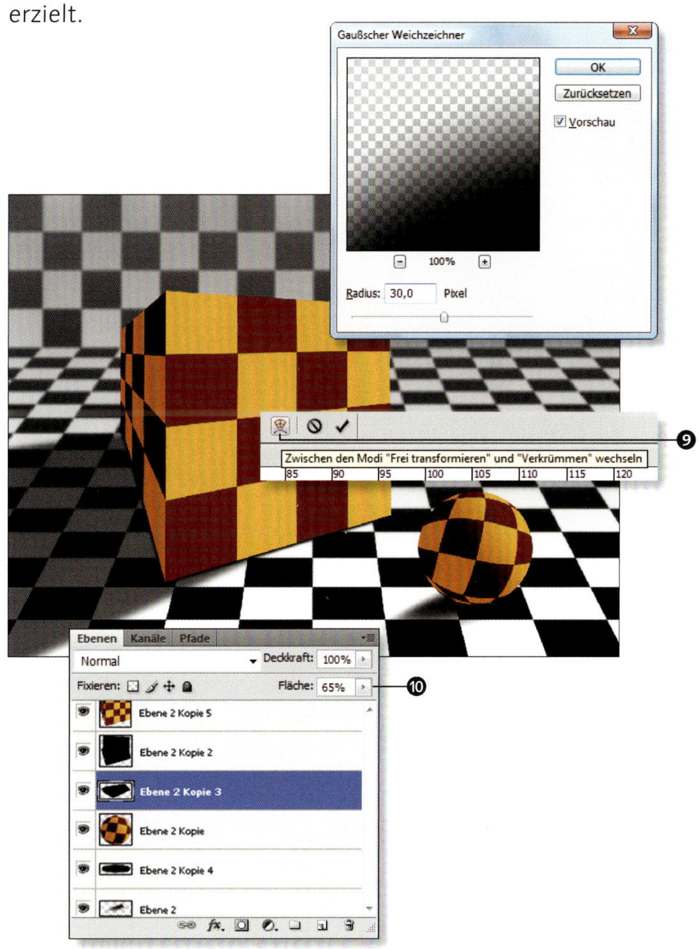

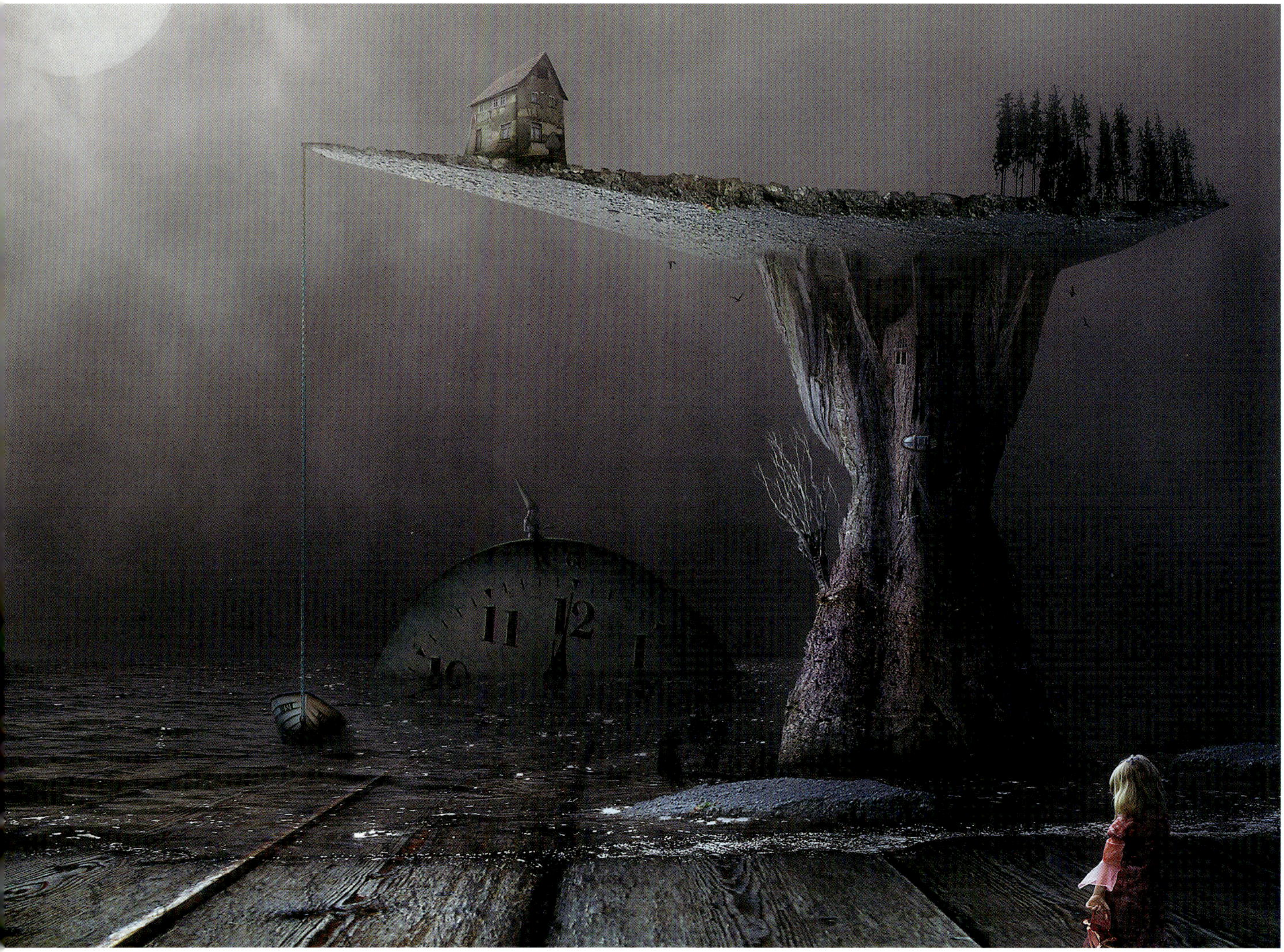

Traumstunde
Inspiriert durch ein paar Fotomotive (Baum, Uhr, Haus) aus meinem Archiv, entstand eine Montage aus etwa 30 Einzelfotos. Mit der Montage wuchs hier die Idee.

Wolken und Nebelstimmung

Wolken | Wolken sind für mich ein unglaublich wichtiger Stimmungsfaktor und stellen damit eines der besten Gestaltungsmittel überhaupt für meine Montagen dar. Um Ihr Archiv auszustatten, sollten Sie unbedingt öfter mal die Wolken beobachten, Sie glauben gar nicht, welche Vielfalt sich Ihnen bietet. Selbst wenn Sie jeden Tag losziehen, um Wolken zu fotografieren – in unserer Gegend ist dies schließlich kein Problem –, Sie würden niemals zwei gleiche Bilder erhalten. Ob als Hintergrund, Farbüberlagerung, Rauch oder Nebel – Wolken sind für mich ein fester Bestandteil zur Gestaltung meiner Bilder. Die einfachste Möglichkeit, um Wolken freizustellen, bietet eine der Auswahlfunktionen in Photoshop.

1 Einzelne Wolke freistellen

Für die Freistellung eignen sich einzelne Wolken vor blauem Himmel am besten. Öffnen Sie das Beispielbild »Wolke.jpg«. Gehen Sie in der Menüleiste unter AUSWAHL auf FARBBEREICH. Hier öffnet sich ein Fenster mit einem Vorschaubild. Stellen Sie das Dropdown-Menü AUSWAHL auf »Aufgenommene Farben«. Den Regler für die TOLERANZ setzen Sie auf einen Wert zwischen 100 bis 200%, in diesem Fall waren 200% notwendig. Unter dem Vorschaufenster markieren Sie die Option AUSWAHL, und die AUSWAHLVORSCHAU bleibt auf »Ohne«. Wählen Sie nun mit der linken Pipette den hellsten Bereich in dem geöffneten Wolkenbild. Im Vorschaubild können Sie überprüfen, wie weit die Auswahl reichen soll. Hier sollte sich eine weiße Wolke gut vor einem möglichst komplett schwarzen Hintergrund abzeichnen. Variieren Sie hierfür gegebenenfalls den Wert unter TOLERANZ, und bestätigen Sie die Auswahl dann mit einem Klick auf OK. Kopieren Sie die Auswahl mit [Strg] + [C], wechseln Sie dann in Ihre Montage, und fügen Sie die Auswahl dort mit [Strg] + [V] ein.

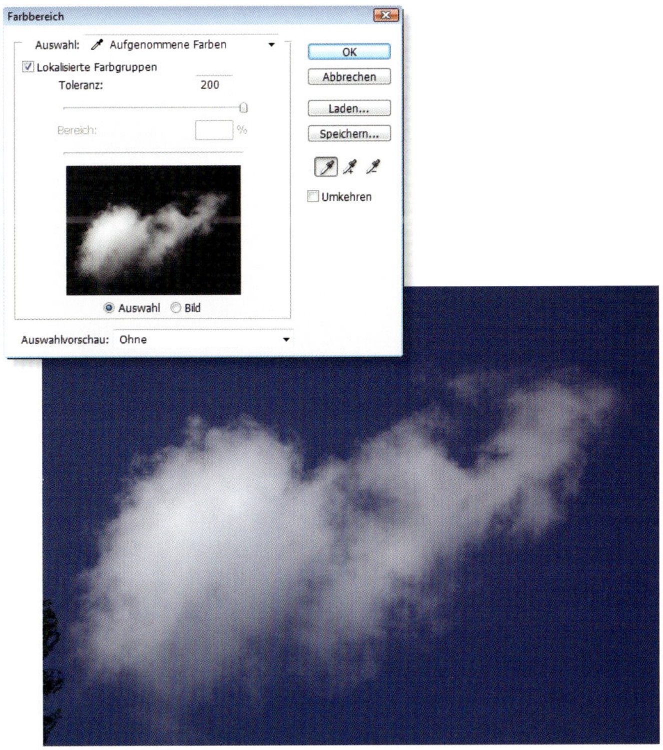

2 Wolke anpassen

Jetzt müssen Sie die Wolke nur noch an der richtigen Stelle in Ihrer Montage platzieren, indem Sie sie mit dem Verschieben-Werkzeug, aufrufbar über [V], bewegen. Sie können sie dann mit [Strg] + [T] noch in der Größe anpassen und gegebenenfalls über die Gradationskurve, die Sie mit [Strg] + [M] aufrufen, Kontrast und Tonwerte anpassen. Mit FARBTON/SÄTTIGUNG unter dem Menüpunkt BILD • KORREKTUREN gleichen Sie anschließend noch mit dem Schieberegler FARBTON ❶ die Farbgebung der Wolke an den Hintergrund an.

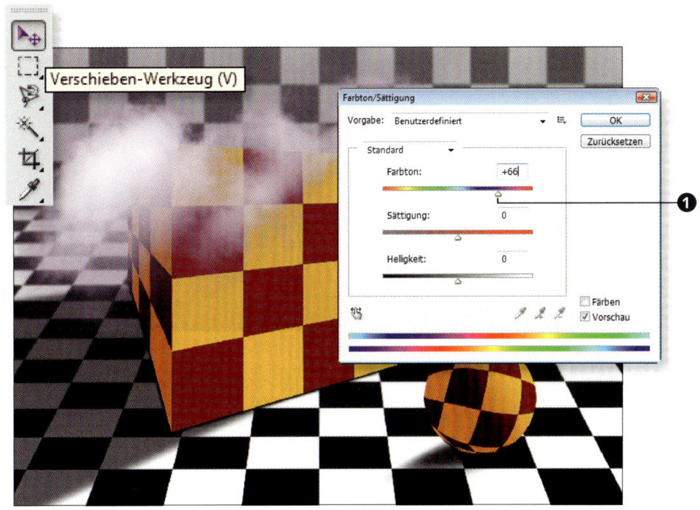

ALTERNATIVE

Sie können auch mit einer geschlossenen Wolkendecke einen interessanten Verlauf erzielen. Fügen Sie hierzu die Aufnahme einer Wolkendecke in Ihre Arbeitsfläche ein, und maskieren Sie sie wie unter Punkt »Schärfentiefe« (siehe Seite 265) mit einem Verlauf Ihrer Wahl. Hier sollten Sie auch wieder ein wenig ausprobieren, um den gewünschten Effekt zu erzielen. So können Sie den Verlauf zum Beispiel auch durchaus einmal diagonal verlaufen lassen.

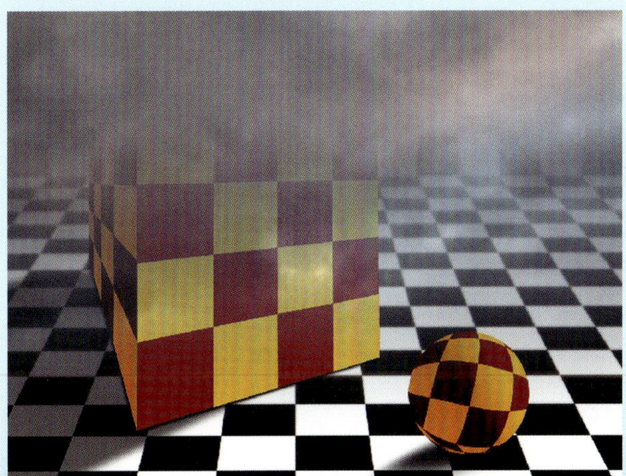

Nebel | Noch mehr als Wolken sorgt eine dichte Nebelsuppe für eine geisterhafte Stimmung des Bildes. Aus einer Wolkenaufnahme können Sie schnell und einfach »Nebel« extrahieren.

1 Nebel-Ebene erstellen

Öffnen Sie die Datei »Wolkendecke.jpg« und bereiten Sie die Nebel-Ebene wie folgt vor: Mit dem Auswahlrechteck-Werkzeug aus der Werkzeugpalette markieren Sie bei beliebiger Flächengröße einen relativ gleichförmigen Bereich in der Aufnahme. Kopieren Sie diesen Bereich mit Strg + C, und fügen Sie ihn mit Strg + V in Ihre Montage ein. Skalieren Sie mit Strg + T die Auswahl über die gesamte Arbeitsfläche, und zeichnen Sie diese mit dem Filterwerkzeug unter Filter • Weichzeichnungsfilter • Gaussscher Weichzeichner mit ca. 75 Pixeln weich.

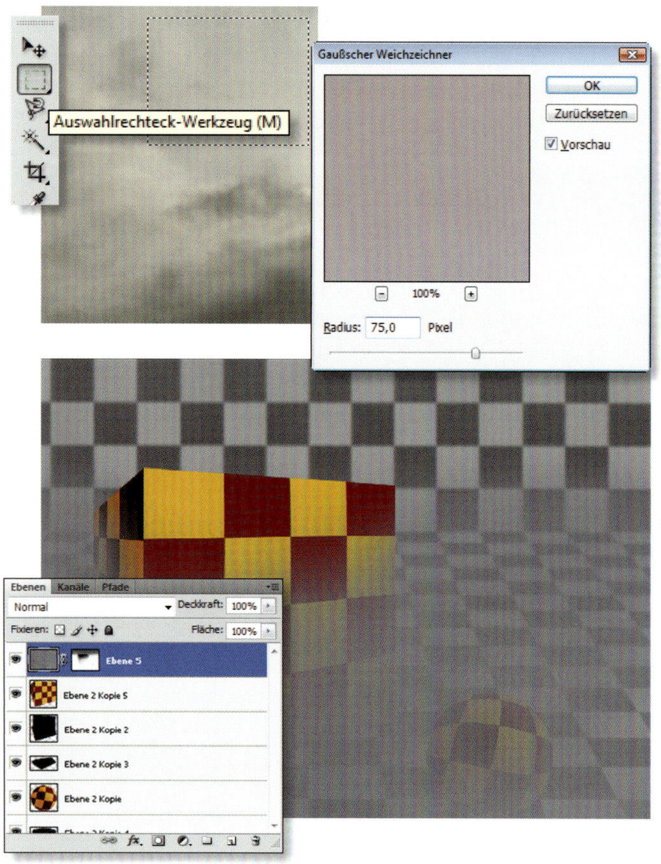

2 Ebene ausblenden

Blenden Sie die Ebene anschließend per Klick auf das Icon aus der Ebenen-Palette bei gleichzeitig gehaltener Alt-Taste mit einer schwarzen Maske ❶ aus.

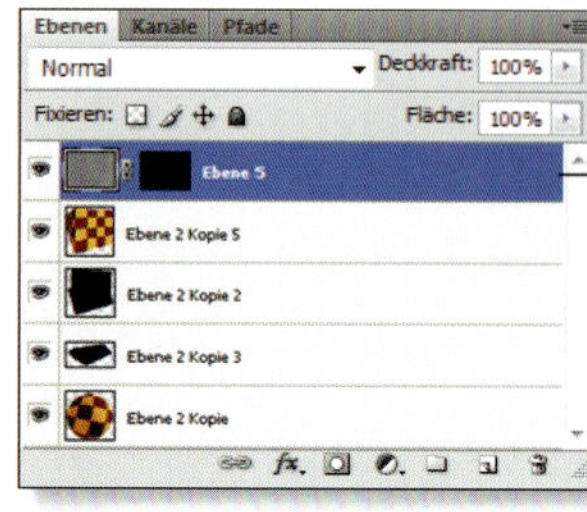

3 Nebel auftragen

Mit einer sehr großen und weichen Pinselspitze (Hauptdurchmesser: 1000 Pixel, Härte: 0%) und einer Deckkraft von 45% tragen Sie nun Schritt für Schritt mit weißer Vordergrundfarbe ❷ sozusagen den Nebel auf, indem Sie die Maskierung der Ebene langsam zurücknehmen. Für ein überzeugendes Ergebnis muss der Nebel hinter den Gegenständen etwas dichter sein. Das heißt also, auf dem jeweiligen Gegenstand muss der Nebel wieder etwas abgetragen werden. Dazu sollten Sie den jeweiligen Gegenstand auswählen. Klicken Sie dazu mit der rechten Maustaste in der Ebenen-Palette auf die Ebenenminiatur des zu bearbeitenden Gegenstands. In dem nun geöffneten Kontextmenü klicken Sie auf Pixel auswählen ❸. Jetzt können Sie mit dem Pinsel den Nebel vor dem Gegenstand mit schwarzer Vordergrundfarbe wieder etwas abtragen. Vergessen Sie aber nicht, vorher die Maske der Nebel-Ebene durch Anklicken zu aktivieren. Die Aktivierung erkennen Sie daran, dass ein weißer Rahmen um die Ebenenmaskenminiatur liegt und die Ebene in der Palette blau hinterlegt ist.

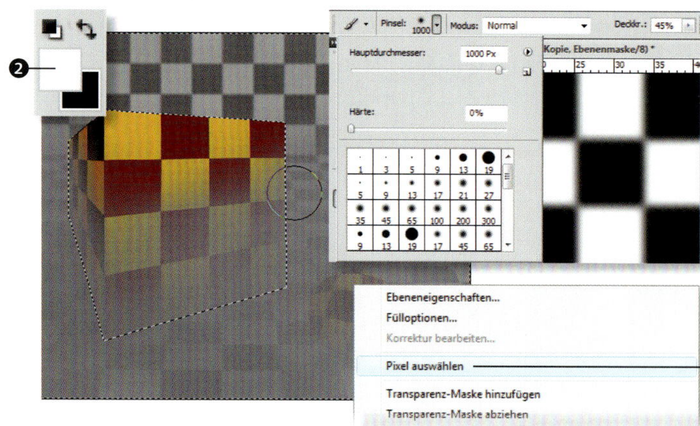

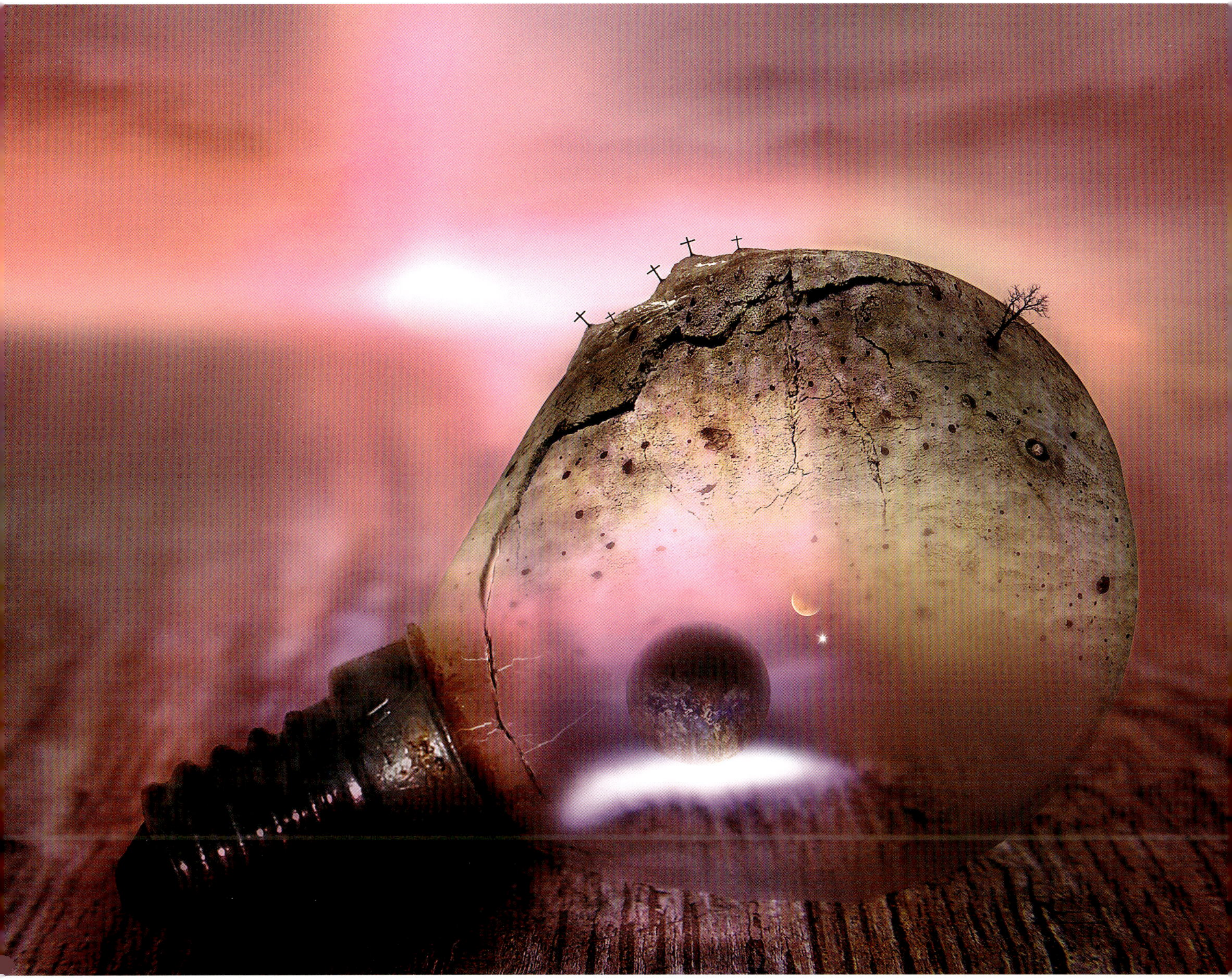

Transparenz und Lichteffekte

Gegenstände, die aus Glas sind oder die eine gewisse Transparenz haben, besitzen für mich immer etwas Bezauberndes und Fremdartiges. Ein besonders interessanter Gegenstand für meine Montagen ist daher unter anderem die gute alte Glühbirne. Sie hat es mir echt angetan und ist aus diesem Grund in einigen meiner Arbeiten immer wieder präsent.

Zerbrechlich
Eines meiner liebsten Gestaltungsgegenstände, die gute alte Glühbirne, ist heute vom Aussterben bedroht. Ihre zerbrechliche Glashülle inspirierte mich zu diesem Bild – unsere Erde innerhalb einer zerbrechlichen Atmosphäre.

Gläserne Gegenstände | Gläserne/durchsichtige Gegenstände sollten Sie vor einem neutralen Hintergrund mit möglichst schönen Lichtreflexionen fotografieren. In meinem Beispiel hatte ich eine Glühbirne an ihrem Gewinde mit einem Draht vor einem weißen Karton hängend befestigt. Wie sich die Transparenz eines durchsichtigen Gegenstands herstellen lässt, erfahren Sie in den folgenden Schritten.

1 Glühbirne freistellen

Öffnen Sie die Datei »Gluehbirne.psd«. Stellen Sie die Glühbirne am besten mit dem Magnetischen Lasso-Werkzeug, das Sie mit L aufrufen, in kleinen Abständen sauber frei. Kopieren Sie die Auswahl der Glühbirne mit Strg + C, und fügen Sie sie mit Strg + V in Ihre Arbeitsfläche ein (im Beispiel: »Karo_weiss.tif«).

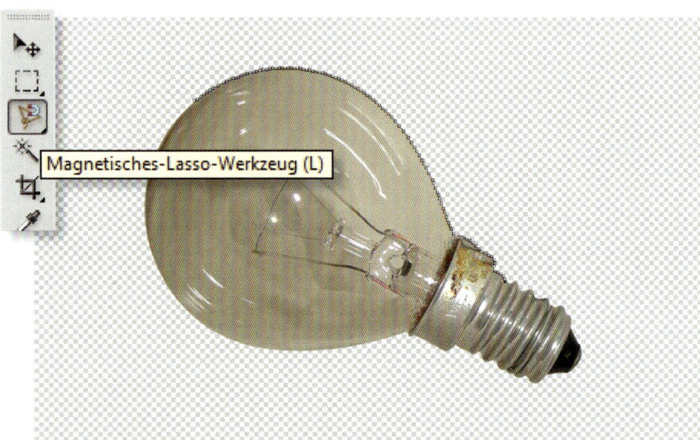

2 Transparenz

Kopieren Sie die Ebene über Ebene • Ebene duplizieren, und verrechnen Sie das Original mit der Füllmethode Ineinanderkopieren. Die Kopie der Ebene bleibt auf Normal und bekommt eine Maske per Klick auf das Icon in der Ebenen-Palette zugewiesen. Mit einer großen, weichen Pinselspitze (Hauptdurchmesser: 1000 Pixel, Härte 0%) und einer Deckkraft von 45% stellen Sie nun Schritt für Schritt mit schwarzer Vordergrundfarbe innerhalb der Maske den transparenten Teil der Glühbirne behutsam frei. Das Gewinde muss natürlich komplett sichtbar sein und bleibt daher vom Pinsel unberührt. Da der Randbereich gewölbt und deshalb weniger transparent ist, dürfen Sie hier auch nur sehr wenig schwarze Farbe in die Maske auftragen.

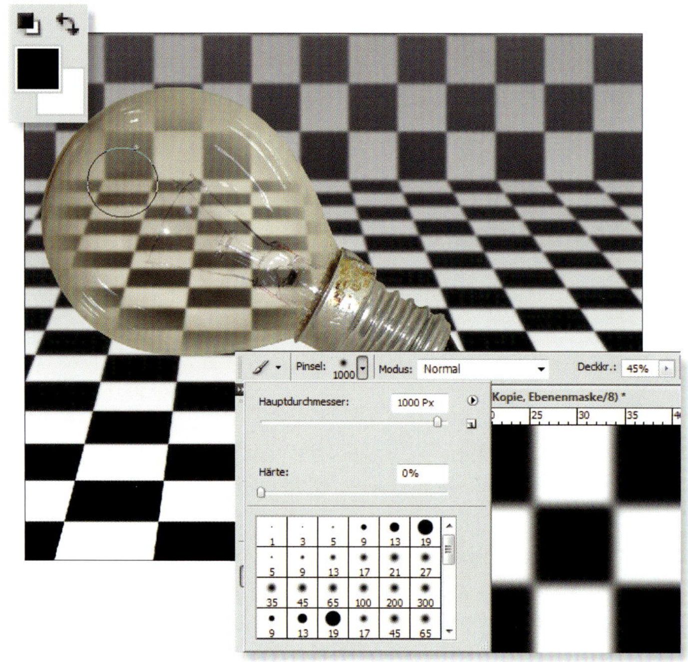

3 Optische Verzerrung

Um den Eindruck der Transparenz noch besser zu unterstützen, sollte der Hintergrund im Bereich der Glühbirne etwas gewölbt sein. Die Physik sollten Sie hierfür ruhig ein wenig außer Acht lassen. Wir konzentrieren uns hier lieber auf unsere Sehgewohnheit, die besagt, dass hinter einer Wölbung das Licht anders gebrochen wird.

Reduzieren Sie dafür alle Ebenen, die den Hintergrund betreffen, auf eine Ebene – die beiden Ebenen mit der Glühbirne müssen erhalten bleiben. Klicken Sie einfach mit gehaltener Strg-Taste die jeweiligen Ebenen mit der linken Maustaste an, um sie so blau zu markieren. Klicken Sie nun mit der rechten Maustaste in eine der markierten Ebenen, und wählen Sie im Kontextmenü die Option Auf eine Ebene reduzieren ❶. Diese eine Ebene duplizieren Sie nun und verkrümmen sie mit dem Transformationswerkzeug, das Sie mit Strg + T aufrufen, im Bereich der Glühbirne ein wenig bauchförmig, sie soll anschließend leicht aufgebläht wirken. Weniger ist hier mehr!

Erstellen Sie aus der original Glühbirnen-Ebene eine Auswahl, indem Sie mit der rechten Maustaste erst auf die Miniatur und dann mit der linken Maustaste auf Pixel auswählen klicken. Maskieren Sie nun mit dieser Auswahl Ihre transformierte Ebene, indem Sie auf das Icon [icon] klicken. Es sollte jetzt der Eindruck einer optischen Verzerrung hinter der Glühbirne entstanden sein. Den Glühfaden sollten Sie allerdings in einer weiteren Kopie der Ebene gesondert freistellen, um ihn so für eine bessere Sichtbarkeit, am besten mit der Füllmethode Luminanz, zu überlagern.

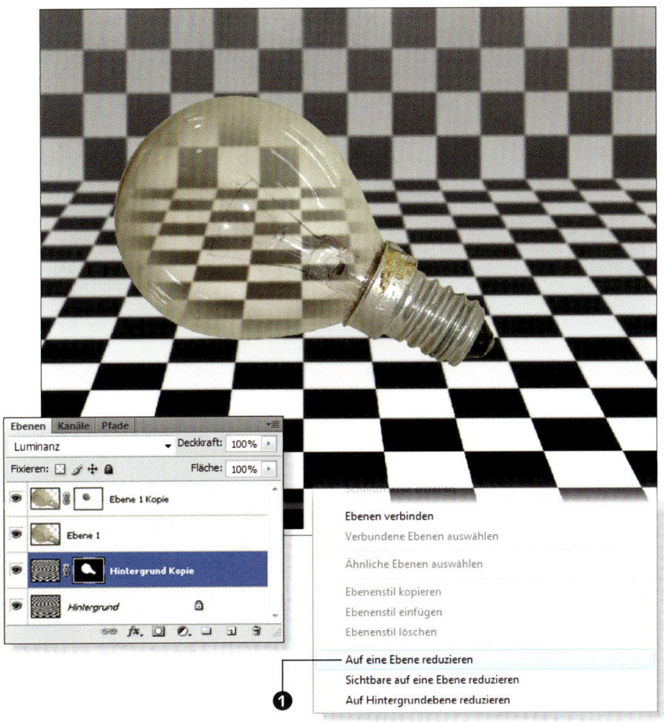

Gleißendes Licht | Für den Effekt von gleißendem Licht bleiben wir am besten bei dem Beispiel der Glühbirne. Also versuchen wir im Folgenden, die Glühbirne etwas leuchten zu lassen. Aber nicht gleich mit voller Leistung, sondern noch stark gedrosselt. Der Glühfaden soll gerade so glimmen, den Kolben aber vorerst noch nicht vollständig beleuchten.

1 Gedimmtes Licht

Duplizieren Sie die Original-Ebene der Glühbirne, und ziehen Sie die Kopie mit gehaltener linker Maustaste an die oberste Position in der Ebenen-Palette. Hellen Sie mit der Gradationskurve, die Sie mit Strg + M aufrufen, die Ebene noch etwas auf. Verrechnen Sie die Ebene mit der Füllmethode Farbig abwedeln ❷, und blenden Sie diese mit einer Maske aus. Mit einem großen, weichen Pinsel (Grösse: 1000 Pixel, Härte: 0%) und weißer Vordergrundfarbe lässt sich so der Glühfaden bei geringer Deckkraft (25% ❹) und mittlerem Fluss (50% ❺) innerhalb der Maske behutsam aufhellen. Anschließend duplizieren Sie diese Ebene und behalten die Einstellungen bei. Zeichnen Sie die Ebene dann über Filter • Weichzeichnungsfilter • Gaussscher Weichzeichner mit einem Radius von ca. 30 Pixeln weich. Mit Hilfe der Einstellung Fläche ❸ in der Ebenen-Palette lässt sich nun die Intensität des Lichts über beide Ebenen gezielt steuern.

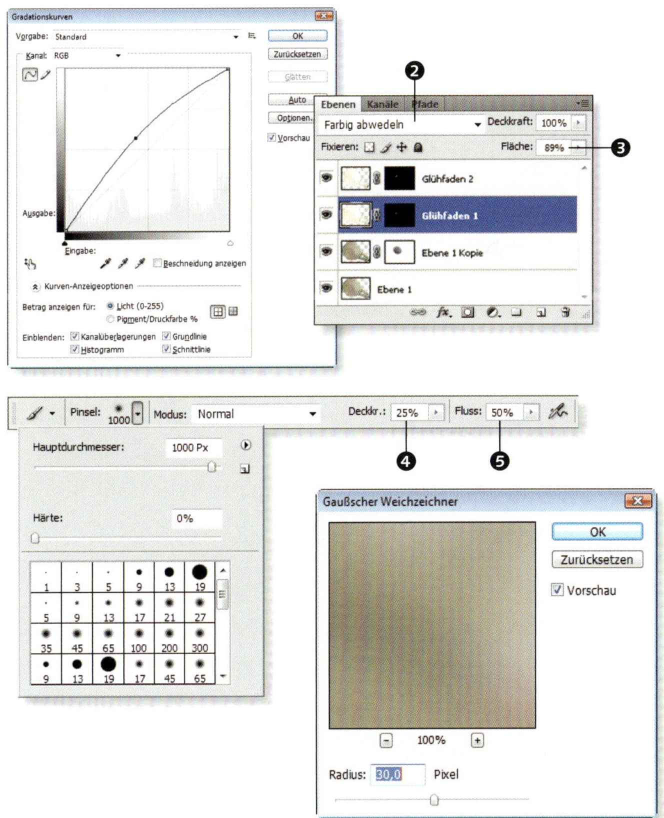

2 Halbe Leuchtkraft

Jetzt geben wir noch ein bisschen mehr Leistung hinzu und lassen die Glühbirne mit etwa halber Kraft leuchten. Erstellen Sie hierfür per Klick auf das Icon eine leere Ebene, und erzeugen Sie mit dem Auswahlellipse-Werkzeug innerhalb des Kolbens eine runde Auswahl. Sie sollte möglichst mittig platziert sein und ca. 50 bis 60 % des Glaskolbens abdecken. Färben Sie die Auswahl mit Hilfe des Füllwerkzeugs und weißer Vordergrundfarbe ein.

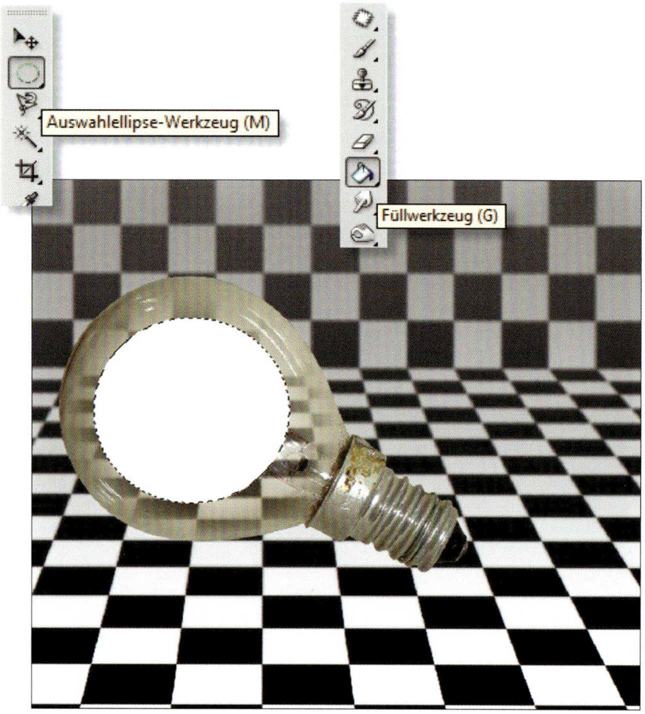

3 Leuchten erzeugen

Zeichnen Sie die Ebene mit dem weißen Kreis nun über Filter • Weichzeichnungsfilter • Gaussscher Weichzeichner mit einem Radius von ca. 200 Pixeln weich. Im Fall eines farbigen Hintergrunds können Sie anstatt mit der weißen Vordergrundfarbe auch mit entsprechenden Farbtönen experimentieren, die zur Gesamtkomposition der Montage passen.

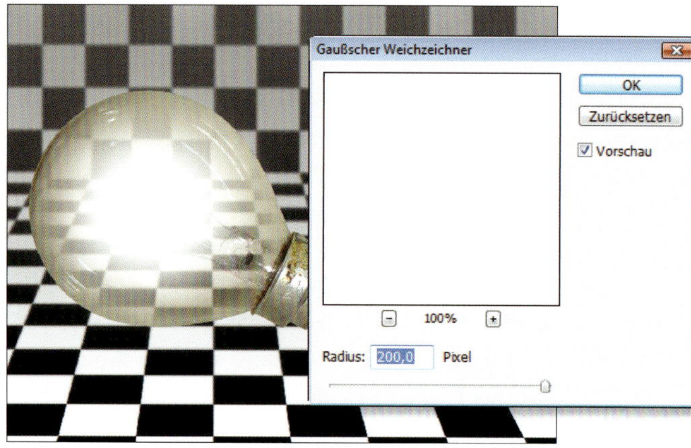

4 Volle Leuchtkraft

Für die volle Leuchtkraft gehen Sie im Prinzip wie unter dem vorangegangenen Punkt vor, nur sollte die kreisrunde Auswahl jetzt den ganzen Glaskolben abdecken.

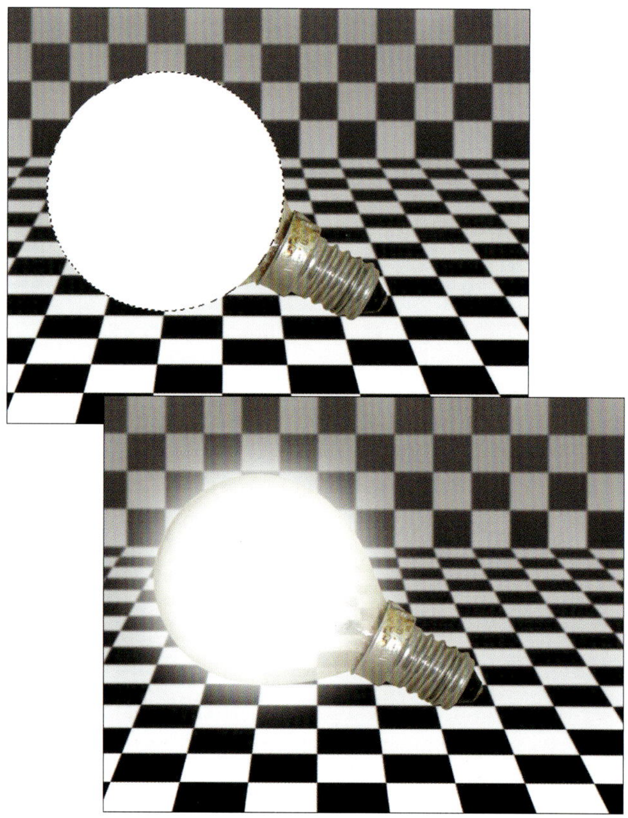

Glitzereffekt | Den folgenden Effekt verwende ich gerne, um etwas Glitzer aufzutragen oder auch um Sterne am Himmel zu simulieren. Als Quelle hierfür eignen sich am besten Fotos von Schnee- oder unruhigen Wasseroberflächen im Sonnenlicht, die möglichst viele Spitzlichter enthalten.

1 Glitzerpunkte extrahieren

Öffnen Sie die Datei »Schnee.jpg«. Gehen Sie in der Menüleiste unter Auswahl auf Farbbereich. Daraufhin öffnet sich ein Fenster mit einem Vorschaubild. Stellen Sie das Dropdown-Menü Auswahl auf »Aufgenommene Farben«. Unter dem Vorschaufenster markieren Sie Auswahl, und die Auswahlvorschau bleibt auf »Ohne«. Wählen Sie nun mit der linken Pipette den hellsten Bereich in dem geöffneten Foto mit den für die Auswahl geeigneten Spitzlichtern. Im Vorschaubild können Sie verfolgen, wie weit die Auswahl reichen soll. Hier sollten sich kleine weiße Punkte gut vor möglichst komplett schwarzem Hintergrund abzeichnen. Variieren Sie hierfür die Toleranz, ein Wert zwischen 100 und 200% ist sinnvoll. Ein gutes Ergebnis erreichen Sie, wenn die Vorschau einem Sternenhimmel ähnelt. Klicken Sie nun auf Ok, und fügen Sie die Auswahl mit Strg + C und dann Strg + V in Ihre Arbeitsfläche ein.

2 Glitzerpunkte variieren

Mit den so gewonnenen »Staubpartikeln« können Sie nun allerlei Effekte erzielen. Einen Glitzereffekt auf der Glühbirne erzielen Sie zum Beispiel, indem Sie der Ebene eine Maske hinzufügen und diese mit der Füllmethode Farbig abwedeln verrechnen. Die extrahierte Auswahl eignet sich aber auch als Sternenhimmel vor einem dunklen Hintergrund oder als Schneeflocken. Wenn Sie die Lichtpunkte über Filter • Weichzeichnungsfilter • Bewegungsunschärfe mit einer Bewegungsunschärfe etwas weichzeichnen, werden sie zu Regentropfen.

Übrigens, mit dieser Methode lassen sich auch die Reflexionen auf der Glühbirne aufpeppen. Nehmen Sie dazu einfach die Reflexionen mit der Pipette auf, fügen Sie sie mit Strg + C und Strg + V in Ihre Montage erneut ein, und verrechnen Sie sie mit Hilfe der Füllmethode Farbig abwedeln mit der Glühbirnen-Ebene.

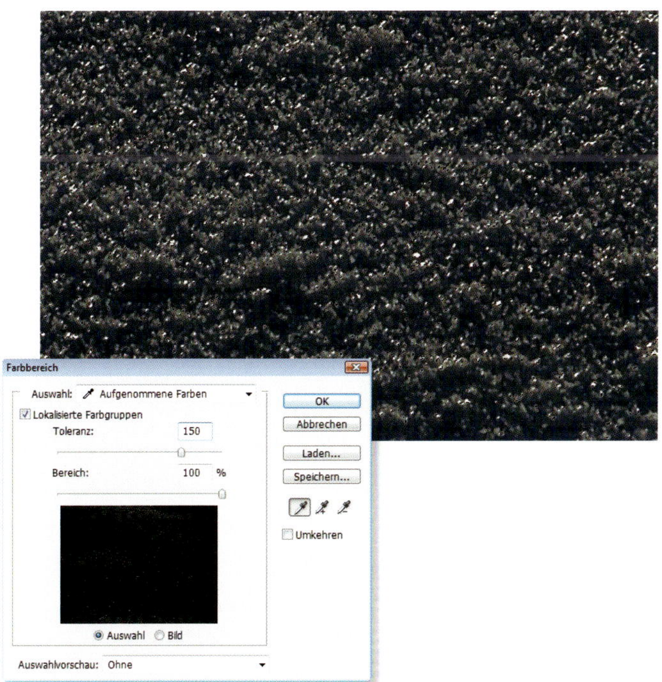

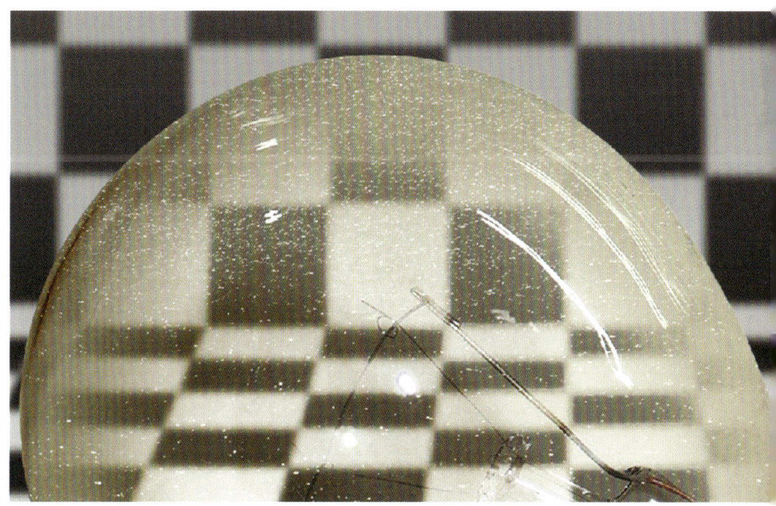

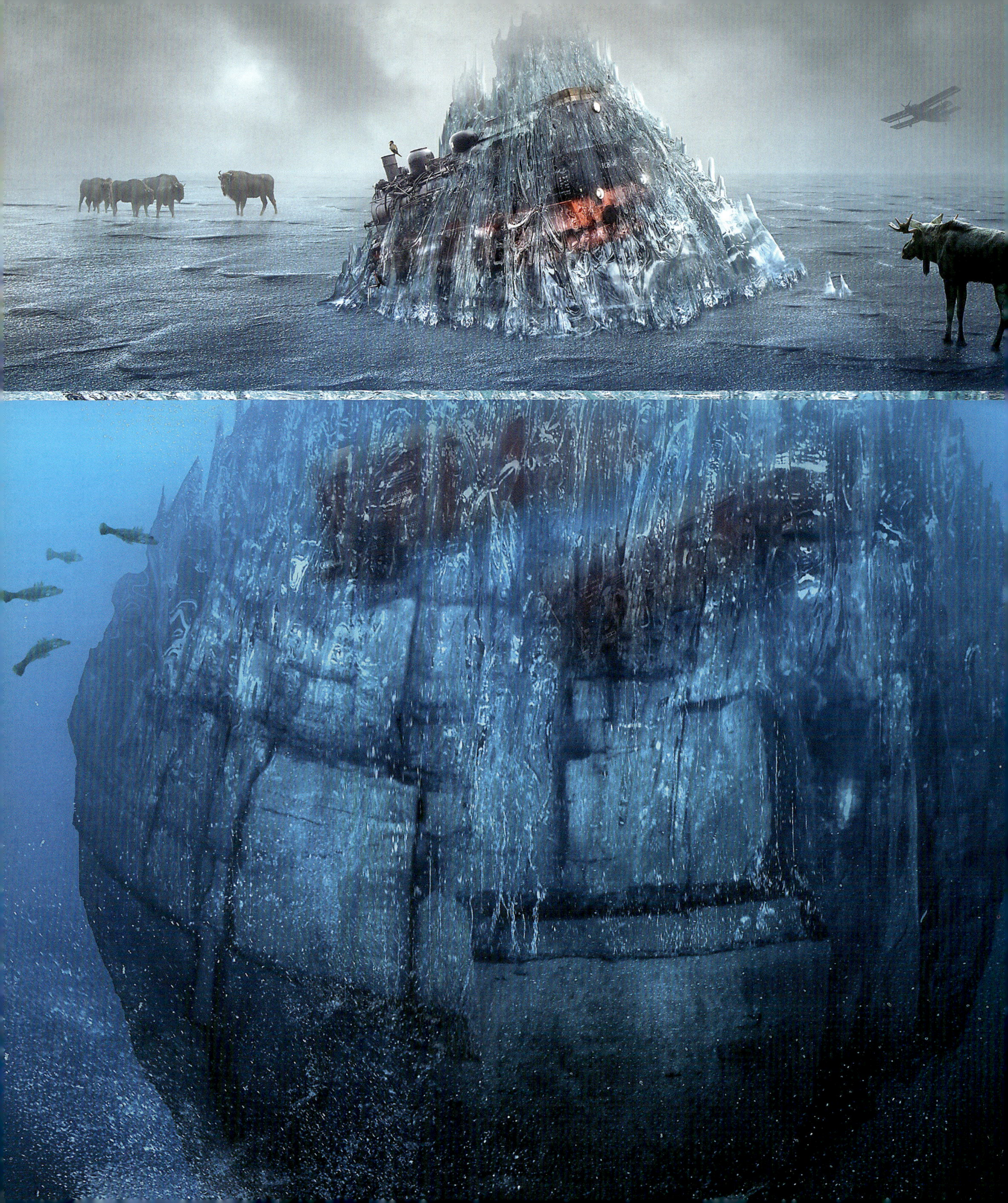

Färben und Verschmelzen

Farbton aus der Umgebung | Sie haben von Anfang an auf Licht- und Farbzusammenhänge geachtet, doch das Ergebnis will einfach noch nicht so recht überzeugen. Die Montage ist noch gut als solche zu erkennen, vor allem die einzelnen Bildelemente erscheinen immer noch wie aufgeklebt. Die Ursache liegt vermutlich in der Wechselwirkung der Umgebung mit den Montageelementen. Jeder einzelne Gegenstand beeinflusst durch seine Farbe und Helligkeit seine Umgebung und umgekehrt. So erzeugt jeder Gegenstand um sich herum eine Art »Hof«. Je nach Farbe, Helligkeit und Umgebungsdurchsichtigkeit wird dieser Hof von seiner Umgebung und der des Gegenstands beeinflusst. Außerdem kann ein heller Farbton bei greller Beleuchtung auf einen dunklen Farbton überblenden.

1 Farben »überlaufen« lassen

Für das folgende Beispiel habe ich noch einmal das Karomuster aus den ersten Workshops vorbereitet und die weißen Karos gelb eingefärbt. Öffnen Sie die Datei »Karo_gelb.tif«. Duplizieren Sie die Ebene über Ebene • Ebene duplizieren, und verrechnen Sie diese mit der Füllmethode Linear abwedeln ❶. Den Wert für die Fläche ❷ stellen Sie auf ca. 50%. Nun zeichnen Sie diese Ebene mit dem Filterwerkzeug unter Filter • Weichzeichnungsfilter • Gaussscher Weichzeichner mit ca. 100 Pixeln weich. Mit der Gradationskurve, die Sie mit Strg + M aufrufen, können Sie anschließend den so gewonnenen Effekt noch etwas steuern. Für ein optimales Ergebnis sollte sich jetzt an den schwarzen Karos ein deutlicher gelber Saum abzeichnen. Anschließend reduzieren Sie alles auf eine Ebene über einen Rechtsklick auf die Ebenen-Palette und mit dem Befehl Auf Hintergrundebene reduzieren ❸ im sich daraufhin öffnenden Kontextmenü.

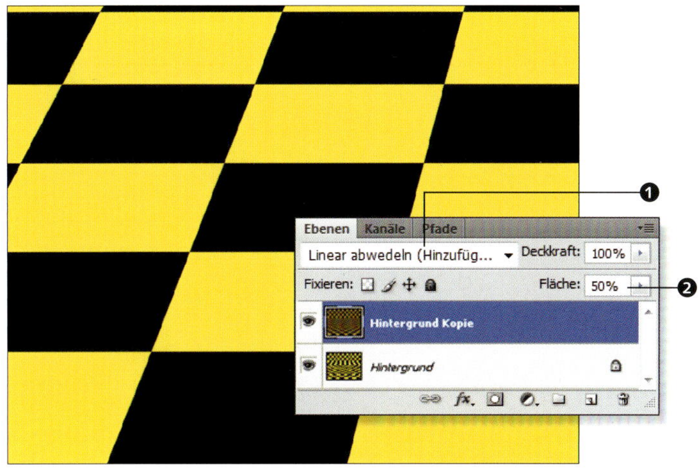

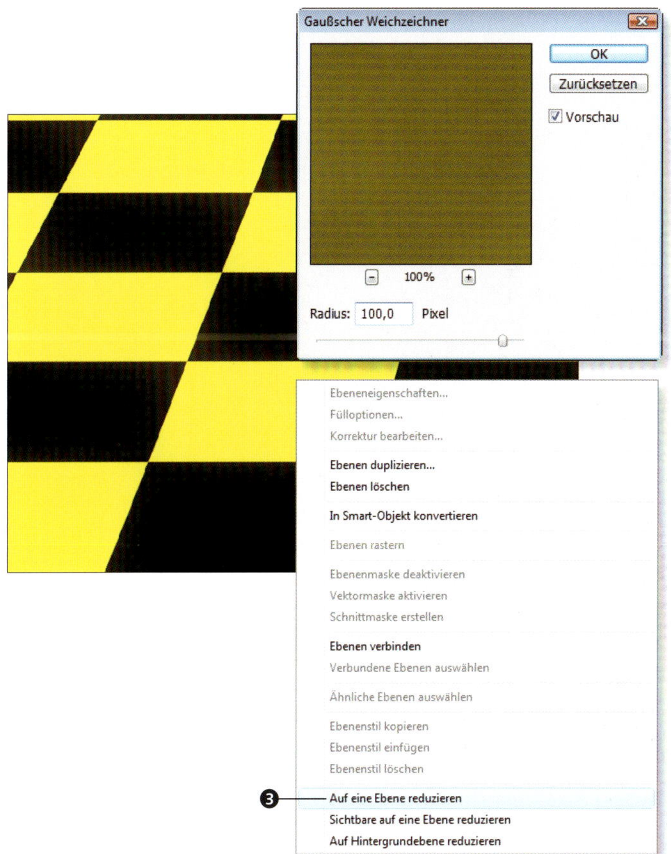

Verspätung

Eigentlich wollte ich hier ein Segelschiff einfrieren, nur leider stand mir zu diesem Zeitpunkt kein Bild eines solchen Motivs zur Verfügung. Also dachte ich mir: Nimm einen Zug und lass den Betrachter dann selbst nach der Ursache suchen. Eines ist allerdings sicher: Der Zug kam auf jeden Fall zu spät ;-).

Farbton aus verschiedenen Strukturen | Für eine ganzheitliche Tonung verwende ich gerne einen Farbton, der bereits im Bild vorkommt. Idealerweise ist dies eine Farbstimmung, die sowieso bereits das Bild dominiert. Das Einfachste wäre jetzt, diesen Farbton mit der Pipette aufzunehmen und eine neue Ebene damit zu füllen, um diese dann als Farbüberlagerung zu verwenden. Der Nachteil dieser Methode ist allerdings die Gleichförmigkeit der Farbverteilung, die so in der Natur eher selten vorkommt. Daher verwende ich die folgende, sehr effektive Methode.

1 Farbtöne auswählen

Suchen Sie in der Datei »Symbiose.tif« nach einer Struktur mit den passenden Farbtönen für die Tonung. Wählen Sie diesen Bereich mit dem Auswahlrechteck-Werkzeug aus, kopieren ihn mit Strg + C in die Zwischenablage und fügen ihn mit Strg + V wieder als neue Ebene ein. Es spielt dabei keine Rolle, wie groß die Auswahl ausfällt, denn Sie skalieren sie nun mit dem Transformationswerkzeug, das Sie mit Strg + T aufrufen, über den gesamten Arbeitsbereich.

2 Neue Ebene verrechnen

Zeichnen Sie die Ebene nun über Filter • Weichzeichnungsfilter • Gaussscher Weichzeichner mit ca. 200 Pixeln weich. Um ein stimmiges Endergebnis zu erhalten, müssen Sie auch wieder ein wenig mit verschiedenen Einstellungen spielen: Probieren Sie, je nach Helligkeit und Farbtemperatur, ruhig auch einmal verschiedene Füllmethoden aus, variieren Sie die Tonwertverteilung über die Gradationskurve, die Sie mit Strg + M aufrufen, oder passen Sie die Flächendeckung an (Prozentwert unter Fläche auf der Ebenen-Palette). Ein erneutes Skalieren kann ebenfalls sehr hilfreich sein, da Sie so Hell- und Dunkelbereiche gezielt verschieben können. Natürlich können Sie diesen ganzen Prozess auch mit anderen »Strukturbereichen« aus der Montage beliebig oft wiederholen, oder Sie verwenden sogar Strukturen aus anderen Fotos. Hier sind Ihnen wirklich keine Grenzen gesetzt.

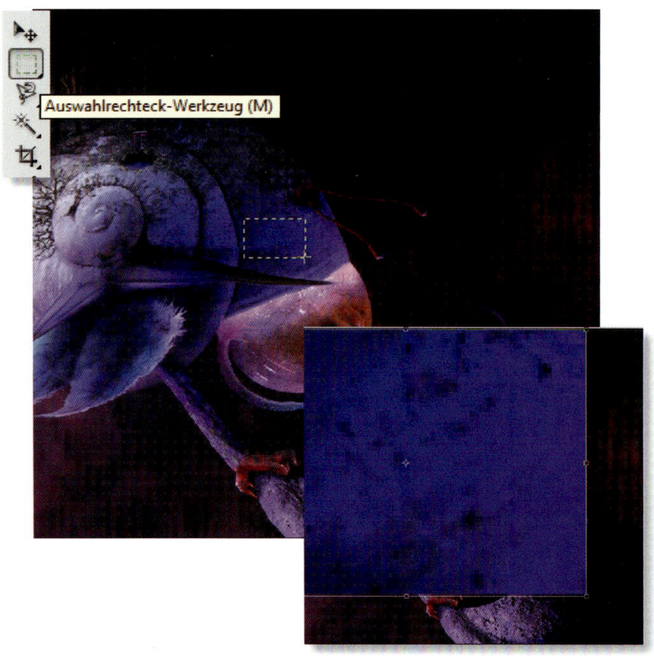

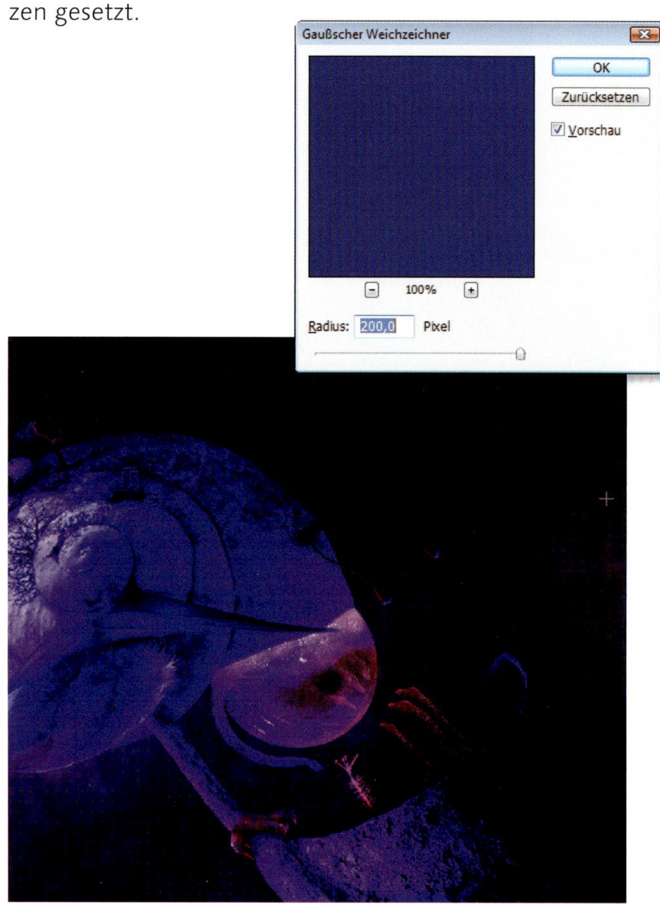

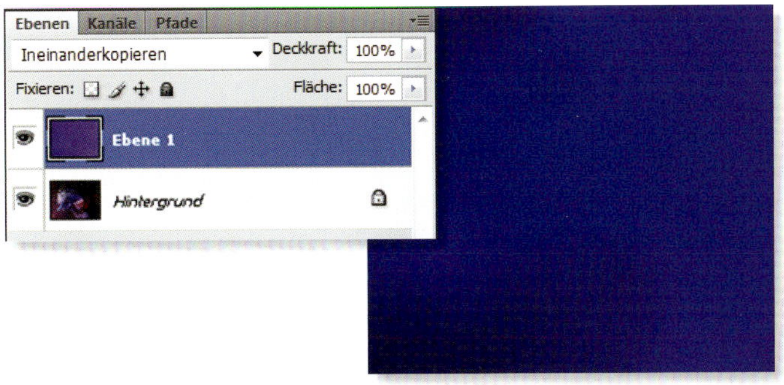

Entspricht das Ergebnis Ihren Vorstellungen, reduzieren Sie mit dem Befehl Auf Hintergrundebene reduzieren im Kontextmenü der Ebenen-Palette wieder alles auf eine Ebene.

Verschmelzen zu einem Guss | Der letzte Effekt, den ich hier noch vorstellen möchte, ist so simpel, dass man fast nicht darauf kommt. Bei dieser abschließenden Methode werden quasi alle Farbübergänge miteinander verschmolzen.

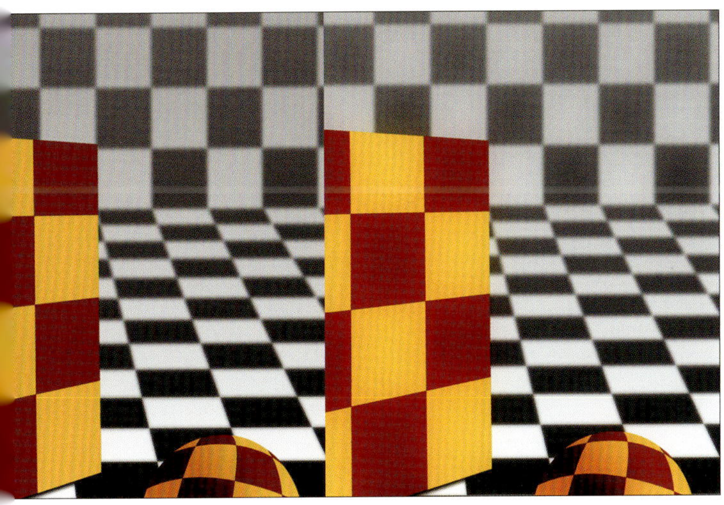

Vorher (links) und nachher (rechts)
Im Bereich der Würfelkante lässt sich in der Nachher-Version gut erkennen, wie der Würfel seine Umgebung farblich beeinflusst und umgekehrt. Der Würfel wirkt nicht mehr so wie vor dem Hintergrund »aufgesetzt«.

1 Hintergrundkopie weichzeichnen

Für das folgende Anwendungsbeispiel greife ich wieder auf den Karomuster-Hintergrund mit dem Würfel und der Kugel im Vordergrund zurück. Vor allem im Übergangsbereich zwischen Würfelaußenkante und Hintergrund lässt sich hier der Effekt gut erkennen.

Rufen Sie also die Datei »3D_Objekte.psd« von der Buch-DVD auf. Reduzieren Sie über Ebene • Auf Hintergrundebene reduzieren alle Ebenen auf eine. Duplizieren Sie die Ebene über das Menü Ebene • Ebene duplizieren, und zeichnen Sie sie dann über Filter • Weichzeichnungsfilter • Gaussscher Weichzeichner mit einem Radius von ca. 100 Pixeln weich.

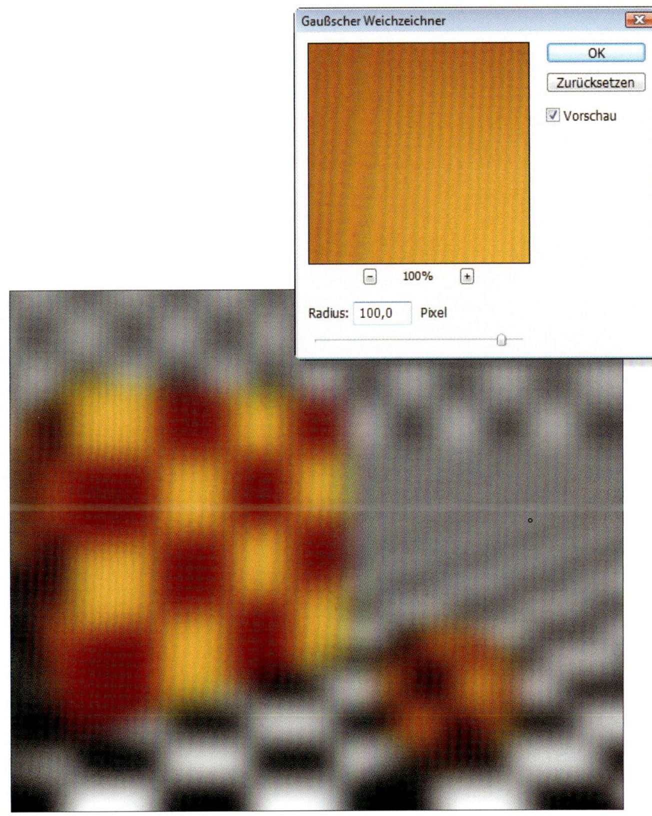

2 Ebenen überblenden

Verrechnen Sie die beiden Ebenen mit der Füllmethode WEICHES LICHT. Dabei können erfahrungsgemäß die Tiefen leicht absaufen. Daher empfehle ich, mit Hilfe der Gradationskurve, die Sie mit [Strg]+[M] aufrufen, die Tiefen wieder etwas anzuheben. Über den Wert unter FLÄCHE können Sie den Effekt gegebenenfalls noch dosieren. Auch hier heißt es wieder ausprobieren. Kopieren Sie hierfür bei Bedarf die Ebenen immer wieder neu, und verrechnen Sie sie mit anderen Füllmethoden wie zum Beispiel FARBIG ABWEDELN. Bei einem geringen Wert für die Flächendeckung (FLÄCHE: 15%) sorgt das für richtige Leuchtkraft. Für die Effekte meiner Bilder verwende ich oft ein Dutzend Ebenen in den verschiedensten Kombinationen. Hier entscheidet in erster Linie Ihr persönlicher Geschmack.

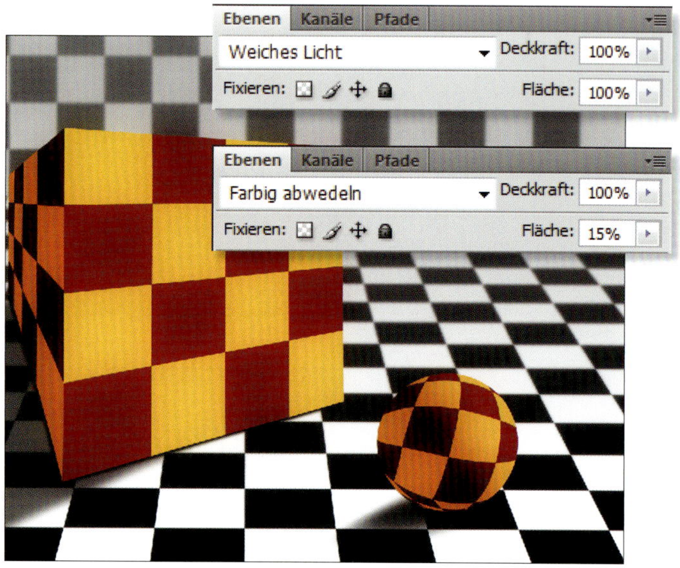

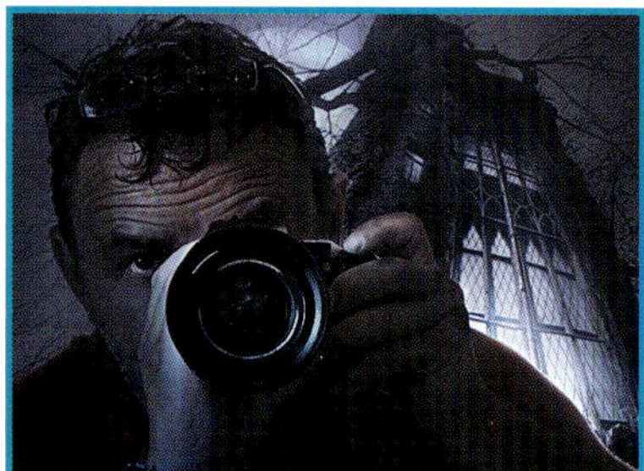

Der Autor

Im Jahr 2000 machte ich die ersten Erfahrungen mit der Digitaltechnik. Das war für mich zugleich auch der eigentliche Einstieg in die Fotografie. 2003 begann ich mit einer Testversion von Photoshop Elements mit der digitalen Bildbearbeitung. 2004 beschloss ich, einige meiner besten Fotos auch anderen zu zeigen, und meldete mich dafür bei der *fotocommunity* an. Den Durchbruch zur Fotomontage schaffte ich dann schließlich mit ein paar guten Ergebnissen im Jahr 2005. Noch im selben Jahr begann ich, meine Werke regelmäßig in öffentlichen Galerien auszustellen, und zähle bis heute zehn Ausstellungen im Raum Thüringen. 2005 trat ich auch einem Fotoclub bei, für den ich bis heute als Juror ehrenamtlich tätig bin. Im Jahr 2010 nahm ich selbst erstmals an zwei Wettbewerben teil und gewann erfreulicherweise folgende Preise: Anerkennungspreis der Landesfotoschau Thüringen für das Bild »Traumstunde«, Gold Medal of Excellence für »Stammhalter« beim Trierenberg Super Circuit 2010.

Weitere Bilder sehen Sie auf meiner Homepage unter: *http://fantasiereise.com*

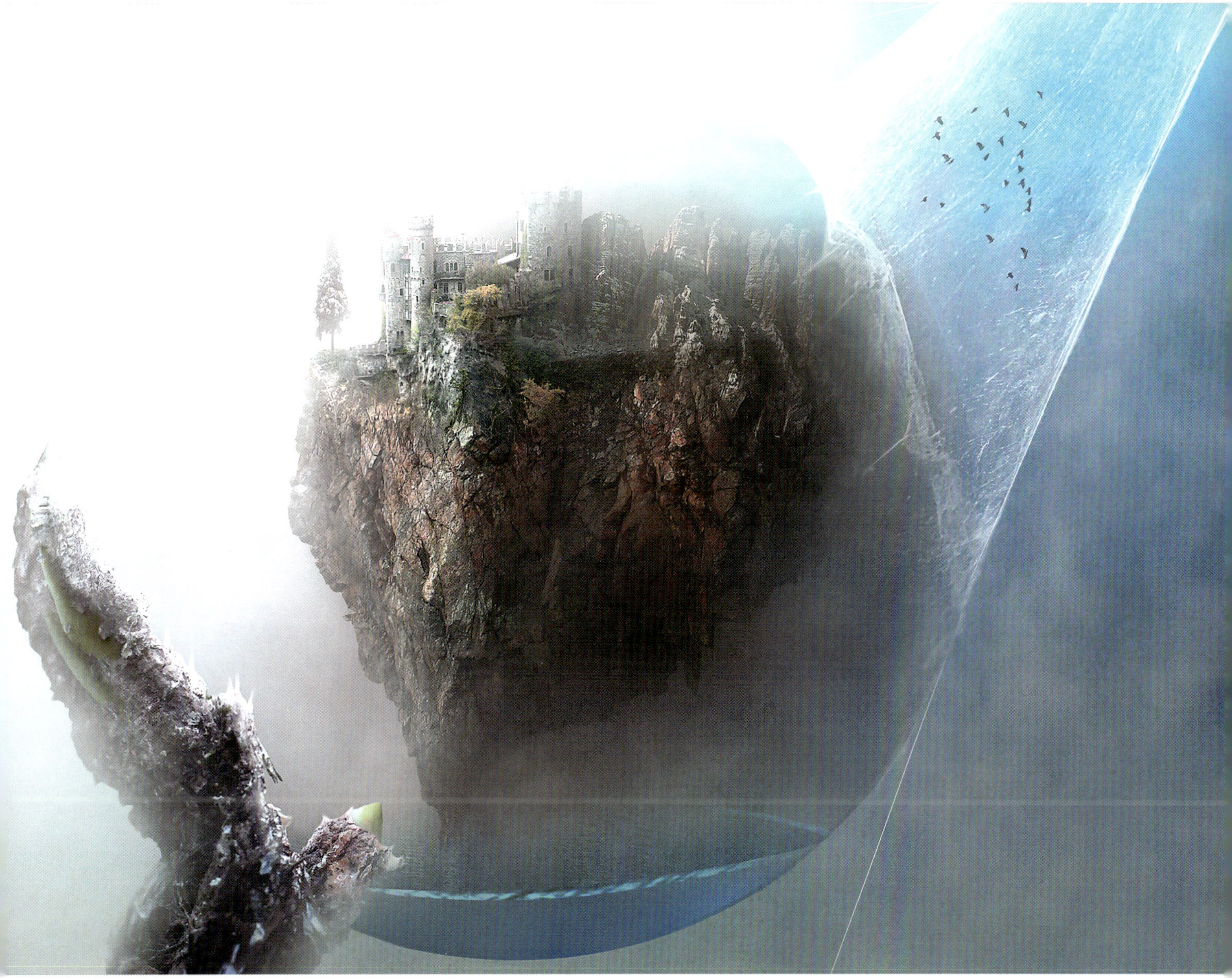

Zwischenwelten
Gerne löse ich mich von der gegebenen Realität und versuche völlig neue Welten zu schaffen. Daher ist es mir oft gar nicht möglich, zu erklären, wie ich auf eine bestimmte Idee gekommen bin. Wie schon zu Beginn des Kapitels beschrieben, ließ ich mich auch bei diesem Bild durch meine gesammelten Fotomotive leiten.

Bildgestaltung

Motive sehen und wirkungsvoll aufnehmen

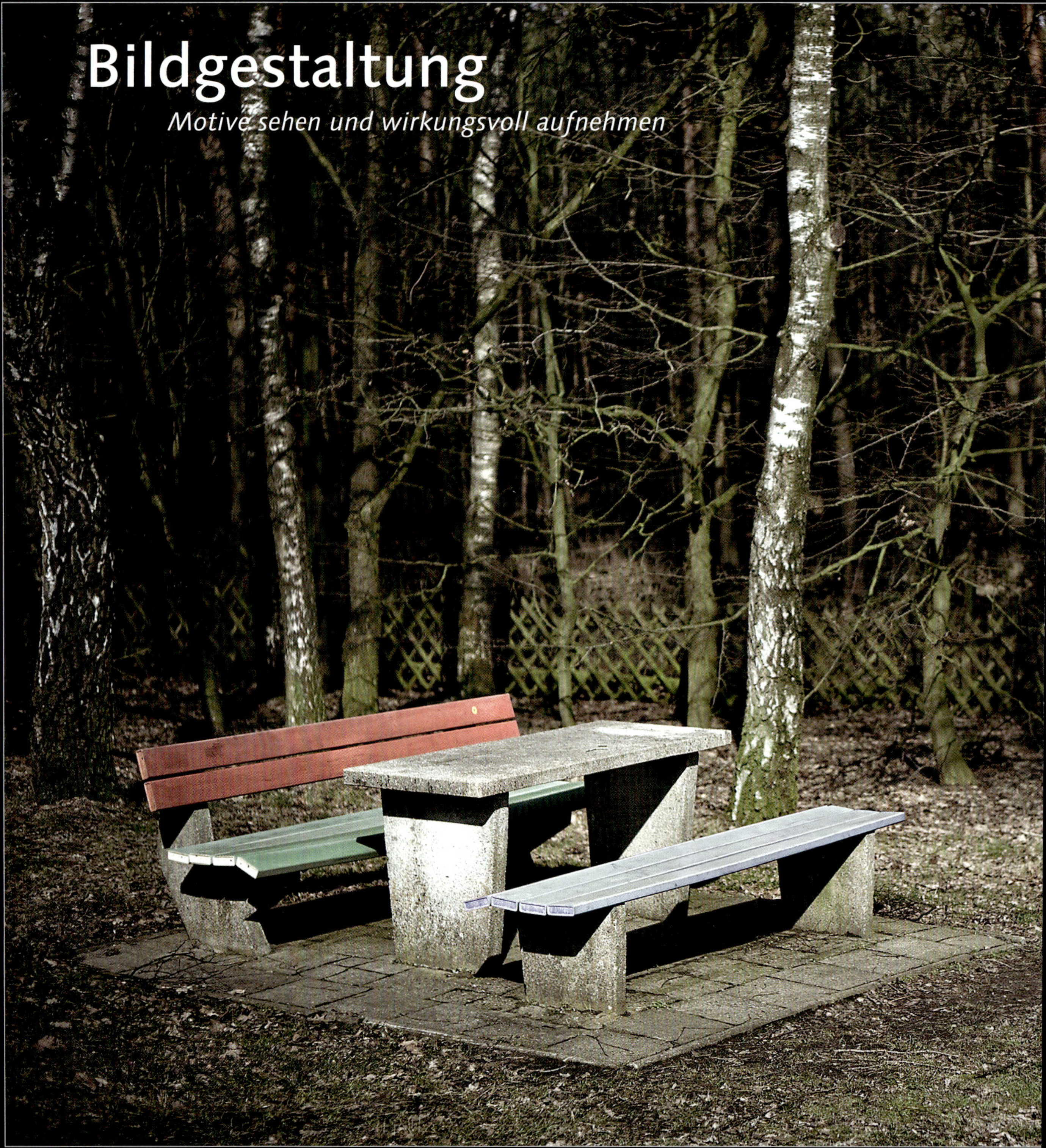

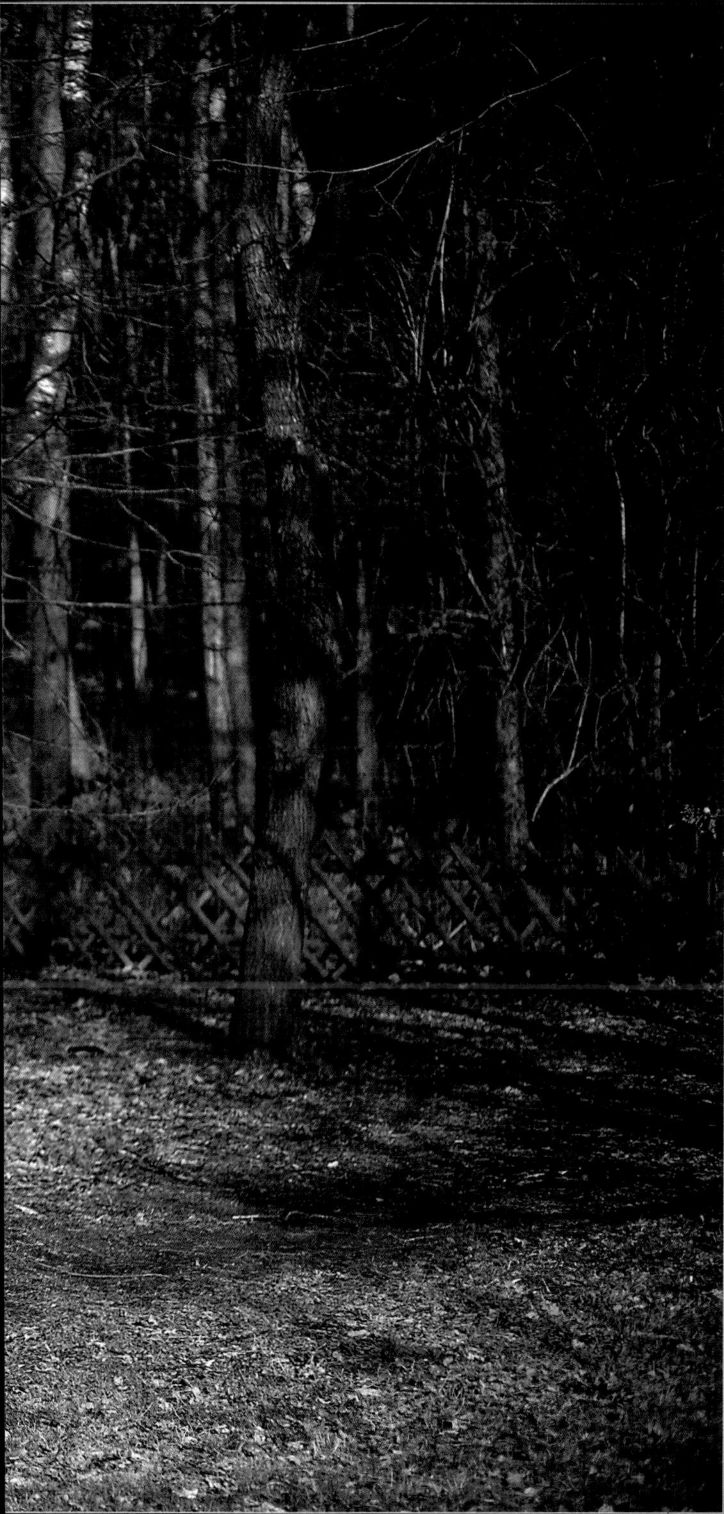

von Martin John

Fast jeder Fotograf kommt irgendwann an den Punkt, an dem er mit sich und seinen Bildern hadert. Man weiß schlicht nicht mehr, was man noch fotografieren soll, hat das Gefühl, alles Sehenswerte schon mindestens einmal zu oft als Motiv genutzt zu haben und überhaupt: Die anderen machen viel bessere Bilder! Viele begegnen diesem Problem, indem sie neue Technik kaufen. Die Fotoindustrie freut sich natürlich über diese Herangehensweise – verkauft sie doch inzwischen einen Großteil der Ausrüstung für Profis und Semiprofis an mehr oder minder verzweifelte Amateure. Am Grundproblem ändert das nichts – schlimmstenfalls vergrößert es den Zwang, jetzt endlich tolle Bilder abzuliefern, das ganze Geld soll ja nicht umsonst ausgegeben worden sein! Einen deutlich billigeren Lösungsansatz möchte ich in diesem Kapitel vorstellen: das bewusste Sehen als einen Weg, um im Alltag neue Motive zu finden, und die bewusste Gestaltung, um diese optimal fotografisch zu inszenieren.

Rastplatz
Auch die profansten Dinge lassen sich als Fotomotiv nutzen. Bei diesem Bild fallen besonders die verblassten Farben der Plastikbänke ins Auge. Die Randabschattung des Objektivs verstärkt noch den maroden, leicht unheimlichen Charakter der Aufnahme.

Canon EOS 5D Mark II (Vollformat) | 50 mm | f2,8 | 1/8000 sek | ISO 125

Vieles – wenn nicht sogar alles – hat das Potenzial, Bestandteil eines guten Bildes zu sein. Wenn Sie genau jetzt von diesem Buch aufblicken und sich in Ihrem Zimmer umsehen, werden Sie höchstwahrscheinlich einige Objekte sehen, die andere Fotografen schon als Hauptmotiv für großartige Werke verwendet haben. Sie benötigen nicht das außergewöhnliche Event oder die exotische Umgebung, um gute Bilder zu machen – ganz im Gegenteil: Wer nicht lernt, auch im Alltäglichen das Besondere zu sehen, wird vermutlich selbst von einer aufwendigen Fotosafari nur langweilige Standardbilder mitbringen. Wie aber können Sie in Alltagsszenen das Spannende erkennen – und wie setzen Sie das Gesehene fotografisch ansprechend um?

Wenn Sie Alltägliches, Unspektakuläres als Motiv für Ihre Bilder wählen, sollten Sie sich einer Sache gewiss sein: Der Betrachter wird nicht durch einen spektakulären Bildinhalt von etwaigen Gestaltungsmängeln abgelenkt. Ein technisch und/oder gestalterisch mangelhaftes Bild eines Löwen, der gerade eine Gazelle reißt, zeigt immerhin noch einen Löwen, der gerade eine Gazelle reißt! Ein schlechtes Alltagsbild hingegen ist einfach nur langweilig, da der Inhalt nicht vom Formalen ablenkt. Deswegen sollten Sie – neben den Standards wie richtige Belichtung und Schärfesetzung – zwei Grundregeln beachten.

Grundregel 1: Kamera genau ausrichten | Wenn Sie ein Motiv gerade und frontal fotografieren wollen, sollte dies auch wirklich gerade und exakt von vorn geschehen. Nichts sieht ungünstiger und amateurhafter aus als ein Bild, das minimal zu einer Seite kippt. Natürlich kann auch ein schräg aufgenommenes Motiv ein tolles Bild ergeben – solange klar erkennbar ist, dass dies bewusst als Gestaltungsmittel eingesetzt wurde und nicht nur dem Zufall oder fotografischen Unvermögen zu verdanken ist.

Beim genauen Ausrichten Ihrer Aufnahme kann ein Stativ sehr hilfreich sein. Notfalls können Sie auch nachträglich in der digitalen Bildbearbeitung kleinere Ungenauigkeiten korrigieren.

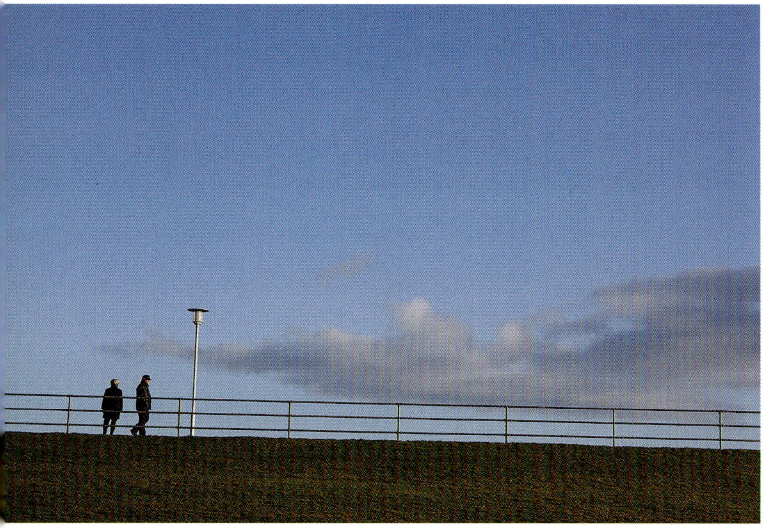

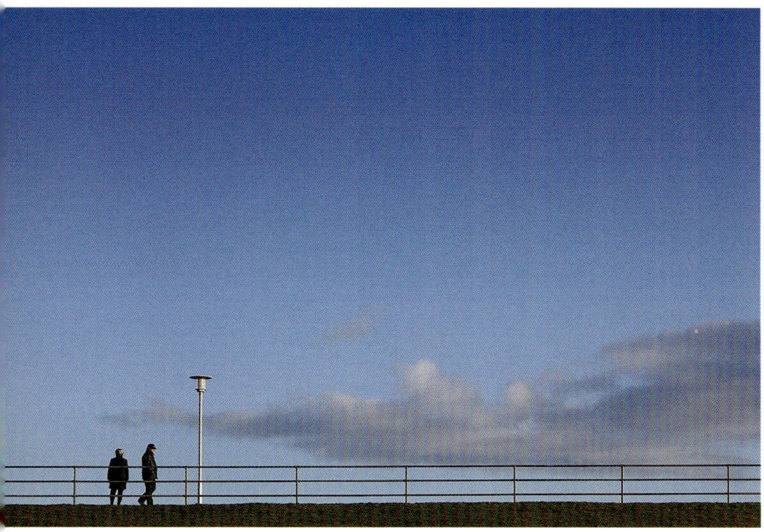

Am Deich

Der leicht schiefe Horizont lässt das Bild (oben) wie einen zufälligen Schnappschuss wirken. Das gleiche Bild nach der Optimierung (unten): Der Horizont wurde begradigt und der Deich etwas nach unten verlegt. Das Bild wirkt konsequenter und komponierter.

Canon EOS 5D Mark II (Vollformat) | 50 mm | f5,6 | 1/1000 sek | ISO 200

Grundregel 2: Auf Angeschnittenes achten | Grundsätzlich dürfen und können Sie jedes Motiv anschneiden – auch Gesichter in einem Porträtbild, wenn es denn zur Bildwirkung passt. Vermeiden sollten Sie hingegen Elemente, die unbeabsichtigt mit einer Ecke gerade eben ins Bild ragen. Im Zweifelsfall ist es meist besser, den Bildausschnitt enger zu wählen. Sie können allerdings auch alternativ einen Schritt zurückgehen und das angeschnittene Objekt zu einem erkennbaren Teil des Motivs werden lassen.

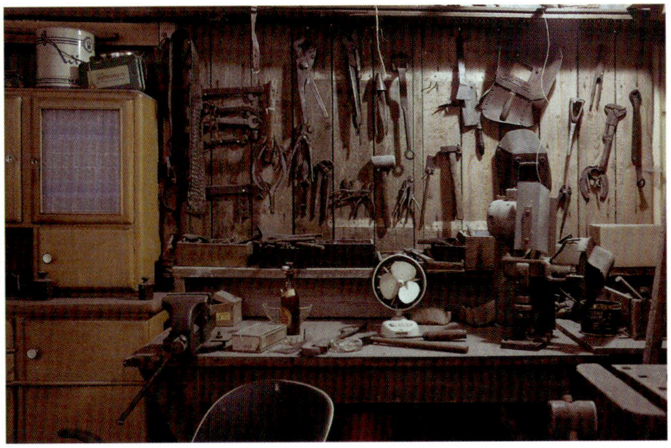

Werkstatt
Im linken Bild ist in der rechten oberen Ecke ein Regal zu erahnen – wirklich erkennen kann der Betrachter es jedoch nicht. In der Version unten wurde das Bild so beschnitten und begradigt, dass nur zu sehen ist, was auch klar zu erkennen ist.

Canon EOS 5D Mark II (Vollformat) | 42 mm | f2,8 | 1/6 sek | ISO 1200

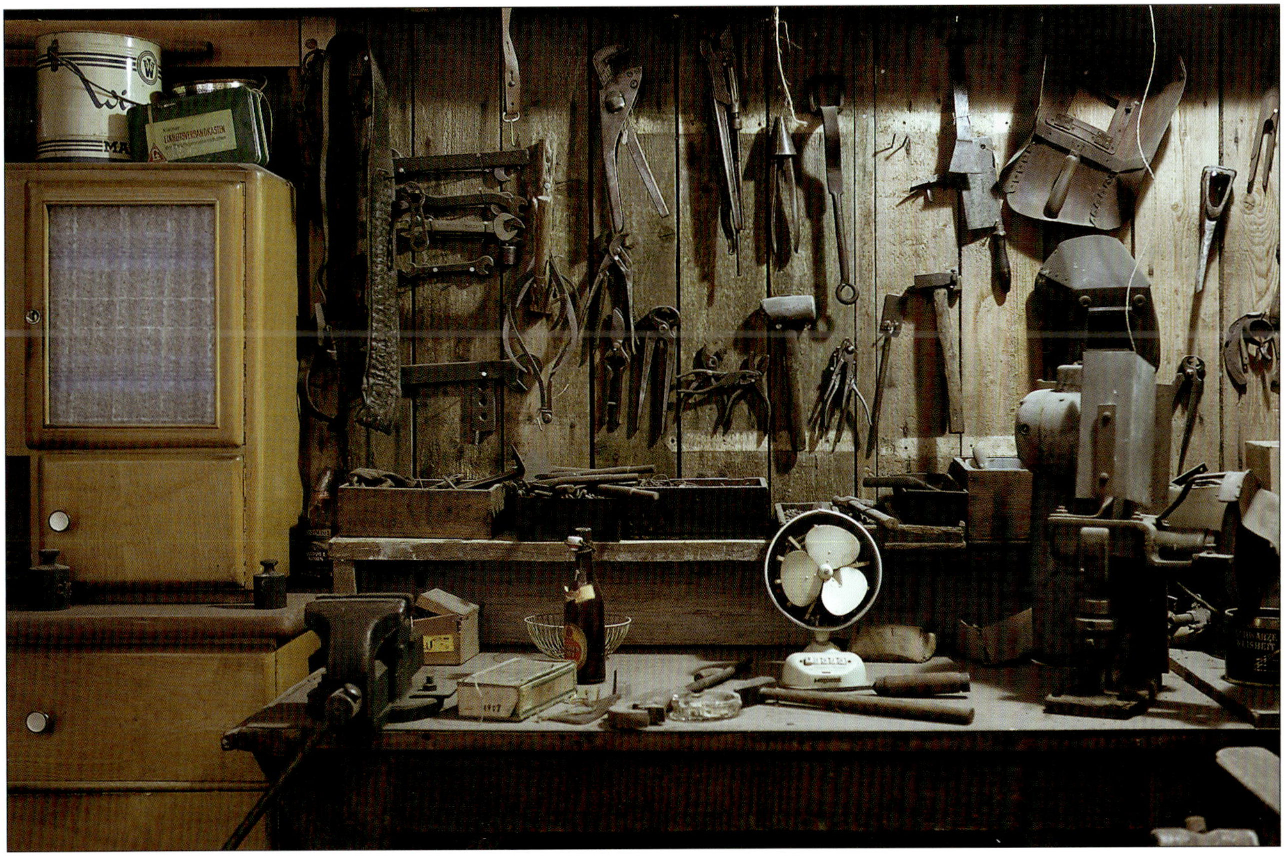

Wie ist das, was ich sehe?

Dies ist eine sinnvolle Anfangsfrage auf der Suche nach der Geschichte im Bild. Sie können sie sich auch anders stellen: Was ist das hervorstechende Merkmal des Motivs, das ich sehe?

Ein Gebäude kann zum Beispiel verwittert, schmal, mächtig, futuristisch oder klar strukturiert sein. Ein Mensch kann entspannt, bedrohlich, runzelig, dick, dünn, schutzbedürftig, genießerisch etc. wirken. Bei der Antwort auf diese Frage sollten Sie sich möglichst auf das eine, stärkste Merkmal beschränken, denn dieses ist auch der Grund, warum das Motiv für uns spannend beziehungsweise überhaupt erst zum Motiv wird. Nachdem Sie die Eigenschaft gefunden haben, können Sie sie nun fotografisch herausarbeiten. Denn genau wie im Roman der Held nicht einfach in einen Wald oder ein Schloss geht, sondern in den finsteren Wald schreitet oder das prachtvolle Schloss betritt, werden Bilder oft erst durch die überhöhte Darstellung ihrer Haupteigenschaft interessant. Dazu gehört auch, dass Sie Dinge, die dieser Haupteigenschaft entgegenwirken, im Bild vermeiden. Das kann zum Beispiel eine moderne Armbanduhr an einem Modell sein, das ansonsten im Stil der 20er-Jahre gekleidet ist – aber auch Dinge wie kleinste Gebrauchsspuren auf einem chromblitzenden technischen Gerät. Haben Sie hingegen altes Handwerkszeug

Treppenhaus Parkplatz
Die Morgen- oder Abenddämmerung (oft auch »Blaue Stunde« genannt) ist ein zuverlässiger Helfer, wenn man Alltägliches fotografiert: Sie gibt vielen Bildern durch das weiche, nicht zu helle Licht erst das nötige Etwas.

Canon EOS 5D Mark II (Vollformat) | 66 mm | f2,8 | 1/180 sek | ISO 800

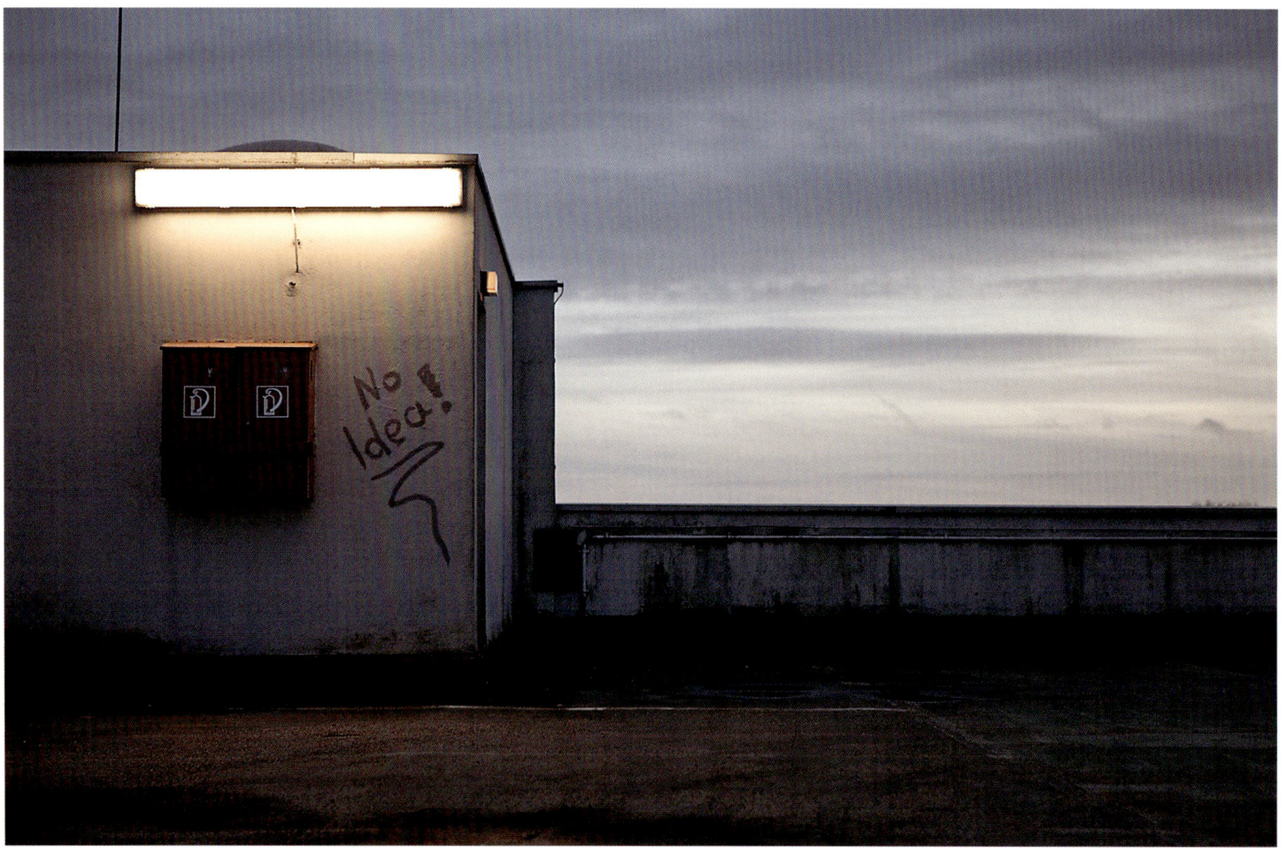

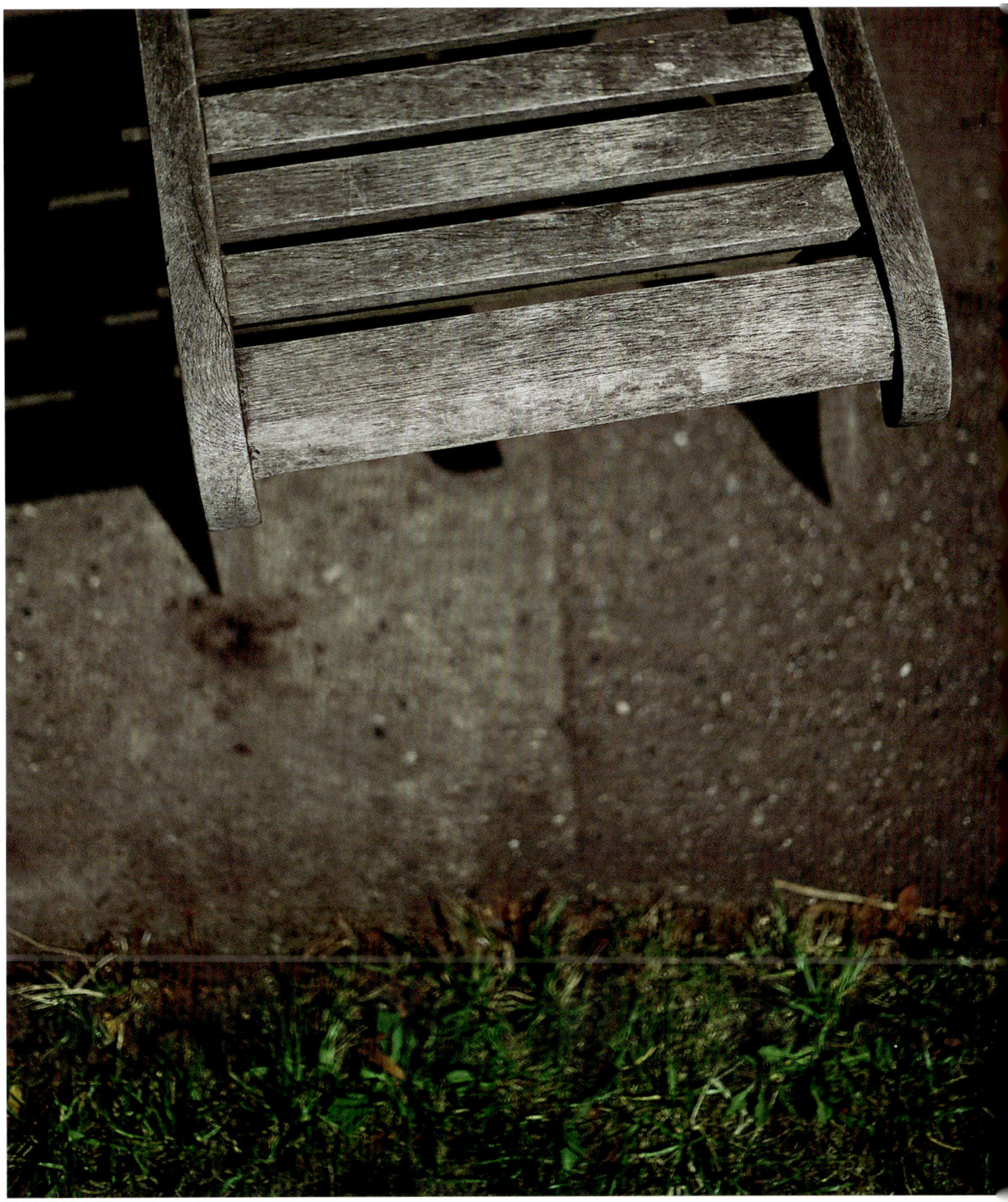

Camouflage
Hintergründe müssen sich nicht immer deutlich vom Hauptmotiv abheben – auch das Gegenteil kann interessant sein.

Canon EOS 5D Mark II (Vollformat) | 50 mm | f1,8 | 1/6000 sek | ISO 50

mit massiven Gebrauchsspuren vor sich liegen, sind Dreck und Patina sogar erwünscht – und neue, unbenutzt wirkende Details würden hier nur stören. Die berühmte Ausnahme von der Regel sind Motive, bei denen der Bruch zwischen den Eigenschaften so offensichtlich und selbstbewusst zum Thema des Bildes gemacht wird, dass gerade dadurch eine neue Bildaussage entsteht.

Was macht ein Motiv interessant?

Wenn Sie etwas als fotografierenswert erkennen, ist dies das Ergebnis eines – meist unbewussten – Prozesses: Das menschliche Gehirn reagiert am stärksten vor allem auf eindeutige optische Reize. Dies kann ein glutroter Sonnenuntergang sein, ein knallgelbes Rapsfeld unter blauem Himmel oder eine klar abgegrenzte Silhouette vor hellem Hintergrund, zum Beispiel ein einzelner Baum im Nebel.

Solche Motive finden sich zuhauf in Postergalerien und auch in der *fotocommunity*. Es sind zumeist wirklich schöne Bilder – nur neu sind sie leider nicht. Spätestens nach dem dritten Rapsfeld wendet sich der Betrachter mit dem Kommentar »Kenn ich schon!« ab und sucht nach neuen, spannenderen Fotos.

Wenn Sie jedoch das zugrunde liegende grafische Prinzip erkannt haben, das das besagte Rapsfeld zumindest anfangs zu einem Hingucker macht, können Sie dieses auch auf andere, ungewöhnlichere Motive übertragen.

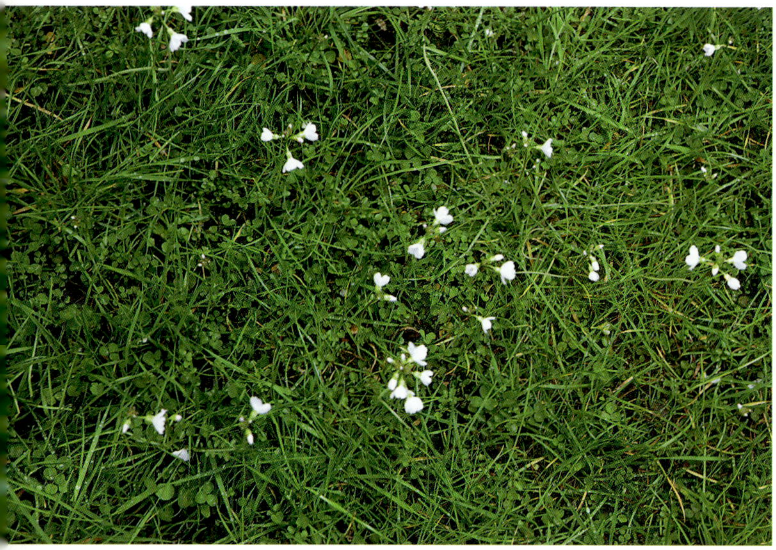

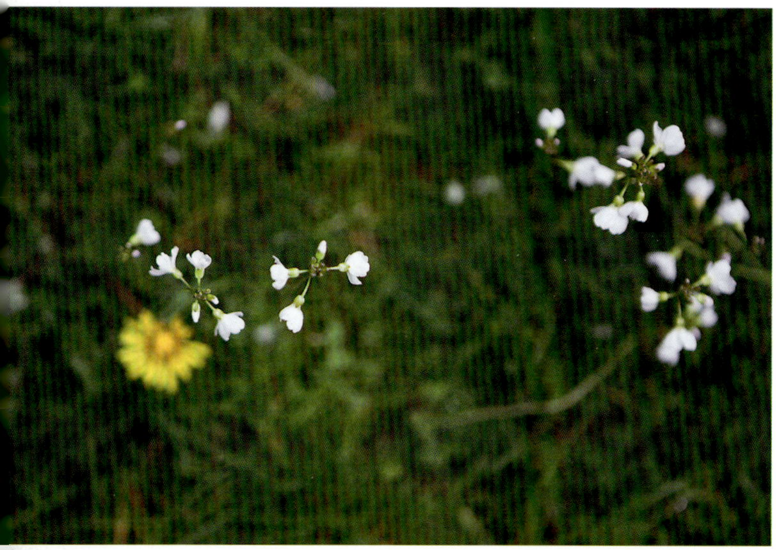

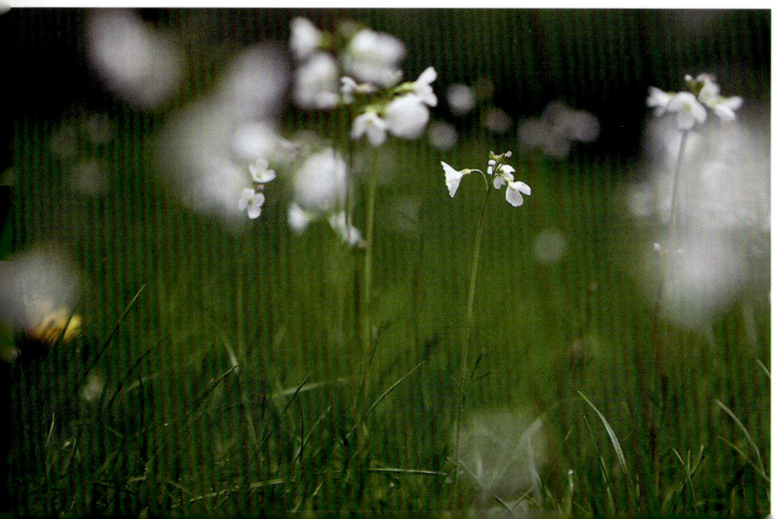

Eine Frage des eigenen Standpunkts

Einer der banalsten, aber wichtigsten Tipps in der Welt der Fotografie überhaupt ist dieser: Gehen Sie um das Motiv herum, begeben Sie sich wenn nötig in die Hocke, oder legen Sie sich auch einmal flach auf den Bauch. Der Standpunkt, von dem aus Sie ein Motiv erstmals entdeckt haben, ist nur in den seltensten Fällen auch der günstigste für ein gelungenes Foto. Andere Objekte entpuppen sich sogar erst dann als lohnende Motive, wenn Sie sich auf eine andere Ebene begeben und sie aus einem anderen Blickwinkel betrachten. Der Blickwinkel, aus dem Sie etwas sehen, hat auch Einfluss darauf, ob Sie es als klein, niedlich, schützenswert oder als mächtig und groß empfinden.

Oben: Wiesenschaumkraut 1
Ein Bild, dem der Betrachter anmerkt, dass der Fotograf sich nicht allzu viel Mühe damit gegeben hat. Die Blumen wurden aus dem Stand fotografiert und gehen in dem Durcheinander des Rasens unter.

Canon EOS 5D Mark II (Vollformat) | 70 mm | f8 | 1/125 sek | ISO 800

Mitte: Wiesenschaumkraut 2
Hier heben sich die Blüten schon etwas besser vom Rasen ab. Der Betrachter ist näher am Geschehen, und der Rasen tritt durch die Verwendung einer großen Blende verschwommen in den Hintergrund. Die Blüten schweben allerdings noch etwas im luftleeren Raum, da die Stängel durch die Blütenblätter verdeckt sind.

Canon EOS 5D Mark II (Vollformat) | 70 mm | f2,8 | 1/500 sek | ISO 200

Unten: Wiesenschaumkraut 3
Erst jetzt sind die Pflanzen in ihrer ganzen Pracht zu erkennen. Durch den Kamerastandpunkt direkt oberhalb des Rasens befindet sich der Betrachter quasi »auf Augenhöhe« mit der Pflanze.

Canon EOS 5D Mark II (Vollformat) | 68 mm | f2,8 | 1/750 sek | ISO 200

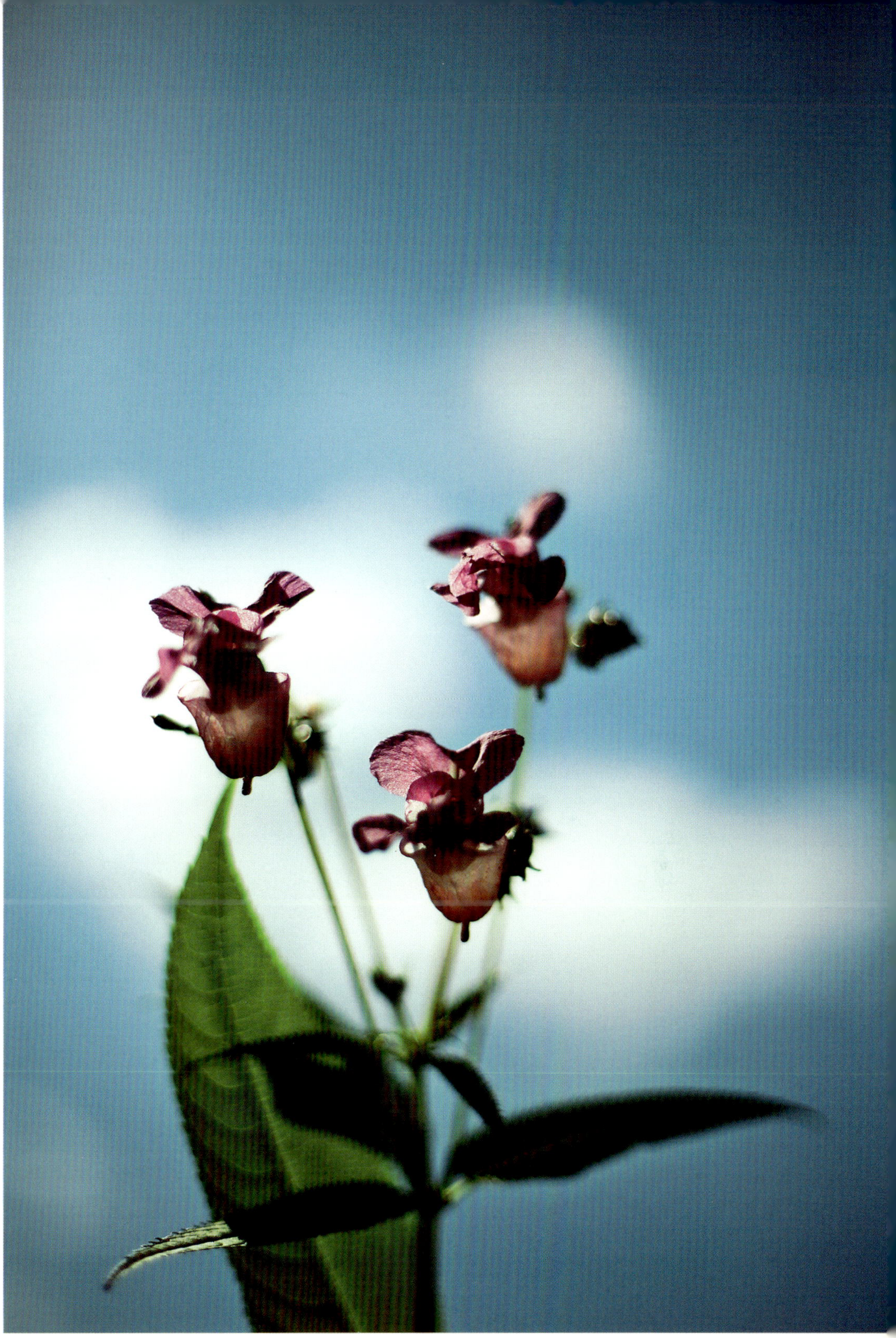

Springkraut

Bei diesem Bild habe ich von unten nach oben fotografiert. So wird der Himmel zum Hintergrund für die Pflanzen. Die filigranen Blumen müssen nicht mehr mit einem ebenso kleinteiligen Hintergrund anderer Pflanzen konkurrieren, sondern können sich leicht vor dem großflächigen Himmel abheben. Die kräftigen Farbunterschiede zwischen Blüten, Pflanze und Himmel verleihen dem Bild zusätzlichen Reiz.

Canon EOS 5D Mark II (Vollformat) | 50 mm | f1,8 | 1/8000 sek | ISO 50

Gegensätze

Wie aufregend ist ein Actionfilm noch, wenn es darin nur Helden, aber keine Bösewichte mehr gibt? Wie lustig ist ein Witz, bei dem während des Erzählens keine Fallhöhe zwischen der Erwartung des Zuhörers und der tatsächlichen Pointe aufgebaut wurde? Gegensätze machen die Dinge spannend. Das gilt auch für die Fotografie. Oft werden uns die Besonderheiten unserer Motive erst dann deutlich, wenn wir ihnen einen Gegenpart geben.

Scharf versus unscharf | Sie werden die gezielte Unschärfe als Stilmittel zumindest schon aus der Porträtfotografie kennen und einsetzen. Durch das Fotografieren mit einer möglichst offenen Blende, das heißt mit großer Blendenöffnung (kleiner Blendenwert), erreichen Sie, dass Dinge, die sich hinter dem Porträtierten befinden, unscharf werden. So kann sich das Auge des Betrachters vor allem auf das Gesicht konzentrieren, ohne von Hintergrunddetails abgelenkt zu werden. Aber: Mit einer geringen Schärfentiefe können Sie noch viel mehr anstellen, wenn Sie sich vergegenwärtigen, dass auch ein verschwommener Hintergrund auf dem Bild immer noch erkennbar ist – und so Beziehungen zwischen Dingen aufgebaut werden können, ohne dass Sie das eigentliche Hauptobjekt seiner Wichtigkeit berauben.

Für diese Art von Bild eignen sich prinzipiell alle Motive, die räumlich versetzt angeordnet sind. Oft gibt eine reihenartige Anordnung, an der Sie entlangfotografieren können, schöne Motive – aber auch einzelne Elemente, die aus einem weiter entfernten Hintergrund hervorspringen, können reizvoll sein. Zu guter Letzt: Es gibt kein Gesetz, das Ihnen verbietet, den umgekehrten Weg zu gehen und die Schärfe auf ein Detail im Hintergrund zu legen.

Bewegungsunschärfe | Ein klassisches Beispiel für Dynamik durch Bewegung sind Rennaufnahmen: Oft sehen Sie dort das Auto klar und deutlich, während der Hintergrund verwischt ist. Das Prinzip dahinter ist einfach, aber effektiv: Wählen Sie eine relativ lange Belichtungszeit, zum Beispiel 1/30 Sekunde, und ziehen Sie die Kamera während der Aufnahme mit. Versuchen Sie also, das Motiv möglichst scharf abzubilden, indem Sie die Kamera in Bewegungsrichtung mit dem Motiv mitschwenken, während der Hintergrund entgegen der Fahrtrichtung verwischt. Entsprechende Bilder sind eigentlich nichts Besonderes mehr. Interessanter wird

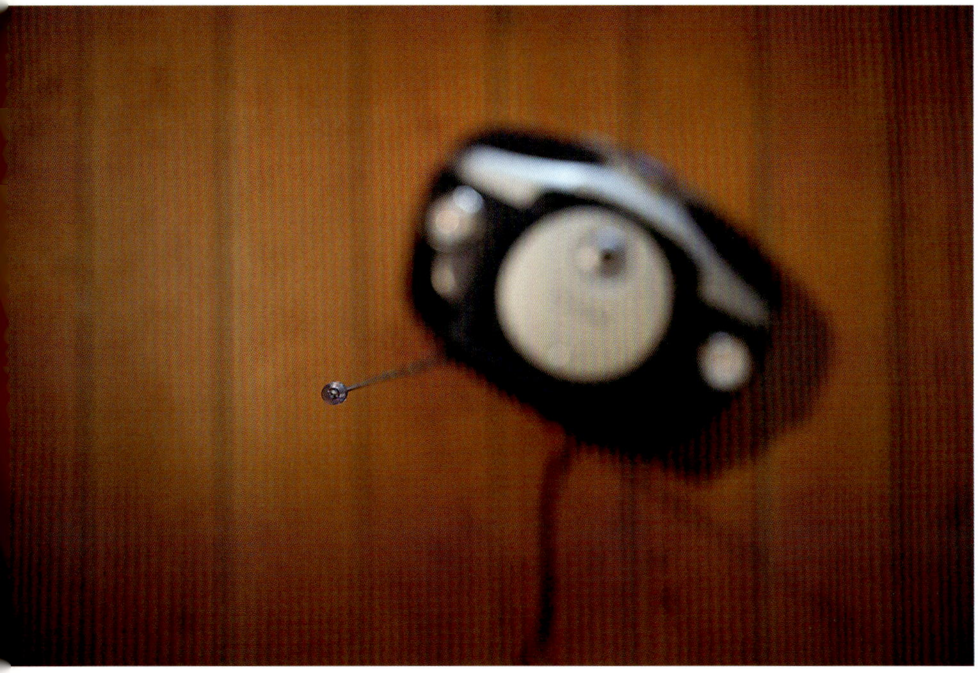

Schärfepunkt
Im ersten Moment könnte man das Bild für das Ergebnis einer Fehlfokussierung halten. Das Motiv gewinnt seinen Reiz jedoch aus dem extrem kleinen Bereich, der im Fokus liegt und somit scharf ist.

Canon EOS 5D Mark II (Vollformat) | 42 mm | f2,8 | 1/60 sek | ISO 800

es, wenn Sie diese Form der Fotografie auf Alltägliches übertragen. Das Grundprinzip bleibt gleich: Motiv und Kamera bewegen sich möglichst analog zueinander, der Hintergrund verschwimmt. Prinzipiell ist als Motiv alles geeignet, was sich bewegt. Sofern dies technisch möglich ist, können Sie auch einmal ausprobieren, die Kamera an dem sich bewegenden Objekt zu befestigen (siehe rechts).

Türen knallen
Für diese Aufnahme habe ich die Kamera mit der Unterseite gegen die Tür gepresst und ausgelöst, während ich die Tür mit der anderen Hand bewegt habe.

Canon EOS 5D Mark II (Vollformat) | 12 mm | f2,8 | 1/4 sek | ISO 400

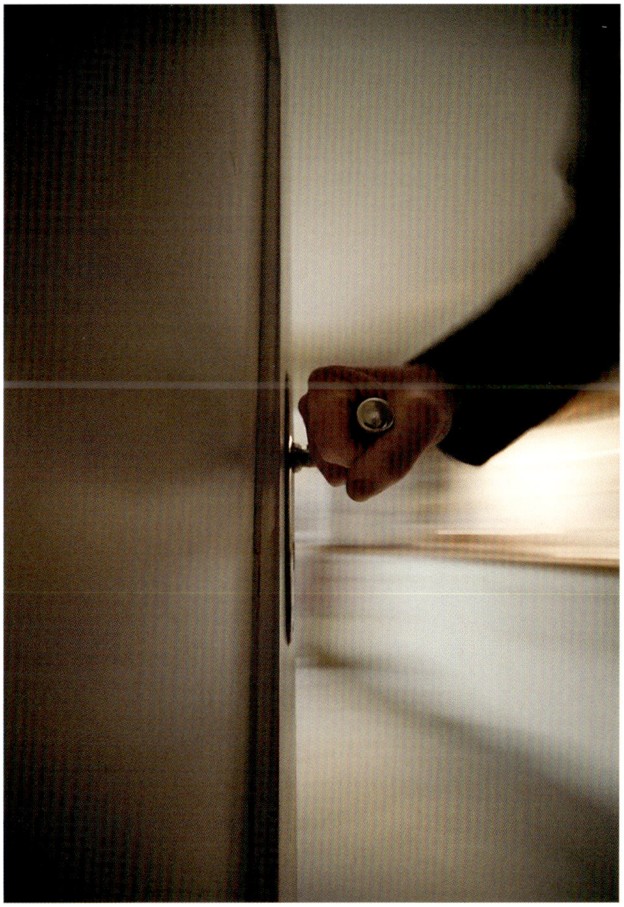

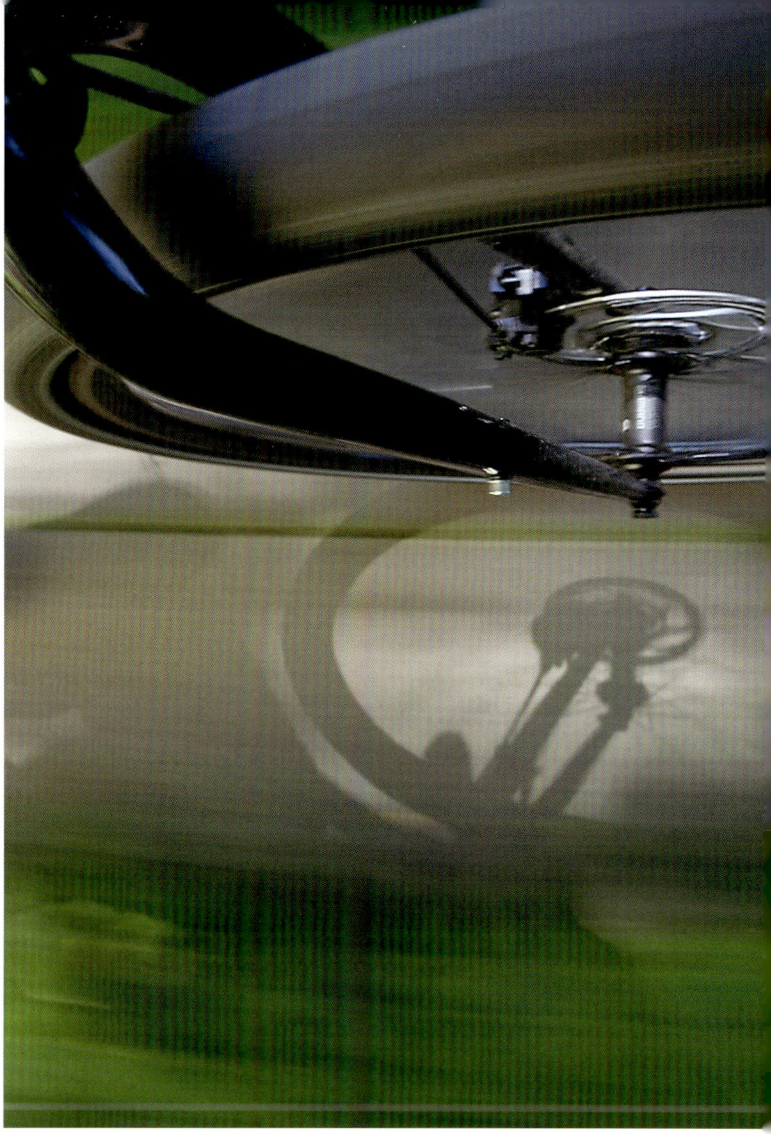

Helldriver (ökologisch korrekte Version)
Hier wurde die Kamera mit einem Klemmstativ an der Lenkstange befestigt. Bezogen auf die Vorderradaufhängung ist die Kameraposition somit unbewegt, während der Hintergrund und der drehende Reifen bei längerer Belichtungszeit verschwimmen.

Canon EOS 300D | 38 mm | f16 | 1/6 sek | ISO 100

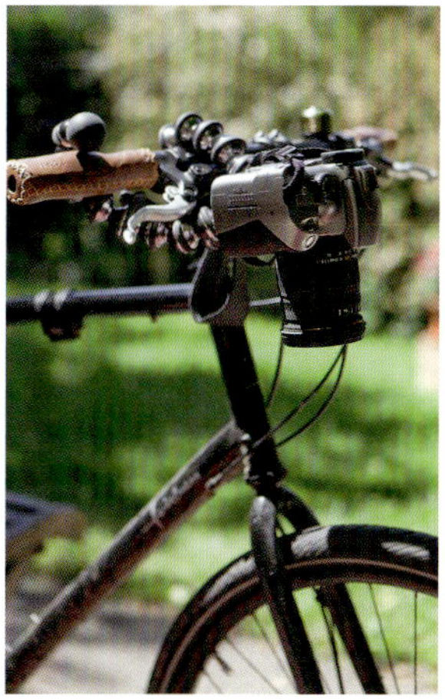

Farbe versus Farbe | An dieser Stelle taucht das eingangs erwähnte Rapsfeld wieder auf, denn ein solches Bild wirkt fast ausschließlich durch seine Farbgegensätze (auch »Komplementärkontraste« genannt). Das Gelb der Rapsblüten liegt auf dem Farbkreis dem Blau des Himmels genau gegenüber. Mit anderen Worten: Es befinden sich zwei Farben im Bild, die sich extrem voneinander unterscheiden – quasi wie Tiefschwarz und Weiß, nur in farblicher Umsetzung. Ein weiteres Beispiel für einen solchen Kontrast finden Sie in einem anderen beliebten Motiv, der Tulpe. Hier sind es Rot und Grün, die einen starken optischen Eindruck hinterlassen. Diese Beispiele zeigen es: Motive, die ihre Wirkung aus diesem Schema ziehen, finden die meisten Fotografen im Pflanzenreich. Ein weiterer Grund, sich einmal eher auf die alltägliche Motivwelt, zum Beispiel industriell Gefertigtes aus dem eigenen Haushalt, zu stürzen, um mit einem altbewährten Gestaltungsrezept neue Bilder zu entwerfen. Selbst Porträtaufnahmen können durch den bewussten Einsatz von Komplementärkontrasten gewinnen.

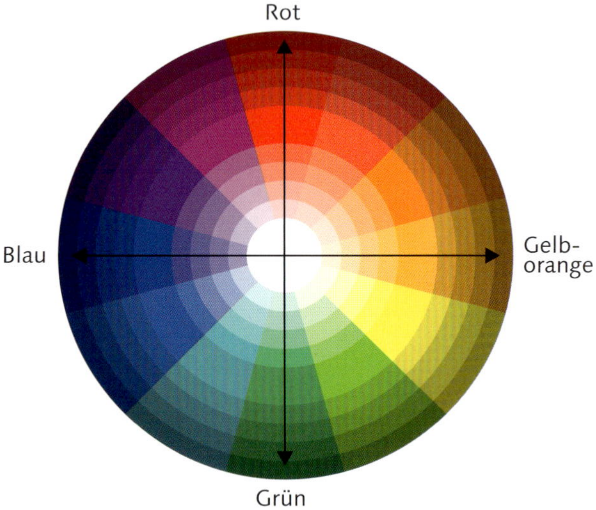

Komplementärfarben
Die Komplementärfarben liegen einander im Farbkreis genau gegenüber.

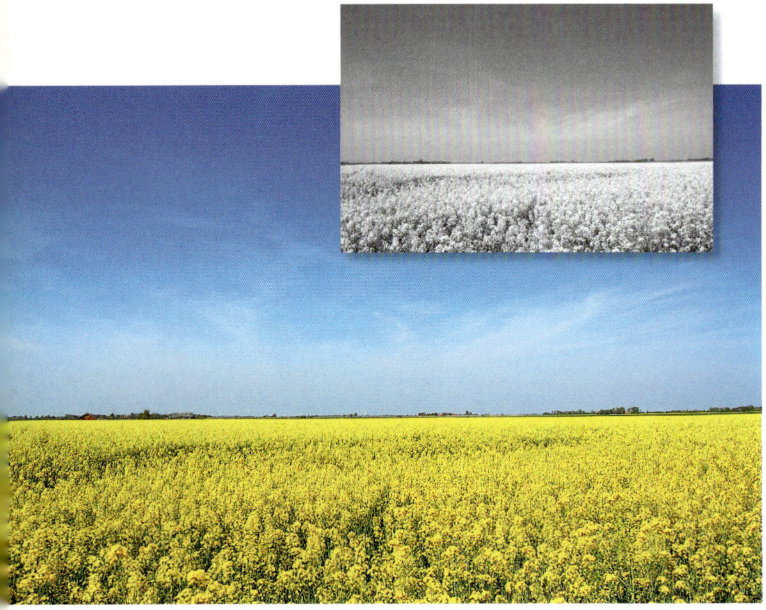

Das berühmte Rapsfeldmotiv
Unten sehen Sie die normale Version, oben das in Graustufen umgewandelte Bild. Vom ursprünglichen Reiz des Motivs bleibt so nicht mehr viel übrig (Otmar Smit, Fotolia).

Eiunfall
Gleiches Prinzip, anderes Motiv: Hier bildet die Hintergrundfarbe den Komplementärkontrast zum Eigelb.

Canon EOS 5D Mark II (Vollformat) | 90 mm | f11 | 1/125 sek | ISO 200 | entfesselter Blitz mit Durchlichtschirm

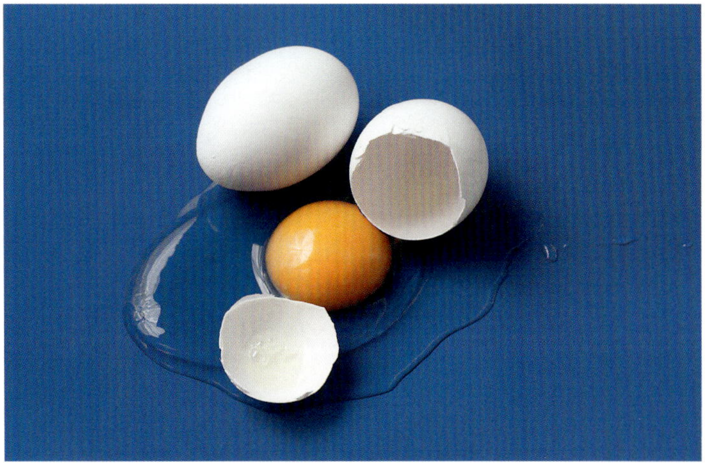

Komplementärporträts | Verwenden Sie Farbkontraste in der Porträtfotografie, sollten Sie die Farben nicht zu sehr sättigen, da sonst die Gefahr besteht, dass das Gesicht, um das es ja in erster Linie geht, optisch von den es umgebenden Farben in den Hintergrund gedrängt wird.

In den zwei Versionen des Beispielbildes »Manfred 1« auf der rechten Seite finden sich streng genommen keine Komplementärkontraste, da sich Violett und Grün auf dem Farbkreis nicht genau gegenüberliegen. Die Farbwerte liegen jedoch weit genug auseinander, um einen ähnlichen Effekt zu erzielen.

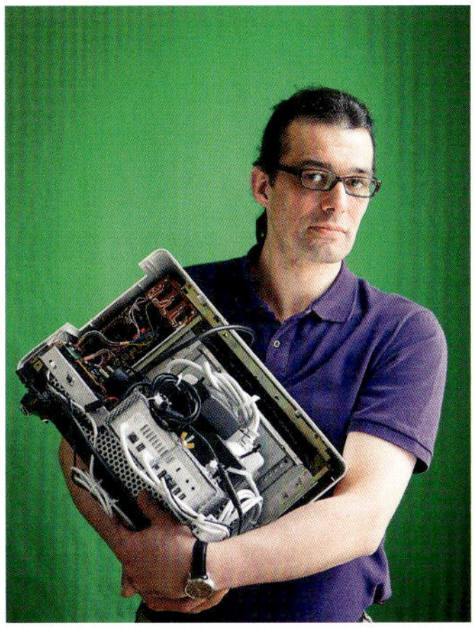

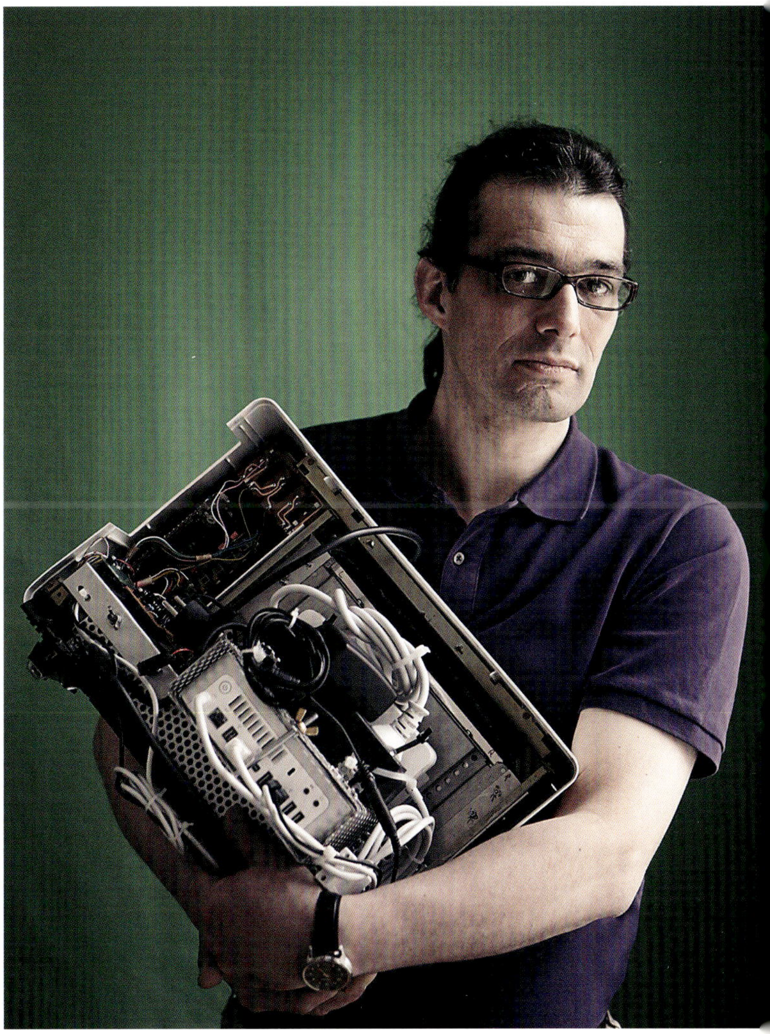

Manfred 1
Oben: Das Bild wirkt durch die extreme Farbgebung zwar recht knallig-bunt, der Hintergrund jedoch erschlägt förmlich den Rest des Bildes. Unten: Diese Version des Bildes wurde im RAW-Konverter entsättigt.

Canon EOS 5D Mark II (Vollformat) | 58 mm | f2,8 | 1/60 sek | ISO 800

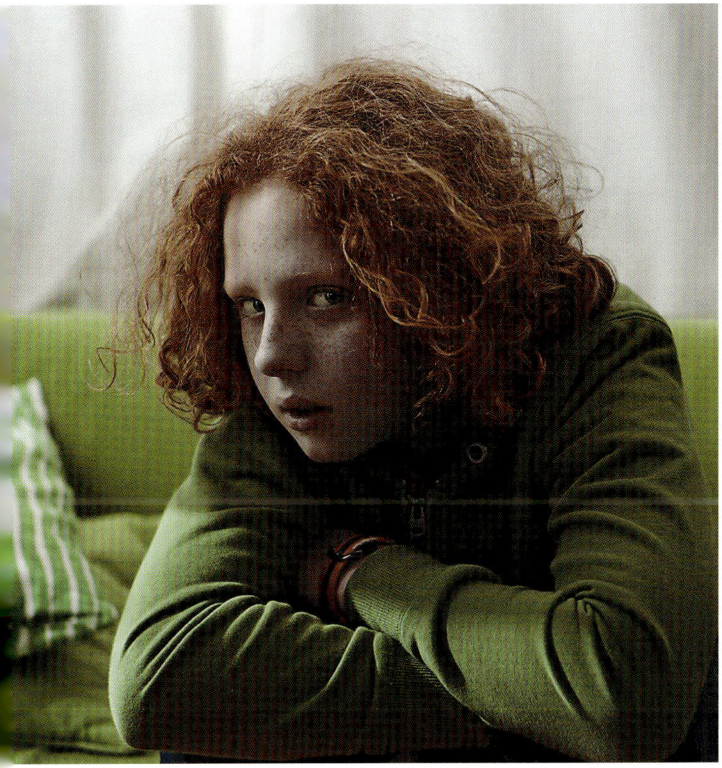

Leonard
Auch mit der Haarfarbe können Sie durch entsprechende Kleidung und Hintergründe Kontraste im Bild erzeugen.

Canon EOS 5D Mark II (Vollformat) | 65 mm | f2,8 | 1/125 sek | ISO 400 |

Ordnung versus Leben | Strenge geometrische Formen können auch schon allein recht spannend sein. Oft wird ihre geordnete Wirkung jedoch noch verstärkt, wenn Sie ihnen chaotische Formen gegenüberstellen.

Auch monochrome Flächen wirken ordentlich beziehungsweise »künstlich« und bilden einen Gegenpart zu allem Organischen.

Die Reihe versus die Ausnahme | Haben wir drei oder mehr regelmäßig angeordnete Elemente mit ähnlichen Eigenschaften, nimmt das Auge diese als Reihe wahr. Paradoxerweise tritt der Reihencharakter oft noch stärker hervor, wenn sich eines der Objekte nicht in die Gleichförmigkeit einfügt, sondern »aus der Reihe tanzt«. Gerade bei kleinflächigen Abweichungen bietet es sich an, den Schärfepunkt exakt dort zu setzen, wo sich diese befinden.

Groß versus klein | Die räumlichen Dimensionen von Dingen werden einfacher erfassbar, wenn dem Motiv eine Bezugsgröße hinzugegeben wird. Ein Straußenei sieht genauso groß aus wie ein Hühnerei, wenn es allein auf einem Bild ist. Erst wenn wir tatsächlich ein Hühnerei oder etwas anderes, dessen Größe allgemein bekannt ist, hinzulegen, erkennen wir die Dimensionen. Größenunterschiede können gut anhand von Serien (eine Reihe schwerer Stiefel, dazwischen ein Babyschuh) gezeigt werden. Aber auch ein einzelnes großes Objekt, unscharf im Hintergrund platziert, macht zusammen mit seinem Gegenstück weiter vorn viel Eindruck.

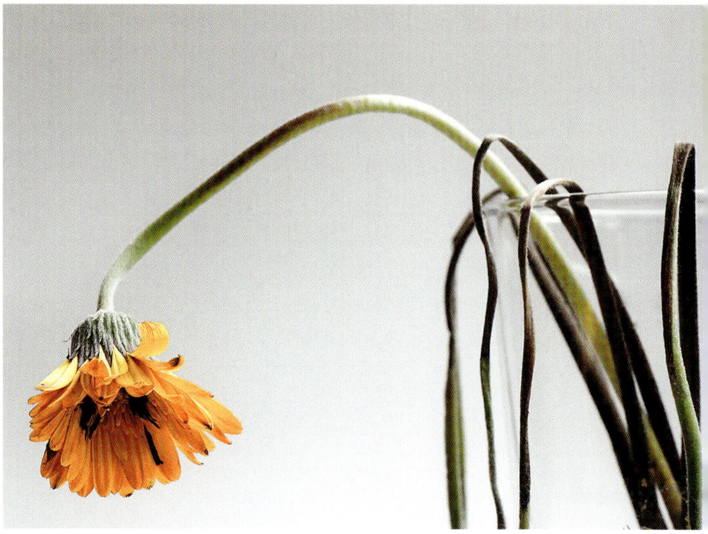

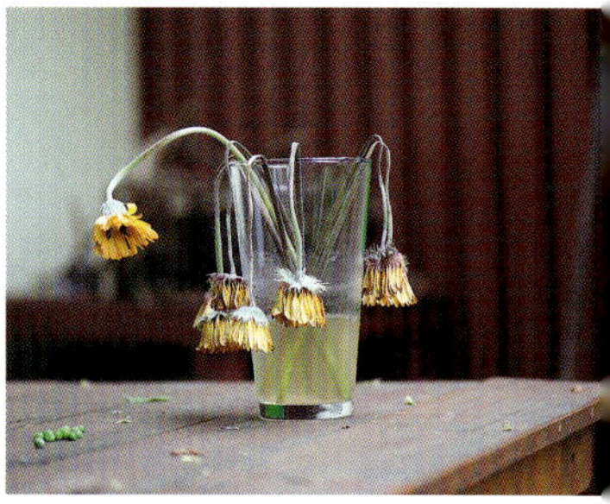

Verblüht
Hinter die Blumen in dieser Vase stellte ich vor dem Fotografieren eine helle Pappe als Hintergrund auf. In der so geschaffenen leeren und reinen Atmosphäre wirken die verschlungenen Stängel besser, und das Bild bekommt einen grafischen Touch. Zum Vergleich sehen Sie rechts die Aufnahmesituation.

Canon EOS 5D Mark II (Vollformat) | 90 mm | f9 | 1/125 sek | ISO 800

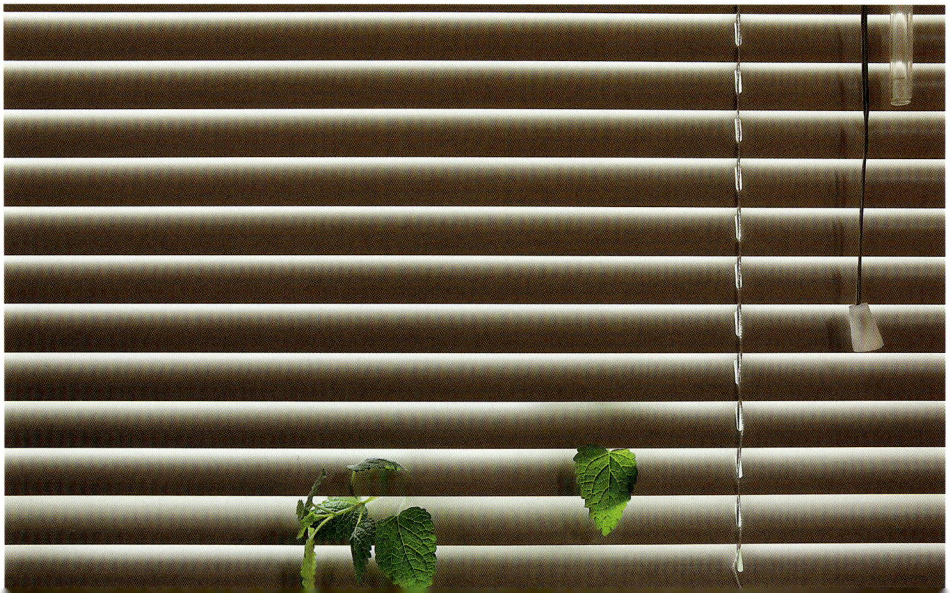

Burned with jealousy
Ohne die Kräuter, die sich durch die Jalousie winden, wäre dieses Bild zu statisch, um interessant zu sein.

Canon EOS 5D Mark II (Vollformat) | 34 mm | f5,6 | 1/30 sek | ISO 400

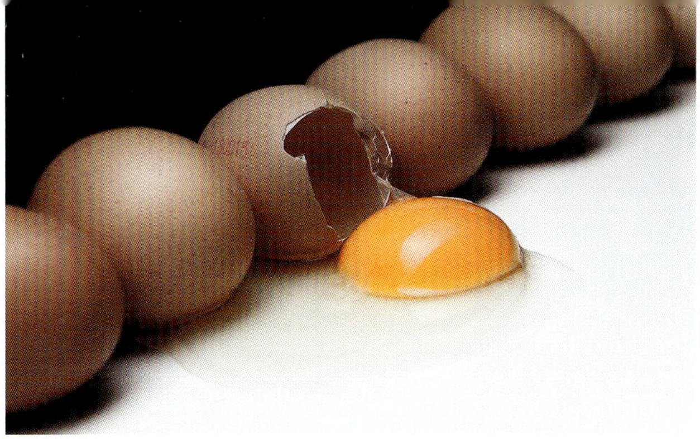

Angeschlagen

Gerade bei einfachen geometrischen Formen bietet es sich oft an, eines der Objekte zu »zerstören«, um es aus der Reihe fallen zu lassen. Statt der Eier hätte man beispielsweise auch mehrere normale und eine zerknautschte Konservendose nehmen können.

Canon EOS 5D Mark II (Vollformat) | 70 mm | f9 | 1/125 sek | ISO 100 | entfesselter Kamerablitz mit Softbox

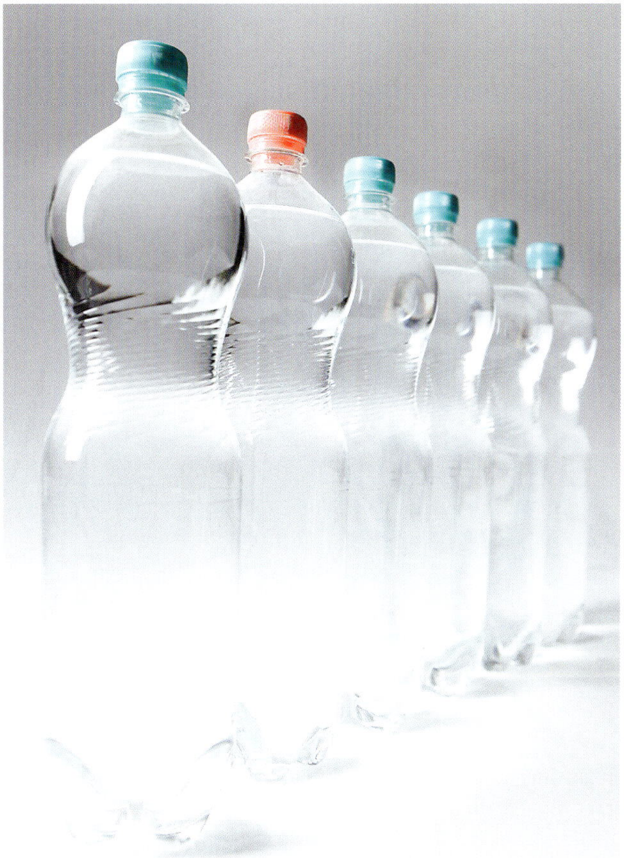

Red hat

Je gleichförmiger eine Reihe ist, desto kleiner können die Abweichungen sein, ohne übersehen zu werden.

34 mm | Canon EOS 5D Mark II (Vollformat) | f5,6 | 1/125 sek | ISO 100 | entfesselter Kamerablitz mit Softbox

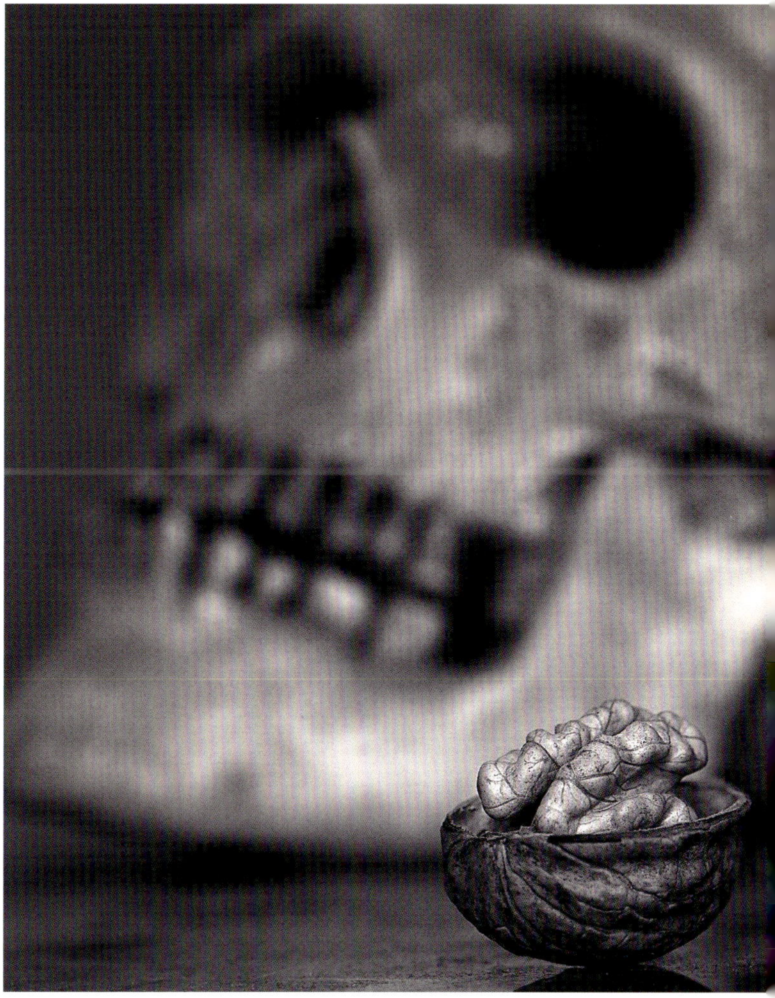

Size matters

Das, was man vom Totenschädel nicht mehr sieht, wird durch die Walnuss ergänzt. Hier wurde einfach mit Tageslicht- und einer Marmorplatte als Unterlage gearbeitet.

Canon EOS 5D Mark II (Vollformat) | 90 mm | f8 | 1/90 sek | ISO 1000

Beschnitt

Die Frage »Wie beschneide ich ein Bild richtig?« ist nicht so einfach zu beantworten. Oft gibt es hier kein »falsch« oder »richtig« – je nachdem, welche Wirkung Ihr Bild auf den Betrachter haben soll, legen Sie den Beschnitt mal eng, mal weit an, verrücken ihn aus der Bildmitte oder lassen das Bild an unerwarteter Stelle enden.

Inhaltlich lässt sich das Thema nur schwer von der Perspektive, um die es auf den nächsten Seiten gehen wird, trennen. Beide Merkmale legen fest, was der Betrachter letztendlich auf dem Bild sieht. Die Perspektive bestimmt dabei, in welcher Position Sie sich gegenüber dem Fotoobjekt befinden, und der Ausschnitt, den Sie aus dem, was Sie gesehen haben, zeigen, ist der Bildschnitt.

Es gibt zwei grundverschiedene Vorgehensweisen beim Bildschnitt: Die einen Fotografen legen den Ausschnitt ausschließlich beim Fotografieren fest, die anderen nehmen lieber generell etwas mehr vom Drumherum mit auf, um später in der Bildbearbeitung zu beschneiden. Der Vorteil der zweiten Variante liegt auf der Hand: Sie haben nachträglich noch alle Freiheiten und können bei Bedarf alternative Versionen erstellen. Der Nachteil beim Bildschnitt in der Bildbearbeitung ist, dass Sie dadurch Sensorfläche und damit Bildauflösung verschenken. Somit eignet sich die Methode nur bedingt für Fotografen, die mit einer älteren, nicht ganz so hochauflösenden Kamera unterwegs sind.

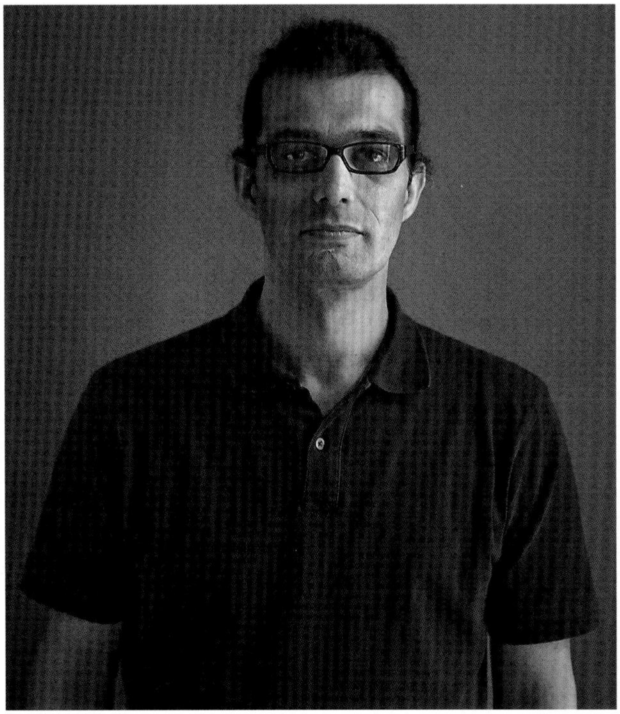

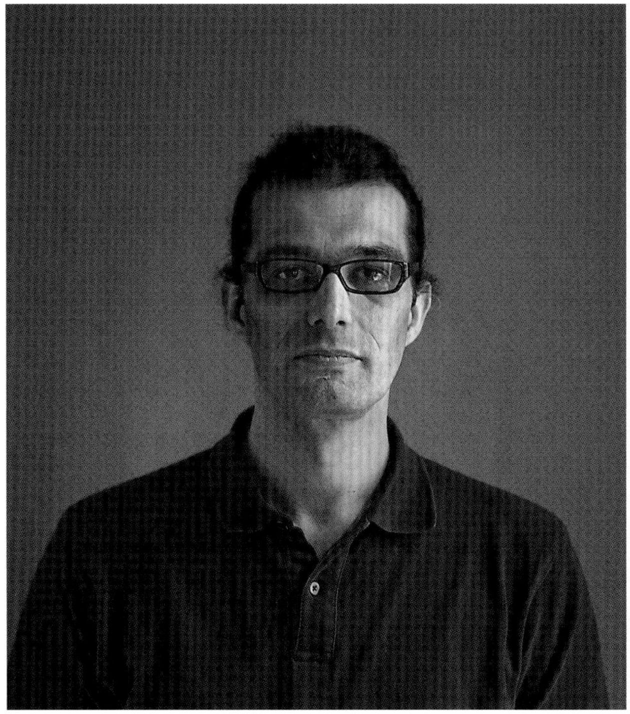

Manfred in Schwarzweiß 1

Bei einem frontal aufgenommenen Porträt (links) spricht nichts gegen eine mittige Positionierung. In der Version auf der rechten Seite wurde das Bild anders beschnitten. Die Augenpartie ist näher am Bildzentrum, die hellen Arme lenken nicht mehr ab, und über dem Kopf ist mehr freier Raum. Im Ganzen wirkt das Porträt dadurch ruhiger. Allerdings hat die erste Version etwas Dynamisches, und zudem wirkt dort das Modell durch den geringen Raum zwischen Stirn und Bildrand größer.

Canon EOS 5D Mark II (Vollformat) | 68 mm | f2,8 | 1/45 sek | ISO 800

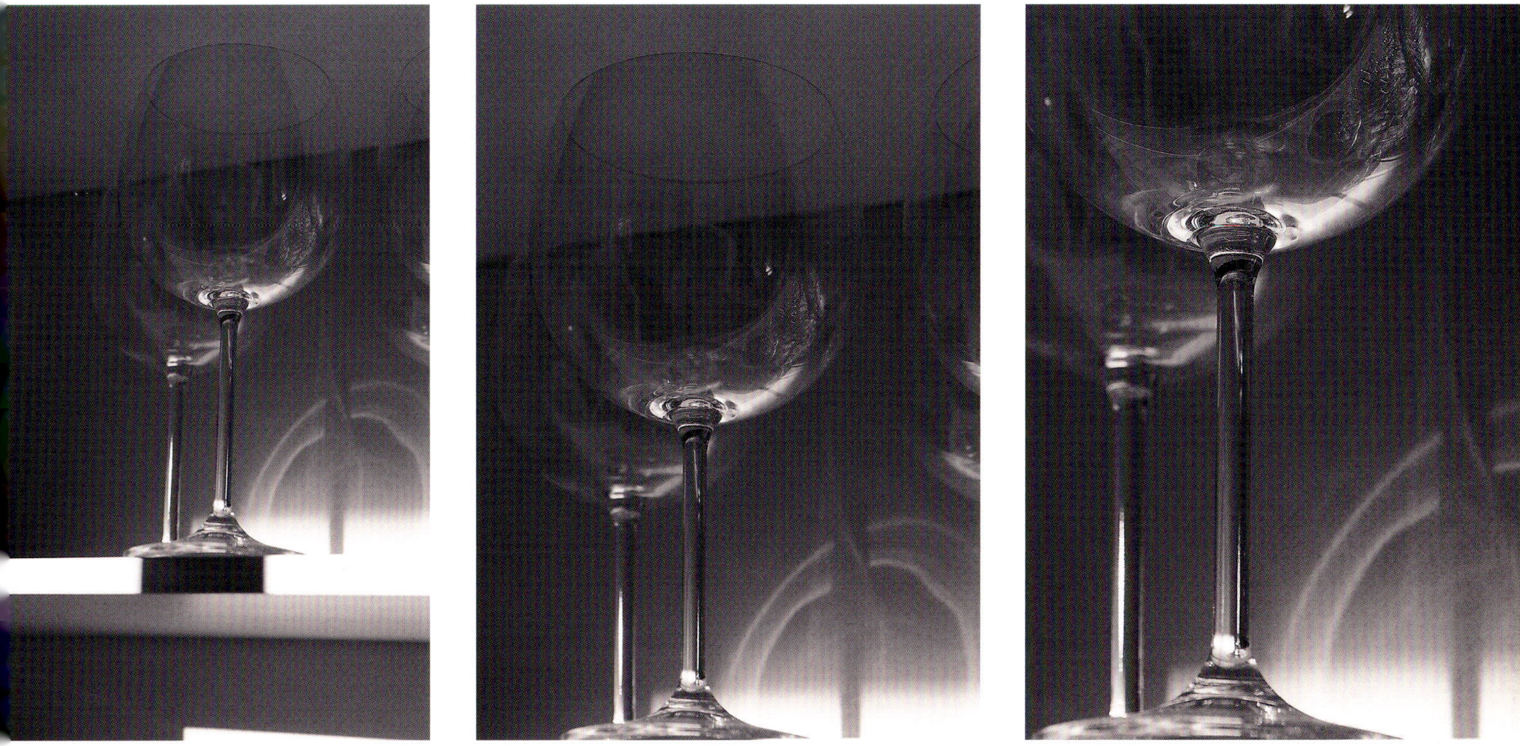

Gläser

Originalausschnitt (links): Die Regalbretter lenken vom eigentlich interessanten Teil des Motivs ab. Zudem stört der massive Schatten unterhalb des vorderen Glases. Beschnittvariante 1 (Mitte): Hier wurden die störenden Teile außerhalb des Beschnitts gelassen. Das Regal ist nicht mehr als solches zu erkennen, der Fokus liegt auf den Gläsern. Gerade deswegen wirkt die letzte verbleibende Linie, die das obere Regalbrett quer durch die Gläser zieht, sehr störend.
Beschnittvariante 2 (rechts): Dieses Bild konzentriert sich ganz auf die Spiegelungen in den beiden mittleren Gläsern und das Schattenspiel dahinter. Wo sich die Gläser befinden, spielt hier keine Rolle mehr. Sie sind ihrer Umgebung beraubt worden und stehen für sich allein.

Canon EOS 5D Mark II (Vollformat) | 58 mm | f6,7 | 1/1350 sek | ISO 250

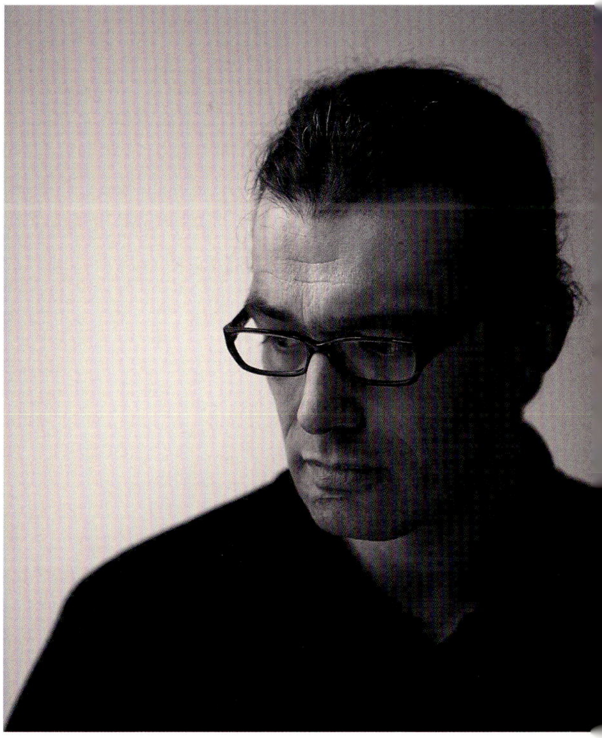

Manfred in Schwarzweiß 2

Bei dieser Dreiviertelansicht wurde in Blickrichtung des Modells mehr Raum gelassen. Anderenfalls entstünde schnell ein eingeengter Eindruck, so als würde der Fotografierte gegen eine Wand blicken.

Canon EOS 5D Mark II (Vollformat) | 70 mm | f2,8 | 1/180 sek | ISO 800

Perspektive, Linien und Formen

Die visuelle Wahrnehmung arbeitet in mehreren Stufen: Zuerst sendet das Auge Informationen über die eingefangenen Formen zum Gehirn. Im zweiten Schritt verarbeitet das Gehirn diese Informationen, vergleicht sie mit den Erinnerungen an früher Gesehenes und entscheidet, als welche Art von Objekt wir die bis dahin abstrakte Form wahrnehmen. Der helle runde Kreis wird nun zum Teller, das längliche Ding mit den vier Spitzen zu einer Gabel.

Dieser Prozess ist zwar absolut notwendig, damit wir uns in der Welt zurechtfinden – aber aus gestalterischer Sicht verstellt uns das Erkennen und Zuordnen oft den unbedarften Blick auf die reine Schönheit der Form. Ein einfacher Trick, um das Gesehene wieder auf die abstrakten Grundformen zurückzubringen, ist in fast jeder Kamera eingebaut: die Fokussierung. Lösen Sie die Entfernungseinstellung so weit, dass nur noch unscharfe Flächen zu sehen sind. Dann können Sie das Bild gedanklich aus dem Sinnzusammenhang lösen. Aber: Was bringt die Beschäftigung mit dem Thema Perspektive, Linien und Formen dem Fotografen überhaupt? Die Perspektive legt fest, ob Sie etwas als groß oder klein, wirr oder geordnet, gedrängt oder weitläufig empfinden – und bestimmt so maßgeblich, wie ein Foto auf Sie wirkt. Genau wie beim Bildschnitt gibt es bei der Wahl der perspektivischen Darstellung kein »falsch« oder »richtig«. Als Grundregel könnten Sie allenfalls ein weiteres Mal die Eindeutigkeit bemühen: Ein gutes Bild lässt sich meist auch perspektivisch mit wenigen einfachen Strichen darstellen. Oftmals gibt es darin eindeutige Linien, die von mehreren Bildelementen aufgegriffen werden.

Geradlinig- versus Lebendigkeit | Strenge geometrische Formen allein können auch schon recht spannend sein. Oft wird ihre geordnete Wirkung noch verstärkt, wenn man als anarchistischen Farbtupfer chaotische Formen dagegenstellt.

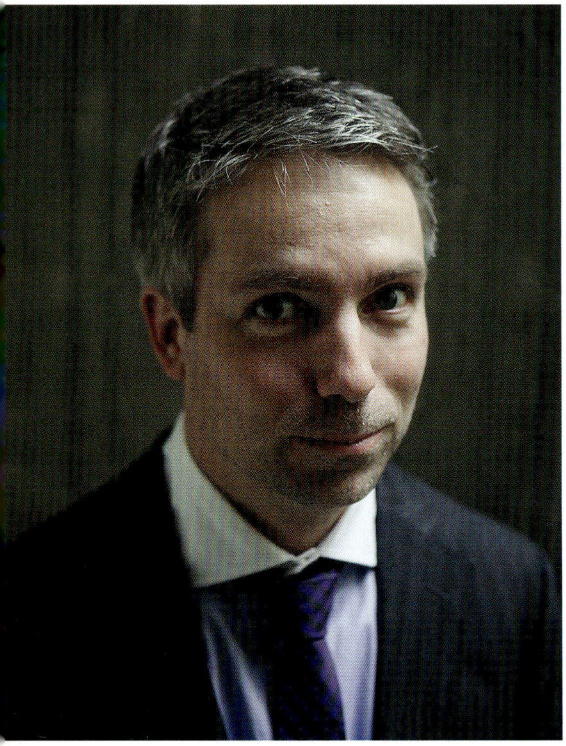

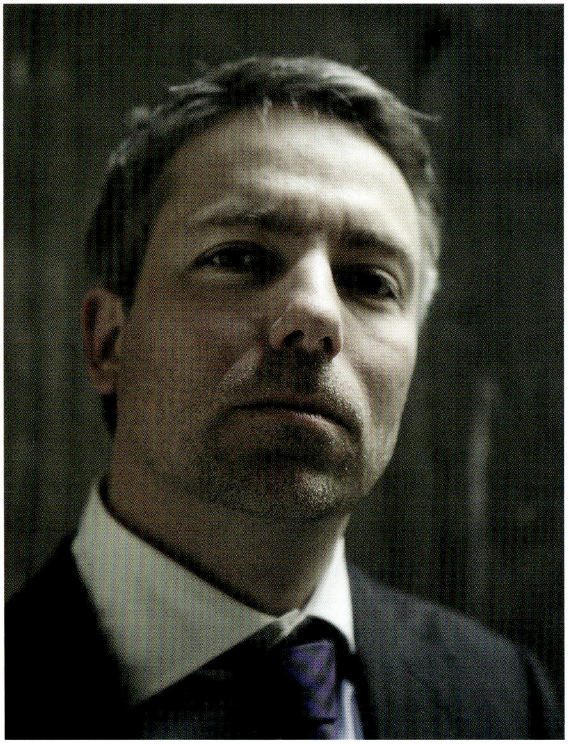

Business
Bei Porträts können schon kleine Veränderungen der Perspektive große Auswirkungen haben. Befindet sich der Kamerastandpunkt oberhalb des Porträtierten, wirkt dieser kleiner und meist auch freundlicher, teilweise sogar unterwürfig. Blickt die Kamera von unten zum Modell hoch, wirkt dieses mächtiger und bestimmter, manchmal sogar arrogant.

Beide Bilder: Canon EOS 5D Mark II (Vollformat) | 58 mm | f2,8| 1/180 sek | ISO 800

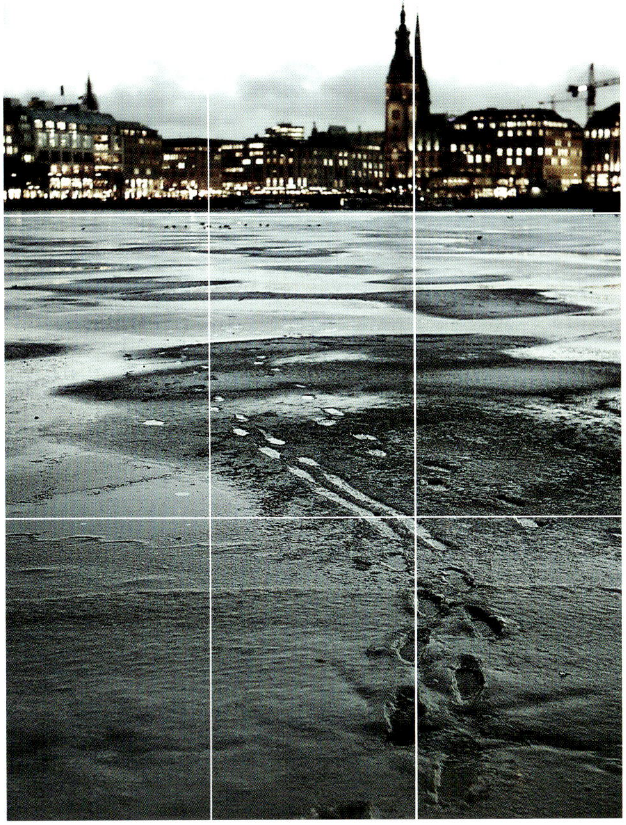

Hamburger Alster
Bildaufteilung nach dem vereinfachten Goldenen Schnitt, der Drittelregel

Canon EOS 5D Mark II (Vollformat) | 46 mm | f2,8 | 1/45 sek | ISO 1000

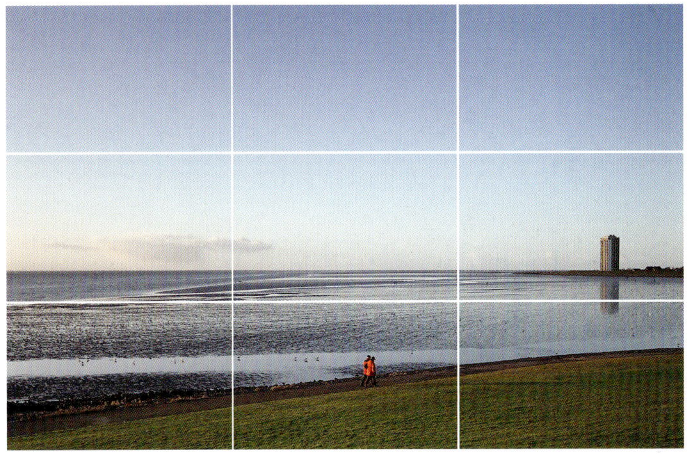

Büsum
Ein Bildbeispiel, das definitiv nichts mehr mit dem Goldenen Schnitt zu tun hat. Ob das Ergebnis deshalb unharmonisch ist, muss jeder für sich selbst entscheiden.

Canon EOS 5D Mark II (Vollformat) | 24 mm | f5,6 | 1/250 sek | ISO 200

Der Goldene Schnitt | Der Goldene Schnitt ist ein bestimmtes Verhältnis zweier Zahlen zueinander: Bei einer gedachten Gesamtstrecke = A + B verhält sich A zu B wie A + B zu A. Diese Formel findet ihren Niederschlag nicht nur in der Biologie, Musik oder Geometrie – sondern auch auf vielen Bildern: Flächen, die nach dem Goldenen Schnitt aufgeteilt wurden, werden als sehr harmonisch empfunden, was sich zahlreiche Künstler von da Vinci bis Warhol zunutze machten, indem sie ihre Bilder entsprechend komponierten. In der Fotografie

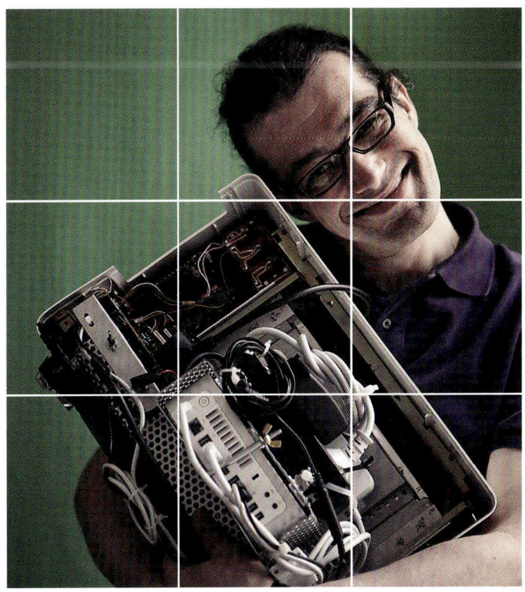

Manfred 2
Gerade bei Bildern mit mehreren kleinteiligen Objekten kann man vortrefflich darüber streiten, ob sie nun nach dem Goldenen Schnitt aufgebaut sind oder nicht. Meist findet sich irgendein Bildbestandteil, der mehr oder weniger auf einer der Linien oder Schnittpunkte liegt.

Canon EOS 5D Mark II (Vollformat) | 58 mm | f2,8 | 1/45 sek | ISO 800

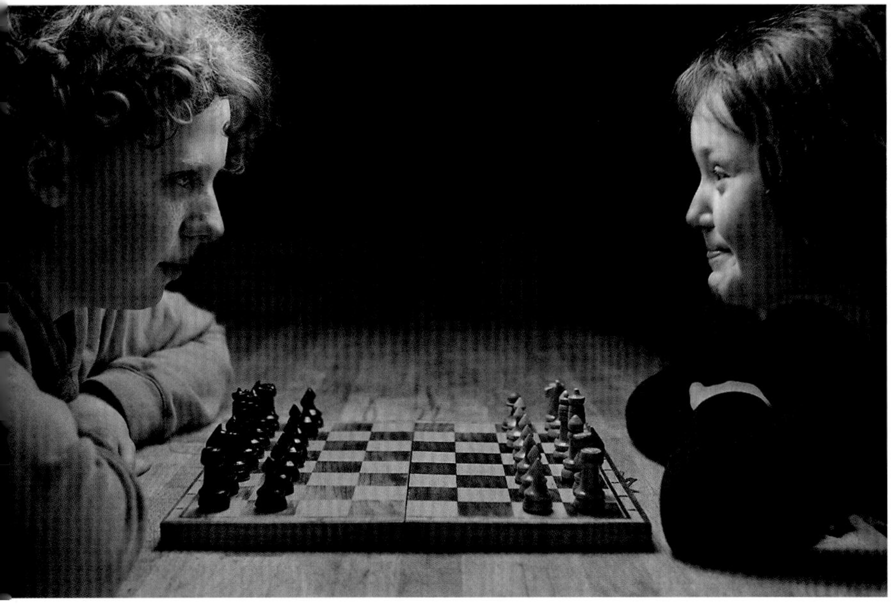

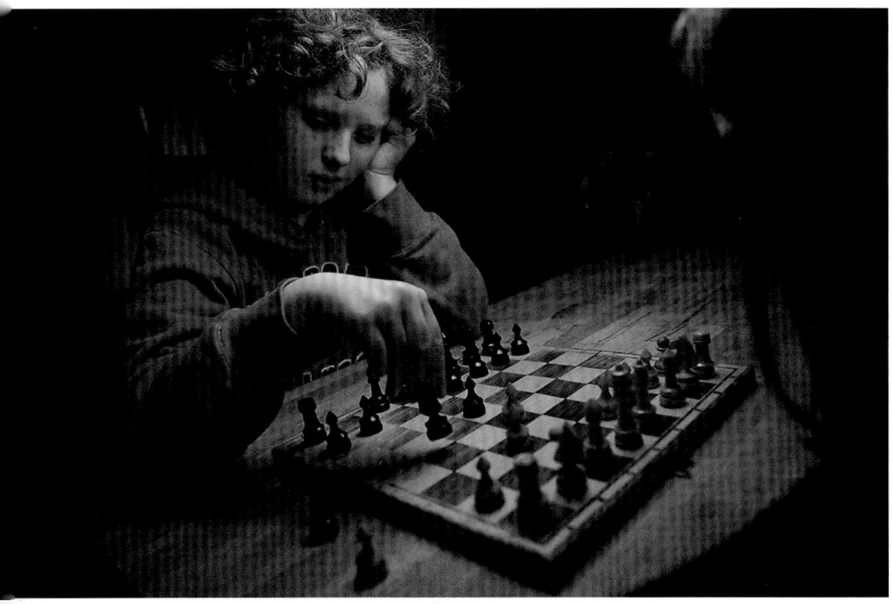

Schwarz versus Weiß
Ein – passend zum Spiel – eher ruhiges Bild (oben). Durch den symmetrischen Aufbau und die Betonung der waagerechten Linien tritt hier die Konzentration auf den bevorstehenden Kampf in den Vordergrund. Manchmal erzeugt eine so streng ausgerichtete Kamera allerdings Ergebnisse, die etwas gestellt wirken. Das Foto unten wirkt dynamischer und eher wie spontan »im Vorbeigehen« fotografiert. Es ist schlicht mehr Leben im Bild, natürlich auch durch die Bewegung der abgebildeten Person

Oben: Canon EOS 5D Mark II (Vollformat) | 35 mm | f2,8| 1/45 sek | ISO 640

Unten: Canon EOS 5D Mark II (Vollformat) | 24 mm | f2,8| 1/90 sek | ISO 640

verwendet man meist eine leicht vereinfachte Form des Goldenen Schnitts, die sogenannte Drittelregel. Hierbei wird das Bild gedanklich in neun gleich große Teile zerlegt. Bildwichtige Teile werden so positioniert, dass sie auf einer der Linien oder im Schnittpunkt mehrerer Linien liegen. Viele moderne Kameras besitzen inzwischen eine entsprechende Anzeigeoption, sei es als Gitternetz im Sucher oder auf dem Display. Messen Sie dem Goldenen Schnitt jedoch nicht zu viel Gewicht bei. Wichtiger als die genaue Positionierung auf einer gedachten Drittellinie ist vielmehr die Eindeutigkeit: Wenn Sie bei der Bildgestaltung etwas aus der Mitte verrücken, dann auch deutlich – und nicht nur minimal.

Dynamische und statische Perspektiven | Ob Sie ein Bild als eher ruhig oder als spannend empfinden, hängt auch davon ab, wie sehr die Perspektive in den Vordergrund rückt. Bei statischen Bildern, also solchen, bei denen gerade horizontale oder senkrechte Linien überwiegen, nehmen Sie die Perspektive, obschon sie natürlich in jedem Bild stattfindet, nicht so stark als eigenes Bildelement wahr. Dinge, die vorn sind, erscheinen größer als solche im Hintergrund, aber sie lenken nicht vom Motiv ab.

Bei einem Aufnahmewinkel, der sich schräg zum fotografierten Objekt befindet, beginnen die Linien ein Eigenleben zu führen und sich in den Vordergrund zu drängen. Das Geschehen wirkt meist unruhiger, aber auch dramatischer und lebendiger. Dieser Effekt ver-

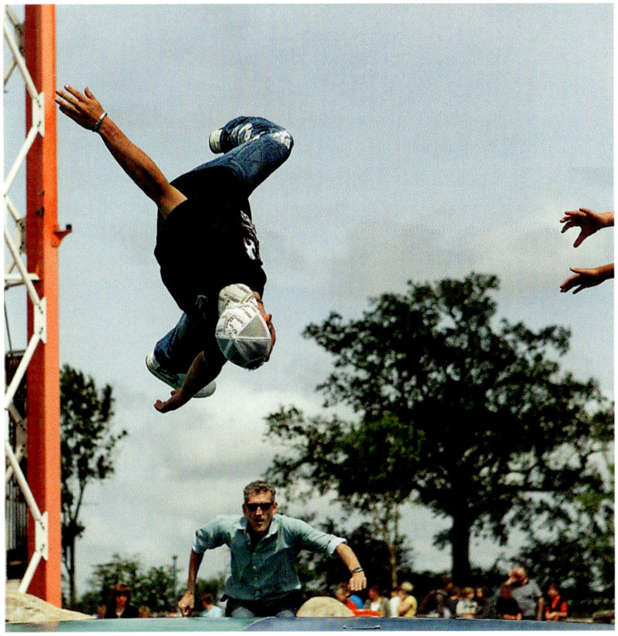

Freifall
Natürlich können auch statisch aufgebaute Bilder dynamisch wirken – wenn genug auf ihnen passiert. Der gerade ausgerichtete Bildaufbau ohne stürzende Linien vermittelt Ordnung, die Dynamik wird hier nicht durch den Bildaufbau, sondern durch den Bildinhalt, den fallenden Menschen, erzeugt.

Canon EOS 5D Mark II (Vollformat) | 70 mm | f4 | 1/8000 sek | ISO 500

stärkt sich umso mehr, je kleiner die eingesetzte Brennweite ist. Mit einem extremen Weitwinkel ist es fast unmöglich, Bilder zu fotografieren, die nicht dramatisch überhöht wirken – selbst bei einer geraden Ausrichtung zum Motiv.

Abfallende und aufsteigende Linien | In unserem Kulturkreis lernen wir schon als Kinder, von links nach rechts zu lesen. Dementsprechend nehmen wir einen waagerechten, von links nach rechts laufenden Pfeil als vorwärtsweisend wahr – und sein Gegenstück, das von rechts nach links zeigt, als rückwärtsgewandt. Auch auf die Diagonale hat unsere Leseerfahrung einen ähnlichen Einfluss: Diagonalen von links unten nach rechts oben empfinden wir als aufsteigend, Diagonalen von links oben nach rechts unten als absteigend.

Dieses Prinzip macht sich die Werbung häufig zunutze. Vom Logo der Deutschen Bank bis zur Bedruckung von Getränkedosen: Überall helfen aufsteigende

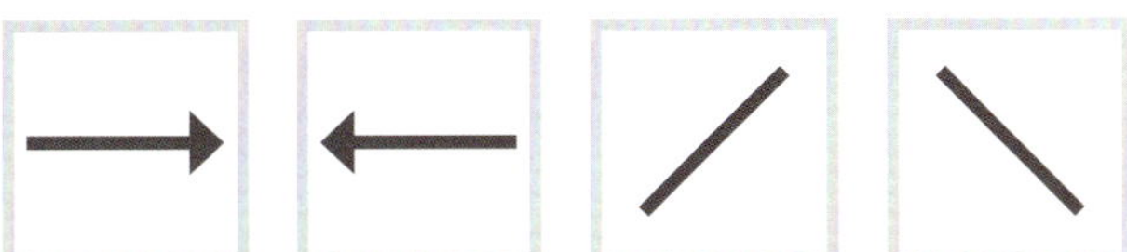

Leine
Falls das Motiv es nicht verbietet, weil zum Beispiel Schriftzüge oder Uhren im Bild zu sehen sind, lohnt es sich, ein Foto einmal probeweise zu spiegeln. Oft entsteht so eine ganz andere Bildwirkung, obwohl der Inhalt quasi der Gleiche bleibt. Während sich das Auge bei dem oberen Original von der angeschnittenen Wolke aus die Wäscheleine hinunterbewegt, wandert der Blick bei der unteren, gespiegelten Version die Leine hinauf und auf die Wolke zu. Im Allgemeinen werden aufsteigende Linien eher mit positiven Eigenschaften wie Tatendrang und Aktivität assoziiert und finden häufig Verwendung in der Werbefotografie.

Canon EOS 5D Mark II (Vollformat) | 70 mm | f4,5 | 1/1000 sek | ISO 100

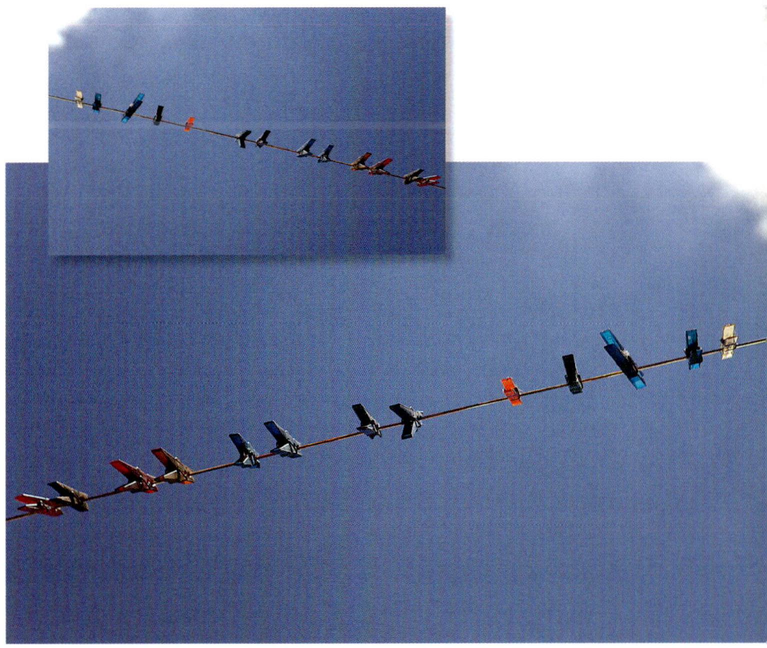

Linien Produkten und Logos dabei, einen positiven, vorwärtsgewandten Eindruck zu hinterlassen. Auch in der Fotografie findet diese Regel Anwendung. Hier kommt allerdings, im Gegensatz zu abstrakten Grafikelementen, immer noch in erster Linie der Sinnzusammenhang zum Tragen.

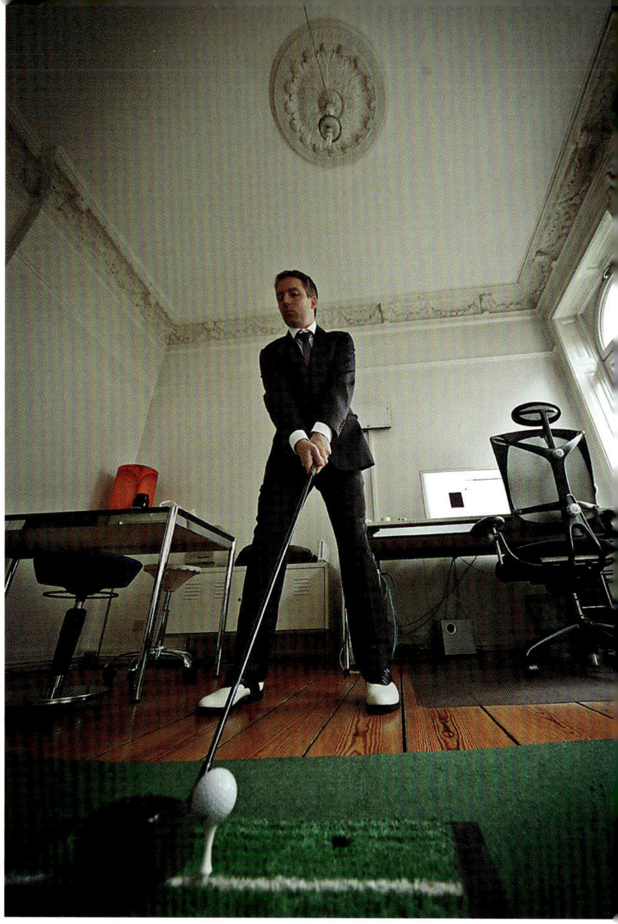

Alster im Winter
Bei diesem eher statischen Bild wird die Horizontale oben von den Zweigen und unten von den Schatten im Schnee eingerahmt. Die starke Randabschattung (Vignettierung) des Objektivs unterstützt diesen Effekt noch.

Canon EOS 5D Mark II (Vollformat) | 24 mm | f2,8 | 1/45 sek | ISO 800

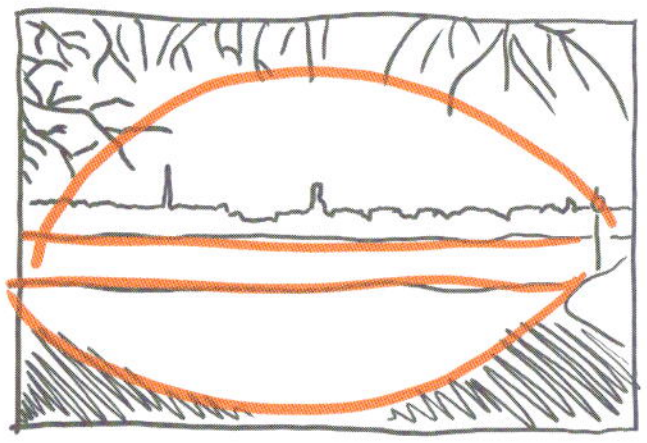

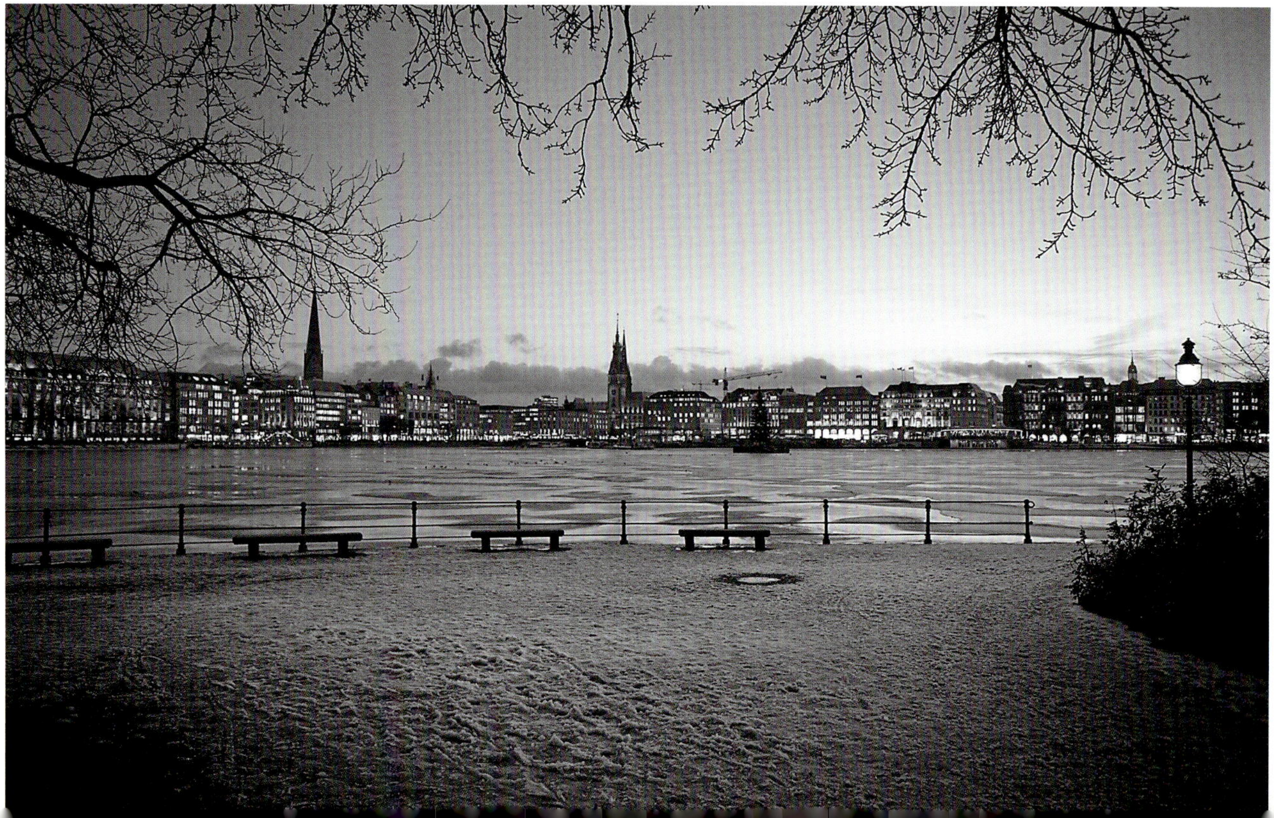

Golffieber

Schläger, Beine, Oberkörper – alles strebt in diesem Bild auf die Deckenrosette zu. Durch die Verwendung eines Weitwinkels und den extrem tiefen Kamerastandpunkt entstehen stürzende Linien, die das Geschehen dramatisieren. Die horizontalen Linien der Tische im Hintergrund verderben den Effekt allerdings ein wenig.

Canon EOS 5D Mark II (Vollformat) | 12 mm | f2,8 | 1/45 sek | ISO 800

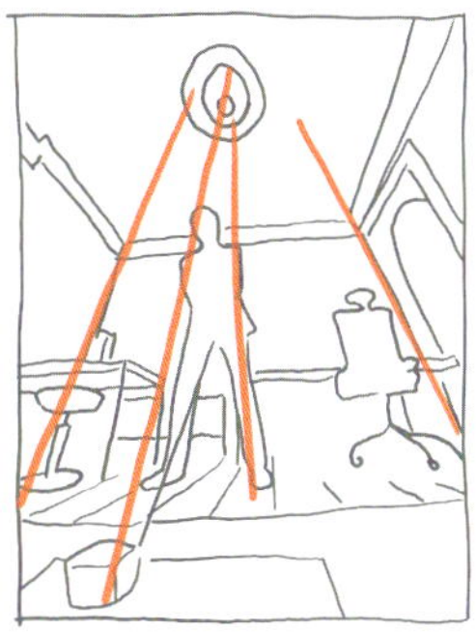

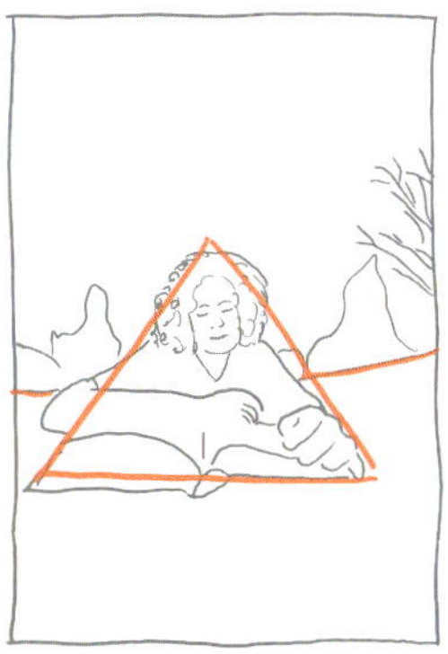

Lesen

Kopf, Oberarme und aufgeschlagenes Buch bilden ein Dreieck, die Horizontlinie wird von einem Unterarm fortgeführt. Einzig der Baum, der über die Haare hinausragt, stört etwas.

Canon EOS 5D Mark II (Vollformat) | 12 mm | f9 | 1/350 sek | ISO 400

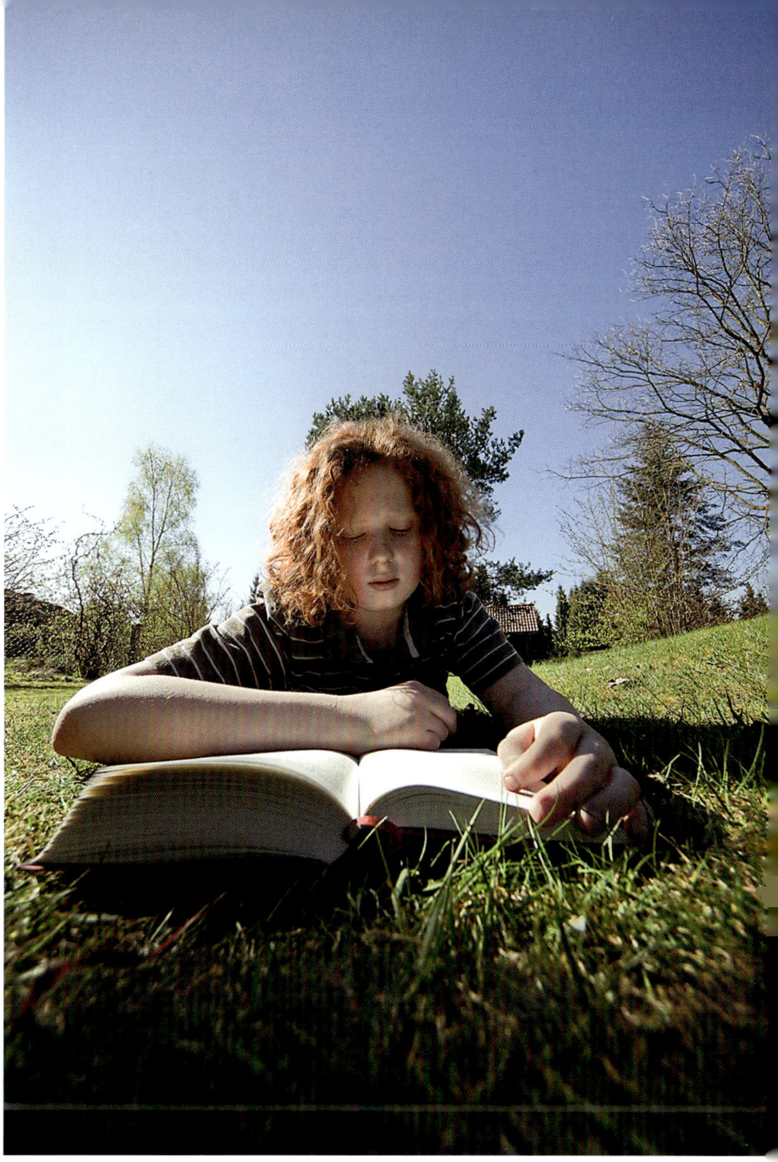

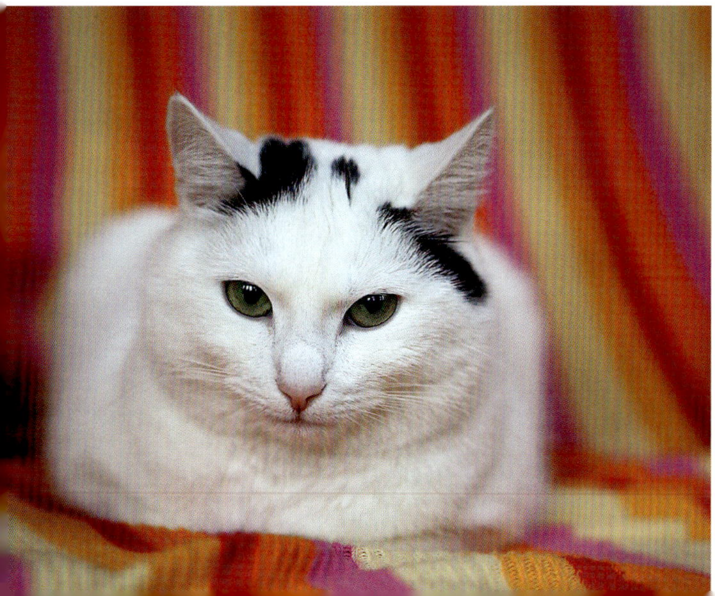

Tiger

Es muss nicht immer kompliziert sein: Die Form der Bildbegrenzung findet sich im Hauptmotiv wieder.

Canon EOS 5D Mark II (Vollformat) | 70 mm | f2,8 | 1/45 sek | ISO 800

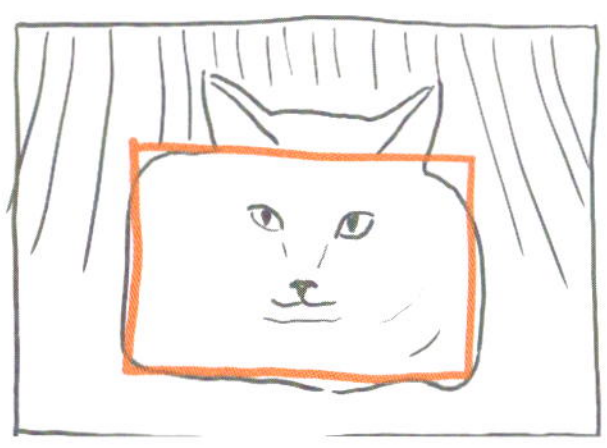

Play!

Gitarrenhals und Füße laufen hier auf den gleichen Fluchtpunkt zu. Mit einer anderen Fußstellung wäre das Bild deutlich weniger stimmig.

Canon EOS 5D Mark II (Vollformat) | 24 mm | f5,6 | 1/30 sek | ISO 800

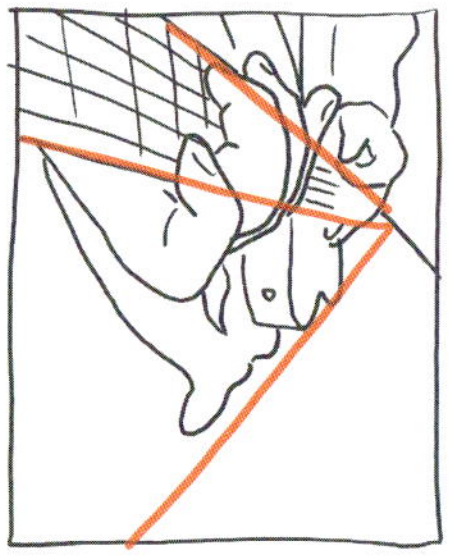

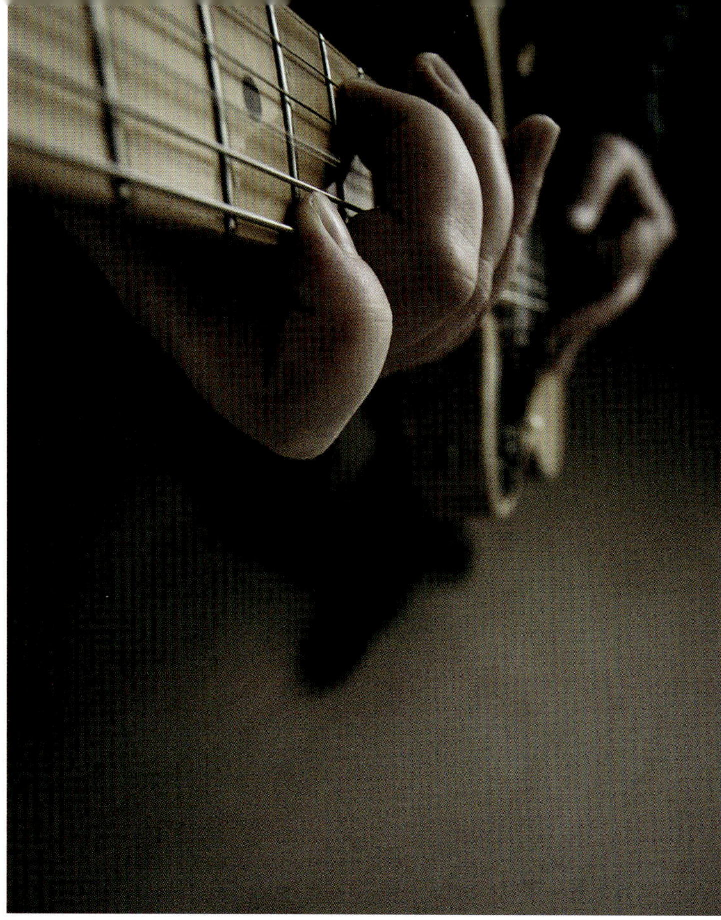

Bike

Bei dem Original, einem Schnappschuss im Rahmen einer Veranstaltung (kleines Bild), störten die Linien im Hintergrund, weil sie das Bild unruhig werden ließen. Unten sehen Sie die in der Bildbearbeitung optimierte Version. Nun fällt allerdings der leere Bereich zwischen Gesicht und Lenkerverkleidung des Motorrads auf – ein näher am Vorderrad liegender Kamerastandpunkt hätte diese Lücke optisch geschlossen.

Canon EOS 5D Mark II (Vollformat) | 45 mm | f3,5 | 1/3000 sek | ISO 320

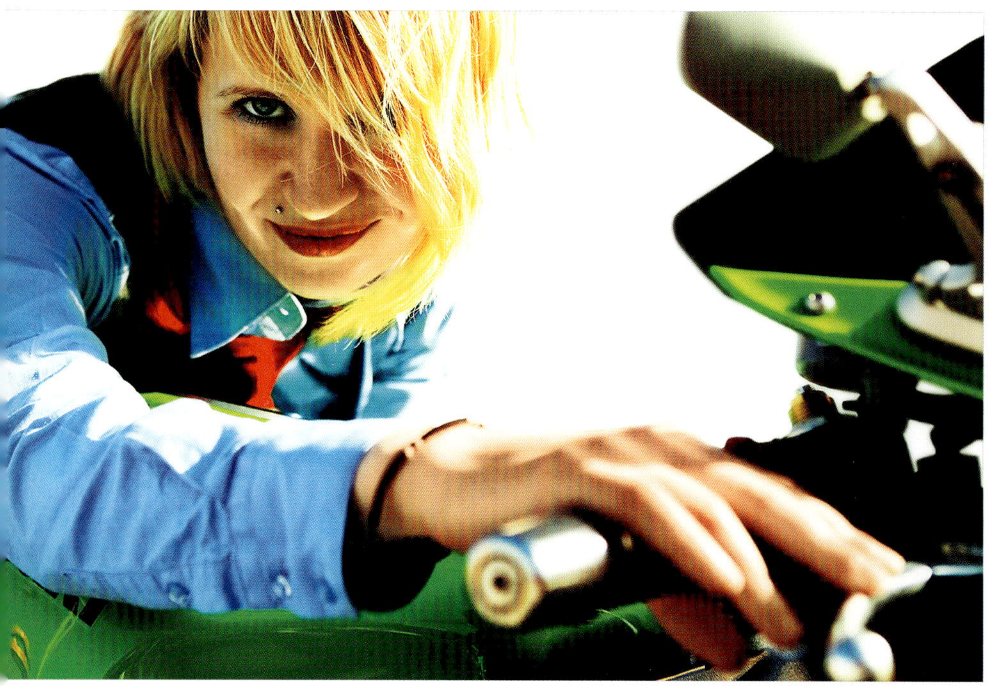

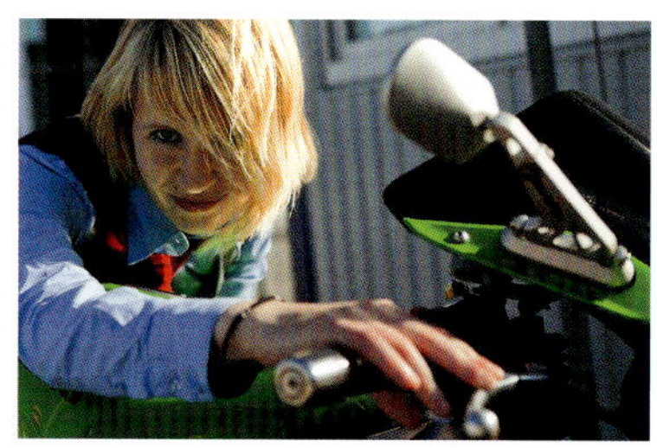

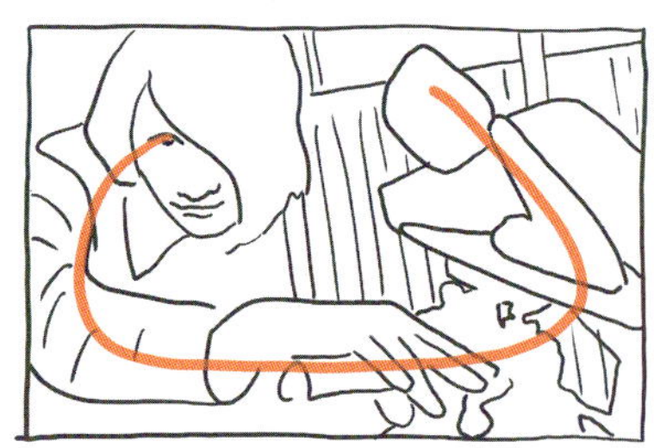

Belichtungszeit

»Was hat dieser Begriff in einem Kapitel über Motive und Bildgestaltung zu suchen?«, fragen Sie sich nun vielleicht. Vordergründig sicher zunächst einmal nichts. Wenn Sie den bewussten Einsatz der Belichtungszeit jedoch als Möglichkeit verstehen, um zeitliche Abläufe darzustellen und so Motive zu schaffen, die bei einer normalen Verwendung der Zeitautomatik gar keine wären, sieht das Ganze schon anders aus. Die hier gezeigten Beispiele stellen nur einen Bruchteil der Möglichkeiten dar. Sie benötigen dafür neben der Kamera ein Stativ (für lange Belichtungszeiten) und einen Blitz (für kurze Belichtungszeiten). Dazu kommen noch ein paar Kleinteile, aber nichts, was einen Preis von 20 Euro übersteigt – und natürlich sollten Sie etwas Freude am Experimentieren mitbringen!

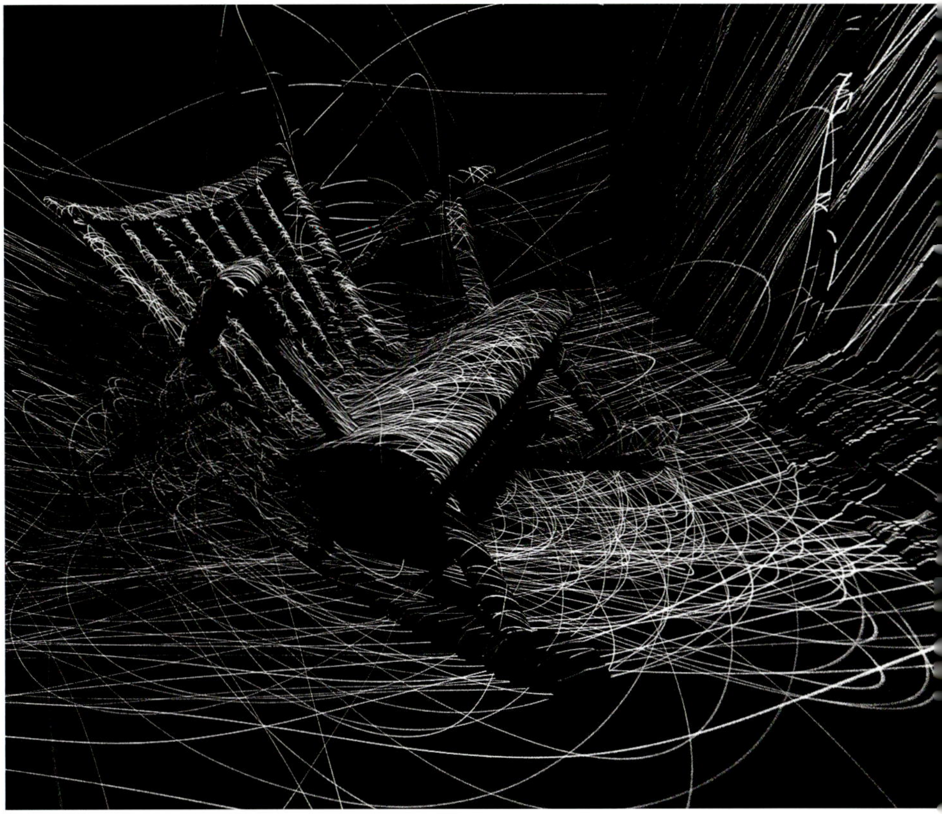

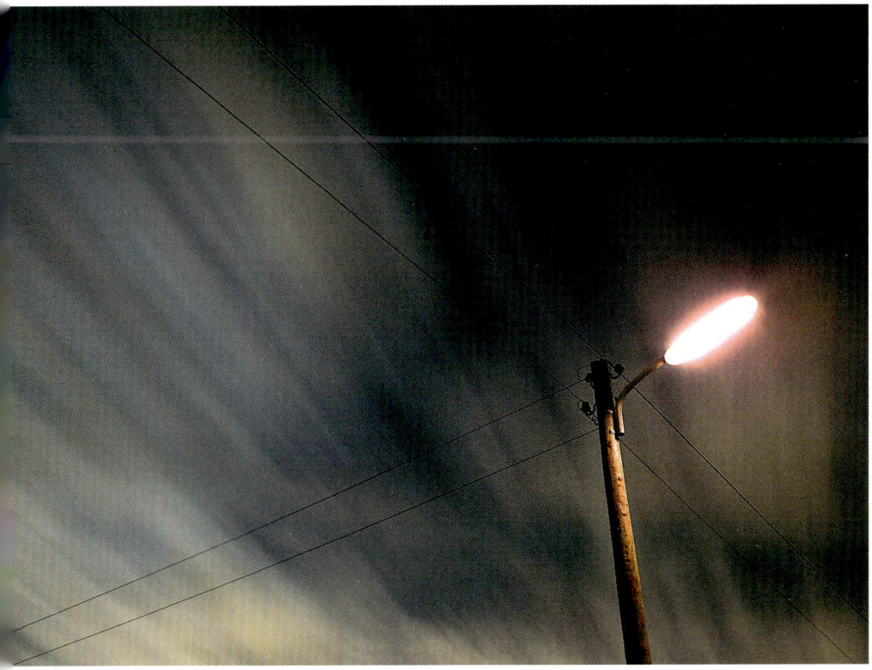

Home alone
Hier habe ich einen handelsüblichen Laserpointer zur Belichtung eingesetzt. Die Kamera stand in einem ansonsten dunklen Raum auf einem Stativ, und während der 20 Sekunden dauernden Belichtungszeit schwenkte ich den Laserpointer wild hin und her. Der Betrachter erkennt den Schaukelstuhl nur anhand der Veränderungen, die die Lichtspuren machten, als sie auf ihn trafen.

Canon EOS 5D Mark II (Vollformat) | 12 mm | f11 | 20 sek | ISO 100 | Stativ | Laserpointer

Kontinentaldrift
Erst durch die Bewegung der Wolken bekommt dieses Bild seinen dramatischen Touch. In Wirklichkeit zogen diese recht gemächlich dahin. Bei 30 Sekunden Belichtungszeit legen sie jedoch eine beachtliche Strecke zurück, die – im Bild auf einen Augenblick komprimiert – rasant wirkt.

Canon EOS 5D Mark II (Vollformat) | 28 mm | f8 | 30 sek | ISO 500 | Stativ

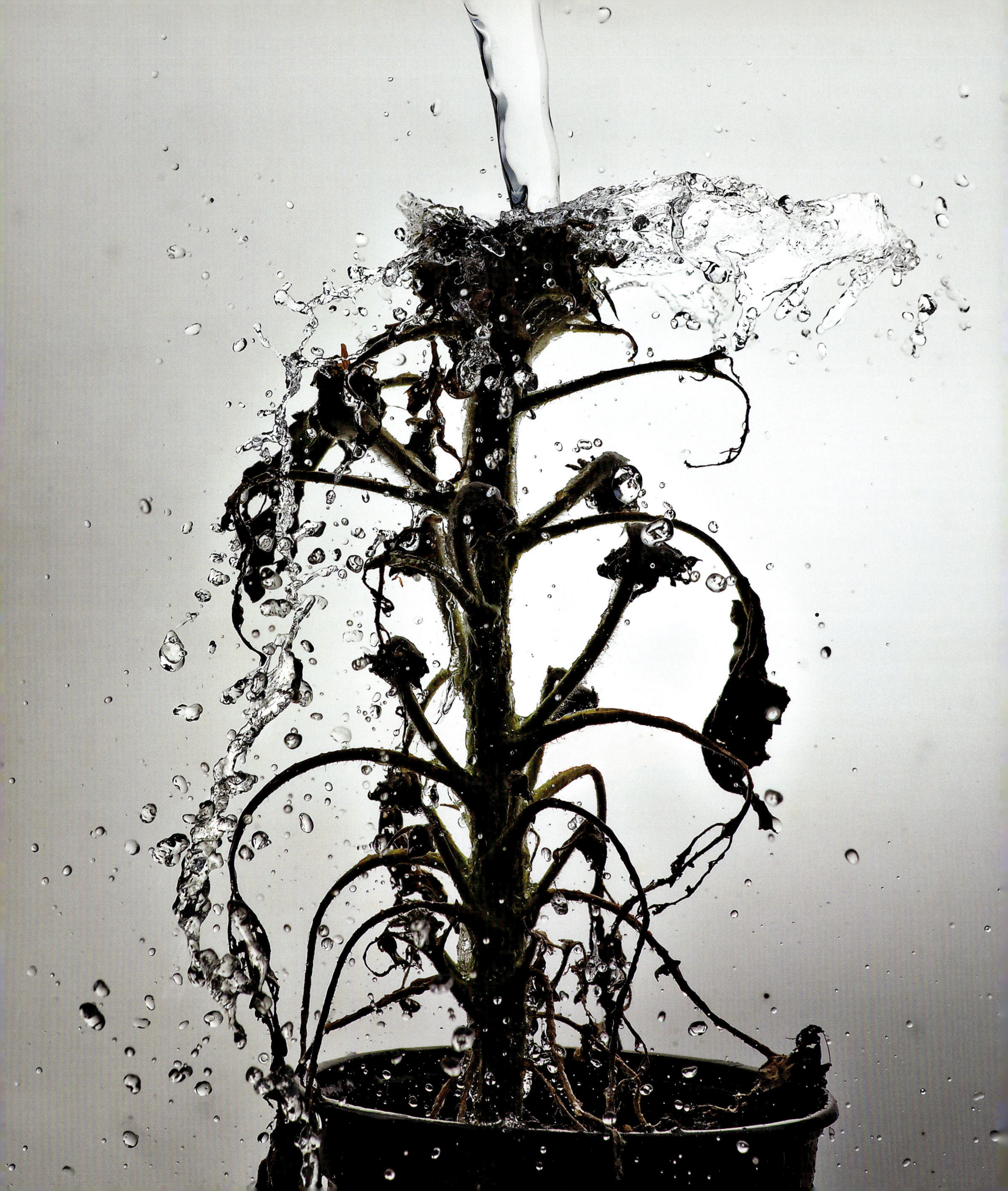

»Hausaufgaben«

Ich hoffe, Sie haben durch dieses Kapitel ein paar Anregungen für die Suche nach eigenen Motiven bekommen. Zum Schluss möchte ich Ihnen noch ein paar »Hausaufgaben« mitgeben – kleine, schnell umzusetzende Fotoaufträge, die als Startpunkt für die Entwicklung eigener Ideen gedacht sind. Nebenbei: Ich würde mich freuen, wenn ich die so entstandenen Fotos zu sehen bekäme – zum Beispiel in der *fotocommunity*.

Aufgabe 1: Aus dem Zusammenhang gerissen | Suchen Sie sich aus Ihrem Haushalt ein Objekt, und verpflanzen Sie es in eine neue Umgebung. Diese sollte einen inhaltlichen oder optischen Bezug zum Objekt haben – wenn auch einen anderen als den ursprünglichen (Beispiel: Quietsche-Entchen in der Nordsee).

Aufgabe 2: Stillleben | Komponieren Sie ein klassisches Stillleben: Ein Tisch mit einer Obstschale darauf, daneben eine Vase. Das Bild sollte möglichst harmonisch wirken, Schale und Vase sollten aus einer gemeinsamen Epoche stammen beziehungsweise einem gemeinsamen Stil folgen. Die Farben im Bild sollten aufeinander abgestimmt sein. Erstellen Sie auch eine Schwarzweißvariante des Bildes. Was könnten Sie nun, da das Gestaltungsmittel »Farbe« wegfällt, am Aufbau oder bei der Lichtsetzung optimieren?

Aufgabe 3: Sechs Quadratmeter | Suchen Sie sich in Ihrem Haus oder im Garten eine ca. sechs Quadratmeter große Fläche und erstellen Sie sechs Bilder – pro Quadratmeter eins. Hierbei kommt es nicht darauf an, die gesamte Fläche lückenlos abzubilden, Sie sollten vielmehr je ein Detail pro Quadratmeter in Szene setzen.

Aufgabe 4: Mächtig und klein | Stellen Sie ein frei gewähltes Motiv möglichst groß und beeindruckend im Bild dar. In einem zweiten Bild fotografieren Sie dasselbe Motiv so, dass es möglichst klein erscheint.

Aufgabe 5: Adjektive | Versuchen Sie Bilder zu schaffen, die Sie mit den folgenden Begriffen beschreiben könnten (je ein Bild pro Adjektiv): alt, eng, weit, fröhlich, durcheinander, unbenutzt, zornig, vergänglich. Denken Sie sich auch weitere Begriffe aus.

Aufgabe 6: Statisch und dynamisch | Erstellen Sie von einem Motiv zwei Bildvarianten: die eine möglichst statisch, ruhig und symmetrisch – die andere dynamisch, mit stürzenden beziehungsweise aufsteigenden Linien.

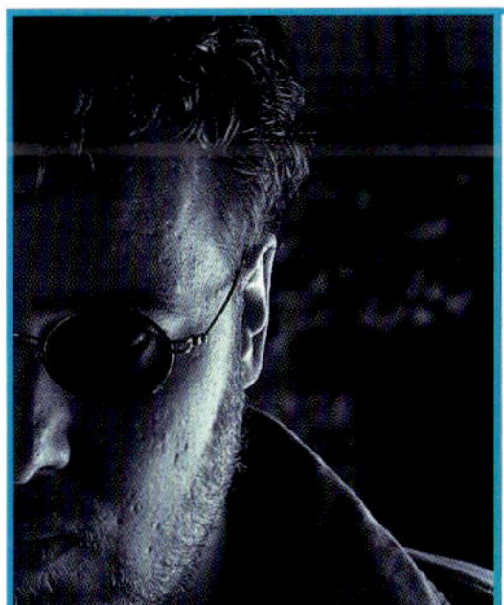

Der Autor

Jahrgang 1970. Nach dem Abitur und diversen Jobs, unter anderem als Packer, Roadie, Fahrradkurier, Security-Mitarbeiter, Yellow-Press-Knipser, blieb ich schließlich in der Werbung hängen und lernte dort nicht zuletzt, dass man alles, aber auch alles interessant darstellen kann, wenn man nur will (oder der Kunde einen dazu zwingt). Momentan arbeite ich als als selbstständiger Grafiker, Illustrator und Fotograf in Hamburg.

www.ad-spice.de

Blumen gießen
Ein entfesselter Kamerablitz, der durch eine hinter der Pflanze stehende Plexiglasplatte abgefeuert wurde, sorgt hier für genügend Licht. Der »eingefrorene« Effekt der Tropfen entsteht nicht durch eine kurze Belichtungszeit, sondern durch die extrem kurze Abbrennzeit des Blitzes.

Canon EOS 5D Mark II (Vollformat) | 65 mm | f16 | 1/125 sek | ISO 200 | entfesselter Kamerablitz

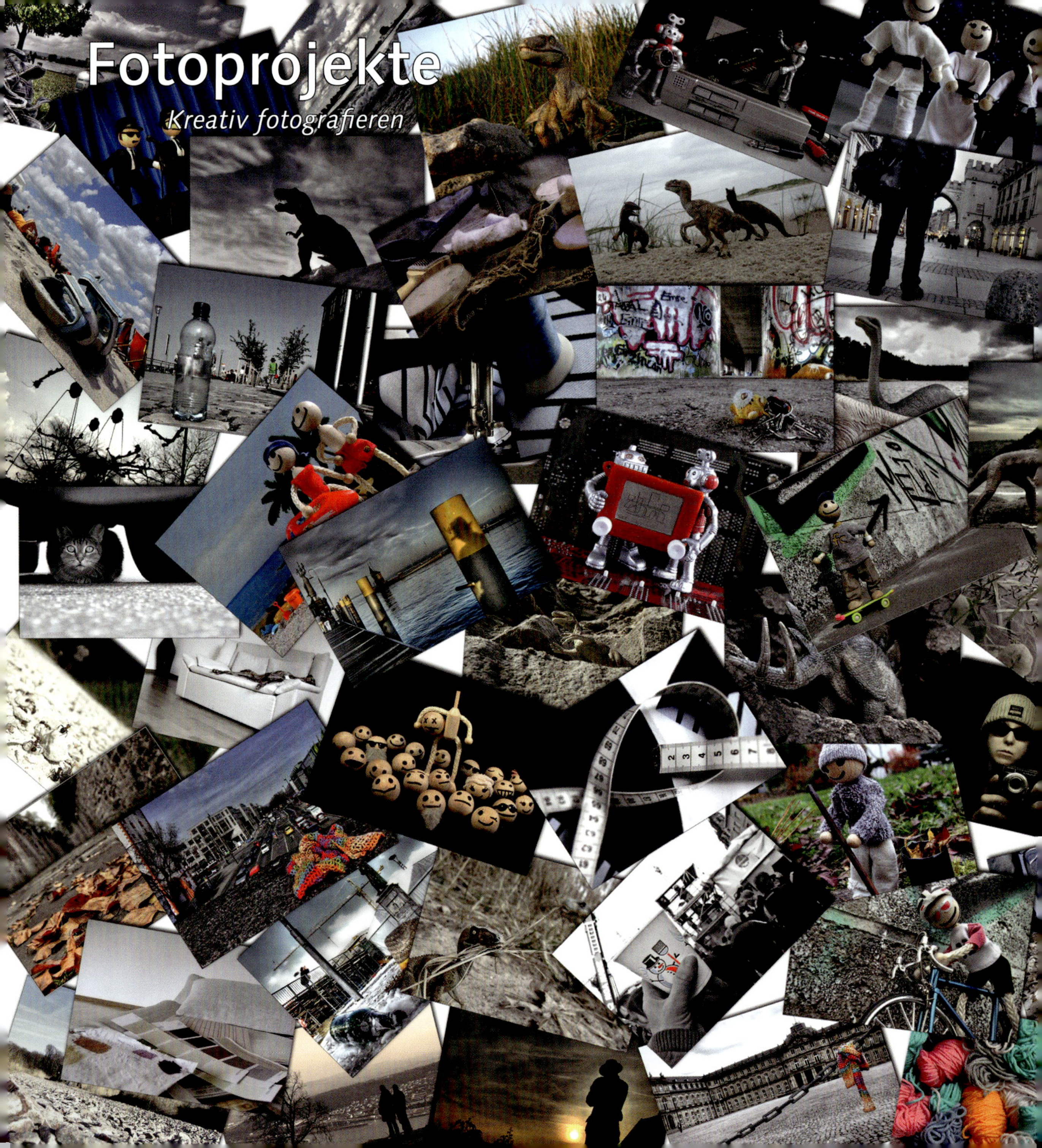
Fotoprojekte
Kreativ fotografieren

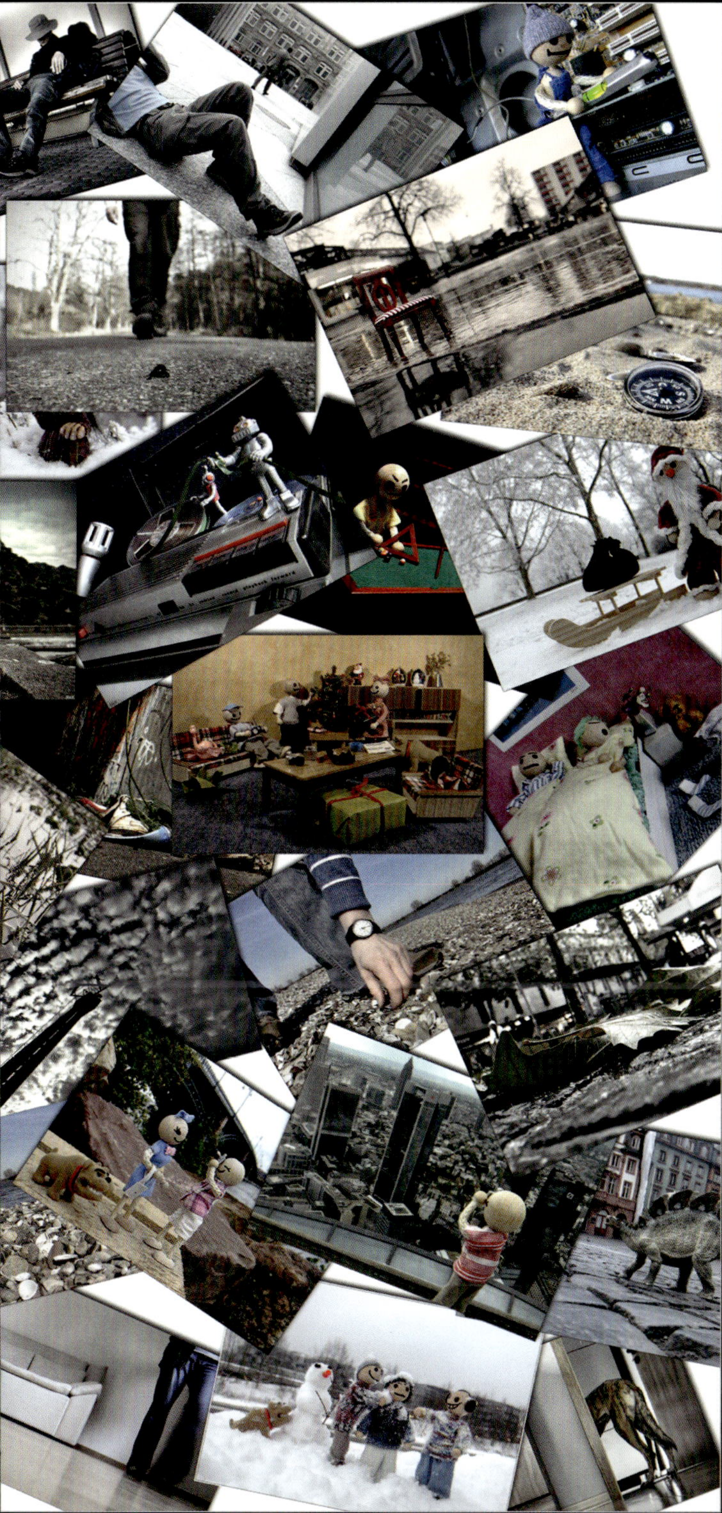

von Anna Gisela Kölsch

Wie können Sie Ihre Fotoideen kreativ umsetzen, und woher bekommen Sie diese eigentlich? Auf den folgenden Seiten möchte ich ein paar meiner Fotoprojekte vorstellen, um hoffentlich diejenigen von Ihnen, die auf der Suche nach originellen Motiven sind, ein wenig zu inspirieren. Ich möchte Ihnen zeigen, wie Sie beim Fotografieren viel Spaß haben können und dass es gar nicht so schwer ist, auch mit einfachen Mitteln eindrucksvolle Bilder zu schaffen.

Meine bunte Fotowelt
Was eignet sich wohl am besten als Titelbild für mein Kapitel? »Am besten alles!«, dachte ich mir und habe diese Collage gebastelt, die schon mal ein Vorgeschmack auf die nun folgenden Themen sein soll. Sie werden einige meiner Lieblingsprojekte kennenlernen, erfahren, wie ich meine Motive finde und wie ich die Fotos bearbeite.

Wo sind sie nur, die Motive?

Das kennen Sie sicher auch: Oft kommt man enttäuscht von der Fototour zurück, weil es mal wieder nichts zu fotografieren gab. Die Motive wollten sich einfach nicht zeigen. Aber wonach haben Sie eigentlich gesucht? In der Mehrzahl der Fälle wissen Sie das vielleicht selbst nicht so richtig. Wo sind also die vielen Sachen, die Sie fotografieren könnten?

Sie sind überall! Sie liegen auf der Straße, und sie warten in der Wohnung darauf, als Motiv entdeckt zu werden. Das sind zum Beispiel Objekte, die Sie in ein Bild integrieren können, Erinnerungsstücke, die sich in interessanter Umgebung präsentieren lassen, oder auch Farben und Muster, die Sie zu Hause oder an anderen Orten finden. Manchmal müssen Sie sie sogar nicht einmal suchen: Es gibt Fälle, da drängen sich einem die Motive regelrecht auf. Vielleicht sind Sie gerade dabei, etwas ganz Alltägliches zu tun wie putzen, Kaffee trinken, Dinge reparieren, oder Sie gehen Ihrem Hobby nach. Und da fallen Ihnen plötzlich lauter interessante Details auf, für die es sich lohnen würde, mal schnell die Kamera auszupacken. Solche Chancen sollten Sie sofort nutzen, denn daraus können sehr schöne spontane Fotos mit Arrangements werden, die Sie in den meisten Fällen nicht mehr nachstellen können oder auf die Sie sonst nie gekommen wären.

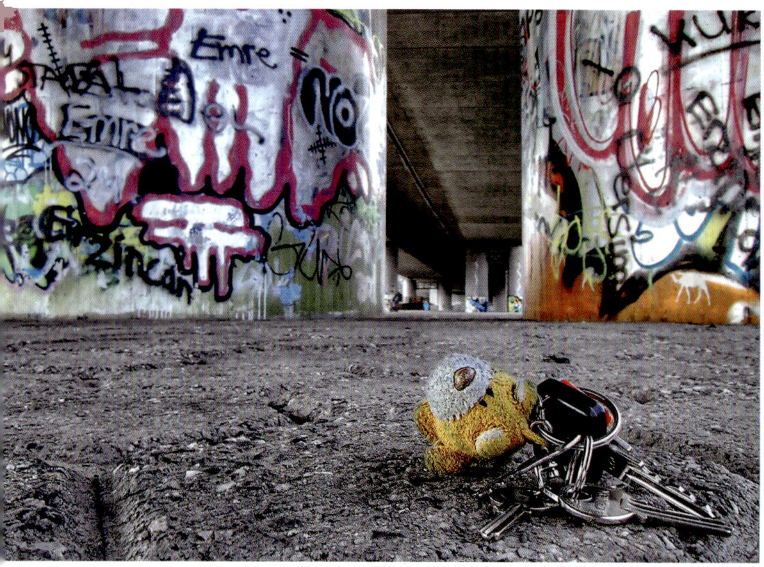

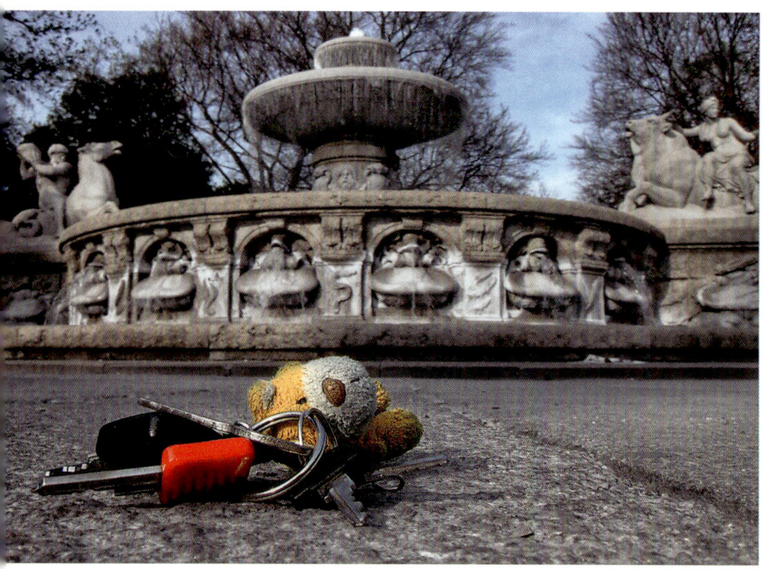

Der Schlüsselbund

Zwar keine bekannte Sehenswürdigkeit, aber ein Hingucker sind sie schon, die bunt bemalten Säulen unter der Opelbrücke in Rüsselsheim (oben). Allerdings fand ich sie ein bisschen langweilig, so ganz ohne etwas Drumherum. Also schnell mal den Schlüsselbund samt Anhänger ausgepackt und auf den Boden gelegt, und mich selbst gleich dazu. Den Bildaufbau gestaltete ich so, dass die Schlüssel und der Durchgang zwischen den Säulen nicht in der Mitte angeordnet sind. Außerdem achtete ich darauf, dass ein Teil des Schlüsselbundes in die Ecke zeigt. Ich mag solche scheinbaren Zufälligkeiten und wende diese Art des Arrangierens sehr oft an. Das Foto habe ich mit Tonemapping bearbeitet, um die Struktur des Bodens zu verstärken, und durch starke Tonwertkorrektur wurden das Weiß leuchtender, das Schwarz tiefer und die Farben kräftiger. Durch Entsättigen habe ich den Gelbstich am Boden und zwischen den Säulen entfernt. Auch den Wittelsbacher Brunnen in München (unten) wollte ich nicht »ganz ohne« fotografieren, und so entstand ein weiteres Foto mit dem orangefarbenen Bärchen am Schlüsselbund. Ich finde es irgendwie witzig, wie es da so liegt und in die Luft guckt, und ich glaube, es wird in Zukunft noch einige meiner Fotos von Sehenswürdigkeiten zieren.

Oben: Fuji FinePix E900 | 7,20 mm | 1/100 sek | f8,0 | ISO 100 | Bearbeitung: Tonemapping, Tonwertkorrektur, Entsättigung von Gelb

Unten: Fuji FinePix E900 | 7,20 mm | 1/25 sek | f8,0 | ISO 100

Sie können theoretisch jeden Gegenstand fotografieren. Vielleicht nicht auf den ersten, aber oft auf den zweiten Blick sind die vielen Dinge, die Sie tagtäglich umgeben, auf irgendeine Art fotogen – und sei es nur der Bleistift in der Schublade. Jeder hat so seine Sachen, die er mag oder mit denen er vielleicht etwas Besonderes verbindet. Das sind bereits sehr gute Voraussetzungen für Bilder, die Geschichten erzählen, und somit für schöne Fotoserien, in denen viel Persönlichkeit steckt.

In den meisten meiner Projekte spielen diverse Figuren und Miniaturen eine Rolle. Ich liebe es, originelle Szenen mit diesen Objekten zu arrangieren. Es regt meine Fantasie an, und ich bekomme dabei so viele Ideen, dass ich mit der Umsetzung gar nicht nachkomme.

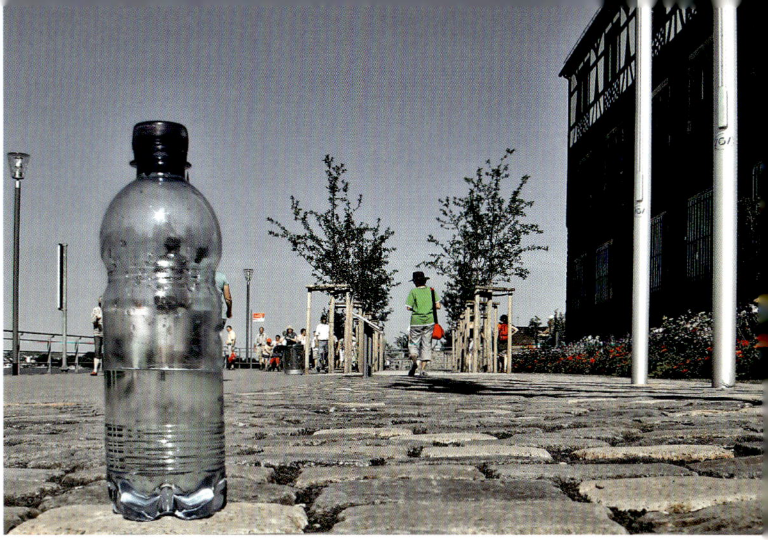

Die Wasserflasche
Im Sommer ist eine Wasserflasche immer dabei und jederzeit einsatzbereit, um ein Foto zu schmücken. Hier habe ich mit der größtmöglichen Schärfentiefe meiner Kompaktkamera fotografiert (Blende 8), damit es nicht so aussieht, als wollte ich nur ein Foto von der Flasche machen. Sie sollte sich harmonisch in die Umgebung einfügen. Die Person im grünen Shirt ist auch kein zufälliger Farbklecks, sondern ich habe sie im richtigen Moment losgeschickt. Das Bild habe ich anschließend mit den folgenden Funktionen bearbeitet: Glättung durch Entfernen von Störungen, Tonemapping, Tonwertkorrektur, Entsättigung einzelner Farben (Gelb, Cyan, Blau).

Fuji FinePix E900 | 9,30 mm | 1/250 sek | f8,0 | ISO 100

Wie mache ich das Beste aus meinen Bildern?

Als Benutzerin einer Kompaktkamera mit wenig technischen Möglichkeiten weiß ich, dass die Bildqualität nicht mit der einer Spiegelreflexkamera vergleichbar ist. Deshalb lege ich immer sehr viel Wert darauf, dass der Inhalt des Bildes interessant, originell und witzig ist. Ich möchte, dass meine Bilder Geschichten erzählen und die Fantasie anregen. Natürlich ist es auch bei kleinen Kompaktkameras unerlässlich, sich mit allen Funktionen vertraut zu machen, um beim Fotografieren die bestmöglichen Ergebnisse erzielen zu können. Es muss nicht immer die Automatik sein. Bei manuellen Veränderungen von Blende oder Verschlusszeit entstehen sehr unterschiedliche Versionen eines Fotos, selbst wenn die Einstellungsmöglichkeiten vielleicht gering sind. Auch die Fokussierung können Sie meistens manuell einstellen, um bestimmte Bereiche im Bild scharf zu bekommen.

Genauso wichtig ist für mich die nachträgliche Bearbeitung der Bilder. Hier können Sie meistens noch sehr viel aus einem nicht ganz perfekten Foto »herausholen« und es somit aufwerten. Ich verwende fast bei allen Bildern die Tonwertkorrektur, um den oft zu matten Bildern mehr Zeichnung und Kontrast zu geben. Genauso oft bearbeite ich die Fotos mit einer speziellen Tonemapping-Software, die unter anderem in der Lage ist, den Dynamikumfang eines Bildes so zu verändern, dass Strukturen sehr schön hervorgehoben und Kontraste ausgeglichen werden – vorausgesetzt, man wendet sie dezent an. Ich setze diese Funktion meistens nur auf einzelne Bereiche im Bild beschränkt ein, indem ich die Bearbeitung auf einer zweiten Ebene vornehme und Teile davon maskiere. Bei störenden Farben (zum Beispiel Blau- oder Gelbstich) verringere ich die Sättigung der jeweiligen Farbe, oder ich wende einen Farbfilter an. Zu den wichtigen Bearbeitungsmethoden gehören ebenso Scharfzeichnen und Glätten. Auch hiermit bearbeite ich meistens nur Teile eines Bildes mit Hilfe von Ebenen. So lassen sich viele Ideen verwirklichen, und der Betrachter sieht den Bildern gar nicht mehr an, dass sie mit einer einfachen Kamera aufgenommen wurden.

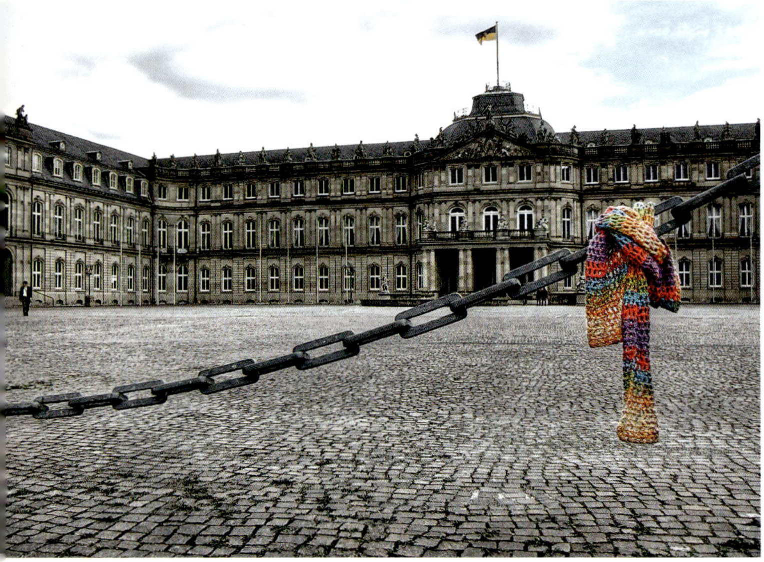

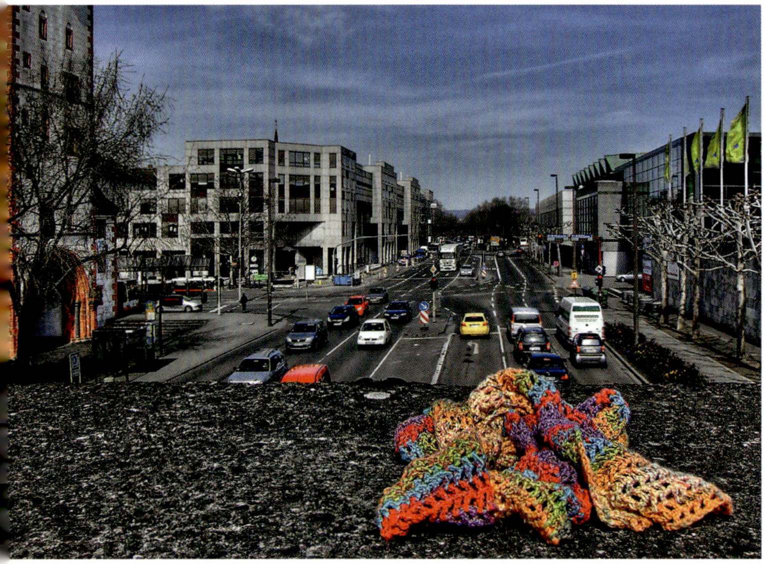

Der bunte Schal
In Stuttgart bringt er Farbe ins fast monochrome Bild (oben), und in Mainz lässt er die Farben noch mehr leuchten (unten), mein bunter Schal im Vordergrund. Auch bei diesen Fotos habe ich wieder eine große Schärfentiefe gewählt, damit nicht der Schal allein zum Hauptmotiv wird. Das obere Bild vor dem Neuen Schloss in Stuttgart wurde zuerst mit Tonemapping bearbeitet, und dann, mit Ausnahme des Schals, stark entsättigt. Dadurch wirkt dieser noch farbenfroher. Für das zweite Bild stand ich auf der Rathausbrücke in Mainz und fotografierte so lange, bis ich alle Ampelphasen durchhatte. Ich suchte mir dann später das Foto mit den meisten bunten Autos aus, um die Farben des Schals im Bild zu wiederholen. Zusammen mit dem blauen Himmel ergab dies ein lebendiges Bild mit schönen knalligen Farben, die ich durch Tonemapping und Tonwertkorrektur noch verstärkte.

Oben: Fuji FinePix E900 | 7,2 mm | 1/60 sek | f8,0 | ISO 100

Unten: Fuji FinePix E900 | 7,2 mm | 1/250 sek | f8,0 | ISO 100

Das passt doch gar nicht?! | Das gehört doch nicht ins Bild! Warum eigentlich nicht? Lassen Sie sich doch einfach nicht mehr vorschreiben, was passt oder was nicht! Es sind oft gerade die vermeintlich unpassenden Dinge, die Aufmerksamkeit erregen. Es sind die Dinge, bei denen Sie zweimal hinschauen, weil sie ungewöhnlich sind, weil man »so etwas noch nicht gesehen hat«. Ein wenig Mut gehört natürlich dazu, immerhin besteht ja die Gefahr, dass Sie von einigen als »verrückt« bezeichnet werden, wenn Sie beispielsweise einen alten Schuh in der Landschaft drapieren oder einen Wecker an den Strand stellen. Andere finden es dafür originell. Also seien Sie ruhig ein bisschen verrückt! Es geht im Grunde alles, Sie müssen sich nur trauen!

Ich habe bei meinen Fototouren in den meisten Fällen wenigstens einen Gegenstand dabei, der mit aufs Bild darf. Manchmal stelle ich ihn nur wie beiläufig an den Bildrand eines Straßenfotos, ein anderes Mal bekommt er seinen Platz im Vordergrund auf dem Boden vor einer wahrscheinlich schon des Öfteren fotografierten Sehenswürdigkeit. Mit den Sehenswürdigkeiten ist es ja so eine Sache: Sie wurden bereits von Tausenden anderen Fotografen abgelichtet. Es gibt unzählige perfekte Fotos vom Dom, vom Hafen, vom Denkmal oder von der Altstadt. Aber auf wie vielen Bildern vom Dom oder vom Hafen sieht man einen Schlüsselbund auf dem Boden oder eine Tasche auf der Mauer? Dinge, die Sie sowieso meist dabeihaben, können also sehr nützlich sein und spontan eingesetzt werden. Natürlich finden sich auch auf der Straße immer wieder weggeworfene oder vergessene Gegenstände, die Sie manchmal nur ein wenig zurechtrücken müssen. So besteht also die Chance, ein Foto zu machen, das anders als die ande-

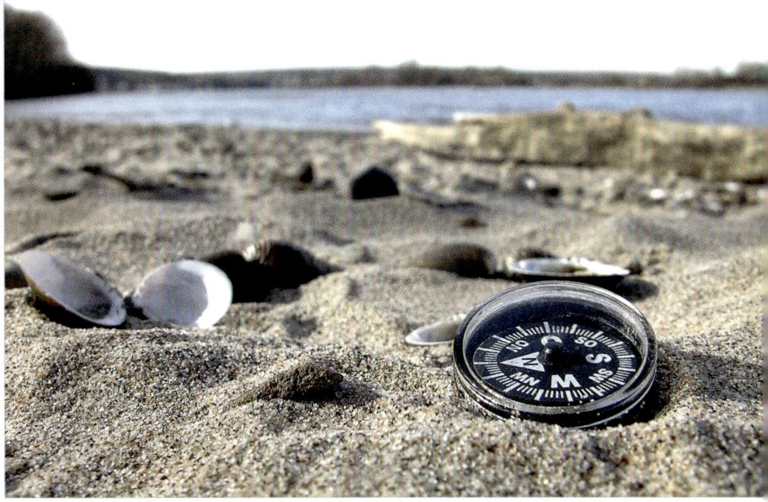

Wo bin ich?
Am Rhein! Aber wahrscheinlich nicht im Westen, der Kompass funktioniert nämlich gar nicht. Muss er auch nicht, er soll ja nur das Bild interessanter machen. Die Muscheln und der Strand haben mir einfach nicht gereicht. Durch die geringe Entfernung bei der Aufnahme, für die ich die Makrofunktion gewählt habe, entstand ein schmaler, streifenförmiger Schärfebereich.

Fuji FinePix E900 | 7,2 mm | 1/160 sek | f5,6 | ISO 100 | Bearbeitung: leichtes Tonemapping im Bereich des Sandes, Tonwertkorrektur

ren ist. Besonders schön finde ich es, einen bestimmten Gegenstand immer wieder an unterschiedlichen Orten auftauchen zu lassen und so eine ganz spezielle Fotoserie zu erstellen. Wenn Sie es einmal ausprobiert haben, werden Sie sicherlich feststellen, dass es sehr viel Spaß macht, und dann werden die Ideen nur so sprudeln. Interessante und lustige Gegenstände gibt es unzählige, und fast jeder lässt sich auf originelle Weise in ein Bild integrieren. Den Möglichkeiten sind dabei keine Grenzen gesetzt.

Geschichten mit kleinen Tieren | Bei einem meiner Projekte habe ich mich Insekten gewidmet und versucht, sie in ihrer gewohnten Umgebung zu fotografie-

Wer war das?
Verwundert fragen sich die Ameisen, wer sie gerade gestört hat ... Hier war es notwendig, viele Aufnahmen zu machen, weil die Ameisen ständig in Bewegung waren. So konnte ich mir nachher das zu meiner Geschichte passende Bild aussuchen. Ich habe mich besonders gefreut, dass die Ameisen der Fußgängerin tatsächlich nachgeschaut haben. Die Fokussierung habe ich so eingestellt, dass der untere Bereich mit den Ameisen scharf wurde. Die Unschärfe des Hintergrunds entstand durch die Makrofunktion und durch die Wahl der höchstmöglichen Blende (2,8 bei meiner Kompaktkamera). Die Belichtungszeit stellte die Kamera automatisch ein.

Fuji FinePix E900 | 7,2 mm | 1/340 sek | f2,8 | ISO 100 | Bearbeitung: Entsättigung, Tonwertkorrektur

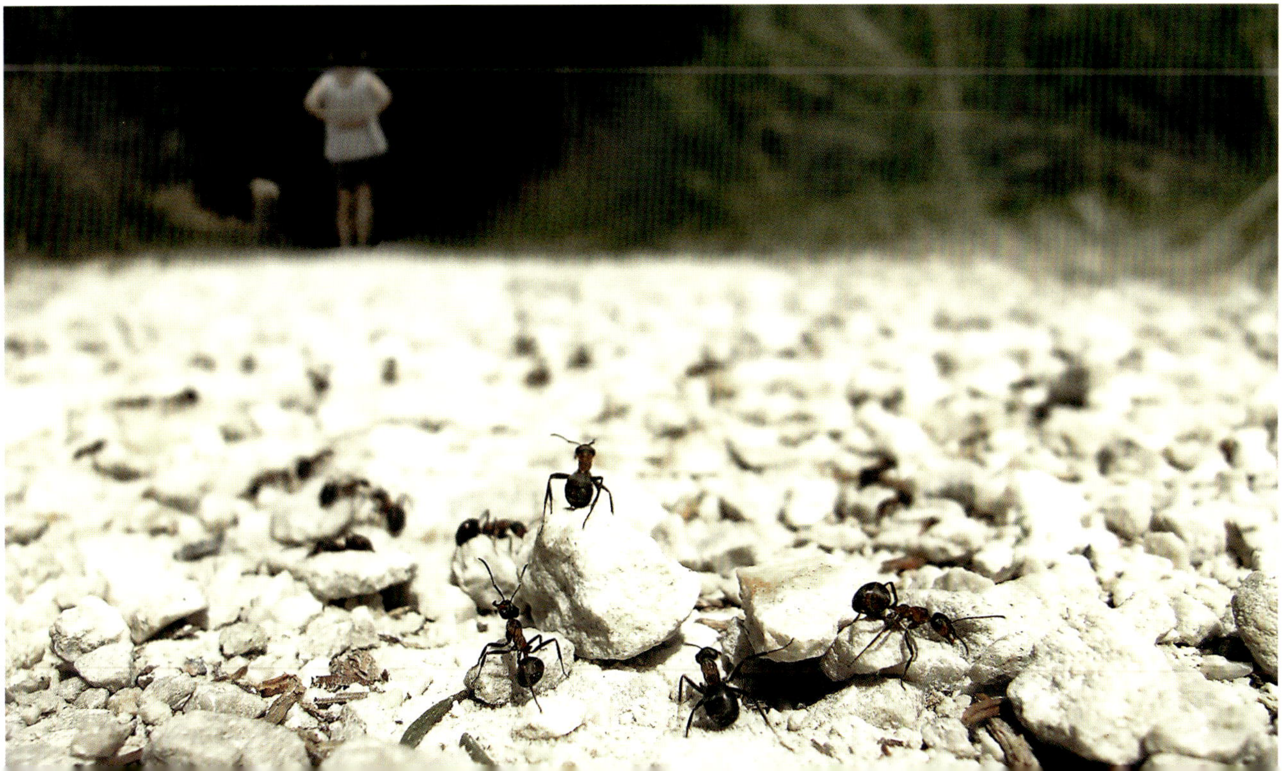

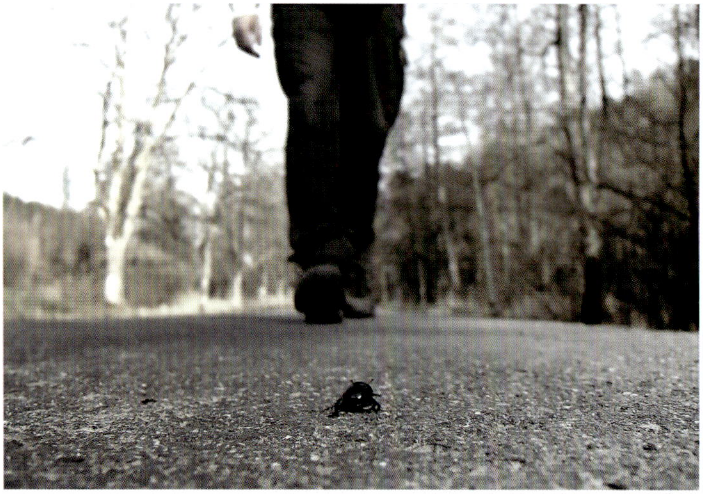

Gefahr im Anmarsch
Mutig stellt sich der kleine Käfer dem herannahenden Ungetüm in den Weg. Hier wählte ich ähnliche Einstellungen und Bearbeitungsmethoden wie beim Bild »Wer war das?«.

Fuji FinePix E900 | 7,2 mm | 1/400 sek | f2,8 | ISO 100

ren. Diese Umgebung wollte ich allerdings etwas spannender inszenieren. Ich wollte, dass die Fantasie des Betrachters angeregt wird und dass er genau weiß, was vor der Szene auf dem Bild passiert ist oder was danach noch passieren wird. Es sollte eine Geschichte werden, die sich im Kopf des Betrachters abspielt, während er das Foto anschaut.

Um dies zu erreichen, stellte ich mir vor, dass sich im Hintergrund etwas ereignen sollte, was die Hauptdarsteller, nämlich die Insekten, in irgendeiner Weise beträfe. Dabei halfen mir jeweils meine Begleiter, indem sie als Nebendarsteller agierten, während ich auf dem Boden lag und die Tierchen fokussierte. Bei solchen Aktionen spielt natürlich auch das Glück eine große Rolle, ich musste die geeigneten Insekten in entsprechender Umgebung ja erst einmal finden. Aber mit ein wenig Aufmerksamkeit und stets offenen Augen entdecken Sie auch die kleinen Dinge, an denen Sie sonst vielleicht achtlos vorübergegangen wären.

Es ist mir bei dieser Art Fotos sehr wichtig, dass immer ein großer Teil des Bodens mit auf dem Bild zu sehen ist, weil dies den Eindruck verstärkt, dass es sich hier um die Welt der kleinen Tiere handelt. Ich lege mich übrigens mit meiner Kamera sehr gerne auf den Boden, weil mich die Sicht von unten einfach fasziniert. Mit solchen Aktionen können einem sehr spannende Fotos mit interessanten Bildaussagen gelingen.

Reise in die Urzeit | Ich gebe zu, bei dem folgenden Tierfoto-Projekt habe ich geschummelt. Die Tiere, die ich fotografiert habe, sind nicht echt – genau genom-

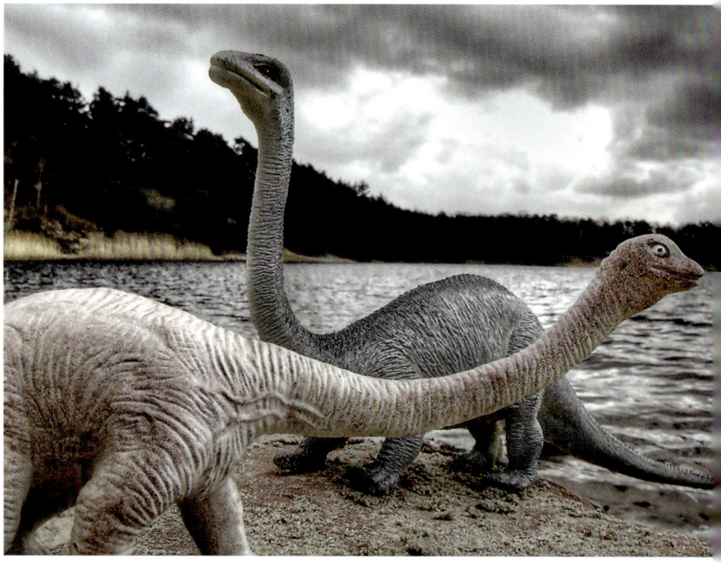

Friedliche Tiere
An meinem Lieblingsbadesee konnte ich im Winter dieses Foto realisieren. Die düsteren Wolken an diesem Tag waren wie geschaffen für ein Urzeit-Foto. Da die 25 cm großen Dinos nicht so real aussehen wie einige meiner anderen Figuren, versuchte ich, besonderen Wert auf den Gesamteindruck des Bildes zu legen. Der Eindruck einer echten Szene musste hauptsächlich durch den Bildaufbau erzeugt werden. Ich arrangierte die zwei Dinosaurier so, dass es sehr zufällig wirkt: Einer läuft im Vordergrund gerade ins Bild, und der andere schaut unbeteiligt in die entgegengesetzte Richtung. Bei der Bearbeitung habe ich das Düstere der Wolken durch Tonemapping und Tonwertkorrektur noch verstärkt.

Fuji FinePix E900 | 7,2 mm | 1/400 sek | f8,0 | ISO 100

Pangaea

Wie mag der Urkontinent wohl ausgesehen haben? Auf diesem Bild befindet er sich auf der Nordseeinsel Norderney. Inmitten der Dünen habe ich diese Szene mit den ca. 15 cm großen Figuren an einem regnerischen, wolkigen Tag aufgebaut. Durch die gewählte Perspektive von unten erscheinen die kleinen Tiere größer, und es ist viel Weite zu sehen. Das Wasser im Hintergrund ist nur eine Pfütze, die sich nach einem starken Regenfall gebildet hatte. Auf dem Originalfoto waren die Saurier sehr dunkel, was ich durch ein leichtes Tonemapping korrigieren konnte. Dadurch kam auch die Struktur des Sandes schön heraus, und die Wolken wurden noch ein wenig dramatischer. Auch die Tonwerte habe ich verändert, um die Kontraste zu verstärken.

Fuji FinePix E900 | 7,2 mm | 1/450 sek | f5,0 | ISO 100

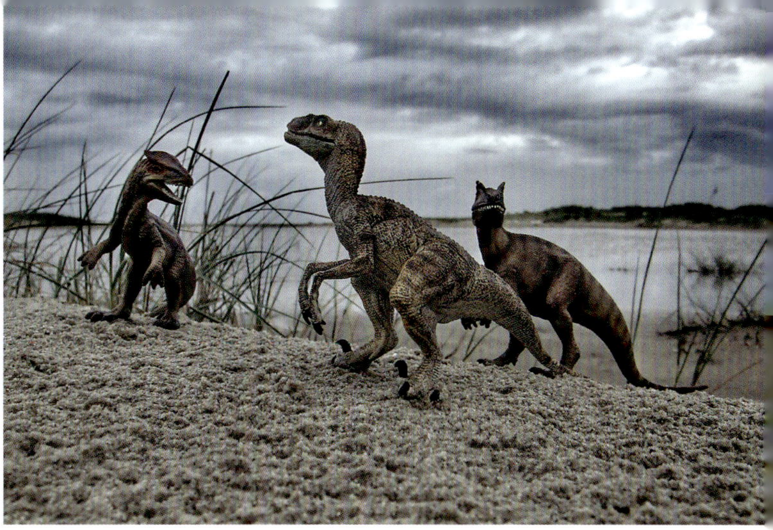

Nestbau

Mitten im Schilf entstand eines der wenigen Fotos, bei denen ich nicht von unten fotografiert habe. Hier sollte es so aussehen, als hätte ich die beiden, die hier gar nicht so groß erscheinen (in Wirklichkeit sind sie 15 und 25 cm klein), zufällig beim Sammeln von Ästen erwischt. Ich benutzte die Makrofunktion und fokussierte die Figur unten links. Mit der Belichtungszeit habe ich ein wenig experimentiert, um verschiedene Ergebnisse zu bekommen. Bei Motiven, die sich nicht bewegen, hatte ich dazu natürlich genügend Zeit.

Fuji FinePix E900 | 7,2 mm | 1/160 sek | f6,4 | ISO 100 |
Bearbeitung: Tonemapping, Entsättigung, Tonwertkorrektur

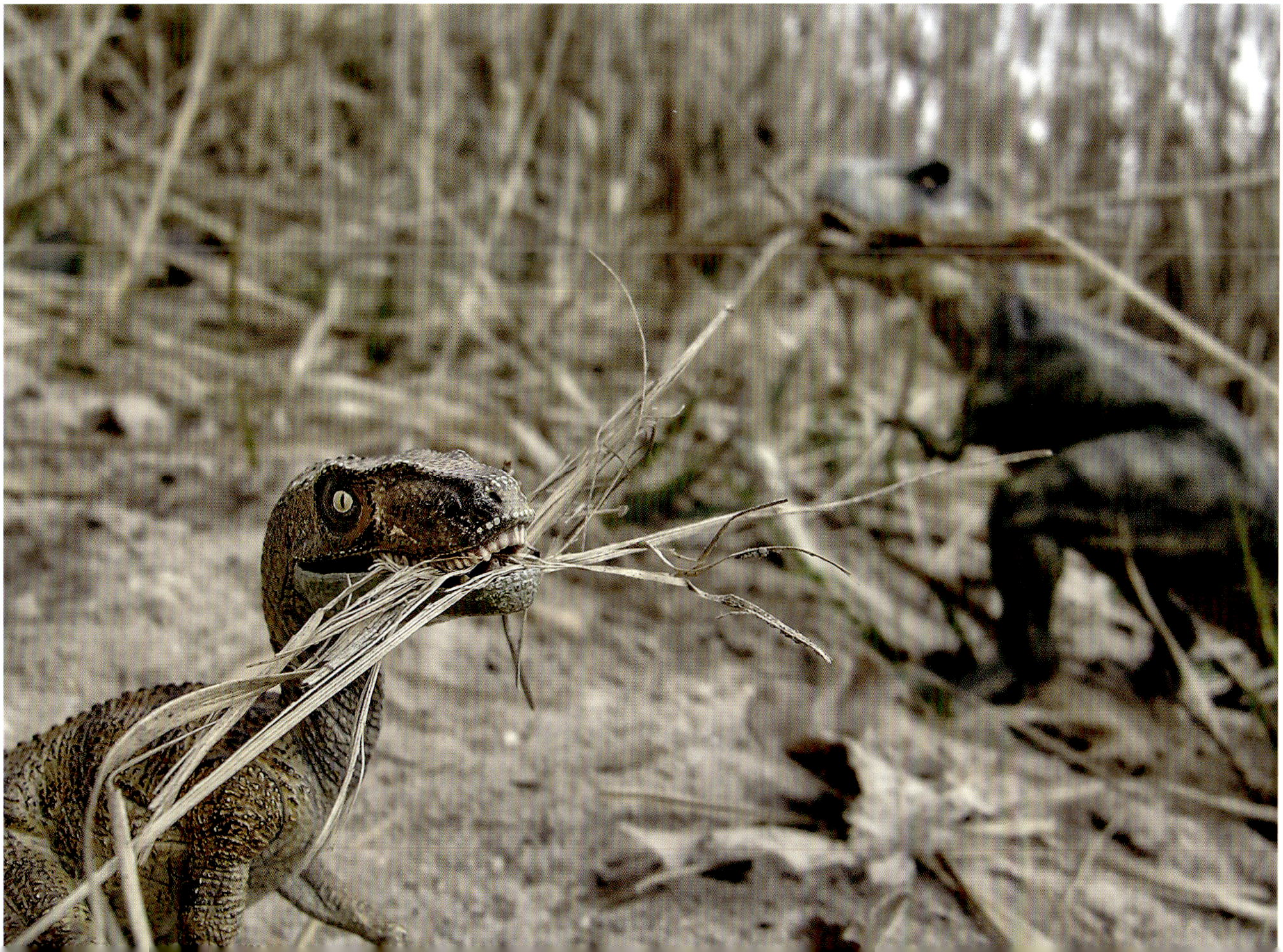

Badetag

Dieses Bild habe ich an einem sonnigen Tag am Rhein fotografiert. Das Wasser war an diesem Strand schön flach, so dass es für die kleinen Figuren sehr gut gepasst hat. Ich suchte mir die beste Stelle mit einem kleinen »Felsen« im Wasser und versuchte, die Tiere irgendwie lebensecht zu gruppieren. Damit die Köpfe in den Himmel ragten, fotografierte ich wieder von unten, mit der Kamera direkt auf dem Boden. Dadurch entstand auch der unscharfe Bereich im Vordergrund. Um alle Spuren von Zivilisation zu beseitigen, habe ich Häuser und Strommasten am gegenüberliegenden Ufer nachträglich in der Bildbearbeitung weggestempelt.

Fuji FinePix E900 | 7,2 mm | 1/640 sek | f4,0 | ISO 100 | Bearbeitung: Tonemapping, Entsättigung, Tonwertkorrektur, Retusche

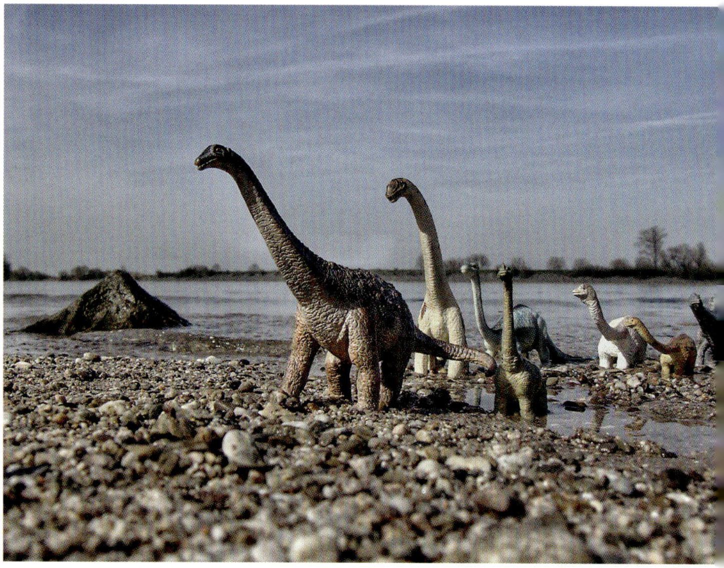

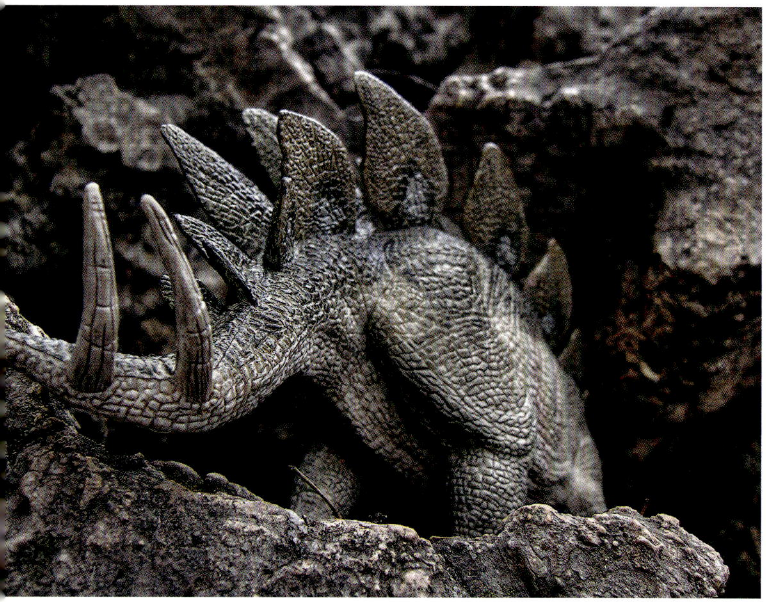

Lasst mich in Ruhe!

Kein Wunder, dass der »Kleine« die Flucht ergreift: Bei dieser Aufnahme befanden sich hinter mir mehrere erstaunte Spaziergänger, die stehen geblieben waren, weil sie wissen wollten, was es da zu sehen gäbe. Sie fragten erschrocken, was das denn für ein Tier sei, und die Kinder wollten erst recht nicht mehr weitergehen. So macht Fotografieren noch mehr Spaß!

Fuji FinePix E900 | 7,2 mm | 1/15 sek | f4,5 | ISO 100 | Bearbeitung: Tonemapping, Entsättigung, Tonwertkorrektur

men gibt es sie gar nicht mehr, die Velociraptoren, Triceratopse, Stegosaurier und den T-Rex. Ich habe sie für meine Fotos zum Leben erweckt. Dazu benötigte ich weder Dinosaurier-DNA noch magische Kräfte, sondern einfach nur ein paar Miniaturen dieser wunderbaren, gigantischen Tiere. Ich hatte vor, sie so aussehen zu lassen, als hätte ich sie in freier Natur entdeckt und fotografiert. Mit einem Rucksack voller prähistorischer Modelle machte ich mich also auf den Weg in den Wald, an den See und ins Feld, um Stellen zu finden, an denen die Saurierfiguren echt aussehen könnten. Sowohl der Unter- als auch der Hintergrund, aber auch passende Pflanzen und Steine in der richtigen Größe waren wichtige Kriterien für die perfekte Illusion meiner Urzeitfotos.

Wozu ist das Zeug noch nütze? | Wer hat sie nicht seit Jahren zu Hause im Keller oder in der hintersten Ecke im Schrank: die alten Gebrauchsgegenstände, die man nicht mehr benutzt, oder Erinnerungsstücke, die man aus Sentimentalität aufgehoben hat? Dinge, die einem beim Aufräumen immer mal wieder in die Hände fallen, bei denen man sich dann fragt, ob man sie nicht endlich entsorgen sollte? »So etwas wirft man doch nicht

Die alten Kassetten

Weil mir bei diesen Bildern jedes Detail wichtig war, habe ich die kleinste Blende meiner Kamera (Blende 8) gewählt. Da es meine Kamera bei nahen Aufnahmen nicht ganz schafft, alles auf dem Bild scharf abzubilden, habe ich auch zu diesem Zweck mehrere Fotos mit unterschiedlichen Schärfepunkten gemacht und sie später zu einem einheitlich scharfen Bild zusammenmontiert.

Fuji FinePix E900 | 7,2 mm | 1–2 sek | f8,0 | ISO 100 | Bearbeitung: Tonemapping, Tonwertkorrektur, Entsättigung, Montage

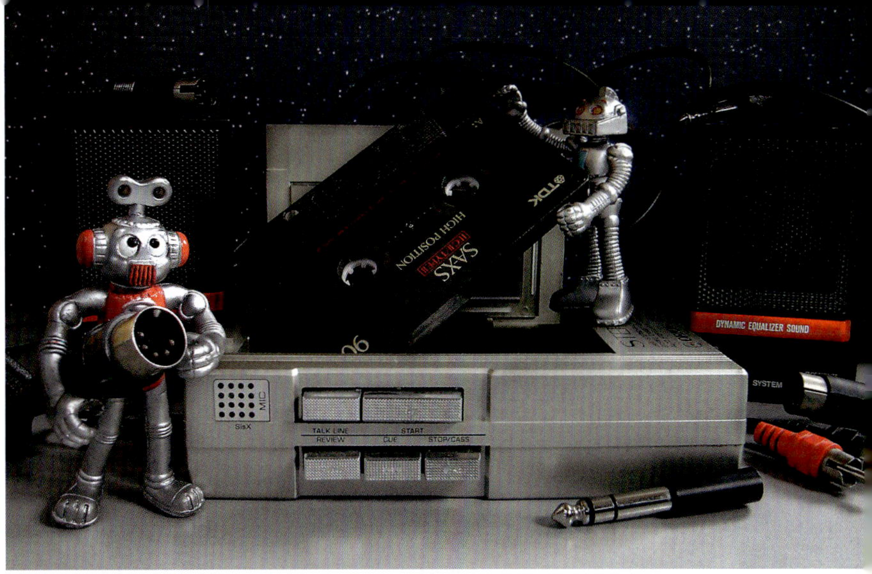

Das alte Tonband

Als Kind habe ich damit die neuesten Hits im Radio aufgenommen, dann stand es ungenutzt in der Rumpelkammer herum. Jetzt spielt es statt Musik eine Rolle in diesem Foto. Ich baute das Motiv auf dem Boden auf. Als Hintergrund diente ein Fotokarton mit Sternenhimmel, den ich im Bastelladen gefunden hatte. Ich beleuchtete die Szene mit zwei kleinen Halogen-Tischlampen, denen ich einen dünnen grauen Stoff überwarf, damit das Licht nicht zu hart wirkte. Statt den Blitz der Kamera zu benutzen, habe ich eine längere Belichtungszeit eingestellt. Die Kamera stand auf einem kleinen Ministativ mit Gummibeinen, die man sehr schön zurechtbiegen kann. Da die Roboter auf allen Bildern immer viel zu hell im Gegensatz zur Umgebung waren, habe ich mehrere Fotos mit verschiedenen Belichtungszeiten gemacht. So konnte ich später die weniger belichteten Roboter in ein Bild einmontieren, bei dem das Tonband die richtige Helligkeit hat.

Fuji FinePix E900 | 7,2 mm | 1–2 sek | f8,0 | ISO 100 | Bearbeitung: Tonemapping, Tonwertkorrektur, Entsättigung, Montage

einfach weg!«, sagen Sie sich dann vielleicht und finden es schade, dass diese schönen Sachen einfach in Vergessenheit geraten sind.

In meinem Fall sind dies zum Beispiel alte Hi-Fi-Geräte aus meiner Kindheit wie Tonband, Kassettenrecorder und die dazugehörigen Bänder und Kassetten. Ich habe es nie übers Herz gebracht, mich von diesen Geräten zu trennen, aber wirklich nützlich sind sie nicht mehr. Oder vielleicht doch?! Und schon hatte ich eine Idee, wie ich sie so verewigen kann, dass ich andere an einem kleinen Stückchen meiner Kindheitserinnerung teilhaben lassen kann: Sie müssen natürlich fotografiert werden!

Aber fotografieren allein war mir nicht genug. Um sie spannend in Szene zu setzen, damit sie nicht so aussehen, als wollte ich sie in einer Internetauktion versteigern, habe ich sie zu Requisiten gemacht für zwei meiner Lieblingsdarsteller: die Roboter. Dabei handelt es sich um ca. 10 cm große bewegliche Gummifiguren. Ich mag diese kleinen Kerle, seit ich sie in der Grabbelkiste eines Spielwarenladens gefunden hatte. Jetzt schienen sie wie geschaffen für mein neuestes Projekt. Ich ließ die Roboter mit den Requisiten agieren und präsentierte diese gleichzeitig auf eine originelle Art.

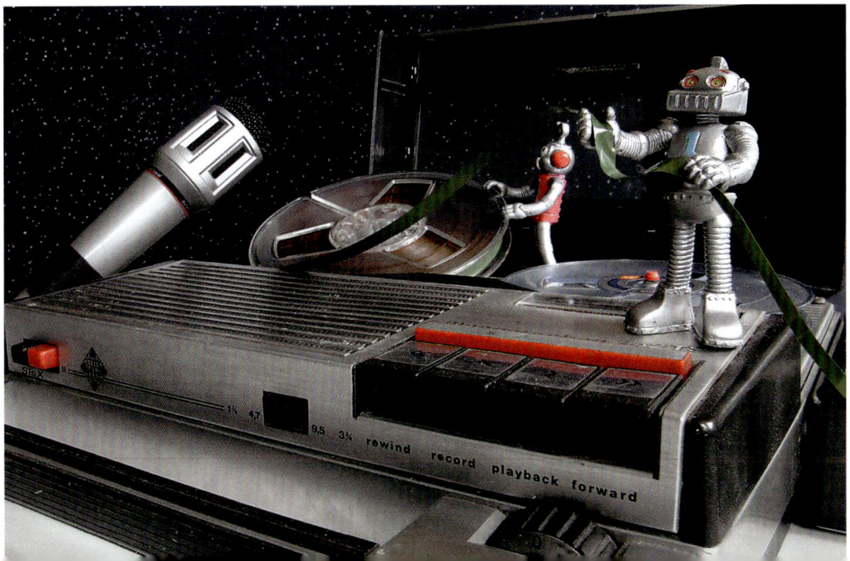

Die Holzköpfe | Meine liebsten Geschichtenerzähler, die immer wieder in neue Rollen schlüpfen und damit viel Beifall ernten, sind kleine, 14 cm große Sisalpüppchen mit abnehmbaren Holzköpfen. Hier habe ich mein zweites Hobby neben dem Fotografieren zu einem Fotoprojekt vereint: das Nähen und Basteln. Ich fing an, passende Kleider und Accessoires für die Männchen anzufertigen, um sie in eine arrangierte Kulisse zu stellen. Mit einer Menge Ideen im Kopf suchte ich in Bastel- und 1-Euro-Läden nach geeigneten Details für meine Szenenbilder. Natürlich fand sich auch bei mir zu Hause einiges an brauchbaren Requisiten. Zum Glück habe ich mich nie von meiner Überraschungseiersammlung getrennt oder die alten Barbiesachen weggegeben. Auch an alten Klamotten zum Zerschneiden mangelte es nicht. Ich schneiderte aus Socken und T-Shirts kleine Mützen und Pullover, und aus abgeschnittenen Hosenbeinen wurden kleine Jeans. Auf die Holzköpfe malte ich Smiley-Gesichter in verschiedenen Variationen, passend für alle Gelegenheiten. Zunächst beschränkte ich mich darauf, meine Szenen zu Hause aufzubauen und zu fotografieren.

Bald fing ich auch damit an, die Männchen draußen zu fotografieren. In der Fototasche ist daher stets ein Plätzchen für diverse Figuren und sonstige Requisiten reserviert. Auch immer dabei: Klebeband, Stecknadeln, Nähgarn und ähnliche Utensilien zum schnellen Befestigen von Teilen. Damit die Männchen draußen auch stehen bleiben, bekommen sie meistens ein Stückchen Knetmasse auf die Fußsohlen, wenn ich sie nicht gerade direkt in den Schnee oder Matsch stecken kann.

Meine Inspiration für die Bilder bekomme ich von überall her. Manchmal finde ich beim Spaziergang ein Motiv und habe sofort eine Idee, was ich dort arrangieren könnte, oder mir fällt zuerst ein Kostüm für die Männchen ein, und ich suche das passende Motiv dazu. Die Ideen kommen beim Fernsehen, beim Lesen, beim Ausgehen und manchmal auch im Schlaf.

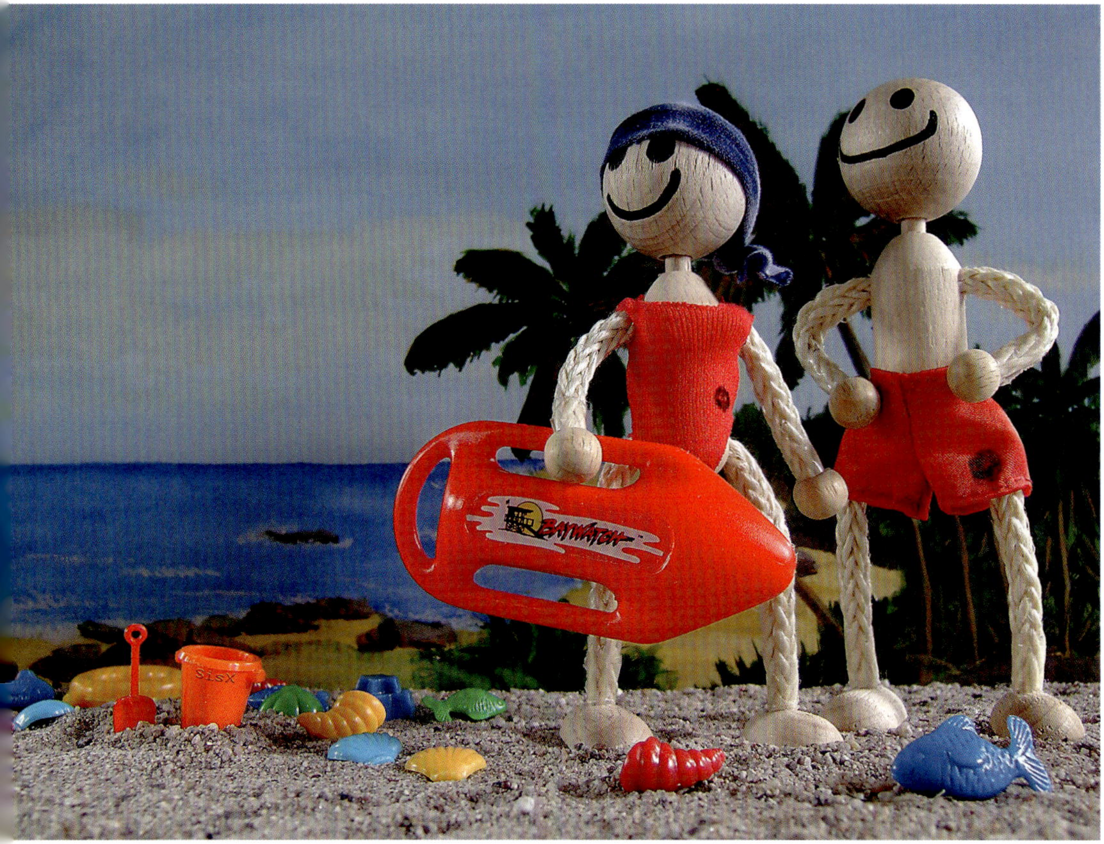

Baywatch
Als Motivhintergrund eignete sich hier ein gemaltes Bild mit kräftigen Farben, passend zum bunten Strandtreiben. Das Spielzeug war früher mal in Kekspackungen (ich hebe ja alles auf), und die Rettungsboje gehört eigentlich Barbie. Ich platzierte die beiden Männchen in der rechten Hälfte des Bildes vor den gemalten Palmen, damit auf der anderen Seite ein wenig freier Raum bleibt und das Bild nicht überladen wirkt.

Fuji FinePix E900 | 7,2 mm | 1/9 sek | f2,8 | ISO 100 | Bearbeitung: Tonwertkorrektur, leichtes Tonemapping am Sand und an den Figuren

Billard

Für dieses Bild habe ich ein schwarzes Bücherregal ausgeräumt, um daraus einen Billardraum zu machen. Der Tisch inklusive Zubehör stammt aus dem Spielwarenladen (ich konnte nicht widerstehen), die Trikots der Spieler habe ich wieder in mühsamer Kleinstarbeit selbst genäht. Am allerwichtigsten war hier die Beleuchtung, es sollte ja möglichst so aussehen wie in einem echten Billardlokal, nämlich mit punktuellem Licht von oben auf den Tisch. Dafür bastelte ich eine Abdeckung aus Backpapier für die kleine Halogenlampe und schnitt ein kleines Loch hinein. Die Lampe richtete ich von oben auf den Tisch. Ansonsten war es ziemlich dunkel im Regalfach. Mit der Kamera auf dem Stativ (dieses Mal musste ich nicht auf den Boden) konnte ich Fotos mit einer längeren Belichtungszeit machen. Nach mehreren Versuchen mit unterschiedlichen Einstellungen hatte ich dann das Bild mit der richtigen Helligkeit. Nachträglich habe ich den dunklen Bereich um das Motiv herum mittels Tonwertkorrektur noch etwas mehr abgedunkelt.

Fuji FinePix E900 | 7,2 mm | 1 sek | f4,0 | ISO 100

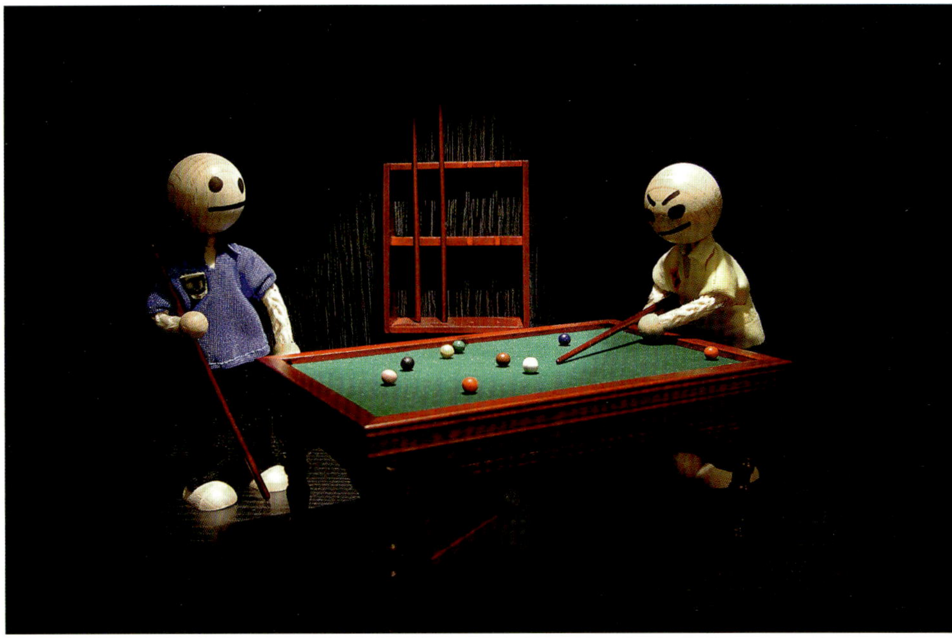

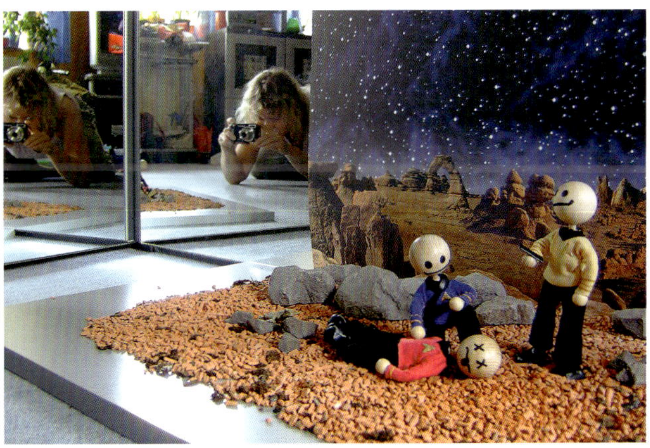

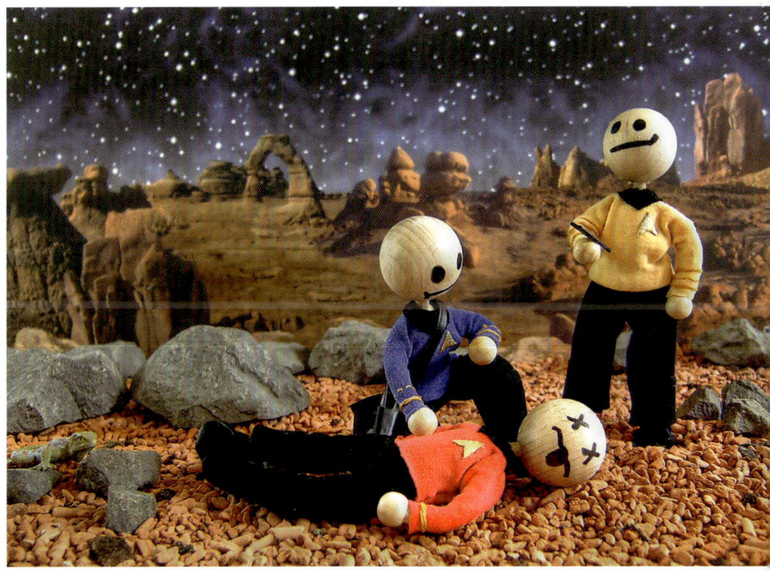

Making-of

So sieht es aus, wenn ich die Motive zu Hause aufbaue: Die aufgeklappten Türen des Spiegelschranks reflektieren das Tageslicht, das seitlich durch das Fenster kommt. So wird das Motiv ausreichend von mehreren Seiten beleuchtet. Man weiß sich ja zu helfen …

Raumschiff Enterprise

Ein paar Steine, etwas Pflanzengranulat, ein bedruckter Fotokarton – und fertig war das Set für Captain Kirk & Co. Schon die Vorfreude darauf, dieses Bild zeigen zu können, zauberte mir beim Fotografieren ein permanentes Grinsen ins Gesicht :-).

Fuji FinePix E900 | 7,2 mm | 1/4 sek | f2,8 | ISO 100 | Bearbeitung: Tonemapping, Tonwertkorrektur

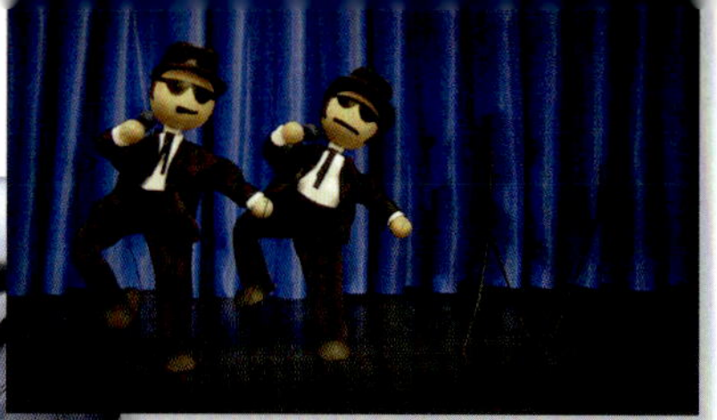

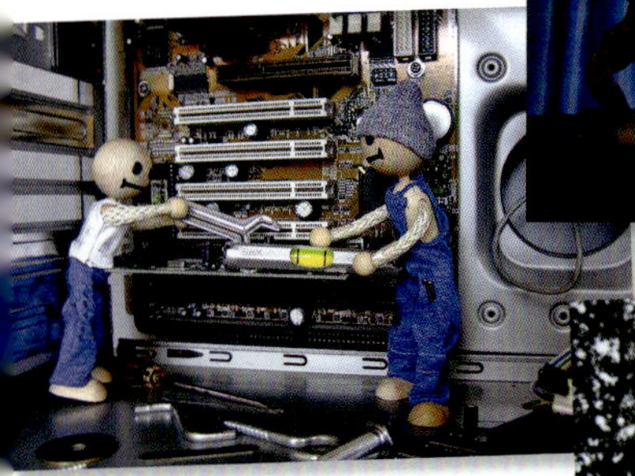

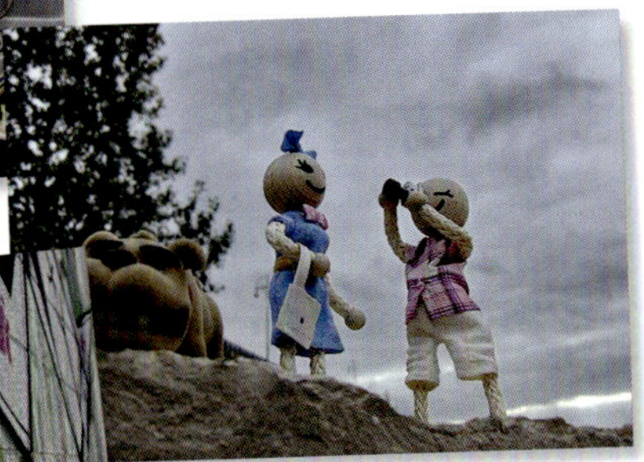

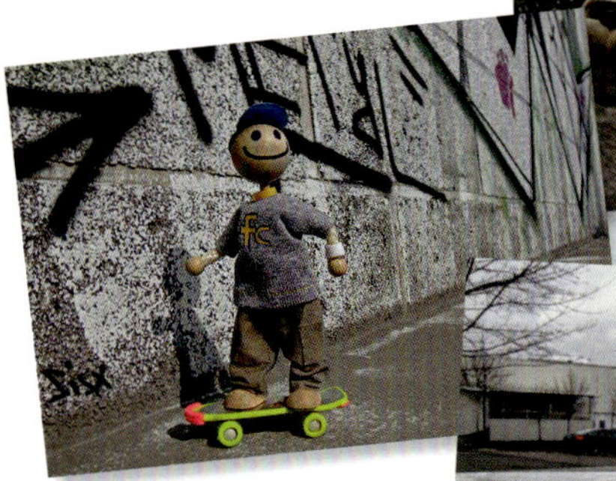

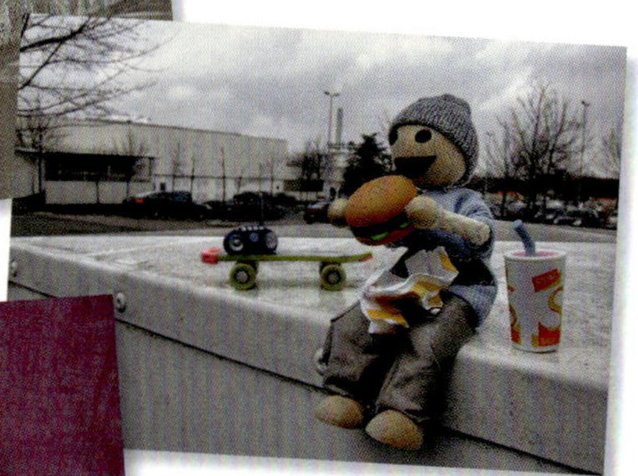

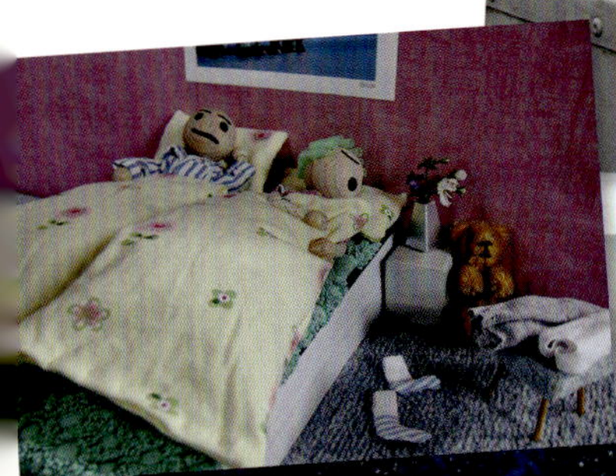

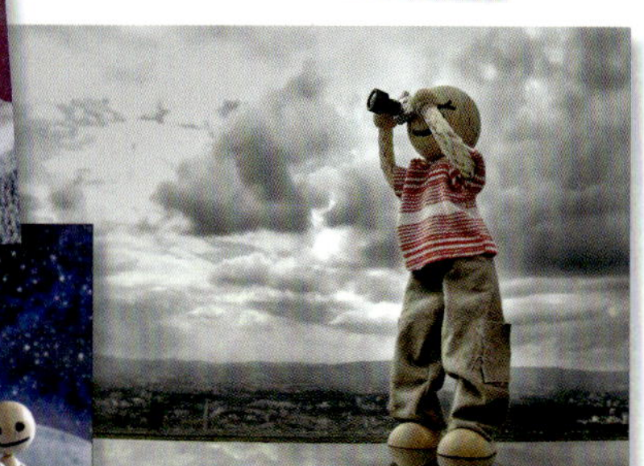

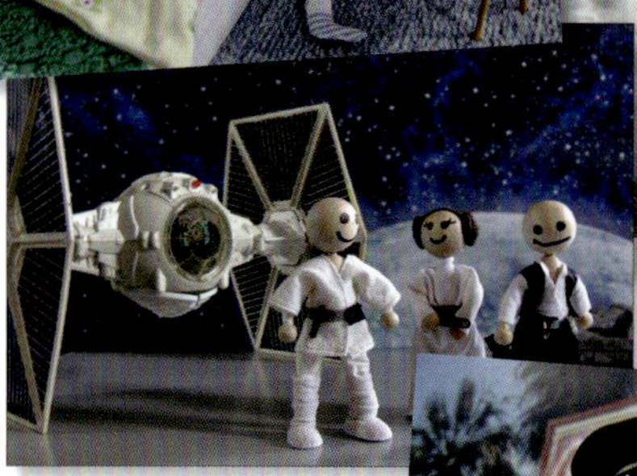

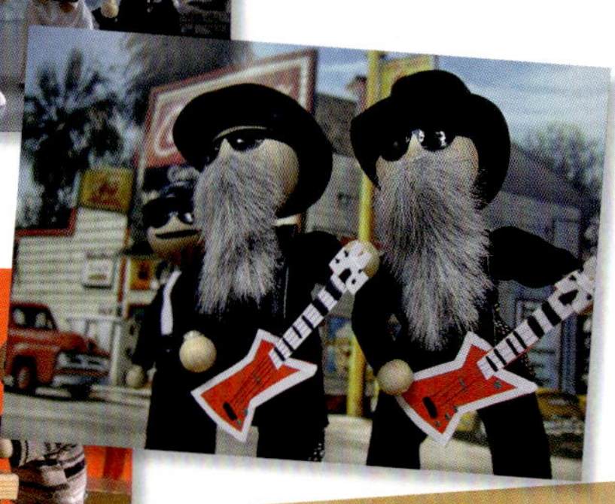

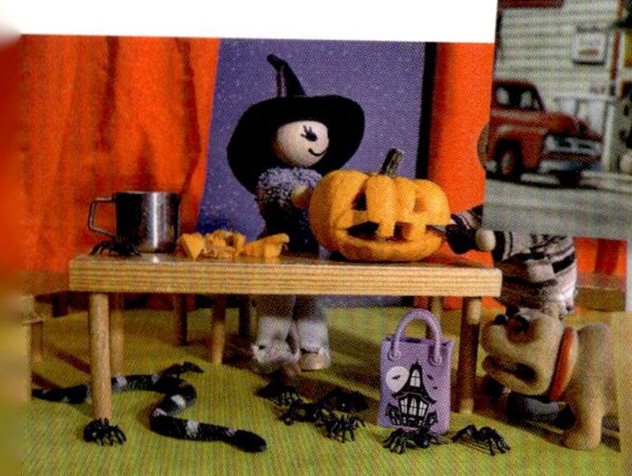

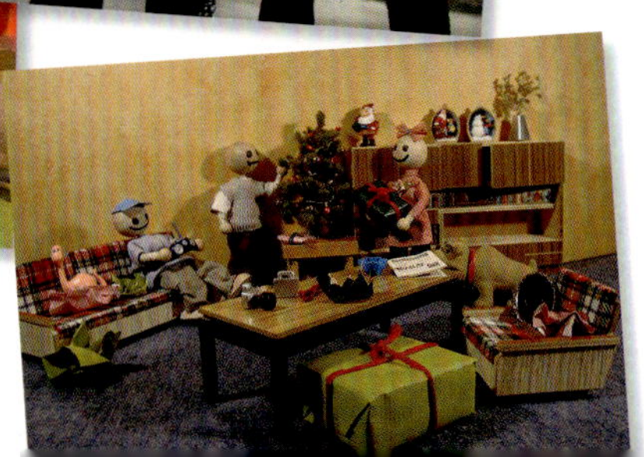

Winterspaß

Die neuen selbst gestrickten Pullover waren fertig, und ich wollte endlich wieder einen Schneemann bauen. Auf einem Parkplatz an der Straße machte ich mich an die Arbeit, und zwar auf einem großen Schneehaufen, was zum einen der perfekten Perspektive diente und zum anderen sehr praktisch war, weil ich mich fürs Fotografieren nicht in den Schnee legen musste. Durch die Erhöhung konnte ich sehr schön die Straße mit aufs Bild nehmen, dadurch wirken die Szenen realer. Auf der Suche im Schnee nach Dekorationen für den Schneemann wurde ich nicht richtig fündig, deshalb hat es nur für ein Auge gereicht. Zum Glück hatte ich wenigstens eine »Nase« dabei. Dem Schnee habe ich bei der Bearbeitung durch Tonemapping und Tonwertkorrektur etwas mehr Struktur und Kontrast verliehen, und den anfangs zu starken Blaustich habe ich herausgefiltert.

Beide Aufnahmen: Fuji FinePix E900 | 7,2 mm | 1/38 sek | f2,8 | ISO 100

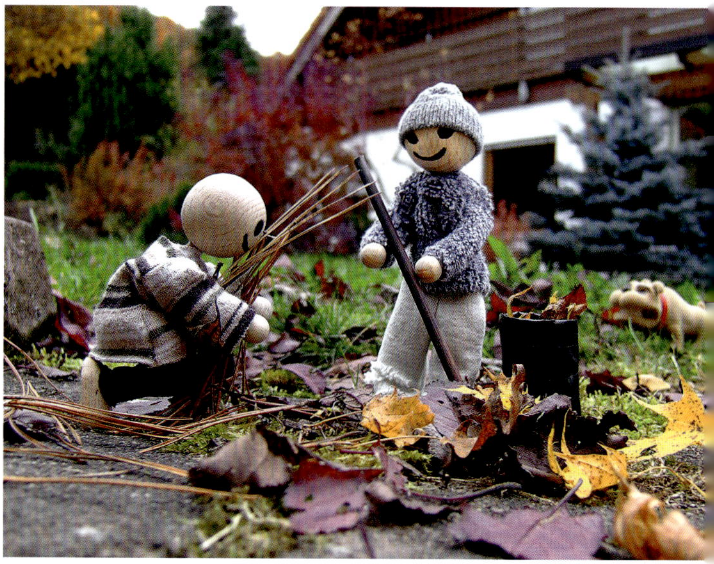

Gartenarbeit

Im Herbst gibt es viel zu tun. Auch die Holzköpfe müssen mit anpacken. Die Requisiten für dieses Foto lagen überall im Garten herum, ich musste sie nur sammeln und um die Männchen herum verteilen. Die wunderbaren Herbstfarben haben mich zu diesem Foto inspiriert, und ich versuchte, eine möglichst lebensnahe Szene darzustellen, indem ich mich besonders auf kleine Details konzentrierte, wie zum Beispiel den Hund im Hintergrund oder den kleinen Mülleimer und den Besenstiel. Ich liebe es, solche Kleinigkeiten in ein Bild zu integrieren.

Fuji FinePix E900 | 7,2 mm | 1/28 sek | f2,8 | ISO 100 | Bearbeitung: leichte Tonwertkorrektur

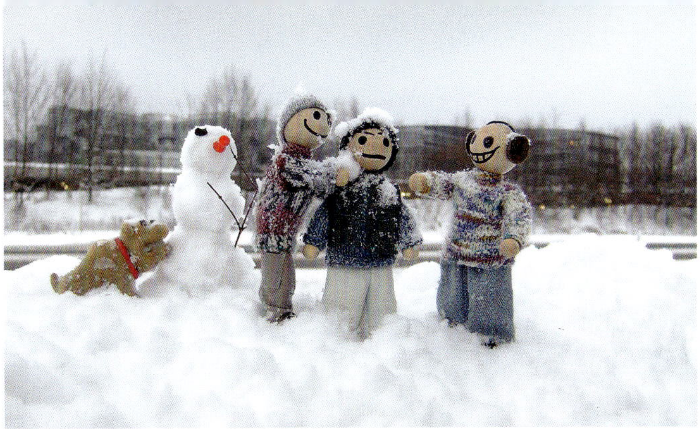

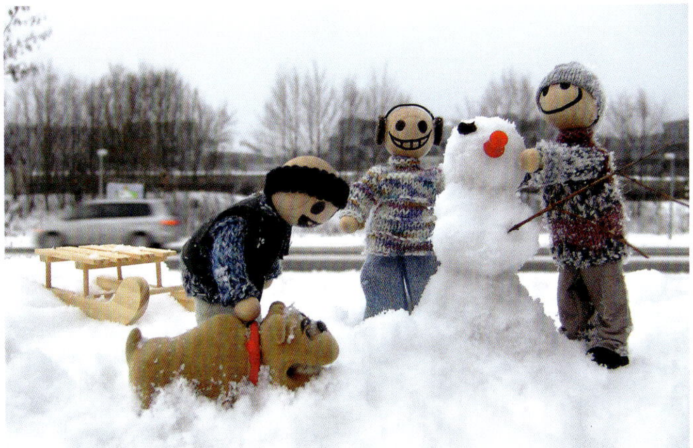

Ich stelle Filmszenen und Alltagssituationen nach, und ich zeige die Figuren bei der Arbeit und in der Freizeit. Bis heute entstanden so schon über 30 Fotos mit verschiedenen Szenen, und auch jetzt ist das Projekt noch lange nicht abgeschlossen, weil ich immer noch Ideen habe, die ich unbedingt umsetzen will. Von den Püppchen habe ich immer einen Vorrat in der Schublade, weil ich sie inzwischen gar nicht mehr umstyle, sondern nach dem Fotografieren in die Vitrine stelle.

Farben, Muster und Details | Manchmal ist es gar nicht ein Objekt selbst, das mich zu einem Foto inspiriert, sondern hauptsächlich seine Farben und Muster oder seine kleinen Details. Die kunstvoll bemalte Vase, die bunt gemusterte Decke, Tapeten, sogar die Struktur von Kleidung erregt meine Aufmerksamkeit, und ich überlege mir, wie ich diese Dinge eindrucksvoll darstellen kann. Es soll ja nicht wie ein nur abfotografiertes Design aussehen. Hier bietet das Basteln einer Collage aus mehreren Einzelbildern eine gute Möglichkeit, einfache

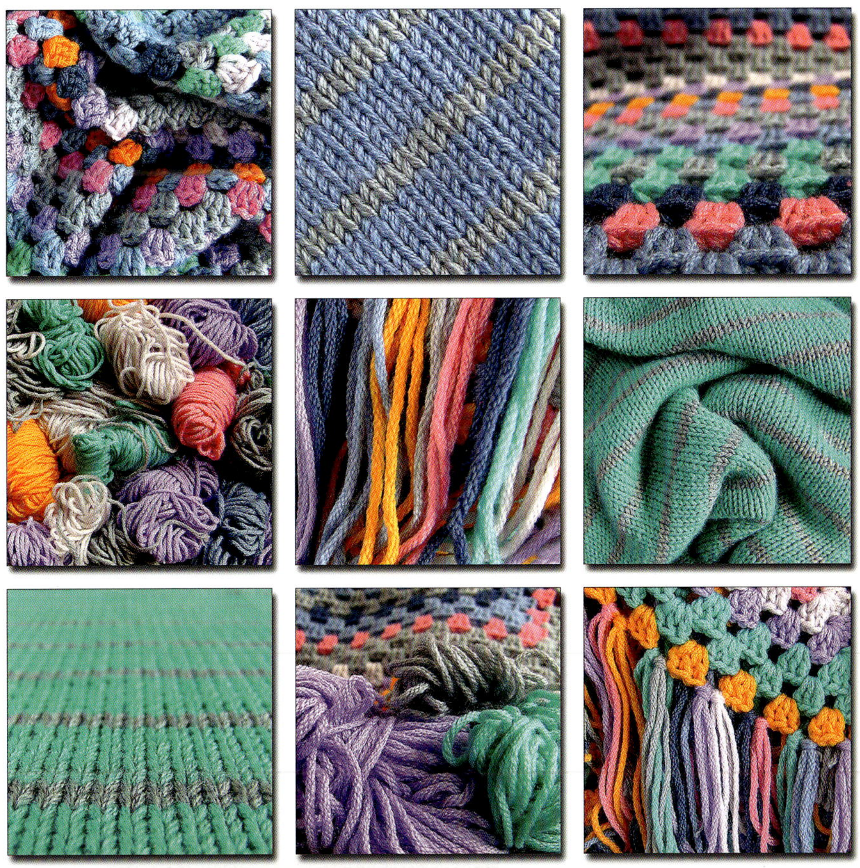

Bunte Farben
Diese neun Motive, alle aus der gleichen Wolle, habe ich in der Wohnung bei Tageslicht aufgenommen. Zum Reflektieren des Lichts diente mir eine silberne Folie, die eigentlich für Windschutzscheiben gedacht ist. Ich drapierte sie um das Motiv herum, wodurch die Schatten nicht zu stark ausfielen. Ich arbeitete mit verschiedenen Blendeneinstellungen, um unterschiedliche Schärfentiefen zu erzielen, und wählte diverse Perspektiven, um die Collage abwechslungsreich zu gestalten. Aus den fertigen Fotos wählte ich quadratische Ausschnitte, die ich als einzelne Ebenen in eine Datei mit weißem Hintergrund einfügte, in der ich sie dann durch Verschieben nach Wunsch sortieren konnte. Dabei habe ich besonders darauf geachtet, dass alles gleichmäßig verteilt wirkt und nicht zwei ähnliche Fotos nebeneinanderliegen. So etwas kann mich sehr lange beschäftigen, weil ich oft denke, dass es eine noch besser passende Verteilung geben könnte, und ich dann demzufolge immer wieder neu sortiere. Aber irgendwann musste ich mich einfach für eine Version entscheiden.

Muster und Details eines Objekts aus unterschiedlichen Perspektiven und Entfernungen fotografiert zu zeigen, ohne dass es eintönig wirkt.

Bei solchen Collagen sollen es nicht in erster Linie die einzelnen Fotos, sondern die Gesamtkomposition sein, die die Wirkung ausmachen.

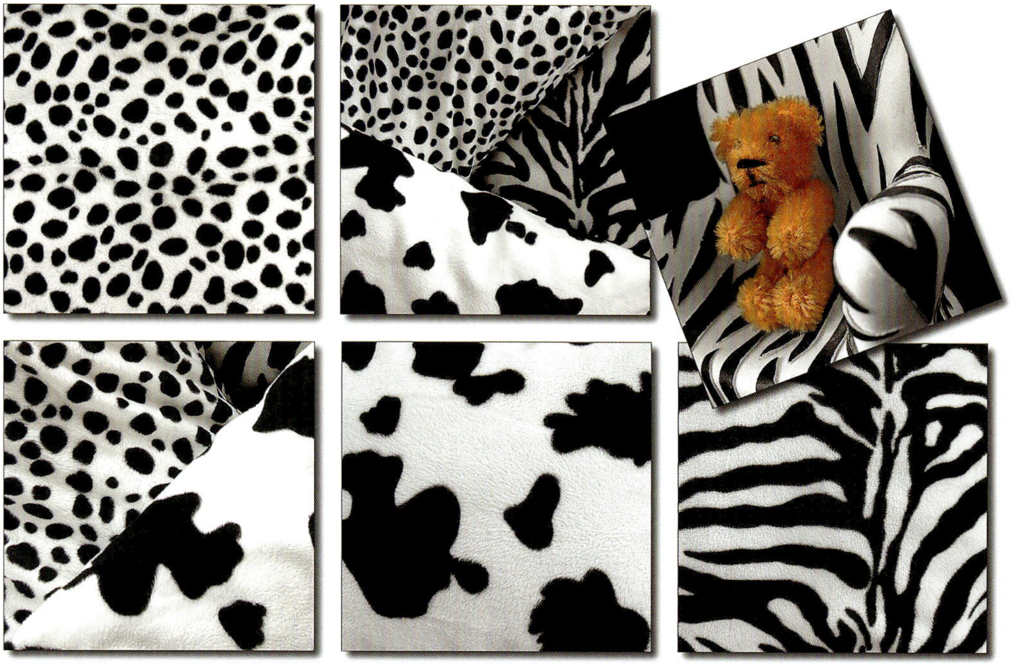

Schwarzweiße Muster
Hier habe ich die Muster meiner Sofakissen zum Motiv gemacht und zusätzlich noch ein kleines, »aus dem Rahmen fallendes« Detail eingebaut. Bei der Anordnung der Einzelbilder habe ich dieses Mal vor allem darauf geachtet, dass sich die Muster auf einem jeweils angrenzenden Foto wiederholen. So wirkt das Gesamtbild ein wenig so, als wäre es ein in mehrere Teile zerschnittenes Einzelbild.

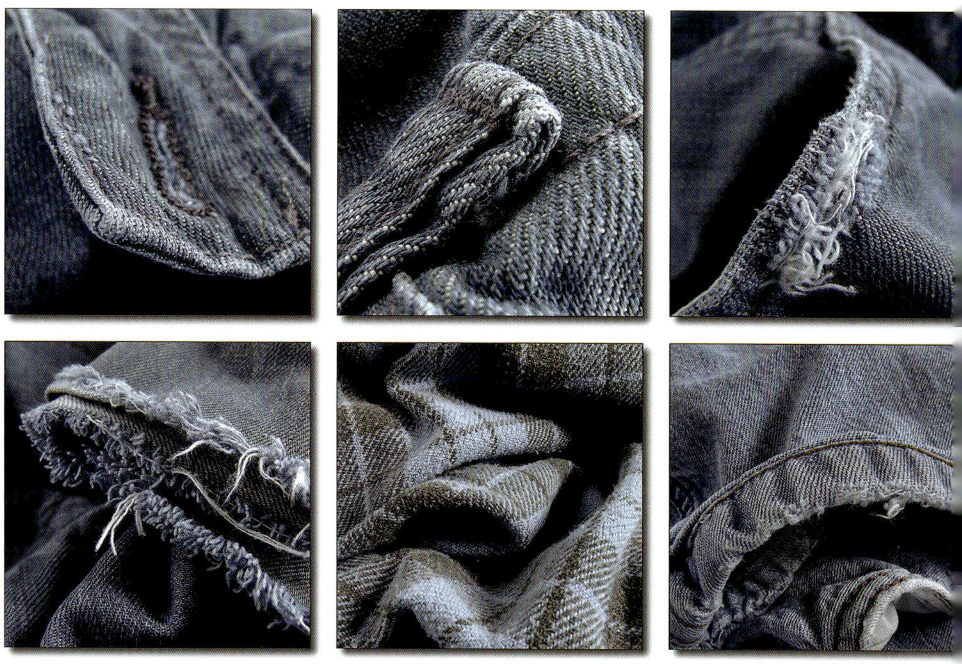

Jeans-Details
Bei genauem Hinsehen bietet so eine Jeans eine Menge fotogener Details, vor allem, wenn sie richtig alt und zerschlissen ist. Für den »Ausreißer« in dieser Collage habe ich auch noch ein altes kariertes Hemd herausgekramt, das farblich gut dazu passt. Ich mag Dinge, die im Grunde nicht zum Motiv gehören. Damit das Gesamtbild, das ja fast nur aus einer Farbe besteht, nicht eintönig wirkt, habe ich die Tonwerte so verändert, dass die Schatten sehr dunkel und die hellen Stellen strahlender ausfielen.

Schnappschüsse und zufällige Arrangements

Natürlich mache ich nicht nur Fotos, auf denen alles von mir arrangiert wird. Meine Kamera habe ich immer dabei, egal, wo ich bin – die Kompaktkamera passt ja auch in jede Handtasche. Daher bin ich jederzeit gerüstet für den Fall, dass sich mir etwas Originelles oder Außergewöhnliches in den Weg stellt. Da ich meine Umgebung meistens sehr intensiv betrachte, fallen mir oft Szenen und Details auf, bei denen ich sofort ein Bild im Kopf habe und genau weiß, wie es am Ende aussehen soll. Bei solchen Gelegenheiten habe ich selten Zeit, verschiedene Kameraeinstellungen auszuprobieren. Stattdessen knipse ich einfach drauflos. Da kommt es natürlich auch schon mal vor, dass ich ein Foto mit einem zwar tollen Motiv, dafür aber leider mit total schlechter Qualität mitnehme: zu dunkel, zu hell, zu verrauscht, oder es sind Dinge mit im Bild, die stören. Da ich aber auf die Fotos nicht verzichten und sie trotzdem zeigen will, versuche ich – mit allen möglichen Tricks, die das Bildbearbeitungsprogramm hergibt –, ansehnliche Bilder daraus zu machen. Es macht mir mindestens genauso viel Spaß wie das Fotografieren selbst, später an den Fotos herumzubasteln und sie manchmal auch komplett zu verändern.

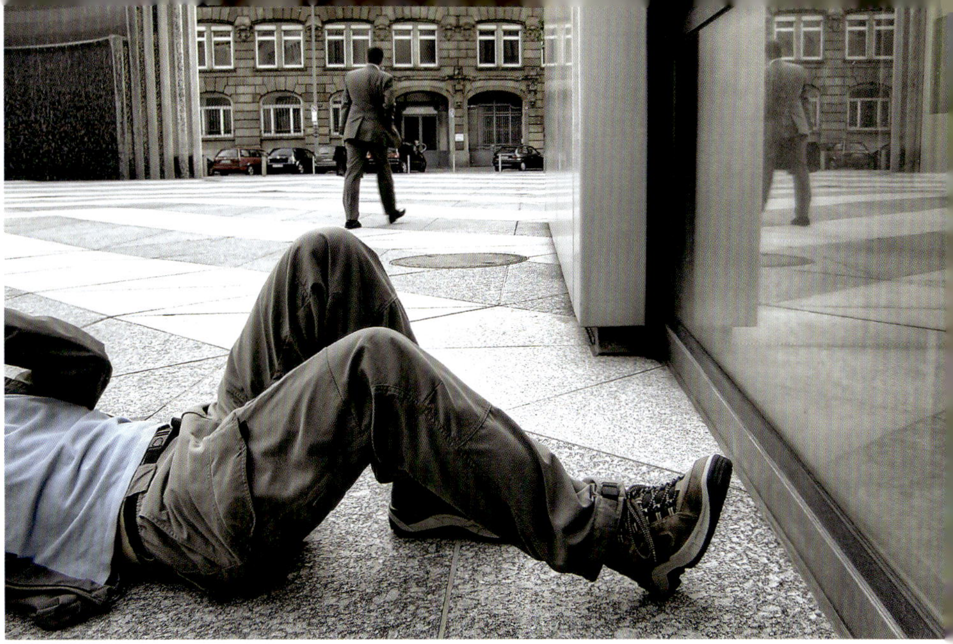

Nur die Hälfte
Es muss nicht immer alles mit aufs Bild. Fotos mit Menschen darauf gestalte ich fast immer so, dass diese nicht zu erkennen sind. Zum einen kann ich die Bilder dann jederzeit problemlos veröffentlichen, und zum anderen finde ich es witzig, wenn der Betrachter nicht genau erfährt, was auf dem Foto gerade passiert. Der liegende Herr hier fotografiert zum Beispiel gerade ein Hochhaus in Frankfurt, und der andere im Anzug, der zufällig vorbeikam, war ein willkommener Kontrast.

Fuji FinePix E900 | 7,2 mm | 1/58 sek | f2,8 | ISO 100 | Bearbeitung: Tonemapping, Tonwertkorrektur, Entsättigung

Wo ist der Fisch?
Dies ist einer jener Schnappschüsse, die ich normalerweise gleich gelöscht hätte, wenn ich nicht so begeistert vom Motiv und von der Situation gewesen wäre. Die Mauer war viel zu dunkel, dafür war der Hintergrund total überstrahlt. Die Lösung: Ich habe den Hintergrund entfernt, einen Teil aus der Mauer herauskopiert, diesen vergrößert, weichgezeichnet und dann als Hintergrund einmontiert.

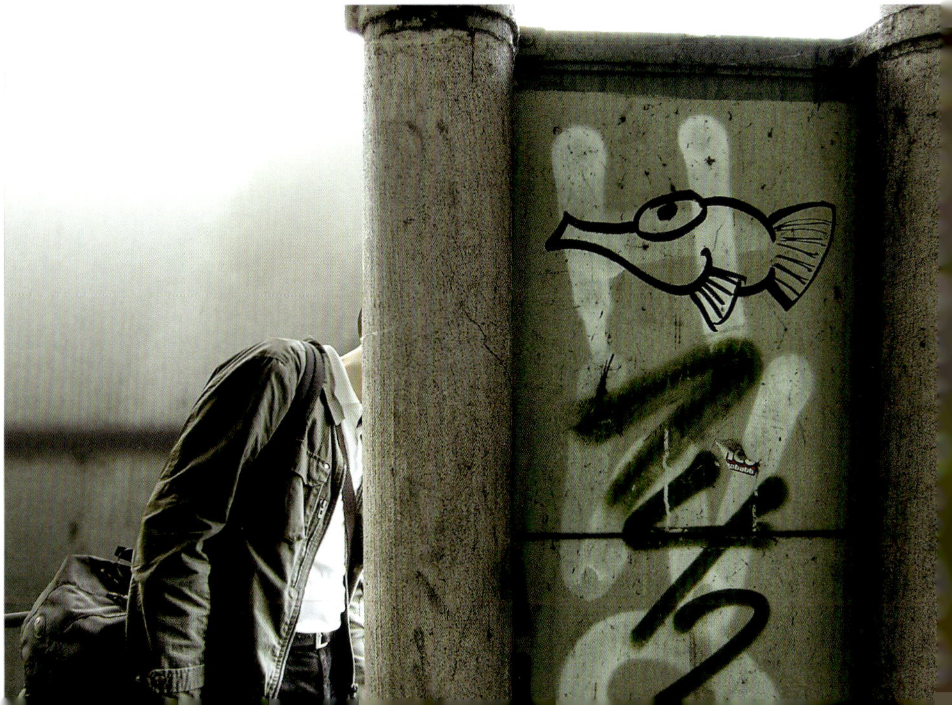

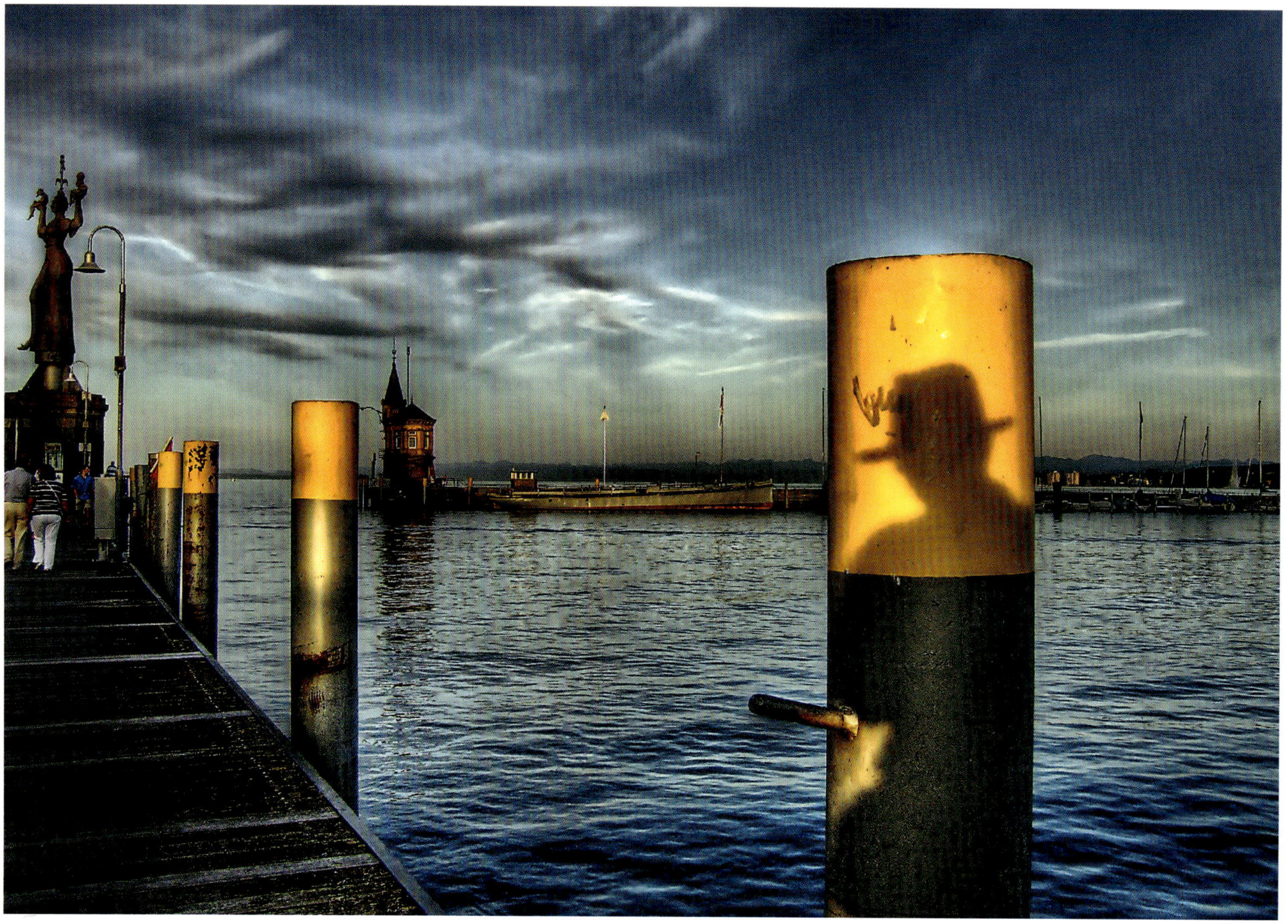

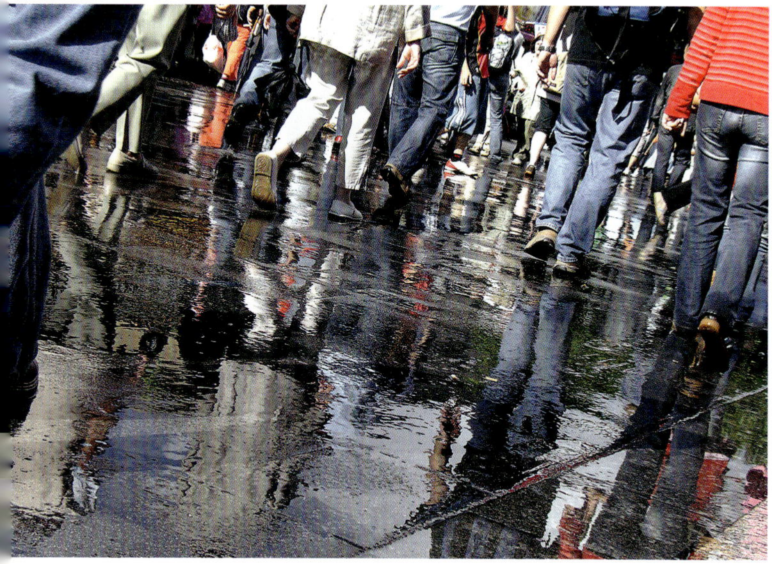

Der Schattenmann

Dieses Motiv habe ich gesehen und schnell die Kamera herausgeholt. Nun ja, ich habe dem »Schatten« gesagt, er solle kurz so stehen bleiben (war aber kein Problem, ich kenne ihn gut…), und so wurde dieses Bild einer meiner Lieblingsschnappschüsse. Auch hier habe ich beim Bearbeiten in die Vollen gegriffen: Tonemapping, starke Tonwertkorrektur, Störungen entfernen, Farbkorrekturen.

Es hat geregnet.

Der Boden sah nach dem Regen einfach fantastisch aus, alles war bunt und glänzend. Ich hockte mich an den Straßenrand und fotografierte so, dass von den Personen nur jeweils die untere Hälfte zu sehen ist, dafür aber viel vom nassen Boden und den Spiegelungen. Von den zahlreichen Fotos, die an diesem Tag entstanden, gefällt mir dieser schiefe Schnappschuss am besten.

Fuji FinePix E900 | 15,1 mm | 1/300 sek | f5,6 | ISO 100 | Bearbeitung: Entsättigung der Blautöne

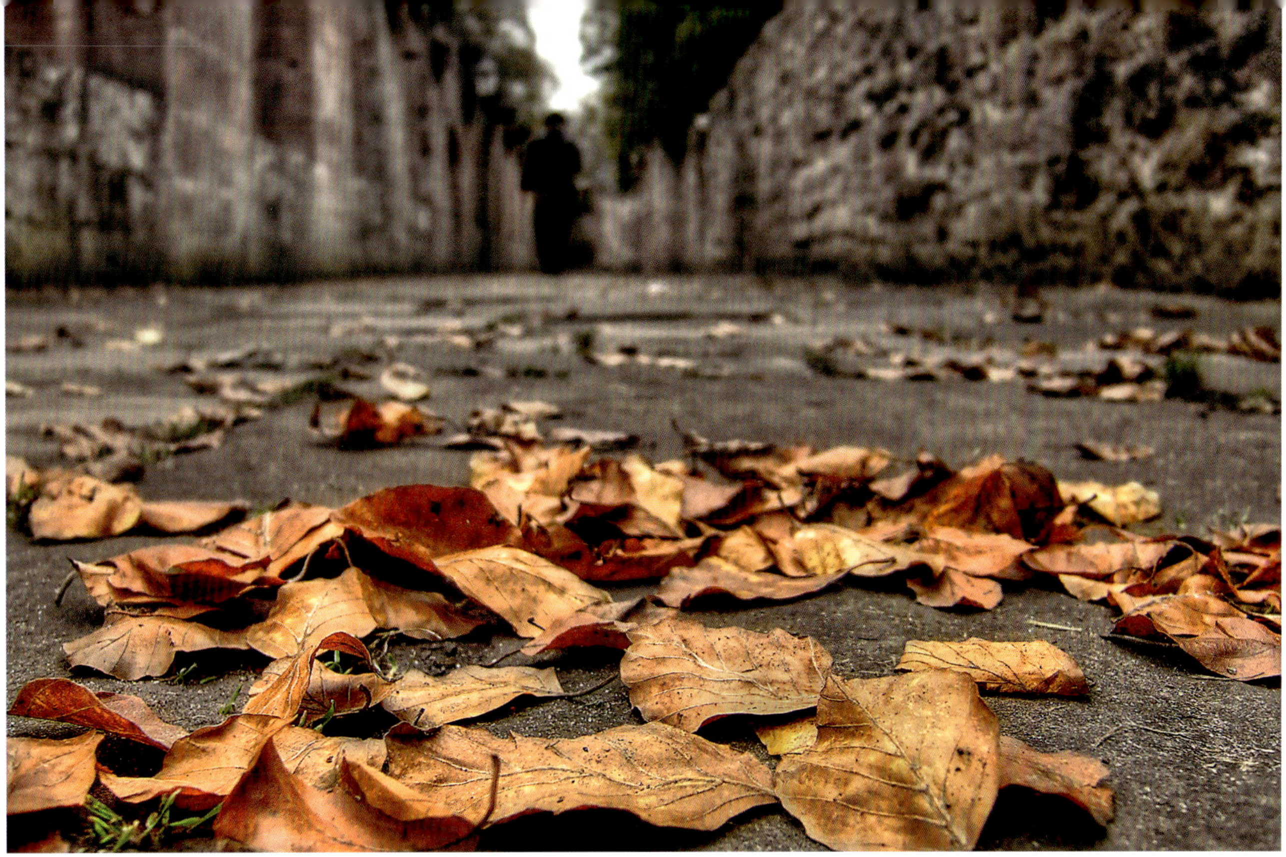

Weitergehen

Viele gehen achtlos daran vorbei. Mich aber interessieren die Dinge am Boden immer besonders, und deswegen mache ich sie sehr oft zum Hauptmotiv. Die sich im Hintergrund entfernende Person hat mich dazu inspiriert, das achtlose Vorübergehen bildlich darzustellen.

Fuji FinePix E900 | 7,2 mm | 1/50 sek | f2,8 | ISO 100 | Bearbeitung: Tonemapping, Tonwertkorrektur, Entsättigung des Hintergrunds

Ich freue mich, wenn ich mit meinen hier gezeigten Bildern Ihr Interesse ein wenig wecken konnte, es vielleicht auch einmal mit diversen Fotoprojekten zu versuchen. Das Schöne an dieser Art zu arbeiten ist, dass aus einer Idee meistens viele weitere Ideen entstehen, und das steigert die Freude am Fotografieren enorm. Auch die Freude der Betrachter, denen Sie die Bilder schließlich zeigen, ist die Mühe bei der Gestaltung und der Bearbeitung wert. Für mich gibt es nichts Schöneres, als andere mit dem, was ich tue, in Erstaunen zu versetzen oder zum Schmunzeln zu bringen. Und es ist im Grunde kinderleicht …

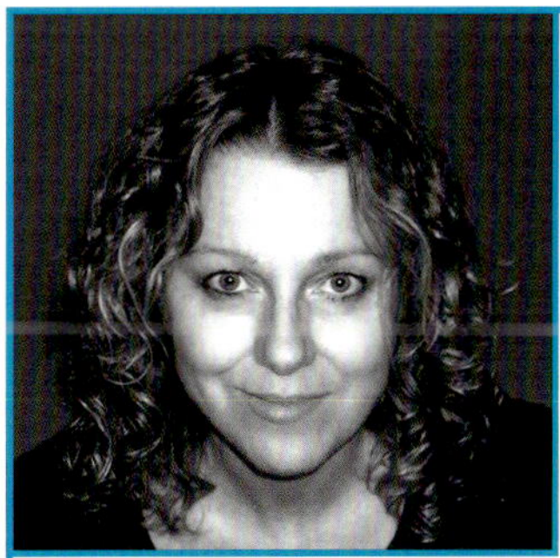

Die Autorin

Ich bin in Mainz geboren und zu Hause. Schon als Kind habe ich meine Puppen zum Fotografieren arrangiert, machte mit der Super-8-Kamera kleine Trickfilme und malte meine Fantasien aufs Papier. Als ich dann vor zehn Jahren das Internet entdeckte, war ich fasziniert davon, was mit Grafikprogrammen alles möglich ist. Ich fing an, kleine animierte Bilder zu basteln, lernte, wie man Fotomontagen erstellt, und schließlich kam auch die Fotografie dazu. Mit meiner Kompaktkamera bin ich seitdem immer auf der Jagd nach originellen Motiven. Seit 2007 zeige ich meine Bilder unter dem Namen »SisX« in der *fotocommunity* und habe Spaß daran, meine Arbeiten einem großen Publikum zu präsentieren. Neben diversen anderen grafischen Spielereien können Sie diese auch auf meiner Webseite *www.x-workz.de* finden.

Das Wohnzimmerstudio

Studiofotografie in heimischer Umgebung

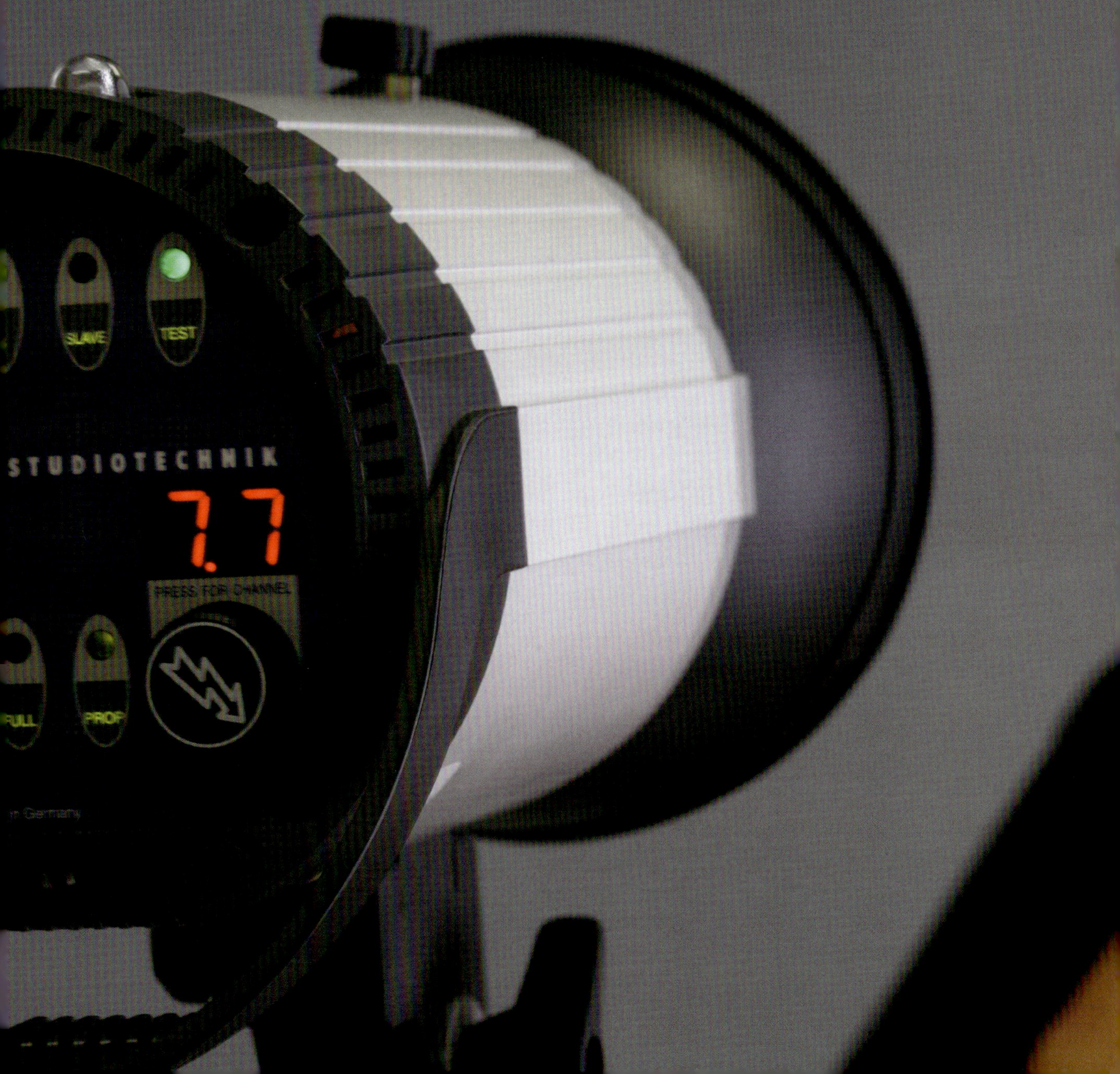

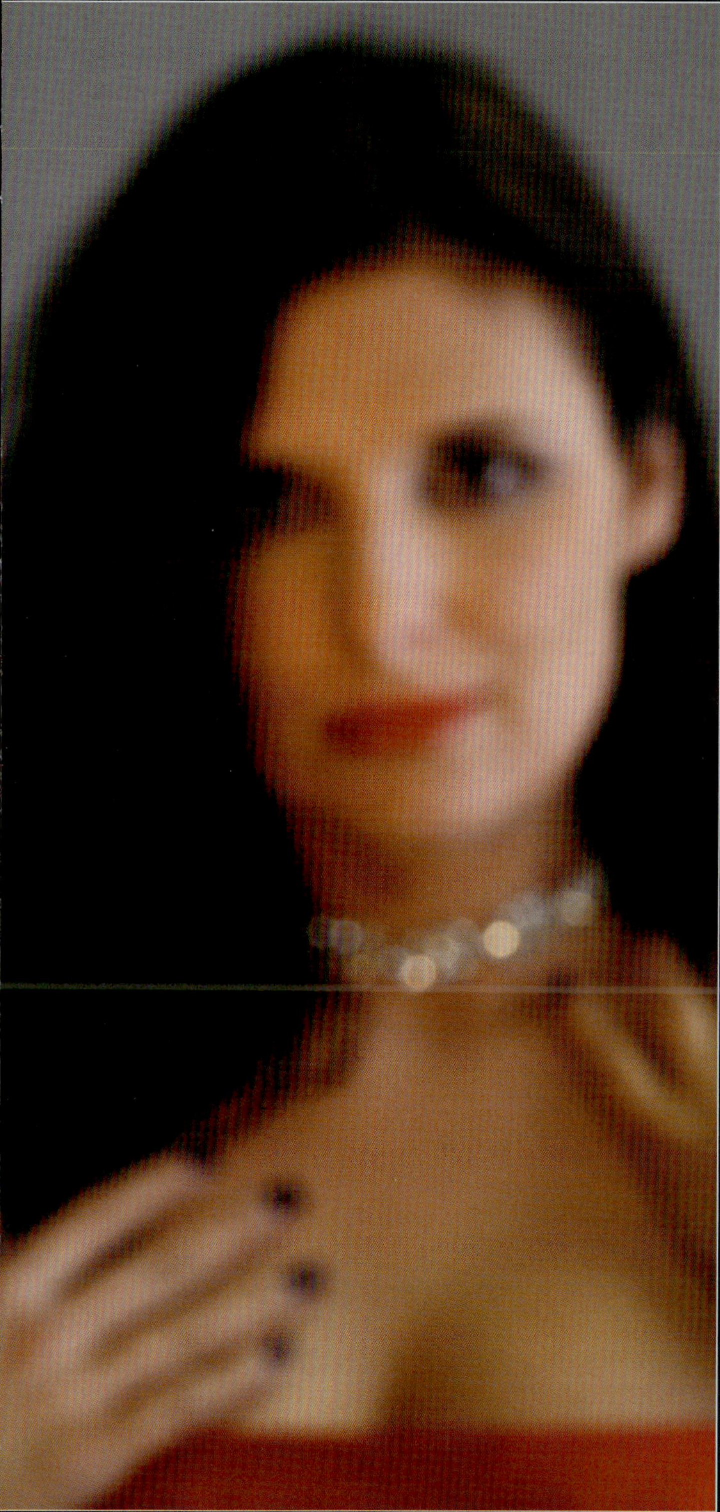

von Hermann Klecker

Möchten Sie fotografieren wie die Profis, aber mit einem geringeren Budget? Für technisch perfekte Studioaufnahmen ist nicht immer ein professionelles Studio erforderlich. Sie können die hohen Anschaffungs- und Betriebskosten vermeiden, die ein eigenes Studio in Anspruch nehmen würde. Und auch zu jedem Shooting ein Mietstudio zu buchen wird auf die Dauer recht teuer. Wirtschaftlicher ist es, wenn Sie sich in heimischer Umgebung mit einfachen Mitteln ein »mobiles Studio« einrichten.

Studiofotografie

Es muss nicht immer ein Studio sein: In diesem Kapitel erfahren Sie, wie Sie als Hobbyfotograf in Ihren eigenen Räumen gute und professionell wirkende Ergebnisse erzielen. Dabei ist es egal, wenn Ihnen keine besondere Lichttechnik zur Verfügung steht, Sie also handelsübliche Wohn- oder Baulampen benutzen, oder ob Sie Aufsteckblitze oder – wie bei diesem Bild – professionelle Studioblitze verwenden können.

Canon EOS 5D (Vollformat) | 100 mm | 1/25 sek | f11 | ISO 800

Grundlagen der Lichtführung

Die Physik des Lichts ist völlig unabhängig davon, ob Sie in einem professionellen Studio oder in einem Wohnzimmer fotografieren. Das Wissen um Lichtfarben und -formen, die Charakteristik der Ausbreitung des Lichts ist an beiden Orten eine wichtige Voraussetzung, damit Sie seine Wirkung auf das Bild steuern und nutzen können. Die wesentliche Einschränkung, die eine Heimumgebung mit sich bringt, sind die oft beengten räumlichen Verhältnisse. Nicht ohne Grund sind Fotostudios oft sehr geräumig und verfügen über höhere Deckenhöhen, als dies in Wohnräumen üblich ist. Der Hobbyfotograf im Wohnzimmer muss also diese räumlichen Einschränkungen kennen, mit ihnen umgehen und ihre Vorteile zu nutzen wissen. Heimstudios unterscheiden sich zudem nicht selten durch die lichttechnische Ausstattung von professionellen Fotostudios. Aber auch dafür gilt, dass sich die Eigenschaften des Lichts nicht unbedingt am Budget des Fotografen orientieren. Wenn Sie die Grenzen Ihrer Lichttechnik kennen und ihre Stärken zu nutzen wissen, werden Sie mit den Ihnen zur Verfügung stehenden Mitteln gute Ergebnisse erzielen.

Von hartem und weichem Licht | Lichtquellen sind üblicherweise punktuell: Das gilt für Blitze genauso wie für Baustrahler oder die normale Wohnzimmerbeleuchtung. All diese Lichtquellen haben gemeinsam, dass das Licht an einer Stelle erzeugt wird und sich von dort aus ausbreitet. Baustrahler, Blitze und auch viele Lampen für den Wohnraum sind dabei oft von Reflektoren umgeben, die das Licht bündeln, so dass es in eine einzige Richtung hin abgegeben wird. Solches Licht wirkt sehr hart. Von hartem Licht wird gesprochen, wenn es starke Kontraste, also harte, kurze Übergänge zwischen Licht und Schatten erzeugt.

Wird das Licht so geführt, dass es sanfter von Licht zu Schatten übergeht, wird von weichem Licht gesprochen. Hartes Licht wird oft als Stilmittel eingesetzt, wirkt allerdings bei Porträtaufnahmen von Menschen meist wenig gefällig. Es betont Oberflächenkonturen und damit auch Hautunreinheiten und andere »Problemzonen«. Für gefällige Porträts oder allgemein für Menschenfotos sollten Sie anstreben, das Licht weich zu gestalten. Weiches Licht geht im Gegensatz zu hartem Licht nicht unmittelbar von einer punktuellen Lichtquelle aus, sondern wird eher diffus von einer Fläche abgestrahlt. Das erreichen Sie mit indirektem Licht, das beispielsweise von einer Wand oder Decke reflektiert wird, mit Lichtformern wie Softboxen (auch Lichtwannen genannt), Durchlichtschirmen, Reflexschirmen oder Aufhellern. Dabei gilt: Je weiter eine weiche Lichtquelle

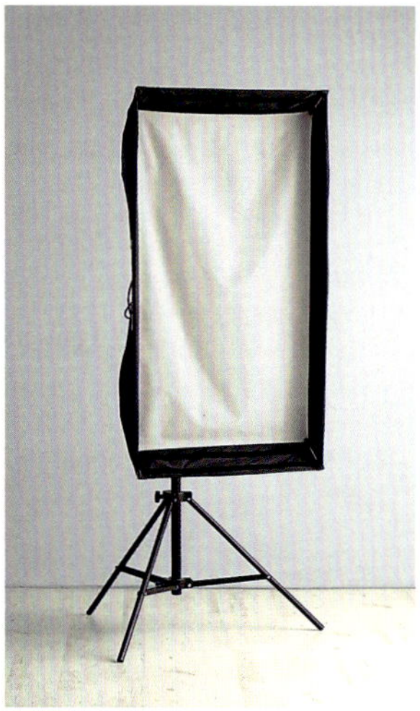

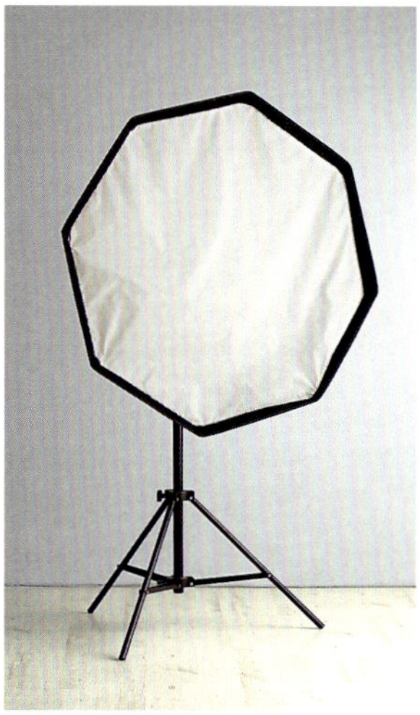

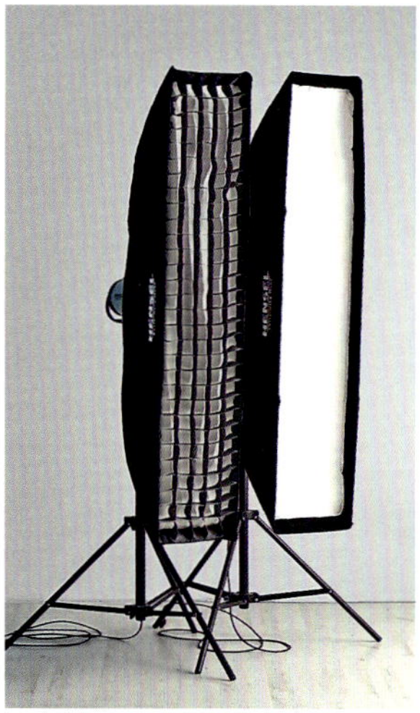

[+] Softbox (Lichtwanne), Octabox (achteckige Softbox) und Striplight (schmale Softbox)
Softboxen formen das an sich harte Licht des Blitzes/der Lichtquelle in ein weicheres, diffuses Licht. Eine Octabox wirkt wie eine normale Lichtwanne. Sie unterscheidet sich dadurch, dass die aktiv leuchtende Fläche durch die acht (oder mehr) Ecken eine eher runde Form erhält. Octaboxen werden häufig in der Porträtfotografie eingesetzt. Große Striplights (1,50 Meter und länger) werden eingesetzt, um Menschen bei Ganzkörperfotos gleichförmig auszuleuchten. Sie spielen eine große Rolle in der Low-Key-Fotografie, um sogenannte Streiflichter zu formen.

vom Modell entfernt wird, desto härter wirkt das durch sie erzeugte Licht. Weichmacher wie Softboxen, so wie sie im Folgenden erläutert werden, wirken also umso stärker, je näher sie am Motiv positioniert werden.

Softboxen oder Lichtwannen | Eine Softbox, das heißt Lichtwanne, streut durch ihre große Oberfläche das Licht einer punktuellen Lichtquelle gleichförmig und diffus in den Raum hinein. Da das Licht so nicht nur von einem Punkt ausgeht, werden harte, drastische Übergänge zum Schatten vermieden. Das Licht trifft vielmehr weich auf das Motiv, und die Übergänge zum Schatten werden sanfter – die Bildwirkung ist dadurch insgesamt harmonischer. Wenn Softboxen, die rechts und links oder auch ober- und/oder unterhalb von der Kamera platziert sind, solch ein Licht beispielsweise auf ein Gesicht werfen, verschwinden damit leichte Hautunreinheiten, Narben und Falten nahezu vollständig. Umgekehrt werden Gesichtszüge allerdings auch weniger betont.

Softboxen werden in verschiedenen Formen und Größen angeboten. Bei Aufsteckblitzen, also Blitzen mit eingebautem Reflektor, ist nicht jede Größe einer Softbox sinnvoll (siehe Seite 345). Übliche Formen sind Quadrate, Rechtecke und eher rundlich wirkende Mehrecke. Achteckige Softboxen werden als Octabox bezeichnet. Lange, schmale Rechtecke werden oft Striplight genannt. Große Striplights eignen sich besonders gut, um Menschen bei Ganzkörperaufnahmen komplett in ein gleichförmiges, weiches Licht zu tauchen. Entsprechend positioniert, können Striplights auch eingesetzt werden, um den Körper eines Menschen mit einem sogenannten Streiflicht zu beleuchten, so dass nur seine Silhouette sichtbar wird.

Schirme | Bei Schirmen wird zwischen Reflex- und Durchlichtschirmen unterschieden. Beide werden so angebracht, dass der Blitz beziehungsweise das Licht in das Innere des Schirms leuchtet. Bei Durchlichtschirmen scheint das Licht durch den Schirm hindurch, verteilt sich auf der äußeren Seite des Schirms und leuchtet von dort aus das Motiv und die Umgebung weich aus. Mit einem nach schräg oben gerichteten Durchlichtschirm kann ein Raum indirekt gleichförmig ausgeleuchtet werden. Bei Reflexschirmen hingegen wird das Licht an der Innenseite des Schirms reflektiert und leuchtet dann am Blitz vorbei auf das Motiv. Bei Reflexschirmen ist der Blitz also vom Motiv abgewandt. Reflexschirme beleuchten das Motiv zwar ähnlich weich wie ein Durchlichtschirm oder eine Softbox, richten es aber etwas gebündelter auf das Motiv.

Schirme können sehr platzsparend gelagert werden und sind schnell einsatzbereit: Aufspannen und Einstecken genügt. Zur Montage an Blitzen müssen diese Blitze entsprechende Vorrichtungen haben. Für Aufsteckblitze

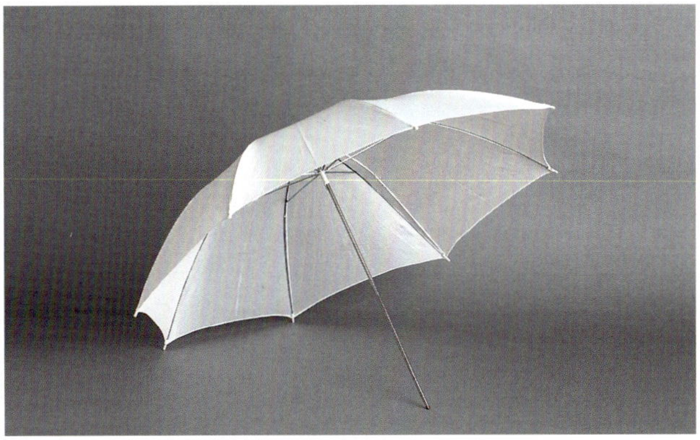

Durchlichtschirm
Durchlichtschirme erzeugen ein sehr diffuses, weiches Licht.

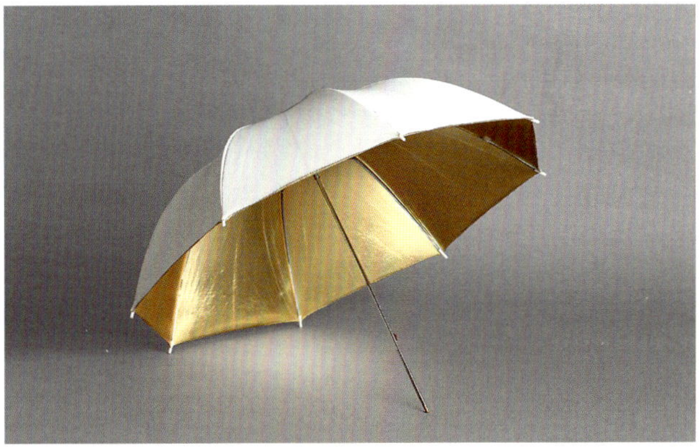

Reflexschirm (gold)
Reflexschirme erzeugen zwar ein weiches, allerdings weniger diffuses, sondern eher gerichtetes Licht.

Reflexschirm an Aufsteckblitz
Um Schirme mit Blitzen zu verbinden, gibt es besondere Halter. Bei Studioblitzen sind diese oft schon am Blitz vorhanden. Für Aufsteckblitze, wie hier im Bild, müssen Sie ein spezielles Haltersystem erwerben. Ein zusätzlicher Diffusor vor dem Aufsteckblitz kann in Verbindung mit einem Schirm das Licht weicher gestalten, weil der Diffusor es ermöglicht, die Reflex- beziehungsweise Durchlichtfläche des Schirms effektiver zu nutzen.

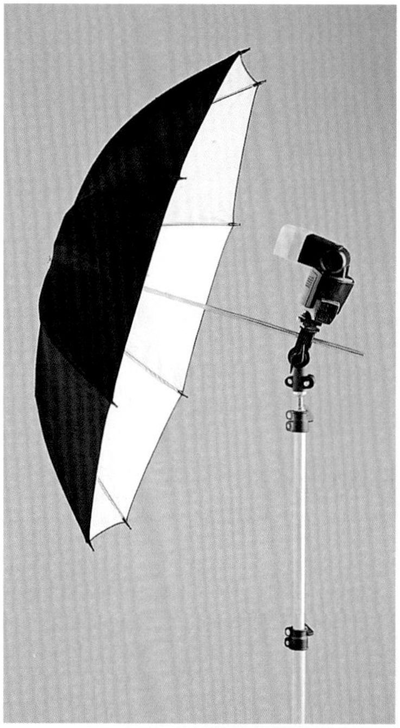

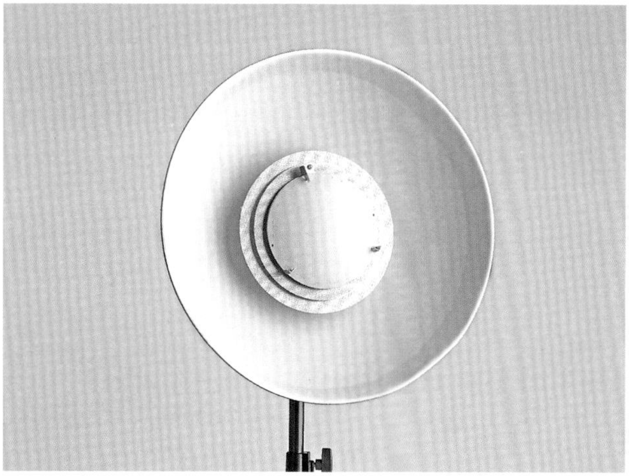

Beauty-Dish
Diese besonderen Lichtformer sind gerade auch in Verbindung mit Aufsteckblitzen gut geeignet, um ein weiches Licht zu erzeugen. Sie sind so konstruiert, dass das Licht des Blitzes zunächst in die runde weiße Wanne zurückgeworfen wird, von wo aus es das Modell diffus beleuchtet. Wegen seiner Eigenschaften wird der Beauty-Dish besonders gerne in der Porträt- und Beautyfotografie eingesetzt, daher auch der Name.

gibt es spezielle Blitzhalter, mit denen der Blitz auf dem Stativ geneigt und an die leicht ein Schirm montiert werden kann. Reflexschirme werden mit weißen, silbernen und goldenen Reflexionsflächen angeboten. Goldene Reflexionsflächen tauchen das Motiv in wärmeres Licht. Sie können genutzt werden, um das Blitzlicht der Farbtemperatur der tief stehenden Sonne oder auch der des Kunstlichts anzugleichen. Auf Seite 338 werden die gängigen Farbtemperaturen angegeben.

Beauty-Dishes | Ein Beauty-Dish ist ein sehr flacher, runder Lichtformer, der ein leicht gerichtetes Licht schafft, das mittig stärker ist als am Rand. Einen Beauty-Dish werden Sie vor allem bei Porträtaufnahmen einsetzen. Für Heimstudios empfehlt er sich wegen seiner geringen Größe. Allerdings kann ein Beauty-Dish zur Lagerung nicht platzsparend zerlegt werden, er nimmt dann also genauso viel Platz ein wie in der Verwendung.

Reflektoren | Der Begriff Reflektor wird im Fotografenjargon für zwei verschiedene Arten von reflektierenden Flächen verwendet. Einerseits werden so die Reflektoren bezeichnet, die unmittelbar am Blitz angebracht werden und die bei Aufsteckblitzen sogar eingebaut sind. Diese Reflektoren werden in diesem Kapitel auch genauso genannt. Andererseits werden auch oft Aufheller oder Flächenreflektoren Reflektor genannt. Dabei handelt es sich um Flächen verschiedenster Art, die das Licht reflektieren sollen. Diese Reflektoren werden in diesem Kapitel als Aufheller bezeichnet und im Abschnitt »Aufheller« (siehe Seite 334) näher beschrieben.

Reflektoren erinnern in ihrer Form an Parabeln oder Trichter. Sie werden so um die Lichtquelle montiert, dass sie das Licht, das von der Lichtquelle in alle Richtungen gestrahlt wird, in eine Richtung gezielt bündeln. Darüber hinaus erhöhen sie die Reichweite des Blitzes. Je stärker das Licht gebündelt wird, desto weiter kann der Blitz bei gleicher Leistung entfernt werden, um das Motiv in gleicher Weise auszuleuchten. In Baustrahlern und ähnlichen Leuchten sowie in Aufsteckblitzen sind Reflektoren fest eingebaut. Bei Aufsteckblitzen sind sie oft variabel gestaltet, damit der ausgeleuchtete Bereich dem Bildwinkel verschiedener Brennweiten angepasst werden kann. Die Wirkungsweise variabler Reflektoren verdeutlichen die Abbildungen ab Seite 345. Reflektoren formen ein relativ hartes Licht. Das Licht von Reflektoren kann noch stärker gerichtet und damit härter gestaltet werden, wenn in den Reflektor Waben eingesetzt werden.

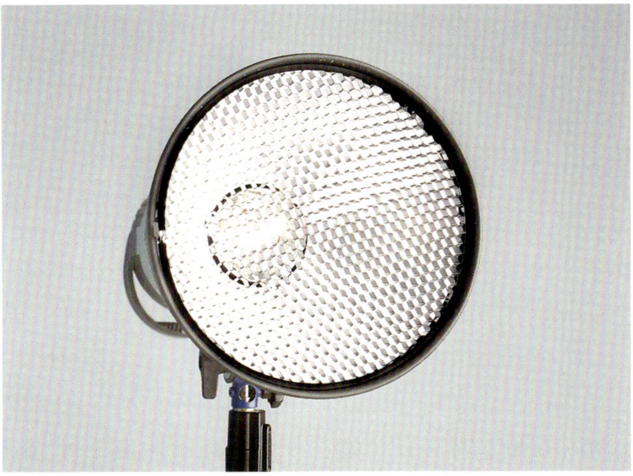

Reflektor mit Wabe
Wabeneinsätze in Reflektoren richten das ohnehin harte Licht aus, so dass es wie in einer Lichtsäule geradlinig von der Lichtquelle auf das Motiv fällt. Lichtformer wie dieser werden häufig zur Gestaltung von Hintergründen eingesetzt. Kombiniert mit farbigen Folien, können Sie damit Farbakzente setzen.

Tubus | Ein Tubus, auch Spotvorsatz oder Engstrahler genannt, lenkt das Licht einer Lichtquelle punktuell auf kleine Flächen und hilft so dabei, Streulicht zu vermeiden und das Licht sehr akzentuiert einzusetzen. Tuben können grundsätzlich mit jeder Kunstlichtquelle eingesetzt werden. Aufsteckblitze verfügen über eingebaute Reflektoren, die oft variabel der Brennweite angepasst werden können. Die Brennweitenangabe bezieht sich dabei auf die Situation, wenn der Aufsteckblitz auf die Kamera gesteckt ist. Beim hier diskutierten entfesselten Blitzen ist diese Angabe eigentlich wenig sinnvoll. Dennoch lassen sich mit Hilfe dieser variablen Reflektoren sehr unterschiedliche Lichtkegel setzen (siehe Tabelle »Lichtkegel bei Aufsteckblitzen« auf Seite 346). Alternativ kann die Wirkung eines Tubus an einem Aufsteckblitz leicht und preiswert durch etwas Pappe und Klebeband erzielt werden.

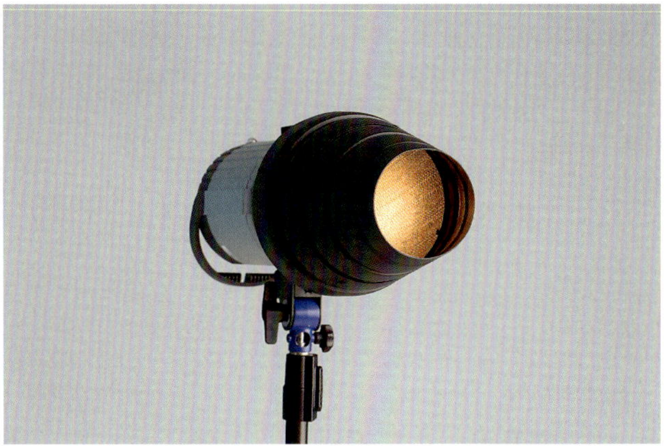

Tubus an Studioblitz
Tuben bündeln und richten das Licht noch stärker als Reflektoren. Es kann damit nahezu punktuell eingesetzt werden, sei es, um beispielsweise bestimmte Teile des Motivs besonders zu beleuchten oder um den Hintergrund interessant zu gestalten. In Tuben sind oft engmaschige Waben eingesetzt, um ihre Wirkung noch zu verstärken. Ähnlich wie Reflektoren können Tuben mit Farbfolien kombiniert werden.

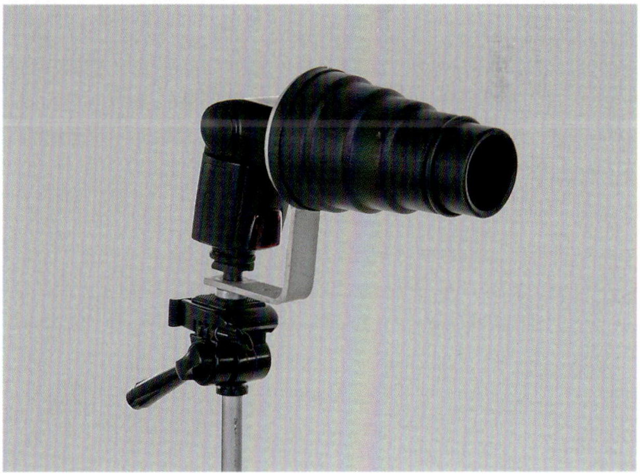

Tubus an Aufsteckblitz
Wie andere Lichtformer auch können Tuben mittels Adapter an Aufsteckblitzen betrieben werden. Der Tubus in dieser Abbildung wird speziell für Aufsteckblitzadapter angeboten. Als Lampenstativ dient in diesem Beispiel ein ausgedientes Foto-/Videostativ.

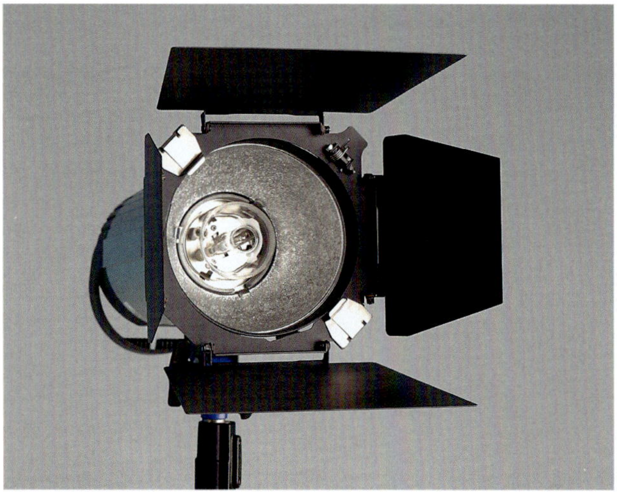

Lichtklappen (Barn Doors)
Lichtklappen an Reflektoren wirken ähnlich wie Waben oder Tuben. In dieser Abbildung sind die Lichtklappen zur Veranschaulichung weiter geöffnet, als sie im Regelfall eingesetzt werden.

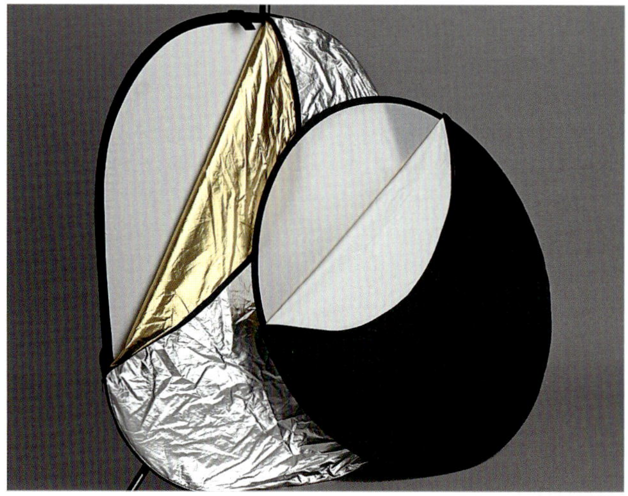

Faltreflektoren
In verschiedenen Größen werden Faltreflektoren angeboten, die als Aufheller, Abschatter und Softener eingesetzt werden können.

Lichtklappen | Lichtklappen, auch Abschirmklappen oder *Barn Doors* genannt, bieten die Möglichkeit, das Licht eines Blitzes oder einer Lampe über bewegliche Klappen oben, unten, rechts und links flexibel zu richten beziehungsweise abzugrenzen. Mit ihrer Hilfe kann verhindert werden, dass das Licht eines Blitzes ins Objektiv scheint oder ungewollt den Hintergrund beleuchtet.

Aufheller | Reflexionsflächen, die das Licht einer Lichtquelle reflektieren, können Sie einsetzen, um Schatten aufzuhellen. In der Bildwirkung ergeben Aufheller ein sehr weiches, diffuses Licht. Die genauen Eigenschaften hängen dabei von der Farbe und Oberflächenbeschaffenheit ab. Aufheller eignen sich wegen ihrer einfachen Bauart besonders gut für den Eigenbau. Der Zubehörmarkt bietet als Aufheller auch sogenannte Faltreflektoren an. Diese Produkte sind oft vielseitig einsetzbar, da sie in einem Gerät Reflexionsflächen in Weiß, Schwarz (siehe Abschnitt »Abschatter«), Silber, Gold und manchmal auch Blau anbieten. Viele Produkte bieten zudem eine Durchlichteinheit (Softener), die das Licht aus einer Quelle abschwächen oder weicher gestalten kann. Goldfarbene Aufheller können Sie einsetzen, um das Blitzlicht dem Licht der Abendsonne oder dem Kunstlicht anzugleichen.

Abschatter | Als Abschatter, auch *Flag* oder Lichtschlucker genannt, können Sie im Wesentlichen schwarze Wände, Stellwände oder Tücher verwenden. Wenn Sie Abschatter auf der der Lichtquelle gegenüberliegenden Seite anbringen, verstärken Sie den Schatten auf der dem Licht abgewandten Seite. So können Sie ungewollte Reflexionen zum Beispiel durch die helle Wohnzimmertapete vermeiden. Die Wirkungsweise eines Abschatters verdeutlicht das Bild auf der rechten Seite in der Mitte. Abschatter können auch als Abschirmung oder Flags genutzt werden, um zu verhindern, dass das Licht einer Lichtquelle ungewollt auf den Hintergrund oder auf das Objektiv der Kamera trifft. Ein Flag spielt beispielsweise eine große Rolle im Beispielbild auf Seite 346.

Lichtzelte | Lichtzelte werden in der Tabletop-Fotografie eingesetzt. Bei Produktfotos und Stillleben können Sie damit das Motiv frei von Reflexionen der Lichtquellen gleichförmig ausleuchten. Dabei wird das Motiv mit Durchlichtflächen umgeben, etwa mit Zelten aus weißem, lichtdurchlässigem Stoff.

Farbige Wände | Bei weichem und diffusem Licht sind Wechselwirkungen mit dem Raum durch Reflexionen an Wänden und Decken immer mit zu berücksichtigen. Insbesondere in den beengten Verhältnissen eines Wohnraums spielt die Farbe der Wände eine große Rolle. Ein Teil des Lichts reflektiert an den Wänden und fällt auf das Motiv zurück. Wohnräume sind oft gemütlich und wohnlich gestaltet: Die Wände sind dabei oft nicht rein weiß, sondern getont oder gar bunt. Während eine weiße oder neutral graue Wand das Licht reflektiert, ohne die Farbe des Lichts zu verändern, wird eine farbige Wand das Licht im Farbton der Wand reflektieren. Eine blaue Wand wirft also ein blaues Licht zurück auf das Modell.

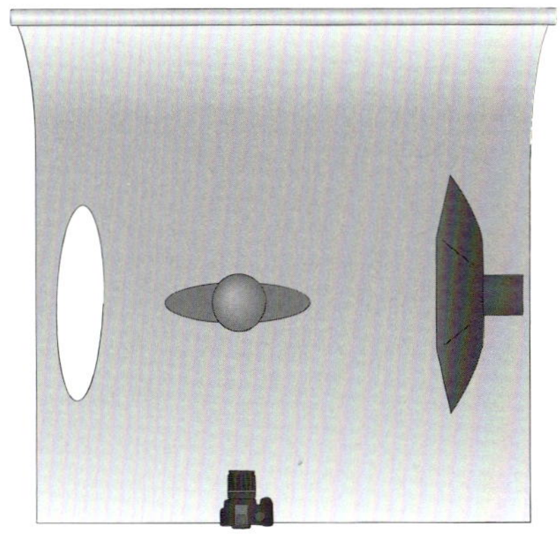

Lichtaufbau
Zur Veranschaulichung der Wirkung verschiedener Reflexionsflächen wurde der Lichtaufbau relativ einfach gestaltet. Weit entfernt vom Hintergrund, wurde das Modell von rechts mit einer großen (in der Wirkung weichen) Softbox beleuchtet. Von links wurde dieses Licht von Platten in verschiedenen Farben (Weiß, Schwarz und Blau) reflektiert.

Aufheller, Abschatter und blaue Wand
Ein Aufheller, links vom Motiv platziert (links), reflektiert das Licht des Blitzes (Softbox rechts vom Motiv), so dass ein sehr weicher Schatten entsteht. Die linke Gesichtshälfte ist nur marginal dunkler als die rechte. Die gleiche Fläche in Mattschwarz (Abschatter, Mitte) bewirkt tiefdunkle Schatten auf der linken Seite des Gesichts. Eine farbige Wand (hier blau; rechts) reflektiert das Licht in ihrer eigenen Farbe und verfälscht damit die Lichtstimmung. Räume mit solchen Wänden sind als Heimstudios weniger geeignet.

Canon EOS 5D (Vollformat) | 85 mm | 1/160 sek | f8 | ISO 100

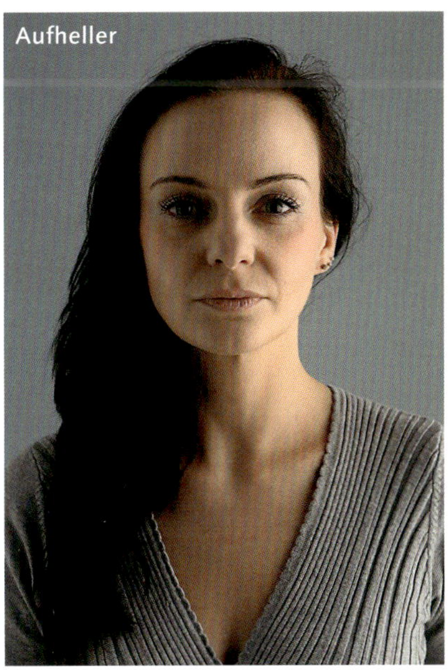

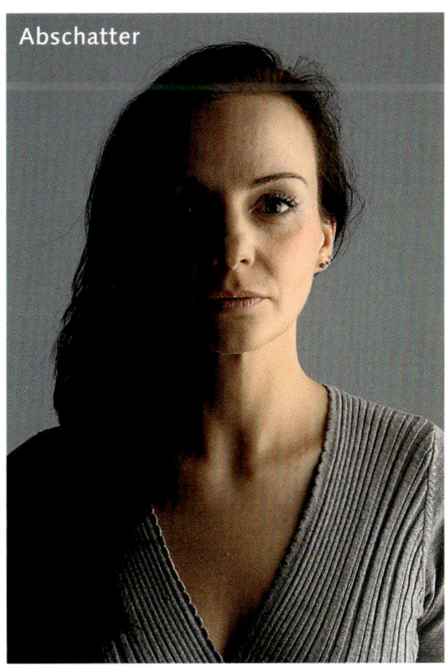

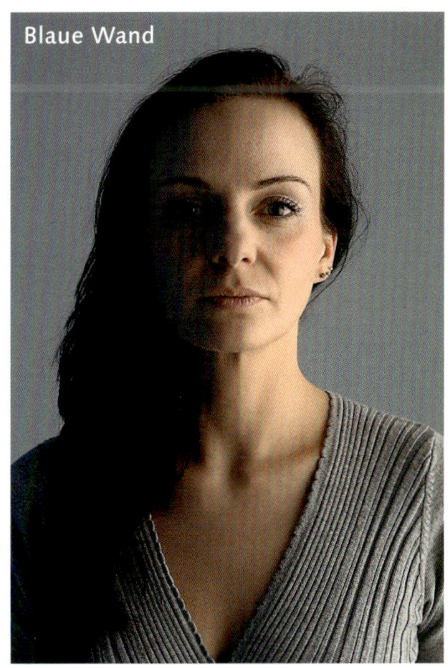

Ein beispielsweise in erdigen, rot-braun-orangefarbenen Farben gestaltetes Wohnzimmer kann für eine insgesamt wärmere Farbstimmung auf den Bildern sorgen. Solche Nebeneffekte der Umgebung sind sicher meist unerwünscht, da sie das Licht auch verfälschen können. Abhilfe kann in diesem Fall aber eine geeignete Lichtführung schaffen. So können Sie durch Abschirmklappen, Fahnen aus Moltonstoff, Abschattern etc. das Licht so lenken, dass Streulicht weitgehend vermieden wird. Reflexionen von den Wänden spielen dann keine Rolle. Oder Sie gestalten die Wände so, dass sie farbneutral sind: Weiße, graue und schwarze Stoffe können Sie mobil an den Wänden befestigen. Dabei eignen sich weiß verhängte Wände auch dazu, als Reflexionsfläche anstelle eines Aufhellers für weiches Licht zu sorgen. Schwarz verhängte Wände hingegen können ungewolltes Streulicht völlig eliminieren. Besonders in den beengten räumlichen Verhältnissen eines Wohnzimmerstudios kann es hilfreich sein, eine Wand als Aufheller zu nutzen. Andererseits ist es oft wichtig, ungewolltes Streulicht zu verhindern. Ein kleiner Raum ist für Streulicht viel anfälliger als ein geräumiges Studio. Jedoch gerade bei der Verwendung von Stoffen können Sie je nach Bildidee oder gewünschter Lichtwirkung flexibel reagieren.

Hell und dunkel | Wichtig für die Lichtwirkung ist es, dass Sie die Helligkeit der Lichter beeinflussen und, sofern möglich, auch mehrere Lichtquellen aufeinander abstimmen können. Zudem müssen Sie die Belichtungseinstellungen der Kamera dem vorhandenen oder gesetzten Licht so anpassen, dass die von Ihnen gewünschte Wirkung auch auf dem Bild erzielt wird. Zunächst sind die Lichtquellen aufeinander abzustimmen, so dass jede Lichtquelle den Beitrag zum Bild leistet, den Sie für das Ergebnis als notwendig erachten. Was bei nur einer Lichtquelle noch recht einfach ist, kann sich bei mehreren Lichtquellen als wahre Herausforderung entpuppen, besonders wenn Tages-, Dauer- und Blitzlicht gemeinsam genutzt werden. Viele Lichtquellen können jedoch gezielt gesteuert und beeinflusst werden. Tageslicht können Sie durch Vorhänge abdunkeln oder auch ganz aussperren, Dauerlichtquellen sind mit Dimmern erhältlich, und Blitze sind in ihrer Leistung oft regelbar.

Raum und Licht | Der signifikante Unterschied zwischen einem professionellen Fotostudio und einem Heimstu-

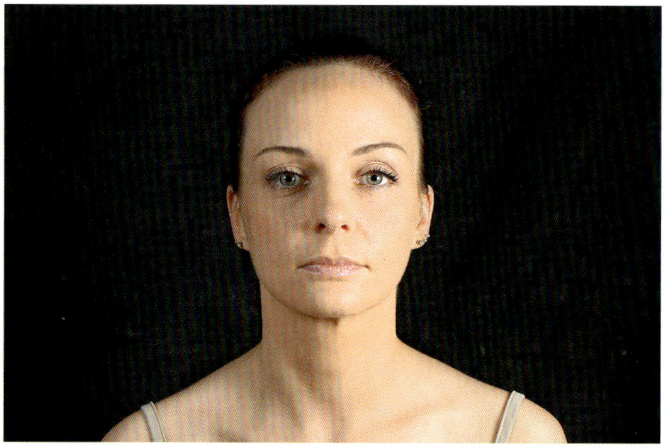

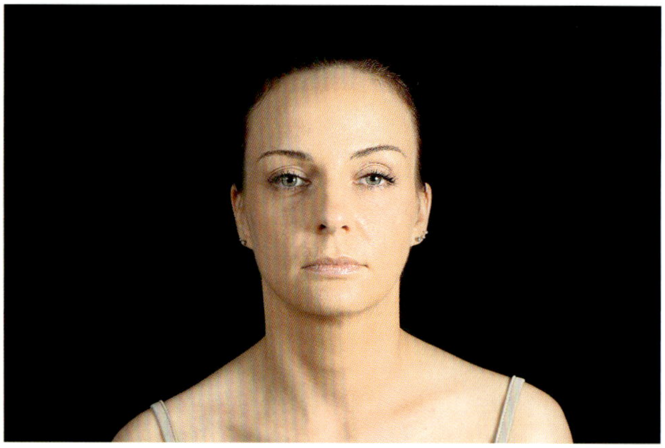

Kurzer und weiter Abstand
Ein geringer Abstand zum Hintergrund (0,5 m) erschwert es, den Hintergrund unabhängig vom Modell zu beleuchten. Dadurch werden im oberen Bild alle Falten im Stoff sichtbar. Ein größerer Abstand zum Hintergrund (2 m) gestattet es, den Hintergrund unabhängig vom Modell zu belichten. Im untenstehenden Bildbeispiel wurde der Hintergrund so abgeschattet, dass seine Strukturen nicht mehr erkennbar sind.

Beide Aufnahmen: Canon EOS 5D (Vollformat) | 85 mm | 1/125 sek | f8 | ISO 200

dio ist der zur Verfügung stehende Raum. Die oftmals geringe Deckenhöhe hat Einschränkungen für die Perspektive und die Positionierung der Lichter zur Folge. Die meist ebenso geringe Breite des Raums beschränkt die Möglichkeiten zur Gestaltung des Hintergrunds und damit für Gruppenaufnahmen oder Ähnliches. Und auch die vielfach nicht allzu weitreichende Tiefe des Raums schränkt die Möglichkeiten ein, das Modell vor dem Hintergrund freizustellen oder den Hintergrund und das Modell unterschiedlich zu beleuchten. Um Tiefe zu gewinnen, können Sie ein Wohnzimmerstudio so anlegen, dass Sie als Fotograf beim Fotografieren durch eine Tür im Rücken noch weiter nach hinten ausweichen können. Kleine Räume mit niedrigen Decken und hellen Wänden sind zudem sehr anfällig für ungewolltes Streulicht. In ihnen ist es deutlich schwieriger, das Licht genau zu führen, es also nur dorthin zu lenken, wo Sie es für die Bildgestaltung platzieren möchten.

Die Farbe des Lichts | Eine für die Fotografie ganz wichtige Eigenschaft des Lichts ist seine Farbe, die sogenannte Farbtemperatur, die in der Einheit Kelvin (K)

LICHTINTENSITÄT REGULIEREN

Wenn die Grenzen der Regelbarkeit erreicht sind, können Sie die Bildwirkung des Lichts weiterhin beeinflussen, indem Sie den Abstand zur Lichtquelle verändern. Die Helligkeit des Lichts nimmt dabei zum Quadrat der Entfernung ab. In der Praxis bedeutet das, dass das Motiv viermal so hell ausgeleuchtet wird, wenn Sie den Abstand zur Lichtquelle halbieren – und umgekehrt. Wenn Sie die Entfernung von Lichtquelle zu Motiv auf etwa 70% reduzieren, verdoppelt sich die Helligkeit, die das Motiv ausleuchtet. Durch eine Vergrößerung der Entfernung um ca. 40% verringern Sie die Lichtintensität um die Hälfte. Genauer gesagt: Teilen oder multiplizieren Sie die Entfernung mit ½ * $\sqrt{2}$, also mit ca. 1,4.

Diese Formel trifft vor allem auf große Räumen und auf Räume mit dunklen Wänden zu. In Räumen mit Reflektoren beziehungsweise Streulicht wird sich die Entfernung weniger stark auf die Helligkeit des Lichts im Bild auswirken.

Ein Beispiel: Die Helligkeit eines Motivs, beleuchtet von nur einer Lichtquelle im Abstand von 1 m, reduziert sich auf ca. die Hälfte, wenn die Lichtquelle verschoben wird, so dass sie 1,4 m entfernt ist, sie wird sogar geviertelt, wenn die Lichtquelle 2 m entfernt ist. Was hier als »doppelt« oder »halb so hell« bezeichnet wird, entspricht der Veränderung der Belichtungswerte durch einen Lichtwert (+/– 1 LW, oder englisch EV = *Exposure Value*), im Fotojargon auch eine Blende oder eine Blendenstufe genannt.

Weitere wichtige Einflussfaktoren auf die Wirkung des Lichts sind die Belichtungseinstellungen der Kamera. Eine Verdopplung der ISO-Werte bewirkt jeweils eine Verdopplung der Helligkeit. Jeweils eine höhere ganze Blendenstufe hat ebenfalls eine Verdopplung der Helligkeit zur Folge. Ganze Blendenstufen sind die Abstände zwischen 1 – 1,4 – 2 – 2,8 – 4 – 5,6 – 8 – 11 – 16 – 22 – 32 – 44 – 64 etc. Bei der Belichtungszeit gilt es zunächst, nach den Arten der Lichtquellen zu unterscheiden: zwischen Dauerlicht/Umgebungslicht einerseits und Blitzlicht andererseits.

Belichtungszeit bei Dauerlicht/Umgebungslicht | Für Dauerlicht und Umgebungslicht gilt, dass eine Halbierung der Belichtungszeit eine Halbierung der Helligkeit zur Folge hat und eine Verdopplung der Belichtungszeit eine Verdopplung der Helligkeit bewirkt.

Belichtungszeit bei Blitzlicht | Bei Blitzlicht ist es etwas komplexer. Der Einfluss des Blitzlichts bleibt unverändert bei allen Belichtungszeiten, die länger sind als die Blitzsynchronzeit. Bei Belichtungszeiten, die kürzer als die Blitzsynchronzeit sind, wirkt das Blitzlicht nur auf einen Teil des Bildes oder gar nicht mehr auf das Bild. Die Blitzsynchronzeit hängt von der Kamera, aber auch vom Zusammenspiel der Kamera mit den Blitzgeräten ab. Übliche Blitzsynchronzeiten moderner Kameras und Blitze sind 1/200 Sekunde oder 1/250 Sekunde. Ein guter Richtwert für Heimstudios, in denen oft verschiedene Blitzsysteme und Techniken zum entfesselten Blitzen eingesetzt werden, ist 1/125 Sekunde. Allgemein gilt, dass die Blitzsynchronzeit nicht unterschritten werden darf. Das liegt darin begründet, dass die eigentliche Abbrenndauer der Blitze, also die Zeit, die sie tatsächlich leuchten, sehr viel kürzer ist. Die Abbrenndauer liegt, je nach Blitz, zwischen 1/800 und 1/10000 Sekunde. Sie variiert dabei je nach Leistung. Um mehr Licht abzugeben, brennt ein Blitz dabei länger, aber nicht unbedingt heller. Um kürzere Belichtungszeiten als die Blitzsynchronzeit zu realisieren, bieten einige Aufsteckblitze und Kameras eine Hochgeschwindigkeitssynchronisation an, die für Studiosituationen jedoch meist nicht benötigt wird.

Mischbetrieb von Dauerlicht und Blitzlicht | Diesen markanten Unterschied zwischen Dauerlicht und Blitzlicht können Sie nutzen, um das Dauerlicht auf das Blitzlicht abzustimmen. Möchten Sie beispielsweise das Dauerlicht verstärken, können aber den Blitz nicht weiter herunterregeln, können Sie die Belichtungszeit verlängern, was ausschließlich die Auswirkung des Dauerlichts auf das Bild verstärkt. Möchten Sie das Blitzlicht verstärken, können aber den Blitz nicht weiter hochregeln, können Sie die Blende weiter öffnen (also einen kleineren Blendenwert einstellen, zum Beispiel 5,6 statt 8), was die Wirkung beider Lichtquellen auf das Bild verstärkt, und dann die Belichtungszeit verkürzen, was wiederum ausschließlich das Dauerlicht in seiner Wirkung abdunkelt.

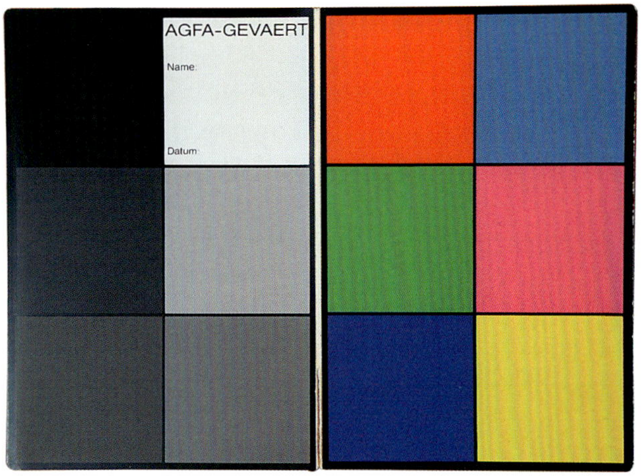

Farbkarte
Eine Farbkarte, die genormtes Neutralgrau (18 % Grau beziehungsweise Mitteltonwert) enthält, dient sowohl der Belichtungsmessung (Spotmessung auf die graue Fläche), dem Weißabgleich (ebenfalls auf Grau als Referenz) als auch als Referenz zur Abstimmung der Farben, wenn eine möglichst naturgetreue Wiedergabe erreicht werden soll.

angegeben wird. Kunstlicht aus Halogenstrahlern wirkt eher warm, ist orange- bis gelbfarben und hat eine niedrige Farbtemperatur. Die Farbtemperatur von Tageslicht ist deutlich höher. Es wirkt im Vergleich zu Kunstlicht eher bläulich. Haushaltsübliche Leuchtstoffröhren und Energiesparlampen haben ein eher grünliches Licht. Der Markt bietet Leuchtmittel auch mit hoher Lichtleistung mit Farbtemperaturen an, die dem des Tageslichts gleichen. Diese Leuchten bieten Glühlampen und Halogenstrahlern gegenüber den Vorteil, weniger Strom zu verbrauchen und deutlich weniger Wärme zu erzeugen. Typische Farbtemperaturen sind ca. 1 500 K bei Kerzenlicht, ca. 2 800 K bei Glühlampen und ca. 3 000 K bei Halogenlampen sowie ca. 5 600 K bei Tageslicht, Tageslichtlampen oder Blitzgeräten.

Für Analogfotografen steht heute nur noch eine sehr begrenzte Auswahl an Filmen zur Verfügung, die für künstliche Lichtquellen korrigiert sind. Hier bieten sich dann eher Korrekturfilter an, die sie zur Anpassung der Lichtfarbe vor den Blitzen oder Lampen anbringen können. Digitalfotografen hingegen können den Weißabgleich ihrer Kamera nutzen, um Aufnahmen an die verschiedenen Lichtfarben anzupassen. Wenn Sie im RAW-Format fotografieren, können Sie den Weißabgleich in der anschließenden Bildbearbeitung sogar verlustfrei auf jede beliebige Farbtemperatur umstellen. Sie können den Weißabgleich auch vor der Aufnahme manuell bestimmen, indem Sie eine Referenzmessung mit Hilfe einer Grau- oder Farbkarte vornehmen oder den Weißabgleich nach den Herstellerangaben für die verwendeten Leuchten einstellen. Farbreferenzkarten, wie sie beispielsweise von Herstellern von Kalibrierungswerkzeugen angeboten werden, erleichtern das Farbmanagement am Rechner mit dem Ziel, möglichst naturgetreue Farben zu erreichen.

Buntes Licht | Neben genau auf die Farbe der Lichtquellen abgestimmten Korrekturfiltern bietet der Zubehörmarkt knallbunte Farbfilter an, die dem Licht ganz bewusst eine deutliche Färbung geben sollen. Diese können Sie beispielsweise verwenden, um farbige Akzente auf den Hintergrund zu setzen. Achten Sie dabei auf die Hitzebeständigkeit des Materials, da sowohl das Einstelllicht von Blitzen als auch viele Dauerlichtquellen, besonders Baustrahler, sehr heiß werden können.

Heimstudio mit Umgebungslicht

Die geringsten Investitionskosten – im Extremfall gar keine – fallen für die Nutzung des vorhandenen Umgebungslichts an. *Available Light*, wie Umgebungslicht auch genannt wird, erlaubt jedoch nur einen eingeschränkten Einfluss auf die Lichtsetzung und -wirkung.

UMGEBUNGSLICHT

Vorteil:
- geringe Investitionskosten

Nachteile:
- in der Regel geringe Lichtausbeute
- kaum Möglichkeiten, die Lichtführung zu beeinflussen
- wenig aktive Gestaltungsmöglichkeiten mit dem Licht

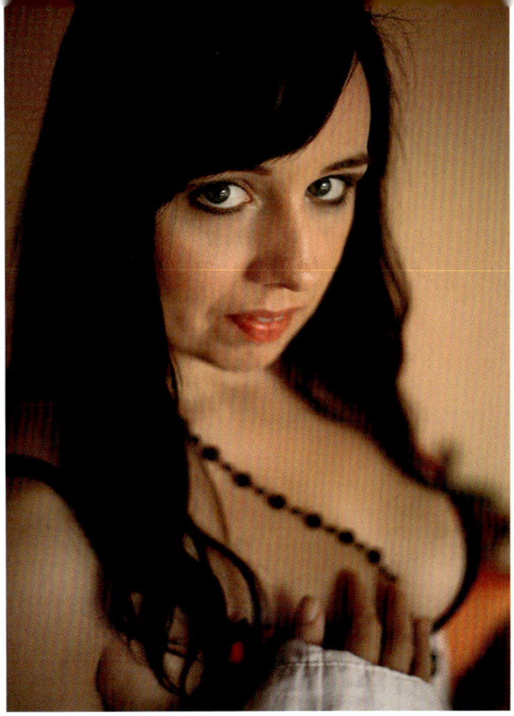

Porträt am Fenster
Beispielbild für ein erotisches Porträt, das in einem Wohnumfeld völlig ohne Lichttechnik und Studioausrüstung entstanden ist.

Canon EOS 5D (Vollformat) | 50 mm | 1/100 sek | f2 | ISO 160

Porträt hinter Gardinen
Die Lichtsituation ähnelt der im obenstehenden Bild. Bei der Gestaltung von monochromen Bildern spielt es übrigens kaum eine Rolle, wenn Kunstlicht im Raum und Tageslicht durchs Fenster aufeinandertreffen.

Canon EOS 5D (Vollformat) | 50 mm | 1/125 sek | f1,8 | ISO 160

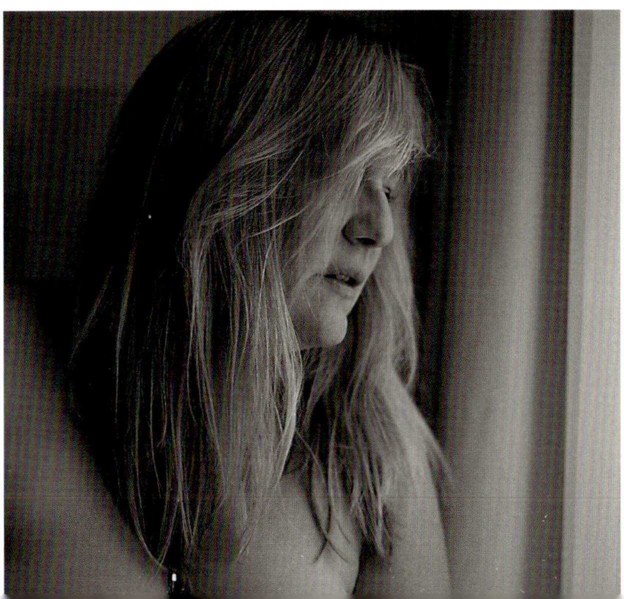

Aufheller, Abschatter und Diffusoren | Das Licht kann mit Aufhellern und Abschattern beeinflusst werden. Weicher gestalten lässt es sich mit Hilfe von Diffusoren, eine Gardine am Wohnzimmerfenster kann beispielsweise als Diffusor des Tageslichts genutzt werden. An Fenstern, durch die kein direktes Sonnenlicht scheint (Nordfenster sind da ideal), fällt oft wunderbar weiches Licht in den Raum.

Mischlicht | Sonnenlicht, das durch ein Fenster scheint, und künstliches Licht (Raumbeleuchtung), mit dem Sie Lichtakzente setzen können, haben deutlich unterschiedliche Lichtfarben. Blaue Korrekturfilter, die Sie an den Kunstlichtleuchten anbringen, oder eine indirekte Beleuchtung des Motivs über blaue Reflektorflächen können die Lichtfarben einander angleichen. Bei der Aufnahme von Schwarzweißfotos ist die Mischlichtproblematik übrigens völlig irrelevant.

Heimstudio mit Dauerlicht

Ein Heimstudio mit Dauerlichtquellen erfordert nur geringe Investitionen. Wir sind ja bereits von künstlichen Dauerlichtquellen umgeben, die grundsätzlich für die Fotografie in der gleichen Weise geeignet sind wie anderes Licht auch. Problematisch sind nur die geringe Helligkeit sowie ihre Farbtemperatur. Bei Einsatz von Dauerlicht entspricht die Lichtwirkung im Bild am ehesten noch der Lichtstimmung, wie Sie sie vor der Aufnahme erleben.

Lichtleistung | Handelsübliche Haushaltsleuchten haben beispielsweise eine Leistung von 100 Watt. Eine Leuchte von 100 Watt erlaubt für eine ausgewogene Beleuchtung in 2 m Entfernung nur Belichtungswerte von 1/15 Sekunde bei Blende 2 und ISO 100. Blende 2 bietet aber nur eine geringe Schärfentiefe, und nur wenige Objektive sind lichtstark genug, um diese Blende realisieren zu können. Außerdem arbeiten Sie dann nah an Ihrer Offenblende, was oft Qualitätseinbußen gegenüber einer etwas weiter geschlossenen Blende zur Folge hat. Einfache Zoomobjektive, wie sie häufig im

Amateurbereich eingesetzt werden, haben Offenblenden von 3,5, 4 oder sogar 5,6. Bei Blende 5,6 liegt die notwendige Belichtungszeit in diesem Fall schon bei 0,5 Sekunden. Wenn Sie dann noch leicht abblenden (Blendenwert vergrößern), um Abbildungsfehler zu verringern, erreichen Sie schon Blende 8 und benötigen 1 Sekunde Belichtungszeit. Solch lange Belichtungszeiten sind nur mit guten Stativen möglich, wenn Sie scharfe Ergebnisse erzielen möchten. Zur Fotografie von Stillleben ist dies sicherlich machbar; einem menschlichen Modell wird es allerdings nahezu unmöglich sein, völlig still zu verharren, nicht einmal zu atmen und dabei noch freundlich in die Kamera zu lächeln. Sie benötigen also mehr Licht. Viel mehr Licht!

Baustrahler | Handelsübliche Baustrahler leisten 500 oder 1 000 Watt. Mit 1 000 Watt würden Sie bei ISO 100 Belichtungswerte von Blende 2,8 und 1/60 Sekunde erreichen. Mit vier Leuchten à 1 000 Watt sind Blende 4 und 1/125 Sekunde möglich. Um einen Menschen bei Blende 8 im Kopfbereich von der Nase bis zu den Ohren durchgehend scharf abgebildet aus der Hand fotografieren zu können, würden also 16 Leuchten à 1 000 Watt benötigt! Alternativ können Sie dies mit einem höheren ISO-Wert kompensieren. Um bei dem Beispiel zu bleiben, können Sie eine Porträtaufnahme beispielsweise mit ISO 1000, Blende 8, 1/125 Sekunde und insgesamt 1 500 Watt in 2 m Abstand zum Motiv fotografieren. Diese Werte können in Bezug zu Studioblitzen gebracht werden: Drei Baulampen à 500 Watt bei einer Belichtungszeit von 1/125 Sekunde entsprechen einer Lichtleistung von 12 Ws (Watt pro Sekunde). Einfache Studioblitze leisten bereits 150 Ws pro Stück.

Diese Rechnungen sind beispielhaft und nicht exakt. Sie können abweichen, weil die Reflektoren der Baulampen das Licht bündeln und es effektiver nutzbar machen, die wirksame Leistung also erhöhen, oder weil Techniken zum Weichmachen des ansonsten recht harten Baulichts (zum Beispiel durch indirektes Licht oder Reflexschirme) die nutzbare Lichtleistung verringern. Diese Beispielrechnungen sollen lediglich verdeutlichen, dass Dauerlicht im Vergleich zu Blitzlicht um Längen dunkler ist, obwohl es Ihnen eingeschaltet sehr

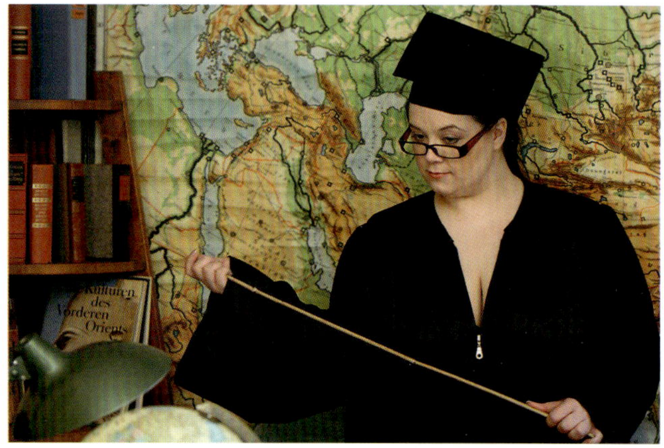

Fräulein Lehrerin
Dauerlicht erfordert hohe ISO-Werte, offene Blenden und lange Belichtungszeiten.

Canon EOS 5D (Vollformat) | 50 mm | 1/60 sek | f3,2 | ISO 800

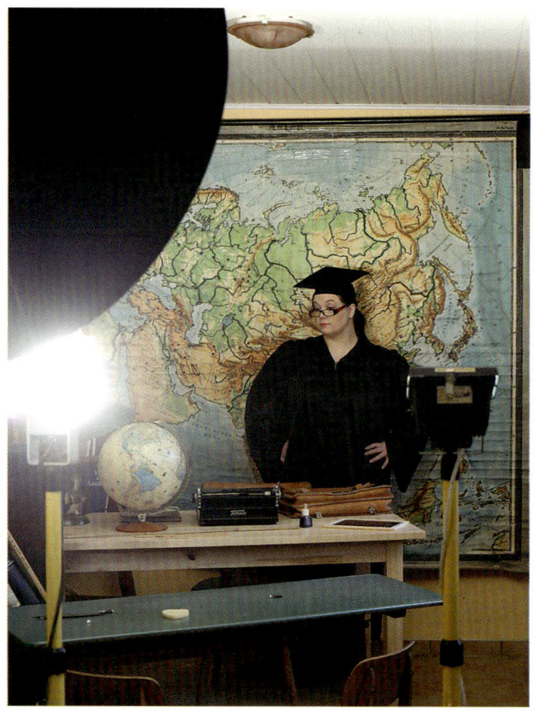

Lichtaufbau zu »Fräulein Lehrerin«
Ein Baustrahler links reflektiert über einen Aufheller und wirft weiches Licht auf das Modell. Ein Baustrahler rechts beleuchtet die Decke und damit indirekt den Raum.

hell erscheint. Bauleuchten mit Halogen-Leuchtmitteln geben zudem sehr viel Wärme ab. Baustrahler sind dennoch grundsätzlich geeignet, um ein Set gut auszuleuchten, wenn Sie um ihre Vor- und Nachteile wissen. So kann die geringe Schärfentiefe, die sich aus dem Zwang zu weit geöffneten Blenden ergibt, als Stilmittel eingesetzt werden. Moderne digitale Kameras gestatten es inzwischen außerdem, relativ hohe ISO-Werte einzustellen und dabei eine dennoch annehmbare Bildqualität zu erreichen.

DAUERLICHT

Vorteile:
- preiswert
- einfache Lichtführung: Lichtstimmung im Bild entspricht der Lichtstimmung am Set.

Nachteile:
- niedrige Lichtwerte, also geringe Helligkeit
- starke Wärmeentwicklung bei Baustrahlern
- sich häufig ergebende Mischlichtsituationen

Leuchtstoffröhren

Mit je einer Leuchtstoffröhre links und rechts der Kamera, im Abstand von ca. 20 cm platziert und mit nur ca. 50 cm Abstand zwischen Kamera und Modell, wird ein interessanter Effekt erzeugt, bei dem sich die Leuchtstoffröhren in den Augen widerspiegeln.

Canon EOS 5D (Vollformat) | 50 mm | 1/60 sek | f3,5 | ISO 1000

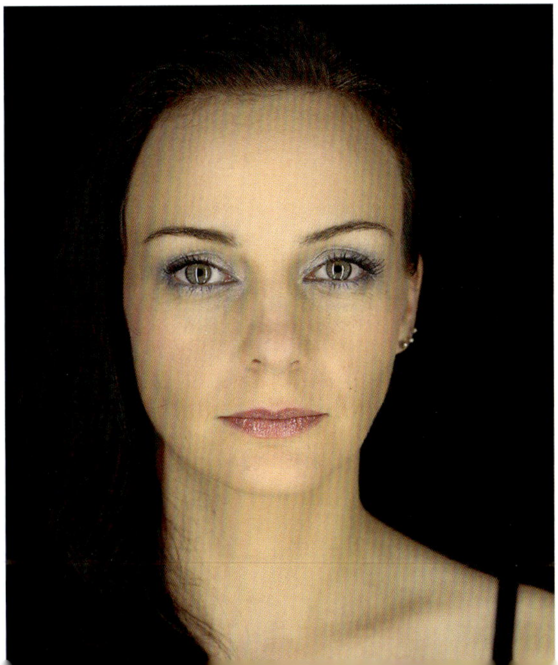

Leuchtstofflampen | Selbst mit handelsüblichen Leuchtstoffröhren können Sie effektvoll fotografieren. Allerdings ist der Weißabgleich für Leuchtstoffröhren eine Herausforderung, was daran liegt, dass Leuchtstoffröhren ihr Licht nicht in einem kontinuierlichen Spektrum abgeben. Viele Kameras bieten zwar einen voreingestellten Weißabgleich für Leuchtstoffröhren an, dennoch überzeugt das Ergebnis oft nicht. Ähnlich verhält es sich bei Energiesparlampen. Leuchtstoffröhren werden vom Fachhandel auch als Tageslichtlampen angeboten. Damit gestaltet sich ein Weißabgleich deutlich einfacher.

Mischlicht | Gegen Mischlicht ist fast kein Kraut gewachsen. Weder Korrekturfilter am Objektiv noch der Weißabgleich können Fehlfarben ausgleichen, wie sie beim Mischen verschiedener Lichtquellen mit verschiedenen Farbtemperaturen entstehen. Um die Farbtemperatur der Lichtquellen aufeinander abzustimmen, können die Lichtquellen mit Korrekturfiltern versehen oder über goldene oder blaue Reflektorflächen gelenkt werden. Am besten fotografieren Sie in Mischlichtsituationen im RAW-Format, weil dieses Ihnen die größten nachträglichen Korrekturmöglichkeiten bietet. Eine typische Mischlichtsituation zeigt das Bild auf Seite 351.

Heimstudio mit Aufsteckblitzen

Die wohl flexibelste Variante ist es, wenn Sie ein Heimstudio mit Aufsteckblitzen betreiben. Aufsteckblitze sind klein, leicht und batteriebetrieben und können daher auch problemlos außer Haus eingesetzt werden. Aufsteckblitze bieten somit eine gute Alternative zu Studioblitzen. Sie sind jedoch nicht zwingend eine »Low-Budget-Lösung«, da die Kaufpreise der Systemblitze von Kameraherstellern in vergleichbaren Größenordnungen liegen wie einfache Studioblitze, teils sogar teurer in der Anschaffung sind. Der Einsatz preiswerter Aufsteckblitze von Drittanbietern gestattet es aber durchaus, ein Heimstudio mit geringem Budget auszustatten und dabei die Vorteile einer Blitzlichtanlage zu nutzen.

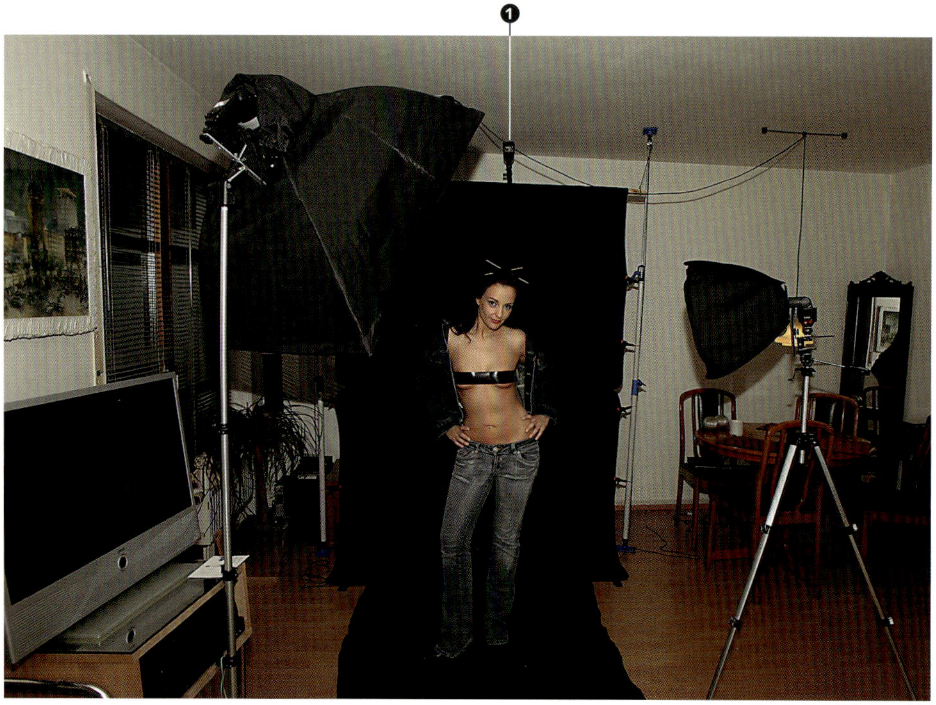

Heimstudio mit Aufsteckblitzen
Das Bild unten rechts wurde mit diesem Lichtaufbau erstellt. Ein Führungslicht von links oben mit einer großen Softbox ist die bildbestimmende Lichtquelle, wobei in diesem Fall das Aufhelllicht von rechts in Kopfhöhe in etwa gleich hell wirkt wie das Führungslicht. Das Aufhelllicht verhindert störende Schatten, die das Führungslicht im Gesicht insbesondere in den Augenhöhlen verursachen würde. Ein Kopflicht (kleiner Aufsteckblitz ❶) hellt das dunkle Kopfhaar von hinten her auf, so dass es sich deutlich vom Hintergrund absetzt.

Beim entfesselten Blitzen sind die Blitze nicht an der Kamera befestigt, sondern können im Raum frei positioniert werden. Der Zubehörmarkt bietet eine große Auswahl an Möglichkeiten, um entfesselte Blitze per Kabel, Funk oder durch Lichtimpuls (per Infrarot) auszulösen.

Blitzsynchronkabel | Die einfachste Fernsteuerung funktioniert über Blitzsynchronkabel. Sie sind sehr zuverlässig und kompatibel, bringen aber die mit Kabeln verbundenen Einschränkungen mit sich: den durch die Länge der Kabel begrenzten Radius und die typischen Stolperfallen. Die Kabel werden an der Kamera am Blitzsynchronanschluss (X-Buchse) angeschlossen. Für Kameras, die über keinen Blitzsynchronanschluss verfügen, bietet der Zubehörmarkt Adapter für den Blitzschuh an.

Slave-Adapter und Slave-Blitze | Etwas flexibler und ebenfalls preiswert in der Anschaffung sind Slave-Adapter. Das sind kleine Zwischenstücke, die unten auf einem Stativ befestigt werden und oben einen Blitzschuh für die Montage des Blitzgeräts haben. Der Adapter selbst beinhaltet eine Fotozelle, die auf umgebendes Blitzlicht reagiert und dann den auf dem Adapter angebrachten Blitz auslöst. Einige Aufsteckblitze haben solche Slave-Auslöser bereits eingebaut. Bei Tageslicht lösen sie allerdings oft nicht zuverlässig aus. In kleinen geschlossenen

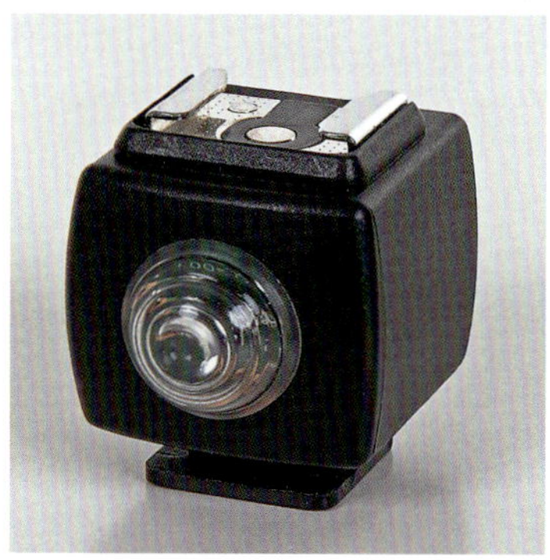

Slave-Adapter
Mit Slave-Adaptern wie diesem können Sie jeden einfachen Aufsteckblitz als Slave-Blitz entfesselt ansteuern. Solche Adapter gibt es für Kabel und Funk. Dieses Bild zeigt einen Adapter, der seinen Blitz auslöst, sobald andere Blitze im Raum ausgelöst werden.

Beispielfoto aus einem Heimstudio mit Aufsteckblitzen
Dieses Bild wurde beleuchtet durch ein Führungslicht von halb links oben mit großer Softbox, ein Aufhelllicht von halb rechts (kleine Softbox) und ein hartes Kopflicht von hinten oben.

Canon EOS 5D (Vollformat) | 85 mm | f8 | 1/125 sek | ISO 100

Räumen sind sie jedoch recht zuverlässig, also im Heimstudio durchaus eine Alternative.

Da die Slave-Blitze durch einen Blitz ausgelöst werden, muss mindestens ein Blitz (Trigger) durch die Kamera auf andere Weise ausgelöst werden. Das kann beispielsweise über Kabel geschehen. Auch ein in vielen Kameras eingebauter Blitz kann als Trigger genutzt werden. Dieser Blitz leistet dann allerdings seinen eigenen Beitrag zur Belichtung des Bildes, der oft nicht erwünscht ist. Alternative Auslöser sind sehr schwache Aufsteckblitze, die so gerichtet sind, dass ihr Licht keinen Bildbeitrag leistet, oder separat erhältliche Infrarotauslöser. Viele Infrarotauslöser sind prinzipiell einfache schwache Aufsteckblitze, die statt einer Streuscheibe einen IR-Filter haben. Das dadurch emittierte infrarote Blitzlicht genügt, um als Trigger die Slave-Blitze auszulösen. Bei der Anschaffung sollten Sie darauf achten, dass sich das Blitzlicht des Infrarotauslösers nach oben zur Decke richten lässt. Dadurch verhindern Sie beispielsweise bei Stillleben mit spiegelnden Flächen, dass darin das Licht des Infrarotauslösers rot reflektiert wird.

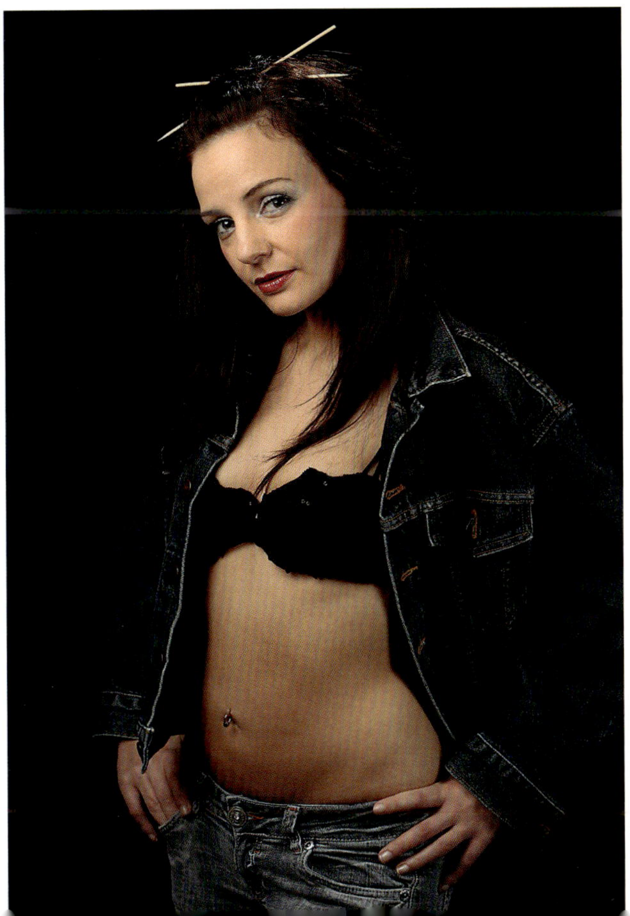

Funkfernsteuerungen | Aktuell werden aus Fernost Funkfernsteuerungen angeboten, die sich unterm Strich als die preiswertesten und zuverlässigsten Möglichkeiten zur Fernsteuerung entfesselter Blitze darstellen. Funkfernsteuerungen finden ihre Grenzen erst in Umgebungen mit viel Eisen und Stahl, beispielsweise in alten Industrieanlagen. Sie sind daher für das Heimstudio und den normalen Outdoor-Einsatz hervorragend geeignet.

Bei der Anschaffung ist zu beachten, dass der Nachkauf zusätzlicher Funkempfänger bei diesen No-Name-Produkten problematisch werden kann. Nachgekaufte Komponenten sind dann nicht immer kompatibel. Die Geräte werden oft in Kits mit einem Sender und zwei, drei oder vier Empfängern angeboten. Wenn Sie bei der Erstanschaffung gleich zwei solcher Kits kaufen, ist die Kompatibilität längerfristig gewährleistet, und Sie verfügen somit über einen zusätzlichen Sender für eine Zweitkamera oder ein Reserveteil sowie über genügend Empfänger auch für den Einsatz vieler Slave-Blitze.

Entfesseltes Blitzen und TTL | Die Hersteller der etablierten Kamerasysteme bieten Aufsteckblitze an, die Sie entfesselt einsetzen und dabei die systemspezifischen Möglichkeiten der TTL-Steuerung nutzen können. Sie sind dann jedoch auf Originalzubehör des jeweiligen Herstellers beziehungsweise auf 100%ig kompatibles Zubehör von Drittanbietern angewiesen. TTL ist übrigens die Abkürzung von *Through the lens* und bedeutet, dass die Kamera die Belichtungseinstellungen durch eine Messung durch das Objektiv ermittelt. Moderne Blitzsteuerungen wie E-TTL (Canon) oder i-TTL (Nikon) senden vor der Belichtung einen oder mehrere Messblitze aus, die die Kamera misst und dabei ermittelt, mit welcher Leistung die Blitze jeweils leuchten müssen, um das Bild korrekt zu belichten. Ein Mischbetrieb mit nicht TTL-fähigen Komponenten wie Studioblitzen, älteren Aufsteckblitzen, Aufsteckblitzen anderer Hersteller oder Funkfernsteuerungen ist dabei nicht möglich. Einerseits verfälschen die nicht TTL-fähigen Blitze das Messergebnis, weil sie bei der Messung nicht berücksichtigt werden. Andererseits lösen Blitze, die über Fotozellen ferngesteuert werden (bei vielen Studioblitzen über die Slave-Funktion), bereits mit dem ersten Messblitz aus.

Beim kurz darauf erfolgenden eigentlichen Blitz sind diese Blitze dann noch nicht wieder bereit zum Auslösen und bleiben daher im besten Fall wirkungslos. Auch beim manuellen Betrieb TTL-fähiger Aufsteckblitze können nicht TTL-fähige Blitze im Mischbetrieb bereits von den Steuerblitzen ausgelöst werden, mit denen die TTL-fähigen Blitze angesteuert werden. Wenn Sie TTL im Studio nutzen möchten, müssen also alle aktiven Komponenten kompatibel mit dem TTL-System der Kamera sein, einschließlich der Steuergeräte für die entfesselten Blitze.

Lichtformer und Aufsteckblitze | Softboxen, wie sie mit Studioblitzen eingesetzt werden, können in ähnlicher Weise auch mit Aufsteckblitzen genutzt werden. Dazu bietet der Zubehörmarkt Adapter, um Aufsteckblitze an Softboxen zu montieren, aber auch Softboxen, die speziell für Aufsteckblitze konstruiert wurden.

Wenn Sie einen Adapter für Studioblitz-Lichtformer an Aufsteckblitzen verwenden, müssen Sie beachten, dass ein Aufsteckblitz eine große Softbox nicht so gleichförmig ausleuchten kann wie ein Studioblitz. Das liegt daran, dass Aufsteckblitze eingebaute Reflektoren haben, während Studioblitze ohne Reflektor an Softboxen befestigt werden. Aufsteckblitze können den Diffusor größerer Softboxen nicht gleichförmig ausleuchten. An Softboxen montierte Aufsteckblitze sollten – sofern dies einstellbar ist – immer auf die kürzestmögliche Brennweite eingestellt werden, damit das Licht möglichst breit gefächert abgestrahlt wird. Diffusoren wie Streuscheiben oder Aufsätze, die direkt vor den Blitz gesetzt werden, können das Licht noch weiter streuen, was eine gleichmäßigere Ausleuchtung des äußeren Dif-

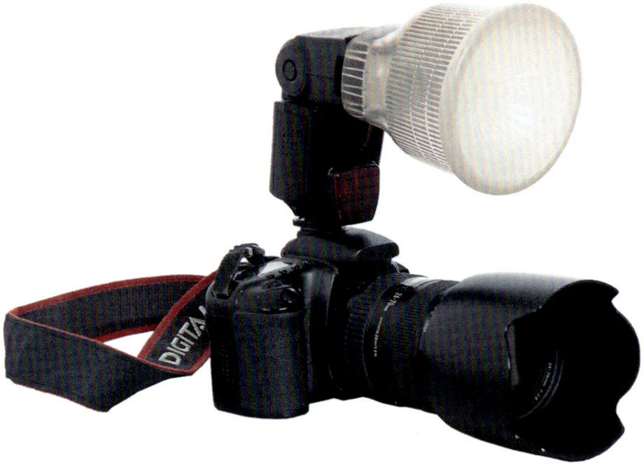

Diffusor auf Aufsteckblitz
Für Aufsteckblitze werden unterschiedliche Diffusoren angeboten. Diese Diffusoren sind eigentlich dafür gedacht, das Licht von Aufsteckblitzen weicher zu gestalten. Allerdings wird es bei der hier abgebildeten Anwendung tatsächlich nicht wesentlich weicher. Sie können solche Diffusoren aber sehr sinnvoll in Verbindung mit Durchlicht- oder Reflexschirmen oder Softboxen anwenden.

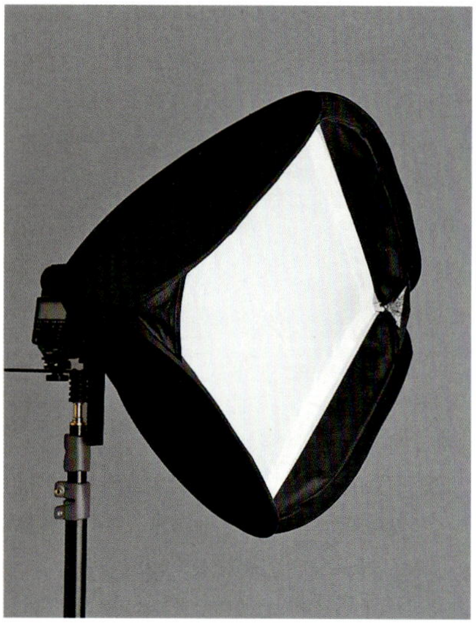

Softbox für Aufsteckblitze
Quadratische Softbox im Format 40×40 cm

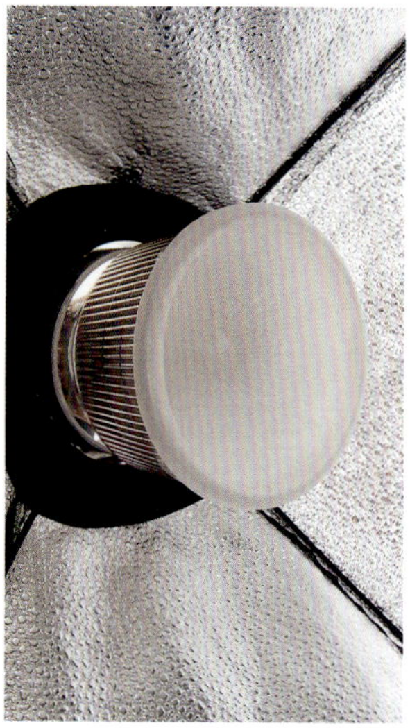

Softbox mit Blitz und aufgestecktem Diffusor
Damit Aufsteckblitze in Kombination mit Softboxen die Wirkung der Softboxen effektiv nutzen können, können sie mit zusätzlichen Diffusoren versehen werden. Ein solcher Diffusor streut das Licht des Blitzes zunächst in alle Richtungen, so dass die Durchlichtfläche der Softbox gleichförmig und möglichst vollständig ausgeleuchtet wird. Wie Aufsteckblitze ohne solche zusätzlichen Diffusoren in Softboxen wirken, wird auf der rechten Seite veranschaulicht.

fusors fördert. Dabei genügt es oft, weißes Pergamentpapier oder Ähnliches mit einem Gummiband rund um den Aufsteckblitz zu befestigen.

Mit Hilfe der bereits erwähnten Adapter können Sie handelsübliche Lichtklappen und Tuben verwenden, um das Licht entsprechend genau zu führen. Dabei dürfen Sie nicht übersehen, welchen kreativen Gestaltungsspielraum die in vielen Aufsteckblitzen vorhandenen variablen Reflektoren bieten. Sie erlauben es, zwischen sehr weiten und relativ eng gefassten Lichtkegeln zu

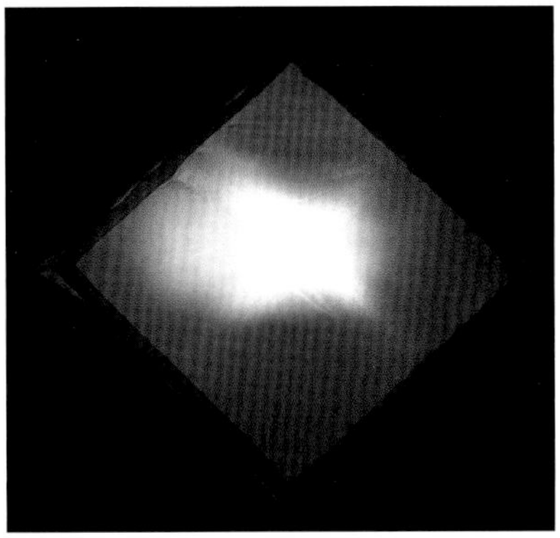

Softbox mit Aufsteckblitz (Einstellung des Reflektors auf 105 mm)
Die Diffusorfläche der Softbox wird hochgradig ungleichmäßig ausgeleuchtet. Das Licht des Blitzes ist in der Mitte konzentriert. Am Rand der Fläche trifft kein Licht auf. Die Softbox ist nahezu wirkungslos.

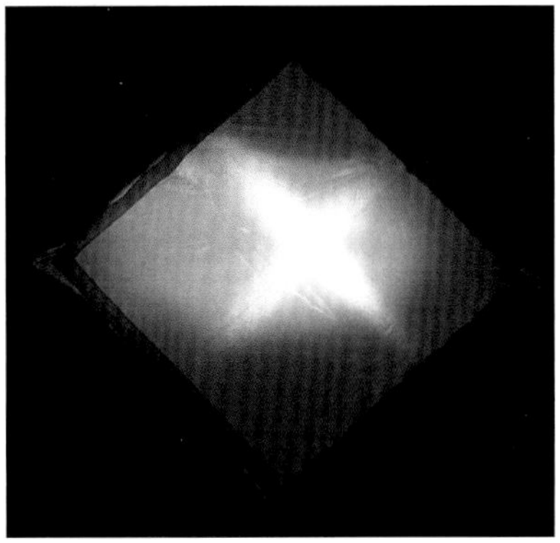

Softbox mit Aufsteckblitz (Einstellung des Reflektors auf 50 mm)
Die Diffusorfläche der Softbox wird ungleichmäßig ausgeleuchtet. Das Licht des Blitzes beleuchtet schwerpunktmäßig die Mitte. Am Rand der Fläche trifft wenig bis kein Licht auf. Die Softbox ist auch hier bei Weitem nicht effektiv eingesetzt.

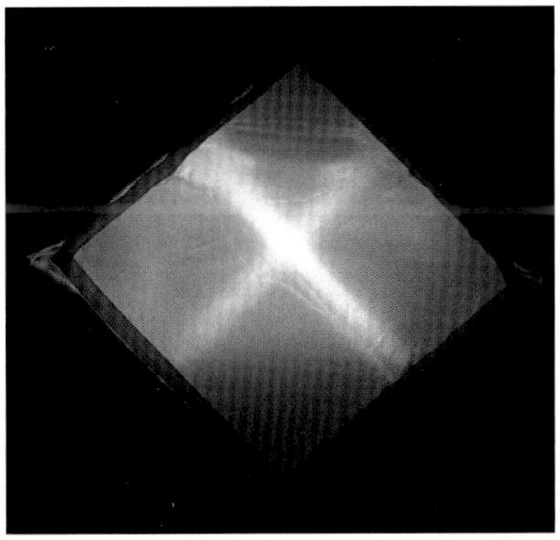

Softbox mit Aufsteckblitz (Einstellung des Reflektors auf 24 mm)
Die Diffusorfläche der Softbox wird gleichmäßiger ausgeleuchtet. Das Licht des Blitzes beleuchtet schwerpunktmäßig die Mitte und teils die Ränder. An den Rändern der Fläche trifft kein Licht auf. Die Softbox wird nicht vollständig genutzt.

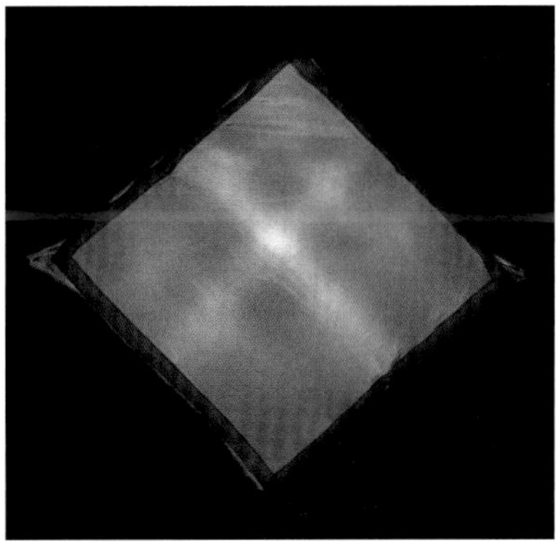

Softbox mit Aufsteckblitz (Einstellung des Reflektors auf 14 mm)
Die Diffusorfläche der Softbox wird nun recht gleichmäßig ausgeleuchtet. Das Licht des Blitzes erreicht alle Bereiche der Fläche. Die Softbox wird nahezu optimal genutzt. Eine noch gleichförmigere Ausleuchtung der Diffusorfläche erreichen Sie durch weitere Diffusoren innerhalb der Softbox, zum Beispiel durch spezielles Zubehör für den Blitz oder alternativ durch eine Butterbrottüte, die Sie wie einen Ballon über den Blitz stülpen.

wählen. Die Lichtkegel werden dabei oft mit den Kleinbildbrennweiten bezeichnet, mit denen ein Bild einer Kleinbildkamera gut ausgeleuchtet wäre, wenn der Blitz auf der Kamera montiert wäre. Lange Brennweiten von über 100 mm erzeugen dabei oft schon recht enge Lichtführungen, auch ganz ohne Tuben oder andere Spotvorsätze.

Ein auf 28 mm eingestellter Aufsteckblitz wird in 1 m Entfernung eine Fläche mit einem Durchmesser von ca. 1,5 m ausleuchten. Ein auf 135 mm eingestellter Aufsteckblitz leuchtet in der gleichen Entfernung lediglich 30 cm aus. Eine Ergänzung oder Alternative zu Softboxen sind Schirme und Reflektoren, die Sie mit Aufsteckblitzen in gleicher Weise verwenden können wie Studioblitze oder Dauerlichtlampen.

Lichtformer im Eigenbau | Es wird reichlich Zubehör angeboten, um Licht zu formen, auch speziell für Aufsteckblitze. Wenn Sie sich dabei auf ein System eines (Zubehör-)Herstellers festlegen, profitieren Sie von größtmöglicher Kompatibilität der Produkte untereinander. Im Vergleich dazu sparen Sie viel Geld, wenn Sie Lichtformer selbst gestalten. Mit einem grundlegenden Verständnis des Lichts, wie es sich ausbreitet und wirkt,

Brennweite (Kleinbild)	Winkel (ca.)	Durchmesser (cm) in 1 m Entfernung
14 mm	110°	280 cm
24 mm	84°	180 cm
28 mm	75°	150 cm
35 mm	64°	124 cm
50 mm	47°	85 cm
85 mm	28°	50 cm
100 mm	24°	40 cm
135 mm	18°	30 cm

Lichtkegel bei Aufsteckblitzen

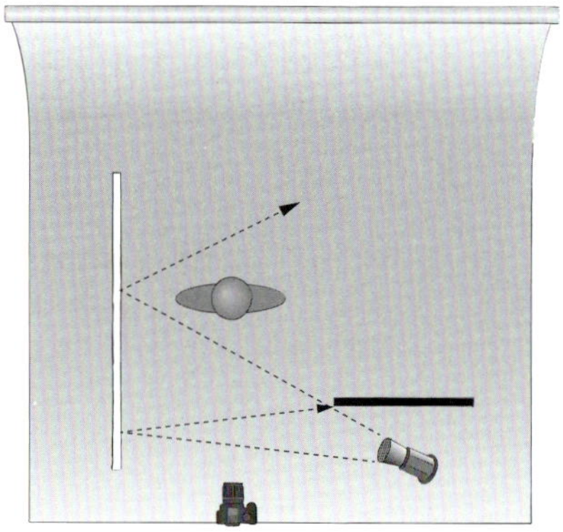

Lichtaufbau
Ein Blitz steht rechts des Modells. Er beleuchtet aber nicht das Modell. Im Gegenteil: Ein Abschatter verhindert, dass das Blitzlicht direkt auf das Modell trifft. Der Blitz leuchtet stattdessen auf einen großen Aufheller links des Modells, von wo aus das Licht sehr weich auf das Modell reflektiert wird. So können Sie mit Hilfe von Aufsteckblitzen auch auf kleinstem Raum ein weiches Licht erzeugen, wie es sonst nur sehr große Softboxen liefern. Wegen der starken Streuung sind dafür leistungsstarke Blitze erforderlich. Sollten Ihre Blitze dafür nicht genug Licht erzeugen, können Sie die Lichtmenge mit einem zweiten, gleich starken Blitz verdoppeln.

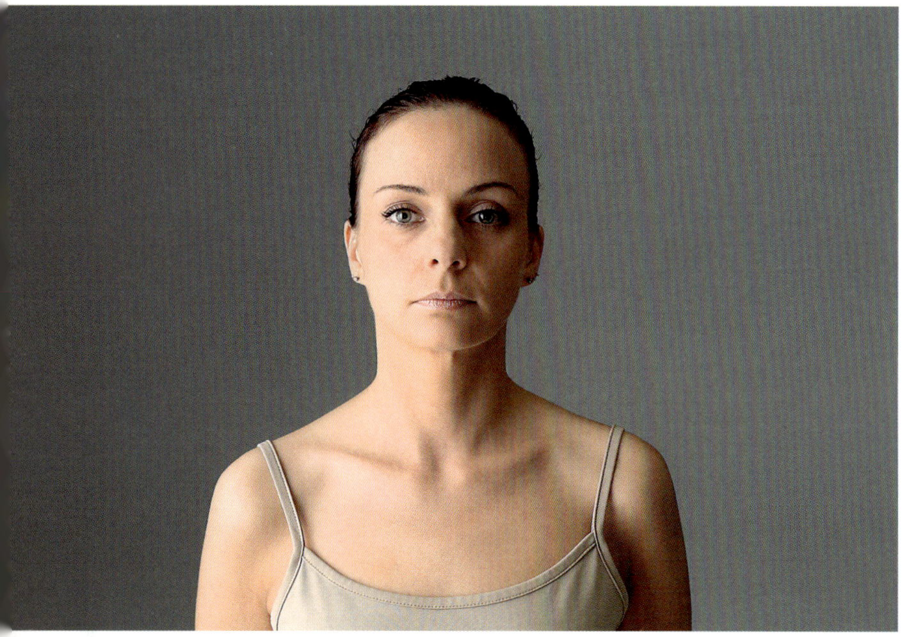

Licht indirekt über Aufheller statt Softbox
Für dieses Bild wurde die Wirkungsweise einer sehr großen Softbox simuliert, um eine ähnlich diffuse Ausleuchtung auch mit einfachen und platzsparenden Mitteln zu erreichen (siehe Skizze).

Canon EOS 5D (Vollformat) | 85 mm | 1/125 sek | f8 | ISO 800

erreichen Sie oft mit erstaunlich einfachen Mitteln Wirkungen, die mit den durch teures Zubehör erzeugten vergleichbar sind.

- *Aufheller statt Softbox und Abschatter*: Weiches Licht können Sie durch Reflexion an Flächen wie Aufhellern erreichen. Dazu wird der Blitz vom Motiv weg auf eine Wand hin und damit indirekt auf das Motiv gerichtet.

  An Wänden oder Lampenstativen befestigte Faltreflektoren dienen diesem Zweck ähnlich gut wie weiße Styroporplatten oder auch die gegebenenfalls ohnehin vorhandene weiß gestrichene Raufasertapete der Wohnzimmerwand. Reflektorplatten können Sie preiswert mit Alufolie oder handelsüblichen Rettungsdecken bespannen oder auch einfach unverändert das weiße Styropor als Aufheller verwenden. Wenn Sie bei Rettungsdecken das Licht über die goldfarbene Seite reflektieren lassen, wirkt es wärmer. So können Sie beispielsweise das kühlere Blitzlicht anderen, wärmeren Lichtquellen wie Glühlampen angleichen. Ein auf einer Seite weiß gestrichener Aufheller kann mit seiner Rückseite als Abschatter eingesetzt werden, wenn Sie ihn dort schwarz gestrichen haben. In der Lagerung platzsparender als Styroporplatten und größer im aufgebauten Zustand sind Abschatter und Aufheller, die aus schwarzem und weißem Stoff bestehen. Schwarzes Molton schluckt dabei besonders viel Licht. Molton können Sie darüber hinaus als Hintergrund verwenden, weil es wegen seiner matten Oberfläche besonders leicht so beleuchtet beziehungsweise abgeschattet werden kann, dass es im Bild wie eine homogene Fläche erscheint.
- *Räume ausleuchten*: Zur gleichförmigen Ausleuchtung eines Raums eignen sich runde beziehungsweise gekrümmte Reflexionsflächen, die von der konvexen Seite beleuchtet werden, am besten. Dazu können Sie weiße Durchlichtschirme verwenden. Um einen kleinen Wohnraum gleichmäßig auszuleuchten, kann es schon genügen, einen Studioblitz an die Decke zu richten und ihm eine Butterbrottüte überzustülpen, die Sie mit einem Gummiband oder einem Klebestreifen befestigen.

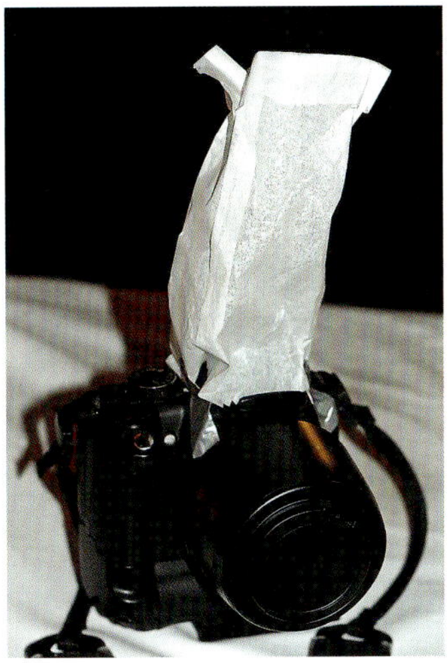

Diffusorersatz
Hier wurde eine einfache Brottüte eingesetzt, um das Licht des eingebauten Blitzes gleichförmig im Raum zu verteilen. Mit einem Gummiband oder Klebeband an einem Aufsteckblitz montiert, wirkt solch eine Tüte ähnlich wie die bereits vorgestellten Diffusoren. Sie streut das ansonsten stark gerichtete Licht des Aufhellblitzes im Raum.

Stillleben mit Pilzen
Von rechts beleuchtet die Pilze eine Softbox, die Pilze werfen nach links daher sehr weiche Schatten. Von links beleuchtet ein Tubus die Pilze und den Hintergrund. Dass das Licht härter ist, erkennen Sie an den Schatten, den die Pilze nach rechts werfen. Das gerichtete Licht des Tubus sorgt für eine ungleichmäßige Ausleuchtung des Hintergrunds und den damit verbundenen Farbverlauf.

Canon EOS 5D (Vollformat) | 100 mm | 1/125 sek | f29 | ISO 320

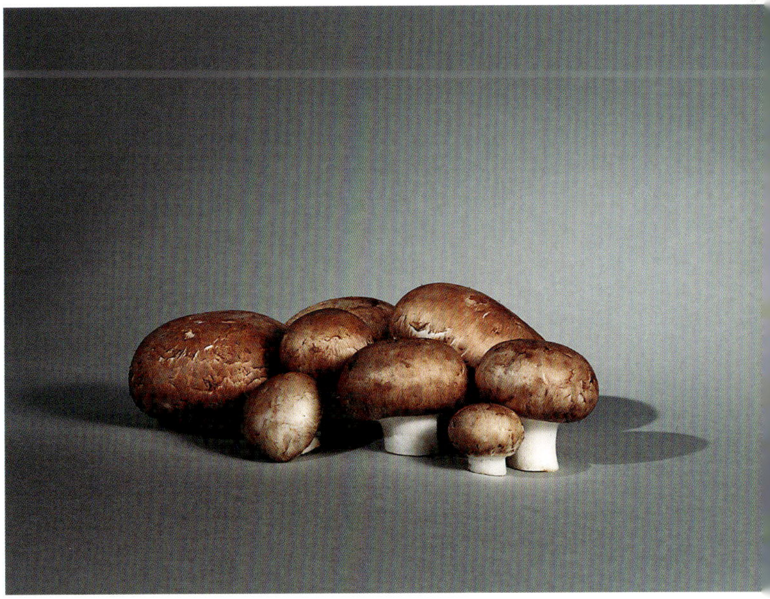

› *Softbox als Striplight*: Große rechtwinklige Softboxen können Sie leicht in kleine Striplights umbauen, indem Sie rechts und links jeweils ungefähr ein Drittel der Fläche mit Alufolie abdecken.
› *Tubus*: Besonders einfach selbst zu bauen sind Tuben beziehungsweise Spotvorsätze. Mit schwarzer Pappe, gegebenenfalls auch mit Stücken von Versandrollen, runden Verpackungen etc., sind mit wenigen Handgriffen längliche, röhrenförmige Vorsätze geschaffen, die mit einfachen Mitteln an alle möglichen Lichter montiert werden können, um das Licht punktuell auf kleine Flächen zu konzentrieren.
› *Lichtzelte*: Möglichst große, weiße Kunststoffkanister (die man beispielsweise für destilliertes Wasser benutzt), beispielsweise an der Seite und oben aufgeschnitten, geben ein prima Lichtzelt für kleine Motive ab.

Mischlicht | Mischlichtsituationen mit Tageslicht sind bei Blitzen weniger kritisch, da die Farbtemperaturen des Tageslichts und des Blitzlichts fast gleich sind (siehe Seite 338). Mischlichtsituationen, die für den Weißabgleich kritisch sind, können nur mit Dauerlicht entstehen, wenn beispielsweise die Lichtstimmung eines Raums eingefangen werden soll, also eine Situation, wie sie im Heimstudio eher selten entsteht. Sollten Sie dennoch mit gemischten Lichtquellen arbeiten müssen/wollen, empfiehlt es sich, die Lichtquellen aufeinander abzustimmen. Filtersets für Blitze können beispielsweise das Blitzlicht dem Licht von Glüh- und Halogenlampen farblich anpassen.

Blitzbelichtungsmessung | Allgemein unterscheidet man bei der Belichtungsmessung zwischen der Lichtmessung und der Objektmessung, so auch bei der Messung von Blitzlicht. Die in handelsüblichen Kameras eingebauten Belichtungsmesser eignen sich zur Objektmessung, sind aber für eine Blitzbelichtungsmessung unter Studiobedingungen nicht geeignet (Ausnahme E-TTL/i-TTL, wie bereits auf Seite 343 erwähnt). Bei der Objektmessung richten Sie den Belichtungsmesser auf das Objekt, das Sie fotografieren möchten. Dabei wird davon ausgegangen, dass 18 % des Lichts, das auf

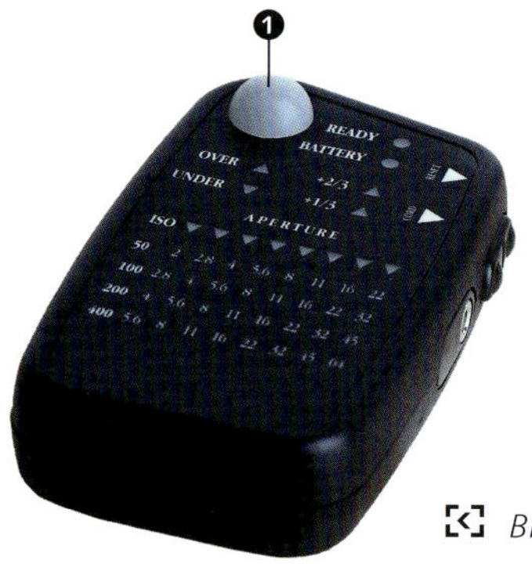

Blitzbelichtungsmesser

das Motiv trifft, diffus reflektiert wird. Um sicherzugehen, dass nicht deutlich hellere oder deutlich dunklere Motive zu einer Fehlmessung führen (helle Motive würden dann unterbelichtet und dunkle überbelichtet), bietet es sich an, eine normierte Graukarte zu messen und den Belichtungsmesser darauf zu richten. Beim Einsatz von Dauerlicht verwenden Sie dazu die Spotmessung Ihrer Kamera, ersatzweise die mittenbetonte Messung. Achten Sie dabei darauf, dass die Graukarte zur Messung einen hinreichend großen Anteil des Bildes ausmacht.

Übliche Blitzbelichtungsmesser können nur ungenau auf eine Graukarte ausgerichtet werden. Sie eignen sich in der Regel besser für die Lichtmessung. Bei der Lichtmessung sorgt die Kalotte ❶ dafür, dass genau 18 % des Lichts gemessen werden. Halten Sie den Belichtungsmesser vor das Motiv, so dass die Kalotte zur Kamera gerichtet ist. Der Blitzbelichtungsmesser reagiert dabei auf das Blitzlicht und misst dessen Intensität. Oft verfügen Blitzbelichtungsmesser über Blitzsynchronanschlüsse, so dass die Blitze über ein Synchronkabel

AUFSTECKBLITZE

Vorteile:
› flexibler Indoor- und Outdoor-Einsatz durch Batteriebetrieb, geringe Größe und leichtes Gewicht
› Einsatzmöglichkeiten mit Studioblitzen vergleichbar
› schnelle Bildfolgen bei geringer Blitzleistung möglich
› bei geringer Leistung zu kurze Abbrenndauer für schnelle Objekte (zum Beispiel Wassertropfen)

Nachteile:
› Batteriebetrieb – die Batterien beziehungsweise Akkus sind ganz sicher im denkbar ungünstigsten Moment leer.
› lange Ladezeiten bei hoher Blitzleistung

ausgelöst werden können. Der Belichtungsmesser zeigt dann die zum jeweiligen ISO-Wert passenden Daten für die Blende an, die Sie an der Kamera einstellen sollten. Details entnehmen Sie bitte der Bedienungsanleitung des jeweiligen Belichtungsmessers, denn die jeweilige Bedienung kann von der hier nur allgemein abgefassten Beschreibung durchaus abweichen.

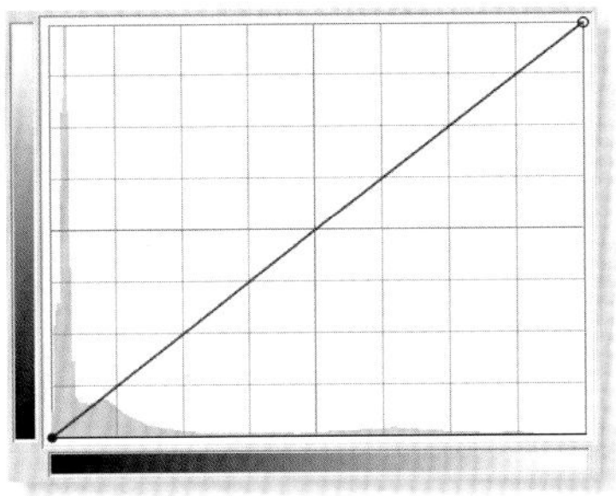

Low Key
Eine Low-Key-Aufnahme zeichnet sich dadurch aus, dass im Bild überwiegend dunkle Anteile enthalten sind. Dieses Histogramm zeigt die Helligkeitsverteilung des Bildes auf Seite 343. Links im Diagramm häufen sich die Werte, die dem Hintergrund und in diesem Beispiel den Haaren und Teilen der Kleidung entsprechen. Die Kurve stößt dabei nicht am linken Rand an, das heißt, dass in den Schatten hinreichend Details vorhanden sind. Heute ist es nicht unüblich, die Schatten, insbesondere die Hintergründe, vollständig im Schwarz absaufen zu lassen. In dem Fall würde die Häufung ganz am linken Rand des Diagramms anstoßen.

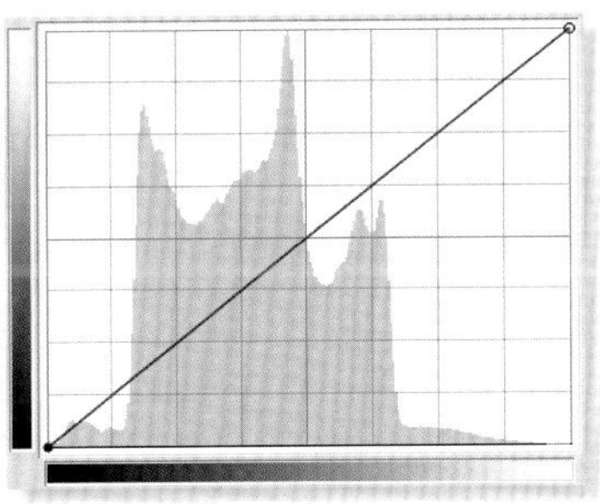

Normal
Bei einem ausgewogen belichteten Bild weist das Histogramm eine Häufung mittlerer Werte auf, die zum rechten und linken Rand des Histogramms hin abfallen. Dies ist das Histogramm des Fotos auf Seite 347.

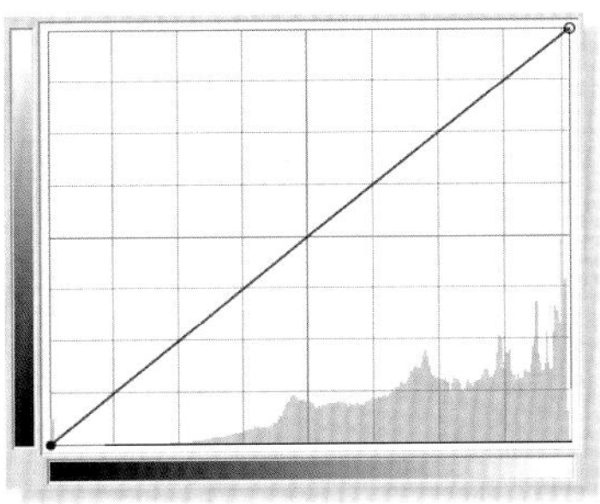

High Key
Dies ist das Histogramm eines High-Key-Bilds. Die Helligkeitswerte häufen sich am rechten, hellen Ende des Histogramms, stoßen aber nicht ganz am rechten Ende an. Das Bild enthält also keine vollständig ausgefressenen Bildbereiche.

Histogramm | Digitalkameras können ein Histogramm zum aufgenommenen Bild anzeigen, das Sie indirekt auch zur Belichtungsmessung nutzen können. Das Histogramm zeigt auf, wie sich die einzelnen Helligkeitswerte des Bildes verteilen. Ein ausgewogenes Histogramm weist üblicherweise schwerpunktmäßig mittlere Werte für die Helligkeit auf. Generell sollten Sie eine Häufung der Tonwerte am linken (»abgesoffene« Schatten) oder am rechten Rand (»ausgefressene« Lichter) vermeiden, da solche Werte anzeigen, dass in den Lichtern und Schatten keine oder zu wenig Details erkennbar sind. In der Studiofotografie werden solche Situationen jedoch oft bewusst erzeugt: Wenn Sie mit Ihrem Lichtaufbau und der Gestaltung des Hintergrunds gerade bezwecken, dass der Hintergrund großflächig weiß oder schwarz ist, sind eben diese Anzeigen im Histogramm zu erwarten. Den Schwerpunkt der Messung werden Sie dann nicht auf den größten Ausschlag rechts und links am Rand legen, sondern auf die zweitgrößte Häufung von Messwerten, die dann das Motiv repräsentieren.

High Key und Low Key | Sollen Bilder mit überwiegend hellen (High Key) oder überwiegend dunklen Bildanteilen (Low Key) in den jeweiligen Schatten und Lichtern dennoch reichlich Details aufweisen, müssen Sie beachten, dass die entsprechenden Häufungen der Helligkeitswerte im Histogramm weder ganz am rechten noch ganz am linken Rand liegen.

Heimstudio mit Studioblitzen

Die Ausstattung eines Heimstudios mit Studioblitzen kommt den Möglichkeiten eines professionellen Fotostudios schon sehr nah. Nachteilig ist hier eigentlich nur, dass Sie zum Beispiel ein geeignetes Hintergrundsystem benötigen und mit den räumlichen Einschränkungen zurechtkommen müssen.

Entfesseltes Blitzen | Studioblitze können so wie Aufsteckblitze (siehe Seite 342) über Kabelsysteme, Funk oder Fotozellen ferngesteuert ausgelöst werden. Fotozellen sind oft selbst in einfachen Geräten bereits ein-

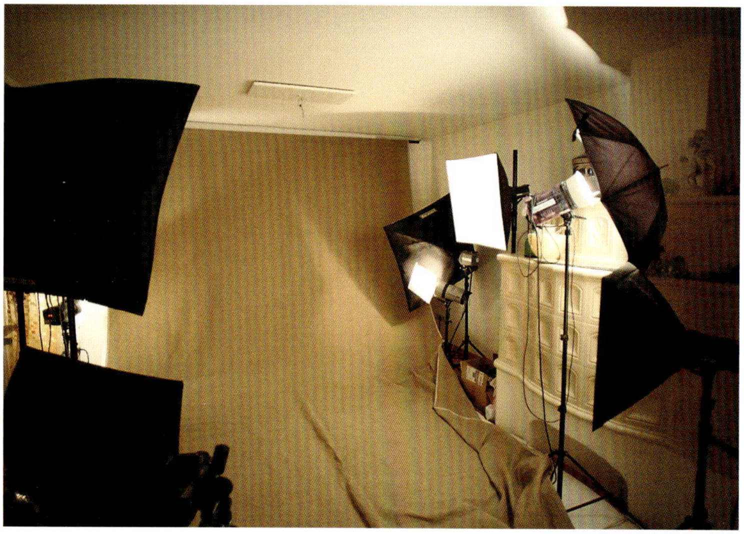

Heimstudio mit Studioblitzen
Dieses Heimstudio ist bis auf die räumlichen Gegebenheiten einem professionellen Studio absolut gleichzusetzen. Mit reichlich Studioblitzen mit hoher Leistung können die Modelle und der Hintergrund beleuchtet werden. Als Hintergrund dient ein Papierrollensystem, über das in diesem Fall ein braunes Tuch geworfen wurde.

gebaut. Dadurch blitzt ein Blitz zeitnah mit, wenn andere Blitze im Raum auslösen. Zur Steuerung eignet sich dafür ein einfacher Infrarot-Trigger (siehe Seite 343), zuverlässiger sind jedoch Funkauslöser. Beachten Sie dabei jedoch, dass die Funksysteme einzelner Hersteller oft proprietär sind, also untereinander nicht kompatibel. Teilweise bieten die Hersteller aber Adapter, die an Blitze anderer Hersteller über Klinkenstecker (Cinch) angebracht werden, die eigentlich für die Synchronkabel vorgesehen sind. Ähnliche Funkfernsteuerungen werden auf dem Zubehörmarkt auch unabhängig von den Systemen der Blitzanlagenhersteller angeboten. Dafür wird ein Sender am Blitzschuh der Kamera oder am Blitzsynchronkabel angebracht und die Empfänger mit einem Kabel an die Blitze angeschlossen, so wie auch ein Synchronkabel angeschlossen würde. Besonders interessant für Hobbyfotografen können dabei Systeme sein, die sowohl Aufsteck- als auch Studioblitze fernsteuern können, weil sie dann mit einer Anschaffung beide Systeme bedienen können.

Blitzbelichtungsmessung | Probeaufnahmen eines Belichtungswürfels helfen dabei, die richtige Belichtungseinstellung zu finden. Belichtungswürfel haben eine schwarze, eine neutral graue und eine weiße Seite. Die graue Seite entspricht dem 18% Grau der normierten Graukarte. Die schwarze Seite hat oft ein Loch, eine sogenannte Lichtfalle, die absolutes Schwarz repräsentiert. In einer Metallkugel werden die Lichtquellen in Spitzlichtern reflektiert.

Während das Weiß im Histogramm am rechten Rand sichtbar sein sollte, aber nicht anstoßen darf, sollte das

STUDIOBLITZE

Vorteile:
- nah am professionellen Fotostudio
- hohe Blitzleistung möglich
- Ausleuchten auch größerer Gegenstände möglich
- Einsatz größerer Softboxen möglich

Nachteile:
- ortsgebunden wegen 220-V-Betrieb (Ausnahme: portable Blitzanlagen)
- hohe Bildwiederholfrequenzen je nach Ausstattung nicht möglich

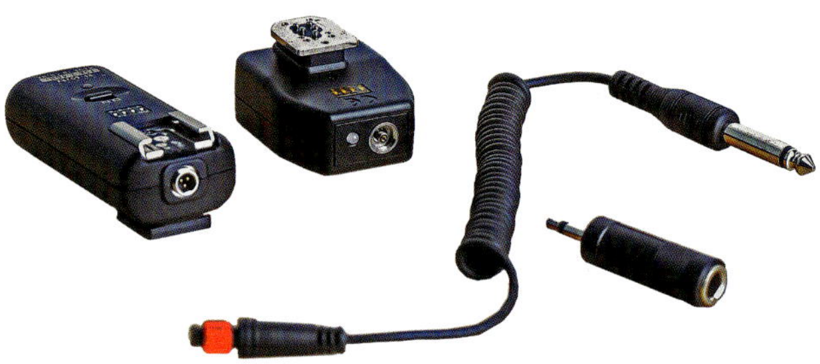

Funkfernsteuerung
Diese Funkfernsteuerung kann zwischen Lampenstativ (unten mit Gewindeschraube) und Aufsteckblitz (oben mit Blitzschuh) montiert werden und dient damit als Fernsteuerung für Aufsteckblitze. Sie kann aber auch über ein Kabel in den Cinch- beziehungsweise Klinkenstecker gesteckt werden, der an Studioblitzen für Synchronkabel vorgesehen ist, um die Blitze damit anzusteuern.

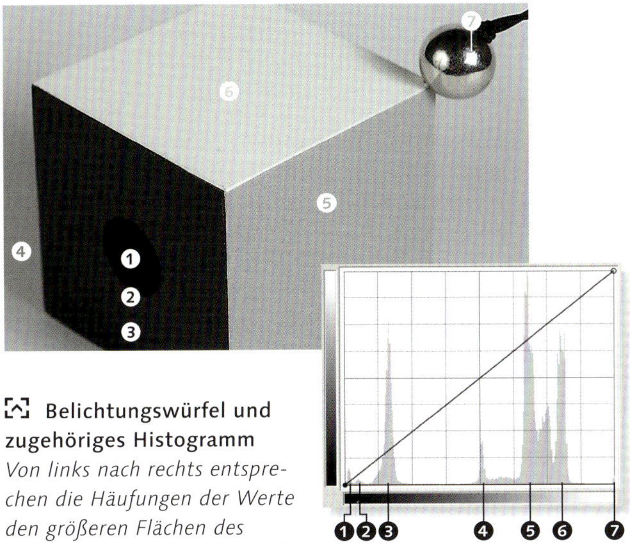

Belichtungswürfel und zugehöriges Histogramm
Von links nach rechts entsprechen die Häufungen der Werte den größeren Flächen des Bildes. Ganz links sieht man die Häufung der Werte der Lichtfalle ❶. Sie stoßen noch nicht ganz links an, wobei es nicht dramatisch wäre, wenn sie das täten. Die kleine Häufung rechts davon entspricht dem Rand um die Lichtfalle herum ❷. Daneben ist die schwarze (= dunkelgraue) Fläche des Würfels ❸, gefolgt von einem großen Abstand zur nächsten Häufung. Wir sehen dann das dunklere Grau des Schattens, den der Würfel links auf den Untergrund wirft ❹. Daneben Grauverläufe bis zur nächsten Häufung, die der grauen Fläche des Würfels entspricht ❺. Sie läuft rechts aus in diverse Grautöne des Hintergrunds. Die rechte Häufung repräsentiert die weiße Fläche ❻. Sie darf, je nach angestrebtem Bildstil, durchaus noch etwas weiter rechts im Histogramm erscheinen. Ganz am rechten Rand, relativ unscheinbar, sind die Spitzlichter vertreten ❼. Die minimale Häufung entspricht den recht kleinen Flächen auf der Metallkugel, in denen sich die Lichtquellen spiegeln.

Grau seine Entsprechung im mittleren Bereich finden und das Schwarz nah am linken Rand sein. Die schwarze Fläche sollte dabei noch Details aufweisen. Sie darf also lediglich dunkelgrau, aber nicht ganz schwarz sein. Das Loch im Würfel, der innen pechschwarz ist, stellt als Abwesenheit von Licht eine im Bild tiefschwarze Fläche dar. Am gegenüberliegenden Ende des Würfels ist eine Metallkugel, an der ein schwarzes Band angebracht ist. In dieser Kugel, in der sich die Lichtquellen spiegeln, finden sich Spitzlichter. So enthält ein Foto dieses Würfels alle Bereiche des Histogramms, auch diejenigen, die auf Unter- und Überbelichtungen hinweisen.

Der Hintergrund

Ein Wohnzimmer bietet sich natürlich wunderbar dazu an, um Menschen in heimischer Umgebung zu porträtieren. Eine gepflegte Wohnumgebung bietet reichhaltige Möglichkeiten, um Menschen in gemütlicher Kulisse abzulichten. Damit aus einem Wohnzimmer aber ein Fotostudio wird, benötigen Sie neben Lichttechnik auch geeignete Hintergründe. Im Wesentlichen bieten sich dazu Tücher und Hintergrundkarton an, die Sie über improvisierte oder spezielle Haltersysteme befestigen können. Der Zubehörmarkt bietet dazu Lampenstative mit Querstangen an, an denen Sie Hintergrundpappen oder Tücher befestigen können. Im heimischen Umfeld können Sie beispielsweise auch Drahtseile spannen, wie man sie in der Lampenabteilung eines Einrichtungshauses oder Baumarkts für Halogenstrahler bekommt. Diese können Sie mit Hakenschrauben und geeigneten Dübeln an den Wänden befestigen. Im ungenutz-

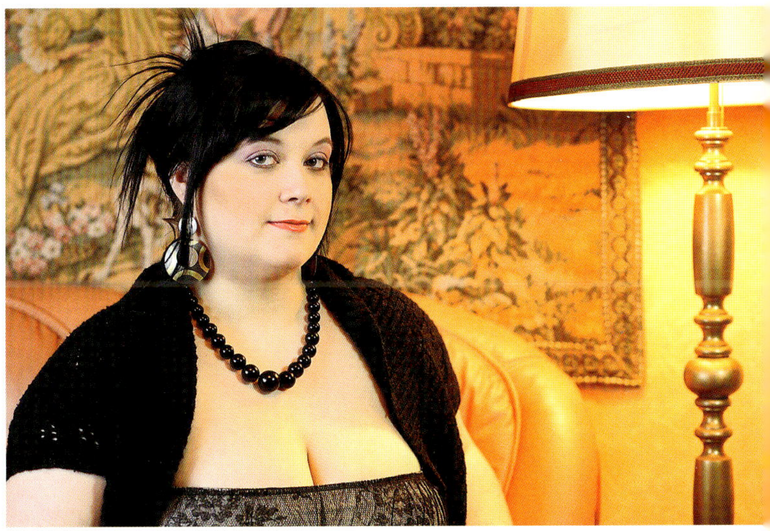

Wohnzimmerporträt
Als Licht dienten in diesem Wohnzimmer handelsübliche Tageslichtleuchten (Baumarkt), die das Modell indirekt durch einen Softener und über die Raumdecke beleuchteten. Die Unterschiede in der Lichtfarbe wurden hier genutzt, um die Wärme der Wohnzimmerlampe im Hintergrund zu betonen.

Canon EOS 5D (Vollformat) | 85 mm | 1/60 sek | f3,2 | ISO 3200

ten Zustand können die leeren Dübel mit Blindstopfen praktisch unsichtbar gemacht werden. An den Drahtseilen können Sie beispielsweise Molton aufhängen, entweder mit dafür vorgesehenen Klammerhaken oder mit in dem Molton angebrachten Ösen.

Eine Alternative wäre die Montage von Gardinenschienen, an denen sich Hintergrundstoffe befestigen lassen. Allerdings hängen dann immer die Gardinenschienen im Wohnzimmer, auch wenn Sie das Zimmer nicht zum Fotografieren nutzen. Eine weitere Möglichkeit ist auf Seite 342 zu sehen: An zwei Baustützen ist mit Klammern und Gummibändern ein Stück Molton befestigt. Etwas haltbarer ist es vielleicht, den Molton an den Rändern abzunähen und in gleichmäßigem Abstand Ösen einzufügen. So ließe sich der Hintergrund mit einem stabilen Gummiband recht gut fixieren.

BLITZLAMPEN

Das Bild »Wohnzimmerporträt« auf Seite 351 habe ich aufgenommen, um die Anwendung von Tageslichtleuchten als Dauerlicht zu demonstrieren und um eine Mischlichtsituation darzustellen. Wenn Sie als Führungslicht ein Blitzlicht verwenden, stehen Sie vor zwei Herausforderungen: Erstens wird der Blitz die Wohnzimmerlampe »totblitzen«. Um das zu vermeiden, müssten Sie etwas abblenden, damit der Blitz nicht die einzige wirksame Lichtquelle ist, und die Belichtungszeit so lang wählen, dass das Dauerlicht der Wohnzimmerlampe einen entsprechenden Anteil an der Belichtung des Bildes haben kann. Sie werden dann jedoch merken, dass Ihr Modell unter Umständen gar nicht so lange still sitzen kann. Zweitens müssten Sie nach wie vor die Mischlichtproblematik lösen. Eine elegante Lösung in dieser Situation kann es sein, Lampen, die zum einen Requisite sind, aber zum anderen auch zur Beleuchtung beitragen sollen, für das Shooting mit Blitzlampen auszustatten. Blitzlampen haben ganz normale E27-Fassungen und leisten etwa 20 bis 80 Ws, haben aber eingebaute Fotozellen und lösen als Slaves mit Ihren anderen Blitzen aus.

Tuch | Molton als Tuch für den Hintergrund zeichnet sich dadurch aus, dass es eine gleichmäßige, nicht reflektierende Oberfläche hat, von der Sie im Bild anschließend keinerlei Textur erkennen und dessen eigene Struktur (Falten, Wellen) lichttechnisch leicht weggeblitzt oder abgeschattet werden kann. Um Struktur zu vermeiden, können Sie Konstruktionen verwenden, die den Hintergrundstoff auf Spannung bringen, so dass Falten und Wellen gar nicht erst entstehen können. Dazu kann es hilfreich sein, den Stoff am Rand mit Ösen zu versehen (siehe oben).

Karton | Bei Hintergrundkarton stellt sich die Frage der Wellen und Falten nicht, wenn Sie sachgemäß damit umgehen. Karton hat den Vorteil, dass er über eine glatte, neutrale, ruhige und nicht reflektierende Oberfläche verfügt. Karton lässt sich daher mit Licht, Lichtformern und Filterfolien interessant und bunt gestalten. Mit Karton können Sie leicht Hohlkehlen mit verschiedenen Kurvenradien formen. Eine Hohlkehle

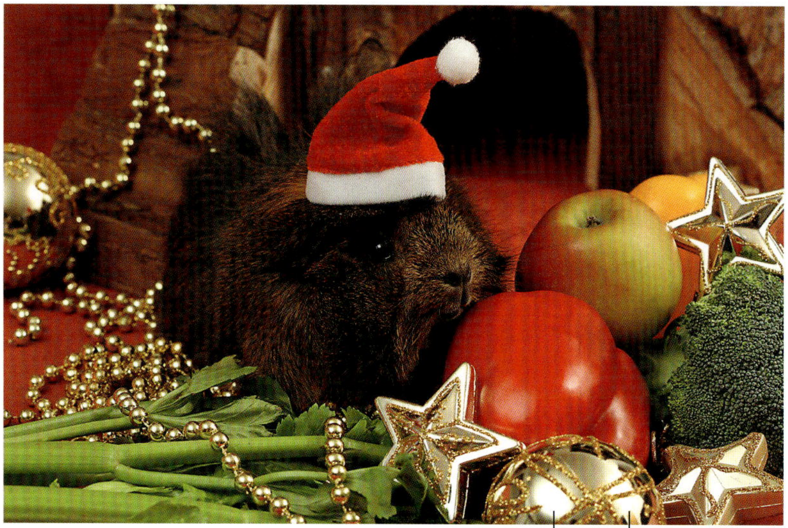

»Schweinachtsfrau« Olivia
Als Hinter- und Untergrund für dieses Motiv einer privaten Weihnachtskarte diente eine handelsübliche Papiertischdecke in weihnachtlichem Dunkelrot. Die Szene wurde indirekt von zwei Aufsteckblitzen beleuchtet, die gegen die weiße Zimmerdecke gerichtet waren. Diese erkennen Sie als Spiegelungen der Lichtpunkte in den Weihnachtskugeln (❶ und ❷).

Canon EOS 5D (Vollformat) | 100 mm | 1/160 sek | f9 | ISO 400

hat den Vorteil, dass sie am Übergang von Wand zum Boden keine harte Kante aufweist. Karton kann auf Teppichboden jedoch schnell leiden, wenn das Modell hochhackiges Schuhwerk trägt. Das hinterlässt dann schnell Abdrücke oder sogar Löcher. Feste Böden wie

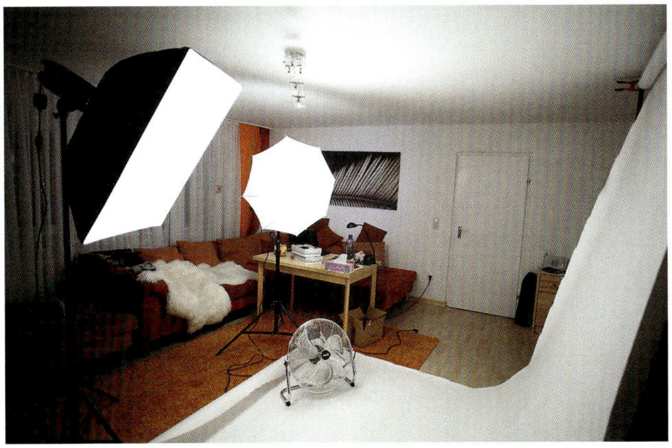

Hohlkehle
Mobiler Hintergrundhalter mit weißem Hintergrundkarton

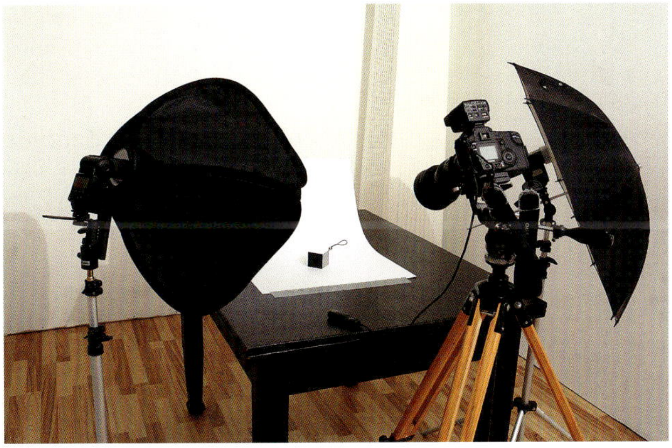

Tabletop-Aufbau
Dieses Foto zeigt den Aufbau, der mit dem Belichtungswürfel (siehe Seite 351) ausgemessen wurde. Als Hohlkehle, also als Hinter- und gleichzeitig Untergrund, dient ein einfaches Stück Karton aus dem Schreibwarengeschäft, das am unteren Ende mit einem Gewebeband am Tisch fixiert und am oberen Ende gegen einen schweren Gegenstand (hinter dem Karton – nicht sichtbar) gelehnt wurde. Ein einfacher Lichtaufbau, um mit einfachen Mitteln Produktfotos beispielsweise für Internetauktionsplattformen zu produzieren.

Laminat, Parkett, Dielen oder Fliesen sind dann besser geeignet.

Tabletop | Hohlkehlen für Tabletop-Fotos können einfach und preiswert gestaltet werden. Im Zubehörmarkt finden Sie dafür interessante Produkte. Im Vergleich zu den Kosten eines A1-Kartons, den Sie im Schreibwarenladen in vielen verschiedenen Farben und Graustufen für wenig Geld erwerben können, verlieren diese fertigen Produkte allerdings schnell an Attraktivität.

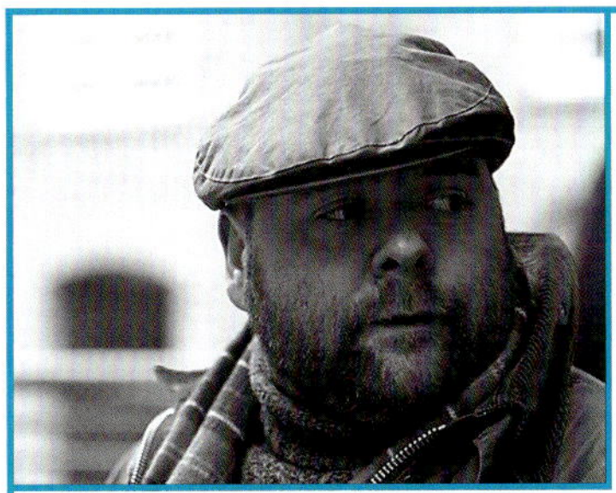

Der Autor

Obwohl mir das Hobby des Fotografierens durch meinen Vater praktisch in die Wiege gelegt wurde, habe ich erst 1995 meine erste eigene Spiegelreflexkamera erworben. Früh genug also, um die analoge Fotografie überwiegend autodidaktisch und experimentell noch von der Pike auf zu erlernen. Diese experimentelle Lern- und Arbeitsweise führte mich bisher in nahezu alle fotografischen Themengebiete von Landschafts- und Architekturfotografie über technische Stilmittel wie Infrarotfotografie oder Polaroid-Transfers bis hin zur Porträt- und Aktfotografie.

In der *fotocommunity* bin ich seit Anfang 2002 vertreten. Angeregt durch die Foren, habe ich Freude daran, mein erworbenes Wissen weiterzugeben. Anfangs hatte ich diverse technische Tipps zur Dunkelkammerarbeit und korrekten Belichtung auf meiner Homepage zusammengetragen. Was mit diesen technischen Tipps und mit einigen Vorträgen und Workshops zu verschiedenen Themen begann, setzt sich nun mit diesem ersten Beitrag zu einem Lehrbuch fort.

Meine Arbeiten konnte ich bisher im Schloss Benrath, in Essen, Düsseldorf, der City Hall Slough, in Zürich und im Gasteig München ausstellen.

Für das Porträt, das lange Zeit mein Profilbild in der *fotocommunity* war, danke ich Michael Tremel.

www.klecker.de

Die Autoren

Die Barcodes, die neben den Autoren stehen, sind QR-Codes, die sich unter anderem mit dem Programm BeeTagg Reader über Ihr Mobiltelefon einscannen lassen. Sie gelangen dann automatisch zu der Profilseite des jeweiligen Autors in der *fotocommunity*. Das entsprechende Programm können Sie von der Seite *http://get.beetagg.com* herunterladen.

»Porträtfotografie«
von Matthias Schwaighofer [fc-user:921397]
http://www.fotocommunity.de/pc/account/myprofile/921397

»Landschaftsfotografie«
von Dieter Mendzigall [fc-user:778731]
http://www.fotocommunity.de/pc/account/myprofile/778731

»Makrofotografie«
von Silvia Wüthrich [fc-user:22315]
http://www.fotocommunity.de/pc/account/myprofile/22315

»Aktfotografie«
von Andreas Puhl [fc-user:1023]
http://www.fotocommunity.de/pc/account/myprofile/1023

»Monochrome Fine Art«
von Eddi Meier [fc-user:29293]
http://www.fotocommunity.de/pc/account/myprofile/29293

»Tierfotografie«
von Christian Röschert [fc-user:463467]
http://www.fotocommunity.de/pc/account/myprofile/463467

»Available Light«
von Thomas Bregulla [fc-user:7384]
http://www.fotocommunity.de/pc/account/myprofile/7384

»Sportfotografie «
von Christian Behrens [fc-user:1100902]
http://www.fotocommunity.de/pc/account/myprofile/1100902

»Street- und Reisefotografie«
von Christian Fürst [fc-user:24180]
http://www.fotocommunity.de/pc/account/myprofile/24180

»Architekturfotografie«
von Torsten Kärsch [fc-user:7239]
http://www.fotocommunity.de/pc/account/myprofile/7239

»Digiart«
von Frank Melech [fc-user:513248]
http://www.fotocommunity.de/pc/account/myprofile/513248

»Bildgestaltung«
von Martin John [fc-user:9651]
http://www.fotocommunity.de/pc/account/myprofile/9651

»Fotoprojekte«
von Anna Gisela Kölsch [fc-user:928260]
http://www.fotocommunity.de/pc/account/myprofile/928260

»Das Wohnzimmerstudio«
von Hermann Klecker [fc-user:8274]
http://www.fotocommunity.de/pc/account/myprofile/8274

DVD zum Buch

Auf der DVD zum Buch sind drei Ordner mit den Namen »Digiart«, »Monochrom« und »Testversion«. Darin finden Sie u.a. alle Beispielbilder, um die Workshops und Kurzanleitungen zur Bildbearbeitung nacharbeiten zu können. Eine Testversion von Adobe Photoshop CS5 ist ebenfalls dabei. Im Folgenden ist der Inhalt der Ordner detaillierter beschrieben:

Im Ordner »Digiart« liegen alle Beispielbilder aus dem entsprechenden Kapitel, damit Sie die darin ausgeführten Kurzanleitungen direkt nachvollziehen können. Der Ordner »Monochrom« enthält zwei weitere Unterordner: Im Ordner »Beispielmaterial« finden Sie die beiden Ausgangsbilder, mit denen Sie die Workshops nacharbeiten können, die auf Seite 132 und auf Seite 137 beginnen. Der Ordner »Aktionen« enthält Photoshop-Aktionen des Autors Eddi Meier u.a. für Tonungen, die Anpassung von Tonwerten und Kontrasten sowie für das Hinzufügen von Rahmen (nähere Erläuterungen siehe Seite 124). In dem Ordner liegt außerdem das Dokument EM_AKTIONEN_INSTALLATION.PDF, das eine kurze Installationsanleitung für die Aktionssätze in Photoshop beinhaltet.

Der Ordner »Testversion« hält eine 30-Tage-Testversion von Adobe Photoshop CS5 für Windows und Mac für Sie bereit. Um die Testversion zu installieren, kopieren Sie bitte die zip- bzw. dmg-Datei auf Ihre Festplatte, und starten Sie sie von dort aus.

Hinweis: Sollten Sie schon einmal eine Testversion von Photoshop CS5 auf Ihrem Rechner installiert gehabt haben, können Sie nicht erneut eine Testversion verwenden.

Index

T

U

V

W

Z

Digitale Fotopraxis & Kamera-Handbücher

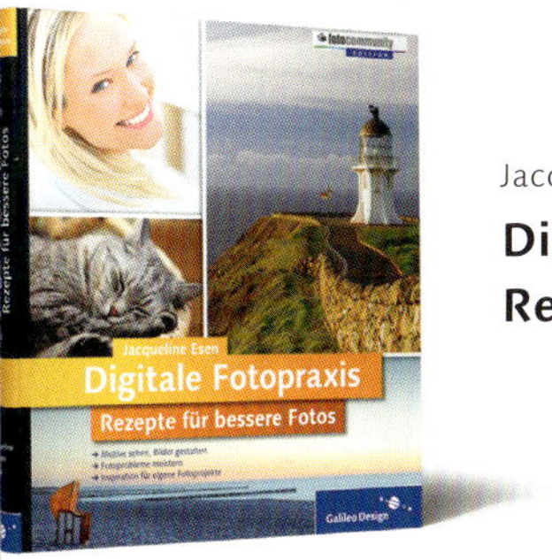

Jacqueline Esen

Digitale Fotopraxis. Rezepte für bessere Fotos

- Der Einstieg in die digitale Fotografie
- Besser fotografieren, Fotoprobleme meistern
- Motive sehen, Bilder gestalten
- Eigene Fotoprojekte verwirklichen

Dieses Buch bietet praktische, problemorientierte Anleitungen, um die digitale Fotografie in den Griff zu bekommen. Die Fotografin Jacqueline Esen gibt Ihnen wertvolle Tipps, wie Sie bessere Bilder machen und eigene Fotoprojekte realisieren können. Lernen Sie, schwierige Aufnahmesituationen sicher zu bewältigen, und schärfen Sie Ihren Blick für das Motiv. Viele Vergleichsbilder zeigen Ihnen, wie Sie mit Licht, Blende und Brennweite kreativ werden können.

375 S., 2009, 29,90 €, ISBN 978-3-8362-1213-7
www.galileodesign.de/1823

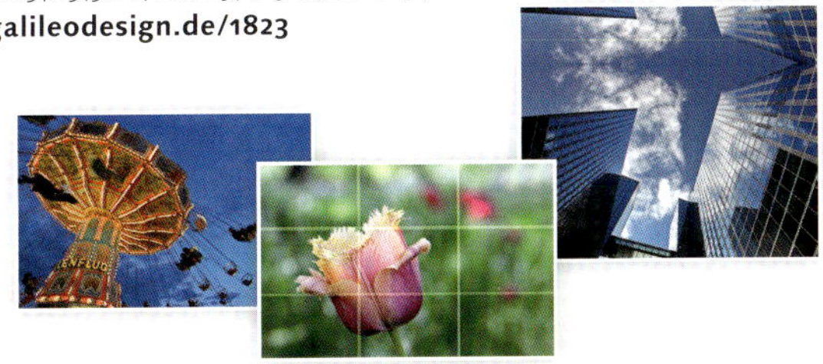

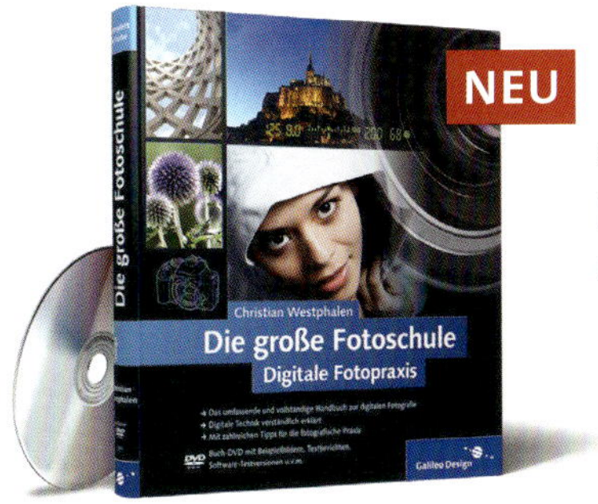

Christian Westphalen

Die große Fotoschule

Digitale Fotopraxis

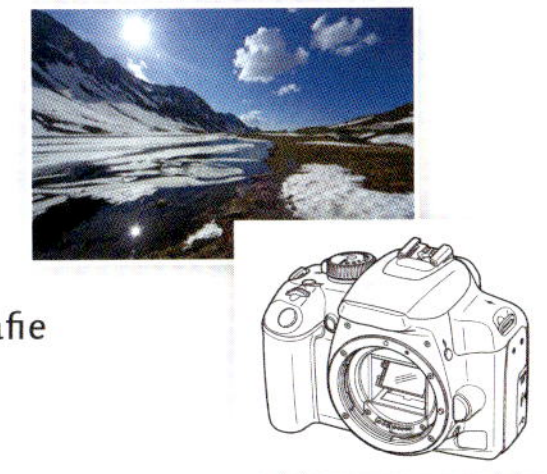

- Das umfassende Handbuch zur digitalen Fotografie
- Digitale Technik verständlich erklärt
- Mit vielen Tipps für die fotografische Praxis
- Auf der Buch-DVD: Beispielbilder, Testberichte, Software-Testversionen u.v.m.

Das umfassende Handbuch zur digitalen Fotografie – von den technischen Grundlagen bis zur fotografischen Praxis! Dieses Buch bietet Ihnen das vollständige und aktuelle Wissen rund um die Digitalfotografie. Lernen Sie, welche Möglichkeiten die digitale Fotografie bietet, und welche Funktionen, Techniken und Regeln Sie sinnvollerweise anwenden sollten, um Ihre Bildideen umzusetzen. Das Buch liefert eine solide Grundlage zum Verständnis der Digitalfotografie und zeigt die Anwendung der technischen und bildgestalterischen Grundlagen in der täglichen Fotopraxis. Darüber hinaus bekommen Sie Anregungen für die eigene Fotografie, indem die großen Fotogenres umfassend vorgestellt werden.

550 S., komplett in Farbe, mit DVD, 39,90 €, ISBN 978-3-8362-1311-0
www.galileodesign.de/1950

Unsere Kamera-Handbücher

- Funktionen, Programme und Menüs Ihrer Kamera im Detail erklärt
- 100% Know-how zu Ihrer Kamera – von der ersten bis zur letzten Seite
- Fotografieren in der Praxis – mit Zubehör-Ratgeber

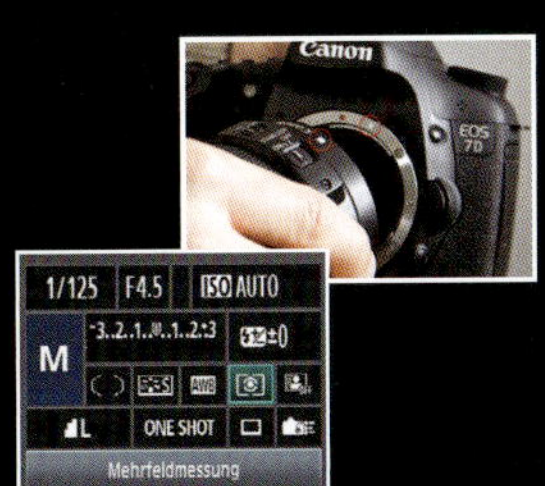

Zu folgenden Modellen bieten wir Ihnen Kamera-Handbücher:

- Canon EOS 7D
- Canon EOS 550D
- Canon EOS 1000D
- Canon EOS 50D
- Canon EOS 500D
- Canon EOS 450D
- Nikon D90
- Nikon D5000
- Nikon D60
- Panasonic LUMIX Superzoom

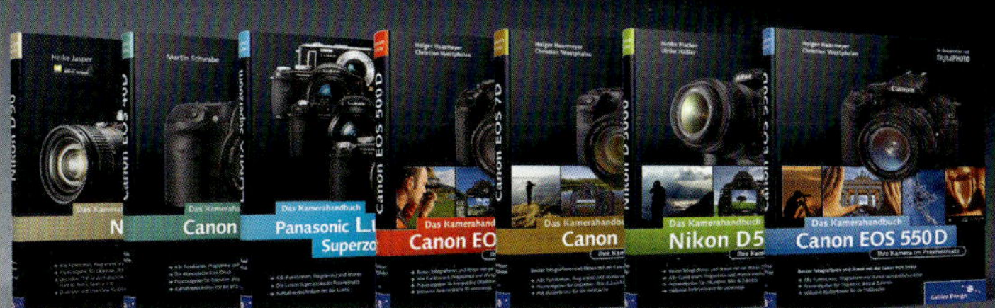

www.galileodesign.de/fotografie

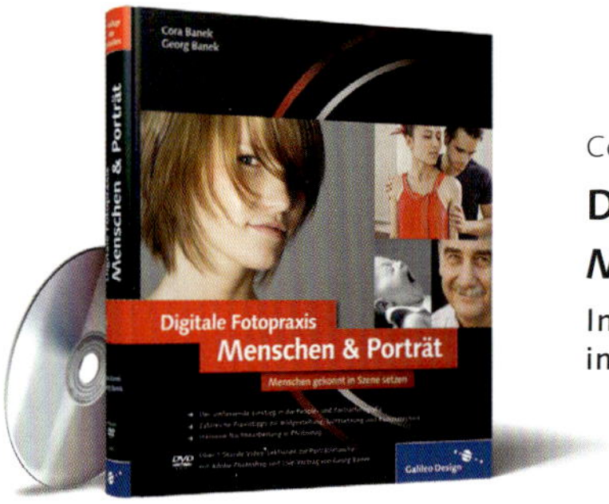

Cora Banek, Georg Banek

Digitale Fotopraxis. Menschen und Porträt

Inklusive Nachbearbeitung in Photoshop

- **Das umfassende Praxisbuch für den Einstieg**
- **Menschen gekonnt in Szene setzen**
- **Profi-Rezepte für die Bildbearbeitung**
- **Inkl. Live-Shooting und Video-Lektionen zur Porträtretusche auf DVD**

Hier erleben Sie die Vielfalt der Porträtfotografie! Die Fotografen Cora und Georg Banek zeigen Ihnen, wie Sie Ihren Blick für das Motiv Mensch schärfen und durch gezielte Bildgestaltung wirkungsvolle Aufnahmen erzielen können. Lernen Sie auch, wie Sie eigene Bildprojekte verwirklichen, Ihre Motive vor der Kamera zielgerichtet anleiten und die Bildergebnisse anschließend mit Hilfe der Nachbearbeitung und der sensiblen Porträtretusche noch weiter veredeln.

383 S., 3. Auflage 2010, mit DVD, 39,90 €, ISBN 978-3-8362-1491-9
www.galileodesign.de/2232

Tipp: Video mit Live-Shooting von Georg Banek:
» www.galileodesign.de/techtalks/fotoforum2009

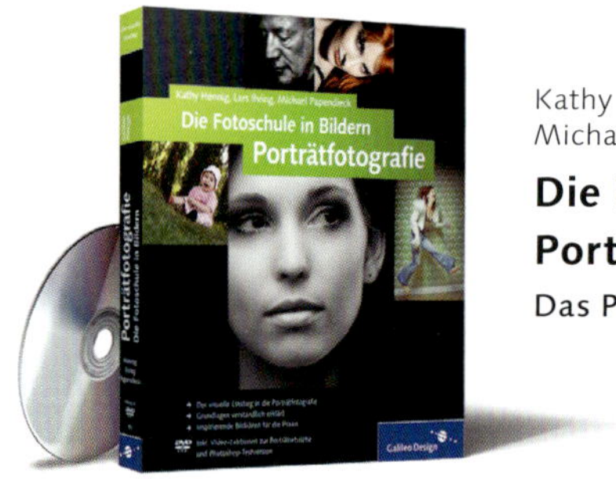

Kathy Hennig, Lars Ihring, Michael Papendieck

Die Fotoschule in Bildern. Porträtfotografie

Das Praxisbuch für gute Porträts

Dieses Buch ist mehr als ein Bildband, es ist pure Fotopraxis: Hier sehen Sie nicht nur viele inspirierende Bilder, sondern Sie erfahren auch gleich, wie die Fotografen zu dem gezeigten Ergebnis gekommen sind, und wie Sie selbst die Bilder nachfotografieren können. Seite für Seite finden Sie dazu alle Aufnahmedaten, die Aufnahme- und Lichtsituation oder auch die Beschreibung der besonderen Bildidee. So lernen Sie nach und nach alle Aspekte der vielseitigen Porträtfotografie kennen; der ideale Einstieg ins Genre – Bild für Bild.

316 S., 2010, mit DVD, 29,90 €, ISBN 978-3-8362-1457-5
www.galileodesign.de/2196

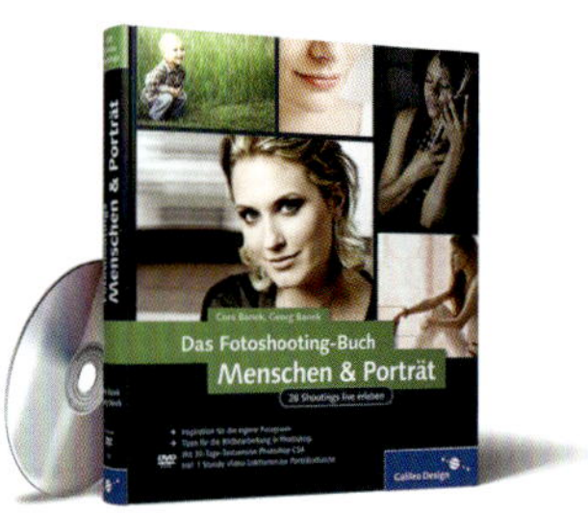

Cora Banek, Georg Banek

Das Fotoshooting-Buch Menschen und Porträt

28 Shootings live erleben

Exzellente Porträts und Peoplefotografien sind keine Zufallsprodukte! In diesem Buch zeigen Ihnen die erfolgreichen Fotografen Cora und Georg Banek, wie ihre Bilder entstehen – von der Idee bis zum fertigen Bild. Profitieren Sie von der reichhaltigen Erfahrung der Autoren, und begleiten Sie sie bei ihren Shootings. So lernen Sie spielend, eigene Shootings zu planen und durchzuführen. Dieses Buch ist pure Inspiration für Ihre Fotopraxis!

349 S., 2009, mit DVD, 39,90 €
ISBN 978-3-8362-1392-9
www.galileodesign.de/2097

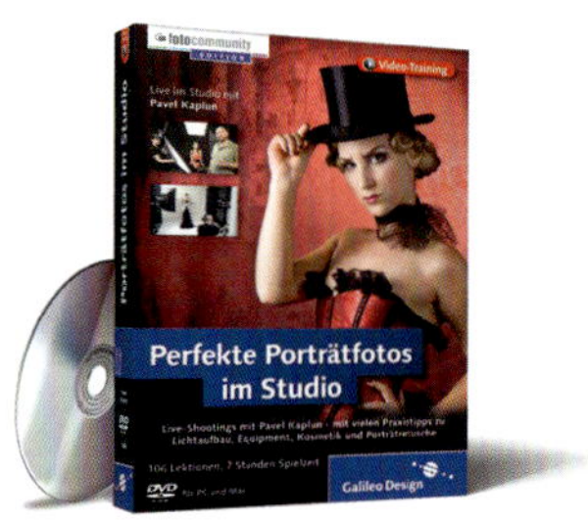

Video-Training

Pavel Kaplun

Perfekte Porträtfotos im Studio

Live-Shootings mit Pavel Kaplun – mit vielen Praxistipps zu Lichtaufbau, Equipment, Retusche

- **Mit einer Einführung in die Studiofotografie – zum Zuschauen**
- **Studiolicht und Blitzgeräte im praktischen Einsatz**
- **Mit Heimstudio-Tipps für kleine Budgets**
- **Professionelle Porträtretusche- und Composing-Techniken**

DVD, Windows und Mac, 7 Stunden Spielzeit, 49,90 €
ISBN 978-3-8362-1488-9
www.galileodesign.de/2229

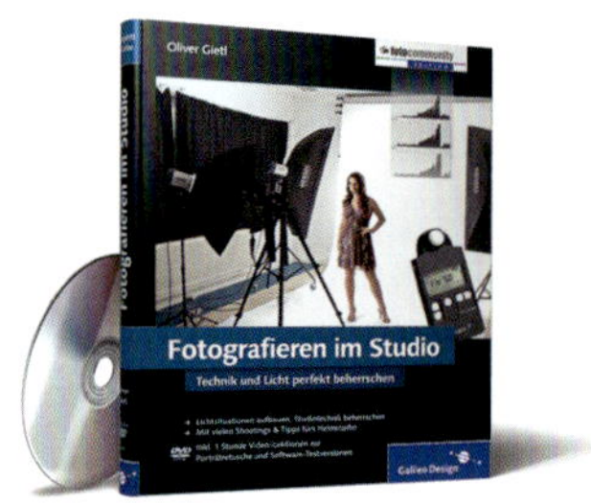

Oliver Gietl

Fotografieren im Studio

Technik und Licht perfekt beherrschen

Dieses Buch führt Sie Schritt für Schritt in die Geheimnisse der Studiofotografie ein! Sie starten mit einem umfassenden Überblick über die Studiotechnik: Welche Blitzanlagen gibt es, welche Leistung ist die richtige, welche Lichtformer gibt es und wann setzt man sie am besten ein? Viele Beispielprojekte zeigen Ihnen, wie Sie konkrete Lichtsituationen einrichten können – arbeiten Sie mit den »Klassikern« Low und High Key, oder leuchten Sie ein Glamourshooting perfekt aus. Schließlich bekommen Sie auch noch Tipps zur Nachbearbeitung Ihrer Bilder.

229 S., 2010, mit DVD, 39,90 €, ISBN 978-3-8362-1410-0
www.galileodesign.de/2123

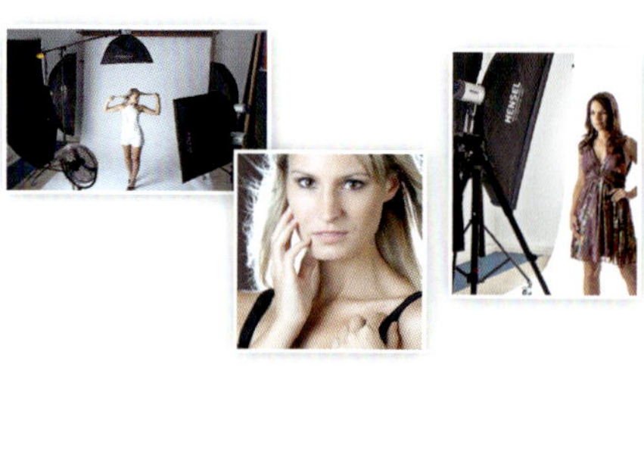

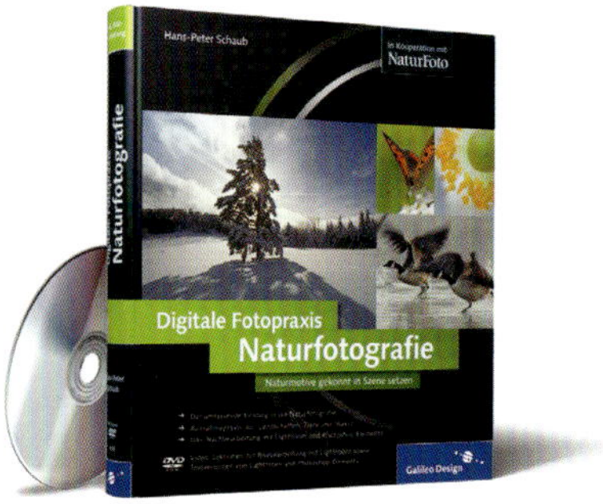

NaturFoto

Hans-Peter Schaub

Digitale Fotopraxis. Naturfotografie

Naturmotive gekonnt in Szene setzen

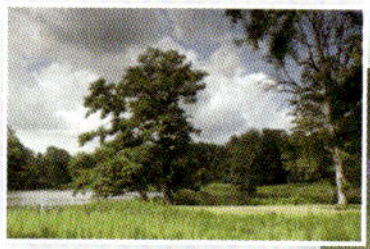
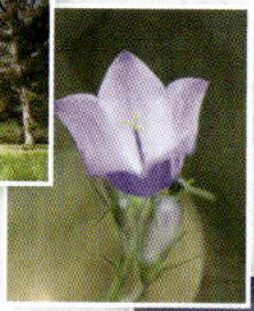
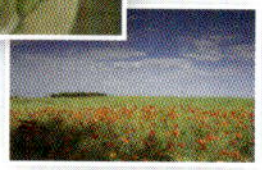

- Der umfassende Einstieg in die Naturfotografie
- Landschaften, Tiere und Makro
- Inkl. Nachbearbeitung mit Lightroom und Photoshop Elements

Lernen Sie in diesem umfassenden Handbuch alles, was Sie als ambitionierter Naturfotograf wissen möchten! Der erfahrene Naturfotograf Hans-Peter Schaub führt Sie vor die Haustür und zeigt Ihnen, dass überall um Sie herum Naturmotive zu finden sind – egal, ob Sie bevorzugt Landschaften, Tiere oder Pflanzenmakros fotografieren. Dieses Buch möchte Sie mit wunderschönen Bildern zu Ihren eigenen Fotografien inspirieren und liefert Ihnen wichtige Praxistipps, damit Sie im richtigen Moment bei bestem Licht auslösen können!

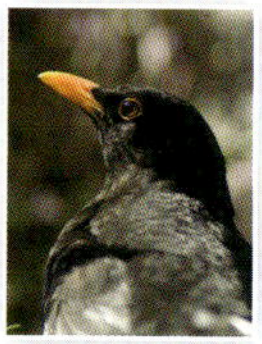

356 S., 2010, mit DVD, 39,90 €, ISBN 978-3-8362-1408-7

www.galileodesign.de/2116

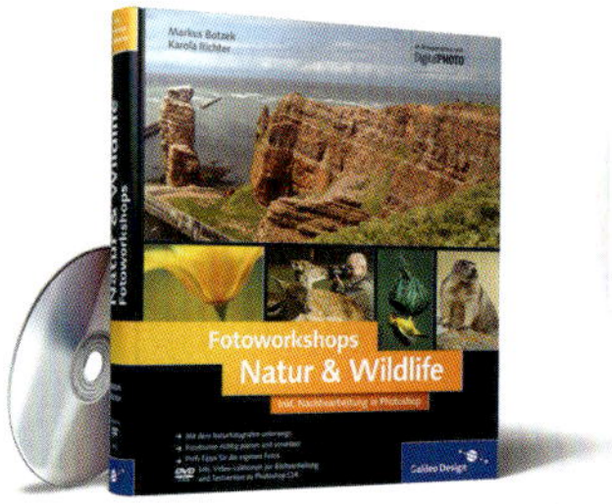

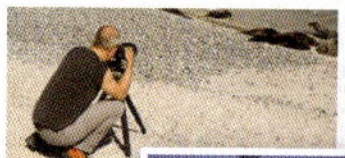
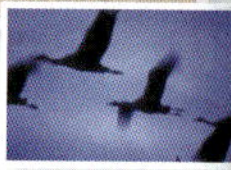

Markus Botzek, Karola Richter

Fotoworkshops Natur & Wildlife

Inklusive Nachbearbeitung in Photoshop

Sie sind begeisterter Naturfotograf oder wollen es noch werden? Lassen Sie sich vom Profi inspirieren, und begleiten Sie den Fotografen Markus Botzek bei seinen Foto-Streifzügen durch die Natur! Das Buch zeigt Ihnen von A bis Z, wie exzellente Aufnahmen entstehen: von der Bildidee über das Finden der richtigen Location, die Vorbereitung und die Durchführung bis hin zur Nachbearbeitung in der digitalen Dunkelkammer. Fast wie in einem Präsenzworkshop erleben Sie auch, was alles schiefgehen kann, und Sie lernen, was Sie beachten sollten, um Ihre eigenen Fototouren in die Natur zu planen.

442 S., 2009, mit DVD, 39,90 €, ISBN 978-3-8362-1205-2

www.galileodesign.de/1814

Tipp: »Aus dem Leben eines Naturfotografen«, Live-Vortrag von Markus Botzek
» www.galileodesign.de/techtalks/fotoforum2009

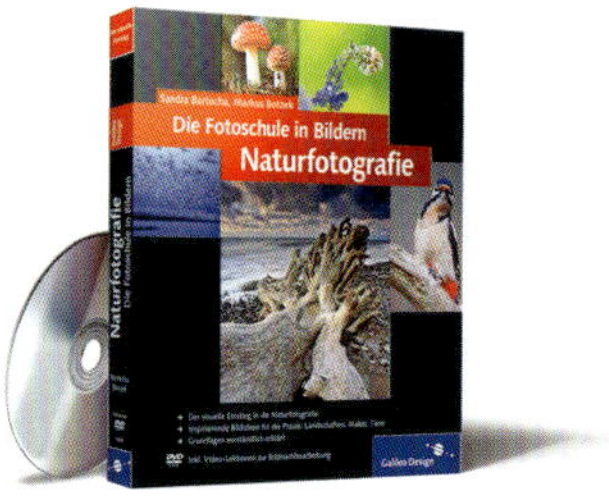

Sandra Bartocha, Markus Botzek

Die Fotoschule in Bildern. Naturfotografie

Das Praxisbuch für Naturmotive

Dieses Buch ist mehr als ein Bildband, es ist pure Fotopraxis: Hier sehen Sie nicht nur viele inspirierende Bilder, sondern Sie erfahren auch gleich, wie die Fotografen zu dem gezeigten Ergebnis gekommen sind, und wie Sie selbst die Bilder nachfotografieren können. Seite für Seite finden Sie dazu alle Aufnahmedaten, die Aufnahme- und Lichtsituation oder auch die Beschreibung der besonderen Bildidee. So lernen Sie nach und nach alle Aspekte der vielseitigen Naturfotografie kennen; der ideale Einstieg ins Genre – Bild für Bild.

270 S., 2010, mit DVD, 29,90 €
ISBN 978-3-8362-1456-8

www.galileodesign.de/2195

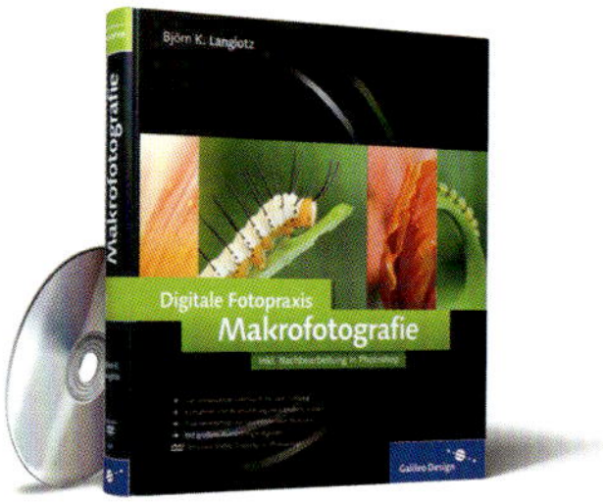

Björn K. Langlotz

Digitale Fotopraxis. Makrofotografie

Inklusive Nachbearbeitung in Photoshop

- Inklusive Video-Training zu Photoshop auf DVD
- Aufnahme und Beleuchtung verständlich erklärt
- Praxisworkshops zu Techniken und Motiven
- Mit großem Ausrüstungs-ratgeber

317 S., 2009, mit DVD, 39,90 €
ISBN 978-3-8362-1185-7

www.galileodesign.de/1778

Tipp: »Makrofotografie«, Live-Vortrag von Björn Langlotz :
» www.galileodesign.de/techtalks/fotoforum2009

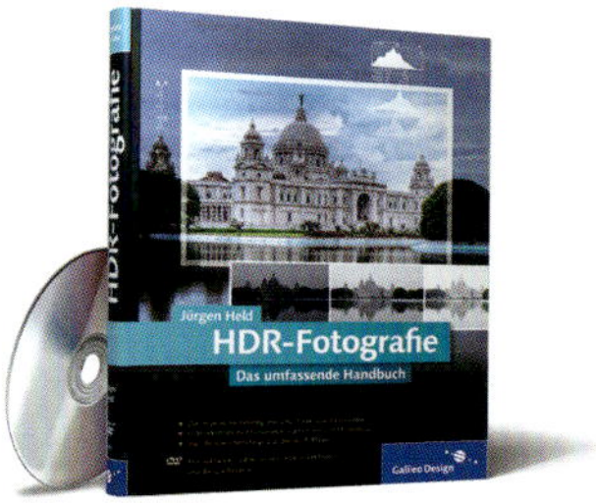

Jürgen Held

HDR-Fotografie

Das umfassende Handbuch

- Der perfekte Einstieg in die HDR-Technik
- Mit vielen Workshops zum Nacharbeiten
- Inklusive DVD mit allen Beispielbildern
- Für Photoshop, Lightroom und alle wichtigen HDR-Programme

Das beste Buch zur HDR-Fotografie auf dem deutschen Markt
psd-tutorials.de

368 S., 2. Auflage 2009, mit DVD, 39,90 €
ISBN 978-3-8362-1403-2

www.galileodesign.de/2111

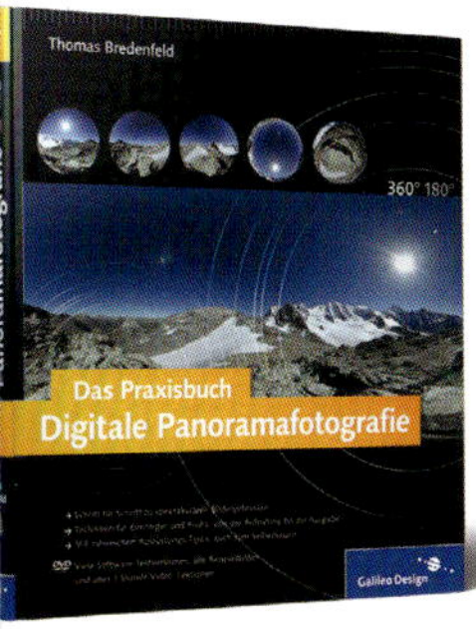

Thomas Bredenfeld

Das Praxisbuch Digitale Panoramafotografie

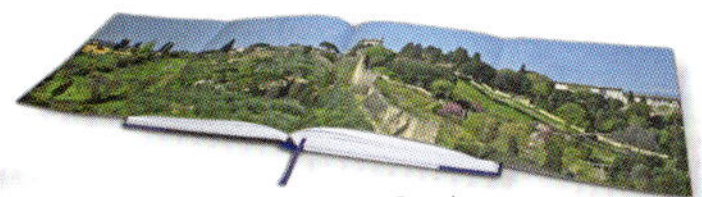

Mit Aufklapp-Panoramen im Buch

- Aufnahme, Bearbeitung, Ausgabe
- Mit zahlreichen Zubehör-Tipps
- Inklusive freier Stitching-Tools auf DVD
- Alle Panorama-Tools im Praxiseinsatz

Erstellen Sie Panoramen wie ein Profi! Thomas Bredenfeld führt Sie in die Welt der digitalen Panoramafotografie: Erfahren Sie, welche Ausrüstung sinnvoll ist, lernen Sie anhand von anschaulichen Beispielen die richtige Aufnahmetechnik kennen und wie Sie Ihre Vorlagen am Rechner perfekt zusammenfügen! Mit Schritt-für-Schritt-Anleitungen schaffen Sie schnell und leicht den Einstieg in den komplexen Workflow. Die beiliegende DVD beinhaltet u.a. Beispielbilder und Stitching-Tools.

358 S., 2010, mit DVD, 39,90 €, ISBN 978-3-8362-1223-6

www.galileodesign.de/1840

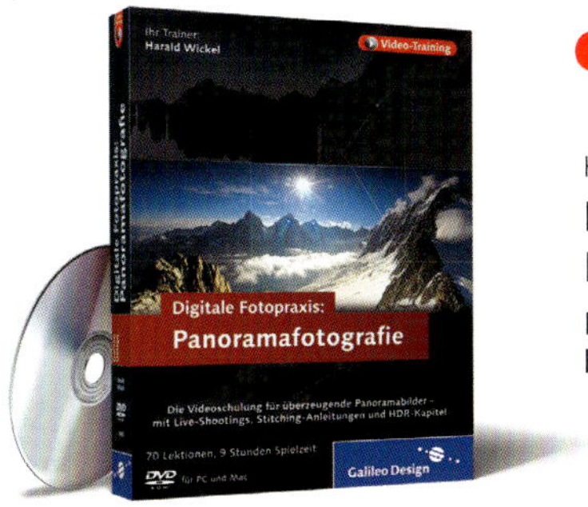

Video-Training

Harald Wickel

Digitale Fotopraxis. Panoramafotografie

Der Fotokurs für beeindruckende Panoramabilder

- Dem Panorama-Profi über die Schulter geschaut
- Nodalpunkt-Adapter im Einsatz erleben
- HDR, Stitching und Nachbearbeitung im Detail gezeigt
- Mit allen wichtigen Programmen: PTGui, Pano Pro, Photoshop ...

Das Video-Training, auf das Panoramafotografen gewartet haben. Harald Wickel, Spezialist für Panoramafotos und HDR, zeigt Ihnen in diesem Training live vor Ort, wie Sie beeindruckende Panoramafotos erstellen und professionell nachbearbeiten. Dabei kommt auch die HDR-Fotografie nicht zu kurz. Ein spannendes Lernerlebnis für alle Fotografen, die mehr aus ihren Bildern holen wollen.

DVD, Windows und Mac, 16 Stunden Spielzeit, 49,90 €
ISBN 978-3-8362-1643-2

www.galileodesign.de/2426

Fotobearbeitung von A bis Z

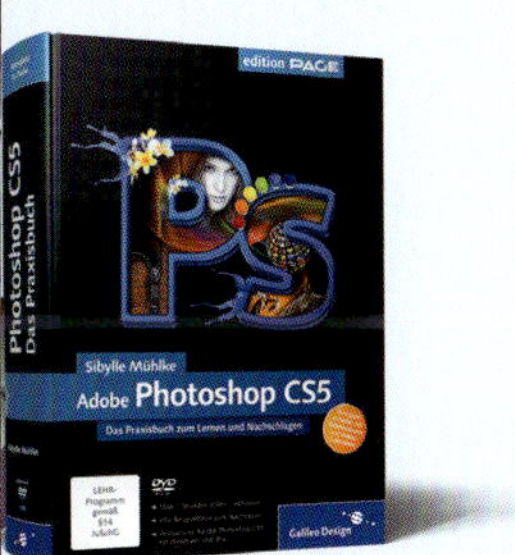

Sibylle Mühlke

Adobe Photoshop CS5

Das Praxisbuch zum Lernen und Nachschlagen

- Der Topseller in aktualisierter Neuauflage
- Umfassendes Lern- und Nachschlagewerk
- Mit Referenzkarte und DVD mit Video-Lektionen
- Großer Infoteil mit Tastenkürzeln, Insidertipps u.v.m.

Dieses Handbuch hat sich zum Ziel gesetzt, alles nötige Wissen rund um Photoshop CS5 für Sie aufzubereiten und leicht zugänglich zu präsentieren. Komplett in Farbe, mit DVD, Referenzkarte, Infoteil, Glossar und Zusatzinfos im Web – hier finden Sie immer, was Sie brauchen!

ca. 1150 S., mit DVD und Referenzkarte, 49,90 €
ISBN 978-3-8362-1586-2, Oktober 2010

www.galileodesign.de/2353

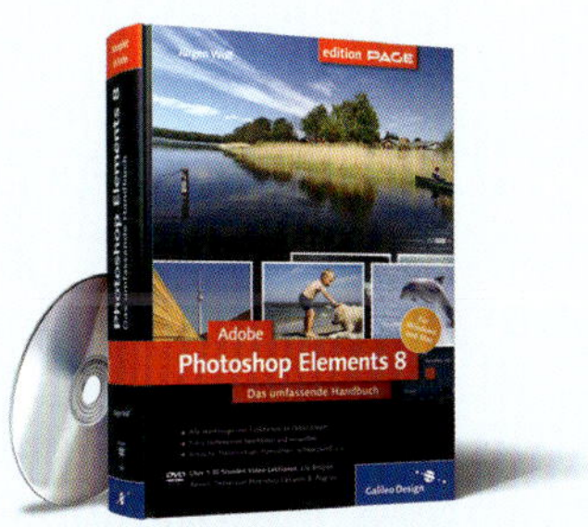

Jürgen Wolf

Adobe Photoshop Elements 8

Das umfassende Handbuch für Windows und Mac

Mit diesem umfassenden Handbuch haben Sie die Software komplett im Griff: Fotos verwalten, Farbkorrektur, Tiefen und Lichter, Helligkeit und Kontrast verbessern, Schwarzweißbilder, Retusche und Reparatur, RAW und DRI, Fotomontage, Text, Filter, Ausgabe, Diashows u.v.m. Mit zahlreichen Workshops, Tipps und Tricks!

807 S., 2010, komplett in Farbe, mit DVD, 39,90 €
ISBN 978-3-8362-1494-0

www.galileodesign.de/2234

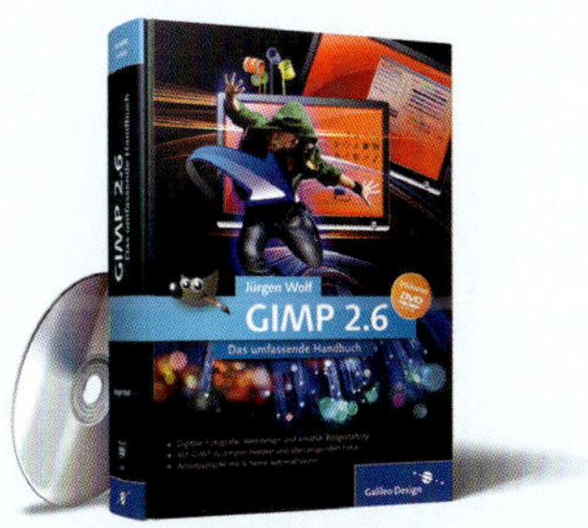

Jürgen Wolf

GIMP 2.6

Das umfassende Handbuch

Mit diesem umfassenden Handbuch bleiben keine Fragen offen: Sie lernen GIMP von A bis Z kennen und erfahren, was wirklich in der Software steckt. Egal, ob Sie Ihre Fotos bearbeiten, Montagen erstellen oder Grafiken für die eigene Website gestalten wollen, hier finden Sie schnell und zuverlässig eine Antwort auf Ihre Fragen. Mit Einführung in Scheme!

920 S., 2010, mit DVD, 49,90 €, ISBN 978-3-8362-1610-4

www.galileodesign.de/2395

www.galileodesign.de/fotografie

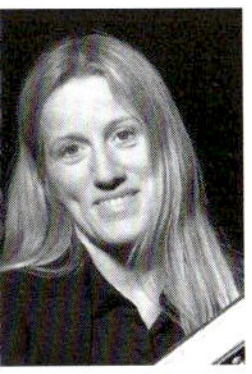

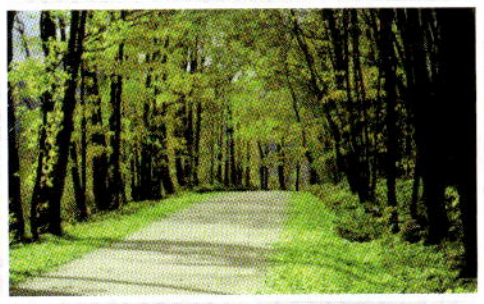

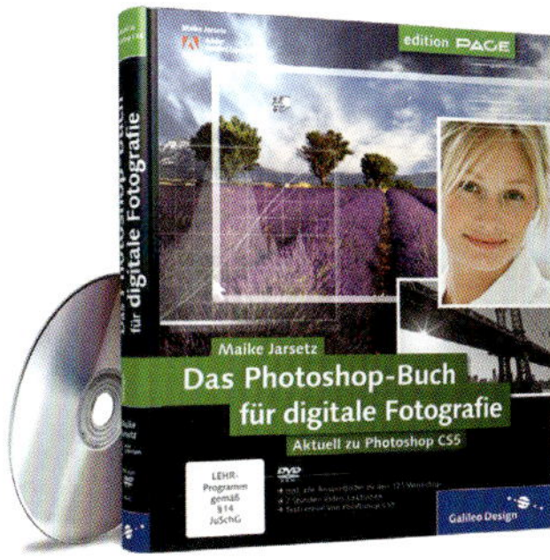

Maike Jarsetz

Das Photoshop-Buch für digitale Fotografie

Aktuell zu Photoshop CS5

Maike Jarsetz ist ausgebildete Fotografin, Grafikdesignerin, Beraterin und Trainerin. Sie ist Adobe Certified Expert für Photoshop, InDesign und Illustrator.

Adobe Certified Expert

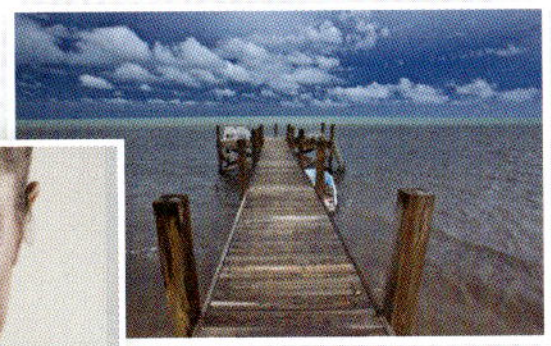

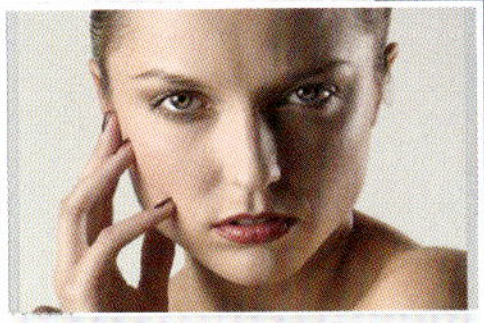

- **Das erfolgreichste Lösungsbuch zu Photoshop**
- **Fotos bearbeiten Schritt für Schritt – mit Vorher-nachher-Technik**
- **Mit Lösungsbildern und über 1 Stunde Video-Lektionen auf DVD**

Mit diesem Buch lösen Sie Ihre Fotoprobleme, denn dieses Buch behandelt Photoshop so, wie auch Fotografen damit umgehen: Es stellt das Bild und die damit verbundenen Bearbeitungsfragen in den Vordergrund und zeigt, welche Möglichkeiten Photoshop bietet, und wie Sie es effizient einsetzen. Die Schritt-für-Schritt-Anleitungen können Sie direkt mit den Beispielbildern von der Buch-DVD nacharbeiten: »learning by doing« unter Anleitung der Fotografin und Photoshop-Expertin Maike Jarsetz! Es wird der gesamte fotografische Workflow behandelt: von der Bildorganisation über die Fehlerkorrektur und Optimierung bis hin zur Stilisierung und schließlich zur Ausgabe der Fotos.

520 S., mit DVD, 39,90 €, ISBN 978-3-8362-1647-0

www.galileodesign.de/2433

Weiterhin lieferbar zur CS4: Maike Jarsetz, Das Photoshop-Buch für digitale Fotografie www.galileodesign.de/1873

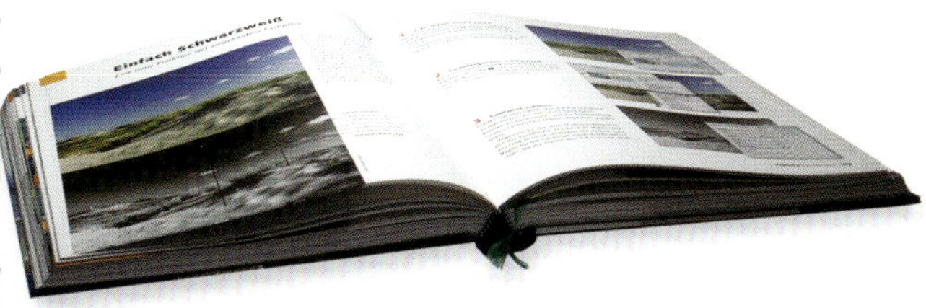

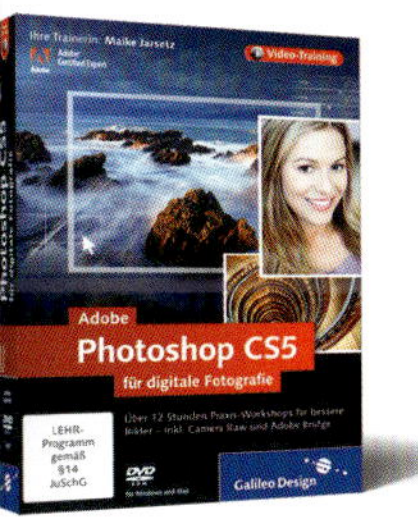

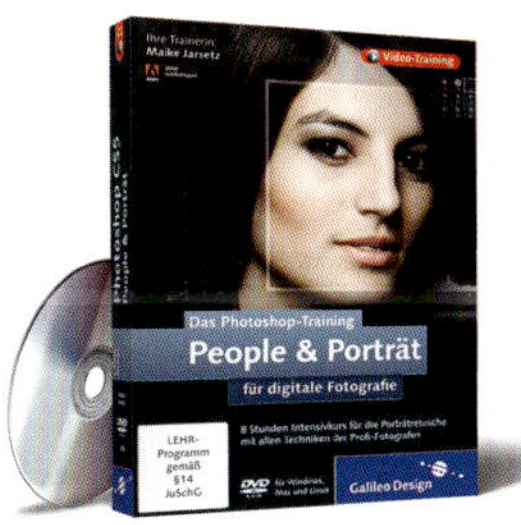

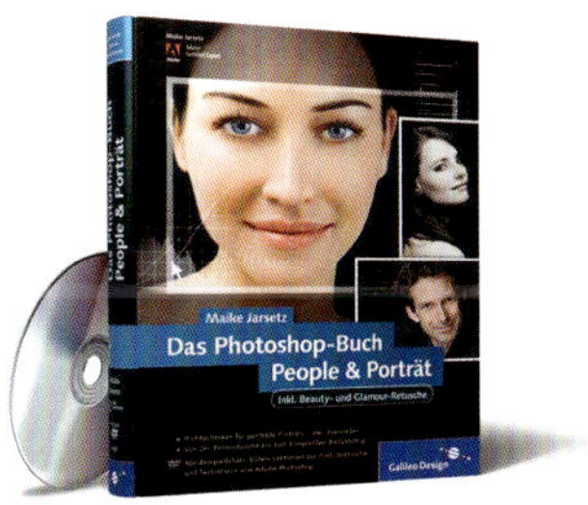

Video-Training

Maike Jarsetz

Adobe Photoshop CS5 für digitale Fotografie

- **Über 100 Workshops**
- **Lösungen für alle Foto-Probleme**
- **Alle Werkzeuge Film für Film erklärt**

Suchen Sie nach schnellen Wegen, um Schärfe, Belichtung und Farbe zu korrigieren? In diesem Training zeigt Ihnen die Photoshop-Expertin Maike Jarsetz Film für Film, wie Sie alles aus Ihren Bildern herausholen. Lernen Sie direkt am Bildschirm, wie Sie RAW-Dateien entwickeln, HDR-Bilder erstellen und die wichtigsten Photoshop-Funktionen für Fotografen optimal nutzen können.

DVD, Windows und Mac, 12 Stunden Spielzeit, 39,90 €
ISBN 978-3-8362-1577-0

www.galileodesign.de/2369

Video-Training

Maike Jarsetz

Das Photoshop-Training für People und Porträt

Aktuell zu Photoshop CS5

So werden Ihre Porträtfotos perfekt!
Mehr Ausdruck und Schönheit, feinerer Teint und bessere Proportionen – in diesem Training zeigt Ihnen die Foto-Expertin Maike Jarsetz die ganze Kunst der Porträtretusche. Schauen Sie einfach zu und lernen Sie, wie Sie mit Photoshop Haut und Haar retuschieren, Gesichter verschönern, Figurprobleme lösen und Ihre Peoplefotos optimal finishen.

DVD, Windows und Mac, ca. 8 Stunden Spielzeit, 39,90 €
ISBN 978-3-8362-1578-7, November 2010

www.galileodesign.de/2370

Maike Jarsetz

Das Photoshop-Buch People und Porträt

Inkl. Beauty- und Glamour-Retusche

Der Intensivkurs für die Bearbeitung von Peoplefotos und Porträts in Photoshop! Lernen Sie an vielen kleinen Praxisbeispielen Schritt für Schritt alle Techniken der Porträtretusche kennen. Setzen Sie die erlernten Techniken an realen Projekten aus der Praxis eines Porträtfotografen um, und geben Sie Ihren Bildern den richtigen Feinschliff, von der Wahl des Bildausschnitts bis zur angepassten Schärfung. So entwickeln Sie das nötige Fingerspitzengefühl für die Porträtretusche.

433 S., 2010, mit DVD, 39,90 €
ISBN 978-3-8362-1056-0

www.galileodesign.de/1505

Der Name Galileo Press geht auf den italienischen Mathematiker und Philosophen Galileo Galilei (1564–1642) zurück. Er gilt als Gründungsfigur der neuzeitlichen Wissenschaft und wurde berühmt als Verfechter des modernen, heliozentrischen Weltbilds. Legendär ist sein Ausspruch *Eppur se muove* (Und sie bewegt sich doch). Das Emblem von Galileo Press ist der Jupiter, umkreist von den vier Galileischen Monden. Galilei entdeckte die nach ihm benannten Monde 1610.

Lektorat Christine Keutgen, Alexandra Rauhut
Korrektorat Angelika Glock, Wuppertal
Herstellung Steffi Ehrentraut
Einbandgestaltung Klasse 3b, Hamburg
Satz rheinsatz, Köln
Druck Himmer AG, Augsburg

Dieses Buch wurde gesetzt aus der Linotype Syntax (9,25 pt/13,25 pt) in Adobe InDesign CS4. Gedruckt wurde es auf mattgestrichenem Bilderdruckpapier (135 g/m²).

Gerne stehen wir Ihnen mit Rat und Tat zur Seite:
christine.keutgen@galileo-press.de
bei Fragen und Anmerkungen zum Inhalt des Buches

service@galileo-press.de
für versandkostenfreie Bestellungen und Reklamationen

julia.bruch@galileo-press.de
für Rezensions- und Schulungsexemplare

Bibliografische Information der Deutschen Nationalbibliothek
Die Deutsche Nationalbibliothek verzeichnet diese Publikation in der Deutschen Nationalbibliografie; detaillierte bibliografische Daten sind im Internet über *http://dnb.d-nb.de* abrufbar.

ISBN 978-3-8362-1607-4

1. Auflage 2010